Vergabe- und Vertragsordnung
für Bauleistungen

Bauvertragsrecht

Honorarordnung für Architekten und Ingenieure

dtv

Schnellübersicht

Bauforderungssicherungsgesetz **9**
Baustellenverordnung **10**
Bauvertragsgesetz (§§ 650a–v BGB)
BGB – Bürgerliches Gesetzbuch [Auszug] **2**
Erlass Baumaterialien Lieferengpässe **12** und **12a**
Erlass Vergabe- und Vertragsordnung für Bauleistungen Teil A **1a**
GEG – Gesetz zur Einsparung von Energie und zur Nutzung erneuerbarer Energien zur Wärme- und Kälteerzeugung in Gebäuden **13**
Gesetz zur Regelung von Ingenieur- und Architektenleistungen **4**
GewO [Auszug: § 34 c] **6**
HOAI – Honorarordnung für Architekten und Ingenieure **5**
MaBV – Makler- und BauträgerVO **7**
SOBau – Schlichtungs- und Schiedsordnung für Baustreitigkeiten **11**
Unterlassungsklagengesetz **3**
Verordnung über Abschlagszahlungen bei Bauträgerverträgen **8**
VOB – Vergabe- und Vertragsordnung für Bauleistungen
(Teil A und B) **1**

VOB

Vergabe- und Vertragsordnung
für Bauleistungen
Teil A und B

BGB

Bauvertrag §§ 650 a–v

HOAI

Verordnung über Honorare für Leistungen
der Architekten und der Ingenieure

Textausgabe mit Sachverzeichnis
und einer Einführung von
Prof. Dr. Ulrich Werner, Rechtsanwalt in Köln
und
Prof. Frank Siegburg, Rechtsanwalt in Köln

38. Auflage
Stand: 12. 5. 2023

dtv

www.dtv.de
www.beck.de

Sonderausgabe
dtv Verlagsgesellschaft mbH & Co. KG,
Tumblingerstraße 21, 80337 München
© 2023. Redaktionelle Verantwortung: Verlag C. H. Beck oHG
Gesamtherstellung: Druckerei C. H. Beck, Nördlingen
(Adresse der Druckerei: Wilhelmstraße 9, 80801 München)
Umschlagtypographie auf der Grundlage
der Gestaltung von Celestino Piatti

CO2 neutral

chbeck.de/nachhaltig

ISBN 978-3-423-53210-5 (dtv)
ISBN 978-3-406-81086-2 (C. H. Beck)

Inhaltsverzeichnis

Abkürzungsverzeichnis VII
Einführung IX

1. **VOB – Vergabe- und Vertragsordnung für Bauleistungen,**
   Teil A (VOB/A) – Teil B (VOB/B), Gesamtausgabe 2019 1
   Teil A: Allgemeine Bestimmungen für die Vergabe von Bauleistungen 1
   Teil B: Allgemeine Vertragsbedingungen für die Ausführung von Bauleistungen 113
   Teil C: Vergabe- und Vertragsordnung für Bauleistungen Teil C. Hier nicht abgedruckt; über den Beuth-Verlag, Berlin zu beziehen
1a. Erlass Vergabe- und Vertragsordnung für Bauleistungen Teil A .. 133
2. **Bürgerliches Gesetzbuch [Auszug]** 141
   – Bauvertrag 194
   – Verbraucherbauvertrag 197
   – Bauträgervertrag 200
3. Gesetz über Unterlassungsklagen bei Verbraucherrechts- und anderen Verstößen (**Unterlassungsklagengesetz – UKlaG**) 201
4. Gesetz zur Regelung von Ingenieur- und Architektenleistungen 213
5. **Honorarordnung für Architekten und Ingenieure – HOAI**
   Ausgabe 2021 215
6. **Gewerbeordnung [Auszug]: § 34 c]** 329
7. Verordnung über die Pflichten der Immobilienmakler, Darlehensvermittler, Bauträger, Baubetreuer und Wohnungsimmobilienverwalter (**Makler- und Bauträgerverordnung – MaBV**) 333
8. **Verordnung über Abschlagszahlungen bei Bauträgerverträgen** 353
9. Gesetz über die Sicherung der Bauforderungen (**Bauforderungssicherungsgesetz – BauFordSiG**) 355
10. Verordnung über Sicherheit und Gesundheitsschutz auf Baustellen (**Baustellenverordnung – BaustellV**) 357
11. **Schlichtungs- und Schiedsordnung für Baustreitigkeiten** (SOBau) der ARGE Baurecht, Ausgabe 2020 361
12/ Erlass Lieferengpässe und Preissteigerungen wichtiger Baumaterialien als Folge des Ukraine-Kriegs 389
12a.
13. Gesetz zur Einsparung von Energie und zur Nutzung erneuerbarer Energien zur Wärme- und Kälteerzeugung in Gebäuden (**Gebäudeenergiegesetz – GEG**) 401

Sachverzeichnis 489

Abkürzungsverzeichnis

a. a. O.	am angegebenen Ort
Abs.	Absatz
AGB	Allgemeine Geschäftsbedingungen
ArchLG	Gesetz zur Regelung von Ingenieur- und Architektenleistungen
BAnz.	Bundesanzeiger
BauFordSiG	Bauforderungssicherungsgesetz
BauR	Baurecht – Zeitschrift für das gesamte öffentliche und private Baurecht
BaustellV	Baustellenverordnung
BB	Betriebs-Berater
BGB	Bürgerliches Gesetzbuch
BGBl.	Bundesgesetzblatt
BGH	Bundesgerichtshof
BVerwG	Bundesverwaltungsgericht
DB	Der Betrieb
DNotZ	Deutsche Notar-Zeitschrift
EVertr.	Einigungsvertrag zwischen der Bundesrepublik Deutschland und der Deutschen Demokratischen Republik über die Herstellung der Einheit Deutschlands vom 31. August 1990 (BGBl. II S. 889)
ff.	folgende
FoSiG	Forderungssicherungsgesetz
GEG	Gebäudeenergiegesetz
gem.	gemäß
GOA	Gebührenordnung für Architekten
GOI	Gebührenordnung für Ingenieure
GSB	Bauforderungssicherungsgesetz
GWB	Gesetz gegen Wettbewerbsbeschränkungen
GewO	Gewerbeordnung
HOAI	Honorarordnung für Architekten und Ingenieure
LHO	Leistungs- und Honorarordnung der Ingenieure
LPH	Leistungsphasen
MaBV	Makler- und Bauträgerverordnung
NJW	Neue Juristische Wochenschrift
NJW-RR	NJW-Rechtsprechungsreport
NZBau	Neue Zeitschrift für Baurecht und Vergaberecht
OLG	Oberlandesgericht
RGZ	Amtl. Sammlung der Entscheidungen des Reichsgerichts in Zivilsachen
S.	Seite
SektVO	Sektorenverordnung
SchRModG	Schuldrechtsmodernisierungsgesetz
SGOBau	Schiedsgerichtsordnung für das Bauwesen
SOBau	Schlichtungs- und Schiedsordnung für Baustreitigkeiten
UKlaG	Unterlassungsklagengesetz

Abkürzungen

VersR	Versicherungsrecht
VgV	Vergabeverordnung
VOB	Vergabe und Vertragsordnung für Bauleistungen
Ziff.	Ziffer
ZfBR	Zeitschrift für deutsches und internationales Baurecht
ZPO	Zivilprozeßordnung

Einführung

von Prof. Dr. Ulrich Werner, Rechtsanwalt in Köln
und
Prof. Frank Siegburg, Rechtsanwalt in Köln

Der Der Baumarkt war und wird immer einer der größten und wichtigsten Wirtschaftszweige in Deutschland sein. Daran wird sich auch nichts ändern. Mit der fortlaufenden Technisierung, die auch das Baugeschehen nachhaltig beeinflusst hat, haben die Schwierigkeiten jedoch zugenommen: Nicht nur die Bautechnik ist moderner und komplizierter geworden, sondern vor allem das „Baurecht" hat sich, wie ein Blick auf die letzten 60 Jahre zeigt, sehr intensiv weiterentwickelt.

Gesetzliche Grundlage war für das private Baurecht bislang nur das Bürgerliche Gesetzbuch (BGB), also die §§ 631 ff. BGB. Es war unbestritten, dass das gesetzliche Werkvertragsrecht des BGB den Anforderungen der Baupraxis nicht gerecht wurde. Versuche in der **Vergangenheit,** hier nachhaltige Änderungen zu schaffen, scheiterten durchweg oder hatte nicht den erhofften Erfolg: So hat zB die **Bauhandwerkersicherung** nach § 648a BGB in der Praxis bei weitem nicht das gebracht, was man erwarten konnte. Nichts anderes wurde dem am 1. Mai 2000 in Kraft getretenen **Gesetz zur Beschleunigung fälliger Zahlungen** vorausgesagt; die Kritik an diesem Gesetz war jedenfalls massiv. Der Ruf nach einer grundlegenden Änderung des Werkvertragsrechts, die alle Interessen und Konfliktlagen angemessen berücksichtigt, wurde immer dringlicher, weil auch das **Gesetz zur Modernisierung des Schuldrechts** (SchRModG) von 2002 für das Werkvertragsrecht keine wirklich durchgreifenden Veränderungen mit sich brachte. Die Diskussion um eine grundlegende **Neugestaltung** des privaten Baurechts hat dann aber durch die extremen Kostenexplosionen bei **Großbauvorhaben** einen Auftrieb bekommen. Zugleich wurde zunehmend diskutiert, ob und wie man die zum Teil überlange **Verfahrensdauer** von Bauprozessen vermeiden könne (*Kapellmann,* NZBau 2016, 67; *Leupertz,* BauR 2013, I, II; *Gaier,* BauR 2013, 653 ff.; *Auweiler/Lauer,* BauR 2013, 1021 ff.).

Die langen Diskussionen über eine Reform des zivilen Baurechts haben mit dem **Gesetz** zur Reform des Bauvertragsrechts, das am 1. Januar 2018 in Kraft getreten ist, ein (vorläufiges?) Ende gefunden. Mit dem neuen Gesetz sind viele neue und **spezielle Vorschriften** für den Bauvertrag, den Architekten- und Ingenieurvertrag, den Verbraucherbau- sowie den Bauträgervertrag in das **BGB** aufgenommen worden (hierzu: Seite XXI). Und auch die beabsichtigte Reform des **Sachverständigenrechts** ist trotz der durchaus heftigen Ablehnung der Sachverständigenverbände Gesetz geworden (siehe hierzu die Literaturhinweise in: *Werner/Pastor,* Der Bauprozess, 17. Auflage 2020, vor Rn. 3088). Beklagt wird vor allem der erweiterte **Pflichtenkatalog** für Gerichtssachverständige in der ZPO.

Nach langem Vorlauf trat 2009 das **Forderungssicherungsgesetz** (FoSiG) in Kraft, das der Sicherung von Werkunternehmeransprüchen und der verbesserten Durchsetzung von Forderungen dient. Hierbei wurden ua die Rege-

Einführung

lungen in §§ 632a, 641 Abs. 2, 3, 648a und 649 S. 2 BGB geändert. Die Vorschrift des § 641a BGB über die sog. Fertigstellungsbescheinigung wurde gestrichen und das Gesetz über die Sicherung von Bauforderungen (GSB) nach Umbenennung in **„Bauforderungssicherungsgesetz"** inhaltlich neugestaltet.

Die VOB 2016 hat für den Bereich der **VOB/B** nur kleinere Veränderungen (Änderung der Überschrift und der §§ 4, 5 und 8 VOB/B) gebracht. Die **Neufassung** der **VOB/A** dient der Umsetzung der Richtlinie 214/24/EU des Europäischen Parlaments und des Rates vom 26.2.2014 über die öffentliche Auftragsvergabe, wobei der **Schwerpunkt** der Überarbeitung der Abschnitt 2 bildet. Eine weitere Überarbeitung hat die VOB/A Anfang 2019 schwerpunktmäßig in Abschnitt 1 erfahren.

Aufgrund des Urteils des EuGH vom 4.7.2019 (BauR 2019, 1624 = NZBau 2019, 511) ist die **Honorarordnung für Architekten (HOAI)** mit Wirkung zum 1.1.2021 erneut novelliert worden. Insoweit verweisen wir auf die Ausführungen auf Seite XXX.

Die vorliegende Textsammlung, im Jahre 1974 erstmals vorgestellt, ist u.a aus dem Bestreben geschaffen worden, dem Interessierten einen schnellen Überblick über die derzeit wichtigsten Vorschriften des **privaten Baurechts** zu geben, auf die bei der täglichen Bearbeitung von Baurechtsfällen immer wieder zurückgegriffen werden muss. Aus diesem Grund sind neben den neuen, einschlägigen Vorschriften des BGB, die VOB, die HOAI, die Makler- und Bauträgerverordnung, das Bauforderungssicherungsgesetz und die Baustellenverordnung in die Textsammlung aufgenommen worden. Mit der 28. Auflage wurde zudem erstmals die Schlichtungs- und Schiedsordnung der ARGE-Baurecht abgedruckt, was vielfach gewünscht wurde.

I. Die Vergabe- und Vertragsordnung für Bauleistungen (VOB)

Die VOB war aus dem Bedürfnis heraus geschaffen worden, im Baurecht einen gerechteren Ausgleich zwischen den Interessen des Bauherrn und des Unternehmers zu erreichen. Sie war daher, für die Praxis entworfen, ein Werk, das sich um klare und einheitliche Grundsätze auf dem Gebiet des Baurechts bemühte. Nach Inkrafttreten des SchRModG wurde dies für die VOB/B 2002 allerdings in Zweifel gezogen, vor allem wurde die These vertreten, die VOB/B sei „tot" (*Preussner*, BauR 2002, 1602 ff.); in jedem Falle müsse sie aber so geändert werden, dass jede einzelne Bestimmung der VOB/B einer „isolierten" Inhaltskontrolle nach §§ 305 ff. BGB stand halte.

Die **Privilegierung** der VOB/B war seit Jahren ein Dauerthema; das wird, wenn auch stets **mit veränderter Thematik**, weiterhin der Fall sein (*Werner/Pastor*, 17. Auflage 2020, Rdn. 1203). Nachdem der BGH seine frühere Rechtsprechung zur **Privilegierung** der VOB/B gegenüber Verbrauchern aufgegeben hatte, hat das **Forderungssicherungsgesetz** die Privilegierung der VOB/B für Verträge im Geschäftsverkehr zwischen Unternehmen oder mit der öffentlichen Hand in § 310 Abs. 1 Satz 3 BGB festgelegt.

Die **VOB** gliedert sich in drei Teile: **Teil A** betrifft das Vergaberecht. **Teil B** enthält die **„Allgemeinen Vertragsbedingungen für die Ausführung von Bauleistungen". Teil C** bringt dann **„Allgemeine Technische Vertragsbedingungen für Bauleistungen".**

Einführung

1. VOB/A

Die **VOB/A** betrifft die **Vergabe** von Aufträgen durch die öffentliche Hand; sie behandelt dabei die Geschehnisse bis zum Abschluss des Bauvertrages (Vergabe). Teil A bestimmt also, **wie** die Arbeiten im Rahmen eines Bauvorhabens zu vergeben sind. Einen unmittelbaren klagbaren Anspruch gewährt die VOB/A nicht, wenn auch darauf hinzuweisen ist, dass schon nach altem Recht ein Anspruch wegen Verschuldens bei Vertragsschluss begründet sein konnte: Verletzte ein öffentlich-rechtlicher Auftraggeber nämlich schuldhaft die Verfahrensvorschriften des Teils A und führte dies zu einem Schaden, so konnte im Einzelfall dem Geschädigten ein Ersatzanspruch erwachsen, der das positive Interesse umfasste (s. BGH, NZBau 2001, 637; BauR 1993, 214; OLG Celle, NJW-RR 1997, 662).

Hieran hat sich durch das **Schuldrechtsmodernisierungsgesetz** nichts geändert. Fällt die Auftragsvergabe unter den Anwendungsbereich der **§§ 97 ff. GWB,** haben die Unternehmen einen Anspruch auf Einhaltung der Bestimmungen über das Vergabeverfahren (§ 97 Abs. 6 GWB). Folgerichtig enthält § 181 GWB eine **eigenständige** Anspruchsgrundlage bei Vergaben **oberhalb der Schwellenwerte** (s. hierzu BGH, VergabeR 2008, 219 = ZfBR 2008, 299).

Die Vergabevorschriften der **VOB/A** haben für den **privaten** Bauherrn nur **„Empfehlungscharakter"**; es liegt also in seinem Belieben, ob er sich bei der Vergabe des Bauauftrages an den Teil A hält. Daher kann bei der Ausschreibung eines privaten Auftraggebers von der Geltung der VOB/A nur ausgegangen werden, wenn die Anwendung von Teil A ausdrücklich oder nach den Umständen eindeutig vereinbart wurde (OLG Köln, BauR 1994, 100, 101). Ist das der Fall, kann ein Privater bei einer Ausschreibung nach den Regeln der VOB/A ebenso haften wie ein öffentlicher Auftraggeber (BGH, VergabeR 2008, 641, 642). Demgegenüber sind die **öffentlichen Auftraggeber** auf Grund der Verweisungen in den vergaberechtlichen Bestimmungen des Gesetzes gegen Wettbewerbsbestimmungen **(GWB)** und in der Vergabeverordnung **(VgV)** sowie aufgrund der haushaltsrechtlichen Bestimmungen zur Anwendung der VOB/A verpflichtet.

Am 19.1.2016 wurden die seinerzeit neuen Texte der **VOB 2016** im Bundesanzeiger veröffentlicht (BAnz AT 19.1.2016 B). In den vorangestellten **„Hinweise für die VOB/A 2016"** heißt es u. a.:

„Die Neufassung der VOB/A dient der Umsetzung der Richtlinie 2014/24/EU des Europäischen Parlaments und des Rates vom 26.2.2014 über die öffentliche Auftragsvergabe. Zusammen mit den Richtlinien 2014/23/EU (Konzessionsvergabe) und 2014/25/EU (Sektorenauftraggeber) stellen sie eine umfassende Überarbeitung des europäischen Vergaberechts dar.

Die Bundesregierung hat im Eckpunktebeschluss vom 7.1.2015 die Grundsätze der durch die EU-Richtlinien angestoßenen nationalen Vergaberechtsreform beschlossen. Bestandteil dieser Eckpunkte ist auch eine Strukturreform des nationalen Vergaberechts im Bereich oberhalb der EU-Schwellenwerte. Die Regelungen für die Vergabe von Liefer- und Dienstleistungen, auch freiberuflichen Leistungen, werden künftig in der Vergabeverordnung (VgV) zusammengefasst. Sie erhält dadurch einen anderen Charakter und ist nicht mehr nur „Scharnier" zwischen dem Gesetz gegen Wettbewerbsbeschränkungen (GWB) und den Vergabeordnungen. In der Folge entfallen VOL/A Abschnitt 2 und VOF.

Einführung

Die besonderen Regelungen für die Vergabe von Bauaufträgen werden weiterhin durch den Deutschen Vergabe- und Vertragsausschuss für Bauleistungen (DVA) in der VOB/A erarbeitet.
Zur Umsetzung der Konzessionsvergaberichtlinie wird die Bundesregierung eine eigenständige Konzessionsvergabeverordnung (KonzVgV) beschließen, die künftig umfassend auch für Baukonzessionen gelten wird.
Den Schwerpunkt dieser Überarbeitung der VOB/A bildet der Abschnitt 2. Dort sind die Vorgaben des europäischen Rechts umgesetzt worden, soweit sie nicht auf gesetzlicher Ebene im 4. Teil des GWB oder in übergreifend geltenden Vorschriften der VgV geregelt sind.
Der hohe Detaillierungsgrad der EU-Richtlinien hat zwangsläufig zu einem Anwachsen des Abschnitts 2 VOB/A geführt. Das hat den DVA dazu bewogen, die Struktur moderat zu ändern, um die VOB/A übersichtlicher zu gestalten. Dazu wurden die bisherigen Zwischenüberschriften als eigenständige Paragrafen ausgestaltet. Um dem Anwender gleichwohl möglichst viel Bekanntes zu erhalten, wurde dabei auf eine neue, durchgehende Nummerierung verzichtet, sondern das Paragrafengerüst durch Einfügung von Paragrafen mit dem Zusatz a, b usw. in der Grundform erhalten.
Um den bewährten Gleichlauf innerhalb der VOB/A zu bewähren, wurde diese neue Struktur auch auf die Abschnitte 1 und 3 übertragen.
Da, wo es aus Sicht des DVA für den Anwender besonders wichtig ist, wurden Vorschriften des GWB wiederholt. Dies gilt insbesondere für die unternehmensbezogenen Ausschlussgründe (§§ 123 ff. GWB) und die Regelung zu Auftragsänderungen während der Laufzeit (§ 132 GWB). Der DVA könnte zwar ohnehin keine andere Regelung treffen. Wegen der zentralen Bedeutung der Vorschriften sollen sie aber in der VOB/A erscheinen.
Grundsätzlich hat der DVA auf einen Gleichlauf mit den in der VgV geregelten Vorschriften zur Beschaffung von Liefer- und Dienstleistungen hingearbeitet. So werden zB die Vorschriften zur elektronischen Vergabe einheitlich ausgestaltet.
Im Abschnitt 3 wurden neben der Struktur einige wenige inhaltliche Änderungen des Abschnitts 2 übernommen, zB der geänderte Öffnungstermin. Ansonsten sind die Änderungen ganz überwiegend redaktioneller Art und Folge der Änderungen im GWB und der Vergabeverordnung Verteidigung und Sicherheit.
Eine umfassende Überprüfung des Abschnitts 1 auf Änderung zur Bewährung eines möglichst weitgehenden Gleichlaufs mit dem Abschnitt 2 wird erst nach Abschluss der Vergaberechtsreform beginnen. Wo Angleichungen punktuell ohne tiefergehende Erörterung möglich und sinnvoll erschienen, sind sie vorgenommen worden, zB bei der Signatur von elektronischen Angeboten."

Insgesamt sind die Vorschriften der **VOB/A 2016** erheblich geändert worden; die VOB/A besteht aus 3 Abschnitten:

☒ **Abschnitt 1** enthält die Vorschriften für unterschwellige Vergabeverfahren (zur Zeit also für Bauleistungen unter 5.382.000,00 EUR).

☒ **Abschnitt 2** gibt die EU-weiten Vergabeverfahren im Anwendungsbereich der Richtlinie 2014/24/EU wieder, also für Bauleistungen über 5.382.000,00 EUR).

☒ **Abschnitt 3** regelt die Vergabebestimmungen für den Bereich Verteidigung und Sicherheit gemäß der Richtlinie 2009/81/EU.

Einführung

Im Abschnitt 1, der den Anwendungsbereich der **unterschwelligen Vergabeverfahren** betrifft, hat es mit der Reform 2019 einige Änderungen gegeben. Die neue VOB/A ist am 19.2.2019 im Bundesanzeiger veröffentlicht worden (AT 19.2.2019 B 2). Die wichtigsten Änderungen im Abschnitt 1 sind die folgenden:

- Gleichstellung der Öffentlichen Ausschreibung und der Beschränkten Ausschreibung mit Teilnahmewettbewerb (§ 3a Abs. 1 S. 1).
- Berücksichtigung von Selbstreinigungsmaßnahmen (§ 6a Abs. 1 S. 2).
- Erleichterter Nachweis der Einigung (vgl. § 6a Abs. 5).
- Einführung eines Direktauftrages bei einem Auftragswert von bis zu EUR 3.000,00 (§ 3a Abs. 4).
- Verzicht auf Nachweise, wenn die den Zuschlag erteilende Stelle bereits in deren Besitz ist (§ 6b Abs. 3).
- Zulassung mehrerer Hauptangebote (vgl. § 8 Abs. 2 Nr. 4 bzw. § 13 Abs. 3 S. 3, 4 und § 16 Abs. 1 Nr. 7).
- Einführung einer abschließenden Liste mit den vorzulegenden Unterlagen (§ 8 Abs. 2 Nr. 5).
- Neufassung der Nachforderungsregeln (§ 16a).
- Klarstellung hinsichtlich der Zuschlagsentscheidung (§ 16d Abs. 1 Nr. 4, 5, 6 und 7).

Der Abschnitt 2, in dem die Vorgaben des europäischen Rechts umgesetzt wurden ist durch die Vergaberechtsreform 2016 deutlich umfangreicher geworden. Nachfolgend soll auf die wichtigsten Neuerungen in der VOB/A im Abschnitt 2 hingewiesen werden:

- In § 2 EU Abs. 1, S. 2 VOB/A werden als neue Vergabegrundsätze die **Verhältnismäßigkeit** genannt und die Möglichkeit, vor Einleitung eines Vergabeverfahrens **Marktkonsultationen** zur Unterrichtung der Unternehmen über die Pläne des öffentlichen Auftraggebers eröffnet. Ferner wird ausdrücklich die **E-Vergabe** ermöglicht (§§ 11 ff. EU, 12 EU, 13 EU in Verb. mit der Übergangsvorschrift des § 23 EU VOB/A).
- Mit der neuen VOB/A wird nunmehr für den öffentlichen Auftraggeber die **Wahlfreiheit** zwischen offenen und nicht offenen Verfahren eröffnet (§§ 3a EU f. VOB/A).
- In der zuletzt genannten Vorschrift werden nunmehr die Zulassungsgründe für **Verhandlungsverfahren mit und ohne Teilnahmewettbewerb** zum Teil neu geregelt.
- Mit der „**Innovationspartnerschaft**" wird in § 3b EU VOB/A, Abs. 5 eine neue fünfte Vergabeart geschaffen und der Ablauf im Einzelnen dort geregelt.
- § 4a EU VOB/A zeigt erstmalig die Möglichkeit einer „**Rahmenvereinbarung**" als Vergabeart sehr ausführlich auf.
- In § 6 EU Abs. 3 Nr. 4 VOB/A wird ausdrücklich die Teilnahme eines „**Projektanten**" eines Bauvorhabens unter bestimmten Bedingungen eröffnet.
- § 6a EU VOB/A befasst sich nunmehr detaillierter als bisher mit den **Eignungsnachweisen und -kriterien.**
- Neu ist in § 6d EU VOB/A die Regelung einer „**Eignungsleihe**" zum Bieter-Nachweis seiner Eignung durch ein anderes Unternehmen.
- Bei einem Ausschlußgrund kann ein Bieter im Rahmen einer „**Selbstreinigung**" zugelassen werden (§ 6f EU VOB/A).
- In § 6e EU VOB/A werden zahlreiche **zwingende und fakultative Ausschlußgründe** genannt.

Einführung

☒ § 16d EU VOB/A benennt **Zuschlagskriterien** im Rahmen der Wertung eines Angebots.

☒ Völlig neu ist auch die ausführliche Regelung des § 22 EU VOB/A **bei Auftragsänderungen** während der **Vertragslaufzeit**.

2. VOB/B

Die VOB/B wird nur Vertragsgrundlage, wenn die Parteien dies vereinbaren. Die VOB/B ist kein Gesetz und keine Rechtsverordnung, sondern **Vertragsrecht** (BGH, NJW 1999, 3261).

Da die VOB nur die Rechtsbeziehungen zwischen Bauherr (Auftraggeber) und Bauunternehmer (Handwerker) regelt, gilt sie nicht für die Rechtsbeziehungen eines Bauherrn zu seinem Architekten oder den Sonderfachleuten; für diesen Bereich gilt grundsätzlich nur das BGB.

Die **Vereinbarung der VOB/B** bedarf **keiner Form;** ein Bezug oder allgemeiner Hinweis auf die VOB reicht grundsätzlich aus. Dieser Hinweis muss aber klar und unmissverständlich geschehen. Die Formulierung „Es gelten die Bestimmungen der VOB und des BGB" ist hierzu unbrauchbar, weil die VOB/B und das BGB Vorschriften enthalten, die erhebliche Unterschiede aufweisen. Daher können „VOB und BGB" nicht gleichrangig gelten.

Unzweifelhaft unterliegt die VOB/B den §§ 305 ff. BGB; ob die VOB allerdings selbst Allgemeine Geschäftsbedingungen darstellen, ist streitig. Das wird aber vom BGH (zuletzt BauR 2008, 1603) und der herrschenden Ansicht angenommen.

Wird die Einbeziehung der VOB/B in den Bauvertrag von beiden Vertragsparteien unabhängig voneinander verlangt, wird die VOB/B gem. § 305 Abs. 1 BGB nicht von einer Partei gestellt: In diesen Fällen sind die Bestimmungen der VOB/B nicht als AGB anzusehen. In der Praxis wird dies aber selten der Fall sein, weil in der Regel zunächst eine Partei die Einbeziehung wünscht und fordert und damit das Stellen iSd § 305 Abs. 1 BGB zu bejahen ist. In Verbraucherverträgen gilt allerdings die VOB als vom Verwender (zB Unternehmer) gestellt, es sei denn, dass sie durch den Verbraucher in den Vertrag eingeführt wurde (§ 310 Abs. 3 Nr. 1 BGB).

Im Einzelfall ist stets zu prüfen, ob die VOB/B wirksam in den Bauvertrag iSd § 305 BGB einbezogen worden ist. Nach § 305 Abs. 2 u. 3 BGB werden Allgemeine Geschäftsbedingungen (und damit auch die VOB/B) nur dann Bestandteil des Vertrages, wenn der Verwender bei Vertragsabschluss

☒ die andere Vertragspartei ausdrücklich oder durch deutlich sichtbaren Aushang am Ort des Vertragsabschlusses auf sie hinweist und

☒ der anderen Vertragspartei die Möglichkeit verschafft, in zumutbarer Weise, die nach § 305 Abs. 2 Nr. 2 BGB „auch eine für den Verwender erkennbare körperliche Behinderung der anderen Vertragspartei angemessen berücksichtigt", von ihrem Inhalt Kenntnis zu nehmen.

Ist dem Bauherrn/Erwerber die VOB/B „nicht vertraut", so muss sie ihm von dem Vertragspartner (Unternehmer) konkret zur Kenntnis gebracht werden. Ein bloßer Hinweis auf die VOB/B reicht in diesen Fällen in der Regel nicht aus. Der Hinweis im Vertrag, der Text der VOB werde auf Wunsch „kostenlos zur Verfügung gestellt", genügt nicht (vgl. im Einzelnen hierzu Werner, in Werner/Pastor, Der Bauprozess 17. Auflage Rn. 1190 ff.).

Im Einzelfall kann es problematisch sein, ob die VOB/B bei Nachfolgeaufträgen („Zusatzaufträge", „Nachtragsaufträge", „Änderungsaufträge" usw.) gilt.

Einführung

Im Zweifel ist davon auszugehen, dass die Vertragsparteien die VOB/B für das gesamte Vertragsverhältnis vereinbaren wollen, sodass die VOB auch für alle Nachfolgeaufträge gilt, sofern diese in einem zeitlichen und sachlichen Zusammenhang mit der vertraglichen Hauptleistung, über die der Bauvertrag geschlossen wurde, stehen.

Ist die VOB/B als Ganzes vereinbart, kommt eine isolierte Inhaltskontrolle einzelner VOB-Bestimmungen auf der Grundlage der §§ 305 ff. BGB allerdings nicht in Betracht, weil die VOB/B als eine im Ganzen ausgewogene Regelung anzusehen ist. Etwas anderes gilt nur für den Fall, dass die VOB/B in Verträgen mit Verbrauchern vereinbart wurde. Die in neuerer Zeit wiederholten Versuche, die durch die Rechtsprechung entwickelte Privilegierung der VOB/B „als Ganzes" in Frage zu stellen, überzeugen nicht. Daher ist heute nach höchstrichterlicher Rechtsprechung von Folgendem auszugehen: Weil es nach Auffassung des BGH (BauR 2004, 668) keine „brauchbaren Abgrenzungskriterien" für eine sichere Beurteilung gibt, wann ein von der VOB/B abweichende Regelung in deren Kernbereich eingreift, ist „grundsätzlich jede inhaltliche Abweichung von der VOB/B als eine Störung des von ihr beabsichtigten Interessenausgleich zu bewerten, sodass bei jeder inhaltlichen Abweichung eine isolierte Inhaltskontrolle einzelner VOB-Bestimmungen erfolgt".

Oftmals widersprechen sich einzelne Teile eines Bauvertrags, oder einzelne vertragliche Punkte sind so unklar formuliert, dass eine Auslegung des Vertrags notwendig wird. Grundsätzlich ist jeder Vertrag so auszulegen, wie Treu und Glauben mit Rücksicht auf die Verkehrssitte dies erfordern (§ 157 BGB). Stets muss dabei der wirkliche Wille der Parteien, der zum Abschluss des Vertrages geführt hat, erforscht werden. Bei Widersprüchen in einem VOB-Vertrag gibt § 1 Abs. 2 VOB/B an, in welcher Reihenfolge die einzelnen Verdingungsunterlagen zur Auslegung des Willens der Parteien herangezogen werden sollen. Danach gilt bei Widersprüchen im Vertrag folgende Reihenfolge:

1) die Leistungsbeschreibung,

2) die Besonderen Vertragsbedingungen,

3) etwaige Zusätzliche Vertragsbedingungen,

4) etwaige Zusätzliche Technische Vorschriften,

5) die Allgemeinen Technischen Vorschriften für Bauleistungen,

6) die Allgemeinen Vertragsbedingungen für die Ausführung von Bauleistungen.

Diese Reihenfolge gilt allerdings erst dann, wenn sich **echte** Widersprüche im Bauvertrag herausstellen, die bei einer Gesamtbetrachtung der Verdingungsunterlagen nicht aufgelöst werden können.

Die VOB/B nennt zudem auch nicht die **Zeichnungen** als Vertragsbestandteil, obwohl gerade diese häufig Aufschluss über den wahren Parteiwillen geben. Nach herrschender Meinung besitzt auch die Zeichnung vertraglich die gleiche Bedeutung wie das geschriebene Wort oder die geschriebene Zahl in der Leistungsbeschreibung (vgl. *Werner*, in Werner/Pastor, Der Bauprozess, 17. Auflage 2020, Rn. 1223 ff.).

Die **Vergütung** des Unternehmers ergibt sich aus der Art des abgeschlossenen Bauvertrages: Grundsätzlich wird die Vergütung nach den vertraglichen Einheitspreisen und den tatsächlich ausgeführten Leistungen berechnet, wenn keine andere Berechnungsart (zB durch Pauschalsumme, nach Stundenlohnsätzen) vereinbart ist (§ 2 Abs. 2 VOB/B). Für Mehr- oder Minderleistungen, die

Einführung

im Bauvertrag keinen Niederschlag gefunden haben, findet sich in § 2 Abs. 3 eine abschließende Regelung.

Ein besonders wichtiger Abschnitt innerhalb eines Bauvorhabens, nämlich die eigentliche Bauausführung, ist in den §§ 3–6 VOB/B behandelt. § 4 nennt für den VOB-Bauvertrag bestimmte **Grundsätze für die Bauausführung;** dabei werden die vertraglichen Rechte und Pflichten sowohl des Bauherrn als auch des Unternehmers umfassend festgelegt.

Die Interessen des Bauherrn bei **verzögerter Arbeitsaufnahme** nach Auftragserteilung bzw. bei verzögerter Fertigstellung des Bauwerks sind im Werkvertragsrecht des BGB nur unzureichend gewahrt; § 636 BGB a. F. ist durch das SchRModG ersatzlos weggefallen. Maßgebend sind insoweit die Vorschriften über das Recht der (allgemeinen) Leistungsstörungen. Die VOB bringt hier insoweit schon Verbesserungen, wenngleich auch sie die Folgen der verzögerten Ausführung eng umschreibt und die Folgen eingrenzt. Die VOB/B spricht in § 5 von den sogenannten **Ausführungsfristen.** Für den Beginn der Ausführung bringt § 5 Abs. 2 die Regelung, dass der Auftragnehmer innerhalb von 12 Werktagen nach Aufforderung mit der Ausführung zu beginnen und dem Auftraggeber dies anzuzeigen hat. Liegt ein **Bauzeitenplan** vor, der zum Vertragsinhalt gemacht worden ist, hat sich der Unternehmer nach diesem Bauzeitenplan zu richten. Die Bauausführung muss, um § 5 Abs. 1 VOB/B zu zitieren, „angemessen" gefördert und vollendet werden. Das richtet sich natürlich wieder nach den jeweiligen Einzelfällen. Den Unternehmer trifft aber in jedem Falle die Pflicht, den Ablauf der Bauausführung zu beobachten und Verzögerungen im Rahmen des Zumutbaren und Möglichen zu vermeiden. Dabei kommt § 5 Abs. 3 eine besondere Bedeutung zu. Wenn Arbeitskräfte, Geräte, Gerüste, Stoffe oder Bauteile so unzureichend sind, dass die Ausführungsfristen offenbar nicht eingehalten werden können, muss der Unternehmer auf Verlangen Abhilfe schaffen.

Erfolgt dies nicht oder verzögert der Bauunternehmer den Beginn der Ausführungen oder gerät er mit der Vollendung in Verzug, so stehen dem Bauherrn als Auftraggeber **mehrere Rechtsbehelfe** zur Seite:

a) Der Bauherr kann einmal **auf Erfüllung klagen,** was allerdings in der Baupraxis nie geschieht und auch nicht erfolgversprechend erscheint, weil es zu langwierig ist.

b) Der Bauherr kann – wenn er an dem Bauvertrag festhält – dem Unternehmer **eine Frist setzen,** nach deren erfolglosem Ablauf ein Schadensersatzanspruch auf **Ersatz des Verzugsschadens** begründet ist. Dieser Anspruch erstreckt sich jedoch nur auf den Ersatz des nachweislich entstandenen Schadens. **Entgangener Gewinn** kann nur bei Vorsatz oder grober Fahrlässigkeit verlangt werden.

c) Eine dritte Möglichkeit besteht für den Bauherrn in folgendem: Hat der Unternehmer die ihm gesetzte Frist fruchtlos verstreichen lassen und entzieht der Bauherr ihm daraufhin entsprechend seiner Androhung den Auftrag, was rechtlich eine Kündigung bedeutet, **kann der Bauherr den noch nicht fertiggestellten Teil der Leistung** zu Lasten des Unternehmers von einem **Drittunternehmer fertigstellen lassen.** Der Anspruch auf Ersatz des entstandenen weiteren Schadens bleibt dem Bauherrn in diesem Falle erhalten (§ 8 Abs. 3 Nr. 2 VOB/B).

d) Eine weitere Möglichkeit besteht für den Bauherrn schließlich darin, dass er gegenüber den Ansprüchen des Bauunternehmers die **Einrede des nicht erfüllten Vertrages geltend macht** (§ 320 BGB).

Einführung

Von der bloßen Leistungsverzögerung unterscheidet die VOB/B die **Behinderung** (§ 6 Abs. 1) und die **Unterbrechung** (§ 6 Abs. 5). Es handelt sich hierbei meist um Umstände, die bei Vertragsschluss noch nicht abzusehen waren. Während Behinderungen ihrem Begriffe nach Ereignisse sind, die den Ablauf der Bauausführung hemmen und verzögern, tritt bei der Unterbrechung ein völliger Stillstand der Bauarbeiten ein. Die Gründe, die eine Be-hinderung herbeiführen können, sind in der Baupraxis mannigfach. Um die Folgen der Behinderung und der Unterbrechung der Bauarbeiten für den Bauherrn möglichst einzuschränken, hat § 6 VOB/B dem Auftragnehmer die Verpflichtung auferlegt, die Behinderungen unverzüglich schriftlich anzuzeigen. Das muss der Unternehmer schon dann tun, wenn er die ernstliche Besorgnis haben muss, er werde aus von ihm nicht zu vertretenden Gründen in der weiteren Bauausführung behindert. Diese Verpflichtung beruht auf dem Gesichtspunkt, dass dem Bauherrn die Möglichkeit gegeben sein muss, sofortige **Abhilfemaßnahmen** ergreifen zu können. Die unterbliebene Anzeige nach § 6 VOB/B kann für den Unternehmer bedeuten, dass für ihn eine Verlängerung der Ausführungsfristen nach § 6 Abs. 2 VOB/B nicht in Betracht kommen kann.

Die **Gefahrtragung** ist von der VOB/B teilweise anders geregelt worden als im BGB. Die Bestimmung des § 7 VOB/B verlagert nämlich entgegen § 644 Abs. 1 Satz 1 BGB einen Teil der Gefahr auf den Bauherrn, wobei es dabei auf die Abnahme nicht entscheidend ankommt. Die VOB gibt dem Unternehmer Kostenansprüche nach § 6 Abs. 5 VOB/B auch für den Fall, dass das Bauwerk vor der Abnahme zB durch höhere Gewalt oder andere objektiv unabwendbare vom Auftragnehmer nicht zu vertretende Umstände beschädigt oder zerstört wird. Das bedeutet, dass der Bauherr ggf. dem Auftragnehmer die bis dahin geschuldete Vergütung erbringen muss, ohne im Ergebnis einen Gegenwert zu erhalten. Es bleibt aber für den Bauherrn die Möglichkeit offen, durch eine besondere Vereinbarung mit dem Unternehmer die Gefahrtragungsvorschrift des § 7 VOB ganz auszuschließen. Lässt sich ein Unternehmer hierauf ein, so gilt die allgemeine gesetzliche Regelung des § 644 BGB.

In den §§ 8 und 9 VOB/B ist das **Kündigungsrecht** des Bauherrn und des Auftragnehmers im einzelnen geregelt. Nach § 8 kann der **Bauherr** bis zur Vollendung der Leistungen jedenfalls jederzeit den Bauvertrag kündigen. Dem Auftragnehmer steht dann die vereinbarte Vergütung zu, wobei er sich jedoch anrechnen lassen muss, was er infolge der Aufhebung des Vertrages an Kosten erspart hat. Besonders wichtig ist das Kündigungsrecht des Bauherrn nach § 8 Abs. 3. Das trifft die Fälle des § 4 Abs. 7 VOB/B (Mängelbeseitigungspflicht des Unternehmers während der Bauausführung), des § 4 Abs. 8 Abs. 1 (Verstoß gegen den Grundsatz, die Leistungen im eigenen Betrieb auszuführen) und § 5 Abs. 4 VOB/B (Verzögerung der Bauausführung). Wichtig ist, dass das Kündigungsrecht erst mit dem fruchtlosen Fristablauf entsteht.

Der **Unternehmer** kann nach § 9 den Bauvertrag kündigen, wenn der Bauherr eine ihm obliegende Mitwirkungshandlung unterlässt und dadurch den Unternehmer außerstande setzt, die Leistung auszuführen, wenn er eine fällige Zahlung nicht leistet oder sonst in Schuldnerverzug gerät.

Die **Abnahme** wird in § 12 VOB/B behandelt. Die VOB kennt folgende Arten der Abnahme:
– Abnahme der Gesamtleistung
– Teilabnahme
– Förmliche Abnahme
– Abnahmefiktion

Einführung

Die Abnahme der **Gesamtleistung** findet auf Verlangen des Bauunternehmers nach Fertigstellung des Werkes statt. Der Bauherr hat die Abnahme dann innerhalb von 12 Werktagen gemeinsam mit dem Auftragnehmer durchzuführen. Allerdings können die Parteien eine andere Frist vereinbaren. Eine Form für das Abnahmeverlangen des Unternehmers ist nicht vorgeschrieben. Mündliche Mitteilung reicht aus; eine schriftliche Aufforderung ist jedoch aus Beweisgründen ratsam. Eine **Teilabnahme** kann nur in den seltensten Fällen verlangt werden (vgl. § 12 Abs. 2 VOB/B). Selbstverständlich kann auch beim VOB-Bauvertrag der Bauherr die Abnahme **verweigern,** wenn noch wesentliche **Baumängel** vorliegen. § 12 Abs. 3 hebt dies noch einmal besonders hervor.

In § 12 Abs. 4 VOB/B sind die Voraussetzungen für die sog. **förmliche Abnahme** enthalten, eine Besonderheit, die nur die VOB kennt. Die förmliche Abnahme findet statt, wenn Bauherr oder Auftragnehmer es verlangen. Bei der förmlichen Abnahme wird eine **Abnahmeniederschrift** gefertigt, in der etwaige Vorbehalte wegen bekannter Mängel und die Einwendungen des Unternehmers aufzunehmen sind.

In § 12 Abs. 5 VOB/B ist die **Abnahmefiktion** geregelt. Da sie erhebliche rechtliche Folgen hat, ist insoweit besondere Vorsicht geboten. Die Abnahmefiktion ist nicht mit der Abnahme zu verwechseln, die durch konkludentes Verhalten des Bauherrn zustande kommt. Hier nimmt der Bauherr die Bauleistung bewusst und mit Willen ab, wobei allerdings die Willenserklärung des Bauherrn nicht ausdrücklich, sondern nur durch sein schlüssiges Verhalten erfolgt. Bei der Abnahmefiktion im Sinne des § 12 Abs. 5 VOB/B wird eine Abnahme **fingiert;** sie tritt also unabhängig vom wirklichen Willen des Bauherrn ein. Daher sind insoweit strenge Anforderungen zu stellen, die in der vorgenannten Vorschrift geregelt sind.

Ist das Bauwerk fertiggestellt, steht grundsätzlich noch die **Abrechnung** aus. Diese erfolgt durch die sog. **Schlussrechnung** und **Schlusszahlungen.** Nach § 14 VOB/B hat der Unternehmer nach Fertigstellung seiner Leistung **prüfbare Rechnungen** einzureichen. In diesen Schlussrechnungen nimmt der Auftragnehmer, in einzelne Positionen aufgegliedert, die endgültige Endabrechnung seiner Unternehmerleistung vor. Er ist verpflichtet, grundsätzlich übersichtliche Rechnungen aufzustellen und dabei die Reihenfolge der Posten und die Bezeichnung der Vertragsunterlagen einzuhalten. Er muss Massenberechnungen, Zeichnungen und andere Belege beifügen, die es dem Bauherrn ermöglichen, die Gesamtleistung zu überprüfen. In der Regel übergibt der Bauherr seinem Architekten die Rechnungen zur Überprüfung. Gibt der Architekt dann die Rechnungen zur Überweisung frei, hat der Bauherr nach Maßgabe des § 16 Abs. 3 Nr. 1 die **Schlusszahlungen** grundsätzlich 30 Tage nach Zugang der Schlussrechnung zu leisten.

Eine Schlusszahlung durch den Bauherrn kann für den Bauunternehmer **weitreichende Folgen** haben, wenn er sie vorbehaltlos annimmt. Nach § 16 Abs. 3 Nr. 2 VOB/B schließt nämlich die vorbehaltlose Annahme der Schlusszahlung **Nachforderungen** aus, wenn der Auftragnehmer über die Schlusszahlung **schriftlich unterrichtet** und auf die **Ausschlusswirkung hingewiesen** wurde. Auch früher gestellte, aber unerledigte Forderungen sind dann ausgeschlossen, wenn sie nicht nochmals vorbehalten werden.

Stets muss es sich bei der Zahlung des Bauherrn um eine **Schlusszahlung** und nicht um eine reine Abschlagszahlung handeln. Eine Schlusszahlung des Bauherrn liegt vor, wenn dieser unmissverständlich zu erkennen gibt, dass er

Einführung

die seiner Meinung nach noch bestehende Restverbindlichkeit befriedigen und keine weiteren Zahlungen mehr leisten will (BGH, NJW 1970, 1185).

An die nach § 16 Abs. 3 Nr. 5 VOB/B erforderliche **Vorbehaltserklärung** des Bauunternehmers dürfen im Hinblick auf den Rechtsverlust, den der Bauunternehmer erleidet, keine allzu strengen Anforderungen gestellt werden (BGH, BauR 1970, 117; BauR 1983, 476; OLG Hamburg, BauR 1983, 371). Ein Vorbehalt muss daher auch nicht ausdrücklich erklärt werden. Es genügt eine Erklärung des Unternehmers, mit der er zu erkennen gibt, dass er mit dem vom Bauherrn als Schlusszahlung gedachten Betrag seine Forderungen aus dem Bauvertrag nicht als getilgt ansieht. Der **Vorbehalt** ist innerhalb von **28 Tagen** nach Zugang der Mitteilung nach den Absätzen 2 und 3 über die Schlusszahlung zu erklären.

Ein Vorbehalt wird **hinfällig,** wenn der Auftragnehmer nicht innerhalb von weiteren 28 Tagen eine prüfbare Rechnung über die vorbehaltenen Forderungen einreicht oder, wenn das nicht möglich ist, der Vorbehalt eingehend von ihm begründet wird. Ist allerdings der Bauherr aufgrund der bereits eingereichten, prüfbaren Schlussrechnungen umfassend über sämtliche Forderungen des Unternehmers informiert, kürzt er aber diese Schlussrechnung, so genügt die Erklärung des Vorbehalts, ohne dass nun nochmals eine prüfbare Rechnung über die vorbehaltenen Ansprüche oder eine eingehende Begründung des Vorbehalts erforderlich ist.

Auch eine an sich verwirkte **Vertragsstrafe** muss bei der Abnahme vorbehalten werden; das ist selbst dann notwendig, wenn der Bauherr bereits vorher mit seinem Vertragsstrafenanspruch aufgerechnet hatte (BGH, NJW 1983, 384). Eine Vertragsstrafe kann nur verlangt werden, wenn diese zB für den Fall der Überschreitung von Vertragsfristen ausdrücklich vereinbart worden ist. Ist eine Vertragsstrafe vertraglich festgelegt, so gelten auch beim VOB-Bauvertrag die Grundsätze der §§ 339–345 BGB.

Die Gewährleistungs(Mängel)ansprüche des Bauherrn gegen den Auftragnehmer richten sich nach § 13 VOB/B. Von den Mängelansprüchen des § 13 ist der Anspruch des Bauherrn nach § 4 Abs. 7 S. 1 VOB/B zu unterscheiden. Danach hat der Auftragnehmer Leistungen, „die schon während der Ausführung als mangelhaft oder als vertragswidrig erkannt werden, auf eigenen Kosten durch mangelfreie zu ersetzen". Insoweit handelt es sich um einen **Erfüllungs-** und nicht um einen Gewährleistungs(Mängel)anspruch. Zu der Mängelbeseitigungspflicht des Unternehmers nach § 4 Abs. 7 S. 1 tritt eine Schadensersatzpflicht, wenn er den Mangel verschuldet hat.

Das Gewährleistungsrecht der VOB/B gewährt dem Bauherrn

☒gem. § 13 Abs. 5 Nr. 1 einen Anspruch auf **Mängelbeseitigung**

☒gem. § 13 Abs. 5 Nr. 2 einen Anspruch auf **Kostenerstattung für die Mängelbeseitigung,** wenn der Unternehmer der Aufforderung zur Mängelbeseitigung in einer vom Auftraggeber gesetzten angemessenen Frist nicht nachkommt

☒gem. § 13 Abs. 6 einen Anspruch auf **Minderung der Vergütung,** wenn die Beseitigung des Mangels für den Auftraggeber unzumutbar oder diese unmöglich oder mit einem unverhältnismäßig hohen Aufwand verbunden ist und deshalb vom Auftragnehmer verweigert wird.

Nach § 13 Abs. 1 VOB/B hat der „Auftragnehmer dem Auftraggeber **seine Leistung** zum Zeitpunkt der Abnahme **frei von Sachmängeln** zu verschaffen. Die Sache ist zur Zeit der Abnahme frei von Sachmängeln, wenn sie die vereinbarte Beschaffenheit hat und den anerkannten Regeln der Technik ent-

Einführung

spricht. Ist die Beschaffenheit nicht vereinbart, so ist die Leistung zur Zeit der Abnahme frei von Sachmängeln, (a) wenn sie sich für die nach dem Vertrag vorausgesetzte, sonst (b) für die gewöhnliche Verwendung eignet und eine Beschaffenheit aufweist, die bei Werken der gleichen Art üblich ist und die der Auftraggeber nach der Art der Leistung erwarten kann."

Die VOB/B gibt damit einen dreistufigen Mangelbegriff vor, dessen sachgerechte Handhabung häufig auf Schwierigkeiten stoßen kann; allerdings ist festzustellen, dass es für die Unternehmer durch die **Betonung** des **subjektiven Fehlerbegriffs** im Einzelfall zu einer deutlichen **Haftungsverschärfung** kommen kann, weil auch eine nach den allgemeinen Regeln ordnungsgemäße Leistung gegen die vereinbarte Beschaffenheit verstoßen kann.

Der Anspruch auf **Beseitigung** von vorhandenen Mängeln ist davon abhängig, dass der Bauherr vor Ablauf der Verjährungsfrist von dem Bauunternehmer die Beseitigung der Mängel **schriftlich** verlangt hat. Eine nur mündliche Aufforderung zur Mängelbeseitigung reicht nicht aus, wenn sich der Bauherr seine Mängelansprüche auch nach dem Eintritt der Verjährung erhalten will. Nach § 13 Abs. 5 Nr. 2 VOB/B muss der Bauherr dem Bauunternehmer zur Mängelbeseitigung eine angemessene Frist setzen. Lässt der Bauunternehmer diese ihm gesetzte Frist zur Mängelbeseitigung fruchtlos verstreichen, so kann der Bauherr nunmehr die Mängel auf Kosten des Bauunternehmers abstellen lassen. Hierfür kann er von dem Bauunternehmer einen entsprechenden **Vorschuss** verlangen.

Ist die Beseitigung des Mangels für den Auftraggeber unzumutbar, unmöglich oder würde sie einen unverhältnismäßig hohen Aufwand erfordern und wird sie deshalb vom Bauunternehmer zu Recht verweigert, so kann der Bauherr **Minderung** der Vergütung verlangen (§ 13 Abs. 6 VOB/B).

Als dritte und wichtigste Form der Gewährleistung räumt die VOB/B in § 13 Abs. 7 dem Bauherrn **Schadensersatzansprüche** ein. Dieser Schadensersatzanspruch setzt jedoch voraus, dass es sich um einen wesentlichen **Mangel** handelt, der auf ein **Verschulden** des Unternehmers oder seines Erfüllungsgehilfen zurückgeht und der die Gebrauchsfähigkeit der Leistung erheblich beeinträchtigt. Der Schadensersatzanspruch tritt seinem Umfang nach in **zwei Formen** auf: In § 13 Abs. 7 Nr. 3 S. 1 VOB wird der sog. **„kleine"** und in § 13 Abs. 7 Nr. 3 S. 2 VOB/B der sog. **„große"** Schadensersatzanspruch behandelt.

Während der kleine Schadensersatzanspruch den Schaden betrifft, der die Herstellung, Instandhaltung oder Änderung der Bauleistung dient, umfasst der große Schadensersatzanspruch die Schäden, die über den am Bauwerk entstandenen Schaden hinausgehen. Voraussetzung ist aber, dass der Mangel auf Vorsatz oder grober Fahrlässigkeit oder auf einen Verstoß gegen die anerkannten Regeln der Technik beruht oder im Fehlen einer vertraglich vereinbarten Beschaffenheit besteht.

Als **Schaden** „an der baulichen Anlage" gilt der Schaden, der am Gesamtbauwerk entstanden ist, für das die Bauleistung bestimmt war. Zum Schaden gehört auch der Aufwand, der zur Beseitigung der Schäden am Bauwerk erforderlich ist. Der Ersatz des darüber hinausgehenden Schadens kann nur in den in § 13 Abs. 7 Nr. 3 S. 2 VOB/B genannten Fällen verlangt werden. Voraussetzungen der Schadensersatzansprüche nach § 13 Abs. 7 VOB/B einschließlich des Schadensumfangs muss der Bauherr darlegen. Sache des Unternehmers ist es dann, ggfs. nachzuweisen, dass er nicht schuldhaft gehandelt hat.

Die **Verjährungsfristen** sind im Rahmen der VOB/B zugunsten der Unternehmer und zuungunsten des Bauherrn abgekürzt worden. So sieht die VOB/B

Einführung

in § 13 Abs. 4 für Bauwerke – wenn nichts anderes vereinbart ist – eine Verjährungsfrist von 4 Jahren vor.

Die Verjährungsfrist beginnt mit der **Abnahme** der gesamten Leistung. Allerdings hat der Bauherr die Möglichkeit, durch schriftliche Mängelanzeige die Verjährungsfrist zu verlängern. Nach § 13 Abs. 5 Nr. 1 S. 2 VOB/B verjährt der Anspruch auf Beseitigung der **gerügten** Mängel in 2 Jahren, gerechnet vom Zugang des schriftlichen Verlangens an, jedoch nicht vor Ablauf der Regelfristen nach § 13 Abs. 4 VOB/B oder der an ihrer Stelle vereinbarten Frist. **Beseitigt** der Unternehmer die gerügten Mängel und werden die Mängelbeseitigungsarbeiten dann von dem Bauherrn abgenommen, so „beginnt für diese Leistung eine Verjährungsfrist von 2 Jahren neu, die jedoch nicht vor Ablauf der Regelfristen nach Nr. 4 oder der an ihrer Stelle vereinbarten Frist endet."

Zur Absicherung etwaiger Mängelbeseitigungsansprüche können die Parteien eine **Sicherheitsleistung** vorsehen. Der Bauherr behält in diesem Falle von den zu leistenden Teilbeträgen einen Sicherheitsbetrag zurück, um damit die Erfüllung von Gewährleistungsansprüchen sicher zu stellen. § 17 VOB/B behandelt die einzelnen Möglichkeiten einer Sicherheitsleistung.

3. VOB/C

Der VOB/C enthält die allgemeinen technischen Vertragsbedingungen für Bauleistungen (ATV) und damit die DIN-Vorschriften für die wichtigsten Gewerke. Die DIN-Normen sind ein Teil der anerkannten Regeln der Technik und diesen untergeordnet. Nach den Neufassungen der VOB 2006 und 2009 sind die in der Übersicht der VOB/C aufgeführten DIN-Normen zu beachten.

Auch wenn DIN-Normen nicht immer mit den Regeln der Technik identisch sind, weil sie zB veraltet sind, gibt es im Baurecht folgende Beweislastregel: Die DIN-Normen haben die Vermutung für sich, dass sie die allgemeinen Regeln der Technik wiedergeben. Diese Vermutung kann zwar widerlegt werden, beweispflichtig ist aber dann derjenige, der die Richtigkeit der betreffenden DIN-Normen erschüttern will. Mit anderen Worten: Wer sich bei einer Bauleistung an die DIN-Normen hält, kann die widerlegbare Tatsachen-Vermutung ordnungsgemäßer Arbeit in Anspruch nehmen.

II. Das Werkvertragsrecht nach dem BGB

Das **private Baurecht** ist in §§ 631 ff. BGB geregelt. Während die **VOB** grundsätzlich nur auf das Rechtsverhältnis Bauherr-Auftragnehmer Anwendung finden kann, wenn diese vereinbart worden ist, erfasst das Werkvertragsrecht des BGB grundsätzlich alle Baubeteiligten. In der Praxis werden allerdings die Rechtsbeziehungen zwischen dem Bauunternehmer/Architekten/Ingenieur einerseits und dem Bauherrn/Auftraggeber andererseits in aller Regel durch individuelle Bauverträge oder durch Formularverträge mit ergänzenden „Besondere Vertragsbedingungen" gestaltet. Im letzteren Fall unterliegen diese Verträge den §§ 305 ff. BGB.

Mit dem Gesetz zur Reform des zivilen Bauvertragsrechts 2018 sind viele neue und spezielle Vorschriften für den **Bauvertrag, den Architekten- und Ingenieurvertrag, den Verbraucherbauvertrag sowie den Bauträgervertrag** in das BGB aufgenommen worden. Hintergrund der neuen gesetzlichen Vorschriften im Werkvertragsrecht ist der Umstand, dass das bislang

Einführung

geltende Werkvertragsrecht sehr allgemein gehalten war und damit den speziellen Fragen des Bauvertragsrechts nicht mehr gerecht wurde, um – so die Begründung – „einer interessengerechten und ökonomisch sinnvollen Gestaltung und Abwicklung von Bauverträgen" zu gewährleisten. Es ist seit dem 1.1.2018 in Kraft.

Der Gesetzgeber hat nach den allgemeinen Vorschriften über den Werkvertrag (§§ 631 ff. BGB) mit Kapitel 2 erstmals Regelungen über den **„Bauvertrag"** getroffen (§§ 650a bis 650l BGB). Mit Abs. 1 des § 650a BGB wird ein Bauvertrag als ein Vertrag nicht nur über die Herstellung, die Wiederherstellung oder den Umbau eines Werkes oder eines Teils davon definiert. Vielmehr liegt ein Bauvertrag iSd § 650a BGB auch vor, wenn die Parteien einen Vertrag über die **Beseitigung eines Bauwerks** oder der Herstellung, Wiederherstellung oder den Umbau einer **Außenanlage** oder eines Teils davon abschließen. Abs. 2 beschäftigt sich mit der **Instandhaltung eines Bauwerks** und klärt, wann der Vertrag eines Bauwerks insoweit als Bauvertrag iSd neuen Vorschriften der §§ 650b ff BGB anzusehen ist. Nur wenn die Instandhaltung für die Konstruktion, den Bestand oder bestimmungsgemäßen Gebrauch des Bauwerks „von wesentlicher Bedeutung" ist, ist ein Bauvertrag iSd neuen Werkvertragsrechts 2018 anzunehmen. Die Begründung weist in diesem Zusammenhang zB auf „Pflege-, Wartungs- und Inspektionsleistungen" hin. Es wird aber noch eine Fülle weiterer Instandhaltungsleistungen geben, sodass es der Rechtsprechung überlassen wird, im Einzelfall abzuklären, wann insoweit ein Bauvertrag iSd §§ 650a ff BGB anzunehmen sein wird.

Mit dem neuen **§ 650b BGB** ist erstmalig eine Vorschrift in das BGB aufgenommen worden, die das **Anordnungsrecht des Auftraggebers** bei Änderungen des Vertrages klärt. Ferner enthält die folgende Vorschrift des § 650c BGB den Vergütungsanspruch bei Anordnung des Auftraggebers, wenn die Vertragsparteien insoweit keine Einigung erzielt haben.

Streiten die Vertragsparteien über das (neue) Anordnungsrecht gem. §§ 650b und c BGB ist es gem. § 650d BGB zum Erlass einer **einstweiligen Verfügung** nach Beginn der Bauausführung nicht erforderlich, dass der Verfügungsgrund glaubhaft gemacht wird.

Die alten **§ 648** BGB (Sicherungshypothek des Bauunternehmers) und **§ 648a** BGB (Bauhandwerkersicherung) sind **aus dem allgemeinen Werkvertragsrecht herausgenommen** worden und finden sich nunmehr **im Kapitel „Bauvertrag"** mit der Folge, dass die Anwendbarkeit dieser beiden Sicherheiten des Unternehmers nunmehr stets einen Bauvertrag iSd § 650a BGB voraussetzen.

Gem. § 650e BGB kann nunmehr (nur) der Unternehmer iSd § 650a BGB (und der Architekt oder Sonderfachmann) gem. § 650q Abs. 1 BGB, aber nicht der Bauträger gem. § 650u Abs. 2 BGB für seine Forderungen aus dem Bauvertrag die Einräumung einer **Sicherungshypothek** an dem Baugrundstück des Auftraggebers verlangen. Mit der Sicherungshypothek können alle vertraglichen Forderungen des Unternehmers gegen den Auftraggeber abgesichert werden soweit Bauleistungen bereits erbracht sind. Der Anspruch auf Einräumung einer Sicherungshypothek entsteht in voller Höhe nur dann, wenn die Werkleistung mangelfrei ist. Zu § 650e BGB kann im Übrigen die Rechtsprechung zu der alten Vorschrift des § 648 BGB übernommen werden.

Dem Unternehmer iSd § 650a BGB und dem Architekten oder Sonderfachmann (gem. § 650q Abs. 1 BGB) sowie dem Bauträger (gem. § 650u Abs. 2

Einführung

BGB) steht mit **§ 650f BGB (Bauhandwerkersicherung)** darüber hinaus ein **zusätzliches Sicherungsmittel** zur Verfügung. Der vorerwähnte Kreis von Unternehmern kann danach vom Auftraggeber Sicherheit „für die auch in Zusatzaufträgen vereinbarte und noch nicht gezahlte Vergütung einschließlich der dazugehörigen Nebenforderungen, die mit 10 % des zu sichernden Vergütungsanspruchs anzusetzen sind, verlangen". Das gilt auch für Ansprüche, die an die Stelle der Vergütung treten. Die Sicherheit kann durch eine Garantie oder ein sonstiges Zahlungsversprechen eines Kreditinstituts oder Kreditversicherers geleistet werden. In der Praxis werden sich insoweit vor allem selbstschuldnerische Bankbürgschaften anbieten. Leistet der Besteller die Sicherheit nicht fristgemäß, so kann der Unternehmer wahlweise seine Leistungen verweigern; er braucht seine Arbeiten also nicht aufzunehmen oder gar fortzusetzen. Nach Ablauf einer Nachfrist (zur Stellung der Sicherheit) kann er den Vertrag sogar kündigen. Nach einer Kündigung hat ein Unternehmer weiterhin einen Anspruch auf Sicherheit, er muss jedoch die Höhe der vereinbarten Vergütung darlegen, wie sie sich zu dieser Zeit darstellt (BGH NZBau 2014, 343 sowie *Schmitz,* NZBau 2014, 484 ff.). Zu beachten ist, dass § 648a BGB keine Anwendung findet, wenn ein Privatmann („natürliche Person") ohne Einschaltung eines Baubetreuers baut.

Die Bauhandwerkersicherung kann auch nach Abnahme geltend gemacht werden. Darüber hinaus enthält diese Vorschrift die wichtige Regelung, dass bei der Höhe der Sicherheitsleistung **aufrechenbare Gegenansprüche** des Bestellers **unberücksichtigt** bleiben, wenn **sie nicht unstreitig oder rechtskräftig festgestellt** sind. § 650f BGB nF.

Zu beachten ist, dass § 650f BGB gem. Abs. 6 keine Anwendung findet, wenn der Auftraggeber entweder eine **juristische Person des öffentlichen Rechts** oder öffentlich-rechtliches Sondervermögen ist, über deren Vermögen ein Insolvenzverfahren unzulässig ist oder ein **Verbraucher** ist und es sich um einen **Verbraucherbauvertrag** nach § 650i BGB oder um einen Bauträgervertrag nach § 650u BGB handelt. Soweit der Unternehmer für seinen Vergütungsanspruch eine Bauhandwerkersicherung erlangt hat, ist allerdings der Anspruch auf Einräumung einer Sicherungshypothek nach § 650e BGB Abs. 4 ausgeschlossen.

Neu und auch sinnvoll ist die Vorschrift des § 650g BGB. Mit dieser Vorschrift wird erstmalig eine **Pflicht zur gemeinsamen Feststellung des Zustandes der Bauleistung bei Verweigerung der Abnahme** begründet. Ferner enthält die Vorschrift (etwas deplatziert in Abs. 5 dieser Vorschrift) eine grundsätzliche Regelung zur **Fälligkeit der Vergütung.** Danach ist die Vergütung fällig nach **Abnahme und Erteilung einer prüffähigen Schlussrechnung.**

Gem. dem neuen § 650h BGB bedarf die **Kündigung eines Bauvertrages** der **Schriftform.**

Um dem besonderen Schutzbedürfnis der Verbraucher beim Abschluss größerer Bauverträge Rechnung zu tragen, ist durch das neue **Werkvertragsrecht 2018** ein eigenes **Kapitel „Verbraucherbauvertrag"** in das BGB (§§ 650i ff.) eingefügt worden: Gem. § 650i BGB sind Verbraucherbauverträge Verträge, „durch die der Unternehmer von einem Verbraucher zum Bau eines neuen Gebäudes oder zu erheblichen Umbaumaßnahmen an einem bestehenden Gebäude verpflichtet wird." Im Rahmen der Schutzvorschriften zugunsten der Verbraucher legt § 650i Abs. 2 BGB fest, dass der Verbraucherbauvertrag der „Textform" bedarf. Ohne Textform ist damit der Verbraucherbauvertrag

Einführung

unwirksam. Nach dem klaren Wortlaut des § 650i BGB liegt ein Verbraucherbauvertrag nur dann vor, wenn sich nur **ein Auftragnehmer** zum Bau eines neuen Gebäudes verpflichtet, also zB ein Generalübernehmer oder -unternehmer: Ein Verbraucherbauvertrag liegt daher nicht vor, wenn der Verbraucher das Bauwerk im Rahmen von Einzelvergaben (der verschiedenen Gewerke) errichtet (zB Rohbau, Ausbau usw.).

Mit dem neuen **Werkvertragsrecht 2018** wurde erstmals der **Architekten- und Ingenieurvertrag in das BGB aufgenommen.** Damit ist die in der Vergangenheit vielfach diskutierte Frage, ob der Architektenvertrag dem Werkvertragsrecht oder dem Dienstvertragsrecht zuzuordnen ist, gegenstandslos geworden. Auf den Architektenvertrag sind nunmehr die **§§ 650p bis 650t BGB** anzuwenden.

In **§ 650p** werden die **„vertragstypischen Pflichten aus Architekten- und Ingenieurverträgen"** formuliert, während Absatz 1 dieser Vorschrift nichts Neues bringt, gilt dies aber für Abs. 2 des § 650p: Soweit wesentliche Planungs- und Überwachungsziele noch nicht vereinbart sind, hat der Architekt zunächst eine Planungsgrundlage zur Ermittlung dieser Ziele zu erstellen; er soll daher dem Auftraggeber die **Planungsgrundlage zusammen mit einer „Kosteneinschätzung"** für das Bauvorhaben zur Zustimmung vorlegen. Nach Vorlage dieser Unterlagen kann der Auftraggeber den Vertrag gem. **§ 650r BGB** im Rahmen eines **„Sonderkündigungsrechtes"** kündigen. Dieser Typ des Architekten- und Ingenieurvertrages wird Anlass für viele Streitigkeiten werden.

Im Übrigen kann der Architekt/Ingenieur ab der Abnahme der letzten Leistung des bauausführenden Unternehmers oder der bauausführenden Unternehmer eine **Teilabnahme** der von ihm bis dahin erbrachten Leistungen verlangen. Diese Teilabnahme ist in § 650s BGB geregelt und ermöglicht insbesondere dem Architekten eine Teilabnahme zu verlangen, wenn die die letzte Bauleistung abgenommen wurde, auf die sich die von ihm geschuldete Bauüberwachungspflicht bezieht.

Neu ist auch § 650t BGB, nämlich die **gesamtschuldnerische Haftung mit dem bauausführenden Unternehmer.** Nach dieser Vorschrift wird im Rahmen der gesamtschuldnerischen Haftung dem Architekten ein **Leistungsverweigerungsrecht** zugesprochen: Nimmt der Auftraggeber den Architekten wegen eines Überwachungsfehlers in Anspruch, der zu einem Mangel an dem Bauwerk oder an der Außenanlage geführt hat, kann der Architekt die Leistung verweigern, wenn auch der ausführende Bauunternehmer für den Mangel haftet und der Auftraggeber dem bauausführenden Unternehmer noch nicht erfolglos eine angemessene Frist zur Nacherfüllung bestimmt hat. Diese Vorschrift hat seit dem Inkrafttreten keine praktische Bedeutung entfaltet und wird dies wohl auch zukünftig nicht tun. Grund dafür ist es, dass es bereits zu den Pflichten des auch mit der Objektüberwachung beauftragten Architekten/Ingenieurs zählt, den Bauausführenden unter Fristsetzung zur Nacherfüllung aufzufordern.

Im Übrigen bestimmt § 650q BGB welche Vorschriften aus dem Bauvertrag auch für den Architekten- und Ingenieurvertrag gelten.

Der **Bauträgervertrag** ist in den §§ 650u und 650r BGB als Werkvertrag in das BGB eingeführt worden. Nach § 650u BGB ist ein Bauträgervertrag „ein Vertrag, der die Errichtung oder den Umbau eines Hauses oder eines vergleichbaren Bauwerks zum Gegenstand hat und der zugleich die Verpflichtung des Unternehmers enthält, dem Besteller das Eigentum an dem Grundstück zu

Einführung

übertragen oder ein Erbbaurecht zu bestellen oder zu übertragen". Das ist keine neue Definition des Bauträgervertrages, sondern von dem Wortlaut des (alten) § 632a Abs. 2 BGB übernommen. § 650u Abs. 1 S. 2 und 3 sowie Abs. 2 BGB benennt, welche Vorschriften aus dem Werkvertragsrecht grundsätzlich auf den Bauträgervertrag anzuwenden sind.

Im Gewährleistungsrecht und Vergütungsrecht ist es bei den allgemeinen Vorschriften im Wesentlichen geblieben:

Nach § 633 Abs. 1 BGB hat der Unternehmer dem Auftraggeber („Besteller") das Werk frei von Sach- und Rechtsmängeln zu verschaffen. Was unter einem Sachmangel bzw. Rechtsmangel zu verstehen ist, wird in Abs. 2 und Abs. 3 dieser Vorschrift im Einzelnen erläutert. Der frühere Begriff der zugesicherten Eigenschaft findet sich nicht mehr im Gesetz.

Ist das versprochene Bauwerk oder die Bauleistung nicht von dieser Beschaffenheit, kann der Auftraggeber grundsätzlich zunächst **Nacherfüllung** gemäß § 635 BGB verlangen. Der Nacherfüllungsanspruch setzt ein Verschulden nicht voraus. Deshalb ist es auch nach der Rechtsprechung des BGH unerheblich, ob sich der Auftragnehmer im Zeitpunkt der Planung oder der Ausführung der Bauleistung an die anerkannten Regeln der Technik gehalten hat; auch in diesem Fall besteht bei mangelhafter Bauleistung ein Nachbesserungsanspruch des Auftraggebers, weil der Auftragnehmer grundsätzlich einen Leistungserfolg, nämlich ein – aus objektiver Sicht – fehlerfreies, zweckgerechtes Werk schuldet. Der Unternehmer kann nach § 635 BGB wahlweise den Mangel beseitigen oder ein neues Werk herstellen, wenn der Auftraggeber Nacherfüllung verlangt.

Der Unternehmer ist aufgrund des Nacherfüllungsanspruchs des Auftraggebers nicht nur verpflichtet, die mangelhafte Bauleistung nachzubessern oder ein neues Werk herzustellen, er hat vielmehr auch ein Recht zu der entsprechenden Nacherfüllung. Dieses Recht entfällt, wenn der Unternehmer die Nacherfüllung (Beseitigung des Mangels oder Neuherstellung nach seiner Wahl) ernsthaft und endgültig verweigert oder wenn besondere Umstände vorliegen, die unter Abwägung der beiderseitigen Interessen die sofortige Geltendmachung eines Schadensersatzanspruches (anstatt der Nacherfüllung) rechtfertigen (§ 636 iVm § 281 Abs. 2 BGB). Dasselbe gilt, wenn die Nacherfüllung fehlgeschlagen oder dem Auftraggeber unzumutbar ist (§ 636 BGB).

Schadensersatz anstatt Nacherfüllung kann der Auftraggeber grundsätzlich nur dann verlangen, wenn er dem Unternehmer erfolglos eine angemessene Frist zur Nacherfüllung gesetzt hat (§ 281 Abs. 1 BGB). Dabei gelten die vorstehenden Ausnahmen, in denen eine Fristsetzung entbehrlich ist. Einer Fristsetzung verbunden mit einer **Ablehnungsandrohung** bedarf es **nicht** mehr.

Der **Unternehmer** kann allerdings die Nacherfüllung **verweigern**, wenn sie nur mit **unverhältnismäßigen Kosten** möglich ist (§ 631 Abs. 3, § 275 Abs. 2 BGB). Das gilt auch, „wenn er die Leistung persönlich zu erbringen hat und sie ihm unter Abwägung des seiner Leistung entgegenstehenden Hindernisses mit dem Leistungsinteresse des Auftraggebers nicht zugemutet werden kann" (§ 275 Abs. 3 BGB).

Neben dem Nacherfüllung und dem Schadensersatzanspruch hat der Auftraggeber unter den Voraussetzungen des § 637 Abs. 1 BGB ein Recht zur **Selbstvornahme.** Gleichzeitig hat er einen Anspruch auf Ersatz der erforderlichen Aufwendungen, für die er von dem Unternehmen einen entsprechenden **Vorschuss** fordern kann (§ 637 Abs. 3 BGB). Das Recht zur **Minderung** der Vergütung ist in § 638 BGB geregelt. Schließlich steht dem Auftraggeber ein

Einführung

Rücktrittsrecht unter den Voraussetzungen der §§ 636, 323 und 326 Abs. 5 BGB zu.

Das Recht auf Nacherfüllung gegenüber dem **Architekten** ist – außerhalb der Planungsphase – wie bisher in aller Regel theoretischer Natur, da es dem Bauherrn nicht weiterhilft. Ist nach einem fehlerhaften Plan **bereits gebaut** worden, so ist eine bloße Änderung des Entwurfs für den Bauherrn nutzlos. Deshalb scheidet auch eine Nachbesserung (Nacherfüllung) einer Planung in diesem Fall von vornherein aus (BGH BauR 1988, 592). Dasselbe trifft für eine mangelhafte Bauaufsicht zu. Auch diese Tätigkeit des Architekten kann, wenn sie nicht einwandfrei durchgeführt worden ist, nicht nachgeholt werden. Den durch die fehlerhafte Leistung des Architekten entstandenen Mangel selbst braucht aber dieser nicht zu beseitigen. Nur in Ausnahmefällen kann der Architekt dennoch berechtigt sein, vorhandene Baumängel zu beseitigen; der BGH hat dies für den Fall entschieden, dass der Architekt seine Haftung anerkennt, sich zur Beseitigung des Mangels bereit erklärt und jemanden an der Hand hat, der die Mängel vorschriftsmäßig und preiswert beseitigt.

Der Schadensersatzanspruch gemäß §§ 634, 636, 280, 281, 283, 311a BGB setzt kein Verschulden des Auftragnehmers an dem Mangel des Bauwerks voraus.

Schließlich kann der Auftraggeber bis zur Vollendung des Bauwerks/der Bauleistung jederzeit den Vertrag (frei) **kündigen** (§ 648 BGB). Allerdings muss er in diesem Fall dem Auftragnehmer die vereinbarte Vergütung zahlen; dabei muss sich jedoch der Auftragnehmer dasjenige anrechnen lassen, was er infolge der Kündigung des Vertrages an Aufwendungen erspart hat (§ 648 S. 2 BGB). Gem. § 648 BGB letzter Satz wird **vermutet**, dass dem Unternehmer 5 % der auf den noch nicht erbrachten Teil der Werkleistung entfallenden vereinbarten Vergütung zustehen. Durch diese Änderung wird der Unternehmer entlastet; denn ihm obliegt im Streitfall grundsätzlich die Darlegungs- und Beweislast für diesen (noch nicht erbrachten) Teil der Vergütung (sog. entgangene Gewinn). Es ist dem Unternehmer jedoch unbenommen, einen etwaigen höheren, d. h. über 5 % liegenden entgangenen Gewinn, im vorbenannten Sinne nachzuweisen.

Die **Verjährung** der Ansprüche des Bauherrn richtet sich nach § 634a BGB. Die entsprechenden Verjährungsfristen sind länger als bei einer Vereinbarung der VOB. Die Verjährung beginnt mit der Abnahme des Werkes.

Auch die Vorschrift des § 632a BGB über die **Abschlagszahlung** ist durch das neue Bauvertragsrecht 2018 erheblich verändert worden. Nunmehr kann der Unternehmer von dem Auftraggeber für eine vertragsgemäß erbrachte Leistung eine Abschlagszahlung in der Höhe des **Wertes** der vom Auftragnehmer **erbrachten und nach dem Vertrag geschuldeten Leistungen** verlangen. Sind die erbrachten Leistungen nicht vertragsgemäß, kann der Auftraggeber die Zahlung eines angemessenen Teils des Abschlags verweigern.

Die **Abnahme** der Werkleistung ist in § 640 BGB geregelt. Sie ist eine Hauptpflicht des Auftraggebers. Von der Abnahme hängt insbesondere die Fälligkeit der Vergütung des Auftragnehmers (§ 641 BGB) und der Beginn der Verjährung für Gewährleistungsansprüche ab. Das Gesetz sieht für die Abnahme keine bestimmte Form vor: Sie kann daher ausdrücklich, aber auch konkludent (stillschweigend) erfolgen.

Abnahmewirkungen treten schließlich auch ein, wenn der Auftraggeber die Abnahme grundlos endgültig **verweigert,** für den Zeitpunkt der Abnahme ist dann der Zeitpunkt der grundlosen Verweigerung der Abnahme maßgeblich. Das Gesetz zur Beschleunigung fälliger Zahlungen hat insoweit im Hinblick auf

Einführung

die Abnahmeverweigerung zwar klarstellende Hinweise gebracht: Danach kann die Abnahme wegen unwesentlicher Mängel nicht verweigert werden. Im Übrigen steht es der Abnahme gleich, wenn der Auftraggeber das Werk nicht innerhalb einer ihm vom Unternehmer bestimmten angemessenen Frist abnimmt, obwohl er dazu verpflichtet ist. Mit der letzten Regelung ist erstmalig auch beim BGB-Werkvertrag eine Abnahmefiktion eingeführt worden.

In das gesetzliche Werkvertragsrecht ist schon durch das Gesetz zur Beschleunigung fälliger Zahlungen ein sogenannter **„Druckzuschlag"** eingeführt worden, der allerdings der bisherigen Rechtsprechung folgt. Nach dem § 641 Abs. 3 BGB, kann der Auftraggeber, der die Beseitigung eines Mangels verlangen kann, nach der Abnahme die Zahlung eines angemessenen Teils der Vergütung verweigern, angemessen ist in der Regel das Doppelte der für die Beseitigung erforderlichen Kosten.

Von der Praxis nahezu unbeachtet wird, dass der Werklohn vom Zeitpunkt der Abnahme gemäß § 641 Abs. 4 BGB mit dem gesetzlichen Zinssatz zu **verzinsen** ist (Fälligkeitszinsen). Dieser Zinssatz beträgt nach § 246 BGB 4% und nach § 352 Abs. 1 S. 1 HGB (für Handelsgeschäfte) 5% pro Jahr. Im Übrigen kann der Unternehmer Verzugszinsen geltend machen. Zudem wird in § 286 Abs. 3 BGB geregelt, dass der Schuldner einer „Entgeltforderung" **spätestens** in Verzug kommt, wenn er nicht innerhalb von 30 Tagen nach Fälligkeit und Zugang einer Rechnung oder gleichwertigen Zahlungsaufstellung leistet. Dies gilt allerdings gegenüber einem **Verbraucher** nur, wenn er auf diese Folgen in der Rechnung oder Zahlungsaufstellung besonders hingewiesen worden ist. Mit dieser Neuregelung kann ein Gläubiger auch einen früheren Verzug (vor Ablauf von 30 Tagen) durch Mahnung oder Bestimmung einer Leistungszeit nach dem Kalender gemäß § 286 Abs. 1 und 2 BGB herbeiführen.

Bezüglich der Höhe der Verzugszinsen gilt: Nach § 288 Abs. 1 BGB beträgt der Verzugszinssatz 5% über dem Basiszinssatz, soweit es sich um Verträge handelt, an denen Verbraucher beteiligt sind. Der Basiszinssatz ist in § 247 BGB festgelegt und verändert sich zum 1. Januar und 1. Juli eines jeden Jahres um die Prozentpunkte, um welche die Bezugsgröße seit der letzten Veränderung des Basiszinssatzes gestiegen oder gefallen ist. Dabei ist die Bezugsgröße der Zinssatz für die jüngste Hauptrefinanzierungsoperation der Europäischen Zentralbank vor dem ersten Kalendertag des betreffenden Halbjahres. Bei Rechtsgeschäften, an denen ein Verbraucher nicht beteiligt ist, beträgt der Zinssatz § 288 Abs. 2 BGB 9% über dem Basiszinssatz des § 247 BGB.

Gem. § 640 Abs. 1 BGB ist der Besteller verpflichtet, das vertragsmäßig hergestellte Werk abzunehmen. Wegen unwesentlichen Mängeln kann die Abnahme nicht verweigert werden (§ 640 Abs. 1 S. 2 BGB). Mit § 640 Abs. 2 BGB wird die sogenannt fiktive Abnahme definiert. Der § 648a BGB regelt, dass ein **Werkvertrag von beiden Vertragsparteien aus wichtigem Grund** ohne Einhaltung einer Kündigungsfrist **gekündigt** werden kann.

Die **„Durchgrifffälligkeit"** ist in § 641 BGB geregelt. Danach wird die Vergütung des Unternehmers für ein Werk, dessen Herstellung der Besteller einem Dritten versprochen hat, spätestens fällig,
1. soweit der Besteller von dem Dritten für das versprochene Werk wegen dessen Herstellung seine Vergütung oder Teile davon erhalten hat,
2. soweit das Werk des Bestellers von dem Dritten abgenommen worden ist oder als abgenommen gilt oder
3. wenn der Unternehmer dem Besteller erfolglos eine angemessene Frist zur Auskunft über die in Nr. 1. und 2. bezeichneten Umstände bestimmt hat.

Einführung

Mit dieser gesetzlichen Regelung soll der immer wieder beobachteten Praxis entgegengewirkt werden, dass der Bauträger/Generalübernehmer/Hauptunternehmer nach Herstellung der einzelnen Gewerke die Raten von seinem Auftraggeber/Erwerber einfordert und auch erhält, aber nicht an die Handwerker weiterleitet, die das Werk eigentlich hergestellt haben. Mit Eingang der für das jeweilige Gewerk anfallenden Vergütungen/Raten beim Bauträger/Generalübernehmer/Hauptunternehmer wird auch die Vergütung des Handwerkers fällig, der die Werkleistung erbracht hat. Der Handwerker (Subunternehmer) hat allerdings keinen uneingeschränkten Zahlungsanspruch, wenn sein Auftraggeber (Bauträger/Generalübernehmer/Hauptunternehmer) Zahlung nur gegen Sicherheit erhalten hat: Dann kann er die Vergütung nur fordern, wenn er selbst in entsprechender Höhe Sicherheit leistet.

Die Regelungen der §§ 305 ff. BGB haben insgesamt große Bedeutung für das Bau- und Architektenrecht. In den Gesetzeskatalogen sind zahlreiche Fragen behandelt, die im Bauwesen immer wieder eine Rolle spielen: Neben dem weiten Bereich der Haftungsbeschränkungen sind wichtige Fragen wie die Verschiebung der Beweislast, die Pauschalierung von Schadensersatzansprüchen, Aufrechnungsverbote, der Ausschluss von Zurückbehaltungs- und Leistungsverweigerungsrecht, das Vertragsstrafenversprechen, Mängelrügefristen, Gewährleistungsfristen usw. in den vorgenannten Bestimmungen behandelt. Diese schaffen damit einen verbindlichen Orientierungsrahmen für weite Bereiche der Baupraxis.

In den §§ 305–310 BGB sind die von der Rechtsprechung und Lehre entwickelten Rechtsgrundsätze im Wesentlichen festgeschrieben und teilweise ausgebaut worden. Der Schutzzweck dieser Normen geht dahin, den Missbrauch von AGB bei ihrer Verwendung durch den wirtschaftlich Stärkeren zu verhindern. Gleichzeitig soll dem Prinzip des angemessenen Ausgleichs der beiderseitigen Interessen der Parteien Geltung verschafft werden.

Durch § 310 Abs. 3 Nr. 1 BGB, der für Verträge zwischen einem Unternehmer und einem Verbraucher gilt, wird fingiert, dass die AGB vom Unternehmer „gestellt" sind, es sei denn, dass sie durch den Verbraucher in den Vertrag eingefügt wurden: Damit sind die Bestimmungen der §§ 305 ff. BGB auch dann anwendbar, wenn Vertragsklauseln auf Vorschlag eines Dritten (zB Notar) zum Inhalt des Vertrages gemacht werden (sog. **Drittklauseln**). Zu beachten ist, dass die §§ 306–309 BGB auf vorformulierte Vertragsbestimmungen auch dann zur Anwendung kommen, „wenn diese nur zur einmaligen Verwendung bestimmt sind und soweit der Verbraucher nur auf Grund der Vorformulierung auf ihren Inhalt keinen Einfluss nehmen konnte". Letzteres muss der Verbraucher aber gegebenenfalls darlegen und beweisen. Schließlich gibt § 310 Abs. 3 Nr. 3 BGB für die Prüfung, ob durch eine Klausel eine unangemessene Benachteiligung zu bejahen ist, vor, dass dabei „auch die den Vertragsabschluss begleitenden Umstände zu berücksichtigen" sind.

Die §§ 306 ff. BGB gelten auch hinsichtlich der Verwendung von AGB gegenüber **„Kaufleuten";** zu beachten ist allerdings, dass in § 310 Abs. 1 BGB der Begriff des Kaufmanns durch denjenigen des durch gewerbliche und selbständige berufliche Tätigkeit gekennzeichneten „Unternehmers" ersetzt worden ist. Das hat für die Baupraxis erhebliche Bedeutung. In § 310 Abs. 1 BGB finden allerdings die Vorschriften des § 305 Abs. 2 und 3 und die §§ 308 und 309 BGB keine Anwendung, sobald es sich um Allgemeine Geschäftsbedingungen gegenüber einem Unternehmer handelt. Dasselbe gilt hinsichtlich einer juristischen Person des öffentlichen Rechts oder einem öffentlich-rechtli-

Einführung

chen Sondervermögen. Durch das Forderungssicherungsgesetz ist § 310 Abs. 1 BGB ein Satz hinzugefügt worden. Damit hat der Gesetzgeber zum Ausdruck gebracht, dass gegenüber **Verbrauchern** keine Privilegierung der VOB/B greift.

Nach § 305 BGB sind Allgemeine Geschäftsbedingungen „alle für eine Vielzahl von Verträgen vorformulierte Vertragsbedingungen, die eine Vertragspartei (Verwender) der anderen Vertragspartei bei Abschluss eines Vertrages stellt". Unerheblich ist dabei, ob die Geschäftsbedingungen einen äußerlich gesonderten Bestandteil des Vertrages bilden oder in die Vertragsurkunde selbst aufgenommen werden, welchen Umfang sie haben, in welcher Schriftart sie verfasst sind und welche Form der Vertrag hat. Damit fallen unter den Begriff der Allgemeinen Geschäftsbedingungen auch alle Formularverträge, also Verträge, die von einer Vertragspartei für eine Vielzahl von Fällen vorformuliert sind. Architekten-Formularverträge sowie Formular-Bauverträge werden daher in Zukunft stets an den Vorschriften dieses Gesetzes zu messen sein.

Den Allgemeinen Geschäftsbedingungen stehen die **Individualvereinbarungen** gegenüber, also die zwischen den Vertragsparteien im Einzelnen ausgehandelte Vertragsbedingungen (§ 305 Abs. 1 S. 3 BGB). Die Abgrenzung zwischen Allgemeinen Geschäftsbedingungen und Individualvereinbarungen kann im Einzelfall schwierig sein. Dabei wird dem typischen Merkmal von Individualabreden, nämlich dem des „Aushandelns" besonderes Gewicht zukommen. Nur wenn der anderen Vertragspartei eine wirkliche Verhandlungschance hinsichtlich der einzelnen Vertragsbedingungen zukam, wird man von Individualvereinbarungen sprechen können. Es ist allerdings nicht erforderlich, dass im Einzelfall tatsächlich eine Abänderung der Vertragsklauseln durch eine aktive Einflussnahme des anderen Vertragspartners erfolgt ist. Auch wenn der verwendete Formularvertrag im Ergebnis überhaupt nicht geändert wird, kann eine Individualvereinbarung durchaus vorliegen; indes genügt eine allgemein geäußerte Bereitschaft, belastende Klauseln abzuändern, nicht (BGH NJW-RR 2005, 1040).

§ 305 Abs. 2 BGB bestimmt im Einzelnen, wann Allgemeine Geschäftsbedingungen überhaupt Bestandteil eines Vertrages werden. Die Einbeziehung der VOB kann nur **als Ganzes** geschehen; andernfalls findet eine Inhaltskontrolle bei jeder inhaltlichen Abweichung von der VOB/B statt.

Die Allgemeinen Vorschriften des § 305c BGB (Überraschende Klauseln), § 305b (Vorrang der Individualabrede), § 306 (Rechtsfolgen bei Nichteinbeziehung und Unwirksamkeit), sowie § 306a (Umgehungsverbot) geben durchweg allgemeine Rechtsgrundsätze wieder, die von der Rechtsprechung in der Vergangenheit erarbeitet wurden.

§ 307 BGB stellt die **Generalklausel für Allgemeine Geschäftsbedingungen** dar. Nach Abs. 1 sind Bestimmungen in AGB unwirksam, wenn sie den Vertragspartner des Verwenders entgegen den Geboten von Treu und Glauben unangemessen benachteiligen. Wann eine unangemessene Benachteiligung im Zweifel anzunehmen ist, bestimmt Abs. 2. Die Generalklausel gibt damit für die Zukunft die für die inhaltliche Ausgestaltung von AGB maßgebliche Richtung an.

Da die Generalklausel jedoch nicht für jeden Einzelfall eine so konkrete Aussage treffen kann, dass die Grenze des zulässigen Inhalts von AGB-Klauseln in jedem Falle auch ohne richterliche Hilfe sicher und eindeutig bestimmt werden kann, wird die Generalklausel durch die **beiden Kataloge unzulässiger Einzelklauseln** ergänzt, in denen die erfahrungsgemäß für unangemessene AGB

Einführung

typischen Einbruchsstellen des bürgerlichen Vertragsrechts abgedichtet werden sollen.

Während der Katalog des § 308 BGB Klauseln enthält, die erfahrungsgemäß besonders häufig unangemessen sind, deren Wertung im Einzelfall jedoch gleichwohl ihre Angemessenheit ergeben kann, enthält § 309 BGB Klauseln, die kraft gesetzgeberischer Wertung schlechthin unzulässig sind, ohne dass es also noch einer wertenden Prüfung im Einzelfall bedarf. Die Generalklausel des § 307 BGB hat in diesem Zusammenhang die Aufgabe, die unangemessenen Klauseln aufzufangen, die durch die Einzelverbote in den beiden Klauselkatalogen nicht erfasst sind.

Das **Unterlassungsklagengesetz** enthält verfahrensrechtliche Vorschriften, die eine abstrakte Unterlassungs- und Widerrufsklage (sog. eingeschränkte Popularklage) vorsehen. Diese Klage kann jedoch nur von bestimmten anspruchsberechtigten Stellen (zB rechtsfähigen Verbänden und Industrie- und Handelskammern, § 3 Unterlassungsklagengesetz) erhoben werden. Im Übrigen kann die Unwirksamkeit von AGB nach wie vor von jedem Vertragspartner im Rahmen eines Zivilprozesses geltend gemacht werden.

III. Die Honorarordnung für Architekten

Die Honorarordnung für Architekten- und Ingenieurleistungen – kurz **HOAI** genannt – ist zwischenzeitlich über 45 Jahre alt, nachdem sie am 1.1.1977 in Kraft getreten war.

Die HOAI ist seit ihrem Inkrafttreten mehrfach novelliert worden. Die 7. Novelle zur HOAI wurde am 7.6.2013 verabschiedet. In der Zeitspanne bis 2021 hat das Architektenrecht eine rasante Entwicklung genommen. In diese Zeitspanne fiel nicht nur das Inkrafttreten des neuen Bauvertragsgesetzes mit den oben bereits dargestellten Neuregelungen zum Architektenvertrag in den §§ 650p bis 650t BGB. Vielmehr hat der Europäische Gerichtshof am 4.7.2019 entschieden (BauR 2019, 1624), dass die Bundesrepublik Deutschland gegen Ihre Verpflichtungen aus Art. 15 Abs. 1, Abs. 2 Buchstabe g und Abs. 3 der Richtlinie 2006/123/EG **(sog. Dienstleistungsrichtline)** verstoßen hat, weil sie verbindliche Honorare für Planungsleistungen von Architekten und Ingenieuren beibehalten hat. Die in **der HOAI 2013 geregelten Mindest- und Höchsthonorarsätze** sind mithin **unionsrechtswidrig.**

Mit Verkündung des Urteils des EuGH bestand für die Bundesrepublik Deutschland daher die Pflicht, der Entscheidung nachzukommen und die nationale Rechtsordnung an die Vorgaben des Urteils anzupassen.

Dieser Verpflichtung ist der Gesetzgeber zunächst dadurch nachgekommen, dass er das Gesetz zur Regelung von Ingenieur- und Architektenleistungen (ArchLG), nämlich die Ermächtigungsgrundlage der HOAI, neu gefasst hat. Auf dieser Basis hat dann der Verordnungsgeber die HOAI mit Wirkung zum 1.1.2021 geändert.

Im Vergleich zur HOAI 2013 gelten nunmehr mit Verordnung zur Änderung der Honorarordnung für Architekten und Ingenieure (HOAI) ab dem 1.1.2021 insbesondere folgende Neuregelungen:

– **Honorare** für Architekten- und Ingenieurleistungen sind künftig **frei verhandelbar.**
– Das **verbindliche Preisrecht** bestehend aus **Mindest- und Höchstsatz** für Grundleistungen entfällt. Die bisherigen Honorartafeln werden grundsätzlich

Einführung

beibehalten; die dort enthaltenen Werte sind jedoch **künftig unverbindlich** und dienen den Vertragsparteien lediglich zur **Honorarorientierung.**
– Die zukünftige (unverbindliche) Untergrenze wird nicht mehr als Mindestsatz, sondern als **„Basishonorarsatz"** bezeichnet.
– Für wirksame Honorarvereinbarungen soll die **Textform** (§ 126b BGB, dh auch E-Mails) genügen. Damit entfällt das bisher vielfach in der HOAI vorgesehene Schriftformerfordernis, wie auch die in der Praxis vielfach missachtete Anforderung „bei Auftragserteilung". Beides führte bisher bei Nichtbeachtung zur Geltung des Mindestsatzes.
– Bei einer **fehlenden Honorarvereinbarung** bzw. einer aufgrund eines **Formverstoßes unwirksamen Honorarvereinbarung gilt der Basishonorarsatz** als vereinbart. Dies umfasst auch die Grundleistungen der Beratungsleistungen gemäß der Anlage 1 zur HOAI.
– Bei **Verbraucherverträgen** sind die Verbraucher spätestens bei der Angebotsabgabe in Textform auf die **Möglichkeit hinzuweisen,** dass auch außerhalb der HOAI ein **niedrigeres oder höheres Honorar vereinbart werden** kann.
– Der **Anwendungsbereich** auf **rein inländische Sachverhalte entfällt.**

Die Vorschriften der HOAI sind **leistungsbezogen** (zum Problem ausführlich *Werner* in Werner/Pastor, Der Bauprozess, 17. Auflage, Rn. 599 ff.). Nach der auch für die neue HOAI 2021 anzuwendenden bisherigen Rechtsprechung des BGH (NJW 1997, 2329; BauR 1998, 815) ist die HOAI für natürliche und juristische Personen unter der Voraussetzung anwendbar ist, dass sie Architekten- und Ingenieuraufgaben erbringen, die in der HOAI beschrieben sind. Damit werden die Vorschriften der HOAI leistungs- und **nicht berufsbezogen** ausgelegt, so dass sie auch auf Berufsfremde anzuwenden sind; allerdings hat der BGH darauf hingewiesen, dass die Bestimmungen der HOAI nicht für „Anbieter" gelten, die „neben" oder „zusammen" mit Bauleistungen auch Architekten- oder Ingenieurleistungen erbringen. Diese Rechtsprechung des BGH spiegelt sich nunmehr auch in der Regelung des § 1 HOAI 2021 (Anwendungsbereich) unmittelbar wider (siehe unten).

Darüber hinaus hat der BGH (BauR 1997, 154 und NJW 1999, 427) in zwei richtungsweisenden Entscheidungen Hinweise zu dem Verhältnis von bürgerlichem Recht (BGB) einerseits und HOAI andererseits gegeben: Ob ein Honoraranspruch dem **Grunde** nach gegeben oder nicht gegeben ist, richtet sich ausschließlich nach den Bestimmungen des BGB und lässt sich daher nicht mit den Gebührentatbeständen der HOAI begründen. Gleichzeitig hebt der BGH hervor, dass die HOAI „keine normativen Leitbilder für den Inhalt von Architekten- und Ingenieurverträgen" enthält, sondern die in der HOAI geregelten „Leistungsbilder" nur Gebührentatbestände für die Berechnung des Honorars der **Höhe** nach sind. Auch diese Grundsätze gelten für die **HOAI 2021** weiter fort.

1. Anwendungsbereich

Der Anwendungsbereich der HOAI wurde in § 1 neu gefasst. Die Verordnung für Honorare für Architekten- und Ingenieurleistungen gilt, soweit die Leistungen durch die Verordnung erfasst sind. Die Regelungen der Verordnung können zum Zwecke der Honorarberechnung einer Honorarvereinbarung zugrunde gelegt werden. Dies macht den neuen Charakter der Verordnung deutlich. Die HOAI enthält künftig **kein verbindliches Preisrecht** mehr und dementsprechend **keine verbindlichen Regelungen** für die Berechnung der

Einführung

Entgelte für bestimmte Leistungen. Der Anwendungsbereich der neuen Regelungen erstreckt sich weiterhin auf Honorare für Architekten- und Ingenieurleistungen, auch wenn der Regelungsinhalt ein anderer ist als bisher. Die Bestimmung des Anwendungsbereichs erfolgt weiterhin leistungsbezogen, nicht berufsbezogen. Es soll nicht ausgeschlossen sein, dass auch Vertreter anderer Berufe diese Leistungen ausführen.

Der neugefasste § 1 HOAI stellt auf den Oberbegriff der Leistungen ab. Es soll jedoch nur klargestellt werden, dass die HOAI weiterhin nicht nur Regelungen zu den sogenannten **Grundleistungen** enthält, sondern auch zu den sogenannten **Besonderen Leistungen.**

§ 1 S. 2 HOAI stellt den Charakter und die Zielrichtung der Regelungen der geänderten HOAI klar: Die Kalkulationsregeln der HOAI können, müssen aber nicht für die Ermittlung des Honorars genutzt werden. Insofern ist auch die Beschränkung auf Anwender mit Sitz im Inland und die Erbringung der Leistung im Inland entfallen.

2. Struktur der HOAI

Die HOAI weist im Wesentlichen unverändert folgende Struktur auf:

Teil 1	Allgemeine Vorschriften	§§ 1–16
Teil 2	Flächenplanung	§§ 17–32
	Abschnitt 1 Bauleitplanung	
	Abschnitt 2 Landschaftsplanung	
Teil 3	Objektplanung	§§ 33–48
	Abschnitt 1 Gebäude und Innenräume	
	Abschnitt 2 Freianlagen	
	Abschnitt 3 Ingenieurbauwerke	
	Abschnitt 4 Verkehrsanlagen	
Teil 4	Fachplanung	§§ 49–56
	Abschnitt 1 Tragwerksplanung	
	Abschnitt 2 Technische Ausrüstung	
Teil 5	Schlussvorschriften	§ 57

Darüber hinaus hat die HOAI weiterhin insgesamt 15 Anlagen:

Anlage 1	**Weitere Fachplanungs- und Beratungsleistungen**
Anlage 2	Grundleistungen im Leistungsbild Flächennutzungsplan
Anlage 3	Grundleistungen im Leistungsbild Bebauungsplan
Anlage 4	Grundleistungen im Leistungsbild Landschaftsplan
Anlage 5	Grundleistungen im Leistungsbild Grünordnungsplan
Anlage 6	Grundleistungen im Leistungsbild Landschaftsrahmenplan
Anlage 7	Grundleistungen im Leistungsbild Landschaftspflegerischer Begleitplan
Anlage 8	Grundleistungen im Leistungsbild Pflege- und Entwicklungsplan
Anlage 9	Besondere Leistungen zur Flächenplanung
Anlage 10	Grundleistungen im Leistungsbild Gebäude und Innenräume, Besondere Leistungen, Objektlisten
Anlage 11	Grundleistungen im Leistungsbild Freianlagen, Besondere Leistungen, Objektliste
Anlage 12	Grundleistungen im Leistungsbild Ingenieurbauwerke, Besondere Leistungen, Objektliste

Einführung

Anlage 13	Grundleistungen im Leistungsbild Verkehrsanlagen, Besondere Leistungen, Objektliste
Anlage 14	Grundleistungen im Leistungsbild Tragwerksplanung, Besondere Leistungen, Objektliste
Anlage 15	Grundleistungen im Leistungsbild Technische Ausrüstung, Besondere Leistungen, Objektliste

Das Anlagenkonvolut beginnt mit den sog. weiteren Fachplanungs- und Beratungsleistungen in Anlage 1. Sodann folgen in den Anlagen 2–15 die jeweiligen Leistungsbilder zu den einzelnen Teilen der HOAI – mit Ausnahme der Anlage 9, die die Besonderen Leistungen zur Flächenplanung enthält.

Die in den HOAI genannten Leistungen der Architekten und Ingenieure ergeben sich damit aus folgender Struktur:
1. **Leistungsbilder** (Teil 2 bis 4)
2. sowie die **Grundleistungen** in den jeweiligen Leistungsphasen gemäß der Anlage zum entsprechenden Leistungsbild.

3. Orientierungswerte

Die **HOAI** legt für die einzelnen Architekten- und Ingenieurleistungen nicht mehr **Mindest- und Höchstsätze** fest. Die Honorartafeln der HOAI 2021 weisen nur noch **Orientierungswerte** aus. Sie enthalten für jeden Leistungsbereich Honorarspannen vom Basishonorarsatz bis oberer Honorarsatz (so § 2 Abs. 12 HOAI). Der Basishonorarsatz ist gem. § 2 Abs. 13 HOAI 2021 der jeweils untere in den Honorartafeln enthaltenen Honorarsatz.

Das Honorar richtet sich nach der Vereinbarung, die die Vertragsparteien in Textform treffen (§ 7 Abs. 1 HOAI 2021). Sofern keine Vereinbarung über die Höhe der Vergütung in Textform getroffen wurde, gilt der Basishonorarsatz als vereinbart.

4. Kostenberechnung Maßstab für das Honorar

Bereits mit der HOAI 2009 war eine wesentliche Neuerung für die Ermittlung der anrechenbaren Kosten als Maßstab für das Honorar geschaffen worden, weil es erklärtes Ziel des Verordnungsgebers war, das Honorar von den veranschlagten Kosten (Kostenanschlag) sowie vor allem von den tatsächlichen Kosten (Kostenfeststellung) abzukoppeln. Dieser Grundsatz wurde auch im Rahmen der HOAI 2021 beibehalten. Wenn die **Parteien keine abweichende Honorarvereinbarung in Textform** getroffen haben, richtet sich der Basishonorarsatz für Leistungen bei den Leistungsbildern der Objekt- und Fachplanung nach den **anrechenbaren Kosten** des Objektes auf der Grundlage der **Kostenberechnung** (Grundleistung in Leistungsphase 3). Die Kostenberechnung als Maßstab für das Honorar gilt grundsätzlich für die gesamten Leistungsphasen 1 bis 9.

5. Leistungsbilder/Leistungsphasen/Grundleistungen

Gemäß § 3 Abs. 2 HOAI sind die Leistungen, die zur ordnungsgemäßen Erfüllung eines Auftrages im Allgemeinen erforderlich sind, – wie bereits erwähnt – in den **Leistungsbildern erfasst.** Für das Leistungsbild Gebäude und Innenräume ist das zB in § 34 HOAI iVm Anlage 10.1 erfolgt. Die einzelnen **Grundleistungen** werden – bezogen auf das jeweilige Leistungsbild – in den Anlagen zur HOAI genannt. So kennt zB Teil 3 „Objektplanung" bei Gebäuden und

Einführung

Innenräumen folgende **Leistungsphasen** in § 34 HOAI mit den in Ansatz zu bringenden Prozentsätzen:

1. Grundlagenermittlung 2
2. Vorplanung 7
3. Entwurfsplanung 15
4. Genehmigungsplanung 3
5. Ausführungsplanung 25
6. Vorbereitung der Vergabe 10
7. Mitwirkung bei der Vergabe 4
8. Objektüberwachung und Dokumentation 32
9. Objektbetreuung 2

Die unter diesen Leistungsphasen üblicherweise zu erbringenden **Grundleistungen** werden dann – wie vorerwähnt – in der Anlage 10.1 genannt.

Der neue Abs. 2 des § 3 HOAI 2021 entspricht im Wesentlichen der alten Fassung des § 3 Abs. 3 HOAI 2013 mit der Klarstellung, dass neben Grundleistungen im Einzelfall **Besondere Leistungen** vereinbart werden können.

Die im Rahmen der Rechtsprechung des BGH zum Umfang der vom Architekten/Ingenieur vertraglich geschuldeten Leistungen aufgestellten Grundsätze gelten auch unter Berücksichtigung der HOAI 2021 weiter fort:

Mit Urteil vom 24.6.2004 hat der BGH klargestellt, dass der Planer im Falle der Beauftragung unter Bezugnahme auf die jeweiligen Leistungsbilder der HOAI **sämtliche im Leistungskatalog der Leistungsphasen benannten Grundleistungen** als vertraglich geschuldete Beschaffenheit **zu erbringen hat.** Diese Rechtsprechung hat in Teilen der Architektenschaft zu einem Umdenken bei der Formulierung des Vertragsleistungsbildes geführt. So werden in „architektenfreundlichen" Vertragsmustern, die seit dieser Entscheidung entwickelt wurden, oftmals nur Planungsziele definiert, ohne auf die zahlreichen einzelnen Grundleistungen der HOAI Leistungsbilder Bezug zu nehmen. Auf diese Weise soll verhindert werden, dass der Auftraggeber unter Hinweis auf im Leistungskatalog des Leistungsbildes enthaltene Grundleistungen, die im Einzelfall jedoch nicht erforderlich waren und deshalb auch nicht erbracht wurden, die Honorarrechnung im Rahmen einer „Erbsenzählerei" kürzt. (vgl. *Siegburg,* Der Architektenvertrag im Wandel, Festschrift für Oppler, 2020, S. 449 ff.)

Erstaunlicherweise hat sich diese Vorgehensweise nicht allgemein in der Praxis durchsetzen können. Vielmehr greift nach wie vor die überwiegende Anzahl der auf dem Markt erhältlichen Musterverträge zur Definition des Planungssolls auf die Leistungsbilder der HOAI zurück. Daran haben auch die 2009 und 2013 in Kraft getretenen HOAI-Novellen nichts geändert.

Dieser Umstand muss umso mehr verwundern, als es der Verordnungsgeber im Zuge der Novellierungen der HOAI 2009, 2012 und 2021 auch verabsäumt hat, eine allseits geforderte, zwingend notwendige **Novellierung der Leistungsbilder der HOAI** vorzunehmen. Bereits mit Beschluss zur Zustimmung zur 6. Novelle am 12.6.2009 hatte der Bundesrat gegenüber dem Verordnungsgeber die Empfehlung ausgesprochen, dass u. a. eine Aktualisierung der Leistungsbilder und ggf. neue Leistungsbilder eingefügt werden sollen. In Abstimmung zwischen dem Bundesministerium für Wirtschaft und Technologie (BMWi) und dem Bundesministerium für Verkehr, Bau und Stadtentwicklung (BMVBS) wurde sodann die Untersuchung der fachlichen Änderungen, dh die Untersuchung der Leistungsbilder, durch das BMVBS durchgeführt. Zur Einbindung des hierfür notwendigen Fachwissens hat das BMVBS fünf paritätisch

Einführung

besetzte Experten-Facharbeitsgruppen eingesetzt, die unterteilt in zahlreiche Unterarbeitsgruppen die Ergebnisse im Abschlussbericht „Evaluierung der Honorarordnung für Architekten und Ingenieure (HOAI) – Aktualisierung der Leistungsbilder vom 2.9.2011" zusammengefasst haben. Die Ergebnisse sind schließlich in den Referentenentwurf übernommen worden, der Grundlage für die Novellierung der HOAI 2013 geworden ist. Mit der (knappen) Zustimmung des Bundesrates zur Novelle 2013 hat dieser erneut (wie bei der HOAI-Novelle 2009) verschiedene Bitten an die Bundesregierung ausgesprochen, die bei der nächsten Novellierung berücksichtigt werden sollten. So sollten auch die Auswirkungen der HOAI-Novelle 2013, insbesondere in Bezug auf die neuen Leistungsbilder evaluiert werden. Dies ist bis heute nicht geschehen. Auch die HOAI-Novelle 2021 berücksichtigt dies nicht.

In Anbetracht der Erfahrungen in der Praxis mit den Leistungsbildern der HOAI 2013 muss festgestellt werden, dass diese keine ähnlich hohe Akzeptanz erreicht haben, wie dies entsprechend den oben enthaltenen Ausführungen in den letzten Jahrzehnten der Fall war. Aufgrund der bis heute bestehenden Erfahrungswerte kann davon ausgegangen werden, dass die Vertragsparteien zur Vereinbarung des vertraglich geschuldeten Leistungssolls zunehmend gerade nicht mehr auf das „Standardleistungsbild" der HOAI zurückgreifen. Dies gilt umso mehr, als die in der HOAI-Novelle 2021 übernommenen Leistungsbilder der HOAI 2013 gerade nicht den heutigen komplexen Anforderungen an die Planung gerecht werden. In der Praxis werden daher bereits branchen- bzw. bauherrnspezifische Leistungsbilder verwendet, die sich zunehmend von dem veralteten Leitbild der HOAI entfernen. (Vgl. Vorschlag für modernes Leistungsbild des Architekten in Siegburg, Der Architektenvertrag im Wandel, Festschrift für Oppler, 2020, S. 449 ff.)

6. Mindestangaben für eine prüffähige Schlussrechnung

Nach § 650g Abs. 4 BGB setzt die Fälligkeit des Honorars die Erteilung einer prüffähigen Honorarrechnung voraus. Damit muss der Architekt seine Honoraraufstellung entsprechend der getroffenen Honorarvereinbarung aufschlüsseln, um dem Bauherrn die Überprüfung der Rechnung auf ihre sachliche und rechnerische Richtigkeit rasch und sicher zu ermöglichen. Sie muss also verständlich aufgebaut und nachvollziehbar sein und darf keiner weiteren Erläuterungen bedürfen. Die dies bisher ausdrücklich regelnde Vorschrift des § 15 HOAI 2013 wurde aufgehoben. Dieser verlangte ausdrücklich neben der vertragsgemäß erbrachten Leistung für den Eintritt der Fälligkeit des Architektenhonorars die Erteilung einer **prüffähigen Honorarrechnung.**

Soweit die Parteien nunmehr **eine Honorarvereinbarung auf Basis der Regelungen der HOAI** vereinbart haben oder wenn gem. § 7 Abs. 1 HOAI der Basishonorarsatz als vereinbart gilt, gehören zur Prüffähigkeit einer Honorarrechnung unverändert folgende Mindestangaben (vgl. § 6 Abs. 1 HOAI):

– Leistungsbild

– Honorarzone

– Gebührensatz

– Anrechenbare Kosten

– Erbrachte Leistungen

– Vom-Hundert-Sätze.

Einführung

Soweit die Vertragsparteien in ihrer Honorarvereinbarung als Basis die Regelungen der HOAI nicht vereinbart haben, hat allerdings der Architekt seinem Auftraggeber gem. § 650g Abs. 4 Ziffer 2 i. V. m. § 650q Abs. 1 BGB eine prüffähige Schlussrechnung zu erteilen, die nunmehr der getroffenen Honorarvereinbarung entsprechen muss.

Eine prüffähige Schlussrechnung kann allerdings auch vorliegen, wenn die Rechnung „falsch" ist, das vereinbarte bzw. das System der HOAI aber eingehalten wurde. Eine nicht prüffähige Schlussrechnung führt dazu, dass das Honorar des Architekten bzw. Ingenieurs nicht fällig wird. Die nicht prüffähige Schlussrechnung kann dann auch mangels Fälligkeit nicht gerichtlich durchgesetzt werden. Vielmehr wird eine Klage, die auf eine nicht prüffähige Schlussrechnung gestützt wird, mangels Fälligkeit als **„derzeit unbegründet"** abgewiesen. Das bedeutet, dass der Planer nunmehr eine ordnungsgemäße, prüffähige Schlussrechnung zu erstellen hat, die sich an den Bestimmungen der HOAI orientiert.

Entspricht eine Honorarrechnung nicht den Anforderungen der HOAI und ist sie damit mangels Prüffähigkeit nicht fällig, kann sie auch nicht im Rahmen einer gerichtlichen Auseinandersetzung durch Einholung eines Sachverständigengutachtens „prüffähig" gemacht werden (BGH BauR 1990, 97). So kann insbesondere die von dem Architekten geschuldete Kostenermittlung nicht durch ein Sachverständigengutachten ersetzt werden; sie kann aber von dem Architekten selbst „nachgeholt" werden (OLG Hamm BauR 1994, 793; OLG Düsseldorf BauR 1994, 133).

Eine Überprüfung durch einen Sachverständigen kommt deshalb nur in Betracht, wenn die Richtigkeit der nach der HOAI prüffähig erstellten Honorarschlussrechnung zur Diskussion steht, also insbesondere die Fragen, ob die angegebene Honorarzone zutreffend ist, die anrechenbaren Kosten richtig ermittelt wurden oder die in Ansatz gebrachten Leistungen tatsächlich erbracht sind.

Dabei ist allerdings die Rechtsprechung des BGH zu berücksichtigen, wonach die **Anforderungen an die Prüfbarkeit der Architektenhonorarrechnung „kein Selbstzweck"** sind, sodass es nicht darauf ankommt, „ob die Abrechnung den formalen Anforderungen an eine prüfbare Rechnung entspricht" (BauR 1997, 1065). Nicht die formale, sondern die materielle Richtigkeit einer Rechnung ist entscheidend. Darüber hinaus hat der BGH (NJW 1998, 3123) eine weitere Hürde für eine zu kritische (aber in der Gerichtspraxis neuerdings häufig anzutreffende) Beurteilung der Prüfbarkeit einer Schlussrechnung aufgebaut. Danach ergeben sich die „Anforderungen an die Prüfbarkeit einer Architektenschlussrechnung aus den Informations- und Kontrollinteressen des Auftraggebers; diese bestimmen und begrenzen Umfang und Differenzierung der für die Prüfbarkeit erforderlichen Angaben der Schlussrechnung", wobei stets die Umstände des Einzelfalls zu berücksichtigen sind. Es kommt also stets auf den **beiderseitigen Kenntnisstand** über die tatsächlichen und rechtlichen Umstände an, auf denen die Berechnung des Honorars beruht. Hat ein Auftraggeber eigene Kenntnisse, zB über die anrechenbaren Kosten, kann er die Prüfbarkeit der Honorarschlussrechnung insoweit nicht beanstanden; andernfalls handelt er **rechtsmissbräuchlich.**

7. Schwellenwerte

Die HOAI 2021 sieht für ihren Anwendungsbereich die identischen Schwellenwerte wie bisher vor. Das bedeutet, dass zB bei anrechenbaren Kosten für die Gebäudeplanung

Einführung

– ab 25.000 Euro und bis 25.000.000 Euro die HOAI-Tafeln Orientierungswerte enthalten.
– darunter und darüber, also bei Großprojekten und kleineren Objekten, sind die Vertragsparteien in ihrer Honorarvereinbarung auch dann völlig frei, wenn sie keine Honorarvereinbarung in Textform getroffen haben. Die neue HOAI 2021 findet in diesen Fällen grundsätzlich keine Anwendung.

8. Beratungsleistungen

§ 3 Abs. 1 HOAI 2021 stellt die Beratungsleistungen der Anlage 1 HOAI mit den übrigen Grundleistungen gleich und erweitert damit den Grundleistungskatalog deutlich. Dementsprechend wurde auch die Überschrift der Anlage 1 (bisher: Beratungsleistungen) ergänzt. Der neue Titel **„Weitere Fachplanungs- und Beratungsleistungen"** unterstreicht die Gleichstellung dieser Leistungsbilder mit den Teilen 2 bis 4 der HOAI.

Die HOAI 2009 und 2013 regelten nur noch die Kernbereiche der Fachplanungen, nämlich

– Gebäudeplanung und raumbildende Ausbauten
– Freianlagenplanung
– Flächenplanungen
– Tragwerksplanung
– Technische Ausrüstung.

Alle **übrigen Leistungen**, also die **so genannten Beratungsleistungen**, wie

– Umweltverträglichkeitsstudie
– Bauphysik
– Geotechnik
– Ingenieurvermessung
– Vermessungstechnische Leistungen

waren vom preisrechtlich verbindlichen Teil der HOAI nicht mehr erfasst: Das Honorar konnte für die Beratungsleistungen bereits ab Geltung der HOAI 2009 bereits **frei vereinbart** werden.

Die weiteren **Fachplanungs- und Beratungsleistungen** sind weiterhin im **Anhang** zur HOAI, nämlich in der **Anlage 1** mit ihren entsprechenden Tafelwerten zu finden. Die Anlage 1 und insbesondere die Tafelwerte sollen ebenfalls nur noch als **Orientierungshilfe** für entsprechende freie Vereinbarungen zur Verfügung stehen. Allerdings gilt für den Fall des Fehlens einer Honorarvereinbarung in Textform nunmehr gemäß § 3 Abs. 1 in Verbindung mit § 7 Abs. 1 HOAI 2021 auch für diese Leistungen der Basishonorarsatz als vereinbart.

9. Honorarzone

Die Honorarzone ist ein wichtiger Parameter sowohl für die Ermittlung eines Orientierungshonorars nach der HOAI als auch für die Ermittlung des Basishonorarsatzes iSd § 7 Abs. 1 HOAI.

Die Honorarzonen für Gebäude sind zB in § 5 geregelt. Hier findet man die altbekannten fünf Honorarzonen bei der Gebäudeplanung. Daneben kennt die HOAI sog. **Objektlisten.**

Seit der Novelle 2013 werden bestimmte „Objekttypen" zB in der Anlage 10.2 für Gebäude und Innenräume und in der Anlage 11.2 für Freian-

Einführung

lagen aufgezählt und tabellarisch bestimmten Honorarzonen zugeordnet. Damit sollte ein besserer Überblick und eine leichtere Zuordnung zur jeweiligen Honorarzone ermöglicht werden. Ob dies zutreffend ist, kann durchaus bezweifelt werden, zumal bei der Zuordnung häufig alternative Möglichkeiten der Einordnung in die jeweilige Honorarzone aufgezeigt werden. Bei entsprechenden Zweifeln hinsichtlich der Zuordnung bietet § 35 Abs. 4 ff. HOAI die Möglichkeit einer Feinabstimmung nach dem bekannten und bewährten Punktesystem der bisherigen HOAI. Die tabellarische Zuordnung in bestimmte Honorarzonen gemäß der Anlagen 10.2 und 11.2 für Gebäude und Innenräume in den entsprechenden Objektlisten stellt daher nach wie vor eine unverbindliche Vorauswahl dar. Entscheidend ist – bei Bedenken hinsichtlich der genauen Zuordnung in die richtige Honorarzone – das jeweilige Punktesystem.

Entsprechendes gilt für die Ermittlung der Honorarzone bei der Flächenplanung (Teil 2), den Freianlagen (Teil 3 Abschnitt 2), den Ingenieurbauwerken (Teil 3 Abschnitt 3), den Verkehrsanlagen (Teil 3 Abschnitt 4) und der Fachplanung (Teil 4), also der Tragwerksplanung (Abschnitt 1) und der Technischen Ausrüstung (Abschnitt 2).

Bei alledem ist zu berücksichtigen, dass die Einordnung des jeweiligen Bauvorhabens in eine bestimmte Honorarzone grundsätzlich der objektiven Beurteilung unterliegt; allerdings räumt der BGH den Vertragsparteien einen gewissen Beurteilungsspielraum ein, der ihnen bei der Einordnung in die richtige Honorarzone zusteht. Diese Grundsätze dürften auch zukünftig bei der Ermittlung des Basishonorars nach § 7 Abs. 1 HOAI 2021 gelten.

10. Nebenkosten/Abschlagszahlung

Die Nebenkosten sind in § 14 HOAI geregelt. Für Abschlagszahlungen gelten nunmehr die allgemeinen Regelungen des § 632 BGB. Die Regelung des § 15 HOAI 2013 wurde insgesamt aufgehoben. Im Hinblick darauf, dass die Regelung des § 15 HOAI 2013 dem Regelungsgehalt des BGB entsprach, bedurfte es einer entsprechenden zusätzlichen Regelung in der HOAI nicht.

11. Besondere Leistungen

Die Besonderen Leistungen (§ 3 Abs. 3 HOAI) sind bereits nach den letzten beiden Novellierungen nicht mehr im verbindlichen Teil der HOAI enthalten. Die Regelung des § 3 Abs. 3 HOAI 2013 wurde mithin gestrichen. § 3 Abs. 2 HOAI 2021 stellt nochmals klar, dass die Besonderen Leistungen im Einzelfall neben den Grundleistungen vereinbart werden können. Man findet sie in der Anlage zu den jeweiligen Leistungsbildern (rechte Spalte neben der Aufzählung der Grundleistungen). Sie sind dort nicht abschließend aufgezählt.

– Im Bereich der Besonderen Leistungen besteht damit ebenfalls die Möglichkeit der freien Vereinbarung bzgl. des zu zahlenden Honorars.
– Haben die Vertragsparteien **kein konkretes Honorar** vereinbart, kann der Architekt **die übliche Vergütung** gemäß § 632 BGB verlangen. Regelmäßig werden in der Praxis Besondere Leistungen aufwandsbezogen vergütet.

12. Stundensätze

Mit dem Wegfall des zwingenden Preisrechtes der HOAI wird der Vereinbarung von Stundensätze für Architekten- und Ingenieurleistungen eine hohe Bedeutung zukommen. In der Praxis werden Leistungen von Freiberufler geradezu

Einführung

typischerweise aufwandsbezogen ermittelt, da eine dem Aufwand entsprechende Vergütung regelmäßig von beiden Parteien als angemessen empfunden werden. Stundensätze können frei verhandelt und vereinbart werden. Damit soll den Planern mehr Flexibilität bei der Vertragsgestaltung ermöglicht werden. Im Übrigen konnten die Parteien bereits unter Berücksichtigung des bisher geltenden Preisrechtes der HOAI (so BGH BauR 2009, 1162) vereinbaren, dass alle Architektenleistungen, also auch Planungsleistungen, nach einem **Stundensatz** abgerechnet werden können, wobei bisher die **Mindest- und Höchstsätze** der HOAI zu berücksichtigen waren. Darauf hatte der BGH ausdrücklich hingewiesen. Wurden die Höchstsätze im Rahmen der Abrechnung nach Stundensätzen **überschritten,** war das Honorar auf die Höchstsätze zu reduzieren (BGH BauR 2007, 2081). Dasselbe galt für die Mindestsätze: Wurden im Rahmen der Abrechnung nach Stundensätzen die Mindestsätze **unterschritten,** kann der Architekt ggf. den Mindestsatz auf der Basis der allgemeinen Parameter der HOAI (also Leistungsbild, Honorarzone, anrechenbaren Kosten) fordern.

Mit Wegfall des zwingenden Preisrechtes der HOAI sind diese Schranken für die aufwandsbezogene Ermittlung des Honorars und auch etwaige damit für die Parteien verbundenen Risiken nunmehr entfallen. Hinsichtlich der **Vereinbarung der Höhe des Stundensatzes** sind die Parteien frei. Es ist daher damit zu rechnen, dass in der Praxis auch im Zusammenhang mit der Abrechnung von Leistungen der Architekten und Ingenieure vermehrt die Vereinbarung von Stundensätzen Platz greifen wird. Die ebenfalls frei zu vereinbarende Höhe des Stundensatzes sollte dabei der Qualifikation sowie den wirtschaftlichen Erfordernissen eines freiberuflich tätigen Architekten/Ingenieurs gerecht werden. Eine objektive Ermittlung von Stundensätzen für Planungsleistungen ermöglicht die Siegburgtabelle, deren Anwendung auch nach der in der Literatur vertretenen Auffassung zur objektiven Ermittlung von angemessenen Stundensätzen führt (vgl. *Rath* in Pott/Dahlhoff/Kniffka/Rath, HOAI, 9. Aufl., § 3, 45; Siegburg, Objektive Ermittlung der Höhe von Stundensätzen für Architekten und Ingenieure, IBR 2009, 1431; *Kaufhold,* Zeithonorar, Stundensätze, IBR 2010, 1461).

13. Baukostenvereinbarungsmodell

Das bisher in § 6 Abs. 3 HOAI 2013 enthaltene Baukostenvereinbarungsmodell wurde mit der HOAI 2021 aufgehoben. Einer solchen Vorschrift bedarf es nicht mehr, da die Parteien – wie oben erläutert – im Rahmen ihrer Honorarvereinbarung frei sind, soweit diese zumindest in Textform getroffen wird. Mithin können zukünftig wirksam auch Baukostenvereinbarungsmodelle vereinbart werden. Soweit der BGH für die Geltung der HOAI 2009 (sowie auch 2013) die Regelung des § 6 Abs. 3 HOAI für unwirksam erklärt hat, weil diese nicht von der Ermächtigungsgrundlage der HOAI gedeckt war, sind diese Bedenken mit der oben erörterten geänderten Ermächtigungsgrundlage der HOAI obsolet geworden.

14. Bonus- und Malusregelung

Eine Bonus- und Malusregelung war, obwohl sie bisher in der Praxis nur geringe Bedeutung entfaltet in § 7 Abs. 6 HOAI 2013 geregelt. In der neuen HOAI 2021 ist diese Regelung gestrichen worden, da die Vertragsparteien nun-

Einführung

mehr ohnehin das Honorar frei vereinbaren können, sodass auch Bonus- und Malusregelungen durchaus getroffen werden können. Mit Inkrafttreten der HOAI 2021 kann möglicherweise mit einer gewissen Renaissance der Bonus- und Malusregelung zu rechnen sein, weil die Schranken der Regelung in § 7 Abs. 6 HOAI 2013 nicht mehr gelten.

15. Planerische Änderungsleistungen

Die Honorierung einer Änderungsplanung ist in § 10 HOAI für den Fall der Honorarvereinbarung auf Grundlage der Abrechnungssystematik der HOAI geregelt. Für den Fall, dass die Parteien im Rahmen der nunmehr möglichen freien Vereinbarung von Honoraren abweichende Regelungen in Textform im Vertrag treffen, sollten sie synonym auch klare Regelungen für den in der Praxis sehr häufigen Fall der Änderungsleistungen treffen. Häufig werden bereits heute insoweit aufwandsbezogene Honorare vereinbart.

16. Bauen im Bestand

Dem Bauen im Bestand ist gerade in den vergangenen Jahren eine immer größere Bedeutung zugekommen. Gleichzeitig haben sich die Regelungen der HOAI zum Bauen in Bestand als sehr „streitträchtig" erwiesen. Dies liegt im Wesentlichen daran, dass die Systematik der HOAI eher auf Neubauten „auf der grünen Wiese" zugeschnitten ist, als auf eine in der Regel sehr individuelle Umbausituation. Dennoch wurden die Regelungen der HOAI 2013 zum Bauen im Bestand in der HOAI 2021 mit leichten Korrekturen (wie zB der Vereinbarung in Textform statt Schriftform) belassen. Insbesondere wurde auch nicht der berechtigen Forderung nach der Schaffung eines eigenen Leistungsbildes für das Bauen im Bestand Rechnung getragen. Dies dürfte in der Praxis wohl dazu führen, dass die Vertragsparteien die neu gewonnen Freiheit bei der Honorarvereinbarung nutzen werden, um in Textform auf das Bauen im Bestand zugeschnittene individualisierte Leistungsbilder zu vereinbaren. Für den Fall, dass dies nicht zumindest in Textform geschehen sollte, gelten gem. § 7 Abs. 1 HOAI 2021 auch hier die Basissätze der HOAI.

Die zur Orientierung dienenden Regelungen der HOAI 2021 sehen zum Bauen im Bestand zunächst einen **„Umbau- und Modernisierungszuschlag"** vor.

Der Umbau- und Modernisierungszuschlag ist nach § 6 Abs. 2 HOAI von den Vertragspartnern unter Berücksichtigung des Schwierigkeitsgrades der Leistung in Textform zu vereinbaren. Ab einem durchschnittlichen Schwierigkeitsgrad (Honorarzone III) kann nach § 36 Abs. 1 HOAI bei Gebäuden ein Zuschlag bis 33%, nach § 36 Abs. 2 HOAI bei Innenräumen bis 50% auf das ermittelte Honorar in Textform vereinbart werden. Bei Ingenieurbauwerken (§ 44 Abs. 6 HOAI); den Verkehrsanlagen (§ 48 Abs. 6 HOAI) und den Freianlagen (§ 40 Abs. 6 HOAI) kann ebenfalls ein Zuschlag bis 33% vereinbart werden. Für die Tragwerksplanung und die Technische Ausrüstung gilt insoweit ein Prozentsatz bis 50% (§ 52 Abs. 4 HOAI). Sofern in Textform keine Vereinbarung von den Parteien getroffen wurde, gilt gemäß § 6 Abs. 2 Satz 4 HOAI ein Zuschlag von 20% ab einem durchschnittlichen Schwierigkeitsgrad als vereinbart.

Neben dem Umbau- und Modernisierungszuschlag kann die **mitzuverarbeitende Bausubstanz** bei den **anrechenbaren Kosten** Berücksichtigung finden (§ 4 Abs. 3 HOAI).

Einführung

17. Fälligkeit des Honorars abhängig von der Abnahme der Leistungen

Das Honorar ist fällig, wenn die Leistung des Architekten/Ingenieurs abgenommen worden ist. Dies folgt bereits aus den Vorschriften des Bürgerlichen Gesetzbuches zum Werkvertragsrecht (§ 640 BGB). Die dem Werkvertragsrecht entsprechende Regelung des § 15 HOAI 2013 wurde daher gestrichen.

IV. Makler- und Bauträgerverordnung (MaBV)

Durch das Gesetz zur Änderung der Gewerbeordnung (GewO) vom 16.8.1972 (sog. Maklergesetz, BGBl. I, 1465) wurden Gewerbetreibende, die als Baubetreuer oder Bauträger tätig werden wollen, der Erlaubnispflicht unterworfen. Die Neubekanntmachung der Makler- und Bauträgerverordnung vom 11.6.1975 (BGBL. I S. 1351) in der ab dem 1.3.1991 geltenden Fassung, wurde zuletzt geändert mit Wirkung vom 1.8.2018 durch VO vom 9.5.2018 (BGBl. IS. 550). In § 34c Abs. 3 GewO wurde der Bundesminister für Wirtschaft und Finanzen sodann ermächtigt, „zum Schutze der Allgemeinheit und der Auftraggeber Vorschriften über den Umfang der Verpflichtungen des Gewerbetreibenden bei der Ausübung des Gewerbes" zu erlassen.

Aufgrund dieser Ermächtigung wurde die Makler- und Bauträgerverordnung (MaBV) erlassen, die in der Vergangenheit mehrfach geändert wurde, zuletzt durch Art. 13 des Gesetzes vom 22.6.2011 – BGBl. I S. 1126. Zudem hat mit dem Inkrafttreten des Forderungssicherungsgesetzes sowie des Bauforderungssicherungsgesetzes (BauFordSiG) ab 1.1.2009 „für Bauträger und Bauträgerverträge eine neue Zeit begonnen" (*Wagner* ZfBR 2009, 312). Im Übrigen sind zur Makler- und Bauträgerverordnung von den Ländern entsprechende allgemeine Verwaltungsvorschriften herausgegeben worden, wobei die Verwaltungsvorschrift des Bayerischen Staatsministeriums für Wirtschaft und Verkehr vom 16.2.2000 auf dem neuesten Stand ist (zum Anwendungsbereich der MaBV: *Basty,* Der Bauträgervertrag, 10. Auflage 2020).

Das Kernstück der MaBV besteht in einer **Sicherungspflicht** gegenüber dem Auftraggeber (Erwerber). Die **Sicherungspflicht** besteht nach der MaBV für die Vermögenswerte, die zur Durchführung des Auftrages gegeben werden. Bevor das Betreuungsunternehmen („der Gewerbetreibende") zur Durchführung des Auftrages Vermögenswerte, wie zB Abschlagszahlungen, entgegennimmt oder zu deren Verwendung ermächtigt wird, hat es dem Auftraggeber (Erwerber) Sicherheit zu leisten oder eine zu diesem Zwecke geeignete Versicherung abzuschließen, § 2 MaBV. Darüber hinaus sieht § 3 MaBV vor, dass Vermögenswerte des Betreuten (Erwerbers) erst entgegengenommen werden dürfen, wenn

a) der Vertrag zwischen dem Gewerbetreibenden und dem Auftraggeber rechtswirksam ist und die für seinen Vollzug erforderlichen Genehmigungen vorliegen, diese Voraussetzungen durch eine schriftliche Mitteilung des Notars bestätigt und dem Gewerbetreibenden keine vertraglichen Rücktrittsrechte eingeräumt sind;

b) zur Sicherung des Anspruchs des Auftraggebers auf Eigentumsübertragung oder Bestellung oder Übertragung eines Erbbaurechts an dem Vertragsobjekt eine Vormerkung an der vereinbarten Rangstelle im Grundbuch eingetragen ist; bezieht sich der Anspruch auf Wohnungs- oder Teileigentum oder ein Wohnungs- oder Teilerbbaurecht, so muss außerdem die Begründung dieses Rechts im Grundbuch vollzogen sein;

Einführung

c) die Freistellung des Vertragsobjekts von allen Grundpfandrechten, die der Vormerkung im Range vorgehen oder gleichstehen und nicht übernommen werden sollen, gesichert ist, und zwar auch für den Fall, dass das Bauvorhaben nicht vollendet wird;
d) die Baugenehmigung erteilt worden ist oder, wenn eine Baugenehmigung nicht oder nicht zwingend vorgesehen ist, von der zuständigen Behörde bestätigt worden ist, dass die Baugenehmigung als erteilt gilt oder nach den baurechtlichen Vorschriften mit dem Bauvorhaben begonnen werden darf; ist eine derartige Bestätigung nicht vorgesehen, ist vom Bauträger zu bestätigen, dass die Baugenehmigung als erteilt gilt oder nach den baurechtlichen Vorschriften mit dem Bauvorhaben begonnen werden darf.

Neben diesen Sicherungsmaßnahmen zugunsten des Erwerbers darf der Betreuer Vermögenswerte seines Vertragspartners nur **bauabschnittsweise** „entgegennehmen" oder sich zu deren Verwendung ermächtigen lassen (sog. **Ratenplan**). Nach § 3 Abs. 2 S. 2 MaBV gilt der Ratenplan auch, wenn das Bauvorhaben einen **Altbau** betrifft. Allerdings darf es sich bei der Altbausanierung („Modernisierung") nicht nur um geringfügige Renovierungsarbeiten oder Schönheitsreparaturen handeln.

Mit Urteil vom 22.12.2000 (NJW 2001, 818) hat der BGH entschieden, dass jede Abschlagszahlungsvereinbarung in einem Bauträgervertrag gemäß § 134 BGB insgesamt nichtig ist, wenn sie zu Lasten des Erwerbers von § 3 Abs. 2 MaBV abweicht und daher dem mit dieser Vorschrift bezweckten Schutz des Erwerbers zuwiderläuft. Daraus folgt im Weiteren, dass in einem solchen Fall nicht die Regelung des § 3 Abs. 2 MaBV gilt, weil dies eine unzulässige geltungserhaltende Reduktion wäre, sondern das Werkvertragsrecht und damit auch der (neue) § 632a BGB für Abschlagszahlungen. Der Verordnungsgeber hat insoweit schnell reagiert und am 23.5.2001 die **Verordnung über Abschlagszahlungen** bei Bauträgerverträgen (Hausbauverordnung vom 23.5.2001, BGBl. I, S. 981) erlassen. Nach der Verordnung bleibt es dabei, dass der Besteller zur Leistung von Abschlagszahlungen entsprechend § 3 Abs. 2 MaBV und den Voraussetzungen des § 3 Abs. 1 MaBV vom Bauträger verpflichtet werden kann. Damit ist eine (neue) Rechtsgrundlage für die Vorschrift des § 3 Abs. 2 MaBV geschaffen worden. Im Übrigen stellt das **Forderungssicherungsgesetz** klar, dass § 632a Abs. 3 BGB Anwendung findet. Damit soll auch für den Bauträgervertrag der notwendige **Verbraucherschutz** gewährleistet werden, was jedoch in der Literatur bezweifelt wird. Nach § 632a Abs. 3 Satz 1 BGB ist dem Besteller, sofern er Verbraucher ist, bei der ersten Abschlagszahlung eine **Sicherheit** für die rechtzeitige Herstellung des Werkes ohne wesentliche Mängel in Höhe von 5% des Vergütungsanspruchs zu leisten.

Daneben bringt die MaBV zusätzliche Pflichten für die Baubetreuer, wie etwa die Pflicht zur Rechnungslegung (§ 8) gegenüber dem Betreuten, die Buchführungspflicht (§ 10) und die Informationspflicht (§ 11), die vor allem das für die Betreuungstätigkeit zu entrichtende Entgelt betreffen wird. Die in § 16 vorgesehene **Prüfungspflicht** soll die Einhaltung der durch die Verordnung verfolgten Ziele gewährleisten.

V. Bauforderungssicherungsgesetz (BauFordSiG)

Das Gesetz über die Sicherung der Bauforderungen vom 1.6.1909 (BGBl. I S. 449) ist ein wenig bekanntes Gesetz; gleichwohl kann die zivilrechtliche Bedeutung des Gesetzes nicht unterschätzt werden. In jüngster Zeit ist das GSB

Einführung

„**neuentdeckt**" worden, was auch eine Vielzahl neuerer Entscheidungen belegt. Durch das Forderungssicherungsgesetz wird das Gesetz geändert; die §§ 2, 3 und 6 wurden aufgehoben. Damit entfällt u. a. die Pflicht zur Führung eines Baubuchs. Im Übrigen wurde die **Bezeichnung** des Gesetzes geändert: Es heißt nunmehr **Bauforderungssicherungsgesetz (BauFordSiG).** Dieses Gesetz ist mit Wirkung vom 4.8.2009 erneut geändert worden; seitdem ist die Diskussion über eine Änderung des BauFordSiG nicht abgerissen.

Von dem Gesetz verdient nur der **Erste Abschnitt** über die „Allgemeinen Sicherungsmaßregeln" Beachtung. Die Vorschriften des **Zweiten Abschnittes** über die „dingliche Sicherung der Bauforderungen" sind kein unmittelbar anwendbares Recht, weil die in § 9 vorgesehenen landesrechtlichen Bestimmungen über den Geltungsbereich des Zweiten Abschnittes nicht erlassen worden sind; gleichwohl können und müssen sie ganz allgemein zur Auslegung des Ersten Abschnittes mit herangezogen werden, vor allem zur Konkretisierung des Schutzzweckes dieses Gesetzes (so BGH ZfBR 1982, 75; RGZ 138, 156, 161).

Die wichtigste Bestimmung ist § 1 BauFordSiG über die Verwendung von Baugeldern. Sie statuiert die Verpflichtung des Empfängers von Baugeld, dieses Geld zur Befriedigung solcher Personen zu verwenden, die an der Herstellung des Bauwerks beteiligt sind. Handelt der Empfänger des Baugeldes dieser Verpflichtung – **vorsätzlich** (BGH BauR 1996, 709) – zuwider, so ist er den am Bau beteiligten Unternehmen u. U. nach § 823 Abs. 2 BGB zum Schadensersatz verpflichtet.

Das Forderungssicherungsgesetz hat den Anwendungsbereich des § 1 GSB erweitert (*Wittjen* ZfBR 2009, 418, 420; *Gartz* NZBau 2009, 630, 631; *Joussen* ZfBR 2009, 737 ff.). Nach § 1 Abs. 1 BauFordSiG fallen nunmehr auch Umbauten in den Schutzbereich des Gesetzes; und statt von einem Liefervertrag ist nunmehr von einem Kaufvertrag die Rede. Des Weiteren treffen die Verpflichtungen des § 1 Abs. 1 auch denjenigen, der als Baubetreuer bei der Betreuung des Bauvorhabens zur Verfügung über die Finanzierungsmittel des Bestellers ermächtigt ist.

In der Baupraxis wird die Bestimmung des § 1 vor allem Gewicht haben, wenn der Empfänger des Baugeldes eine **juristische Person** (zB GmbH) ist, bei der „nichts mehr zu holen" ist. Dann kann es für den Unternehmer von großer Bedeutung sein, dass – neben der Gesellschaft – grundsätzlich auch die Geschäftsführer bzw. die Vorstandsmitglieder der Gesellschaft persönlich haften (vgl. ua. BGH, NJW-RR 1990, 914). Der Schutzbereich des § 1 Abs. 1 GSB erstreckte sich zudem nach der Rechtsprechung des BGH aber auch auf sogenannte „**Nachmänner**", denen als Subunternehmer die Herstellung des Gebäudes oder von Teilen des Gebäudes übertragen wurde (BGH NJW-RR 1990, 342; OLG Dresden BauR 2005, 1346); allerdings reichte dieser Schutz „nur so weit, als der Generalunternehmer, von dem der Subunternehmer seinen Auftrag erhielt, seinerseits Anspruch auf das Baugeld hat" (BGH). Dieser Schutzbereich ist nunmehr durch die Reform verbessert worden (*Joussen* NZBau 2009, 737, 739 ff.).

Der Begriff des **Baugeldes** wird in § 1 Abs. 3 BauFordSiG nunmehr erweiternd definiert: es muss sich um Geldbeträge handeln, „die zum Zwecke der Bestreitung der Kosten eines Baues oder Umbaues in der Weise gewährt werden, dass zur Sicherung der Ansprüche des Geldgebers eine Hypothek oder Grundschuld an dem zu bebauenden Grundstück dient oder die Übertragung des Eigentums an dem Grundstück erst nach gänzlicher oder teilweiser Herstel-

Einführung

lung des Baues erfolgen soll". Darüber hinaus ändert aber § 1 Abs. 3 Nr. 2 BauFordSiG den **Empfängerkreis** deutlich; Baugeldempfänger ist zukünftig jeder, der von einem Dritten für einen Bau oder Umbau, dessen Herstellung er diesem Dritten versprochen hat, Geldbeträge erhalten hat, wenn an dieser Leistung andere Unternehmer (§ 14 BGB) auf Grund eines Werk-, Dienst- oder Kaufvertrags beteiligt waren. Insoweit ist unerheblich, ob es sich bei den erhaltenen Geldern um darlehensweise besorgte oder um Eigenmittel handelt.

§ 1 BauFordSiG ist, wie der BGH für das alte Recht klargestellt hat, nicht nur auf Generalunternehmer, sondern auch auf **Bauträger** und **Generalübernehmer** anwendbar (BGH NJW-RR 1991, 141; zum Schutz des Erwerbers s. auch *Heerdt* BauR 2004, 1661 ff.). Schließlich hat der BGH den **Fertighaushersteller** als Verkäufer von sog. schlüsselfertigen Häusern ebenfalls als Baugeld-Empfänger eingestuft, weil er über den Erwerber oder unmittelbar von einem Kreditinstitut entsprechend dem Baufortschritt Baugelder erhält; dabei ist gleichgültig, ob und in welchem Umfang er selbst an der Herstellung des Fertighauses beteiligt ist (BGH VersR 1986, 167; *Korsukewitz* BauR 1986, 383, 384).

Nach altem Recht war es bisher Sache des **Gläubigers,** einen Verstoß des Baugeldempfängers gegen die Verwendungspflicht des § 1 Abs. 1 GSB **darzulegen** und im Streitfall zu **beweisen.** Dazu genügte aber regelmäßig schon der Nachweis, dass der Verwendungspflichtige Baugeld in mindestens der Höhe der Forderung des Baugläubigers empfangen hatte und von diesem Geld nichts mehr vorhanden war, ohne dass eine fällige Forderung des Gläubigers befriedigt worden wäre. Da die Verpflichtung zur Führung eines Baubuches entfällt, wird durch den neuen § 1 Abs. 4 BauFordSiG ein Ausgleich geschaffen: Nunmehr muss der Geldempfänger im Streitfall darlegen und beweisen, dass es sich bei den empfangenen Geldbeträgen nicht um „Baugeld" handelte; und er muss auch den Beweis führen, dass er das Baugeld ordnungsgemäß verwendet hat.

VI. Die Baustellenverordnung (BaustellV)

Die Baustellenverordnung (BaustellV) dient der **Sicherheit** und dem **Gesundheitsschutz auf Baustellen;** durch sie sollen Arbeitsunfälle und Gesundheitsschäden vermieden werden. Sie ist am 1.7.1998 in Kraft getreten und bürdet dem Bauherrn im Rahmen eines Bauvorhabens neue Aufgaben auf. Die Bundesregierung hat die Baustellenverordnung mit Wirkung zum 1. April 2023 angepasst. Die Baustellenverordnung regelt in der Planungs- und Ausführungsphase die zu ergreifenden Maßnahmen, um die Sicherheit und Gesundheit auf den Baustellen zu gewährleisten.

Nach § 2 Abs. 2 BaustellV sind vom Bauherrn oder einem von ihm beauftragten Dritten bei der Planung der Ausführung eines Bauvorhabens, insbesondere bei der Einteilung der Arbeiten, die gleichzeitig oder nacheinander durchgeführt werden, und bei der Bemessung der Ausführungszeit für diese Arbeiten, die allgemeinen Grundsätze nach § 4 des ArbSchG zu berücksichtigen. Diese Grundsätze lauten:

1. Die Arbeit ist so zu gestalten, dass eine Gefährdung für Leben und Gesundheit möglichst vermieden und die verbleibende Gefährdung möglichst gering gehalten wird;
2. Gefahren sind an ihrer Quelle zu bekämpfen;

Einführung

3. bei den Maßnahmen sind der Stand von Technik, Arbeitsmedizin und Hygiene sowie sonstige gesicherte arbeitswissenschaftliche Erkenntnisse zu berücksichtigen;
4. Maßnahmen sind mit dem Ziel zu planen, Technik, Arbeitsorganisation, sonstige Arbeitsbedingungen, soziale Beziehungen und Einfluss der Umwelt auf den Arbeitsplatz sachgerecht zu verknüpfen;
5. Individuelle Schutzmaßnahmen sind nachrangig zu anderen Maßnahmen;
6. spezielle Gefahren für besonders schutzbedürftige Beschäftigtengruppen sind zu berücksichtigen;
7. den Beschäftigten sind geeignete Anweisungen zu erteilen;
8. mittelbar oder unmittelbar geschlechtsspezifisch wirkende Regelungen sind nur zulässig, wenn dies aus biologischen Gründen zwingend geboten ist.

Die BaustellV stellt in §§ 2 und 3 Anforderungen

1. für jede Baustelle bei der
   a) die voraussichtliche Dauer der Arbeiten mehr als 30 Arbeitstage beträgt und auf der mehr als 20 Beschäftigte gleichzeitig tätig werden
   – oder
   b) der Umfang der Arbeiten voraussichtlich 500 Personentage überschreitet
   – sowie
2. für Baustellen, auf denen Beschäftigte mehrerer Arbeitgeber tätig werden.

Bei den unter Ziffer 1. genannten Baustellen ist nach § 2 Abs. 2 BaustellV der zuständigen Behörde spätestens vor Einrichtung der Baustelle eine **Vorankündigung** zu übermitteln, die mindestens die Angaben nach Anhang I der Baustellenverordnung enthalten muss. Darüber hinaus ist für diese größeren Baustellen, auf denen Beschäftigte mehrerer Arbeitgeber tätig werden oder für – meist kleinere – Baustellen, auf denen auch Beschäftigte mehrerer Arbeitgeber tätig werden und auf denen besonders gefährliche Arbeiten nach Anhang II der BaustellV ausgeführt werden, nach § 2 Abs. 3 BaustellV „dafür zu sorgen, dass vor Einrichtung der Baustelle ein **Sicherheits- und Gesundheitsschutzplan** erstellt wird", der bestimmten Anforderungen genügen muss.

Mit § 3 BaustellV wird ein sogenannter **Sicherheits- und Gesundheitskoordinator** geschaffen. Dieser Koordinator ist stets für Baustellen, auf denen Beschäftigte mehrerer Arbeitgeber tätig werden, zu bestellen. Das Leistungsbild und damit die Aufgaben dieses Koordinators werden in § 3 Abs. 2 und 3 BaustellV genannt. Dabei wird zwischen dem Planungs- und dem Ausführungsstadium unterschieden.

Ob der Bauherr die Aufgaben, die ihm die BaustellV stellt, selbst ausführt oder durch einen Dritten ausführen lässt, steht in seinem Ermessen. Er kann sie auch auf einen Dritten gemäß § 4 BaustellV delegieren. Das wird in Zukunft der Regelfall sein. Dabei kommt die entsprechende Aufgabenübertragung insbesondere auf Architekten, Ingenieure oder Generalunternehmer sowie Generalübernehmer in Betracht.

In §§ 5 und 6 BaustellV werden die Pflichten der auf der Baustelle tätigen Arbeitgeber und die Pflichten sonstiger Personen genannt. Um den Forderungen der BaustellV Nachdruck zu verleihen, wird in § 7 BaustellV die Möglichkeit geschaffen, Verstöße gegen die Pflichten der BaustellV als Ordnungswidrigkeit bzw. strafbare Handlung zu verfolgen.

Einführung

VII. Schlichtungs- und Schiedsordnung für Baustreitigkeiten der Arbeitsgemeinschaft für Bau- und Immobilienrecht SOBau 2020

Bauprozesse vor ordentlichen Gerichten gehören mit Blick auf die Verfahrensdauer sowie die Verfahrenskosten in den Statistiken der ordentlichen Gerichte regelmäßig zu den Spitzenreitern. Insbesondere vor diesem Hintergrund ist es regelmäßig oberstes Ziel der baurechtlichen Beratung derartige Streitigkeiten zu vermeiden. Dies gilt vor allem dann, wenn rechtliche, aber auch technische Streitigkeiten zwischen den Parteien einen kontinuierlichen Bauablauf gefährden und damit exorbitante Risiken drohen. Vor diesem Hintergrund zeichnet sich in der Praxis ein deutlicher Trend zu außergerichtlichen Streitbeilegungsverfahren ab. Ein besonderer Vorteil dieser Verfahren liegt vor allem in dem Beschleunigungseffekt (die verkürzte Verfahrensdauer) sein. Dieses Ziel verfolgt auch die hier abgedruckte SOBau.

Die Schlichtungs- und Schiedsordnung für Baustreitigkeiten der ARGE Baurecht im Deutschen Anwaltverein (DAV), Fassung 2020, besteht aus vier Büchern: Buch 1 befasst sich mit dem **Mediationsverfahren,** Buch 2 mit dem **Schlichtungsverfahren**, Buch 3 mit dem **Schlichtungs- und Schiedsgutachtenverfahren** und Buch 4 mit dem **schiedsrichterlichen Verfahren** einschließlich des **beschleunigten Streitbeilegungs- und Feststellungsverfahrens.**

Die Unterteilung in einzelne Bücher ermöglicht den Bauvertragsparteien die separate Anwendung einzelner Verfahren, ohne stets auf übergreifende Vorschriften (einen „Allgemeinen Teil") zurückgreifen zu müssen. Gleichzeitig ist je nach Vereinbarung der Bauvertragspartei eine parallele bzw. nachfolgende Anwendung der unterschiedlichen Verfahren möglich.

Während das Mediations- und das Schlichtungsverfahren (einschließlich des Schlichtungsgutachtenverfahrens) auf die gemeinsame Mitwirkung der Bauvertragsparteien abstellen und das gefundene Ergebnis durch die Akzeptanz der Bauvertragsparteien bindend werden kann, endet das schiedsrichterliche Verfahren mit einem für die Bauvertragsparteien verbindlichen Schiedsspruch. Auch die Ergebnisse eines Schiedsgutachtenverfahrens sind für die Parteien bindend, denn auf ihnen bauen etwa anschließende Verfahren nach der SOBau und auch Verfahren vor den staatlichen Gerichten auf.

Das beschleunigte Streitbeilegungs- und Feststellungsverfahren schließlich ist mit Vereinbarung des schiedsrichterlichen Verfahrens automatisch vereinbart für Streitigkeiten über das Anordnungsrecht gemäß § 650b BGB oder über die Vergütungsanpassung gemäß § 650c BGB; für andere Streitfragen müssen die Bauvertragsparteien zusammen mit dem schiedsrichterlichen Verfahren festlegen, dass und welche sie diesem beschleunigten Streitbeilegungs- und Feststellungsverfahren unterstellen wollen. Ist ein solches beschleunigtes Verfahren eingeleitet, können während seiner Dauer diese Streitpunkte nicht Gegenstand eines Rechtsstreits vor den staatlichen Gerichten sein. Abschluss dieses Verfahrens ist eine Feststellung zur vorläufigen Regelung des Rechtsverhältnisses der Bauvertragsparteien, die später durch ein Schiedsgericht überprüft werden kann. Dieses Verfahren dient dazu, Streitigkeiten während einer Baumaßnahme jedenfalls vorläufig zu befrieden, um die Fortsetzung der Arbeiten auf der Baustelle zu ermöglichen.

Den Bauvertragsparteien wird empfohlen, explizit die jeweils gewünschte Anwendung einzelner oder aller Bücher der SOBau 2020 zu vereinbaren.

Einführung

VIII. Gebäudeenergiegesetz (GEG)

Mit dem **Gebäudeenergiegesetz (GEG)** sind die bisher parallellaufenden Regeln von Energieeinsparungsgesetz (EnEG) Energieeinsparverordnung (EnEV) und Erneuerbare-Energien-Wärmegesetz (EEWärmeG) zusammengeführt worden, sodass ein neues, einheitliches und aufeinander abgestimmtes Regelwerk entstanden ist. Dieses ist seit 1.11.2020 nach jahrelanger Vorarbeit in Kraft. Derzeit befindet sich das GEG in Überarbeitung, nachdem bereits mit Erlass des GEG im Jahr 2020 vorgesehen war, dass der energetische Standard bereits im Jahr 2023 überprüft werden soll und ein neues GEG für 2024 angekündigt wurde. Hierzu liegt bislang der Referentenentwurf mit Stand 3.4.2023 vor.

Grundaufbau des GEG:
- 1. Allgemeiner Teil
- 2. Anforderungen an zu errichtende Gebäude
- 3. Bestehende Gebäude
- 4. Anlagen der Heizungs-, Kühl- und Raumlufttechnik sowie Warmwasserversorgung
- 5. Energieausweise
- 6. Finanzielle Förderung
- 7. Vollzug
- 8. Besondere Gebäude, Bußgeldvorschriften
- 9. Übergangsvorschriften

Anhang: Anlage 1–11

Das GEG (§ 2) findet Anwendung für alle beheizten und gekühlten Gebäude bzw. Gebäudeteile inklusive Anlagentechnik in Gebäuden. Dabei ist der Energieeinsatz für Produktionsprozesse in Gebäuden nicht Gegenstand des Gesetzes.

Sonderregelungen gelten für Gebäude, die nicht regelmäßig geheizt, gekühlt oder genutzt werden oder die nur für kurze Dauer errichtet werden sowie für bestimmte Nutzungen (Ställe, Gewächshäuser) vorgesehen sind.

Das GEG enthält zahlreiche Neuregelungen, die für Bauherr*innen und Immobilieneigentümer*innen relevant sind und sowohl für Neubauten als auch Sanierungen im Bestand gelten.

Referenzgebäudebeschreibung

In dieser wird nunmehr auf einen Erdgas-Brennwertkessel anstatt auf einen Öl-Brennwertkessel verwiesen. Eine Gebäudeautomation wird berücksichtigt.

Anforderungen an den baulichen Wärmeschutz

Anforderungen an den baulichen Wärmeschutz bleiben ebenfalls bestehen. Lediglich für Hallen, die höher als 4 m sind, ist keine Ausnahme mehr vorgesehen. Diese Hallen werden allerdings von der Pflicht zur anteiligen Nutzung erneuerbarer Energien befreit, so dass insoweit eine Erleichterung besteht.

Primärenergiefaktoren

Die Bestimmungen betreffend die Primärenergiefaktoren werden in das GEG integriert, so dass der Verweis auf die DIN V 18599-1 entfallen ist. Neu in diesem Zusammenhang im Rahmen der Bilanzierung ist, dass

1. für flüssige oder gasförmige Biomasse für den nicht erneuerbaren Anteil der Faktor 0,5 verwendet werden kann, wenn

Einführung

   a) die flüssige oder gasförmige Biomasse im unmittelbaren räumlichen Zusammenhang mit dem Gebäude oder mit mehreren Gebäuden, die im räumlichen Zusammenhang stehen, erzeugt wird und
   b) dieses Gebäude unmittelbar mit der flüssigen oder gasförmigen Biomasse versorgt wird; mehrere Gebäude müssen gemeinsam versorgt werden;
2. für gasförmige Biomasse, die aufbereitet und in das Erdgasnetz eingespeist worden ist (Biomethan) und in zu errichteten Gebäuden eingesetzt wird, kann für den nicht erneuerbaren Anteil der Wert 0,6 verwendet werden, wenn
   a) die Nutzung des Biomethans in einer hocheffizienten KWK-Anlage im Sinne des § 2 Nr. 8a des Kraft-Wärme-Kopplungsgesetzes (KWKG) erfolgt,
   b) bei der Aufbereitung und Einspeisung des Biomethans die Voraussetzungen nach Anlage 1 Nr. 1a bis c des Erneuerbare-Energien-Gesetzes erfüllt worden sind und
   c) die Menge des entnommenen Biomethans im Wärmeäquivalent am Ende eines Kalenderjahres der Menge von Gas aus Biomasse entspricht, welches an anderer Stelle in das Gasnetz eingespeist worden ist, und Massebilanzsysteme für den gesamten Transport und Vertrieb des Biomethans von seiner Herstellung über seine Einspeisung in das Erdgasnetz und seinen Transport im Erdgasnetz bis zu einer Entnahme aus dem Erdgasnetz verwendet worden sind.

Anrechnung erneuerbarer Energien

Die Pflicht zur Nutzung erneuerbarer Energien, die bisher im EEWärmeG geregelt war, ist nunmehr im GEG normiert.

Wenn in einem Wohn- oder Nichtwohngebäude elektrischer Strom aus erneuerbaren Energien genutzt wird, kann dieser bei der Ermittlung des Energiebedarfs angerechnet werden. Dies setzt jedoch voraus, dass der Strom in unmittelbarem räumlichem Zusammenhang mit dem Gebäude erzeugt und vorrangig im Gebäude selbst genutzt wird.

Energieausweis

Im Energieausweis ist seit dem Inkrafttreten des GEG der Kohlendioxidausstoß zu benennen. Der bisherige Energieausweis verbleibt, lediglich ergänzt um die Angabe der Kohlendioxid-Emission.

Beratungsgespräche

Bei Abschluss eines Kaufvertrages über ein Wohngebäude mit nicht mehr als zwei Wohnungen muss der Verkäufer oder der Immobilienmakler dem Käufer ein informatorisches Beratungsgespräch zum Energieausweis durch eine Person, welche zur Ausstellung des Energieausweises berechtigt ist, anbieten. Voraussetzung ist freilich, dass das informatorische Beratungsgespräch als einzelne Leistung unentgeltlich angeboten wird.

Pflichtangaben in Immobilienanzeigen

Die Pflichten zur Vorlage eines Energieausweises bei Verkauf, Vermietung oder auch Verpachtung sowie die Vorgabe zu Pflichtangaben in Immobilienanzeigen sind mit dem GEG nunmehr auch auf den Immobilienmakler ausgeweitet. Bisher hatte die Rechtsprechung eine solche Verpflichtung der Makler nur mittelbar aus Wettbewerbsrecht abgeleitet.

Ferner werden Angaben zu inspektionspflichtigen Klimaanlagen verlangt. Bei Neubauten muss zum Anteil der erneuerbaren Energien am Wärme- und Kälteenergiebedarf auch der Anteil genannt werden, der lediglich der Erfüllung der gesetzlichen Mindestverpflichtungen dient.

Einführung

Sanierungen im Bestand

Wenn bei der Änderung von Außenbauteilen mehr als 10% der gesamten Fläche der jeweiligen Bauteilgruppe erneuert werden, sind die Anforderungen an den Wärmeschutz nach dem GEG zu beachten. Diese 10-%-Grenze („Bagatellgrenze") galt bereits nach der EnEV. Für die Anlagentechnik gilt die Bagatellgrenze nicht. Hier darf bei der Erneuerung keine minderwertige Technik eingesetzt werden. Dies betrifft Heizung, Lüftung, Kühlung und Beleuchtung. Insoweit sind auch die Betriebsbereitschaft der Anlage, der richtige Betrieb und die fachmännische Wartung nach dem GEG verpflichtend; Verstöße sind bußgeldbewehrt.

Darüber hinaus ist bei Bestandsbauten verpflichtend, dass der Eigentümer ein informatorisches Beratungsgespräch führen muss, wenn er bei einem Wohngebäude mit nicht mehr als zwei Wohneinheiten Änderungen an der Gebäudehülle durch energetische Veränderung von Außenbauteilen, die Erweiterung des Gebäudes durch neue Räume oder Gebäudeteile oder den Ausbau des Gebäudes vornimmt. Dieses informatorische Beratungsgespräch muss bereits vor der Beauftragung der Planungsleistungen bei einer Person, welche zur Ausstellung eines Energieausweises berechtigt ist, durchgeführt werden. Unternehmer, die Ausführungsleistungen hierzu anbieten, müssen den Eigentümer bei Abgabe des Angebotes auf diese Verpflichtung schriftlich hinweisen.

Bestandsgebäude der öffentlichen Hand

Neu im GEG sind die Sondervorschriften für Bestandsgebäude im Eigentum der öffentlichen Hand, die für behördliche (öffentlich-rechtlich geregelte) Zwecke genutzt werden. Wenn der öffentliche Bauherr eine „grundlegende Renovierung" solcher Gebäude durchführt, gelten besondere Bestimmungen für die anteilige Nutzung erneuerbarer Energie. Eine „grundlegende Renovierung" in diesem Sinne liegt vor, wenn innerhalb von zwei Jahren sowohl ein Heizkessel ausgetauscht oder die Heizungsanlage umgestellt wird als auch mehr als 20% der Gebäudeoberfläche renoviert werden.

Ausnahmen gelten u. a. für überschuldete Kommunen. Diese sind von den besonderen Verpflichtungen befreit, wenn sie durch Beschluss feststellen, dass die nach dem GEG geforderten Maßnahmen mit Mehrkosten verbunden sind, die auch unter Berücksichtigung der Vorbildfunktion des GEG nicht unerheblich sind.

Ölheizung

Für Bestandsgebäude gilt zudem eine Härtefallregelung bezogen auf den Einbau von Ölheizungen über den Stichtag hinaus, so dass diese ab dem Jahr 2026 auch ohne die Kombination mit erneuerbaren Energien noch verbaut werden dürfen, sofern Erdgas oder Fernwärme nicht zur Verfügung stehen und die anteilige Nutzung erneuerbarer Energien technisch nicht möglich ist oder zu einer unbilligen Härte führen würde.

Energetische Inspektion von Klimaanlagen

Wie bereits nach der EnEV müssen in ein Gebäude eingebaute Klimaanlagen mit einer Nennleistung von mehr als 12 kW alle 10 Jahr energetisch inspiziert werden. Dabei handelt es sich um eine bußgeldbewehrte Betreiberpflicht. Die Inspektionsberichte sind der zuständigen Behörde auf Verlangen vorzulegen.

Wärmeversorgung im Quartier

Neu ist ebenfalls, dass bei Gebäuden im räumlichen Zusammenhang („Quartier") die energetischen Anforderungen auch gemeinschaftlich im Wege einer gemeinsamen Wärmeversorgung erfüllt werden können. Diese Möglichkeit be-

Einführung

steht sowohl für Bestands- als auch für Neubauten. Unter gewissen Voraussetzungen ist es bei Bestandsbauten sogar möglich, dass einzelne erfasste Gebäude für sich betrachtet, nicht die energetischen Anforderungen des Gesetzes erfüllen müssen.

Vollzug des Gesetzes

Die Einhaltung der Vorgaben des GEG haben der Bauherr oder der Eigentümer der nach Landesrecht zuständigen Behörde durch eine Erfüllungserklärung gemäß § 92 GEG nachzuweisen oder zu bescheinigen, dass die Anforderungen dieses Gesetzes eingehalten worden sind. Die Erfüllungserklärung ist nach Fertigstellung des Gebäudes vorzulegen, soweit das Landesrecht nicht einen anderen Zeitpunkt der Vorlage bestimmt. Insoweit sind auch Nachweise von Fachunternehmen nach erfolgtem Einbau/Änderung von Bauteilen und Anlagen von diesen an den Bauherren oder Eigentümer zu übergeben.

Befreiungen, Abweichungen, Vorrang anderer Vorschriften

In Einzelfällen sind auf Antrag des Eigentümers oder Bauherrn Befreiungen von den Anforderungen des GEG zu erteilen, soweit

1. die Ziele des GEG durch andere als in diesem Gesetz vorgesehene Maßnahmen in gleichem Umfang erreicht werden oder
2. die Anforderungen im Einzelfall wegen besonderer Umstände durch einen unangemessenen Aufwand oder in sonstiger Weise zu einer unbilligen Härte führen.

Ferner ist zu berücksichtigen, dass die Anforderung an Neubauten nach dem GEG nicht einzuhalten sind, wenn Vorschriften des Brandschutzes, des Schallschutzes oder auch des Arbeitsschutzes entgegenstehen. Bei Bestandsgebäuden haben darüber hinaus auch Vorschriften zur Standsicherheit und zum Schutz der Gesundheit Vorrang. U. a. bei Baudenkmälern kann außerdem von den Vorschriften des GEG abgewichen werden, wenn anderenfalls die Substanz oder das Erscheinungsbild beeinträchtigt würde.

Schließlich stehen die im GEG geregelten Anforderungen und Pflichten insgesamt unter dem Gesichtspunkt der Wirtschaftlichkeit. Anforderungen und Pflichten gelten als wirtschaftlich vertretbar, wenn die erforderlichen Aufwendungen innerhalb der üblichen Nutzungsdauer durch die eintretenden Einsparungen erwirtschaftet werden können: Unwirtschaftlich im Sinne des GEG ist eine Maßnahme also erst dann, wenn sie sich nicht innerhalb ihrer Lebensdauer – mitunter also erst nach Jahrzehnten – amortisiert.

Wann die Voraussetzungen für eine Befreiung, eine Abweichung oder den Vorrang anderer Vorschriften erfüllt sind, wird im Einzelfall mitunter schwer festzustellen und jedenfalls aufwendig zu begründen sein. Gleichwohl kommen Eigentümer, Bauherren, Planer, Unternehmen und Betreiber nicht umhin, sich detailliert mit den Anforderungen des GEG zu befassen.

Die Nichteinhaltung der Vorgaben des GEG ist gemäß § 108 GEG bußgeldbewehrt und stellt somit eine Ordnungswidrigkeit dar. Je nach Bußgeldtatbestand konnen Geldbußen bis zu 5.000 EUR, 10.000 EUR oder 50.000 EUR verhängt werden.

1. Vergabe- und Vertragsordnung für Bauleistungen Teil A (VOB/A) Allgemeine Bestimmungen für die Vergabe von Bauleistungen[1) 2) 3)]

Ausgabe 2019
(BAnz AT 19.02.2019 B2, 3)

Nichtamtliche Inhaltsübersicht
Hinweise für die Überarbeitung VOB/A 2019
Abschnitt 1. Basisparagrafen

§ 1	Bauleistungen
§ 2	Grundsätze
§ 3	Arten der Vergabe
§ 3a	Zulässigkeitsvoraussetzungen
§ 3b	Ablauf der Verfahren
§ 4	Vertragsarten
§ 4a	Rahmenvereinbarungen
§ 5	Vergabe nach Losen, Einheitliche Vergabe
§ 6	Teilnehmer am Wettbewerb
§ 6a	Eignungsnachweise
§ 6b	Mittel der Nachweisführung, Verfahren
§ 7	Leistungsbeschreibung
§ 7a	Technische Spezifikationen
§ 7b	Leistungsbeschreibung mit Leistungsverzeichnis
§ 7c	Leistungsbeschreibung mit Leistungsprogramm
§ 8	Vergabeunterlagen
§ 8a	Allgemeine, Besondere und Zusätzliche Vertragsbedingungen
§ 8b	Kosten- und Vertrauensregelung, Schiedsverfahren
§ 9	Ausführungsfristen, Einzelfristen, Verzug
§ 9a	Vertragsstrafen, Beschleunigungsvergütung
§ 9b	Verjährung der Mängelansprüche
§ 9c	Sicherheitsleistung
§ 9d	Änderung der Vergütung
§ 10	Angebots-, Bewerbungs-, Bindefristen
§ 11	Grundsätze der Informationsübermittlung
§ 11a	Anforderungen an elektronische Mittel
§ 12	Auftragsbekanntmachung
§ 12a	Versand der Vergabeunterlagen
§ 13	Form und Inhalt der Angebote

[1)] Verkündet als Bek. v. 31.1.2019 (BAnz AT 19.02.2019 B2).

[2)] Die anliegenden vom Deutschen Vergabe- und Vertragsausschuss für Bauleistungen (DVA) erarbeiteten Abschnitte 1 bis 3 der Vergabe- und Vertragsordnung für Bauleistungen Teil A (VOB/A) werden hiermit bekannt gegeben.

Die Neufassung der VOB/A wird im Auftrag des DVA vom Deutschen Institut für Normung e.V. (DIN) als DIN 1960 herausgegeben.

Abschnitt 1 VOB/A ersetzt Abschnitt 1 VOB/A v. 26.6.2016 (BAnz AT 01.07.2016 B4); in Kraft getreten **mWv 1.3.2019**, vgl. hierzu Ministerium-internes-RdSchr. v. 20.2.2019.

Abschnitte 2 und 3 VOB/A 2019 ersetzen Abschnitte 2 und 3 VOB/A v. 7.1.2016 (BAnz AT 19.01. 2016 B3); in Kraft getreten **mWv 18.7.2019**, vgl. hierzu Bek. v. 18.6.2019 (GMBl S. 706).

[3)] Gem. Bek. v. 16.3.2022 (BAnz AT 18.03.2022 B1) gelten für das Bundesministerium der Verteidigung und seinen Geschäftsbereich vom 19.3.2022–31.12.2023 zur Beschleunigung von Vergaben im Unterschwellenbereich Maßgaben zu § 3a Abs. 4 VOB/A.

1 VOB/A

VOB Teil A

§ 14 Öffnung der Angebote, Öffnungstermin bei ausschließlicher Zulassung elektronischer Angebote
§ 14a Öffnung der Angebote, Eröffnungstermin bei Zulassung schriftlicher Angebote
§ 15 Aufklärung des Angebotsinhalts
§ 16 Ausschluss von Angeboten
§ 16a Nachforderung von Unterlagen
§ 16b Eignung
§ 16c Prüfung
§ 16d Wertung
§ 17 Aufhebung der Ausschreibung
§ 18 Zuschlag
§ 19 Nicht berücksichtigte Bewerbungen und Angebote
§ 20 Dokumentation, Informationspflicht
§ 21 Nachprüfungsstellen
§ 22 Änderungen während der Vertragslaufzeit
§ 23 Baukonzessionen
§ 24 Vergabe im Ausland
Anhang TS Technische Spezifikationen

Abschnitt 2. Vergabebestimmungen im Anwendungsbereich der Richtlinie 2014/24/EU (VOB/A – EU)

§ 1 EU Anwendungsbereich
§ 2 EU Grundsätze
§ 3 EU Arten der Vergabe
§ 3a EU Zulässigkeitsvoraussetzungen
§ 3b EU Ablauf der Verfahren
§ 4 EU Vertragsarten
§ 4a EU Rahmenvereinbarungen
§ 4b EU Besondere Instrumente und Methoden
§ 5 EU Einheitliche Vergabe, Vergabe nach Losen
§ 6 EU Teilnehmer am Wettbewerb
§ 6a EU Eignungsnachweise
§ 6b EU Mittel der Nachweisführung, Verfahren
§ 6c EU Qualitätssicherung und Umweltmanagement
§ 6d EU Kapazitäten anderer Unternehmen
§ 6e EU Ausschlussgründe
§ 6f EU Selbstreinigung
§ 7 EU Leistungsbeschreibung
§ 7a EU Technische Spezifikationen, Testberichte, Zertifizierungen, Gütezeichen
§ 7b EU Leistungsbeschreibung mit Leistungsverzeichnis
§ 7c EU Leistungsbeschreibung mit Leistungsprogramm
§ 8 EU Vergabeunterlagen
§ 8a EU Allgemeine, Besondere und Zusätzliche Vertragsbedingungen
§ 8b EU Kosten- und Vertrauensregelung, Schiedsverfahren
§ 8c EU Anforderungen an energieverbrauchsrelevante Waren, technische Geräte oder Ausrüstungen
§ 9 EU Ausführungsfristen, Einzelfristen, Verzug
§ 9a EU Vertragsstrafen, Beschleunigungsvergütung
§ 9b EU Verjährung der Mängelansprüche
§ 9c EU Sicherheitsleistung
§ 9d EU Änderung der Vergütung
§ 10 EU Fristen
§ 10a EU Fristen im offenen Verfahren
§ 10b EU Fristen im nicht offenen Verfahren
§ 10c EU Fristen im Verhandlungsverfahren
§ 10d EU Fristen im wettbewerblichen Dialog und bei der Innovationspartnerschaft
§ 11 EU Grundsätze der Informationsübermittlung
§ 11a EU Anforderungen an elektronische Mittel
§ 11b EU Ausnahmen von der Verwendung elektronischer Mittel
§ 12 EU Vorinformation, Auftragsbekanntmachung
§ 12a EU Versand der Vergabeunterlagen
§ 13 EU Form und Inhalt der Angebote

VOB Teil A

§ 14 EU Öffnung der Angebote, Öffnungstermin
§ 15 EU Aufklärung des Angebotsinhalts
§ 16 EU Ausschluss von Angeboten
§ 16a EU Nachforderung von Unterlagen
§ 16b EU Eignung
§ 16c EU Prüfung
§ 16d EU Wertung
§ 17 EU Aufhebung der Ausschreibung
§ 18 EU Zuschlag
§ 19 EU Nicht berücksichtigte Bewerbungen und Angebote
§ 20 EU Dokumentation
§ 21 EU Nachprüfungsbehörden
§ 22 EU Auftragsänderungen während der Vertragslaufzeit

Anhang TS Technische Spezifikationen

Abschnitt 3. Vergabebestimmungen im Anwendungsbereich der Richtlinie 2009/81/EG (VOB/A – VS)

§ 1 VS Anwendungsbereich
§ 2 VS Grundsätze
§ 3 VS Arten der Vergabe
§ 3a VS Zulässigkeitsvoraussetzungen
§ 3b VS Ablauf der Verfahren
§ 4 VS Vertragsarten
§ 4a VS Rahmenvereinbarungen
§ 5 VS Einheitliche Vergabe, Vergabe nach Losen
§ 6 VS Teilnehmer am Wettbewerb
§ 6a VS Eignungsnachweise
§ 6b VS Mittel der Nachweisführung, Verfahren
§ 6c VS Qualitätssicherung und Umweltmanagement
§ 6d VS Kapazitäten anderer Unternehmen
§ 6e VS Ausschlussgründe
§ 6f VS Selbstreinigung
§ 7 VS Leistungsbeschreibung
§ 7a VS Technische Spezifikationen
§ 7b VS Leistungsbeschreibung mit Leistungsverzeichnis
§ 7c VS Leistungsbeschreibung mit Leistungsprogramm
§ 8 VS Vergabeunterlagen
§ 8a VS Allgemeine, Besondere und Zusätzliche Vertragsbedingungen
§ 8b VS Kosten- und Vertrauensregelung, Schiedsverfahren
§ 9 VS Ausführungsfristen, Einzelfristen, Verzug
§ 9a VS Vertragsstrafen, Beschleunigungsvergütung
§ 9b VS Verjährung der Mängelansprüche
§ 9c VS Sicherheitsleistung
§ 9d VS Änderung der Vergütung
§ 10 VS Fristen
§ 10a VS frei
§ 10b VS Fristen im nicht offenen Verfahren
§ 10c VS Fristen im Verhandlungsverfahren
§ 10d VS Fristen im wettbewerblichen Dialog
§ 11 VS Grundsätze der Informationsübermittlung
§ 11a VS Anforderungen an elektronische Mittel
§ 12 VS Vorinformation, Auftragsbekanntmachung
§ 12a VS Versand der Vergabeunterlagen
§ 13 VS Form und Inhalt der Angebote
§ 14 VS Öffnung der Angebote, Öffnungstermin
§ 15 VS Aufklärung des Angebotsinhalts
§ 16 VS Ausschluss von Angeboten
§ 16a VS Nachforderung von Unterlagen
§ 16b VS Eignung
§ 16c VS Prüfung
§ 16d VS Wertung

1 VOB/A §§ 1, 2

§ 17 VS Aufhebung der Ausschreibung
§ 18 VS Zuschlag
§ 19 VS Nicht berücksichtigte Bewerbungen und Angebote
§ 20 VS Dokumentation
§ 21 VS Nachprüfungsbehörden
§ 22 VS Auftragsänderungen während der Vertragslaufzeit
Anhang TS Technische Spezifikationen

Hinweise für die Überarbeitung VOB/A 2019

Der Deutsche Vergabe- und Vertragsausschuss für Bauleistungen (DVA) hat Änderungen in der VOB/A beschlossen.

Sie dienen der Aktualisierung des Abschnitts 1 im Nachgang zur Vergaberechtsreform 2016 und setzen dort auch Beschlüsse des Wohngipfels vom 21. September 2018 um.

Abschnitte 2 und 3 wurden vorwiegend redaktionell geändert. Daneben wurden einige der in Abschnitt 1 beschlossenen Änderungen inhaltsgleich übertragen.

Erläuterungen zu den inhaltlichen Änderungen sind für den Einführungserlass des Bundesministeriums des Innern, für Bau und Heimat zu Abschnitt 1 vorgesehen, der im Gemeinsamen Ministerialblatt des Bundes veröffentlicht werden wird.

Die Änderungen der VOB/A werden in die für die zweite Jahreshälfte 2019 geplante Gesamtausgabe der VOB 2019[1)] einfließen.

Abschnitt 1. Basisparagrafen

§ 1 Bauleistungen. Bauleistungen sind Arbeiten jeder Art, durch die eine bauliche Anlage hergestellt, instand gehalten, geändert oder beseitigt wird.

§ 2 Grundsätze. (1) [1]Bauleistungen werden im Wettbewerb und im Wege transparenter Verfahren vergeben. [2]Dabei werden die Grundsätze der Wirtschaftlichkeit und der Verhältnismäßigkeit gewahrt. [3]Wettbewerbsbeschränkende und unlautere Verhaltensweisen sind zu bekämpfen.

(2) Bei der Vergabe von Bauleistungen darf kein Unternehmen diskriminiert werden.

(3) Bauleistungen werden an fachkundige, leistungsfähige und zuverlässige Unternehmen zu angemessenen Preisen vergeben.

(4) Auftraggeber, Bewerber, Bieter und Auftragnehmer wahren die Vertraulichkeit aller Informationen und Unterlagen nach Maßgabe dieser Vergabeordnung oder anderer Rechtsvorschriften.

(5) Die Durchführung von Vergabeverfahren zum Zwecke der Markterkundung ist unzulässig.

(6) Der Auftraggeber soll erst dann ausschreiben, wenn alle Vergabeunterlagen fertig gestellt sind und wenn innerhalb der angegebenen Fristen mit der Ausführung begonnen werden kann.

(7) Es ist anzustreben, die Aufträge so zu erteilen, dass die ganzjährige Bautätigkeit gefördert wird.

[1)] Siehe Einführungserlass zur Gesamtausgabe VOB 2019 v. 6.9.2019 (GMBl S. 821).

§ 3 Arten der Vergabe. Die Vergabe von Bauleistungen erfolgt nach Öffentlicher Ausschreibung, Beschränkter Ausschreibung mit oder ohne Teilnahmewettbewerb oder nach Freihändiger Vergabe.

1. Bei Öffentlicher Ausschreibung werden Bauleistungen im vorgeschriebenen Verfahren nach öffentlicher Aufforderung einer unbeschränkten Zahl von Unternehmen zur Einreichung von Angeboten vergeben.
2. Bei Beschränkten Ausschreibungen (Beschränkte Ausschreibung mit oder ohne Teilnahmewettbewerb) werden Bauleistungen im vorgeschriebenen Verfahren nach Aufforderung einer beschränkten Zahl von Unternehmen zur Einreichung von Angeboten vergeben.
3. Bei Freihändiger Vergabe werden Bauleistungen in einem vereinfachten Verfahren vergeben.

§ 3a[1] Zulässigkeitsvoraussetzungen. (1) [1]Dem Auftraggeber stehen nach seiner Wahl die Öffentliche Ausschreibung und die Beschränkte Ausschreibung mit Teilnahmewettbewerb zur Verfügung. [2]Die anderen Verfahrensarten stehen nur zur Verfügung, soweit dies nach den Absätzen zwei und drei gestattet ist.

(2) Beschränkte Ausschreibung ohne Teilnahmewettbewerb kann erfolgen,

1. bis zu folgendem Auftragswert der Bauleistung ohne Umsatzsteuer:[2]
   a) 50 000 Euro für Ausbaugewerke (ohne Energie- und Gebäudetechnik), Landschaftsbau und Straßenausstattung,
   b) 150 000 Euro für Tief-, Verkehrswege- und Ingenieurbau,
   c) 100 000 Euro für alle übrigen Gewerke,
2. wenn eine Öffentliche Ausschreibung oder eine Beschränkte Ausschreibung mit Teilnahmewettbewerb kein annehmbares Ergebnis gehabt hat,
3. wenn die Öffentliche Ausschreibung oder eine Beschränkte Ausschreibung mit Teilnahmewettbewerb aus anderen Gründen (z.B. Dringlichkeit, Geheimhaltung) unzweckmäßig ist.

(3) [1]Freihändige Vergabe ist zulässig, wenn die Öffentliche Ausschreibung oder Beschränkte Ausschreibungen unzweckmäßig sind, besonders,

1. wenn für die Leistung aus besonderen Gründen (z.B. Patentschutz, besondere Erfahrung oder Geräte) nur ein bestimmtes Unternehmen in Betracht kommt,
2. wenn die Leistung besonders dringlich ist,
3. wenn die Leistung nach Art und Umfang vor der Vergabe nicht so eindeutig und erschöpfend festgelegt werden kann, dass hinreichend vergleichbare Angebote erwartet werden können,
4. wenn nach Aufhebung einer Öffentlichen Ausschreibung oder Beschränkten Ausschreibung eine erneute Ausschreibung kein annehmbares Ergebnis verspricht,
5. wenn es aus Gründen der Geheimhaltung erforderlich ist,
6. wenn sich eine kleine Leistung von einer vergebenen größeren Leistung nicht ohne Nachteil trennen lässt.

---

[1] Siehe hierzu ua den BMI-Erlass betr. Auslegung von einzelnen Regelungen Vergabe- und Vertragsordnung für Bauleistungen Teil A (Nr. **1a**).
[2] **Amtl. Anm.:** Für Bauleistungen zu Wohnzwecken kann bis zum 31. Dezember 2021 eine Beschränkte Ausschreibung ohne Teilnahmewettbewerb für jedes Gewerk bis zu einem Auftragswert von 1 000 000 Euro ohne Umsatzsteuer erfolgen.

[2] Freihändige Vergabe kann außerdem bis zu einem Auftragswert von 10 000 Euro ohne Umsatzsteuer erfolgen[1]).

(4)[2)] [1] Bauleistungen bis zu einem voraussichtlichen Auftragswert von 3000 Euro ohne Umsatzsteuer können unter Berücksichtigung der Haushaltsgrundsätze der Wirtschaftlichkeit und Sparsamkeit ohne die Durchführung eines Vergabeverfahrens beschafft werden (Direktauftrag). [2] Der Auftraggeber soll zwischen den beauftragten Unternehmen wechseln.

§ 3b Ablauf der Verfahren.

(1) [1] Bei einer Öffentlichen Ausschreibung fordert der Auftraggeber eine unbeschränkte Anzahl von Unternehmen öffentlich zur Abgabe von Angeboten auf. [2] Jedes interessierte Unternehmen kann ein Angebot abgeben.

(2) [1] Bei Beschränkter Ausschreibung mit Teilnahmewettbewerb erfolgt die Auswahl der Unternehmen, die zur Angebotsabgabe aufgefordert werden, durch die Auswertung des Teilnahmewettbewerbs. [2] Dazu fordert der Auftraggeber eine unbeschränkte Anzahl von Unternehmen öffentlich zur Abgabe von Teilnahmeanträgen auf. [3] Die Auswahl der Bewerber erfolgt anhand der vom Auftraggeber festgelegten Eignungskriterien. [4] Die transparenten, objektiven und nichtdiskriminierenden Eignungskriterien für die Begrenzung der Zahl der Bewerber, die Mindestzahl und gegebenenfalls Höchstzahl der einzuladenden Bewerber gibt der Auftraggeber in der Auftragsbekanntmachung des Teilnahmewettbewerbs an. [5] Die vorgesehene Mindestzahl der einzuladenden Bewerber darf nicht niedriger als fünf sein. [6] Liegt die Zahl geeigneter Bewerber unter der Mindestzahl, darf der Auftraggeber das Verfahren mit dem oder den geeigneten Bewerber(n) fortführen.

(3) Bei Beschränkter Ausschreibung ohne Teilnahmewettbewerb sollen mehrere, im Allgemeinen mindestens drei geeignete Unternehmen aufgefordert werden.

(4) Bei Beschränkter Ausschreibung ohne Teilnahmewettbewerb und Freihändiger Vergabe soll unter den Unternehmen möglichst gewechselt werden.

§ 4 Vertragsarten.

(1) Bauleistungen sind so zu vergeben, dass die Vergütung nach Leistung bemessen wird (Leistungsvertrag), und zwar:
1. in der Regel zu Einheitspreisen für technisch und wirtschaftlich einheitliche Teilleistungen, deren Menge nach Maß, Gewicht oder Stückzahl vom Auftraggeber in den Vertragsunterlagen anzugeben ist (Einheitspreisvertrag),
2. in geeigneten Fällen für eine Pauschalsumme, wenn die Leistung nach Ausführungsart und Umfang genau bestimmt ist und mit einer Änderung bei der Ausführung nicht zu rechnen ist (Pauschalvertrag).

(2) Abweichend von Absatz 1 können Bauleistungen geringeren Umfangs, die überwiegend Lohnkosten verursachen, im Stundenlohn vergeben werden (Stundenlohnvertrag).

[1)] **Amtl. Anm.:** Für Bauleistungen zu Wohnzwecken kann bis zum 31. Dezember 2021 eine Freihändige Vergabe bis zu einem Auftragswert von 100 000 Euro ohne Umsatzsteuer erfolgen.

[2)] Abweichend von § 3a Absatz 4 VOB/A können vom 19.3.2022–31.12.2023 Direktaufträge des Bundesministeriums der Verteidigung und seines Geschäftsbereichs bis zu einem Auftragswert von 5000 Euro ohne Umsatzsteuer vergeben werden. Die übrigen Voraussetzungen nach § 3a Absatz 4 VOB/A bleiben unberührt (vgl. Bek. v. 16.3.2022, BAnz AT 18.03.2022 B1).

(3) Das Angebotsverfahren ist darauf abzustellen, dass der Bieter die Preise, die er für seine Leistungen fordert, in die Leistungsbeschreibung einzusetzen oder in anderer Weise im Angebot anzugeben hat.

(4) Das Auf- und Abgebotsverfahren, bei dem vom Auftraggeber angegebene Preise dem Auf- und Abgebot der Bieter unterstellt werden, soll nur ausnahmsweise bei regelmäßig wiederkehrenden Unterhaltungsarbeiten, deren Umfang möglichst zu umgrenzen ist, angewandt werden.

§ 4a Rahmenvereinbarungen.

(1) [1] Rahmenvereinbarungen sind Aufträge, die ein oder mehrere Auftraggeber an ein oder mehrere Unternehmen vergeben können, um die Bedingungen für Einzelaufträge, die während eines bestimmten Zeitraumes vergeben werden sollen, festzulegen, insbesondere über den in Aussicht genommenen Preis. [2] Das in Aussicht genommene Auftragsvolumen ist so genau wie möglich zu ermitteln und bekannt zu geben, braucht aber nicht abschließend festgelegt zu werden. [3] Eine Rahmenvereinbarung darf nicht missbräuchlich oder in einer Art angewendet werden, die den Wettbewerb behindert, einschränkt oder verfälscht. [4] Die Laufzeit einer Rahmenvereinbarung darf vier Jahre nicht überschreiten, es sei denn, es liegt ein im Gegenstand der Rahmenvereinbarung begründeter Ausnahmefall vor.

(2) Die Erteilung von Einzelaufträgen ist nur zulässig zwischen den Auftraggebern, die ihren voraussichtlichen Bedarf für das Vergabeverfahren gemeldet haben, und den Unternehmen, mit denen Rahmenvereinbarungen abgeschlossen wurden.

§ 5 Vergabe nach Losen, Einheitliche Vergabe.

(1) Bauleistungen sollen so vergeben werden, dass eine einheitliche Ausführung und zweifelsfreie umfassende Haftung für Mängelansprüche erreicht wird; sie sollen daher in der Regel mit den zur Leistung gehörigen Lieferungen vergeben werden.

(2) [1] Bauleistungen sind in der Menge aufgeteilt (Teillose) und getrennt nach Art oder Fachgebiet (Fachlose) zu vergeben. [2] Bei der Vergabe kann aus wirtschaftlichen oder technischen Gründen auf eine Aufteilung oder Trennung verzichtet werden.

§ 6 Teilnehmer am Wettbewerb.

(1) Der Wettbewerb darf nicht auf Unternehmen beschränkt werden, die in bestimmten Regionen oder Orten ansässig sind.

(2) Bietergemeinschaften sind Einzelbietern gleichzusetzen, wenn sie die Arbeiten im eigenen Betrieb oder in den Betrieben der Mitglieder ausführen.

(3) Am Wettbewerb können sich nur Unternehmen beteiligen, die sich gewerbsmäßig mit der Ausführung von Leistungen der ausgeschriebenen Art befassen.

§ 6a[1] Eignungsnachweise.

(1) [1] Zum Nachweis ihrer Eignung ist die Fachkunde, Leistungsfähigkeit und Zuverlässigkeit der Bewerber oder Bieter zu prüfen. [2] Bei der Beurteilung der Zuverlässigkeit werden Selbstreinigungsmaßnahmen in entsprechender Anwendung des § 6f EU Absatz 1 und 2 berücksichtigt.

---

[1] Siehe hierzu ua den BMI-Erlass betr. Auslegung von einzelnen Regelungen Vergabe- und Vertragsordnung für Bauleistungen Teil A (Nr. **1a**).

(2) Der Nachweis umfasst die folgenden Angaben:

1. den Umsatz des Unternehmens jeweils bezogen auf die letzten drei abgeschlossenen Geschäftsjahre, soweit er Bauleistungen und andere Leistungen betrifft, die mit der zu vergebenden Leistung vergleichbar sind, unter Einschluss des Anteils bei gemeinsam mit anderen Unternehmen ausgeführten Aufträgen,
2. die Ausführung von Leistungen in den letzten bis zu fünf abgeschlossenen Kalenderjahren, die mit der zu vergebenden Leistung vergleichbar sind. Um einen ausreichenden Wettbewerb sicherzustellen, kann der Auftraggeber darauf hinweisen, dass auch einschlägige Bauleistungen berücksichtigt werden, die mehr als fünf Jahre zurückliegen,
3. die Zahl der in den letzten drei abgeschlossenen Kalenderjahren jahresdurchschnittlich beschäftigten Arbeitskräfte, gegliedert nach Lohngruppen mit gesondert ausgewiesenem technischem Leitungspersonal,
4. die Eintragung in das Berufsregister ihres Sitzes oder Wohnsitzes,

sowie Angaben,

5. ob ein Insolvenzverfahren oder ein vergleichbares gesetzlich geregeltes Verfahren eröffnet oder die Eröffnung beantragt worden ist oder der Antrag mangels Masse abgelehnt wurde oder ein Insolvenzplan rechtskräftig bestätigt wurde,
6. ob sich das Unternehmen in Liquidation befindet,
7. dass nachweislich keine schwere Verfehlung begangen wurde, die die Zuverlässigkeit als Bewerber oder Bieter in Frage stellt,
8. dass die Verpflichtung zur Zahlung von Steuern und Abgaben sowie der Beiträge zur Sozialversicherung ordnungsgemäß erfüllt wurde,
9. dass sich das Unternehmen bei der Berufsgenossenschaft angemeldet hat.

(3) Andere, auf den konkreten Auftrag bezogene zusätzliche, insbesondere für die Prüfung der Fachkunde geeignete Angaben können verlangt werden.

(4) Der Auftraggeber wird andere ihm geeignet erscheinende Nachweise der wirtschaftlichen und finanziellen Leistungsfähigkeit zulassen, wenn er feststellt, dass stichhaltige Gründe dafür bestehen.

(5) Der Auftraggeber kann bis zu einem Auftragswert von 10 000 Euro auf Angaben nach Absatz 2 Nummer 1 bis 3, 5 und 6 verzichten, wenn dies durch Art und Umfang des Auftrags gerechtfertigt ist.

§ 6b Mittel der Nachweisführung, Verfahren. (1) Der Nachweis der Eignung kann mit der vom Auftraggeber direkt abrufbaren Eintragung in die allgemein zugängliche Liste des Vereins für die Präqualifikation von Bauunternehmen e.V. (Präqualifikationsverzeichnis) erfolgen.

(2) [1] Die Angaben können die Bewerber oder Bieter auch durch Einzelnachweise erbringen. [2] Der Auftraggeber kann dabei vorsehen, dass für einzelne Angaben Eigenerklärungen ausreichend sind. [3] Eigenerklärungen, die als vorläufiger Nachweis dienen, sind von den Bietern, deren Angebote in die engere Wahl kommen, oder von den in Frage kommenden Bewerbern durch entsprechende Bescheinigungen der zuständigen Stellen zu bestätigen.

(3) Der Auftraggeber verzichtet auf die Vorlage von Nachweisen, wenn die den Zuschlag erteilende Stelle bereits im Besitz dieser Nachweise ist.

(4) ¹Bei Öffentlicher Ausschreibung sind in der Aufforderung zur Angebotsabgabe die Nachweise zu bezeichnen, deren Vorlage mit dem Angebot verlangt oder deren spätere Anforderung vorbehalten wird. ²Bei Beschränkter Ausschreibung mit Teilnahmewettbewerb ist zu verlangen, dass die Eigenerklärungen oder Nachweise bereits mit dem Teilnahmeantrag vorgelegt werden.

(5) ¹Bei Beschränkter Ausschreibung und Freihändiger Vergabe ist vor der Aufforderung zur Angebotsabgabe die Eignung der Unternehmen zu prüfen. ²Dabei sind die Unternehmen auszuwählen, deren Eignung die für die Erfüllung der vertraglichen Verpflichtungen notwendige Sicherheit bietet; dies bedeutet, dass sie die erforderliche Fachkunde, Leistungsfähigkeit und Zuverlässigkeit besitzen und über ausreichende technische und wirtschaftliche Mittel verfügen.

§ 7 Leistungsbeschreibung. (1)

1. Die Leistung ist eindeutig und so erschöpfend zu beschreiben, dass alle Unternehmen die Beschreibung im gleichen Sinne verstehen müssen und ihre Preise sicher und ohne umfangreiche Vorarbeiten berechnen können.
2. Um eine einwandfreie Preisermittlung zu ermöglichen, sind alle sie beeinflussenden Umstände festzustellen und in den Vergabeunterlagen anzugeben.
3. Dem Auftragnehmer darf kein ungewöhnliches Wagnis aufgebürdet werden für Umstände und Ereignisse, auf die er keinen Einfluss hat und deren Einwirkung auf die Preise und Fristen er nicht im Voraus schätzen kann.
4. ¹Bedarfspositionen sind grundsätzlich nicht in die Leistungsbeschreibung aufzunehmen. ²Angehängte Stundenlohnarbeiten dürfen nur in dem unbedingt erforderlichen Umfang in die Leistungsbeschreibung aufgenommen werden.
5. Erforderlichenfalls sind auch der Zweck und die vorgesehene Beanspruchung der fertigen Leistung anzugeben.
6. Die für die Ausführung der Leistung wesentlichen Verhältnisse der Baustelle, z.B. Boden- und Wasserverhältnisse, sind so zu beschreiben, dass das Unternehmen ihre Auswirkungen auf die bauliche Anlage und die Bauausführung hinreichend beurteilen kann.
7. Die „Hinweise für das Aufstellen der Leistungsbeschreibung" in Abschnitt 0 der Allgemeinen Technischen Vertragsbedingungen für Bauleistungen, DIN 18299 ff., sind zu beachten.

(2) In technischen Spezifikationen darf nicht auf eine bestimmte Produktion oder Herkunft oder ein besonderes Verfahren, das die von einem bestimmten Unternehmen bereitgestellten Produkte charakterisiert, oder auf Marken, Patente, Typen oder einen bestimmten Ursprung oder eine bestimmte Produktion verwiesen werden, es sei denn

1. dies ist durch den Auftragsgegenstand gerechtfertigt oder
2. der Auftragsgegenstand kann nicht hinreichend genau und allgemein verständlich beschrieben werden; solche Verweise sind mit dem Zusatz „oder gleichwertig" zu versehen.

(3) Bei der Beschreibung der Leistung sind die verkehrsüblichen Bezeichnungen zu beachten.

§ 7a Technische Spezifikationen.
(1) Die technischen Anforderungen (Spezifikationen – siehe Anhang TS Nummer 1) an den Auftragsgegenstand müssen allen Unternehmen gleichermaßen zugänglich sein.

1 VOB/A § 7a

(2) Die technischen Spezifikationen sind in den Vergabeunterlagen zu formulieren:
1. entweder unter Bezugnahme auf die in Anhang TS definierten technischen Spezifikationen in der Rangfolge
   a) nationale Normen, mit denen europäische Normen umgesetzt werden,
   b) europäische technische Bewertungen,
   c) gemeinsame technische Spezifikationen,
   d) internationale Normen und andere technische Bezugssysteme, die von den europäischen Normungsgremien erarbeitet wurden oder,
   e) falls solche Normen und Spezifikationen fehlen, nationale Normen, nationale technische Zulassungen oder nationale technische Spezifikationen für die Planung, Berechnung und Ausführung von Bauwerken und den Einsatz von Produkten.
   Jede Bezugnahme ist mit dem Zusatz „oder gleichwertig" zu versehen;
2. oder in Form von Leistungs- oder Funktionsanforderungen, die so genau zu fassen sind, dass sie den Unternehmen ein klares Bild vom Auftragsgegenstand vermitteln und dem Auftraggeber die Erteilung des Zuschlags ermöglichen;
3. oder in Kombination der Nummern 1 und 2, das heißt
   a) in Form von Leistungs- oder Funktionsanforderungen unter Bezugnahme auf die Spezifikationen gemäß Nummer 1 als Mittel zur Vermutung der Konformität mit diesen Leistungs- oder Funktionsanforderungen;
   b) oder mit Bezugnahme auf die Spezifikationen gemäß Nummer 1 hinsichtlich bestimmter Merkmale und mit Bezugnahme auf die Leistungs- oder Funktionsanforderungen gemäß Nummer 2 hinsichtlich anderer Merkmale.

(3) [1] Verweist der Auftraggeber in der Leistungsbeschreibung auf die in Absatz 2 Nummer 1 genannten Spezifikationen, so darf er ein Angebot nicht mit der Begründung ablehnen, die angebotene Leistung entspräche nicht den herangezogenen Spezifikationen, sofern der Bieter in seinem Angebot dem Auftraggeber nachweist, dass die von ihm vorgeschlagenen Lösungen den Anforderungen der technischen Spezifikation, auf die Bezug genommen wurde, gleichermaßen entsprechen. [2] Als geeignetes Mittel kann eine technische Beschreibung des Herstellers oder ein Prüfbericht einer anerkannten Stelle gelten.

(4) [1] Legt der Auftraggeber die technischen Spezifikationen in Form von Leistungs- oder Funktionsanforderungen fest, so darf er ein Angebot, das einer nationalen Norm entspricht, mit der eine europäische Norm umgesetzt wird, oder einer europäischen technischen Bewertung, einer gemeinsamen technischen Spezifikation, einer internationalen Norm oder einem technischen Bezugssystem, das von den europäischen Normungsgremien erarbeitet wurde, entspricht, nicht zurückweisen, wenn diese Spezifikationen die geforderten Leistungs- oder Funktionsanforderungen betreffen. [2] Der Bieter muss in seinem Angebot mit geeigneten Mitteln dem Auftraggeber nachweisen, dass die der Norm entsprechende jeweilige Leistung den Leistungs- oder Funktionsanforderungen des Auftraggebers entspricht. [3] Als geeignetes Mittel kann eine technische Beschreibung des Herstellers oder ein Prüfbericht einer anerkannten Stelle gelten.

(5) [1] Schreibt der Auftraggeber Umwelteigenschaften in Form von Leistungs- oder Funktionsanforderungen vor, so kann er die Spezifikationen verwenden,

VOB Teil A §§ 7b, 7c VOB/A 1

die in europäischen, multinationalen oder anderen Umweltzeichen definiert sind, wenn
1. sie sich zur Definition der Merkmale des Auftragsgegenstands eignen,
2. die Anforderungen des Umweltzeichens auf Grundlage von wissenschaftlich abgesicherten Informationen ausgearbeitet werden,
3. die Umweltzeichen im Rahmen eines Verfahrens erlassen werden, an dem interessierte Kreise – wie z.b. staatliche Stellen, Verbraucher, Hersteller, Händler und Umweltorganisationen – teilnehmen können, und
4. wenn das Umweltzeichen für alle Betroffenen zugänglich und verfügbar ist.

[2] Der Auftraggeber kann in den Vergabeunterlagen angeben, dass bei Leistungen, die mit einem Umweltzeichen ausgestattet sind, vermutet wird, dass sie den in der Leistungsbeschreibung festgelegten technischen Spezifikationen genügen. [3] Der Auftraggeber muss jedoch auch jedes andere geeignete Beweismittel, wie technische Unterlagen des Herstellers oder Prüfberichte anerkannter Stellen, akzeptieren. [4] Anerkannte Stellen sind die Prüf- und Eichlaboratorien sowie die Inspektions- und Zertifizierungsstellen, die mit den anwendbaren europäischen Normen übereinstimmen. [5] Der Auftraggeber erkennt Bescheinigungen von in anderen Mitgliedstaaten ansässigen anerkannten Stellen an.

§ 7b Leistungsbeschreibung mit Leistungsverzeichnis. (1) Die Leistung ist in der Regel durch eine allgemeine Darstellung der Bauaufgabe (Baubeschreibung) und ein in Teilleistungen gegliedertes Leistungsverzeichnis zu beschreiben.

(2) [1] Erforderlichenfalls ist die Leistung auch zeichnerisch oder durch Probestücke darzustellen oder anders zu erklären, z.b. durch Hinweise auf ähnliche Leistungen, durch Mengen- oder statische Berechnungen. [2] Zeichnungen und Proben, die für die Ausführung maßgebend sein sollen, sind eindeutig zu bezeichnen.

(3) Leistungen, die nach den Vertragsbedingungen, den Technischen Vertragsbedingungen oder der gewerblichen Verkehrssitte zu der geforderten Leistung gehören (§ 2 Absatz 1 VOB/B[1]), brauchen nicht besonders aufgeführt zu werden.

(4) [1] Im Leistungsverzeichnis ist die Leistung derart aufzugliedern, dass unter einer Ordnungszahl (Position) nur solche Leistungen aufgenommen werden, die nach ihrer technischen Beschaffenheit und für die Preisbildung als in sich gleichartig anzusehen sind. [2] Ungleichartige Leistungen sollen unter einer Ordnungszahl (Sammelposition) nur zusammengefasst werden, wenn eine Teilleistung gegenüber einer anderen für die Bildung eines Durchschnittspreises ohne nennenswerten Einfluss ist.

§ 7c Leistungsbeschreibung mit Leistungsprogramm. (1) Wenn es nach Abwägen aller Umstände zweckmäßig ist, abweichend von § 7b Absatz 1 zusammen mit der Bauausführung auch den Entwurf für die Leistung dem Wettbewerb zu unterstellen, um die technisch, wirtschaftlich und gestalterisch beste sowie funktionsgerechteste Lösung der Bauaufgabe zu ermitteln, kann die Leistung durch ein Leistungsprogramm dargestellt werden.

---

[1] Nr. 1.

(2)

1. Das Leistungsprogramm umfasst eine Beschreibung der Bauaufgabe, aus der die Unternehmen alle für die Entwurfsbearbeitung und ihr Angebot maßgebenden Bedingungen und Umstände erkennen können und in der sowohl der Zweck der fertigen Leistung als auch die an sie gestellten technischen, wirtschaftlichen, gestalterischen und funktionsbedingten Anforderungen angegeben sind, sowie gegebenenfalls ein Musterleistungsverzeichnis, in dem die Mengenangaben ganz oder teilweise offengelassen sind.
2. § 7b Absatz 2 bis 4 gilt sinngemäß.

(3) ^{1} Von dem Bieter ist ein Angebot zu verlangen, das außer der Ausführung der Leistung den Entwurf nebst eingehender Erläuterung und eine Darstellung der Bauausführung sowie eine eingehende und zweckmäßig gegliederte Beschreibung der Leistung – gegebenenfalls mit Mengen- und Preisangaben für Teile der Leistung – umfasst. ^{2} Bei Beschreibung der Leistung mit Mengen- und Preisangaben ist vom Bieter zu verlangen, dass er

1. die Vollständigkeit seiner Angaben, insbesondere die von ihm selbst ermittelten Mengen, entweder ohne Einschränkung oder im Rahmen einer in den Vergabeunterlagen anzugebenden Mengentoleranz vertritt, und dass er
2. etwaige Annahmen, zu denen er in besonderen Fällen gezwungen ist, weil zum Zeitpunkt der Angebotsabgabe einzelne Teilleistungen nach Art und Menge noch nicht bestimmt werden können (z.B. Aushub-, Abbruch- oder Wasserhaltungsarbeiten) – erforderlichenfalls anhand von Plänen und Mengenermittlungen – begründet.

§ 8[1]**) Vergabeunterlagen.** (1) Die Vergabeunterlagen bestehen aus

1. dem Anschreiben (Aufforderung zur Angebotsabgabe gemäß Absatz 2 Nummer 1 bis 3), gegebenenfalls Teilnahmebedingungen (Absatz 2 Nummer 6) und
2. den Vertragsunterlagen (§§ 7 bis 7c und 8a).

(2)

1. Das Anschreiben muss alle Angaben nach § 12 Absatz 1 Nummer 2 enthalten, die außer den Vertragsunterlagen für den Entschluss zur Abgabe eines Angebots notwendig sind, sofern sie nicht bereits veröffentlicht wurden.
2. In den Vergabeunterlagen kann der Auftraggeber die Bieter auffordern, in ihrem Angebot die Leistungen anzugeben, die sie an Nachunternehmen zu vergeben beabsichtigen.
3. ^{1} Der Auftraggeber hat anzugeben:
   a) ob er Nebenangebote nicht zulässt,
   b) ob er Nebenangebote ausnahmsweise nur in Verbindung mit einem Hauptangebot zulässt.

   ^{2} Die Zuschlagskriterien sind so festzulegen, dass sie sowohl auf Hauptangebote als auch auf Nebenangebote anwendbar sind. ^{3} Es ist dabei auch zulässig, dass der Preis das einzige Zuschlagskriterium ist.
   ^{4} Von Bietern, die eine Leistung anbieten, deren Ausführung nicht in All-

---

[1]) Siehe hierzu ua den BMI-Erlass betr. Auslegung von einzelnen Regelungen Vergabe- und Vertragsordnung für Bauleistungen Teil A (Nr. **1a**).

VOB Teil A § 8a VOB/A 1

gemeinen Technischen Vertragsbedingungen oder in den Vergabeunterlagen geregelt ist, sind im Angebot entsprechende Angaben über Ausführung und Beschaffenheit dieser Leistung zu verlangen.

4. Der Auftraggeber kann in den Vergabeunterlagen angeben, dass er die Abgabe mehrerer Hauptangebote nicht zulässt.

5. Der Auftraggeber hat an zentraler Stelle in den Vergabeunterlagen abschließend alle Unterlagen im Sinne von § 16a Absatz 1 mit Ausnahme von Produktangaben anzugeben.

6. Auftraggeber, die ständig Bauleistungen vergeben, sollen die Erfordernisse, die die Unternehmen bei der Bearbeitung ihrer Angebote beachten müssen, in den Teilnahmebedingungen zusammenfassen und dem Anschreiben beifügen.

§ 8a Allgemeine, Besondere und Zusätzliche Vertragsbedingungen.

(1) [1] In den Vergabeunterlagen ist vorzuschreiben, dass die Allgemeinen Vertragsbedingungen für die Ausführung von Bauleistungen (VOB/B[1])) und die Allgemeinen Technischen Vertragsbedingungen für Bauleistungen (VOB/C) Bestandteile des Vertrags werden. [2] Das gilt auch für etwaige Zusätzliche Vertragsbedingungen und etwaige Zusätzliche Technische Vertragsbedingungen, soweit sie Bestandteile des Vertrags werden sollen.

(2)

1. [1] Die Allgemeinen Vertragsbedingungen bleiben grundsätzlich unverändert. [2] Sie können von Auftraggebern, die ständig Bauleistungen vergeben, für die bei ihnen allgemein gegebenen Verhältnisse durch Zusätzliche Vertragsbedingungen ergänzt werden. [3] Diese dürfen den Allgemeinen Vertragsbedingungen nicht widersprechen.

2. [1] Für die Erfordernisse des Einzelfalles sind die Allgemeinen Vertragsbedingungen und etwaige Zusätzliche Vertragsbedingungen durch Besondere Vertragsbedingungen zu ergänzen. [2] In diesen sollen sich Abweichungen von den Allgemeinen Vertragsbedingungen auf die Fälle beschränken, in denen dort besondere Vereinbarungen ausdrücklich vorgesehen sind und auch nur soweit es die Eigenart der Leistung und ihre Ausführung erfordern.

(3) [1] Die Allgemeinen Technischen Vertragsbedingungen bleiben grundsätzlich unverändert. [2] Sie können von Auftraggebern, die ständig Bauleistungen vergeben, für die bei ihnen allgemein gegebenen Verhältnisse durch Zusätzliche Technische Vertragsbedingungen ergänzt werden. [3] Für die Erfordernisse des Einzelfalles sind Ergänzungen und Änderungen in der Leistungsbeschreibung festzulegen.

(4)

1. In den Zusätzlichen Vertragsbedingungen oder in den Besonderen Vertragsbedingungen sollen, soweit erforderlich, folgende Punkte geregelt werden:
   a) Unterlagen (§ 8b Absatz 3; § 3 Absatz 5 und 6 VOB/B),
   b) Benutzung von Lager- und Arbeitsplätzen, Zufahrtswegen, Anschlussgleisen, Wasser- und Energieanschlüssen (§ 4 Absatz 4 VOB/B),
   c) Weitervergabe an Nachunternehmen (§ 4 Absatz 8 VOB/B),
   d) Ausführungsfristen (§ 9; § 5 VOB/B),
   e) Haftung (§ 10 Absatz 2 VOB/B),

---

[1]) Nr. 1.

1 VOB/A §§ 8b, 9

f) Vertragsstrafen und Beschleunigungsvergütungen (§ 9a; § 11 VOB/B),
g) Abnahme (§ 12 VOB/B),
h) Vertragsart (§§ 4, 4a), Abrechnung (§ 14 VOB/B),
i) Stundenlohnarbeiten (§ 15 VOB/B),
j) Zahlungen, Vorauszahlungen (§ 16 VOB/B),
k) Sicherheitsleistung (§ 9c; § 17 VOB/B),
l) Gerichtsstand (§ 18 Absatz 1 VOB/B),
m) Lohn- und Gehaltsnebenkosten,
n) Änderung der Vertragspreise (§ 9d).

2. [1] Im Einzelfall erforderliche besondere Vereinbarungen über die Mängelansprüche sowie deren Verjährung (§ 9b; § 13 Absatz 1, 4 und 7 VOB/B) und über die Verteilung der Gefahr bei Schäden, die durch Hochwasser, Sturmfluten, Grundwasser, Wind, Schnee, Eis und dergleichen entstehen können (§ 7 VOB/B), sind in den Besonderen Vertragsbedingungen zu treffen. [2] Sind für bestimmte Bauleistungen gleichgelagerte Voraussetzungen im Sinne von § 9b gegeben, so dürfen die besonderen Vereinbarungen auch in Zusätzlichen Technischen Vertragsbedingungen vorgesehen werden.

§ 8b Kosten- und Vertrauensregelung, Schiedsverfahren. (1)

1. Bei Öffentlicher Ausschreibung kann eine Erstattung der Kosten für die Vervielfältigung der Leistungsbeschreibung und der anderen Unterlagen sowie für die Kosten der postalischen Versendung verlangt werden.
2. Bei Beschränkter Ausschreibung und Freihändiger Vergabe sind alle Unterlagen unentgeltlich abzugeben.

(2)

1. [1] Für die Bearbeitung des Angebots wird keine Entschädigung gewährt. [2] Verlangt jedoch der Auftraggeber, dass der Bieter Entwürfe, Pläne, Zeichnungen, statische Berechnungen, Mengenberechnungen oder andere Unterlagen ausarbeitet, insbesondere in den Fällen des § 7c, so ist einheitlich für alle Bieter in der Ausschreibung eine angemessene Entschädigung festzusetzen. [3] Diese Entschädigung steht jedem Bieter zu, der ein der Ausschreibung entsprechendes Angebot mit den geforderten Unterlagen rechtzeitig eingereicht hat.
2. Diese Grundsätze gelten für die Freihändige Vergabe entsprechend.

(3) [1] Der Auftraggeber darf Angebotsunterlagen und die in den Angeboten enthaltenen eigenen Vorschläge eines Bieters nur für die Prüfung und Wertung der Angebote (§§ 16c und 16d) verwenden. [2] Eine darüber hinausgehende Verwendung bedarf der vorherigen schriftlichen Vereinbarung.

(4) Sollen Streitigkeiten aus dem Vertrag unter Ausschluss des ordentlichen Rechtswegs im schiedsrichterlichen Verfahren ausgetragen werden, so ist es in besonderer, nur das Schiedsverfahren betreffender Urkunde zu vereinbaren, soweit nicht § 1031 Absatz 2 der Zivilprozessordnung (ZPO) auch eine andere Form der Vereinbarung zulässt.

§ 9 Ausführungsfristen, Einzelfristen, Verzug. (1)

1. [1] Die Ausführungsfristen sind ausreichend zu bemessen; Jahreszeit, Arbeitsbedingungen und etwaige besondere Schwierigkeiten sind zu berücksichtigen.

²Für die Bauvorbereitung ist dem Auftragnehmer genügend Zeit zu gewähren.
2. Außergewöhnlich kurze Fristen sind nur bei besonderer Dringlichkeit vorzusehen.
3. Soll vereinbart werden, dass mit der Ausführung erst nach Aufforderung zu beginnen ist (§ 5 Absatz 2 VOB/B[1])), so muss die Frist, innerhalb derer die Aufforderung ausgesprochen werden kann, unter billiger Berücksichtigung der für die Ausführung maßgebenden Verhältnisse zumutbar sein; sie ist in den Vergabeunterlagen festzulegen.

(2)
1. Wenn es ein erhebliches Interesse des Auftraggebers erfordert, sind Einzelfristen für in sich abgeschlossene Teile der Leistung zu bestimmen.
2. Wird ein Bauzeitenplan aufgestellt, damit die Leistungen aller Unternehmen sicher ineinandergreifen, so sollen nur die für den Fortgang der Gesamtarbeit besonders wichtigen Einzelfristen als vertraglich verbindliche Fristen (Vertragsfristen) bezeichnet werden.

(3) Ist für die Einhaltung von Ausführungsfristen die Übergabe von Zeichnungen oder anderen Unterlagen wichtig, so soll hierfür ebenfalls eine Frist festgelegt werden.

(4) ¹Der Auftraggeber darf in den Vertragsunterlagen eine Pauschalierung des Verzugsschadens (§ 5 Absatz 4 VOB/B) vorsehen; sie soll fünf Prozent der Auftragssumme nicht überschreiten. ²Der Nachweis eines geringeren Schadens ist zuzulassen.

§ 9a Vertragsstrafen, Beschleunigungsvergütung.
¹Vertragsstrafen für die Überschreitung von Vertragsfristen sind nur zu vereinbaren, wenn die Überschreitung erhebliche Nachteile verursachen kann. ²Die Strafe ist in angemessenen Grenzen zu halten. ³Beschleunigungsvergütungen (Prämien) sind nur vorzusehen, wenn die Fertigstellung vor Ablauf der Vertragsfristen erhebliche Vorteile bringt.

§ 9b Verjährung der Mängelansprüche.
¹Andere Verjährungsfristen als nach § 13 Absatz 4 VOB/B[1]) sollen nur vorgesehen werden, wenn dies wegen der Eigenart der Leistung erforderlich ist. ²In solchen Fällen sind alle Umstände gegeneinander abzuwägen, insbesondere, wann etwaige Mängel wahrscheinlich erkennbar werden und wieweit die Mängelursachen noch nachgewiesen werden können, aber auch die Wirkung auf die Preise und die Notwendigkeit einer billigen Bemessung der Verjährungsfristen für Mängelansprüche.

§ 9c Sicherheitsleistung.
(1) ¹Auf Sicherheitsleistung soll ganz oder teilweise verzichtet werden, wenn Mängel der Leistung voraussichtlich nicht eintreten. ²Unterschreitet die Auftragssumme 250 000 Euro ohne Umsatzsteuer, ist auf Sicherheitsleistung für die Vertragserfüllung und in der Regel auf Sicherheitsleistung für die Mängelansprüche zu verzichten. ³Bei Beschränkter Ausschreibung sowie bei Freihändiger Vergabe sollen Sicherheitsleistungen in der Regel nicht verlangt werden.

---

[1]) Nr. 1.

(2) ¹Die Sicherheit soll nicht höher bemessen und ihre Rückgabe nicht für einen späteren Zeitpunkt vorgesehen werden, als nötig ist, um den Auftraggeber vor Schaden zu bewahren. ²Die Sicherheit für die Erfüllung sämtlicher Verpflichtungen aus dem Vertrag soll fünf Prozent der Auftragssumme nicht überschreiten. ³Die Sicherheit für Mängelansprüche soll drei Prozent der Abrechnungssumme nicht überschreiten.

§ 9d Änderung der Vergütung. ¹Sind wesentliche Änderungen der Preisermittlungsgrundlagen zu erwarten, deren Eintritt oder Ausmaß ungewiss ist, so kann eine angemessene Änderung der Vergütung in den Vertragsunterlagen vorgesehen werden. ²Die Einzelheiten der Preisänderungen sind festzulegen.

§ 10 Angebots-, Bewerbungs-, Bindefristen. (1) ¹Für die Bearbeitung und Einreichung der Angebote ist eine ausreichende Angebotsfrist vorzusehen, auch bei Dringlichkeit nicht unter zehn Kalendertagen. ²Dabei ist insbesondere der zusätzliche Aufwand für die Besichtigung von Baustellen oder die Beschaffung von Unterlagen für die Angebotsbearbeitung zu berücksichtigen.

(2) Bis zum Ablauf der Angebotsfrist können Angebote in Textform zurückgezogen werden.

(3) Für die Einreichung von Teilnahmeanträgen bei Beschränkter Ausschreibung mit Teilnahmewettbewerb ist eine ausreichende Bewerbungsfrist vorzusehen.

(4) ¹Der Auftraggeber bestimmt eine angemessene Frist, innerhalb der die Bieter an ihre Angebote gebunden sind (Bindefrist). ²Diese soll so kurz wie möglich und nicht länger bemessen werden, als der Auftraggeber für eine zügige Prüfung und Wertung der Angebote (§§ 16 bis 16d) benötigt. ³Eine längere Bindefrist als 30 Kalendertage soll nur in begründeten Fällen festgelegt werden. ⁴Das Ende der Bindefrist ist durch Angabe des Kalendertages zu bezeichnen.

(5) Die Bindefrist beginnt mit dem Ablauf der Angebotsfrist.

(6) Die Absätze 4 und 5 gelten bei Freihändiger Vergabe entsprechend.

§ 11[1] Grundsätze der Informationsübermittlung. (1) ¹Der Auftraggeber gibt in der Auftragsbekanntmachung oder den Vergabeunterlagen an, auf welchem Weg die Kommunikation erfolgen soll. ²Für den Fall der elektronischen Kommunikation gelten die Absätze 2 bis 6 sowie § 11a. ³Eine mündliche Kommunikation ist jeweils zulässig, wenn sie nicht die Vergabeunterlagen, die Teilnahmeanträge oder die Angebote betrifft und wenn sie in geeigneter Weise ausreichend dokumentiert wird.

(2) Vergabeunterlagen sind elektronisch zur Verfügung zu stellen.

(3) ¹Der Auftraggeber gibt in der Auftragsbekanntmachung eine elektronische Adresse an, unter der die Vergabeunterlagen unentgeltlich, uneingeschränkt, vollständig und direkt abgerufen werden können. ²Absatz 7 bleibt unberührt.

(4) Die Unternehmen übermitteln ihre Angebote und Teilnahmeanträge in Textform mithilfe elektronischer Mittel.

(5) ¹Der Auftraggeber prüft im Einzelfall, ob zu übermittelnde Daten erhöhte Anforderungen an die Sicherheit stellen. ²Soweit es erforderlich ist, kann der

---

[1] Siehe hierzu ua den BMI-Erlass betr. Auslegung von einzelnen Regelungen Vergabe- und Vertragsordnung für Bauleistungen Teil A (Nr. **1a**).

Auftraggeber verlangen, dass Angebote und Teilnahmeanträge zu versehen sind mit
1. einer fortgeschrittenen elektronischen Signatur,
2. einer qualifizierten elektronischen Signatur,
3. einem fortgeschrittenen elektronischen Siegel oder
4. einem qualifizierten elektronischen Siegel.

(6) [1] Der Auftraggeber kann von jedem Unternehmen die Angabe einer eindeutigen Unternehmensbezeichnung sowie einer elektronischen Adresse verlangen (Registrierung). [2] Für den Zugang zur Auftragsbekanntmachung und zu den Vergabeunterlagen darf der Auftraggeber keine Registrierung verlangen. [3] Eine freiwillige Registrierung ist zulässig.

(7) [1] Enthalten die Vergabeunterlagen schutzwürdige Daten, kann der Auftraggeber Maßnahmen zum Schutz der Vertraulichkeit der Informationen anwenden. [2] Der Auftraggeber kann den Zugriff auf die Vergabeunterlagen insbesondere von der Abgabe einer Verschwiegenheitserklärung abhängig machen. [3] Die Maßnahmen sind in der Auftragsbekanntmachung anzugeben.

§ 11a Anforderungen an elektronische Mittel. (1) [1] Elektronische Mittel und deren technische Merkmale müssen allgemein verfügbar, nichtdiskriminierend und mit allgemein verbreiteten Geräten und Programmen der Informations- und Kommunikationstechnologie kompatibel sein. [2] Sie dürfen den Zugang von Unternehmen zum Vergabeverfahren nicht einschränken. [3] Der Auftraggeber gewährleistet die barrierefreie Ausgestaltung der elektronischen Mittel nach den §§ 4, 12a und 12b des Behindertengleichstellungsgesetzes vom 27. April 2002 (BGBl. I S. 1467, 1468) in der jeweils geltenden Fassung.

(2) Der Auftraggeber verwendet für das Senden, Empfangen, Weiterleiten und Speichern von Daten in einem Vergabeverfahren ausschließlich solche elektronischen Mittel, die die Unversehrtheit, die Vertraulichkeit und die Echtheit der Daten gewährleisten.

(3) Der Auftraggeber muss den Unternehmen alle notwendigen Informationen zur Verfügung stellen über
1. die in einem Vergabeverfahren verwendeten elektronischen Mittel,
2. die technischen Parameter zur Einreichung von Teilnahmeanträgen, Angeboten mithilfe elektronischer Mittel und
3. verwendete Verschlüsselungs- und Zeiterfassungsverfahren.

(4) [1] Der Auftraggeber legt das erforderliche Sicherheitsniveau für die elektronischen Mittel fest. [2] Elektronische Mittel, die vom Auftraggeber für den Empfang von Angeboten und Teilnahmeanträgen verwendet werden, müssen gewährleisten, dass
1. die Uhrzeit und der Tag des Datenempfanges genau zu bestimmen sind,
2. kein vorfristiger Zugriff auf die empfangenen Daten möglich ist,
3. der Termin für den erstmaligen Zugriff auf die empfangenen Daten nur von den Berechtigten festgelegt oder geändert werden kann,
4. nur die Berechtigten Zugriff auf die empfangenen Daten oder auf einen Teil derselben haben,
5. nur die Berechtigten nach dem festgesetzten Zeitpunkt Dritten Zugriff auf die empfangenen Daten oder auf einen Teil derselben einräumen dürfen,

1 VOB/A § 12

6. empfangene Daten nicht an Unberechtigte übermittelt werden und
7. Verstöße oder versuchte Verstöße gegen die Anforderungen gemäß den Nummern 1 bis 6 eindeutig festgestellt werden können.

(5) [1] Die elektronischen Mittel, die von dem Auftraggeber für den Empfang von Angeboten und Teilnahmeanträgen genutzt werden, müssen über eine einheitliche Datenaustauschschnittstelle verfügen. [2] Es sind die jeweils geltenden Interoperabilitäts- und Sicherheitsstandards der Informationstechnik gemäß § 3 Absatz 1 des Vertrags über die Errichtung des IT-Planungsrats und über die Grundlagen der Zusammenarbeit beim Einsatz der Informationstechnologie in den Verwaltungen von Bund und Ländern vom 1. April 2010 zu verwenden.

(6) Der Auftraggeber kann im Vergabeverfahren die Verwendung elektronischer Mittel, die nicht allgemein verfügbar sind (alternative elektronische Mittel), verlangen, wenn er
1. Unternehmen während des gesamten Vergabeverfahrens unter einer Internetadresse einen unentgeltlichen, uneingeschränkten, vollständigen und direkten Zugang zu diesen alternativen elektronischen Mitteln gewährt und
2. diese alternativen elektronischen Mittel selbst verwendet.

(7) [1] Der Auftraggeber kann für die Vergabe von Bauleistungen und für Wettbewerbe die Nutzung elektronischer Mittel im Rahmen der Bauwerksdatenmodellierung verlangen. [2] Sofern die verlangten elektronischen Mittel für die Bauwerksdatenmodellierung nicht allgemein verfügbar sind, bietet der Auftraggeber einen alternativen Zugang zu ihnen gemäß Absatz 6 an.

§ 12 Auftragsbekanntmachung. (1)

1. Öffentliche Ausschreibungen sind bekannt zu machen, z.B. in Tageszeitungen, amtlichen Veröffentlichungsblättern oder auf unentgeltlich nutzbaren und direkt zugänglichen Internetportalen; sie können auch auf www.service.bund.de veröffentlicht werden.
2. Diese Auftragsbekanntmachungen sollen folgende Angaben enthalten:
    a) Name, Anschrift, Telefon-, Telefaxnummer sowie E-Mail-Adresse des Auftraggebers (Vergabestelle),
    b) gewähltes Vergabeverfahren,
    c) gegebenenfalls Auftragsvergabe auf elektronischem Wege und Verfahren der Ver- und Entschlüsselung,
    d) Art des Auftrags,
    e) Ort der Ausführung,
    f) Art und Umfang der Leistung,
    g) Angaben über den Zweck der baulichen Anlage oder des Auftrags, wenn auch Planungsleistungen gefordert werden,
    h) falls der Auftrag in mehrere Lose aufgeteilt ist, Art und Umfang der einzelnen Lose und Möglichkeit, Angebote für eines, mehrere oder alle Lose einzureichen,
    i) Zeitpunkt, bis zu dem die Bauleistungen beendet werden sollen oder Dauer des Bauleistungsauftrags; sofern möglich, Zeitpunkt, zu dem die Bauleistungen begonnen werden sollen,
    j) gegebenenfalls Angaben nach § 8 Absatz 2 Nummer 3 zur Nichtzulassung von Nebenangeboten,

k) gegebenenfalls Angaben nach § 8 Absatz 2 Nummer 4 zur Nichtzulassung der Abgabe mehrerer Hauptangebote,

l) Name und Anschrift, Telefon- und Telefaxnummer, E-Mail-Adresse der Stelle, bei der die Vergabeunterlagen und zusätzliche Unterlagen angefordert und eingesehen werden können; bei Veröffentlichung der Auftragsbekanntmachung auf einem Internetportal die Angabe einer Internetadresse, unter der die Vergabeunterlagen unentgeltlich, uneingeschränkt, vollständig und direkt abgerufen werden können; § 11 Absatz 7 bleibt unberührt,

m) gegebenenfalls Höhe und Bedingungen für die Zahlung des Betrags, der für die Unterlagen zu entrichten ist,

n) bei Teilnahmeantrag: Frist für den Eingang der Anträge auf Teilnahme, Anschrift, an die diese Anträge zu richten sind, Tag, an dem die Aufforderungen zur Angebotsabgabe spätestens abgesandt werden,

o) Frist für den Eingang der Angebote und die Bindefrist,

p) Anschrift, an die die Angebote zu richten sind, gegebenenfalls auch Anschrift, an die Angebote elektronisch zu übermitteln sind,

q) Sprache, in der die Angebote abgefasst sein müssen,

r) die Zuschlagskriterien, sofern diese nicht in den Vergabeunterlagen genannt werden, und gegebenenfalls deren Gewichtung,

s) Datum, Uhrzeit und Ort des Eröffnungstermins sowie Angabe, welche Personen bei der Eröffnung der Angebote anwesend sein dürfen,

t) gegebenenfalls geforderte Sicherheiten,

u) wesentliche Finanzierungs- und Zahlungsbedingungen und/oder Hinweise auf die maßgeblichen Vorschriften, in denen sie enthalten sind,

v) gegebenenfalls Rechtsform, die die Bietergemeinschaft nach der Auftragsvergabe haben muss,

w) verlangte Nachweise für die Beurteilung der Eignung des Bewerbers oder Bieters,

x) Name und Anschrift der Stelle, an die sich der Bewerber oder Bieter zur Nachprüfung behaupteter Verstöße gegen Vergabebestimmungen wenden kann.

(2)
1. [1] Bei Beschränkter Ausschreibung mit Teilnahmewettbewerb sind die Unternehmen durch Auftragsbekanntmachungen, z.B. in Tageszeitungen, amtlichen Veröffentlichungsblättern oder auf unentgeltlich nutzbaren und direkt zugänglichen Internetportalen, aufzufordern, ihre Teilnahme am Wettbewerb zu beantragen. [2] Die Auftragsbekanntmachung kann auch auf www.service.bund.de veröffentlicht werden.
2. Diese Auftragsbekanntmachungen sollen die Angaben gemäß § 12 Absatz 1 Nummer 2 enthalten.

(3) Teilnahmeanträge sind auch dann zu berücksichtigen, wenn sie durch Telefax oder in sonstiger Weise elektronisch übermittelt werden, sofern die sonstigen Teilnahmebedingungen erfüllt sind.

§ 12a Versand der Vergabeunterlagen. (1) Soweit die Vergabeunterlagen nicht elektronisch im Sinne von § 11 Absatz 2 und 3 zur Verfügung gestellt werden, sind sie

1 VOB/A § 13

1. den Unternehmen unverzüglich in geeigneter Weise zu übermitteln.
2. bei Beschränkter Ausschreibung und Freihändiger Vergabe an alle ausgewählten Bewerber am selben Tag abzusenden.

(2) Wenn von den für die Preisermittlung wesentlichen Unterlagen keine Vervielfältigungen abgegeben werden können, sind diese in ausreichender Weise zur Einsicht auszulegen.

(3) Die Namen der Unternehmen, die Vergabeunterlagen erhalten oder eingesehen haben, sind geheim zu halten.

(4) Erbitten Unternehmen zusätzliche sachdienliche Auskünfte über die Vergabeunterlagen, so sind diese Auskünfte allen Unternehmen unverzüglich in gleicher Weise zu erteilen.

§ 13 Form und Inhalt der Angebote. (1)

1. [1] Der Auftraggeber legt fest, in welcher Form die Angebote einzureichen sind. [2] Schriftlich eingereichte Angebote müssen unterzeichnet sein. [3] Elektronische Angebote sind nach Wahl des Auftraggebers in Textform oder versehen mit
   a) einer fortgeschrittenen elektronischen Signatur,
   b) einer qualifizierten elektronischen Signatur,
   c) einem fortgeschrittenen elektronischen Siegel oder
   d) einem qualifizierten elektronischen Siegel
   zu übermitteln.
2. [1] Der Auftraggeber hat die Datenintegrität und die Vertraulichkeit der Angebote auf geeignete Weise zu gewährleisten. [2] Per Post oder direkt übermittelte Angebote sind in einem verschlossenen Umschlag einzureichen, als solche zu kennzeichnen und bis zum Ablauf der für die Einreichung vorgesehenen Frist unter Verschluss zu halten. [3] Bei elektronisch übermittelten Angeboten ist dies durch entsprechende technische Lösungen nach den Anforderungen des Auftraggebers und durch Verschlüsselung sicherzustellen. [4] Die Verschlüsselung muss bis zur Öffnung des ersten Angebots aufrechterhalten bleiben.
3. Die Angebote müssen die geforderten Preise enthalten.
4. Die Angebote müssen die geforderten Erklärungen und Nachweise enthalten.
5. [1] Änderungen an den Vergabeunterlagen sind unzulässig. [2] Änderungen des Bieters an seinen Eintragungen müssen zweifelsfrei sein.
6. Bieter können für die Angebotsabgabe eine selbstgefertigte Abschrift oder Kurzfassung des Leistungsverzeichnisses benutzen, wenn sie den vom Auftraggeber verfassten Wortlaut des Leistungsverzeichnisses im Angebot als allein verbindlich anerkennen; Kurzfassungen müssen jedoch die Ordnungszahlen (Positionen) vollzählig, in der gleichen Reihenfolge und mit den gleichen Nummern wie in dem vom Auftraggeber verfassten Leistungsverzeichnis wiedergeben.
7. Muster und Proben der Bieter müssen als zum Angebot gehörig gekennzeichnet sein.

(2) [1] Eine Leistung, die von den vorgesehenen technischen Spezifikationen nach § 7a Absatz 1 abweicht, kann angeboten werden, wenn sie mit dem geforderten Schutzniveau in Bezug auf Sicherheit, Gesundheit und Gebrauchstauglichkeit gleichwertig ist. [2] Die Abweichung muss im Angebot eindeutig bezeichnet sein. [3] Die Gleichwertigkeit ist mit dem Angebot nachzuweisen.

(3) ¹Die Anzahl von Nebenangeboten ist an einer vom Auftraggeber in den Vergabeunterlagen bezeichneten Stelle aufzuführen. ²Etwaige Nebenangebote müssen auf besonderer Anlage erstellt und als solche deutlich gekennzeichnet werden. ³Werden mehrere Hauptangebote abgegeben, muss jedes aus sich heraus zuschlagsfähig sein. ⁴Absatz 1 Nummer 2 Satz 2 gilt für jedes Hauptangebot entsprechend.

(4) Soweit Preisnachlässe ohne Bedingungen gewährt werden, sind diese an einer vom Auftraggeber in den Vergabeunterlagen bezeichneten Stelle aufzuführen.

(5) ¹Bietergemeinschaften haben die Mitglieder zu benennen sowie eines ihrer Mitglieder als bevollmächtigten Vertreter für den Abschluss und die Durchführung des Vertrags zu bezeichnen. ²Fehlt die Bezeichnung des bevollmächtigten Vertreters im Angebot, so ist sie vor der Zuschlagserteilung beizubringen.

(6) Der Auftraggeber hat die Anforderungen an den Inhalt der Angebote nach den Absätzen 1 bis 5 in die Vergabeunterlagen aufzunehmen.

§ 14 Öffnung der Angebote, Öffnungstermin bei ausschließlicher Zulassung elektronischer Angebote.

(1) ¹Sind nur elektronische Angebote zugelassen, wird die Öffnung der Angebote von mindestens zwei Vertretern des Auftraggebers gemeinsam an einem Termin (Öffnungstermin) unverzüglich nach Ablauf der Angebotsfrist durchgeführt. ²Bis zu diesem Termin sind die elektronischen Angebote zu kennzeichnen und verschlüsselt aufzubewahren.

(2)
1. Der Verhandlungsleiter stellt fest, ob die elektronischen Angebote verschlüsselt sind.
2. Die Angebote werden geöffnet und in allen wesentlichen Teilen im Öffnungstermin gekennzeichnet.
3. Muster und Proben der Bieter müssen im Termin zur Stelle sein.

(3) ¹Über den Öffnungstermin ist eine Niederschrift in Textform zu fertigen, in der die beiden Vertreter des Auftraggebers zu benennen sind. ²Der Niederschrift ist eine Aufstellung mit folgenden Angaben beizufügen:

a) Name und Anschrift der Bieter,
b) die Endbeträge der Angebote oder einzelner Lose,
c) Preisnachlässe ohne Bedingungen,
d) Anzahl der jeweiligen Nebenangebote.

(4) ¹Angebote, die nach Ablauf der Angebotsfrist eingegangen sind, sind in der Niederschrift oder in einem Nachtrag besonders aufzuführen. ²Die Eingangszeiten und die etwa bekannten Gründe, aus denen die Angebote nicht vorgelegen haben, sind zu vermerken.

(5) ¹Ein Angebot, das nachweislich vor Ablauf der Angebotsfrist dem Auftraggeber zugegangen war, aber dem Verhandlungsleiter nicht vorgelegen hat, ist mit allen Angaben in die Niederschrift oder in einen Nachtrag aufzunehmen. ²Den Bietern ist dieser Sachverhalt unverzüglich in Textform mitzuteilen. ³In die Mitteilung sind die Feststellung, ob die Angebote verschlüsselt waren, sowie die Angaben nach Absatz 3 Buchstabe a bis d aufzunehmen. ⁴Im Übrigen gilt Absatz 4 Satz 2.

(6) ¹Bei Ausschreibungen stellt der Auftraggeber den Bietern die in Absatz 3 Buchstabe a bis d genannten Informationen unverzüglich elektronisch zur Ver-

fügung. ²Den Bietern und ihren Bevollmächtigten ist die Einsicht in die Niederschrift und ihre Nachträge (Absätze 4 und 5 sowie § 16c Absatz 3) zu gestatten.

(7) Die Niederschrift darf nicht veröffentlicht werden.

(8) Die Angebote und ihre Anlagen sind sorgfältig zu verwahren und geheim zu halten.

§ 14a Öffnung der Angebote, Eröffnungstermin bei Zulassung schriftlicher Angebote. (1) ¹Sind schriftliche Angebote zugelassen, ist bei Ausschreibungen für die Öffnung und Verlesung (Eröffnung) der Angebote ein Eröffnungstermin abzuhalten, in dem nur die Bieter und ihre Bevollmächtigten zugegen sein dürfen. ²Bis zu diesem Termin sind die zugegangenen Angebote auf dem ungeöffneten Umschlag mit Eingangsvermerk zu versehen und unter Verschluss zu halten. ³Elektronische Angebote sind zu kennzeichnen und verschlüsselt aufzubewahren.

(2) Zur Eröffnung zuzulassen sind nur Angebote, die bis zum Ablauf der Angebotsfrist eingegangen sind.

(3)

1. Der Verhandlungsleiter stellt fest, ob der Verschluss der schriftlichen Angebote unversehrt ist und die elektronischen Angebote verschlüsselt sind.
2. ¹Die Angebote werden geöffnet und in allen wesentlichen Teilen im Eröffnungstermin gekennzeichnet. ²Name und Anschrift der Bieter und die Endbeträge der Angebote oder einzelner Lose, sowie Preisnachlässe ohne Bedingungen werden verlesen. ³Es wird bekannt gegeben, ob und von wem und in welcher Zahl Nebenangebote eingereicht sind. ⁴Weiteres aus dem Inhalt der Angebote soll nicht mitgeteilt werden.
3. Muster und Proben der Bieter müssen im Termin zur Stelle sein.

(4)

1. ¹Über den Eröffnungstermin ist eine Niederschrift in Schriftform oder in elektronischer Form zu fertigen. ²In ihr ist zu vermerken, dass die Angaben nach Absatz 3 Nummer 2 verlesen und als richtig anerkannt oder welche Einwendungen erhoben worden sind.
2. Sie ist vom Verhandlungsleiter zu unterschreiben oder mit einer Signatur nach § 13 Absatz 1 Nummer 1 zu versehen; die anwesenden Bieter und Bevollmächtigten sind berechtigt, mit zu unterzeichnen oder eine Signatur nach § 13 Absatz 1 Nummer 1 anzubringen.

(5) ¹Angebote, die nach Ablauf der Angebotsfrist eingegangen sind (Absatz 2), sind in der Niederschrift oder in einem Nachtrag besonders aufzuführen. ²Die Eingangszeiten und die etwa bekannten Gründe, aus denen die Angebote nicht vorgelegen haben, sind zu vermerken. ³Der Umschlag und andere Beweismittel sind aufzubewahren.

(6) ¹Ein Angebot, das nachweislich vor Ablauf der Angebotsfrist dem Auftraggeber zugegangen war, aber dem Verhandlungsleiter nicht vorgelegen hat, ist mit allen Angaben in die Niederschrift oder in einen Nachtrag aufzunehmen. ²Den Bietern ist dieser Sachverhalt unverzüglich in Textform mitzuteilen. ³In die Mitteilung sind die Feststellung, ob der Verschluss unversehrt war und die Angaben nach Absatz 3 Nummer 2 aufzunehmen. ⁴Im Übrigen gilt Absatz 5 Satz 2 und 3.

(7) Den Bietern und ihren Bevollmächtigten ist die Einsicht in die Niederschrift und ihre Nachträge (Absätze 5 und 6 sowie § 16c Absatz 3) zu gestatten; den Bietern sind nach Antragstellung die Namen der Bieter sowie die verlesenen und die nachgerechneten Endbeträge der Angebote sowie die Zahl ihrer Nebenangebote nach der rechnerischen Prüfung unverzüglich mitzuteilen.

(8) Die Niederschrift darf nicht veröffentlicht werden.

(9) Die Angebote und ihre Anlagen sind sorgfältig zu verwahren und geheim zu halten; dies gilt auch bei Freihändiger Vergabe.

§ 15 Aufklärung des Angebotsinhalts. (1)

1. Bei Ausschreibungen darf der Auftraggeber nach Öffnung der Angebote bis zur Zuschlagserteilung von einem Bieter nur Aufklärung verlangen, um sich über seine Eignung, insbesondere seine technische und wirtschaftliche Leistungsfähigkeit, das Angebot selbst, etwaige Nebenangebote, die geplante Art der Durchführung, etwaige Ursprungsorte oder Bezugsquellen von Stoffen oder Bauteilen und über die Angemessenheit der Preise, wenn nötig durch Einsicht in die vorzulegenden Preisermittlungen (Kalkulationen), zu unterrichten.

2. [1] Die Ergebnisse solcher Aufklärungen sind geheim zu halten. [2] Sie sollen in Textform niedergelegt werden.

(2) Verweigert ein Bieter die geforderten Aufklärungen und Angaben oder lässt er die ihm gesetzte angemessene Frist unbeantwortet verstreichen, so ist sein Angebot auszuschließen.

(3) Verhandlungen, besonders über Änderung der Angebote oder Preise, sind unstatthaft, außer, wenn sie bei Nebenangeboten oder Angeboten aufgrund eines Leistungsprogramms nötig sind, um unumgängliche technische Änderungen geringen Umfangs und daraus sich ergebende Änderungen der Preise zu vereinbaren.

§ 16 Ausschluss von Angeboten. (1) Auszuschließen sind:

1. Angebote, die nicht fristgerecht eingegangen sind,
2. Angebote, die den Bestimmungen des § 13 Absatz 1 Nummer 1, 2 und 5 nicht entsprechen,
3. Angebote, die die geforderten Unterlagen im Sinne von § 8 Absatz 2 Nummer 5 nicht enthalten, wenn der Auftraggeber gemäß § 16a Absatz 3 festgelegt hat, dass er keine Unterlagen nachfordern wird. Satz 1 gilt für Teilnahmeanträge entsprechend,
4. Angebote, bei denen der Bieter Erklärungen oder Nachweise, deren Vorlage sich der Auftraggeber vorbehalten hat, auf Anforderung nicht innerhalb einer angemessenen, nach dem Kalender bestimmten Frist vorgelegt hat. Satz 1 gilt für Teilnahmeanträge entsprechend,
5. Angebote von Bietern, die in Bezug auf die Ausschreibung eine Abrede getroffen haben, die eine unzulässige Wettbewerbsbeschränkung darstellt,
6. Nebenangebote, wenn der Auftraggeber in der Auftragsbekanntmachung oder in den Vergabeunterlagen erklärt hat, dass er diese nicht zulässt,
7. Hauptangebote von Bietern, die mehrere Hauptangebote abgegeben haben, wenn der Auftraggeber die Abgabe mehrerer Hauptangebote in der Auftragsbekanntmachung oder in den Vergabeunterlagen nicht zugelassen hat,

1 VOB/A § 16a

8. Nebenangebote, die dem § 13 Absatz 3 Satz 2 nicht entsprechen,
9. Hauptangebote, die dem § 13 Absatz 3 Satz 3 nicht entsprechen,
10. Angebote von Bietern, die im Vergabeverfahren vorsätzlich unzutreffende Erklärungen in Bezug auf ihre Fachkunde, Leistungsfähigkeit und Zuverlässigkeit abgegeben haben.

(2) Außerdem können Angebote von Bietern ausgeschlossen werden, wenn

1. ein Insolvenzverfahren oder ein vergleichbares gesetzlich geregeltes Verfahren eröffnet oder die Eröffnung beantragt worden ist oder der Antrag mangels Masse abgelehnt wurde oder ein Insolvenzplan rechtskräftig bestätigt wurde,
2. sich das Unternehmen in Liquidation befindet,
3. nachweislich eine schwere Verfehlung begangen wurde, die die Zuverlässigkeit als Bewerber oder Bieter in Frage stellt,
4. die Verpflichtung zur Zahlung von Steuern und Abgaben sowie der Beiträge zur Sozialversicherung nicht ordnungsgemäß erfüllt wurde,
5. sich das Unternehmen nicht bei der Berufsgenossenschaft angemeldet hat.

§ 16a[1]**) Nachforderung von Unterlagen.** (1) [1] Der Auftraggeber muss Bieter, die für den Zuschlag in Betracht kommen, unter Einhaltung der Grundsätze der Transparenz und der Gleichbehandlung auffordern, fehlende, unvollständige oder fehlerhafte unternehmensbezogene Unterlagen – insbesondere Erklärungen, Angaben oder Nachweise – nachzureichen, zu vervollständigen oder zu korrigieren, oder fehlende oder unvollständige leistungsbezogene Unterlagen – insbesondere Erklärungen, Produkt- und sonstige Angaben oder Nachweise – nachzureichen oder zu vervollständigen (Nachforderung), es sei denn, er hat von seinem Recht aus Absatz 3 Gebrauch gemacht. [2] Es sind nur Unterlagen nachzufordern, die bereits mit dem Angebot vorzulegen waren.

(2) [1] Fehlende Preisangaben dürfen nicht nachgefordert werden. [2] Angebote die den Bestimmungen des § 13 Absatz 1 Nummer 3 nicht entsprechen, sind auszuschließen. [3] Dies gilt nicht für Angebote, bei denen lediglich in unwesentlichen Positionen die Angabe des Preises fehlt und sowohl durch die Außerachtlassung dieser Positionen der Wettbewerb und die Wertungsreihenfolge nicht beeinträchtigt werden als auch bei Wertung dieser Positionen mit dem jeweils höchsten Wettbewerbspreis. [4] Hierbei wird nur auf den Preis ohne Berücksichtigung etwaiger Nebenangebote abgestellt. [5] Der Auftraggeber fordert den Bieter nach Maßgabe von Absatz 1 auf, die fehlenden Preispositionen zu ergänzen. [6] Die Sätze 3 bis 5 gelten nicht, wenn der Auftraggeber das Nachfordern von Preisangaben gemäß Absatz 3 ausgeschlossen hat.

(3) Der Auftraggeber kann in der Auftragsbekanntmachung oder den Vergabeunterlagen festlegen, dass er keine Unterlagen oder Preisangaben nachfordern wird.

(4) [1] Die Unterlagen oder fehlenden Preisangaben sind vom Bewerber oder Bieter nach Aufforderung durch den Auftraggeber innerhalb einer angemessenen, nach dem Kalender bestimmten Frist vorzulegen. [2] Die Frist soll sechs Kalendertage nicht überschreiten.

---

[1]) Siehe hierzu ua den BMI-Erlass betr. Auslegung von einzelnen Regelungen Vergabe- und Vertragsordnung für Bauleistungen Teil A (Nr. **1a**).

VOB Teil A §§ 16b–16d **VOB/A 1**

(5) Werden die nachgeforderten Unterlagen nicht innerhalb der Frist vorgelegt, ist das Angebot auszuschließen.

(6) Die Absätze 1, 3, 4 und 5 gelten für den Teilnahmewettbewerb entsprechend.

§ 16b Eignung. (1) [1] Bei Öffentlicher Ausschreibung ist die Eignung der Bieter zu prüfen. [2] Dabei sind anhand der vorgelegten Nachweise die Angebote der Bieter auszuwählen, deren Eignung die für die Erfüllung der vertraglichen Verpflichtungen notwendigen Sicherheiten bietet; dies bedeutet, dass sie die erforderliche Fachkunde, Leistungsfähigkeit und Zuverlässigkeit besitzen und über ausreichende technische und wirtschaftliche Mittel verfügen.

(2) Abweichend von Absatz 1 können die Angebote zuerst geprüft werden, sofern sichergestellt ist, dass die anschließende Prüfung der Eignung unparteiisch und transparent erfolgt.

(3) Bei Beschränkter Ausschreibung und Freihändiger Vergabe sind nur Umstände zu berücksichtigen, die nach Aufforderung zur Angebotsabgabe Zweifel an der Eignung des Bieters begründen (vgl. § 6b Absatz 4).

§ 16c Prüfung. (1) Die nicht ausgeschlossenen Angebote geeigneter Bieter sind auf die Einhaltung der gestellten Anforderungen, insbesondere in rechnerischer, technischer und wirtschaftlicher Hinsicht zu prüfen.

(2)
1. Entspricht der Gesamtbetrag einer Ordnungszahl (Position) nicht dem Ergebnis der Multiplikation von Mengenansatz und Einheitspreis, so ist der Einheitspreis maßgebend.
2. Bei Vergabe für eine Pauschalsumme gilt diese ohne Rücksicht auf etwa angegebene Einzelpreise.
3. Die Nummern 1 und 2 gelten auch bei Freihändiger Vergabe.

(3) Die aufgrund der Prüfung festgestellten Angebotsendsummen sind in der Niederschrift über den (Er-)Öffnungstermin zu vermerken.

§ 16d Wertung. (1)
1. Auf ein Angebot mit einem unangemessen hohen oder niedrigen Preis darf der Zuschlag nicht erteilt werden.
2. [1] Erscheint ein Angebotspreis unangemessen niedrig und ist anhand vorliegender Unterlagen über die Preisermittlung die Angemessenheit nicht zu beurteilen, ist in Textform vom Bieter Aufklärung über die Ermittlung der Preise für die Gesamtleistung oder für Teilleistungen zu verlangen, gegebenenfalls unter Festlegung einer zumutbaren Antwortfrist. [2] Bei der Beurteilung der Angemessenheit sind die Wirtschaftlichkeit des Bauverfahrens, die gewählten technischen Lösungen oder sonstige günstige Ausführungsbedingungen zu berücksichtigen.
3. In die engere Wahl kommen nur solche Angebote, die unter Berücksichtigung rationellen Baubetriebs und sparsamer Wirtschaftsführung eine einwandfreie Ausführung einschließlich Haftung für Mängelansprüche erwarten lassen.
4. [1] Der Zuschlag wird auf das wirtschaftlichste Angebot erteilt. [2] Grundlage dafür ist eine Bewertung des Auftraggebers, ob und inwieweit das Angebot die vorgegebenen Zuschlagskriterien erfüllt. [3] Das wirtschaftlichste Angebot bestimmt sich nach dem besten Preis-Leistungs-Verhältnis. [4] Zu dessen Ermitt-

1 VOB/A § 17

lung können neben dem Preis oder den Kosten auch qualitative, umweltbezogene oder soziale Aspekte berücksichtigt werden.

5. [1] Es dürfen nur Zuschlagskriterien und gegebenenfalls deren Gewichtung berücksichtigt werden, die in der Auftragsbekanntmachung oder in den Vergabeunterlagen genannt sind. [2] Zuschlagskriterien können neben dem Preis oder den Kosten insbesondere sein:

a) Qualität einschließlich technischer Wert, Ästhetik, Zweckmäßigkeit, Zugänglichkeit, „Design für alle", soziale, umweltbezogene und innovative Eigenschaften;

b) Organisation, Qualifikation und Erfahrung des mit der Ausführung des Auftrags betrauten Personals, wenn die Qualität des eingesetzten Personals erheblichen Einfluss auf das Niveau der Auftragsausführung haben kann, oder

c) Kundendienst und technische Hilfe sowie Ausführungsfrist.

[3] Die Zuschlagskriterien müssen mit dem Auftragsgegenstand in Verbindung stehen. [4] Zuschlagskriterien stehen mit dem Auftragsgegenstand in Verbindung, wenn sie sich in irgendeiner Hinsicht auf diesen beziehen, auch wenn derartige Faktoren sich nicht auf die materiellen Eigenschaften des Auftragsgegenstandes auswirken.

6. Die Zuschlagskriterien müssen so festgelegt und bestimmt sein, dass die Möglichkeit eines wirksamen Wettbewerbs gewährleistet wird, der Zuschlag nicht willkürlich erteilt werden kann und eine wirksame Überprüfung möglich ist, ob und inwieweit die Angebote die Zuschlagskriterien erfüllen.

7. Es können auch Festpreise oder Festkosten vorgegeben werden, sodass der Wettbewerb nur über die Qualität stattfindet.

(2) Ein Angebot nach § 13 Absatz 2 ist wie ein Hauptangebot zu werten.

(3) Nebenangebote sind zu werten, es sei denn, der Auftraggeber hat sie in der Auftragsbekanntmachung oder in den Vergabeunterlagen nicht zugelassen.

(4) [1] Preisnachlässe ohne Bedingung sind nicht zu werten, wenn sie nicht an der vom Auftraggeber nach § 13 Absatz 4 bezeichneten Stelle aufgeführt sind. [2] Unaufgefordert angebotene Preisnachlässe mit Bedingungen für die Zahlungsfrist (Skonti) werden bei der Wertung der Angebote nicht berücksichtigt.

(5) [1] Die Bestimmungen von Absatz 1 und § 16b gelten auch bei Freihändiger Vergabe. [2] Die Absätze 2 bis 4, § 16 Absatz 1 und § 6 Absatz 2 sind entsprechend auch bei Freihändiger Vergabe anzuwenden.

§ 17 Aufhebung der Ausschreibung.

(1) Die Ausschreibung kann aufgehoben werden, wenn:

1. kein Angebot eingegangen ist, das den Ausschreibungsbedingungen entspricht,

2. die Vergabeunterlagen grundlegend geändert werden müssen,

3. andere schwerwiegende Gründe bestehen.

(2) Die Bewerber und Bieter sind von der Aufhebung der Ausschreibung unter Angabe der Gründe, gegebenenfalls über die Absicht, ein neues Vergabeverfahren einzuleiten, unverzüglich in Textform zu unterrichten.

§ 18 Zuschlag. (1) Der Zuschlag ist möglichst bald, mindestens aber so rechtzeitig zu erteilen, dass dem Bieter die Erklärung noch vor Ablauf der Bindefrist (§ 10 Absatz 4 bis 6) zugeht.

(2) Werden Erweiterungen, Einschränkungen oder Änderungen vorgenommen oder wird der Zuschlag verspätet erteilt, so ist der Bieter bei Erteilung des Zuschlags aufzufordern, sich unverzüglich über die Annahme zu erklären.

§ 19 Nicht berücksichtigte Bewerbungen und Angebote. (1) [1]Bieter, deren Angebote ausgeschlossen worden sind (§ 16) und solche, deren Angebote nicht in die engere Wahl kommen, sollen unverzüglich unterrichtet werden. [2]Die übrigen Bieter sind zu unterrichten, sobald der Zuschlag erteilt worden ist.

(2) Auf Verlangen sind den nicht berücksichtigten Bewerbern oder Bietern innerhalb einer Frist von 15 Kalendertagen nach Eingang ihres in Textform gestellten Antrags die Gründe für die Nichtberücksichtigung ihrer Bewerbung oder ihres Angebots in Textform mitzuteilen, den Bietern auch die Merkmale und Vorteile des Angebots des erfolgreichen Bieters sowie dessen Name.

(3) Nicht berücksichtigte Angebote und Ausarbeitungen der Bieter dürfen nicht für eine neue Vergabe oder für andere Zwecke benutzt werden.

(4) Entwürfe, Ausarbeitungen, Muster und Proben zu nicht berücksichtigten Angeboten sind zurückzugeben, wenn dies im Angebot oder innerhalb von 30 Kalendertagen nach Ablehnung des Angebots verlangt wird.

§ 20 Dokumentation, Informationspflicht. (1) [1]Das Vergabeverfahren ist zeitnah so zu dokumentieren, dass die einzelnen Stufen des Verfahrens, die einzelnen Maßnahmen, die maßgebenden Feststellungen sowie die Begründung der einzelnen Entscheidungen in Textform festgehalten werden. [2]Diese Dokumentation muss mindestens enthalten:

1. Name und Anschrift des Auftraggebers,
2. Art und Umfang der Leistung,
3. Wert des Auftrags,
4. Namen der berücksichtigten Bewerber oder Bieter und Gründe für ihre Auswahl,
5. Namen der nicht berücksichtigten Bewerber oder Bieter und die Gründe für die Ablehnung,
6. Gründe für die Ablehnung von ungewöhnlich niedrigen Angeboten,
7. Name des Auftragnehmers und Gründe für die Erteilung des Zuschlags auf sein Angebot,
8. Anteil der beabsichtigten Weitergabe an Nachunternehmen, soweit bekannt,
9. bei Beschränkter Ausschreibung ohne Teilnahmewettbewerb, Freihändiger Vergabe Gründe für die Wahl des jeweiligen Verfahrens,
10. gegebenenfalls die Gründe, aus denen der Auftraggeber auf die Vergabe eines Auftrags verzichtet hat.

[3]Der Auftraggeber trifft geeignete Maßnahmen, um den Ablauf der mit elektronischen Mitteln durchgeführten Vergabeverfahren zu dokumentieren.

(2) [1]Wird auf die Vorlage zusätzlich zum Angebot verlangter Unterlagen und Nachweise verzichtet, ist dies in der Dokumentation zu begründen. [2]Dies gilt auch für den Verzicht auf Angaben zur Eignung gemäß § 6a Absatz 5.

1 VOB/A §§ 21–24

(3) ¹Nach Zuschlagserteilung hat der Auftraggeber auf geeignete Weise, z.B. auf Internetportalen oder im Beschafferprofil zu informieren, wenn bei

1. Beschränkten Ausschreibungen ohne Teilnahmewettbewerb der Auftragswert 25 000 Euro ohne Umsatzsteuer,
2. Freihändigen Vergaben der Auftragswert 15 000 Euro ohne Umsatzsteuer

übersteigt. ²Diese Informationen werden sechs Monate vorgehalten und müssen folgende Angaben enthalten:

a) Name, Anschrift, Telefon-, Telefaxnummer und E-Mail-Adresse des Auftraggebers,
b) gewähltes Vergabeverfahren,
c) Auftragsgegenstand,
d) Ort der Ausführung,
e) Name des beauftragten Unternehmens.

(4) ¹Der Auftraggeber informiert fortlaufend Unternehmen auf Internetportalen oder in seinem Beschafferprofil über beabsichtigte Beschränkte Ausschreibungen nach § 3a Absatz 2 Nummer 1 ab einem voraussichtlichen Auftragswert von 25 000 Euro ohne Umsatzsteuer.
²Diese Informationen müssen folgende Angaben enthalten:

1. Name, Anschrift, Telefon-, Telefaxnummer und E-Mail-Adresse des Auftraggebers,
2. Auftragsgegenstand,
3. Ort der Ausführung,
4. Art und voraussichtlicher Umfang der Leistung,
5. voraussichtlicher Zeitraum der Ausführung.

§ 21 Nachprüfungsstellen. In der Auftragsbekanntmachung und den Vergabeunterlagen sind die Nachprüfungsstellen mit Anschrift anzugeben, an die sich der Bewerber oder Bieter zur Nachprüfung behaupteter Verstöße gegen die Vergabebestimmungen wenden kann.

§ 22 Änderungen während der Vertragslaufzeit. Vertragsänderungen nach den Bestimmungen der VOB/B[1]) erfordern kein neues Vergabeverfahren; ausgenommen davon sind Vertragsänderungen nach § 1 Absatz 4 Satz 2 VOB/B.

§ 23 Baukonzessionen. (1) Eine Baukonzession ist ein Vertrag über die Durchführung eines Bauauftrags, bei dem die Gegenleistung für die Bauarbeiten statt in einem Entgelt in dem befristeten Recht auf Nutzung der baulichen Anlage, gegebenenfalls zuzüglich der Zahlung eines Preises besteht.

(2) Für die Vergabe von Baukonzessionen sind die §§ 1 bis 22 sinngemäß anzuwenden.

§ 24[2]) Vergabe im Ausland. Für die Vergabe von Bauleistungen einer Auslandsdienststelle im Ausland oder einer inländischen Dienststelle, die im Ausland dort zu erbringende Bauleistungen vergibt, kann

---

[1]) Nr. 1.
[2]) Siehe hierzu ua den BMI-Erlass betr. Auslegung von einzelnen Regelungen Vergabe- und Vertragsordnung für Bauleistungen Teil A (Nr. 1a).

VOB Teil A **Anh. TS VOB/A 1**

1. [1)] Freihändige Vergabe erfolgen, wenn dies durch Ausführungsbestimmungen eines Bundes- oder Landesministeriums bis zu einem bestimmten Höchstwert (Wertgrenze) zugelassen ist,
2. auf Angaben nach § 6a verzichtet werden, wenn die örtlichen Verhältnisse eine Vergabe im Ausland erfordern und die Angaben aufgrund der örtlichen Verhältnisse nicht erlangt werden können,
3. abweichend von § 8a Absatz 1 von der Vereinbarung der VOB/B[2)] und VOB/C abgesehen werden, wenn die örtlichen Verhältnisse eine Vergabe im Ausland sowie den Verzicht auf die Vereinbarung der VOB/B und VOB/C im Einzelfall erfordern, durch das zugrunde liegende Vertragswerk eine wirtschaftliche Verwendung der Haushaltsmittel gewährleistet ist und die gewünschten technischen Standards eingehalten werden.

Anhang TS

Technische Spezifikationen

1. „Technische Spezifikation" hat eine der folgenden Bedeutungen:
   a) bei öffentlichen Bauaufträgen die Gesamtheit der insbesondere in den Vergabeunterlagen enthaltenen technischen Beschreibungen, in denen die erforderlichen Eigenschaften eines Werkstoffs, eines Produkts oder einer Lieferung definiert sind, damit dieser/diese den vom Auftraggeber beabsichtigten Zweck erfüllt; zu diesen Eigenschaften gehören Umwelt- und Klimaleistungsstufen, „Design für alle" (einschließlich des Zugangs von Menschen mit Behinderungen) und Konformitätsbewertung, Leistung, Vorgaben für Gebrauchstauglichkeit, Sicherheit oder Abmessungen, einschließlich der Qualitätssicherungsverfahren, der Terminologie, der Symbole, der Versuchs- und Prüfmethoden, der Verpackung, der Kennzeichnung und Beschriftung, der Gebrauchsanleitungen sowie der Produktionsprozesse und -methoden in jeder Phase des Lebenszyklus der Bauleistungen; außerdem gehören dazu auch die Vorschriften für die Planung und die Kostenrechnung, die Bedingungen für die Prüfung, Inspektion und Abnahme von Bauwerken, die Konstruktionsmethoden oder -verfahren und alle anderen technischen Anforderungen, die der Auftraggeber für fertige Bauwerke oder dazu notwendige Materialien oder Teile durch allgemeine und spezielle Vorschriften anzugeben in der Lage ist;
   b) bei öffentlichen Dienstleistungs- oder Lieferaufträgen eine Spezifikation, die in einem Schriftstück enthalten ist, das Merkmale für ein Produkt oder eine Dienstleistung vorschreibt, wie Qualitätsstufen, Umwelt- und Klimaleistungsstufen, „Design für alle" (einschließlich des Zugangs von Menschen mit Behinderungen) und Konformitätsbewertung, Leistung, Vorgaben für Gebrauchstauglichkeit, Sicherheit oder Abmessungen des Produkts, einschließlich der Vorschriften über Verkaufsbezeichnung, Terminologie, Symbole, Prüfungen und Prüfverfahren, Verpackung, Kennzeichnung und Beschriftung, Gebrauchsanleitungen, Produktionsprozesse und -methoden

---

[1)] Siehe hierzu ua den Erlass Wertgrenze für freihändige Vergaben im Auslandsbau, § 24 Nr. 1 VOB/A v. 10.12.2019 (GMBl 2020 S. 100).
[2)] Nr. 1.

in jeder Phase des Lebenszyklus der Lieferung oder der Dienstleistung sowie über Konformitätsbewertungsverfahren;

2. „Norm" bezeichnet eine technische Spezifikation, die von einer anerkannten Normungsorganisation zur wiederholten oder ständigen Anwendung angenommen wurde, deren Einhaltung nicht zwingend ist und die unter eine der nachstehenden Kategorien fällt:

   a) internationale Norm: Norm, die von einer internationalen Normungsorganisation angenommen wurde und der Öffentlichkeit zugänglich ist;

   b) europäische Norm: Norm, die von einer europäischen Normungsorganisation angenommen wurde und der Öffentlichkeit zugänglich ist;

   c) nationale Norm: Norm, die von einer nationalen Normungsorganisation angenommen wurde und der Öffentlichkeit zugänglich ist;

3. „Europäische technische Bewertung" bezeichnet eine dokumentierte Bewertung der Leistung eines Bauprodukts in Bezug auf seine wesentlichen Merkmale im Einklang mit dem betreffenden Europäischen Bewertungsdokument gemäß der Begriffsbestimmung in Artikel 2 Nummer 12 der Verordnung (EU) Nr. 305/2011 des Europäischen Parlaments und des Rates;

4. „gemeinsame technische Spezifikationen" sind technische Spezifikationen im IKT-Bereich, die gemäß den Artikeln 13 und 14 der Verordnung (EU) Nr. 1025/2012 festgelegt wurden;

5. „technische Bezugsgröße" bezeichnet jeden Bezugsrahmen, der keine europäische Norm ist und von den europäischen Normungsorganisationen nach den an die Bedürfnisse des Marktes angepassten Verfahren erarbeitet wurde.

Abschnitt 2. Vergabebestimmungen im Anwendungsbereich der Richtlinie 2014/24/EU[1] (VOB/A – EU)[2]

§ 1 EU Anwendungsbereich. (1) Bauaufträge sind Verträge über die Ausführung oder die gleichzeitige Planung und Ausführung

1. eines Bauvorhabens oder eines Bauwerks für einen öffentlichen Auftraggeber, das

    a) Ergebnis von Tief- oder Hochbauarbeiten ist und

    b) eine wirtschaftliche oder technische Funktion erfüllen soll oder

2. einer dem öffentlichen Auftraggeber unmittelbar wirtschaftlich zugutekommenden Bauleistung, die Dritte gemäß den vom öffentlichen Auftraggeber genannten Erfordernissen erbringen, wobei der öffentliche Auftraggeber einen entscheidenden Einfluss auf die Art und die Planung des Vorhabens hat.

(2) ¹Die Bestimmungen dieses Abschnitts sind von öffentlichen Auftraggebern im Sinne von § 99 GWB für Bauaufträge anzuwenden, bei denen der geschätzte Gesamtauftragswert der Baumaßnahme oder des Bauwerks (alle Bauaufträge für eine bauliche Anlage) mindestens dem im § 106 GWB geregelten Schwellenwert für Bauaufträge ohne Umsatzsteuer entspricht. ²Die Schätzung des Auftragswerts ist gemäß § 3 VgV vorzunehmen.

§ 2 EU Grundsätze. (1) ¹Öffentliche Aufträge werden im Wettbewerb und im Wege transparenter Verfahren vergeben. ²Dabei werden die Grundsätze der Wirtschaftlichkeit und der Verhältnismäßigkeit gewahrt. ³Wettbewerbsbeschränkende und unlautere Verhaltensweisen sind zu bekämpfen.

(2) Die Teilnehmer an einem Vergabeverfahren sind gleich zu behandeln, es sei denn, eine Ungleichbehandlung ist aufgrund des GWB ausdrücklich geboten oder gestattet.

(3) Öffentliche Aufträge werden an fachkundige und leistungsfähige (geeignete) Unternehmen vergeben, die nicht nach § 6e EU ausgeschlossen worden sind.

(4) ¹Mehrere öffentliche Auftraggeber können vereinbaren, einen bestimmten Auftrag gemeinsam zu vergeben. ²Es gilt § 4 VgV.

(5) Die Regelungen darüber, wann natürliche Personen bei Entscheidungen in einem Vergabeverfahren für einen öffentlichen Aufraggeber als voreingenommen gelten und an einem Vergabeverfahren nicht mitwirken dürfen, richten sich nach § 6 VgV.

(6) Öffentliche Auftraggeber, Bewerber, Bieter und Auftragnehmer wahren die Vertraulichkeit aller Informationen und Unterlagen nach Maßgabe dieser Vergabeordnung oder anderen Rechtsvorschriften.

(7) ¹Vor der Einleitung eines Vergabeverfahrens kann der öffentliche Auftraggeber Marktkonsultationen zur Vorbereitung der Auftragsvergabe und zur Unterrichtung der Unternehmer über seine Pläne zur Auftragsvergabe und die

---

[1] **Amtl. Anm.:** Richtlinie 2014/24/EU des Europäischen Parlaments und des Rates vom 26. Februar 2014 über die öffentliche Auftragsvergabe und zur Aufhebung der Richtlinie 2004/18/EG (ABl. L 94 vom 28.3.2014, S. 65)

[2] **Amtl. Anm.:** Zitierweise: § x EU Absatz y VOB/A

1 VOB/A §§ 3 EU, 3a EU

Anforderungen an den Auftrag durchführen. ²Die Durchführung von Vergabeverfahren zum Zwecke der Markterkundung ist unzulässig.

(8) Der öffentliche Auftraggeber soll erst dann ausschreiben, wenn alle Vergabeunterlagen fertig gestellt sind und wenn innerhalb der angegebenen Fristen mit der Ausführung begonnen werden kann.

(9) Es ist anzustreben, die Aufträge so zu erteilen, dass die ganzjährige Bautätigkeit gefördert wird.

§ 3 EU Arten der Vergabe. Die Vergabe von öffentlichen Aufträgen erfolgt im offenen Verfahren, im nicht offenen Verfahren, im Verhandlungsverfahren, im wettbewerblichen Dialog oder in der Innovationspartnerschaft.

1. Das offene Verfahren ist ein Verfahren, in dem der öffentliche Auftraggeber eine unbeschränkte Anzahl von Unternehmen öffentlich zur Abgabe von Angeboten auffordert.

2. Das nicht offene Verfahren ist ein Verfahren, bei dem der öffentliche Auftraggeber nach vorheriger öffentlicher Aufforderung zur Teilnahme eine beschränkte Anzahl von Unternehmen nach objektiven, transparenten und nichtdiskriminierenden Kriterien auswählt (Teilnahmewettbewerb), die er zur Abgabe von Angeboten auffordert.

3. Das Verhandlungsverfahren ist ein Verfahren, bei dem sich der öffentliche Auftraggeber mit oder ohne Teilnahmewettbewerb an ausgewählte Unternehmen wendet, um mit einem oder mehreren dieser Unternehmen über die Angebote zu verhandeln.

4. Der wettbewerbliche Dialog ist ein Verfahren zur Vergabe öffentlicher Aufträge mit dem Ziel der Ermittlung und Festlegung der Mittel, mit denen die Bedürfnisse des öffentlichen Auftraggebers am besten erfüllt werden können.

5. Die Innovationspartnerschaft ist ein Verfahren zur Entwicklung innovativer, noch nicht auf dem Markt verfügbarer Bauleistungen und zum anschließenden Erwerb der daraus hervorgehenden Leistungen.

§ 3a EU Zulässigkeitsvoraussetzungen. (1) ¹Dem öffentlichen Auftraggeber stehen nach seiner Wahl das offene und das nicht offene Verfahren zur Verfügung. ²Die anderen Verfahrensarten stehen nur zur Verfügung, soweit dies durch gesetzliche Bestimmungen oder nach den Absätzen 2 bis 5 gestattet ist.

(2) Das Verhandlungsverfahren mit Teilnahmewettbewerb ist zulässig,

1. wenn mindestens eines der folgenden Kriterien erfüllt ist:

   a) die Bedürfnisse des öffentlichen Auftraggebers können nicht ohne die Anpassung bereits verfügbarer Lösungen erfüllt werden;

   b) der Auftrag umfasst konzeptionelle oder innovative Lösungen;

   c) der Auftrag kann aufgrund konkreter Umstände, die mit der Art, der Komplexität oder dem rechtlichen oder finanziellen Rahmen oder den damit einhergehenden Risiken zusammenhängen, nicht ohne vorherige Verhandlungen vergeben werden;

   d) die technischen Spezifikationen können von dem öffentlichen Auftraggeber nicht mit ausreichender Genauigkeit unter Verweis auf eine Norm, eine europäische technische Bewertung (ETA), eine gemeinsame technische Spezifikation oder technische Referenzen im Sinne des Anhangs TS Nummern 2 bis 5 der Richtlinie 2014/24/EU erstellt werden.

2. wenn ein offenes Verfahren oder nicht offenes Verfahren wegen nicht ordnungsgemäßer oder nicht annehmbarer Angebote aufgehoben wurde. Nicht ordnungsgemäß sind insbesondere Angebote, die nicht den Vergabeunterlagen entsprechen, nicht fristgerecht eingegangen sind, nachweislich auf kollusiven Absprachen oder Korruption beruhen oder nach Einschätzung des öffentlichen Auftraggebers ungewöhnlich niedrig sind. Unannehmbar sind insbesondere Angebote von Bietern, die nicht über die erforderlichen Qualifikationen verfügen und Angebote, deren Preis das vor Einleitung des Vergabeverfahrens festgelegte und schriftlich dokumentierte Budget des öffentlichen Auftraggebers übersteigt.

(3) Das Verhandlungsverfahren ohne Teilnahmewettbewerb ist zulässig,

1. wenn bei einem offenen Verfahren oder bei einem nicht offenen Verfahren
   a) keine ordnungsgemäßen oder nur unannehmbare Angebote abgegeben worden sind und
   b) in das Verhandlungsverfahren alle – und nur die – Bieter aus dem vorausgegangenen Verfahren einbezogen werden, die fachkundig und leistungsfähig (geeignet) sind und die nicht nach § 6e EU ausgeschlossen worden sind.
2. wenn bei einem offenen Verfahren oder bei einem nicht offenen Verfahren
   a) keine Angebote oder keine Teilnahmeanträge abgegeben worden sind oder
   b) nur Angebote oder Teilnahmeanträge solcher Bewerber oder Bieter abgegeben worden sind, die nicht fachkundig oder leistungsfähig (geeignet) sind oder die nach § 6e EU ausgeschlossen worden sind oder
   c) nur solche Angebote abgegeben worden sind, die den in den Vergabeunterlagen genannten Bedingungen nicht entsprechen
   und die ursprünglichen Vertragsunterlagen nicht grundlegend geändert werden. Der Europäischen Kommission wird auf Anforderung ein Bericht vorgelegt.
3. wenn die Leistungen aus einem der folgenden Gründe nur von einem bestimmten Unternehmen erbracht werden können:
   a) Erschaffung oder Erwerb eines einzigartigen Kunstwerks oder einer einzigartigen künstlerischen Leistung als Ziel der Auftragsvergabe;
   b) nicht vorhandener Wettbewerb aus technischen Gründen;
   c) Schutz von ausschließlichen Rechten, einschließlich der Rechte des geistigen Eigentums.
   Die in Buchstabe b und c festgelegten Ausnahmen gelten nur dann, wenn es keine vernünftige Alternative oder Ersatzlösung gibt und der mangelnde Wettbewerb nicht das Ergebnis einer künstlichen Einschränkung der Auftragsvergabeparameter ist.
4. wenn wegen der äußersten Dringlichkeit der Leistung aus zwingenden Gründen infolge von Ereignissen, die der öffentliche Auftraggeber nicht verursacht hat und nicht voraussehen konnte, die in § 10a EU, § 10b EU und § 10c EU Absatz 1 vorgeschriebenen Fristen nicht eingehalten werden können.
5. wenn gleichartige Bauleistungen wiederholt werden, die durch denselben öffentlichen Auftraggeber an den Auftragnehmer vergeben werden, der den ursprünglichen Auftrag erhalten hat, und wenn sie einem Grundentwurf entsprechen und dieser Gegenstand des ursprünglichen Auftrags war, der in Einklang mit § 3a EU vergeben wurde. Der Umfang der nachfolgenden Bau-

1 VOB/A § 3b EU

leistungen und die Bedingungen, unter denen sie vergeben werden, sind im ursprünglichen Projekt anzugeben. Die Möglichkeit, dieses Verfahren anzuwenden, muss bereits bei der Auftragsbekanntmachung der Ausschreibung für das erste Vorhaben angegeben werden; der für die Fortsetzung der Bauarbeiten in Aussicht gestellte Gesamtauftragswert wird vom öffentlichen Auftraggeber bei der Anwendung von § 3 VgV berücksichtigt. Dieses Verfahren darf jedoch nur innerhalb von drei Jahren nach Abschluss des ersten Auftrags angewandt werden.

(4) Der wettbewerbliche Dialog ist unter den Voraussetzungen des Absatzes 2 zulässig.

(5) [1] Der öffentliche Auftraggeber kann für die Vergabe eines öffentlichen Auftrags eine Innovationspartnerschaft mit dem Ziel der Entwicklung einer innovativen Leistung und deren anschließendem Erwerb eingehen. [2] Der Beschaffungsbedarf, der der Innovationspartnerschaft zugrunde liegt, darf nicht durch auf dem Markt bereits verfügbare Bauleistungen befriedigt werden können.

§ 3b EU Ablauf der Verfahren. (1) [1] Bei einem offenen Verfahren wird eine unbeschränkte Anzahl von Unternehmen öffentlich zur Abgabe von Angeboten aufgefordert. [2] Jedes interessierte Unternehmen kann ein Angebot abgeben.

(2)

1. [1] Bei einem nicht offenen Verfahren wird im Rahmen eines Teilnahmewettbewerbs eine unbeschränkte Anzahl von Unternehmen öffentlich zur Abgabe von Teilnahmeanträgen aufgefordert. [2] Jedes interessierte Unternehmen kann einen Teilnahmeantrag abgeben. [3] Mit dem Teilnahmeantrag übermitteln die Unternehmen die vom öffentlichen Auftraggeber geforderten Informationen für die Prüfung der Eignung und das Nichtvorliegen von Ausschlussgründen.

2. Nur diejenigen Unternehmen, die vom öffentlichen Auftraggeber infolge einer Bewertung der übermittelten Information dazu aufgefordert werden, können ein Angebot einreichen.

3. [1] Der öffentliche Auftraggeber kann die Zahl geeigneter Bewerber, die zur Angebotsabgabe aufgefordert werden, begrenzen. [2] Dazu gibt der öffentliche Auftraggeber in der Auftragsbekanntmachung oder der Aufforderung zur Interessensbestätigung die von ihm vorgesehenen objektiven und nicht diskriminierenden Eignungskriterien für die Begrenzung der Zahl, die vorgesehene Mindestzahl und gegebenenfalls auch die Höchstzahl der einzuladenden Bewerber an. [3] Die vorgesehene Mindestzahl der einzuladenden Bewerber darf nicht niedriger als fünf sein. [4] In jedem Fall muss die Zahl der eingeladenen Bewerber ausreichend hoch sein, dass ein echter Wettbewerb gewährleistet ist. [5] Sofern geeignete Bewerber in ausreichender Zahl zur Verfügung stehen, lädt der öffentliche Auftraggeber von diesen eine Anzahl ein, die nicht niedriger als die festgelegte Mindestzahl ist. [6] Sofern die Zahl geeigneter Bewerber unter der Mindestzahl liegt, darf der öffentliche Auftraggeber das Verfahren ausschließlich mit diesem oder diesen geeigneten Bewerber(n) fortführen.

(3)

1. [1] Bei einem Verhandlungsverfahren mit Teilnahmewettbewerb wird im Rahmen des Teilnahmewettbewerbs eine unbeschränkte Anzahl von Unternehmen öffentlich zur Abgabe von Teilnahmeanträgen aufgefordert. [2] Jedes interessierte Unternehmen kann einen Teilnahmeantrag abgeben. [3] Mit dem

VOB Teil A **§ 3b EU VOB/A 1**

Teilnahmeantrag übermitteln die Unternehmen die vom öffentlichen Auftraggeber geforderten Informationen für die Prüfung der Eignung und das Nichtvorliegen von Ausschlussgründen.

2. Nur diejenigen Unternehmen, die vom öffentlichen Auftraggeber infolge einer Bewertung der übermittelten Informationen dazu aufgefordert werden, können ein Erstangebot übermitteln, das die Grundlage für die späteren Verhandlungen bildet.

3. Im Übrigen gilt Absatz 2 Nummer 3 mit der Maßgabe, dass die in der Auftragsbekanntmachung oder der Aufforderung zur Interessensbestätigung anzugebende Mindestzahl nicht niedriger als drei sein darf.

4. Bei einem Verhandlungsverfahren ohne Teilnahmewettbewerb erfolgt keine öffentliche Aufforderung zur Teilnahme.

5. Die Mindestanforderungen und die Zuschlagskriterien sind nicht Gegenstand von Verhandlungen.

6. Der öffentliche Auftraggeber verhandelt mit den Bietern über die von ihnen eingereichten Erstangebote und alle Folgeangebote, mit Ausnahme der endgültigen Angebote, mit dem Ziel, die Angebote inhaltlich zu verbessern.

7. Der öffentliche Auftraggeber kann öffentliche Aufträge auf der Grundlage der Erstangebote vergeben, ohne in Verhandlungen einzutreten, wenn er in der Auftragsbekanntmachung oder in der Aufforderung zur Interessensbestätigung darauf hingewiesen hat, dass er sich diese Möglichkeit vorbehält.

8. [1] Der öffentliche Auftraggeber kann vorsehen, dass das Verhandlungsverfahren in verschiedenen aufeinander folgenden Phasen abgewickelt wird, um so die Zahl der Angebote, über die verhandelt wird, oder die zu erörternden Lösungen anhand der vorgegebenen Zuschlagskriterien zu verringern. [2] Wenn der öffentliche Auftraggeber dies vorsieht, gibt er dies in der Auftragsbekanntmachung, der Aufforderung zur Interessensbestätigung oder in den Vergabeunterlagen an. [3] In der Schlussphase des Verfahrens müssen so viele Angebote vorliegen, dass ein echter Wettbewerb gewährleistet ist, sofern eine ausreichende Anzahl von geeigneten Bietern vorhanden ist.

9. [1] Der öffentliche Auftraggeber stellt sicher, dass alle Bieter bei den Verhandlungen gleichbehandelt werden. [2] Insbesondere enthält er sich jeder diskriminierenden Weitergabe von Informationen, durch die bestimmte Bieter gegenüber anderen begünstigt werden könnten. [3] Er unterrichtet alle Bieter, deren Angebote nicht gemäß Nummer 8 ausgeschieden wurden, schriftlich über etwaige Änderungen der Leistungsbeschreibung, insbesondere der technischen Anforderungen oder anderer Bestandteile der Vergabeunterlagen, die nicht die Festlegung der Mindestanforderungen betreffen. [4] Im Anschluss an solche Änderungen gewährt der öffentliche Auftraggeber den Bietern ausreichend Zeit, um ihre Angebote zu ändern und gegebenenfalls überarbeitete Angebote einzureichen. [5] Der öffentliche Auftraggeber darf vertrauliche Informationen eines an den Verhandlungen teilnehmenden Bieters nicht ohne dessen Zustimmung an die anderen Teilnehmer weitergeben. [6] Eine solche Zustimmung darf nicht allgemein erteilt werden, sondern wird nur in Bezug auf die beabsichtigte Mitteilung bestimmter Informationen erteilt.

10. [1] Beabsichtigt der öffentliche Auftraggeber, die Verhandlungen abzuschließen, so unterrichtet er die verbleibenden Bieter und legt eine einheitliche Frist für die Einreichung neuer oder überarbeiteter Angebote fest. [2] Er ver-

1 VOB/A § 3b EU

gewissert sich, dass die endgültigen Angebote den Mindestanforderungen entsprechen und erteilt den Zuschlag.

(4)

1. [1] Beim wettbewerblichen Dialog fordert der öffentliche Auftraggeber eine unbeschränkte Anzahl von Unternehmen im Rahmen eines Teilnahmewettbewerbs öffentlich zur Abgabe von Teilnahmeanträgen auf. [2] Jedes interessierte Unternehmen kann einen Teilnahmeantrag abgeben. [3] Mit dem Teilnahmeantrag übermitteln die Unternehmen die vom öffentlichen Auftraggeber geforderten Informationen für die Prüfung der Eignung und das Nichtvorliegen von Ausschlussgründen.

2. [1] Nur diejenigen Unternehmen, die vom öffentlichen Auftraggeber infolge einer Bewertung der übermittelten Informationen dazu aufgefordert werden, können in den Dialog mit dem öffentlichen Auftraggeber eintreten. [2] Im Übrigen gilt Absatz 2 Nummer 3 mit der Maßgabe, dass die in der Auftragsbekanntmachung anzugebende Mindestzahl nicht niedriger als drei sein darf.

3. [1] In der Auftragsbekanntmachung oder den Vergabeunterlagen zur Durchführung eines wettbewerblichen Dialogs beschreibt der öffentliche Auftraggeber seine Bedürfnisse und Anforderungen an die zu beschaffende Leistung. [2] Gleichzeitig erläutert und definiert er die hierbei zugrunde gelegten Zuschlagskriterien und legt einen vorläufigen Zeitrahmen für Verhandlungen fest.

4. [1] Der öffentliche Auftraggeber eröffnet mit den ausgewählten Unternehmen einen Dialog, in dem er ermittelt und festlegt, wie seine Bedürfnisse am besten erfüllt werden können. [2] Dabei kann er mit den ausgewählten Unternehmen alle Einzelheiten des Auftrags erörtern. [3] Er sorgt dafür, dass alle Unternehmen bei dem Dialog gleichbehandelt werden, gibt Lösungsvorschläge oder vertrauliche Informationen eines Unternehmens nicht ohne dessen Zustimmung an die anderen Unternehmen weiter und verwendet diese nur im Rahmen des Vergabeverfahrens.

5. [1] Der öffentliche Auftraggeber kann vorsehen, dass der Dialog in verschiedenen aufeinander folgenden Phasen geführt wird, sofern der öffentliche Auftraggeber darauf in der Auftragsbekanntmachung oder in den Vergabeunterlagen hingewiesen hat. [2] In jeder Dialogphase kann die Zahl der zu erörternden Lösungen anhand der vorgegebenen Zuschlagskriterien verringert werden. [3] Der öffentliche Auftraggeber hat die Unternehmen zu informieren, wenn deren Lösungen nicht für die folgende Dialogphase vorgesehen sind. [4] In der Schlussphase müssen noch so viele Lösungen vorliegen, dass ein echter Wettbewerb gewährleistet ist, sofern ursprünglich eine ausreichende Anzahl von Lösungen oder geeigneten Bietern vorhanden war.

6. [1] Der öffentliche Auftraggeber schließt den Dialog ab, wenn

   a) eine Lösung gefunden worden ist, die seine Bedürfnisse und Anforderungen erfüllt, oder

   b) erkennbar ist, dass keine Lösung gefunden werden kann.

   [2] Der öffentliche Auftraggeber informiert die Unternehmen über den Abschluss des Dialogs.

7. [1] Im Fall von Nummer 6 Buchstabe a fordert der öffentliche Auftraggeber die Unternehmen auf, auf der Grundlage der eingereichten und in der Dialogphase näher ausgeführten Lösungen ihr endgültiges Angebot vorzulegen. [2] Die

Angebote müssen alle Einzelheiten enthalten, die zur Ausführung des Projekts erforderlich sind. ³Der öffentliche Auftraggeber kann Klarstellungen und Ergänzungen zu diesen Angeboten verlangen. ⁴Diese Klarstellungen oder Ergänzungen dürfen nicht dazu führen, dass grundlegende Elemente des Angebots oder der Auftragsbekanntmachung geändert werden, der Wettbewerb verzerrt wird oder andere am Verfahren beteiligte Unternehmen diskriminiert werden.

8. ¹Der öffentliche Auftraggeber bewertet die Angebote anhand der in der Auftragsbekanntmachung oder in der Beschreibung festgelegten Zuschlagskriterien. ²Der öffentliche Auftraggeber kann mit dem Unternehmen, dessen Angebot als das wirtschaftlichste ermittelt wurde, mit dem Ziel Verhandlungen führen, um im Angebot enthaltene finanzielle Zusagen oder andere Bedingungen zu bestätigen, die in den Auftragsbedingungen abschließend festgelegt werden. ³Dies darf nicht dazu führen, dass wesentliche Bestandteile des Angebots oder des öffentlichen Auftrags einschließlich der in der Auftragsbekanntmachung oder der Beschreibung festgelegten Bedürfnisse und Anforderungen grundlegend geändert werden, und dass der Wettbewerb verzerrt wird oder andere am Verfahren beteiligte Unternehmen diskriminiert werden.

9. Verlangt der öffentliche Auftraggeber, dass die am wettbewerblichen Dialog teilnehmenden Unternehmen Entwürfe, Pläne, Zeichnungen, Berechnungen oder andere Unterlagen ausarbeiten, muss er einheitlich allen Unternehmen, die die geforderten Unterlagen rechtzeitig vorgelegt haben, eine angemessene Kostenerstattung gewähren.

(5)

1. ¹Bei einer Innovationspartnerschaft beschreibt der öffentliche Auftraggeber in der Auftragsbekanntmachung oder den Vergabeunterlagen die Nachfrage nach der innovativen Bauleistung. ²Dabei ist anzugeben, welche Elemente dieser Beschreibung Mindestanforderungen darstellen. ³Es sind Eignungskriterien vorzugeben, die die Fähigkeiten der Unternehmen auf dem Gebiet der Forschung und Entwicklung sowie die Ausarbeitung und Umsetzung innovativer Lösungen betreffen. ⁴Die bereitgestellten Informationen müssen so genau sein, dass die Unternehmen Art und Umfang der geforderten Lösung erkennen und entscheiden können, ob sie eine Teilnahme an dem Verfahren beantragen.

2. ¹Der öffentliche Auftraggeber fordert eine unbeschränkte Anzahl von Unternehmen im Rahmen eines Teilnahmewettbewerbs öffentlich zur Abgabe von Teilnahmeanträgen auf. ²Jedes interessierte Unternehmen kann einen Teilnahmeantrag abgeben. ³Mit dem Teilnahmeantrag übermitteln die Unternehmen die vom öffentlichen Auftraggeber geforderten Informationen für die Prüfung der Eignung und das Nichtvorliegen von Ausschlussgründen.

3. ¹Nur diejenigen Unternehmen, die vom öffentlichen Auftraggeber infolge einer Bewertung der übermittelten Informationen dazu aufgefordert werden, können ein Angebot in Form von Forschungs- und Innovationsprojekten einreichen. ²Im Übrigen gilt Absatz 2 Nummer 3 mit der Maßgabe, dass die in der Auftragsbekanntmachung anzugebende Mindestzahl nicht niedriger als drei sein darf.

4. ¹Der öffentliche Auftraggeber verhandelt mit den Bietern über die von ihnen eingereichten Erstangebote und alle Folgeangebote, mit Ausnahme der endgültigen Angebote, mit dem Ziel, die Angebote inhaltlich zu verbessern. ²Da-

1 VOB/A § 3b EU

bei darf über den gesamten Auftragsinhalt verhandelt werden mit Ausnahme der vom öffentlichen Auftraggeber in den Vergabeunterlagen festgelegten Mindestanforderungen und Zuschlagskriterien. [3] Sofern der öffentliche Auftraggeber in der Auftragsbekanntmachung oder in den Vergabeunterlagen darauf hingewiesen hat, kann er die Verhandlungen in verschiedenen aufeinander folgenden Phasen abwickeln, um so die Zahl der Angebote, über die verhandelt wird, anhand der vorgegebenen Zuschlagskriterien zu verringern.

5. [1] Der öffentliche Auftraggeber trägt dafür Sorge, dass alle Bieter bei den Verhandlungen gleichbehandelt werden. [2] Insbesondere enthält er sich jeder diskriminierenden Weitergabe von Informationen, durch die bestimmte Bieter gegenüber anderen begünstigt werden könnten. [3] Er unterrichtet alle Bieter, deren Angebote gemäß Nummer 4 Satz 3 nicht ausgeschieden wurden, in Textform über etwaige Änderungen der Anforderungen und sonstigen Informationen in den Vergabeunterlagen, die nicht die Festlegung der Mindestanforderungen betreffen. [4] Im Anschluss an solche Änderungen gewährt der öffentliche Auftraggeber den Bietern ausreichend Zeit, um ihre Angebote zu ändern und gegebenenfalls überarbeitete Angebote einzureichen. [5] Der öffentliche Auftraggeber darf vertrauliche Informationen eines an den Verhandlungen teilnehmenden Bieters nicht ohne dessen Zustimmung an die anderen Teilnehmer weitergeben. [6] Eine solche Zustimmung darf nicht allgemein, sondern nur in Bezug auf die beabsichtigte Mitteilung bestimmter Informationen erteilt werden. [7] Der öffentliche Auftraggeber muss in den Vergabeunterlagen die zum Schutz des geistigen Eigentums geltenden Vorkehrungen festlegen.

6. [1] Die Innovationspartnerschaft wird durch Zuschlag auf Angebote eines oder mehrerer Bieter eingegangen. [2] Eine Erteilung des Zuschlags allein auf der Grundlage des niedrigsten Preises oder der niedrigsten Kosten ist ausgeschlossen. [3] Der öffentliche Auftraggeber kann die Innovationspartnerschaft mit einem Partner oder mit mehreren Partnern, die getrennte Forschungs- und Entwicklungstätigkeiten durchführen, eingehen.

7. [1] Die Innovationspartnerschaft wird entsprechend dem Forschungs- und Innovationsprozess in zwei aufeinander folgenden Phasen strukturiert:

    a) einer Forschungs- und Entwicklungsphase, die die Herstellung von Prototypen oder die Entwicklung der Bauleistung umfasst, oder

    b) einer Leistungsphase, in der die aus der Partnerschaft hervorgegangene Leistung erbracht wird.

    [2] Die Phasen sind durch die Festlegung von Zwischenzielen zu untergliedern, bei deren Erreichen die Zahlung der Vergütung in angemessenen Teilbeträgen vereinbart wird. [3] Der öffentliche Auftraggeber stellt sicher, dass die Struktur der Partnerschaft und insbesondere die Dauer und der Wert der einzelnen Phasen den Innovationsgrad der vorgeschlagenen Lösung und der Abfolge der Forschungs- und Innovationstätigkeiten widerspiegeln. [4] Der geschätzte Wert der Bauleistung darf in Bezug auf die für ihre Entwicklung erforderlichen Investitionen nicht unverhältnismäßig sein.

8. Auf der Grundlage der Zwischenziele kann der öffentliche Auftraggeber am Ende jedes Entwicklungsabschnitts entscheiden, ob er die Innovationspartnerschaft beendet oder, im Fall einer Innovationspartnerschaft mit mehreren Partnern, die Zahl der Partner durch die Kündigung einzelner Verträge reduziert, sofern der öffentliche Auftraggeber in der Auftragsbekanntmachung

oder in den Vergabeunterlagen darauf hingewiesen hat, dass diese Möglichkeiten bestehen und unter welchen Umständen davon Gebrauch gemacht werden kann.

9. Nach Abschluss der Forschungs- und Entwicklungsphase ist der öffentliche Auftraggeber zum anschließenden Erwerb der innovativen Leistung nur dann verpflichtet, wenn das bei Eingehung der Innovationspartnerschaft festgelegte Leistungsniveau und die Kostenobergrenze eingehalten werden.

§ 4 EU Vertragsarten. (1) Bauaufträge sind so zu vergeben, dass die Vergütung nach Leistung bemessen wird (Leistungsvertrag), und zwar:
1. in der Regel zu Einheitspreisen für technisch und wirtschaftlich einheitliche Teilleistungen, deren Menge nach Maß, Gewicht oder Stückzahl vom öffentlichen Auftraggeber in den Vertragsunterlagen anzugeben ist (Einheitspreisvertrag),
2. in geeigneten Fällen für eine Pauschalsumme, wenn die Leistung nach Ausführungsart und Umfang genau bestimmt ist und mit einer Änderung bei der Ausführung nicht zu rechnen ist (Pauschalvertrag).

(2) Abweichend von Absatz 1 können Bauaufträge geringeren Umfangs, die überwiegend Lohnkosten verursachen, im Stundenlohn vergeben werden (Stundenlohnvertrag).

(3) Das Angebotsverfahren ist darauf abzustellen, dass der Bieter die Preise, die er für seine Leistungen fordert, in die Leistungsbeschreibung einzusetzen oder in anderer Weise im Angebot anzugeben hat.

(4) Das Auf- und Abgebotsverfahren, bei dem vom öffentlichen Auftraggeber angegebene Preise dem Auf- und Abgebot der Bieter unterstellt werden, soll nur ausnahmsweise bei regelmäßig wiederkehrenden Unterhaltungsarbeiten, deren Umfang möglichst zu umgrenzen ist, angewandt werden.

§ 4a EU Rahmenvereinbarungen. (1) [1] Der Abschluss einer Rahmenvereinbarung erfolgt im Rahmen einer nach dieser Vergabeordnung anwendbaren Verfahrensart. [2] Das in Aussicht genommene Auftragsvolumen ist so genau wie möglich zu ermitteln und bekannt zu geben, braucht aber nicht abschließend festgelegt zu werden. [3] Eine Rahmenvereinbarung darf nicht missbräuchlich oder in einer Art angewendet werden, die den Wettbewerb behindert, einschränkt oder verfälscht.

(2) [1] Auf einer Rahmenvereinbarung beruhende Einzelaufträge werden nach den Kriterien dieses Absatzes und der Absätze 3 bis 5 vergeben. [2] Die Einzelauftragsvergabe erfolgt ausschließlich zwischen den in der Auftragsbekanntmachung oder der Aufforderung zur Interessensbestätigung genannten öffentlichen Auftraggebern und denjenigen Unternehmen, die zum Zeitpunkt des Abschlusses des Einzelauftrags Vertragspartei der Rahmenvereinbarung sind. [3] Dabei dürfen keine wesentlichen Änderungen an den Bedingungen der Rahmenvereinbarung vorgenommen werden.

(3) [1] Wird eine Rahmenvereinbarung mit nur einem Unternehmen geschlossen, so werden die auf dieser Rahmenvereinbarung beruhenden Einzelaufträge entsprechend den Bedingungen der Rahmenvereinbarung vergeben. [2] Für die Vergabe der Einzelaufträge kann der öffentliche Auftraggeber das an der Rahmenvereinbarung beteiligte Unternehmen in Textform auffordern, sein Angebot erforderlichenfalls zu vervollständigen.

1 VOB/A § 4a EU

(4) Wird eine Rahmenvereinbarung mit mehr als einem Unternehmen geschlossen, werden die Einzelaufträge wie folgt vergeben:

1. gemäß den Bedingungen der Rahmenvereinbarung ohne erneutes Vergabeverfahren, wenn in der Rahmenvereinbarung alle Bedingungen für die Erbringung der Bauleistung sowie die objektiven Bedingungen für die Auswahl der Unternehmen festgelegt sind, die sie als Partei der Rahmenvereinbarung ausführen werden; die letztgenannten Bedingungen sind in der Auftragsbekanntmachung oder den Vergabeunterlagen für die Rahmenvereinbarung zu nennen;

2. wenn in der Rahmenvereinbarung alle Bedingungen für die Erbringung der Bauleistung festgelegt sind, teilweise ohne erneutes Vergabeverfahren gemäß Nummer 1 und teilweise mit erneutem Vergabeverfahren zwischen den Unternehmen, die Partei der Rahmenvereinbarung sind, gemäß Nummer 3, wenn diese Möglichkeit in der Auftragsbekanntmachung oder den Vergabeunterlagen für die Rahmenvereinbarung durch den öffentlichen Auftraggeber festgelegt ist; die Entscheidung, ob bestimmte Bauleistungen nach erneutem Vergabeverfahren oder direkt entsprechend den Bedingungen der Rahmenvereinbarung beschafft werden sollen, wird nach objektiven Kriterien getroffen, die in der Auftragsbekanntmachung oder den Vergabeunterlagen für die Rahmenvereinbarung festgelegt sind; in der Auftragsbekanntmachung oder den Vergabeunterlagen ist außerdem festzulegen, welche Bedingungen einem erneuten Vergabeverfahren unterliegen können; diese Möglichkeiten gelten auch für jedes Los einer Rahmenvereinbarung, für das alle Bedingungen für die Erbringung der Bauleistung in der Rahmenvereinbarung festgelegt sind, ungeachtet dessen, ob alle Bedingungen für die Erbringung einer Bauleistung für andere Lose festgelegt wurden; oder

3. sofern nicht alle Bedingungen zur Erbringung der Bauleistung in der Rahmenvereinbarung festgelegt sind, mittels eines erneuten Vergabeverfahrens zwischen den Unternehmen, die Parteien der Rahmenvereinbarung sind.

(5) Die in Absatz 4 Nummer 2 und 3 genannten Vergabeverfahren beruhen auf denselben Bedingungen wie der Abschluss der Rahmenvereinbarung und erforderlichenfalls auf genauer formulierten Bedingungen sowie gegebenenfalls auf weiteren Bedingungen, die in der Auftragsbekanntmachung oder den Vergabeunterlagen für die Rahmenvereinbarung in Übereinstimmung mit dem folgenden Verfahren genannt werden:

1. vor Vergabe jedes Einzelauftrags konsultiert der öffentliche Auftraggeber in Textform die Unternehmen, die in der Lage sind, den Auftrag auszuführen;

2. der öffentliche Auftraggeber setzt eine ausreichende Frist für die Abgabe der Angebote für jeden Einzelauftrag fest; dabei berücksichtigt er unter anderem die Komplexität des Auftragsgegenstands und die für die Übermittlung der Angebote erforderliche Zeit;

3. die Angebote sind in Textform einzureichen und dürfen bis zum Ablauf der Einreichungsfrist nicht geöffnet werden;

4. der öffentliche Auftraggeber vergibt die Einzelaufträge an den Bieter, der auf der Grundlage der in der Auftragsbekanntmachung oder den Vergabeunterlagen für die Rahmenvereinbarung genannten Zuschlagskriterien das jeweils wirtschaftlichste Angebot vorgelegt hat.

(6) Die Laufzeit einer Rahmenvereinbarung darf höchstens vier Jahre betragen, es sei denn, es liegt ein im Gegenstand der Rahmenvereinbarung begründeter Sonderfall vor.

§ 4b EU Besondere Instrumente und Methoden. (1) Der öffentliche Auftraggeber kann unter den Voraussetzungen der §§ 22 bis 24 VgV für die Beschaffung marktüblicher Leistungen ein dynamisches Beschaffungssystem nutzen.

(2) Der öffentliche Auftraggeber kann im Rahmen eines offenen, eines nicht offenen oder eines Verhandlungsverfahrens vor der Zuschlagserteilung eine elektronische Auktion durchführen, sofern die Voraussetzungen der §§ 25 und 26 VgV vorliegen.

(3) [1] Ist der Rückgriff auf elektronische Kommunikationsmittel vorgeschrieben, kann der öffentliche Auftraggeber festlegen, dass die Angebote in Form eines elektronischen Katalogs einzureichen sind oder einen elektronischen Katalog beinhalten müssen. [2] Das Verfahren richtet sich nach § 27 VgV.

§ 5 EU Einheitliche Vergabe, Vergabe nach Losen. (1) Bauaufträge sollen so vergeben werden, dass eine einheitliche Ausführung und zweifelsfreie umfassende Haftung für Mängelansprüche erreicht wird; sie sollen daher in der Regel mit den zur Leistung gehörigen Lieferungen vergeben werden.

(2)

1. [1] Mittelständische Interessen sind bei der Vergabe öffentlicher Aufträge vornehmlich zu berücksichtigen. [2] Leistungen sind in der Menge aufgeteilt (Teillose) und getrennt nach Art oder Fachgebiet (Fachlose) zu vergeben. [3] Mehrere Teil- oder Fachlose dürfen zusammen vergeben werden, wenn wirtschaftliche oder technische Gründe dies erfordern. [4] Wird ein Unternehmen, das nicht öffentlicher Auftraggeber ist, mit der Wahrnehmung oder Durchführung einer öffentlichen Aufgabe betraut, verpflichtet der öffentliche Auftraggeber das Unternehmen, sofern es Unteraufträge an Dritte vergibt, nach den Sätzen 1 bis 3 zu verfahren.

2. Weicht der öffentliche Auftraggeber vom Gebot der Losaufteilung ab, begründet er dies im Vergabevermerk.

3. [1] Der öffentliche Auftraggeber gibt in der Auftragsbekanntmachung oder in der Aufforderung zur Interessensbestätigung an, ob Angebote nur für ein Los oder für mehrere oder alle Lose eingereicht werden können. [2] Der öffentliche Auftraggeber kann die Zahl der Lose beschränken, für die ein einzelner Bieter einen Zuschlag erhalten kann.
[3] Dies gilt auch dann, wenn ein Bieter Angebote für mehrere oder alle Lose einreichen darf. [4] Diese Begrenzung ist nur zulässig, sofern der öffentliche Auftraggeber die Höchstzahl der Lose pro Bieter in der Auftragsbekanntmachung oder in der Aufforderung zur Interessensbestätigung angegeben hat.
[5] Für den Fall, dass ein einzelner Bieter nach Anwendung der Zuschlagskriterien eine größere Zahl an Losen als über zuvor festgelegte Höchstzahl erhalten würde, legt der öffentliche Auftraggeber in den Vergabeunterlagen objektive und nichtdiskriminierende Regeln für die Erteilung des Zuschlags fest.
[6] In Fällen, in denen ein einziger Bieter den Zuschlag für mehr als ein Los erhalten kann, kann der öffentliche Auftraggeber Aufträge über mehrere oder alle Lose vergeben, wenn er in der Auftragsbekanntmachung oder in der Aufforderung zur Interessensbestätigung angegeben hat, dass er sich diese

Möglichkeit vorbehält und die Lose oder Losgruppen angibt, die kombiniert werden können.

§ 6 EU Teilnehmer am Wettbewerb. (1) Öffentliche Aufträge werden an fachkundige und leistungsfähige (geeignete) Unternehmen vergeben, die nicht nach § 6e EU ausgeschlossen worden sind.

(2) [1] Ein Unternehmen ist geeignet, wenn es die durch den öffentlichen Auftraggeber im Einzelnen zur ordnungsgemäßen Ausführung des öffentlichen Auftrags festgelegten Kriterien (Eignungskriterien) erfüllt. [2] Die Eignungskriterien dürfen ausschließlich Folgendes betreffen:

1. Befähigung und Erlaubnis zur Berufsausübung,
2. wirtschaftliche und finanzielle Leistungsfähigkeit,
3. technische und berufliche Leistungsfähigkeit.

[3] Die Eignungskriterien müssen mit dem Auftragsgegenstand in Verbindung und zu diesem in einem angemessenen Verhältnis stehen.

(3)
1. Der Wettbewerb darf nicht auf Unternehmen beschränkt werden, die in bestimmten Regionen oder Orten ansässig sind.
2. [1] Bewerber- und Bietergemeinschaften sind Einzelbewerbern und -bietern gleichzusetzen. [2] Für den Fall der Auftragserteilung kann der öffentliche Auftraggeber verlangen, dass eine Bietergemeinschaft eine bestimmte Rechtsform annimmt, sofern dies für die ordnungsgemäße Durchführung des Auftrags notwendig ist.
3. Der öffentliche Auftraggeber kann das Recht zur Teilnahme an dem Vergabeverfahren unter den Voraussetzungen des § 118 GWB beschränken.
4. [1] Hat ein Bewerber oder Bieter oder ein mit ihm in Verbindung stehendes Unternehmen vor Einleitung des Vergabeverfahrens den öffentlichen Auftraggeber beraten oder sonst unterstützt, so ergreift der öffentliche Auftraggeber angemessene Maßnahmen, um sicherzustellen, dass der Wettbewerb durch die Teilnahme dieses Bieters oder Bewerbers nicht verfälscht wird.
[2] Der betreffende Bewerber oder Bieter wird vom Verfahren nur dann ausgeschlossen, wenn keine andere Möglichkeit besteht, den Grundsatz der Gleichbehandlung zu gewährleisten.
[3] Vor einem solchen Ausschluss gibt der öffentliche Auftraggeber den Bewerbern oder Bietern die Möglichkeit, nachzuweisen, dass ihre Beteiligung an der Vorbereitung des Vergabeverfahrens den Wettbewerb nicht verzerren kann.
[4] Die ergriffenen Maßnahmen werden im Vergabevermerk dokumentiert.

§ 6a EU Eignungsnachweise. Der öffentliche Auftraggeber kann Unternehmen nur die in den Nummern 1 bis 3 genannten Anforderungen an die Teilnahme auferlegen.

1. Zum Nachweis der Befähigung und Erlaubnis zur Berufsausübung kann der öffentliche Auftraggeber die Eintragung in das Berufs- oder Handelsregister oder der Handwerksrolle ihres Sitzes oder Wohnsitzes verlangen.
2. [1] Zum Nachweis der wirtschaftlichen und finanziellen Leistungsfähigkeit kann der öffentliche Auftraggeber verlangen:
   a) die Vorlage entsprechender Bankerklärungen oder gegebenenfalls den Nachweis einer entsprechenden Berufshaftpflichtversicherung.

VOB Teil A § 6a EU VOB/A 1

b) die Vorlage von Jahresabschlüssen, falls deren Veröffentlichung in dem Land, in dem das Unternehmen ansässig ist, gesetzlich vorgeschrieben ist.
Zusätzlich können weitere Informationen, zum Beispiel über das Verhältnis zwischen Vermögen und Verbindlichkeiten in den Jahresabschlüssen, verlangt werden. Die Methoden und Kriterien für die Berücksichtigung weiterer Informationen müssen in den Vergabeunterlagen spezifiziert werden; sie müssen transparent, objektiv und nichtdiskriminierend sein.
c) eine Erklärung über den Umsatz des Unternehmens jeweils bezogen auf die letzten drei abgeschlossenen Geschäftsjahre, soweit er Bauleistungen und andere Leistungen betrifft, die mit der zu vergebenden Leistung vergleichbar sind, unter Einschluss des Anteils bei gemeinsam mit anderen Unternehmen ausgeführten Aufträgen.
Der öffentliche Auftraggeber kann von den Unternehmen insbesondere verlangen, einen bestimmten Mindestjahresumsatz, einschließlich eines Mindestumsatzes in dem vom Auftrag abgedeckten Bereich nachzuweisen.
Der geforderte Mindestjahresumsatz darf das Zweifache des geschätzten Auftragswerts nur in hinreichend begründeten Fällen übersteigen. Die Gründe sind in den Vergabeunterlagen oder in dem Vergabevermerk gemäß § 20 EU anzugeben.
Ist ein Auftrag in Lose unterteilt, finden diese Regelungen auf jedes einzelne Los Anwendung. Der öffentliche Auftraggeber kann jedoch den Mindestjahresumsatz, der von Unternehmen verlangt wird, unter Bezugnahme auf eine Gruppe von Losen in dem Fall festlegen, dass der erfolgreiche Bieter den Zuschlag für mehrere Lose erhält, die gleichzeitig auszuführen sind.
Sind auf einer Rahmenvereinbarung basierende Aufträge infolge eines erneuten Aufrufs zum Wettbewerb zu vergeben, wird der Höchstjahresumsatz aufgrund des erwarteten maximalen Umfangs spezifischer Aufträge berechnet, die gleichzeitig ausgeführt werden, oder – wenn dieser nicht bekannt ist – aufgrund des geschätzten Werts der Rahmenvereinbarung. Bei dynamischen Beschaffungssystemen wird der Höchstjahresumsatz auf der Basis des erwarteten Höchstumfangs konkreter Aufträge berechnet, die nach diesem System vergeben werden sollen.

[2] Der öffentliche Auftraggeber wird andere ihm geeignet erscheinende Nachweise der wirtschaftlichen und finanziellen Leistungsfähigkeit zulassen, wenn er feststellt, dass stichhaltige Gründe dafür bestehen.

3. Zum Nachweis der beruflichen und technischen Leistungsfähigkeit kann der öffentliche Auftraggeber je nach Art, Menge oder Umfang oder Verwendungszweck der ausgeschriebenen Leistung verlangen:
a) Angaben über die Ausführung von Leistungen in den letzten bis zu fünf abgeschlossenen Kalenderjahren, die mit der zu vergebenden Leistung vergleichbar sind, wobei für die wichtigsten Bauleistungen Bescheinigungen über die ordnungsgemäße Ausführung und das Ergebnis beizufügen sind. Um einen ausreichenden Wettbewerb sicherzustellen, kann der öffentliche Auftraggeber darauf hinweisen, dass er auch einschlägige Bauleistungen berücksichtigen werde, die mehr als fünf Jahre zurückliegen;
b) Angabe der technischen Fachkräfte oder der technischen Stellen, unabhängig davon, ob sie seinem Unternehmen angehören oder nicht, und zwar insbesondere derjenigen, die mit der Qualitätskontrolle beauftragt sind, und derjenigen, über die der Unternehmer für die Errichtung des Bauwerks verfügt;

1 VOB/A § 6b EU

c) die Beschreibung der technischen Ausrüstung und Maßnahmen des Unternehmens zur Qualitätssicherung und seiner Untersuchungs- und Forschungsmöglichkeiten;

d) Angabe des Lieferkettenmanagement- und -überwachungssystems, das dem Unternehmen zur Vertragserfüllung zur Verfügung steht;

e) Studiennachweise und Bescheinigungen über die berufliche Befähigung des Dienstleisters oder Unternehmers und/oder der Führungskräfte des Unternehmens, sofern sie nicht als Zuschlagskriterium bewertet werden;

f) Angabe der Umweltmanagementmaßnahmen, die der Unternehmer während der Auftragsausführung anwenden kann;

g) Angaben über die Zahl der in den letzten drei abgeschlossenen Kalenderjahren jahresdurchschnittlich beschäftigten Arbeitskräfte, gegliedert nach Lohngruppen mit gesondert ausgewiesenem technischem Leitungspersonal;

h) eine Erklärung, aus der hervorgeht, über welche Ausstattung, welche Geräte und welche technische Ausrüstung das Unternehmen für die Ausführung des Auftrags verfügt;

i) Angabe, welche Teile des Auftrags der Unternehmer unter Umständen als Unteraufträge zu vergeben beabsichtigt.

§ 6b EU Mittel der Nachweisführung, Verfahren. (1) [1]Der Nachweis, auch über das Nichtvorliegen von Ausschlussgründen nach § 6e EU, kann wie folgt geführt werden:

1. durch die vom öffentlichen Auftraggeber direkt abrufbare Eintragung in die allgemein zugängliche Liste des Vereins für die Präqualifikation von Bauunternehmen e.V. (Präqualifikationsverzeichnis). Die im Präqualifikationsverzeichnis hinterlegten Angaben werden nicht ohne Begründung in Zweifel gezogen. Hinsichtlich der Zahlung von Steuern und Abgaben sowie der Sozialversicherungsbeiträge kann grundsätzlich eine zusätzliche Bescheinigung verlangt werden.
Die Eintragung in ein gleichwertiges Verzeichnis anderer Mitgliedstaaten ist als Nachweis ebenso zugelassen.

2. durch Vorlage von Einzelnachweisen. Der öffentliche Auftraggeber kann vorsehen, dass für einzelne Angaben Eigenerklärungen ausreichend sind. Eigenerklärungen, die als vorläufiger Nachweis dienen, sind von den Bietern, deren Angebote in die engere Wahl kommen, durch entsprechende Bescheinigungen der zuständigen Stellen zu bestätigen.

[2]Der öffentliche Auftraggeber akzeptiert als vorläufigen Nachweis auch eine Einheitliche Europäische Eigenerklärung (EEE).

(2)

1. Wenn dies zur angemessenen Durchführung des Verfahrens erforderlich ist, kann der öffentliche Auftraggeber Bewerber und Bieter, die eine Eigenerklärung abgegeben haben, jederzeit während des Verfahrens auffordern, sämtliche oder einen Teil der Nachweise beizubringen.

2. Beim offenen Verfahren fordert der öffentliche Auftraggeber vor Zuschlagserteilung den Bieter, an den er den Auftrag vergeben will und der bislang nur eine Eigenerklärung als vorläufigen Nachweis vorgelegt hat, auf, die einschlägigen Nachweise unverzüglich beizubringen und prüft diese.

3. ¹Beim nicht offenen Verfahren, beim Verhandlungsverfahren sowie beim wettbewerblichen Dialog und bei der Innovationspartnerschaft fordert der öffentliche Auftraggeber die in Frage kommenden Bewerber auf, ihre Eigenerklärungen durch einschlägige Nachweise unverzüglich zu belegen und prüft diese. ²Dabei sind die Bewerber auszuwählen, deren Eignung die für die Erfüllung der vertraglichen Verpflichtungen notwendige Sicherheit bietet.

4. Der öffentliche Auftraggeber greift auf das Informationssystem e-Certis zurück und verlangt in erster Linie jene Arten von Bescheinigungen und dokumentarischen Nachweisen, die von e-Certis abgedeckt sind.

(3) Unternehmen müssen keine Nachweise vorlegen,

– sofern und soweit die Zuschlag erteilende Stelle diese direkt über eine gebührenfreie nationale Datenbank in einem Mitgliedstaat erhalten kann, oder

– wenn die Zuschlag erteilende Stelle bereits im Besitz dieser Nachweise ist.

§ 6c EU Qualitätssicherung und Umweltmanagement. (1) ¹Verlangt der öffentliche Auftraggeber zum Nachweis dafür, dass Bewerber oder Bieter bestimmte Normen der Qualitätssicherung erfüllen, die Vorlage von Bescheinigungen unabhängiger Stellen, so bezieht sich der öffentliche Auftraggeber auf Qualitätssicherungssysteme, die

1. den einschlägigen europäischen Normen genügen und
2. von akkreditierten Stellen zertifiziert sind.

²Der öffentliche Auftraggeber erkennt auch gleichwertige Bescheinigungen von akkreditierten Stellen aus anderen Staaten an. ³Konnte ein Unternehmen aus Gründen, die es nicht zu vertreten hat, die betreffenden Bescheinigungen nicht innerhalb der einschlägigen Fristen einholen, so muss der öffentliche Auftraggeber auch andere Unterlagen über gleichwertige Qualitätssicherungssysteme anerkennen, sofern das Unternehmen nachweist, dass die vorgeschlagenen Qualitätssicherungsmaßnahmen den geforderten Qualitätssicherungsnormen entsprechen.

(2) ¹Verlangt der öffentliche Auftraggeber zum Nachweis dafür, dass Bewerber oder Bieter bestimmte Systeme oder Normen des Umweltmanagements erfüllen, die Vorlage von Bescheinigungen unabhängiger Stellen, so bezieht sich der öffentliche Auftraggeber

1. entweder auf das Gemeinschaftssystem für das Umweltmanagement und die Umweltbetriebsprüfung (EMAS) der Europäischen Union oder
2. auf andere nach Artikel 45 der Verordnung (EG) 1221/2009 anerkannte Umweltmanagementsysteme oder
3. auf andere Normen für das Umweltmanagement, die auf den einschlägigen europäischen oder internationalen Normen beruhen und von akkreditierten Stellen zertifiziert sind.

²Der öffentliche Auftraggeber erkennt auch gleichwertige Bescheinigungen von Stellen in anderen Staaten an. ³Hatte ein Unternehmen aus Gründen, die ihm nicht zugerechnet werden können, nachweislich keinen Zugang zu den betreffenden Bescheinigungen oder aus Gründen, die es nicht zu vertreten hat, keine Möglichkeit, diese innerhalb der einschlägigen Fristen zu erlangen, so muss der öffentliche Auftraggeber auch andere Nachweise über gleichwertige Umweltmanagementmaßnahmen anerkennen, sofern das Unternehmen nachweist, dass

1 VOB/A §§ 6d EU, 6e EU

diese Maßnahmen mit denen, die nach dem geltenden System oder den geltenden Normen für das Umweltmanagement erforderlich sind, gleichwertig sind.

§ 6d EU Kapazitäten anderer Unternehmen. (1) [1] Ein Bewerber oder Bieter kann sich zum Nachweis seiner Eignung auf andere Unternehmen stützen – ungeachtet des rechtlichen Charakters der zwischen ihm und diesen Unternehmen bestehenden Verbindungen (Eignungsleihe).
[2] In diesem Fall weist er dem öffentlichen Auftraggeber gegenüber nach, dass ihm die erforderlichen Kapazitäten zur Verfügung stehen werden, indem er beispielsweise die diesbezüglichen verpflichtenden Zusagen dieser Unternehmen vorlegt.
[3] Eine Inanspruchnahme der Kapazitäten anderer Unternehmen für die berufliche Befähigung (§ 6a EU Absatz 1 Nummer 3 Buchstabe e) oder die berufliche Erfahrung (§ 6a EU Absatz 1 Nummer 3 Buchstaben a und b) ist nur möglich, wenn diese Unternehmen die Arbeiten ausführen, für die diese Kapazitäten benötigt werden.
[4] Der öffentliche Auftraggeber hat zu überprüfen, ob diese Unternehmen die entsprechenden Anforderungen an die Eignung gemäß § 6a EU erfüllen und ob Ausschlussgründe gemäß § 6e EU vorliegen. [5] Der öffentliche Auftraggeber schreibt vor, dass der Bieter ein Unternehmen, das eine einschlägige Eignungsanforderung nicht erfüllt oder bei dem Ausschlussgründe gemäß § 6e EU Absatz 1 bis 5 vorliegen, zu ersetzen hat. [6] Der öffentliche Auftraggeber kann vorschreiben, dass der Bieter ein Unternehmen, bei dem Ausschlussgründe gemäß § 6e EU Absatz 6 vorliegen, ersetzt.

(2) Nimmt ein Bewerber oder Bieter im Hinblick auf die Kriterien für die wirtschaftliche und finanzielle Leistungsfähigkeit die Kapazitäten anderer Unternehmen in Anspruch, so kann der öffentliche Auftraggeber vorschreiben, dass Bewerber oder Bieter und diese Unternehmen gemeinsam für die Auftragsausführung haften.

(3) Werden die Kapazitäten anderer Unternehmen gemäß Absatz 1 in Anspruch genommen, so muss die Nachweisführung entsprechend § 6b EU auch für diese Unternehmen erfolgen.

(4) Der öffentliche Auftraggeber kann vorschreiben, dass bestimmte kritische Aufgaben direkt vom Bieter selbst oder – wenn der Bieter einer Bietergemeinschaft angehört – von einem Mitglied der Bietergemeinschaft ausgeführt werden.

§ 6e EU Ausschlussgründe. (1) Der öffentliche Auftraggeber schließt ein Unternehmen zu jedem Zeitpunkt des Vergabeverfahrens von der Teilnahme aus, wenn er Kenntnis davon hat, dass eine Person, deren Verhalten nach Absatz 3 dem Unternehmen zuzurechnen ist, rechtskräftig verurteilt oder gegen das Unternehmen eine Geldbuße nach § 30 des Gesetzes über Ordnungswidrigkeiten rechtskräftig festgesetzt worden ist wegen einer Straftat nach:
1. § 129 des Strafgesetzbuchs (StGB) (Bildung krimineller Vereinigungen), § 129a StGB (Bildung terroristischer Vereinigungen) oder § 129b StGB (kriminelle und terroristische Vereinigungen im Ausland),
2. § 89c StGB (Terrorismusfinanzierung) oder wegen der Teilnahme an einer solchen Tat oder wegen der Bereitstellung oder Sammlung finanzieller Mittel in Kenntnis dessen, dass diese finanziellen Mittel ganz oder teilweise dazu verwendet werden oder verwendet werden sollen, eine Tat nach § 89a Absatz 2 Nummer 2 StGB zu begehen,

VOB Teil A **§ 6e EU   VOB/A 1**

3. § 261 StGB (Geldwäsche; Verschleierung unrechtmäßig erlangter Vermögenswerte),
4. § 263 StGB (Betrug), soweit sich die Straftat gegen den Haushalt der Europäischen Union oder gegen Haushalte richtet, die von der Europäischen Union oder in ihrem Auftrag verwaltet werden,
5. § 264 StGB (Subventionsbetrug), soweit sich die Straftat gegen den Haushalt der Europäischen Union oder gegen Haushalte richtet, die von der Europäischen Union oder in ihrem Auftrag verwaltet werden,
6. § 299 StGB (Bestechlichkeit und Bestechung im geschäftlichen Verkehr), §§ 299a und 299b StGB (Bestechlichkeit und Bestechung im Gesundheitswesen),
7. § 108e StGB (Bestechlichkeit und Bestechung von Mandatsträgern),
8. den §§ 333 und 334 StGB (Vorteilsgewährung und Bestechung), jeweils auch in Verbindung mit § 335a StGB (Ausländische und internationale Bedienstete),
9. Artikel 2 § 2 des Gesetzes zur Bekämpfung internationaler Bestechung (Bestechung ausländischer Abgeordneter im Zusammenhang mit internationalem Geschäftsverkehr) oder
10. den §§ 232, 232a Absatz 1 bis 5, den §§ 232b bis 233a StGB (Menschenhandel, Zwangsprostitution, Zwangsarbeit, Ausbeutung der Arbeitskraft, Ausbeutung unter Ausnutzung einer Freiheitsberaubung).

(2) Einer Verurteilung oder der Festsetzung einer Geldbuße im Sinne des Absatzes 1 stehen eine Verurteilung oder die Festsetzung einer Geldbuße nach den vergleichbaren Vorschriften anderer Staaten gleich.

(3) Das Verhalten einer rechtskräftig verurteilten Person ist einem Unternehmen zuzurechnen, wenn diese Person als für die Leitung des Unternehmens Verantwortlicher gehandelt hat; dazu gehört auch die Überwachung der Geschäftsführung oder die sonstige Ausübung von Kontrollbefugnissen in leitender Stellung.

(4) ¹Der öffentliche Auftraggeber schließt ein Unternehmen von der Teilnahme an einem Vergabeverfahren aus, wenn

1. das Unternehmen seinen Verpflichtungen zur Zahlung von Steuern, Abgaben und Beiträgen zur Sozialversicherung nicht nachgekommen ist und dies durch eine rechtskräftige Gerichts- oder bestandskräftige Verwaltungsentscheidung festgestellt wurde, oder
2. der öffentliche Auftraggeber auf sonstige geeignete Weise die Verletzung einer Verpflichtung nach Nummer 1 nachweisen kann.

²Satz 1 findet keine Anwendung, wenn das Unternehmen seinen Verpflichtungen dadurch nachgekommen ist, dass es die Zahlung vorgenommen oder sich zur Zahlung der Steuern, Abgaben und Beiträge zur Sozialversicherung einschließlich Zinsen, Säumnis- und Strafzuschlägen verpflichtet hat.

(5) ¹Von einem Ausschluss nach Absatz 1 kann abgesehen werden, wenn dies aus zwingenden Gründen des öffentlichen Interesses geboten ist. ²Von einem Ausschluss nach Absatz 4 Satz 1 kann abgesehen werden, wenn dies aus zwingenden Gründen des öffentlichen Interesses geboten ist oder ein Ausschluss offensichtlich unverhältnismäßig wäre. ³§ 6f EU Absatz 1 und 2 bleiben unberührt.

1 VOB/A § 6f EU

(6) Der öffentliche Auftraggeber kann unter Berücksichtigung des Grundsatzes der Verhältnismäßigkeit ein Unternehmen zu jedem Zeitpunkt des Vergabeverfahrens von der Teilnahme an einem Vergabeverfahren ausschließen, wenn

1. das Unternehmen bei der Ausführung öffentlicher Aufträge nachweislich gegen geltende umwelt-, sozial- und arbeitsrechtliche Verpflichtungen verstoßen hat,
2. das Unternehmen zahlungsunfähig ist, über das Vermögen des Unternehmens ein Insolvenzverfahren oder ein vergleichbares Verfahren beantragt oder eröffnet worden ist, die Eröffnung eines solchen Verfahrens mangels Masse abgelehnt worden ist, sich das Unternehmen im Verfahren der Liquidation befindet oder seine Tätigkeit eingestellt hat,
3. das Unternehmen im Rahmen der beruflichen Tätigkeit nachweislich eine schwere Verfehlung begangen hat, durch die die Integrität des Unternehmens infrage gestellt wird; § 6e EU Absatz 3 ist entsprechend anzuwenden,
4. der öffentliche Auftraggeber über hinreichende Anhaltspunkte dafür verfügt, dass das Unternehmen mit anderen Unternehmen Vereinbarungen getroffen oder Verhaltensweisen aufeinander abgestimmt hat, die eine Verhinderung, Einschränkung oder Verfälschung des Wettbewerbs bezwecken oder bewirken,
5. ein Interessenkonflikt bei der Durchführung des Vergabeverfahrens besteht, der die Unparteilichkeit und Unabhängigkeit einer für den öffentlichen Auftraggeber tätigen Person bei der Durchführung des Vergabeverfahrens beeinträchtigen könnte und der durch andere, weniger einschneidende Maßnahmen nicht wirksam beseitigt werden kann,
6. eine Wettbewerbsverzerrung daraus resultiert, dass das Unternehmen bereits in die Vorbereitung des Vergabeverfahrens einbezogen war, und diese Wettbewerbsverzerrung nicht durch andere, weniger einschneidende Maßnahmen beseitigt werden kann,
7. das Unternehmen eine wesentliche Anforderung bei der Ausführung eines früheren öffentlichen Auftrags erheblich oder fortdauernd mangelhaft erfüllt hat und dies zu einer vorzeitigen Beendigung, zu Schadensersatz oder zu einer vergleichbaren Rechtsfolge geführt hat,
8. das Unternehmen in Bezug auf Ausschlussgründe oder Eignungskriterien eine schwerwiegende Täuschung begangen, Auskünfte zurückgehalten hat oder nicht in der Lage ist, die erforderlichen Nachweise zu übermitteln oder
9. das Unternehmen
   a) versucht hat, die Entscheidungsfindung des öffentlichen Auftraggebers in unzulässiger Weise zu beeinflussen,
   b) versucht hat, vertrauliche Informationen zu erhalten, durch die es unzulässige Vorteile beim Vergabeverfahren erlangen könnte, oder
   c) fahrlässig oder vorsätzlich irreführende Informationen übermittelt hat, die die Vergabeentscheidung des öffentlichen Auftraggebers erheblich beeinflussen könnten oder versucht hat, solche Informationen zu übermitteln.

§ 6f EU Selbstreinigung. (1) [1]Öffentliche Auftraggeber schließen ein Unternehmen, bei dem ein Ausschlussgrund nach § 6e EU vorliegt, nicht von der Teilnahme an dem Vergabeverfahren aus, wenn das Unternehmen dem öffentlichen Auftraggeber oder nach § 8 des Wettbewerbsregistergesetzes dem Bundeskartellamt nachgewiesen hat, dass es

1. für jeden durch eine Straftat oder ein Fehlverhalten verursachten Schaden einen Ausgleich gezahlt oder sich zur Zahlung eines Ausgleichs verpflichtet hat,
2. die Tatsachen und Umstände, die mit der Straftat oder dem Fehlverhalten und dem dadurch verursachten Schaden in Zusammenhang stehen, durch eine aktive Zusammenarbeit mit den Ermittlungsbehörden und dem öffentlichen Auftraggeber umfassend geklärt hat und
3. konkrete technische, organisatorische und personelle Maßnahmen ergriffen hat, die geeignet sind, weitere Straftaten oder weiteres Fehlverhalten zu vermeiden.

[2] § 6e EU Absatz 4 Satz 2 bleibt unberührt.

(2) [1] Bei der Bewertung der von dem Unternehmen ergriffenen Selbstreinigungsmaßnahmen sind die Schwere und die besonderen Umstände der Straftat oder des Fehlverhaltens zu berücksichtigen. [2] Die Entscheidung, dass die Selbstreinigungsmaßnahmen des Unternehmens als unzureichend bewertet werden, ist gegenüber dem Unternehmen zu begründen.

(3) Wenn ein Unternehmen, bei dem ein Ausschlussgrund vorliegt, keine oder keine ausreichenden Selbstreinigungsmaßnahmen nach Absatz 1 ergreift, darf es

1. bei Vorliegen eines Ausschlussgrundes nach § 6e EU Absatz 1 bis 4 höchstens für einen Zeitraum von fünf Jahren ab dem Tag der rechtskräftigen Verurteilung von der Teilnahme an Vergabeverfahren ausgeschlossen werden,
2. bei Vorliegen eines Ausschlussgrundes nach § 6e EU Absatz 6 höchstens für einen Zeitraum von drei Jahren ab dem betreffenden Ereignis von der Teilnahme an Vergabeverfahren ausgeschlossen werden.

§ 7 EU Leistungsbeschreibung. (1)

1. Die Leistung ist eindeutig und so erschöpfend zu beschreiben, dass alle Bewerber die Beschreibung im gleichen Sinne verstehen müssen und ihre Preise sicher und ohne umfangreiche Vorarbeiten berechnen können.
2. Um eine einwandfreie Preisermittlung zu ermöglichen, sind alle sie beeinflussenden Umstände festzustellen und in den Vergabeunterlagen anzugeben.
3. Dem Auftragnehmer darf kein ungewöhnliches Wagnis aufgebürdet werden für Umstände und Ereignisse, auf die er keinen Einfluss hat und deren Einwirkung auf die Preise und Fristen er nicht im Voraus schätzen kann.
4. [1] Bedarfspositionen sind grundsätzlich nicht in die Leistungsbeschreibung aufzunehmen. [2] Angehängte Stundenlohnarbeiten dürfen nur in dem unbedingt erforderlichen Umfang in die Leistungsbeschreibung aufgenommen werden.
5. Erforderlichenfalls sind auch der Zweck und die vorgesehene Beanspruchung der fertigen Leistung anzugeben.
6. Die für die Ausführung der Leistung wesentlichen Verhältnisse der Baustelle, z.B. Boden- und Wasserverhältnisse, sind so zu beschreiben, dass der Bewerber ihre Auswirkungen auf die bauliche Anlage und die Bauausführung hinreichend beurteilen kann.

7. Die „Hinweise für das Aufstellen der Leistungsbeschreibung" in Abschnitt 0 der Allgemeinen Technischen Vertragsbedingungen für Bauleistungen, DIN 18299 ff., sind zu beachten.

(2) ¹Soweit es nicht durch den Auftragsgegenstand gerechtfertigt ist, darf in technischen Spezifikationen nicht auf eine bestimmte Produktion oder Herkunft oder ein besonderes Verfahren, das die von einem bestimmten Unternehmen bereitgestellten Produkte charakterisiert, oder auf Marken, Patente, Typen oder einen bestimmten Ursprung oder eine bestimmte Produktion verwiesen werden, wenn dadurch bestimmte Unternehmen oder bestimmte Produkte begünstigt oder ausgeschlossen werden. ²Solche Verweise sind jedoch ausnahmsweise zulässig, wenn der Auftragsgegenstand nicht hinreichend genau und allgemein verständlich beschrieben werden kann; solche Verweise sind mit dem Zusatz „oder gleichwertig" zu versehen.

(3) Bei der Beschreibung der Leistung sind die verkehrsüblichen Bezeichnungen zu beachten.

§ 7a EU Technische Spezifikationen, Testberichte, Zertifizierungen, Gütezeichen. (1)

1. Die technischen Anforderungen (Spezifikationen – siehe Anhang TS Nummer 1) an den Auftragsgegenstand müssen allen Unternehmen gleichermaßen zugänglich sein.
2. Die geforderten Merkmale können sich auch auf den spezifischen Prozess oder die spezifische Methode zur Produktion beziehungsweise Erbringung der angeforderten Leistungen oder auf einen spezifischen Prozess eines anderen Lebenszyklus-Stadiums davon beziehen, auch wenn derartige Faktoren nicht materielle Bestandteile von ihnen sind, sofern sie in Verbindung mit dem Auftragsgegenstand stehen und zu dessen Wert und Zielen verhältnismäßig sind.
3. In den technischen Spezifikationen kann angegeben werden, ob Rechte des geistigen Eigentums übertragen werden müssen.
4. Bei jeglicher Beschaffung, die zur Nutzung durch natürliche Personen – ganz gleich, ob durch die Allgemeinheit oder das Personal des öffentlichen Auftraggebers – vorgesehen ist, werden die technischen Spezifikationen – außer in ordnungsgemäß begründeten Fällen – so erstellt, dass die Kriterien der Zugänglichkeit für Personen mit Behinderungen oder der Konzeption für alle Nutzer berücksichtigt werden.
5. Werden verpflichtende Zugänglichkeitserfordernisse mit einem Rechtsakt der Europäischen Union erlassen, so müssen die technischen Spezifikationen, soweit die Kriterien der Zugänglichkeit für Personen mit Behinderungen oder der Konzeption für alle Nutzer betroffen sind, darauf Bezug nehmen.

(2) Die technischen Spezifikationen sind in den Vergabeunterlagen zu formulieren:
1. entweder unter Bezugnahme auf die in Anhang TS definierten technischen Spezifikationen in der Rangfolge
   a) nationale Normen, mit denen europäische Normen umgesetzt werden,
   b) europäische technische Bewertungen,
   c) gemeinsame technische Spezifikationen,

d) internationale Normen und andere technische Bezugssysteme, die von den europäischen Normungsgremien erarbeitet wurden oder,

e) falls solche Normen und Spezifikationen fehlen, nationale Normen, nationale technische Zulassungen oder nationale technische Spezifikationen für die Planung, Berechnung und Ausführung von Bauleistungen und den Einsatz von Produkten.

Jede Bezugnahme ist mit dem Zusatz „oder gleichwertig" zu versehen;

2. oder in Form von Leistungs- oder Funktionsanforderungen, die so genau zu fassen sind, dass sie den Unternehmen ein klares Bild vom Auftragsgegenstand vermitteln und dem Auftraggeber die Erteilung des Zuschlags ermöglichen;

3. oder in Kombination der Nummern 1 und 2, das heißt

a) in Form von Leistungs- oder Funktionsanforderungen unter Bezugnahme auf die Spezifikationen gemäß Nummer 1 als Mittel zur Vermutung der Konformität mit diesen Leistungs- oder Funktionsanforderungen;

b) oder mit Bezugnahme auf die Spezifikationen gemäß Nummer 1 hinsichtlich bestimmter Merkmale und mit Bezugnahme auf die Leistungs- oder Funktionsanforderungen gemäß Nummer 2 hinsichtlich anderer Merkmale.

(3)

1. [1] Verweist der öffentliche Auftraggeber in der Leistungsbeschreibung auf die in Absatz 2 Nummer 1 genannten Spezifikationen, so darf er ein Angebot nicht mit der Begründung ablehnen, die angebotene Leistung entspräche nicht den herangezogenen Spezifikationen, sofern der Bieter in seinem Angebot dem öffentlichen Auftraggeber nachweist, dass die von ihm vorgeschlagenen Lösungen den Anforderungen der technischen Spezifikation, auf die Bezug genommen wurde, gleichermaßen entsprechen. [2] Als geeignetes Mittel kann ein Prüfbericht oder eine Zertifizierung einer akkreditierten Konformitätsbewertungsstelle gelten.

2. Eine Konformitätsbewertungsstelle im Sinne dieses Absatzes muss gemäß der Verordnung (EG) Nr. 765/2008 des Europäischen Parlaments und des Rates akkreditiert sein.

3. Der öffentliche Auftraggeber akzeptiert auch andere geeignete Nachweise, wie beispielsweise eine technische Beschreibung des Herstellers, wenn

a) das betreffende Unternehmen keinen Zugang zu den genannten Zertifikaten oder Prüfberichten hatte oder

b) das betreffende Unternehmen keine Möglichkeit hatte, diese Zertifikate oder Prüfberichte innerhalb der einschlägigen Fristen einzuholen, sofern das betreffende Unternehmen den fehlenden Zugang nicht zu verantworten hat

c) und sofern es anhand dieser Nachweise die Erfüllung der festgelegten Anforderungen belegt.

(4) [1] Legt der öffentliche Auftraggeber die technischen Spezifikationen in Form von Leistungs- oder Funktionsanforderungen fest, so darf er ein Angebot, das einer nationalen Norm entspricht, mit der eine europäische Norm umgesetzt wird, oder einer europäischen technischen Bewertung, einer gemeinsamen technischen Spezifikation, einer internationalen Norm oder einem technischen Bezugssystem, das von den europäischen Normungsgremien erarbeitet wurde, entspricht, nicht zurückweisen, wenn diese Spezifikationen die geforderten Leis-

1 VOB/A § 7a EU

tungs- oder Funktionsanforderungen betreffen. ²Der Bieter muss in seinem Angebot mit geeigneten Mitteln dem öffentlichen Auftraggeber nachweisen, dass die der Norm entsprechende jeweilige Leistung den Leistungs- oder Funktionsanforderungen des öffentlichen Auftraggebers entspricht. ³Als geeignetes Mittel kann eine technische Beschreibung des Herstellers oder ein Prüfbericht einer Konformitätsbewertungsstelle gelten.

(5)

1. ¹Zum Nachweis dafür, dass eine Bauleistung bestimmten, in der Leistungsbeschreibung geforderten Merkmalen entspricht, kann der öffentliche Auftraggeber die Vorlage von Bescheinigungen, insbesondere Testberichten oder Zertifizierungen, einer Konformitätsbewertungsstelle verlangen. ²Wird die Vorlage einer Bescheinigung einer bestimmten Konformitätsbewertungsstelle verlangt, hat der öffentliche Auftraggeber auch Bescheinigungen gleichwertiger anderer Konformitätsbewertungsstellen zu akzeptieren.

2. ¹Der öffentliche Auftraggeber akzeptiert auch andere als die in Nummer 1 genannten geeigneten Nachweise, insbesondere ein technisches Dossier des Herstellers, wenn das Unternehmen keinen Zugang zu den in Nummer 1 genannten Bescheinigungen oder keine Möglichkeit hatte, diese innerhalb der einschlägigen Fristen einzuholen, sofern das Unternehmen den fehlenden Zugang nicht zu vertreten hat. ²In diesen Fällen hat das Unternehmen durch die vorgelegten Nachweise zu belegen, dass die von ihm zu erbringende Leistung die vom öffentlichen Auftraggeber angegebenen spezifischen Anforderungen erfüllt.

3. Eine Konformitätsbewertungsstelle ist eine Stelle, die gemäß der Verordnung (EG) Nr. 765/2008 des Europäischen Parlaments und des Rates vom 9. Juli 2008 über die Vorschriften für die Akkreditierung und Marktüberwachung im Zusammenhang mit der Vermarktung von Produkten und zur Aufhebung der Verordnung (EWG) Nr. 339/93 des Rates (ABl. L 218 vom 13.8.2008, S. 30) akkreditiert ist und Konformitätsbewertungstätigkeiten durchführt.

(6)

1. Der öffentliche Auftraggeber kann für Leistungen mit spezifischen umweltbezogenen, sozialen oder sonstigen Merkmalen in den technischen Spezifikationen, den Zuschlagskriterien oder den Ausführungsbedingungen ein bestimmtes Gütezeichen als Nachweis dafür verlangen, dass die Leistungen den geforderten Merkmalen entsprechen, sofern alle nachfolgend genannten Bedingungen erfüllt sind:

   a) die Gütezeichen-Anforderungen betreffen lediglich Kriterien, die mit dem Auftragsgegenstand in Verbindung stehen und für die Bestimmung der Merkmale des Auftragsgegenstands geeignet sind;

   b) die Gütezeichen-Anforderungen basieren auf objektiv nachprüfbaren und nichtdiskriminierenden Kriterien;

   c) die Gütezeichen werden im Rahmen eines offenen und transparenten Verfahrens eingeführt, an dem alle relevanten interessierten Kreise – wie z.B. staatliche Stellen, Verbraucher, Sozialpartner, Hersteller, Händler und Nichtregierungsorganisationen – teilnehmen können;

   d) die Gütezeichen sind für alle Betroffenen zugänglich;

e) die Anforderungen an die Gütezeichen werden von einem Dritten festgelegt, auf den der Unternehmer, der das Gütezeichen beantragt, keinen maßgeblichen Einfluss ausüben kann.
2. Für den Fall, dass die Leistung nicht allen Anforderungen des Gütezeichens entsprechen muss, hat der öffentliche Auftraggeber die betreffenden Anforderungen anzugeben.
3. Der öffentliche Auftraggeber akzeptiert andere Gütezeichen, die gleichwertige Anforderungen an die Leistung stellen.
4. Hatte ein Unternehmen aus Gründen, die ihm nicht zugerechnet werden können, nachweislich keine Möglichkeit, das vom öffentlichen Auftraggeber angegebene oder ein gleichwertiges Gütezeichen innerhalb der einschlägigen Fristen zu erlangen, so muss der öffentliche Auftraggeber andere geeignete Nachweise akzeptieren, sofern das Unternehmen nachweist, dass die von ihm zu erbringende Leistung die Anforderungen des geforderten Gütezeichens oder die vom öffentlichen Auftraggeber angegebenen spezifischen Anforderungen erfüllt.

§ 7b EU Leistungsbeschreibung mit Leistungsverzeichnis. (1) Die Leistung ist in der Regel durch eine allgemeine Darstellung der Bauaufgabe (Baubeschreibung) und ein in Teilleistungen gegliedertes Leistungsverzeichnis zu beschreiben.

(2) ¹Erforderlichenfalls ist die Leistung auch zeichnerisch oder durch Probestücke darzustellen oder anders zu erklären, z.B. durch Hinweise auf ähnliche Leistungen, durch Mengen- oder statische Berechnungen. ²Zeichnungen und Proben, die für die Ausführung maßgebend sein sollen, sind eindeutig zu bezeichnen.

(3) Leistungen, die nach den Vertragsbedingungen, den Technischen Vertragsbedingungen oder der gewerblichen Verkehrssitte zu der geforderten Leistung gehören (§ 2 Absatz 1 VOB/B[1]), brauchen nicht besonders aufgeführt zu werden.

(4) ¹Im Leistungsverzeichnis ist die Leistung derart aufzugliedern, dass unter einer Ordnungszahl (Position) nur solche Leistungen aufgenommen werden, die nach ihrer technischen Beschaffenheit und für die Preisbildung als in sich gleichartig anzusehen sind. ²Ungleichartige Leistungen sollen unter einer Ordnungszahl (Sammelposition) nur zusammengefasst werden, wenn eine Teilleistung gegenüber einer anderen für die Bildung eines Durchschnittspreises ohne nennenswerten Einfluss ist.

§ 7c EU Leistungsbeschreibung mit Leistungsprogramm. (1) Wenn es nach Abwägen aller Umstände zweckmäßig ist, abweichend von § 7b EU Absatz 1 zusammen mit der Bauausführung auch den Entwurf für die Leistung dem Wettbewerb zu unterstellen, um die technisch, wirtschaftlich und gestalterisch beste sowie funktionsgerechteste Lösung der Bauaufgabe zu ermitteln, kann die Leistung durch ein Leistungsprogramm dargestellt werden.

(2)
1. Das Leistungsprogramm umfasst eine Beschreibung der Bauaufgabe, aus der die Unternehmen alle für die Entwurfsbearbeitung und ihr Angebot maß-

---

[1] Nr. 1.

1 VOB/A § 8 EU   VOB Teil A

gebenden Bedingungen und Umstände erkennen können und in der sowohl der Zweck der fertigen Leistung als auch die an sie gestellten technischen, wirtschaftlichen, gestalterischen und funktionsbedingten Anforderungen angegeben sind, sowie gegebenenfalls ein Musterleistungsverzeichnis, in dem die Mengenangaben ganz oder teilweise offengelassen sind.
2. § 7b EU Absatz 2 bis 4 gilt sinngemäß.

(3)
1. Von dem Bieter ist ein Angebot zu verlangen, das außer der Ausführung der Leistung den Entwurf nebst eingehender Erläuterung und eine Darstellung der Bauausführung sowie eine eingehende und zweckmäßig gegliederte Beschreibung der Leistung – gegebenenfalls mit Mengen- und Preisangaben für Teile der Leistung – umfasst. Bei Beschreibung der Leistung mit Mengen- und Preisangaben ist vom Bieter zu verlangen, dass er
2. die Vollständigkeit seiner Angaben, insbesondere die von ihm selbst ermittelten Mengen, entweder ohne Einschränkung oder im Rahmen einer in den Vergabeunterlagen anzugebenden Mengentoleranz vertritt, und
3. etwaige Annahmen, zu denen er in besonderen Fällen gezwungen ist, weil zum Zeitpunkt der Angebotsabgabe einzelne Teilleistungen nach Art und Menge noch nicht bestimmt werden können (z.B. Aushub-, Abbruch- oder Wasserhaltungsarbeiten) – erforderlichenfalls anhand von Plänen und Mengenermittlungen – begründet.

§ 8 EU Vergabeunterlagen. (1) Die Vergabeunterlagen bestehen aus
1. dem Anschreiben (Aufforderung zur Angebotsabgabe gemäß Absatz 2 Nummer 1 bis 3), gegebenenfalls Teilnahmebedingungen (Absatz 2 Nummer 6) und
2. den Vertragsunterlagen (§ 8a EU und §§ 7 EU bis 7c EU).

(2)
1. Das Anschreiben muss die nach Anhang V Teil C der Richtlinie 2014/24/EU geforderten Informationen enthalten, die außer den Vertragsunterlagen für den Entschluss zur Abgabe eines Angebots notwendig sind, sofern sie nicht bereits veröffentlicht wurden.
2. In den Vergabeunterlagen kann der öffentliche Auftraggeber den Bieter auffordern, in seinem Angebot die Leistungen, die er im Wege von Unteraufträgen an Dritte zu vergeben gedenkt, sowie die gegebenenfalls vorgeschlagenen Unterauftragnehmer mit Namen, gesetzlichen Vertretern und Kontaktdaten anzugeben.
3. [1] Der öffentliche Auftraggeber kann Nebenangebote in der Auftragsbekanntmachung oder in der Aufforderung zur Interessensbestätigung zulassen oder vorschreiben. [2] Fehlt eine entsprechende Angabe, sind keine Nebenangebote zugelassen. [3] Nebenangebote müssen mit dem Auftragsgegenstand in Verbindung stehen. [4] Hat der öffentliche Auftraggeber in der Auftragsbekanntmachung oder in der Aufforderung zur Interessensbestätigung Nebenangebote zugelassen oder vorgeschrieben, hat er anzugeben,
    a) in welcher Art und Weise Nebenangebote einzureichen sind, insbesondere, ob er Nebenangebote ausnahmsweise nur in Verbindung mit einem Hauptangebot zulässt,
    b) die Mindestanforderungen an Nebenangebote.

⁵Die Zuschlagskriterien sind so festzulegen, dass sie sowohl auf Hauptangebote als auch auf Nebenangebote anwendbar sind. ⁶Es ist auch zulässig, dass der Preis das einzige Zuschlagskriterium ist.
⁷Von Bietern, die eine Leistung anbieten, deren Ausführung nicht in Allgemeinen Technischen Vertragsbedingungen oder in den Vergabeunterlagen geregelt ist, sind im Angebot entsprechende Angaben über Ausführung und Beschaffenheit dieser Leistung zu verlangen.

4. Der öffentliche Auftraggeber kann in der Auftragsbekanntmachung oder in der Aufforderung zur Interessensbestätigung angeben, dass er die Abgabe mehrerer Hauptangebote nicht zulässt.

5. Der öffentliche Auftraggeber hat an zentraler Stelle in den Vergabeunterlagen abschließend alle Unterlagen im Sinne von § 16a EU Absatz 1 mit Ausnahme von Produktangaben anzugeben.

6. Öffentliche Auftraggeber, die ständig Bauaufträge vergeben, sollen die Erfordernisse, die die Unternehmen bei der Bearbeitung ihrer Angebote beachten müssen, in den Teilnahmebedingungen zusammenfassen und dem Anschreiben beifügen.

§ 8a EU Allgemeine, Besondere und Zusätzliche Vertragsbedingungen. (1) ¹In den Vergabeunterlagen ist vorzuschreiben, dass die Allgemeinen Vertragsbedingungen für die Ausführung von Bauleistungen (VOB/B[1]) und die Allgemeinen Technischen Vertragsbedingungen für Bauleistungen (VOB/C) Bestandteile des Vertrags werden. ²Das gilt auch für etwaige Zusätzliche Vertragsbedingungen und etwaige Zusätzliche Technische Vertragsbedingungen, soweit sie Bestandteile des Vertrags werden sollen.

(2)

1. ¹Die Allgemeinen Vertragsbedingungen bleiben grundsätzlich unverändert. ²Sie können von öffentlichen Auftraggebern, die ständig Bauaufträge vergeben, für die bei ihnen allgemein gegebenen Verhältnisse durch Zusätzliche Vertragsbedingungen ergänzt werden. ³Diese dürfen den Allgemeinen Vertragsbedingungen nicht widersprechen.

2. ¹Für die Erfordernisse des Einzelfalles sind die Allgemeinen Vertragsbedingungen und etwaige Zusätzliche Vertragsbedingungen durch Besondere Vertragsbedingungen zu ergänzen. ²In diesen sollen sich Abweichungen von den Allgemeinen Vertragsbedingungen auf die Fälle beschränken, in denen dort besondere Vereinbarungen ausdrücklich vorgesehen sind und auch nur soweit es die Eigenart der Leistung und ihre Ausführung erfordern.

(3) ¹Die Allgemeinen Technischen Vertragsbedingungen bleiben grundsätzlich unverändert. ²Sie können von öffentlichen Auftraggebern, die ständig Bauaufträge vergeben, für die bei ihnen allgemein gegebenen Verhältnisse durch Zusätzliche Technische Vertragsbedingungen ergänzt werden. ³Für die Erfordernisse des Einzelfalles sind Ergänzungen und Änderungen in der Leistungsbeschreibung festzulegen.

---

[1] Nr. 1.

1 VOB/A § 8b EU

(4)

1. In den Zusätzlichen Vertragsbedingungen oder in den Besonderen Vertragsbedingungen sollen, soweit erforderlich, folgende Punkte geregelt werden:
   a) Unterlagen (§ 8b EU Absatz 2; § 3 Absatz 5 und 6 VOB/B),
   b) Benutzung von Lager- und Arbeitsplätzen, Zufahrtswegen, Anschlussgleisen, Wasser- und Energieanschlüssen (§ 4 Absatz 4 VOB/B),
   c) Weitervergabe an Nachunternehmen (§ 4 Absatz 8 VOB/B),
   d) Ausführungsfristen (§ 9 EU; § 5 VOB/B),
   e) Haftung (§ 10 Absatz 2 VOB/B),
   f) Vertragsstrafen und Beschleunigungsvergütungen (§ 9a EU; § 11 VOB/B),
   g) Abnahme (§ 12 VOB/B),
   h) Vertragsart (§§ 4 EU, 4a EU), Abrechnung (§ 14 VOB/B),
   i) Stundenlohnarbeiten (§ 15 VOB/B),
   j) Zahlungen, Vorauszahlungen (§ 16 VOB/B),
   k) Sicherheitsleistung (§ 9c EU; § 17 VOB/B),
   l) Gerichtsstand (§ 18 Absatz 1 VOB/B),
   m) Lohn- und Gehaltsnebenkosten,
   n) Änderung der Vertragspreise (§ 9d EU).

2. ¹Im Einzelfall erforderliche besondere Vereinbarungen über die Mängelansprüche sowie deren Verjährung (§ 9b EU; § 13 Absatz 1, 4 und 7 VOB/B) und über die Verteilung der Gefahr bei Schäden, die durch Hochwasser, Sturmfluten, Grundwasser, Wind, Schnee, Eis und dergleichen entstehen können (§ 7 VOB/B), sind in den Besonderen Vertragsbedingungen zu treffen. ²Sind für bestimmte Bauleistungen gleichgelagerte Voraussetzungen im Sinne von § 9b EU gegeben, so dürfen die besonderen Vereinbarungen auch in Zusätzlichen Technischen Vertragsbedingungen vorgesehen werden.

§ 8b EU Kosten- und Vertrauensregelung, Schiedsverfahren. (1)

1. ¹Für die Bearbeitung des Angebots wird keine Entschädigung gewährt. Verlangt jedoch der öffentliche Auftraggeber, dass das Unternehmen Entwürfe, Pläne, Zeichnungen, statische Berechnungen, Mengenberechnungen oder andere Unterlagen ausarbeitet, insbesondere in den Fällen des § 7c EU, so ist einheitlich für alle Bieter in der Ausschreibung eine angemessene Entschädigung festzusetzen. ² Diese Entschädigung steht jedem Bieter zu, der ein der Ausschreibung entsprechendes Angebot mit den geforderten Unterlagen rechtzeitig eingereicht hat.

2. Diese Grundsätze gelten für Verhandlungsverfahren, wettbewerbliche Dialoge und Innovationspartnerschaften entsprechend.

(2) ¹Der öffentliche Auftraggeber darf Angebotsunterlagen und die in den Angeboten enthaltenen eigenen Vorschläge eines Bieters nur für die Prüfung und Wertung der Angebote (§§ 16c EU und 16d EU) verwenden. ²Eine darüber hinausgehende Verwendung bedarf der vorherigen schriftlichen Vereinbarung.

(3) Sollen Streitigkeiten aus dem Vertrag unter Ausschluss des ordentlichen Rechtsweges im schiedsrichterlichen Verfahren ausgetragen werden, so ist es in besonderer, nur das Schiedsverfahren betreffender Urkunde zu vereinbaren, soweit nicht § 1031 Absatz 2 ZPO auch eine andere Form der Vereinbarung zulässt.

VOB Teil A §§ 8c EU, 9 EU VOB/A 1

§ 8c EU Anforderungen an energieverbrauchsrelevante Waren, technische Geräte oder Ausrüstungen. (1) Wenn die Lieferung von energieverbrauchsrelevanten Waren, technischen Geräten oder Ausrüstungen wesentlicher Bestandteil einer Bauleistung ist, müssen die Anforderungen der Absätze 2 bis 4 beachtet werden.

(2) In der Leistungsbeschreibung sollen im Hinblick auf die Energieeffizienz insbesondere folgende Anforderungen gestellt werden:

1. das höchste Leistungsniveau an Energieeffizienz und
2. soweit vorhanden, die höchste Energieeffizienzklasse im Sinne der Energieverbrauchskennzeichnungsverordnung.

(3) In der Leistungsbeschreibung oder an anderer geeigneter Stelle in den Vergabeunterlagen sind von den Bietern folgende Informationen zu fordern:

1. konkrete Angaben zum Energieverbrauch, es sei denn, die auf dem Markt angebotenen Waren, technischen Geräte oder Ausrüstungen unterscheiden sich im zulässigen Energieverbrauch nur geringfügig, und
2. in geeigneten Fällen,
    a) eine Analyse minimierter Lebenszykluskosten oder
    b) die Ergebnisse einer Buchstabe a vergleichbaren Methode zur Überprüfung der Wirtschaftlichkeit.

(4) Sind energieverbrauchende Waren, technische Geräte oder Ausrüstungen wesentlicher Bestandteil einer Bauleistung und sind über die in der Leistungsbeschreibung gestellten Mindestanforderungen hinsichtlich der Energieeffizienz hinaus nicht nur geringfügige Unterschiede im Energieverbrauch zu erwarten, ist das Zuschlagskriterium „Energieeffizienz" zu berücksichtigen.

§ 9 EU Ausführungsfristen, Einzelfristen, Verzug. (1)

1. [1]Die Ausführungsfristen sind ausreichend zu bemessen; Jahreszeit, Arbeitsbedingungen und etwaige besondere Schwierigkeiten sind zu berücksichtigen. [2]Für die Bauvorbereitung ist dem Auftragnehmer genügend Zeit zu gewähren.
2. Außergewöhnlich kurze Fristen sind nur bei besonderer Dringlichkeit vorzusehen.
3. Soll vereinbart werden, dass mit der Ausführung erst nach Aufforderung zu beginnen ist (§ 5 Absatz 2 VOB/B[1]), so muss die Frist, innerhalb derer die Aufforderung ausgesprochen werden kann, unter billiger Berücksichtigung der für die Ausführung maßgebenden Verhältnisse zumutbar sein; sie ist in den Vergabeunterlagen festzulegen.

(2)

1. Wenn es ein erhebliches Interesse des öffentlichen Auftraggebers erfordert, sind Einzelfristen für in sich abgeschlossene Teile der Leistung zu bestimmen.
2. Wird ein Bauzeitenplan aufgestellt, damit die Leistungen aller Unternehmen sicher ineinandergreifen, so sollen nur die für den Fortgang der Gesamtarbeit besonders wichtigen Einzelfristen als vertraglich verbindliche Fristen (Vertragsfristen) bezeichnet werden.

---

[1] Nr. 1.

1 VOB/A §§ 9a EU–10 EU

(3) Ist für die Einhaltung von Ausführungsfristen die Übergabe von Zeichnungen oder anderen Unterlagen wichtig, so soll hierfür ebenfalls eine Frist festgelegt werden.

(4) [1] Der öffentliche Auftraggeber darf in den Vertragsunterlagen eine Pauschalierung des Verzugsschadens (§ 5 Absatz 4 VOB/B) vorsehen; sie soll fünf Prozent der Auftragssumme nicht überschreiten. [2] Der Nachweis eines geringeren Schadens ist zuzulassen.

§ 9a EU Vertragsstrafen, Beschleunigungsvergütung.
[1] Vertragsstrafen für die Überschreitung von Vertragsfristen sind nur zu vereinbaren, wenn die Überschreitung erhebliche Nachteile verursachen kann. [2] Die Strafe ist in angemessenen Grenzen zu halten. [3] Beschleunigungsvergütungen (Prämien) sind nur vorzusehen, wenn die Fertigstellung vor Ablauf der Vertragsfristen erhebliche Vorteile bringt.

§ 9b EU Verjährung der Mängelansprüche.
[1] Andere Verjährungsfristen als nach § 13 Absatz 4 VOB/B[1]) sollen nur vorgesehen werden, wenn dies wegen der Eigenart der Leistung erforderlich ist. [2] In solchen Fällen sind alle Umstände gegeneinander abzuwägen, insbesondere, wann etwaige Mängel wahrscheinlich erkennbar werden und wieweit die Mängelursachen noch nachgewiesen werden können, aber auch die Wirkung auf die Preise und die Notwendigkeit einer billigen Bemessung der Verjährungsfristen für Mängelansprüche.

§ 9c EU Sicherheitsleistung.
(1) [1] Auf Sicherheitsleistung soll ganz oder teilweise verzichtet werden, wenn Mängel der Leistung voraussichtlich nicht eintreten. [2] Unterschreitet die Auftragssumme 250 000 Euro ohne Umsatzsteuer, ist auf Sicherheitsleistung für die Vertragserfüllung und in der Regel auf Sicherheitsleistung für die Mängelansprüche zu verzichten. [3] Bei nicht offenen Verfahren sowie bei Verhandlungsverfahren und wettbewerblichen Dialogen sollen Sicherheitsleistungen in der Regel nicht verlangt werden.

(2) [1] Die Sicherheit soll nicht höher bemessen und ihre Rückgabe nicht für einen späteren Zeitpunkt vorgesehen werden, als nötig ist, um den öffentlichen Auftraggeber vor Schaden zu bewahren. [2] Die Sicherheit für die Erfüllung sämtlicher Verpflichtungen aus dem Vertrag soll fünf Prozent der Auftragssumme nicht überschreiten. [3] Die Sicherheit für Mängelansprüche soll drei Prozent der Abrechnungssumme nicht überschreiten.

§ 9d EU Änderung der Vergütung.
[1] Sind wesentliche Änderungen der Preisermittlungsgrundlagen zu erwarten, deren Eintritt oder Ausmaß ungewiss ist, so kann eine angemessene Änderung der Vergütung in den Vertragsunterlagen vorgesehen werden. [2] Die Einzelheiten der Preisänderungen sind festzulegen.

§ 10 EU Fristen.
(1) [1] Bei der Festsetzung der Fristen für den Eingang der Angebote (Angebotsfrist) und der Anträge auf Teilnahme (Teilnahmefrist) berücksichtigt der öffentliche Auftraggeber die Komplexität des Auftrags und die Zeit, die für die Ausarbeitung der Angebote erforderlich ist (Angemessenheit). [2] Die Angemessenheit der Frist prüft der öffentliche Auftraggeber in jedem

---

[1]) Nr. 1.

Einzelfall gesondert. ³Die nachstehend genannten Mindestfristen stehen unter dem Vorbehalt der Angemessenheit.

(2) Falls die Angebote nur nach einer Ortsbesichtigung oder Einsichtnahme in nicht übersandte Unterlagen erstellt werden können, sind längere Fristen als die Mindestfristen festzulegen, damit alle Unternehmen von allen Informationen, die für die Erstellung des Angebotes erforderlich sind, Kenntnis nehmen können.

§ 10a EU Fristen im offenen Verfahren.

(1) Beim offenen Verfahren beträgt die Angebotsfrist mindestens 35 Kalendertage, gerechnet vom Tag nach Absendung der Auftragsbekanntmachung.

(2) ¹Die Angebotsfrist kann auf 15 Kalendertage, gerechnet vom Tag nach Absendung der Auftragsbekanntmachung, verkürzt werden. ²Voraussetzung dafür ist, dass eine Vorinformation nach dem vorgeschriebenen Muster gemäß § 12 EU Absatz 1 Nummer 3 mindestens 35 Kalendertage, höchstens aber zwölf Monate vor dem Tag der Absendung der Auftragsbekanntmachung an das Amt für Veröffentlichungen der Europäischen Union abgesandt wurde. ³Diese Vorinformation muss mindestens die im Muster einer Auftragsbekanntmachung nach Anhang V Teil C der Richtlinie 2014/24/EU für das offene Verfahren geforderten Angaben enthalten, soweit diese Informationen zum Zeitpunkt der Absendung der Vorinformation vorlagen.

(3) Für den Fall, dass eine vom öffentlichen Auftraggeber hinreichend begründete Dringlichkeit die Einhaltung der Frist nach Absatz 1 unmöglich macht, kann der öffentliche Auftraggeber eine Frist festlegen, die 15 Kalendertage, gerechnet vom Tag nach Absendung der Auftragsbekanntmachung, nicht unterschreiten darf.

(4) Die Angebotsfrist nach Absatz 1 kann um fünf Kalendertage verkürzt werden, wenn die elektronische Übermittlung der Angebote gemäß § 11 EU Absatz 4 akzeptiert wird.

(5) ¹Kann ein unentgeltlicher, uneingeschränkter und vollständiger direkter Zugang aus den in § 11b EU genannten Gründen zu bestimmten Vergabeunterlagen nicht angeboten werden, so kann in der Auftragsbekanntmachung angegeben werden, dass die betreffenden Vergabeunterlagen in Einklang mit § 11b EU Absatz 1 nicht elektronisch, sondern durch andere Mittel übermittelt werden, bzw. welche Maßnahmen zum Schutz der Vertraulichkeit der Informationen gefordert werden und wie auf die betreffenden Dokumente zugegriffen werden kann.
²In einem derartigen Fall wird die Angebotsfrist um fünf Kalendertage verlängert, außer im Fall einer hinreichend begründeten Dringlichkeit gemäß Absatz 3.

(6) ¹In den folgenden Fällen verlängert der öffentliche Auftraggeber die Fristen für den Eingang der Angebote, sodass alle betroffenen Unternehmen Kenntnis aller Informationen haben können, die für die Erstellung des Angebots erforderlich sind:

1. wenn rechtzeitig angeforderte Zusatzinformationen nicht spätestens sechs Kalendertage vor Ablauf der Angebotsfrist allen Unternehmen in gleicher Weise zur Verfügung gestellt werden können. Bei beschleunigten Verfahren (Dringlichkeit) im Sinne von Absatz 3 beträgt dieser Zeitraum vier Kalendertage;

1 VOB/A § 10b EU

2. wenn an den Vergabeunterlagen wesentliche Änderungen vorgenommen werden.

²Die Fristverlängerung muss in einem angemessenen Verhältnis zur Bedeutung der Informationen oder Änderungen stehen.
³Wurden die Zusatzinformationen entweder nicht rechtzeitig angefordert oder ist ihre Bedeutung für die Erstellung zulässiger Angebote unerheblich, so ist der öffentliche Auftraggeber nicht verpflichtet, die Fristen zu verlängern.

(7) Bis zum Ablauf der Angebotsfrist können Angebote in Textform zurückgezogen werden.

(8) ¹Der öffentliche Auftraggeber bestimmt eine angemessene Frist, innerhalb der die Bieter an ihre Angebote gebunden sind (Bindefrist). ²Diese soll so kurz wie möglich und nicht länger bemessen werden, als der öffentliche Auftraggeber für eine zügige Prüfung und Wertung der Angebote (§§ 16 EU bis 16d EU) benötigt. ³Die Bindefrist beträgt regelmäßig 60 Kalendertage. ⁴In begründeten Fällen kann der öffentliche Auftraggeber eine längere Frist festlegen. ⁵Das Ende der Bindefrist ist durch Angabe des Kalendertags zu bezeichnen.

(9) Die Bindefrist beginnt mit dem Ablauf der Angebotsfrist.

§ 10b EU Fristen im nicht offenen Verfahren. (1) Beim nicht offenen Verfahren beträgt die Teilnahmefrist mindestens 30 Kalendertage, gerechnet vom Tag nach Absendung der Auftragsbekanntmachung oder der Aufforderung zur Interessensbestätigung.

(2) Die Angebotsfrist beträgt mindestens 30 Kalendertage, gerechnet vom Tag nach Absendung der Aufforderung zur Angebotsabgabe.

(3) ¹Die Angebotsfrist nach Absatz 2 kann auf zehn Kalendertage, gerechnet vom Tag nach Absendung der Aufforderung zur Angebotsabgabe, verkürzt werden. ²Voraussetzung dafür ist, dass eine Vorinformation nach dem vorgeschriebenen Muster gemäß § 12 EU Absatz 1 Nummer 3 mindestens 35 Kalendertage, höchstens aber zwölf Monate vor dem Tag der Absendung der Auftragsbekanntmachung an das Amt für Veröffentlichungen der Europäischen Union abgesandt wurde. ³Diese Vorinformation muss mindestens die im Muster einer Auftragsbekanntmachung nach Anhang V Teil C der Richtlinie 2014/24/EU für das nicht offene Verfahren geforderten Angaben enthalten, soweit diese Informationen zum Zeitpunkt der Absendung der Vorinformation vorlagen.

(4) Die Angebotsfrist nach Absatz 2 kann um fünf Kalendertage verkürzt werden, wenn die elektronische Übermittlung der Angebote gemäß § 11 EU Absatz 4 akzeptiert wird.

(5) Aus Gründen der Dringlichkeit kann

1. die Teilnahmefrist auf mindestens 15 Kalendertage, gerechnet vom Tag nach Absendung der Auftragsbekanntmachung,
2. die Angebotsfrist auf mindestens zehn Kalendertage, gerechnet vom Tag nach Absendung der Aufforderung zur Angebotsabgabe

verkürzt werden.

(6) ¹In den folgenden Fällen verlängert der öffentliche Auftraggeber die Angebotsfrist, sodass alle betroffenen Unternehmen Kenntnis aller Informationen haben können, die für die Erstellung des Angebots erforderlich sind:
1. wenn rechtzeitig angeforderte Zusatzinformationen nicht spätestens sechs Kalendertage vor Ablauf der Angebotsfrist allen Unternehmen in gleicher

Weise zur Verfügung gestellt werden können. Bei beschleunigten Verfahren im Sinne von Absatz 5 beträgt dieser Zeitraum vier Kalendertage;
2. wenn an den Vergabeunterlagen wesentliche Änderungen vorgenommen werden.

²Die Fristverlängerung muss in einem angemessenen Verhältnis zur Bedeutung der Informationen oder Änderungen stehen.

³Wurden die Zusatzinformationen entweder nicht rechtzeitig angefordert oder ist ihre Bedeutung für die Erstellung zulässiger Angebote unerheblich, so ist der öffentliche Auftraggeber nicht verpflichtet, die Fristen zu verlängern.

(7) Bis zum Ablauf der Angebotsfrist können Angebote in Textform zurückgezogen werden.

(8) ¹Der öffentliche Auftraggeber bestimmt eine angemessene Frist, innerhalb der die Bieter an ihre Angebote gebunden sind (Bindefrist). ²Diese soll so kurz wie möglich und nicht länger bemessen werden, als der öffentliche Auftraggeber für eine zügige Prüfung und Wertung der Angebote (§§ 16 EU bis 16d EU) benötigt. ³Die Bindefrist beträgt regelmäßig 60 Kalendertage. ⁴In begründeten Fällen kann der öffentliche Auftraggeber eine längere Frist festlegen. ⁵Das Ende der Bindefrist ist durch Angabe des Kalendertags zu bezeichnen.

(9) Die Bindefrist beginnt mit dem Ablauf der Angebotsfrist.

§ 10c EU Fristen im Verhandlungsverfahren. (1) Beim Verhandlungsverfahren mit Teilnahmewettbewerb ist entsprechend §§ 10 EU und 10b EU zu verfahren.

(2) ¹Beim Verhandlungsverfahren ohne Teilnahmewettbewerb ist auch bei Dringlichkeit für die Bearbeitung und Einreichung der Angebote eine ausreichende Angebotsfrist nicht unter zehn Kalendertagen vorzusehen. ²Dabei ist insbesondere der zusätzliche Aufwand für die Besichtigung von Baustellen oder die Beschaffung von Unterlagen für die Angebotsbearbeitung zu berücksichtigen. ³Es ist entsprechend § 10b EU Absatz 7 bis 9 zu verfahren.

§ 10d EU Fristen im wettbewerblichen Dialog und bei der Innovationspartnerschaft. ¹Beim wettbewerblichen Dialog und bei einer Innovationspartnerschaft beträgt die Teilnahmefrist mindestens 30 Kalendertage, gerechnet vom Tag nach Absendung der Auftragsbekanntmachung. ²§ 10b EU Absatz 7 bis 9 gilt entsprechend.

§ 11 EU Grundsätze der Informationsübermittlung. (1) Für das Senden, Empfangen, Weiterleiten und Speichern von Daten in einem Vergabeverfahren verwenden der öffentliche Auftraggeber und die Unternehmen grundsätzlich Geräte und Programme für die elektronische Datenübermittlung (elektronische Mittel).

(2) ¹Auftragsbekanntmachungen, Vorinformationen nach § 12 EU Absatz 1 oder Absatz 2, Vergabebekanntmachungen und Bekanntmachungen über Auftragsänderungen (Bekanntmachungen) sind dem Amt für Veröffentlichungen der Europäischen Union mit elektronischen Mitteln zu übermitteln. ²Der öffentliche Auftraggeber muss den Tag der Absendung nachweisen können.

(3) Der öffentliche Auftraggeber gibt in der Auftragsbekanntmachung oder der Aufforderung zur Interessensbestätigung eine elektronische Adresse an, unter der die Vergabeunterlagen unentgeltlich, uneingeschränkt, vollständig und direkt abgerufen werden können.

1 VOB/A § 11a EU VOB Teil A

(4) Die Unternehmen übermitteln ihre Angebote, Teilnahmeanträge, Interessensbekundungen und Interessensbestätigungen in Textform mithilfe elektronischer Mittel.

(5) [1] Der öffentliche Auftraggeber prüft im Einzelfall, ob zu übermittelnde Daten erhöhte Anforderungen an die Sicherheit stellen. [2] Soweit es erforderlich ist, kann der öffentliche Auftraggeber verlangen, dass Angebote, Teilnahmeanträge, Interessensbestätigungen und Interessensbekundungen zu versehen sind mit:

1. einer fortgeschrittenen elektronischen Signatur,
2. einer qualifizierten elektronischen Signatur,
3. einem fortgeschrittenen elektronischen Siegel oder
4. einem qualifizierten elektronischen Siegel.

(6) [1] Der öffentliche Auftraggeber kann von jedem Unternehmen die Angabe einer eindeutigen Unternehmensbezeichnung sowie einer elektronischen Adresse verlangen (Registrierung). [2] Für den Zugang zur Auftragsbekanntmachung und zu den Vergabeunterlagen darf der öffentliche Auftraggeber keine Registrierung verlangen. [3] Eine freiwillige Registrierung ist zulässig.

(7) Die Kommunikation in einem Vergabeverfahren kann mündlich erfolgen, wenn sie nicht die Vergabeunterlagen, die Teilnahmeanträge, die Interessensbestätigungen oder die Angebote betrifft und wenn sie ausreichend und in geeigneter Weise dokumentiert wird.

§ 11a EU Anforderungen an elektronische Mittel.

(1) [1] Elektronische Mittel und deren technische Merkmale müssen allgemein verfügbar, nichtdiskriminierend und mit allgemein verbreiteten Geräten und Programmen der Informations- und Kommunikationstechnologie kompatibel sein. [2] Sie dürfen den Zugang von Unternehmen zum Vergabeverfahren nicht einschränken. [3] Der öffentliche Auftraggeber gewährleistet die barrierefreie Ausgestaltung der elektronischen Mittel nach den §§ 4, 12a und 12b des Behindertengleichstellungsgesetzes vom 27. April 2002 (BGBl. I S. 1467, 1468) in der jeweils geltenden Fassung.

(2) Der öffentliche Auftraggeber verwendet für das Senden, Empfangen, Weiterleiten und Speichern von Daten in einem Vergabeverfahren ausschließlich solche elektronischen Mittel, die die Unversehrtheit, die Vertraulichkeit und die Echtheit der Daten gewährleisten.

(3) Der öffentliche Auftraggeber muss den Unternehmen alle notwendigen Informationen zur Verfügung stellen über

1. die in einem Vergabeverfahren verwendeten elektronischen Mittel,
2. die technischen Parameter zur Einreichung von Teilnahmeanträgen, Angeboten und Interessensbestätigungen mithilfe elektronischer Mittel und
3. verwendete Verschlüsselungs- und Zeiterfassungsverfahren.

(4) [1] Der öffentliche Auftraggeber legt das erforderliche Sicherheitsniveau für die elektronischen Mittel fest. [2] Elektronische Mittel, die vom öffentlichen Auftraggeber für den Empfang von Angeboten, Teilnahmeanträgen und Interessensbestätigungen sowie von Plänen und Entwürfen für Planungswettbewerbe verwendet werden, müssen gewährleisten, dass

1. die Uhrzeit und der Tag des Datenempfangs genau zu bestimmen sind,
2. kein vorfristiger Zugriff auf die empfangenen Daten möglich ist,

3. der Termin für den erstmaligen Zugriff auf die empfangenen Daten nur von den Berechtigten festgelegt oder geändert werden kann,
4. nur die Berechtigten Zugriff auf die empfangenen Daten oder auf einen Teil derselben haben,
5. nur die Berechtigten nach dem festgesetzten Zeitpunkt Dritten Zugriff auf die empfangenen Daten oder auf einen Teil derselben einräumen dürfen,
6. empfangene Daten nicht an Unberechtigte übermittelt werden und
7. Verstöße oder versuchte Verstöße gegen die Anforderungen gemäß Nummern 1 bis 6 eindeutig festgestellt werden können.

(5) [1] Die elektronischen Mittel, die von dem öffentlichen Auftraggeber für den Empfang von Angeboten, Teilnahmeanträgen und Interessensbestätigungen sowie von Plänen und Entwürfen für Planungswettbewerbe genutzt werden, müssen über eine einheitliche Datenaustauschschnittstelle verfügen. [2] Es sind die jeweils geltenden Interoperabilitäts- und Sicherheitsstandards der Informationstechnik gemäß § 3 Absatz 1 des Vertrags über die Errichtung des IT-Planungsrats und über die Grundlagen der Zusammenarbeit beim Einsatz der Informationstechnologie in den Verwaltungen von Bund und Ländern vom 1. April 2010 zu verwenden.

(6) Der öffentliche Auftraggeber kann im Vergabeverfahren die Verwendung elektronischer Mittel, die nicht allgemein verfügbar sind (alternative elektronische Mittel), verlangen, wenn er
1. Unternehmen während des gesamten Vergabeverfahrens unter einer Internetadresse einen unentgeltlichen, uneingeschränkten, vollständigen und direkten Zugang zu diesen alternativen elektronischen Mitteln gewährt,
2. diese alternativen elektronischen Mittel selbst verwendet.

(7) [1] Der öffentliche Auftraggeber kann für die Vergabe von Bauleistungen und für Wettbewerbe die Nutzung elektronischer Mittel im Rahmen der Bauwerksdatenmodellierung verlangen. [2] Sofern die verlangten elektronischen Mittel für die Bauwerksdatenmodellierung nicht allgemein verfügbar sind, bietet der öffentliche Auftraggeber einen alternativen Zugang zu ihnen gemäß Absatz 6 an.

§ 11b EU Ausnahmen von der Verwendung elektronischer Mittel.

(1) [1] Der öffentliche Auftraggeber kann die Vergabeunterlagen auf einem anderen geeigneten Weg übermitteln, wenn die erforderlichen elektronischen Mittel zum Abruf der Vergabeunterlagen
1. aufgrund der besonderen Art der Auftragsvergabe nicht mit allgemein verfügbaren oder verbreiteten Geräten und Programmen der Informations- und Kommunikationstechnologie kompatibel sind,
2. Dateiformate zur Beschreibung der Angebote verwenden, die nicht mit allgemein verfügbaren oder verbreiteten Programmen verarbeitet werden können oder die durch andere als kostenlose und allgemein verfügbare Lizenzen geschützt sind, oder
3. die Verwendung von Bürogeräten voraussetzen, die öffentlichen Auftraggebern nicht allgemein zur Verfügung stehen.

[2] Die Angebotsfrist wird in diesen Fällen um fünf Kalendertage verlängert, sofern nicht ein Fall hinreichend begründeter Dringlichkeit gemäß § 10a EU Absatz 3 oder § 10b EU Absatz 5 vorliegt.

1 VOB/A § 12 EU

(2) ¹In den Fällen des § 5 Absatz 3 VgV gibt der öffentliche Auftraggeber in der Auftragsbekanntmachung oder in der Aufforderung zur Interessensbestätigung an, welche Maßnahmen zum Schutz der Vertraulichkeit von Informationen er anwendet und wie auf die Vergabeunterlagen zugegriffen werden kann. ²Die Angebotsfrist wird um fünf Kalendertage verlängert, sofern nicht ein Fall hinreichend begründeter Dringlichkeit gemäß § 10a EU Absatz 3 oder § 10b EU Absatz 5 vorliegt.

(3) ¹Der öffentliche Auftraggeber ist nicht verpflichtet, die Einreichung von Angeboten mithilfe elektronischer Mittel zu verlangen, wenn auf die zur Einreichung erforderlichen elektronischen Mittel einer der in Absatz 1 Nummer 1 bis 3 genannten Gründe zutrifft oder wenn zugleich physische oder maßstabsgetreue Modelle einzureichen sind, die nicht elektronisch übermittelt werden können. ²In diesen Fällen erfolgt die Kommunikation auf dem Postweg oder auf einem anderen geeigneten Weg oder in Kombination von postalischem oder einem anderen geeigneten Weg und Verwendung elektronischer Mittel. ³Der öffentliche Auftraggeber gibt im Vergabevermerk die Gründe an, warum die Angebote mithilfe anderer als elektronischer Mittel eingereicht werden können.

(4) ¹Der öffentliche Auftraggeber kann festlegen, dass Angebote mithilfe anderer als elektronischer Mittel einzureichen sind, wenn sie besonders schutzwürdige Daten enthalten, die bei Verwendung allgemein verfügbarer oder alternativer elektronischer Mittel nicht angemessen geschützt werden können, oder wenn die Sicherheit der elektronischen Mittel nicht gewährleistet werden kann. ²Der öffentliche Auftraggeber gibt im Vergabevermerk die Gründe an, warum er die Einreichung der Angebote mithilfe anderer als elektronischer Mittel für erforderlich hält.

§ 12 EU Vorinformation, Auftragsbekanntmachung. (1)

1. Die Absicht einer geplanten Auftragsvergabe kann mittels einer Vorinformation bekannt gegeben werden, die die wesentlichen Merkmale des beabsichtigten Bauauftrags enthält.
2. Eine Vorinformation ist nur dann verpflichtend, wenn der öffentliche Auftraggeber von der Möglichkeit einer Verkürzung der Angebotsfrist gemäß § 10a EU Absatz 2 oder § 10b EU Absatz 3 Gebrauch machen möchte.
3. Die Vorinformation ist nach den von der Europäischen Kommission festgelegten Standardformularen zu erstellen und enthält die Informationen nach Anhang V Teil B der Richtlinie 2014/24/EU.
4. ¹Nach Genehmigung der Planung ist die Vorinformation sobald wie möglich dem Amt für Veröffentlichungen der Europäischen Union zu übermitteln oder im Beschafferprofil zu veröffentlichen; in diesem Fall ist dem Amt für Veröffentlichungen der Europäischen Union zuvor auf elektronischem Weg die Ankündigung dieser Veröffentlichung mit den von der Europäischen Kommission festgelegten Standardformularen zu melden. ²Dabei ist der Tag der Übermittlung anzugeben. ³Die Vorinformation kann außerdem in Tageszeitungen, amtlichen Veröffentlichungsblättern oder Internetportalen veröffentlicht werden.

(2)

1. ¹Bei nicht offenen Verfahren und Verhandlungsverfahren kann ein subzentraler öffentlicher Auftraggeber eine Vorinformation als Aufruf zum Wettbewerb

VOB Teil A § 12 EU VOB/A 1

bekannt geben, sofern die Vorinformation sämtliche folgenden Bedingungen erfüllt:

a) sie bezieht sich eigens auf den Gegenstand des zu vergebenden Auftrags;
b) sie muss den Hinweis enthalten, dass dieser Auftrag im nicht offenen Verfahren oder im Verhandlungsverfahren ohne spätere Veröffentlichung eines Aufrufs zum Wettbewerb vergeben wird, sowie die Aufforderung an die interessierten Unternehmen, ihr Interesse mitzuteilen;
c) sie muss darüber hinaus die Informationen nach Anhang V Teil B Abschnitt I und die Informationen nach Anhang V Teil B Abschnitt II der Richtlinie 2014/24/EU enthalten;
d) sie muss spätestens 35 Kalendertage und frühestens zwölf Monate vor dem Zeitpunkt der Absendung der Aufforderung zur Interessensbestätigung an das Amt für Veröffentlichungen der Europäischen Union zur Veröffentlichung übermittelt worden sein.

[2] Derartige Vorinformationen werden nicht in einem Beschafferprofil veröffentlicht. [3] Allerdings kann gegebenenfalls die zusätzliche Veröffentlichung auf nationaler Ebene gemäß Absatz 3 Nummer 5 in einem Beschafferprofil erfolgen.

2. Die Regelungen des Absatzes 3 Nummer 3 bis 5 gelten entsprechend.
3. Subzentrale öffentliche Auftraggeber sind alle öffentlichen Auftraggeber mit Ausnahme der obersten Bundesbehörden.

(3)

1. [1] Die Unternehmen sind durch Auftragsbekanntmachung aufzufordern, am Wettbewerb teilzunehmen. [2] Dies gilt für alle Arten der Vergabe nach § 3 EU, ausgenommen Verhandlungsverfahren ohne Teilnahmewettbewerb und Verfahren, bei denen eine Vorinformation als Aufruf zum Wettbewerb nach Absatz 2 durchgeführt wurde.
2. [1] Die Auftragsbekanntmachung erfolgt mit den von der Europäischen Kommission festgelegten Standardformularen und enthält die Informationen nach Anhang V Teil C der Richtlinie 2014/24/EU. [2] Dabei sind zu allen Nummern Angaben zu machen; die Texte des Formulars sind nicht zu wiederholen. [3] Die Auftragsbekanntmachung ist dem Amt für Veröffentlichungen der Europäischen Union elektronisch[1] zu übermitteln.
3. [1] Die Auftragsbekanntmachung wird unentgeltlich fünf Kalendertage nach ihrer Übermittlung in der Originalsprache veröffentlicht. [2] Eine Zusammenfassung der wichtigsten Angaben wird in den übrigen Amtssprachen der Europäischen Union veröffentlicht; der Wortlaut der Originalsprache ist verbindlich.
4. [1] Der öffentliche Auftraggeber muss den Tag der Absendung der Auftragsbekanntmachung nachweisen können. [2] Das Amt für Veröffentlichungen der Europäischen Union stellt dem öffentlichen Auftraggeber eine Bestätigung des Erhalts der Auftragsbekanntmachung und der Veröffentlichung der übermittelten Informationen aus, in denen der Tag dieser Veröffentlichung angegeben ist. [3] Diese Bestätigung dient als Nachweis der Veröffentlichung.
5. [1] Die Auftragsbekanntmachung kann zusätzlich im Inland veröffentlicht werden, beispielsweise in Tageszeitungen, amtlichen Veröffentlichungsblättern

---

[1] **Amtl. Anm.**: http://simap.europa.eu/

oder Internetportalen; sie kann auch auf www.bund.de veröffentlicht werden. ²Sie darf nur die Angaben enthalten, die dem Amt für Veröffentlichungen der Europäischen Union übermittelt wurden und muss auf den Tag der Übermittlung hinweisen. ³Sie darf nicht vor der Veröffentlichung durch dieses Amt veröffentlicht werden. ⁴Die Veröffentlichung auf nationaler Ebene kann jedoch in jedem Fall erfolgen, wenn der öffentliche Auftraggeber nicht innerhalb von 48 Stunden nach Bestätigung des Eingangs der Auftragsbekanntmachung gemäß Nummer 4 über die Veröffentlichung unterrichtet wurde.

§ 12a EU Versand der Vergabeunterlagen. (1)

1. ¹Die Vergabeunterlagen werden ab dem Tag der Veröffentlichung einer Auftragsbekanntmachung gemäß § 12 EU Absatz 3 oder dem Tag der Aufforderung zur Interessensbestätigung gemäß Nummer 3 unentgeltlich mit uneingeschränktem und vollständigem direkten Zugang anhand elektronischer Mittel angeboten. ²Die Auftragsbekanntmachung oder die Aufforderung zur Interessensbestätigung muss die Internet-Adresse, über die diese Vergabeunterlagen abrufbar sind, enthalten.

2. Diese Verpflichtung entfällt in den in Fällen nach § 11b EU Absatz 1.

3. ¹Bei nicht offenen Verfahren, Verhandlungsverfahren, wettbewerblichen Dialogen und Innovationspartnerschaften werden alle ausgewählten Bewerber gleichzeitig in Textform aufgefordert, am Wettbewerb teilzunehmen oder wenn eine Vorinformation als Aufruf zum Wettbewerb gemäß § 12 EU Absatz 2 genutzt wurde, zu einer Interessensbestätigung aufgefordert.
²Die Aufforderungen enthalten einen Verweis auf die elektronische Adresse, über die die Vergabeunterlagen direkt elektronisch zur Verfügung gestellt werden.
³Bei den in Nummer 2 genannten Gründen sind den Aufforderungen die Vergabeunterlagen beizufügen, soweit sie nicht bereits auf andere Art und Weise zur Verfügung gestellt wurden.

(2) Die Namen der Unternehmen, die Vergabeunterlagen erhalten oder eingesehen haben, sind geheim zu halten.

(3) ¹Rechtzeitig beantragte Auskünfte über die Vergabeunterlagen sind spätestens sechs Kalendertage vor Ablauf der Angebotsfrist allen Unternehmen in gleicher Weise zu erteilen. ²Bei beschleunigten Verfahren nach § 10a EU Absatz 2, sowie § 10b EU Absatz 5 beträgt diese Frist vier Kalendertage.

§ 13 EU Form und Inhalt der Angebote. (1)

1. ¹Der öffentliche Auftraggeber legt unter Berücksichtigung von § 11 EU fest, in welcher Form die Angebote einzureichen sind. ²Schriftliche Angebote müssen unterzeichnet sein. ³Elektronisch übermittelte Angebote sind nach Wahl des Auftraggebers zu versehen mit

a) einer fortgeschrittenen elektronischen Signatur,
b) einer qualifizierten elektronischen Signatur,
c) einem fortgeschrittenen elektronischen Siegel oder
d) einem qualifizierten elektronischen Siegel,

sofern der öffentliche Auftraggeber dies in Einzelfällen entsprechend § 11 EU verlangt hat.

2. [1] Der öffentliche Auftraggeber hat die Datenintegrität und die Vertraulichkeit der Angebote gemäß § 11a EU Absatz 2 zu gewährleisten.
[2] Per Post oder direkt übermittelte Angebote sind in einem verschlossenen Umschlag einzureichen, als solche zu kennzeichnen und bis zum Ablauf der für die Einreichung vorgesehenen Frist unter Verschluss zu halten. [3] Bei elektronisch übermittelten Angeboten ist dies durch entsprechende technische Lösungen nach den Anforderungen des öffentlichen Auftraggebers und durch Verschlüsselung sicherzustellen. [4] Die Verschlüsselung muss bis zur Öffnung des ersten Angebots aufrechterhalten bleiben.
3. Die Angebote müssen die geforderten Preise enthalten.
4. Die Angebote müssen die geforderten Erklärungen und Nachweise enthalten.
5. [1] Das Angebot ist auf der Grundlage der Vergabeunterlagen zu erstellen. [2] Änderungen an den Vergabeunterlagen sind unzulässig. [3] Änderungen des Bieters an seinen Eintragungen müssen zweifelsfrei sein.
6. Bieter können für die Angebotsabgabe eine selbstgefertigte Abschrift oder Kurzfassung des Leistungsverzeichnisses benutzen, wenn sie den vom öffentlichen Auftraggeber verfassten Wortlaut des Leistungsverzeichnisses im Angebot als allein verbindlich anerkennen; Kurzfassungen müssen jedoch die Ordnungszahlen (Positionen) vollzählig, in der gleichen Reihenfolge und mit den gleichen Nummern wie in dem vom öffentlichen Auftraggeber verfassten Leistungsverzeichnis, wiedergeben.
7. Muster und Proben der Bieter müssen als zum Angebot gehörig gekennzeichnet sein.

(2) [1] Eine Leistung, die von den vorgesehenen technischen Spezifikationen nach § 7a EU Absatz 1 Nummer 1 abweicht, kann angeboten werden, wenn sie mit dem geforderten Schutzniveau in Bezug auf Sicherheit, Gesundheit und Gebrauchstauglichkeit gleichwertig ist. [2] Die Abweichung muss im Angebot eindeutig bezeichnet sein. [3] Die Gleichwertigkeit ist mit dem Angebot nachzuweisen.

(3) [1] Die Anzahl von Nebenangeboten ist an einer vom öffentlichen Auftraggeber in den Vergabeunterlagen bezeichneten Stelle aufzuführen. [2] Etwaige Nebenangebote müssen auf besonderer Anlage erstellt und als solche deutlich gekennzeichnet werden. [3] Werden mehrere Hauptangebote abgegeben, muss jedes aus sich heraus zuschlagsfähig sein. [4] Absatz 1 Nummer 2 Satz 2 gilt für jedes Hauptangebot entsprechend.

(4) Soweit Preisnachlässe ohne Bedingungen gewährt werden, sind diese an einer vom öffentlichen Auftraggeber in den Vergabeunterlagen bezeichneten Stelle aufzuführen.

(5) [1] Bietergemeinschaften haben die Mitglieder zu benennen sowie eines ihrer Mitglieder als bevollmächtigten Vertreter für den Abschluss und die Durchführung des Vertrags zu bezeichnen. [2] Fehlt die Bezeichnung des bevollmächtigten Vertreters im Angebot, so ist sie vor der Zuschlagserteilung beizubringen.

(6) Der öffentliche Auftraggeber hat die Anforderungen an den Inhalt der Angebote nach den Absätzen 1 bis 5 in die Vergabeunterlagen aufzunehmen.

§ 14 EU Öffnung der Angebote, Öffnungstermin. (1) [1] Die Öffnung der Angebote wird von mindestens zwei Vertretern des öffentlichen Auftraggebers gemeinsam an einem Termin (Öffnungstermin) unverzüglich nach Ablauf der Angebotsfrist durchgeführt. [2] Bis zu diesem Termin sind die elektronischen

Angebote zu kennzeichnen und verschlüsselt aufzubewahren. ³ Per Post oder direkt zugegangene Angebote sind auf dem ungeöffneten Umschlag mit Eingangsvermerk zu versehen und unter Verschluss zu halten.

(2)
1. Der Verhandlungsleiter stellt fest, ob der Verschluss der schriftlichen Angebote unversehrt ist und die elektronischen Angebote verschlüsselt sind.
2. Die Angebote werden geöffnet und in allen wesentlichen Teilen im Öffnungstermin gekennzeichnet.
3. Muster und Proben der Bieter müssen im Termin zur Stelle sein.

(3) ¹ Über den Öffnungstermin ist eine Niederschrift in Textform zu fertigen, in der die beiden Vertreter des öffentlichen Auftraggebers zu benennen sind. ² Der Niederschrift ist eine Aufstellung mit folgenden Angaben beizufügen:

a) Name und Anschrift der Bieter,
b) die Endbeträge der Angebote oder einzelner Lose,
c) Preisnachlässe ohne Bedingungen,
d) Anzahl der jeweiligen Nebenangebote.

(4) ¹ Angebote, die nach Ablauf der Angebotsfrist eingegangen sind, sind in der Niederschrift oder in einem Nachtrag besonders aufzuführen. ² Die Eingangszeiten und die etwa bekannten Gründe, aus denen die Angebote nicht vorgelegen haben, sind zu vermerken. ³ Der Umschlag und andere Beweismittel sind aufzubewahren.

(5) ¹ Ein Angebot, das nachweislich vor Ablauf der Angebotsfrist dem öffentlichen Auftraggeber zugegangen war, aber dem Verhandlungsleiter nicht vorgelegen hat, ist mit allen Angaben in die Niederschrift oder in einen Nachtrag aufzunehmen. ² Den Bietern ist dieser Sachverhalt unverzüglich in Textform mitzuteilen. ³ In die Mitteilung sind die Feststellung, ob bei schriftlichen Angeboten der Verschluss unversehrt war oder bei elektronischen Angeboten diese verschlüsselt waren und die Angaben nach Absatz 3 Buchstabe a bis d aufzunehmen. ⁴ Im Übrigen gilt Absatz 4 Satz 2 und 3.

(6) ¹ In offenen und nicht offenen Verfahren stellt der öffentliche Auftraggeber den Bietern die in Absatz 3 Buchstabe a bis d genannten Informationen unverzüglich elektronisch zur Verfügung. ² Den Bietern und ihren Bevollmächtigten ist die Einsicht in die Niederschrift und ihre Nachträge (Absätze 4 und 5 sowie § 16c EU Absatz 3) zu gestatten.

(7) Die Niederschrift darf nicht veröffentlicht werden.

(8) Die Angebote und ihre Anlagen sind sorgfältig zu verwahren und geheim zu halten.

§ 15 EU Aufklärung des Angebotsinhalts. (1)

1. Im offenen und nicht offenen Verfahren darf der öffentliche Auftraggeber nach Öffnung der Angebote bis zur Zuschlagserteilung von einem Bieter nur Aufklärung verlangen, um sich über seine Eignung, insbesondere seine technische und wirtschaftliche Leistungsfähigkeit, das Angebot selbst, etwaige Nebenangebote, die geplante Art der Durchführung, etwaige Ursprungsorte oder Bezugsquellen von Stoffen oder Bauteilen und über die Angemessenheit der Preise, wenn nötig durch Einsicht in die vorzulegenden Preisermittlungen (Kalkulationen) zu unterrichten.

VOB Teil A **§§ 16 EU, 16a EU   VOB/A 1**

2. [1]Die Ergebnisse solcher Aufklärungen sind geheim zu halten. [2]Sie sollen in Textform niedergelegt werden.

(2) Verweigert ein Bieter die geforderten Aufklärungen und Angaben oder lässt er die ihm gesetzte angemessene Frist unbeantwortet verstreichen, so ist sein Angebot auszuschließen.

(3) Verhandlungen in offenen und nicht offenen Verfahren, besonders über Änderung der Angebote oder Preise, sind unstatthaft, außer, wenn sie bei Nebenangeboten oder Angeboten aufgrund eines Leistungsprogramms nötig sind, um unumgängliche technische Änderungen geringen Umfangs und daraus sich ergebende Änderungen der Preise zu vereinbaren.

(4) Der öffentliche Auftraggeber darf nach § 8c EU Absatz 3 übermittelte Informationen überprüfen und hierzu ergänzende Erläuterungen von den Bietern fordern.

§ 16 EU Ausschluss von Angeboten. Auszuschließen sind

1. Angebote, die nicht fristgerecht eingegangen sind,
2. Angebote, die den Bestimmungen des § 13 EU Absatz 1 Nummer 1, 2 und 5 nicht entsprechen,
3. Angebote, die die geforderten Unterlagen im Sinne von § 8 EU Absatz 2 Nummer 5 nicht enthalten, wenn der öffentliche Auftraggeber gemäß § 16a EU Absatz 3 festgelegt hat, dass er keine Unterlagen nachfordern wird. Satz 1 gilt für Teilnahmeanträge entsprechend,
4. Angebote, bei denen der Bieter Erklärungen oder Nachweise, deren Vorlage sich der öffentliche Auftraggeber vorbehalten hat, auf Anforderung nicht innerhalb einer angemessenen, nach dem Kalender bestimmten Frist vorgelegt hat. Satz 1 gilt für Teilnahmeanträge entsprechend,
5. nicht zugelassene Nebenangebote sowie Nebenangebote, die den Mindestanforderungen nicht entsprechen,
6. Hauptangebote von Bietern, die mehrere Hauptangebote abgegeben haben, wenn der öffentliche Auftraggeber die Abgabe mehrerer Hauptangebote in der Auftragsbekanntmachung oder in der Aufforderung zur Interessensbestätigung nicht zugelassen hat,
7. Nebenangebote, die dem § 13 EU Absatz 3 Satz 2 nicht entsprechen,
8. Hauptangebote, die dem § 13 EU Absatz 3 Satz 3 nicht entsprechen.

§ 16a EU Nachforderung von Unterlagen. (1) [1]Der öffentliche Auftraggeber muss Bieter, die für den Zuschlag in Betracht kommen, unter Einhaltung der Grundsätze der Transparenz und der Gleichbehandlung auffordern, fehlende, unvollständige oder fehlerhafte unternehmensbezogene Unterlagen – insbesondere Erklärungen, Angaben oder Nachweise – nachzureichen, zu vervollständigen oder zu korrigieren, oder fehlende oder unvollständige leistungsbezogene Unterlagen – insbesondere Erklärungen, Produkt- und sonstige Angaben oder Nachweise – nachzureichen oder zu vervollständigen (Nachforderung), es sei denn, er hat von seinem Recht aus Absatz 3 Gebrauch gemacht. [2]Es sind nur Unterlagen nachzufordern, die bereits mit dem Angebot vorzulegen waren.

(2) [1]Fehlende Preisangaben dürfen nicht nachgefordert werden. [2]Angebote die den Bestimmungen des § 13 EU Absatz 1 Nummer 3 nicht entsprechen, sind auszuschließen. [3]Dies gilt nicht für Angebote, bei denen lediglich in unwesentlichen Positionen die Angabe des Preises fehlt und sowohl durch die Außeracht-

1 VOB/A §§ 16b EU, 16c EU VOB Teil A

lassung dieser Positionen der Wettbewerb und die Wertungsreihenfolge nicht beeinträchtigt werden als auch bei Wertung dieser Positionen mit dem jeweils höchsten Wettbewerbspreis. [4] Hierbei wird nur auf den Preis ohne Berücksichtigung etwaiger Nebenangebote abgestellt. [5] Der öffentliche Auftraggeber fordert den Bieter nach Maßgabe von Absatz 1 auf, die fehlenden Preispositionen zu ergänzen. [6] Die Sätze 3 bis 5 gelten nicht, wenn der öffentliche Auftraggeber das Nachfordern von Preisangaben gemäß Absatz 3 ausgeschlossen hat.

(3) Der öffentliche Auftraggeber kann in der Auftragsbekanntmachung oder den Vergabeunterlagen festlegen, dass er keine Unterlagen oder Preisangaben nachfordern wird.

(4) [1] Die Unterlagen oder fehlenden Preisangaben sind vom Bewerber oder Bieter nach Aufforderung durch den öffentlichen Auftraggeber innerhalb einer angemessenen, nach dem Kalender bestimmten Frist vorzulegen. [2] Die Frist soll sechs Kalendertage nicht überschreiten.

(5) Werden die nachgeforderten Unterlagen nicht innerhalb der Frist vorgelegt, ist das Angebot auszuschließen.

(6) Die Absätze 1, 3, 4 und 5 gelten für den Teilnahmewettbewerb entsprechend.

§ 16b EU Eignung. (1) [1] Beim offenen Verfahren ist die Eignung der Bieter zu prüfen. [2] Dabei sind anhand der vorgelegten Nachweise die Angebote der Bieter auszuwählen, deren Eignung die für die Erfüllung der vertraglichen Verpflichtungen notwendigen Sicherheiten bietet; dies bedeutet, dass sie die erforderliche Fachkunde und Leistungsfähigkeit besitzen, keine Ausschlussgründe gemäß § 6e EU vorliegen und sie über ausreichende technische und wirtschaftliche Mittel verfügen.

(2) Abweichend von Absatz 1 können die Angebote zuerst geprüft werden, sofern sichergestellt ist, dass die anschließende Prüfung des Nichtvorliegens von Ausschlussgründen und der Einhaltung der Eignungsanforderungen unparteiisch und transparent erfolgt.

(3) Beim nicht offenen Verfahren, Verhandlungsverfahren, beim wettbewerblichen Dialog und bei einer Innovationspartnerschaft sind nur Umstände zu berücksichtigen, die nach Aufforderung zur Angebotsabgabe Zweifel an der Eignung des Bieters begründen (vgl. § 6b EU Absatz 2 Nummer 3).

§ 16c EU Prüfung. (1) [1] Die nicht ausgeschlossenen Angebote geeigneter Bieter sind auf die Einhaltung der gestellten Anforderungen, insbesondere in rechnerischer, technischer und wirtschaftlicher Hinsicht zu prüfen. [2] Als Nachweis für die Erfüllung spezifischer umweltbezogener, sozialer oder sonstiger Merkmale der zu vergebenden Leistung sind Bescheinigungen, insbesondere Gütezeichen, Testberichte, Konformitätserklärungen und Zertifizierungen, welche die in § 7a EU genannten Bedingungen erfüllen, zugelassen.

(2)

1. Entspricht der Gesamtbetrag einer Ordnungszahl (Position) nicht dem Ergebnis der Multiplikation von Mengenansatz und Einheitspreis, so ist der Einheitspreis maßgebend.

2. Bei Vergabe für eine Pauschalsumme gilt diese ohne Rücksicht auf etwa angegebene Einzelpreise.

VOB Teil A **§ 16d EU VOB/A 1**

(3) Die aufgrund der Prüfung festgestellten Angebotsendsummen sind in der Niederschrift über den Öffnungstermin zu vermerken.

§ 16d EU Wertung. (1)

1. ¹Auf ein Angebot mit einem unangemessen hohen oder niedrigen Preis oder mit unangemessen hohen oder niedrigen Kosten darf der Zuschlag nicht erteilt werden. ²Insbesondere lehnt der öffentliche Auftraggeber ein Angebot ab, das unangemessen niedrig ist, weil es den geltenden umwelt-, sozial- und arbeitsrechtlichen Anforderungen nicht genügt.

2. ¹Erscheint ein Angebotspreis unangemessen niedrig und ist anhand vorliegender Unterlagen über die Preisermittlung die Angemessenheit nicht zu beurteilen, ist vor Ablehnung des Angebots vom Bieter in Textform Aufklärung über die Ermittlung der Preise oder Kosten für die Gesamtleistung oder für Teilleistungen zu verlangen, gegebenenfalls unter Festlegung einer zumutbaren Antwortfrist. ²Bei der Beurteilung der Angemessenheit prüft der öffentliche Auftraggeber – in Rücksprache mit dem Bieter – die betreffende Zusammensetzung und berücksichtigt dabei die gelieferten Nachweise.

3. ¹Sind Angebote auf Grund einer staatlichen Beihilfe ungewöhnlich niedrig, ist dies nur dann ein Grund sie zurückzuweisen, wenn der Bieter nicht nachweisen kann, dass die betreffende Beihilfe rechtmäßig gewährt wurde. ²Für diesen Nachweis hat der öffentliche Auftraggeber dem Bieter eine ausreichende Frist zu gewähren. ³Öffentliche Auftraggeber, die trotz entsprechender Nachweise des Bieters ein Angebot zurückweisen, müssen die Kommission der Europäischen Union darüber unterrichten.

4. In die engere Wahl kommen nur solche Angebote, die unter Berücksichtigung rationellen Baubetriebs und sparsamer Wirtschaftsführung eine einwandfreie Ausführung einschließlich Haftung für Mängelansprüche erwarten lassen.

(2)

1. ¹Der Zuschlag wird auf das wirtschaftlichste Angebot erteilt. ²Grundlage dafür ist eine Bewertung des öffentlichen Auftraggebers, ob und inwieweit das Angebot die vorgegebenen Zuschlagskriterien erfüllt. ³Das wirtschaftlichste Angebot bestimmt sich nach dem besten Preis-Leistungs-Verhältnis. ⁴Zu dessen Ermittlung können neben dem Preis oder den Kosten auch qualitative, umweltbezogene oder soziale Aspekte berücksichtigt werden.

2. ¹Es dürfen nur Zuschlagskriterien und deren Gewichtung berücksichtigt werden, die in der Auftragsbekanntmachung oder in den Vergabeunterlagen genannt sind.
²Zuschlagskriterien können insbesondere sein:

a) Qualität einschließlich technischer Wert, Ästhetik, Zweckmäßigkeit, Zugänglichkeit, „Design für alle", soziale, umweltbezogene und innovative Eigenschaften;

b) Organisation, Qualifikation und Erfahrung des mit der Ausführung des Auftrags betrauten Personals, wenn die Qualität des eingesetzten Personals erheblichen Einfluss auf das Niveau der Auftragsausführung haben kann, oder

c) Kundendienst und technische Hilfe sowie Ausführungsfrist.

³Die Zuschlagskriterien müssen mit dem Auftragsgegenstand in Verbindung stehen. ⁴Zuschlagskriterien stehen mit dem Auftragsgegenstand in Verbin-

dung, wenn sie sich in irgendeiner Hinsicht und in irgendeinem Lebenszyklus-Stadium auf diesen beziehen, auch wenn derartige Faktoren sich nicht auf die materiellen Eigenschaften des Auftragsgegenstands auswirken.

3. Die Zuschlagskriterien müssen so festgelegt und bestimmt sein, dass die Möglichkeit eines wirksamen Wettbewerbs gewährleistet wird, der Zuschlag nicht willkürlich erteilt werden kann und eine wirksame Überprüfung möglich ist, ob und inwieweit die Angebote die Zuschlagskriterien erfüllen.

4. Es können auch Festpreise oder Festkosten vorgegeben werden, sodass der Wettbewerb nur über die Qualität stattfindet.

5. Die Lebenszykluskostenrechnung umfasst die folgenden Kosten ganz oder teilweise:

   a) von dem öffentlichen Auftraggeber oder anderen Nutzern getragene Kosten, insbesondere Anschaffungskosten, Nutzungskosten, Wartungskosten, sowie Kosten am Ende der Nutzungsdauer (wie Abholungs- und Recyclingkosten);

   b) Kosten, die durch die externen Effekte der Umweltbelastung entstehen, die mit der Leistung während ihres Lebenszyklus in Verbindung stehen, sofern ihr Geldwert bestimmt und geprüft werden kann; solche Kosten können Kosten der Emission von Treibhausgasen und anderen Schadstoffen sowie sonstige Kosten für die Eindämmung des Klimawandels umfassen.

6. [1] Bewertet der öffentliche Auftraggeber den Lebenszykluskostenansatz, hat er in der Auftragsbekanntmachung oder in den Vergabeunterlagen die vom Unternehmer bereitzustellenden Daten und die Methode zur Ermittlung der Lebenszykluskosten zu benennen. [2] Die Methode zur Bewertung der externen Umweltkosten muss

   a) auf objektiv nachprüfbaren und nichtdiskriminierenden Kriterien beruhen,

   b) für alle interessierten Parteien zugänglich sein und

   c) gewährleisten, dass sich die geforderten Daten von den Unternehmen mit vertretbarem Aufwand bereitstellen lassen.

7. Für den Fall, dass eine gemeinsame Methode zur Berechnung der Lebenszykluskosten durch einen Rechtsakt der Europäischen Union verbindlich vorgeschrieben wird, findet diese gemeinsame Methode bei der Bewertung der Lebenszykluskosten Anwendung.

(3) Ein Angebot nach § 13 EU Absatz 2 ist wie ein Hauptangebot zu werten.

(4) [1] Preisnachlässe ohne Bedingung sind nicht zu werten, wenn sie nicht an der vom öffentlichen Auftraggeber nach § 13 EU Absatz 4 bezeichneten Stelle aufgeführt sind. [2] Unaufgefordert angebotene Preisnachlässe mit Bedingungen für die Zahlungsfrist (Skonti) werden bei der Wertung der Angebote nicht berücksichtigt.

(5) [1] Die Bestimmungen der Absätze 1 und 2 sowie der §§ 16b EU, 16c EU Absatz 2 gelten auch bei Verhandlungsverfahren, wettbewerblichen Dialogen und Innovationspartnerschaften. [2] Die Absätze 3 und 4 sowie die §§ 16 EU, 16c EU Absatz 1 sind entsprechend auch bei Verhandlungsverfahren, wettbewerblichen Dialogen und Innovationspartnerschaften anzuwenden.

§ 17 EU Aufhebung der Ausschreibung. (1) Die Ausschreibung kann aufgehoben werden, wenn:

VOB Teil A **§§ 18 EU, 19 EU VOB/A 1**

1. kein Angebot eingegangen ist, das den Ausschreibungsbedingungen entspricht,
2. die Vergabeunterlagen grundlegend geändert werden müssen,
3. andere schwerwiegende Gründe bestehen.

(2)
1. Die Bewerber und Bieter sind von der Aufhebung der Ausschreibung unter Angabe der Gründe, gegebenenfalls über die Absicht, ein neues Vergabeverfahren einzuleiten, unverzüglich in Textform zu unterrichten.
2. Dabei kann der öffentliche Auftraggeber bestimmte Informationen zurückhalten, wenn die Weitergabe
   a) den Gesetzesvollzug behindern,
   b) dem öffentlichen Interesse zuwiderlaufen,
   c) die berechtigten geschäftlichen Interessen von öffentlichen oder privaten Unternehmen schädigen oder
   d) den fairen Wettbewerb beeinträchtigen würde.

§ 18 EU Zuschlag. (1) Der Zuschlag ist möglichst bald, mindestens aber so rechtzeitig zu erteilen, dass dem Bieter die Erklärung noch vor Ablauf der Bindefrist zugeht.

(2) Werden Erweiterungen, Einschränkungen oder Änderungen vorgenommen oder wird der Zuschlag verspätet erteilt, so ist der Bieter bei Erteilung des Zuschlags aufzufordern, sich unverzüglich über die Annahme zu erklären.

(3)
1. Die Erteilung eines Bauauftrags ist bekannt zu machen.
2. Die Vergabebekanntmachung erfolgt mit den von der Europäischen Kommission festgelegten Standardformularen und enthält die Informationen nach Anhang V Teil D der Richtlinie 2014/24/EU.
3. Aufgrund einer Rahmenvereinbarung vergebene Einzelaufträge werden nicht bekannt gemacht.
4. Erfolgte eine Vorinformation als Aufruf zum Wettbewerb nach § 12 EU Absatz 2 und soll keine weitere Auftragsvergabe während des Zeitraums, der von der Vorinformation abgedeckt ist, vorgenommen werden, so enthält die Vergabebekanntmachung einen entsprechenden Hinweis.
5. Nicht in die Vergabebekanntmachung aufzunehmen sind Angaben, deren Veröffentlichung
   a) den Gesetzesvollzug behindern,
   b) dem öffentlichen Interesse zuwiderlaufen,
   c) die berechtigten geschäftlichen Interessen öffentlicher oder privater Unternehmen schädigen oder
   d) den fairen Wettbewerb beeinträchtigen würde.

(4) Die Vergabebekanntmachung ist dem Amt für Veröffentlichungen der Europäischen Union in kürzester Frist – spätestens 30 Kalendertage nach Auftragserteilung – elektronisch zu übermitteln.

§ 19 EU Nicht berücksichtigte Bewerbungen und Angebote. (1) Bewerber, deren Bewerbung abgelehnt wurde, sowie Bieter, deren Angebote aus-

1 VOB/A §§ 20 EU, 21 EU

geschlossen worden sind (§ 16 EU), und solche, deren Angebote nicht in die engere Wahl kommen, sollen unverzüglich unterrichtet werden.

(2) ¹Der öffentliche Auftraggeber hat die betroffenen Bieter, deren Angebote nicht berücksichtigt werden sollen,

1. über den Namen des Unternehmens, dessen Angebot angenommen werden soll,
2. über die Gründe der vorgesehenen Nichtberücksichtigung ihres Angebots und
3. über den frühesten Zeitpunkt des Vertragsschlusses

unverzüglich in Textform zu informieren.
²Dies gilt auch für Bewerber, denen keine Information nach Absatz 1 über die Ablehnung ihrer Bewerbung zur Verfügung gestellt wurde, bevor die Mitteilung über die Zuschlagsentscheidung an die betroffenen Bieter ergangen ist.
³Ein Vertrag darf erst 15 Kalendertage nach Absendung der Information nach den Sätzen 1 und 2 geschlossen werden. ⁴Wird die Information per Telefax oder auf elektronischem Weg versendet, verkürzt sich die Frist auf zehn Kalendertage.
⁵Die Frist beginnt am Tag nach Absendung der Information durch den öffentlichen Auftraggeber; auf den Tag des Zugangs beim betroffenen Bewerber oder Bieter kommt es nicht an.

(3) Die Informationspflicht nach Absatz 2 entfällt in den Fällen, in denen das Verhandlungsverfahren ohne Teilnahmewettbewerb wegen besonderer Dringlichkeit gerechtfertigt ist.

(4) ¹Auf Verlangen des Bewerbers oder Bieters unterrichtet der öffentliche Auftraggeber in Textform so schnell wie möglich, spätestens jedoch innerhalb einer Frist von 15 Kalendertagen nach Eingang des Antrags,

1. jeden nicht erfolgreichen Bewerber über die Gründe für die Ablehnung seines Teilnahmeantrags;
2. jeden Bieter, der ein ordnungsgemäßes Angebot eingereicht hat, über die Merkmale und relativen Vorteile des ausgewählten Angebots sowie über den Namen des erfolgreichen Bieters oder der Parteien der Rahmenvereinbarung;
3. jeden Bieter, der ein ordnungsgemäßes Angebot eingereicht hat, über den Verlauf und die Fortschritte der Verhandlungen und des Dialogs mit den Bietern.

²§ 17 EU Absatz 2 Nummer 2 gilt entsprechend.

(5) Nicht berücksichtigte Angebote und Ausarbeitungen der Bieter dürfen nicht für eine neue Vergabe oder für andere Zwecke benutzt werden.

(6) Entwürfe, Ausarbeitungen, Muster und Proben zu nicht berücksichtigten Angeboten sind zurückzugeben, wenn dies im Angebot oder innerhalb von 30 Kalendertagen nach Ablehnung des Angebots verlangt wird.

§ 20 EU Dokumentation. Das Vergabeverfahren ist gemäß § 8 VgV zu dokumentieren.

§ 21 EU Nachprüfungsbehörden. In der Bekanntmachung und den Vergabeunterlagen ist die Nachprüfungsbehörde mit Anschrift anzugeben, an die sich der Bewerber oder Bieter zur Nachprüfung behaupteter Verstöße gegen die Vergabebestimmungen wenden kann.

VOB Teil A § 22 EU VOB/A 1

§ 22 EU Auftragsänderungen während der Vertragslaufzeit. (1) ¹Wesentliche Änderungen eines öffentlichen Auftrags während der Vertragslaufzeit erfordern ein neues Vergabeverfahren.
²Wesentlich sind Änderungen, die dazu führen, dass sich der öffentliche Auftrag erheblich von dem ursprünglich vergebenen öffentlichen Auftrag unterscheidet.
³Eine wesentliche Änderung liegt insbesondere vor, wenn

1. mit der Änderung Bedingungen eingeführt werden, die, wenn sie für das ursprüngliche Vergabeverfahren gegolten hätten,

   a) die Zulassung anderer Bewerber oder Bieter ermöglicht hätten,

   b) die Annahme eines anderen Angebots ermöglicht hätten oder

   c) das Interesse weiterer Teilnehmer am Vergabeverfahren geweckt hätten,

2. mit der Änderung das wirtschaftliche Gleichgewicht des öffentlichen Auftrags zugunsten des Auftragnehmers in einer Weise verschoben wird, die im ursprünglichen Auftrag nicht vorgesehen war,

3. mit der Änderung der Umfang des öffentlichen Auftrags erheblich ausgeweitet wird oder

4. ein neuer Auftragnehmer den Auftragnehmer in anderen als den in Absatz 2 Nummer 4 vorgesehenen Fällen ersetzt.

(2) ¹Unbeschadet des Absatzes 1 ist die Änderung eines öffentlichen Auftrags ohne Durchführung eines neuen Vergabeverfahrens zulässig, wenn

1. in den ursprünglichen Vergabeunterlagen klare, genaue und eindeutig formulierte Überprüfungsklauseln oder Optionen vorgesehen sind, die Angaben zu Art, Umfang und Voraussetzungen möglicher Auftragsänderungen enthalten, und sich aufgrund der Änderung der Gesamtcharakter des Auftrags nicht verändert,

2. zusätzliche Liefer-, Bau- oder Dienstleistungen erforderlich geworden sind, die nicht in den ursprünglichen Vergabeunterlagen vorgesehen waren, und ein Wechsel des Auftragnehmers

   a) aus wirtschaftlichen oder technischen Gründen nicht erfolgen kann und

   b) mit erheblichen Schwierigkeiten oder beträchtlichen Zusatzkosten für den öffentlichen Auftraggeber verbunden wäre,

3. die Änderung aufgrund von Umständen erforderlich geworden ist, die der öffentliche Auftraggeber im Rahmen seiner Sorgfaltspflicht nicht vorhersehen konnte und sich aufgrund der Änderung der Gesamtcharakter des Auftrags nicht verändert oder

4. ein neuer Auftragnehmer den bisherigen Auftragnehmer ersetzt

   a) aufgrund einer Überprüfungsklausel im Sinne von Nummer 1,

   b) aufgrund der Tatsache, dass ein anderes Unternehmen, das die ursprünglich festgelegten Anforderungen an die Eignung erfüllt, im Zuge einer Unternehmensumstrukturierung, wie zum Beispiel durch Übernahme, Zusammenschluss, Erwerb oder Insolvenz, ganz oder teilweise an die Stelle des ursprünglichen Auftragnehmers tritt, sofern dies keine weiteren wesentlichen Änderungen im Sinne des Absatzes 1 zur Folge hat, oder

   c) aufgrund der Tatsache, dass der öffentliche Auftraggeber selbst die Verpflichtungen des Hauptauftragnehmers gegenüber seinen Unterauftragnehmern übernimmt.

² In den Fällen der Nummern 2 und 3 darf der Preis um nicht mehr als 50 Prozent des Werts des ursprünglichen Auftrags erhöht werden. ³ Bei mehreren aufeinander folgenden Änderungen des Auftrags gilt diese Beschränkung für den Wert jeder einzelnen Änderung, sofern die Änderungen nicht mit dem Ziel vorgenommen werden, die Vorschriften dieses Teils zu umgehen.

(3) ¹ Die Änderung eines öffentlichen Auftrags ohne Durchführung eines neuen Vergabeverfahrens ist ferner zulässig, wenn sich der Gesamtcharakter des Auftrags nicht ändert und der Wert der Änderung

1. die jeweiligen Schwellenwerte nach § 106 GWB nicht übersteigt und
2. bei Liefer- und Dienstleistungsaufträgen nicht mehr als zehn Prozent und bei Bauaufträgen nicht mehr als 15 Prozent des ursprünglichen Auftragswertes beträgt.

² Bei mehreren aufeinander folgenden Änderungen ist der Gesamtwert der Änderungen maßgeblich.

(4) Enthält der Vertrag eine Indexierungsklausel, wird für die Wertberechnung gemäß Absatz 2 Satz 2 und 3 sowie gemäß Absatz 3 der höhere Preis als Referenzwert herangezogen.

(5) Änderungen nach Absatz 2 Nummer 2 und 3 sind im Amtsblatt der Europäischen Union bekannt zu machen.

Anhang TS

Technische Spezifikationen

1. „Technische Spezifikation" hat eine der folgenden Bedeutungen:
   a) bei öffentlichen Bauaufträgen die Gesamtheit der insbesondere in den Vergabeunterlagen enthaltenen technischen Beschreibungen, in denen die erforderlichen Eigenschaften eines Werkstoffs, eines Produkts oder einer Lieferung definiert sind, damit dieser/diese den vom öffentlichen Auftraggeber beabsichtigten Zweck erfüllt; zu diesen Eigenschaften gehören Umwelt- und Klimaleistungsstufen, „Design für alle" (einschließlich des Zugangs von Menschen mit Behinderungen) und Konformitätsbewertung, Leistung, Vorgaben für Gebrauchstauglichkeit, Sicherheit oder Abmessungen, einschließlich der Qualitätssicherungsverfahren, der Terminologie, der Symbole, der Versuchs- und Prüfmethoden, der Verpackung, der Kennzeichnung und Beschriftung, der Gebrauchsanleitungen sowie der Produktionsprozesse und -methoden in jeder Phase des Lebenszyklus der Bauleistungen; außerdem gehören dazu auch die Vorschriften für die Planung und die Kostenrechnung, die Bedingungen für die Prüfung, Inspektion und Abnahme von Bauwerken, die Konstruktionsmethoden oder -verfahren und alle anderen technischen Anforderungen, die der öffentliche Auftraggeber für fertige Bauwerke oder dazu notwendige Materialien oder Teile durch allgemeine und spezielle Vorschriften anzugeben in der Lage ist;
   b) bei öffentlichen Dienstleistungs- oder Lieferaufträgen eine Spezifikation, die in einem Schriftstück enthalten ist, das Merkmale für ein Produkt oder eine Dienstleistung vorschreibt, wie Qualitätsstufen, Umwelt- und Klimaleistungsstufen, „Design für alle" (einschließlich des Zugangs von Menschen mit Behinderungen) und Konformitätsbewertung, Leistung, Vorgaben für

Gebrauchstauglichkeit, Sicherheit oder Abmessungen des Produkts, einschließlich der Vorschriften über Verkaufsbezeichnung, Terminologie, Symbole, Prüfungen und Prüfverfahren, Verpackung, Kennzeichnung und Beschriftung, Gebrauchsanleitungen, Produktionsprozesse und -methoden in jeder Phase des Lebenszyklus der Lieferung oder der Dienstleistung sowie über Konformitätsbewertungsverfahren;

2. „Norm" bezeichnet eine technische Spezifikation, die von einer anerkannten Normungsorganisation zur wiederholten oder ständigen Anwendung angenommen wurde, deren Einhaltung nicht zwingend ist und die unter eine der nachstehenden Kategorien fällt:

   a) internationale Norm: Norm, die von einer internationalen Normungsorganisation angenommen wurde und der Öffentlichkeit zugänglich ist;

   b) europäische Norm: Norm, die von einer europäischen Normungsorganisation angenommen wurde und der Öffentlichkeit zugänglich ist;

   c) nationale Norm: Norm, die von einer nationalen Normungsorganisation angenommen wurde und der Öffentlichkeit zugänglich ist;

3. „Europäische technische Bewertung" bezeichnet eine dokumentierte Bewertung der Leistung eines Bauprodukts in Bezug auf seine wesentlichen Merkmale im Einklang mit dem betreffenden Europäischen Bewertungsdokument gemäß der Begriffsbestimmung in Artikel 2 Nummer 12 der Verordnung (EU) Nr. 305/2011 des Europäischen Parlaments und des Rates;

4. „gemeinsame technische Spezifikationen" sind technische Spezifikationen im IKT-Bereich, die gemäß den Artikeln 13 und 14 der Verordnung (EU) Nr. 1025/2012 festgelegt wurden;

5. „technische Bezugsgröße" bezeichnet jeden Bezugsrahmen, der keine europäische Norm ist und von den europäischen Normungsorganisationen nach den an die Bedürfnisse des Marktes angepassten Verfahren erarbeitet wurde.

1 VOB/A §§ 1 VS, 2 VS

Abschnitt 3. Vergabebestimmungen im Anwendungsbereich der Richtlinie 2009/81/EG[1] (VOB/A – VS)[2]

§ 1 VS Anwendungsbereich. (1) ¹Bauaufträge sind Verträge über die Ausführung oder die gleichzeitige Planung und Ausführung

1. eines Bauvorhabens oder eines Bauwerks für den Auftraggeber, das
   a) Ergebnis von Tief- oder Hochbauarbeiten ist und
   b) eine wirtschaftliche oder technische Funktion erfüllen soll, oder
2. einer dem Auftraggeber unmittelbar wirtschaftlich zugutekommenden Bauleistung durch Dritte gemäß den vom Auftraggeber genannten Erfordernissen.

²Im Bereich Verteidigung und Sicherheit haben Bauaufträge Bauleistungen zum Gegenstand, die in allen Phasen ihres Lebenszyklus im unmittelbaren Zusammenhang mit den in § 104 Absatz 1 GWB genannten Ausrüstungen stehen, sowie Bauleistungen speziell für militärische Zwecke oder Bauleistungen im Rahmen eines Verschlusssachenauftrags. ³Bauleistungen im Rahmen eines Verschlusssachenauftrags sind Bauleistungen, bei deren Erbringung Verschlusssachen nach § 4 des Gesetzes über die Voraussetzungen und das Verfahren von Sicherheitsüberprüfungen des Bundes oder nach den entsprechenden Bestimmungen der Länder verwendet werden oder die solche Verschlusssachen erfordern oder beinhalten.

(2)

1. Die Bestimmungen dieses Abschnitts sind von Auftraggebern im Sinne von § 99 GWB und Sektorenauftraggebern im Sinne von § 100 GWB für Bauaufträge nach Absatz 1 anzuwenden, bei denen der geschätzte Gesamtauftragswert der Baumaßnahme oder des Bauwerkes (alle Bauaufträge für eine bauliche Anlage) mindestens dem sich aus § 106 Absatz 2 Nummer 3 GWB ergebenden Schwellenwert ohne Umsatzsteuer entspricht.
2. Die Schätzung des Auftragswerts richtet sich nach § 3 der Vergabeverordnung Verteidigung und Sicherheit (VSVgV).

(3) Ist bei einem Bauauftrag ein Teil der Leistung verteidigungs- oder sicherheitsspezifisch, gelten die Bestimmungen des § 111 GWB.

§ 2 VS Grundsätze. (1) ¹Öffentliche Aufträge werden im Wettbewerb und im Wege transparenter Verfahren vergeben. ²Dabei werden die Grundsätze der Wirtschaftlichkeit und der Verhältnismäßigkeit gewahrt. ³Wettbewerbsbeschränkende und unlautere Verhaltensweisen sind zu bekämpfen.

(2) Die Teilnehmer an einem Vergabeverfahren sind gleich zu behandeln, es sei denn, eine Ungleichbehandlung ist aufgrund des GWB ausdrücklich geboten oder gestattet.

(3) Öffentliche Aufträge werden an fachkundige und leistungsfähige (geeignete) Unternehmen vergeben, die nicht nach § 6e VS ausgeschlossen worden sind.

---

[1] **Amtl. Anm.:** Richtlinie 2009/81/EG des Europäischen Parlaments und des Rates vom 13. Juli 2009 über die Koordinierung der Verfahren zur Vergabe öffentlicher Bauaufträge, Lieferaufträge und Dienstleistungsaufträge (ABl. L 216 vom 20.8.2009, S. 76)
[2] **Amtl. Anm.:** Zitierweise: § x VS Absatz y VOB/A

VOB Teil A §§ 3 VS, 3a VS VOB/A 1

(4) Die Regelungen darüber, wann natürliche Personen bei Entscheidungen in einem Vergabeverfahren für einen Auftraggeber als voreingenommen gelten und an einem Vergabeverfahren nicht mitwirken dürfen, richten sich nach § 42 VSVgV.

(5) Auftraggeber, Bewerber, Bieter und Auftragnehmer wahren die Vertraulichkeit aller Informationen und Unterlagen nach Maßgabe dieser Vergabeordnung oder anderen Rechtsvorschriften.

(6) [1] Vor der Einleitung eines Vergabeverfahrens kann der Auftraggeber Marktkonsultationen zur Vorbereitung der Auftragsvergabe und zur Unterrichtung der Unternehmer über seine Pläne zur Auftragsvergabe und die Anforderungen an den Auftrag durchführen. [2] Die Durchführung von Vergabeverfahren zum Zwecke der Markterkundung ist unzulässig.

(7) [1] Der Auftraggeber kann Bewerbern und Bietern Auflagen zum Schutz von Verschlusssachen machen, die sie diesen im Zuge des Verfahrens zur Vergabe eines Auftrags übermitteln. [2] Er kann von diesen Bewerbern und Bietern verlangen, die Einhaltung dieser Auflagen durch ihre Unterauftragnehmer sicherzustellen.

§ 3 VS Arten der Vergabe. Bauaufträge im Sinne von § 1 VS werden von öffentlichen Auftraggebern nach § 99 GWB und Sektorenauftraggebern im Sinne von § 100 GWB vergeben:

1. im nicht offenen Verfahren; bei einem nicht offenen Verfahren wird öffentlich zur Teilnahme, aus dem Bewerberkreis sodann eine beschränkte Anzahl von Unternehmen zur Angebotsabgabe aufgefordert,
2. im Verhandlungsverfahren; beim Verhandlungsverfahren mit oder ohne Teilnahmewettbewerb wendet sich der Auftraggeber an ausgewählte Unternehmen und verhandelt mit einem oder mehreren dieser Unternehmen über die von diesen unterbreiteten Angebote, um diese entsprechend den in der Auftragsbekanntmachung, den Vergabeunterlagen und etwaigen sonstigen Unterlagen angegebenen Anforderungen anzupassen,
3. im wettbewerblichen Dialog; ein wettbewerblicher Dialog ist ein Verfahren zur Vergabe öffentlicher Aufträge mit dem Ziel der Ermittlung und Festlegung der Mittel, mit denen die Bedürfnisse des öffentlichen Auftraggebers am besten erfüllt werden können.

§ 3a VS Zulässigkeitsvoraussetzungen. (1) [1] Die Vergabe von Aufträgen erfolgt im nicht offenen Verfahren oder im Verhandlungsverfahren mit Teilnahmewettbewerb. [2] In begründeten Ausnahmefällen ist ein Verhandlungsverfahren ohne Teilnahmewettbewerb oder ein wettbewerblicher Dialog zulässig.

(2) Das Verhandlungsverfahren ohne Teilnahmewettbewerb ist zulässig,

1. wenn bei einem nicht offenen Verfahren, einem Verhandlungsverfahren mit Teilnahmewettbewerb oder einem wettbewerblichen Dialog

   a) keine wirtschaftlichen Angebote abgegeben worden sind und
   b) die ursprünglichen Vertragsunterlagen nicht grundlegend geändert werden und
   c) in das Verhandlungsverfahren alle Bieter aus dem vorausgegangenen Verfahren einbezogen werden, die fachkundig und leistungsfähig (geeignet) sind und die nicht nach § 6e VS ausgeschlossen worden sind,

1 VOB/A § 3b VS

2. wenn bei einem nicht offenen Verfahren, einem Verhandlungsverfahren mit Teilnahmewettbewerb oder einem wettbewerblichen Dialog
   a) keine Angebote oder keine Bewerbungen abgegeben worden sind oder
   b) nur solche Angebote abgegeben worden sind, die nach § 16 VS auszuschließen sind,
   und die ursprünglichen Vertragsunterlagen nicht grundlegend geändert werden.
3. wenn die Arbeiten aus technischen Gründen oder auf Grund des Schutzes von Ausschließlichkeitsrechten nur von einem bestimmten Unternehmen ausgeführt werden können,
4. wenn wegen der Dringlichkeit der Leistung aus zwingenden Gründen infolge von Ereignissen, die der Auftraggeber nicht verursacht hat und nicht voraussehen konnte, oder wegen dringlicher Gründe in Krisensituationen die in §§ 10b VS bis 10d VS vorgeschriebenen Fristen nicht eingehalten werden können,
5. wenn gleichartige Bauleistungen wiederholt werden, die durch denselben Auftraggeber an den Auftragnehmer vergeben werden, der den ursprünglichen Auftrag erhalten hat, und wenn sie einem Grundentwurf entsprechen und dieser Gegenstand des ursprünglichen Auftrags war, der nach einem nicht offenen Verfahren, einem Verhandlungsverfahren mit Teilnahmewettbewerb oder im wettbewerblichen Dialog vergeben wurde. Die Möglichkeit, dieses Verfahren anzuwenden, muss bereits bei der Auftragsbekanntmachung für das erste Vorhaben angegeben werden; der für die Fortsetzung der Bauarbeiten in Aussicht gestellte Gesamtauftragswert wird vom Auftraggeber bei der Anwendung von § 1 VS berücksichtigt. Dieses Verfahren darf jedoch nur innerhalb von fünf Jahren nach Abschluss des ersten Auftrags angewandt werden.

(3) Der wettbewerbliche Dialog ist zulässig, wenn der Auftraggeber objektiv nicht in der Lage ist,
1. die technischen Mittel anzugeben, mit denen seine Bedürfnisse und Anforderungen erfüllt werden können, oder
2. die rechtlichen oder finanziellen Bedingungen des Vorhabens anzugeben.

§ 3b VS Ablauf der Verfahren. (1) [1]Beim nicht offenen Verfahren müssen mindestens drei geeignete Bewerber aufgefordert werden. [2]Auf jeden Fall muss die Zahl der aufgeforderten Bewerber einen echten Wettbewerb sicherstellen. [3]Die Eignung ist anhand der mit dem Teilnahmeantrag vorgelegten Nachweise zu prüfen.

(2)
1. Beim Verhandlungsverfahren mit Teilnahmewettbewerb und beim wettbewerblichen Dialog müssen bei einer hinreichenden Anzahl geeigneter Bewerber mindestens drei Bewerber zu Verhandlungen oder zum Dialog aufgefordert werden.
2. [1]Will der Auftraggeber die Zahl der Teilnehmer im Verhandlungsverfahren mit Teilnahmewettbewerb oder im wettbewerblichen Dialog begrenzen, so gibt er in der Auftragsbekanntmachung Folgendes an:
   a) die von ihm vorgesehenen objektiven, nicht diskriminierenden und auftragsbezogenen Kriterien und

VOB Teil A **§ 3b VS VOB/A 1**

b) die vorgesehene Mindestzahl und gegebenenfalls auch die Höchstzahl der einzuladenden Bewerber.

²Sofern die Zahl von Bewerbern, die die Eignungskriterien und die Mindestanforderungen an die Leistungsfähigkeit erfüllen, unter der Mindestanzahl liegt, kann der Auftraggeber das Verfahren fortführen, indem er den oder die Bewerber einlädt, die über die geforderte Leistungsfähigkeit verfügen.
³Ist der Auftraggeber der Auffassung, dass die Zahl der geeigneten Bewerber zu gering ist, um einen echten Wettbewerb zu gewährleisten, so kann er das Verfahren aussetzen und die erste Auftragsbekanntmachung gemäß § 12 VS Absatz 2 zur Festsetzung einer neuen Frist für die Einreichung von Anträgen auf Teilnahme erneut veröffentlichen. ⁴In diesem Fall werden die nach der ersten sowie die nach der zweiten Veröffentlichung ausgewählten Bewerber eingeladen. ⁵Diese Möglichkeit besteht unbeschadet des Rechts des Auftraggebers, das laufende Vergabeverfahren einzustellen und ein neues Verfahren auszuschreiben.

3. ¹Der Auftraggeber trägt dafür Sorge, dass alle Bieter bei den Verhandlungen gleichbehandelt werden. ²Insbesondere enthält er sich jeder diskriminierenden Weitergabe von Informationen, durch die bestimmte Bieter gegenüber anderen begünstigt werden könnten.

4. ¹Der Auftraggeber kann vorsehen, dass das Verhandlungsverfahren in verschiedenen aufeinander folgenden Phasen durchgeführt wird. ²In jeder Verhandlungsphase kann die Zahl der Angebote, über die verhandelt wird, auf der Grundlage der in der Auftragsbekanntmachung oder in den Vertragsunterlagen angegebenen Zuschlagskriterien verringert werden. ³In der Schlussphase müssen noch so viele Angebote vorliegen, dass ein Wettbewerb gewährleistet ist.

(3)

1. Beim wettbewerblichen Dialog hat der Auftraggeber seine Bedürfnisse und Anforderungen bekannt zu machen; die Erläuterung dieser Anforderungen erfolgt in der Auftragsbekanntmachung oder in einer Beschreibung.

2. ¹Mit den Unternehmen, die ausgewählt wurden, ist ein Dialog zu eröffnen. ²In dem Dialog legt der Auftraggeber fest, wie seine Bedürfnisse am besten erfüllt werden können; er kann mit den ausgewählten Unternehmen alle Einzelheiten des Auftrags erörtern.

3. ¹Der Auftraggeber hat dafür zu sorgen, dass alle Unternehmen bei dem Dialog gleichbehandelt werden; insbesondere darf er Informationen nicht so weitergeben, dass bestimmte Unternehmen begünstigt werden könnten. ²Der Auftraggeber darf Lösungsvorschläge oder vertrauliche Informationen eines Unternehmens

a) nicht ohne dessen Zustimmung an die anderen Unternehmen weitergeben und

b) nur im Rahmen des Vergabeverfahrens verwenden.

4. ¹Der Auftraggeber kann vorsehen, dass der Dialog in verschiedenen aufeinander folgenden Phasen geführt wird. ²In jeder Dialogphase kann die Zahl der zu erörternden Lösungen auf Grundlage der in der Auftragsbekanntmachung oder in den Vergabeunterlagen angegebenen Zuschlagskriterien verringert werden. ³Der Auftraggeber hat die Unternehmen zu informieren, wenn deren Lösungen nicht für die nächstfolgende Dialogphase vorgesehen sind. ⁴In der

1 VOB/A § 4 VS

Schlussphase müssen noch so viele Angebote vorliegen, dass ein Wettbewerb gewährleistet ist.

5. ¹Der Auftraggeber hat den Dialog für abgeschlossen zu erklären, wenn

   a) eine Lösung gefunden worden ist, die seine Bedürfnisse und Anforderungen erfüllt, oder

   b) erkennbar ist, dass keine Lösung gefunden werden kann.

   ²Der Auftraggeber hat die Unternehmen über den Abschluss des Dialogs zu informieren.

6. ¹Im Fall von Nummer 5 Buchstabe a hat der Auftraggeber die Unternehmen aufzufordern, auf der Grundlage der eingereichten und in der Dialogphase näher ausgeführten Lösungen ihr endgültiges Angebot vorzulegen. ²Die Angebote müssen alle Einzelheiten enthalten, die zur Ausführung des Projekts erforderlich sind. ³Der Auftraggeber kann verlangen, dass Präzisierungen, Klarstellungen und Ergänzungen zu diesen Angeboten gemacht werden. ⁴Diese Präzisierungen, Klarstellungen oder Ergänzungen dürfen jedoch nicht dazu führen, dass grundlegende Elemente des Angebots oder der Ausschreibung geändert werden, dass der Wettbewerb verzerrt wird oder andere am Verfahren beteiligte Unternehmen diskriminiert werden.

7. ¹Der Auftraggeber hat die Angebote auf Grund der in der Auftragsbekanntmachung oder in den Vergabeunterlagen festgelegten Zuschlagskriterien zu bewerten und das wirtschaftlichste Angebot auszuwählen. ²Der Auftraggeber darf das Unternehmen, dessen Angebot als das wirtschaftlichste ermittelt wurde, auffordern, bestimmte Einzelheiten des Angebots näher zu erläutern oder im Angebot enthaltene Zusagen zu bestätigen. ³Dies darf nicht dazu führen, dass wesentliche Aspekte des Angebots oder der Ausschreibung geändert werden, und dass der Wettbewerb verzerrt wird oder andere am Verfahren beteiligte Unternehmen diskriminiert werden.

8. Verlangt der Auftraggeber, dass die am wettbewerblichen Dialog teilnehmenden Unternehmen Entwürfe, Pläne, Zeichnungen, Berechnungen oder andere Unterlagen ausarbeiten, muss er einheitlich allen Unternehmen, die die geforderten Unterlagen rechtzeitig vorgelegt haben, eine angemessene Kostenerstattung gewähren.

§ 4 VS Vertragsarten. (1) Bauaufträge sind so zu vergeben, dass die Vergütung nach Leistung bemessen wird (Leistungsvertrag), und zwar:

1. in der Regel zu Einheitspreisen für technisch und wirtschaftlich einheitliche Teilleistungen, deren Menge nach Maß, Gewicht oder Stückzahl vom Auftraggeber in den Vertragsunterlagen anzugeben ist (Einheitspreisvertrag),

2. in geeigneten Fällen für eine Pauschalsumme, wenn die Leistung nach Ausführungsart und Umfang genau bestimmt ist und mit einer Änderung bei der Ausführung nicht zu rechnen ist (Pauschalvertrag).

(2) Abweichend von Absatz 1 können Bauaufträge geringeren Umfangs, die überwiegend Lohnkosten verursachen, im Stundenlohn vergeben werden (Stundenlohnvertrag).

(3) Das Angebotsverfahren ist darauf abzustellen, dass der Bieter die Preise, die er für seine Leistungen fordert, in die Leistungsbeschreibung einzusetzen oder in anderer Weise im Angebot anzugeben hat.

VOB Teil A **§ 4a VS   VOB/A 1**

(4) Das Auf- und Abgebotsverfahren, bei dem vom Auftraggeber angegebene Preise dem Auf- und Abgebot der Bieter unterstellt werden, soll nur ausnahmsweise bei regelmäßig wiederkehrenden Unterhaltungsarbeiten, deren Umfang möglichst zu umgrenzen ist, angewandt werden.

§ 4a VS Rahmenvereinbarungen. (1) [1]Der Abschluss einer Rahmenvereinbarung erfolgt im Rahmen einer nach dieser Vergabeordnung anwendbaren Verfahrensart. [2]Das in Aussicht genommene Auftragsvolumen ist so genau wie möglich zu ermitteln und bekannt zu geben, braucht aber nicht abschließend festgelegt zu werden. [3]Eine Rahmenvereinbarung darf nicht missbräuchlich oder in einer Art angewendet werden, die den Wettbewerb behindert, einschränkt oder verfälscht.

(2) [1]Auf einer Rahmenvereinbarung beruhende Einzelaufträge werden nach den Kriterien dieses Absatzes und der Absätze 3 bis 5 vergeben. [2]Die Einzelauftragsvergabe erfolgt ausschließlich zwischen den in der Auftragsbekanntmachung oder der Aufforderung zur Interessensbestätigung genannten Auftraggebern und denjenigen Unternehmen, die zum Zeitpunkt des Abschlusses des Einzelauftrags Vertragspartei der Rahmenvereinbarung sind. [3]Dabei dürfen keine wesentlichen Änderungen an den Bedingungen der Rahmenvereinbarung vorgenommen werden.

(3) [1]Wird eine Rahmenvereinbarung mit nur einem Unternehmen geschlossen, so werden die auf dieser Rahmenvereinbarung beruhenden Einzelaufträge entsprechend den Bedingungen der Rahmenvereinbarung vergeben. [2]Für die Vergabe der Einzelaufträge kann der öffentliche Auftraggeber das an der Rahmenvereinbarung beteiligte Unternehmen in Textform auffordern, sein Angebot erforderlichenfalls zu vervollständigen.

(4) [1]Wird eine Rahmenvereinbarung mit mehr als einem Unternehmen geschlossen, so müssen mindestens drei Unternehmen beteiligt sein, sofern eine ausreichend große Zahl von Unternehmen die Eignungskriterien oder eine ausreichend große Zahl von zulässigen Angeboten die Zuschlagskriterien erfüllt. [2]Die Einzelaufträge, die auf einer mit mehreren Unternehmen geschlossenen Rahmenvereinbarung beruhen, werden wie folgt vergeben:
1. gemäß den Bedingungen der Rahmenvereinbarung ohne erneutes Vergabeverfahren, wenn in der Rahmenvereinbarung alle Bedingungen für die Erbringung der Bauleistung sowie die objektiven Bedingungen für die Auswahl der Unternehmen festgelegt sind, die sie als Partei der Rahmenvereinbarung ausführen werden; die letztgenannten Bedingungen sind in der Auftragsbekanntmachung oder den Vergabeunterlagen für die Rahmenvereinbarung zu nennen;
2. wenn in der Rahmenvereinbarung alle Bedingungen für die Erbringung der Bauleistung festgelegt sind, teilweise ohne erneutes Vergabeverfahren gemäß Nummer 1 und teilweise mit erneutem Vergabeverfahren zwischen den Unternehmen, die Partei der Rahmenvereinbarung sind, gemäß Nummer 3, wenn diese Möglichkeit in der Auftragsbekanntmachung oder den Vergabeunterlagen für die Rahmenvereinbarung durch den öffentlichen Auftraggeber festgelegt ist; die Entscheidung, ob bestimmte Bauleistungen nach erneutem Vergabeverfahren oder direkt entsprechend den Bedingungen der Rahmenvereinbarung beschafft werden sollen, wird nach objektiven Kriterien getroffen, die in der Auftragsbekanntmachung oder den Vergabeunterlagen für die Rahmenvereinbarung festgelegt sind; in der Auftragsbekanntmachung oder

den Vergabeunterlagen ist außerdem festzulegen, welche Bedingungen einem erneuten Vergabeverfahren unterliegen können; diese Möglichkeiten gelten auch für jedes Los einer Rahmenvereinbarung, für das alle Bedingungen für die Erbringung der Bauleistung in der Rahmenvereinbarung festgelegt sind, ungeachtet dessen, ob alle Bedingungen für die Erbringung einer Bauleistung für andere Lose festgelegt wurden; oder

3. sofern nicht alle Bedingungen zur Erbringung der Bauleistung in der Rahmenvereinbarung festgelegt sind, mittels eines erneuten Vergabeverfahrens zwischen den Unternehmen, die Parteien der Rahmenvereinbarung sind.

(5) Die in Absatz 4 Nummer 2 und 3 genannten Vergabeverfahren beruhen auf denselben Bedingungen wie der Abschluss der Rahmenvereinbarung und erforderlichenfalls auf genauer formulierten Bedingungen sowie gegebenenfalls auf weiteren Bedingungen, die in der Auftragsbekanntmachung oder den Vergabeunterlagen für die Rahmenvereinbarung in Übereinstimmung mit dem folgenden Verfahren genannt werden:

1. vor Vergabe jedes Einzelauftrags konsultiert der öffentliche Auftraggeber in Textform die Unternehmen, die in der Lage sind, den Auftrag auszuführen;
2. der öffentliche Auftraggeber setzt eine ausreichende Frist für die Abgabe der Angebote für jeden Einzelauftrag fest; dabei berücksichtigt er unter anderem die Komplexität des Auftragsgegenstands und die für die Übermittlung der Angebote erforderliche Zeit;
3. die Angebote sind in Textform einzureichen und dürfen bis zum Ablauf der Einreichungsfrist nicht geöffnet werden;
4. der öffentliche Auftraggeber vergibt die Einzelaufträge an den Bieter, der auf der Grundlage der in der Auftragsbekanntmachung oder den Vergabeunterlagen für die Rahmenvereinbarung genannten Zuschlagskriterien das jeweils wirtschaftlichste Angebot vorgelegt hat.

(6) Die Laufzeit einer Rahmenvereinbarung darf höchstens sieben Jahre betragen, es sei denn, es liegt ein im Gegenstand der Rahmenvereinbarung begründeter Sonderfall vor.

§ 5 VS Einheitliche Vergabe, Vergabe nach Losen. (1) Bauaufträge sollen so vergeben werden, dass eine einheitliche Ausführung und zweifelsfreie umfassende Haftung für Mängelansprüche erreicht wird; sie sollen daher in der Regel mit den zur Leistung gehörigen Lieferungen vergeben werden.

(2) [1] Mittelständische Interessen sind bei der Vergabe öffentlicher Aufträge vornehmlich zu berücksichtigen. [2] Leistungen sind in der Menge aufgeteilt (Teillose) und getrennt nach Art oder Fachgebiet (Fachlose) zu vergeben. [3] Mehrere Teil- oder Fachlose dürfen zusammen vergeben werden, wenn wirtschaftliche oder technische Gründe dies erfordern. [4] Wird ein Unternehmen, das nicht öffentlicher Auftraggeber ist, mit der Wahrnehmung oder Durchführung einer öffentlichen Aufgabe betraut, verpflichtet der Auftraggeber das Unternehmen, sofern es Unteraufträge an Dritte vergibt, nach den Sätzen 1 bis 3 zu verfahren.

§ 6 VS Teilnehmer am Wettbewerb. (1) Öffentliche Aufträge werden an fachkundige und leistungsfähige (geeignete) Unternehmen vergeben, die nicht nach § 6e VS ausgeschlossen worden sind.

(2) [1] Ein Unternehmen ist geeignet, wenn es die durch den Auftraggeber im Einzelnen zur ordnungsgemäßen Ausführung des Auftrags festgelegten Kriterien

(Eignungskriterien) erfüllt. ²Die Eignungskriterien dürfen ausschließlich Folgendes betreffen:
1. Befähigung und Erlaubnis zur Berufsausübung,
2. wirtschaftliche und finanzielle Leistungsfähigkeit,
3. technische und berufliche Leistungsfähigkeit.

³Die Eignungskriterien müssen mit dem Auftragsgegenstand in Verbindung und zu diesem in einem angemessenen Verhältnis stehen.

(3)
1. Der Wettbewerb darf nicht auf Unternehmen beschränkt werden, die in bestimmten Regionen oder Orten ansässig sind.
2. ¹Bietergemeinschaften sind Einzelbietern gleichzusetzen. ²Der Auftraggeber kann von Bietergemeinschaften die Annahme einer bestimmten Rechtsform verlangen, wenn dies für die ordnungsgemäße Durchführung des Auftrags notwendig ist. ³Die Annahme dieser Rechtsform kann von der Bietergemeinschaft nur verlangt werden, wenn ihr der Auftrag erteilt wird.
3. Hat ein Bewerber oder Bieter vor Einleitung des Vergabeverfahrens den Auftraggeber beraten oder sonst unterstützt, so hat der Auftraggeber sicherzustellen, dass der Wettbewerb durch die Teilnahme dieses Bewerbers oder Bieters nicht verfälscht wird.

§ 6a VS Eignungsnachweise. (1) Zum Nachweis ist die Eignung (Fachkunde und Leistungsfähigkeit) sowie das Nichtvorliegen von Ausschlussgründen gemäß § 6e VS der Bewerber oder Bieter zu prüfen.

(2)
1. Der Nachweis umfasst die folgenden Angaben:
   a) den Umsatz des Unternehmens jeweils bezogen auf die letzten drei abgeschlossenen Geschäftsjahre, soweit er Bauleistungen und andere Leistungen betrifft, die mit der zu vergebenden Leistung vergleichbar sind, unter Einschluss des Anteils bei gemeinsam mit anderen Unternehmen ausgeführten Aufträgen,
   b) die Ausführung von Leistungen in den letzten fünf abgeschlossenen Geschäftsjahren, die mit der zu vergebenden Leistung vergleichbar sind,
   c) die Zahl der in den letzten drei abgeschlossenen Geschäftsjahren jahresdurchschnittlich beschäftigten Arbeitskräfte, gegliedert nach Lohngruppen mit gesondert ausgewiesenem technischem Leitungspersonal,
   d) die Eintragung in das Berufsregister ihres Sitzes oder Wohnsitzes und
   e) die Anmeldung des Unternehmens bei der Berufsgenossenschaft.
2. Andere, auf den konkreten Auftrag bezogene zusätzliche geeignete Angaben können verlangt werden, insbesondere Angaben und Nachweise, die für den Umgang mit Verschlusssachen erforderlich sind oder die Versorgungssicherheit gewährleisten sollen, sowie Angaben, die für die Prüfung der Fachkunde geeignet sind.
3. Der Auftraggeber wird andere ihm geeignet erscheinende Nachweise der wirtschaftlichen und finanziellen Leistungsfähigkeit zulassen, wenn er feststellt, dass stichhaltige Gründe dafür bestehen.

1 VOB/A §§ 6b VS, 6c VS VOB Teil A

4. Kann ein Unternehmen aus einem berechtigten Grund die geforderten Nachweise nicht beibringen, kann es den Nachweis seiner Eignung durch Vorlage anderer Belege erbringen, die der Auftraggeber für geeignet hält.

§ 6b VS Mittel der Nachweisführung, Verfahren. (1) [1] Der Nachweis, auch über das Nichtvorliegen von Ausschlussgründen nach § 6e VS, kann mit der vom Auftraggeber direkt abrufbaren Eintragung in die allgemein zugängliche Liste des Vereins für die Präqualifikation von Bauunternehmen e.V. (Präqualifikationsverzeichnis) erfolgen.
[2] Die Eintragung in ein gleichwertiges Verzeichnis anderer Mitgliedstaaten ist als Nachweis zugelassen.

(2) [1] Die Angaben können die Bewerber oder Bieter auch durch Einzelnachweise erbringen. [2] Der Auftraggeber kann dabei vorsehen, dass für einzelne Angaben Eigenerklärungen ausreichend sind, soweit es mit Verteidigungs- und Sicherheitsinteressen vereinbar ist. [3] Eigenerklärungen, die als vorläufiger Nachweis dienen, sind von den Bietern, deren Angebote in die engere Wahl kommen, durch entsprechende Bescheinigungen der zuständigen Stellen zu bestätigen.

(3) Der Auftraggeber verlangt, dass die Nachweise bereits mit dem Teilnahmeantrag vorgelegt werden.

(4) [1] Vor der Aufforderung zur Angebotsabgabe ist die Eignung der Unternehmen zu prüfen. [2] Dabei sind die Unternehmen auszuwählen, deren Eignung die für die Erfüllung der vertraglichen Verpflichtungen notwendige Sicherheit bietet.

(5) [1] Muss einem Bewerber für das Erstellen eines Angebotes der Zugang zu Verschlusssachen des Grades „VS-VERTRAULICH" oder höher gewährt werden, muss der Bewerber bereits vor Gewährung des Zugangs die geforderten Angaben und Nachweise vorlegen. [2] Kommt der Bewerber dem nicht nach, schließt der Auftraggeber ihn von der Teilnahme am Vergabeverfahren aus.

§ 6c VS Qualitätssicherung und Umweltmanagement. (1) [1] Der Auftraggeber kann zusätzlich Angaben über Umweltmanagementverfahren verlangen, die der Bewerber oder Bieter bei der Ausführung des Auftrags gegebenenfalls anwenden will. [2] In diesem Fall kann der Auftraggeber zum Nachweis dafür, dass der Bewerber oder Bieter bestimmte Normen für das Umweltmanagement erfüllt, die Vorlage von Bescheinigungen unabhängiger Stellen verlangen. [3] Der Auftraggeber nimmt dabei Bezug auf

1. das Gemeinschaftssystem für das Umweltmanagement und die Umweltbetriebsprüfung (EMAS) oder

2. [1] Normen für das Umweltmanagement, die

   a) auf den einschlägigen europäischen oder internationalen Normen beruhen und

   b) von entsprechenden Stellen zertifiziert sind, die dem Gemeinschaftsrecht oder einschlägigen europäischen oder internationalen Zertifizierungsnormen entsprechen.

[2] Gleichwertige Bescheinigungen von Stellen in anderen Mitgliedstaaten sind anzuerkennen. [3] Der Auftraggeber erkennt auch andere Nachweise für gleichwertige Umweltmanagement-Maßnahmen an, die von Bewerbern oder Bietern vorgelegt werden.

VOB Teil A **§§ 6d VS, 6e VS   VOB/A**

(2) ¹Auftraggeber können zum Nachweis dafür, dass der Bewerber oder Bieter bestimmte Qualitätssicherungsnormen erfüllt, die Vorlage von Bescheinigungen unabhängiger Stellen verlangen. ²Der Auftraggeber nimmt dabei auf Qualitätssicherungsverfahren Bezug, die

1. den einschlägigen europäischen Normen genügen und
2. von entsprechenden Stellen zertifiziert sind, die den europäischen Zertifizierungsnormen entsprechen.

³Gleichwertige Bescheinigungen von Stellen aus anderen Mitgliedstaaten sind anzuerkennen. ⁴Der Auftraggeber erkennt auch andere gleichwertige Nachweise für Qualitätssicherungsmaßnahmen an.

§ 6d VS Kapazitäten anderer Unternehmen. ¹Ein Bewerber oder Bieter kann sich, gegebenenfalls auch als Mitglied einer Bietergemeinschaft, zur Erfüllung eines Auftrags der Fähigkeiten anderer Unternehmen bedienen. ²Dabei kommt es nicht auf den rechtlichen Charakter der Verbindung zwischen ihm und diesen Unternehmen an. ³In diesem Fall fordert der Auftraggeber von den in der engeren Wahl befindlichen Bewerbern oder Bietern den Nachweis darüber, dass ihnen die erforderlichen Mittel zur Verfügung stehen. ⁴Als Nachweise können beispielsweise entsprechende Verpflichtungserklärungen dieser Unternehmen vorgelegt werden.

§ 6e VS Ausschlussgründe. (1) Der Auftraggeber schließt ein Unternehmen zu jedem Zeitpunkt des Vergabeverfahrens von der Teilnahme aus, wenn er Kenntnis davon hat, dass eine Person, deren Verhalten nach Absatz 3 dem Unternehmen zuzurechnen ist, rechtskräftig verurteilt oder gegen das Unternehmen eine Geldbuße nach § 30 des Gesetzes über Ordnungswidrigkeiten rechtskräftig festgesetzt worden ist wegen einer Straftat nach:

1. § 129 StGB (Bildung krimineller Vereinigungen), § 129a StGB (Bildung terroristischer Vereinigungen) oder § 129b StGB (kriminelle und terroristische Vereinigungen im Ausland),
2. § 89c StGB (Terrorismusfinanzierung) oder wegen der Teilnahme an einer solchen Tat oder wegen der Bereitstellung oder Sammlung finanzieller Mittel in Kenntnis dessen, dass diese finanziellen Mittel ganz oder teilweise dazu verwendet werden oder verwendet werden sollen, eine Tat nach § 89a Absatz 2 Nummer 2 StGB zu begehen,
3. § 261 StGB (Geldwäsche; Verschleierung unrechtmäßig erlangter Vermögenswerte),
4. § 263 StGB (Betrug), soweit sich die Straftat gegen den Haushalt der Europäischen Union oder gegen Haushalte richtet, die von der Europäischen Union oder in ihrem Auftrag verwaltet werden,
5. § 264 StGB (Subventionsbetrug), soweit sich die Straftat gegen den Haushalt der Europäischen Union oder gegen Haushalte richtet, die von der Europäischen Union oder in ihrem Auftrag verwaltet werden,
6. § 299 StGB (Bestechlichkeit und Bestechung im geschäftlichen Verkehr), den §§ 299a und 299b StGB (Bestechlichkeit und Bestechung im Gesundheitswesen),
7. § 108e StGB (Bestechlichkeit und Bestechung von Mandatsträgern),

1 VOB/A § 6e VS

8. den §§ 333 und 334 StGB (Vorteilsgewährung und Bestechung), jeweils auch in Verbindung mit § 335a StGB (Ausländische und internationale Bedienstete),
9. Artikel 2 § 2 des Gesetzes zur Bekämpfung internationaler Bestechung (Bestechung ausländischer Abgeordneter im Zusammenhang mit internationalem Geschäftsverkehr) oder
10. den §§ 232, 232a Absatz 1 bis 5, den §§ 232b bis 233a StGB (Menschenhandel, Zwangsprostitution, Zwangsarbeit, Ausbeutung der Arbeitskraft, Ausbeutung unter Ausnutzung einer Freiheitsberaubung).

(2) Einer Verurteilung oder der Festsetzung einer Geldbuße im Sinne des Absatzes 1 stehen eine Verurteilung oder die Festsetzung einer Geldbuße nach den vergleichbaren Vorschriften anderer Staaten gleich.

(3) Das Verhalten einer rechtskräftig verurteilten Person ist einem Unternehmen zuzurechnen, wenn diese Person als für die Leitung des Unternehmens Verantwortlicher gehandelt hat; dazu gehört auch die Überwachung der Geschäftsführung oder die sonstige Ausübung von Kontrollbefugnissen in leitender Stellung.

(4) [1] Der Auftraggeber schließt ein Unternehmen von der Teilnahme an einem Vergabeverfahren aus, wenn

1. das Unternehmen seinen Verpflichtungen zur Zahlung von Steuern, Abgaben und Beiträgen zur Sozialversicherung nicht nachgekommen ist und dies durch eine rechtskräftige Gerichts- oder bestandskräftige Verwaltungsentscheidung festgestellt wurde, oder
2. der Auftraggeber auf sonstige geeignete Weise die Verletzung einer Verpflichtung nach Nummer 1 nachweisen kann.

[2] Satz 1 findet keine Anwendung, wenn das Unternehmen seinen Verpflichtungen dadurch nachgekommen ist, dass es die Zahlung vorgenommen oder sich zur Zahlung der Steuern, Abgaben und Beiträge zur Sozialversicherung einschließlich Zinsen, Säumnis- und Strafzuschlägen verpflichtet hat.

(5) [1] Von einem Ausschluss nach Absatz 1 kann abgesehen werden, wenn dies aus zwingenden Gründen des öffentlichen Interesses geboten ist. [2] Von einem Ausschluss nach Absatz 4 Satz 1 kann abgesehen werden, wenn dies aus zwingenden Gründen des öffentlichen Interesses geboten ist oder ein Ausschluss offensichtlich unverhältnismäßig wäre. [3] § 6f VS Absatz 1 und 2 bleiben unberührt.

(6) Der Auftraggeber kann unter Berücksichtigung des Grundsatzes der Verhältnismäßigkeit ein Unternehmen zu jedem Zeitpunkt des Vergabeverfahrens von der Teilnahme an einem Vergabeverfahren ausschließen, wenn

1. das Unternehmen bei der Ausführung öffentlicher Aufträge nachweislich gegen geltende umwelt-, sozial- und arbeitsrechtliche Verpflichtungen verstoßen hat,
2. das Unternehmen zahlungsunfähig ist, über das Vermögen des Unternehmens ein Insolvenzverfahren oder ein vergleichbares Verfahren beantragt oder eröffnet worden ist, die Eröffnung eines solchen Verfahrens mangels Masse abgelehnt worden ist, sich das Unternehmen im Verfahren der Liquidation befindet oder seine Tätigkeit eingestellt hat,
3. das Unternehmen im Rahmen der beruflichen Tätigkeit nachweislich eine schwere Verfehlung begangen hat, durch die die Integrität des Unternehmens infrage gestellt wird insbesondere im Rahmen seiner beruflichen Tätigkeit

seine Pflicht zur Gewährleistung der Informations- oder Versorgungssicherheit bei einem früheren Auftrag verletzt hat; Absatz 3 ist entsprechend anzuwenden,

4. der Auftraggeber über hinreichende Anhaltspunkte dafür verfügt, dass das Unternehmen mit anderen Unternehmen Vereinbarungen getroffen oder Verhaltensweisen aufeinander abgestimmt hat, die eine Verhinderung, Einschränkung oder Verfälschung des Wettbewerbs bezwecken oder bewirken,

5. ein Interessenkonflikt bei der Durchführung des Vergabeverfahrens besteht, der die Unparteilichkeit und Unabhängigkeit einer für den Auftraggeber tätigen Person bei der Durchführung des Vergabeverfahrens beeinträchtigen könnte und der durch andere, weniger einschneidende Maßnahmen nicht wirksam beseitigt werden kann,

6. eine Wettbewerbsverzerrung daraus resultiert, dass das Unternehmen bereits in die Vorbereitung des Vergabeverfahrens einbezogen war, und diese Wettbewerbsverzerrung nicht durch andere, weniger einschneidende Maßnahmen beseitigt werden kann,

7. das Unternehmen eine wesentliche Anforderung bei der Ausführung eines früheren öffentlichen Auftrags erheblich oder fortdauernd mangelhaft erfüllt hat und dies zu einer vorzeitigen Beendigung, zu Schadensersatz oder zu einer vergleichbaren Rechtsfolge geführt hat,

8. das Unternehmen in Bezug auf Ausschlussgründe oder Eignungskriterien eine schwerwiegende Täuschung begangen, Auskünfte zurückgehalten hat oder nicht in der Lage ist, die erforderlichen Nachweise zu übermitteln oder

9. das Unternehmen
   a) versucht hat, die Entscheidungsfindung des Auftraggebers in unzulässiger Weise zu beeinflussen,
   b) versucht hat, vertrauliche Informationen zu erhalten, durch die es unzulässige Vorteile beim Vergabeverfahren erlangen könnte,
   c) fahrlässig oder vorsätzlich irreführende Informationen übermittelt hat, die die Vergabeentscheidung des Auftraggebers erheblich beeinflussen könnten oder versucht hat, solche Informationen zu übermitteln, oder

10. das Unternehmen nachweislich nicht die erforderliche Vertrauenswürdigkeit aufweist, um Risiken für die nationale Sicherheit auszuschließen; als Beweismittel kommen auch geschützte Datenquellen in Betracht.

§ 6f VS Selbstreinigung. (1) [1] Auftraggeber schließen ein Unternehmen, bei dem ein Ausschlussgrund nach § 6e VS vorliegt, nicht von der Teilnahme an dem Vergabeverfahren aus, wenn das Unternehmen dem Auftraggeber oder nach § 8 des Wettbewerbsregistergesetzes dem Bundeskartellamt nachgewiesen hat, dass es

1. für jeden durch eine Straftat oder ein Fehlverhalten verursachten Schaden einen Ausgleich gezahlt oder sich zur Zahlung eines Ausgleichs verpflichtet hat,

2. die Tatsachen und Umstände, die mit der Straftat oder dem Fehlverhalten und dem dadurch verursachten Schaden in Zusammenhang stehen, durch eine aktive Zusammenarbeit mit den Ermittlungsbehörden und dem Auftraggeber umfassend geklärt hat und

3. konkrete technische, organisatorische und personelle Maßnahmen ergriffen hat, die geeignet sind, weitere Straftaten oder weiteres Fehlverhalten zu vermeiden.

1 VOB/A § 7 VS

² § 6e VS Absatz 4 Satz 2 bleibt unberührt.

(2) ¹Bei der Bewertung der von dem Unternehmen ergriffenen Selbstreinigungsmaßnahmen sind die Schwere und die besonderen Umstände der Straftat oder des Fehlverhaltens zu berücksichtigen. ²Die Entscheidung, dass die Selbstreinigungsmaßnahmen des Unternehmens als unzureichend bewertet werden, ist gegenüber dem Unternehmen zu begründen.

(3) Wenn ein Unternehmen, bei dem ein Ausschlussgrund vorliegt, keine oder keine ausreichenden Selbstreinigungsmaßnahmen nach Absatz 1 ergreift, darf es

1. bei Vorliegen eines Ausschlussgrundes nach § 6e VS Absatz 1 bis 4 höchstens für einen Zeitraum von fünf Jahren ab dem Tag der rechtskräftigen Verurteilung von der Teilnahme an Vergabeverfahren ausgeschlossen werden,
2. bei Vorliegen eines Ausschlussgrundes nach § 6e VS Absatz 6 höchstens für einen Zeitraum von drei Jahren ab dem betreffenden Ereignis von der Teilnahme an Vergabeverfahren ausgeschlossen werden.

§ 7 VS Leistungsbeschreibung. (1)

1. Die Leistung ist eindeutig und so erschöpfend zu beschreiben, dass alle Unternehmen die Beschreibung im gleichen Sinne verstehen müssen und ihre Preise sicher und ohne umfangreiche Vorarbeiten berechnen können.
2. Um eine einwandfreie Preisermittlung zu ermöglichen, sind alle sie beeinflussenden Umstände festzustellen und in den Vergabeunterlagen anzugeben.
3. Dem Auftragnehmer darf kein ungewöhnliches Wagnis aufgebürdet werden für Umstände und Ereignisse, auf die er keinen Einfluss hat und deren Einwirkung auf die Preise und Fristen er nicht im Voraus schätzen kann.
4. ¹Bedarfspositionen sind grundsätzlich nicht in die Leistungsbeschreibung aufzunehmen. ²Angehängte Stundenlohnarbeiten dürfen nur in dem unbedingt erforderlichen Umfang in die Leistungsbeschreibung aufgenommen werden.
5. Erforderlichenfalls sind auch der Zweck und die vorgesehene Beanspruchung der fertigen Leistung anzugeben.
6. Die für die Ausführung der Leistung wesentlichen Verhältnisse der Baustelle, z.B. Boden- und Wasserverhältnisse, sind so zu beschreiben, dass das Unternehmen ihre Auswirkungen auf die bauliche Anlage und die Bauausführung hinreichend beurteilen kann.
7. Die „Hinweise für das Aufstellen der Leistungsbeschreibung" in Abschnitt 0 der Allgemeinen Technischen Vertragsbedingungen für Bauleistungen, DIN 18299 ff., sind zu beachten.

(2) ¹Soweit es nicht durch den Auftragsgegenstand gerechtfertigt ist, darf in technischen Spezifikationen nicht auf eine bestimmte Produktion oder Herkunft oder ein besonderes Verfahren, das die von einem bestimmten Unternehmen bereitgestellten Produkte charakterisiert, oder auf Marken, Patente, Typen oder einen bestimmten Ursprung oder eine bestimmte Produktion verwiesen werden, wenn dadurch bestimmte Unternehmen oder bestimmte Produkte begünstigt oder ausgeschlossen werden. ²Solche Verweise sind jedoch ausnahmsweise zulässig, wenn der Auftragsgegenstand nicht hinreichend genau und allgemein verständlich beschrieben werden kann; solche Verweise sind mit dem Zusatz „oder gleichwertig" zu versehen.

(3) Bei der Beschreibung der Leistung sind die verkehrsüblichen Bezeichnungen zu beachten.

§ 7a VS Technische Spezifikationen. (1) Die technischen Anforderungen (Spezifikationen – siehe Anhang TS Nummer 1) an den Auftragsgegenstand müssen allen Unternehmen gleichermaßen zugänglich sein.

(2) Die technischen Spezifikationen sind in den Vergabeunterlagen zu formulieren:

1. entweder unter Bezugnahme auf die in Anhang TS definierten technischen Spezifikationen in der Rangfolge

   a) nationale zivile Normen, mit denen europäische Normen umgesetzt werden,

   b) europäische technische Bewertungen,

   c) gemeinsame zivile technische Spezifikationen,

   d) nationale zivile Normen, mit denen internationale Normen umgesetzt werden,

   e) andere internationale zivile Normen,

   f) andere technische Bezugssysteme, die von den europäischen Normungsgremien erarbeitet wurden oder, falls solche Normen und Spezifikationen fehlen, nationale Normen, nationale technische Zulassungen oder nationale technische Spezifikationen für die Planung, Berechnung und Ausführung von Bauwerken und den Einsatz von Produkten,

   g) zivile technische Spezifikationen, die von der Industrie entwickelt wurden und von ihr allgemein anerkannt werden oder

   h) die in Anhang III Nummer 3 der Richtlinie 2009/81/EG definierten nationalen „Verteidigungsnormen" und Spezifikationen für Verteidigungsgüter, die diesen Normen entsprechen.

   Jede Bezugnahme ist mit dem Zusatz „oder gleichwertig" zu versehen;

2. oder in Form von Leistungs- oder Funktionsanforderungen, die so genau zu fassen sind, dass sie den Unternehmen ein klares Bild vom Auftragsgegenstand vermitteln und dem Auftraggeber die Erteilung des Zuschlags ermöglichen;

3. oder in Kombination von Nummern 1 und Nummer 2, das heißt

   a) in Form von Leistungs- oder Funktionsanforderungen unter Bezugnahme auf die Spezifikationen gemäß Nummer 1 als Mittel zur Vermutung der Konformität mit diesen Leistungs- oder Funktionsanforderungen;

   b) oder mit Bezugnahme auf die Spezifikationen gemäß Nummer 1 hinsichtlich bestimmter Merkmale und mit Bezugnahme auf die Leistungs- oder Funktionsanforderungen gemäß Nummer 2 hinsichtlich anderer Merkmale.

(3) [1] Verweist der Auftraggeber in der Leistungsbeschreibung auf die in Absatz 2 Nummer 1 genannten Spezifikationen, so darf er ein Angebot nicht mit der Begründung ablehnen, die angebotene Leistung entspräche nicht den herangezogenen Spezifikationen, sofern der Bieter in seinem Angebot dem Auftraggeber nachweist, dass die von ihm vorgeschlagenen Lösungen den Anforderungen der technischen Spezifikation, auf die Bezug genommen wurde, gleichermaßen entsprechen. [2] Als geeignetes Mittel kann eine technische Beschreibung des Herstellers oder ein Prüfbericht einer anerkannten Stelle gelten.

(4) ¹Legt der Auftraggeber die technischen Spezifikationen in Form von Leistungs- oder Funktionsanforderungen fest, so darf er ein Angebot, das einer nationalen Norm entspricht, mit der eine europäische Norm umgesetzt wird, oder einer europäischen technischen Bewertung, einer gemeinsamen technischen Spezifikation, einer internationalen Norm oder einem technischen Bezugssystem, das von den europäischen Normungsgremien erarbeitet wurde, entspricht, nicht zurückweisen, wenn diese Spezifikationen die geforderten Leistungs- oder Funktionsanforderungen betreffen. ²Der Bieter muss in seinem Angebot mit geeigneten Mitteln dem Auftraggeber nachweisen, dass der Norm entsprechende jeweilige Leistung den Leistungs- oder Funktionsanforderungen des Auftraggebers entspricht. ³Als geeignetes Mittel kann eine technische Beschreibung des Herstellers oder ein Prüfbericht einer anerkannten Stelle gelten.

(5) ¹Schreibt der Auftraggeber Umwelteigenschaften in Form von Leistungs- oder Funktionsanforderungen vor, so kann er die Spezifikationen verwenden, die in europäischen, multinationalen oder anderen Umweltzeichen definiert sind, wenn

1. sie sich zur Definition der Merkmale des Auftragsgegenstands eignen,
2. die Anforderungen des Umweltzeichens auf Grundlage von wissenschaftlich abgesicherten Informationen ausgearbeitet werden,
3. die Umweltzeichen im Rahmen eines Verfahrens erlassen werden, an dem interessierte Kreise – wie z.B. staatliche Stellen, Verbraucher, Hersteller, Händler und Umweltorganisationen – teilnehmen können, und
4. das Umweltzeichen für alle Betroffenen zugänglich und verfügbar ist.

²Der Auftraggeber kann in den Vergabeunterlagen angeben, dass bei Leistungen, die mit einem Umweltzeichen ausgestattet sind, vermutet wird, dass sie den in der Leistungsbeschreibung festgelegten technischen Spezifikationen genügen. ³Der Auftraggeber muss jedoch auch jedes andere geeignete Beweismittel, wie technische Unterlagen des Herstellers oder Prüfberichte anerkannter Stellen, akzeptieren. ⁴Anerkannte Stellen sind die Prüf- und Eichlaboratorien sowie die Inspektions- und Zertifizierungsstellen, die mit den anwendbaren europäischen Normen übereinstimmen. ⁵Der Auftraggeber erkennt Bescheinigungen von in anderen Mitgliedstaaten ansässigen anerkannten Stellen an.

§ 7b VS Leistungsbeschreibung mit Leistungsverzeichnis. (1) Die Leistung ist in der Regel durch eine allgemeine Darstellung der Bauaufgabe (Baubeschreibung) und ein in Teilleistungen gegliedertes Leistungsverzeichnis zu beschreiben.

(2) ¹Erforderlichenfalls ist die Leistung auch zeichnerisch oder durch Probestücke darzustellen oder anders zu erklären, z.B. durch Hinweise auf ähnliche Leistungen, durch Mengen- oder statische Berechnungen. ²Zeichnungen und Proben, die für die Ausführung maßgebend sein sollen, sind eindeutig zu bezeichnen.

(3) Leistungen, die nach den Vertragsbedingungen, den Technischen Vertragsbedingungen oder der gewerblichen Verkehrssitte zu der geforderten Leistung gehören (§ 2 Absatz 1 VOB/B[1)]), brauchen nicht besonders aufgeführt zu werden.

[1)] Nr. 1.

VOB Teil A §§ 7c VS, 8 VS VOB/A 1

(4) ¹Im Leistungsverzeichnis ist die Leistung derart aufzugliedern, dass unter einer Ordnungszahl (Position) nur solche Leistungen aufgenommen werden, die nach ihrer technischen Beschaffenheit und für die Preisbildung als in sich gleichartig anzusehen sind. ²Ungleichartige Leistungen sollen unter einer Ordnungszahl (Sammelposition) nur zusammengefasst werden, wenn eine Teilleistung gegenüber einer anderen für die Bildung eines Durchschnittspreises ohne nennenswerten Einfluss ist.

§ 7c VS Leistungsbeschreibung mit Leistungsprogramm. (1) Wenn es nach Abwägen aller Umstände zweckmäßig ist, abweichend von § 7b VS Absatz 1 zusammen mit der Bauausführung auch den Entwurf für die Leistung dem Wettbewerb zu unterstellen, um die technisch, wirtschaftlich und gestalterisch beste sowie funktionsgerechteste Lösung der Bauaufgabe zu ermitteln, kann die Leistung durch ein Leistungsprogramm dargestellt werden.

(2)

1. Das Leistungsprogramm umfasst eine Beschreibung der Bauaufgabe, aus der die Unternehmen alle für die Entwurfsbearbeitung und ihr Angebot maßgebenden Bedingungen und Umstände erkennen können und in der sowohl der Zweck der fertigen Leistung als auch die an sie gestellten technischen, wirtschaftlichen, gestalterischen und funktionsbedingten Anforderungen angegeben sind, sowie gegebenenfalls ein Musterleistungsverzeichnis, in dem die Mengenangaben ganz oder teilweise offengelassen sind.
2. § 7b VS Absatz 2 bis 4 gilt sinngemäß.

(3) ¹Von dem Bieter ist ein Angebot zu verlangen, das außer der Ausführung der Leistung den Entwurf nebst eingehender Erläuterung und eine Darstellung der Bauausführung sowie eine eingehende und zweckmäßig gegliederte Beschreibung der Leistung – gegebenenfalls mit Mengen- und Preisangaben für Teile der Leistung – umfasst. ²Bei Beschreibung der Leistung mit Mengen- und Preisangaben ist vom Bieter zu verlangen, dass er

1. die Vollständigkeit seiner Angaben, insbesondere die von ihm selbst ermittelten Mengen, entweder ohne Einschränkung oder im Rahmen einer in den Vergabeunterlagen anzugebenden Mengentoleranz vertritt, und
2. etwaige Annahmen, zu denen er in besonderen Fällen gezwungen ist, weil zum Zeitpunkt der Angebotsabgabe einzelne Teilleistungen nach Art und Menge noch nicht bestimmt werden können (z.B. Aushub-, Abbruch- oder Wasserhaltungsarbeiten) – erforderlichenfalls anhand von Plänen und Mengenermittlungen – begründet.

§ 8 VS Vergabeunterlagen. (1) Die Vergabeunterlagen bestehen aus

1. dem Anschreiben (Aufforderung zur Angebotsabgabe gemäß Absatz 2 Nummer 1 bis 3), gegebenenfalls Teilnahmebedingungen (Absatz 2 Nummer 6) und
2. den Vertragsunterlagen (Absatz 3 und §§ 7 VS bis 7c VS, § 8a VS Absatz 1 bis 3).

(2)

1. Das Anschreiben muss die in Anhang XV der Durchführungsverordnung (EU) Nr. 2015/1986 geforderten Informationen enthalten, die außer den Vertrags-

1 VOB/A § 8a VS VOB Teil A

unterlagen für den Entschluss zur Abgabe eines Angebots notwendig sind, sofern sie nicht bereits veröffentlicht wurden.

2. In den Vergabeunterlagen kann der Auftraggeber die Bieter auffordern, in ihrem Angebot die Leistungen anzugeben, die sie an Nachunternehmen zu vergeben beabsichtigen.

3. [1] Hat der Auftraggeber in der Auftragsbekanntmachung Nebenangebote zugelassen, hat er anzugeben:

   a) ob er Nebenangebote ausnahmsweise nur in Verbindung mit einem Hauptangebot zulässt,

   b) die Mindestanforderungen für Nebenangebote.

[2] Von Bietern, die eine Leistung anbieten, deren Ausführung nicht in Allgemeinen Technischen Vertragsbedingungen oder in den Vergabeunterlagen geregelt ist, sind im Angebot entsprechende Angaben über Ausführung und Beschaffenheit dieser Leistung zu verlangen.

4. Der Auftraggeber kann in der Auftragsbekanntmachung angeben, dass er die Abgabe mehrerer Hauptangebote nicht zulässt.

5. Der Auftraggeber hat an zentraler Stelle in den Vergabeunterlagen abschließend alle Unterlagen im Sinne von § 16a VS Absatz 1 mit Ausnahme von Produktangaben anzugeben.

6. Auftraggeber, die ständig Bauaufträge vergeben, sollen die Erfordernisse, die die Unternehmen bei der Bearbeitung ihrer Angebote beachten müssen, in den Teilnahmebedingungen zusammenfassen und dem Anschreiben beifügen.

(3) Bei der Vergabe von Verschlusssachenaufträgen und Aufträgen, die Anforderungen an die Versorgungssicherheit beinhalten, benennt der Auftraggeber in der Auftragsbekanntmachung oder den Vergabeunterlagen alle Maßnahmen und Anforderungen, die erforderlich sind, um den Schutz solcher Verschlusssachen entsprechend der jeweiligen Sicherheitsstufe zu gewährleisten bzw. um die Versorgungssicherheit zu gewährleisten.

§ 8a VS Allgemeine, Besondere und Zusätzliche Vertragsbedingungen. (1) [1] In den Vergabeunterlagen ist vorzuschreiben, dass die Allgemeinen Vertragsbedingungen für die Ausführung von Bauleistungen (VOB/B[1]) und die Allgemeinen Technischen Vertragsbedingungen für Bauleistungen (VOB/C) Bestandteile des Vertrags werden. [2] Das gilt auch für etwaige Zusätzliche Vertragsbedingungen und etwaige Zusätzliche Technische Vertragsbedingungen, soweit sie Bestandteile des Vertrags werden sollen.

(2)

1. [1] Die Allgemeinen Vertragsbedingungen bleiben grundsätzlich unverändert. [2] Sie können von Auftraggebern, die ständig Bauaufträge vergeben, für die bei ihnen allgemein gegebenen Verhältnisse durch Zusätzliche Vertragsbedingungen ergänzt werden. [3] Diese dürfen den Allgemeinen Vertragsbedingungen nicht widersprechen.

2. [1] Für die Erfordernisse des Einzelfalles sind die Allgemeinen Vertragsbedingungen und etwaige Zusätzliche Vertragsbedingungen durch Besondere Vertragsbedingungen zu ergänzen. [2] In diesen sollen sich Abweichungen von den Allgemeinen Vertragsbedingungen auf die Fälle beschränken, in denen dort

---

[1] Nr. 1.

VOB Teil A **§ 8b VS VOB/A 1**

besondere Vereinbarungen ausdrücklich vorgesehen sind und auch nur soweit es die Eigenart der Leistung und ihre Ausführung erfordern.

(3) ¹Die Allgemeinen Technischen Vertragsbedingungen bleiben grundsätzlich unverändert. ²Sie können von Auftraggebern, die ständig Bauaufträge vergeben, für die bei ihnen allgemein gegebenen Verhältnisse durch Zusätzliche Technische Vertragsbedingungen ergänzt werden. ³Für die Erfordernisse des Einzelfalles sind Ergänzungen und Änderungen in der Leistungsbeschreibung festzulegen.

(4)

1. In den Zusätzlichen Vertragsbedingungen oder in den Besonderen Vertragsbedingungen sollen, soweit erforderlich, folgende Punkte geregelt werden:
   a) Unterlagen (§ 8b VS Absatz 3; § 3 Absatz 5 und 6 VOB/B),
   b) Benutzung von Lager- und Arbeitsplätzen, Zufahrtswegen, Anschlussgleisen, Wasser- und Energieanschlüssen (§ 4 Absatz 4 VOB/B),
   c) Weitervergabe an Nachunternehmen (§ 4 Absatz 8 VOB/B),
   d) Ausführungsfristen (§ 9 VS; § 5 VOB/B),
   e) Haftung (§ 10 Absatz 2 VOB/B),
   f) Vertragsstrafen und Beschleunigungsvergütungen (§ 9a VS; § 11 VOB/B),
   g) Abnahme (§ 12 VOB/B),
   h) Vertragsart (§§ 4 VS, 4a VS), Abrechnung (§ 14 VOB/B),
   i) Stundenlohnarbeiten (§ 15 VOB/B),
   j) Zahlungen, Vorauszahlungen (§ 16 VOB/B),
   k) Sicherheitsleistung (§ 9c VS; § 17 VOB/B),
   l) Gerichtsstand (§ 18 Absatz 1 VOB/B),
   m) Lohn- und Gehaltsnebenkosten,
   n) Änderung der Vertragspreise (§ 9d VS).

2. ¹Im Einzelfall erforderliche besondere Vereinbarungen über die Mängelansprüche sowie deren Verjährung (§ 9b VS; § 13 Absatz 1, 4 und 7 VOB/B) und über die Verteilung der Gefahr bei Schäden, die durch Hochwasser, Sturmfluten, Grundwasser, Wind, Schnee, Eis und dergleichen entstehen können (§ 7 VOB/B), sind in den Besonderen Vertragsbedingungen zu treffen. ²Sind für bestimmte Bauleistungen gleichgelagerte Voraussetzungen im Sinne von § 9b VS gegeben, so dürfen die besonderen Vereinbarungen auch in Zusätzlichen Technischen Vertragsbedingungen vorgesehen werden.

§ 8b VS Kosten- und Vertrauensregelung, Schiedsverfahren. (1) Beim nicht offenen Verfahren, beim Verhandlungsverfahren und beim wettbewerblichen Dialog sind alle Unterlagen unentgeltlich abzugeben.

(2)

1. ¹Für die Bearbeitung des Angebotes wird keine Entschädigung gewährt. ²Verlangt jedoch der Auftraggeber, dass der Bieter Entwürfe, Pläne, Zeichnungen, statische Berechnungen, Mengenberechnungen oder andere Unterlagen ausarbeitet, insbesondere in den Fällen des § 7c VS, so ist einheitlich für alle Bieter in der Ausschreibung eine angemessene Entschädigung festzusetzen. ³Diese Entschädigung steht jedem Bieter zu, der ein der Ausschreibung entsprechendes Angebot mit den geforderten Unterlagen rechtzeitig eingereicht hat.

1 VOB/A §§ 9 VS, 9a VS   VOB Teil A

2. Diese Grundsätze gelten für Verhandlungsverfahren und wettbewerblichen Dialog entsprechend.

(3) [1]Der Auftraggeber darf Angebotsunterlagen und die in den Angeboten enthaltenen eigenen Vorschläge eines Bieters nur für die Prüfung und Wertung der Angebote (§§ 16c VS und 16d VS) verwenden. [2]Eine darüber hinausgehende Verwendung bedarf der vorherigen schriftlichen Vereinbarung.

(4) Sollen Streitigkeiten aus dem Vertrag unter Ausschluss des ordentlichen Rechtsweges im schiedsrichterlichen Verfahren ausgetragen werden, so ist es in besonderer, nur das Schiedsverfahren betreffender Urkunde zu vereinbaren, soweit nicht § 1031 Absatz 2 ZPO auch eine andere Form der Vereinbarung zulässt.

§ 9 VS Ausführungsfristen, Einzelfristen, Verzug. (1)

1. [1]Die Ausführungsfristen sind ausreichend zu bemessen; Jahreszeit, Arbeitsbedingungen und etwaige besondere Schwierigkeiten sind zu berücksichtigen. [2]Für die Bauvorbereitung ist dem Auftragnehmer genügend Zeit zu gewähren.
2. Außergewöhnlich kurze Fristen sind nur bei besonderer Dringlichkeit vorzusehen.
3. Soll vereinbart werden, dass mit der Ausführung erst nach Aufforderung zu beginnen ist (§ 5 Absatz 2 VOB/B[1])), so muss die Frist, innerhalb derer die Aufforderung ausgesprochen werden kann, unter billiger Berücksichtigung der für die Ausführung maßgebenden Verhältnisse zumutbar sein; sie ist in den Vergabeunterlagen festzulegen.

(2)

1. Wenn es ein erhebliches Interesse des Auftraggebers erfordert, sind Einzelfristen für in sich abgeschlossene Teile der Leistung zu bestimmen.
2. Wird ein Bauzeitenplan aufgestellt, damit die Leistungen aller Unternehmen sicher ineinandergreifen, so sollen nur die für den Fortgang der Gesamtarbeit besonders wichtigen Einzelfristen als vertraglich verbindliche Fristen (Vertragsfristen) bezeichnet werden.

(3) Ist für die Einhaltung von Ausführungsfristen die Übergabe von Zeichnungen oder anderen Unterlagen wichtig, so soll hierfür ebenfalls eine Frist festgelegt werden.

(4) [1]Der Auftraggeber darf in den Vertragsunterlagen eine Pauschalierung des Verzugsschadens (§ 5 Absatz 4 VOB/B) vorsehen; sie soll fünf Prozent der Auftragssumme nicht überschreiten. [2]Der Nachweis eines geringeren Schadens ist zuzulassen.

§ 9a VS Vertragsstrafen, Beschleunigungsvergütung.
[1]Vertragsstrafen für die Überschreitung von Vertragsfristen sind nur zu vereinbaren, wenn die Überschreitung erhebliche Nachteile verursachen kann. [2]Die Strafe ist in angemessenen Grenzen zu halten. [3]Beschleunigungsvergütungen (Prämien) sind nur vorzusehen, wenn die Fertigstellung vor Ablauf der Vertragsfristen erhebliche Vorteile bringt.

---

[1]) Nr. 1.

§ 9b VS Verjährung der Mängelansprüche.

[1] Andere Verjährungsfristen als nach § 13 Absatz 4 VOB/B[1]) sollen nur vorgesehen werden, wenn dies wegen der Eigenart der Leistung erforderlich ist. [2] In solchen Fällen sind alle Umstände gegeneinander abzuwägen, insbesondere, wann etwaige Mängel wahrscheinlich erkennbar werden und wieweit die Mängelursachen noch nachgewiesen werden können, aber auch die Wirkung auf die Preise und die Notwendigkeit einer billigen Bemessung der Verjährungsfristen für Mängelansprüche.

§ 9c VS Sicherheitsleistung.

(1) [1] Auf Sicherheitsleistung soll ganz oder teilweise verzichtet werden, wenn Mängel der Leistung voraussichtlich nicht eintreten. [2] Unterschreitet die Auftragssumme 250 000 Euro ohne Umsatzsteuer, ist auf Sicherheitsleistung für die Vertragserfüllung und in der Regel auf Sicherheitsleistung für die Mängelansprüche zu verzichten. [3] Bei nicht offenen Verfahren sowie bei Verhandlungsverfahren und wettbewerblichem Dialog sollen Sicherheitsleistungen in der Regel nicht verlangt werden.

(2) [1] Die Sicherheit soll nicht höher bemessen und ihre Rückgabe nicht für einen späteren Zeitpunkt vorgesehen werden, als nötig ist, um den Auftraggeber vor Schaden zu bewahren. [2] Die Sicherheit für die Erfüllung sämtlicher Verpflichtungen aus dem Vertrag soll fünf Prozent der Auftragssumme nicht überschreiten. [3] Die Sicherheit für Mängelansprüche soll drei Prozent der Abrechnungssumme nicht überschreiten.

§ 9d VS Änderung der Vergütung.

[1] Sind wesentliche Änderungen der Preisermittlungsgrundlagen zu erwarten, deren Eintritt oder Ausmaß ungewiss ist, so kann eine angemessene Änderung der Vergütung in den Vertragsunterlagen vorgesehen werden. [2] Die Einzelheiten der Preisänderungen sind festzulegen.

§ 10 VS Fristen.

Falls die Angebote nur nach einer Ortsbesichtigung oder Einsichtnahme in nicht übersandte Unterlagen erstellt werden können, sind längere Fristen als die Mindestfristen festzulegen, damit alle Unternehmen von allen Informationen, die für die Erstellung des Angebotes erforderlich sind, Kenntnis nehmen können.

§ 10a VS frei

§ 10b VS Fristen im nicht offenen Verfahren.

(1) Beim nicht offenen Verfahren beträgt die Frist für den Eingang der Anträge auf Teilnahme (Bewerbungsfrist) mindestens 37 Kalendertage, gerechnet vom Tag nach Absendung der Auftragsbekanntmachung.

(2) Die Bewerbungsfrist kann bei Auftragsbekanntmachungen, die über das Internetportal des Amtes für Veröffentlichungen der Europäischen Union auf elektronischem Weg erstellt und übermittelt werden (elektronischen Auftragsbekanntmachungen), um sieben Kalendertage verkürzt werden.

(3) Die Angebotsfrist beträgt mindestens 40 Kalendertage, gerechnet vom Tag nach Absendung der Aufforderung zur Angebotsabgabe.

(4) [1] Die Angebotsfrist kann auf 36 Kalendertage, gerechnet vom Tag nach Absendung der Aufforderung zur Angebotsabgabe, verkürzt werden; sie darf 22 Kalendertage nicht unterschreiten. [2] Voraussetzung dafür ist, dass eine Vor-

---

[1]) Nr. 1.

information nach dem vorgeschriebenen Muster gemäß § 12 VS Absatz 1 Nummer 3 mindestens 52 Kalendertage, höchstens aber zwölf Monate vor Absendung der Auftragsbekanntmachung des Auftrags an das Amt für Veröffentlichungen der Europäischen Union abgesandt wurde. ³Diese Vorinformation muss mindestens die im Muster einer Auftragsbekanntmachung nach § 12 VS Absatz 2 Nummer 2 für das nicht offene Verfahren geforderten Angaben enthalten, soweit diese Informationen zum Zeitpunkt der Absendung der Vorinformation vorlagen.

(5) Die Angebotsfrist kann um weitere fünf Kalendertage verkürzt werden, wenn ab der Veröffentlichung der Auftragsbekanntmachung die Vertragsunterlagen und alle zusätzlichen Unterlagen auf elektronischem Weg frei zugänglich, direkt und vollständig zur Verfügung gestellt werden; in der Auftragsbekanntmachung ist die Internetadresse anzugeben, unter der diese Unterlagen abgerufen werden können.

(6) Aus Gründen der Dringlichkeit kann

1. die Bewerbungsfrist auf mindestens 15 Kalendertage oder mindestens zehn Kalendertage bei elektronischer Auftragsbekanntmachung, wenn ab der Veröffentlichung der Auftragsbekanntmachung die Vertragsunterlagen und alle zusätzlichen Unterlagen auf elektronischem Weg frei zugänglich, direkt und vollständig zur Verfügung gestellt werden; in der Auftragsbekanntmachung ist die Internetadresse anzugeben, unter der diese Unterlagen abgerufen werden können,

2. die Angebotsfrist auf mindestens zehn Kalendertage

verkürzt werden.

(7) Bis zum Ablauf der Angebotsfrist können Angebote in Textform zurückgezogen werden.

(8) ¹Der Auftraggeber bestimmt eine angemessene Frist, innerhalb der die Bieter an ihre Angebote gebunden sind (Bindefrist). ²Diese soll so kurz wie möglich und nicht länger bemessen werden, als der Auftraggeber für eine zügige Prüfung und Wertung der Angebote (§§ 16 VS bis 16d VS) benötigt. ³Eine längere Bindefrist als 30 Kalendertage soll nur in begründeten Fällen festgelegt werden. ⁴Das Ende der Bindefrist ist durch Angabe des Kalendertags zu bezeichnen.

(9) Die Bindefrist beginnt mit dem Ablauf der Angebotsfrist.

§ 10c VS Fristen im Verhandlungsverfahren. (1) Beim Verhandlungsverfahren mit Teilnahmewettbewerb ist entsprechend §§ 10 VS und 10b VS Absatz 1, 2, 6 Nummer 1 und Absatz 8 bis 9 zu verfahren.

(2) ¹Beim Verhandlungsverfahren ohne Teilnahmewettbewerb ist auch bei Dringlichkeit für die Bearbeitung und Einreichung der Angebote eine ausreichende Angebotsfrist nicht unter zehn Kalendertagen vorzusehen. ²Dabei ist insbesondere der zusätzliche Aufwand für die Besichtigung von Baustellen oder die Beschaffung von Unterlagen für die Angebotsbearbeitung zu berücksichtigen. ³Es ist entsprechend § 10b VS Absatz 8 und 9 zu verfahren.

§ 10d VS Fristen im wettbewerblichen Dialog. Beim wettbewerblichen Dialog ist entsprechend §§ 10 VS und 10b VS Absatz 1, 2 und 8 bis 9 zu verfahren.

§ 11 VS Grundsätze der Informationsübermittlung. (1)

1. Der Auftraggeber gibt in der Auftragsbekanntmachung oder den Vergabeunterlagen an, ob Informationen per Post, Telefax, direkt, elektronisch oder durch eine Kombination dieser Kommunikationsmittel übermittelt werden.
2. [1] Das für die elektronische Übermittlung gewählte Netz muss allgemein verfügbar sein und darf den Zugang der Bewerber und Bieter zu den Vergabeverfahren nicht beschränken. [2] Die dafür zu verwendenden Programme und ihre technischen Merkmale müssen allgemein zugänglich, mit allgemein verbreiteten Erzeugnissen der Informations- und Kommunikationstechnologie kompatibel und nicht diskriminierend sein.
3. [1] Der Auftraggeber hat dafür Sorge zu tragen, dass den interessierten Unternehmen die Informationen über die Spezifikationen der Geräte, die für die elektronische Übermittlung der Anträge auf Teilnahme und der Angebote erforderlich sind, einschließlich Verschlüsselung zugänglich sind. [2] Außerdem muss gewährleistet sein, dass die in § 11a VS genannten Anforderungen erfüllt sind.

(2) Der Auftraggeber kann im Internet ein Beschafferprofil einrichten, in dem allgemeine Informationen wie Kontaktstelle, Telefon- und Telefaxnummer, Postanschrift und E-Mail-Adresse sowie Angaben über Ausschreibungen, geplante und vergebene Aufträge oder aufgehobene Verfahren veröffentlicht werden können.

(3) [1] Der Auftraggeber hat die Datenintegrität und die Vertraulichkeit der übermittelten Anträge auf Teilnahme am Vergabeverfahren auf geeignete Weise zu gewährleisten. [2] Per Post oder direkt übermittelte Anträge sind

1. in einem verschlossenen Umschlag einzureichen,
2. als Anträge auf Teilnahme auf dem Umschlag zu kennzeichnen und
3. bis zum Ablauf der vorgesehenen Frist unter Verschluss zu halten.

[3] Bei elektronisch übermittelten Teilnahmeanträgen sind Datenintegrität und Vertraulichkeit durch entsprechende organisatorische und technische Lösungen nach den Anforderungen des Auftraggebers und durch Verschlüsselung sicherzustellen. [4] Die Verschlüsselung muss bis zum Ablauf der Frist, die für die Einreichung der Anträge bestimmt ist, aufrechterhalten bleiben.

(4) Anträge auf Teilnahme am Vergabeverfahren können auch per Telefax oder telefonisch gestellt werden, müssen dann aber vom Unternehmen bis zum Ablauf der Frist für die Abgabe der Teilnahmeanträge durch Übermittlung per Post, direkt oder elektronisch bestätigt werden.

§ 11a VS Anforderungen an elektronische Mittel.

Die Geräte müssen gewährleisten, dass

1. für die Angebote eine elektronische Signatur oder ein elektronisches Siegel verwendet werden können,
2. Tag und Uhrzeit des Eingangs der Teilnahmeanträge oder Angebote genau bestimmbar sind,
3. ein Zugang zu den Daten nicht vor Ablauf des hierfür festgesetzten Termins erfolgt,
4. bei einem Verstoß gegen das Zugangsverbot der Verstoß sicher festgestellt werden kann,

1 VOB/A § 12 VS VOB Teil A

5. ausschließlich die hierfür bestimmten Personen den Zeitpunkt der Öffnung der Daten festlegen oder ändern können,
6. der Zugang zu den übermittelten Daten nur möglich ist, wenn die hierfür bestimmten Personen gleichzeitig und erst nach dem festgesetzten Zeitpunkt tätig werden und
7. die übermittelten Daten ausschließlich den zur Kenntnisnahme bestimmten Personen zugänglich bleiben.

§ 12 VS Vorinformation, Auftragsbekanntmachung. (1)

1. Als Vorinformation sind die wesentlichen Merkmale der beabsichtigten Bauaufträge oder Rahmenvereinbarungen mit mindestens einem geschätzten Gesamtauftragswert für Bauleistungen nach § 106 Absatz 2 Nummer 3 GWB ohne Umsatzsteuer bekannt zu machen.
2. Eine Vorinformation ist nur dann verpflichtend, wenn der Auftraggeber von der Möglichkeit einer Verkürzung der Angebotsfrist gemäß § 10b VS Absatz 4 Gebrauch machen möchte.
3. Die Vorinformation ist nach dem Muster gemäß Anhang XIII der Durchführungsverordnung (EU) Nr. 2015/1986 zu erstellen.
4. ¹Nach Genehmigung der Planung ist die Vorinformation sobald wie möglich dem Amt für Veröffentlichungen der Europäischen Union[1] zu übermitteln oder im Beschafferprofil nach § 11 VS Absatz 2 zu veröffentlichen; in diesem Fall ist dem Amt für Veröffentlichungen der Europäischen Union zuvor auf elektronischem Weg die Veröffentlichung mit dem Muster gemäß Anhang VIII der Durchführungsverordnung (EU) Nr. 2015/1986 zu melden, Anhang VI der Richtlinie 2009/81/EG ist zu beachten. ²Die Vorinformation kann außerdem in Tageszeitungen, amtlichen Veröffentlichungsblättern oder Internetportalen veröffentlicht werden.

(2)
1. Die Unternehmen sind durch Auftragsbekanntmachungen aufzufordern, ihre Teilnahme am Wettbewerb zu beantragen, wenn Bauaufträge im Sinne von § 1 VS oder Rahmenvereinbarungen in einem nicht offenen Verfahren, in einem Verhandlungsverfahren mit Teilnahmewettbewerb oder in einem wettbewerblichen Dialog vergeben werden.
2. ¹Die Auftragsbekanntmachungen müssen die in Anhang XV der Durchführungsverordnung (EU) Nr. 2015/1986 geforderten Informationen enthalten und sollen nicht mehr als 650 Wörter umfassen, wenn der Inhalt der Auftragsbekanntmachung nicht auf elektronischem Weg gemäß dem Muster und unter Beachtung des Verfahrens bei der Übermittlung nach Anhang VI Nummer 3 der Richtlinie 2009/81/EG abgesendet wird. ²Auftragsbekanntmachungen sind im Amtsblatt der Europäischen Union zu veröffentlichen und dem Amt für Veröffentlichungen der Europäischen Union unverzüglich, in Fällen des beschleunigten Verfahrens per Telefax oder elektronisch[2] zu übermitteln.
3. Der Auftraggeber muss nachweisen können, an welchem Tag die Auftragsbekanntmachung an das Amt für Veröffentlichungen der Europäischen Union abgesendet wurde.

---

[1] **Amtl. Anm.**: Amt für Veröffentlichungen der Europäischen Union, 2, rue Mercier, L-2985 Luxemburg
[2] **Amtl. Anm.**: http://simap.europa.eu/

VOB Teil A §§ 12a VS, 13 VS VOB/A 1

4. ¹Die Auftragsbekanntmachung wird unentgeltlich, spätestens zwölf Kalendertage nach der Absendung im Supplement zum Amtsblatt der Europäischen Union in der Originalsprache veröffentlicht. ²Eine Zusammenfassung der wichtigsten Angaben wird in den übrigen Amtssprachen der Europäischen Union veröffentlicht; der Wortlaut der Originalsprache ist verbindlich.

5. Auftragsbekanntmachungen, die über das Internetportal des Amtes für Veröffentlichungen der Europäischen Union[1]) auf elektronischem Weg erstellt und übermittelt wurden, werden abweichend von Nummer 4 spätestens fünf Kalendertage nach ihrer Absendung veröffentlicht.

6. ¹Die Auftragsbekanntmachungen können zusätzlich im Inland veröffentlicht werden, beispielsweise in Tageszeitungen, amtlichen Veröffentlichungsblättern oder Internetportalen; sie können auch auf www.service.bund.de veröffentlicht werden. ²Sie dürfen nur die Angaben enthalten, die dem Amt für Veröffentlichungen der Europäischen Union übermittelt wurden, und dürfen nicht vor Absendung an dieses Amt veröffentlicht werden.

(3)

1. Die Auftragsbekanntmachung ist beim nicht offenen Verfahren, Verhandlungsverfahren und wettbewerblichen Dialog nach dem Muster gemäß Anhang XV der Durchführungsverordnung (EU) Nr. 2015/1986 zu erstellen.

2. Dabei sind zu allen Nummern Angaben zu machen; die Texte des Musters sind nicht zu wiederholen.

§ 12a VS Versand der Vergabeunterlagen. (1)

1. Die Vergabeunterlagen sind den Unternehmen unverzüglich in geeigneter Weise zu übermitteln.

2. Die Vergabeunterlagen sind bei nicht offenen Verfahren sowie bei Verhandlungsverfahren und wettbewerblichem Dialog an alle ausgewählten Bewerber am selben Tag abzusenden.

(2) Wenn von den für die Preisermittlung wesentlichen Unterlagen keine Vervielfältigungen abgegeben werden können, sind diese in ausreichender Weise zur Einsicht auszulegen.

(3) Die Namen der Unternehmen, die Vergabeunterlagen erhalten oder eingesehen haben, sind geheim zu halten.

(4) ¹Rechtzeitig beantragte Auskünfte über die Vergabeunterlagen sind spätestens sechs Kalendertage vor Ablauf der Angebotsfrist allen Unternehmen in gleicher Weise zu erteilen. ²Bei nicht offenen Verfahren und beschleunigten Verhandlungsverfahren nach § 10b VS Absatz 6 beträgt diese Frist vier Kalendertage.

§ 13 VS Form und Inhalt der Angebote. (1)

1. ¹Der Auftraggeber legt fest, in welcher Form die Angebote einzureichen sind. ²Sie müssen unterzeichnet sein. ³Elektronisch übermittelte Angebote sind nach Wahl des Auftraggebers zu versehen mit

a) einer fortgeschrittenen elektronischen Signatur,
b) einer qualifizierten elektronischen Signatur,

---

[1]) **Amtl. Anm.:** http://simap.europa.eu/

1 VOB/A § 14 VS VOB Teil A

c) einem fortgeschrittenen elektronischen Siegel oder
d) einem qualifizierten elektronischen Siegel.

2. ¹Der Auftraggeber hat die Datenintegrität und die Vertraulichkeit der Angebote auf geeignete Weise zu gewährleisten. ²Per Post oder direkt übermittelte Angebote sind in einem verschlossenen Umschlag einzureichen, als solche zu kennzeichnen und bis zum Ablauf der für die Einreichung vorgesehenen Frist unter Verschluss zu halten. ³Bei elektronisch übermittelten Angeboten ist dies durch entsprechende technische Lösungen nach den Anforderungen des Auftraggebers und durch Verschlüsselung sicherzustellen. ⁴Die Verschlüsselung muss bis zur Öffnung des ersten Angebots aufrechterhalten bleiben.

3. Die Angebote müssen die geforderten Preise enthalten.

4. Die Angebote müssen die geforderten Erklärungen und Nachweise enthalten.

5. ¹Änderungen an den Vergabeunterlagen sind unzulässig. ²Änderungen des Bieters an seinen Eintragungen müssen zweifelsfrei sein.

6. Bieter können für die Angebotsabgabe eine selbstgefertigte Abschrift oder Kurzfassung des Leistungsverzeichnisses benutzen, wenn sie den vom Auftraggeber verfassten Wortlaut des Leistungsverzeichnisses im Angebot als allein verbindlich anerkennen; Kurzfassungen müssen jedoch die Ordnungszahlen (Positionen) vollzählig, in der gleichen Reihenfolge und mit den gleichen Nummern wie in dem vom Auftraggeber verfassten Leistungsverzeichnis wiedergeben.

7. Muster und Proben der Bieter müssen als zum Angebot gehörig gekennzeichnet sein.

(2) ¹Eine Leistung, die von den vorgesehenen technischen Spezifikationen nach § 7a VS Absatz 1 abweicht, kann angeboten werden, wenn sie mit dem geforderten Schutzniveau in Bezug auf Sicherheit, Gesundheit und Gebrauchstauglichkeit gleichwertig ist. ²Die Abweichung muss im Angebot eindeutig bezeichnet sein. ³Die Gleichwertigkeit ist mit dem Angebot nachzuweisen.

(3) ¹Die Anzahl von Nebenangeboten ist an einer vom Auftraggeber in den Vergabeunterlagen bezeichneten Stelle aufzuführen. ²Etwaige Nebenangebote müssen auf besonderer Anlage erstellt und als solche deutlich gekennzeichnet werden. ³Werden mehrere Hauptangebote abgegeben, muss jedes aus sich heraus zuschlagsfähig sein. ⁴Absatz 1 Nummer 2 Satz 2 gilt für jedes Hauptangebot entsprechend.

(4) Soweit Preisnachlässe ohne Bedingungen gewährt werden, sind diese an einer vom Auftraggeber in den Vergabeunterlagen bezeichneten Stelle aufzuführen.

(5) ¹Bietergemeinschaften haben die Mitglieder zu benennen sowie eines ihrer Mitglieder als bevollmächtigten Vertreter für den Abschluss und die Durchführung des Vertrags zu bezeichnen. ²Fehlt die Bezeichnung des bevollmächtigten Vertreters im Angebot, so ist sie vor der Zuschlagserteilung beizubringen.

(6) Der Auftraggeber hat die Anforderungen an den Inhalt der Angebote nach den Absätzen 1 bis 5 in die Vergabeunterlagen aufzunehmen.

§ 14 VS Öffnung der Angebote, Öffnungstermin. (1) ¹Die Öffnung der Angebote wird von mindestens zwei Vertretern des Auftraggebers gemeinsam an einem Termin (Öffnungstermin) unverzüglich nach Ablauf der Angebotsfrist durchgeführt. ²Bis zu diesem Termin sind die elektronischen Angebote zu kennzeichnen und verschlüsselt aufzubewahren. ³Per Post oder direkt zugegangene

VOB Teil A § 15 VS VOB/A 1

Angebote sind auf dem ungeöffneten Umschlag mit Eingangsvermerk zu versehen und unter Verschluss zu halten.

(2)
1. Der Verhandlungsleiter stellt fest, ob der Verschluss der schriftlichen Angebote unversehrt ist und die elektronischen Angebote verschlüsselt sind.
2. Die Angebote werden geöffnet und in allen wesentlichen Teilen im Öffnungstermin gekennzeichnet.
3. Muster und Proben der Bieter müssen im Termin zur Stelle sein.

(3) [1] Über den Öffnungstermin ist eine Niederschrift in Textform zu fertigen, in der die beiden Vertreter des Auftraggebers zu benennen sind. [2] Der Niederschrift ist eine Aufstellung mit folgenden Angaben beizufügen:

a) Name und Anschrift der Bieter,
b) die Endbeträge der Angebote oder einzelner Lose,
c) Preisnachlässe ohne Bedingungen,
d) Anzahl der jeweiligen Nebenangebote.

(4) [1] Angebote, die nach Ablauf der Angebotsfrist eingegangen sind, sind in der Niederschrift oder in einem Nachtrag besonders aufzuführen. [2] Die Eingangszeiten und die etwa bekannten Gründe, aus denen die Angebote nicht vorgelegen haben, sind zu vermerken. [3] Der Umschlag und andere Beweismittel sind aufzubewahren.

(5) [1] Ein Angebot, das nachweislich vor Ablauf der Angebotsfrist dem Auftraggeber zugegangen war, aber dem Verhandlungsleiter nicht vorgelegen hat, ist mit allen Angaben in die Niederschrift oder in einen Nachtrag aufzunehmen. [2] Den Bietern ist dieser Sachverhalt unverzüglich in Textform mitzuteilen. [3] In die Mitteilung sind die Feststellung, ob bei schriftlichen Angeboten der Verschluss unversehrt war und bei elektronischen Angeboten diese verschlüsselt waren, sowie die Angaben nach Absatz 3 Buchstabe a bis d aufzunehmen. [4] Im Übrigen gilt Absatz 4 Satz 2 und 3.

(6) [1] In nicht offenen Verfahren stellt der Auftraggeber den Bietern die in Absatz 3 Buchstabe a bis d genannten Informationen unverzüglich elektronisch zur Verfügung. [2] Den Bietern und ihren Bevollmächtigten ist die Einsicht in die Niederschrift und ihre Nachträge (Absätze 4 und 5 sowie § 16c VS Absatz 3) zu gestatten.

(7) Die Niederschrift darf nicht veröffentlicht werden.

(8) Die Angebote und ihre Anlagen sind sorgfältig zu verwahren und geheim zu halten.

§ 15 VS Aufklärung des Angebotsinhalts. (1)

1. Im nicht offenen Verfahren darf der Auftraggeber nach Öffnung der Angebote bis zur Zuschlagserteilung von einem Bieter nur Aufklärung verlangen, um sich über seine Eignung, insbesondere seine technische und wirtschaftliche Leistungsfähigkeit, das Angebot selbst, etwaige Nebenangebote, die geplante Art der Durchführung, etwaige Ursprungsorte oder Bezugsquellen von Stoffen oder Bauteilen und über die Angemessenheit der Preise, wenn nötig durch Einsicht in die vorzulegenden Preisermittlungen (Kalkulationen) zu unterrichten.

2. ¹Die Ergebnisse solcher Aufklärungen sind geheim zu halten. ²Sie sollen in Textform niedergelegt werden.

(2) Verweigert ein Bieter die geforderten Aufklärungen und Angaben oder lässt er die ihm gesetzte angemessene Frist unbeantwortet verstreichen, so ist sein Angebot auszuschließen.

(3) Verhandlungen in nicht offenen Verfahren, besonders über Änderung der Angebote oder Preise, sind unstatthaft, außer, wenn sie bei Nebenangeboten oder Angeboten aufgrund eines Leistungsprogramms nötig sind, um unumgängliche technische Änderungen geringen Umfangs und daraus sich ergebende Änderungen der Preise zu vereinbaren.

§ 16 VS Ausschluss von Angeboten. Auszuschließen sind:

1. Angebote, die nicht fristgerecht eingegangen sind,
2. Angebote, die den Bestimmungen des § 13 VS Absatz 1 Nummer 1, 2 und 5 nicht entsprechen,
3. Angebote, die die geforderten Unterlagen im Sinne von § 8 VS Absatz 2 Nummer 5 nicht enthalten, wenn der Auftraggeber gemäß § 16a VS Absatz 3 festgelegt hat, dass er keine Unterlagen nachfordern wird. Satz 1 gilt für Teilnahmeanträge entsprechend.
4. Angebote, bei denen der Bieter Erklärungen oder Nachweise, deren Vorlage sich der öffentliche Auftraggeber vorbehalten hat, auf Anforderung nicht innerhalb einer angemessenen, nach dem Kalender bestimmten Frist vorgelegt hat. Satz 1 gilt für Teilnahmeanträge entsprechend,
5. nicht zugelassene Nebenangebote sowie Nebenangebote, die den Mindestanforderungen nicht entsprechen,
6. Hauptangebote, von Bietern, die mehrere Hauptangebote abgegeben haben, wenn der Auftraggeber die Abgabe mehrerer Hauptangebote in der Auftragsbekanntmachung nicht zugelassen hat,
7. Nebenangebote, die dem § 13 VS Absatz 3 Satz 2 nicht entsprechen,
8. Hauptangebote, die dem § 13 VS Absatz 3 Satz 3 nicht entsprechen.

§ 16a VS Nachforderung von Unterlagen.

(1) ¹Der Auftraggeber muss Bieter, die für den Zuschlag in Betracht kommen, unter Einhaltung der Grundsätze der Transparenz und der Gleichbehandlung auffordern, fehlende, unvollständige oder fehlerhafte unternehmensbezogene Unterlagen – insbesondere Erklärungen, Angaben oder Nachweise – nachzureichen, zu vervollständigen oder zu korrigieren, oder fehlende oder unvollständige leistungsbezogene Unterlagen – insbesondere Erklärungen, Produkt- und sonstige Angaben oder Nachweise – nachzureichen oder zu vervollständigen (Nachforderung), es sei denn, er hat von seinem Recht aus Absatz 3 Gebrauch gemacht. ²Es sind nur Unterlagen nachzufordern, die bereits mit dem Angebot vorzulegen waren.

(2) ¹Fehlende Preisangaben dürfen nicht nachgefordert werden. ²Angebote die den Bestimmungen des § 13 VS Absatz 1 Nummer 3 nicht entsprechen, sind auszuschließen. ³Dies gilt nicht für Angebote, bei denen lediglich in unwesentlichen Positionen die Angabe des Preises fehlt und sowohl durch die Außerachtlassung dieser Positionen der Wettbewerb und die Wertungsreihenfolge nicht beeinträchtigt werden als auch bei Wertung dieser Positionen mit dem jeweils höchsten Wettbewerbspreis. ⁴Hierbei wird nur auf den Preis ohne Berücksichtigung etwaiger Nebenangebote abgestellt. ⁵Der Auftraggeber fordert den Bieter

nach Maßgabe von Absatz 1 auf, die fehlenden Preispositionen zu ergänzen. ⁶Die Sätze 3 bis 5 gelten nicht, wenn der Auftraggeber das Nachfordern von Preisangaben gemäß Absatz 3 ausgeschlossen hat.

(3) Der Auftraggeber kann in der Auftragsbekanntmachung oder den Vergabeunterlagen festlegen, dass er keine Unterlagen oder Preisangaben nachfordern wird.

(4) ¹Die Unterlagen oder fehlenden Preisangaben sind vom Bewerber oder Bieter nach Aufforderung durch den Auftraggeber innerhalb einer angemessenen, nach dem Kalender bestimmten Frist vorzulegen. ²Die Frist soll sechs Kalendertage nicht überschreiten.

(5) Werden die nachgeforderten Unterlagen nicht innerhalb der Frist vorgelegt, ist das Angebot auszuschließen.

(6) Die Absätze 1, 3, 4 und 5 gelten für den Teilnahmewettbewerb entsprechend.

§ 16b VS Eignung. Beim nicht offenen Verfahren, Verhandlungsverfahren und beim wettbewerblichen Dialog sind nur Umstände zu berücksichtigen, die nach Aufforderung zur Angebotsabgabe Zweifel an der Eignung des Bieters begründen (vgl. § 6b VS Absatz 4).

§ 16c VS Prüfung. (1) Die nicht ausgeschlossenen Angebote geeigneter Bieter sind auf die Einhaltung der gestellten Anforderungen, insbesondere in rechnerischer, technischer und wirtschaftlicher Hinsicht zu prüfen.

1. Entspricht der Gesamtbetrag einer Ordnungszahl (Position) nicht dem Ergebnis der Multiplikation von Mengenansatz und Einheitspreis, so ist der Einheitspreis maßgebend.
2. Bei Vergabe für eine Pauschalsumme gilt diese ohne Rücksicht auf etwa angegebene Einzelpreise.

(2) Die aufgrund der Prüfung festgestellten Angebotsendsummen sind in der Niederschrift über den Eröffnungstermin zu vermerken.

§ 16d VS Wertung. (1)
1. Auf ein Angebot mit einem unangemessen hohen oder niedrigen Preis darf der Zuschlag nicht erteilt werden.
2. ¹Erscheint ein Angebotspreis unangemessen niedrig und ist anhand vorliegender Unterlagen über die Preisermittlung die Angemessenheit nicht zu beurteilen, ist vor Ablehnung des Angebots vom Bieter in Textform Aufklärung über die Ermittlung der Preise für die Gesamtleistung oder für Teilleistungen zu verlangen, gegebenenfalls unter Festlegung einer zumutbaren Antwortfrist. ²Bei der Beurteilung der Angemessenheit prüft der Auftraggeber – in Rücksprache mit dem Bieter – die betreffende Zusammensetzung und berücksichtigt dabei die gelieferten Nachweise.
3. In die engere Wahl kommen nur solche Angebote, die unter Berücksichtigung rationellen Baubetriebs und sparsamer Wirtschaftsführung eine einwandfreie Ausführung einschließlich Haftung für Mängelansprüche erwarten lassen.

(2) ¹Bei der Wertung der Angebote dürfen nur Zuschlagskriterien und deren Gewichtung berücksichtigt werden, die in der Auftragsbekanntmachung oder in den Vergabeunterlagen genannt sind. ²Die Zuschlagskriterien müssen mit dem Auftragsgegenstand zusammenhängen und können beispielsweise sein: Qualität,

Preis, technischer Wert, Ästhetik, Zweckmäßigkeit, Umwelteigenschaften, Betriebs- und Folgekosten, Rentabilität, Kundendienst, Versorgungssicherheit, Interoperabilität und Eigenschaft beim Einsatz und technische Hilfe oder Ausführungsfrist.

(3) [1] Sind Angebote auf Grund einer staatlichen Beihilfe ungewöhnlich niedrig, ist dies nur dann ein Grund sie zurückzuweisen, wenn der Bieter nicht nachweisen kann, dass die betreffende Beihilfe rechtmäßig gewährt wurde. [2] Für diesen Nachweis hat der Auftraggeber dem Bieter eine ausreichende Frist zu gewähren. [3] Auftraggeber, die trotz entsprechender Nachweise des Bieters ein Angebot zurückweisen, müssen die Kommission der Europäischen Union darüber unterrichten.

(4) Ein Angebot nach § 13 VS Absatz 2 ist wie ein Hauptangebot zu werten.

(5) [1] Preisnachlässe ohne Bedingung sind nicht zu werten, wenn sie nicht an der vom Auftraggeber nach § 13 VS Absatz 4 bezeichneten Stelle aufgeführt sind. [2] Unaufgefordert angebotene Preisnachlässe mit Bedingungen für die Zahlungsfrist (Skonti) werden bei der Wertung der Angebote nicht berücksichtigt.

(6) [1] Die Bestimmungen der Absätze 1 bis 3, § 16b VS, § 16c VS Absatz 2 gelten auch bei Verhandlungsverfahren und wettbewerblichem Dialog. [2] Die Absätze 4 und 5, § 16 VS sowie § 16c VS Absatz 1 sind entsprechend auch bei Verhandlungsverfahren und wettbewerblichem Dialog anzuwenden.

§ 17 VS Aufhebung der Ausschreibung. (1) Die Ausschreibung kann aufgehoben werden, wenn:

1. kein Angebot eingegangen ist, das den Ausschreibungsbedingungen entspricht,
2. die Vergabeunterlagen grundlegend geändert werden müssen,
3. andere schwerwiegende Gründe bestehen.

(2)

1. Die Bewerber und Bieter sind von der Aufhebung der Ausschreibung unter Angabe der Gründe, gegebenenfalls über die Absicht, ein neues Vergabeverfahren einzuleiten, unverzüglich in Textform zu unterrichten.
2. Dabei kann der Auftraggeber bestimmte Informationen zurückhalten, wenn die Weitergabe
   a) den Gesetzesvollzug behindern,
   b) dem öffentlichen Interesse zuwiderlaufen,
   c) die berechtigten geschäftlichen Interessen von öffentlichen oder privaten Unternehmen schädigen oder
   d) den fairen Wettbewerb beeinträchtigen würde.

§ 18 VS Zuschlag. (1) Der Zuschlag ist möglichst bald, mindestens aber so rechtzeitig zu erteilen, dass dem Bieter die Erklärung noch vor Ablauf der Bindefrist zugeht.

(2) Werden Erweiterungen, Einschränkungen oder Änderungen vorgenommen oder wird der Zuschlag verspätet erteilt, so ist der Bieter bei Erteilung des Zuschlags aufzufordern, sich unverzüglich über die Annahme zu erklären.

VOB Teil A § 19 VS VOB/A 1

(3)
1. ¹Die Erteilung eines Bauauftrags oder der Abschluss einer Rahmenvereinbarung sind bekannt zu machen. ²Diese Pflicht besteht nicht für die Vergabe von Einzelaufträgen, die aufgrund einer Rahmenvereinbarung erfolgen.
2. ¹Die Vergabebekanntmachung ist nach dem Muster gemäß Anhang XIV der Durchführungsverordnung (EU) Nr. 2015/1986 zu erstellen. ²Beim Verhandlungsverfahren ohne Teilnahmewettbewerb hat der Auftraggeber die Gründe, die die Wahl dieses Verfahrens rechtfertigen, in der Vergabebekanntmachung mitzuteilen.
3. Nicht in die Vergabebekanntmachung aufzunehmen sind Angaben, deren Veröffentlichung

a) den Gesetzesvollzug behindern,
b) dem öffentlichen Interesse, insbesondere Verteidigungs- und Sicherheitsinteressen, zuwiderlaufen,
c) die berechtigten geschäftlichen Interessen öffentlicher oder privater Unternehmen schädigen oder
d) den fairen Wettbewerb beeinträchtigen würde.

(4) Die Vergabebekanntmachung ist dem Amt für Veröffentlichungen der Europäischen Union in kürzester Frist – spätestens 48 Kalendertage nach Auftragserteilung – zu übermitteln.

§ 19 VS Nicht berücksichtigte Bewerbungen und Angebote. (1) Bewerber, deren Bewerbung abgelehnt wurde, sowie Bieter, deren Angebote ausgeschlossen worden sind (§ 16 VS), und solche, deren Angebote nicht in die engere Wahl kommen, sollen unverzüglich unterrichtet werden.

(2) ¹Der Auftraggeber hat die betroffenen Bieter, deren Angebote nicht berücksichtigt werden sollen,

1. über den Namen des Unternehmens, dessen Angebot angenommen werden soll,
2. über die Gründe der vorgesehenen Nichtberücksichtigung ihres Angebots und
3. über den frühesten Zeitpunkt des Vertragsschlusses

unverzüglich in Textform zu informieren.
²Dies gilt auch für Bewerber, denen keine Information über die Ablehnung ihrer Bewerbung zur Verfügung gestellt wurde, bevor die Mitteilung über die Zuschlagserteilung an die betroffenen Bieter ergangen ist.
³Ein Vertrag darf erst 15 Kalendertage nach Absendung der Information nach den Sätzen 1 und 2 geschlossen werden. ⁴Wird die Information per Telefax oder auf elektronischem Weg versendet, verkürzt sich die Frist auf zehn Kalendertage. ⁵Die Frist beginnt am Tag nach Absendung der Information durch den Auftraggeber; auf den Tag des Zugangs beim betroffenen Bewerber oder Bieter kommt es nicht an.

(3) Die Informationspflicht nach Absatz 2 entfällt in den Fällen, in denen das Verhandlungsverfahren ohne Teilnahmewettbewerb wegen besonderer Dringlichkeit gerechtfertigt ist.

(4) ¹Auf Verlangen ist den nicht berücksichtigten Bewerbern unverzüglich, spätestens jedoch innerhalb einer Frist von 15 Kalendertagen nach Eingang ihres schriftlichen Antrags Folgendes mitzuteilen:

1. die Entscheidung über die Zuschlagserteilung sowie
2. die Gründe für die Ablehnung ihrer Bewerbung, einschließlich der nicht ausreichenden Erfüllung der Anforderungen in Bezug auf die Informations- und Versorgungssicherheit.

²Auf Verlangen sind den Bietern, die ein ordnungsgemäßes Angebot eingereicht haben, die Merkmale und Vorteile des Angebots des erfolgreichen Bieters schriftlich mitzuteilen. ³Sofern keine Gleichwertigkeit insbesondere in Bezug auf die erforderliche Informations- und Versorgungssicherheit vorliegt, teilt der Auftraggeber dem Bieter dies mit.
⁴§ 17 VS Absatz 2 Nummer 2 gilt entsprechend.

(5) Nicht berücksichtigte Angebote und Ausarbeitungen der Bieter dürfen nicht für eine neue Vergabe oder für andere Zwecke benutzt werden.

(6) Entwürfe, Ausarbeitungen, Muster und Proben zu nicht berücksichtigten Angeboten sind zurückzugeben, wenn dies im Angebot oder innerhalb von 30 Kalendertagen nach Ablehnung des Angebots verlangt wird.

§ 20 VS Dokumentation. (1) ¹Das Vergabeverfahren ist zeitnah so zu dokumentieren, dass die einzelnen Stufen des Verfahrens, die einzelnen Maßnahmen, die maßgebenden Feststellungen sowie die Begründung der einzelnen Entscheidungen in Textform festgehalten werden. ²Diese Dokumentation muss mindestens enthalten:

1. Name und Anschrift des Auftraggebers,
2. Art und Umfang der Leistung,
3. Wert des Auftrags oder der Rahmenvereinbarung,
4. Namen der berücksichtigten Bewerber oder Bieter und Gründe für ihre Auswahl,
5. Namen der nicht berücksichtigten Bewerber oder Bieter und die Gründe für die Ablehnung,
6. Gründe für die Ablehnung von ungewöhnlich niedrigen Angeboten,
7. Name des Auftragnehmers und Gründe für die Erteilung des Zuschlags auf sein Angebot,
8. Anteil der beabsichtigten Weitergabe an Nachunternehmen, soweit bekannt,
9. bei nicht offenen Verfahren, Verhandlungsverfahren und wettbewerblichem Dialog Gründe für die Wahl des jeweiligen Verfahrens sowie die Gründe für das Überschreiten der Fünfjahresfrist in § 3a VS Absatz 2 Nummer 5,
10. gegebenenfalls die Gründe, aus denen der Auftraggeber auf die Vergabe eines Auftrags oder einer Rahmenvereinbarung verzichtet hat.
11. gegebenenfalls die Gründe, die eine über sieben Jahre hinausgehende Laufzeit einer Rahmenvereinbarung rechtfertigen.

³Der Auftraggeber trifft geeignete Maßnahmen, um den Ablauf der mit elektronischen Mitteln durchgeführten Vergabeverfahren zu dokumentieren.

(2) Wird auf die Vorlage zusätzlich zum Angebot verlangter Unterlagen und Nachweise verzichtet, ist dies in der Dokumentation zu begründen.

§ 21 VS Nachprüfungsbehörden. In der Bekanntmachung und den Vergabeunterlagen ist die Nachprüfungsbehörde mit Anschrift anzugeben, an die sich der Bewerber oder Bieter zur Nachprüfung behaupteter Verstöße gegen die Vergabebestimmungen wenden kann.

§ 22 VS Auftragsänderungen während der Vertragslaufzeit. (1) ¹ Wesentliche Änderungen eines öffentlichen Auftrags während der Vertragslaufzeit erfordern ein neues Vergabeverfahren.
² Wesentlich sind Änderungen, die dazu führen, dass sich der öffentliche Auftrag erheblich von dem ursprünglich vergebenen öffentlichen Auftrag unterscheidet.
³ Eine wesentliche Änderung liegt insbesondere vor, wenn

1. mit der Änderung Bedingungen eingeführt werden, die, wenn sie für das ursprüngliche Vergabeverfahren gegolten hätten,
   a) die Zulassung anderer Bewerber oder Bieter ermöglicht hätten,
   b) die Annahme eines anderen Angebots ermöglicht hätten oder
   c) das Interesse weiterer Teilnehmer am Vergabeverfahren geweckt hätten,
2. mit der Änderung das wirtschaftliche Gleichgewicht des öffentlichen Auftrags zugunsten des Auftragnehmers in einer Weise verschoben wird, die im ursprünglichen Auftrag nicht vorgesehen war,
3. mit der Änderung der Umfang des öffentlichen Auftrags erheblich ausgeweitet wird oder
4. ein neuer Auftragnehmer den Auftragnehmer in anderen als den in Absatz 2 Nummer 4 vorgesehenen Fällen ersetzt.

(2) ¹ Unbeschadet des Absatzes 1 ist die Änderung eines öffentlichen Auftrags ohne Durchführung eines neuen Vergabeverfahrens zulässig, wenn

1. in den ursprünglichen Vergabeunterlagen klare, genaue und eindeutig formulierte Überprüfungsklauseln oder Optionen vorgesehen sind, die Angaben zu Art, Umfang und Voraussetzungen möglicher Auftragsänderungen enthalten, und sich aufgrund der Änderung der Gesamtcharakter des Auftrags nicht verändert,
2. zusätzliche Bauleistungen erforderlich geworden sind, die nicht in den ursprünglichen Vergabeunterlagen vorgesehen waren, und ein Wechsel des Auftragnehmers
   a) aus wirtschaftlichen oder technischen Gründen nicht erfolgen kann und
   b) mit erheblichen Schwierigkeiten oder beträchtlichen Zusatzkosten für den Auftraggeber verbunden wäre,
3. die Änderung aufgrund von Umständen erforderlich geworden ist, die der Auftraggeber im Rahmen seiner Sorgfaltspflicht nicht vorhersehen konnte und sich aufgrund der Änderung der Gesamtcharakter des Auftrags nicht verändert oder
4. ein neuer Auftragnehmer den bisherigen Auftragnehmer ersetzt
   a) aufgrund einer Überprüfungsklausel im Sinne von Nummer 1,
   b) aufgrund der Tatsache, dass ein anderes Unternehmen, das die ursprünglich festgelegten Anforderungen an die Eignung erfüllt, im Zuge einer Unternehmensumstrukturierung, wie zum Beispiel durch Übernahme, Zusammenschluss, Erwerb oder Insolvenz, ganz oder teilweise an die Stelle des ursprünglichen Auftragnehmers tritt, sofern dies keine weiteren wesentlichen Änderungen im Sinne des Absatzes 1 zur Folge hat, oder
   c) aufgrund der Tatsache, dass der Auftraggeber selbst die Verpflichtungen des Hauptauftragnehmers gegenüber seinen Unterauftragnehmern übernimmt.

² In den Fällen der Nummern 2 und 3 darf der Preis um nicht mehr als 50 Prozent des Werts des ursprünglichen Auftrags erhöht werden. ³ Bei mehreren aufeinan-

der folgenden Änderungen des Auftrags gilt diese Beschränkung für den Wert jeder einzelnen Änderung, sofern die Änderungen nicht mit dem Ziel vorgenommen werden, die Vorschriften dieses Teils zu umgehen.

(3) [1] Die Änderung eines öffentlichen Auftrags ohne Durchführung eines neuen Vergabeverfahrens ist ferner zulässig, wenn sich der Gesamtcharakter des Auftrags nicht ändert und der Wert der Änderung

1. die jeweiligen Schwellenwerte nach § 106 GWB nicht übersteigt und
2. bei Liefer- und Dienstleistungsaufträgen nicht mehr als zehn Prozent und bei Bauaufträgen nicht mehr als 15 Prozent des ursprünglichen Auftragswertes beträgt.

[2] Bei mehreren aufeinander folgenden Änderungen ist der Gesamtwert der Änderungen maßgeblich.

(4) Enthält der Vertrag eine Indexierungsklausel, wird für die Wertberechnung gemäß Absatz 2 Satz 2 und 3 sowie gemäß Absatz 3 der höhere Preis als Referenzwert herangezogen.

(5) Änderungen nach Absatz 2 Nummer 2 und 3 sind im Amtsblatt der Europäischen Union bekannt zu machen.

VOB Teil A Anh. TS VOB/A 1

Anhang TS

Technische Spezifikationen

1. „Technische Spezifikation" hat eine der folgenden Bedeutungen:
  a) bei öffentlichen Bauaufträgen die Gesamtheit der insbesondere in den Vergabeunterlagen enthaltenen technischen Beschreibungen, in denen die erforderlichen Eigenschaften eines Werkstoffs, eines Produkts oder einer Lieferung definiert sind, damit dieser/diese den vom Auftraggeber beabsichtigten Zweck erfüllt; zu diesen Eigenschaften gehören Umwelt- und Klimaleistungsstufen, „Design für alle" (einschließlich des Zugangs von Menschen mit Behinderungen) und Konformitätsbewertung, Leistung, Vorgaben für Gebrauchstauglichkeit, Sicherheit oder Abmessungen, einschließlich der Qualitätssicherungsverfahren, der Terminologie, der Symbole, der Versuchs- und Prüfmethoden, der Verpackung, der Kennzeichnung und Beschriftung, der Gebrauchsanleitungen sowie der Produktionsprozesse und -methoden in jeder Phase des Lebenszyklus der Bauleistungen; außerdem gehören dazu auch die Vorschriften für die Planung und die Kostenrechnung, die Bedingungen für die Prüfung, Inspektion und Abnahme von Bauwerken, die Konstruktionsmethoden oder -verfahren und alle anderen technischen Anforderungen, die der Auftraggeber für fertige Bauwerke oder dazu notwendige Materialien oder Teile durch allgemeine und spezielle Vorschriften anzugeben in der Lage ist;
  b) bei öffentlichen Dienstleistungs- oder Lieferaufträgen eine Spezifikation, die in einem Schriftstück enthalten ist, das Merkmale für ein Produkt oder eine Dienstleistung vorschreibt, wie Qualitätsstufen, Umwelt- und Klimaleistungsstufen, „Design für alle" (einschließlich des Zugangs von Menschen mit Behinderungen) und Konformitätsbewertung, Leistung, Vorgaben für Gebrauchstauglichkeit, Sicherheit oder Abmessungen des Produkts, einschließlich der Vorschriften über Verkaufsbezeichnung, Terminologie, Symbole, Prüfungen und Prüfverfahren, Verpackung, Kennzeichnung und Beschriftung, Gebrauchsanleitungen, Produktionsprozesse und -methoden in jeder Phase des Lebenszyklus der Lieferung oder der Dienstleistung sowie über Konformitätsbewertungsverfahren;
2. „Norm" bezeichnet eine technische Spezifikation, die von einer anerkannten Normungsorganisation zur wiederholten oder ständigen Anwendung angenommen wurde, deren Einhaltung nicht zwingend ist und die unter eine der nachstehenden Kategorien fällt:
  a) internationale Norm: Norm, die von einer internationalen Normungsorganisation angenommen wurde und der Öffentlichkeit zugänglich ist;
  b) europäische Norm: Norm, die von einer europäischen Normungsorganisation angenommen wurde und der Öffentlichkeit zugänglich ist;
  c) nationale Norm: Norm, die von einer nationalen Normungsorganisation angenommen wurde und der Öffentlichkeit zugänglich ist;
3. „Europäische technische Bewertung" bezeichnet eine dokumentierte Bewertung der Leistung eines Bauprodukts in Bezug auf seine wesentlichen Merkmale im Einklang mit dem betreffenden Europäischen Bewertungsdokument gemäß der Begriffsbestimmung in Artikel 2 Nummer 12 der Verordnung (EU) Nr. 305/2011 des Europäischen Parlaments und des Rates;

4. „gemeinsame technische Spezifikationen" sind technische Spezifikationen im IKT-Bereich, die gemäß den Artikeln 13 und 14 der Verordnung (EU) Nr. 1025/2012 festgelegt wurden;
5. „technische Bezugsgröße" bezeichnet jeden Bezugsrahmen, der keine europäische Norm ist und von den europäischen Normungsorganisationen nach den an die Bedürfnisse des Marktes angepassten Verfahren erarbeitet wurde.

1. Vergabe- und Vertragsordnung für Bauleistungen (VOB) Teil B:
Allgemeine Vertragsbedingungen für die Ausführung von Bauleistungen[1) 2) 3)]

Ausgabe 2016

Vom 31. Juli 2009

(BAnz. Nr. 155a)

zuletzt geänd. durch Bek.[4)] v. 7.1.2016 (BAnz AT 19.01.2016 B3, ber. BAnz AT 01.04.2016 B1)

Nichtamtliche Inhaltsübersicht

§ 1 Art und Umfang der Leistung
§ 2 Vergütung
§ 3 Ausführungsunterlagen
§ 4 Ausführung
§ 5 Ausführungsfristen
§ 6 Behinderung und Unterbrechung der Ausführung
§ 7 Verteilung der Gefahr
§ 8 Kündigung durch den Auftraggeber
§ 9 Kündigung durch den Auftragnehmer
§ 10 Haftung der Vertragsparteien
§ 11 Vertragsstrafe
§ 12 Abnahme
§ 13 Mängelansprüche
§ 14 Abrechnung
§ 15 Stundenlohnarbeiten
§ 16 Zahlung
§ 17 Sicherheitsleistung
§ 18 Streitigkeiten

§ 1 Art und Umfang der Leistung. (1) [1]Die auszuführende Leistung wird nach Art und Umfang durch den Vertrag bestimmt. [2]Als Bestandteil des Vertrags gelten auch die Allgemeinen Technischen Vertragsbedingungen für Bauleistungen (VOB/C).

(2) Bei Widersprüchen im Vertrag gelten nacheinander:

1. die Leistungsbeschreibung,

2. die Besonderen Vertragsbedingungen,

3. etwaige Zusätzliche Vertragsbedingungen,

[1)] **Amtl. Anm.:** Diese Allgemeinen Geschäftsbedingungen werden durch den DVA ausschließlich zur Anwendung gegenüber Unternehmen, juristischen Personen des öffentlichen Rechts und öffentlich-rechtlichen Sondervermögens empfohlen (§ 310 BGB).

[2)] Die VOB Teil B Ausgabe 2009 ersetzt den Teil B der Vergabe- und Vertragsordnung für Bauleistungen v. 4.9.2006 (BAnz. Nr. 196a S. 1). Einzelheiten der Änderungen ergeben sich aus den Hinweisen zur VOB Teile A und B Ausgabe 2009 v. 31.7.2009 (BAnz. Nr. 155a S. 1). Die VOB Teil B Ausgabe 2009 ist gemeinsam mit der Änderung der Vergabeverordnung (VgV) v. 12.4.2016 (BGBl. I S. 624), zuletzt geänd. durch G v. 9.6.2021 (BGBl. I S. 1691) **mWv 11.6.2010** in Kraft getreten.

[3)] Siehe hierzu ua den Einführungserlass VOB 2019 v. 6.9.2019 (GMBl S. 821).

[4)] In Kraft getreten am **18.4.2016**; vgl. hierzu den Einführungserlass zur Vergabe- und Vertragsordnung für Bauleistungen (VOB) 2016 v. 7.4.2016 (GMBl S. 400).

4. etwaige Zusätzliche Technische Vertragsbedingungen,
5. die Allgemeinen Technischen Vertragsbedingungen für Bauleistungen,
6. die Allgemeinen Vertragsbedingungen für die Ausführung von Bauleistungen.

(3) Änderungen des Bauentwurfs anzuordnen, bleibt dem Auftraggeber vorbehalten.

(4) [1] Nicht vereinbarte Leistungen, die zur Ausführung der vertraglichen Leistung erforderlich werden, hat der Auftragnehmer auf Verlangen des Auftraggebers mit auszuführen, außer wenn sein Betrieb auf derartige Leistungen nicht eingerichtet ist. [2] Andere Leistungen können dem Auftragnehmer nur mit seiner Zustimmung übertragen werden.

§ 2 Vergütung. (1) Durch die vereinbarten Preise werden alle Leistungen abgegolten, die nach der Leistungsbeschreibung, den Besonderen Vertragsbedingungen, den Zusätzlichen Vertragsbedingungen, den Zusätzlichen Technischen Vertragsbedingungen, den Allgemeinen Technischen Vertragsbedingungen für Bauleistungen und der gewerblichen Verkehrssitte zur vertraglichen Leistung gehören.

(2) Die Vergütung wird nach den vertraglichen Einheitspreisen und den tatsächlich ausgeführten Leistungen berechnet, wenn keine andere Berechnungsart (z.B. durch Pauschalsumme, nach Stundenlohnsätzen, nach Selbstkosten) vereinbart ist.

(3)
1. Weicht die ausgeführte Menge der unter einem Einheitspreis erfassten Leistung oder Teilleistung um nicht mehr als 10 v.H. von dem im Vertrag vorgesehenen Umfang ab, so gilt der vertragliche Einheitspreis.
2. Für die über 10 v.H. hinausgehende Überschreitung des Mengenansatzes ist auf Verlangen ein neuer Preis unter Berücksichtigung der Mehr- oder Minderkosten zu vereinbaren.
3. [1] Bei einer über 10 v.H. hinausgehenden Unterschreitung des Mengenansatzes ist auf Verlangen der Einheitspreis für die tatsächlich ausgeführte Menge der Leistung oder Teilleistung zu erhöhen, soweit der Auftragnehmer nicht durch Erhöhung der Mengen bei anderen Ordnungszahlen (Positionen) oder in anderer Weise einen Ausgleich erhält. [2] Die Erhöhung des Einheitspreises soll im Wesentlichen dem Mehrbetrag entsprechen, der sich durch Verteilung der Baustelleneinrichtungs- und Baustellengemeinkosten und der Allgemeinen Geschäftskosten auf die verringerte Menge ergibt. [3] Die Umsatzsteuer wird entsprechend dem neuen Preis vergütet.
4. Sind von der unter einem Einheitspreis erfassten Leistung oder Teilleistung andere Leistungen abhängig, für die eine Pauschalsumme vereinbart ist, so kann mit der Änderung des Einheitspreises auch eine angemessene Änderung der Pauschalsumme gefordert werden.

(4) Werden im Vertrag ausbedungene Leistungen des Auftragnehmers vom Auftraggeber selbst übernommen (z.B. Lieferung von Bau-, Bauhilfs- und Betriebsstoffen), so gilt, wenn nichts anderes vereinbart wird, § 8 Absatz 1 Nummer 2 entsprechend.

(5) [1] Werden durch Änderung des Bauentwurfs oder andere Anordnungen des Auftraggebers die Grundlagen des Preises für eine im Vertrag vorgesehene

Leistung geändert, so ist ein neuer Preis unter Berücksichtigung der Mehr- oder Minderkosten zu vereinbaren. ²Die Vereinbarung soll vor der Ausführung getroffen werden.

(6)
1. ¹Wird eine im Vertrag nicht vorgesehene Leistung gefordert, so hat der Auftragnehmer Anspruch auf besondere Vergütung. ²Er muss jedoch den Anspruch dem Auftraggeber ankündigen, bevor er mit der Ausführung der Leistung beginnt.
2. ¹Die Vergütung bestimmt sich nach den Grundlagen der Preisermittlung für die vertragliche Leistung und den besonderen Kosten der geforderten Leistung. ²Sie ist möglichst vor Beginn der Ausführung zu vereinbaren.

(7)
1. ¹Ist als Vergütung der Leistung eine Pauschalsumme vereinbart, so bleibt die Vergütung unverändert. ²Weicht jedoch die ausgeführte Leistung von der vertraglich vorgesehenen Leistung so erheblich ab, dass ein Festhalten an der Pauschalsumme nicht zumutbar ist (§ 313 BGB[1]), so ist auf Verlangen ein Ausgleich unter Berücksichtigung der Mehr- oder Minderkosten zu gewähren. ³Für die Bemessung des Ausgleichs ist von den Grundlagen der Preisermittlung auszugehen.
2. Die Regelungen der Absatz 4, 5 und 6 gelten auch bei Vereinbarung einer Pauschalsumme.
3. Wenn nichts anderes vereinbart ist, gelten die Nummern 1 und 2 auch für Pauschalsummen, die für Teile der Leistung vereinbart sind; Absatz 3 Nummer 4 bleibt unberührt.

(8)
1. ¹Leistungen, die der Auftragnehmer ohne Auftrag oder unter eigenmächtiger Abweichung vom Auftrag ausführt, werden nicht vergütet. ²Der Auftragnehmer hat sie auf Verlangen innerhalb einer angemessenen Frist zu beseitigen; sonst kann es auf seine Kosten geschehen. ³Er haftet außerdem für andere Schäden, die dem Auftraggeber hieraus entstehen.
2. ¹Eine Vergütung steht dem Auftragnehmer jedoch zu, wenn der Auftraggeber solche Leistungen nachträglich anerkennt. ²Eine Vergütung steht ihm auch zu, wenn die Leistungen für die Erfüllung des Vertrags notwendig waren, dem mutmaßlichen Willen des Auftraggebers entsprachen und ihm unverzüglich angezeigt wurden. ³Soweit dem Auftragnehmer eine Vergütung zusteht, gelten die Berechnungsgrundlagen für geänderte oder zusätzliche Leistungen der Absätze 5 oder 6 entsprechend.
3. Die Vorschriften des BGB über die Geschäftsführung ohne Auftrag (§§ 677 ff. BGB) bleiben unberührt.

(9)
1. Verlangt der Auftraggeber Zeichnungen, Berechnungen oder andere Unterlagen, die der Auftragnehmer nach dem Vertrag, besonders den Technischen Vertragsbedingungen oder der gewerblichen Verkehrssitte, nicht zu beschaffen hat, so hat er sie zu vergüten.

---

[1] Nr. 2.

2. Lässt er vom Auftragnehmer nicht aufgestellte technische Berechnungen durch den Auftragnehmer nachprüfen, so hat er die Kosten zu tragen.

(10) Stundenlohnarbeiten werden nur vergütet, wenn sie als solche vor ihrem Beginn ausdrücklich vereinbart worden sind (§ 15).

§ 3 Ausführungsunterlagen. (1) Die für die Ausführung nötigen Unterlagen sind dem Auftragnehmer unentgeltlich und rechtzeitig zu übergeben.

(2) Das Abstecken der Hauptachsen der baulichen Anlagen, ebenso der Grenzen des Geländes, das dem Auftragnehmer zur Verfügung gestellt wird, und das Schaffen der notwendigen Höhenfestpunkte in unmittelbarer Nähe der baulichen Anlagen sind Sache des Auftraggebers.

(3) [1] Die vom Auftraggeber zur Verfügung gestellten Geländeaufnahmen und Absteckungen und die übrigen für die Ausführung übergebenen Unterlagen sind für den Auftragnehmer maßgebend. [2] Jedoch hat er sie, soweit es zur ordnungsgemäßen Vertragserfüllung gehört, auf etwaige Unstimmigkeiten zu überprüfen und den Auftraggeber auf entdeckte oder vermutete Mängel hinzuweisen.

(4) Vor Beginn der Arbeiten ist, soweit notwendig, der Zustand der Straßen und Geländeoberfläche, der Vorfluter und Vorflutleitungen, ferner der baulichen Anlagen im Baubereich in einer Niederschrift festzuhalten, die vom Auftraggeber und Auftragnehmer anzuerkennen ist.

(5) Zeichnungen, Berechnungen, Nachprüfungen von Berechnungen oder andere Unterlagen, die der Auftragnehmer nach dem Vertrag, besonders den Technischen Vertragsbedingungen, oder der gewerblichen Verkehrssitte oder auf besonderes Verlangen des Auftraggebers (§ 2 Absatz 9) zu beschaffen hat, sind dem Auftraggeber nach Aufforderung rechtzeitig vorzulegen.

(6)
1. Die in Absatz 5 genannten Unterlagen dürfen ohne Genehmigung ihres Urhebers nicht veröffentlicht, vervielfältigt, geändert oder für einen anderen als den vereinbarten Zweck benutzt werden.
2. [1] An DV-Programmen hat der Auftraggeber das Recht zur Nutzung mit den vereinbarten Leistungsmerkmalen in unveränderter Form auf den festgelegten Geräten. [2] Der Auftraggeber darf zum Zwecke der Datensicherung zwei Kopien herstellen. [3] Diese müssen alle Identifikationsmerkmale enthalten. [4] Der Verbleib der Kopien ist auf Verlangen nachzuweisen.
3. Der Auftragnehmer bleibt unbeschadet des Nutzungsrechts des Auftraggebers zur Nutzung der Unterlagen und der DV-Programme berechtigt.

§ 4 Ausführung. (1)
1. [1] Der Auftraggeber hat für die Aufrechterhaltung der allgemeinen Ordnung auf der Baustelle zu sorgen und das Zusammenwirken der verschiedenen Unternehmer zu regeln. [2] Er hat die erforderlichen öffentlich-rechtlichen Genehmigungen und Erlaubnisse – z.B. nach dem Baurecht, dem Straßenverkehrsrecht, dem Wasserrecht, dem Gewerberecht – herbeizuführen.
2. [1] Der Auftraggeber hat das Recht, die vertragsgemäße Ausführung der Leistung zu überwachen. [2] Hierzu hat er Zutritt zu den Arbeitsplätzen, Werkstätten und Lagerräumen, wo die vertragliche Leistung oder Teile von ihr hergestellt oder die hierfür bestimmten Stoffe und Bauteile gelagert werden.

VOB Teil B § 4 VOB/B 1

³ Auf Verlangen sind ihm die Werkzeichnungen oder andere Ausführungsunterlagen sowie die Ergebnisse von Güteprüfungen zur Einsicht vorzulegen und die erforderlichen Auskünfte zu erteilen, wenn hierdurch keine Geschäftsgeheimnisse preisgegeben werden. ⁴ Als Geschäftsgeheimnis bezeichnete Auskünfte und Unterlagen hat er vertraulich zu behandeln.

3. ¹ Der Auftraggeber ist befugt, unter Wahrung der dem Auftragnehmer zustehenden Leitung (Absatz 2) Anordnungen zu treffen, die zur vertragsgemäßen Ausführung der Leistung notwendig sind. ² Die Anordnungen sind grundsätzlich nur dem Auftragnehmer oder seinem für die Leitung der Ausführung bestellten Vertreter zu erteilen, außer wenn Gefahr im Verzug ist. ³ Dem Auftraggeber ist mitzuteilen, wer jeweils als Vertreter des Auftragnehmers für die Leitung der Ausführung bestellt ist.

4. ¹ Hält der Auftragnehmer die Anordnungen des Auftraggebers für unberechtigt oder unzweckmäßig, so hat er seine Bedenken geltend zu machen, die Anordnungen jedoch auf Verlangen auszuführen, wenn nicht gesetzliche oder behördliche Bestimmungen entgegenstehen. ² Wenn dadurch eine ungerechtfertigte Erschwerung verursacht wird, hat der Auftraggeber die Mehrkosten zu tragen.

(2)

1. ¹ Der Auftragnehmer hat die Leistung unter eigener Verantwortung nach dem Vertrag auszuführen. ² Dabei hat er die anerkannten Regeln der Technik und die gesetzlichen und behördlichen Bestimmungen zu beachten. ³ Es ist seine Sache, die Ausführung seiner vertraglichen Leistung zu leiten und für Ordnung auf seiner Arbeitsstelle zu sorgen.

2. ¹ Er ist für die Erfüllung der gesetzlichen, behördlichen und berufsgenossenschaftlichen Verpflichtungen gegenüber seinen Arbeitnehmern allein verantwortlich. ² Es ist ausschließlich seine Aufgabe, die Vereinbarungen und Maßnahmen zu treffen, die sein Verhältnis zu den Arbeitnehmern regeln.

(3) Hat der Auftragnehmer Bedenken gegen die vorgesehene Art der Ausführung (auch wegen der Sicherung gegen Unfallgefahren), gegen die Güte der vom Auftraggeber gelieferten Stoffe oder Bauteile oder gegen die Leistungen anderer Unternehmer, so hat er sie dem Auftraggeber unverzüglich – möglichst schon vor Beginn der Arbeiten – schriftlich mitzuteilen; der Auftraggeber bleibt jedoch für seine Angaben, Anordnungen oder Lieferungen verantwortlich.

(4) ¹ Der Auftraggeber hat, wenn nichts anderes vereinbart ist, dem Auftragnehmer unentgeltlich zur Benutzung oder Mitbenutzung zu überlassen:

1. die notwendigen Lager- und Arbeitsplätze auf der Baustelle,
2. vorhandene Zufahrtswege und Anschlussgleise,
3. vorhandene Anschlüsse für Wasser und Energie. Die Kosten für den Verbrauch und den Messer oder Zähler trägt der Auftragnehmer, mehrere Auftragnehmer tragen sie anteilig.

(5) ¹ Der Auftragnehmer hat die von ihm ausgeführten Leistungen und die ihm für die Ausführung übergebenen Gegenstände bis zur Abnahme vor Beschädigung und Diebstahl zu schützen. ² Auf Verlangen des Auftraggebers hat er sie vor Winterschäden und Grundwasser zu schützen, ferner Schnee und Eis zu beseitigen. ³ Obliegt ihm die Verpflichtung nach Satz 2 nicht schon nach dem Vertrag, so regelt sich die Vergütung nach § 2 Absatz 6.

(6) ¹Stoffe oder Bauteile, die dem Vertrag oder den Proben nicht entsprechen, sind auf Anordnung des Auftraggebers innerhalb einer von ihm bestimmten Frist von der Baustelle zu entfernen. ²Geschieht es nicht, so können sie auf Kosten des Auftragnehmers entfernt oder für seine Rechnung veräußert werden.

(7) ¹Leistungen, die schon während der Ausführung als mangelhaft oder vertragswidrig erkannt werden, hat der Auftragnehmer auf eigene Kosten durch mangelfreie zu ersetzen. ²Hat der Auftragnehmer den Mangel oder die Vertragswidrigkeit zu vertreten, so hat er auch den daraus entstehenden Schaden zu ersetzen. ³Kommt der Auftragnehmer der Pflicht zur Beseitigung des Mangels nicht nach, so kann ihm der Auftraggeber eine angemessene Frist zur Beseitigung des Mangels setzen und erklären, dass er nach fruchtlosem Ablauf der Frist den Vertrag kündigen werde (§ 8 Absatz 3).

(8)

1. ¹Der Auftragnehmer hat die Leistung im eigenen Betrieb auszuführen. ²Mit schriftlicher Zustimmung des Auftraggebers darf er sie an Nachunternehmer übertragen. ³Die Zustimmung ist nicht notwendig bei Leistungen, auf die der Betrieb des Auftragnehmers nicht eingerichtet ist. ⁴Erbringt der Auftragnehmer ohne schriftliche Zustimmung des Auftraggebers Leistungen nicht im eigenen Betrieb, obwohl sein Betrieb darauf eingerichtet ist, kann der Auftraggeber ihm eine angemessene Frist zur Aufnahme der Leistung im eigenen Betrieb setzen und erklären, dass er nach fruchtlosem Ablauf der Frist den Vertrag kündigen werde (§ 8 Absatz 3).

2. Der Auftragnehmer hat bei der Weitervergabe von Bauleistungen an Nachunternehmer die Vergabe- und Vertragsordnung für Bauleistungen Teile B und C zugrunde zu legen.

3. ¹Der Auftragnehmer hat dem Auftraggeber die Nachunternehmer und deren Nachunternehmer ohne Aufforderung spätestens bis zum Leistungsbeginn des Nachunternehmers mit Namen, gesetzlichen Vertretern und Kontaktdaten bekannt zu geben. ²Auf Verlangen des Auftraggebers hat der Auftragnehmer für seine Nachunternehmer Erklärungen und Nachweise zur Eignung vorzulegen.

(9) ¹Werden bei Ausführung der Leistung auf einem Grundstück Gegenstände von Altertums-, Kunst- oder wissenschaftlichem Wert entdeckt, so hat der Auftragnehmer vor jedem weiteren Aufdecken oder Ändern dem Auftraggeber den Fund anzuzeigen und ihm die Gegenstände nach näherer Weisung abzuliefern. ²Die Vergütung etwaiger Mehrkosten regelt sich nach § 2 Absatz 6. ³Die Rechte des Entdeckers (§ 984 BGB) hat der Auftraggeber.

(10) ¹Der Zustand von Teilen der Leistung ist auf Verlangen gemeinsam von Auftraggeber und Auftragnehmer festzustellen, wenn diese Teile der Leistung durch die weitere Ausführung der Prüfung und Feststellung entzogen werden. ²Das Ergebnis ist schriftlich niederzulegen.

§ 5 Ausführungsfristen. (1) ¹Die Ausführung ist nach den verbindlichen Fristen (Vertragsfristen) zu beginnen, angemessen zu fördern und zu vollenden. ²In einem Bauzeitenplan enthaltene Einzelfristen gelten nur dann als Vertragsfristen, wenn diese im Vertrag ausdrücklich vereinbart ist.

(2) ¹Ist für den Beginn der Ausführung keine Frist vereinbart, so hat der Auftraggeber dem Auftragnehmer auf Verlangen Auskunft über den voraus-

sichtlichen Beginn zu erteilen. ²Der Auftragnehmer hat innerhalb von 12 Werktagen nach Aufforderung zu beginnen. ³Der Beginn der Ausführung ist dem Auftraggeber anzuzeigen.

(3) Wenn Arbeitskräfte, Geräte, Gerüste, Stoffe oder Bauteile so unzureichend sind, dass die Ausführungsfristen offenbar nicht eingehalten werden können, muss der Auftragnehmer auf Verlangen unverzüglich Abhilfe schaffen.

(4) Verzögert der Auftragnehmer den Beginn der Ausführung, gerät er mit der Vollendung in Verzug, oder kommt er der in Absatz 3 erwähnten Verpflichtung nicht nach, so kann der Auftraggeber bei Aufrechterhaltung des Vertrages Schadensersatz nach § 6 Absatz 6 verlangen oder dem Auftragnehmer eine angemessene Frist zur Vertragserfüllung setzen und erklären, dass er nach fruchtlosem Ablauf der Frist den Vertrag kündigen werde (§ 8 Absatz 3).

§ 6 Behinderung und Unterbrechung der Ausführung. (1) ¹Glaubt sich der Auftragnehmer in der ordnungsgemäßen Ausführung der Leistung behindert, so hat er es dem Auftraggeber unverzüglich schriftlich anzuzeigen. ²Unterlässt er die Anzeige, so hat er dem nur dann Anspruch auf Berücksichtigung der hindernden Umstände, wenn dem Auftraggeber offenkundig die Tatsache und deren hindernde Wirkung bekannt waren.

(2)

1. Ausführungsfristen werden verlängert, soweit die Behinderung verursacht ist:
   a) durch einen Umstand aus dem Risikobereich des Auftraggebers,
   b) durch Streik oder eine von der Berufsvertretung der Arbeitgeber angeordnete Aussperrung im Betrieb des Auftragnehmers oder in einem unmittelbar für ihn arbeitenden Betrieb,
   c) durch höhere Gewalt oder andere für den Auftragnehmer unabwendbare Umstände.
2. Witterungseinflüsse während der Ausführungszeit, mit denen bei Abgabe des Angebots normalerweise gerechnet werden musste, gelten nicht als Behinderung.

(3) ¹Der Auftragnehmer hat alles zu tun, was ihm billigerweise zugemutet werden kann, um die Weiterführung der Arbeiten zu ermöglichen. ²Sobald die hindernden Umstände wegfallen, hat er ohne weiteres und unverzüglich die Arbeiten wieder aufzunehmen und den Auftraggeber davon zu benachrichtigen.

(4) Die Fristverlängerung wird berechnet nach der Dauer der Behinderung mit einem Zuschlag für die Wiederaufnahme der Arbeiten und die etwaige Verschiebung in eine ungünstigere Jahreszeit.

(5) Wird die Ausführung für voraussichtlich längere Dauer unterbrochen, ohne dass die Leistung dauernd unmöglich wird, so sind die ausgeführten Leistungen nach den Vertragspreisen abzurechnen und außerdem die Kosten zu vergüten, die dem Auftragnehmer bereits entstanden und in den Vertragspreisen des nicht ausgeführten Teils der Leistung enthalten sind.

(6) ¹Sind die hindernden Umstände von einem Vertragsteil zu vertreten, so hat der andere Teil Anspruch auf Ersatz des nachweislich entstandenen Schadens, des entgangenen Gewinns aber nur bei Vorsatz oder grober Fahrlässigkeit. ²Im Übrigen bleibt der Anspruch des Auftragnehmers auf angemessene Ent-

1 VOB/B §§ 7, 8

schädigung nach § 642 BGB[1]) unberührt, sofern die Anzeige nach Absatz 1 Satz 1 erfolgt oder wenn Offenkundigkeit nach Absatz 1 Satz 2 gegeben ist.

(7) [1] Dauert eine Unterbrechung länger als 3 Monate, so kann jeder Teil nach Ablauf dieser Zeit den Vertrag schriftlich kündigen. [2] Die Abrechnung regelt sich nach den Absätzen 5 und 6; wenn der Auftragnehmer die Unterbrechung nicht zu vertreten hat, sind auch die Kosten der Baustellenräumung zu vergüten, soweit sie nicht in der Vergütung für die bereits ausgeführten Leistungen enthalten sind.

§ 7 Verteilung der Gefahr.

(1) Wird die ganz oder teilweise ausgeführte Leistung vor der Abnahme durch höhere Gewalt, Krieg, Aufruhr oder andere objektiv unabwendbare vom Auftragnehmer nicht zu vertretende Umstände beschädigt oder zerstört, so hat dieser für die ausgeführten Teile der Leistung die Ansprüche nach § 6 Absatz 5; für andere Schäden besteht keine gegenseitige Ersatzpflicht.

(2) Zu der ganz oder teilweise ausgeführten Leistung gehören alle mit der baulichen Anlage unmittelbar verbundenen, in ihre Substanz eingegangenen Leistungen, unabhängig von deren Fertigstellungsgrad.

(3) [1] Zu der ganz oder teilweise ausgeführten Leistung gehören nicht die noch nicht eingebauten Stoffe und Bauteile sowie die Baustelleneinrichtung und Absteckungen. [2] Zu der ganz oder teilweise ausgeführten Leistung gehören ebenfalls nicht Hilfskonstruktionen und Gerüste, auch wenn diese als Besondere Leistung oder selbstständig vergeben sind.

§ 8 Kündigung durch den Auftraggeber.

(1)
1. Der Auftraggeber kann bis zur Vollendung der Leistung jederzeit den Vertrag kündigen.
2. [1] Dem Auftragnehmer steht die vereinbarte Vergütung zu. [2] Er muss sich jedoch anrechnen lassen, was er infolge der Aufhebung des Vertrags an Kosten erspart oder durch anderweitige Verwendung seiner Arbeitskraft und seines Betriebs erwirbt oder zu erwerben böswillig unterlässt (§ 649 BGB[1])).

(2)
1. Der Auftraggeber kann den Vertrag kündigen, wenn der Auftragnehmer seine Zahlungen einstellt, von ihm oder zulässigerweise vom Auftraggeber oder einem anderen Gläubiger das Insolvenzverfahren (§§ 14 und 15 InsO) beziehungsweise ein vergleichbares gesetzliches Verfahren beantragt ist, ein solches Verfahren eröffnet wird oder dessen Eröffnung mangels Masse abgelehnt wird.
2. [1] Die ausgeführten Leistungen sind nach § 6 Absatz 5 abzurechnen. [2] Der Auftraggeber kann Schadensersatz wegen Nichterfüllung des Restes verlangen.

(3)
1. [1] Der Auftraggeber kann den Vertrag kündigen, wenn in den Fällen des § 4 Absätze 7 und 8 Nummer 1 und des § 5 Absatz 4 die gesetzte Frist fruchtlos abgelaufen ist. [2] Die Kündigung kann auf einen in sich abgeschlossenen Teil der vertraglichen Leistung beschränkt werden.

---

[1]) Nr. 2.

VOB Teil B **§ 9 VOB/B 1**

2. ¹Nach der Kündigung ist der Auftraggeber berechtigt, den noch nicht vollendeten Teil der Leistung zu Lasten des Auftragnehmers durch einen Dritten ausführen zu lassen, doch bleiben seine Ansprüche auf Ersatz des etwa entstehenden weiteren Schadens bestehen. ²Er ist auch berechtigt, auf die weitere Ausführung zu verzichten und Schadensersatz wegen Nichterfüllung zu verlangen, wenn die Ausführung aus den Gründen, die zur Kündigung geführt haben, für ihn kein Interesse mehr hat.

3. Für die Weiterführung der Arbeiten kann der Auftraggeber Geräte, Gerüste, auf der Baustelle vorhandene andere Einrichtungen und angelieferte Stoffe und Bauteile gegen angemessene Vergütung in Anspruch nehmen.

4. Der Auftraggeber hat dem Auftragnehmer eine Aufstellung über die entstandenen Mehrkosten und über seine anderen Ansprüche spätestens binnen 12 Werktagen nach Abrechnung mit dem Dritten zuzusenden.

(4) ¹Der Auftraggeber kann den Vertrag kündigen,

1. wenn der Auftragnehmer aus Anlass der Vergabe eine Abrede getroffen hatte, die eine unzulässige Wettbewerbsbeschränkung darstellt. Absatz 3 Nummer 1 Satz 2 und Nummer 2 bis 4 gilt entsprechend.

2. sofern dieser im Anwendungsbereich des 4. Teils des GWB geschlossen wurde,

   a) wenn der Auftragnehmer wegen eines zwingenden Ausschlussgrundes zum Zeitpunkt des Zuschlags nicht hätte beauftragt werden dürfen. Absatz 3 Nummer 1 Satz 2 und Nummer 2 bis 4 gilt entsprechend.[1)]

   b) bei wesentlicher Änderung des Vertrages oder bei Feststellung einer schweren Verletzung der Verträge über die Europäische Union und die Arbeitsweise der Europäischen Union durch den Europäischen Gerichtshof. Die ausgeführten Leistungen sind nach § 6 Absatz 5 abzurechnen. Etwaige Schadensersatzansprüche der Parteien bleiben unberührt.

²Die Kündigung ist innerhalb von 12 Werktagen nach Bekanntwerden des Kündigungsgrundes auszusprechen.

(5) ¹Sofern der Auftragnehmer die Leistung, ungeachtet des Anwendungsbereichs des 4. Teils des GWB, ganz oder teilweise an Nachunternehmer weitervergeben hat, steht auch ihm das Kündigungsrecht gemäß Absatz 4 Nummer 2 Buchstabe b zu, wenn der ihn als Auftragnehmer verpflichtende Vertrag (Hauptauftrag) gemäß Absatz 4 Nummer 2 Buchstabe b gekündigt wurde. ²Entsprechendes gilt für jeden Auftraggeber der Nachunternehmerkette, sofern sein jeweiliger Auftraggeber den Vertrag gemäß Satz 1 gekündigt hat.

(6) Die Kündigung ist schriftlich zu erklären.

(7) Der Auftragnehmer kann Aufmaß und Abnahme der von ihm ausgeführten Leistungen alsbald nach der Kündigung verlangen; er hat unverzüglich eine prüfbare Rechnung über die ausgeführten Leistungen vorzulegen.

(8) Eine wegen Verzugs verwirkte, nach Zeit bemessene Vertragsstrafe kann nur für die Zeit bis zum Tag der Kündigung des Vertrags gefordert werden.

§ 9 Kündigung durch den Auftragnehmer. (1) Der Auftragnehmer kann den Vertrag kündigen:

[1)] Zeichensetzung amtlich.

1. wenn der Auftraggeber eine ihm obliegende Handlung unterlässt und dadurch den Auftragnehmer außerstande setzt, die Leistung auszuführen (Annahmeverzug nach §§ 293 ff. BGB),
2. wenn der Auftraggeber eine fällige Zahlung nicht leistet oder sonst in Schuldnerverzug gerät.

(2) ¹Die Kündigung ist schriftlich zu erklären. ²Sie ist erst zulässig, wenn der Auftragnehmer dem Auftraggeber ohne Erfolg eine angemessene Frist zur Vertragserfüllung gesetzt und erklärt hat, dass er nach fruchtlosem Ablauf der Frist den Vertrag kündigen werde.

(3) ¹Die bisherigen Leistungen sind nach den Vertragspreisen abzurechnen. ²Außerdem hat der Auftragnehmer Anspruch auf angemessene Entschädigung nach § 642 BGB[1]; etwaige weitergehende Ansprüche des Auftragnehmers bleiben unberührt.

§ 10 Haftung der Vertragsparteien. (1) Die Vertragsparteien haften einander für eigenes Verschulden sowie für das Verschulden ihrer gesetzlichen Vertreter und der Personen, deren sie sich zur Erfüllung ihrer Verbindlichkeiten bedienen (§§ 276, 278 BGB[1]).

(2)
1. ¹Entsteht einem Dritten im Zusammenhang mit der Leistung ein Schaden, für den auf Grund gesetzlicher Haftpflichtbestimmungen beide Vertragsparteien haften, so gelten für den Ausgleich zwischen den Vertragsparteien die allgemeinen gesetzlichen Bestimmungen, soweit im Einzelfall nichts anderes vereinbart ist. ²Soweit der Schaden des Dritten nur die Folge einer Maßnahme ist, die der Auftraggeber in dieser Form angeordnet hat, trägt er den Schaden allein, wenn ihn der Auftragnehmer auf die mit der angeordneten Ausführung verbundene Gefahr nach § 4 Absatz 3 hingewiesen hat.
2. Der Auftragnehmer trägt den Schaden allein, soweit er ihn durch Versicherung seiner gesetzlichen Haftpflicht gedeckt hat oder durch eine solche zu tarifmäßigen, nicht auf außergewöhnliche Verhältnisse abgestellten Prämien und Prämienzuschlägen bei einem im Inland zum Geschäftsbetrieb zugelassenen Versicherer hätte decken können.

(3) Ist der Auftragnehmer einem Dritten nach den §§ 823 ff. BGB zu Schadensersatz verpflichtet wegen unbefugten Betretens oder Beschädigung angrenzender Grundstücke, wegen Entnahme oder Auflagerung von Boden oder anderen Gegenständen außerhalb der vom Auftraggeber dazu angewiesenen Flächen oder wegen der Folgen eigenmächtiger Versperrung von Wegen oder Wasserläufen, so trägt er im Verhältnis zum Auftraggeber den Schaden allein.

(4) Für die Verletzung gewerblicher Schutzrechte haftet im Verhältnis der Vertragsparteien zueinander der Auftragnehmer allein, wenn er selbst das geschützte Verfahren oder die Verwendung geschützter Gegenstände angeboten oder wenn der Auftraggeber die Verwendung vorgeschrieben und auf das Schutzrecht hingewiesen hat.

(5) Ist eine Vertragspartei gegenüber der anderen nach den Absätzen 2, 3 oder 4 von der Ausgleichspflicht befreit, so gilt diese Befreiung auch zugunsten

---

[1] Nr. 2.

ihrer gesetzlichen Vertreter und Erfüllungsgehilfen, wenn sie nicht vorsätzlich oder grob fahrlässig gehandelt haben.

(6) ¹Soweit eine Vertragspartei von dem Dritten für einen Schaden in Anspruch genommen wird, den nach den Absätzen 2, 3 oder 4 die andere Vertragspartei zu tragen hat, kann sie verlangen, dass ihre Vertragspartei sie von der Verbindlichkeit gegenüber dem Dritten befreit. ²Sie darf den Anspruch des Dritten nicht anerkennen oder befriedigen, ohne der anderen Vertragspartei vorher Gelegenheit zur Äußerung gegeben zu haben.

§ 11 Vertragsstrafe. (1) Wenn Vertragsstrafen vereinbart sind, gelten die §§ 339 bis 345 BGB.

(2) Ist die Vertragsstrafe für den Fall vereinbart, dass der Auftragnehmer nicht in der vorgesehenen Frist erfüllt, so wird sie fällig, wenn der Auftragnehmer in Verzug gerät.

(3) Ist die Vertragsstrafe nach Tagen bemessen, so zählen nur Werktage; ist sie nach Wochen bemessen, so wird jeder Werktag angefangener Wochen als 1/6 Woche gerechnet.

(4) Hat der Auftraggeber die Leistung abgenommen, so kann er die Strafe nur verlangen, wenn er dies bei der Abnahme vorbehalten hat.

§ 12 Abnahme. (1) Verlangt der Auftragnehmer nach der Fertigstellung – gegebenenfalls auch vor Ablauf der vereinbarten Ausführungsfrist – die Abnahme der Leistung, so hat sie der Auftraggeber binnen 12 Werktagen durchzuführen; eine andere Frist kann vereinbart werden.

(2) Auf Verlangen sind in sich abgeschlossene Teile der Leistung besonders abzunehmen.

(3) Wegen wesentlicher Mängel kann die Abnahme bis zur Beseitigung verweigert werden.

(4)
1. ¹Eine förmliche Abnahme hat stattzufinden, wenn eine Vertragspartei es verlangt. ²Jede Partei kann auf ihre Kosten einen Sachverständigen zuziehen. ³Der Befund ist in gemeinsamer Verhandlung schriftlich niederzulegen. ⁴In die Niederschrift sind etwaige Vorbehalte wegen bekannter Mängel und wegen Vertragsstrafen aufzunehmen, ebenso etwaige Einwendungen des Auftragnehmers. ⁵Jede Partei erhält eine Ausfertigung.
2. ¹Die förmliche Abnahme kann in Abwesenheit des Auftragnehmers stattfinden, wenn der Termin vereinbart war oder der Auftraggeber mit genügender Frist dazu eingeladen hatte. ²Das Ergebnis der Abnahme ist dem Auftragnehmer alsbald mitzuteilen.

(5)
1. Wird keine Abnahme verlangt, so gilt die Leistung als abgenommen mit Ablauf von 12 Werktagen nach schriftlicher Mitteilung über die Fertigstellung der Leistung.
2. ¹Wird keine Abnahme verlangt und hat der Auftraggeber die Leistung oder einen Teil der Leistung in Benutzung genommen, so gilt die Abnahme nach Ablauf von 6 Werktagen nach Beginn der Benutzung als erfolgt, wenn nichts anderes vereinbart ist. ²Die Benutzung von Teilen einer baulichen Anlage zur Weiterführung der Arbeiten gilt nicht als Abnahme.

1 VOB/B § 13

3. Vorbehalte wegen bekannter Mängel oder wegen Vertragsstrafen hat der Auftraggeber spätestens zu den in den Nummern 1 und 2 bezeichneten Zeitpunkten geltend zu machen.

(6) Mit der Abnahme geht die Gefahr auf den Auftraggeber über, soweit er sie nicht schon nach § 7 trägt.

§ 13 Mängelansprüche. (1) ¹Der Auftragnehmer hat dem Auftraggeber seine Leistung zum Zeitpunkt der Abnahme frei von Sachmängeln zu verschaffen. ²Die Leistung ist zur Zeit der Abnahme frei von Sachmängeln, wenn sie die vereinbarte Beschaffenheit hat und den anerkannten Regeln der Technik entspricht. ³Ist die Beschaffenheit nicht vereinbart, so ist die Leistung zur Zeit der Abnahme frei von Sachmängeln,

1. wenn sie sich für die nach dem Vertrag vorausgesetzte,

sonst

2. für die gewöhnliche Verwendung eignet und eine Beschaffenheit aufweist, die bei Werken der gleichen Art üblich ist und die der Auftraggeber nach der Art der Leistung erwarten kann.

(2) ¹Bei Leistungen nach Probe gelten die Eigenschaften der Probe als vereinbarte Beschaffenheit, soweit nicht Abweichungen nach der Verkehrssitte als bedeutungslos anzusehen sind. ²Dies gilt auch für Proben, die erst nach Vertragsabschluss als solche anerkannt sind.

(3) Ist ein Mangel zurückzuführen auf die Leistungsbeschreibung oder auf Anordnungen des Auftraggebers, auf die von diesem gelieferten oder vorgeschriebenen Stoffe oder Bauteile oder die Beschaffenheit der Vorleistung eines anderen Unternehmers, haftet der Auftragnehmer, es sei denn, er hat die ihm nach § 4 Absatz 3 obliegende Mitteilung gemacht.

(4)

1. ¹Ist für Mängelansprüche keine Verjährungsfrist im Vertrag vereinbart, so beträgt sie für Bauwerke 4 Jahre, für andere Werke, deren Erfolg in der Herstellung, Wartung oder Veränderung einer Sache besteht, und für die vom Feuer berührten Teile von Feuerungsanlagen 2 Jahre. ²Abweichend von Satz 1 beträgt die Verjährungsfrist für feuerberührte und abgasdämmende Teile von industriellen Feuerungsanlagen 1 Jahr.

2. Ist für Teile von maschinellen und elektrotechnischen/elektronischen Anlagen, bei denen die Wartung Einfluss auf Sicherheit und Funktionsfähigkeit hat, nichts anderes vereinbart, beträgt für diese Anlagenteile die Verjährungsfrist für Mängelansprüche abweichend von Nummer 1 zwei Jahre, wenn der Auftraggeber sich dafür entschieden hat, dem Auftragnehmer die Wartung für die Dauer der Verjährungsfrist nicht zu übertragen; dies gilt auch, wenn für weitere Leistungen eine andere Verjährungsfrist vereinbart ist.

3. Die Frist beginnt mit der Abnahme der gesamten Leistung; nur für in sich abgeschlossene Teile der Leistung beginnt sie mit der Teilabnahme (§ 12 Absatz 2).

(5)

1. ¹Der Auftragnehmer ist verpflichtet, alle während der Verjährungsfrist hervortretenden Mängel, die auf vertragswidrige Leistung zurückzuführen sind, auf seine Kosten zu beseitigen, wenn es der Auftraggeber vor Ablauf der Frist schriftlich verlangt. ²Der Anspruch auf Beseitigung der gerügten Mängel

verjährt in 2 Jahren, gerechnet vom Zugang des schriftlichen Verlangens an, jedoch nicht vor Ablauf der Regelfristen nach Absatz 4 oder der an ihrer Stelle vereinbarten Frist. ³ Nach Abnahme der Mängelbeseitigungsleistung beginnt für diese Leistung eine Verjährungsfrist von 2 Jahren neu, die jedoch nicht vor Ablauf der Regelfristen nach Absatz 4 oder der an ihrer Stelle vereinbarten Frist endet.

2. Kommt der Auftragnehmer der Aufforderung zur Mängelbeseitigung in einer vom Auftraggeber gesetzten angemessenen Frist nicht nach, so kann der Auftraggeber die Mängel auf Kosten des Auftragnehmers beseitigen lassen.

(6) Ist die Beseitigung des Mangels für den Auftraggeber unzumutbar oder ist sie unmöglich oder würde sie einen unverhältnismäßig hohen Aufwand erfordern und wird sie deshalb vom Auftragnehmer verweigert, so kann der Auftraggeber durch Erklärung gegenüber dem Auftragnehmer die Vergütung mindern (§ 638 BGB[1])).

(7)

1. Der Auftragnehmer haftet bei schuldhaft verursachten Mängeln für Schäden aus der Verletzung des Lebens, des Körpers oder der Gesundheit.

2. Bei vorsätzlich oder grob fahrlässig verursachten Mängeln haftet er für alle Schäden.

3. ¹ Im Übrigen ist dem Auftraggeber der Schaden an der baulichen Anlage zu ersetzen, zu deren Herstellung, Instandhaltung oder Änderung die Leistung dient, wenn ein wesentlicher Mangel vorliegt, der die Gebrauchsfähigkeit erheblich beeinträchtigt und auf ein Verschulden des Auftragnehmers zurückzuführen ist. ² Einen darüber hinausgehenden Schaden hat der Auftragnehmer nur dann zu ersetzen,

a) wenn der Mangel auf einem Verstoß gegen die anerkannten Regeln der Technik beruht,

b) wenn der Mangel in dem Fehlen einer vertraglich vereinbarten Beschaffenheit besteht oder

c) soweit der Auftragnehmer den Schaden durch Versicherung seiner gesetzlichen Haftpflicht gedeckt hat oder durch eine solche zu tarifmäßigen, nicht auf außergewöhnliche Verhältnisse abgestellten Prämien und Prämienzuschlägen bei einem im Inland zum Geschäftsbetrieb zugelassenen Versicherer hätte decken können.

4. Abweichend von Absatz 4 gelten die gesetzlichen Verjährungsfristen, soweit sich der Auftragnehmer nach Nummer 3 durch Versicherung geschützt hat oder hätte schützen können oder soweit ein besonderer Versicherungsschutz vereinbart ist.

5. Eine Einschränkung oder Erweiterung der Haftung kann in begründeten Sonderfällen vereinbart werden.

§ 14 Abrechnung. (1) ¹ Der Auftragnehmer hat seine Leistungen prüfbar abzurechnen. ² Er hat die Rechnungen übersichtlich aufzustellen und dabei die Reihenfolge der Posten einzuhalten und die in den Vertragsbestandteilen enthaltenen Bezeichnungen zu verwenden. ³ Die zum Nachweis von Art und

---

[1]) Nr. 2.

1 VOB/B § 15

Umfang der Leistung erforderlichen Mengenberechnungen, Zeichnungen und andere Belege sind beizufügen. [4] Änderungen und Ergänzungen des Vertrags sind in der Rechnung besonders kenntlich zu machen; sie sind auf Verlangen getrennt abzurechnen.

(2) [1] Die für die Abrechnung notwendigen Feststellungen sind dem Fortgang der Leistung entsprechend möglichst gemeinsam vorzunehmen. [2] Die Abrechnungsbestimmungen in den Technischen Vertragsbedingungen und den anderen Vertragsunterlagen sind zu beachten. [3] Für Leistungen, die bei Weiterführung der Arbeiten nur schwer feststellbar sind, hat der Auftragnehmer rechtzeitig gemeinsame Feststellungen zu beantragen.

(3) Die Schlussrechnung muss bei Leistungen mit einer vertraglichen Ausführungsfrist von höchstens 3 Monaten spätestens 12 Werktage nach Fertigstellung eingereicht werden, wenn nichts anderes vereinbart ist; diese Frist wird um je 6 Werktage für je weitere 3 Monate Ausführungsfrist verlängert.

(4) Reicht der Auftragnehmer eine prüfbare Rechnung nicht ein, obwohl ihm der Auftraggeber dafür eine angemessene Frist gesetzt hat, so kann sie der Auftraggeber selbst auf Kosten des Auftragnehmers aufstellen.

§ 15 Stundenlohnarbeiten. (1)

1. Stundenlohnarbeiten werden nach den vertraglichen Vereinbarungen abgerechnet.
2. [1] Soweit für die Vergütung keine Vereinbarungen getroffen worden sind, gilt die ortsübliche Vergütung. [2] Ist diese nicht zu ermitteln, so werden die Aufwendungen des Auftragnehmers für Lohn- und Gehaltskosten der Baustelle, Lohn- und Gehaltsnebenkosten der Baustelle, Stoffkosten der Baustelle, Kosten der Einrichtungen, Geräte, Maschinen und maschinellen Anlagen der Baustelle, Fracht-, Fuhr- und Ladekosten, Sozialkassenbeiträge und Sonderkosten, die bei wirtschaftlicher Betriebsführung entstehen, mit angemessenen Zuschlägen für Gemeinkosten und Gewinn (einschließlich allgemeinem Unternehmerwagnis) zuzüglich Umsatzsteuer vergütet.

(2) Verlangt der Auftraggeber, dass die Stundenlohnarbeiten durch einen Polier oder eine andere Aufsichtsperson beaufsichtigt werden, oder ist die Aufsicht nach den einschlägigen Unfallverhütungsvorschriften notwendig, so gilt Absatz 1 entsprechend.

(3) [1] Dem Auftraggeber ist die Ausführung von Stundenlohnarbeiten vor Beginn anzuzeigen. [2] Über die geleisteten Arbeitsstunden und den dabei erforderlichen, besonders zu vergütenden Aufwand für den Verbrauch von Stoffen, für Vorhaltung von Einrichtungen, Geräten, Maschinen und maschinellen Anlagen, für Frachten, Fuhr- und Ladeleistungen sowie etwaige Sonderkosten sind, wenn nichts anderes vereinbart ist, je nach der Verkehrssitte werktäglich oder wöchentlich Listen (Stundenlohnzettel) einzureichen. [3] Der Auftraggeber hat die von ihm bescheinigten Stundenlohnzettel unverzüglich, spätestens jedoch innerhalb von 6 Werktagen nach Zugang, zurückzugeben. [4] Dabei kann er Einwendungen auf den Stundenlohnzetteln oder gesondert schriftlich erheben. [5] Nicht fristgemäß zurückgegebene Stundenlohnzettel gelten als anerkannt.

(4) [1] Stundenlohnrechnungen sind alsbald nach Abschluss der Stundenlohnarbeiten, längstens jedoch in Abständen von 4 Wochen, einzureichen. [2] Für die Zahlung gilt § 16.

(5) Wenn Stundenlohnarbeiten zwar vereinbart waren, über den Umfang der Stundenlohnleistungen aber mangels rechtzeitiger Vorlage der Stundenlohnzettel Zweifel bestehen, so kann der Auftraggeber verlangen, dass für die nachweisbar ausgeführten Leistungen eine Vergütung vereinbart wird, die nach Maßgabe von Absatz 1 Nummer 2 für einen wirtschaftlich vertretbaren Aufwand an Arbeitszeit und Verbrauch von Stoffen, für Vorhaltung von Einrichtungen, Geräten, Maschinen und maschinellen Anlagen, für Frachten, Fuhr- und Ladeleistungen sowie etwaige Sonderkosten ermittelt wird.

§ 16[1]) Zahlung. (1)

1. [1] Abschlagszahlungen sind auf Antrag in möglichst kurzen Zeitabständen oder zu den vereinbarten Zeitpunkten zu gewähren, und zwar in Höhe des Wertes der jeweils nachgewiesenen vertragsgemäßen Leistungen einschließlich des ausgewiesenen, darauf entfallenden Umsatzsteuerbetrages. [2] Die Leistungen sind durch eine prüfbare Aufstellung nachzuweisen, die eine rasche und sichere Beurteilung der Leistungen ermöglichen muss. [3] Als Leistungen gelten hierbei auch die für die geforderte Leistung eigens angefertigten und bereitgestellten Bauteile sowie die auf der Baustelle angelieferten Stoffe und Bauteile, wenn dem Auftraggeber nach seiner Wahl das Eigentum an ihnen übertragen ist oder entsprechende Sicherheit gegeben wird.
2. [1] Gegenforderungen können einbehalten werden. [2] Andere Einbehalte sind nur in den im Vertrag und in den gesetzlichen Bestimmungen vorgesehenen Fällen zulässig.
3. Ansprüche auf Abschlagszahlungen werden binnen 21 Tagen nach Zugang der Aufstellung fällig.
4. Die Abschlagszahlungen sind ohne Einfluss auf die Haftung des Auftragnehmers; sie gelten nicht als Abnahme von Teilen der Leistung.

(2)
1. [1] Vorauszahlungen können auch nach Vertragsabschluss vereinbart werden; hierfür ist auf Verlangen des Auftraggebers ausreichende Sicherheit zu leisten. [2] Diese Vorauszahlungen sind, sofern nichts anderes vereinbart wird, mit 3 v.H. über dem Basiszinssatz[2]) des § 247 BGB[3]) zu verzinsen.
2. Vorauszahlungen sind auf die nächstfälligen Zahlungen anzurechnen, soweit damit Leistungen abzugelten sind, für welche die Vorauszahlungen gewährt worden sind.

(3)
1. [1] Der Anspruch auf Schlusszahlung wird alsbald nach Prüfung und Feststellung fällig, spätestens innerhalb von 30 Tagen nach Zugang der Schlussrechnung. [2] Die Frist verlängert sich auf höchstens 60 Tage, wenn sie aufgrund der besonderen Natur oder Merkmale der Vereinbarung sachlich gerechtfertigt ist und ausdrücklich vereinbart wurde. [3] Werden Einwendungen gegen die Prüfbarkeit unter Angabe der Gründe nicht bis zum Ablauf der jeweiligen Frist erhoben, kann der Auftraggeber sich nicht mehr auf die fehlende Prüf-

---

[1]) Siehe hierzu auch die Anlage zur Bek. v. 26.6.2012 (BAnz AT 13.07.2012 B3) (Hinweise zu § 16 VOB/B).
[2]) Siehe hierzu die Basiszinssatz-Bek. 1/2023 v. 27.12.2022 (BAnz AT 28.12.2022 B5): der Basiszinssatz beträgt ab dem 1.1.2023 **1,62 %**.
[3]) Nr. 2.

1 VOB/B § 16 VOB Teil B

barkeit berufen. ⁴Die Prüfung der Schlussrechnung ist nach Möglichkeit zu beschleunigen. ⁵Verzögert sie sich, so ist das unbestrittene Guthaben als Abschlagszahlung sofort zu zahlen.

2. Die vorbehaltlose Annahme der Schlusszahlung schließt Nachforderungen aus, wenn der Auftragnehmer über die Schlusszahlung schriftlich unterrichtet und auf die Ausschlusswirkung hingewiesen wurde.
3. Einer Schlusszahlung steht es gleich, wenn der Auftraggeber unter Hinweis auf geleistete Zahlungen weitere Zahlungen endgültig und schriftlich ablehnt.
4. Auch früher gestellte, aber unerledigte Forderungen werden ausgeschlossen, wenn sie nicht nochmals vorbehalten werden.
5. ¹Ein Vorbehalt ist innerhalb von 28 Tagen nach Zugang der Mitteilung nach den Nummern 2 und 3 über die Schlusszahlung zu erklären. ²Er wird hinfällig, wenn nicht innerhalb von weiteren 28 Tagen – beginnend am Tag nach Ablauf der in Satz 1 genannten 28 Tage – eine prüfbare Rechnung über die vorbehaltenen Forderungen eingereicht oder, wenn das nicht möglich ist, der Vorbehalt eingehend begründet wird.
6. Die Ausschlussfristen gelten nicht für ein Verlangen nach Richtigstellung der Schlussrechnung und -zahlung wegen Aufmaß-, Rechen- und Übertragungsfehlern.

(4) In sich abgeschlossene Teile der Leistung können nach Teilabnahme ohne Rücksicht auf die Vollendung der übrigen Leistungen endgültig festgestellt und bezahlt werden.

(5)
1. Alle Zahlungen sind aufs Äußerste zu beschleunigen.
2. Nicht vereinbarte Skontoabzüge sind unzulässig.
3. ¹Zahlt der Auftraggeber bei Fälligkeit nicht, so kann ihm der Auftragnehmer eine angemessene Nachfrist setzen. ²Zahlt er auch innerhalb der Nachfrist nicht, so hat der Auftragnehmer vom Ende der Nachfrist an Anspruch auf Zinsen in Höhe der in § 288 Absatz 2 BGB[1)] angegebenen Zinssätze, wenn er nicht einen höheren Verzugsschaden nachweist. ³Der Auftraggeber kommt jedoch, ohne dass es einer Nachfristsetzung bedarf, spätestens 30 Tage nach Zugang der Rechnung oder der Aufstellung bei Abschlagszahlungen in Zahlungsverzug, wenn der Auftragnehmer seine vertraglichen und gesetzlichen Verpflichtungen erfüllt und den fälligen Entgeltbetrag nicht rechtzeitig erhalten hat, es sei denn, der Auftraggeber ist für den Zahlungsverzug nicht verantwortlich. ⁴Die Frist verlängert sich auf höchstens 60 Tage, wenn sie aufgrund der besonderen Natur oder Merkmale der Vereinbarung sachlich gerechtfertigt ist und ausdrücklich vereinbart wurde.
4. Der Auftragnehmer darf die Arbeiten bei Zahlungsverzug bis zur Zahlung einstellen, sofern eine dem Auftraggeber zuvor gesetzte angemessene Frist erfolglos verstrichen ist.

(6) ¹Der Auftraggeber ist berechtigt, zur Erfüllung seiner Verpflichtungen aus den Absätzen 1 bis 5 Zahlungen an Gläubiger des Auftragnehmers zu leisten, soweit sie an der Ausführung der vertraglichen Leistung des Auftragnehmers aufgrund eines mit diesem abgeschlossenen Dienst- oder Werkvertrags

---

[1)] Nr. 2.

beteiligt sind, wegen Zahlungsverzugs des Auftragnehmers die Fortsetzung ihrer Leistung zu Recht verweigern und die Direktzahlung die Fortsetzung der Leistung sicherstellen soll. ²Der Auftragnehmer ist verpflichtet, sich auf Verlangen des Auftraggebers innerhalb einer von diesem gesetzten Frist darüber zu erklären, ob und inwieweit er die Forderungen seiner Gläubiger anerkennt; wird diese Erklärung nicht rechtzeitig abgegeben, so gelten die Voraussetzungen für die Direktzahlung als anerkannt.

§ 17 Sicherheitsleistung. (1)

1. Wenn Sicherheitsleistung vereinbart ist, gelten die §§ 232 bis 240 BGB[1]), soweit sich aus den nachstehenden Bestimmungen nichts anderes ergibt.

2. Die Sicherheit dient dazu, die vertragsgemäße Ausführung der Leistung und die Mängelansprüche sicherzustellen.

(2) Wenn im Vertrag nichts anderes vereinbart ist, kann Sicherheit durch Einbehalt oder Hinterlegung von Geld oder durch Bürgschaft eines Kreditinstituts oder Kreditversicherers geleistet werden, sofern das Kreditinstitut oder der Kreditversicherer

1. in der Europäischen Gemeinschaft oder
2. in einem Staat der Vertragsparteien des Abkommens über den Europäischen Wirtschaftsraum oder
3. in einem Staat der Vertragsparteien des WTO-Übereinkommens über das öffentliche Beschaffungswesen

zugelassen ist.

(3) Der Auftragnehmer hat die Wahl unter den verschiedenen Arten der Sicherheit; er kann eine Sicherheit durch eine andere ersetzen.

(4) ¹Bei Sicherheitsleistung durch Bürgschaft ist Voraussetzung, dass der Auftraggeber den Bürgen als tauglich anerkannt hat. ²Die Bürgschaftserklärung ist schriftlich unter Verzicht auf die Einrede der Vorausklage abzugeben (§ 771 BGB[1])); sie darf nicht auf bestimmte Zeit begrenzt sein und muss nach Vorschrift des Auftraggebers ausgestellt sein. ³Der Auftraggeber kann als Sicherheit keine Bürgschaft fordern, die den Bürgen zur Zahlung auf erstes Anfordern verpflichtet.

(5) ¹Wird Sicherheit durch Hinterlegung von Geld geleistet, so hat der Auftragnehmer den Betrag bei einem zu vereinbarenden Geldinstitut auf ein Sperrkonto einzuzahlen, über das beide nur gemeinsam verfügen können („Und-Konto"). ²Etwaige Zinsen stehen dem Auftragnehmer zu.

(6)

1. ¹Soll der Auftraggeber vereinbarungsgemäß die Sicherheit in Teilbeträgen von seinen Zahlungen einbehalten, so darf er jeweils die Zahlung um höchstens 10 v.H. kürzen, bis die vereinbarte Sicherheitssumme erreicht ist. ²Sofern Rechnungen ohne Umsatzsteuer gemäß § 13b UStG gestellt werden, bleibt die Umsatzsteuer bei der Berechnung des Sicherheitseinbehalts unberücksichtigt. ³Den jeweils einbehaltenen Betrag hat er dem Auftragnehmer mitzuteilen und binnen 18 Werktagen nach dieser Mitteilung auf ein Sperrkonto bei dem vereinbarten Geldinstitut einzuzahlen. ⁴Gleichzeitig muss er

---

[1]) Nr. 2.

veranlassen, dass dieses Geldinstitut den Auftragnehmer von der Einzahlung des Sicherheitsbetrags benachrichtigt. [5] Absatz 5 gilt entsprechend.
2. Bei kleineren oder kurzfristigen Aufträgen ist es zulässig, dass der Auftraggeber den einbehaltenen Sicherheitsbetrag erst bei der Schlusszahlung auf ein Sperrkonto einzahlt.
3. [1] Zahlt der Auftraggeber den einbehaltenen Betrag nicht rechtzeitig ein, so kann ihm der Auftragnehmer hierfür eine angemessene Nachfrist setzen. [2] Lässt der Auftraggeber auch diese verstreichen, so kann der Auftragnehmer die sofortige Auszahlung des einbehaltenen Betrags verlangen und braucht dann keine Sicherheit mehr zu leisten.
4. Öffentliche Auftraggeber sind berechtigt, den als Sicherheit einbehaltenen Betrag auf eigenes Verwahrgeldkonto zu nehmen; der Betrag wird nicht verzinst.

(7) [1] Der Auftragnehmer hat die Sicherheit binnen 18 Werktagen nach Vertragsabschluss zu leisten, wenn nichts anderes vereinbart ist. [2] Soweit er diese Verpflichtung nicht erfüllt hat, ist der Auftraggeber berechtigt, vom Guthaben des Auftragnehmers einen Betrag in Höhe der vereinbarten Sicherheit einzubehalten. [3] Im Übrigen gelten die Absätze 5 und 6 außer Nummer 1 Satz 1 entsprechend.

(8)

1. [1] Der Auftraggeber hat eine nicht verwertete Sicherheit für die Vertragserfüllung zum vereinbarten Zeitpunkt, spätestens nach Abnahme und Stellung der Sicherheit für Mängelansprüche zurückzugeben, es sei denn, dass Ansprüche des Auftraggebers, die nicht von der gestellten Sicherheit für Mängelansprüche umfasst sind, noch nicht erfüllt sind. [2] Dann darf er für diese Vertragserfüllungsansprüche einen entsprechenden Teil der Sicherheit zurückhalten.
2. [1] Der Auftraggeber hat eine nicht verwertete Sicherheit für Mängelansprüche nach Ablauf von 2 Jahren zurückzugeben, sofern kein anderer Rückgabezeitpunkt vereinbart worden ist. [2] Soweit jedoch zu diesem Zeitpunkt seine geltend gemachten Ansprüche noch nicht erfüllt sind, darf er einen entsprechenden Teil der Sicherheit zurückhalten.

§ 18 Streitigkeiten. (1) [1] Liegen die Voraussetzungen für eine Gerichtsstandvereinbarung nach § 38 der Zivilprozessordnung vor, richtet sich der Gerichtsstand für Streitigkeiten aus dem Vertrag nach dem Sitz der für die Prozessvertretung des Auftraggebers zuständigen Stelle, wenn nichts anderes vereinbart ist. [2] Sie ist dem Auftragnehmer auf Verlangen mitzuteilen.

(2)

1. [1] Entstehen bei Verträgen mit Behörden Meinungsverschiedenheiten, so soll der Auftragnehmer zunächst die der auftraggebenden Stelle unmittelbar vorgesetzte Stelle anrufen. [2] Diese soll dem Auftragnehmer Gelegenheit zur mündlichen Aussprache geben und ihn möglichst innerhalb von 2 Monaten nach der Anrufung schriftlich bescheiden und dabei auf die Rechtsfolgen des Satzes 3 hinweisen. [3] Die Entscheidung gilt als anerkannt, wenn der Auftragnehmer nicht innerhalb von 3 Monaten nach Eingang des Bescheides schriftlich Einspruch beim Auftraggeber erhebt und dieser ihn auf die Ausschlussfrist hingewiesen hat.

2. ¹Mit dem Eingang des schriftlichen Antrages auf Durchführung eines Verfahrens nach Nummer 1 wird die Verjährung des in diesem Antrag geltend gemachten Anspruchs gehemmt. ²Wollen Auftraggeber oder Auftragnehmer das Verfahren nicht weiter betreiben, teilen sie dies dem jeweils anderen Teil schriftlich mit. ³Die Hemmung endet 3 Monate nach Zugang des schriftlichen Bescheides oder der Mitteilung nach Satz 2.

(3) ¹Daneben kann ein Verfahren zur Streitbeilegung vereinbart werden. ²Die Vereinbarung sollte mit Vertragsabschluss erfolgen.

(4) ¹Bei Meinungsverschiedenheiten über die Eigenschaft von Stoffen und Bauteilen, für die allgemein gültige Prüfungsverfahren bestehen, und über die Zulässigkeit oder Zuverlässigkeit der bei der Prüfung verwendeten Maschinen oder angewendeten Prüfungsverfahren kann jede Vertragspartei nach vorheriger Benachrichtigung der anderen Vertragspartei die materialtechnische Untersuchung durch eine staatliche oder staatlich anerkannte Materialprüfungsstelle vornehmen lassen; deren Feststellungen sind verbindlich. ²Die Kosten trägt der unterliegende Teil.

(5) Streitfälle berechtigen den Auftragnehmer nicht, die Arbeiten einzustellen.

1a. Erlass
Vergabe- und Vertragsordnung für Bauleistungen Teil A
hier: Auslegung von einzelnen Regelungen

Erlass des Bundesministeriums des Innern, für Bau und Heimat v. 26.2.2020
(GMBl S. 279)

Bezug: Inkraftsetzung der überarbeiteten VOB/A 2019[1)]

I. Interpretation VOB/A 2019[1)]

BMI hat den für den Unterschwellenbereich geltenden Abschnitt 1 der VOB/A 2019[1)] zum 1.3.2019 eingeführt. Die oberschwelligen Abschnitte 2 und 3 der VOB/A 2019[1)] gelten seit 18.7.2019. Angesichts von bei Anwendung der VOB/A 2019[1)] gemachten Erfahrungen und aufgetretenen Fragen gebe ich zwecks einheitlicher Auslegung und Anwendung folgende Hinweise:

Zulässigkeit der Freihändigen Vergabe und des Direktauftrags (§ 3a Abs. 2–4 VOB/A[1)]):

Kommt bei der **Freihändigen Vergabe** die Beauftragung von mehr als einem Bieter in Betracht, sind in der Regel Vergleichsangebote einzuholen, es sei denn, die Einhaltung des Wirtschaftlichkeitsgebots kann anderweitig sichergestellt werden, z.B. weil die aktuell geforderten Preise für eine Leistung wegen kurz zuvor durchgeführter Vergabeverfahren bekannt sind oder weil lediglich ein Bieter Interesse bekundet, jedoch kein kalkuliertes Angebot abgeben möchte und der geforderte Gesamtpreis Erfahrungswerten entspricht.

Der Einholung von Vergleichsangeboten bedarf es hingegen beim **Direktauftrag** nicht. Der festgelegten Wertgrenze liegt eine Wirtschaftlichkeitsbetrachtung zugrunde. Bis zu dieser Höhe wäre nach gegenwärtiger Erkenntnis der Personalaufwand selbst für das einfachste Vergabeverfahren, die Freihändige Vergabe, höher als die wegen fehlenden Wettbewerbs mutmaßlich eintretende Kostensteigerung. Die Grundsätze der Wirtschaftlichkeit und Sparsamkeit sind gleichwohl zu beachten, d.h. Preise, die sich nach Erfahrungswerten, Baukostendatenbanken, Internetrecherchen o.ä. als unangemessen hoch erweisen, dürfen nicht gezahlt werden.

Die **Wertgrenzen** für die Beschränkte Ausschreibung ohne Teilnahmewettbewerb, für die Freihändige Vergabe und für den Direktauftrag sind auftragsbezogen und nicht projektbezogen zu verstehen. Die sachlich nicht begründete Aufteilung eines Gesamtauftrags in mehrere Einzelaufträge zur Unterschreitung der jeweiligen Wertgrenze bleibt unzulässig.

Im Erlass des BMI v. 20.2.2019 (GMBl 2019, 86) ist der Begriff **Wohnzwecke** definiert. Der Begriff ist weit zu verstehen. Über die bereits genannten Beispiele hinaus wird klargestellt, dass nach Auffassung des BMI auch Unterkünfte der Bundeswehr und Bundespolizei Wohnzwecken dienen. Bei den genannten städtebaulichen Maßnahmen zur Verbesserung des Wohnumfelds kommen nach Ansicht des BMI beispielsweise auch Maßnahmen zur

---

[1)] Nr. 1.

Errichtung, Erweiterung, Sanierung oder zum Umbau von Kindergärten und -tagesstätten, Schulen und Sportstätten in Betracht. Gleiches gilt für Maßnahmen im Zusammenhang mit Ladeinfrastruktur für E-Mobilität.

Geschäftsjahre im Rahmen der Eignungsprüfung (§ 6a Absatz 2 Nummer 1 VOB/A[1]):

Das Kalenderjahr muss nicht mit dem Geschäftsjahr übereinstimmen. Für den Umsatz der letzten drei abgeschlossenen Geschäftsjahre sind die drei letzten Geschäftsjahre zugrunde zu legen, für die entsprechende Jahresabschlüsse beim jeweiligen Bieter vorliegen.

Angaben zu Umsätzen aus noch nicht abgeschlossenen Geschäftsjahren schuldet der Bieter auch dann nicht, wenn er sein Geschäftsjahr während des Vergabeverfahrens aber nach Ablauf der Frist für die Teilnahmeanträge bzw. der Angebotsfrist abschließt.

Gleiches gilt sinngemäß für den zweiten und dritten Abschnitt der VOB/A.

Mehrere Hauptangebote (§ 8 Absatz 2 Nummer 3 VOB/A[1]):

Die Abgabe mehrerer Hauptangebote ist grundsätzlich zugelassen.

Auch die Unterbreitung mehrerer Hauptangebote, die sich nur im Preis unterscheiden, ist nach Auffassung des BMI zulässig, solange keine belastbaren Anhaltspunkte für missbräuchliches Bieterverhalten vorliegen. Jedoch besteht, da die Abgabe mehrerer Hauptangebote in Gänze ausgeschlossen werden kann, erst recht die Möglichkeit, allein die Abgabe mehrerer Hauptangebote auszuschließen, die sich nur im Preis unterscheiden. Im Interesse der Gewährleistung eines effektiven Wettbewerbs ist von der Möglichkeit des Ausschlusses mehrerer Hauptangebote jedoch restriktiv Gebrauch zu machen.

Gleiches gilt sinngemäß für den zweiten und dritten Abschnitt der VOB/A.

Elektronische Kommunikation (§ 11 VOB/A[1]):

Der Auftraggeber erklärt in der Auftragsbekanntmachung oder den Vergabeunterlagen, auf welchem Weg die Kommunikation erfolgen soll. Das bedeutet, er hat ein Wahlrecht zwischen der elektronischen Kommunikation und der Kommunikation in Papierform.

Nur im Fall der elektronischen Kommunikation sind die §§ 11 Absatz 2–6, 11a VOB/A zu beachten. Elektronische Kommunikation bedeutet die Abwicklung des Vergabeverfahrens über eine E-Vergabe-Plattform. E-Mail ist keine elektronische Kommunikation im Sinne der VOB/A.

Entscheidet sich der Auftraggeber für die Kommunikation in Papierform, kann er gleichwohl Teile des Vergabeverfahrens über eine E-Vergabe-Plattform abwickeln. Gibt der Auftraggeber in der Bekanntmachung gemäß § 12 Absatz 1 Nummer 2 lit. 1 VOB/A eine elektronische Adresse an, unter der die Vergabeunterlagen unentgeltlich, uneingeschränkt, vollständig und direkt abgerufen werden können, bedeutet dies nicht automatisch, dass das ganze Vergabeverfahren elektronisch durchgeführt werden muss.

Nachfordern von Unterlagen (§ 16a Absatz 1 VOB/A[1]):

Nach Auffassung des BMI kommt eine Nachforderung fehlerhafter unternehmensbezogener Unterlagen nicht nur bei formellen Fehlern in Betracht.

---

[1] Nr. 1.

Vielmehr können alle geforderten unternehmensbezogenen Unterlagen nachgereicht, vervollständigt oder korrigiert werden. Die materielle Eignung des Bieters ist unabhängig von der Frage ihres formell ordnungsgemäßen Nachweises entweder gegeben oder nicht. Mittels der Nachweise wird sie lediglich belegt. Eine Verzerrung des Wettbewerbs tritt auch bei einer Korrektur nicht ein, weil kein objektiv ungeeigneter Bieter geeignet wird und umgekehrt. Die jüngere rechtspolitische Entwicklung im Bauvergaberecht ist davon geprägt, im Interesse der Erhaltung eines möglichst umfassenden Wettbewerbs die Anzahl der am Wettbewerb teilnehmenden Angebote nicht unnötig wegen formaler Mängel zu reduzieren. Dem will die VOB/A 2019 ausdrücklich Rechnung tragen.

Die dieser Auffassung entgegenstehende Rechtsprechung zur VOB/A ist zur alten Rechtslage ergangen und somit auf die VOB/A 2019 nicht ohne weiteres übertragbar. Da die Rechtsprechung aber auch gleichgelagerte Fälle im Anwendungsbereich der VgV erfasste, besteht ein Risiko, dass die Rechtsprechung auch die neue Vorschrift in bisheriger Weise und damit anders als hier vorgenommen auslegt. Dies bitte ich im Einzelfall abzuwägen.

Aus den gleichen Erwägungen (zum Erhalt eines möglichst umfassenden Wettbewerbs) sind leistungsbezogene Unterlagen, die die Wirtschaftlichkeitsbewertung anhand der Zuschlagskriterien betreffen, im Rahmen von § 16a VOB/A nachzufordern. Auch hier geht es darum, das materiell beste, sprich wirtschaftlichste Angebot im Sinne des optimalen Preis-Leistungs-Verhältnisses zu ermitteln. Da der Bieter nicht weiß, welche Unterlagen seine Mitbewerber vorgelegt haben, kann er sein Angebot hierauf nicht ausrichten. Den Grundsätzen der Gleichbehandlung und der Transparenz wird daher Genüge getan. Eine § 56 Absatz 3 VgV vergleichbare Norm wurde in den Nachforderungsregelungen der VOB/A nicht verankert.

Gleiches gilt sinngemäß für den zweiten und dritten Abschnitt der VOB/A.

Nachfordern von Preisen in unwesentlichen Positionen (§ 16a Absatz 2 VOB/A[1]):

Die Berechnung zur Feststellung der Zulässigkeit des Nachforderns von Preisen in unwesentlichen Positionen ist wie folgt durchzuführen:

Zunächst wird der Rang des Angebots ermittelt, indem alle Angebotssummen unter Außerachtlassung der Position mit dem fehlenden Preis errechnet werden. In einem zweiten Rechenschritt wird sodann der höchste von anderen Bietern angebotene Preis in die offene Position eingesetzt und die so ermittelte fiktive Angebotssumme den (vollständigen) Angeboten der anderen Bieter gegenübergestellt. Ändert sich der Rang des Angebots nicht, bleibt also der Wettbewerb unbeeinträchtigt, verbleibt das Angebot in der Wertung, andernfalls muss es ausgeschlossen werden.

Kommt das Angebot für den Zuschlag in Betracht, wird der Bieter aufgefordert, die fehlende(n) Preisangabe(n) zu ergänzen. Der ergänzte Preis fließt in die rechnerische und wirtschaftliche Prüfung sowie in die Angebotswertung ein. Ist der ergänzte Preis sehr hoch, weil etwa der Bieter versucht, die Differenz zum nachfolgenden Angebot „auszuschöpfen", kann das zu einer Neubeurteilung hinsichtlich der Einordnung der Position als unwesentlich führen, mit der Konsequenz des Angebotsausschlusses; unbeschadet bleibt

---
[1] Nr. 1.

grundsätzlich auch die Möglichkeit, den Preis als unangemessen hoch zu beurteilen.

Ist der ergänzte Preis so hoch, dass sich dadurch das Angebot in der Bieterreihenfolge nach hinten verschiebt, wird das Angebot nicht von der Wertung ausgeschlossen, sondern erhält lediglich keinen Zuschlag.

Gleiches gilt sinngemäß für den zweiten und dritten Abschnitt der VOB/A.

Vergabe im Ausland (§ 24 VOB/A[1]):

Der Begriff „Auslandsdienststellen" ist nicht auf Auslandsvertretungen oder Behörden beschränkt. Er umfasst auch im Sinne der Vorschrift gleichgelagerte Institutionen, wie beispielsweise Goethe-Institute, Forschungsinstitutionen und deutsche Auslandsschulen. Im Übrigen haben gleichgelagerte Institutionen bei Liefer- und Dienstleistungsvergaben den höheren Schwellenwert für sonstige öffentliche Auftraggeber anzuwenden.

II. Hinweise VHB

BImA-Nummer (FB 213 VHB):

Die BImA-Nummer ist eine interne (Kreditoren)Nummer der BImA zu Abrechnungszwecken. Nur Bieter, die bereits von der BImA erfasst wurden, verfügen über eine derartige Nummer. Das Fehlen dieser Angabe führt zu keinen Nachteilen im Vergabeverfahren, insbesondere nicht zum Angebotsausschluss.

Fehlende Arbeitskarten (FB 242 VHB):

Aufgrund der neuen Nachforderungsregelung in der VOB/A 2019[1] wird das Nachforderungsverbot für fehlende Arbeitskarten aufgehoben. Das Formblatt wurde dahingehend geändert, dass nunmehr Arbeitskarten bei Wartungsverträgen im Rahmen der gesetzlichen Vorschriften nachzufordern sind. Hintergrund ist wiederum die Gewährleistung eines hinreichenden Wettbewerbsumfeldes. Zwar enthalten Arbeitskarten die Beschreibung der bei der Wartung auszuführenden Leistung. Die Wartungsintervalle hängen indes nicht vom Zeitpunkt der Vorlage bei der Vergabestelle ab, sondern von den technischen Anforderungen der Anlage, so dass der Wettbewerb durch das Nachfordern nicht beeinträchtigt wird. Das aktualisierte Formblatt ist diesem Erlass beigefügt. Die neuen Regelungen gelten für Vergabeverfahren, die unter Verwendung des geänderten Formblattes durchgeführt werden.

Diskrepanz der Angaben zum Nachunternehmereinsatz im Angebot:

Hat der Bieter im Angebotsschreiben (FB 213) keine Angabe zum Nachunternehmereinsatz getätigt und kein Verzeichnis der Nachunternehmerleistungen (FB 233) erstellt, jedoch in den Formblättern zur Preisermittlung (FB 221–223) einen Betrag für Nachunternehmerleistungen angegeben, ist der Angebotsinhalt nach § 15 VOB/A[1] aufzuklären und ggf. das Nachunternehmerverzeichnis nachzufordern.

Hat der Bieter im Angebotsschreiben (FB 213) erklärt, die Leistung im eigenen Betrieb auszuführen, und kein Verzeichnis der Nachunternehmerleistungen (FB 233) erstellt, jedoch in den Formblättern zur Preisermittlung (FB 221–223) einen Betrag für Nachunternehmerleistungen angegeben, ist

---

[1] Nr. 1.

der Angebotsinhalt nach § 15 VOB/A aufzuklären und das Nachunternehmerverzeichnis bei Bedarf nachzufordern. Ergibt die Aufklärung, dass Selbstausführung vorgesehen ist, ist die Korrektur des Preisermittlungsblattes zu fordern.

1a VOB/A Ausl. Anl. Erl. zur Auslegung der VOB/A

Anlage

	Vergabenummer

Baumaßnahme

Leistung
Technische Anlage

Ergänzung der Aufforderung zur Abgabe eines Angebots
Hier: Angebotsteil Instandhaltung

1 Sie erhalten

☐ beiliegende(s) Vertragsformular(e) ....

☐ beigefügte Arbeitskarten

2 Gegenstand des Angebots sind sowohl die Erstellung der Anlage als auch deren

☐ Inspektion,
☐ Wartung,
☐ Instandsetzung,
☐ ....
☐ ....

3 Im Vertragsformular und

☐ in Anlage ..... zum Vertragsformular

☐ in den Beiblättern des Vertragsformulars

sind die geforderte Vergütung und die dazu geforderten Angaben einzutragen.

Weiterhin sind

☐ in einer gesonderten Aufstellung/Arbeitskarte die von Ihnen vorgesehenen regelmäßigen Leistungen (Inspektions- und Wartungsarbeiten einschließlich Zeitabstände) für die verschiedenen Anlagenteile/Geräte einzutragen.

☐ die beigefügte/n Arbeitskarte/n hinsichtlich der Arbeiten in dem von Ihnen für erforderlich gehaltenen Umfang und/oder Fristen zu ändern.

☐ die in der/den beigefügte/n Arbeitskarte/n beschriebenen Leistungen ohne Änderungen anzubieten

4 Prüfung und Wertung

Ist der Angebotsteil Instandhaltung nicht wertbar, wird das Angebot insgesamt (und damit auch der Angebotsteil Erstellung der Anlage) ausgeschlossen.

Erl. zur Auslegung der VOB/A **Anl. VOB/A Ausl. 1a**

Der Angebotswertung werden die angebotenen Preise für die vertraglich vorgesehene Laufzeit zugrunde gelegt. Bei einer Laufzeit bis zu 5 Jahren erfolgt dies ohne Anwendung eines Barwertfaktors (statische Berechnung: Instandhaltungskosten/Jahr x Laufzeit). Bei einer vertraglich vorgesehenen Laufzeit von mehr als 5 Jahren werden die angebotenen Preise bei der Wirtschaftlichkeits-berechnung mit dem Barwertfaktor für die Kapitalisierung [Anlage 1 zu § 20 der Verordnung über die Grundsätze für die Ermittlung der Verkehrswerte von Grundstücken (Immobilienwertermittlungsverordnung - ImmoWertV) vom 19.05.2010 (BGBl I S. 639 ff)] multipliziert. Der Zinssatz für die Berechnung des Barwertfaktors beträgt _____ %[1]

Preisgleitklauseln bleiben bei der Wertung unberücksichtigt. Die Positionen, die nur auf besondere Aufforderung durch den Auftraggeber zur Ausführung kommen, werden nicht gewertet, es sei denn, in den Vergabeunterlagen wird ein Wertungsmodus genannt.

---

[1] Der Zinssatz ist bei Vertragslaufzeit von mehr als 5 Jahre von der Vergabestelle einzutragen.

2. Bürgerliches Gesetzbuch (BGB)[1][2]

In der Fassung der Bekanntmachung vom 2. Januar 2002[3]

(BGBl. I S. 42, ber. S. 2909 und 2003 I S. 738)

FNA 400-2

zuletzt geänd. durch Art. 1 G zur Ermöglichung hybrider und virtueller Mitgliederversammlungen im Vereinsrecht v. 14.3.2023 (BGBl. 2023 I Nr. 72)

– Auszug –

---

[1] **Amtl. Anm.**: Dieses Gesetz dient der Umsetzung folgender Richtlinien:
1. Richtlinie 76/207/EWG des Rates vom 9. Februar 1976 zur Verwirklichung des Grundsatzes der Gleichbehandlung von Männern und Frauen hinsichtlich des Zugangs zur Beschäftigung, zur Berufsbildung und zum beruflichen Aufstieg sowie in Bezug auf die Arbeitsbedingungen (ABl. EG Nr. L 39 S. 40),
2. Richtlinie 77/187/EWG des Rates vom 14. Februar 1977 zur Angleichung der Rechtsvorschriften der Mitgliedstaaten über die Wahrung von Ansprüchen der Arbeitnehmer beim Übergang von Unternehmen, Betrieben oder Betriebsteilen (ABl. EG Nr. L 61 S. 26),
3. Richtlinie 85/577/EWG des Rates vom 20. Dezember 1985 betreffend den Verbraucherschutz im Falle von außerhalb von Geschäftsräumen geschlossenen Verträgen (ABl. EG Nr. L 372 S. 31),
4. Richtlinie 87/102/EWG des Rates zur Angleichung der Rechts- und Verwaltungsvorschriften der Mitgliedstaaten über den Verbraucherkredit (ABl. EG Nr. L 42 S. 48), zuletzt geändert durch die Richtlinie 98/7/EG des Europäischen Parlaments und des Rates vom 16. Februar 1998 zur Änderung der Richtlinie 87/102/EWG zur Angleichung der Rechts- und Verwaltungsvorschriften der Mitgliedstaaten über den Verbraucherkredit (ABl. EG Nr. L 101 S. 17),
5. Richtlinie 90/314/EWG des Europäischen Parlaments und des Rates vom 13. Juni 1990 über Pauschalreisen (ABl. EG Nr. L 158 S. 59),
6. Richtlinie 93/13/EWG des Rates vom 5. April 1993 über missbräuchliche Klauseln in Verbraucherverträgen (ABl. EG Nr. L 95 S. 29),
7. Richtlinie 94/47/EG des Europäischen Parlaments und des Rates vom 26. Oktober 1994 zum Schutz der Erwerber im Hinblick auf bestimmte Aspekte von Verträgen über den Erwerb von Teilzeitnutzungsrechten an Immobilien (ABl. EG Nr. L 280 S. 82),
8. der Richtlinie 97/5/EG des Europäischen Parlaments und des Rates vom 27. Januar 1997 über grenzüberschreitende Überweisungen (ABl. EG Nr. L 43 S. 25),
9. Richtlinie 97/7/EG des Europäischen Parlaments und des Rates vom 20. Mai 1997 über den Verbraucherschutz bei Vertragsabschlüssen im Fernabsatz (ABl. EG Nr. L 144 S. 19),
10. Artikel 3 bis 5 der Richtlinie 98/26/EG des Europäischen Parlaments und des Rates über die Wirksamkeit von Abrechnungen in Zahlungs- und Wertpapierliefer- und -abrechnungssystemen vom 19. Mai 1998 (ABl. EG Nr. L 166 S. 45),
11. Richtlinie 1999/44/EG des Europäischen Parlaments und des Rates vom 25. Mai 1999 zu bestimmten Aspekten des Verbrauchsgüterkaufs und der Garantien für Verbrauchsgüter (ABl. EG Nr. L 171 S. 12),
12. Artikel 10, 11 und 18 der Richtlinie 2000/31/EG des Europäischen Parlaments und des Rates vom 8. Juni 2000 über bestimmte rechtliche Aspekte der Dienste der Informationsgesellschaft, insbesondere des elektronischen Geschäftsverkehrs, im Binnenmarkt („Richtlinie über den elektronischen Geschäftsverkehr", ABl. EG Nr. L 178 S. 1),
13. Richtlinie 2000/35/EG des Europäischen Parlaments und des Rates vom 29. Juni 2000 zur Bekämpfung von Zahlungsverzug im Geschäftsverkehr (ABl. EG Nr. L 200 S. 35).

[2] Wegen der Übergangsregelung zum Inkrafttreten des SchuldrechtsmodernisierungsG beachte Art. 229 §§ 5–7 EGBGB idF der Bek. v. 21.9.1994 (BGBl. I S. 2494, ber. S. 4410, S. 2582a, S. 1942), zuletzt geänd. durch G v. 31.10.2022 (BGBl. I S. 1966).

[3] Neubekanntmachung des BGB v. 18.8.1896 (RGBl. S. 195) in der ab 1.1.2002 geltenden Fassung.

Buch 1. Allgemeiner Teil
Abschnitt 1. Personen
Titel 1. Natürliche Personen, Verbraucher, Unternehmer

§ 13 Verbraucher. Verbraucher ist jede natürliche Person, die ein Rechtsgeschäft zu Zwecken abschließt, die überwiegend weder ihrer gewerblichen noch ihrer selbständigen beruflichen Tätigkeit zugerechnet werden können.

Abschnitt 3. Rechtsgeschäfte
Titel 2. Willenserklärung

§ 126b Textform. [1] Ist durch Gesetz Textform vorgeschrieben, so muss eine lesbare Erklärung, in der die Person des Erklärenden genannt ist, auf einem dauerhaften Datenträger abgegeben werden. [2] Ein dauerhafter Datenträger ist jedes Medium, das

1. es dem Empfänger ermöglicht, eine auf dem Datenträger befindliche, an ihn persönlich gerichtete Erklärung so aufzubewahren oder zu speichern, dass sie ihm während eines für ihren Zweck angemessenen Zeitraums zugänglich ist, und
2. geeignet ist, die Erklärung unverändert wiederzugeben.

§ 130 Wirksamwerden der Willenserklärung gegenüber Abwesenden.

(1) [1] Eine Willenserklärung, die einem anderen gegenüber abzugeben ist, wird, wenn sie in dessen Abwesenheit abgegeben wird, in dem Zeitpunkt wirksam, in welchem sie ihm zugeht. [2] Sie wird nicht wirksam, wenn dem anderen vorher oder gleichzeitig ein Widerruf zugeht.

(2) Auf die Wirksamkeit der Willenserklärung ist es ohne Einfluss, wenn der Erklärende nach der Abgabe stirbt oder geschäftsunfähig wird.

(3) Diese Vorschriften finden auch dann Anwendung, wenn die Willenserklärung einer Behörde gegenüber abzugeben ist.

Titel 3. Vertrag[1)]

§ 145 Bindung an den Antrag. Wer einem anderen die Schließung eines Vertrags anträgt, ist an den Antrag gebunden, es sei denn, dass er die Gebundenheit ausgeschlossen hat.

§ 146 Erlöschen des Antrags. Der Antrag erlischt, wenn er dem Antragenden gegenüber abgelehnt oder wenn er nicht diesem gegenüber nach den §§ 147 bis 149 rechtzeitig angenommen wird.

§ 147 Annahmefrist. (1) [1] Der einem Anwesenden gemachte Antrag kann nur sofort angenommen werden. [2] Dies gilt auch von einem mittels Fernsprechers oder einer sonstigen technischen Einrichtung von Person zu Person gemachten Antrag.

[1)] Beachte hierzu auch das Übereinkommen der Vereinten Nationen über Verträge über den internationalen Warenkauf v. 11.4.1980 (BGBl. 1989 II S. 586, 588, ber. 1990 II S. 1699).

(2) Der einem Abwesenden gemachte Antrag kann nur bis zu dem Zeitpunkt angenommen werden, in welchem der Antragende den Eingang der Antwort unter regelmäßigen Umständen erwarten darf.

§ 148 Bestimmung einer Annahmefrist. Hat der Antragende für die Annahme des Antrags eine Frist bestimmt, so kann die Annahme nur innerhalb der Frist erfolgen.

§ 149 Verspätet zugegangene Annahmeerklärung. ¹Ist eine dem Antragenden verspätet zugegangene Annahmeerklärung dergestalt abgesendet worden, dass sie bei regelmäßiger Beförderung ihm rechtzeitig zugegangen sein würde, und musste der Antragende dies erkennen, so hat er die Verspätung dem Annehmenden unverzüglich nach dem Empfang der Erklärung anzuzeigen, sofern es nicht schon vorher geschehen ist. ²Verzögert er die Absendung der Anzeige, so gilt die Annahme als nicht verspätet.

§ 150 Verspätete und abändernde Annahme. (1) Die verspätete Annahme eines Antrags gilt als neuer Antrag.

(2) Eine Annahme unter Erweiterungen, Einschränkungen oder sonstigen Änderungen gilt als Ablehnung verbunden mit einem neuen Antrag.

§ 151 Annahme ohne Erklärung gegenüber dem Antragenden. ¹Der Vertrag kommt durch die Annahme des Antrags zustande, ohne dass die Annahme dem Antragenden gegenüber erklärt zu werden braucht, wenn eine solche Erklärung nach der Verkehrssitte nicht zu erwarten ist oder der Antragende auf sie verzichtet hat. ²Der Zeitpunkt, in welchem der Antrag erlischt, bestimmt sich nach dem aus dem Antrag oder den Umständen zu entnehmenden Willen des Antragenden.

...

§ 157 Auslegung von Verträgen. Verträge sind so auszulegen, wie Treu und Glauben mit Rücksicht auf die Verkehrssitte es erfordern.

Titel 5.[1] Vertretung und Vollmacht

...

§ 179 Haftung des Vertreters ohne Vertretungsmacht. (1) Wer als Vertreter einen Vertrag geschlossen hat, ist, sofern er nicht seine Vertretungsmacht nachweist, dem anderen Teil nach dessen Wahl zur Erfüllung oder zum Schadensersatz verpflichtet, wenn der Vertretene die Genehmigung des Vertrags verweigert.

(2) Hat der Vertreter den Mangel der Vertretungsmacht nicht gekannt, so ist er nur zum Ersatz desjenigen Schadens verpflichtet, welchen der andere Teil dadurch erleidet, dass er auf die Vertretungsmacht vertraut, jedoch nicht über den Betrag des Interesses hinaus, welches der andere Teil an der Wirksamkeit des Vertrags hat.

---

[1] Beachte hierzu auch §§ 48–58 HGB v. 10.5.1897 (RGBl. S. 219, ber. 1999 S. 42), zuletzt geänd. durch G v. 10.3.2023 (BGBl. I Nr. 64).

(3) ¹Der Vertreter haftet nicht, wenn der andere Teil den Mangel der Vertretungsmacht kannte oder kennen musste. ²Der Vertreter haftet auch dann nicht, wenn er in der Geschäftsfähigkeit beschränkt war, es sei denn, dass er mit Zustimmung seines gesetzlichen Vertreters gehandelt hat.

...

Abschnitt 5. Verjährung[1)][2)]
Titel 1. Gegenstand und Dauer der Verjährung

§ 194 Gegenstand der Verjährung. (1) Das Recht, von einem anderen ein Tun oder Unterlassen zu verlangen (Anspruch), unterliegt der Verjährung.

(2) Der Verjährung unterliegen nicht
1. Ansprüche, die aus einem nicht verjährbaren Verbrechen erwachsen sind,
2. Ansprüche aus einem familienrechtlichen Verhältnis, soweit sie auf die Herstellung des dem Verhältnis entsprechenden Zustands für die Zukunft oder auf die Einwilligung in die genetische Untersuchung zur Klärung der leiblichen Abstammung gerichtet sind.

§ 195 Regelmäßige Verjährungsfrist. Die regelmäßige Verjährungsfrist beträgt drei Jahre.

§ 196 Verjährungsfrist bei Rechten an einem Grundstück. Ansprüche auf Übertragung des Eigentums an einem Grundstück sowie auf Begründung, Übertragung oder Aufhebung eines Rechts an einem Grundstück oder auf Änderung des Inhalts eines solchen Rechts sowie die Ansprüche auf die Gegenleistung verjähren in zehn Jahren.

§ 197 Dreißigjährige Verjährungsfrist. (1) In 30 Jahren verjähren, soweit nicht ein anderes bestimmt ist,
1. Schadensersatzansprüche, die auf der vorsätzlichen Verletzung des Lebens, des Körpers, der Gesundheit, der Freiheit oder der sexuellen Selbstbestimmung beruhen,
2. Herausgabeansprüche aus Eigentum, anderen dinglichen Rechten, den §§ 2018, 2130 und 2362 sowie die Ansprüche, die der Geltendmachung der Herausgabeansprüche dienen,
3. rechtskräftig festgestellte Ansprüche,
4. Ansprüche aus vollstreckbaren Vergleichen oder vollstreckbaren Urkunden,
5. Ansprüche, die durch die im Insolvenzverfahren erfolgte Feststellung vollstreckbar geworden sind, und
6. Ansprüche auf Erstattung der Kosten der Zwangsvollstreckung.

[1)] Wegen des aufgrund des Gesetzes zur Modernisierung des Schuldrechts geltenden Übergangsrechts zum Verjährungsrecht beachte Art. 229 § 6 EGBGB idF der Bek. v. 21.9.1994 (BGBl. I S. 2494, ber. S. 4410, S. 2582a, S. 1942), zuletzt geänd. durch G v. 31.10.2022 (BGBl. I S. 1966).
[2)] Wegen des für das Gebiet der ehem. DDR geltenden Übergangsrechts zum Verjährungsrecht beachte Art. 231 § 6 EGBGB idF der Bek. v. 21.9.1994 (BGBl. I S. 2494, ber. S. 4410, S. 2582a, S. 1942), zuletzt geänd. durch G v. 31.10.2022 (BGBl. I S. 1966).

(2) Soweit Ansprüche nach Absatz 1 Nr. 3 bis 5 künftig fällig werdende regelmäßig wiederkehrende Leistungen zum Inhalt haben, tritt an die Stelle der Verjährungsfrist von 30 Jahren die regelmäßige Verjährungsfrist.

§ 198 Verjährung bei Rechtsnachfolge. Gelangt eine Sache, hinsichtlich derer ein dinglicher Anspruch besteht, durch Rechtsnachfolge in den Besitz eines Dritten, so kommt die während des Besitzes des Rechtsvorgängers verstrichene Verjährungszeit dem Rechtsnachfolger zugute.

§ 199 Beginn der regelmäßigen Verjährungsfrist und Verjährungshöchstfristen. (1) Die regelmäßige Verjährungsfrist beginnt, soweit nicht ein anderer Verjährungsbeginn bestimmt ist, mit dem Schluss des Jahres, in dem

1. der Anspruch entstanden ist und
2. der Gläubiger von den den Anspruch begründenden Umständen und der Person des Schuldners Kenntnis erlangt oder ohne grobe Fahrlässigkeit erlangen müsste.

(2) Schadensersatzansprüche, die auf der Verletzung des Lebens, des Körpers, der Gesundheit oder der Freiheit beruhen, verjähren ohne Rücksicht auf ihre Entstehung und die Kenntnis oder grob fahrlässige Unkenntnis in 30 Jahren von der Begehung der Handlung, der Pflichtverletzung oder dem sonstigen, den Schaden auslösenden Ereignis an.

(3) ¹ Sonstige Schadensersatzansprüche verjähren

1. ohne Rücksicht auf die Kenntnis oder grob fahrlässige Unkenntnis in zehn Jahren von ihrer Entstehung an und
2. ohne Rücksicht auf ihre Entstehung und die Kenntnis oder grob fahrlässige Unkenntnis in 30 Jahren von der Begehung der Handlung, der Pflichtverletzung oder dem sonstigen, den Schaden auslösenden Ereignis an.

² Maßgeblich ist die früher endende Frist.

(3a) Ansprüche, die auf einem Erbfall beruhen oder deren Geltendmachung die Kenntnis einer Verfügung von Todes wegen voraussetzt, verjähren ohne Rücksicht auf die Kenntnis oder grob fahrlässige Unkenntnis in 30 Jahren von der Entstehung des Anspruchs an.

(4) Andere Ansprüche als die nach den Absätzen 2 bis 3a verjähren ohne Rücksicht auf die Kenntnis oder grob fahrlässige Unkenntnis in zehn Jahren von ihrer Entstehung an.

(5) Geht der Anspruch auf ein Unterlassen, so tritt an die Stelle der Entstehung die Zuwiderhandlung.

§ 200 Beginn anderer Verjährungsfristen. ¹ Die Verjährungsfrist von Ansprüchen, die nicht der regelmäßigen Verjährungsfrist unterliegen, beginnt mit der Entstehung des Anspruchs, soweit nicht ein anderer Verjährungsbeginn bestimmt ist. ² § 199 Abs. 5 findet entsprechende Anwendung.

§ 201 Beginn der Verjährungsfrist von festgestellten Ansprüchen.

¹ Die Verjährung von Ansprüchen der in § 197 Abs. 1 Nr. 3 bis 6 bezeichneten Art beginnt mit der Rechtskraft der Entscheidung, der Errichtung des vollstreckbaren Titels oder der Feststellung im Insolvenzverfahren, nicht jedoch vor der Entstehung des Anspruchs. ² § 199 Abs. 5 findet entsprechende Anwendung.

§ 202 Unzulässigkeit von Vereinbarungen über die Verjährung. (1) Die Verjährung kann bei Haftung wegen Vorsatzes nicht im Voraus durch Rechtsgeschäft erleichtert werden.

(2) Die Verjährung kann durch Rechtsgeschäft nicht über eine Verjährungsfrist von 30 Jahren ab dem gesetzlichen Verjährungsbeginn hinaus erschwert werden.

Titel 2. Hemmung, Ablaufhemmung und Neubeginn der Verjährung

§ 203 Hemmung der Verjährung bei Verhandlungen. ¹Schweben zwischen dem Schuldner und dem Gläubiger Verhandlungen über den Anspruch oder die den Anspruch begründenden Umstände, so ist die Verjährung gehemmt, bis der eine oder andere Teil die Fortsetzung der Verhandlungen verweigert. ²Die Verjährung tritt frühestens drei Monate nach dem Ende der Hemmung ein.

§ 204[1) Hemmung der Verjährung durch Rechtsverfolgung. (1) Die Verjährung wird gehemmt durch

1. die Erhebung der Klage auf Leistung oder auf Feststellung des Anspruchs, auf Erteilung der Vollstreckungsklausel oder auf Erlass des Vollstreckungsurteils,

1a. die Erhebung einer Musterfeststellungsklage für einen Anspruch, den ein Gläubiger zu dem zu der Klage geführten Klageregister wirksam angemeldet hat, wenn dem angemeldeten Anspruch derselbe Lebenssachverhalt zugrunde liegt wie den Feststellungszielen der Musterfeststellungsklage,

2. die Zustellung des Antrags im vereinfachten Verfahren über den Unterhalt Minderjähriger,

3. die Zustellung des Mahnbescheids im Mahnverfahren oder des Europäischen Zahlungsbefehls im Europäischen Mahnverfahren nach der Verordnung (EG) Nr. 1896/2006 des Europäischen Parlaments und des Rates vom 12. Dezember 2006 zur Einführung eines Europäischen Mahnverfahrens (ABl. EU Nr. L 399 S. 1),

4. die Veranlassung der Bekanntgabe eines Antrags, mit dem der Anspruch geltend gemacht wird, bei einer

   a) staatlichen oder staatlich anerkannten Streitbeilegungsstelle oder

   b) anderen Streitbeilegungsstelle, wenn das Verfahren im Einvernehmen mit dem Antragsgegner betrieben wird;

   die Verjährung wird schon durch den Eingang des Antrags bei der Streitbeilegungsstelle gehemmt, wenn der Antrag demnächst bekannt gegeben wird,

5. die Geltendmachung der Aufrechnung des Anspruchs im Prozess,

6. die Zustellung der Streitverkündung,

6a. die Zustellung der Anmeldung zu einem Musterverfahren für darin bezeichnete Ansprüche, soweit diesen der gleiche Lebenssachverhalt zugrunde liegt wie den Feststellungszielen des Musterverfahrens und wenn innerhalb von drei Monaten nach dem rechtskräftigen Ende des Musterverfah-

---

[1) Beachte hierzu Übergangsvorschrift in Art. 229 § 19 EGBGB idF der Bek. v. 21.9.1994 (BGBl. I S. 2494, ber. S. 4410, S. 2582a, S. 1942), zuletzt geänd. durch G v. 31.10.2022 (BGBl. I S. 1966).

Verjährung

rens die Klage auf Leistung oder Feststellung der in der Anmeldung bezeichneten Ansprüche erhoben wird,
7. die Zustellung des Antrags auf Durchführung eines selbständigen Beweisverfahrens,
8. den Beginn eines vereinbarten Begutachtungsverfahrens,
9. die Zustellung des Antrags auf Erlass eines Arrests, einer einstweiligen Verfügung oder einer einstweiligen Anordnung, oder, wenn der Antrag nicht zugestellt wird, dessen Einreichung, wenn der Arrestbefehl, die einstweilige Verfügung oder die einstweilige Anordnung innerhalb eines Monats seit Verkündung oder Zustellung an den Gläubiger dem Schuldner zugestellt wird,
10. die Anmeldung des Anspruchs im Insolvenzverfahren oder im Schifffahrtsrechtlichen Verteilungsverfahren,
10a. die Anordnung einer Vollstreckungssperre nach dem Unternehmensstabilisierungs- und -restrukturierungsgesetz, durch die der Gläubiger an der Einleitung der Zwangsvollstreckung wegen des Anspruchs gehindert ist,
11. den Beginn des schiedsrichterlichen Verfahrens,
12. die Einreichung des Antrags bei einer Behörde, wenn die Zulässigkeit der Klage von der Vorentscheidung dieser Behörde abhängt und innerhalb von drei Monaten nach Erledigung des Gesuchs die Klage erhoben wird; dies gilt entsprechend für bei einem Gericht oder bei einer in Nummer 4 bezeichneten Streitbeilegungsstelle zu stellende Anträge, deren Zulässigkeit von der Vorentscheidung einer Behörde abhängt,
13. die Einreichung des Antrags bei dem höheren Gericht, wenn dieses das zuständige Gericht zu bestimmen hat und innerhalb von drei Monaten nach Erledigung des Gesuchs die Klage erhoben oder der Antrag, für den die Gerichtsstandsbestimmung zu erfolgen hat, gestellt wird, und
14. die Veranlassung der Bekanntgabe des erstmaligen Antrags auf Gewährung von Prozesskostenhilfe oder Verfahrenskostenhilfe; wird die Bekanntgabe demnächst nach der Einreichung des Antrags veranlasst, so tritt die Hemmung der Verjährung bereits mit der Einreichung ein.

(2) ¹Die Hemmung nach Absatz 1 endet sechs Monate nach der rechtskräftigen Entscheidung oder anderweitigen Beendigung des eingeleiteten Verfahrens. ²Die Hemmung nach Absatz 1 Nummer 1a endet auch sechs Monate nach der Rücknahme der Anmeldung zum Klageregister. ³Gerät das Verfahren dadurch in Stillstand, dass die Parteien es nicht betreiben, so tritt an die Stelle der Beendigung des Verfahrens die letzte Verfahrenshandlung der Parteien, des Gerichts oder der sonst mit dem Verfahren befassten Stelle. ⁴Die Hemmung beginnt erneut, wenn eine der Parteien das Verfahren weiter betreibt.

(3) Auf die Frist nach Absatz 1 Nr. 6a, 9, 12 und 13 finden die §§ 206, 210 und 211 entsprechende Anwendung.

§ 205 Hemmung der Verjährung bei Leistungsverweigerungsrecht.

Die Verjährung ist gehemmt, solange der Schuldner auf Grund einer Vereinbarung mit dem Gläubiger vorübergehend zur Verweigerung der Leistung berechtigt ist.

§ 206 Hemmung der Verjährung bei höherer Gewalt. Die Verjährung ist gehemmt, solange der Gläubiger innerhalb der letzten sechs Monate der Verjährungsfrist durch höhere Gewalt an der Rechtsverfolgung gehindert ist.

§ 207 Hemmung der Verjährung aus familiären und ähnlichen Gründen. (1) [1]Die Verjährung von Ansprüchen zwischen Ehegatten ist gehemmt, solange die Ehe besteht. [2]Das Gleiche gilt für Ansprüche zwischen

1. Lebenspartnern, solange die Lebenspartnerschaft besteht,
2. dem Kind und
   a) seinen Eltern oder
   b) dem Ehegatten oder Lebenspartner eines Elternteils
   bis zur Vollendung des 21. Lebensjahres des Kindes,
3. dem Vormund und dem Mündel während der Dauer des Vormundschaftsverhältnisses,
4. dem Betreuten und dem Betreuer während der Dauer des Betreuungsverhältnisses und
5. dem Pflegling und dem Pfleger während der Dauer der Pflegschaft.

[3]Die Verjährung von Ansprüchen des Kindes gegen den Beistand ist während der Dauer der Beistandschaft gehemmt.

(2) § 208 bleibt unberührt.

§ 208 Hemmung der Verjährung bei Ansprüchen wegen Verletzung der sexuellen Selbstbestimmung. [1]Die Verjährung von Ansprüchen wegen Verletzung der sexuellen Selbstbestimmung ist bis zur Vollendung des 21. Lebensjahrs des Gläubigers gehemmt. [2]Lebt der Gläubiger von Ansprüchen wegen Verletzung der sexuellen Selbstbestimmung bei Beginn der Verjährung mit dem Schuldner in häuslicher Gemeinschaft, so ist die Verjährung auch bis zur Beendigung der häuslichen Gemeinschaft gehemmt.

§ 209 Wirkung der Hemmung. Der Zeitraum, während dessen die Verjährung gehemmt ist, wird in die Verjährungsfrist nicht eingerechnet.

§ 210 Ablaufhemmung bei nicht voll Geschäftsfähigen. (1) [1]Ist eine geschäftsunfähige oder in der Geschäftsfähigkeit beschränkte Person ohne gesetzlichen Vertreter, so tritt eine für oder gegen sie laufende Verjährung nicht vor dem Ablauf von sechs Monaten nach dem Zeitpunkt ein, in dem die Person unbeschränkt geschäftsfähig geworden oder der Mangel der Vertretung behoben wird. [2]Ist die Verjährungsfrist kürzer als sechs Monate, so tritt der für die Verjährung bestimmte Zeitraum an die Stelle der sechs Monate.

(2) Absatz 1 findet keine Anwendung, soweit eine in der Geschäftsfähigkeit beschränkte Person prozessfähig ist.

§ 211 Ablaufhemmung in Nachlassfällen. [1]Die Verjährung eines Anspruchs, der zu einem Nachlass gehört oder sich gegen einen Nachlass richtet, tritt nicht vor dem Ablauf von sechs Monaten nach dem Zeitpunkt ein, in dem die Erbschaft von dem Erben angenommen oder das Insolvenzverfahren über den Nachlass eröffnet wird oder von dem an der Anspruch von einem oder gegen einen Vertreter geltend gemacht werden kann. [2]Ist die Verjährungsfrist kürzer als sechs Monate, so tritt der für die Verjährung bestimmte Zeitraum an die Stelle der sechs Monate.

§ 212 Neubeginn der Verjährung. (1) Die Verjährung beginnt erneut, wenn

1. der Schuldner dem Gläubiger gegenüber den Anspruch durch Abschlagszahlung, Zinszahlung, Sicherheitsleistung oder in anderer Weise anerkennt oder
2. eine gerichtliche oder behördliche Vollstreckungshandlung vorgenommen oder beantragt wird.

(2) Der erneute Beginn der Verjährung infolge einer Vollstreckungshandlung gilt als nicht eingetreten, wenn die Vollstreckungshandlung auf Antrag des Gläubigers oder wegen Mangels der gesetzlichen Voraussetzungen aufgehoben wird.

(3) Der erneute Beginn der Verjährung durch den Antrag auf Vornahme einer Vollstreckungshandlung gilt als nicht eingetreten, wenn dem Antrag nicht stattgegeben oder der Antrag vor der Vollstreckungshandlung zurückgenommen oder die erwirkte Vollstreckungshandlung nach Absatz 2 aufgehoben wird.

§ 213 Hemmung, Ablaufhemmung und erneuter Beginn der Verjährung bei anderen Ansprüchen. Die Hemmung, die Ablaufhemmung und der erneute Beginn der Verjährung gelten auch für Ansprüche, die aus demselben Grunde wahlweise neben dem Anspruch oder an seiner Stelle gegeben sind.

Titel 3. Rechtsfolgen der Verjährung

§ 214 Wirkung der Verjährung. (1) Nach Eintritt der Verjährung ist der Schuldner berechtigt, die Leistung zu verweigern.

(2) ¹Das zur Befriedigung eines verjährten Anspruchs Geleistete kann nicht zurückgefordert werden, auch wenn in Unkenntnis der Verjährung geleistet worden ist. ²Das Gleiche gilt von einem vertragsmäßigen Anerkenntnis sowie einer Sicherheitsleistung des Schuldners.

§ 215 Aufrechnung und Zurückbehaltungsrecht nach Eintritt der Verjährung. Die Verjährung schließt die Aufrechnung und die Geltendmachung eines Zurückbehaltungsrechts nicht aus, wenn der Anspruch in dem Zeitpunkt noch nicht verjährt war, in dem erstmals aufgerechnet oder die Leistung verweigert werden konnte.

§ 216 Wirkung der Verjährung bei gesicherten Ansprüchen. (1) Die Verjährung eines Anspruchs, für den eine Hypothek, eine Schiffshypothek oder ein Pfandrecht besteht, hindert den Gläubiger nicht, seine Befriedigung aus dem belasteten Gegenstand zu suchen.

(2) ¹Ist zur Sicherung eines Anspruchs ein Recht verschafft worden, so kann die Rückübertragung nicht auf Grund der Verjährung des Anspruchs gefordert werden. ²Ist das Eigentum vorbehalten, so kann der Rücktritt vom Vertrag auch erfolgen, wenn der gesicherte Anspruch verjährt ist.

(3) Die Absätze 1 und 2 finden keine Anwendung auf die Verjährung von Ansprüchen auf Zinsen und andere wiederkehrende Leistungen.

§ 217 Verjährung von Nebenleistungen. Mit dem Hauptanspruch verjährt der Anspruch auf die von ihm abhängenden Nebenleistungen, auch wenn die für diesen Anspruch geltende besondere Verjährung noch nicht eingetreten ist.

§ 218 Unwirksamkeit des Rücktritts.

(1) ¹Der Rücktritt wegen nicht oder nicht vertragsgemäß erbrachter Leistung ist unwirksam, wenn der Anspruch auf die Leistung oder der Nacherfüllungsanspruch verjährt ist und der Schuldner sich hierauf beruft. ²Dies gilt auch, wenn der Schuldner nach § 275 Absatz 1 bis 3, § 439 Absatz 4 oder § 635 Absatz 3 nicht zu leisten braucht und der Anspruch auf die Leistung oder der Nacherfüllungsanspruch verjährt wäre. ³§ 216 Abs. 2 Satz 2 bleibt unberührt.

(2) § 214 Abs. 2 findet entsprechende Anwendung.

Abschnitt 7. Sicherheitsleistung

§ 232 Arten.

(1) Wer Sicherheit zu leisten hat, kann dies bewirken

durch Hinterlegung von Geld oder Wertpapieren,

durch Verpfändung von Forderungen, die in das Bundesschuldbuch oder in das Landesschuldbuch eines Landes eingetragen sind,

durch Verpfändung beweglicher Sachen,

durch Bestellung von Schiffshypotheken an Schiffen oder Schiffsbauwerken, die in einem deutschen Schiffsregister oder Schiffsbauregister eingetragen sind,

durch Bestellung von Hypotheken an inländischen Grundstücken,

durch Verpfändung von Forderungen, für die eine Hypothek an einem inländischen Grundstück besteht, oder durch Verpfändung von Grundschulden oder Rentenschulden an inländischen Grundstücken.

(2) Kann die Sicherheit nicht in dieser Weise geleistet werden, so ist die Stellung eines tauglichen Bürgen zulässig.

§ 233 Wirkung der Hinterlegung.

Mit der Hinterlegung erwirbt der Berechtigte ein Pfandrecht an dem hinterlegten Geld oder an den hinterlegten Wertpapieren und, wenn das Geld oder die Wertpapiere in das Eigentum des Fiskus oder der als Hinterlegungsstelle bestimmten Anstalt übergehen, ein Pfandrecht an der Forderung auf Rückerstattung.

§ 234 Geeignete Wertpapiere.

(1) Zur Sicherheitsleistung geeignete Wertpapiere sind Inhaberpapiere und Orderpapiere, die mit Blankoindossament versehen sind, wenn sie einen Kurswert haben und zu einer in der Rechtsverordnung nach § 240a aufgeführten Gattung gehören.

(2) Mit den Wertpapieren sind die Zins-, Renten-, Gewinnanteil- und Erneuerungsscheine zu hinterlegen.

(3) Mit Wertpapieren kann Sicherheit nur in Höhe von drei Vierteln des Kurswerts geleistet werden.

§ 235 Umtauschrecht.

Wer durch Hinterlegung von Geld oder von Wertpapieren Sicherheit geleistet hat, ist berechtigt, das hinterlegte Geld gegen geeignete Wertpapiere, die hinterlegten Wertpapiere gegen andere geeignete Wertpapiere oder gegen Geld umzutauschen.

§ 236 Buchforderungen.

Mit einer Schuldbuchforderung gegen den Bund oder gegen ein Land kann Sicherheit nur in Höhe von drei Vierteln des Kurswerts der Wertpapiere geleistet werden, deren Aushändigung der Gläubiger gegen Löschung seiner Forderung verlangen kann.

§ 237 Bewegliche Sachen. ¹Mit einer beweglichen Sache kann Sicherheit nur in Höhe von zwei Dritteln des Schätzungswerts geleistet werden. ²Sachen, deren Verderb zu besorgen oder deren Aufbewahrung mit besonderen Schwierigkeiten verbunden ist, können zurückgewiesen werden.

§ 238 Hypotheken, Grund- und Rentenschulden. (1) Eine Hypothekenforderung, eine Grundschuld oder eine Rentenschuld ist zur Sicherheitsleistung nur geeignet, wenn sie den in der Rechtsverordnung nach § 240a festgelegten Voraussetzungen entspricht.

(2) Eine Forderung, für die eine Sicherungshypothek besteht, ist zur Sicherheitsleistung nicht geeignet.

§ 239 Bürge. (1) Ein Bürge ist tauglich, wenn er ein der Höhe der zu leistenden Sicherheit angemessenes Vermögen besitzt und seinen allgemeinen Gerichtsstand im Inland hat.

(2) Die Bürgschaftserklärung muss den Verzicht auf die Einrede der Vorausklage enthalten.

§ 240 Ergänzungspflicht. Wird die geleistete Sicherheit ohne Verschulden des Berechtigten unzureichend, so ist sie zu ergänzen oder anderweitige Sicherheit zu leisten.

§ 240a Verordnungsermächtigung. (1) Das Bundesministerium der Justiz wird ermächtigt, durch Rechtsverordnung[1], die nicht der Zustimmung des Bundesrates bedarf, Folgendes festzulegen:
1. Gattungen von Inhaberpapieren und Orderpapieren nach § 234 Absatz 1, die zur Sicherheitsleistung geeignet sind und die Voraussetzungen, unter denen Hypothekenforderungen, Grundschulden und Rentenschulden zur Sicherheitsleistung geeignet sind, sowie
2. die Voraussetzungen für Anlagen nach den §§ 1079, 1288 Absatz 1 und 2119.

(2) Die Festlegungen nach Absatz 1 Nummer 1 müssen gewährleisten, dass der Gläubiger bei Unvermögen des Schuldners oder wenn der Schuldner aus anderen Gründen nicht zur Leistung bereit ist, die Schuld durch Verwertung der hinterlegten Wertpapiere, der Hypothekenforderung oder der Grund- und Rentenschulden begleichen kann.

Buch 2.[2][3] Recht der Schuldverhältnisse
Abschnitt 1. Inhalt der Schuldverhältnisse
Titel 1. Verpflichtung zur Leistung

§ 241 Pflichten aus dem Schuldverhältnis. (1) ¹Kraft des Schuldverhältnisses ist der Gläubiger berechtigt, von dem Schuldner eine Leistung zu fordern. ²Die Leistung kann auch in einem Unterlassen bestehen.

---

[1] Siehe hierzu die SicherheitenVO v. 28.10.2022 (BGBl. I S. 1972).
[2] Wegen des aufgrund des Gesetzes zur Modernisierung des Schuldrechts geltenden Übergangsrechts zum Recht der Schuldverhältnisse beachte Art. 229 § 5 EGBGB idF der Bek. v. 21.9.1994 →

(2) Das Schuldverhältnis kann nach seinem Inhalt jeden Teil zur Rücksicht auf die Rechte, Rechtsgüter und Interessen des anderen Teils verpflichten.

...

§ 244 Fremdwährungsschuld. (1) Ist eine in einer anderen Währung als Euro ausgedrückte Geldschuld im Inland zu zahlen, so kann die Zahlung in Euro erfolgen, es sei denn, dass Zahlung in der anderen Währung ausdrücklich vereinbart ist.

(2) Die Umrechnung erfolgt nach dem Kurswert, der zur Zeit der Zahlung für den Zahlungsort maßgebend ist.

...

§ 247[1)][2)] **Basiszinssatz.** (1) ¹Der Basiszinssatz beträgt *3,62 Prozent*[3)]. ²Er verändert sich zum 1. Januar und 1. Juli eines jeden Jahres um die Prozentpunkte, um welche die Bezugsgröße seit der letzten Veränderung des Basiszinssatzes gestiegen oder gefallen ist. ³Bezugsgröße ist der Zinssatz für die jüngste Hauptrefinanzierungsoperation der Europäischen Zentralbank vor dem ersten Kalendertag des betreffenden Halbjahrs.

(2) Die Deutsche Bundesbank gibt den geltenden Basiszinssatz unverzüglich nach den in Absatz 1 Satz 2 genannten Zeitpunkten im Bundesanzeiger bekannt.

...

§ 271a Vereinbarungen über Zahlungs-, Überprüfungs- oder Abnahmefristen. (1) ¹Eine Vereinbarung, nach der der Gläubiger die Erfüllung einer Entgeltforderung erst nach mehr als 60 Tagen nach Empfang der Gegenleistung verlangen kann, ist nur wirksam, wenn sie ausdrücklich getroffen und im Hinblick auf die Belange des Gläubigers nicht grob unbillig ist. ²Geht dem Schuldner nach Empfang der Gegenleistung eine Rechnung oder gleichwertige Zahlungsaufstellung zu, tritt der Zeitpunkt des Zugangs dieser Rechnung oder Zahlungsaufstellung an die Stelle des in Satz 1 genannten Zeitpunkts des Empfangs der Gegenleistung. ³Es wird bis zum Beweis eines anderen Zeitpunkts vermutet, dass der Zeitpunkt des Zugangs der Rechnung oder Zahlungsaufstellung auf den Zeitpunkt des Empfangs der Gegenleistung fällt; hat der Gläubiger einen späteren Zeitpunkt benannt, so tritt dieser an die Stelle des Zeitpunkts des Empfangs der Gegenleistung.

(Fortsetzung der Anm. von voriger Seite)
(BGBl. I S. 2494, ber. S. 4410, S. 2582a, S. 1942), zuletzt geänd. durch G v. 31.10.2022 (BGBl. I S. 1966).
    [3)] Wegen des für das Gebiet der ehem. DDR zum Recht der Schuldverhältnisse geltenden Übergangsrechts beachte Art. 232 EGBGB idF der Bek. v. 21.9.1994 (BGBl. I S. 2494, ber. S. 4410, S. 2582a, S. 1942), zuletzt geänd. durch G v. 31.10.2022 (BGBl. I S. 1966).
    [1)] **Amtl. Anm.:** Diese Vorschrift dient der Umsetzung von Artikel 3 der Richtlinie 2000/35/EG des Europäischen Parlaments und des Rates vom 29. Juni 2000 zur Bekämpfung von Zahlungsverzug im Geschäftsverkehr (ABl. EG Nr. L 200 S. 35).
    [2)] Beachte hierzu Übergangsvorschrift in Art. 229 § 7 EGBGB idF der Bek. v. 21.9.1994 (BGBl. I S. 2494, ber. S. 4410, S. 2582a, S. 1942), zuletzt geänd. durch G v. 31.10.2022 (BGBl. I S. 1966).
    [3)] Siehe hierzu die Basiszinssatz-Bek. 1/2023 v. 27.12.2022 (BAnz AT 28.12.2022 B5): der Basiszinssatz beträgt ab dem 1.1.2023 1,62 %.

(2) ¹Ist der Schuldner ein öffentlicher Auftraggeber im Sinne von § 99 Nummer 1 bis 3 des Gesetzes gegen Wettbewerbsbeschränkungen, so ist abweichend von Absatz 1
1. eine Vereinbarung, nach der der Gläubiger die Erfüllung einer Entgeltforderung erst nach mehr als 30 Tagen nach Empfang der Gegenleistung verlangen kann, nur wirksam, wenn die Vereinbarung ausdrücklich getroffen und aufgrund der besonderen Natur oder der Merkmale des Schuldverhältnisses sachlich gerechtfertigt ist;
2. eine Vereinbarung, nach der der Gläubiger die Erfüllung einer Entgeltforderung erst nach mehr als 60 Tagen nach Empfang der Gegenleistung verlangen kann, unwirksam.

²Absatz 1 Satz 2 und 3 ist entsprechend anzuwenden.

(3) Ist eine Entgeltforderung erst nach Überprüfung oder Abnahme der Gegenleistung zu erfüllen, so ist eine Vereinbarung, nach der die Zeit für die Überprüfung oder Abnahme der Gegenleistung mehr als 30 Tage nach Empfang der Gegenleistung beträgt, nur wirksam, wenn sie ausdrücklich getroffen und im Hinblick auf die Belange des Gläubigers nicht grob unbillig ist.

(4) Ist eine Vereinbarung nach den Absätzen 1 bis 3 unwirksam, bleibt der Vertrag im Übrigen wirksam.

(5) Die Absätze 1 bis 3 sind nicht anzuwenden auf
1. die Vereinbarung von Abschlagszahlungen und sonstigen Ratenzahlungen sowie
2. ein Schuldverhältnis, aus dem ein Verbraucher die Erfüllung der Entgeltforderung schuldet.

(6) Die Absätze 1 bis 3 lassen sonstige Vorschriften, aus denen sich Beschränkungen für Vereinbarungen über Zahlungs-, Überprüfungs- oder Abnahmefristen ergeben, unberührt.

...

§ 275[1]) **Ausschluss der Leistungspflicht.** (1) Der Anspruch auf Leistung ist ausgeschlossen, soweit diese für den Schuldner oder für jedermann unmöglich ist.

(2) ¹Der Schuldner kann die Leistung verweigern, soweit diese einen Aufwand erfordert, der unter Beachtung des Inhalts des Schuldverhältnisses und der Gebote von Treu und Glauben in einem groben Missverhältnis zu dem Leistungsinteresse des Gläubigers steht. ²Bei der Bestimmung der dem Schuldner zuzumutenden Anstrengungen ist auch zu berücksichtigen, ob der Schuldner das Leistungshindernis zu vertreten hat.

(3) Der Schuldner kann die Leistung ferner verweigern, wenn er die Leistung persönlich zu erbringen hat und sie ihm unter Abwägung des seiner Leistung entgegenstehenden Hindernisses mit dem Leistungsinteresse des Gläubigers nicht zugemutet werden kann.

(4) Die Rechte des Gläubigers bestimmen sich nach den §§ 280, 283 bis 285, 311a und 326.

---

[1]) **Amtl. Anm.:** Diese Vorschrift dient auch der Umsetzung der Richtlinie 1999/44/EG des Europäischen Parlaments und des Rates vom 25. Mai 1999 zu bestimmten Aspekten des Verbrauchsgüterkaufs und der Garantien für Verbrauchsgüter (ABl. EG Nr. L 171 S. 12).

§ 276 Verantwortlichkeit des Schuldners. (1) ¹Der Schuldner hat Vorsatz und Fahrlässigkeit zu vertreten, wenn eine strengere oder mildere Haftung weder bestimmt noch aus dem sonstigen Inhalt des Schuldverhältnisses, insbesondere aus der Übernahme einer Garantie oder eines Beschaffungsrisikos, zu entnehmen ist. ²Die Vorschriften der §§ 827 und 828 finden entsprechende Anwendung.

(2) Fahrlässig handelt, wer die im Verkehr erforderliche Sorgfalt außer Acht lässt.

(3) Die Haftung wegen Vorsatzes kann dem Schuldner nicht im Voraus erlassen werden.

§ 277 Sorgfalt in eigenen Angelegenheiten. Wer nur für diejenige Sorgfalt einzustehen hat, welche er in eigenen Angelegenheiten anzuwenden pflegt, ist von der Haftung wegen grober Fahrlässigkeit nicht befreit.

§ 278 Verantwortlichkeit des Schuldners für Dritte. ¹Der Schuldner hat ein Verschulden seines gesetzlichen Vertreters und der Personen, deren er sich zur Erfüllung seiner Verbindlichkeit bedient, in gleichem Umfang zu vertreten wie eigenes Verschulden. ²Die Vorschrift des § 276 Abs. 3 findet keine Anwendung.

...

§ 280 Schadensersatz wegen Pflichtverletzung. (1) ¹Verletzt der Schuldner eine Pflicht aus dem Schuldverhältnis, so kann der Gläubiger Ersatz des hierdurch entstehenden Schadens verlangen. ²Dies gilt nicht, wenn der Schuldner die Pflichtverletzung nicht zu vertreten hat.

(2) Schadensersatz wegen Verzögerung der Leistung kann der Gläubiger nur unter der zusätzlichen Voraussetzung des § 286 verlangen.

(3) Schadensersatz statt der Leistung kann der Gläubiger nur unter den zusätzlichen Voraussetzungen des § 281, des § 282 oder des § 283 verlangen.

§ 281 Schadensersatz statt der Leistung wegen nicht oder nicht wie geschuldet erbrachter Leistung. (1) ¹Soweit der Schuldner die fällige Leistung nicht oder nicht wie geschuldet erbringt, kann der Gläubiger unter den Voraussetzungen des § 280 Abs. 1 Schadensersatz statt der Leistung verlangen, wenn er dem Schuldner erfolglos eine angemessene Frist zur Leistung oder Nacherfüllung bestimmt hat. ²Hat der Schuldner eine Teilleistung bewirkt, so kann der Gläubiger Schadensersatz statt der ganzen Leistung nur verlangen, wenn er an der Teilleistung kein Interesse hat. ³Hat der Schuldner die Leistung nicht wie geschuldet bewirkt, so kann der Gläubiger Schadensersatz statt der ganzen Leistung nicht verlangen, wenn die Pflichtverletzung unerheblich ist.

(2) Die Fristsetzung ist entbehrlich, wenn der Schuldner die Leistung ernsthaft und endgültig verweigert oder wenn besondere Umstände vorliegen, die unter Abwägung der beiderseitigen Interessen die sofortige Geltendmachung des Schadensersatzanspruchs rechtfertigen.

(3) Kommt nach der Art der Pflichtverletzung eine Fristsetzung nicht in Betracht, so tritt an deren Stelle eine Abmahnung.

(4) Der Anspruch auf die Leistung ist ausgeschlossen, sobald der Gläubiger statt der Leistung Schadensersatz verlangt hat.

Inhalt der Schuldverhältnisse **§§ 282–286 BGB 2**

(5) Verlangt der Gläubiger Schadensersatz statt der ganzen Leistung, so ist der Schuldner zur Rückforderung des Geleisteten nach den §§ 346 bis 348 berechtigt.

§ 282 Schadensersatz statt der Leistung wegen Verletzung einer Pflicht nach § 241 Abs. 2. Verletzt der Schuldner eine Pflicht nach § 241 Abs. 2, kann der Gläubiger unter den Voraussetzungen des § 280 Abs. 1 Schadensersatz statt der Leistung verlangen, wenn ihm die Leistung durch den Schuldner nicht mehr zuzumuten ist.

§ 283 Schadensersatz statt der Leistung bei Ausschluss der Leistungspflicht. ¹Braucht der Schuldner nach § 275 Abs. 1 bis 3 nicht zu leisten, kann der Gläubiger unter den Voraussetzungen des § 280 Abs. 1 Schadensersatz statt der Leistung verlangen. ²§ 281 Abs. 1 Satz 2 und 3 und Abs. 5 findet entsprechende Anwendung.

§ 284 Ersatz vergeblicher Aufwendungen. Anstelle des Schadensersatzes statt der Leistung kann der Gläubiger Ersatz der Aufwendungen verlangen, die er im Vertrauen auf den Erhalt der Leistung gemacht hat und billigerweise machen durfte, es sei denn, deren Zweck wäre auch ohne die Pflichtverletzung des Schuldners nicht erreicht worden.

§ 285 Herausgabe des Ersatzes. (1) Erlangt der Schuldner infolge des Umstands, auf Grund dessen er die Leistung nach § 275 Abs. 1 bis 3 nicht zu erbringen braucht, für den geschuldeten Gegenstand einen Ersatz oder einen Ersatzanspruch, so kann der Gläubiger Herausgabe des als Ersatz Empfangenen oder Abtretung des Ersatzanspruchs verlangen.

(2) Kann der Gläubiger statt der Leistung Schadensersatz verlangen, so mindert sich dieser, wenn er von dem in Absatz 1 bestimmten Recht Gebrauch macht, um den Wert des erlangten Ersatzes oder Ersatzanspruchs.

§ 286[1]) **Verzug des Schuldners.** (1) ¹Leistet der Schuldner auf eine Mahnung des Gläubigers nicht, die nach dem Eintritt der Fälligkeit erfolgt, so kommt er durch die Mahnung in Verzug. ²Der Mahnung stehen die Erhebung der Klage auf die Leistung sowie die Zustellung eines Mahnbescheids im Mahnverfahren gleich.

(2) Der Mahnung bedarf es nicht, wenn

1. für die Leistung eine Zeit nach dem Kalender bestimmt ist,
2. der Leistung ein Ereignis vorauszugehen hat und eine angemessene Zeit für die Leistung in der Weise bestimmt ist, dass sie sich von dem Ereignis an nach dem Kalender berechnen lässt,
3. der Schuldner die Leistung ernsthaft und endgültig verweigert,
4. aus besonderen Gründen unter Abwägung der beiderseitigen Interessen der sofortige Eintritt des Verzugs gerechtfertigt ist.

(3) ¹Der Schuldner einer Entgeltforderung kommt spätestens in Verzug, wenn er nicht innerhalb von 30 Tagen nach Fälligkeit und Zugang einer

---

[1]) **Amtl. Anm.:** Diese Vorschrift dient zum Teil auch der Umsetzung der Richtlinie 2000/35/EG des Europäischen Parlaments und des Rates vom 29. Juni 2000 zur Bekämpfung von Zahlungsverzug im Geschäftsverkehr (ABl. EG Nr. L 200 S. 35).

Rechnung oder gleichwertigen Zahlungsaufstellung leistet; dies gilt gegenüber einem Schuldner, der Verbraucher ist, nur, wenn auf diese Folgen in der Rechnung oder Zahlungsaufstellung besonders hingewiesen worden ist. ²Wenn der Zeitpunkt des Zugangs der Rechnung oder Zahlungsaufstellung unsicher ist, kommt der Schuldner, der nicht Verbraucher ist, spätestens 30 Tage nach Fälligkeit und Empfang der Gegenleistung in Verzug.

(4) Der Schuldner kommt nicht in Verzug, solange die Leistung infolge eines Umstands unterbleibt, den er nicht zu vertreten hat.

(5) Für eine von den Absätzen 1 bis 3 abweichende Vereinbarung über den Eintritt des Verzugs gilt § 271a Absatz 1 bis 5 entsprechend.

§ 287 Verantwortlichkeit während des Verzugs. ¹Der Schuldner hat während des Verzugs jede Fahrlässigkeit zu vertreten. ²Er haftet wegen der Leistung auch für Zufall, es sei denn, dass der Schaden auch bei rechtzeitiger Leistung eingetreten sein würde.

§ 288[1]) **Verzugszinsen und sonstiger Verzugsschaden.** (1) ¹Eine Geldschuld ist während des Verzugs zu verzinsen. ²Der Verzugszinssatz beträgt für das Jahr fünf Prozentpunkte über dem Basiszinssatz.

(2) Bei Rechtsgeschäften, an denen ein Verbraucher nicht beteiligt ist, beträgt der Zinssatz für Entgeltforderungen neun Prozentpunkte über dem Basiszinssatz.

(3) Der Gläubiger kann aus einem anderen Rechtsgrund höhere Zinsen verlangen.

(4) Die Geltendmachung eines weiteren Schadens ist nicht ausgeschlossen.

(5) ¹Der Gläubiger einer Entgeltforderung hat bei Verzug des Schuldners, wenn dieser kein Verbraucher ist, außerdem einen Anspruch auf Zahlung einer Pauschale in Höhe von 40 Euro. ²Dies gilt auch, wenn es sich bei der Entgeltforderung um eine Abschlagszahlung oder sonstige Ratenzahlung handelt. ³Die Pauschale nach Satz 1 ist auf einen geschuldeten Schadensersatz anzurechnen, soweit der Schaden in Kosten der Rechtsverfolgung begründet ist.

(6) ¹Eine im Voraus getroffene Vereinbarung, die den Anspruch des Gläubigers einer Entgeltforderung auf Verzugszinsen ausschließt, ist unwirksam. ²Gleiches gilt für eine Vereinbarung, die diesen Anspruch beschränkt oder den Anspruch des Gläubigers einer Entgeltforderung auf die Pauschale nach Absatz 5 oder auf Ersatz des Schadens, der in Kosten der Rechtsverfolgung begründet ist, ausschließt oder beschränkt, wenn sie im Hinblick auf die Belange des Gläubigers grob unbillig ist. ³Eine Vereinbarung über den Ausschluss der Pauschale nach Absatz 5 oder des Ersatzes des Schadens, der in Kosten der Rechtsverfolgung begründet ist, ist im Zweifel als grob unbillig anzusehen. ⁴Die Sätze 1 bis 3 sind nicht anzuwenden, wenn sich der Anspruch gegen einen Verbraucher richtet.

---

[1]) **Amtl. Anm.:** Diese Vorschrift dient zum Teil auch der Umsetzung der Richtlinie 2000/35/EG des Europäischen Parlaments und des Rates vom 29. Juni 2000 zur Bekämpfung von Zahlungsverzug im Geschäftsverkehr (ABl. EG Nr. L 200 S. 35).

Abschnitt 2.[1] **Gestaltung rechtsgeschäftlicher Schuldverhältnisse durch Allgemeine Geschäftsbedingungen**[2]

§ 305 Einbeziehung Allgemeiner Geschäftsbedingungen in den Vertrag. (1) ¹Allgemeine Geschäftsbedingungen sind alle für eine Vielzahl von Verträgen vorformulierten Vertragsbedingungen, die eine Vertragspartei (Verwender) der anderen Vertragspartei bei Abschluss eines Vertrags stellt. ²Gleichgültig ist, ob die Bestimmungen einen äußerlich gesonderten Bestandteil des Vertrags bilden oder in die Vertragsurkunde selbst aufgenommen werden, welchen Umfang sie haben, in welcher Schriftart sie verfasst sind und welche Form der Vertrag hat. ³Allgemeine Geschäftsbedingungen liegen nicht vor, soweit die Vertragsbedingungen zwischen den Vertragsparteien im Einzelnen ausgehandelt sind.

(2) Allgemeine Geschäftsbedingungen werden nur dann Bestandteil eines Vertrags, wenn der Verwender bei Vertragsschluss

1. die andere Vertragspartei ausdrücklich oder, wenn ein ausdrücklicher Hinweis wegen der Art des Vertragsschlusses nur unter unverhältnismäßigen Schwierigkeiten möglich ist, durch deutlich sichtbaren Aushang am Orte des Vertragsschlusses auf sie hinweist und

2. der anderen Vertragspartei die Möglichkeit verschafft, in zumutbarer Weise, die auch eine für den Verwender erkennbare körperliche Behinderung der anderen Vertragspartei angemessen berücksichtigt, von ihrem Inhalt Kenntnis zu nehmen,

und wenn die andere Vertragspartei mit ihrer Geltung einverstanden ist.

(3) Die Vertragsparteien können für eine bestimmte Art von Rechtsgeschäften die Geltung bestimmter Allgemeiner Geschäftsbedingungen unter Beachtung der in Absatz 2 bezeichneten Erfordernisse im Voraus vereinbaren.

§ 305a Einbeziehung in besonderen Fällen. Auch ohne Einhaltung der in § 305 Abs. 2 Nr. 1 und 2 bezeichneten Erfordernisse werden einbezogen, wenn die andere Vertragspartei mit ihrer Geltung einverstanden ist,

1. die mit Genehmigung der zuständigen Verkehrsbehörde oder auf Grund von internationalen Übereinkommen erlassenen Tarife und Ausführungsbestimmungen der Eisenbahnen und die nach Maßgabe des Personenbeförderungsgesetzes genehmigten Beförderungsbedingungen der Straßenbahnen, Obusse und Kraftfahrzeuge im Linienverkehr in den Beförderungsvertrag,

2. die im Amtsblatt der Bundesnetzagentur für Elektrizität, Gas, Telekommunikation, Post und Eisenbahnen veröffentlichten und in den Geschäftsstellen des Verwenders bereitgehaltenen Allgemeinen Geschäftsbedingungen

   a) in Beförderungsverträge, die außerhalb von Geschäftsräumen durch den Einwurf von Postsendungen in Briefkästen abgeschlossen werden,

   b) in Verträge über Telekommunikations-, Informations- und andere Dienstleistungen, die unmittelbar durch Einsatz von Fernkommunikationsmitteln und während der Erbringung einer Telekommunikationsdienstleistung in einem Mal erbracht werden, wenn die Allgemeinen Geschäfts-

---

[1] **Amtl. Anm.:** Dieser Abschnitt dient auch der Umsetzung der Richtlinie 93/13/EWG des Rates vom 5. April 1993 über missbräuchliche Klauseln in Verbraucherverträgen (ABl. EG Nr. L 95 S. 29).
[2] Beachte hierzu auch G über Unterlassungsklagen bei Verbraucherrechts- und anderen Verstößen (Unterlassungsklagengesetz – UKlaG) (Nr. **3**).

bedingungen der anderen Vertragspartei nur unter unverhältnismäßigen Schwierigkeiten vor dem Vertragsschluss zugänglich gemacht werden können.

§ 305b Vorrang der Individualabrede. Individuelle Vertragsabreden haben Vorrang vor Allgemeinen Geschäftsbedingungen.

§ 305c Überraschende und mehrdeutige Klauseln. (1) Bestimmungen in Allgemeinen Geschäftsbedingungen, die nach den Umständen, insbesondere nach dem äußeren Erscheinungsbild des Vertrags, so ungewöhnlich sind, dass der Vertragspartner des Verwenders mit ihnen nicht zu rechnen braucht, werden nicht Vertragsbestandteil.

(2) Zweifel bei der Auslegung Allgemeiner Geschäftsbedingungen gehen zu Lasten des Verwenders.

§ 306 Rechtsfolgen bei Nichteinbeziehung und Unwirksamkeit.

(1) Sind Allgemeine Geschäftsbedingungen ganz oder teilweise nicht Vertragsbestandteil geworden oder unwirksam, so bleibt der Vertrag im Übrigen wirksam.

(2) Soweit die Bestimmungen nicht Vertragsbestandteil geworden oder unwirksam sind, richtet sich der Inhalt des Vertrags nach den gesetzlichen Vorschriften.

(3) Der Vertrag ist unwirksam, wenn das Festhalten an ihm auch unter Berücksichtigung der nach Absatz 2 vorgesehenen Änderung eine unzumutbare Härte für eine Vertragspartei darstellen würde.

§ 306a Umgehungsverbot. Die Vorschriften dieses Abschnitts finden auch Anwendung, wenn sie durch anderweitige Gestaltungen umgangen werden.

§ 307 Inhaltskontrolle. (1) [1]Bestimmungen in Allgemeinen Geschäftsbedingungen sind unwirksam, wenn sie den Vertragspartner des Verwenders entgegen den Geboten von Treu und Glauben unangemessen benachteiligen. [2]Eine unangemessene Benachteiligung kann sich auch daraus ergeben, dass die Bestimmung nicht klar und verständlich ist.

(2) Eine unangemessene Benachteiligung ist im Zweifel anzunehmen, wenn eine Bestimmung

1. mit wesentlichen Grundgedanken der gesetzlichen Regelung, von der abgewichen wird, nicht zu vereinbaren ist oder
2. wesentliche Rechte oder Pflichten, die sich aus der Natur des Vertrags ergeben, so einschränkt, dass die Erreichung des Vertragszwecks gefährdet ist.

(3) [1]Die Absätze 1 und 2 sowie die §§ 308 und 309 gelten nur für Bestimmungen in Allgemeinen Geschäftsbedingungen, durch die von Rechtsvorschriften abweichende oder diese ergänzende Regelungen vereinbart werden. [2]Andere Bestimmungen können nach Absatz 1 Satz 2 in Verbindung mit Absatz 1 Satz 1 unwirksam sein.

§ 308[1] **Klauselverbote mit Wertungsmöglichkeit.** In Allgemeinen Geschäftsbedingungen ist insbesondere unwirksam

1. (Annahme- und Leistungsfrist)
   eine Bestimmung, durch die sich der Verwender unangemessen lange oder nicht hinreichend bestimmte Fristen für die Annahme oder Ablehnung eines Angebots oder die Erbringung einer Leistung vorbehält; ausgenommen hiervon ist der Vorbehalt, erst nach Ablauf der Widerrufsfrist nach § 355 Absatz 1 und 2 zu leisten;

1a. (Zahlungsfrist)
   eine Bestimmung, durch die sich der Verwender eine unangemessen lange Zeit für die Erfüllung einer Entgeltforderung des Vertragspartners vorbehält; ist der Verwender kein Verbraucher, ist im Zweifel anzunehmen, dass eine Zeit von mehr als 30 Tagen nach Empfang der Gegenleistung oder, wenn dem Schuldner nach Empfang der Gegenleistung eine Rechnung oder gleichwertige Zahlungsaufstellung zugeht, von mehr als 30 Tagen nach Zugang dieser Rechnung oder Zahlungsaufstellung unangemessen lang ist;

1b. (Überprüfungs- und Abnahmefrist)
   eine Bestimmung, durch die sich der Verwender vorbehält, eine Entgeltforderung des Vertragspartners erst nach unangemessen langer Zeit für die Überprüfung oder Abnahme der Gegenleistung zu erfüllen; ist der Verwender kein Verbraucher, ist im Zweifel anzunehmen, dass eine Zeit von mehr als 15 Tagen nach Empfang der Gegenleistung unangemessen lang ist;

2. (Nachfrist)
   eine Bestimmung, durch die sich der Verwender für die von ihm zu bewirkende Leistung abweichend von Rechtsvorschriften eine unangemessen lange oder nicht hinreichend bestimmte Nachfrist vorbehält;

3. (Rücktrittsvorbehalt)
   die Vereinbarung eines Rechts des Verwenders, sich ohne sachlich gerechtfertigten und im Vertrag angegebenen Grund von seiner Leistungspflicht zu lösen; dies gilt nicht für Dauerschuldverhältnisse;

4. (Änderungsvorbehalt)
   die Vereinbarung eines Rechts des Verwenders, die versprochene Leistung zu ändern oder von ihr abzuweichen, wenn nicht die Vereinbarung der Änderung oder Abweichung unter Berücksichtigung der Interessen des Verwenders für den anderen Vertragsteil zumutbar ist;

5. (Fingierte Erklärungen)
   eine Bestimmung, wonach eine Erklärung des Vertragspartners des Verwenders bei Vornahme oder Unterlassung einer bestimmten Handlung als von ihm abgegeben oder nicht abgegeben gilt, es sei denn, dass

   a) dem Vertragspartner eine angemessene Frist zur Abgabe einer ausdrücklichen Erklärung eingeräumt ist und

   b) der Verwender sich verpflichtet, den Vertragspartner bei Beginn der Frist auf die vorgesehene Bedeutung seines Verhaltens besonders hinzuweisen;

6. (Fiktion des Zugangs)
   eine Bestimmung, die vorsieht, dass eine Erklärung des Verwenders von besonderer Bedeutung dem anderen Vertragsteil als zugegangen gilt;

---

[1] Beachte hierzu Übergangsvorschrift in Art. 229 § 60 EGBGB idF der Bek. v. 21.9.1994 (BGBl. I S. 2494, ber. S. 4410, S. 2582a, S. 1942), zuletzt geänd. durch G v. 31.10.2022 (BGBl. I S. 1966).

7. (Abwicklung von Verträgen)
eine Bestimmung, nach der der Verwender für den Fall, dass eine Vertragspartei vom Vertrag zurücktritt oder den Vertrag kündigt,
   a) eine unangemessen hohe Vergütung für die Nutzung oder den Gebrauch einer Sache oder eines Rechts oder für erbrachte Leistungen oder
   b) einen unangemessen hohen Ersatz von Aufwendungen verlangen kann;
8. (Nichtverfügbarkeit der Leistung)
die nach Nummer 3 zulässige Vereinbarung eines Vorbehalts des Verwenders, sich von der Verpflichtung zur Erfüllung des Vertrags bei Nichtverfügbarkeit der Leistung zu lösen, wenn sich der Verwender nicht verpflichtet,
   a) den Vertragspartner unverzüglich über die Nichtverfügbarkeit zu informieren und
   b) Gegenleistungen des Vertragspartners unverzüglich zu erstatten;
9. (Abtretungsausschluss)
eine Bestimmung, durch die die Abtretbarkeit ausgeschlossen wird
   a) für einen auf Geld gerichteten Anspruch des Vertragspartners gegen den Verwender oder
   b) für ein anderes Recht, das der Vertragspartner gegen den Verwender hat, wenn
      aa) beim Verwender ein schützenswertes Interesse an dem Abtretungsausschluss nicht besteht oder
      bb) berechtigte Belange des Vertragspartners an der Abtretbarkeit des Rechts das schützenswerte Interesse des Verwenders an dem Abtretungsausschluss überwiegen;

Buchstabe a gilt nicht für Ansprüche aus Zahlungsdiensterahmenverträgen und die Buchstaben a und b gelten nicht für Ansprüche auf Versorgungsleistungen im Sinne des Betriebsrentengesetzes.

§ 309[1]) **Klauselverbote ohne Wertungsmöglichkeit.** Auch soweit eine Abweichung von den gesetzlichen Vorschriften zulässig ist, ist in Allgemeinen Geschäftsbedingungen unwirksam

1. (Kurzfristige Preiserhöhungen)
eine Bestimmung, welche die Erhöhung des Entgelts für Waren oder Leistungen vorsieht, die innerhalb von vier Monaten nach Vertragsschluss geliefert oder erbracht werden sollen; dies gilt nicht bei Waren oder Leistungen, die im Rahmen von Dauerschuldverhältnissen geliefert oder erbracht werden;
2. (Leistungsverweigerungsrechte)
eine Bestimmung, durch die
   a) das Leistungsverweigerungsrecht, das dem Vertragspartner des Verwenders nach § 320 zusteht, ausgeschlossen oder eingeschränkt wird oder
   b) ein dem Vertragspartner des Verwenders zustehendes Zurückbehaltungsrecht, soweit es auf demselben Vertragsverhältnis beruht, ausgeschlossen oder eingeschränkt, insbesondere von der Anerkennung von Mängeln durch den Verwender abhängig gemacht wird;

---

[1]) Beachte hierzu Übergangsvorschrift in Art. 229 § 60 EGBGB idF der Bek. v. 21.9.1994 (BGBl. I S. 2494, ber. S. 4410, S. 2582a, S. 1942), zuletzt geänd. durch G v. 31.10.2022 (BGBl. I S. 1966).

Allgemeine Geschäftsbedingungen § 309 BGB 2

3. (Aufrechnungsverbot)
eine Bestimmung, durch die dem Vertragspartner des Verwenders die Befugnis genommen wird, mit einer unbestrittenen oder rechtskräftig festgestellten Forderung aufzurechnen;

4. (Mahnung, Fristsetzung)
eine Bestimmung, durch die der Verwender von der gesetzlichen Obliegenheit freigestellt wird, den anderen Vertragsteil zu mahnen oder ihm eine Frist für die Leistung oder Nacherfüllung zu setzen;

5. (Pauschalierung von Schadensersatzansprüchen)
die Vereinbarung eines pauschalierten Anspruchs des Verwenders auf Schadensersatz oder Ersatz einer Wertminderung, wenn

   a) die Pauschale den in den geregelten Fällen nach dem gewöhnlichen Lauf der Dinge zu erwartenden Schaden oder die gewöhnlich eintretende Wertminderung übersteigt oder

   b) dem anderen Vertragsteil nicht ausdrücklich der Nachweis gestattet wird, ein Schaden oder eine Wertminderung sei überhaupt nicht entstanden oder wesentlich niedriger als die Pauschale;

6. (Vertragsstrafe)
eine Bestimmung, durch die dem Verwender für den Fall der Nichtabnahme oder verspäteten Abnahme der Leistung, des Zahlungsverzugs oder für den Fall, dass der andere Vertragsteil sich vom Vertrag löst, Zahlung einer Vertragsstrafe versprochen wird;

7. (Haftungsausschluss bei Verletzung von Leben, Körper, Gesundheit und bei grobem Verschulden)

   a) (Verletzung von Leben, Körper, Gesundheit)
   ein Ausschluss oder eine Begrenzung der Haftung für Schäden aus der Verletzung des Lebens, des Körpers oder der Gesundheit, die auf einer fahrlässigen Pflichtverletzung des Verwenders oder einer vorsätzlichen oder fahrlässigen Pflichtverletzung eines gesetzlichen Vertreters oder Erfüllungsgehilfen des Verwenders beruhen;

   b) (Grobes Verschulden)
   ein Ausschluss oder eine Begrenzung der Haftung für sonstige Schäden, die auf einer grob fahrlässigen Pflichtverletzung des Verwenders oder auf einer vorsätzlichen oder grob fahrlässigen Pflichtverletzung eines gesetzlichen Vertreters oder Erfüllungsgehilfen des Verwenders beruhen;

   die Buchstaben a und b gelten nicht für Haftungsbeschränkungen in den nach Maßgabe des Personenbeförderungsgesetzes genehmigten Beförderungsbedingungen und Tarifvorschriften der Straßenbahnen, Obusse und Kraftfahrzeuge im Linienverkehr, soweit sie nicht zum Nachteil des Fahrgasts von der Verordnung über die Allgemeinen Beförderungsbedingungen für den Straßenbahn- und Obusverkehr sowie den Linienverkehr mit Kraftfahrzeugen vom 27. Februar 1970 abweichen; Buchstabe b gilt nicht für Haftungsbeschränkungen für staatlich genehmigte Lotterie- oder Ausspielverträge;

8. (Sonstige Haftungsausschlüsse bei Pflichtverletzung)
   a) (Ausschluss des Rechts, sich vom Vertrag zu lösen)
      eine Bestimmung, die bei einer vom Verwender zu vertretenden, nicht in einem Mangel der Kaufsache oder des Werkes bestehenden Pflichtverletzung das Recht des anderen Vertragsteils, sich vom Vertrag zu lösen, ausschließt oder einschränkt; dies gilt nicht für die in der Nummer 7 bezeichneten Beförderungsbedingungen und Tarifvorschriften unter den dort genannten Voraussetzungen;
   b) (Mängel)
      eine Bestimmung, durch die bei Verträgen über Lieferungen neu hergestellter Sachen und über Werkleistungen
      aa) (Ausschluss und Verweisung auf Dritte)
          die Ansprüche gegen den Verwender wegen eines Mangels insgesamt oder bezüglich einzelner Teile ausgeschlossen, auf die Einräumung von Ansprüchen gegen Dritte beschränkt oder von der vorherigen gerichtlichen Inanspruchnahme Dritter abhängig gemacht werden;
      bb) (Beschränkung auf Nacherfüllung)
          die Ansprüche gegen den Verwender insgesamt oder bezüglich einzelner Teile auf ein Recht auf Nacherfüllung beschränkt werden, sofern dem anderen Vertragsteil nicht ausdrücklich das Recht vorbehalten wird, bei Fehlschlagen der Nacherfüllung zu mindern oder, wenn nicht eine Bauleistung Gegenstand der Mängelhaftung ist, nach seiner Wahl vom Vertrag zurückzutreten;
      cc) (Aufwendungen bei Nacherfüllung)
          die Verpflichtung des Verwenders ausgeschlossen oder beschränkt wird, die zum Zweck der Nacherfüllung erforderlichen Aufwendungen nach § 439 Absatz 2 und 3 oder § 635 Absatz 2 zu tragen oder zu ersetzen;
      dd) (Vorenthalten der Nacherfüllung)
          der Verwender die Nacherfüllung von der vorherigen Zahlung des vollständigen Entgelts oder eines unter Berücksichtigung des Mangels unverhältnismäßig hohen Teils des Entgelts abhängig macht;
      ee) (Ausschlussfrist für Mängelanzeige)
          der Verwender dem anderen Vertragsteil für die Anzeige nicht offensichtlicher Mängel eine Ausschlussfrist setzt, die kürzer ist als die nach dem Doppelbuchstaben ff zulässige Frist;
      ff) (Erleichterung der Verjährung)
          die Verjährung von Ansprüchen gegen den Verwender wegen eines Mangels in den Fällen des § 438 Abs. 1 Nr. 2 und des § 634a Abs. 1 Nr. 2 erleichtert oder in den sonstigen Fällen eine weniger als ein Jahr betragende Verjährungsfrist ab dem gesetzlichen Verjährungsbeginn erreicht wird;
9. bei einem Vertragsverhältnis, das die regelmäßige Lieferung von Waren oder die regelmäßige Erbringung von Dienst- oder Werkleistungen durch den Verwender zum Gegenstand hat,
   a) eine den anderen Vertragsteil länger als zwei Jahre bindende Laufzeit des Vertrags,
   b) eine den anderen Vertragsteil bindende stillschweigende Verlängerung des Vertragsverhältnisses, es sei denn das Vertragsverhältnis wird nur auf

unbestimmte Zeit verlängert und dem anderen Vertragsteil wird das Recht eingeräumt, das verlängerte Vertragsverhältnis jederzeit mit einer Frist von höchstens einem Monat zu kündigen, oder

c) eine zu Lasten des anderen Vertragsteils längere Kündigungsfrist als einen Monat vor Ablauf der zunächst vorgesehenen Vertragsdauer;

dies gilt nicht für Verträge über die Lieferung zusammengehörig verkaufter Sachen sowie für Versicherungsverträge;

10. (Wechsel des Vertragspartners)
eine Bestimmung, wonach bei Kauf-, Darlehens-, Dienst- oder Werkverträgen ein Dritter anstelle des Verwenders in die sich aus dem Vertrag ergebenden Rechte und Pflichten eintritt oder eintreten kann, es sei denn, in der Bestimmung wird

a) der Dritte namentlich bezeichnet oder

b) dem anderen Vertragsteil das Recht eingeräumt, sich vom Vertrag zu lösen;

11. (Haftung des Abschlussvertreters)
eine Bestimmung, durch die der Verwender einem Vertreter, der den Vertrag für den anderen Vertragsteil abschließt,

a) ohne hierauf gerichtete ausdrückliche und gesonderte Erklärung eine eigene Haftung oder Einstandspflicht oder

b) im Falle vollmachtsloser Vertretung eine über § 179 hinausgehende Haftung

auferlegt;

12. (Beweislast)
eine Bestimmung, durch die der Verwender die Beweislast zum Nachteil des anderen Vertragsteils ändert, insbesondere indem er

a) diesem die Beweislast für Umstände auferlegt, die im Verantwortungsbereich des Verwenders liegen, oder

b) den anderen Vertragsteil bestimmte Tatsachen bestätigen lässt;

Buchstabe b gilt nicht für Empfangsbekenntnisse, die gesondert unterschrieben oder mit einer gesonderten qualifizierten elektronischen Signatur versehen sind;

13. (Form von Anzeigen und Erklärungen)
eine Bestimmung, durch die Anzeigen oder Erklärungen, die dem Verwender oder einem Dritten gegenüber abzugeben sind, gebunden werden

a) an eine strengere Form als die schriftliche Form in einem Vertrag, für den durch Gesetz notarielle Beurkundung vorgeschrieben ist oder

b) an eine strengere Form als die Textform in anderen als den in Buchstabe a genannten Verträgen oder

c) an besondere Zugangserfordernisse;

14. (Klageverzicht)
eine Bestimmung, wonach der andere Vertragsteil seine Ansprüche gegen den Verwender gerichtlich nur geltend machen darf, nachdem er eine gütliche Einigung in einem Verfahren zur außergerichtlichen Streitbeilegung versucht hat;

15. (Abschlagszahlungen und Sicherheitsleistung)
eine Bestimmung, nach der der Verwender bei einem Werkvertrag

a) für Teilleistungen Abschlagszahlungen vom anderen Vertragsteil verlangen kann, die wesentlich höher sind als die nach § 632a Absatz 1 und § 650m Absatz 1 zu leistenden Abschlagszahlungen, oder
b) die Sicherheitsleistung nach § 650m Absatz 2 nicht oder nur in geringerer Höhe leisten muss.

§ 310[1] **Anwendungsbereich.** (1) [1] § 305 Absatz 2 und 3, § 308 Nummer 1, 2 bis 9 und § 309 finden keine Anwendung auf Allgemeine Geschäftsbedingungen, die gegenüber einem Unternehmer, einer juristischen Person des öffentlichen Rechts oder einem öffentlich-rechtlichen Sondervermögen verwendet werden. [2] § 307 Abs. 1 und 2 findet in den Fällen des Satzes 1 auch insoweit Anwendung, als dies zur Unwirksamkeit von in § 308 Nummer 1, 2 bis 9 und § 309 genannten Vertragsbestimmungen führt; auf die im Handelsverkehr geltenden Gewohnheiten und Gebräuche ist angemessen Rücksicht zu nehmen. [3] In den Fällen des Satzes 1 finden § 307 Absatz 1 und 2 sowie § 308 Nummer 1a und 1b auf Verträge, in die die Vergabe- und Vertragsordnung für Bauleistungen Teil B (VOB/B)[2] in der jeweils zum Zeitpunkt des Vertragsschlusses geltenden Fassung ohne inhaltliche Abweichungen insgesamt einbezogen ist, in Bezug auf eine Inhaltskontrolle einzelner Bestimmungen keine Anwendung.

(2) [1] Die §§ 308 und 309 finden keine Anwendung auf Verträge der Elektrizitäts-, Gas-, Fernwärme- und Wasserversorgungsunternehmen über die Versorgung von Sonderabnehmern mit elektrischer Energie, Gas, Fernwärme und Wasser aus dem Versorgungsnetz, soweit die Versorgungsbedingungen nicht zum Nachteil der Abnehmer von Verordnungen über Allgemeine Bedingungen für die Versorgung von Tarifkunden mit elektrischer Energie, Gas, Fernwärme und Wasser abweichen. [2] Satz 1 gilt entsprechend für Verträge über die Entsorgung von Abwasser.

(3) Bei Verträgen zwischen einem Unternehmer und einem Verbraucher (Verbraucherverträge) finden die Vorschriften dieses Abschnitts mit folgenden Maßgaben Anwendung:
1. Allgemeine Geschäftsbedingungen gelten als vom Unternehmer gestellt, es sei denn, dass sie durch den Verbraucher in den Vertrag eingeführt wurden;
2. § 305c Abs. 2 und die §§ 306 und 307 bis 309 dieses Gesetzes sowie Artikel 46b des Einführungsgesetzes zum Bürgerlichen Gesetzbuche finden auf vorformulierte Vertragsbedingungen auch dann Anwendung, wenn diese nur zur einmaligen Verwendung bestimmt sind und soweit der Verbraucher auf Grund der Vorformulierung auf ihren Inhalt keinen Einfluss nehmen konnte;
3. bei der Beurteilung der unangemessenen Benachteiligung nach § 307 Abs. 1 und 2 sind auch die den Vertragsschluss begleitenden Umstände zu berücksichtigen.

(4) [1] Dieser Abschnitt findet keine Anwendung bei Verträgen auf dem Gebiet des Erb-, Familien- und Gesellschaftsrechts sowie auf Tarifverträge, Betriebs- und Dienstvereinbarungen. [2] Bei der Anwendung auf Arbeitsverträge sind die

---

[1] Beachte hierzu Übergangsvorschrift in Art. 229 § 60 EGBGB idF der Bek. v. 21.9.1994 (BGBl. I S. 2494, ber. S. 4410, S. 2582a, S. 1942), zuletzt geänd. durch G v. 31.10.2022 (BGBl. I S. 1966).
[2] Nr. 1.

Schuldverhältnisse aus Verträgen

im Arbeitsrecht geltenden Besonderheiten angemessen zu berücksichtigen; § 305 Abs. 2 und 3 ist nicht anzuwenden. ³Tarifverträge, Betriebs- und Dienstvereinbarungen stehen Rechtsvorschriften im Sinne von § 307 Abs. 3 gleich.

Abschnitt 3. Schuldverhältnisse aus Verträgen
Titel 1. Begründung, Inhalt und Beendigung
Untertitel 1. Begründung

...

§ 311b Verträge über Grundstücke, das Vermögen und den Nachlass.

(1) ¹Ein Vertrag, durch den sich der eine Teil verpflichtet, das Eigentum an einem Grundstück zu übertragen oder zu erwerben, bedarf der notariellen Beurkundung. ²Ein ohne Beachtung dieser Form geschlossener Vertrag wird seinem ganzen Inhalt nach gültig, wenn die Auflassung und die Eintragung in das Grundbuch erfolgen.

(2) Ein Vertrag, durch den sich der eine Teil verpflichtet, sein künftiges Vermögen oder einen Bruchteil seines künftigen Vermögens zu übertragen oder mit einem Nießbrauch zu belasten, ist nichtig.

(3) Ein Vertrag, durch den sich der eine Teil verpflichtet, sein gegenwärtiges Vermögen oder einen Bruchteil seines gegenwärtigen Vermögens zu übertragen oder mit einem Nießbrauch zu belasten, bedarf der notariellen Beurkundung.

(4) ¹Ein Vertrag über den Nachlass eines noch lebenden Dritten ist nichtig. ²Das Gleiche gilt von einem Vertrag über den Pflichtteil oder ein Vermächtnis aus dem Nachlass eines noch lebenden Dritten.

(5) ¹Absatz 4 gilt nicht für einen Vertrag, der unter künftigen gesetzlichen Erben über den gesetzlichen Erbteil oder den Pflichtteil eines von ihnen geschlossen wird. ²Ein solcher Vertrag bedarf der notariellen Beurkundung.

...

Untertitel 2. Grundsätze bei Verbraucherverträgen und besondere Vertriebsformen[1)]
Kapitel 1. Anwendungsbereich und Grundsätze bei Verbraucherverträgen

§ 312 Anwendungsbereich. (1) Die Vorschriften der Kapitel 1 und 2 dieses Untertitels sind auf Verbraucherverträge anzuwenden, bei denen sich der Verbraucher zu der Zahlung eines Preises verpflichtet.

(1a) ¹Die Vorschriften der Kapitel 1 und 2 dieses Untertitels sind auch auf Verbraucherverträge anzuwenden, bei denen der Verbraucher dem Unternehmer personenbezogene Daten bereitstellt oder sich hierzu verpflichtet. ²Dies gilt nicht, wenn der Unternehmer die vom Verbraucher bereitgestellten personenbezogenen Daten ausschließlich verarbeitet, um seine Leistungspflicht oder an ihn gestellte rechtliche Anforderungen zu erfüllen, und sie zu keinem anderen Zweck verarbeitet.

[1)] Beachte hierzu auch G über Unterlassungsklagen bei Verbraucherrechts- und anderen Verstößen (Unterlassungsklagengesetz – UKlaG) (Nr. 3).

2 BGB § 312

(2) Von den Vorschriften der Kapitel 1 und 2 dieses Untertitels ist nur § 312a Absatz 1, 3, 4 und 6 auf folgende Verträge anzuwenden:
1. notariell beurkundete Verträge
   a) über Finanzdienstleistungen, die außerhalb von Geschäftsräumen geschlossen werden,
   b) die keine Verträge über Finanzdienstleistungen sind; für Verträge, für die das Gesetz die notarielle Beurkundung des Vertrags oder einer Vertragserklärung nicht vorschreibt, gilt dies nur, wenn der Notar darüber belehrt, dass die Informationspflichten nach § 312d Absatz 1 und das Widerrufsrecht nach § 312g Absatz 1 entfallen,
2. Verträge über die Begründung, den Erwerb oder die Übertragung von Eigentum oder anderen Rechten an Grundstücken,
3. Verbraucherbauverträge nach § 650i Absatz 1,
4., 5. *(aufgehoben)*
6. Verträge über Teilzeit-Wohnrechte, langfristige Urlaubsprodukte, Vermittlungen und Tauschsysteme nach den §§ 481 bis 481b,
7. Behandlungsverträge nach § 630a,
8. Verträge über die Lieferung von Lebensmitteln, Getränken oder sonstigen Haushaltsgegenständen des täglichen Bedarfs, die am Wohnsitz, am Aufenthaltsort oder am Arbeitsplatz eines Verbrauchers von einem Unternehmer im Rahmen häufiger und regelmäßiger Fahrten geliefert werden,
9. Verträge, die unter Verwendung von Warenautomaten und automatisierten Geschäftsräumen geschlossen werden,
10. Verträge, die mit Betreibern von Telekommunikationsmitteln mit Hilfe öffentlicher Münz- und Kartentelefone zu deren Nutzung geschlossen werden,
11. Verträge zur Nutzung einer einzelnen von einem Verbraucher hergestellten Telefon-, Internet- oder Telefaxverbindung,
12. außerhalb von Geschäftsräumen geschlossene Verträge, bei denen die Leistung bei Abschluss der Verhandlungen sofort erbracht und bezahlt wird und das vom Verbraucher zu zahlende Entgelt 40 Euro nicht überschreitet, und
13. Verträge über den Verkauf beweglicher Sachen auf Grund von Zwangsvollstreckungsmaßnahmen oder anderen gerichtlichen Maßnahmen.

(3) Auf Verträge über soziale Dienstleistungen, wie Kinderbetreuung oder Unterstützung von dauerhaft oder vorübergehend hilfsbedürftigen Familien oder Personen, einschließlich Langzeitpflege, sind von den Vorschriften der Kapitel 1 und 2 dieses Untertitels nur folgende anzuwenden:
1. die Definitionen der außerhalb von Geschäftsräumen geschlossenen Verträge und der Fernabsatzverträge nach den §§ 312b und 312c,
2. § 312a Absatz 1 über die Pflicht zur Offenlegung bei Telefonanrufen,
3. § 312a Absatz 3 über die Wirksamkeit der Vereinbarung, die auf eine über das vereinbarte Entgelt für die Hauptleistung hinausgehende Zahlung gerichtet ist,
4. § 312a Absatz 4 über die Wirksamkeit der Vereinbarung eines Entgelts für die Nutzung von Zahlungsmitteln,
5. § 312a Absatz 6,

Schuldverhältnisse aus Verträgen **§ 312a BGB 2**

6. § 312d Absatz 1 in Verbindung mit Artikel 246a § 1 Absatz 2 und 3 des Einführungsgesetzes zum Bürgerlichen Gesetzbuche über die Pflicht zur Information über das Widerrufsrecht und
7. § 312g über das Widerrufsrecht.

(4) ¹Auf Verträge über die Vermietung von Wohnraum sind von den Vorschriften der Kapitel 1 und 2 dieses Untertitels nur die in Absatz 3 Nummer 1 bis 7 genannten Bestimmungen anzuwenden. ²Die in Absatz 3 Nummer 1, 6 und 7 genannten Bestimmungen sind jedoch nicht auf die Begründung eines Mietverhältnisses über Wohnraum anzuwenden, wenn der Mieter die Wohnung zuvor besichtigt hat.

(5) ¹Bei Vertragsverhältnissen über Bankdienstleistungen sowie Dienstleistungen im Zusammenhang mit einer Kreditgewährung, Versicherung, Altersversorgung von Einzelpersonen, Geldanlage oder Zahlung (Finanzdienstleistungen), die eine erstmalige Vereinbarung mit daran anschließenden aufeinanderfolgenden Vorgängen oder eine daran anschließende Reihe getrennter, in einem zeitlichen Zusammenhang stehender Vorgänge gleicher Art umfassen, sind die Vorschriften der Kapitel 1 und 2 dieses Untertitels nur auf die erste Vereinbarung anzuwenden. ² § 312a Absatz 1, 3, 4 und 6 ist daneben auf jeden Vorgang anzuwenden. ³Wenn die in Satz 1 genannten Vorgänge ohne eine solche Vereinbarung aufeinanderfolgen, gelten die Vorschriften über Informationspflichten des Unternehmers nur für den ersten Vorgang. ⁴Findet jedoch länger als ein Jahr kein Vorgang der gleichen Art mehr statt, so gilt der nächste Vorgang als der erste Vorgang einer neuen Reihe im Sinne von Satz 3.

(6) Von den Vorschriften der Kapitel 1 und 2 dieses Untertitels ist auf Verträge über Versicherungen sowie auf Verträge über deren Vermittlung nur § 312a Absatz 3, 4 und 6 anzuwenden.

(7) ¹Auf Pauschalreiseverträge nach den §§ 651a und 651c sind von den Vorschriften dieses Untertitels nur § 312a Absatz 3 bis 6, die §§ 312i, 312j Absatz 2 bis 5 und § 312m anzuwenden; diese Vorschriften finden auch Anwendung, wenn der Reisende kein Verbraucher ist. ²Ist der Reisende ein Verbraucher, ist auf Pauschalreiseverträge nach § 651a, die außerhalb von Geschäftsräumen geschlossen worden sind, auch § 312g Absatz 1 anzuwenden, es sei denn, die mündlichen Verhandlungen, auf denen der Vertragsschluss beruht, sind auf vorhergehende Bestellung des Verbrauchers geführt worden.

(8) Auf Verträge über die Beförderung von Personen ist von den Vorschriften der Kapitel 1 und 2 dieses Untertitels nur § 312a Absatz 1 und 3 bis 6 anzuwenden.

§ 312a Allgemeine Pflichten und Grundsätze bei Verbraucherverträgen; Grenzen der Vereinbarung von Entgelten. (1) Ruft der Unternehmer oder eine Person, die in seinem Namen oder Auftrag handelt, den Verbraucher an, um mit diesem einen Vertrag zu schließen, hat der Anrufer zu Beginn des Gesprächs seine Identität und gegebenenfalls die Identität der Person, für die er anruft, sowie den geschäftlichen Zweck des Anrufs offenzulegen.

(2) ¹Der Unternehmer ist verpflichtet, den Verbraucher nach Maßgabe des Artikels 246 des Einführungsgesetzes zum Bürgerlichen Gesetzbuche zu informieren. ²Der Unternehmer kann von dem Verbraucher Fracht-, Liefer- oder Versandkosten und sonstige Kosten nur verlangen, soweit er den Verbraucher über diese Kosten entsprechend den Anforderungen aus Artikel 246 Absatz 1

Nummer 3 des Einführungsgesetzes zum Bürgerlichen Gesetzbuche informiert hat. ³Die Sätze 1 und 2 sind weder auf außerhalb von Geschäftsräumen geschlossene Verträge noch auf Fernabsatzverträge noch auf Verträge über Finanzdienstleistungen anzuwenden.

(3) ¹Eine Vereinbarung, die auf eine über das vereinbarte Entgelt für die Hauptleistung hinausgehende Zahlung des Verbrauchers gerichtet ist, kann ein Unternehmer mit einem Verbraucher nur ausdrücklich treffen. ²Schließen der Unternehmer und der Verbraucher einen Vertrag im elektronischen Geschäftsverkehr, wird eine solche Vereinbarung nur Vertragsbestandteil, wenn der Unternehmer die Vereinbarung nicht durch eine Voreinstellung herbeiführt.

(4) Eine Vereinbarung, durch die ein Verbraucher verpflichtet wird, ein Entgelt dafür zu zahlen, dass er für die Erfüllung seiner vertraglichen Pflichten ein bestimmtes Zahlungsmittel nutzt, ist unwirksam, wenn

1. für den Verbraucher keine gängige und zumutbare unentgeltliche Zahlungsmöglichkeit besteht oder
2. das vereinbarte Entgelt über die Kosten hinausgeht, die dem Unternehmer durch die Nutzung des Zahlungsmittels entstehen.

(5) ¹Eine Vereinbarung, durch die ein Verbraucher verpflichtet wird, ein Entgelt dafür zu zahlen, dass der Verbraucher den Unternehmer wegen Fragen oder Erklärungen zu einem zwischen ihnen geschlossenen Vertrag über eine Rufnummer anruft, die der Unternehmer für solche Zwecke bereithält, ist unwirksam, wenn das vereinbarte Entgelt das Entgelt für die bloße Nutzung des Telekommunikationsdienstes übersteigt. ²Ist eine Vereinbarung nach Satz 1 unwirksam, ist der Verbraucher auch gegenüber dem Anbieter des Telekommunikationsdienstes nicht verpflichtet, ein Entgelt für den Anruf zu zahlen. ³Der Anbieter des Telekommunikationsdienstes ist berechtigt, das Entgelt für die bloße Nutzung des Telekommunikationsdienstes von dem Unternehmer zu verlangen, der die unwirksame Vereinbarung mit dem Verbraucher geschlossen hat.

(6) Ist eine Vereinbarung nach den Absätzen 3 bis 5 nicht Vertragsbestandteil geworden oder ist sie unwirksam, bleibt der Vertrag im Übrigen wirksam.

Kapitel 2. Außerhalb von Geschäftsräumen geschlossene Verträge und Fernabsatzverträge

§ 312b Außerhalb von Geschäftsräumen geschlossene Verträge.

(1) ¹Außerhalb von Geschäftsräumen geschlossene Verträge sind Verträge,

1. die bei gleichzeitiger körperlicher Anwesenheit des Verbrauchers und des Unternehmers an einem Ort geschlossen werden, der kein Geschäftsraum des Unternehmers ist,
2. für die der Verbraucher unter den in Nummer 1 genannten Umständen ein Angebot abgegeben hat,
3. die in den Geschäftsräumen des Unternehmers oder durch Fernkommunikationsmittel geschlossen werden, bei denen der Verbraucher jedoch unmittelbar zuvor außerhalb der Geschäftsräume des Unternehmers bei gleichzeitiger körperlicher Anwesenheit des Verbrauchers und des Unternehmers persönlich und individuell angesprochen wurde, oder
4. die auf einem Ausflug geschlossen werden, der von dem Unternehmer oder mit seiner Hilfe organisiert wurde, um beim Verbraucher für den Verkauf

Schuldverhältnisse aus Verträgen § 312g BGB 2

von Waren oder die Erbringung von Dienstleistungen zu werben und mit ihm entsprechende Verträge abzuschließen.

²Dem Unternehmer stehen Personen gleich, die in seinem Namen oder Auftrag handeln.

(2) ¹Geschäftsräume im Sinne des Absatzes 1 sind unbewegliche Gewerberäume, in denen der Unternehmer seine Tätigkeit dauerhaft ausübt, und bewegliche Gewerberäume, in denen der Unternehmer seine Tätigkeit für gewöhnlich ausübt. ²Gewerberäume, in denen die Person, die im Namen oder Auftrag des Unternehmers handelt, ihre Tätigkeit dauerhaft oder für gewöhnlich ausübt, stehen Räumen des Unternehmers gleich.

...

§ 312g Widerrufsrecht. (1) Dem Verbraucher steht bei außerhalb von Geschäftsräumen geschlossenen Verträgen und bei Fernabsatzverträgen ein Widerrufsrecht gemäß § 355 zu.

(2) Das Widerrufsrecht besteht, soweit die Parteien nichts anderes vereinbart haben, nicht bei folgenden Verträgen:

1. Verträge zur Lieferung von Waren, die nicht vorgefertigt sind und für deren Herstellung eine individuelle Auswahl oder Bestimmung durch den Verbraucher maßgeblich ist oder die eindeutig auf die persönlichen Bedürfnisse des Verbrauchers zugeschnitten sind,
2. Verträge zur Lieferung von Waren, die schnell verderben können oder deren Verfallsdatum schnell überschritten würde,
3. Verträge zur Lieferung versiegelter Waren, die aus Gründen des Gesundheitsschutzes oder der Hygiene nicht zur Rückgabe geeignet sind, wenn ihre Versiegelung nach der Lieferung entfernt wurde,
4. Verträge zur Lieferung von Waren, wenn diese nach der Lieferung auf Grund ihrer Beschaffenheit untrennbar mit anderen Gütern vermischt wurden,
5. Verträge zur Lieferung alkoholischer Getränke, deren Preis bei Vertragsschluss vereinbart wurde, die aber frühestens 30 Tage nach Vertragsschluss geliefert werden können und deren aktueller Wert von Schwankungen auf dem Markt abhängt, auf die der Unternehmer keinen Einfluss hat,
6. Verträge zur Lieferung von Ton- oder Videoaufnahmen oder Computersoftware in einer versiegelten Packung, wenn die Versiegelung nach der Lieferung entfernt wurde,
7. Verträge zur Lieferung von Zeitungen, Zeitschriften oder Illustrierten mit Ausnahme von Abonnement-Verträgen,
8. Verträge zur Lieferung von Waren oder zur Erbringung von Dienstleistungen, einschließlich Finanzdienstleistungen, deren Preis von Schwankungen auf dem Finanzmarkt abhängt, auf die der Unternehmer keinen Einfluss hat und die innerhalb der Widerrufsfrist auftreten können, insbesondere Dienstleistungen im Zusammenhang mit Aktien, mit Anteilen an offenen Investmentvermögen im Sinne von § 1 Absatz 4 des Kapitalanlagegesetzbuchs und mit anderen handelbaren Wertpapieren, Devisen, Derivaten oder Geldmarktinstrumenten,
9. Verträge zur Erbringung von Dienstleistungen in den Bereichen Beherbergung zu anderen Zwecken als zu Wohnzwecken, Beförderung von

Waren, Kraftfahrzeugvermietung, Lieferung von Speisen und Getränken sowie zur Erbringung weiterer Dienstleistungen im Zusammenhang mit Freizeitbetätigungen, wenn der Vertrag für die Erbringung einen spezifischen Termin oder Zeitraum vorsieht,

10. Verträge, die im Rahmen einer Vermarktungsform geschlossen werden, bei der der Unternehmer Verbrauchern, die persönlich anwesend sind oder denen diese Möglichkeit gewährt wird, Waren oder Dienstleistungen anbietet, und zwar in einem vom Versteigerer durchgeführten, auf konkurrierenden Geboten basierenden transparenten Verfahren, bei dem der Bieter, der den Zuschlag erhalten hat, zum Erwerb der Waren oder Dienstleistungen verpflichtet ist (öffentlich zugängliche Versteigerung),

11. Verträge, bei denen der Verbraucher den Unternehmer ausdrücklich aufgefordert hat, ihn aufzusuchen, um dringende Reparatur- oder Instandhaltungsarbeiten vorzunehmen; dies gilt nicht hinsichtlich weiterer bei dem Besuch erbrachter Dienstleistungen, die der Verbraucher nicht ausdrücklich verlangt hat, oder hinsichtlich solcher bei dem Besuch gelieferter Waren, die bei der Instandhaltung oder Reparatur nicht unbedingt als Ersatzteile benötigt werden,

12. Verträge zur Erbringung von Wett- und Lotteriedienstleistungen, es sei denn, dass der Verbraucher seine Vertragserklärung telefonisch abgegeben hat oder der Vertrag außerhalb von Geschäftsräumen geschlossen wurde, und

13. notariell beurkundete Verträge; dies gilt für Fernabsatzverträge über Finanzdienstleistungen nur, wenn der Notar bestätigt, dass die Rechte des Verbrauchers aus § 312d Absatz 2 gewahrt sind.

(3) Das Widerrufsrecht besteht ferner nicht bei Verträgen, bei denen dem Verbraucher bereits auf Grund der §§ 495, 506 bis 513 ein Widerrufsrecht nach § 355 zusteht, und nicht bei außerhalb von Geschäftsräumen geschlossenen Verträgen, bei denen dem Verbraucher bereits nach § 305 Absatz 1 bis 6 des Kapitalanlagegesetzbuchs ein Widerrufsrecht zusteht.

Untertitel 3. Anpassung und Beendigung von Verträgen

§ 313 Störung der Geschäftsgrundlage. (1) Haben sich Umstände, die zur Grundlage des Vertrags geworden sind, nach Vertragsschluss schwerwiegend verändert und hätten die Parteien den Vertrag nicht oder mit anderem Inhalt geschlossen, wenn sie diese Veränderung vorausgesehen hätten, so kann Anpassung des Vertrags verlangt werden, soweit einem Teil unter Berücksichtigung aller Umstände des Einzelfalls, insbesondere der vertraglichen oder gesetzlichen Risikoverteilung, das Festhalten am unveränderten Vertrag nicht zugemutet werden kann.

(2) Einer Veränderung der Umstände steht es gleich, wenn wesentliche Vorstellungen, die zur Grundlage des Vertrags geworden sind, sich als falsch herausstellen.

(3) [1] Ist eine Anpassung des Vertrags nicht möglich oder einem Teil nicht zumutbar, so kann der benachteiligte Teil vom Vertrag zurücktreten. [2] An die Stelle des Rücktrittsrechts tritt für Dauerschuldverhältnisse das Recht zur Kündigung.

§ 314 Kündigung von Dauerschuldverhältnissen aus wichtigem Grund.

(1) ¹Dauerschuldverhältnisse kann jeder Vertragsteil aus wichtigem Grund ohne Einhaltung einer Kündigungsfrist kündigen. ²Ein wichtiger Grund liegt vor, wenn dem kündigenden Teil unter Berücksichtigung aller Umstände des Einzelfalls und unter Abwägung der beiderseitigen Interessen die Fortsetzung des Vertragsverhältnisses bis zur vereinbarten Beendigung oder bis zum Ablauf einer Kündigungsfrist nicht zugemutet werden kann.

(2) ¹Besteht der wichtige Grund in der Verletzung einer Pflicht aus dem Vertrag, ist die Kündigung erst nach erfolglosem Ablauf einer zur Abhilfe bestimmten Frist oder nach erfolgloser Abmahnung zulässig. ²Für die Entbehrlichkeit der Bestimmung einer Frist zur Abhilfe und für die Entbehrlichkeit einer Abmahnung findet § 323 Absatz 2 Nummer 1 und 2 entsprechende Anwendung. ³Die Bestimmung einer Frist zur Abhilfe und eine Abmahnung sind auch entbehrlich, wenn besondere Umstände vorliegen, die unter Abwägung der beiderseitigen Interessen die sofortige Kündigung rechtfertigen.

(3) Der Berechtigte kann nur innerhalb einer angemessenen Frist kündigen, nachdem er vom Kündigungsgrund Kenntnis erlangt hat.

(4) Die Berechtigung, Schadensersatz zu verlangen, wird durch die Kündigung nicht ausgeschlossen.

Titel 2. Gegenseitiger Vertrag

...

§ 323[1)] Rücktritt wegen nicht oder nicht vertragsgemäß erbrachter Leistung.

(1) Erbringt bei einem gegenseitigen Vertrag der Schuldner eine fällige Leistung nicht oder nicht vertragsgemäß, so kann der Gläubiger, wenn er dem Schuldner erfolglos eine angemessene Frist zur Leistung oder Nacherfüllung bestimmt hat, vom Vertrag zurücktreten.

(2) Die Fristsetzung ist entbehrlich, wenn

1. der Schuldner die Leistung ernsthaft und endgültig verweigert,

2. der Schuldner die Leistung bis zu einem im Vertrag bestimmten Termin oder innerhalb einer im Vertrag bestimmten Frist nicht bewirkt, obwohl die termin- oder fristgerechte Leistung nach einer Mitteilung des Gläubigers an den Schuldner vor Vertragsschluss oder auf Grund anderer den Vertragsabschluss begleitenden Umstände für den Gläubiger wesentlich ist, oder

3. im Falle einer nicht vertragsgemäß erbrachten Leistung besondere Umstände vorliegen, die unter Abwägung der beiderseitigen Interessen den sofortigen Rücktritt rechtfertigen.

(3) Kommt nach der Art der Pflichtverletzung eine Fristsetzung nicht in Betracht, so tritt an deren Stelle eine Abmahnung.

(4) Der Gläubiger kann bereits vor dem Eintritt der Fälligkeit der Leistung zurücktreten, wenn offensichtlich ist, dass die Voraussetzungen des Rücktritts eintreten werden.

[1)] **Amtl. Anm.**: Diese Vorschrift dient auch der Umsetzung der Richtlinie 1999/44/EG des Europäischen Parlaments und des Rates vom 25. Mai 1999 zu bestimmten Aspekten des Verbrauchsgüterkaufs und der Garantien für Verbrauchsgüter (ABl. EG Nr. L 171 S. 12).

(5) ¹Hat der Schuldner eine Teilleistung bewirkt, so kann der Gläubiger vom ganzen Vertrag nur zurücktreten, wenn er an der Teilleistung kein Interesse hat. ²Hat der Schuldner die Leistung nicht vertragsgemäß bewirkt, so kann der Gläubiger vom Vertrag nicht zurücktreten, wenn die Pflichtverletzung unerheblich ist.

(6) Der Rücktritt ist ausgeschlossen, wenn der Gläubiger für den Umstand, der ihn zum Rücktritt berechtigen würde, allein oder weit überwiegend verantwortlich ist oder wenn der vom Schuldner nicht zu vertretende Umstand zu einer Zeit eintritt, zu welcher der Gläubiger im Verzug der Annahme ist.

§ 324 Rücktritt wegen Verletzung einer Pflicht nach § 241 Abs. 2. Verletzt der Schuldner bei einem gegenseitigen Vertrag eine Pflicht nach § 241 Abs. 2, so kann der Gläubiger zurücktreten, wenn ihm ein Festhalten am Vertrag nicht mehr zuzumuten ist.

§ 325 Schadensersatz und Rücktritt. Das Recht, bei einem gegenseitigen Vertrag Schadensersatz zu verlangen, wird durch den Rücktritt nicht ausgeschlossen.

§ 326[1]) Befreiung von der Gegenleistung und Rücktritt beim Ausschluss der Leistungspflicht. (1) ¹Braucht der Schuldner nach § 275 Abs. 1 bis 3 nicht zu leisten, entfällt der Anspruch auf die Gegenleistung; bei einer Teilleistung findet § 441 Abs. 3 entsprechende Anwendung. ²Satz 1 gilt nicht, wenn der Schuldner im Falle der nicht vertragsgemäßen Leistung die Nacherfüllung nach § 275 Abs. 1 bis 3 nicht zu erbringen braucht.

(2) ¹Ist der Gläubiger für den Umstand, auf Grund dessen der Schuldner nach § 275 Abs. 1 bis 3 nicht zu leisten braucht, allein oder weit überwiegend verantwortlich oder tritt dieser vom Schuldner nicht zu vertretende Umstand zu einer Zeit ein, zu welcher der Gläubiger im Verzug der Annahme ist, so behält der Schuldner den Anspruch auf die Gegenleistung. ²Er muss sich jedoch dasjenige anrechnen lassen, was er infolge der Befreiung von der Leistung erspart oder durch anderweitige Verwendung seiner Arbeitskraft erwirbt oder zu erwerben böswillig unterlässt.

(3) ¹Verlangt der Gläubiger nach § 285 Herausgabe des für den geschuldeten Gegenstand erlangten Ersatzes oder Abtretung des Ersatzanspruchs, so bleibt er zur Gegenleistung verpflichtet. ²Diese mindert sich jedoch nach Maßgabe des § 441 Abs. 3 insoweit, als der Wert des Ersatzes oder des Ersatzanspruchs hinter dem Wert der geschuldeten Leistung zurückbleibt.

(4) Soweit die nach dieser Vorschrift nicht geschuldete Gegenleistung bewirkt ist, kann das Geleistete nach den §§ 346 bis 348 zurückgefordert werden.

(5) Braucht der Schuldner nach § 275 Abs. 1 bis 3 nicht zu leisten, kann der Gläubiger zurücktreten; auf den Rücktritt findet § 323 mit der Maßgabe entsprechende Anwendung, dass die Fristsetzung entbehrlich ist.

...

---

[1]) **Amtl. Anm.:** Diese Vorschrift dient auch der Umsetzung der Richtlinie 1999/44/EG des Europäischen Parlaments und des Rates vom 25. Mai 1999 zu bestimmten Aspekten des Verbrauchsgüterkaufs und der Garantien für Verbrauchsgüter (ABl. EG Nr. L 171 S. 12).

Titel 5. Rücktritt; Widerrufsrecht bei Verbraucherverträgen
Untertitel 1. Rücktritt[1)]

§ 346[2)] **Wirkungen des Rücktritts.** (1) Hat sich eine Vertragspartei vertraglich den Rücktritt vorbehalten oder steht ihr ein gesetzliches Rücktrittsrecht zu, so sind im Falle des Rücktritts die empfangenen Leistungen zurückzugewähren und die gezogenen Nutzungen herauszugeben.

(2) [1]Statt der Rückgewähr oder Herausgabe hat der Schuldner Wertersatz zu leisten, soweit

1. die Rückgewähr oder die Herausgabe nach der Natur des Erlangten ausgeschlossen ist,
2. er den empfangenen Gegenstand verbraucht, veräußert, belastet, verarbeitet oder umgestaltet hat,
3. der empfangene Gegenstand sich verschlechtert hat oder untergegangen ist; jedoch bleibt die durch die bestimmungsgemäße Ingebrauchnahme entstandene Verschlechterung außer Betracht.

[2]Ist im Vertrag eine Gegenleistung bestimmt, ist sie bei der Berechnung des Wertersatzes zugrunde zu legen; ist Wertersatz für den Gebrauchsvorteil eines Darlehens zu leisten, kann nachgewiesen werden, dass der Wert des Gebrauchsvorteils niedriger war.

(3) [1]Die Pflicht zum Wertersatz entfällt,

1. wenn sich der zum Rücktritt berechtigende Mangel erst während der Verarbeitung oder Umgestaltung des Gegenstandes gezeigt hat,
2. soweit der Gläubiger die Verschlechterung oder den Untergang zu vertreten hat oder der Schaden bei ihm gleichfalls eingetreten wäre,
3. wenn im Falle eines gesetzlichen Rücktrittsrechts die Verschlechterung oder der Untergang beim Berechtigten eingetreten ist, obwohl dieser diejenige Sorgfalt beobachtet hat, die er in eigenen Angelegenheiten anzuwenden pflegt.

[2]Eine verbleibende Bereicherung ist herauszugeben.

(4) Der Gläubiger kann wegen Verletzung einer Pflicht aus Absatz 1 nach Maßgabe der §§ 280 bis 283 Schadensersatz verlangen.

§ 347 Nutzungen und Verwendungen nach Rücktritt. (1) [1]Zieht der Schuldner Nutzungen entgegen den Regeln einer ordnungsmäßigen Wirtschaft nicht, obwohl ihm das möglich gewesen wäre, so ist er dem Gläubiger zum Wertersatz verpflichtet. [2]Im Falle eines gesetzlichen Rücktrittsrechts hat der Berechtigte hinsichtlich der Nutzungen nur für diejenige Sorgfalt einzustehen, die er in eigenen Angelegenheiten anzuwenden pflegt.

(2) [1]Gibt der Schuldner den Gegenstand zurück, leistet er Wertersatz oder ist seine Wertersatzpflicht gemäß § 346 Abs. 3 Nr. 1 oder 2 ausgeschlossen, so sind ihm notwendige Verwendungen zu ersetzen. [2]Andere Aufwendungen sind zu ersetzen, soweit der Gläubiger durch diese bereichert wird.

[1)] **Amtl. Anm.:** Dieser Untertitel dient auch der Umsetzung der Richtlinie 1999/44/EG des Europäischen Parlaments und des Rates vom 25. Mai 1999 zu bestimmten Aspekten des Verbrauchsgüterkaufs und der Garantien für Verbrauchsgüter (ABl. EG Nr. L 171 S. 12).
[2)] Beachte hierzu Überleitungsvorschrift in Art. 229 § 9 EGBGB idF der Bek. v. 21.9.1994 (BGBl. I S. 2494, ber. S. 4410, S. 2582a, S. 1942), zuletzt geänd. durch G v. 31.10.2022 (BGBl. I S. 1966).

§ 348 Erfüllung Zug-um-Zug. ¹Die sich aus dem Rücktritt ergebenden Verpflichtungen der Parteien sind Zug um Zug zu erfüllen. ²Die Vorschriften der §§ 320, 322 finden entsprechende Anwendung.

§ 349 Erklärung des Rücktritts. Der Rücktritt erfolgt durch Erklärung gegenüber dem anderen Teil.

§ 350 Erlöschen des Rücktrittsrechts nach Fristsetzung. ¹Ist für die Ausübung des vertraglichen Rücktrittsrechts eine Frist nicht vereinbart, so kann dem Berechtigten von dem anderen Teil für die Ausübung eine angemessene Frist bestimmt werden. ²Das Rücktrittsrecht erlischt, wenn nicht der Rücktritt vor dem Ablauf der Frist erklärt wird.

§ 351 Unteilbarkeit des Rücktrittsrechts. ¹Sind bei einem Vertrag auf der einen oder der anderen Seite mehrere beteiligt, so kann das Rücktrittsrecht nur von allen und gegen alle ausgeübt werden. ²Erlischt das Rücktrittsrecht für einen der Berechtigten, so erlischt es auch für die übrigen.

§ 352 Aufrechnung nach Nichterfüllung. Der Rücktritt wegen Nichterfüllung einer Verbindlichkeit wird unwirksam, wenn der Schuldner sich von der Verbindlichkeit durch Aufrechnung befreien konnte und unverzüglich nach dem Rücktritt die Aufrechnung erklärt.

§ 353 Rücktritt gegen Reugeld. ¹Ist der Rücktritt gegen Zahlung eines Reugelds vorbehalten, so ist der Rücktritt unwirksam, wenn das Reugeld nicht vor oder bei der Erklärung entrichtet wird und der andere Teil aus diesem Grunde die Erklärung unverzüglich zurückweist. ²Die Erklärung ist jedoch wirksam, wenn das Reugeld unverzüglich nach der Zurückweisung entrichtet wird.

§ 354 Verwirkungsklausel. Ist ein Vertrag mit dem Vorbehalt geschlossen, dass der Schuldner seiner Rechte aus dem Vertrag verlustig sein soll, wenn er seine Verbindlichkeit nicht erfüllt, so ist der Gläubiger bei dem Eintritt dieses Falles zum Rücktritt von dem Vertrag berechtigt.

Untertitel 2. Widerrufsrecht bei Verbraucherverträgen

...

§ 356 Widerrufsrecht bei außerhalb von Geschäftsräumen geschlossenen Verträgen und Fernabsatzverträgen. (1) ¹Der Unternehmer kann dem Verbraucher die Möglichkeit einräumen, das Muster-Widerrufsformular nach Anlage 2 zu Artikel 246a § 1 Absatz 2 Satz 1 Nummer 1 des Einführungsgesetzes zum Bürgerlichen Gesetzbuche oder eine andere eindeutige Widerrufserklärung auf der Webseite des Unternehmers auszufüllen und zu übermitteln. ²Macht der Verbraucher von dieser Möglichkeit Gebrauch, muss der Unternehmer dem Verbraucher den Zugang des Widerrufs unverzüglich auf einem dauerhaften Datenträger bestätigen.

(2) Die Widerrufsfrist beginnt

1. bei einem Verbrauchsgüterkauf,

Schuldverhältnisse aus Verträgen **§ 356 BGB 2**

a) der nicht unter die Buchstaben b bis d fällt, sobald der Verbraucher oder ein von ihm benannter Dritter, der nicht Frachtführer ist, die Waren erhalten hat,

b) bei dem der Verbraucher mehrere Waren im Rahmen einer einheitlichen Bestellung bestellt hat und die Waren getrennt geliefert werden, sobald der Verbraucher oder ein von ihm benannter Dritter, der nicht Frachtführer ist, die letzte Ware erhalten hat,

c) bei dem die Ware in mehreren Teilsendungen oder Stücken geliefert wird, sobald der Verbraucher oder ein vom Verbraucher benannter Dritter, der nicht Frachtführer ist, die letzte Teilsendung oder das letzte Stück erhalten hat,

d) der auf die regelmäßige Lieferung von Waren über einen festgelegten Zeitraum gerichtet ist, sobald der Verbraucher oder ein von ihm benannter Dritter, der nicht Frachtführer ist, die erste Ware erhalten hat,

2. bei einem Vertrag, der die nicht in einem begrenzten Volumen oder in einer bestimmten Menge angebotene Lieferung von Wasser, Gas oder Strom, die Lieferung von Fernwärme oder die Lieferung von nicht auf einem körperlichen Datenträger befindlichen digitalen Inhalten zum Gegenstand hat, mit Vertragsschluss.

(3) [1]Die Widerrufsfrist beginnt nicht, bevor der Unternehmer den Verbraucher entsprechend den Anforderungen des Artikels 246a § 1 Absatz 2 Satz 1 Nummer 1 oder des Artikels 246b § 2 Absatz 1 des Einführungsgesetzes zum Bürgerlichen Gesetzbuche unterrichtet hat. [2]Das Widerrufsrecht erlischt spätestens zwölf Monate und 14 Tage nach dem in Absatz 2 oder § 355 Absatz 2 Satz 2 genannten Zeitpunkt. [3]Satz 2 ist auf Verträge über Finanzdienstleistungen nicht anwendbar.

(4) Das Widerrufsrecht erlischt bei Verträgen über die Erbringung von Dienstleistungen auch unter folgenden Voraussetzungen:

1. bei einem Vertrag, der den Verbraucher nicht zur Zahlung eines Preises verpflichtet, wenn der Unternehmer die Dienstleistung vollständig erbracht hat,

2. bei einem Vertrag, der den Verbraucher zur Zahlung eines Preises verpflichtet, mit der vollständigen Erbringung der Dienstleistung, wenn der Verbraucher vor Beginn der Erbringung

a) ausdrücklich zugestimmt hat, dass der Unternehmer mit der Erbringung der Dienstleistung vor Ablauf der Widerrufsfrist beginnt,

b) bei einem außerhalb von Geschäftsräumen geschlossenen Vertrag die Zustimmung nach Buchstabe a auf einem dauerhaften Datenträger übermittelt hat und

c) seine Kenntnis davon bestätigt hat, dass sein Widerrufsrecht mit vollständiger Vertragserfüllung durch den Unternehmer erlischt,

3. bei einem Vertrag, bei dem der Verbraucher den Unternehmer ausdrücklich aufgefordert hat, ihn aufzusuchen, um Reparaturarbeiten auszuführen, mit der vollständigen Erbringung der Dienstleistung, wenn der Verbraucher die in Nummer 2 Buchstabe a und b genannten Voraussetzungen erfüllt hat,

4. bei einem Vertrag über die Erbringung von Finanzdienstleistungen, wenn der Vertrag von beiden Seiten auf ausdrücklichen Wunsch des Verbrauchers vollständig erfüllt ist, bevor der Verbraucher sein Widerrufsrecht ausübt.

(5) Das Widerrufsrecht erlischt bei Verträgen über die Bereitstellung von nicht auf einem körperlichen Datenträger befindlichen digitalen Inhalten auch unter folgenden Voraussetzungen:

1. bei einem Vertrag, der den Verbraucher nicht zur Zahlung eines Preises verpflichtet, wenn der Unternehmer mit der Vertragserfüllung begonnen hat,
2. bei einem Vertrag, der den Verbraucher zur Zahlung eines Preises verpflichtet, wenn
    a) der Unternehmer mit der Vertragserfüllung begonnen hat,
    b) der Verbraucher ausdrücklich zugestimmt hat, dass der Unternehmer mit der Vertragserfüllung vor Ablauf der Widerrufsfrist beginnt,
    c) der Verbraucher seine Kenntnis davon bestätigt hat, dass durch seine Zustimmung nach Buchstabe b mit Beginn der Vertragserfüllung sein Widerrufsrecht erlischt, und
    d) der Unternehmer dem Verbraucher eine Bestätigung gemäß § 312f zur Verfügung gestellt hat.

...

Abschnitt 8. Einzelne Schuldverhältnisse
Titel 1.[1)] Kauf, Tausch[2)]
Untertitel 1. Allgemeine Vorschriften

§ 433 Vertragstypische Pflichten beim Kaufvertrag. (1) [1]Durch den Kaufvertrag wird der Verkäufer einer Sache verpflichtet, dem Käufer die Sache zu übergeben und das Eigentum an der Sache zu verschaffen. [2]Der Verkäufer hat dem Käufer die Sache frei von Sach- und Rechtsmängeln zu verschaffen.

(2) Der Käufer ist verpflichtet, dem Verkäufer den vereinbarten Kaufpreis zu zahlen und die gekaufte Sache abzunehmen.

§ 434 Sachmangel. (1) Die Sache ist frei von Sachmängeln, wenn sie bei Gefahrübergang den subjektiven Anforderungen, den objektiven Anforderungen und den Montageanforderungen dieser Vorschrift entspricht.

(2) [1]Die Sache entspricht den subjektiven Anforderungen, wenn sie
1. die vereinbarte Beschaffenheit hat,
2. sich für die nach dem Vertrag vorausgesetzte Verwendung eignet und
3. mit dem vereinbarten Zubehör und den vereinbarten Anleitungen, einschließlich Montage- und Installationsanleitungen, übergeben wird.

[2]Zu der Beschaffenheit nach Satz 1 Nummer 1 gehören Art, Menge, Qualität, Funktionalität, Kompatibilität, Interoperabilität und sonstige Merkmale der Sache, für die die Parteien Anforderungen vereinbart haben.

(3) [1]Soweit nicht wirksam etwas anderes vereinbart wurde, entspricht die Sache den objektiven Anforderungen, wenn sie

---

[1)] Beachte hierzu auch Übereinkommen der Vereinten Nationen über Verträge über den internationalen Warenkauf v. 11.4.1980 (BGBl. 1989 II S. 586, 588, ber. 1990 II S. 1699).
[2)] **Amtl. Anm.:** Dieser Titel dient der Umsetzung der Richtlinie 1999/44/EG des Europäischen Parlaments und des Rates vom 25. Mai 1999 zu bestimmten Aspekten des Verbrauchsgüterkaufs und der Garantien für Verbrauchsgüter (ABl. EG Nr. L 171 S. 12).

Einzelne Schuldverhältnisse

1. sich für die gewöhnliche Verwendung eignet,
2. eine Beschaffenheit aufweist, die bei Sachen derselben Art üblich ist und die der Käufer erwarten kann unter Berücksichtigung
   a) der Art der Sache und
   b) der öffentlichen Äußerungen, die von dem Verkäufer oder einem anderen Glied der Vertragskette oder in deren Auftrag, insbesondere in der Werbung oder auf dem Etikett, abgegeben wurden,
3. der Beschaffenheit einer Probe oder eines Musters entspricht, die oder das der Verkäufer dem Käufer vor Vertragsschluss zur Verfügung gestellt hat, und
4. mit dem Zubehör einschließlich der Verpackung, der Montage- oder Installationsanleitung sowie anderen Anleitungen übergeben wird, deren Erhalt der Käufer erwarten kann.

²Zu der üblichen Beschaffenheit nach Satz 1 Nummer 2 gehören Menge, Qualität und sonstige Merkmale der Sache, einschließlich ihrer Haltbarkeit, Funktionalität, Kompatibilität und Sicherheit. ³Der Verkäufer ist durch die in Satz 1 Nummer 2 Buchstabe b genannten öffentlichen Äußerungen nicht gebunden, wenn er sie nicht kannte und auch nicht kennen konnte, wenn die Äußerung im Zeitpunkt des Vertragsschlusses in derselben oder in gleichwertiger Weise berichtigt war oder wenn die Äußerung die Kaufentscheidung nicht beeinflussen konnte.

(4) Soweit eine Montage durchzuführen ist, entspricht die Sache den Montageanforderungen, wenn die Montage
1. sachgemäß durchgeführt worden ist oder
2. zwar unsachgemäß durchgeführt worden ist, dies jedoch weder auf einer unsachgemäßen Montage durch den Verkäufer noch auf einem Mangel in der vom Verkäufer übergebenen Anleitung beruht.

(5) Einem Sachmangel steht es gleich, wenn der Verkäufer eine andere Sache als die vertraglich geschuldete Sache liefert.

§ 435 Rechtsmangel. ¹Die Sache ist frei von Rechtsmängeln, wenn Dritte in Bezug auf die Sache keine oder nur die im Kaufvertrag übernommenen Rechte gegen den Käufer geltend machen können. ²Einem Rechtsmangel steht es gleich, wenn im Grundbuch ein Recht eingetragen ist, das nicht besteht.

§ 436 Öffentliche Lasten von Grundstücken. (1) Soweit nicht anders vereinbart, ist der Verkäufer eines Grundstücks verpflichtet, Erschließungsbeiträge und sonstige Anliegerbeiträge für die Maßnahmen zu tragen, die bis zum Tage des Vertragsschlusses bautechnisch begonnen sind, unabhängig vom Zeitpunkt des Entstehens der Beitragsschuld.

(2) Der Verkäufer eines Grundstücks haftet nicht für die Freiheit des Grundstücks von anderen öffentlichen Abgaben und von anderen öffentlichen Lasten, die zur Eintragung in das Grundbuch nicht geeignet sind.

§ 437 Rechte des Käufers bei Mängeln. Ist die Sache mangelhaft, kann der Käufer, wenn die Voraussetzungen der folgenden Vorschriften vorliegen und soweit nicht ein anderes bestimmt ist,
1. nach § 439 Nacherfüllung verlangen,

2. nach den §§ 440, 323 und 326 Abs. 5 von dem Vertrag zurücktreten oder nach § 441 den Kaufpreis mindern und
3. nach den §§ 440, 280, 281, 283 und 311a Schadensersatz oder nach § 284 Ersatz vergeblicher Aufwendungen verlangen.

§ 438 Verjährung der Mängelansprüche. (1) Die in § 437 Nr. 1 und 3 bezeichneten Ansprüche verjähren

1. in 30 Jahren, wenn der Mangel
   a) in einem dinglichen Recht eines Dritten, auf Grund dessen Herausgabe der Kaufsache verlangt werden kann, oder
   b) in einem sonstigen Recht, das im Grundbuch eingetragen ist,
   besteht,
2. in fünf Jahren
   a) bei einem Bauwerk und
   b) bei einer Sache, die entsprechend ihrer üblichen Verwendungsweise für ein Bauwerk verwendet worden ist und dessen Mangelhaftigkeit verursacht hat, und
3. im Übrigen in zwei Jahren.

(2) Die Verjährung beginnt bei Grundstücken mit der Übergabe, im Übrigen mit der Ablieferung der Sache.

(3) ¹Abweichend von Absatz 1 Nr. 2 und 3 und Absatz 2 verjähren die Ansprüche in der regelmäßigen Verjährungsfrist, wenn der Verkäufer den Mangel arglistig verschwiegen hat. ²Im Falle des Absatzes 1 Nr. 2 tritt die Verjährung jedoch nicht vor Ablauf der dort bestimmten Frist ein.

(4) ¹Für das in § 437 bezeichnete Rücktrittsrecht gilt § 218. ²Der Käufer kann trotz einer Unwirksamkeit des Rücktritts nach § 218 Abs. 1 die Zahlung des Kaufpreises insoweit verweigern, als er auf Grund des Rücktritts dazu berechtigt sein würde. ³Macht er von diesem Recht Gebrauch, kann der Verkäufer vom Vertrag zurücktreten.

(5) Auf das in § 437 bezeichnete Minderungsrecht finden § 218 und Absatz 4 Satz 2 entsprechende Anwendung.

§ 439 Nacherfüllung. (1) Der Käufer kann als Nacherfüllung nach seiner Wahl die Beseitigung des Mangels oder die Lieferung einer mangelfreien Sache verlangen.

(2) Der Verkäufer hat die zum Zwecke der Nacherfüllung erforderlichen Aufwendungen, insbesondere Transport-, Wege-, Arbeits- und Materialkosten zu tragen.

(3) Hat der Käufer die mangelhafte Sache gemäß ihrer Art und ihrem Verwendungszweck in eine andere Sache eingebaut oder an eine andere Sache angebracht, bevor der Mangel offenbar wurde, ist der Verkäufer im Rahmen der Nacherfüllung verpflichtet, dem Käufer die erforderlichen Aufwendungen für das Entfernen der mangelhaften und den Einbau oder das Anbringen der nachgebesserten oder gelieferten mangelfreien Sache zu ersetzen.

(4) ¹Der Verkäufer kann die vom Käufer gewählte Art der Nacherfüllung unbeschadet des § 275 Abs. 2 und 3 verweigern, wenn sie nur mit unverhältnismäßigen Kosten möglich ist. ²Dabei sind insbesondere der Wert der Sache in mangelfreiem Zustand, die Bedeutung des Mangels und die Frage zu berück-

sichtigen, ob auf die andere Art der Nacherfüllung ohne erhebliche Nachteile für den Käufer zurückgegriffen werden könnte. ³Der Anspruch des Käufers beschränkt sich in diesem Fall auf die andere Art der Nacherfüllung; das Recht des Verkäufers, auch diese unter den Voraussetzungen des Satzes 1 zu verweigern, bleibt unberührt.

(5) Der Käufer hat dem Verkäufer die Sache zum Zweck der Nacherfüllung zur Verfügung zu stellen.

(6) ¹Liefert der Verkäufer zum Zwecke der Nacherfüllung eine mangelfreie Sache, so kann er vom Käufer Rückgewähr der mangelhaften Sache nach Maßgabe der §§ 346 bis 348 verlangen. ²Der Verkäufer hat die ersetzte Sache auf seine Kosten zurückzunehmen.

§ 440 Besondere Bestimmungen für Rücktritt und Schadensersatz.

¹Außer in den Fällen des § 281 Absatz 2 und des § 323 Absatz 2 bedarf es der Fristsetzung auch dann nicht, wenn der Verkäufer beide Arten der Nacherfüllung gemäß § 439 Absatz 4 verweigert oder wenn die dem Käufer zustehende Art der Nacherfüllung fehlgeschlagen oder ihm unzumutbar ist. ²Eine Nachbesserung gilt nach dem erfolglosen zweiten Versuch als fehlgeschlagen, wenn sich nicht insbesondere aus der Art der Sache oder des Mangels oder sonstigen Umständen etwas anderes ergibt.

§ 441 Minderung.

(1) ¹Statt zurückzutreten, kann der Käufer den Kaufpreis durch Erklärung gegenüber dem Verkäufer mindern. ²Der Ausschlussgrund des § 323 Abs. 5 Satz 2 findet keine Anwendung.

(2) Sind auf der Seite des Käufers oder auf der Seite des Verkäufers mehrere beteiligt, so kann die Minderung nur von allen oder gegen alle erklärt werden.

(3) ¹Bei der Minderung ist der Kaufpreis in dem Verhältnis herabzusetzen, in welchem zur Zeit des Vertragsschlusses der Wert der Sache in mangelfreiem Zustand zu dem wirklichen Wert gestanden haben würde. ²Die Minderung ist, soweit erforderlich, durch Schätzung zu ermitteln.

(4) ¹Hat der Käufer mehr als den geminderten Kaufpreis gezahlt, so ist der Mehrbetrag vom Verkäufer zu erstatten. ²§ 346 Abs. 1 und § 347 Abs. 1 finden entsprechende Anwendung.

§ 442 Kenntnis des Käufers.

(1) ¹Die Rechte des Käufers wegen eines Mangels sind ausgeschlossen, wenn er bei Vertragsschluss den Mangel kennt. ²Ist dem Käufer ein Mangel infolge grober Fahrlässigkeit unbekannt geblieben, kann der Käufer Rechte wegen dieses Mangels nur geltend machen, wenn der Verkäufer den Mangel arglistig verschwiegen oder eine Garantie für die Beschaffenheit der Sache übernommen hat.

(2) Ein im Grundbuch eingetragenes Recht hat der Verkäufer zu beseitigen, auch wenn es der Käufer kennt.

§ 443 Garantie.

(1) Geht der Verkäufer, der Hersteller oder ein sonstiger Dritter in einer Erklärung oder einschlägigen Werbung, die vor dem bei Abschluss des Kaufvertrags verfügbar war, zusätzlich zu der gesetzlichen Mängelhaftung insbesondere die Verpflichtung ein, den Kaufpreis zu erstatten, die Sache auszutauschen, nachzubessern oder in ihrem Zusammenhang Dienstleistungen zu erbringen, falls die Sache nicht diejenige Beschaffenheit aufweist oder andere als die Mängelfreiheit betreffende Anforderungen nicht erfüllt, die

in der Erklärung oder einschlägigen Werbung beschrieben sind (Garantie), stehen dem Käufer im Garantiefall unbeschadet der gesetzlichen Ansprüche die Rechte aus der Garantie gegenüber demjenigen zu, der die Garantie gegeben hat (Garantiegeber).

(2) Soweit der Garantiegeber eine Garantie dafür übernommen hat, dass die Sache für eine bestimmte Dauer eine bestimmte Beschaffenheit behält (Haltbarkeitsgarantie), wird vermutet, dass ein während ihrer Geltungsdauer auftretender Sachmangel die Rechte aus der Garantie begründet.

§ 444 Haftungsausschluss. Auf eine Vereinbarung, durch welche die Rechte des Käufers wegen eines Mangels ausgeschlossen oder beschränkt werden, kann sich der Verkäufer nicht berufen, soweit er den Mangel arglistig verschwiegen oder eine Garantie für die Beschaffenheit der Sache übernommen hat.

§ 445 Haftungsbegrenzung bei öffentlichen Versteigerungen. Wird eine Sache auf Grund eines Pfandrechts in einer öffentlichen Versteigerung unter der Bezeichnung als Pfand verkauft, so stehen dem Käufer Rechte wegen eines Mangels nur zu, wenn der Verkäufer den Mangel arglistig verschwiegen oder eine Garantie für die Beschaffenheit der Sache übernommen hat.

§ 445a Rückgriff des Verkäufers. (1) Der Verkäufer kann beim Verkauf einer neu hergestellten Sache von dem Verkäufer, der ihm die Sache verkauft hatte (Lieferant), Ersatz der Aufwendungen verlangen, die er im Verhältnis zum Käufer nach § 439 Absatz 2, 3 und 6 Satz 2 sowie nach § 475 Absatz 4 zu tragen hatte, wenn der vom Käufer geltend gemachte Mangel bereits beim Übergang der Gefahr auf den Verkäufer vorhanden war oder auf einer Verletzung der Aktualisierungspflicht gemäß § 475b Absatz 4 beruht.

(2) Für die in § 437 bezeichneten Rechte des Verkäufers gegen seinen Lieferanten bedarf es wegen des vom Käufer geltend gemachten Mangels der sonst erforderlichen Fristsetzung nicht, wenn der Verkäufer die verkaufte neu hergestellte Sache als Folge ihrer Mangelhaftigkeit zurücknehmen musste oder der Käufer den Kaufpreis gemindert hat.

(3) Die Absätze 1 und 2 finden auf die Ansprüche des Lieferanten und der übrigen Käufer in der Lieferkette gegen die jeweiligen Verkäufer entsprechende Anwendung, wenn die Schuldner Unternehmer sind.

(4) § 377 des Handelsgesetzbuchs bleibt unberührt.

§ 445b Verjährung von Rückgriffsansprüchen. (1) Die in § 445a Absatz 1 bestimmten Aufwendungsersatzansprüche verjähren in zwei Jahren ab Ablieferung der Sache.

(2) Die Verjährung der in den §§ 437 und 445a Absatz 1 bestimmten Ansprüche des Verkäufers gegen seinen Lieferanten wegen des Mangels einer verkauften neu hergestellten Sache tritt frühestens zwei Monate nach dem Zeitpunkt ein, in dem der Verkäufer die Ansprüche des Käufers erfüllt hat.

(3) Die Absätze 1 und 2 finden auf die Ansprüche des Lieferanten und der übrigen Käufer in der Lieferkette gegen die jeweiligen Verkäufer entsprechende Anwendung, wenn die Schuldner Unternehmer sind.

§ 445c Rückgriff bei Verträgen über digitale Produkte. [1] Ist der letzte Vertrag in der Lieferkette ein Verbrauchervertrag über die Bereitstellung digitaler Produkte nach den §§ 327 und 327a, so sind die §§ 445a, 445b und 478 nicht anzuwenden. ²An die Stelle der nach Satz 1 nicht anzuwendenden Vorschriften treten die Vorschriften des Abschnitts 3 Titel 2a Untertitel 2.

§ 446 Gefahr- und Lastenübergang. ¹Mit der Übergabe der verkauften Sache geht die Gefahr des zufälligen Untergangs und der zufälligen Verschlechterung auf den Käufer über. ²Von der Übergabe an gebühren dem Käufer die Nutzungen und trägt er die Lasten der Sache. ³Der Übergabe steht es gleich, wenn der Käufer im Verzug der Annahme ist.

§ 447 Gefahrübergang beim Versendungskauf. (1) Versendet der Verkäufer auf Verlangen des Käufers die verkaufte Sache nach einem anderen Ort als dem Erfüllungsort, so geht die Gefahr auf den Käufer über, sobald der Verkäufer die Sache dem Spediteur, dem Frachtführer oder der sonst zur Ausführung der Versendung bestimmten Person oder Anstalt ausgeliefert hat.

(2) Hat der Käufer eine besondere Anweisung über die Art der Versendung erteilt und weicht der Verkäufer ohne dringenden Grund von der Anweisung ab, so ist der Verkäufer dem Käufer für den daraus entstehenden Schaden verantwortlich.

§ 448 Kosten der Übergabe und vergleichbare Kosten. (1) Der Verkäufer trägt die Kosten der Übergabe der Sache, der Käufer die Kosten der Abnahme und der Versendung der Sache nach einem anderen Ort als dem Erfüllungsort.

(2) Der Käufer eines Grundstücks trägt die Kosten der Beurkundung des Kaufvertrags und der Auflassung, der Eintragung ins Grundbuch und der zu der Eintragung erforderlichen Erklärungen.

§ 449 Eigentumsvorbehalt. (1) Hat sich der Verkäufer einer beweglichen Sache das Eigentum bis zur Zahlung des Kaufpreises vorbehalten, so ist im Zweifel anzunehmen, dass das Eigentum unter der aufschiebenden Bedingung vollständiger Zahlung des Kaufpreises übertragen wird (Eigentumsvorbehalt).

(2) Auf Grund des Eigentumsvorbehalts kann der Verkäufer die Sache nur herausverlangen, wenn er vom Vertrag zurückgetreten ist.

(3) Die Vereinbarung eines Eigentumsvorbehalts ist nichtig, soweit der Eigentumsübergang davon abhängig gemacht wird, dass der Käufer Forderungen eines Dritten, insbesondere eines mit dem Verkäufer verbundenen Unternehmens, erfüllt.

§ 450 Ausgeschlossene Käufer bei bestimmten Verkäufen. (1) Bei einem Verkauf im Wege der Zwangsvollstreckung dürfen der mit der Vornahme oder Leitung des Verkaufs Beauftragte und die von ihm zugezogenen Gehilfen einschließlich des Protokollführers den zu verkaufenden Gegenstand weder für sich persönlich oder durch einen anderen noch als Vertreter eines anderen kaufen.

(2) Absatz 1 gilt auch bei einem Verkauf außerhalb der Zwangsvollstreckung, wenn der Auftrag zu dem Verkauf auf Grund einer gesetzlichen Vorschrift erteilt worden ist, die den Auftraggeber ermächtigt, den Gegenstand für Rechnung eines anderen verkaufen zu lassen, insbesondere in den Fällen des Pfandverkaufs und des in den §§ 383 und 385 zugelassenen Verkaufs, sowie bei einem Verkauf aus einer Insolvenzmasse.

§ 451 Kauf durch ausgeschlossenen Käufer.

(1) ¹Die Wirksamkeit eines dem § 450 zuwider erfolgten Kaufs und der Übertragung des gekauften Gegenstandes hängt von der Zustimmung der bei dem Verkauf als Schuldner, Eigentümer oder Gläubiger Beteiligten ab. ²Fordert der Käufer einen Beteiligten zur Erklärung über die Genehmigung auf, so findet § 177 Abs. 2 entsprechende Anwendung.

(2) Wird infolge der Verweigerung der Genehmigung ein neuer Verkauf vorgenommen, so hat der frühere Käufer für die Kosten des neuen Verkaufs sowie für einen Mindererlös aufzukommen.

§ 452 Schiffskauf.

Die Vorschriften dieses Untertitels über den Kauf von Grundstücken finden auf den Kauf von eingetragenen Schiffen und Schiffsbauwerken entsprechende Anwendung.

§ 453 Rechtskauf; Verbrauchervertrag über den Kauf digitaler Inhalte.

(1) ¹Die Vorschriften über den Kauf von Sachen finden auf den Kauf von Rechten und sonstigen Gegenständen entsprechende Anwendung. ²Auf einen Verbrauchervertrag über den Verkauf digitaler Inhalte durch einen Unternehmer sind die folgenden Vorschriften nicht anzuwenden:

1. § 433 Absatz 1 Satz 1 und § 475 Absatz 1 über die Übergabe der Kaufsache und die Leistungszeit sowie
2. § 433 Absatz 1 Satz 2, die §§ 434 bis 442, 475 Absatz 3 Satz 1, Absatz 4 bis 6 und die §§ 476 und 477 über die Rechte bei Mängeln.

³An die Stelle der nach Satz 2 nicht anzuwendenden Vorschriften treten die Vorschriften des Abschnitts 3 Titel 2a Untertitel 1.

(2) Der Verkäufer trägt die Kosten der Begründung und Übertragung des Rechts.

(3) Ist ein Recht verkauft, das zum Besitz einer Sache berechtigt, so ist der Verkäufer verpflichtet, dem Käufer die Sache frei von Sach- und Rechtsmängeln zu übergeben.

Untertitel 3.[1]) Verbrauchsgüterkauf

§ 474 Verbrauchsgüterkauf.

(1) ¹Verbrauchsgüterkäufe sind Verträge, durch die ein Verbraucher von einem Unternehmer eine Ware (§ 241a Absatz 1) kauft. ²Um einen Verbrauchsgüterkauf handelt es sich auch bei einem Vertrag, der neben dem Verkauf einer Ware die Erbringung einer Dienstleistung durch den Unternehmer zum Gegenstand hat.

(2) ¹Für den Verbrauchsgüterkauf gelten ergänzend die folgenden Vorschriften dieses Untertitels. ²Für gebrauchte Waren, die in einer öffentlich zugänglichen Versteigerung (§ 312g Absatz 2 Nummer 10) verkauft werden, gilt dies nicht, wenn dem Verbraucher klare und umfassende Informationen darüber, dass die Vorschriften dieses Untertitels nicht gelten, leicht verfügbar gemacht wurden.

§ 475 Anwendbare Vorschriften.

(1) ¹Ist eine Zeit für die nach § 433 zu erbringenden Leistungen weder bestimmt noch aus den Umständen zu entnehmen, so kann der Gläubiger diese Leistungen abweichend von § 271 Absatz 1

---

[1]) Beachte hierzu auch Unterlassungsklagengesetz (Nr. 3).

nur unverzüglich verlangen. ²Der Unternehmer muss die Ware in diesem Fall spätestens 30 Tage nach Vertragsschluss übergeben. ³Die Vertragsparteien können die Leistungen sofort bewirken.

(2) § 447 Absatz 1 gilt mit der Maßgabe, dass die Gefahr des zufälligen Untergangs und der zufälligen Verschlechterung nur dann auf den Käufer übergeht, wenn der Käufer den Spediteur, den Frachtführer oder die sonst zur Ausführung der Versendung bestimmte Person oder Anstalt mit der Ausführung beauftragt hat und der Unternehmer dem Käufer diese Person oder Anstalt nicht zuvor benannt hat.

(3) ¹ § 439 Absatz 6 ist mit der Maßgabe anzuwenden, dass Nutzungen nicht herauszugeben oder durch ihren Wert zu ersetzen sind. ²Die §§ 442, 445 und 447 Absatz 2 sind nicht anzuwenden.

(4) Der Verbraucher kann von dem Unternehmer für Aufwendungen, die ihm im Rahmen der Nacherfüllung gemäß § 439 Absatz 2 und 3 entstehen und die vom Unternehmer zu tragen sind, Vorschuss verlangen.

(5) Der Unternehmer hat die Nacherfüllung innerhalb einer angemessenen Frist ab dem Zeitpunkt, zu dem der Verbraucher ihn über den Mangel unterrichtet hat, und ohne erhebliche Unannehmlichkeiten für den Verbraucher durchzuführen, wobei die Art der Ware sowie der Zweck, für den der Verbraucher die Ware benötigt, zu berücksichtigen sind.

(6) ¹Im Fall des Rücktritts oder des Schadensersatzes statt der ganzen Leistung wegen eines Mangels der Ware ist § 346 mit der Maßgabe anzuwenden, dass der Unternehmer die Kosten der Rückgabe der Ware trägt. ² § 348 ist mit der Maßgabe anzuwenden, dass der Nachweis des Verbrauchers über die Rücksendung der Rückgewähr der Ware gleichsteht.

§ 475a Verbrauchsgüterkaufvertrag über digitale Produkte.
(1) ¹Auf einen Verbrauchsgüterkaufvertrag, welcher einen körperlichen Datenträger zum Gegenstand hat, der ausschließlich als Träger digitaler Inhalte dient, sind § 433 Absatz 1 Satz 2, die §§ 434 bis 442, 475 Absatz 3 Satz 1, Absatz 4 bis 6, die §§ 475b bis 475e und die §§ 476 und 477 über die Rechte bei Mängeln nicht anzuwenden. ²An die Stelle der nach Satz 1 nicht anzuwendenden Vorschriften treten die Vorschriften des Abschnitts 3 Titel 2a Untertitel 1.

(2) ¹Auf einen Verbrauchsgüterkaufvertrag über eine Ware, die in einer Weise digitale Produkte enthält oder mit digitalen Produkten verbunden ist, dass die Ware ihre Funktionen auch ohne diese digitalen Produkte erfüllen kann, sind im Hinblick auf diejenigen Bestandteile des Vertrags, welche die digitalen Produkte betreffen, die folgenden Vorschriften nicht anzuwenden:
1. § 433 Absatz 1 Satz 1 und § 475 Absatz 1 über die Übergabe der Kaufsache und die Leistungszeit sowie
2. § 433 Absatz 1 Satz 2, die §§ 434 bis 442, 475 Absatz 3 Satz 1, Absatz 4 bis 6, die §§ 475b bis 475e und die §§ 476 und 477 über die Rechte bei Mängeln.

²An die Stelle der nach Satz 1 nicht anzuwendenden Vorschriften treten die Vorschriften des Abschnitts 3 Titel 2a Untertitel 1.

§ 475b Sachmangel einer Ware mit digitalen Elementen.
(1) ¹Für den Kauf einer Ware mit digitalen Elementen (§ 327a Absatz 3 Satz 1), bei dem sich der Unternehmer verpflichtet, dass er oder ein Dritter die digitalen Elemente bereitstellt, gelten ergänzend die Regelungen dieser Vorschrift. ²Hinsichtlich

der Frage, ob die Verpflichtung des Unternehmers die Bereitstellung der digitalen Inhalte oder digitalen Dienstleistungen umfasst, gilt § 327a Absatz 3 Satz 2.

(2) Eine Ware mit digitalen Elementen ist frei von Sachmängeln, wenn sie bei Gefahrübergang und in Bezug auf eine Aktualisierungspflicht auch während des Zeitraums nach Absatz 3 Nummer 2 und Absatz 4 Nummer 2 den subjektiven Anforderungen, den objektiven Anforderungen, den Montageanforderungen und den Installationsanforderungen entspricht.

(3) Eine Ware mit digitalen Elementen entspricht den subjektiven Anforderungen, wenn

1. sie den Anforderungen des § 434 Absatz 2 entspricht und
2. für die digitalen Elemente die im Kaufvertrag vereinbarten Aktualisierungen während des nach dem Vertrag maßgeblichen Zeitraums bereitgestellt werden.

(4) Eine Ware mit digitalen Elementen entspricht den objektiven Anforderungen, wenn

1. sie den Anforderungen des § 434 Absatz 3 entspricht und
2. dem Verbraucher während des Zeitraums, den er aufgrund der Art und des Zwecks der Ware und ihrer digitalen Elemente sowie unter Berücksichtigung der Umstände und der Art des Vertrags erwarten kann, Aktualisierungen bereitgestellt werden, die für den Erhalt der Vertragsmäßigkeit der Ware erforderlich sind, und der Verbraucher über diese Aktualisierungen informiert wird.

(5) Unterlässt es der Verbraucher, eine Aktualisierung, die ihm gemäß Absatz 4 bereitgestellt worden ist, innerhalb einer angemessenen Frist zu installieren, so haftet der Unternehmer nicht für einen Sachmangel, der allein auf das Fehlen dieser Aktualisierung zurückzuführen ist, wenn

1. der Unternehmer den Verbraucher über die Verfügbarkeit der Aktualisierung und die Folgen einer unterlassenen Installation informiert hat und
2. die Tatsache, dass der Verbraucher die Aktualisierung nicht oder unsachgemäß installiert hat, nicht auf eine dem Verbraucher bereitgestellte mangelhafte Installationsanleitung zurückzuführen ist.

(6) Soweit eine Montage oder eine Installation durchzuführen ist, entspricht eine Ware mit digitalen Elementen

1. den Montageanforderungen, wenn sie den Anforderungen des § 434 Absatz 4 entspricht, und
2. den Installationsanforderungen, wenn die Installation
   a) der digitalen Elemente sachgemäß durchgeführt worden ist oder
   b) zwar unsachgemäß durchgeführt worden ist, dies jedoch weder auf einer unsachgemäßen Installation durch den Unternehmer noch auf einem Mangel der Anleitung beruht, die der Unternehmer oder derjenige übergeben hat, der die digitalen Elemente bereitgestellt hat.

§ 475c Sachmangel einer Ware mit digitalen Elementen bei dauerhafter Bereitstellung der digitalen Elemente. (1) [1] Ist beim Kauf einer Ware mit digitalen Elementen eine dauerhafte Bereitstellung für die digitalen Elemente vereinbart, so gelten ergänzend die Regelungen dieser Vorschrift.

Einzelne Schuldverhältnisse §§ 475d–476 BGB 2

² Haben die Parteien nicht bestimmt, wie lange die Bereitstellung andauern soll, so ist § 475b Absatz 4 Nummer 2 entsprechend anzuwenden.

(2) Der Unternehmer haftet über die §§ 434 und 475b hinaus auch dafür, dass die digitalen Elemente während des Bereitstellungszeitraums, mindestens aber für einen Zeitraum von zwei Jahren ab der Ablieferung der Ware, den Anforderungen des § 475b Absatz 2 entsprechen.

§ 475d Sonderbestimmungen für Rücktritt und Schadensersatz.
(1) Für einen Rücktritt wegen eines Mangels der Ware bedarf es der in § 323 Absatz 1 bestimmten Fristsetzung zur Nacherfüllung abweichend von § 323 Absatz 2 und § 440 nicht, wenn

1. der Unternehmer die Nacherfüllung trotz Ablaufs einer angemessenen Frist ab dem Zeitpunkt, zu dem der Verbraucher ihn über den Mangel unterrichtet hat, nicht vorgenommen hat,
2. sich trotz der vom Unternehmer versuchten Nacherfüllung ein Mangel zeigt,
3. der Mangel derart schwerwiegend ist, dass der sofortige Rücktritt gerechtfertigt ist,
4. der Unternehmer die gemäß § 439 Absatz 1 oder 2 oder § 475 Absatz 5 ordnungsgemäße Nacherfüllung verweigert hat oder
5. es nach den Umständen offensichtlich ist, dass der Unternehmer nicht gemäß § 439 Absatz 1 oder 2 oder § 475 Absatz 5 ordnungsgemäß nacherfüllen wird.

(2) ¹ Für einen Anspruch auf Schadensersatz wegen eines Mangels der Ware bedarf es der in § 281 Absatz 1 bestimmten Fristsetzung in den in Absatz 1 bestimmten Fällen nicht. ² § 281 Absatz 2 und § 440 sind nicht anzuwenden.

§ 475e Sonderbestimmungen für die Verjährung. (1) Im Fall der dauerhaften Bereitstellung digitaler Elemente nach § 475c Absatz 1 Satz 1 verjähren Ansprüche wegen eines Mangels an den digitalen Elementen nicht vor dem Ablauf von zwölf Monaten nach dem Ende des Bereitstellungszeitraums.

(2) Ansprüche wegen einer Verletzung der Aktualisierungspflicht nach § 475b Absatz 3 oder 4 verjähren nicht vor dem Ablauf von zwölf Monaten nach dem Ende des Zeitraums der Aktualisierungspflicht.

(3) Hat sich ein Mangel innerhalb der Verjährungsfrist gezeigt, so tritt die Verjährung nicht vor dem Ablauf von vier Monaten nach dem Zeitpunkt ein, in dem sich der Mangel erstmals gezeigt hat.

(4) Hat der Verbraucher zur Nacherfüllung oder zur Erfüllung von Ansprüchen aus einer Garantie die Ware dem Unternehmer oder auf Veranlassung des Unternehmers einem Dritten übergeben, so tritt die Verjährung von Ansprüchen wegen des geltend gemachten Mangels nicht vor dem Ablauf von zwei Monaten nach dem Zeitpunkt ein, in dem die nachgebesserte oder ersetzte Ware dem Verbraucher übergeben wurde.

§ 476 Abweichende Vereinbarungen. (1) ¹ Auf eine vor Mitteilung eines Mangels an den Unternehmer getroffene Vereinbarung, die zum Nachteil des Verbrauchers von den §§ 433 bis 435, 437, 439 bis 441 und 443 sowie von den Vorschriften dieses Untertitels abweicht, kann der Unternehmer sich nicht berufen. ² Von den Anforderungen nach § 434 Absatz 3 oder § 475b Absatz 4 kann vor Mitteilung eines Mangels an den Unternehmer durch Vertrag abgewichen werden, wenn

1. der Verbraucher vor der Abgabe seiner Vertragserklärung eigens davon in Kenntnis gesetzt wurde, dass ein bestimmtes Merkmal der Ware von den objektiven Anforderungen abweicht, und
2. die Abweichung im Sinne der Nummer 1 im Vertrag ausdrücklich und gesondert vereinbart wurde.

(2) ¹Die Verjährung der in § 437 bezeichneten Ansprüche kann vor Mitteilung eines Mangels an den Unternehmer nicht durch Rechtsgeschäft erleichtert werden, wenn die Vereinbarung zu einer Verjährungsfrist ab dem gesetzlichen Verjährungsbeginn von weniger als zwei Jahren, bei gebrauchten Waren von weniger als einem Jahr führt. ²Die Vereinbarung ist nur wirksam, wenn

1. der Verbraucher vor der Abgabe seiner Vertragserklärung von der Verkürzung der Verjährungsfrist eigens in Kenntnis gesetzt wurde und
2. die Verkürzung der Verjährungsfrist im Vertrag ausdrücklich und gesondert vereinbart wurde.

(3) Die Absätze 1 und 2 gelten unbeschadet der §§ 307 bis 309 nicht für den Ausschluss oder die Beschränkung des Anspruchs auf Schadensersatz.

(4) Die Regelungen der Absätze 1 und 2 sind auch anzuwenden, wenn sie durch anderweitige Gestaltungen umgangen werden.

§ 477 Beweislastumkehr. (1) ¹Zeigt sich innerhalb eines Jahres seit Gefahrübergang ein von den Anforderungen nach § 434 oder § 475b abweichender Zustand der Ware, so wird vermutet, dass die Ware bereits bei Gefahrübergang mangelhaft war, es sei denn, diese Vermutung ist mit der Art der Ware oder des mangelhaften Zustands unvereinbar. ²Beim Kauf eines lebenden Tieres gilt diese Vermutung für einen Zeitraum von sechs Monaten seit Gefahrübergang.

(2) Ist bei Waren mit digitalen Elementen die dauerhafte Bereitstellung der digitalen Elemente im Kaufvertrag vereinbart und zeigt sich ein von den vertraglichen Anforderungen nach § 434 oder § 475b abweichender Zustand der digitalen Elemente während der Dauer der Bereitstellung oder innerhalb eines Zeitraums von zwei Jahren seit Gefahrübergang, so wird vermutet, dass die digitalen Elemente während der bisherigen Dauer der Bereitstellung mangelhaft waren.

§ 478 Sonderbestimmungen für den Rückgriff des Unternehmers.

(1) Ist der letzte Vertrag in der Lieferkette ein Verbrauchsgüterkauf (§ 474), findet § 477 in den Fällen des § 445a Absatz 1 und 2 mit der Maßgabe Anwendung, dass die Frist mit dem Übergang der Gefahr auf den Verbraucher beginnt.

(2) ¹Auf eine vor Mitteilung eines Mangels an den Lieferanten getroffene Vereinbarung, die zum Nachteil des Unternehmers von Absatz 1 sowie von den §§ 433 bis 435, 437, 439 bis 443, 445a Absatz 1 und 2 sowie den §§ 445b, 475b und 475c abweicht, kann sich der Lieferant nicht berufen, wenn dem Rückgriffsgläubiger kein gleichwertiger Ausgleich eingeräumt wird. ²Satz 1 gilt unbeschadet des § 307 nicht für den Ausschluss oder die Beschränkung des Anspruchs auf Schadensersatz. ³Die in Satz 1 bezeichneten Vorschriften finden auch Anwendung, wenn sie durch anderweitige Gestaltungen umgangen werden.

(3) Die Absätze 1 und 2 finden auf die Ansprüche des Lieferanten und der übrigen Käufer in der Lieferkette gegen die jeweiligen Verkäufer entsprechende Anwendung, wenn die Schuldner Unternehmer sind.

§ 479 Sonderbestimmungen für Garantien. (1) ¹Eine Garantieerklärung (§ 443) muss einfach und verständlich abgefasst sein. ²Sie muss Folgendes enthalten:

1. den Hinweis auf die gesetzlichen Rechte des Verbrauchers bei Mängeln, darauf, dass die Inanspruchnahme dieser Rechte unentgeltlich ist sowie darauf, dass diese Rechte durch die Garantie nicht eingeschränkt werden,
2. den Namen und die Anschrift des Garantiegebers,
3. das vom Verbraucher einzuhaltende Verfahren für die Geltendmachung der Garantie,
4. die Nennung der Ware, auf die sich die Garantie bezieht, und
5. die Bestimmungen der Garantie, insbesondere die Dauer und den räumlichen Geltungsbereich des Garantieschutzes.

(2) Die Garantieerklärung ist dem Verbraucher spätestens zum Zeitpunkt der Lieferung der Ware auf einem dauerhaften Datenträger zur Verfügung zu stellen.

(3) Hat der Hersteller gegenüber dem Verbraucher eine Haltbarkeitsgarantie übernommen, so hat der Verbraucher gegen den Hersteller während des Zeitraums der Garantie mindestens einen Anspruch auf Nacherfüllung gemäß § 439 Absatz 2, 3, 5 und 6 Satz 2 und § 475 Absatz 3 Satz 1 und Absatz 5.

(4) Die Wirksamkeit der Garantieverpflichtung wird nicht dadurch berührt, dass eine der vorstehenden Anforderungen nicht erfüllt wird.

Untertitel 4. Tausch

§ 480 Tausch. Auf den Tausch finden die Vorschriften über den Kauf entsprechende Anwendung.

Titel 9. Werkvertrag und ähnliche Verträge[1]

Untertitel 1. Werkvertrag

Kapitel 1. Allgemeine Vorschriften

§ 631 Vertragstypische Pflichten beim Werkvertrag. (1) Durch den Werkvertrag wird der Unternehmer zur Herstellung des versprochenen Werkes, der Besteller zur Entrichtung der vereinbarten Vergütung verpflichtet.

(2) Gegenstand des Werkvertrags kann sowohl die Herstellung oder Veränderung einer Sache als auch ein anderer durch Arbeit oder Dienstleistung herbeizuführender Erfolg sein.

§ 632 Vergütung. (1) Eine Vergütung gilt als stillschweigend vereinbart, wenn die Herstellung des Werkes den Umständen nach nur gegen eine Vergütung zu erwarten ist.

---

[1] Beachte hierzu Übergangsvorschrift in Art. 229 § 39 EGBGB idF der Bek. v. 21.9.1994 (BGBl. I S. 2494, ber. S. 4410, S. 2582a, S. 1942), zuletzt geänd. durch G v. 31.10.2022 (BGBl. I S. 1966).

(2) Ist die Höhe der Vergütung nicht bestimmt, so ist bei dem Bestehen einer Taxe die taxmäßige Vergütung, in Ermangelung einer Taxe die übliche Vergütung als vereinbart anzusehen.

(3) Ein Kostenanschlag ist im Zweifel nicht zu vergüten.

§ 632a Abschlagszahlungen. (1) [1] Der Unternehmer kann von dem Besteller eine Abschlagszahlung in Höhe des Wertes der von ihm erbrachten und nach dem Vertrag geschuldeten Leistungen verlangen. [2] Sind die erbrachten Leistungen nicht vertragsgemäß, kann der Besteller die Zahlung eines angemessenen Teils des Abschlags verweigern. [3] Die Beweislast für die vertragsgemäße Leistung verbleibt bis zur Abnahme beim Unternehmer. [4] § 641 Abs. 3 gilt entsprechend. [5] Die Leistungen sind durch eine Aufstellung nachzuweisen, die eine rasche und sichere Beurteilung der Leistungen ermöglichen muss. [6] Die Sätze 1 bis 5 gelten auch für erforderliche Stoffe oder Bauteile, die angeliefert oder eigens angefertigt und bereitgestellt sind, wenn dem Besteller nach seiner Wahl Eigentum an den Stoffen oder Bauteilen übertragen oder entsprechende Sicherheit hierfür geleistet wird.

(2) Die Sicherheit nach Absatz 1 Satz 6 kann auch durch eine Garantie oder ein sonstiges Zahlungsversprechen eines im Geltungsbereich dieses Gesetzes zum Geschäftsbetrieb befugten Kreditinstituts oder Kreditversicherers geleistet werden.

§ 633 Sach- und Rechtsmangel. (1) Der Unternehmer hat dem Besteller das Werk frei von Sach- und Rechtsmängeln zu verschaffen.

(2) [1] Das Werk ist frei von Sachmängeln, wenn es die vereinbarte Beschaffenheit hat. [2] Soweit die Beschaffenheit nicht vereinbart ist, ist das Werk frei von Sachmängeln,

1. wenn es sich für die nach dem Vertrag vorausgesetzte, sonst
2. für die gewöhnliche Verwendung eignet und eine Beschaffenheit aufweist, die bei Werken der gleichen Art üblich ist und die der Besteller nach der Art des Werkes erwarten kann.

[3] Einem Sachmangel steht es gleich, wenn der Unternehmer ein anderes als das bestellte Werk oder das Werk in zu geringer Menge herstellt.

(3) Das Werk ist frei von Rechtsmängeln, wenn Dritte in Bezug auf das Werk keine oder nur die im Vertrag übernommenen Rechte gegen den Besteller geltend machen können.

§ 634 Rechte des Bestellers bei Mängeln. Ist das Werk mangelhaft, kann der Besteller, wenn die Voraussetzungen der folgenden Vorschriften vorliegen und soweit nicht ein anderes bestimmt ist,

1. nach § 635 Nacherfüllung verlangen,
2. nach § 637 den Mangel selbst beseitigen und Ersatz der erforderlichen Aufwendungen verlangen,
3. nach den §§ 636, 323 und 326 Abs. 5 von dem Vertrag zurücktreten oder nach § 638 die Vergütung mindern und
4. nach den §§ 636, 280, 281, 283 und 311a Schadensersatz oder nach § 284 Ersatz vergeblicher Aufwendungen verlangen.

Einzelne Schuldverhältnisse §§ 634a–637 BGB 2

§ 634a Verjährung der Mängelansprüche. (1) Die in § 634 Nr. 1, 2 und 4 bezeichneten Ansprüche verjähren

1. vorbehaltlich der Nummer 2 in zwei Jahren bei einem Werk, dessen Erfolg in der Herstellung, Wartung oder Veränderung einer Sache oder in der Erbringung von Planungs- oder Überwachungsleistungen hierfür besteht,
2. in fünf Jahren bei einem Bauwerk und einem Werk, dessen Erfolg in der Erbringung von Planungs- oder Überwachungsleistungen hierfür besteht, und
3. im Übrigen in der regelmäßigen Verjährungsfrist.

(2) Die Verjährung beginnt in den Fällen des Absatzes 1 Nr. 1 und 2 mit der Abnahme.

(3) [1]Abweichend von Absatz 1 Nr. 1 und 2 und Absatz 2 verjähren die Ansprüche in der regelmäßigen Verjährungsfrist, wenn der Unternehmer den Mangel arglistig verschwiegen hat. [2]Im Falle des Absatzes 1 Nr. 2 tritt die Verjährung jedoch nicht vor Ablauf der dort bestimmten Frist ein.

(4) [1]Für das in § 634 bezeichnete Rücktrittsrecht gilt § 218. [2]Der Besteller kann trotz einer Unwirksamkeit des Rücktritts nach § 218 Abs. 1 die Zahlung der Vergütung insoweit verweigern, als er auf Grund des Rücktritts dazu berechtigt sein würde. [3]Macht er von diesem Recht Gebrauch, kann der Unternehmer vom Vertrag zurücktreten.

(5) Auf das in § 634 bezeichnete Minderungsrecht finden § 218 und Absatz 4 Satz 2 entsprechende Anwendung.

§ 635 Nacherfüllung. (1) Verlangt der Besteller Nacherfüllung, so kann der Unternehmer nach seiner Wahl den Mangel beseitigen oder ein neues Werk herstellen.

(2) Der Unternehmer hat die zum Zwecke der Nacherfüllung erforderlichen Aufwendungen, insbesondere Transport-, Wege-, Arbeits- und Materialkosten zu tragen.

(3) Der Unternehmer kann die Nacherfüllung unbeschadet des § 275 Abs. 2 und 3 verweigern, wenn sie nur mit unverhältnismäßigen Kosten möglich ist.

(4) Stellt der Unternehmer ein neues Werk her, so kann er vom Besteller Rückgewähr des mangelhaften Werkes nach Maßgabe der §§ 346 bis 348 verlangen.

§ 636 Besondere Bestimmungen für Rücktritt und Schadensersatz.

Außer in den Fällen der §§ 281 Abs. 2 und 323 Abs. 2 bedarf es der Fristsetzung auch dann nicht, wenn der Unternehmer die Nacherfüllung gemäß § 635 Abs. 3 verweigert oder wenn die Nacherfüllung fehlgeschlagen oder dem Besteller unzumutbar ist.

§ 637 Selbstvornahme. (1) Der Besteller kann wegen eines Mangels des Werkes nach erfolglosem Ablauf einer von ihm zur Nacherfüllung bestimmten angemessenen Frist den Mangel selbst beseitigen und Ersatz der erforderlichen Aufwendungen verlangen, wenn nicht der Unternehmer die Nacherfüllung zu Recht verweigert.

(2) [1]§ 323 Abs. 2 findet entsprechende Anwendung. [2]Der Bestimmung einer Frist bedarf es auch dann nicht, wenn die Nacherfüllung fehlgeschlagen oder dem Besteller unzumutbar ist.

(3) Der Besteller kann von dem Unternehmer für die zur Beseitigung des Mangels erforderlichen Aufwendungen Vorschuss verlangen.

§ 638 Minderung. (1) ¹Statt zurückzutreten, kann der Besteller die Vergütung durch Erklärung gegenüber dem Unternehmer mindern. ²Der Ausschlussgrund des § 323 Abs. 5 Satz 2 findet keine Anwendung.

(2) Sind auf der Seite des Bestellers oder auf der Seite des Unternehmers mehrere beteiligt, so kann die Minderung nur von allen oder gegen alle erklärt werden.

(3) ¹Bei der Minderung ist die Vergütung in dem Verhältnis herabzusetzen, in welchem zur Zeit des Vertragsschlusses der Wert des Werkes in mangelfreiem Zustand zu dem wirklichen Wert gestanden haben würde. ²Die Minderung ist, soweit erforderlich, durch Schätzung zu ermitteln.

(4) ¹Hat der Besteller mehr als die geminderte Vergütung gezahlt, so ist der Mehrbetrag vom Unternehmer zu erstatten. ²§ 346 Abs. 1 und § 347 Abs. 1 finden entsprechende Anwendung.

§ 639 Haftungsausschluss. Auf eine Vereinbarung, durch welche die Rechte des Bestellers wegen eines Mangels ausgeschlossen oder beschränkt werden, kann sich der Unternehmer nicht berufen, soweit er den Mangel arglistig verschwiegen oder eine Garantie für die Beschaffenheit des Werkes übernommen hat.

§ 640 Abnahme. (1) ¹Der Besteller ist verpflichtet, das vertragsmäßig hergestellte Werk abzunehmen, sofern nicht nach der Beschaffenheit des Werkes die Abnahme ausgeschlossen ist. ²Wegen unwesentlicher Mängel kann die Abnahme nicht verweigert werden.

(2) ¹Als abgenommen gilt ein Werk auch, wenn der Unternehmer dem Besteller nach Fertigstellung des Werks eine angemessene Frist zur Abnahme gesetzt hat und der Besteller die Abnahme nicht innerhalb dieser Frist unter Angabe mindestens eines Mangels verweigert hat. ²Ist der Besteller ein Verbraucher, so treten die Rechtsfolgen des Satzes 1 nur dann ein, wenn der Unternehmer den Besteller zusammen mit der Aufforderung zur Abnahme auf die Folgen einer nicht erklärten oder ohne Angabe von Mängeln verweigerten Abnahme hingewiesen hat; der Hinweis muss in Textform erfolgen.

(3) Nimmt der Besteller ein mangelhaftes Werk gemäß Absatz 1 Satz 1 ab, obschon er den Mangel kennt, so stehen ihm die in § 634 Nr. 1 bis 3 bezeichneten Rechte nur zu, wenn er sich seine Rechte wegen des Mangels bei der Abnahme vorbehält.

§ 641[1]) **Fälligkeit der Vergütung.** (1) ¹Die Vergütung ist bei der Abnahme des Werkes zu entrichten. ²Ist das Werk in Teilen abzunehmen und die Vergütung für die einzelnen Teile bestimmt, so ist die Vergütung für jeden Teil bei dessen Abnahme zu entrichten.

(2) ¹Die Vergütung des Unternehmers für ein Werk, dessen Herstellung der Besteller einem Dritten versprochen hat, wird spätestens fällig,

---

[1]) Beachte hierzu Übergangsvorschrift in Art. 229 § 19 EGBGB idF der Bek. v. 21.9.1994 (BGBl. I S. 2494, ber. S. 4410, S. 2582a, S. 1942), zuletzt geänd. durch G v. 31.10.2022 (BGBl. I S. 1966).

Einzelne Schuldverhältnisse §§ 642–645 BGB 2

1. soweit der Besteller von dem Dritten für das versprochene Werk wegen dessen Herstellung seine Vergütung oder Teile davon erhalten hat,
2. soweit das Werk des Bestellers von dem Dritten abgenommen worden ist oder als abgenommen gilt oder
3. wenn der Unternehmer dem Besteller erfolglos eine angemessene Frist zur Auskunft über die in den Nummern 1 und 2 bezeichneten Umstände bestimmt hat.

²Hat der Besteller dem Dritten wegen möglicher Mängel des Werks Sicherheit geleistet, gilt Satz 1 nur, wenn der Unternehmer dem Besteller entsprechende Sicherheit leistet.

(3) Kann der Besteller die Beseitigung eines Mangels verlangen, so kann er nach der Fälligkeit die Zahlung eines angemessenen Teils der Vergütung verweigern; angemessen ist in der Regel das Doppelte der für die Beseitigung des Mangels erforderlichen Kosten.

(4) Eine in Geld festgesetzte Vergütung hat der Besteller von der Abnahme des Werkes an zu verzinsen, sofern nicht die Vergütung gestundet ist.

§ 642 Mitwirkung des Bestellers. (1) Ist bei der Herstellung des Werkes eine Handlung des Bestellers erforderlich, so kann der Unternehmer, wenn der Besteller durch das Unterlassen der Handlung in Verzug der Annahme kommt, eine angemessene Entschädigung verlangen.

(2) Die Höhe der Entschädigung bestimmt sich einerseits nach der Dauer des Verzugs und der Höhe der vereinbarten Vergütung, andererseits nach demjenigen, was der Unternehmer infolge des Verzugs an Aufwendungen erspart oder durch anderweitige Verwendung seiner Arbeitskraft erwerben kann.

§ 643 Kündigung bei unterlassener Mitwirkung. ¹Der Unternehmer ist im Falle des § 642 berechtigt, dem Besteller zur Nachholung der Handlung eine angemessene Frist mit der Erklärung zu bestimmen, dass er den Vertrag kündige, wenn die Handlung nicht bis zum Ablauf der Frist vorgenommen werde. ²Der Vertrag gilt als aufgehoben, wenn nicht die Nachholung bis zum Ablauf der Frist erfolgt.

§ 644 Gefahrtragung. (1) ¹Der Unternehmer trägt die Gefahr bis zur Abnahme des Werkes. ²Kommt der Besteller in Verzug der Annahme, so geht die Gefahr auf ihn über. ³Für den zufälligen Untergang und eine zufällige Verschlechterung des von dem Besteller gelieferten Stoffes ist der Unternehmer nicht verantwortlich.

(2) Versendet der Unternehmer das Werk auf Verlangen des Bestellers nach einem anderen Ort als dem Erfüllungsort, so findet die für den Kauf geltende Vorschrift des § 447 entsprechende Anwendung.

§ 645 Verantwortlichkeit des Bestellers. (1) ¹Ist das Werk vor der Abnahme infolge eines Mangels des von dem Besteller gelieferten Stoffes oder infolge einer von dem Besteller für die Ausführung erteilten Anweisung untergegangen, verschlechtert oder unausführbar geworden, ohne dass ein Umstand mitgewirkt hat, den der Unternehmer zu vertreten hat, so kann der Unternehmer einen der geleisteten Arbeit entsprechenden Teil der Vergütung und Ersatz der in der Vergütung nicht inbegriffenen Auslagen verlangen. ²Das Gleiche gilt, wenn der Vertrag in Gemäßheit des § 643 aufgehoben wird.

(2) Eine weitergehende Haftung des Bestellers wegen Verschuldens bleibt unberührt.

§ 646 Vollendung statt Abnahme. Ist nach der Beschaffenheit des Werkes die Abnahme ausgeschlossen, so tritt in den Fällen des § 634a Abs. 2 und der §§ 641, 644 und 645 an die Stelle der Abnahme die Vollendung des Werkes.

§ 647 Unternehmerpfandrecht. Der Unternehmer hat für seine Forderungen aus dem Vertrag ein Pfandrecht an den von ihm hergestellten oder ausgebesserten beweglichen Sachen des Bestellers, wenn sie bei der Herstellung oder zum Zwecke der Ausbesserung in seinen Besitz gelangt sind.

§ 647a Sicherungshypothek des Inhabers einer Schiffswerft. ¹Der Inhaber einer Schiffswerft kann für seine Forderungen aus dem Bau oder der Ausbesserung eines Schiffes die Einräumung einer Schiffshypothek an dem Schiffsbauwerk oder dem Schiff des Bestellers verlangen. ²Ist das Werk noch nicht vollendet, so kann er die Einräumung der Schiffshypothek für einen der geleisteten Arbeit entsprechenden Teil der Vergütung und für die in der Vergütung nicht inbegriffenen Auslagen verlangen. ³ § 647 findet keine Anwendung.

§ 648[1]) Kündigungsrecht des Bestellers. ¹Der Besteller kann bis zur Vollendung des Werkes jederzeit den Vertrag kündigen. ²Kündigt der Besteller, so ist der Unternehmer berechtigt, die vereinbarte Vergütung zu verlangen; er muss sich jedoch dasjenige anrechnen lassen, was er infolge der Aufhebung des Vertrags an Aufwendungen erspart oder durch anderweitige Verwendung seiner Arbeitskraft erwirbt oder zu erwerben böswillig unterlässt. ³Es wird vermutet, dass danach dem Unternehmer 5 vom Hundert der auf den noch nicht erbrachten Teil der Werkleistung entfallenden vereinbarten Vergütung zustehen.

§ 648a Kündigung aus wichtigem Grund. (1) ¹Beide Vertragsparteien können den Vertrag aus wichtigem Grund ohne Einhaltung einer Kündigungsfrist kündigen. ²Ein wichtiger Grund liegt vor, wenn dem kündigenden Teil unter Berücksichtigung aller Umstände des Einzelfalls und unter Abwägung der beiderseitigen Interessen die Fortsetzung des Vertragsverhältnisses bis zur Fertigstellung des Werks nicht zugemutet werden kann.

(2) Eine Teilkündigung ist möglich; sie muss sich auf einen abgrenzbaren Teil des geschuldeten Werks beziehen.

(3) § 314 Absatz 2 und 3 gilt entsprechend.

(4) ¹Nach der Kündigung kann jede Vertragspartei von der anderen verlangen, dass sie an einer gemeinsamen Feststellung des Leistungsstandes mitwirkt. ²Verweigert eine Vertragspartei die Mitwirkung oder bleibt sie einem vereinbarten oder einem von der anderen Vertragspartei innerhalb einer angemessenen Frist bestimmten Termin zur Leistungsstandfeststellung fern, trifft sie die Beweislast für den Leistungsstand zum Zeitpunkt der Kündigung. ³Dies

---

[1]) Beachte hierzu Übergangsvorschrift in Art. 229 § 19 EGBGB idF der Bek. v. 21.9.1994 (BGBl. I S. 2494, ber. S. 4410, S. 2582a, S. 1942), zuletzt geänd. durch G v. 31.10.2022 (BGBl. I S. 1966).

Einzelne Schuldverhältnisse §§ 649, 650 BGB 2

gilt nicht, wenn die Vertragspartei infolge eines Umstands fernbleibt, den sie nicht zu vertreten hat und den sie der anderen Vertragspartei unverzüglich mitgeteilt hat.

(5) Kündigt eine Vertragspartei aus wichtigem Grund, ist der Unternehmer nur berechtigt, die Vergütung zu verlangen, die auf den bis zur Kündigung erbrachten Teil des Werks entfällt.

(6) Die Berechtigung, Schadensersatz zu verlangen, wird durch die Kündigung nicht ausgeschlossen.

§ 649 Kostenanschlag. (1) Ist dem Vertrag ein Kostenanschlag zugrunde gelegt worden, ohne dass der Unternehmer die Gewähr für die Richtigkeit des Anschlags übernommen hat, und ergibt sich, dass das Werk nicht ohne eine wesentliche Überschreitung des Anschlags ausführbar ist, so steht dem Unternehmer, wenn der Besteller den Vertrag aus diesem Grund kündigt, nur der im § 645 Abs. 1 bestimmte Anspruch zu.

(2) Ist eine solche Überschreitung des Anschlags zu erwarten, so hat der Unternehmer dem Besteller unverzüglich Anzeige zu machen.

§ 650 Werklieferungsvertrag; Verbrauchervertrag über die Herstellung digitaler Produkte. (1) ¹Auf einen Vertrag, der die Lieferung herzustellender oder zu erzeugender beweglicher Sachen zum Gegenstand hat, finden die Vorschriften über den Kauf Anwendung. ²§ 442 Abs. 1 Satz 1 findet bei diesen Verträgen auch Anwendung, wenn der Mangel auf den vom Besteller gelieferten Stoff zurückzuführen ist. ³Soweit es sich bei den herzustellenden oder zu erzeugenden beweglichen Sachen um nicht vertretbare Sachen handelt, sind auch die §§ 642, 643, 645, 648 und 649 mit der Maßgabe anzuwenden, dass an die Stelle der Abnahme der nach den §§ 446 und 447 maßgebliche Zeitpunkt tritt.

(2) ¹Auf einen Verbrauchervertrag, bei dem der Unternehmer sich verpflichtet,

1. digitale Inhalte herzustellen,
2. einen Erfolg durch eine digitale Dienstleistung herbeizuführen oder
3. einen körperlichen Datenträger herzustellen, der ausschließlich als Träger digitaler Inhalte dient,

sind die §§ 633 bis 639 über die Rechte bei Mängeln sowie § 640 über die Abnahme nicht anzuwenden. ²An die Stelle der nach Satz 1 nicht anzuwendenden Vorschriften treten die Vorschriften des Abschnitts 3 Titel 2a. ³Die §§ 641, 644 und 645 sind mit der Maßgabe anzuwenden, dass an die Stelle der Abnahme die Bereitstellung des digitalen Produkts (§ 327b Absatz 3 bis 5) tritt.

(3) ¹Auf einen Verbrauchervertrag, bei dem der Unternehmer sich verpflichtet, einen herzustellenden körperlichen Datenträger zu liefern, der ausschließlich als Träger digitaler Inhalte dient, sind abweichend von Absatz 1 Satz 1 und 2 § 433 Absatz 1 Satz 2, die §§ 434 bis 442, 475 Absatz 3 Satz 1, Absatz 4 bis 6 und die §§ 476 und 477 über die Rechte bei Mängeln nicht anzuwenden. ²An die Stelle der nach Satz 1 nicht anzuwendenden Vorschriften treten die Vorschriften des Abschnitts 3 Titel 2a.

(4) ¹Für einen Verbrauchervertrag, bei dem der Unternehmer sich verpflichtet, eine Sache herzustellen, die ein digitales Produkt enthält oder mit digitalen Produkten verbunden ist, gilt der Anwendungsausschluss nach Absatz 2 ent-

sprechend für diejenigen Bestandteile des Vertrags, welche die digitalen Produkte betreffen. ²Für einen Verbrauchervertrag, bei dem der Unternehmer sich verpflichtet, eine herzustellende Sache zu liefern, die ein digitales Produkt enthält oder mit digitalen Produkten verbunden ist, gilt der Anwendungsausschluss nach Absatz 3 entsprechend für diejenigen Bestandteile des Vertrags, welche die digitalen Produkte betreffen.

Kapitel 2. Bauvertrag

§ 650a Bauvertrag. (1) ¹Ein Bauvertrag ist ein Vertrag über die Herstellung, die Wiederherstellung, die Beseitigung oder den Umbau eines Bauwerks, einer Außenanlage oder eines Teils davon. ²Für den Bauvertrag gelten ergänzend die folgenden Vorschriften dieses Kapitels.

(2) Ein Vertrag über die Instandhaltung eines Bauwerks ist ein Bauvertrag, wenn das Werk für die Konstruktion, den Bestand oder den bestimmungsgemäßen Gebrauch von wesentlicher Bedeutung ist.

§ 650b Änderung des Vertrags; Anordnungsrecht des Bestellers.

(1) ¹Begehrt der Besteller

1. eine Änderung des vereinbarten Werkerfolgs (§ 631 Absatz 2) oder
2. eine Änderung, die zur Erreichung des vereinbarten Werkerfolgs notwendig ist,

streben die Vertragsparteien Einvernehmen über die Änderung und die infolge der Änderung zu leistende Mehr- oder Mindervergütung an. ²Der Unternehmer ist verpflichtet, ein Angebot über die Mehr- oder Mindervergütung zu erstellen, im Falle einer Änderung nach Satz 1 Nummer 1 jedoch nur, wenn ihm die Ausführung der Änderung zumutbar ist. ³Macht der Unternehmer betriebsinterne Vorgänge für die Unzumutbarkeit einer Anordnung nach Absatz 1 Satz 1 Nummer 1 geltend, trifft ihn die Beweislast hierfür. ⁴Trägt der Besteller die Verantwortung für die Planung des Bauwerks oder der Außenanlage, ist der Unternehmer nur dann zur Erstellung eines Angebots über die Mehr- oder Mindervergütung verpflichtet, wenn der Besteller die für die Änderung erforderliche Planung vorgenommen und dem Unternehmer zur Verfügung gestellt hat. ⁵Begehrt der Besteller eine Änderung, für die dem Unternehmer nach § 650c Absatz 1 Satz 2 kein Anspruch auf Vergütung für vermehrten Aufwand zusteht, streben die Parteien nur Einvernehmen über die Änderung an; Satz 2 findet in diesem Fall keine Anwendung.

(2) ¹Erzielen die Parteien binnen 30 Tagen nach Zugang des Änderungsbegehrens beim Unternehmer keine Einigung nach Absatz 1, kann der Besteller die Änderung in Textform anordnen. ²Der Unternehmer ist verpflichtet, der Anordnung des Bestellers nachzukommen, einer Anordnung nach Absatz 1 Satz 1 Nummer 1 jedoch nur, wenn ihm die Ausführung zumutbar ist. ³Absatz 1 Satz 3 gilt entsprechend.

§ 650c Vergütungsanpassung bei Anordnungen nach § 650b Absatz 2.

(1) ¹Die Höhe des Vergütungsanspruchs für den infolge einer Anordnung des Bestellers nach § 650b Absatz 2 vermehrten oder verminderten Aufwand ist nach den tatsächlich erforderlichen Kosten mit angemessenen Zuschlägen für allgemeine Geschäftskosten, Wagnis und Gewinn zu ermitteln. ²Umfasst die Leistungspflicht des Unternehmers auch die Planung des Bauwerks oder der

Einzelne Schuldverhältnisse §§ 650d–650f BGB 2

Außenanlage, steht diesem im Fall des § 650b Absatz 1 Satz 1 Nummer 2 kein Anspruch auf Vergütung für vermehrten Aufwand zu.

(2) ¹Der Unternehmer kann zur Berechnung der Vergütung für den Nachtrag auf die Ansätze in einer vereinbarungsgemäß hinterlegten Urkalkulation zurückgreifen. ²Es wird vermutet, dass die auf Basis der Urkalkulation fortgeschriebene Vergütung der Vergütung nach Absatz 1 entspricht.

(3) ¹Bei der Berechnung von vereinbarten oder gemäß § 632a geschuldeten Abschlagszahlungen kann der Unternehmer 80 Prozent einer in einem Angebot nach § 650b Absatz 1 Satz 2 genannten Mehrvergütung ansetzen, wenn sich die Parteien nicht über die Höhe geeinigt haben oder keine anderslautende gerichtliche Entscheidung ergeht. ²Wählt der Unternehmer diesen Weg und ergeht keine anderslautende gerichtliche Entscheidung, wird die nach den Absätzen 1 und 2 geschuldete Mehrvergütung erst nach der Abnahme des Werks fällig. ³Zahlungen nach Satz 1, die die nach den Absätzen 1 und 2 geschuldete Mehrvergütung übersteigen, sind dem Besteller zurückzugewähren und ab ihrem Eingang beim Unternehmer zu verzinsen. ⁴§ 288 Absatz 1 Satz 2, Absatz 2 und § 289 Satz 1 gelten entsprechend.

§ 650d Einstweilige Verfügung. Zum Erlass einer einstweiligen Verfügung in Streitigkeiten über das Anordnungsrecht gemäß § 650b oder die Vergütungsanpassung gemäß § 650c ist es nach Beginn der Bauausführung nicht erforderlich, dass der Verfügungsgrund glaubhaft gemacht wird.

§ 650e Sicherungshypothek des Bauunternehmers. ¹Der Unternehmer kann für seine Forderungen aus dem Vertrag die Einräumung einer Sicherungshypothek an dem Baugrundstück des Bestellers verlangen. ²Ist das Werk noch nicht vollendet, so kann er die Einräumung der Sicherungshypothek für einen der geleisteten Arbeit entsprechenden Teil der Vergütung und für die in der Vergütung nicht inbegriffenen Auslagen verlangen.

§ 650f Bauhandwerkersicherung. (1) ¹Der Unternehmer kann vom Besteller Sicherheit für die auch in Zusatzaufträgen vereinbarte und noch nicht gezahlte Vergütung einschließlich dazugehöriger Nebenforderungen, die mit 10 Prozent des zu sichernden Vergütungsanspruchs anzusetzen sind, verlangen. ²Satz 1 gilt in demselben Umfang auch für Ansprüche, die an die Stelle der Vergütung treten. ³Der Anspruch des Unternehmers auf Sicherheit wird nicht dadurch ausgeschlossen, dass der Besteller Erfüllung verlangen kann oder das Werk abgenommen hat. ⁴Ansprüche, mit denen der Besteller gegen den Anspruch des Unternehmers auf Vergütung aufrechnen kann, bleiben bei der Berechnung der Vergütung unberücksichtigt, es sei denn, sie sind unstreitig oder rechtskräftig festgestellt. ⁵Die Sicherheit ist auch dann als ausreichend anzusehen, wenn sich der Sicherungsgeber das Recht vorbehält, sein Versprechen im Falle einer wesentlichen Verschlechterung der Vermögensverhältnisse des Bestellers mit Wirkung für Vergütungsansprüche aus Bauleistungen zu widerrufen, die der Unternehmer bei Zugang der Widerrufserklärung noch nicht erbracht hat.

(2) ¹Die Sicherheit kann auch durch eine Garantie oder ein sonstiges Zahlungsversprechen eines im Geltungsbereich dieses Gesetzes zum Geschäftsbetrieb befugten Kreditinstituts oder Kreditversicherers geleistet werden. ²Das Kreditinstitut oder der Kreditversicherer darf Zahlungen an den Unternehmer nur leisten, soweit der Besteller den Vergütungsanspruch des Unternehmers

anerkennt oder durch vorläufig vollstreckbares Urteil zur Zahlung der Vergütung verurteilt worden ist und die Voraussetzungen vorliegen, unter denen die Zwangsvollstreckung begonnen werden darf.

(3) ¹Der Unternehmer hat dem Besteller die üblichen Kosten der Sicherheitsleistung bis zu einem Höchstsatz von 2 Prozent für das Jahr zu erstatten. ²Dies gilt nicht, soweit eine Sicherheit wegen Einwendungen des Bestellers gegen den Vergütungsanspruch des Unternehmers aufrechterhalten werden muss und die Einwendungen sich als unbegründet erweisen.

(4) Soweit der Unternehmer für seinen Vergütungsanspruch eine Sicherheit nach Absatz 1 oder 2 erlangt hat, ist der Anspruch auf Einräumung einer Sicherungshypothek nach § 650e ausgeschlossen.

(5) ¹Hat der Unternehmer dem Besteller erfolglos eine angemessene Frist zur Leistung der Sicherheit nach Absatz 1 bestimmt, so kann der Unternehmer die Leistung verweigern oder den Vertrag kündigen. ²Kündigt er den Vertrag, ist der Unternehmer berechtigt, die vereinbarte Vergütung zu verlangen; er muss sich jedoch dasjenige anrechnen lassen, was er infolge der Aufhebung des Vertrages an Aufwendungen erspart oder durch anderweitige Verwendung seiner Arbeitskraft erwirbt oder böswillig zu erwerben unterlässt. ³Es wird vermutet, dass danach dem Unternehmer 5 Prozent der auf den noch nicht erbrachten Teil der Werkleistung entfallenden vereinbarten Vergütung zustehen.

(6) ¹Die Absätze 1 bis 5 finden keine Anwendung, wenn der Besteller

1. eine juristische Person des öffentlichen Rechts oder ein öffentlich-rechtliches Sondervermögen ist, über deren Vermögen ein Insolvenzverfahren unzulässig ist, oder

2. Verbraucher ist und es sich um einen Verbraucherbauvertrag nach § 650i oder um einen Bauträgervertrag nach § 650u handelt.

²Satz 1 Nummer 2 gilt nicht bei Betreuung des Bauvorhabens durch einen zur Verfügung über die Finanzierungsmittel des Bestellers ermächtigten Baubetreuer.

(7) Eine von den Absätzen 1 bis 5 abweichende Vereinbarung ist unwirksam.

§ 650g Zustandsfeststellung bei Verweigerung der Abnahme; Schlussrechnung. (1) ¹Verweigert der Besteller die Abnahme unter Angabe von Mängeln, hat er auf Verlangen des Unternehmers an einer gemeinsamen Feststellung des Zustands des Werks mitzuwirken. ²Die gemeinsame Zustandsfeststellung soll mit der Angabe des Tages der Anfertigung versehen werden und ist von beiden Vertragsparteien zu unterschreiben.

(2) ¹Bleibt der Besteller einem vereinbarten oder einem von dem Unternehmer innerhalb einer angemessenen Frist bestimmten Termin zur Zustandsfeststellung fern, so kann der Unternehmer die Zustandsfeststellung auch einseitig vornehmen. ²Dies gilt nicht, wenn der Besteller infolge eines Umstands fernbleibt, den er nicht zu vertreten hat und den er dem Unternehmer unverzüglich mitgeteilt hat. ³Der Unternehmer hat die einseitige Zustandsfeststellung mit der Angabe des Tages der Anfertigung zu versehen und sie zu unterschreiben sowie dem Besteller eine Abschrift der einseitigen Zustandsfeststellung zur Verfügung zu stellen.

(3) ¹Ist das Werk dem Besteller verschafft worden und ist in der Zustandsfeststellung nach Absatz 1 oder 2 ein offenkundiger Mangel nicht angegeben,

wird vermutet, dass dieser nach der Zustandsfeststellung entstanden und vom Besteller zu vertreten ist. ²Die Vermutung gilt nicht, wenn der Mangel nach seiner Art nicht vom Besteller verursacht worden sein kann.

(4) ¹Die Vergütung ist zu entrichten, wenn

1. der Besteller das Werk abgenommen hat oder die Abnahme nach § 641 Absatz 2 entbehrlich ist und
2. der Unternehmer dem Besteller eine prüffähige Schlussrechnung erteilt hat.

²Die Schlussrechnung ist prüffähig, wenn sie eine übersichtliche Aufstellung der erbrachten Leistungen enthält und für den Besteller nachvollziehbar ist. ³Sie gilt als prüffähig, wenn der Besteller nicht innerhalb von 30 Tagen nach Zugang der Schlussrechnung begründete Einwendungen gegen ihre Prüffähigkeit erhoben hat.

§ 650h Schriftform der Kündigung. Die Kündigung des Bauvertrags bedarf der schriftlichen Form.

Kapitel 3. Verbraucherbauvertrag

§ 650i Verbraucherbauvertrag. (1) Verbraucherbauverträge sind Verträge, durch die der Unternehmer von einem Verbraucher zum Bau eines neuen Gebäudes oder zu erheblichen Umbaumaßnahmen an einem bestehenden Gebäude verpflichtet wird.

(2) Der Verbraucherbauvertrag bedarf der Textform.

(3) Für Verbraucherbauverträge gelten ergänzend die folgenden Vorschriften dieses Kapitels.

§ 650j Baubeschreibung. Der Unternehmer hat den Verbraucher über die sich aus Artikel 249 des Einführungsgesetzes zum Bürgerlichen Gesetzbuche ergebenden Einzelheiten in der dort vorgesehenen Form zu unterrichten, es sei denn, der Verbraucher oder ein von ihm Beauftragter macht die wesentlichen Planungsvorgaben.

§ 650k Inhalt des Vertrags. (1) Die Angaben der vorvertraglich zur Verfügung gestellten Baubeschreibung in Bezug auf die Bauausführung werden Inhalt des Vertrags, es sei denn, die Vertragsparteien haben ausdrücklich etwas anderes vereinbart.

(2) ¹Soweit die Baubeschreibung unvollständig oder unklar ist, ist der Vertrag unter Berücksichtigung sämtlicher vertragsbegleitender Umstände, insbesondere des Komfort- und Qualitätsstandards der übrigen Leistungsbeschreibung, auszulegen. ²Zweifel bei der Auslegung des Vertrags bezüglich der vom Unternehmer geschuldeten Leistung gehen zu dessen Lasten.

(3) ¹Der Bauvertrag muss verbindliche Angaben zum Zeitpunkt der Fertigstellung des Werks oder, wenn dieser Zeitpunkt zum Zeitpunkt des Abschlusses des Bauvertrags nicht angegeben werden kann, zur Dauer der Bauausführung enthalten. ²Enthält der Vertrag diese Angaben nicht, werden die vorvertraglich in der Baubeschreibung übermittelten Angaben zum Zeitpunkt der Fertigstellung des Werks oder zur Dauer der Bauausführung Inhalt des Vertrags.

§ 650l Widerrufsrecht. ¹Dem Verbraucher steht ein Widerrufsrecht gemäß § 355 zu, es sei denn, der Vertrag wurde notariell beurkundet. ²Der Unternehmer ist verpflichtet, den Verbraucher nach Maßgabe des Artikels 249 § 3 des

Einführungsgesetzes zum Bürgerlichen Gesetzbuche über sein Widerrufsrecht zu belehren.

§ 650m Abschlagszahlungen; Absicherung des Vergütungsanspruchs.
(1) Verlangt der Unternehmer Abschlagszahlungen nach § 632a, darf der Gesamtbetrag der Abschlagszahlungen 90 Prozent der vereinbarten Gesamtvergütung einschließlich der Vergütung für Nachtragsleistungen nach § 650c nicht übersteigen.

(2) [1] Dem Verbraucher ist bei der ersten Abschlagszahlung eine Sicherheit für die rechtzeitige Herstellung des Werks ohne wesentliche Mängel in Höhe von 5 Prozent der vereinbarten Gesamtvergütung zu leisten. [2] Erhöht sich der Vergütungsanspruch infolge einer Anordnung des Verbrauchers nach den §§ 650b und 650c oder infolge sonstiger Änderungen oder Ergänzungen des Vertrags um mehr als 10 Prozent, ist dem Verbraucher bei der nächsten Abschlagszahlung eine weitere Sicherheit in Höhe von 5 Prozent des zusätzlichen Vergütungsanspruchs zu leisten. [3] Auf Verlangen des Unternehmers ist die Sicherheitsleistung durch Einbehalt dergestalt zu erbringen, dass der Verbraucher die Abschlagszahlungen bis zu dem Gesamtbetrag der geschuldeten Sicherheit zurückhält.

(3) Sicherheiten nach Absatz 2 können auch durch eine Garantie oder ein sonstiges Zahlungsversprechen eines im Geltungsbereich dieses Gesetzes zum Geschäftsbetrieb befugten Kreditinstituts oder Kreditversicherers geleistet werden.

(4) [1] Verlangt der Unternehmer Abschlagszahlungen nach § 632a, ist eine Vereinbarung unwirksam, die den Verbraucher zu einer Sicherheitsleistung für die vereinbarte Vergütung verpflichtet, die die nächste Abschlagszahlung oder 20 Prozent der vereinbarten Vergütung übersteigt. [2] Gleiches gilt, wenn die Parteien Abschlagszahlungen vereinbart haben.

§ 650n Erstellung und Herausgabe von Unterlagen. (1) [1] Rechtzeitig vor Beginn der Ausführung einer geschuldeten Leistung hat der Unternehmer diejenigen Planungsunterlagen zu erstellen und dem Verbraucher herauszugeben, die dieser benötigt, um gegenüber Behörden den Nachweis führen zu können, dass die Leistung unter Einhaltung der einschlägigen öffentlich-rechtlichen Vorschriften ausgeführt werden wird. [2] Die Pflicht besteht nicht, soweit der Verbraucher oder ein von ihm Beauftragter die wesentlichen Planungsvorgaben erstellt.

(2) Spätestens mit der Fertigstellung des Werks hat der Unternehmer diejenigen Unterlagen zu erstellen und dem Verbraucher herauszugeben, die dieser benötigt, um gegenüber Behörden den Nachweis führen zu können, dass die Leistung unter Einhaltung der einschlägigen öffentlich-rechtlichen Vorschriften ausgeführt worden ist.

(3) Die Absätze 1 und 2 gelten entsprechend, wenn ein Dritter, etwa ein Darlehensgeber, Nachweise für die Einhaltung bestimmter Bedingungen verlangt und wenn der Unternehmer die berechtigte Erwartung des Verbrauchers geweckt hat, diese Bedingungen einzuhalten.

Kapitel 4. Unabdingbarkeit

§ 650o Abweichende Vereinbarungen. [1] Von § 640 Absatz 2 Satz 2, den §§ 650i bis 650l und 650n kann nicht zum Nachteil des Verbrauchers abgewichen werden. ²Diese Vorschriften finden auch Anwendung, wenn sie durch anderweitige Gestaltungen umgangen werden.

Untertitel 2. Architektenvertrag und Ingenieurvertrag

§ 650p Vertragstypische Pflichten aus Architekten- und Ingenieurverträgen. (1) Durch einen Architekten- oder Ingenieurvertrag wird der Unternehmer verpflichtet, die Leistungen zu erbringen, die nach dem jeweiligen Stand der Planung und Ausführung des Bauwerks oder der Außenanlage erforderlich sind, um die zwischen den Parteien vereinbarten Planungs- und Überwachungsziele zu erreichen.

(2) ¹Soweit wesentliche Planungs- und Überwachungsziele noch nicht vereinbart sind, hat der Unternehmer zunächst eine Planungsgrundlage zur Ermittlung dieser Ziele zu erstellen. ²Er legt dem Besteller die Planungsgrundlage zusammen mit einer Kostenschätzung für das Vorhaben zur Zustimmung vor.

§ 650q Anwendbare Vorschriften. (1) Für Architekten- und Ingenieurverträge gelten die Vorschriften des Kapitels 1 des Untertitels 1 sowie die §§ 650b, 650e bis 650h entsprechend, soweit sich aus diesem Untertitel nichts anderes ergibt.

(2) ¹Für die Vergütungsanpassung im Fall von Anordnungen nach § 650b Absatz 2 gelten die Entgeltberechnungsregeln der Honorarordnung für Architekten und Ingenieure[1] in der jeweils geltenden Fassung, soweit infolge der Anordnung zu erbringende oder entfallende Leistungen vom Anwendungsbereich der Honorarordnung erfasst werden. ²Im Übrigen gilt § 650c entsprechend.

§ 650r Sonderkündigungsrecht. (1) ¹Nach Vorlage von Unterlagen gemäß § 650p Absatz 2 kann der Besteller den Vertrag kündigen. ²Das Kündigungsrecht erlischt zwei Wochen nach Vorlage der Unterlagen, bei einem Verbraucher jedoch nur dann, wenn der Unternehmer ihn bei der Vorlage der Unterlagen in Textform über das Kündigungsrecht, die Frist, in der es ausgeübt werden kann, und die Rechtsfolgen der Kündigung unterrichtet hat.

(2) ¹Der Unternehmer kann dem Besteller eine angemessene Frist für die Zustimmung nach § 650p Absatz 2 Satz 2 setzen. ²Er kann den Vertrag kündigen, wenn der Besteller die Zustimmung verweigert oder innerhalb der Frist nach Satz 1 keine Erklärung zu den Unterlagen abgibt.

(3) Wird der Vertrag nach Absatz 1 oder 2 gekündigt, ist der Unternehmer nur berechtigt, die Vergütung zu verlangen, die auf die bis zur Kündigung erbrachten Leistungen entfällt.

§ 650s Teilabnahme. Der Unternehmer kann ab der Abnahme der letzten Leistung des bauausführenden Unternehmers oder der bauausführenden Unternehmer eine Teilabnahme der von ihm bis dahin erbrachten Leistungen verlangen.

§ 650t Gesamtschuldnerische Haftung mit dem bauausführenden Unternehmer. Nimmt der Besteller den Unternehmer wegen eines Über-

---

[1] Nr. 5.

wachungsfehlers in Anspruch, der zu einem Mangel an dem Bauwerk oder an der Außenanlage geführt hat, kann der Unternehmer die Leistung verweigern, wenn auch der ausführende Bauunternehmer für den Mangel haftet und der Besteller dem bauausführenden Unternehmer noch nicht erfolglos eine angemessene Frist zur Nacherfüllung bestimmt hat.

Untertitel 3. Bauträgervertrag

§ 650u Bauträgervertrag; anwendbare Vorschriften. (1) ¹Ein Bauträgervertrag ist ein Vertrag, der die Errichtung oder den Umbau eines Hauses oder eines vergleichbaren Bauwerks zum Gegenstand hat und der zugleich die Verpflichtung des Unternehmers enthält, dem Besteller das Eigentum an dem Grundstück zu übertragen oder ein Erbbaurecht zu bestellen oder zu übertragen. ²Hinsichtlich der Errichtung oder des Umbaus finden die Vorschriften des Untertitels 1 Anwendung, soweit sich aus den nachfolgenden Vorschriften nichts anderes ergibt. ³Hinsichtlich des Anspruchs auf Übertragung des Eigentums an dem Grundstück oder auf Übertragung oder Bestellung des Erbbaurechts finden die Vorschriften über den Kauf Anwendung.

(2) Keine Anwendung finden die §§ 648, 648a, 650b bis 650e, 650k Absatz 1 sowie die §§ 650l und 650m Absatz 1.

§ 650v Abschlagszahlungen. Der Unternehmer kann von dem Besteller Abschlagszahlungen nur verlangen, soweit sie gemäß einer Verordnung auf Grund von Artikel 244 des Einführungsgesetzes zum Bürgerlichen Gesetzbuche vereinbart sind.

Titel 20. Bürgschaft

...

§ 771 Einrede der Vorausklage. ¹Der Bürge kann die Befriedigung des Gläubigers verweigern, solange nicht der Gläubiger eine Zwangsvollstreckung gegen den Hauptschuldner ohne Erfolg versucht hat (Einrede der Vorausklage).[1] ²Erhebt der Bürge die Einrede der Vorausklage, ist die Verjährung des Anspruchs des Gläubigers gegen den Bürgen gehemmt, bis der Gläubiger eine Zwangsvollstreckung gegen den Hauptschuldner ohne Erfolg versucht hat.

...

---

[1] Bei der kaufmännischen Bürgschaft keine Einrede der Vorausklage: § 349 HGB.

3. Gesetz über Unterlassungsklagen bei Verbraucherrechts- und anderen Verstößen (Unterlassungsklagengesetz – UKlaG)

In der Fassung der Bekanntmachung vom 27. August 2002[1])
(BGBl. I S. 3422, ber. S. 4346)

FNA 402-37

zuletzt geänd. durch Art. 4 G zu Sofortmaßnahmen für einen beschleunigten Ausbau der erneuerbaren Energien und weiteren Maßnahmen im Stromsektor v. 20.7.2022 (BGBl. I S. 1237)

Nichtamtliche Inhaltsübersicht

Abschnitt 1. Ansprüche bei Verbraucherrechts- und anderen Verstößen

§ 1	Unterlassungs- und Widerrufsanspruch bei Allgemeinen Geschäftsbedingungen
§ 1a	Unterlassungsanspruch wegen der Beschränkung der Haftung bei Zahlungsverzug
§ 2	Ansprüche bei verbraucherschutzgesetzwidrigen Praktiken
§ 2a	Unterlassungsanspruch nach dem Urheberrechtsgesetz
§ 2b	Missbräuchliche Geltendmachung von Ansprüchen
§ 3	Anspruchsberechtigte Stellen
§ 3a	Anspruchsberechtigte Verbände nach § 2a
§ 4	Liste der qualifizierten Einrichtungen
§ 4a	Überprüfung der Eintragung
§ 4b	Berichtspflichten und Mitteilungspflichten
§ 4c	Aufhebung der Eintragung
§ 4d	Verordnungsermächtigung
§ 4e	Unterlassungsanspruch bei innergemeinschaftlichen Verstößen

Abschnitt 2. Verfahrensvorschriften

Unterabschnitt 1. Allgemeine Vorschriften

§ 5	Anwendung der Zivilprozessordnung und anderer Vorschriften
§ 6	Zuständigkeit
§ 7	Veröffentlichungsbefugnis

Unterabschnitt 2. Besondere Vorschriften für Klagen nach § 1

§ 8	Klageantrag und Anhörung
§ 9	Besonderheiten der Urteilsformel
§ 10	Einwendung wegen abweichender Entscheidung
§ 11	Wirkungen des Urteils

Unterabschnitt 3. Besondere Vorschriften für Klagen nach § 2

§ 12	Einigungsstelle
§ 12a	Anhörung der Datenschutzbehörden in Verfahren über Ansprüche nach § 2

Abschnitt 3. Auskunft zur Durchsetzung von Ansprüchen

§ 13	Auskunftsanspruch der anspruchsberechtigten Stellen
§ 13a	Auskunftsanspruch sonstiger Betroffener

Abschnitt 4. Außergerichtliche Schlichtung

§ 14	Schlichtungsverfahren und Verordnungsermächtigung

Abschnitt 5. Anwendungsbereich

§ 15	Ausnahme für das Arbeitsrecht

Abschnitt 6. Bußgeldvorschriften

§ 16	Bußgeldvorschriften

Abschnitt 7. Überleitungsvorschriften

§ 17	Überleitungsvorschriften zu dem Gesetz zur Stärkung des fairen Wettbewerbs

---

[1]) Neubekanntmachung des UKlaG v. 26.11.2001 (BGBl. I S. 3138, 3173) in der ab 21.8.2002 geltenden Fassung.

Abschnitt 1. Ansprüche bei Verbraucherrechts- und anderen Verstößen

§ 1 Unterlassungs- und Widerrufsanspruch bei Allgemeinen Geschäftsbedingungen. Wer in Allgemeinen Geschäftsbedingungen Bestimmungen, die nach den §§ 307 bis 309 des Bürgerlichen Gesetzbuchs unwirksam sind, verwendet oder für den rechtsgeschäftlichen Verkehr empfiehlt, kann auf Unterlassung und im Fall des Empfehlens auch auf Widerruf in Anspruch genommen werden.

§ 1a Unterlassungsanspruch wegen der Beschränkung der Haftung bei Zahlungsverzug. Wer in anderer Weise als durch Verwendung oder Empfehlung von Allgemeinen Geschäftsbedingungen den Vorschriften des § 271a Absatz 1 bis 3, des § 286 Absatz 5 oder des § 288 Absatz 6 des Bürgerlichen Gesetzbuchs[1] zuwiderhandelt, kann auf Unterlassung in Anspruch genommen werden.

§ 2 Ansprüche bei verbraucherschutzgesetzwidrigen Praktiken.

(1) ¹Wer in anderer Weise als durch Verwendung oder Empfehlung von Allgemeinen Geschäftsbedingungen Vorschriften zuwiderhandelt, die dem Schutz der Verbraucher dienen (Verbraucherschutzgesetze), kann im Interesse des Verbraucherschutzes auf Unterlassung und Beseitigung in Anspruch genommen werden. ²Werden die Zuwiderhandlungen in einem Unternehmen von einem Mitarbeiter oder Beauftragten begangen, so ist der Unterlassungsanspruch oder der Beseitigungsanspruch auch gegen den Inhaber des Unternehmens begründet. ³Bei Zuwiderhandlungen gegen die in Absatz 2 Satz 1 Nummer 11 genannten Vorschriften richtet sich der Beseitigungsanspruch nach den entsprechenden datenschutzrechtlichen Vorschriften.

(2) ¹Verbraucherschutzgesetze im Sinne dieser Vorschrift sind insbesondere
1. die Vorschriften des Bürgerlichen Rechts, die für
    a) außerhalb von Geschäftsräumen geschlossene Verträge,
    b) Fernabsatzverträge,
    c) Verbraucherverträge über digitale Produkte,
    d) Verbrauchsgüterkäufe,
    e) Teilzeit-Wohnrechteverträge, Verträge über langfristige Urlaubsprodukte sowie Vermittlungsverträge und Tauschsystemverträge,
    f) Verbraucherdarlehensverträge, Finanzierungshilfen und Ratenlieferungsverträge,
    g) Bauverträge,
    h) Pauschalreiseverträge, die Reisevermittlung und die Vermittlung verbundener Reiseleistungen,
    i) Darlehensvermittlungsverträge sowie
    j) Zahlungsdiensteverträge
    zwischen einem Unternehmer und einem Verbraucher gelten,
2. die Vorschriften zur Umsetzung der Artikel 5, 10 und 11 der Richtlinie 2000/31/EG des Europäischen Parlaments und des Rates vom 8. Juni 2000

---

[1] Nr. 2.

über bestimmte rechtliche Aspekte der Dienste der Informationsgesellschaft, insbesondere des elektronischen Geschäftsverkehrs, im Binnenmarkt („Richtlinie über den elektronischen Geschäftsverkehr", ABl. EG Nr. L 178 S. 1),
3. das Fernunterrichtsschutzgesetz,
4. die Vorschriften zur Umsetzung der Artikel 19 bis 26 der Richtlinie 2010/13/EU des Europäischen Parlaments und des Rates vom 10. März 2010 zur Koordinierung bestimmter Rechts- und Verwaltungsvorschriften der Mitgliedstaaten über die Bereitstellung audiovisueller Mediendienste (ABl. L 95 vom 15.4.2010, S. 1),
5. die entsprechenden Vorschriften des Arzneimittelgesetzes sowie Artikel 1 §§ 3 bis 13 des Gesetzes über die Werbung auf dem Gebiete des Heilwesens,
6. § 126 des Investmentgesetzes oder § 305 des Kapitalanlagegesetzbuchs,
7. die Vorschriften des Abschnitts 11 des Wertpapierhandelsgesetzes, die das Verhältnis zwischen einem Wertpapierdienstleistungsunternehmen und einem Kunden regeln,
8. das Rechtsdienstleistungsgesetz,
9. die §§ 57, 79 Absatz 2 und 3 sowie § 80 des Erneuerbare-Energien-Gesetzes,
10. das Wohn- und Betreuungsvertragsgesetz,
11. die Vorschriften, welche die Zulässigkeit regeln

    a) der Erhebung personenbezogener Daten eines Verbrauchers durch einen Unternehmer oder

    b) der Verarbeitung oder der Nutzung personenbezogener Daten, die über einen Verbraucher erhoben wurden, durch einen Unternehmer,

    wenn die Daten zu Zwecken der Werbung, der Markt- und Meinungsforschung, des Betreibens einer Auskunftei, des Erstellens von Persönlichkeits- und Nutzungsprofilen, des Adresshandels, des sonstigen Datenhandels oder zu vergleichbaren kommerziellen Zwecken erhoben, verarbeitet oder genutzt werden,
12. § 2 Absatz 2 sowie die §§ 36 und 37 des Verbraucherstreitbeilegungsgesetzes vom 19. Februar 2016 (BGBl. I S. 254) und Artikel 14 Absatz 1 und 2 der Verordnung (EU) Nr. 524/2013 des Europäischen Parlaments und des Rates vom 21. Mai 2013 über die Online-Beilegung verbraucherrechtlicher Streitigkeiten und zur Änderung der Verordnung (EG) Nr. 2006/2004 und der Richtlinie 2009/22/EG (ABl. L 165 vom 18.6.2013, S. 1),
13. die Vorschriften des Zahlungskontengesetzes, die das Verhältnis zwischen einem Zahlungsdienstleister und einem Verbraucher regeln, und
14. die Vorschriften des Telekommunikationsgesetzes, die das Verhältnis zwischen Anbietern von öffentlich zugänglichen Telekommunikationsdiensten und Verbrauchern regeln.

²Eine Datenerhebung, Datenverarbeitung oder Datennutzung zu einem vergleichbaren kommerziellen Zweck im Sinne des Satzes 1 Nummer 11 liegt insbesondere nicht vor, wenn personenbezogene Daten eines Verbrauchers von einem Unternehmer ausschließlich für die Begründung, Durchführung oder Beendigung eines rechtsgeschäftlichen oder rechtsgeschäftsähnlichen Schuldverhältnisses mit dem Verbraucher erhoben, verarbeitet oder genutzt werden.

§ 2a Unterlassungsanspruch nach dem Urheberrechtsgesetz. Wer gegen § 95b Absatz 1 Satz 1 des Urheberrechtsgesetzes verstößt, kann auf Unterlassung in Anspruch genommen werden.

§ 2b Missbräuchliche Geltendmachung von Ansprüchen. [1] Die Geltendmachung eines Anspruchs nach den §§ 1 bis 2a ist unzulässig, wenn sie unter Berücksichtigung der gesamten Umstände missbräuchlich ist, insbesondere wenn sie vorwiegend dazu dient, gegen den Anspruchsgegner einen Anspruch auf Ersatz von Aufwendungen oder Kosten der Rechtsverfolgung entstehen zu lassen. [2] Eine missbräuchliche Geltendmachung ist im Zweifel anzunehmen, wenn

1. die Vereinbarung einer offensichtlich überhöhten Vertragsstrafe verlangt wird,
2. die vorgeschlagene Unterlassungsverpflichtung offensichtlich über die abgemahnte Rechtsverletzung hinausgeht,
3. mehrere Zuwiderhandlungen, die zusammen hätten abgemahnt werden können, einzeln abgemahnt werden oder
4. wegen einer Zuwiderhandlung, für die mehrere Zuwiderhandelnde verantwortlich sind, die Ansprüche gegen die Zuwiderhandelnden ohne sachlichen Grund nicht zusammen geltend gemacht werden.

[3] In diesen Fällen kann der Anspruchsgegner Ersatz der für seine Rechtsverteidigung erforderlichen Aufwendungen verlangen. [4] Weitergehende Ersatzansprüche bleiben unberührt.

§ 3 Anspruchsberechtigte Stellen. (1) [1] Die in den §§ 1 bis 2 bezeichneten Ansprüche auf Unterlassung, auf Widerruf und auf Beseitigung stehen zu:

1. den qualifizierten Einrichtungen, die in der Liste nach § 4 eingetragen sind, oder den qualifizierten Einrichtungen aus anderen Mitgliedstaaten der Europäischen Union, die in dem Verzeichnis der Europäischen Kommission nach Artikel 4 Absatz 3 der Richtlinie 2009/22/EG eingetragen sind,
2. den qualifizierten Wirtschaftsverbänden, die in die Liste nach § 8b des Gesetzes gegen den unlauteren Wettbewerb eingetragen sind, soweit ihnen eine erhebliche Zahl von Unternehmern angehört, die Waren und Dienstleistungen gleicher oder verwandter Art auf demselben Markt vertreiben, und die Zuwiderhandlung die Interessen ihrer Mitglieder berührt,
3. den Industrie- und Handelskammern, den nach der Handwerksordnung errichteten Organisationen und anderen berufsständischen Körperschaften des öffentlichen Rechts sowie den Gewerkschaften im Rahmen der Erfüllung ihrer Aufgaben bei der Vertretung selbstständiger beruflicher Interessen.

[2] Der Anspruch kann nur an Stellen im Sinne des Satzes 1 abgetreten werden.
[3] Stellen nach Satz 1 Nummer 1 und 2 können die Ansprüche nicht geltend machen, solange ihre Eintragung ruht.

(2) Die in Absatz 1 Satz 1 Nummer 1 bezeichneten Stellen können die folgenden Ansprüche nicht geltend machen:

1. Ansprüche nach § 1, wenn Allgemeine Geschäftsbedingungen gegenüber einem Unternehmer (§ 14 des Bürgerlichen Gesetzbuchs) oder einem öffentlichen Auftraggeber (§ 99 Nummer 1 bis 3 des Gesetzes gegen Wettbewerbsbeschränkungen) verwendet werden oder wenn Allgemeine Geschäftsbedingungen

zur ausschließlichen Verwendung zwischen Unternehmern oder zwischen Unternehmern und öffentlichen Auftraggebern empfohlen werden,
2. Ansprüche nach § 1a, es sei denn, eine Zuwiderhandlung gegen § 288 Absatz 6 des Bürgerlichen Gesetzbuchs betrifft einen Anspruch eines Verbrauchers.

§ 3a Anspruchsberechtigte Verbände nach § 2a. [1] Der in § 2a bezeichnete Anspruch auf Unterlassung steht rechtsfähigen Verbänden zur nicht gewerbsmäßigen und nicht nur vorübergehenden Förderung der Interessen derjenigen zu, die durch § 95b Abs. 1 Satz 1 des Urheberrechtsgesetzes begünstigt werden. [2] Der Anspruch kann nur an Verbände im Sinne des Satzes 1 abgetreten werden.

§ 4 Liste der qualifizierten Einrichtungen. (1) [1] Das Bundesamt für Justiz führt eine Liste der qualifizierten Einrichtungen und veröffentlicht sie in der jeweils aktuellen Fassung auf seiner Internetseite. [2] Es übermittelt die Liste mit Stand zum 1. Januar und zum 1. Juli eines jeden Jahres an die Europäische Kommission unter Hinweis auf Artikel 4 Absatz 2 der Richtlinie 2009/22/EG.

(2) [1] Ein eingetragener Verein, zu dessen satzungsmäßigen Aufgaben es gehört, Interessen der Verbraucher durch nicht gewerbsmäßige Aufklärung und Beratung wahrzunehmen, wird auf seinen Antrag in die Liste eingetragen, wenn

1. er mindestens drei Verbände, die im gleichen Aufgabenbereich tätig sind, oder mindestens 75 natürliche Personen als Mitglieder hat,
2. er zum Zeitpunkt der Antragstellung seit mindestens einem Jahr im Vereinsregister eingetragen ist und ein Jahr seine satzungsmäßigen Aufgaben wahrgenommen hat,
3. auf Grund seiner bisherigen Tätigkeit sowie seiner personellen, sachlichen und finanziellen Ausstattung gesichert erscheint, dass er
   a) seine satzungsgemäßen Aufgaben auch künftig dauerhaft wirksam und sachgerecht erfüllen wird und
   b) seine Ansprüche nicht überwiegend geltend machen wird, um für sich Einnahmen aus Abmahnungen oder Vertragsstrafen zu erzielen,
4. den Mitgliedern keine Zuwendungen aus dem Vereinsvermögen gewährt werden und Personen, die für den Verein tätig sind, nicht durch unangemessen hohe Vergütungen oder andere Zuwendungen begünstigt werden.

[2] Es wird unwiderleglich vermutet, dass Verbraucherzentralen sowie andere Verbraucherverbände, wenn sie überwiegend mit öffentlichen Mitteln gefördert werden, diese Voraussetzungen erfüllen.

(3) [1] Über die Eintragung wird durch einen schriftlichen Bescheid entschieden, der dem antragstellenden Verein zuzustellen ist. [2] Auf der Grundlage eines wirksamen Bescheides ist der Verein unter Angabe des Namens, der Anschrift, des zuständigen Registergerichts, der Registernummer und des satzungsmäßigen Zwecks in die Liste einzutragen.

(4) Auf Antrag erteilt das Bundesamt für Justiz einer qualifizierten Einrichtung, die in der Liste eingetragen ist, eine Bescheinigung über ihre Eintragung.

§ 4a Überprüfung der Eintragung. (1) Das Bundesamt für Justiz überprüft von Amts wegen, ob eine qualifizierte Einrichtung, die in der Liste nach § 4 eingetragen ist, die Eintragungsvoraussetzungen nach § 4 Absatz 2 Satz 1 erfüllt,

1.[1)] nach Ablauf von zwei Jahren nach ihrer Ersteintragung und danach jeweils nach Ablauf von fünf Jahren nach Abschluss der letzten Überprüfung oder
2. unabhängig von den Fristen nach Nummer 1, wenn begründete Zweifel am Vorliegen der Eintragungsvoraussetzungen bestehen.

(2) Ergeben sich in einem Rechtsstreit begründete Zweifel daran, ob eine qualifizierte Einrichtung, die in der Liste nach § 4 eingetragen ist, die Eintragungsvoraussetzungen nach § 4 Absatz 2 Satz 1 erfüllt, kann das Gericht das Bundesamt für Justiz zur Überprüfung der Eintragung auffordern und die Verhandlung bis zum Abschluss der Überprüfung aussetzen.

(3) Das Bundesamt für Justiz kann die qualifizierten Einrichtungen und deren Vorstandsmitglieder zur Befolgung der Pflichten im Verfahren zur Überprüfung der Eintragung durch die Festsetzung eines Zwangsgelds anhalten.

§ 4b Berichtspflichten und Mitteilungspflichten. (1)[2)] ¹Die qualifizierten Einrichtungen, die in der Liste nach § 4 Absatz 1 eingetragen sind, sind verpflichtet, bis zum 30. Juni eines jeden Kalenderjahres dem Bundesamt für Justiz für das vorangegangene Kalenderjahr zu berichten über

1. die Anzahl der von ihnen ausgesprochenen Abmahnungen, gestellten Anträge auf einstweilige Verfügungen und erhobene Klagen zur Durchsetzung ihrer Ansprüche unter Angabe der diesen Durchsetzungsmaßnahmen zugrunde liegenden Zuwiderhandlungen,
2. die Anzahl der auf Grund von Abmahnungen vereinbarten strafbewehrten Unterlassungsverpflichtungen unter Angabe der Höhe der darin vereinbarten Vertragsstrafe,
3. die Höhe der entstandenen Ansprüche auf
   a) Aufwendungsersatz für Abmahnungen,
   b) Erstattung der Kosten der gerichtlichen Rechtsverfolgung und
   c) verwirkte Vertragsstrafen sowie
4. die Anzahl ihrer Mitglieder zum 31. Dezember und deren Bezeichnung.

²Satz 1 Nummer 4 ist nicht anzuwenden auf qualifizierte Einrichtungen, für die die Vermutung nach § 4 Absatz 2 Satz 2 gilt.

(2) Das Bundesamt für Justiz kann die qualifizierten Einrichtungen und deren Vorstandsmitglieder zur Befolgung der Pflichten nach Absatz 1 durch die Festsetzung eines Zwangsgelds anhalten.

(3) Gerichte haben dem Bundesamt für Justiz Entscheidungen mitzuteilen, in denen festgestellt wird, dass eine qualifizierte Einrichtung, die in der Liste nach § 4 eingetragen ist, einen Anspruch missbräuchlich geltend gemacht hat.

§ 4c Aufhebung der Eintragung. (1) Die Eintragung einer qualifizierten Einrichtung in der Liste nach § 4 ist mit Wirkung für die Zukunft aufzuheben, wenn

1. die qualifizierte Einrichtung dies beantragt oder

[1)] Beachte die Überleitungsvorschrift in § 17 Abs. 1.
[2)] Beachte die Überleitungsvorschrift in § 17 Abs. 2.

2. die Voraussetzungen für die Eintragung nach § 4 Absatz 2 Satz 1 nicht vorlagen oder weggefallen sind.

(2) ¹Ist auf Grund tatsächlicher Anhaltspunkte damit zu rechnen, dass die Eintragung nach Absatz 1 Nummer 2 zurückzunehmen oder zu widerrufen ist, so soll das Bundesamt für Justiz das Ruhen der Eintragung für einen bestimmten Zeitraum anordnen. ²Das Ruhen darf für längstens drei Monate angeordnet werden. ³Ruht die Eintragung, ist dies in der Liste nach § 4 zu vermerken.

(3) Widerspruch und Anfechtungsklage gegen Entscheidungen nach Absatz 1 oder Absatz 2 haben keine aufschiebende Wirkung.

(4) Auf Antrag bescheinigt das Bundesamt für Justiz einem Dritten, der ein rechtliches Interesse daran hat, dass die Eintragung einer qualifizierten Einrichtung in der Liste nach § 4 ruht oder aufgehoben worden ist.

§ 4d Verordnungsermächtigung. Das Bundesministerium der Justiz und für Verbraucherschutz wird ermächtigt, durch Rechtsverordnung ohne Zustimmung des Bundesrates die Einzelheiten zu regeln

1. zur Eintragung von eingetragenen Vereinen in die Liste nach § 4 sowie zur Überprüfung und Aufhebung von Eintragungen einer qualifizierten Einrichtung in der Liste nach § 4, einschließlich der in den Verfahren bestehenden Mitwirkungs- und Nachweispflichten und

2. zu den Berichtspflichten der qualifizierten Einrichtungen nach § 4b Absatz 1.

§ 4e Unterlassungsanspruch bei innergemeinschaftlichen Verstößen.

(1) Wer einen Verstoß im Sinne von Artikel 3 Nummer 5 der Verordnung (EU) 2017/2394 des Europäischen Parlaments und des Rates vom 12. Dezember 2017 über die Zusammenarbeit zwischen den für die Durchsetzung der Verbraucherschutzgesetze zuständigen nationalen Behörden und zur Aufhebung der Verordnung (EG) Nr. 2006/2004 (ABl. L 345 vom 27.12.2017, S. 1), die zuletzt durch die Richtlinie (EU) 2019/771 (ABl. L 136 vom 22.5. 2019, S. 28) geändert worden ist, in der jeweils geltenden Fassung, begeht, kann auf Unterlassung in Anspruch genommen werden.

(2) ¹Die Ansprüche stehen den Stellen nach § 3 Absatz 1 Satz 1 zu. ²Es wird unwiderleglich vermutet, dass ein nach § 7 Absatz 3 des EU-Verbraucherschutzdurchführungsgesetzes benannter Dritter eine Stelle nach Satz 1 ist. ³§ 3 Absatz 1 Satz 2 und 3 ist entsprechend anzuwenden.

Abschnitt 2. Verfahrensvorschriften

Unterabschnitt 1. Allgemeine Vorschriften

§ 5 Anwendung der Zivilprozessordnung und anderer Vorschriften.

Auf das Verfahren sind die Vorschriften der Zivilprozessordnung und § 12 Absatz 1, 3 und 4, § 13 Absatz 1 bis 3 und 5 sowie § 13a des Gesetzes gegen den unlauteren Wettbewerb anzuwenden, soweit sich aus diesem Gesetz nicht etwas anderes ergibt.

§ 6 Zuständigkeit. (1) ¹Für Klagen nach diesem Gesetz ist das Landgericht ausschließlich zuständig, in dessen Bezirk der Beklagte seine gewerbliche Niederlassung oder in Ermangelung einer solchen seinen Wohnsitz hat. ²Hat der

Beklagte im Inland weder eine gewerbliche Niederlassung noch einen Wohnsitz, so ist das Gericht des inländischen Aufenthaltsorts zuständig, in Ermangelung eines solchen das Gericht, in dessen Bezirk

1. die nach den §§ 307 bis 309 des Bürgerlichen Gesetzbuchs[1] unwirksamen Bestimmungen in Allgemeinen Geschäftsbedingungen verwendet wurden,
2. gegen Verbraucherschutzgesetze verstoßen wurde oder
3. gegen § 95b Absatz 1 Satz 1 des Urheberrechtsgesetzes verstoßen wurde.

(2) [1]Die Landesregierungen werden ermächtigt, zur sachdienlichen Förderung oder schnelleren Erledigung der Verfahren durch Rechtsverordnung einem Landgericht für die Bezirke mehrerer Landgerichte Rechtsstreitigkeiten nach diesem Gesetz zuzuweisen. [2]Die Landesregierungen können die Ermächtigung durch Rechtsverordnung auf die Landesjustizverwaltungen übertragen.

(3) Die vorstehenden Absätze gelten nicht für Klagen, die einen Anspruch der in § 13 bezeichneten Art zum Gegenstand haben.

§ 7 Veröffentlichungsbefugnis. [1]Wird der Klage stattgegeben, so kann dem Kläger auf Antrag die Befugnis zugesprochen werden, die Urteilsformel mit der Bezeichnung des verurteilten Beklagten auf dessen Kosten im Bundesanzeiger, im Übrigen auf eigene Kosten bekannt zu machen. [2]Das Gericht kann die Befugnis zeitlich begrenzen.

Unterabschnitt 2. Besondere Vorschriften für Klagen nach § 1

§ 8 Klageantrag und Anhörung. (1) Der Klageantrag muss bei Klagen nach § 1 auch enthalten:

1. den Wortlaut der beanstandeten Bestimmungen in Allgemeinen Geschäftsbedingungen,
2. die Bezeichnung der Art der Rechtsgeschäfte, für die die Bestimmungen beanstandet werden.

(2) Das Gericht hat vor der Entscheidung über eine Klage nach § 1 die Bundesanstalt für Finanzdienstleistungsaufsicht zu hören, wenn Gegenstand der Klage

1. Bestimmungen in Allgemeinen Versicherungsbedingungen sind oder
2. Bestimmungen in Allgemeinen Geschäftsbedingungen sind, für die nach dem Bausparkassengesetz oder dem Kapitalanlagegesetzbuch eine Genehmigung vorgesehen ist.

§ 9 Besonderheiten der Urteilsformel. Erachtet das Gericht die Klage nach § 1 für begründet, so enthält die Urteilsformel auch:

1. die beanstandeten Bestimmungen der Allgemeinen Geschäftsbedingungen im Wortlaut,
2. die Bezeichnung der Art der Rechtsgeschäfte, für welche die den Unterlassungsanspruch begründenden Bestimmungen der Allgemeinen Geschäftsbedingungen nicht verwendet oder empfohlen werden dürfen,
3. das Gebot, die Verwendung oder Empfehlung inhaltsgleicher Bestimmungen in Allgemeinen Geschäftsbedingungen zu unterlassen,

---

[1] Nr. 2.

4. für den Fall der Verurteilung zum Widerruf das Gebot, das Urteil in gleicher Weise bekannt zu geben, wie die Empfehlung verbreitet wurde.

§ 10 Einwendung wegen abweichender Entscheidung. Der Verwender, dem die Verwendung einer Bestimmung untersagt worden ist, kann im Wege der Klage nach § 767 der Zivilprozessordnung einwenden, dass nachträglich eine Entscheidung des Bundesgerichtshofs oder des Gemeinsamen Senats der Obersten Gerichtshöfe des Bundes ergangen ist, welche die Verwendung dieser Bestimmung für dieselbe Art von Rechtsgeschäften nicht untersagt, und dass die Zwangsvollstreckung aus dem Urteil gegen ihn in unzumutbarer Weise seinen Geschäftsbetrieb beeinträchtigen würde.

§ 11 Wirkungen des Urteils. ¹Handelt der verurteilte Verwender einem auf § 1 beruhenden Unterlassungsgebot zuwider, so ist die Bestimmung in den Allgemeinen Geschäftsbedingungen als unwirksam anzusehen, soweit sich der betroffene Vertragsteil auf die Wirkung des Unterlassungsurteils beruft. ²Er kann sich jedoch auf die Wirkung des Unterlassungsurteils nicht berufen, wenn der verurteilte Verwender gegen das Urteil die Klage nach § 10 erheben könnte.

Unterabschnitt 3. Besondere Vorschriften für Klagen nach § 2

§ 12 Einigungsstelle. Für Klagen nach § 2 gelten § 15 des Gesetzes gegen den unlauteren Wettbewerb und die darin enthaltene Verordnungsermächtigung entsprechend.

§ 12a Anhörung der Datenschutzbehörden in Verfahren über Ansprüche nach § 2. ¹Das Gericht hat vor einer Entscheidung in einem Verfahren über einen Anspruch nach § 2, das eine Zuwiderhandlung gegen ein Verbraucherschutzgesetz nach § 2 Absatz 2 Satz 1 Nummer 11 zum Gegenstand hat, die zuständige inländische Datenschutzbehörde zu hören. ²Satz 1 ist nicht anzuwenden, wenn über einen Antrag auf Erlass einer einstweiligen Verfügung ohne mündliche Verhandlung entschieden wird.

Abschnitt 3. Auskunft zur Durchsetzung von Ansprüchen

§ 13 Auskunftsanspruch der anspruchsberechtigten Stellen. (1) Wer geschäftsmäßig Post-, Telekommunikations- oder Telemediendienste erbringt oder an der Erbringung solcher Dienste mitwirkt, hat anspruchsberechtigten Stellen nach § 3 Absatz 1 Satz 1 auf deren Verlangen den Namen und die zustellfähige Anschrift eines an Post-, Telekommunikations- oder Telemediendiensten Beteiligten mitzuteilen, wenn diese Stellen schriftlich versichern, dass sie die Angaben zur Durchsetzung ihrer Ansprüche nach den §§ 1 bis 2a oder nach § 4e benötigen und nicht anderweitig beschaffen können.

(2) ¹Der Anspruch besteht nur, soweit die Auskunft ausschließlich anhand der bei dem Auskunftspflichtigen vorhandenen Bestandsdaten erteilt werden kann. ²Die Auskunft darf nicht deshalb verweigert werden, weil der Beteiligte, dessen Angaben mitgeteilt werden sollen, in die Übermittlung nicht einwilligt.

(3) ¹Der Auskunftspflichtige kann von dem Auskunftsberechtigten einen angemessenen Ausgleich für die Erteilung der Auskunft verlangen. ²Der Auskunftsberechtigte kann von dem Beteiligten, dessen Angaben mitgeteilt worden

sind, Erstattung des gezahlten Ausgleichs verlangen, wenn er gegen diesen Beteiligten einen Anspruch nach den §§ 1 bis 2a oder nach § 4e hat.

§ 13a Auskunftsanspruch sonstiger Betroffener. Wer von einem anderen Unterlassung der Lieferung unbestellter Sachen, der Erbringung unbestellter sonstiger Leistungen oder der Zusendung oder sonstiger Übermittlung unverlangter Werbung verlangen kann, hat die Ansprüche gemäß § 13 mit der Maßgabe, dass an die Stelle eines Anspruchs nach den §§ 1 bis 2a oder nach § 4e sein Anspruch auf Unterlassung nach allgemeinen Vorschriften tritt.

Abschnitt 4. Außergerichtliche Schlichtung

§ 14 Schlichtungsverfahren und Verordnungsermächtigung. (1) [1]Bei Streitigkeiten aus der Anwendung

1. der Vorschriften des Bürgerlichen Gesetzbuchs[1]) betreffend Fernabsatzverträge über Finanzdienstleistungen,

2. der §§ 491 bis 508, 511 und 655a bis 655d des Bürgerlichen Gesetzbuchs sowie Artikel 247a § 1 des Einführungsgesetzes zum Bürgerlichen Gesetzbuche,

3. der Vorschriften betreffend Zahlungsdiensteverträge in

   a) den §§ 675c bis 676c des Bürgerlichen Gesetzbuchs,

   b) der Verordnung (EG) Nr. 924/2009 des Europäischen Parlaments und des Rates vom 16. September 2009 über grenzüberschreitende Zahlungen in der Gemeinschaft und zur Aufhebung der Verordnung (EG) Nr. 2560/2001 (ABl. L 266 vom 9.10.2009, S. 11), die zuletzt durch Artikel 17 der Verordnung (EU) Nr. 260/2012 (ABl. L 94 vom 30.3.2012, S. 22) geändert worden ist, und

   c) der Verordnung (EU) Nr. 260/2012 des Europäischen Parlaments und des Rates vom 14. März 2012 zur Festlegung der technischen Vorschriften und der Geschäftsanforderungen für Überweisungen und Lastschriften in Euro und zur Änderung der Verordnung (EG) Nr. 924/2009 (ABl. L 94 vom 30.3.2012, S. 22), die durch die Verordnung (EU) Nr. 248/2014 (ABl. L 84 vom 20.3.2014, S. 1) geändert worden ist,

   d) der Verordnung (EU) 2015/751 des Europäischen Parlaments und des Rates vom 29. April 2015 über Interbankenentgelte für kartengebundene Zahlungsvorgänge (ABl. L 123 vom 19.5.2015, S. 1),

4. der Vorschriften des Zahlungsdiensteaufsichtsgesetzes, soweit sie Pflichten von E-Geld-Emittenten oder Zahlungsdienstleistern gegenüber ihren Kunden begründen,

5. der Vorschriften des Zahlungskontengesetzes, die das Verhältnis zwischen einem Zahlungsdienstleister und einem Verbraucher regeln,

6. der Vorschriften des Kapitalanlagegesetzbuchs, wenn an der Streitigkeit Verbraucher beteiligt sind, oder

7. sonstiger Vorschriften im Zusammenhang mit Verträgen, die Bankgeschäfte nach § 1 Absatz 1 Satz 2 des Kreditwesengesetzes oder Finanzdienstleistungen nach § 1 Absatz 1a Satz 2 des Kreditwesengesetzes betreffen, zwischen

---

[1]) Auszugsweise abgedruckt unter Nr. 2.

Verbrauchern und nach dem Kreditwesengesetz beaufsichtigten Unternehmen

können die Beteiligten unbeschadet ihres Rechts, die Gerichte anzurufen, eine vom Bundesamt für Justiz für diese Streitigkeiten anerkannte private Verbraucherschlichtungsstelle oder die bei der Deutschen Bundesbank oder die bei der Bundesanstalt für Finanzdienstleistungsaufsicht eingerichtete Verbraucherschlichtungsstelle anrufen. [2] Die bei der Deutschen Bundesbank eingerichtete Verbraucherschlichtungsstelle ist für die Streitigkeiten nach Satz 1 Nummer 1 bis 5 zuständig; die bei der Bundesanstalt für Finanzdienstleistungsaufsicht eingerichtete Verbraucherschlichtungsstelle ist für die Streitigkeiten nach Satz 1 Nummer 6 und 7 zuständig. [3] Diese behördlichen Verbraucherschlichtungsstellen sind nur zuständig, wenn es für die Streitigkeit keine zuständige anerkannte Verbraucherschlichtungsstelle gibt.

(2) [1] Jede Verbraucherschlichtungsstelle nach Absatz 1 muss mit mindestens zwei Schlichtern besetzt sein, die die Befähigung zum Richteramt haben. [2] Die Schlichter müssen unabhängig sein und das Schlichtungsverfahren fair und unparteiisch führen. [3] Sie sollen ihre Schlichtungsvorschläge am geltenden Recht ausrichten und sie sollen insbesondere die zwingenden Verbraucherschutzgesetze beachten. [4] Für das Schlichtungsverfahren kann von einem Verbraucher kein Entgelt verlangt werden.

(3) [1] Das Bundesamt für Justiz erkennt auf Antrag eine Schlichtungsstelle als private Verbraucherschlichtungsstelle nach Absatz 1 Satz 1 an, wenn

1. der Träger der Schlichtungsstelle ein eingetragener Verein ist,

2. die Schlichtungsstelle für die Streitigkeiten nach Absatz 1 Satz 1 zuständig ist und

3. die Organisation, Finanzierung und Verfahrensordnung der Schlichtungsstelle den Anforderungen dieses Gesetzes und der Rechtsverordnung entspricht, die auf Grund dieses Gesetzes erlassen wurde.

[2] Die Verfahrensordnung einer anerkannten Schlichtungsstelle kann nur mit Zustimmung des Bundesamts für Justiz geändert werden.

(4) Das Bundesamt für Justiz nimmt die Verbraucherschlichtungsstellen nach Absatz 1 in die Liste nach § 33 Absatz 1 des Verbraucherstreitbeilegungsgesetzes auf und macht die Anerkennung und den Widerruf oder die Rücknahme der Anerkennung im Bundesanzeiger bekannt.

(5) Das Bundesministerium der Justiz und für Verbraucherschutz regelt im Einvernehmen mit dem Bundesministerium der Finanzen durch Rechtsverordnung, die nicht der Zustimmung des Bundesrates bedarf, entsprechend den Anforderungen der Richtlinie 2013/11/EU des Europäischen Parlaments und des Rates vom 21. Mai 2013 über die alternative Beilegung verbraucherrechtlicher Streitigkeiten und zur Änderung der Verordnung (EG) Nr. 2006/2004 und der Richtlinie 2009/22/EG (ABl. L 165 vom 18.6.2013, S. 63)

1. die näheren Einzelheiten der Organisation und des Verfahrens der bei der Deutschen Bundesbank und der bei der Bundesanstalt für Finanzdienstleistungsaufsicht nach diesem Gesetz eingerichteten Verbraucherschlichtungsstellen, insbesondere auch die Kosten des Schlichtungsverfahrens für einen am Schlichtungsverfahren beteiligten Unternehmer,

2. die Voraussetzungen und das Verfahren für die Anerkennung einer privaten Verbraucherschlichtungsstelle und für die Aufhebung dieser Anerkennung

sowie die Voraussetzungen und das Verfahren für die Zustimmung zur Änderung der Verfahrensordnung,
3. die Zusammenarbeit der behördlichen Verbraucherschlichtungsstellen und der privaten Verbraucherschlichtungsstellen mit
   a) staatlichen Stellen, insbesondere der Bundesanstalt für Finanzdienstleistungsaufsicht, und
   b) vergleichbaren Stellen zur außergerichtlichen Streitbeilegung in anderen Vertragsstaaten des Abkommens über den Europäischen Wirtschaftsraum.

Abschnitt 5. Anwendungsbereich

§ 15 Ausnahme für das Arbeitsrecht. Dieses Gesetz findet auf das Arbeitsrecht keine Anwendung.

Abschnitt 6. Bußgeldvorschriften

§ 16 Bußgeldvorschriften. (1) Ordnungswidrig handelt, wer vorsätzlich oder fahrlässig

1. entgegen § 4b Absatz 1, auch in Verbindung mit einer Rechtsverordnung nach § 4d Nummer 2, einen dort genannten Bericht nicht, nicht richtig, nicht vollständig oder nicht rechtzeitig erstattet oder
2. einer Rechtsverordnung nach § 4d Nummer 1 oder einer vollziehbaren Anordnung auf Grund einer solchen Rechtsverordnung zuwiderhandelt, soweit die Rechtsverordnung für einen bestimmten Tatbestand auf diese Bußgeldvorschrift verweist.

(2) Die Ordnungswidrigkeit kann mit einer Geldbuße bis zu hunderttausend Euro geahndet werden.

(3) Verwaltungsbehörde im Sinne des § 36 Absatz 1 Nummer 1 des Gesetzes über Ordnungswidrigkeiten ist das Bundesamt für Justiz.

Abschnitt 7. Überleitungsvorschriften

§ 17 Überleitungsvorschriften zu dem Gesetz zur Stärkung des fairen Wettbewerbs. (1) Abweichend von § 4a Absatz 1 Nummer 1 sind die Eintragungsvoraussetzungen bei qualifizierten Einrichtungen, die vor dem 2. Dezember 2020 in die Liste nach § 4 eingetragen wurden und die am 2. Dezember 2020 schon länger als zwei Jahre in der Liste nach § 4 eingetragen sind, vom Bundesamt für Justiz im Zeitraum vom 2. Dezember 2020 bis zum 31. Dezember 2021 zu überprüfen.

(2) Die Berichtspflichten nach § 4b Absatz 1 sind erstmals für das Kalenderjahr 2021 zu erfüllen.

4. Gesetz zur Regelung von Ingenieur- und Architektenleistungen[1)]

Vom 4. November 1971

(BGBl. I S. 1745, 1749)

FNA 402-24-8

zuletzt geänd. durch Art. 1 G zur Änd. des Gesetzes zur Regelung von Ingenieur- und Architektenleistungen und anderer Gesetze v. 12.11.2020 (BGBl. I S. 2392)

§ 1 Ermächtigung zum Erlass einer Honorarordnung für Ingenieur- und Architektenleistungen. (1) ¹Die Bundesregierung wird ermächtigt, durch Rechtsverordnung mit Zustimmung des Bundesrates eine Honorarordnung für Ingenieur- und Architektenleistungen zu erlassen und Folgendes zu regeln:

1. die Grundlagen und Maßstäbe zur Berechnung von Honoraren,
2. Honorartafeln zur Honorarorientierung für Grundleistungen, auch in Abgrenzung zu besonderen Leistungen,
3. eine Regelung, wonach bestimmte in den Honorartafeln angegebene Honorarsätze für Grundleistungen für den Fall als vereinbart gelten, dass keine wirksame Honorarvereinbarung getroffen wurde,
4. die bei der Honorarvereinbarung einzuhaltende Form und die zu beachtenden Hinweispflichten.

²Bei der Bestimmung der Honorartafeln zur Honorarorientierung nach Satz 1 Nummer 2 ist zur Ermittlung angemessener Honorare den berechtigten Interessen der Ingenieure und Architekten und der zur Zahlung Verpflichteten Rechnung zu tragen. ³Diese sind an der Art und dem Umfang der Aufgabe sowie an der Leistung des Ingenieurs oder Architekten auszurichten.

(2) ¹Grundleistungen im Sinne des Absatzes 1 Nummer 2 und 3 sind Leistungen, die regelmäßig im Rahmen von Flächen-, Objekt- oder Fachplanungen auszuführen sind. ²Sie umfassen insbesondere auch Leistungen der Beratung, Planung, Maßnahmendurchführung sowie Leistungen im Zusammenhang mit Vergabeverfahren.

§ 2 Unverbindlichkeit der Kopplung von Grundstückskaufverträgen mit Ingenieur- und Architektenverträgen. ¹Eine Vereinbarung, durch die der Erwerber eines Grundstücks sich im Zusammenhang mit dem Erwerb verpflichtet, bei der Planung oder Ausführung eines Bauwerks auf dem Grundstück die Leistungen eines bestimmten Ingenieurs oder Architekten in Anspruch zu nehmen, ist unwirksam. ²Die Wirksamkeit des auf den Erwerb des Grundstücks gerichteten Vertrages bleibt unberührt.

[1)] Verkündet als Art. 10 G v. 4.11.1971 (BGBl. I S. 1745); Inkrafttreten gem. Art. 11 § 2 Abs. 1 dieses G am 10.11.1971.

5. Verordnung über die Honorare für Architekten- und Ingenieurleistungen (Honorarordnung für Architekten und Ingenieure – HOAI)

Vom 10. Juli 2013

(BGBl. I S. 2276)

FNA 402-24-8-2-3

zuletzt geänd. durch Art. 3 G zur Änd. des RaumordnungsG und anderer Vorschriften v. 22.3.2023 (BGBl. 2023 I Nr. 88)

Auf Grund der §§ 1 und 2 des Gesetzes zur Regelung von Ingenieur- und Architektenleistungen[1] vom 4. November 1971 (BGBl. I S. 1745, 1749), die durch Artikel 1 des Gesetzes vom 12. November 1984 (BGBl. I S. 1337) geändert worden sind, verordnet die Bundesregierung:

Inhaltsübersicht

Teil 1. Allgemeine Vorschriften

- § 1 Anwendungsbereich
- § 2 Begriffsbestimmungen
- § 2a Honorartafeln und Basishonorarsatz
- § 3 Leistungen und Leistungsbilder
- § 4 Anrechenbare Kosten
- § 5 Honorarzonen
- § 6 Grundlagen des Honorars
- § 7 Honorarvereinbarung
- § 8 Berechnung des Honorars in besonderen Fällen
- § 9 Berechnung des Honorars bei Beauftragung von Einzelleistungen
- § 10 Berechnung des Honorars bei vertraglichen Änderungen des Leistungsumfangs
- § 11 Auftrag für mehrere Objekte
- § 12 Instandsetzungen und Instandhaltungen
- § 13 Interpolation
- § 14 Nebenkosten
- § 15 Fälligkeit des Honorars, Abschlagszahlungen
- § 16 Umsatzsteuer

Teil 2. Flächenplanung

Abschnitt 1. Bauleitplanung

- § 17 Anwendungsbereich
- § 18 Leistungsbild Flächennutzungsplan
- § 19 Leistungsbild Bebauungsplan
- § 20 Honorare für Grundleistungen bei Flächennutzungsplänen
- § 21 Honorare für Grundleistungen bei Bebauungsplänen

Abschnitt 2. Landschaftsplanung

- § 22 Anwendungsbereich
- § 23 Leistungsbild Landschaftsplan
- § 24 Leistungsbild Grünordnungsplan
- § 25 Leistungsbild Landschaftsrahmenplan
- § 26 Leistungsbild Landschaftspflegerischer Begleitplan
- § 27 Leistungsbild Pflege- und Entwicklungsplan
- § 28 Honorare für Grundleistungen bei Landschaftsplänen
- § 29 Honorare für Grundleistungen bei Grünordnungsplänen
- § 30 Honorare für Grundleistungen bei Landschaftsrahmenplänen
- § 31 Honorare für Grundleistungen bei Landschaftspflegerischen Begleitplänen

---

[1] Nr. 4.

5 HOAI — Honorarordnung für Architekten und Ingenieure

§ 32 Honorare für Grundleistungen bei Pflege- und Entwicklungsplänen

Teil 3. Objektplanung
Abschnitt 1. Gebäude und Innenräume

§ 33 Besondere Grundlagen des Honorars
§ 34 Leistungsbild Gebäude und Innenräume
§ 35 Honorare für Grundleistungen bei Gebäuden und Innenräumen
§ 36 Umbauten und Modernisierungen von Gebäuden und Innenräumen
§ 37 Aufträge für Gebäude und Freianlagen oder für Gebäude und Innenräume

Abschnitt 2. Freianlagen

§ 38 Besondere Grundlagen des Honorars
§ 39 Leistungsbild Freianlagen
§ 40 Honorare für Grundleistungen bei Freianlagen

Abschnitt 3. Ingenieurbauwerke

§ 41 Anwendungsbereich
§ 42 Besondere Grundlagen des Honorars
§ 43 Leistungsbild Ingenieurbauwerke
§ 44 Honorare für Grundleistungen bei Ingenieurbauwerken

Abschnitt 4. Verkehrsanlagen

§ 45 Anwendungsbereich
§ 46 Besondere Grundlagen des Honorars
§ 47 Leistungsbild Verkehrsanlagen
§ 48 Honorare für Grundleistungen bei Verkehrsanlagen

Teil 4. Fachplanung
Abschnitt 1. Tragwerksplanung

§ 49 Anwendungsbereich
§ 50 Besondere Grundlagen des Honorars
§ 51 Leistungsbild Tragwerksplanung
§ 52 Honorare für Grundleistungen bei Tragwerksplanungen

Abschnitt 2. Technische Ausrüstung

§ 53 Anwendungsbereich
§ 54 Besondere Grundlagen des Honorars
§ 55 Leistungsbild Technische Ausrüstung
§ 56 Honorare für Grundleistungen der Technischen Ausrüstung

Teil 5. Übergangs- und Schlussvorschriften

§ 57 Übergangsvorschrift
§ 58 Inkrafttreten, Außerkrafttreten

Anlage 1 Weitere Fachplanungs- und Beratungsleistungen
Anlage 2 Grundleistungen im Leistungsbild Flächennutzungsplan
Anlage 3 Grundleistungen im Leistungsbild Bebauungsplan
Anlage 4 Grundleistungen im Leistungsbild Landschaftsplan
Anlage 5 Grundleistungen im Leistungsbild Grünordnungsplan
Anlage 6 Grundleistungen im Leistungsbild Landschaftsrahmenplan
Anlage 7 Grundleistungen im Leistungsbild Landschaftspflegerischer Begleitplan
Anlage 8 Grundleistungen im Leistungsbild Pflege- und Entwicklungsplan
Anlage 9 Besondere Leistungen zur Flächenplanung
Anlage 10 Grundleistungen im Leistungsbild Gebäude und Innenräume, Besondere Leistungen, Objektlisten
Anlage 11 Grundleistungen im Leistungsbild Freianlagen, Besondere Leistungen, Objektliste
Anlage 12 Grundleistungen im Leistungsbild Ingenieurbauwerke, Besondere Leistungen, Objektliste
Anlage 13 Grundleistungen im Leistungsbild Verkehrsanlagen, Besondere Leistungen, Objektliste
Anlage 14 Grundleistungen im Leistungsbild Tragwerksplanung, Besondere Leistungen, Objektliste
Anlage 15 Grundleistungen im Leistungsbild Technische Ausrüstung, Besondere Leistungen, Objektliste

Teil 1. Allgemeine Vorschriften

§ 1 Anwendungsbereich. ¹Diese Verordnung gilt für Honorare für Ingenieur- und Architektenleistungen, soweit diese Leistungen durch diese Verordnung erfasst sind. ²Die Regelungen dieser Verordnung können zum Zwecke der Honorarberechnung einer Honorarvereinbarung zugrunde gelegt werden.

§ 2 Begriffsbestimmungen. (1) ¹Objekte sind Gebäude, Innenräume, Freianlagen, Ingenieurbauwerke, Verkehrsanlagen. ²Objekte sind auch Tragwerke und Anlagen der Technischen Ausrüstung.

(2) Neubauten und Neuanlagen sind Objekte, die neu errichtet oder neu hergestellt werden.

(3) ¹Wiederaufbauten sind Objekte, bei denen die zerstörten Teile auf noch vorhandenen Bau- oder Anlagenteilen wiederhergestellt werden. ²Wiederaufbauten gelten als Neubauten, sofern eine neue Planung erforderlich ist.

(4) Erweiterungsbauten sind Ergänzungen eines vorhandenen Objekts.

(5) Umbauten sind Umgestaltungen eines vorhandenen Objekts mit wesentlichen Eingriffen in Konstruktion oder Bestand.

(6) Modernisierungen sind bauliche Maßnahmen zur nachhaltigen Erhöhung des Gebrauchswertes eines Objekts, soweit diese Maßnahmen nicht unter Absatz 4, 5 oder 8 fallen.

(7) Mitzuverarbeitende Bausubstanz ist der Teil des zu planenden Objekts, der bereits durch Bauleistungen hergestellt ist und durch Planungs- oder Überwachungsleistungen technisch oder gestalterisch mitverarbeitet wird.

(8) Instandsetzungen sind Maßnahmen zur Wiederherstellung des zum bestimmungsgemäßen Gebrauch geeigneten Zustandes (Soll-Zustandes) eines Objekts, soweit diese Maßnahmen nicht unter Absatz 3 fallen.

(9) Instandhaltungen sind Maßnahmen zur Erhaltung des Soll-Zustandes eines Objekts.

(10) ¹Kostenschätzung ist die überschlägige Ermittlung der Kosten auf der Grundlage der Vorplanung. ²Die Kostenschätzung ist die vorläufige Grundlage für Finanzierungsüberlegungen. ³Der Kostenschätzung liegen zugrunde:
1. Vorplanungsergebnisse,
2. Mengenschätzungen,
3. erläuternde Angaben zu den planerischen Zusammenhängen, Vorgängen sowie Bedingungen und
4. Angaben zum Baugrundstück und zu dessen Erschließung.

⁴Wird die Kostenschätzung nach § 4 Absatz 1 Satz 3 auf der Grundlage der DIN 276 in der Fassung vom Dezember 2008 (DIN 276-1: 2008-12) erstellt, müssen die Gesamtkosten nach Kostengruppen mindestens bis zur ersten Ebene der Kostengliederung ermittelt werden.

(11) ¹Kostenberechnung ist die Ermittlung der Kosten auf der Grundlage der Entwurfsplanung. ²Der Kostenberechnung liegen zugrunde:
1. durchgearbeitete Entwurfszeichnungen oder Detailzeichnungen wiederkehrender Raumgruppen,
2. Mengenberechnungen und
3. für die Berechnung und Beurteilung der Kosten relevante Erläuterungen.

³ Wird die Kostenberechnung nach § 4 Absatz 1 Satz 3 auf der Grundlage der DIN 276 erstellt, müssen die Gesamtkosten nach Kostengruppen mindestens bis zur zweiten Ebene der Kostengliederung ermittelt werden.

§ 2a Honorartafeln und Basishonorarsatz. (1) ¹ Die Honorartafeln dieser Verordnung weisen Orientierungswerte aus, die an der Art und dem Umfang der Aufgabe sowie an der Leistung ausgerichtet sind. ² Die Honorartafeln enthalten für jeden Leistungsbereich Honorarspannen vom Basishonorarsatz bis zum oberen Honorarsatz, gegliedert nach den einzelnen Honorarzonen und den zugrunde liegenden Ansätzen für Flächen, anrechenbare Kosten oder Verrechnungseinheiten.

(2) Basishonorarsatz ist der jeweils untere in den Honorartafeln dieser Verordnung enthaltene Honorarsatz.

§ 3 Leistungen und Leistungsbilder. (1) ¹ Grundleistungen sind Leistungen, die regelmäßig im Rahmen von Flächen-, Objekt- oder Fachplanungen auszuführen sind. ² Sie sind zur ordnungsgemäßen Erfüllung eines Auftrags im Allgemeinen erforderlich und in Leistungsbildern erfasst. ³ Die Leistungsbilder gliedern sich in Leistungsphasen nach den Regelungen in den Teilen 2 bis 4 und der Anlage 1.

(2) ¹ Neben Grundleistungen können Besondere Leistungen vereinbart werden. ² Die Aufzählung der Besonderen Leistungen in dieser Verordnung und in den Leistungsbildern ihrer Anlagen ist nicht abschließend. ³ Die Besonderen Leistungen können auch für Leistungsbilder und Leistungsphasen, denen sie nicht zugeordnet sind, vereinbart werden, soweit sie dort keine Grundleistungen darstellen.

(3) Die Wirtschaftlichkeit der Leistung ist stets zu beachten.

§ 4 Anrechenbare Kosten. (1) ¹ Anrechenbare Kosten sind Teil der Kosten für die Herstellung, den Umbau, die Modernisierung, Instandhaltung oder Instandsetzung von Objekten sowie für die damit zusammenhängenden Aufwendungen. ² Sie sind nach allgemein anerkannten Regeln der Technik oder nach Verwaltungsvorschriften (Kostenvorschriften) auf der Grundlage ortsüblicher Preise zu ermitteln. ³ Wird in dieser Verordnung im Zusammenhang mit der Kostenermittlung die DIN 276 in Bezug genommen, so ist die Fassung vom Dezember 2008 (DIN 276-1: 2008-12) bei der Ermittlung der anrechenbaren Kosten zugrunde zu legen. ⁴ Umsatzsteuer, die auf die Kosten von Objekten entfällt, ist nicht Bestandteil der anrechenbaren Kosten.

(2) Die anrechenbaren Kosten richten sich nach den ortsüblichen Preisen, wenn der Auftraggeber

1. selbst Lieferungen oder Leistungen übernimmt,
2. von bauausführenden Unternehmen oder von Lieferanten sonst nicht übliche Vergünstigungen erhält,
3. Lieferungen oder Leistungen in Gegenrechnung ausführt oder
4. vorhandene oder vorbeschaffte Baustoffe oder Bauteile einbauen lässt.

(3) ¹ Der Umfang der mitzuverarbeitenden Bausubstanz im Sinne des § 2 Absatz 7 ist bei den anrechenbaren Kosten angemessen zu berücksichtigen. ² Umfang und Wert der mitzuverarbeitenden Bausubstanz sind zum Zeitpunkt der Kostenberechnung oder, sofern keine Kostenberechnung vorliegt, zum

Honorarordnung für Architekten und Ingenieure §§ 5–7 HOAI 5

Zeitpunkt der Kostenschätzung objektbezogen zu ermitteln und in Textform zu vereinbaren.

§ 5 Honorarzonen. (1) Die Grundleistungen der Flächen-, Objekt- oder Fachplanungen werden zur Berechnung der Honorare nach den jeweiligen Planungsanforderungen Honorarzonen zugeordnet, die von der Honorarzone I aus ansteigend den Schwierigkeitsgrad der Planung einstufen.

(2) [1] Die Honorarzonen sind anhand der Bewertungsmerkmale in den Honorarregelungen der jeweiligen Leistungsbilder der Teile 2 bis 4 und der Anlage 1 zu ermitteln. [2] Die Zurechnung zu den einzelnen Honorarzonen ist nach Maßgabe der Bewertungsmerkmale und gegebenenfalls der Bewertungspunkte sowie unter Berücksichtigung der Regelbeispiele in den Objektlisten der Anlagen dieser Verordnung vorzunehmen.

§ 6 Grundlagen des Honorars. (1) [1] Bei der Ermittlung des Honorars für Grundleistungen im Sinne des § 3 Absatz 1 sind zugrunde zu legen

1. das Leistungsbild,
2. die Honorarzone und
3. die dazugehörige Honorartafel zur Honorarorientierung.

[2] Zusätzlich zu den Grundlagen nach Satz 1 ermittelt sich das Honorar

1. für die Leistungsbilder des Teils 2 und der Anlage 1 Nummer 1.1 nach der Größe der Fläche,
2. für die Leistungsbilder der Teile 3 und 4 und der Anlage 1 Nummer 1.2, 1.3 und 1.4.5 nach den anrechenbaren Kosten des Objekts auf der Grundlage der Kostenberechnung oder, sofern keine Kostenberechnung vorliegt, auf der Grundlage der Kostenschätzung,
3. für das Leistungsbild der Anlage 1 Nummer 1.4.2 nach Verrechnungseinheiten.

(2) [1] Honorare für Grundleistungen bei Umbauten und Modernisierungen gemäß § 2 Absatz 5 und 6 sind zu ermitteln nach

1. den anrechenbaren Kosten,
2. der Honorarzone, welcher der Umbau oder die Modernisierung in sinngemäßer Anwendung der Bewertungsmerkmale zuzuordnen ist,
3. den Leistungsphasen,
4. der Honorartafel zur Honorarorientierung und
5. dem Umbau- oder Modernisierungszuschlag auf das Honorar.

[2] Der Umbau- oder Modernisierungszuschlag ist unter Berücksichtigung des Schwierigkeitsgrads der Leistungen in Textform zu vereinbaren. [3] Die Höhe des Zuschlags auf das Honorar ist in den jeweiligen Honorarregelungen der Leistungsbilder der Teile 3 und 4 und in Anlage 1 Nummer 1.2 geregelt. [4] Sofern keine Vereinbarung in Textform getroffen wurde, gilt ein Zuschlag von 20 Prozent ab einem durchschnittlichen Schwierigkeitsgrad als vereinbart.

§ 7 Honorarvereinbarung. (1) [1] Das Honorar richtet sich nach der Vereinbarung, die die Vertragsparteien in Textform treffen. [2] Sofern keine Vereinbarung über die Höhe des Honorars in Textform getroffen wurde, gilt für Grundleistungen der jeweilige Basishonorarsatz als vereinbart, der sich bei der Anwendung der Honorargrundlagen des § 6 ergibt.

(2) ¹Der Auftragnehmer hat den Auftraggeber, sofern dieser Verbraucher ist, vor Abgabe von dessen verbindlicher Vertragserklärung zur Honorarvereinbarung in Textform darauf hinzuweisen, dass ein höheres oder niedrigeres Honorar als die in den Honorartafeln dieser Verordnung enthaltenen Werte vereinbart werden kann. ²Erfolgt der Hinweis nach Satz 1 nicht oder nicht rechtzeitig, gilt für die zwischen den Vertragsparteien vereinbarten Grundleistungen anstelle eines höheren Honorars ein Honorar in Höhe des jeweiligen Basishonorarsatzes als vereinbart.

§ 8 Berechnung des Honorars in besonderen Fällen. (1) ¹Werden dem Auftragnehmer nicht alle Leistungsphasen eines Leistungsbildes übertragen, so dürfen nur die für die übertragenen Phasen vorgesehenen Prozentsätze berechnet und vereinbart werden. ²Die Vereinbarung hat in Textform zu erfolgen.

(2) ¹Werden dem Auftragnehmer nicht alle Grundleistungen einer Leistungsphase übertragen, so darf für die übertragenen Grundleistungen nur ein Honorar berechnet und vereinbart werden, das dem Anteil der übertragenen Grundleistungen an der gesamten Leistungsphase entspricht. ²Die Vereinbarung hat in Textform zu erfolgen. ³Entsprechend ist zu verfahren, wenn dem Auftragnehmer wesentliche Teile von Grundleistungen nicht übertragen werden.

(3) Die gesonderte Vergütung eines zusätzlichen Koordinierungs- oder Einarbeitungsaufwands ist in Textform zu vereinbaren.

§ 9 Berechnung des Honorars bei Beauftragung von Einzelleistungen.

(1) ¹Wird die Vorplanung oder Entwurfsplanung bei Gebäuden und Innenräumen, Freianlagen, Ingenieurbauwerken, Verkehrsanlagen, der Tragwerksplanung und der Technischen Ausrüstung als Einzelleistung in Auftrag gegeben, können für die Leistungsbewertung der jeweiligen Leistungsphase

1. für die Vorplanung höchstens der Prozentsatz der Vorplanung und der Prozentsatz der Grundlagenermittlung und
2. für die Entwurfsplanung höchstens der Prozentsatz der Entwurfsplanung und der Prozentsatz der Vorplanung

zum Zweck der Honorarberechnung herangezogen werden. ²Die Vereinbarung hat in Textform zu erfolgen.

(2) ¹Zur Bauleitplanung ist Absatz 1 Satz 1 Nummer 2 für den Entwurf der öffentlichen Auslegung entsprechend anzuwenden. ²Bei der Landschaftsplanung ist Absatz 1 Satz 1 Nummer 1 für die vorläufige Fassung sowie Absatz 1 Satz 1 Nummer 2 für die abgestimmte Fassung entsprechend anzuwenden. ³Die Vereinbarung hat in Textform zu erfolgen.

(3) ¹Wird die Objektüberwachung bei der Technischen Ausrüstung oder bei Gebäuden als Einzelleistung in Auftrag gegeben, können für die Leistungsbewertung der Objektüberwachung zum Zweck der Honorarberechnung höchstens der Prozentsatz der Objektüberwachung und die Prozentsätze der Grundlagenermittlung und Vorplanung herangezogen werden. ²Die Vereinbarung hat in Textform zu erfolgen.

§ 10 Berechnung des Honorars bei vertraglichen Änderungen des Leistungsumfangs. (1) Einigen sich Auftraggeber und Auftragnehmer während der Laufzeit des Vertrags darauf, dass der Umfang der beauftragten Leistung geändert wird, und ändern sich dadurch die anrechenbaren Kosten,

Flächen oder Verrechnungseinheiten, so ist die Honorarberechnungsgrundlage für die Grundleistungen, die infolge des veränderten Leistungsumfangs zu erbringen sind, durch Vereinbarung in Textform anzupassen.

(2) Einigen sich Auftraggeber und Auftragnehmer über die Wiederholung von Grundleistungen, ohne dass sich dadurch die anrechenbaren Kosten, Flächen oder Verrechnungseinheiten ändern, ist das Honorar für diese Grundleistungen entsprechend ihrem Anteil an der jeweiligen Leistungsphase in Textform zu vereinbaren.

§ 11 Auftrag für mehrere Objekte. (1) Umfasst ein Auftrag mehrere Objekte, so sind die Honorare vorbehaltlich der folgenden Absätze für jedes Objekt getrennt zu berechnen.

(2) Umfasst ein Auftrag mehrere vergleichbare Gebäude, Ingenieurbauwerke, Verkehrsanlagen oder Tragwerke mit weitgehend gleichartigen Planungsbedingungen, die derselben Honorarzone zuzuordnen sind und die im zeitlichen und örtlichen Zusammenhang als Teil einer Gesamtmaßnahme geplant und errichtet werden sollen, ist das Honorar nach der Summe der anrechenbaren Kosten zu berechnen.

(3) Umfasst ein Auftrag mehrere im Wesentlichen gleiche Gebäude, Ingenieurbauwerke, Verkehrsanlagen oder Tragwerke, die im zeitlichen oder örtlichen Zusammenhang unter gleichen baulichen Verhältnissen geplant und errichtet werden sollen, oder mehrere Objekte nach Typenplanung oder Serienbauten, so sind die Prozentsätze der Leistungsphasen 1 bis 6 für die erste bis vierte Wiederholung um 50 Prozent, für die fünfte bis siebte Wiederholung um 60 Prozent und ab der achten Wiederholung um 90 Prozent zu mindern.

(4) Umfasst ein Auftrag Grundleistungen, die bereits Gegenstand eines anderen Auftrags über ein gleiches Gebäude, Ingenieurbauwerk oder Tragwerk zwischen den Vertragsparteien waren, so ist Absatz 3 für die Prozentsätze der beauftragten Leistungsphasen in Bezug auf den neuen Auftrag auch dann anzuwenden, wenn die Grundleistungen nicht im zeitlichen oder örtlichen Zusammenhang erbracht werden sollen.

§ 12 Instandsetzungen und Instandhaltungen. (1) Honorare für Grundleistungen bei Instandsetzungen und Instandhaltungen von Objekten sind nach den anrechenbaren Kosten, der Honorarzone, den Leistungsphasen und der Honorartafel zur Honorarorientierung, der die Instandhaltungs- oder Instandsetzungsmaßnahme zuzuordnen ist, zu ermitteln.

(2) Für Grundleistungen bei Instandsetzungen und Instandhaltungen von Objekten kann in Textform vereinbart werden, dass der Prozentsatz für die Objektüberwachung oder Bauoberleitung um bis zu 50 Prozent der Bewertung dieser Leistungsphase erhöht wird.

§ 13 Interpolation. Zwischenstufen der in den Honorartafeln angegebenen anrechenbaren Kosten und Flächen oder Verrechnungseinheiten sind durch lineare Interpolation zu ermitteln.

§ 14 Nebenkosten. (1) [1]Der Auftragnehmer kann neben den Honoraren dieser Verordnung auch die für die Ausführung des Auftrags erforderlichen Nebenkosten in Rechnung stellen; ausgenommen sind die abziehbaren Vorsteuern gemäß § 15 Absatz 1 des Umsatzsteuergesetzes in der jeweils geltenden

Fassung. ²Die Vertragsparteien können in Textform vereinbaren, dass abweichend von Satz 1 eine Erstattung ganz oder teilweise ausgeschlossen ist.

(2) Zu den Nebenkosten gehören insbesondere:

1. Versandkosten, Kosten für Datenübertragungen,
2. Kosten für Vervielfältigungen von Zeichnungen und schriftlichen Unterlagen sowie für die Anfertigung von Filmen und Fotos,
3. Kosten für ein Baustellenbüro einschließlich der Einrichtung, Beleuchtung und Beheizung,
4. Fahrtkosten für Reisen, die über einen Umkreis von 15 Kilometern um den Geschäftssitz des Auftragnehmers hinausgehen, in Höhe der steuerlich zulässigen Pauschalsätze, sofern nicht höhere Aufwendungen nachgewiesen werden,
5. Trennungsentschädigungen und Kosten für Familienheimfahrten in Höhe der steuerlich zulässigen Pauschalsätze, sofern nicht höhere Aufwendungen an Mitarbeiter oder Mitarbeiterinnen des Auftragnehmers auf Grund von tariflichen Vereinbarungen bezahlt werden,
6. Entschädigungen für den sonstigen Aufwand bei längeren Reisen nach Nummer 4, sofern die Entschädigungen vor der Geschäftsreise in Textform vereinbart worden sind,
7. Entgelte für nicht dem Auftragnehmer obliegende Leistungen, die von ihm im Einvernehmen mit dem Auftraggeber Dritten übertragen worden sind.

(3) ¹Nebenkosten können pauschal oder nach Einzelnachweis abgerechnet werden. ²Sie sind nach Einzelnachweis abzurechnen, sofern keine pauschale Abrechnung in Textform vereinbart worden ist.

§ 15 Fälligkeit des Honorars, Abschlagszahlungen. ¹Für die Fälligkeit der Honorare für die von dieser Verordnung erfassten Leistungen gilt § 650g Absatz 4 des Bürgerlichen Gesetzbuchs[1)] entsprechend. ²Für das Recht, Abschlagszahlungen zu verlangen, gilt § 632a des Bürgerlichen Gesetzbuchs[1)] entsprechend.

§ 16 Umsatzsteuer. (1) ¹Der Auftragnehmer hat Anspruch auf Ersatz der gesetzlich geschuldeten Umsatzsteuer für nach dieser Verordnung abrechenbare Leistungen, sofern nicht die Kleinunternehmerregelung nach § 19 des Umsatzsteuergesetzes angewendet wird. ²Satz 1 ist auch hinsichtlich der um die nach § 15 des Umsatzsteuergesetzes abziehbaren Vorsteuer gekürzten Nebenkosten anzuwenden, die nach § 14 dieser Verordnung weiterberechenbar sind.

(2) ¹Auslagen gehören nicht zum Entgelt für die Leistung des Auftragnehmers. ²Sie sind als durchlaufende Posten im umsatzsteuerrechtlichen Sinn einschließlich einer gegebenenfalls enthaltenen Umsatzsteuer weiter zu berechnen.

[1)] Nr. 2.

Teil 2. Flächenplanung

Abschnitt 1. Bauleitplanung

§ 17 Anwendungsbereich. (1) Leistungen der Bauleitplanung umfassen die Vorbereitung der Aufstellung von Flächennutzungs- und Bebauungsplänen im Sinne des § 1 Absatz 2 des Baugesetzbuches in der jeweils geltenden Fassung die erforderlichen Ausarbeitungen und Planfassungen sowie die Mitwirkung beim Verfahren.

(2) Leistungen beim Städtebaulichen Entwurf sind Besondere Leistungen.

§ 18 Leistungsbild Flächennutzungsplan. (1) ¹Die Grundleistungen bei Flächennutzungsplänen sind in drei Leistungsphasen unterteilt und werden wie folgt in Prozentsätzen der Honorare des § 20 bewertet:

1. für die Leistungsphase 1 (Vorentwurf für die frühzeitigen Beteiligungen)
Vorentwurf für die frühzeitigen Beteiligungen nach den Bestimmungen des Baugesetzbuches mit 60 Prozent,
2. für die Leistungsphase 2 (Entwurf zur öffentlichen Auslegung)
Entwurf für die öffentliche Auslegung nach den Bestimmungen des Baugesetzbuches mit 30 Prozent,
3. für die Leistungsphase 3 (Plan zur Beschlussfassung)
Plan für den Beschluss durch die Gemeinde mit 10 Prozent.

²Der Vorentwurf, Entwurf oder Plan ist jeweils in der vorgeschriebenen Fassung mit Begründung anzufertigen.

(2) ¹Anlage 2 regelt, welche Grundleistungen jede Leistungsphase umfasst.
²Anlage 9 enthält Beispiele für Besondere Leistungen.

§ 19 Leistungsbild Bebauungsplan. (1) ¹Die Grundleistungen bei Bebauungsplänen sind in drei Leistungsphasen unterteilt und werden wie folgt in Prozentsätzen der Honorare des § 21 bewertet:

1. für die Leistungsphase 1 (Vorentwurf für die frühzeitigen Beteiligungen)
Vorentwurf für die frühzeitigen Beteiligungen nach den Bestimmungen des Baugesetzbuches mit 60 Prozent,
2. für die Leistungsphase 2 (Entwurf zur öffentlichen Auslegung)
Entwurf für die öffentliche Auslegung nach den Bestimmungen des Baugesetzbuches mit 30 Prozent,
3. für die Leistungsphase 3 (Plan zur Beschlussfassung)
Plan für den Beschluss durch die Gemeinde mit 10 Prozent.

²Der Vorentwurf, Entwurf oder Plan ist jeweils in der vorgeschriebenen Fassung mit Begründung anzufertigen.

(2) ¹Anlage 3 regelt, welche Grundleistungen jede Leistungsphase umfasst.
²Anlage 9 enthält Beispiele für Besondere Leistungen.

§ 20 Honorare für Grundleistungen bei Flächennutzungsplänen.

(1) Für die in § 18 und Anlage 2 genannten Grundleistungen bei Flächennutzungsplänen sind die in der nachstehenden Honorartafel aufgeführten Honorarspannen Orientierungswerte:

Fläche in Hektar	Honorarzone I geringe Anforderungen		Honorarzone II durchschnittliche Anforderungen		Honorarzone III hohe Anforderungen	
	von	bis	von	bis	von	bis
	Euro		Euro		Euro	
1 000	70 439	85 269	85 269	100 098	100 098	114 927
1 250	78 957	95 579	95 579	112 202	112 202	128 824
1 500	86 492	104 700	104 700	122 909	122 909	141 118
1 750	93 260	112 894	112 894	132 527	132 527	152 161
2 000	99 407	120 334	120 334	141 262	141 262	162 190
2 500	111 311	134 745	134 745	158 178	158 178	181 612
3 000	121 868	147 525	147 525	173 181	173 181	198 838
3 500	131 387	159 047	159 047	186 707	186 707	214 367
4 000	140 069	169 557	169 557	199 045	199 045	228 533
5 000	155 461	188 190	188 190	220 918	220 918	253 647
6 000	168 813	204 352	204 352	239 892	239 892	275 431
7 000	180 589	218 607	218 607	256 626	256 626	294 645
8 000	191 097	231 328	231 328	271 559	271 559	311 790
9 000	200 556	242 779	242 779	285 001	285 001	327 224
10 000	209 126	253 153	253 153	297 179	297 179	341 206
11 000	216 893	262 555	262 555	308 217	308 217	353 878
12 000	223 912	271 052	271 052	318 191	318 191	365 331
13 000	230 331	278 822	278 822	327 313	327 313	375 804
14 000	236 214	285 944	285 944	335 673	335 673	385 402
15 000	241 614	292 480	292 480	343 346	343 346	394 213

(2) Das Honorar für die Aufstellung von Flächennutzungsplänen ist nach der Fläche des Plangebiets in Hektar und nach der Honorarzone zu berechnen.

(3) Welchen Honorarzonen die Grundleistungen zugeordnet werden, richtet sich nach folgenden Bewertungsmerkmalen:

1. zentralörtliche Bedeutung und Gemeindestruktur,
2. Nutzungsvielfalt und Nutzungsdichte,
3. Einwohnerstruktur, Einwohnerentwicklung und Gemeinbedarfsstandorte,
4. Verkehr und Infrastruktur,
5. Topografie, Geologie und Kulturlandschaft,
6. Klima-, Natur- und Umweltschutz.

(4) [1] Sind auf einen Flächennutzungsplan Bewertungsmerkmale aus mehreren Honorarzonen anwendbar und bestehen deswegen Zweifel, welcher Honorarzone der Flächennutzungsplan zugeordnet werden kann, so ist zunächst die Anzahl der Bewertungspunkte zu ermitteln. [2] Zur Ermittlung der Bewertungspunkte werden die Bewertungsmerkmale wie folgt gewichtet:

1. geringe Anforderungen: 1 Punkt,
2. durchschnittliche Anforderungen: 2 Punkte,
3. hohe Anforderungen: 3 Punkte.

Honorarordnung für Architekten und Ingenieure § 21 HOAI 5

(5) Der Flächennutzungsplan ist anhand der nach Absatz 4 ermittelten Bewertungspunkte einer der Honorarzonen zuzuordnen:
1. Honorarzone I: bis zu 9 Punkte,
2. Honorarzone II: 10 bis 14 Punkte,
3. Honorarzone III: 15 bis 18 Punkte.

(6) Werden Teilflächen bereits aufgestellter Flächennutzungspläne (Planausschnitte) geändert oder überarbeitet, kann das Honorar auch abweichend von den Grundsätzen des Absatzes 2 vereinbart werden.

§ 21 Honorare für Grundleistungen bei Bebauungsplänen. (1) Für die in § 19 und Anlage 3 genannten Grundleistungen bei Bebauungsplänen sind die in der nachstehenden Honorartafel aufgeführten Honorarspannen Orientierungswerte:

Fläche in Hektar	Honorarzone I geringe Anforderungen		Honorarzone II durchschnittliche Anforderungen		Honorarzone III hohe Anforderungen	
	von	bis	von	bis	von	bis
	Euro		Euro		Euro	
0,5	5 000	5 335	5 335	7 838	7 838	10 341
1	5 000	8 799	8 799	12 926	12 926	17 054
2	7 699	14 502	14 502	21 305	21 305	28 109
3	10 306	19 413	19 413	28 521	28 521	37 628
4	12 669	23 866	23 866	35 062	35 062	46 258
5	14 864	28 000	28 000	41 135	41 135	54 271
6	16 931	31 893	31 893	46 856	46 856	61 818
7	18 896	35 595	35 595	52 294	52 294	68 992
8	20 776	39 137	39 137	57 497	57 497	75 857
9	22 584	42 542	42 542	62 501	62 501	82 459
10	24 330	45 830	45 830	67 331	67 331	88 831
15	32 325	60 892	60 892	89 458	89 458	118 025
20	39 427	74 270	74 270	109 113	109 113	143 956
25	46 385	87 376	87 376	128 366	128 366	169 357
30	52 975	99 791	99 791	146 606	146 606	193 422
40	65 342	123 086	123 086	180 830	180 830	238 574
50	76 901	144 860	144 860	212 819	212 819	280 778
60	87 599	165 012	165 012	242 425	242 425	319 838
80	107 471	202 445	202 445	297 419	297 419	392 393
100	125 791	236 955	236 955	348 119	348 119	459 282

(2) Das Honorar für die Aufstellung von Bebauungsplänen ist nach der Fläche des Plangebiets in Hektar und nach der Honorarzone zu berechnen.

(3) Welchen Honorarzonen die Grundleistungen zugeordnet werden, richtet sich nach folgenden Bewertungsmerkmalen:
1. Nutzungsvielfalt und Nutzungsdichte,
2. Baustruktur und Baudichte,
3. Gestaltung und Denkmalschutz,
4. Verkehr und Infrastruktur,
5. Topografie und Landschaft,
6. Klima-, Natur- und Umweltschutz.

(4) Für die Ermittlung der Honorarzone bei Bebauungsplänen ist § 20 Absatz 4 und 5 entsprechend anzuwenden.

(5) Wird die Größe des Plangebiets im förmlichen Verfahren während der Leistungserbringung geändert, so ist das Honorar für die Leistungsphasen, die bis zur Änderung noch nicht erbracht sind, nach der geänderten Größe des Plangebiets zu berechnen.

Abschnitt 2. Landschaftsplanung

§ 22 Anwendungsbereich. (1) Landschaftsplanerische Leistungen umfassen das Vorbereiten und das Erstellen der für die Pläne nach Absatz 2 erforderlichen Ausarbeitungen.

(2) Die Bestimmungen dieses Abschnitts sind für folgende Pläne anzuwenden:

1. Landschaftspläne,
2. Grünordnungspläne und Landschaftsplanerische Fachbeiträge,
3. Landschaftsrahmenpläne,
4. Landschaftspflegerische Begleitpläne,
5. Pflege- und Entwicklungspläne.

§ 23 Leistungsbild Landschaftsplan. (1) Die Grundleistungen bei Landschaftsplänen sind in vier Leistungsphasen unterteilt und werden wie folgt in Prozentsätzen der Honorare des § 28 bewertet:

1. für die Leistungsphase 1 (Klären der Aufgabenstellung und Ermitteln des Leistungsumfangs) mit 3 Prozent,
2. für die Leistungsphase 2 (Ermitteln der Planungsgrundlagen) mit 37 Prozent,
3. für die Leistungsphase 3 (Vorläufige Fassung) mit 50 Prozent,
4. für die Leistungsphase 4 (Abgestimmte Fassung) mit 10 Prozent.

(2) [1] Anlage 4 regelt die Grundleistungen jeder Leistungsphase. [2] Anlage 9 enthält Beispiele für Besondere Leistungen.

§ 24 Leistungsbild Grünordnungsplan. (1) Die Grundleistungen bei Grünordnungsplänen und Landschaftsplanerischen Fachbeiträgen sind in vier Leistungsphasen zusammengefasst und werden wie folgt in Prozentsätzen der Honorare des § 29 bewertet:

1. für die Leistungsphase 1 (Klären der Aufgabenstellung und Ermitteln des Leistungsumfangs) mit 3 Prozent,
2. für die Leistungsphase 2 (Ermitteln der Planungsgrundlagen) mit 37 Prozent,
3. für die Leistungsphase 3 (Vorläufige Fassung) mit 50 Prozent,
4. für die Leistungsphase 4 (Abgestimmte Fassung) mit 10 Prozent.

(2) [1] Anlage 5 regelt die Grundleistungen jeder Leistungsphase. [2] Anlage 9 enthält Beispiele für Besondere Leistungen.

§ 25 Leistungsbild Landschaftsrahmenplan. (1) Die Grundleistungen bei Landschaftsrahmenplänen sind in vier Leistungsphasen unterteilt und werden wie folgt in Prozentsätzen der Honorare des § 30 bewertet:

1. für die Leistungsphase 1 (Klären der Aufgabenstellung und Ermitteln des Leistungsumfangs) mit 3 Prozent,

Honorarordnung für Architekten und Ingenieure §§ 26–28 **HOAI 5**

2. für die Leistungsphase 2 (Ermitteln der Planungsgrundlagen) mit 37 Prozent,
3. für die Leistungsphase 3 (Vorläufige Fassung) mit 50 Prozent,
4. für die Leistungsphase 4 (Abgestimmte Fassung) mit 10 Prozent.

(2) ¹Anlage 6 regelt die Grundleistungen jeder Leistungsphase. ²Anlage 9 enthält Beispiele für Besondere Leistungen.

§ 26 Leistungsbild Landschaftspflegerischer Begleitplan. (1) Die Grundleistungen bei Landschaftspflegerischen Begleitplänen sind in vier Leistungsphasen unterteilt und werden wie folgt in Prozentsätzen der Honorare des § 31 bewertet:

1. für die Leistungsphase 1 (Klären der Aufgabenstellung und Ermitteln des Leistungsumfangs) mit 3 Prozent,
2. für die Leistungsphase 2 (Ermitteln und Bewerten der Planungsgrundlagen) mit 37 Prozent,
3. für die Leistungsphase 3 (Vorläufige Fassung) mit 50 Prozent,
4. für die Leistungsphase 4 (Abgestimmte Fassung) mit 10 Prozent.

(2) ¹Anlage 7 regelt die Grundleistungen jeder Leistungsphase. ²Anlage 9 enthält Beispiele für Besondere Leistungen.

§ 27 Leistungsbild Pflege- und Entwicklungsplan. (1) Die Grundleistungen bei Pflege- und Entwicklungsplänen sind in vier Leistungsphasen zusammengefasst und werden wie folgt in Prozentsätzen der Honorare des § 32 bewertet:

1. für die Leistungsphase 1 (Zusammenstellen der Ausgangsbedingungen) mit 3 Prozent,
2. für die Leistungsphase 2 (Ermitteln der Planungsgrundlagen) mit 37 Prozent,
3. für die Leistungsphase 3 (Vorläufige Fassung) mit 50 Prozent und
4. für die Leistungsphase 4 (Abgestimmte Fassung) mit 10 Prozent.

(2) ¹Anlage 8 regelt die Grundleistungen jeder Leistungsphase. ²Anlage 9 enthält Beispiele für Besondere Leistungen.

§ 28 Honorare für Grundleistungen bei Landschaftsplänen. (1) Für die in § 23 und Anlage 4 genannten Grundleistungen bei Landschaftsplänen sind die in der nachstehenden Honorartafel aufgeführten Honorarspannen Orientierungswerte:

Fläche in Hektar	Honorarzone I geringe Anforderungen		Honorarzone II durchschnittliche Anforderungen		Honorarzone III hohe Anforderungen	
	von	bis	von	bis	von	bis
	Euro		Euro		Euro	
1 000	23 403	27 963	27 963	32 826	32 826	37 385
1 250	26 560	31 735	31 735	37 254	37 254	42 428
1 500	29 445	35 182	35 182	41 300	41 300	47 036
1 750	32 119	38 375	38 375	45 049	45 049	51 306
2 000	34 620	41 364	41 364	48 558	48 558	55 302
2 500	39 212	46 851	46 851	54 999	54 999	62 638
3 000	43 374	51 824	51 824	60 837	60 837	69 286
3 500	47 199	56 393	56 393	66 201	66 201	75 396
4 000	50 747	60 633	60 633	71 178	71 178	81 064

5 HOAI § 28 Honorarordnung für Architekten und Ingenieure

Fläche in Hektar	Honorarzone I geringe Anforderungen		Honorarzone II durchschnittliche Anforderungen		Honorarzone III hohe Anforderungen	
	von	bis	von	bis	von	bis
	Euro		Euro		Euro	
5 000	57 180	68 319	68 319	80 200	80 200	91 339
6 000	63 562	75 944	75 944	89 151	89 151	101 533
7 000	69 505	83 045	83 045	97 487	97 487	111 027
8 000	75 095	89 724	89 724	105 329	105 329	119 958
9 000	80 394	96 055	96 055	112 761	112 761	128 422
10 000	85 445	102 090	102 090	119 845	119 845	136 490
11 000	89 986	107 516	107 516	126 214	126 214	143 744
12 000	94 309	112 681	112 681	132 278	132 278	150 650
13 000	98 438	117 615	117 615	138 069	138 069	157 246
14 000	102 392	122 339	122 339	143 615	143 615	163 562
15 000	106 187	126 873	126 873	148 938	148 938	169 623

(2) Das Honorar für die Aufstellung von Landschaftsplänen ist nach der Fläche des Planungsgebiets in Hektar und nach der Honorarzone zu berechnen.

(3) Welchen Honorarzonen die Grundleistungen zugeordnet werden, richtet sich nach folgenden Bewertungsmerkmalen:

1. topographische Verhältnisse,
2. Flächennutzung,
3. Landschaftsbild,
4. Anforderungen an Umweltsicherung und Umweltschutz,
5. ökologische Verhältnisse,
6. Bevölkerungsdichte.

(4) [1] Sind auf einen Landschaftsplan Bewertungsmerkmale aus mehreren Honorarzonen anwendbar und bestehen deswegen Zweifel, welcher Honorarzone der Landschaftsplan zugeordnet werden kann, so ist zunächst die Anzahl der Bewertungspunkte zu ermitteln. [2] Zur Ermittlung der Bewertungspunkte werden die Bewertungsmerkmale wie folgt gewichtet:

1. die Bewertungsmerkmale gemäß Absatz 3 Nummer 1, 2, 3 und 6 mit je bis zu 6 Punkten und
2. die Bewertungsmerkmale gemäß Absatz 3 Nummer 4 und 5 und mit je bis zu 9 Punkten.

(5) Der Landschaftsplan ist anhand der nach Absatz 4 ermittelten Bewertungspunkte einer der Honorarzonen zuzuordnen:

1. Honorarzone I: bis zu 16 Punkte,
2. Honorarzone II: 17 bis 30 Punkte,
3. Honorarzone III: 31 bis 42 Punkte.

(6) Werden Teilflächen bereits aufgestellter Landschaftspläne (Planausschnitte) geändert oder überarbeitet, kann das Honorar abweichend von den Grundsätzen des Absatzes 2 vereinbart werden.

Honorarordnung für Architekten und Ingenieure § 29 HOAI 5

§ 29 Honorare für Grundleistungen bei Grünordnungsplänen.

(1) Für die in § 24 und Anlage 5 genannten Grundleistungen bei Grünordnungsplänen und Landschaftsplanerischen Fachbeiträgen sind die in der nachstehenden Honorartafel aufgeführten Honorarspannen Orientierungswerte:

Fläche in Hektar	Honorarzone I geringe Anforderungen		Honorarzone II durchschnittliche Anforderungen		Honorarzone III hohe Anforderungen	
	von	bis	von	bis	von	bis
	Euro		Euro		Euro	
1,5	5 219	6 067	6 067	6 980	6 980	7 828
2	6 008	6 985	6 985	8 036	8 036	9 013
3	7 450	8 661	8 661	9 965	9 965	11 175
4	8 770	10 195	10 195	11 730	11 730	13 155
5	10 006	11 632	11 632	13 383	13 383	15 009
10	15 445	17 955	17 955	20 658	20 658	23 167
15	20 183	23 462	23 462	26 994	26 994	30 274
20	24 513	28 496	28 496	32 785	32 785	36 769
25	28 560	33 201	33 201	38 199	38 199	42 840
30	32 394	37 658	37 658	43 326	43 326	48 590
40	39 580	46 011	46 011	52 938	52 938	59 370
50	46 282	53 803	53 803	61 902	61 902	69 423
75	61 579	71 586	71 586	82 362	82 362	92 369
100	75 430	87 687	87 687	100 887	100 887	113 145
125	88 255	102 597	102 597	118 042	118 042	132 383
150	100 288	116 585	116 585	134 136	134 136	150 433
175	111 675	129 822	129 822	149 366	149 366	167 513
200	122 516	142 425	142 425	163 866	163 866	183 774
225	133 555	155 258	155 258	178 630	178 630	200 333
250	144 284	167 730	167 730	192 980	192 980	216 426

(2) Das Honorar für Grundleistungen bei Grünordnungsplänen ist nach der Fläche des Planungsgebiets in Hektar und nach der Honorarzone zu berechnen.

(3) Welchen Honorarzonen die Grundleistungen zugeordnet werden, richtet sich nach folgenden Bewertungsmerkmalen:

1. Topographie,
2. ökologische Verhältnisse,
3. Flächennutzungen und Schutzgebiete,
4. Umwelt-, Klima-, Denkmal- und Naturschutz,
5. Erholungsvorsorge,
6. Anforderung an die Freiraumgestaltung.

(4) [1] Sind auf einen Grünordnungsplan Bewertungsmerkmale aus mehreren Honorarzonen anwendbar und bestehen deswegen Zweifel, welcher Honorarzone der Grünordnungsplan zugeordnet werden kann, so ist zunächst die Anzahl der Bewertungspunkte zu ermitteln. [2] Zur Ermittlung der Bewertungspunkte werden die Bewertungsmerkmale wie folgt gewichtet:

1. die Bewertungsmerkmale gemäß Absatz 3 Nummer 1, 2, 3 und 5 mit je bis zu 6 Punkten und

2. die Bewertungsmerkmale gemäß Absatz 3 Nummer 4 und 6 mit je bis zu 9 Punkten.

(5) Der Grünordnungsplan ist anhand der nach Absatz 4 ermittelten Bewertungspunkte einer der Honorarzonen zuzuordnen:
1. Honorarzone I: bis zu 16 Punkte,
2. Honorarzone II: 17 bis 30 Punkte,
3. Honorarzone III: 31 bis 42 Punkte.

(6) Wird die Größe des Planungsgebiets während der Leistungserbringung geändert, so ist das Honorar für die Leistungsphasen, die bis zur Änderung noch nicht erbracht sind, nach der geänderten Größe des Planungsgebiets zu berechnen.

§ 30 Honorare für Grundleistungen bei Landschaftsrahmenplänen.

(1) Für die in § 25 und Anlage 6 genannten Grundleistungen bei Landschaftsrahmenplänen sind die in der nachstehenden Honorartafel aufgeführten Honorarspannen Orientierungswerte:

Fläche in Hektar	Honorarzone I geringe Anforderungen		Honorarzone II durchschnittliche Anforderungen		Honorarzone III hohe Anforderungen	
	von	bis	von	bis	von	bis
	Euro		Euro		Euro	
5 000	61 880	71 935	71 935	82 764	82 764	92 820
6 000	67 933	78 973	78 973	90 861	90 861	101 900
7 000	73 473	85 413	85 413	98 270	98 270	110 210
8 000	78 600	91 373	91 373	105 128	105 128	117 901
9 000	83 385	96 936	96 936	111 528	111 528	125 078
10 000	87 880	102 161	102 161	117 540	117 540	131 820
12 000	96 149	111 773	111 773	128 599	128 599	144 223
14 000	103 631	120 471	120 471	138 607	138 607	155 447
16 000	110 477	128 430	128 430	147 763	147 763	165 716
18 000	116 791	135 769	135 769	156 208	156 208	175 186
20 000	122 649	142 580	142 580	164 043	164 043	183 974
25 000	138 047	160 480	160 480	184 638	184 638	207 070
30 000	152 052	176 761	176 761	203 370	203 370	228 078
40 000	177 097	205 875	205 875	236 867	236 867	265 645
50 000	199 330	231 721	231 721	266 604	266 604	298 995
60 000	219 553	255 230	255 230	293 652	293 652	329 329
70 000	238 243	276 958	276 958	318 650	318 650	357 365
80 000	253 946	295 212	295 212	339 652	339 652	380 918
90 000	268 420	312 038	312 038	359 011	359 011	402 630
100 000	281 843	327 643	327 643	376 965	376 965	422 765

(2) Das Honorar für Grundleistungen bei Landschaftsrahmenplänen ist nach der Fläche des Planungsgebiets in Hektar und nach der Honorarzone zu berechnen.

(3) Welchen Honorarzonen die Grundleistungen zugeordnet werden, richtet sich nach folgenden Bewertungsmerkmalen:
1. topographische Verhältnisse,
2. Raumnutzung und Bevölkerungsdichte,
3. Landschaftsbild,

Honorarordnung für Architekten und Ingenieure § 31 HOAI 5

4. Anforderungen an Umweltsicherung, Klima- und Naturschutz,
5. ökologische Verhältnisse,
6. Freiraumsicherung und Erholung.

(4) [1] Sind für einen Landschaftsrahmenplan Bewertungsmerkmale aus mehreren Honorarzonen anwendbar und bestehen deswegen Zweifel, welcher Honorarzone der Landschaftsrahmenplan zugeordnet werden kann, so ist zunächst die Anzahl der Bewertungspunkte zu ermitteln. [2] Zur Ermittlung der Bewertungspunkte werden die Bewertungsmerkmale wie folgt gewichtet:

1. die Bewertungsmerkmale gemäß Absatz 3 Nummer 1, 2, 3 und 6 mit je bis zu 6 Punkten und
2. die Bewertungsmerkmale gemäß Absatz 3 Nummer 4 und 5 mit je bis zu 9 Punkten.

(5) Der Landschaftsrahmenplan ist anhand der nach Absatz 4 ermittelten Bewertungspunkte einer der Honorarzonen zuzuordnen:
1. Honorarzone I: bis zu 16 Punkte,
2. Honorarzone II: 17 bis 30 Punkte,
3. Honorarzone III: 31 bis 42 Punkte.

(6) Wird die Größe des Planungsgebiets während der Leistungserbringung geändert, so ist das Honorar für die Leistungsphasen, die bis zur Änderung noch nicht erbracht sind, nach der geänderten Größe des Planungsgebiets zu berechnen.

§ 31 Honorare für Grundleistungen bei Landschaftspflegerischen Begleitplänen. (1) Für die in § 26 und Anlage 7 genannten Grundleistungen bei Landschaftspflegerischen Begleitplänen sind die in der nachstehenden Honorartafel aufgeführten Honorarspannen Orientierungswerte:

Fläche in Hektar	Honorarzone I geringe Anforderungen		Honorarzone II durchschnittliche Anforderungen		Honorarzone III hohe Anforderungen	
	von	bis	von	bis	von	bis
	Euro		Euro		Euro	
6	5 324	6 189	6 189	7 121	7 121	7 986
8	6 130	7 126	7 126	8 199	8 199	9 195
12	7 600	8 836	8 836	10 166	10 166	11 401
16	8 947	10 401	10 401	11 966	11 966	13 420
20	10 207	11 866	11 866	13 652	13 652	15 311
40	15 755	18 315	18 315	21 072	21 072	23 632
100	29 126	33 859	33 859	38 956	38 956	43 689
200	47 180	54 846	54 846	63 103	63 103	70 769
300	62 748	72 944	72 944	83 925	83 925	94 121
400	76 829	89 314	89 314	102 759	102 759	115 244
500	89 855	104 456	104 456	120 181	120 181	134 782
600	102 062	118 647	118 647	136 508	136 508	153 093
700	113 602	132 062	132 062	151 942	151 942	170 402
800	124 575	144 819	144 819	166 620	166 620	186 863
1 200	167 729	194 985	194 985	224 338	224 338	251 594
1 600	207 279	240 961	240 961	277 235	277 235	310 918
2 000	244 349	284 056	284 056	326 817	326 817	366 524
2 400	279 559	324 987	324 987	373 910	373 910	419 338

5 HOAI § 32 Honorarordnung für Architekten und Ingenieure

Fläche in Hektar	Honorarzone I geringe Anforderungen		Honorarzone II durchschnittliche Anforderungen		Honorarzone III hohe Anforderungen	
	von	bis	von	bis	von	bis
	Euro		Euro		Euro	
3 200	343 814	399 683	399 683	459 851	459 851	515 720
4 000	400 847	465 985	465 985	536 133	536 133	601 270

(2) Das Honorar für Grundleistungen bei Landschaftspflegerischen Begleitplänen ist nach der Fläche des Planungsgebiets in Hektar und nach der Honorarzone zu berechnen.

(3) Welchen Honorarzonen die Grundleistungen zugeordnet werden, richtet sich nach folgenden Bewertungsmerkmalen:

1. ökologisch bedeutsame Strukturen und Schutzgebiete,
2. Landschaftsbild und Erholungsnutzung,
3. Nutzungsansprüche,
4. Anforderungen an die Gestaltung von Landschaft und Freiraum,
5. Empfindlichkeit gegenüber Umweltbelastungen und Beeinträchtigungen von Natur und Landschaft,
6. potenzielle Beeinträchtigungsintensität der Maßnahme.

(4) [1]Sind für einen Landschaftspflegerischen Begleitplan Bewertungsmerkmale aus mehreren Honorarzonen anwendbar und bestehen deswegen Zweifel, welcher Honorarzone der Landschaftspflegerische Begleitplan zugeordnet werden kann, so ist zunächst die Anzahl der Bewertungspunkte zu ermitteln. [2]Zur Ermittlung der Bewertungspunkte werden die Bewertungsmerkmale wie folgt gewichtet:

1. die Bewertungsmerkmale gemäß Absatz 3 Nummer 1, 2, 3 und 4 mit je bis zu 6 Punkten und
2. die Bewertungsmerkmale gemäß Absatz 3 Nummer 5 und 6 mit je bis zu 9 Punkten.

(5) Der Landschaftspflegerische Begleitplan ist anhand der nach Absatz 4 ermittelten Bewertungspunkte einer der Honorarzonen zuzuordnen:

1. Honorarzone I: bis zu 16 Punkte,
2. Honorarzone II: 17 bis 30 Punkte,
3. Honorarzone III: 31 bis 42 Punkte.

(6) Wird die Größe des Planungsgebiets während der Leistungserbringung geändert, so ist das Honorar für die Leistungsphasen, die bis zur Änderung noch nicht erbracht sind, nach der geänderten Größe des Planungsgebiets zu berechnen.

§ 32 Honorare für Grundleistungen bei Pflege- und Entwicklungsplänen. (1) Für die in § 27 und Anlage 8 genannten Grundleistungen bei Pflege- und Entwicklungsplänen sind die in der nachstehenden Honorartafel aufgeführten Honorarspannen Orientierungswerte:

Honorarordnung für Architekten und Ingenieure § 32 **HOAI 5**

Fläche in Hektar	Honorarzone I geringe Anforderungen		Honorarzone II durchschnittliche Anforderungen		Honorarzone III hohe Anforderungen	
	von	bis	von	bis	von	bis
	Euro		Euro		Euro	
5	3 852	7 704	7 704	11 556	11 556	15 408
10	4 802	9 603	9 603	14 405	14 405	19 207
15	5 481	10 963	10 963	16 444	16 444	21 925
20	6 029	12 058	12 058	18 087	18 087	24 116
30	6 906	13 813	13 813	20 719	20 719	27 626
40	7 612	15 225	15 225	22 837	22 837	30 450
50	8 213	16 425	16 425	24 638	24 638	32 851
75	9 433	18 866	18 866	28 298	28 298	37 731
100	10 408	20 816	20 816	31 224	31 224	41 633
150	11 949	23 899	23 899	35 848	35 848	47 798
200	13 165	26 330	26 330	39 495	39 495	52 660
300	15 318	30 636	30 636	45 954	45 954	61 272
400	17 087	34 174	34 174	51 262	51 262	68 349
500	18 621	37 242	37 242	55 863	55 863	74 484
750	21 833	43 666	43 666	65 500	65 500	87 333
1 000	24 507	49 014	49 014	73 522	73 522	98 029
1 500	28 966	57 932	57 932	86 898	86 898	115 864
2 500	36 065	72 131	72 131	108 196	108 196	144 261
5 000	49 288	98 575	98 575	147 863	147 863	197 150
10 000	69 015	138 029	138 029	207 044	207 044	276 058

(2) Das Honorar für Grundleistungen bei Pflege- und Entwicklungsplänen ist nach der Fläche des Planungsgebiets in Hektar und nach der Honorarzone zu berechnen.

(3) Welchen Honorarzonen die Grundleistungen zugeordnet werden, richtet sich nach folgenden Bewertungsmerkmalen:

1. fachliche Vorgaben,

2. Differenziertheit des floristischen Inventars oder der Pflanzengesellschaften,

3. Differenziertheit des faunistischen Inventars,

4. Beeinträchtigungen oder Schädigungen von Naturhaushalt und Landschaftsbild,

5. Aufwand für die Festlegung von Zielaussagen sowie für Pflege- und Entwicklungsmaßnahmen.

(4) [1] Sind für einen Pflege- und Entwicklungsplan Bewertungsmerkmale aus mehreren Honorarzonen anwendbar und bestehen deswegen Zweifel, welcher Honorarzone der Pflege- und Entwicklungsplan zugeordnet werden kann, so ist zunächst die Anzahl der Bewertungspunkte zu ermitteln. [2] Zur Ermittlung der Bewertungspunkte werden die Bewertungsmerkmale wie folgt gewichtet:

1. das Bewertungsmerkmal gemäß Absatz 3 Nummer 1 mit bis zu 4 Punkten,

2. die Bewertungsmerkmale gemäß Absatz 3 Nummer 4 und 5 mit je bis zu 6 Punkten und

3. die Bewertungsmerkmale gemäß Absatz 3 Nummer 2 und 3 mit je bis zu 9 Punkten.

(5) Der Pflege- und Entwicklungsplan ist anhand der nach Absatz 4 ermittelten Bewertungspunkte einer der Honorarzonen zuzuordnen:
1. Honorarzone I: bis zu 13 Punkte,
2. Honorarzone II: 14 bis 24 Punkte,
3. Honorarzone III: 25 bis 34 Punkte.

(6) Wird die Größe des Planungsgebiets während der Leistungserbringung geändert, so ist das Honorar für die Leistungsphasen, die bis zur Änderung noch nicht erbracht sind, nach der geänderten Größe des Planungsgebiets zu berechnen.

Teil 3. Objektplanung

Abschnitt 1. Gebäude und Innenräume

§ 33 Besondere Grundlagen des Honorars. (1) Für Grundleistungen bei Gebäuden und Innenräumen sind die Kosten der Baukonstruktion anrechenbar.

(2) Für Grundleistungen bei Gebäuden und Innenräumen sind auch die Kosten für Technische Anlagen, die der Auftragnehmer nicht fachlich plant oder deren Ausführung er nicht fachlich überwacht,
1. vollständig anrechenbar bis zu einem Betrag von 25 Prozent der sonstigen anrechenbaren Kosten und
2. zur Hälfte anrechenbar mit dem Betrag, der 25 Prozent der sonstigen anrechenbaren Kosten übersteigt.

(3) Nicht anrechenbar sind insbesondere die Kosten für das Herrichten, für die nichtöffentliche Erschließung sowie für Leistungen zur Ausstattung und zu Kunstwerken, soweit der Auftragnehmer die Leistungen weder plant noch bei der Beschaffung mitwirkt oder ihre Ausführung oder ihren Einbau fachlich überwacht.

§ 34 Leistungsbild Gebäude und Innenräume. (1) Das Leistungsbild Gebäude und Innenräume umfasst Leistungen für Neubauten, Neuanlagen, Wiederaufbauten, Erweiterungsbauten, Umbauten, Modernisierungen, Instandsetzungen und Instandhaltungen.

(2) Leistungen für Innenräume sind die Gestaltung oder Erstellung von Innenräumen ohne wesentliche Eingriffe in Bestand oder Konstruktion.

(3) Die Grundleistungen sind in neun Leistungsphasen unterteilt und werden wie folgt in Prozentsätzen der Honorare des § 35 bewertet:
1. für die Leistungsphase 1 (Grundlagenermittlung) mit je 2 Prozent für Gebäude und Innenräume,
2. für die Leistungsphase 2 (Vorplanung) mit je 7 Prozent für Gebäude und Innenräume,
3. für die Leistungsphase 3 (Entwurfsplanung) mit 15 Prozent für Gebäude und Innenräume,
4. für die Leistungsphase 4 (Genehmigungsplanung) mit 3 Prozent für Gebäude und 2 Prozent für Innenräume,
5. für die Leistungsphase 5 (Ausführungsplanung) mit 25 Prozent für Gebäude und 30 Prozent für Innenräume,

Honorarordnung für Architekten und Ingenieure § 35 HOAI 5

6. für die Leistungsphase 6 (Vorbereitung der Vergabe) mit 10 Prozent für Gebäude und 7 Prozent für Innenräume,
7. für die Leistungsphase 7 (Mitwirkung bei der Vergabe) mit 4 Prozent für Gebäude und 3 Prozent für Innenräume,
8. für die Leistungsphase 8 (Objektüberwachung – Bauüberwachung und Dokumentation) mit 32 Prozent für Gebäude und Innenräume,
9. für die Leistungsphase 9 (Objektbetreuung) mit je 2 Prozent für Gebäude und Innenräume.

(4) Anlage 10 Nummer 10.1 regelt die Grundleistungen jeder Leistungsphase und enthält Beispiele für Besondere Leistungen.

§ 35 Honorare für Grundleistungen bei Gebäuden und Innenräumen.

(1) Für die in § 34 und der Anlage 10 Nummer 10.1 genannten Grundleistungen für Gebäude und Innenräume sind die in der nachstehenden Honorartafel aufgeführten Honorarspannen Orientierungswerte:

§ 35 Honorarordnung für Architekten und Ingenieure

Anrechenbare Kosten in Euro	Honorarzone I sehr geringe Anforderungen		Honorarzone II geringe Anforderungen		Honorarzone III durchschnittliche Anforderungen		Honorarzone IV hohe Anforderungen		Honorarzone V sehr hohe Anforderungen	
	von Euro	bis	von Euro	bis	von Euro	bis	von Euro	bis	von Euro	bis
25 000	3 120	3 657	3 657	4 339	4 339	5 412	5 412	6 094	6 094	6 631
35 000	4 217	4 942	4 942	5 865	5 865	7 315	7 315	8 237	8 237	8 962
50 000	5 804	6 801	6 801	8 071	8 071	10 066	10 066	11 336	11 336	12 333
75 000	8 342	9 776	9 776	11 601	11 601	14 469	14 469	16 293	16 293	17 727
100 000	10 790	12 644	12 644	15 005	15 005	18 713	18 713	21 074	21 074	22 928
150 000	15 500	18 164	18 164	21 555	21 555	26 883	26 883	30 274	30 274	32 938
200 000	20 037	23 480	23 480	27 863	27 863	34 751	34 751	39 134	39 134	42 578
300 000	28 750	33 692	33 692	39 981	39 981	49 864	49 864	56 153	56 153	61 095
500 000	45 232	53 006	53 006	62 900	62 900	78 449	78 449	88 343	88 343	96 118
750 000	64 666	75 781	75 781	89 927	89 927	112 156	112 156	126 301	126 301	137 416
1 000 000	83 182	97 479	97 479	115 675	115 675	144 268	144 268	162 464	162 464	176 761
1 500 000	119 307	139 813	139 813	165 911	165 911	206 923	206 923	233 022	233 022	253 527
2 000 000	153 965	180 428	180 428	214 108	214 108	267 034	267 034	300 714	300 714	327 177
3 000 000	220 161	258 002	258 002	306 162	306 162	381 843	381 843	430 003	430 003	467 843
5 000 000	343 879	402 984	402 984	478 207	478 207	596 416	596 416	671 640	671 640	730 744
7 500 000	493 923	578 816	578 816	686 862	686 862	856 648	856 648	964 694	964 694	1 049 587
10 000 000	638 277	747 981	747 981	887 604	887 604	1 107 012	1 107 012	1 246 635	1 246 635	1 356 339
15 000 000	915 129	1 072 416	1 072 416	1 272 601	1 272 601	1 587 176	1 587 176	1 787 360	1 787 360	1 944 648
20 000 000	1 180 414	1 383 298	1 383 298	1 641 513	1 641 513	2 047 281	2 047 281	2 305 496	2 305 496	2 508 380
25 000 000	1 436 874	1 683 837	1 683 837	1 998 153	1 998 153	2 492 079	2 492 079	2 806 395	2 806 395	3 053 358

(2) Welchen Honorarzonen die Grundleistungen für Gebäude zugeordnet werden, richtet sich nach folgenden Bewertungsmerkmalen:
1. Anforderungen an die Einbindung in die Umgebung,
2. Anzahl der Funktionsbereiche,
3. gestalterische Anforderungen,
4. konstruktive Anforderungen,
5. technische Ausrüstung,
6. Ausbau.

(3) Welchen Honorarzonen die Grundleistungen für Innenräume zugeordnet werden, richtet sich nach folgenden Bewertungsmerkmalen:
1. Anzahl der Funktionsbereiche,
2. Anforderungen an die Lichtgestaltung,
3. Anforderungen an die Raumzuordnung und Raumproportion,
4. technische Ausrüstung,
5. Farb- und Materialgestaltung,
6. konstruktive Detailgestaltung.

(4) ¹Sind für ein Gebäude Bewertungsmerkmale aus mehreren Honorarzonen anwendbar und bestehen deswegen Zweifel, welcher Honorarzone das Gebäude oder der Innenraum zugeordnet werden kann, so ist zunächst die Anzahl der Bewertungspunkte zu ermitteln. ²Zur Ermittlung der Bewertungspunkte werden die Bewertungsmerkmale wie folgt gewichtet:
1. die Bewertungsmerkmale gemäß Absatz 2 Nummer 1, 4 bis 6 mit je bis zu 6 Punkten und
2. die Bewertungsmerkmale gemäß Absatz 2 Nummer 2 und 3 mit je bis zu 9 Punkten.

(5) ¹Sind für Innenräume Bewertungsmerkmale aus mehreren Honorarzonen anwendbar und bestehen deswegen Zweifel, welcher Honorarzone das Gebäude oder der Innenraum zugeordnet werden kann, so ist zunächst die Anzahl der Bewertungspunkte zu ermitteln. ²Zur Ermittlung der Bewertungspunkte werden die Bewertungsmerkmale wie folgt gewichtet:
1. die Bewertungsmerkmale gemäß Absatz 3 Nummer 1 bis 4 mit je bis zu 6 Punkten und
2. die Bewertungsmerkmale gemäß Absatz 3 Nummer 5 und 6 mit je bis zu 9 Punkten.

(6) Das Gebäude oder der Innenraum ist anhand der nach Absatz 5 ermittelten Bewertungspunkte einer der Honorarzonen zuzuordnen:
1. Honorarzone I: bis zu 10 Punkte,
2. Honorarzone II: 11 bis 18 Punkte,
3. Honorarzone III: 19 bis 26 Punkte,
4. Honorarzone IV: 27 bis 34 Punkte,
5. Honorarzone V: 35 bis 42 Punkte.

(7) Für die Zuordnung zu den Honorarzonen ist die Objektliste der Anlage 10 Nummer 10.2 und Nummer 10.3 zu berücksichtigen.

§ 36 Umbauten und Modernisierungen von Gebäuden und Innenräumen. (1) Für Umbauten und Modernisierungen von Gebäuden kann bei einem durchschnittlichen Schwierigkeitsgrad ein Zuschlag gemäß § 6 Absatz 2 Satz 3 bis 33 Prozent auf das ermittelte Honorar in Textform vereinbart werden.

(2) Für Umbauten und Modernisierungen von Innenräumen in Gebäuden kann bei einem durchschnittlichen Schwierigkeitsgrad ein Zuschlag gemäß § 6 Absatz 2 Satz 3 bis 50 Prozent auf das ermittelte Honorar in Textform vereinbart werden.

§ 37 Aufträge für Gebäude und Freianlagen oder für Gebäude und Innenräume. (1) § 11 Absatz 1 ist nicht anzuwenden, wenn die getrennte Berechnung der Honorare für Freianlagen weniger als 7 500 Euro anrechenbare Kosten ergeben würde.

(2) [1] Werden Grundleistungen für Innenräume in Gebäuden, die neu gebaut, wiederaufgebaut, erweitert oder umgebaut werden, einem Auftragnehmer übertragen, dem auch Grundleistungen für dieses Gebäude nach § 34 übertragen werden, so sind die Grundleistungen für Innenräume bei der Vereinbarung des Honorars für die Grundleistungen am Gebäude zu berücksichtigen. [2] Ein gesondertes Honorar nach § 11 Absatz 1 darf für die Grundleistungen für Innenräume nicht berechnet werden.

Abschnitt 2. Freianlagen

§ 38 Besondere Grundlagen des Honorars. (1) Für Grundleistungen bei Freianlagen sind die Kosten für Außenanlagen anrechenbar, insbesondere für folgende Bauwerke und Anlagen, soweit diese durch den Auftragnehmer geplant oder überwacht werden:

1. Einzelgewässer mit überwiegend ökologischen und landschaftsgestalterischen Elementen,
2. Teiche ohne Dämme,
3. flächenhafter Erdbau zur Geländegestaltung,
4. einfache Durchlässe und Uferbefestigungen als Mittel zur Geländegestaltung, soweit keine Grundleistungen nach Teil 4 Abschnitt 1 erforderlich sind,
5. Lärmschutzwälle als Mittel zur Geländegestaltung,
6. Stützbauwerke und Geländeabstützungen ohne Verkehrsbelastung als Mittel zur Geländegestaltung, soweit keine Tragwerke mit durchschnittlichem Schwierigkeitsgrad erforderlich sind,
7. Stege und Brücken, soweit keine Grundleistungen nach Teil 4 Abschnitt 1 erforderlich sind,
8. Wege ohne Eignung für den regelmäßigen Fahrverkehr mit einfachen Entwässerungsverhältnissen sowie andere Wege und befestigte Flächen, die als Gestaltungselement der Freianlagen geplant werden und für die keine Grundleistungen nach Teil 3 Abschnitt 3 und 4 erforderlich sind.

(2) Nicht anrechenbar sind für Grundleistungen bei Freianlagen die Kosten für

1. das Gebäude sowie die in § 33 Absatz 3 genannten Kosten und
2. den Unter- und Oberbau von Fußgängerbereichen ausgenommen die Kosten für die Oberflächenbefestigung.

Honorarordnung für Architekten und Ingenieure §§ 39, 40 HOAI 5

§ 39 Leistungsbild Freianlagen. (1) Freianlagen sind planerisch gestaltete Freiflächen und Freiräume sowie entsprechend gestaltete Anlagen in Verbindung mit Bauwerken oder in Bauwerken und landschaftspflegerische Freianlagenplanungen in Verbindung mit Objekten.

(2) § 34 Absatz 1 gilt entsprechend.

(3) Die Grundleistungen bei Freianlagen sind in neun Leistungsphasen unterteilt und werden wie folgt in Prozentsätzen der Honorare des § 40 bewertet:

1. für die Leistungsphase 1 (Grundlagenermittlung) mit 3 Prozent,
2. für die Leistungsphase 2 (Vorplanung) mit 10 Prozent,
3. für die Leistungsphase 3 (Entwurfsplanung) mit 16 Prozent,
4. für die Leistungsphase 4 (Genehmigungsplanung) mit 4 Prozent,
5. für die Leistungsphase 5 (Ausführungsplanung) mit 25 Prozent,
6. für die Leistungsphase 6 (Vorbereitung der Vergabe) mit 7 Prozent,
7. für die Leistungsphase 7 (Mitwirkung bei der Vergabe) mit 3 Prozent,
8. für die Leistungsphase 8 (Objektüberwachung – Bauüberwachung und Dokumentation) mit 30 Prozent und
9. für die Leistungsphase 9 (Objektbetreuung) mit 2 Prozent.

(4) Anlage 11 Nummer 11.1 regelt die Grundleistungen jeder Leistungsphase und enthält Beispiele für Besondere Leistungen.

§ 40 Honorare für Grundleistungen bei Freianlagen. (1) Für die in § 39 und der Anlage 11 Nummer 11.1 genannten Grundleistungen für Freianlagen sind die in der nachstehenden Honorartafel aufgeführten Honorarspannen Orientierungswerte:

Anrechenbare Kosten in Euro	Honorarzone I sehr geringe Anforderungen		Honorarzone II geringe Anforderungen		Honorarzone III durchschnittliche Anforderungen		Honorarzone IV hohe Anforderungen		Honorarzone V sehr hohe Anforderungen	
	von Euro	bis	von Euro	bis	von Euro	bis	von Euro	bis	von Euro	bis
20 000	3 643	4 348	4 348	5 229	5 229	6 521	6 521	7 403	7 403	8 108
25 000	4 406	5 259	5 259	6 325	6 325	7 888	7 888	8 954	8 954	9 807
30 000	5 147	6 143	6 143	7 388	7 388	9 215	9 215	10 460	10 460	11 456
35 000	5 870	7 006	7 006	8 426	8 426	10 508	10 508	11 928	11 928	13 064
40 000	6 577	7 850	7 850	9 441	9 441	11 774	11 774	13 365	13 365	14 638
50 000	7 953	9 492	9 492	11 416	11 416	14 238	14 238	16 162	16 162	17 701
60 000	9 287	11 085	11 085	13 332	13 332	16 627	16 627	18 874	18 874	20 672
75 000	11 227	13 400	13 400	16 116	16 116	20 100	20 100	22 816	22 816	24 989
100 000	14 332	17 106	17 106	20 574	20 574	25 659	25 659	29 127	29 127	31 901
125 000	17 315	20 666	20 666	24 855	24 855	30 999	30 999	35 188	35 188	38 539
150 000	20 201	24 111	24 111	28 998	28 998	36 166	36 166	41 053	41 053	44 963
200 000	25 746	30 729	30 729	36 958	36 958	46 094	46 094	52 323	52 323	57 306
250 000	31 053	37 063	37 063	44 576	44 576	55 594	55 594	63 107	63 107	69 117
350 000	41 147	49 111	49 111	59 066	59 066	73 667	73 667	83 622	83 622	91 586
500 000	55 300	66 004	66 004	79 383	79 383	99 006	99 006	112 385	112 385	123 088
650 000	69 114	82 491	82 491	99 212	99 212	123 736	123 736	140 457	140 457	153 834
800 000	82 430	98 384	98 384	118 326	118 326	147 576	147 576	167 518	167 518	183 472
1 000 000	99 578	118 851	118 851	142 942	142 942	178 276	178 276	202 368	202 368	221 641
1 250 000	120 238	143 510	143 510	172 600	172 600	215 265	215 265	244 355	244 355	267 627
1 500 000	140 204	167 340	167 340	201 261	201 261	251 011	251 011	284 931	284 931	312 067

(2) Welchen Honorarzonen die Grundleistungen zugeordnet werden, richtet sich nach folgenden Bewertungsmerkmalen:
1. Anforderungen an die Einbindung in die Umgebung,
2. Anforderungen an Schutz, Pflege und Entwicklung von Natur und Landschaft,
3. Anzahl der Funktionsbereiche,
4. gestalterische Anforderungen,
5. Ver- und Entsorgungseinrichtungen.

(3) [1] Sind für eine Freianlage Bewertungsmerkmale aus mehreren Honorarzonen anwendbar und bestehen deswegen Zweifel, welcher Honorarzone die Freianlage zugeordnet werden kann, so ist zunächst die Anzahl der Bewertungspunkte zu ermitteln. [2] Zur Ermittlung der Bewertungspunkte werden die Bewertungsmerkmale wie folgt gewichtet:
1. die Bewertungsmerkmale gemäß Absatz 2 Nummer 1, 2 und 4 mit je bis zu 8 Punkten,
2. die Bewertungsmerkmale gemäß Absatz 2 Nummer 3 und 5 mit je bis zu 6 Punkten.

(4) Die Freianlage ist anhand der nach Absatz 3 ermittelten Bewertungspunkte einer der Honorarzonen zuzuordnen:
1. Honorarzone I: bis zu 8 Punkte,
2. Honorarzone II: 9 bis 15 Punkte,
3. Honorarzone III: 16 bis 22 Punkte,
4. Honorarzone IV: 23 bis 29 Punkte,
5. Honorarzone V: 30 bis 36 Punkte.

(5) Für die Zuordnung zu den Honorarzonen ist die Objektliste der Anlage 11 Nummer 11.2 zu berücksichtigen.

(6) § 36 Absatz 1 ist für Freianlagen entsprechend anzuwenden.

Abschnitt 3. Ingenieurbauwerke

§ 41 Anwendungsbereich. Ingenieurbauwerke umfassen:
1. Bauwerke und Anlagen der Wasserversorgung,
2. Bauwerke und Anlagen der Abwasserentsorgung,
3. Bauwerke und Anlagen des Wasserbaus ausgenommen Freianlagen nach § 39 Absatz 1,
4. Bauwerke und Anlagen für Ver- und Entsorgung mit Gasen, Feststoffen und wassergefährdenden Flüssigkeiten, ausgenommen Anlagen der Technischen Ausrüstung nach § 53 Absatz 2,
5. Bauwerke und Anlagen der Abfallentsorgung,
6. konstruktive Ingenieurbauwerke für Verkehrsanlagen,
7. sonstige Einzelbauwerke ausgenommen Gebäude und Freileitungsmaste.

§ 42 Besondere Grundlagen des Honorars. (1) [1] Für Grundleistungen bei Ingenieurbauwerken sind die Kosten der Baukonstruktion anrechenbar. [2] Die Kosten für die Anlagen der Maschinentechnik, die der Zweckbestimmung des

Ingenieurbauwerks dienen, sind anrechenbar, soweit der Auftragnehmer diese plant oder deren Ausführung überwacht.

(2) Für Grundleistungen bei Ingenieurbauwerken sind auch die Kosten für Technische Anlagen, die der Auftragnehmer nicht fachlich plant oder deren Ausführung der Auftragnehmer nicht fachlich überwacht,

1. vollständig anrechenbar bis zum Betrag von 25 Prozent der sonstigen anrechenbaren Kosten und
2. zur Hälfte anrechenbar mit dem Betrag, der 25 Prozent der sonstigen anrechenbaren Kosten übersteigt.

(3) Nicht anrechenbar sind, soweit der Auftragnehmer die Anlagen weder plant noch ihre Ausführung überwacht, die Kosten für

1. das Herrichten des Grundstücks,
2. die öffentliche und die nichtöffentliche Erschließung, die Außenanlagen, das Umlegen und Verlegen von Leitungen,
3. verkehrsregelnde Maßnahmen während der Bauzeit,
4. die Ausstattung und Nebenanlagen von Ingenieurbauwerken.

§ 43 Leistungsbild Ingenieurbauwerke. (1) [1]§ 34 Absatz 1 gilt entsprechend. [2]Die Grundleistungen für Ingenieurbauwerke sind in neun Leistungsphasen unterteilt und werden wie folgt in Prozentsätzen der Honorare des § 44 bewertet:

1. für die Leistungsphase 1 (Grundlagenermittlung) mit 2 Prozent,
2. für die Leistungsphase 2 (Vorplanung) mit 20 Prozent,
3. für die Leistungsphase 3 (Entwurfsplanung) mit 25 Prozent,
4. für die Leistungsphase 4 (Genehmigungsplanung) mit 5 Prozent,
5. für die Leistungsphase 5 (Ausführungsplanung) mit 15 Prozent,
6. für die Leistungsphase 6 (Vorbereitung der Vergabe) mit 13 Prozent,
7. für die Leistungsphase 7 (Mitwirkung bei der Vergabe) mit 4 Prozent,
8. für die Leistungsphase 8 (Bauoberleitung) mit 15 Prozent,
9. für die Leistungsphase 9 (Objektbetreuung) mit 1 Prozent.

(2) Abweichend von Absatz 1 Nummer 2 wird die Leistungsphase 2 bei Objekten nach § 41 Nummer 6 und 7, die eine Tragwerksplanung erfordern, mit 10 Prozent bewertet.

(3) Die Vertragsparteien können abweichend von Absatz 1 in Textform vereinbaren, dass

1. die Leistungsphase 4 mit 5 bis 8 Prozent bewertet wird, wenn dafür ein eigenständiges Planfeststellungsverfahren erforderlich ist,
2. die Leistungsphase 5 mit 15 bis 35 Prozent bewertet wird, wenn ein überdurchschnittlicher Aufwand an Ausführungszeichnungen erforderlich wird.

(4) Anlage 12 Nummer 12.1 regelt die Grundleistungen jeder Leistungsphase und enthält Beispiele für Besondere Leistungen.

§ 44 Honorare für Grundleistungen bei Ingenieurbauwerken.

(1) Für die in § 43 und der Anlage 12 Nummer 12.1 genannten Grundleistungen bei Ingenieurbauwerken sind die in der nachstehenden Honorartafel aufgeführten Honorarspannen Orientierungswerte:

Honorarordnung für Architekten und Ingenieure　　　　§ 44　HOAI 5

Anrechenbare Kosten in Euro	Honorarzone I sehr geringe Anforderungen		Honorarzone II geringe Anforderungen		Honorarzone III durchschnittliche Anforderungen		Honorarzone IV hohe Anforderungen		Honorarzone V sehr hohe Anforderungen	
	von	bis	von	bis	von	bis	von	bis	von	bis
	Euro		Euro		Euro		Euro		Euro	
25 000	3 449	4 109	4 109	4 768	4 768	5 428	5 428	6 036	6 036	6 696
35 000	4 475	5 331	5 331	6 186	6 186	7 042	7 042	7 831	7 831	8 687
50 000	5 897	7 024	7 024	8 152	8 152	9 279	9 279	10 320	10 320	11 447
75 000	8 069	9 611	9 611	11 154	11 154	12 697	12 697	14 121	14 121	15 663
100 000	10 079	12 005	12 005	13 932	13 932	15 859	15 859	17 637	17 637	19 564
150 000	13 786	16 422	16 422	19 058	19 058	21 693	21 693	24 126	24 126	26 762
200 000	17 215	20 506	20 506	23 797	23 797	27 088	27 088	30 126	30 126	33 417
300 000	23 534	28 033	28 033	32 532	32 532	37 031	37 031	41 185	41 185	45 684
500 000	34 865	41 530	41 530	48 195	48 195	54 861	54 861	61 013	61 013	67 679
750 000	47 576	56 672	56 672	65 767	65 767	74 863	74 863	83 258	83 258	92 354
1 000 000	59 264	70 594	70 594	81 924	81 924	93 254	93 254	103 712	103 712	115 042
1 500 000	80 998	96 482	96 482	111 967	111 967	127 452	127 452	141 746	141 746	157 230
2 000 000	101 054	120 373	120 373	139 692	139 692	159 011	159 011	176 844	176 844	196 163
3 000 000	137 907	164 272	164 272	190 636	190 636	217 001	217 001	241 338	241 338	267 702
5 000 000	203 584	242 504	242 504	281 425	281 425	320 345	320 345	356 272	356 272	395 192
7 500 000	278 415	331 642	331 642	384 868	384 868	438 095	438 095	487 227	487 227	540 453
10 000 000	347 568	414 014	414 014	480 461	480 461	546 908	546 908	608 244	608 244	674 690
15 000 000	474 901	565 691	565 691	656 480	656 480	747 270	747 270	831 076	831 076	921 866
20 000 000	592 324	705 563	705 563	818 801	818 801	932 040	932 040	1 036 568	1 036 568	1 149 806
25 000 000	702 770	837 123	837 123	971 476	971 476	1 105 829	1 105 829	1 229 848	1 229 848	1 364 201

(2) Welchen Honorarzonen die Grundleistungen zugeordnet werden, richtet sich nach folgenden Bewertungsmerkmalen:
1. geologische und baugrundtechnische Gegebenheiten,
2. technische Ausrüstung und Ausstattung,
3. Einbindung in die Umgebung oder in das Objektumfeld,
4. Umfang der Funktionsbereiche oder der konstruktiven oder technischen Anforderungen,
5. fachspezifische Bedingungen.

(3) [1] Sind für Ingenieurbauwerke Bewertungsmerkmale aus mehreren Honorarzonen anwendbar und bestehen deswegen Zweifel, welcher Honorarzone das Objekt zugeordnet werden kann, so ist zunächst die Anzahl der Bewertungspunkte zu ermitteln. [2] Zur Ermittlung der Bewertungspunkte werden die Bewertungsmerkmale wie folgt gewichtet:
1. die Bewertungsmerkmale gemäß Absatz 2 Nummer 1, 2 und 3 mit bis zu 5 Punkten,
2. das Bewertungsmerkmal gemäß Absatz 2 Nummer 4 mit bis zu 10 Punkten,
3. das Bewertungsmerkmal gemäß Absatz 2 Nummer 5 mit bis zu 15 Punkten.

(4) Das Ingenieurbauwerk ist anhand der nach Absatz 3 ermittelten Bewertungspunkte einer der Honorarzonen zuzuordnen:
1. Honorarzone I: bis zu 10 Punkte,
2. Honorarzone II: 11 bis 17 Punkte,
3. Honorarzone III: 18 bis 25 Punkte,
4. Honorarzone IV: 26 bis 33 Punkte,
5. Honorarzone V: 34 bis 40 Punkte.

(5) Für die Zuordnung zu den Honorarzonen ist die Objektliste der Anlage 12 Nummer 12.2 zu berücksichtigen.

(6) Für Umbauten und Modernisierungen von Ingenieurbauwerken kann bei einem durchschnittlichen Schwierigkeitsgrad ein Zuschlag gemäß § 6 Absatz 2 Satz 3 bis 33 Prozent in Textform vereinbart werden.

Honorarordnung für Architekten und Ingenieure §§ 45, 46 HOAI 5

Abschnitt 4. Verkehrsanlagen
§ 45 Anwendungsbereich. Verkehrsanlagen sind
1. Anlagen des Straßenverkehrs ausgenommen selbstständige Rad-, Geh- und Wirtschaftswege und Freianlagen nach § 39 Absatz 1,
2. Anlagen des Schienenverkehrs,
3. Anlagen des Flugverkehrs.

§ 46 Besondere Grundlagen des Honorars. (1) [1]Für Grundleistungen bei Verkehrsanlagen sind die Kosten der Baukonstruktion anrechenbar. [2]Soweit der Auftragnehmer die Ausstattung von Anlagen des Straßen-, Schienen- und Flugverkehrs einschließlich der darin enthaltenen Entwässerungsanlagen, die der Zweckbestimmung der Verkehrsanlagen dienen, plant oder deren Ausführung überwacht, sind die dadurch entstehenden Kosten anrechenbar.

(2) Für Grundleistungen bei Verkehrsanlagen sind auch die Kosten für Technische Anlagen, die der Auftragnehmer nicht fachlich plant oder deren Ausführung der Auftragnehmer nicht fachlich überwacht,
1. vollständig anrechenbar bis zu einem Betrag von 25 Prozent der sonstigen anrechenbaren Kosten und
2. zur Hälfte anrechenbar mit dem Betrag, der 25 Prozent der sonstigen anrechenbaren Kosten übersteigt.

(3) Nicht anrechenbar sind, soweit der Auftragnehmer die Anlagen weder plant noch ihre Ausführung überwacht, die Kosten für
1. das Herrichten des Grundstücks,
2. die öffentliche und die nichtöffentliche Erschließung, die Außenanlagen, das Umlegen und Verlegen von Leitungen,
3. die Nebenanlagen von Anlagen des Straßen-, Schienen- und Flugverkehrs,
4. verkehrsregelnde Maßnahmen während der Bauzeit.

(4) Für Grundleistungen der Leistungsphasen 1 bis 7 und 9 bei Verkehrsanlagen sind
1. die Kosten für Erdarbeiten einschließlich Felsarbeiten anrechenbar bis zu einem Betrag von 40 Prozent der sonstigen anrechenbaren Kosten nach Absatz 1 und
2. 10 Prozent der Kosten für Ingenieurbauwerke anrechenbar, wenn dem Auftragnehmer für diese Ingenieurbauwerke nicht gleichzeitig Grundleistungen nach § 43 übertragen werden.

(5) Die nach den Absätzen 1 bis 4 ermittelten Kosten sind für Grundleistungen des § 47 Absatz 1 Satz 2 Nummer 1 bis 7 und 9
1. bei Straßen, die mehrere durchgehende Fahrspuren mit einer gemeinsamen Entwurfsachse und einer gemeinsamen Entwurfsgradiente haben, wie folgt anteilig anrechenbar:
   a) bei dreistreifigen Straßen zu 85 Prozent,
   b) bei vierstreifigen Straßen zu 70 Prozent und
   c) bei mehr als vierstreifigen Straßen zu 60 Prozent,
2. bei Gleis- und Bahnsteiganlagen, die zwei Gleise mit einem gemeinsamen Planum haben, zu 90 Prozent anrechenbar. Das Honorar für Gleis- und Bahnsteiganlagen mit mehr als zwei Gleisen oder Bahnsteigen kann abwei-

chend von den Grundsätzen des Satzes 1, der Absätze 1 bis 4 und der §§ 47 und 48 vereinbart werden.

§ 47 Leistungsbild Verkehrsanlagen. (1) [1] § 34 Absatz 1 gilt entsprechend. [2] Die Grundleistungen für Verkehrsanlagen sind in neun Leistungsphasen unterteilt und werden wie folgt in Prozentsätzen der Honorare des § 48 bewertet:

1. für die Leistungsphase 1 (Grundlagenermittlung) mit 2 Prozent,
2. für die Leistungsphase 2 (Vorplanung) mit 20 Prozent,
3. für die Leistungsphase 3 (Entwurfsplanung) mit 25 Prozent,
4. für die Leistungsphase 4 (Genehmigungsplanung) mit 8 Prozent,
5. für die Leistungsphase 5 (Ausführungsplanung) mit 15 Prozent,
6. für die Leistungsphase 6 (Vorbereitung der Vergabe) mit 10 Prozent,
7. für die Leistungsphase 7 (Mitwirkung bei der Vergabe) mit 4 Prozent,
8. für die Leistungsphase 8 (Bauoberleitung) mit 15 Prozent,
9. für die Leistungsphase 9 (Objektbetreuung) mit 1 Prozent.

(2) Anlage 13 Nummer 13.1 regelt die Grundleistungen jeder Leistungsphase und enthält Beispiele für Besondere Leistungen.

§ 48 Honorare für Grundleistungen bei Verkehrsanlagen. (1) Für die in § 47 und der Anlage 13 Nummer 13.1 genannten Grundleistungen bei Verkehrsanlagen sind die in der nachstehenden Honorartafel aufgeführten Honorarspannen Orientierungswerte:

Honorarordnung für Architekten und Ingenieure § 48 HOAI 5

Anrechenba-re Kosten in Euro	Honorarzone I sehr geringe Anforderungen		Honorarzone II geringe Anforderungen		Honorarzone III durchschnittliche Anforderungen		Honorarzone IV hohe Anforderungen		Honorarzone V sehr hohe Anforderungen	
	von Euro	bis	von Euro	bis	von Euro	bis	von Euro	bis	von Euro	bis
25 000	3 882	4 624	4 624	5 366	5 366	6 108	6 108	6 793	6 793	7 535
35 000	4 981	5 933	5 933	6 885	6 885	7 837	7 837	8 716	8 716	9 668
50 000	6 487	7 727	7 727	8 967	8 967	10 207	10 207	11 352	11 352	12 592
75 000	8 759	10 434	10 434	12 108	12 108	13 783	13 783	15 328	15 328	17 003
100 000	10 839	12 911	12 911	14 983	14 983	17 056	17 056	18 968	18 968	21 041
150 000	14 634	17 432	17 432	20 229	20 229	23 027	23 027	25 610	25 610	28 407
200 000	18 106	21 567	21 567	25 029	25 029	28 490	28 490	31 685	31 685	35 147
300 000	24 435	29 106	29 106	33 778	33 778	38 449	38 449	42 761	42 761	47 433
500 000	35 622	42 433	42 433	49 243	49 243	56 053	56 053	62 339	62 339	69 149
750 000	48 001	57 178	57 178	66 355	66 355	75 532	75 532	84 002	84 002	93 179
1 000 000	59 267	70 597	70 597	81 928	81 928	93 258	93 258	103 717	103 717	115 047
1 500 000	80 009	95 305	95 305	110 600	110 600	125 896	125 896	140 015	140 015	155 311
2 000 000	98 962	117 881	117 881	136 800	136 800	155 719	155 719	173 183	173 183	192 102
3 000 000	133 441	158 951	158 951	184 462	184 462	209 973	209 973	233 521	233 521	259 032
5 000 000	194 094	231 200	231 200	268 306	268 306	305 412	305 412	339 664	339 664	376 770
7 500 000	262 407	312 573	312 573	362 739	362 739	412 905	412 905	459 212	459 212	509 378
10 000 000	324 978	387 107	387 107	449 235	449 235	511 363	511 363	568 712	568 712	630 840
15 000 000	439 179	523 140	523 140	607 101	607 101	691 062	691 062	768 564	768 564	852 525
20 000 000	543 619	647 546	647 546	751 473	751 473	855 401	855 401	951 333	951 333	1 055 260
25 000 000	641 265	763 860	763 860	886 454	886 454	1 009 049	1 009 049	1 122 213	1 122 213	1 244 808

(2) Welchen Honorarzonen die Grundleistungen zugeordnet werden, richtet sich nach folgenden Bewertungsmerkmalen:
1. geologische und baugrundtechnische Gegebenheiten,
2. technische Ausrüstung und Ausstattung,
3. Einbindung in die Umgebung oder das Objektumfeld,
4. Umfang der Funktionsbereiche oder der konstruktiven oder technischen Anforderungen,
5. fachspezifische Bedingungen.

(3) [1] Sind für Verkehrsanlagen Bewertungsmerkmale aus mehreren Honorarzonen anwendbar und bestehen deswegen Zweifel, welcher Honorarzone das Objekt zugeordnet werden kann, so ist zunächst die Anzahl der Bewertungspunkte zu ermitteln. [2] Zur Ermittlung der Bewertungspunkte werden die Bewertungsmerkmale wie folgt gewichtet:
1. die Bewertungsmerkmale gemäß Absatz 2 Nummer 1, 2 mit bis zu 5 Punkten,
2. das Bewertungsmerkmal gemäß Absatz 2 Nummer 3 mit bis zu 15 Punkten,
3. das Bewertungsmerkmal gemäß Absatz 2 Nummer 4 mit bis zu 10 Punkten,
4. das Bewertungsmerkmal gemäß Absatz 2 Nummer 5 mit bis zu 5 Punkten.

(4) Die Verkehrsanlage ist anhand der nach Absatz 3 ermittelten Bewertungspunkte einer der Honorarzonen zuzuordnen:

1.	Honorarzone I:	bis zu 10 Punkte,
2.	Honorarzone II:	11 bis 17 Punkte,
3.	Honorarzone III:	18 bis 25 Punkte,
4.	Honorarzone IV:	26 bis 33 Punkte,
5.	Honorarzone V:	34 bis 40 Punkte.

(5) Für die Zuordnung zu den Honorarzonen ist die Objektliste der Anlage 13 Nummer 13.2 zu berücksichtigen.

(6) Für Umbauten und Modernisierungen von Verkehrsanlagen kann bei einem durchschnittlichen Schwierigkeitsgrad ein Zuschlag gemäß § 6 Absatz 2 Satz 3 bis 33 Prozent in Textform vereinbart werden.

Teil 4. Fachplanung

Abschnitt 1. Tragwerksplanung

§ 49 Anwendungsbereich. (1) Leistungen der Tragwerksplanung sind die statische Fachplanung für die Objektplanung Gebäude und Ingenieurbauwerke.

(2) Das Tragwerk bezeichnet das statische Gesamtsystem der miteinander verbundenen, lastabtragenden Konstruktionen, die für die Standsicherheit von Gebäuden, Ingenieurbauwerken und Traggerüsten bei Ingenieurbauwerken maßgeblich sind.

§ 50 Besondere Grundlagen des Honorars. (1) Bei Gebäuden und zugehörigen baulichen Anlagen sind 55 Prozent der Baukonstruktionskosten und 10 Prozent der Kosten der Technischen Anlagen anrechenbar.

(2) Die Vertragsparteien können bei Gebäuden mit einem hohen Anteil an Kosten der Gründung und der Tragkonstruktionen in Textform vereinbaren, dass die anrechenbaren Kosten abweichend von Absatz 1 nach Absatz 3 ermittelt werden.

(3) Bei Ingenieurbauwerken sind 90 Prozent der Baukonstruktionskosten und 15 Prozent der Kosten der Technischen Anlagen anrechenbar.

(4) [1] Für Traggerüste bei Ingenieurbauwerken sind die Herstellkosten einschließlich der zugehörigen Kosten für Baustelleneinrichtungen anrechenbar. [2] Bei mehrfach verwendeten Bauteilen ist der Neuwert anrechenbar.

(5) Die Vertragsparteien können vereinbaren, dass Kosten von Arbeiten, die nicht in den Absätzen 1 bis 3 erfasst sind, ganz oder teilweise anrechenbar sind, wenn der Auftragnehmer wegen dieser Arbeiten Mehrleistungen für das Tragwerk nach § 51 erbringt.

§ 51 Leistungsbild Tragwerksplanung.

(1) Die Grundleistungen der Tragwerksplanung sind für Gebäude und zugehörige bauliche Anlagen sowie für Ingenieurbauwerke nach § 41 Nummer 1 bis 5 in den Leistungsphasen 1 bis 6 sowie für Ingenieurbauwerke nach § 41 Nummer 6 und 7 in den Leistungsphasen 2 bis 6 zusammengefasst und werden wie folgt in Prozentsätzen der Honorare des § 52 bewertet:

1. für die Leistungsphase 1 (Grundlagenermittlung) mit 3 Prozent,
2. für die Leistungsphase 2 (Vorplanung) mit 10 Prozent,
3. für die Leistungsphase 3 (Entwurfsplanung) mit 15 Prozent,
4. für die Leistungsphase 4 (Genehmigungsplanung) mit 30 Prozent,
5. für die Leistungsphase 5 (Ausführungsplanung) mit 40 Prozent,
6. für die Leistungsphase 6 (Vorbereitung der Vergabe) mit 2 Prozent.

(2) Die Leistungsphase 5 ist abweichend von Absatz 1 mit 30 Prozent der Honorare des § 52 zu bewerten
1. im Stahlbetonbau, sofern keine Schalpläne in Auftrag gegeben werden,
2. im Holzbau mit unterdurchschnittlichem Schwierigkeitsgrad.

(3) Die Leistungsphase 5 ist abweichend von Absatz 1 mit 20 Prozent der Honorare des § 52 zu bewerten, sofern nur Schalpläne in Auftrag gegeben werden.

(4) Bei sehr enger Bewehrung kann die Bewertung der Leistungsphase 5 um bis zu 4 Prozent erhöht werden.

(5) [1] Anlage 14 Nummer 14.1 regelt die Grundleistungen jeder Leistungsphase und enthält Beispiele für Besondere Leistungen. [2] Für Ingenieurbauwerke nach § 41 Nummer 6 und 7 sind die Grundleistungen der Tragwerksplanung zur Leistungsphase 1 im Leistungsbild der Ingenieurbauwerke gemäß § 43 enthalten.

§ 52 Honorare für Grundleistungen bei Tragwerksplanungen.

(1) Für die in § 51 und der Anlage 14 Nummer 14.1 genannten Grundleistungen der Tragwerksplanungen sind die in der nachstehenden Honorartafel aufgeführten Honorarspannen Orientierungswerte:

5 HOAI § 52 — Honorarordnung für Architekten und Ingenieure

Anrechenbare Kosten in Euro	Honorarzone I sehr geringe Anforderungen		Honorarzone II geringe Anforderungen		Honorarzone III durchschnittliche Anforderungen		Honorarzone IV hohe Anforderungen		Honorarzone V sehr hohe Anforderungen	
	von Euro	bis	von Euro	bis	von Euro	bis	von Euro	bis	von Euro	bis
10 000	1 461	1 624	1 624	2 064	2 064	2 575	2 575	3 015	3 015	3 178
15 000	2 011	2 234	2 234	2 841	2 841	3 543	3 543	4 149	4 149	4 373
25 000	3 006	3 340	3 340	4 247	4 247	5 296	5 296	6 203	6 203	6 537
50 000	5 187	5 763	5 763	7 327	7 327	9 139	9 139	10 703	10 703	11 279
75 000	7 135	7 928	7 928	10 080	10 080	12 572	12 572	14 724	14 724	15 517
100 000	8 946	9 940	9 940	12 639	12 639	15 763	15 763	18 461	18 461	19 455
150 000	12 303	13 670	13 670	17 380	17 380	21 677	21 677	25 387	25 387	26 754
250 000	18 370	20 411	20 411	25 951	25 951	32 365	32 365	37 906	37 906	39 947
350 000	23 909	26 565	26 565	33 776	33 776	42 125	42 125	49 335	49 335	51 992
500 000	31 594	35 105	35 105	44 633	44 633	55 666	55 666	65 194	65 194	68 705
750 000	43 463	48 293	48 293	61 401	61 401	76 578	76 578	89 686	89 686	94 515
1 000 000	54 495	60 550	60 550	76 984	76 984	96 014	96 014	112 449	112 449	118 504
1 250 000	64 940	72 155	72 155	91 740	91 740	114 418	114 418	134 003	134 003	141 218
1 500 000	74 938	83 265	83 265	105 865	105 865	132 034	132 034	154 635	154 635	162 961
2 000 000	93 923	104 358	104 358	132 684	132 684	165 483	165 483	193 808	193 808	204 244
3 000 000	129 059	143 398	143 398	182 321	182 321	227 389	227 389	266 311	266 311	280 651
5 000 000	192 384	213 760	213 760	271 781	271 781	338 962	338 962	396 983	396 983	418 359
7 500 000	264 487	293 874	293 874	373 640	373 640	466 001	466 001	545 767	545 767	575 154
10 000 000	331 398	368 220	368 220	468 166	468 166	583 892	583 892	683 838	683 838	720 660
15 000 000	455 117	505 686	505 686	642 943	642 943	801 873	801 873	939 131	939 131	989 699

(2) Die Honorarzone wird nach dem statisch-konstruktiven Schwierigkeitsgrad anhand der in Anlage 14 Nummer 14.2 dargestellten Bewertungsmerkmale ermittelt.

(3) Sind für ein Tragwerk Bewertungsmerkmale aus mehreren Honorarzonen anwendbar und bestehen deswegen Zweifel, welcher Honorarzone das Tragwerk zugeordnet werden kann, so ist für die Zuordnung die Mehrzahl der in den jeweiligen Honorarzonen nach Absatz 2 aufgeführten Bewertungsmerkmale und ihre Bedeutung im Einzelfall maßgebend.

(4) Für Umbauten und Modernisierungen kann bei einem durchschnittlichen Schwierigkeitsgrad ein Zuschlag gemäß § 6 Absatz 2 Satz 3 bis 50 Prozent in Textform vereinbart werden.

Abschnitt 2. Technische Ausrüstung

§ 53 Anwendungsbereich. (1) Die Leistungen der Technischen Ausrüstung umfassen die Fachplanungen für Objekte.

(2) Zur Technischen Ausrüstung gehören folgende Anlagengruppen:

1. Abwasser-, Wasser- und Gasanlagen,
2. Wärmeversorgungsanlagen,
3. Lufttechnische Anlagen,
4. Starkstromanlagen,
5. Fernmelde- und informationstechnische Anlagen,
6. Förderanlagen,
7. nutzungsspezifische Anlagen und verfahrenstechnische Anlagen,
8. Gebäudeautomation und Automation von Ingenieurbauwerken.

§ 54 Besondere Grundlagen des Honorars. (1) [1]Das Honorar für Grundleistungen bei der Technischen Ausrüstung richtet sich für das jeweilige Objekt im Sinne des § 2 Absatz 1 Satz 1 nach der Summe der anrechenbaren Kosten der Anlagen jeder Anlagengruppe. [2]Dies gilt für nutzungsspezifische Anlagen nur, wenn die Anlagen funktional gleichartig sind. [3]Anrechenbar sind auch sonstige Maßnahmen für Technische Anlagen.

(2) [1]Umfasst ein Auftrag für unterschiedliche Objekte im Sinne des § 2 Absatz 1 Satz 1 mehrere Anlagen, die unter funktionalen und technischen Kriterien eine Einheit bilden, werden die anrechenbaren Kosten der Anlagen jeder Anlagengruppe zusammengefasst. [2]Dies gilt für nutzungsspezifische Anlagen nur, wenn diese Anlagen funktional gleichartig sind. [3]§ 11 Absatz 1 ist nicht anzuwenden.

(3) [1]Umfasst ein Auftrag im Wesentlichen gleiche Anlagen, die unter weitgehend vergleichbaren Bedingungen für im Wesentlichen gleiche Objekte geplant werden, ist die Rechtsfolge des § 11 Absatz 3 anzuwenden. [2]Umfasst ein Auftrag im Wesentlichen gleiche Anlagen, die bereits Gegenstand eines anderen Vertrags zwischen den Vertragsparteien waren, ist die Rechtsfolge des § 11 Absatz 4 anzuwenden.

(4) Nicht anrechenbar sind die Kosten für die nichtöffentliche Erschließung und die Technischen Anlagen in Außenanlagen, soweit der Auftragnehmer diese nicht plant oder ihre Ausführung nicht überwacht.

5 HOAI §§ 55, 56 Honorarordnung für Architekten und Ingenieure

(5) ¹ Werden Teile der Technischen Ausrüstung in Baukonstruktionen ausgeführt, so können die Vertragsparteien in Textform vereinbaren, dass die Kosten hierfür ganz oder teilweise zu den anrechenbaren Kosten gehören. ² Satz 1 ist entsprechend für Bauteile der Kostengruppe Baukonstruktionen anzuwenden, deren Abmessung oder Konstruktion durch die Leistung der Technischen Ausrüstung wesentlich beeinflusst wird.

§ 55 Leistungsbild Technische Ausrüstung. (1) ¹ Das Leistungsbild Technische Ausrüstung umfasst Grundleistungen für Neuanlagen, Wiederaufbauten, Erweiterungsbauten, Umbauten, Modernisierungen, Instandhaltungen und Instandsetzungen. ² Die Grundleistungen bei der Technischen Ausrüstung sind in neun Leistungsphasen zusammengefasst und werden wie folgt in Prozentsätzen der Honorare des § 56 bewertet:

1. für die Leistungsphase 1 (Grundlagenermittlung) mit 2 Prozent,
2. für die Leistungsphase 2 (Vorplanung) mit 9 Prozent,
3. für die Leistungsphase 3 (Entwurfsplanung) mit 17 Prozent,
4. für die Leistungsphase 4 (Genehmigungsplanung) mit 2 Prozent,
5. für die Leistungsphase 5 (Ausführungsplanung) mit 22 Prozent,
6. für die Leistungsphase 6 (Vorbereitung der Vergabe) mit 7 Prozent,
7. für die Leistungsphase 7 (Mitwirkung bei der Vergabe) mit 5 Prozent,
8. für die Leistungsphase 8 (Objektüberwachung – Bauüberwachung) mit 35 Prozent,
9. für die Leistungsphase 9 (Objektbetreuung) mit 1 Prozent.

(2) Die Leistungsphase 5 ist abweichend von Absatz 1 Satz 2 mit einem Abschlag von jeweils 4 Prozent zu bewerten, sofern das Anfertigen von Schlitz- und Durchbruchsplänen oder das Prüfen der Montage- und Werkstattpläne der ausführenden Firmen nicht in Auftrag gegeben wird.

(3) Anlage 15 Nummer 15.1 regelt die Grundleistungen jeder Leistungsphase und enthält Beispiele für Besondere Leistungen.

§ 56 Honorare für Grundleistungen der Technischen Ausrüstung.

(1) Für die in § 55 und der Anlage 15 Nummer 15.1 genannten Grundleistungen bei einzelnen Anlagen sind die in der nachstehenden Honorartafel aufgeführten Honorarspannen Orientierungswerte:

Anrechenbare Kosten in Euro	Honorarzone I geringe Anforderungen		Honorarzone II durchschnittliche Anforderungen		Honorarzone III hohe Anforderungen	
	von	bis	von	bis	von	bis
	Euro		Euro		Euro	
5 000	2 132	2 547	2 547	2 990	2 990	3 405
10 000	3 689	4 408	4 408	5 174	5 174	5 893
15 000	5 084	6 075	6 075	7 131	7 131	8 122
25 000	7 615	9 098	9 098	10 681	10 681	12 164
35 000	9 934	11 869	11 869	13 934	13 934	15 869
50 000	13 165	15 729	15 729	18 465	18 465	21 029
75 000	18 122	21 652	21 652	25 418	25 418	28 948
100 000	22 723	27 150	27 150	31 872	31 872	36 299
150 000	31 228	37 311	37 311	43 800	43 800	49 883
250 000	46 640	55 726	55 726	65 418	65 418	74 504

Honorarordnung für Architekten und Ingenieure   § 57 HOAI 5

Anrechenbare Kosten in Euro	Honorarzone I geringe Anforderungen		Honorarzone II durchschnittliche Anforderungen		Honorarzone III hohe Anforderungen	
	von	bis	von	bis	von	bis
	Euro		Euro		Euro	
500 000	80 684	96 402	96 402	113 168	113 168	128 886
750 000	111 105	132 749	132 749	155 836	155 836	177 480
1 000 000	139 347	166 493	166 493	195 448	195 448	222 594
1 250 000	166 043	198 389	198 389	232 891	232 891	265 237
1 500 000	191 545	228 859	228 859	268 660	268 660	305 974
2 000 000	239 792	286 504	286 504	336 331	336 331	383 044
2 500 000	285 649	341 295	341 295	400 650	400 650	456 296
3 000 000	329 420	393 593	393 593	462 044	462 044	526 217
3 500 000	371 491	443 859	443 859	521 052	521 052	593 420
4 000 000	412 126	492 410	492 410	578 046	578 046	658 331

(2) Welchen Honorarzonen die Grundleistungen zugeordnet werden, richtet sich nach folgenden Bewertungsmerkmalen:
1. Anzahl der Funktionsbereiche,
2. Integrationsansprüche,
3. technische Ausgestaltung,
4. Anforderungen an die Technik,
5. konstruktive Anforderungen.

(3) Für die Zuordnung zu den Honorarzonen ist die Objektliste der Anlage 15 Nummer 15.2 zu berücksichtigen.

(4) ¹ Werden Anlagen einer Gruppe verschiedenen Honorarzonen zugeordnet, so ergibt sich das Honorar nach Absatz 1 aus der Summe der Einzelhonorare. ² Ein Einzelhonorar wird dabei für alle Anlagen ermittelt, die einer Honorarzone zugeordnet werden. ³ Für die Ermittlung des Einzelhonorars ist zunächst das Honorar für die Anlagen jeder Honorarzone zu berechnen, das sich ergeben würde, wenn die gesamten anrechenbaren Kosten der Anlagengruppe nur der Honorarzone zugeordnet würden, für die das Einzelhonorar berechnet wird. ⁴ Das Einzelhonorar ist dann nach dem Verhältnis der Summe der anrechenbaren Kosten der Anlagen einer Honorarzone zu den gesamten anrechenbaren Kosten der Anlagengruppe zu ermitteln.

(5) Für Umbauten und Modernisierungen kann bei einem durchschnittlichen Schwierigkeitsgrad ein Zuschlag gemäß § 6 Absatz 2 Satz 3 bis 50 Prozent in Textform vereinbart werden.

Teil 5. Übergangs- und Schlussvorschriften

§ 57 Übergangsvorschrift. (1) Diese Verordnung ist nicht auf Grundleistungen anzuwenden, die vor dem 17. Juli 2013 vertraglich vereinbart wurden; insoweit bleiben die bisherigen Vorschriften anwendbar.

(2) Die durch die Erste Verordnung zur Änderung der Honorarordnung für Architekten und Ingenieure vom 2. Dezember 2020 (BGBl. I S. 2636) geänderten Vorschriften sind erst auf diejenigen Vertragsverhältnisse anzuwenden, die nach Ablauf des 31. Dezember 2020 begründet worden sind.

§ 58 Inkrafttreten, Außerkrafttreten.
¹Diese Verordnung tritt am Tag nach der Verkündung[1] in Kraft. ²Gleichzeitig tritt die Honorarordnung für Architekten und Ingenieure vom 11. August 2009 (BGBl. I S. 2732) außer Kraft.

Der Bundesrat hat zugestimmt.

Anlage 1
(zu § 3 Absatz 1)

Weitere Fachplanungs- und Beratungsleistungen

1.1 Umweltverträglichkeitsstudie

1.1.1 Leistungsbild Umweltverträglichkeitsstudie

(1) Die Grundleistungen bei Umweltverträglichkeitsstudien sind in vier Leistungsphasen unterteilt und werden wie folgt in Prozentsätzen der Honorare in Nummer 1.1.2 bewertet:

1. für die Leistungsphase 1 (Klären der Aufgabenstellung und Ermitteln des Leistungsumfangs) mit 3 Prozent,

2. für die Leistungsphase 2 (Grundlagenermittlung) mit 37 Prozent,

3. für die Leistungsphase 3 (Vorläufige Fassung) mit 50 Prozent,

4. für die Leistungsphase 4 (Abgestimmte Fassung) mit 10 Prozent.

(2) Das Leistungsbild setzt sich wie folgt zusammen:

Leistungsphase 1: Klären der Aufgabenstellung und Ermitteln des Leistungsumfangs

– Zusammenstellen und Prüfen der vom Auftraggeber zur Verfügung gestellten untersuchungsrelevanten Unterlagen,

– Ortsbesichtigungen,

– Abgrenzen der Untersuchungsräume,

– Ermitteln der Untersuchungsinhalte,

– Konkretisieren weiteren Bedarfs an Daten und Unterlagen,

– Beraten zum Leistungsumfang für ergänzende Untersuchungen und Fachleistungen,

– Aufstellen eines verbindlichen Arbeitsplans unter Berücksichtigung der sonstigen Fachbeiträge.

Leistungsphase 2: Grundlagenermittlung

– Ermitteln und Beschreiben der untersuchungsrelevanten Sachverhalte auf Grund vorhandener Unterlagen,

– Beschreiben der Umwelt einschließlich des rechtlichen Schutzstatus, der fachplanerischen Vorgaben und Ziele sowie der für die Bewertung relevanten Funktionselemente für jedes Schutzgut einschließlich der Wechselwirkungen,

– Beschreiben der vorhandenen Beeinträchtigungen der Umwelt,

– Bewerten der Funktionselemente und der Leistungsfähigkeit der einzelnen Schutzgüter hinsichtlich ihrer Bedeutung und Empfindlichkeit,

– Raumwiderstandsanalyse, soweit nach Art des Vorhabens erforderlich, einschließlich des Ermittelns konfliktarmer Bereiche,

– Darstellen von Entwicklungstendenzen des Untersuchungsraums für den Prognose-Null-Fall,

– Überprüfen der Abgrenzung des Untersuchungsraums und der Untersuchungsinhalte,

– Zusammenfassendes Darstellen der Erfassung und Bewertung als Grundlage für die Erörterung mit dem Auftraggeber.

Leistungsphase 3: Vorläufige Fassung

– Ermitteln und Beschreiben der Umweltauswirkungen und Erstellen der vorläufigen Fassung,

---

[1] Verkündet am 16.7.2013.

Honorarordnung für Architekten und Ingenieure **Anl. 1 HOAI 5**

- Mitwirken bei der Entwicklung und der Auswahl vertieft zu untersuchender planerischer Lösungen,
- Mitwirken bei der Optimierung von bis zu drei planerischen Lösungen (Hauptvarianten) zur Vermeidung von Beeinträchtigungen,
- Ermitteln, Beschreiben und Bewerten der unmittelbaren und mittelbaren Auswirkungen von bis zu drei planerischen Lösungen (Hauptvarianten) auf die Schutzgüter im Sinne des Gesetzes über die Umweltverträglichkeitsprüfung vom 24. Februar 2010 (BGBl. I S. 94) einschließlich der Wechselwirkungen,
- Einarbeiten der Ergebnisse vorhandener Untersuchungen zum Gebiets- und Artenschutz sowie zum Boden- und Wasserschutz,
- Vergleichendes Darstellen und Bewerten der Auswirkungen von bis zu drei planerischen Lösungen,
- Zusammenfassendes vergleichendes Bewerten des Projekts mit dem Prognose-Null-Fall,
- Erstellen von Hinweisen auf Maßnahmen zur Vermeidung und Verminderung von Beeinträchtigungen sowie zur Ausgleichbarkeit der unvermeidbaren Beeinträchtigungen,
- Erstellen von Hinweisen auf Schwierigkeiten bei der Zusammenstellung der Angaben,
- Zusammenführen und Darstellen der Ergebnisse als vorläufige Fassung in Text und Karten einschließlich des Herausarbeitens der grundsätzlichen Lösung der wesentlichen Teile der Aufgabe,
- Abstimmen der Vorläufigen Fassung mit dem Auftraggeber.

Leistungsphase 4: Abgestimmte Fassung
Darstellen der mit dem Auftraggeber abgestimmten Fassung der Umweltverträglichkeitsstudie in Text und Karte einschließlich einer Zusammenfassung.

(3) Im Leistungsbild Umweltverträglichkeitsstudie können insbesondere die Besonderen Leistungen der Anlage 9 Anwendung finden.

1.1.2 Honorare für Grundleistungen bei Umweltverträglichkeitsstudien

(1) Für die in Nummer 1.1.1 genannten Grundleistungen bei Umweltverträglichkeitsstudien sind die in der nachstehenden Honorartafel aufgeführten Honorarspannen Orientierungswerte:

Fläche in Hektar	Honorarzone I geringe Anforderungen		Honorarzone II durchschnittliche Anforderungen		Honorarzone III hohe Anforderungen	
	von	bis	von	bis	von	bis
	Euro		Euro		Euro	
50	10 176	12 862	12 862	15 406	15 406	18 091
100	14 972	18 923	18 923	22 666	22 666	26 617
150	18 942	23 940	23 940	28 676	28 676	33 674
200	22 454	28 380	28 380	33 994	33 994	39 919
300	28 644	36 203	36 203	43 364	43 364	50 923
400	34 117	43 120	43 120	51 649	51 649	60 653
500	39 110	49 431	49 431	59 209	59 209	69 530
750	50 211	63 461	63 461	76 014	76 014	89 264
1 000	60 004	75 838	75 838	90 839	90 839	106 674
1 500	77 182	97 550	97 550	116 846	116 846	137 213
2 000	92 278	116 629	116 629	139 698	139 698	164 049
2 500	105 963	133 925	133 925	160 416	160 416	188 378
3 000	118 598	149 895	149 895	179 544	179 544	210 841
4 000	141 533	178 883	178 883	214 266	214 266	251 615
5 000	162 148	204 937	204 937	245 474	245 474	288 263
6 000	182 186	230 263	230 263	275 810	275 810	323 887
7 000	201 072	254 133	254 133	304 401	304 401	357 461
8 000	218 466	276 117	276 117	330 734	330 734	388 384
9 000	234 394	296 247	296 247	354 846	354 846	416 700
10 000	249 492	315 330	315 330	377 704	377 704	443 542

5 HOAI Anl. 1 — Honorarordnung für Architekten und Ingenieure

(2) Das Honorar für die Erstellung von Umweltverträglichkeitsstudien berechnet sich nach der Gesamtfläche des Untersuchungsraums in Hektar und nach der Honorarzone.

(3) Umweltverträglichkeitsstudien sind folgenden Honorarzonen zuzuordnen:

1. Honorarzone I (geringe Anforderungen),
2. Honorarzone II (durchschnittliche Anforderungen),
3. Honorarzone III (hohe Anforderungen).

(4) Die Zuordnung zu den Honorarzonen ist anhand folgender Bewertungsmerkmale für zu erwartende nachteilige Auswirkungen auf die Umwelt zu ermitteln:

1. Bedeutung des Untersuchungsraums für die Schutzgüter im Sinne des Gesetzes über die Umweltverträglichkeitsprüfung (UVPG),
2. Ausstattung des Untersuchungsraums mit Schutzgebieten,
3. Landschaftsbild und -struktur,
4. Nutzungsansprüche,
5. Empfindlichkeit des Untersuchungsraums gegenüber Umweltbelastungen und -beeinträchtigungen,
6. Intensität und Komplexität potenzieller nachteiliger Wirkfaktoren auf die Umwelt.

(5) Sind für eine Umweltverträglichkeitsstudie Bewertungsmerkmale aus mehreren Honorarzonen anwendbar und bestehen deswegen Zweifel, welcher Honorarzone die Umweltverträglichkeitsstudie zugeordnet werden kann, ist die Anzahl der Bewertungspunkte nach Absatz 4 zu ermitteln; die Umweltverträglichkeitsstudie ist nach der Summe der Bewertungspunkte folgenden Honorarzonen zuzuordnen:

1. Honorarzone I: Umweltverträglichkeitsstudien mit bis zu 16 Punkten,
2. Honorarzone II: Umweltverträglichkeitsstudien mit 17 bis 30 Punkten,
3. Honorarzone III: Umweltverträglichkeitsstudien mit 31 bis 42 Punkten.

(6) Bei der Zuordnung einer Umweltverträglichkeitsstudie zu den Honorarzonen werden nach dem Schwierigkeitsgrad der Anforderungen die Bewertungsmerkmale wie folgt gewichtet:

1. die Bewertungsmerkmale gemäß Absatz 4 Nummer 1 bis 4 mit je bis zu 6 Punkten und
2. die Bewertungsmerkmale gemäß Absatz 4 Nummer 5 und 6 mit je bis zu 9 Punkten.

(7) Wird die Größe des Untersuchungsraums während der Leistungserbringung geändert, so ist das Honorar für die Leistungsphasen, die bis zur Änderung noch nicht erbracht sind, nach der geänderten Größe des Untersuchungsraums zu berechnen.

1.2 Bauphysik

1.2.1 Anwendungsbereich

(1) Zu den Grundleistungen für Bauphysik gehören:

– Wärmeschutz und Energiebilanzierung,

– Bauakustik (Schallschutz),

– Raumakustik.

(2) Wärmeschutz und Energiebilanzierung umfassen den Wärmeschutz von Gebäuden und Ingenieurbauwerken und die fachübergreifende Energiebilanzierung.

(3) Die Bauakustik umfasst den Schallschutz von Objekten zur Erreichung eines regelgerechten Luft- und Trittschallschutzes und zur Begrenzung der von außen einwirkenden Geräusche sowie der Geräusche von Anlagen der Technischen Ausrüstung. Dazu gehört auch der Schutz der Umgebung vor schädlichen Umwelteinwirkungen durch Lärm (Schallimmissionsschutz).

(4) Die Raumakustik umfasst die Beratung zu Räumen mit besonderen raumakustischen Anforderungen.

(5) Die Besonderen Grundlagen der Honorare werden gesondert in den Teilgebieten Wärmeschutz und Energiebilanzierung, Bauakustik, Raumakustik aufgeführt.

Honorarordnung für Architekten und Ingenieure **Anl. 1 HOAI 5**

1.2.2 Leistungsbild Bauphysik

(1) Die Grundleistungen für Bauphysik sind in sieben Leistungsphasen unterteilt und werden wie folgt in Prozentsätzen der Honorare in Nummer 1.2.3 bewertet:

1. für die Leistungsphase 1 (Grundlagenermittlung) mit 3 Prozent,
2. für die Leistungsphase 2 (Mitwirken bei der Vorplanung) mit 20 Prozent,
3. für die Leistungsphase 3 (Mitwirken bei der Entwurfsplanung) mit 40 Prozent,
4. für die Leistungsphase 4 (Mitwirken bei der Genehmigungsplanung) mit 6 Prozent,
5. für die Leistungsphase 5 (Mitwirken bei der Ausführungsplanung) mit 27 Prozent,
6. für die Leistungsphase 6 (Mitwirken bei der Vorbereitung der Vergabe) mit 2 Prozent,
7. für die Leistungsphase 7 (Mitwirken bei der Vergabe) mit 2 Prozent.

(2) Das Leistungsbild setzt sich wie folgt zusammen:

Grundleistungen	Besondere Leistungen
LPH 1 Grundlagenermittlung	
a) Klären der Aufgabenstellung b) Festlegen der Grundlagen, Vorgaben und Ziele	– Mitwirken bei der Ausarbeitung von Auslobungen und bei Vorprüfungen für Wettbewerbe – Bestandsaufnahme bestehender Gebäude, Ermitteln und Bewerten von Kennwerten – Schadensanalyse bestehender Gebäude – Mitwirken bei Vorgaben für Zertifizierungen
LPH 2 Mitwirkung bei der Vorplanung	
a) Analyse der Grundlagen b) Klären der wesentlichen Zusammenhänge von Gebäuden und technischen Anlagen einschließlich Betrachtung von Alternativen c) Vordimensionieren der relevanten Bauteile des Gebäudes d) Mitwirken beim Abstimmen der fachspezifischen Planungskonzepte der Objektplanung und der Fachplanungen e) Erstellen eines Gesamtkonzeptes in Abstimmung mit der Objektplanung und den Fachplanungen f) Erstellen von Rechenmodellen, Auflisten der wesentlichen Kennwerte als Arbeitsgrundlage für Objektplanung und Fachplanungen	– Mitwirken beim Klären von Vorgaben für Fördermaßnahmen und bei deren Umsetzung – Mitwirken an Projekt-, Käufer- oder Mieterbaubeschreibungen – Erstellen eines fachübergreifenden Bauteilkatalogs
LPH 3 Mitwirkung bei der Entwurfsplanung	
a) Fortschreiben der Rechenmodelle und der wesentlichen Kennwerte für das Gebäude b) Mitwirken beim Fortschreiben der Planungskonzepte der Objektplanung und Fachplanung bis zum vollständigen Entwurf c) Bemessen der Bauteile des Gebäudes d) Erarbeiten von Übersichtsplänen und des Erläuterungsberichtes mit Vorgaben, Grundlagen und Auslegungsdaten	– Simulationen zur Prognose des Verhaltens von Bauteilen, Räumen, Gebäuden und Freiräumen
LPH 4 Mitwirkung bei der Genehmigungsplanung	
a) Mitwirken beim Aufstellen der Genehmigungsplanung und bei Vorgesprächen mit Behörden b) Aufstellen der förmlichen Nachweise c) Vervollständigen und Anpassen der Unterlagen	– Mitwirken bei Vorkontrollen in Zertifizierungsprozessen – Mitwirken beim Einholen von Zustimmungen im Einzelfall

5 HOAI Anl. 1 — Honorarordnung für Architekten und Ingenieure

Grundleistungen	Besondere Leistungen
LPH 5 Mitwirkung bei der Ausführungsplanung	
a) Durcharbeiten der Ergebnisse der Leistungsphasen 3 und 4 unter Beachtung der durch die Objektplanung integrierten Fachplanungen b) Mitwirken bei der Ausführungsplanung durch ergänzende Angaben für die Objektplanung und Fachplanungen	– Mitwirken beim Prüfen und Anerkennen der Montage- und Werkstattplanung der ausführenden Unternehmen auf Übereinstimmung mit der Ausführungsplanung
LPH 6 Mitwirkung bei der Vorbereitung der Vergabe	
Beiträge zu Ausschreibungsunterlagen	
LPH 7 Mitwirkung bei der Vergabe	
Mitwirken beim Prüfen und Bewerten der Angebote auf Erfüllung der Anforderungen	– Prüfen von Nebenangeboten
LPH 8 Objektüberwachung und Dokumentation	
	– Mitwirken bei der Baustellenkontrolle – Messtechnisches Überprüfen der Qualität der Bauausführung und von Bauteil- oder Raumeigenschaften
LPH 9 Objektbetreuung	
	– Mitwirken bei Audits in Zertifizierungsprozessen

1.2.3 Honorare für Grundleistungen für Wärmeschutz und Energiebilanzierung

(1) Das Honorar für die Grundleistungen nach Nummer 1.2.2 Absatz 2 richtet sich nach den anrechenbaren Kosten des Gebäudes gemäß § 33 nach der Honorarzone nach § 35, der das Gebäude zuzuordnen ist, und nach der Honorartafel in Absatz 2.

(2) Für die in Nummer 1.2.2 Absatz 2 genannten Grundleistungen für Wärmeschutz und Energiebilanzierung sind die in der nachstehenden Honorartafel aufgeführten Honorarspannen Orientierungswerte:

Honorarordnung für Architekten und Ingenieure — Anl. 1 HOAI 5

Anrechenbare Kosten in Euro	Honorarzone I sehr geringe Anforderungen		Honorarzone II geringe Anforderungen		Honorarzone III durchschnittliche Anforderungen		Honorarzone IV hohe Anforderungen		Honorarzone V sehr hohe Anforderungen	
	von Euro	bis	von Euro	bis	von Euro	bis	von Euro	bis	von Euro	bis
250 000	1 757	2 023	2 023	2 395	2 395	2 928	2 928	3 300	3 300	3 566
275 000	1 789	2 061	2 061	2 440	2 440	2 982	2 982	3 362	3 362	3 633
300 000	1 821	2 097	2 097	2 484	2 484	3 036	3 036	3 422	3 422	3 698
350 000	1 883	2 168	2 168	2 567	2 567	3 138	3 138	3 537	3 537	3 822
400 000	1 941	2 235	2 235	2 647	2 647	3 235	3 235	3 646	3 646	3 941
500 000	2 049	2 359	2 359	2 793	2 793	3 414	3 414	3 849	3 849	4 159
600 000	2 146	2 471	2 471	2 926	2 926	3 576	3 576	4 031	4 031	4 356
750 000	2 273	2 617	2 617	3 099	3 099	3 788	3 788	4 270	4 270	4 614
1 000 000	2 440	2 809	2 809	3 327	3 327	4 066	4 066	4 583	4 583	4 953
1 250 000	2 748	3 164	3 164	3 747	3 747	4 579	4 579	5 162	5 162	5 579
1 500 000	3 050	3 512	3 512	4 159	4 159	5 083	5 083	5 730	5 730	6 192
2 000 000	3 639	4 190	4 190	4 962	4 962	6 065	6 065	6 837	6 837	7 388
2 500 000	4 213	4 851	4 851	5 745	5 745	7 022	7 022	7 916	7 916	8 554
3 500 000	5 329	6 136	6 136	7 266	7 266	8 881	8 881	10 012	10 012	10 819
5 000 000	6 944	7 996	7 996	9 469	9 469	11 573	11 573	13 046	13 046	14 098
7 500 000	9 532	10 977	10 977	12 999	12 999	15 887	15 887	17 909	17 909	19 354
10 000 000	12 033	13 856	13 856	16 408	16 408	20 055	20 055	22 607	22 607	24 430
15 000 000	16 856	19 410	19 410	22 986	22 986	28 094	28 094	31 670	31 670	34 224
20 000 000	21 516	24 776	24 776	29 339	29 339	35 859	35 859	40 423	40 423	43 683
25 000 000	26 056	30 004	30 004	35 531	35 531	43 427	43 427	48 954	48 954	52 902

(3) Für Umbauten und Modernisierungen kann bei einem durchschnittlichen Schwierigkeitsgrad ein Zuschlag gemäß § 6 Absatz 2 Satz 3 bis 33 Prozent auf das Honorar in Textform vereinbart werden.

1.2.4 Honorare für Grundleistungen der Bauakustik

(1) Für Grundleistungen der Bauakustik sind die Kosten für Baukonstruktionen und Anlagen der Technischen Ausrüstung anrechenbar. Der Umfang der mitzuverarbeitenden Bausubstanz kann angemessen berücksichtigt werden.

(2) Die Vertragsparteien können vereinbaren, dass die Kosten für besondere Bauausführungen ganz oder teilweise zu den anrechenbaren Kosten gehören, wenn hierdurch dem Auftragnehmer ein erhöhter Arbeitsaufwand entsteht.

(3) Für die in Nummer 1.2.2 Absatz 2 genannten Grundleistungen der Bauakustik sind die in der nachstehenden Honorartafel aufgeführten Honorarspannen Orientierungswerte:

Anrechenbare Kosten in Euro	Honorarzone I geringe Anforderungen		Honorarzone II durchschnittliche Anforderungen		Honorarzone III hohe Anforderungen	
	von	bis	von	bis	von	bis
	Euro		Euro		Euro	
250 000	1 729	1 985	1 985	2 284	2 284	2 625
275 000	1 840	2 113	2 113	2 431	2 431	2 794
300 000	1 948	2 237	2 237	2 574	2 574	2 959
350 000	2 156	2 475	2 475	2 847	2 847	3 273
400 000	2 353	2 701	2 701	3 108	3 108	3 573
500 000	2 724	3 127	3 127	3 598	3 598	4 136
600 000	3 069	3 524	3 524	4 055	4 055	4 661
750 000	3 553	4 080	4 080	4 694	4 694	5 396
1 000 000	4 291	4 927	4 927	5 669	5 669	6 516
1 250 000	4 968	5 704	5 704	6 563	6 563	7 544
1 500 000	5 599	6 429	6 429	7 397	7 397	8 503
2 000 000	6 763	7 765	7 765	8 934	8 934	10 270
2 500 000	7 830	8 990	8 990	10 343	10 343	11 890
3 500 000	9 766	11 213	11 213	12 901	12 901	14 830
5 000 000	12 345	14 174	14 174	16 307	16 307	18 746
7 500 000	16 114	18 502	18 502	21 287	21 287	24 470
10 000 000	19 470	22 354	22 354	25 719	25 719	29 565
15 000 000	25 422	29 188	29 188	33 582	33 582	38 604
20 000 000	30 722	35 273	35 273	40 583	40 583	46 652
25 000 000	35 585	40 857	40 857	47 008	47 008	54 037

(4) Für Umbauten und Modernisierungen kann bei einem durchschnittlichen Schwierigkeitsgrad ein Zuschlag gemäß § 6 Absatz 2 Satz 3 bis 33 Prozent auf das Honorar in Textform vereinbart werden.

(5) Die Leistungen der Bauakustik werden den Honorarzonen anhand folgender Bewertungsmerkmale zugeordnet:

1. Art der Nutzung,

2. Anforderungen des Immissionsschutzes,

3. Anforderungen des Emissionsschutzes,

4. Art der Hüllkonstruktion, Anzahl der Konstruktionstypen,

5. Art und Intensität der Außenlärmbelastung,

6. Art und Umfang der Technischen Ausrüstung.

(6) § 52 Absatz 3 ist sinngemäß anzuwenden.

(7) Objektliste für die Bauakustik

Honorarordnung für Architekten und Ingenieure **Anl. 1 HOAI 5**

Die nachstehend aufgeführten Innenräume werden in der Regel den Honorarzonen wie folgt zugeordnet:

Objektliste – Bauakustik	Honorarzone		
	I	II	III
Wohnhäuser, Heime, Schulen, Verwaltungsgebäude oder Banken mit jeweils durchschnittlicher Technischer Ausrüstung oder entsprechendem Ausbau	X		
Heime, Schulen, Verwaltungsgebäude mit jeweils überdurchschnittlicher Technischer Ausrüstung oder entsprechendem Ausbau		X	
Wohnhäuser mit versetzten Grundrissen		X	
Wohnhäuser mit Außenlärmbelastungen		X	
Hotels, soweit nicht in Honorarzone III erwähnt		X	
Universitäten oder Hochschulen		X	
Krankenhäuser, soweit nicht in Honorarzone III erwähnt		X	
Gebäude für Erholung, Kur oder Genesung		X	
Versammlungsstätten, soweit nicht in Honorarzone III erwähnt		X	
Werkstätten mit schutzbedürftigen Räumen		X	
Hotels mit umfangreichen gastronomischen Einrichtungen			X
Gebäude mit gewerblicher Nutzung oder Wohnnutzung			X
Krankenhäuser in bauakustisch besonders ungünstigen Lagen oder mit ungünstiger Anordnung der Versorgungseinrichtungen			X
Theater-, Konzert- oder Kongressgebäude			X
Tonstudios oder akustische Messräume			X

1.2.5 Honorare für Grundleistungen der Raumakustik

(1) Das Honorar für jeden Innenraum, für den Grundleistungen zur Raumakustik erbracht werden, richtet sich nach den anrechenbaren Kosten nach Absatz 2, nach der Honorarzone, der der Innenraum zuzuordnen ist, sowie nach der Honorartafel in Absatz 3.

(2) Für Grundleistungen der Raumakustik sind die Kosten für Baukonstruktionen und Technische Ausrüstung sowie die Kosten für die Ausstattung (DIN 276 – 1: 2008-12, Kostengruppe 610) des Innenraums anrechenbar. Die Kosten für die Baukonstruktionen und Technische Ausrüstung werden für die Anrechnung durch den Bruttorauminhalt des Gebäudes geteilt und mit dem Rauminhalt des Innenraums multipliziert. Der Umfang der mitzuverarbeitenden Bausubstanz kann angemessen berücksichtigt werden.

(3) Für die in Nummer 1.2.2 Absatz 2 genannten Grundleistungen der Raumakustik sind die in der nachstehenden Honorartafel aufgeführten Honorarspannen Orientierungswerte:

5 HOAI Anl. 1 — Honorarordnung für Architekten und Ingenieure

Anrechenbare Kosten in Euro	Honorarzone I sehr geringe Anforderungen		Honorarzone II geringe Anforderungen		Honorarzone III durchschnittliche Anforderungen		Honorarzone IV hohe Anforderungen		Honorarzone V sehr hohe Anforderungen	
	von Euro	bis	von Euro	bis	von Euro	bis	von Euro	bis	von Euro	bis
50 000	1 714	2 226	2 226	2 737	2 737	3 279	3 279	3 790	3 790	4 301
75 000	1 805	2 343	2 343	2 882	2 882	3 452	3 452	3 990	3 990	4 528
100 000	1 892	2 457	2 457	3 021	3 021	3 619	3 619	4 183	4 183	4 748
150 000	2 061	2 676	2 676	3 291	3 291	3 942	3 942	4 557	4 557	5 171
200 000	2 225	2 888	2 888	3 551	3 551	4 254	4 254	4 917	4 917	5 581
250 000	2 384	3 095	3 095	3 806	3 806	4 558	4 558	5 269	5 269	5 980
300 000	2 540	3 297	3 297	4 055	4 055	4 857	4 857	5 614	5 614	6 371
400 000	2 844	3 693	3 693	4 541	4 541	5 439	5 439	6 287	6 287	7 136
500 000	3 141	4 078	4 078	5 015	5 015	6 007	6 007	6 944	6 944	7 881
750 000	3 860	5 011	5 011	6 163	6 163	7 382	7 382	8 533	8 533	9 684
1 000 000	4 555	5 913	5 913	7 272	7 272	8 710	8 710	10 069	10 069	11 427
1 500 000	5 896	7 655	7 655	9 413	9 413	11 275	11 275	13 034	13 034	14 792
2 000 000	7 193	9 338	9 338	11 483	11 483	13 755	13 755	15 900	15 900	18 045
2 500 000	8 457	10 979	10 979	13 501	13 501	16 172	16 172	18 694	18 694	21 217
3 000 000	9 696	12 588	12 588	15 479	15 479	18 541	18 541	21 433	21 433	24 325
4 000 000	12 115	15 729	15 729	19 342	19 342	23 168	23 168	26 781	26 781	30 395
5 000 000	14 474	18 791	18 791	23 108	23 108	27 679	27 679	31 996	31 996	36 313
6 000 000	16 786	21 793	21 793	26 799	26 799	32 100	32 100	37 107	37 107	42 113
7 000 000	19 060	24 744	24 744	30 429	30 429	36 448	36 448	42 133	42 133	47 817
7 500 000	20 184	26 204	26 204	32 224	32 224	38 598	38 598	44 618	44 618	50 638

Honorarordnung für Architekten und Ingenieure

(4) Für Umbauten und Modernisierungen kann bei einem durchschnittlichen Schwierigkeitsgrad ein Zuschlag gemäß § 6 Absatz 2 Satz 3 bis 33 Prozent auf das Honorar in Textform vereinbart werden.

(5) Innenräume werden nach den in Absatz 6 genannten Bewertungsmerkmalen folgenden Honorarzonen zugeordnet:

1. Honorarzone I: Innenräume mit sehr geringen Anforderungen,
2. Honorarzone II: Innenräume mit geringen Anforderungen,
3. Honorarzone III: Innenräume mit durchschnittlichen Anforderungen,
4. Honorarzone IV: Innenräume mit hohen Anforderungen,
5. Honorarzone V: Innenräume mit sehr hohen Anforderungen.

(6) Die Leistungen der Raumakustik werden den Honorarzonen anhand folgender Bewertungsmerkmale zugeordnet:

1. Anforderungen an die Einhaltung der Nachhallzeit,
2. Einhalten eines bestimmten Frequenzganges der Nachhallzeit,
3. Anforderungen an die räumliche und zeitliche Schallverteilung,
4. akustische Nutzungsart des Innenraums,
5. Veränderbarkeit der akustischen Eigenschaften des Innenraums.

(7) Objektliste für die Raumakustik
Die nachstehend aufgeführten Innenräume werden in der Regel den Honorarzonen wie folgt zugeordnet:

Objektliste – Raumakustik	Honorarzone				
	I	II	III	IV	V
Pausenhallen, Spielhallen, Liege- und Wandelhallen	X				
Großraumbüros		X			
Unterrichts-, Vortrags- und Sitzungsräume					
– bis 500 m³		X			
– 500 bis 1 500 m³			X		
– über 1 500 m³				X	
Filmtheater					
– bis 1 000 m³		X			
– 1 000 bis 3 000 m³			X		
– über 3 000 m³				X	
Kirchen					
– bis 1 000 m³		X			
– 1 000 bis 3 000 m³			X		
– über 3 000 m³				X	
Sporthallen, Turnhallen					
– nicht teilbar, bis 1 000 m³		X			
– teilbar, bis 3 000 m³			X		
Mehrzweckhallen					
– bis 3 000 m³				X	
– über 3 000 m³					X
Konzertsäle, Theater, Opernhäuser					X
Tonaufnahmeräume, akustische Messräume					X
Innenräume mit veränderlichen akustischen Eigenschaften					X

(8) § 52 Absatz 3 kann sinngemäß angewendet werden.

5 HOAI Anl. 1 — Honorarordnung für Architekten und Ingenieure

1.3 Geotechnik

1.3.1 Anwendungsbereich

(1) Die Leistungen für Geotechnik umfassen die Beschreibung und Beurteilung der Baugrund- und Grundwasserverhältnisse für Gebäude und Ingenieurbauwerke im Hinblick auf das Objekt und die Erarbeitung einer Gründungsempfehlung. Dazu gehört auch die Beschreibung der Wechselwirkung zwischen Baugrund und Bauwerk sowie die Wechselwirkung mit der Umgebung.

(2) Die Leistungen umfassen insbesondere das Festlegen von Baugrundkennwerten und von Kennwerten für rechnerische Nachweise zur Standsicherheit und Gebrauchstauglichkeit des Objektes, die Abschätzung zum Schwankungsbereich des Grundwassers sowie die Einordnung des Baugrunds nach bautechnischen Klassifikationsmerkmalen.

1.3.2 Besondere Grundlagen des Honorars

(1) Das Honorar der Grundleistungen richtet sich nach den anrechenbaren Kosten der Tragwerksplanung nach § 50 Absatz 1 bis 3 für das gesamte Objekt aus Bauwerk und Baugrube.

(2) *(aufgehoben)*

1.3.3 Leistungsbild Geotechnik

(1) Grundleistungen umfassen die Beschreibung und Beurteilung der Baugrund- und Grundwasserverhältnisse sowie die daraus abzuleitenden Empfehlungen für die Gründung einschließlich der Angabe der Bemessungsgrößen für eine Flächen- oder Pfahlgründung, Hinweise zur Herstellung und Trockenhaltung der Baugrube und des Bauwerks, Angaben zur Auswirkung des Bauwerks auf die Umgebung und auf Nachbarbauwerke sowie Hinweise zur Bauausführung. Die Darstellung der Inhalte erfolgt im Geotechnischen Bericht.

(2) Die Grundleistungen werden in folgenden Teilleistungen zusammengefasst und wie folgt in Prozentsätzen der Honorare der Nummer 1.3.4 bewertet:

1. für die Teilleistung a (Grundlagenermittlung und Erkundungskonzept) mit 15 Prozent,
2. für die Teilleistung b (Beschreiben der Baugrund- und Grundwasserverhältnisse) mit 35 Prozent,
3. für die Teilleistung c (Beurteilung der Baugrund- und Grundwasserverhältnisse, Empfehlungen, Hinweise, Angaben zur Bemessung der Gründung) mit 50 Prozent.

(3) Das Leistungsbild setzt sich wie folgt zusammen:

Grundleistungen	Besondere Leistungen
Geotechnischer Bericht	
a) Grundlagenermittlung und Erkundungskonzept – Klären der Aufgabenstellung, Ermitteln der Baugrund- und Grundwasserverhältnisse auf Basis vorhandener Unterlagen – Festlegen und Darstellen der erforderlichen Baugrunderkundungen b) Beschreiben der Baugrund- und Grundwasserverhältnisse – Auswerten und Darstellen der Baugrunderkundungen sowie der Labor- und Felduntersuchungen – Abschätzen des Schwankungsbereichs von Wasserständen und/oder Druckhöhen im Boden – Klassifizieren des Baugrunds und Festlegen der Baugrundkennwerte c) Beurteilung der Baugrund- und Grundwasserverhältnisse, Empfehlungen, Hinweise, Angaben zur Bemessung der Gründung – Beurteilung des Baugrunds	– Beschaffen von Bestandsunterlagen – Vorbereiten und Mitwirken bei der Vergabe von Aufschlussarbeiten und deren Überwachung – Veranlassen von Labor- und Felduntersuchungen – Aufstellen von geotechnischen Berechnungen zur Standsicherheit oder Gebrauchstauglichkeit, wie zum Beispiel Setzungs-, Grundbruch- und Geländebruchberechnungen – Aufstellen von hydrogeologischen, geohydraulischen und besonderen numerischen Berechnungen – Beratung zu Dränanlagen, Anlagen zur Grundwasserabsenkung oder sonstigen ständigen oder bauzeitlichen Eingriffen in das Grundwasser – Beratung zu Probebelastungen sowie fachtechnisches Betreuen und Auswerten – geotechnische Beratung zu Gründungselementen, Baugruben- oder Hangsicherungen und Erdbauwerken, Mitwirkung bei

Grundleistungen	Besondere Leistungen
– Empfehlung für die Gründung mit Angabe der geotechnischen Bemessungsparameter (zum Beispiel Angaben zur Bemessung einer Flächen- oder Pfahlgründung) – Angabe der zu erwartenden Setzungen für die vom Tragwerksplaner im Rahmen der Entwurfsplanung nach § 49 zu erbringenden Grundleistungen – Hinweise zur Herstellung und Trockenhaltung der Baugrube und des Bauwerks sowie Angaben zur Auswirkung der Baumaßnahme auf Nachbarbauwerke – Allgemeine Angaben zum Erdbau – Angaben zur geotechnischen Eignung von Aushubmaterial zur Wiederverwendung bei der betreffenden Baumaßnahme sowie Hinweise zur Bauausführung	der Beratung zur Sicherung von Nachbarbauwerken – Untersuchungen zur Berücksichtigung dynamischer Beanspruchungen bei der Bemessung des Objekts oder seiner Gründung sowie Beratungsleistungen zur Vermeidung oder Beherrschung von dynamischen Einflüssen – Mitwirken bei der Bewertung von Nebenangeboten aus geotechnischer Sicht – Mitwirken während der Planung oder Ausführung des Objekts sowie Besprechungs- und Ortstermine – geotechnische Freigaben

1.3.4 Honorare Geotechnik

(1) Für die in Nummer 1.3.3 Absatz 3 genannten Grundleistungen sind die in der nachstehenden Honorartafel aufgeführten Honorarspannen Orientierungswerte:

Anrechenbare Kosten in Euro	Honorarzone I sehr geringe Anforderungen		Honorarzone II geringe Anforderungen		Honorarzone III durchschnittliche Anforderungen		Honorarzone IV hohe Anforderungen		Honorarzone V sehr hohe Anforderungen	
	von Euro	bis	von Euro	bis	von Euro	bis	von Euro	bis	von Euro	bis
50 000	789	1 222	1 222	1 654	1 654	2 105	2 105	2 537	2 537	2 970
75 000	951	1 472	1 472	1 993	1 993	2 537	2 537	3 058	3 058	3 579
100 000	1 086	1 681	1 681	2 276	2 276	2 896	2 896	3 491	3 491	4 086
125 000	1 204	1 863	1 863	2 522	2 522	3 210	3 210	3 869	3 869	4 528
150 000	1 309	2 026	2 026	2 742	2 742	3 490	3 490	4 207	4 207	4 924
200 000	1 494	2 312	2 312	3 130	3 130	3 984	3 984	4 802	4 802	5 621
300 000	1 800	2 786	2 786	3 772	3 772	4 800	4 800	5 786	5 786	6 772
400 000	2 054	3 179	3 179	4 304	4 304	5 478	5 478	6 603	6 603	7 728
500 000	2 276	3 522	3 522	4 768	4 768	6 069	6 069	7 315	7 315	8 561
750 000	2 740	4 241	4 241	5 741	5 741	7 307	7 307	8 808	8 808	10 308
1 000 000	3 125	4 836	4 836	6 548	6 548	8 334	8 334	10 045	10 045	11 756
1 500 000	3 765	5 827	5 827	7 889	7 889	10 041	10 041	12 103	12 103	14 165
2 000 000	4 297	6 650	6 650	9 003	9 003	11 459	11 459	13 812	13 812	16 165
3 000 000	5 175	8 009	8 009	10 842	10 842	13 799	13 799	16 633	16 633	19 467
5 000 000	6 535	10 114	10 114	13 693	13 693	17 428	17 428	21 007	21 007	24 586
7 500 000	7 878	12 192	12 192	16 506	16 506	21 007	21 007	25 321	25 321	29 635
10 000 000	8 994	13 919	13 919	18 844	18 844	23 983	23 983	28 909	28 909	33 834
15 000 000	10 839	16 775	16 775	22 711	22 711	28 905	28 905	34 840	34 840	40 776
20 000 000	12 373	19 148	19 148	25 923	25 923	32 993	32 993	39 769	39 769	46 544
25 000 000	13 708	21 215	21 215	28 722	28 722	36 556	36 556	44 063	44 063	51 570

Honorarordnung für Architekten und Ingenieure **Anl. 1 HOAI 5**

(2) Die Honorarzone wird bei den geotechnischen Grundleistungen auf Grund folgender Bewertungsmerkmale ermittelt:
1. Honorarzone I: Gründungen mit sehr geringem Schwierigkeitsgrad, insbesondere gering setzungsempfindliche Objekte mit einheitlicher Gründungsart bei annähernd regelmäßigem Schichtenaufbau des Untergrunds mit einheitlicher Tragfähigkeit und Setzungsfähigkeit innerhalb der Baufläche;
2. Honorarzone II: Gründungen mit geringem Schwierigkeitsgrad, insbesondere
   – setzungsempfindliche Objekte sowie gering setzungsempfindliche Objekte mit bereichsweise unterschiedlicher Gründungsart oder bereichsweise stark unterschiedlichen Lasten bei annähernd regelmäßigem Schichtenaufbau des Untergrunds mit einheitlicher Tragfähigkeit und Setzungsfähigkeit innerhalb der Baufläche,
   – gering setzungsempfindliche Objekte mit einheitlicher Gründungsart bei unregelmäßigem Schichtenaufbau des Untergrunds mit unterschiedlicher Tragfähigkeit und Setzungsfähigkeit innerhalb der Baufläche;
3. Honorarzone III: Gründungen mit durchschnittlichem Schwierigkeitsgrad, insbesondere
   – stark setzungsempfindliche Objekte bei annähernd regelmäßigem Schichtenaufbau des Untergrunds mit einheitlicher Tragfähigkeit und Setzungsfähigkeit innerhalb der Baufläche,
   – setzungsempfindliche Objekte sowie gering setzungsempfindliche Bauwerke mit bereichsweise unterschiedlicher Gründungsart oder bereichsweise stark unterschiedlichen Lasten bei unregelmäßigem Schichtenaufbau des Untergrunds mit unterschiedlicher Tragfähigkeit und Setzungsfähigkeit innerhalb der Baufläche,
   – gering setzungsempfindliche Objekte mit einheitlicher Gründungsart bei unregelmäßigem Schichtenaufbau des Untergrunds mit stark unterschiedlicher Tragfähigkeit und Setzungsfähigkeit innerhalb der Baufläche;
4. Honorarzone IV: Gründungen mit hohem Schwierigkeitsgrad, insbesondere
   – stark setzungsempfindliche Objekte bei unregelmäßigem Schichtenaufbau des Untergrunds mit unterschiedlicher Tragfähigkeit und Setzungsfähigkeit innerhalb der Baufläche,
   – setzungsempfindliche Objekte sowie gering setzungsempfindliche Objekte mit bereichsweise unterschiedlicher Gründungsart oder bereichsweise stark unterschiedlichen Lasten bei unregelmäßigem Schichtenaufbau des Untergrunds mit stark unterschiedlicher Tragfähigkeit und Setzungsfähigkeit innerhalb der Baufläche;
5. Honorarzone V: Gründungen mit sehr hohem Schwierigkeitsgrad, insbesondere stark setzungsempfindliche Objekte bei unregelmäßigem Schichtenaufbau des Untergrunds mit stark unterschiedlicher Tragfähigkeit und Setzungsfähigkeit innerhalb der Baufläche.

(3) § 52 Absatz 3 ist sinngemäß anzuwenden.

(4) Die Aspekte des Grundwassereinflusses auf das Objekt und die Nachbarbebauung sind bei der Festlegung der Honorarzone zusätzlich zu berücksichtigen.

1.4 Ingenieurvermessung
1.4.1 Anwendungsbereich

(1) Leistungen der Ingenieurvermessung beziehen das Erfassen raumbezogener Daten über Bauwerke und Anlagen, Grundstücke und Topographie, das Erstellen von Plänen, das Übertragen von Planungen in die Örtlichkeit sowie das vermessungstechnische Überwachen der Bauausführung ein, soweit die Leistungen mit besonderen instrumentellen und vermessungstechnischen Verfahrensanforderungen erbracht werden müssen. Ausgenommen von Satz 1 sind Leistungen, die nach landesrechtlichen Vorschriften für Zwecke der Landesvermessung und des Liegenschaftskatasters durchgeführt werden.

(2) Zur Ingenieurvermessung gehören:
1. Planungsbegleitende Vermessungen für die Planung und den Entwurf von Gebäuden, Ingenieurbauwerken, Verkehrsanlagen sowie für Flächenplanungen,
2. Bauvermessung vor und während der Bauausführung und die abschließende Bestandsdokumentation von Gebäuden, Ingenieurbauwerken und Verkehrsanlagen,
3. sonstige vermessungstechnische Leistungen:

- Vermessung an Objekten außerhalb der Planungs- und Bauphase,
- Vermessung bei Wasserstraßen,
- Fernerkundungen, die das Aufnehmen, Auswerten und Interpretieren von Luftbildern und anderer raumbezogener Daten umfassen, die durch Aufzeichnung über eine große Distanz erfasst sind, als Grundlage insbesondere für Zwecke der Raumordnung und des Umweltschutzes,
- vermessungstechnische Leistungen zum Aufbau von geographisch-geometrischen Datenbasen für raumbezogene Informationssysteme sowie
- vermessungstechnische Leistungen, soweit sie nicht in Absatz 1 und Absatz 2 erfasst sind.

1.4.2 Grundlagen des Honorars bei der Planungsbegleitenden Vermessung

(1) Das Honorar für Grundleistungen der Planungsbegleitenden Vermessung richtet sich nach der Summe der Verrechnungseinheiten, der Honorarzone in Nummer 1.4.3 und der Honorartafel in Nummer 1.4.8.

(2) Die Verrechnungseinheiten berechnen sich aus der Größe der aufzunehmenden Flächen und deren Punktdichte. Die Punktdichte beschreibt die durchschnittliche Anzahl der für die Erfassung der planungsrelevanten Daten je Hektar zu messenden Punkte.

(3) Abhängig von der Punktdichte werden die Flächen den nachstehenden Verrechnungseinheiten (VE) je Hektar (ha) zugeordnet:

Flächenklasse 1	
(bis 50 Punkte/ha)	40 VE
Flächenklasse 2	
(51 – 73 Punkte/ha)	50 VE
Flächenklasse 3	
(74 – 100 Punkte/ha)	60 VE
Flächenklasse 4	
(101 – 131 Punkte/ha)	70 VE
Flächenklasse 5	
(132 – 166 Punkte/ha)	80 VE
Flächenklasse 6	
(167 – 203 Punkte/ha)	90 VE
Flächenklasse 7	
(204 – 244 Punkte/ha)	100 VE
Flächenklasse 8	
(245 – 335 Punkte/ha)	120 VE
Flächenklasse 9	
(336 – 494 Punkte/ha)	150 VE
Flächenklasse 10	
(495 – 815 Punkte/ha)	200 VE
Flächenklasse 11	
(816 – 1 650 Punkte/ha)	300 VE
Flächenklasse 12	
(1 651 – 4 000 Punkte/ha)	500 VE
Flächenklasse 13	
(4 001 – 9 000 Punkte/ha)	800 VE.

(4) Umfasst ein Auftrag Vermessungen für mehrere Objekte, so werden die Honorare für die Vermessung jedes Objekts getrennt berechnet.

1.4.3 Honorarzonen für Grundleistungen bei der Planungsbegleitenden Vermessung

(1) Die Honorarzone wird bei der Planungsbegleitenden Vermessung auf Grund folgender Bewertungsmerkmale ermittelt:

a) Qualität der vorhandenen Daten und Kartenunterlagen

sehr hoch	1 Punkt
hoch	2 Punkte

Honorarordnung für Architekten und Ingenieure **Anl. 1 HOAI 5**

befriedigend	3 Punkte
kaum ausreichend	4 Punkte
mangelhaft	5 Punkte

b) Qualität des vorhandenen geodätischen Raumbezugs

sehr hoch	1 Punkt
hoch	2 Punkte
befriedigend	3 Punkte
kaum ausreichend	4 Punkte
mangelhaft	5 Punkte

c) Anforderungen an die Genauigkeit

sehr gering	1 Punkt
gering	2 Punkte
durchschnittlich	3 Punkte
hoch	4 Punkte
sehr hoch	5 Punkte

d) Beeinträchtigungen durch die Geländebeschaffenheit und bei der Begehbarkeit

sehr gering	1 bis 2 Punkte
gering	3 bis 4 Punkte
durchschnittlich	5 bis 6 Punkte
hoch	7 bis 8 Punkte
sehr hoch	9 bis 10 Punkte

e) Behinderung durch Bebauung und Bewuchs

sehr gering	1 bis 3 Punkte
gering	4 bis 6 Punkte
durchschnittlich	7 bis 9 Punkte
hoch	10 bis 12 Punkte
sehr hoch	13 bis 15 Punkte

f) Behinderung durch Verkehr

sehr gering	1 bis 3 Punkte
gering	4 bis 6 Punkte
durchschnittlich	7 bis 9 Punkte
hoch	10 bis 12 Punkte
sehr hoch	13 bis 15 Punkte.

(2) Die Honorarzone ergibt sich aus der Summe der Bewertungspunkte wie folgt:

Honorarzone I	bis 13 Punkte
Honorarzone II	14 bis 23 Punkte
Honorarzone III	24 bis 34 Punkte
Honorarzone IV	35 bis 44 Punkte
Honorarzone V	45 bis 55 Punkte.

1.4.4 Leistungsbild Planungsbegleitende Vermessung

(1) Das Leistungsbild Planungsbegleitende Vermessung umfasst die Aufnahme planungsrelevanter Daten und die Darstellung in analoger und digitaler Form für die Planung und den Entwurf von Gebäuden, Ingenieurbauwerken, Verkehrsanlagen sowie für Flächenplanungen.

(2) Die Grundleistungen sind in vier Leistungsphasen zusammengefasst und werden wie folgt in Prozentsätzen der Honorare der Nummer 1.4.8 Absatz 1 bewertet:

1. für die Leistungsphase 1 (Grundlagenermittlung) mit 5 Prozent,

2. für die Leistungsphase 2 (Geodätischer Raumbezug) mit 20 Prozent,

3. für die Leistungsphase 3 (Vermessungstechnische Grundlagen) mit 65 Prozent,

4. für die Leistungsphase 4 (Digitales Geländemodell) mit 10 Prozent.

(3) Das Leistungsbild setzt sich wie folgt zusammen:

Grundleistungen	Besondere Leistungen
1. Grundlagenermittlung	
a) Einholen von Informationen und Beschaffen von Unterlagen über die Örtlichkeit und das geplante Objekt b) Beschaffen vermessungstechnischer Unterlagen und Daten c) Ortsbesichtigung d) Ermitteln des Leistungsumfangs in Abhängigkeit von den Genauigkeitsanforderungen und dem Schwierigkeitsgrad	– Schriftliches Einholen von Genehmigungen zum Betreten von Grundstücken, von Bauwerken, zum Befahren von Gewässern und für anordnungsbedürftige Verkehrssicherungsmaßnahmen
2. Geodätischer Raumbezug	
a) Erkunden und Vermarken von Lage- und Höhenfestpunkten b) Fertigen von Punktbeschreibungen und Einmessungsskizzen c) Messungen zum Bestimmen der Fest- und Passpunkte d) Auswerten der Messungen und Erstellen des Koordinaten- und Höhenverzeichnisses	– Entwurf, Messung und Auswertung von Sondernetzen hoher Genauigkeit – Vermarken auf Grund besonderer Anforderungen – Aufstellung von Rahmenmessprogrammen
3. Vermessungstechnische Grundlagen	
a) Topographische/morphologische Geländeaufnahme einschließlich Erfassen von Zwangspunkten und planungsrelevanter Objekte b) Aufbereiten und Auswerten der erfassten Daten c) Erstellen eines digitalen Lagemodells mit ausgewählten planungsrelevanten Höhenpunkten d) Übernehmen von Kanälen, Leitungen, Kabeln und unterirdischen Bauwerken aus vorhandenen Unterlagen e) Übernehmen des Liegenschaftskatasters f) Übernehmen der bestehenden öffentlich-rechtlichen Festsetzungen g) Erstellen von Plänen mit Darstellen der Situation im Planungsbereich mit ausgewählten planungsrelevanten Höhenpunkten h) Liefern der Pläne und Daten in analoger und digitaler Form	– Maßnahmen für anordnungsbedürftige Verkehrssicherung – Orten und Aufmessen des unterirdischen Bestandes – Vermessungsarbeiten unter Tage, unter Wasser oder bei Nacht – Detailliertes Aufnehmen bestehender Objekte und Anlagen neben der normalen topographischen Aufnahme wie zum Beispiel Fassaden und Innenräume von Gebäuden – Ermitteln von Gebäudeschnitten – Aufnahmen über den festgelegten Planungsbereich hinaus – Erfassen zusätzlicher Merkmale wie zum Beispiel Baumkronen – Eintragen von Eigentümerangaben – Darstellen in verschiedenen Maßstäben – Ausarbeiten der Lagepläne entsprechend der rechtlichen Bedingungen für behördliche Genehmigungsverfahren – Übernahme der Objektplanung in ein digitales Lagemodell
4. Digitales Geländemodell	
a) Selektion der die Geländeoberfläche beschreibenden Höhenpunkte und Bruchkanten aus der Geländeaufnahme b) Berechnung eines digitalen Geländemodells c) Ableitung von Geländeschnitten d) Darstellen der Höhen in Punkt-, Raster- oder Schichtlinienform e) Liefern der Pläne und Daten in analoger und digitaler Form	

Honorarordnung für Architekten und Ingenieure — Anl. 1 HOAI 5

1.4.5 Grundlagen des Honorars bei der Bauvermessung

(1) Das Honorar für Grundleistungen bei der Bauvermessung richtet sich nach den anrechenbaren Kosten des Objekts, der Honorarzone in Nummer 1.4.6 und der Honorartafel in Nummer 1.4.8 Absatz 2.

(2) Anrechenbare Kosten sind die Herstellungskosten des Objekts. Diese werden entsprechend § 4 Absatz 1 und

1. bei Gebäuden entsprechend § 33,
2. bei Ingenieurbauwerken entsprechend § 42,
3. bei Verkehrsanlagen entsprechend § 46

ermittelt. Anrechenbar sind bei Ingenieurbauwerken 100 Prozent, bei Gebäuden und Verkehrsanlagen 80 Prozent der ermittelten Kosten.

(3) Die Absätze 1 und 2 sowie die Nummer 1.4.6 und Nummer 1.4.7 finden keine Anwendung für vermessungstechnische Grundleistungen bei ober- und unterirdischen Leitungen, Tunnel-, Stollen- und Kavernenbauwerken, innerörtlichen Verkehrsanlagen mit überwiegend innerörtlichem Verkehr, bei Geh- und Radwegen sowie Gleis- und Bahnsteiganlagen.

1.4.6 Honorarzonen für Grundleistungen bei der Bauvermessung

(1) Die Honorarzone wird bei der Bauvermessung auf Grund folgender Bewertungsmerkmale ermittelt:

a) Beeinträchtigungen durch die Geländebeschaffenheit und bei der Begehbarkeit

sehr gering	1 Punkt
gering	2 Punkte
durchschnittlich	3 Punkte
hoch	4 Punkte
sehr hoch	5 Punkte

b) Behinderungen durch Bebauung und Bewuchs

sehr gering	1 bis 2 Punkte
gering	3 bis 4 Punkte
durchschnittlich	5 bis 6 Punkte
hoch	7 bis 8 Punkte
sehr hoch	9 bis 10 Punkte

c) Behinderung durch den Verkehr

sehr gering	1 bis 2 Punkte
gering	3 bis 4 Punkte
durchschnittlich	5 bis 6 Punkte
hoch	7 bis 8 Punkte
sehr hoch	9 bis 10 Punkte

d) Anforderungen an die Genauigkeit

sehr gering	1 bis 2 Punkte
gering	3 bis 4 Punkte
durchschnittlich	5 bis 6 Punkte
hoch	7 bis 8 Punkte
sehr hoch	9 bis 10 Punkte

e) Anforderungen durch die Geometrie des Objekts

sehr gering	1 bis 2 Punkte
gering	3 bis 4 Punkte
durchschnittlich	5 bis 6 Punkte
hoch	7 bis 8 Punkte
sehr hoch	9 bis 10 Punkte

f) Behinderung durch den Baubetrieb

sehr gering	1 bis 3 Punkte

gering	4 bis 6 Punkte
durchschnittlich	7 bis 9 Punkte
hoch	10 bis 12 Punkte
sehr hoch	13 bis 15 Punkte.

(2) Die Honorarzone ergibt sich aus der Summe der Bewertungspunkte wie folgt:

Honorarzone I	bis 14 Punkte
Honorarzone II	15 bis 25 Punkte
Honorarzone III	26 bis 37 Punkte
Honorarzone IV	38 bis 48 Punkte
Honorarzone V	49 bis 60 Punkte.

1.4.7 Leistungsbild Bauvermessung

(1) Das Leistungsbild Bauvermessung umfasst die Vermessungsleistungen für den Bau und die abschließende Bestandsdokumentation von Gebäuden, Ingenieurbauwerken und Verkehrsanlagen.

(2) Die Grundleistungen werden in fünf Leistungsphasen zusammengefasst und wie folgt in Prozentsätzen der Honorare der Nummer 1.4.8 Absatz 2 bewertet:

1. für die Leistungsphase 1 (Baugeometrische Beratung) mit 2 Prozent,
2. für die Leistungsphase 2 (Absteckungsunterlagen) mit 5 Prozent,
3. für die Leistungsphase 3 (Bauvorbereitende Vermessung) mit 16 Prozent,
4. für die Leistungsphase 4 (Bauausführungsvermessung) mit 62 Prozent,
5. für die Leistungsphase 5 (Vermessungstechnische Überwachung der Bauausführung) mit 15 Prozent.

(3) Das Leistungsbild setzt sich wie folgt zusammen:

Grundleistungen	Besondere Leistungen
1. Baugeometrische Beratung	
a) Ermitteln des Leistungsumfanges in Abhängigkeit vom Projekt b) Beraten, insbesondere im Hinblick auf die erforderlichen Genauigkeiten und zur Konzeption eines Messprogramms c) Festlegen eines für alle Beteiligten verbindlichen Maß-, Bezugs- und Benennungssystems	– Erstellen von vermessungstechnischen Leistungsbeschreibungen – Erarbeiten von Organisationsvorschlägen über Zuständigkeiten, Verantwortlichkeit und Schnittstellen der Objektvermessung – Erstellen von Messprogrammen für Bewegungs- und Deformationsmessungen einschließlich Vorgaben für die Baustelleneinrichtung
2. Absteckungsunterlagen	
a) Berechnen der Detailgeometrie anhand der Ausführungsplanung, Erstellen eines Absteckungsplanes und Berechnen von Absteckungsdaten einschließlich Aufzeigen von Widersprüchen (Absteckungsunterlagen)	– Durchführen von zusätzlichen Aufnahmen und ergänzende Berechnungen, falls keine qualifizierten Unterlagen aus der Leistungsphase vermessungstechnische Grundlagen vorliegen – Durchführen von Optimierungsberechnungen im Rahmen der Baugeometrie (zum Beispiel Flächennutzung, Abstandsflächen) – Erarbeitung von Vorschlägen zur Beseitigung von Widersprüchen bei der Verwendung von Zwangspunkten (zum Beispiel bauordnungsrechtliche Vorgaben)
3. Bauvorbereitende Vermessung	
a) Prüfen und Ergänzen des bestehenden Festpunktfelds b) Zusammenstellung und Aufbereitung der Absteckungsdaten	– Absteckung auf besondere Anforderungen (zum Beispiel Archäologie, Ausholzung, Grobabsteckung, Kampfmittelräumung)

Grundleistungen	Besondere Leistungen
c) Absteckung: Übertragen der Projektgeometrie (Hauptpunkte) und des Baufelds in die Örtlichkeit d) Übergabe der Lage- und Höhenfestpunkte, der Hauptpunkte und der Absteckungsunterlagen an das bauausführende Unternehmen	
4. Bauausführungsvermessung	
a) Messungen zur Verdichtung des Lage- und Höhenfestpunktfeldes b) Messungen zur Überprüfung und Sicherung von Fest- und Achspunkten c) Baubegleitende Absteckungen der geometriebestimmenden Bauwerkspunkte nach Lage und Höhe d) Messungen zur Erfassung von Bewegungen und Deformationen des zu erstellenden Objekts an konstruktiv bedeutsamen Punkten e) Baubegleitende Eigenüberwachungsmessungen und deren Dokumentation f) Fortlaufende Bestandserfassung während der Bauausführung als Grundlage für den Bestandplan	– Erstellen und Konkretisieren des Messprogramms – Absteckungen unter Berücksichtigung von belastungs- und fertigungstechnischen Verformungen – Prüfen der Maßgenauigkeit von Fertigteilen – Aufmaß von Bauleistungen, soweit besondere vermessungstechnische Leistungen gegeben sind – Ausgabe von Baustellenbestandsplänen während der Bauausführung – Fortführen der vermessungstechnischen Bestandspläne nach Abschluss der Grundleistungen – Herstellen von Bestandsplänen
5. Vermessungstechnische Überwachung der Bauausführung	
a) Kontrollieren der Bauausführung durch stichprobenartige Messungen an Schalungen und entstehenden Bauteilen (Kontrollmessungen) b) Fertigen von Messprotokollen c) Stichprobenartige Bewegungs- und Deformationsmessungen an konstruktiv bedeutsamen Punkten des zu erstellenden Objekts	– Prüfen der Mengenermittlungen – Beratung zu langfristigen vermessungstechnischen Objektüberwachungen im Rahmen der Ausführungskontrolle baulicher Maßnahmen und deren Durchführung – Vermessungen für die Abnahme von Bauleistungen, soweit besondere vermessungstechnische Anforderungen gegeben sind

(4) Die Leistungsphase 4 ist abweichend von Absatz 2 bei Gebäuden mit 45 bis 62 Prozent zu bewerten.

1.4.8 Honorare für Grundleistungen bei der Ingenieurvermessung

(1) Für die in Nummer 1.4.4 Absatz 3 genannten Grundleistungen der Planungsbegleitenden Vermessung sind die in der nachstehenden Honorartafel aufgeführten Honorarspannen Orientierungswerte:

Verrech- nungseinhei- ten	Honorarzone I sehr geringe Anforderun- gen		Honorarzone II geringe Anforderungen		Honorarzone III durchschnittliche Anfor- derungen		Honorarzone IV hohe Anforderungen		Honorarzone V sehr hohe Anforderungen	
	von	bis	von	bis	von	bis	von	bis	von	bis
	Euro		Euro		Euro		Euro		Euro	
6	658	777	777	914	914	1 051	1 051	1 170	1 170	1 289
20	953	1 123	1 123	1 306	1 306	1 489	1 489	1 659	1 659	1 828
50	1 480	1 740	1 740	2 000	2 000	2 260	2 260	2 520	2 520	2 780
103	2 225	2 616	2 616	3 007	3 007	3 399	3 399	3 790	3 790	4 182
188	3 325	3 826	3 826	4 327	4 327	4 829	4 829	5 330	5 330	5 831
278	4 320	4 931	4 931	5 542	5 542	6 153	6 153	6 765	6 765	7 376
359	5 156	5 826	5 826	6 547	6 547	7 217	7 217	7 939	7 939	8 609
435	5 881	6 656	6 656	7 437	7 437	8 212	8 212	8 994	8 994	9 768
506	6 547	7 383	7 383	8 219	8 219	9 055	9 055	9 892	9 892	10 728
659	7 867	8 859	8 859	9 815	9 815	10 809	10 809	11 765	11 765	12 757
822	9 187	10 299	10 299	11 413	11 413	12 513	12 513	13 625	13 625	14 737
1 105	11 332	12 667	12 667	14 002	14 002	15 336	15 336	16 672	16 672	18 006
1 400	13 525	14 977	14 977	16 532	16 532	18 086	18 086	19 642	19 642	21 196
2 033	17 714	19 597	19 597	21 592	21 592	23 586	23 586	25 582	25 582	27 576
2 713	21 894	24 217	24 217	26 652	26 652	29 086	29 086	31 522	31 522	33 956
3 430	26 074	28 837	28 837	31 712	31 712	34 586	34 586	37 462	37 462	40 336
4 949	34 434	38 077	38 077	41 832	41 832	45 586	45 586	49 342	49 342	53 096
7 385	46 974	51 937	51 937	57 012	57 012	62 086	62 086	67 162	67 162	72 236
11 726	67 874	75 037	75 037	82 312	82 312	89 586	89 586	96 862	96 862	104 136

(2) Für die in Nummer 1.4.7 Absatz 3 genannten Grundleistungen der Bauvermessung sind die in der nachstehenden Honorartafel aufgeführten Honorarspannen Orientierungswerte:

Honorarordnung für Architekten und Ingenieure   **Anl. 1   HOAI 5**

Anrechenbare Kosten in Euro	Honorarzone I sehr geringe Anforderungen (Euro)		Honorarzone II geringe Anforderungen (Euro)		Honorarzone III durchschnittliche Anforderungen (Euro)		Honorarzone IV hohe Anforderungen (Euro)		Honorarzone V sehr hohe Anforderungen (Euro)	
	von	bis	von	bis	von	bis	von	bis	von	bis
50 000	4 282	4 782	4 782	5 283	5 283	5 839	5 839	6 339	6 339	6 840
75 000	4 648	5 191	5 191	5 734	5 734	6 338	6 338	6 881	6 881	7 424
100 000	5 002	5 586	5 586	6 171	6 171	6 820	6 820	7 405	7 405	7 989
150 000	5 684	6 349	6 349	7 013	7 013	7 751	7 751	8 416	8 416	9 080
200 000	6 344	7 086	7 086	7 827	7 827	8 651	8 651	9 393	9 393	10 134
250 000	6 987	7 804	7 804	8 621	8 621	9 528	9 528	10 345	10 345	11 162
300 000	7 618	8 508	8 508	9 399	9 399	10 388	10 388	11 278	11 278	12 169
400 000	8 848	9 883	9 883	10 917	10 917	12 066	12 066	13 100	13 100	14 134
500 000	10 048	11 222	11 222	12 397	12 397	13 702	13 702	14 876	14 876	16 051
600 000	11 223	12 535	12 535	13 847	13 847	15 304	15 304	16 616	16 616	17 928
750 000	12 950	14 464	14 464	15 978	15 978	17 659	17 659	19 173	19 173	20 687
1 000 000	15 754	17 596	17 596	19 437	19 437	21 483	21 483	23 325	23 325	25 166
1 500 000	21 165	23 639	23 639	26 113	26 113	28 862	28 862	31 336	31 336	33 810
2 000 000	26 393	29 478	29 478	32 563	32 563	35 990	35 990	39 075	39 075	42 160
2 500 000	31 488	35 168	35 168	38 849	38 849	42 938	42 938	46 619	46 619	50 299
3 000 000	36 480	40 744	40 744	45 008	45 008	49 745	49 745	54 009	54 009	58 273
4 000 000	46 224	51 626	51 626	57 029	57 029	63 032	63 032	68 435	68 435	73 838
5 000 000	55 720	62 232	62 232	68 745	68 745	75 981	75 981	82 494	82 494	89 007
7 500 000	78 690	87 888	87 888	97 085	97 085	107 305	107 305	116 502	116 502	125 700
10 000 000	100 876	112 667	112 667	124 458	124 458	137 559	137 559	149 350	149 350	161 140

1.4.9 Sonstige vermessungstechnische Leistungen

Für sonstige vermessungstechnische Leistungen nach Nummer 1.4.1 kann ein Honorar abweichend von den Grundsätzen gemäß Nummer 1.4 vereinbart werden.

Anlage 2
(zu § 18 Absatz 2)

Grundleistungen
im Leistungsbild Flächennutzungsplan

Das Leistungsbild Flächennutzungsplan setzt sich aus folgenden Grundleistungen je Leistungsphase zusammen:

1. Leistungsphase 1: Vorentwurf für die frühzeitigen Beteiligungen

    a) Zusammenstellen und Werten des vorhandenen Grundlagenmaterials

    b) Erfassen der abwägungsrelevanten Sachverhalte

    c) Ortsbesichtigungen

    d) Festlegen ergänzender Fachleistungen und Formulieren von Entscheidungshilfen für die Auswahl anderer fachlich Beteiligter, soweit notwendig

    e) Analysieren und Darstellen des Zustandes des Plangebiets, soweit für die Planung von Bedeutung und abwägungsrelevant, unter Verwendung hierzu vorliegender Fachbeiträge

    f) Mitwirken beim Festlegen von Zielen und Zwecken der Planung

    g) Erarbeiten des Vorentwurfes in der vorgeschriebenen Fassung mit Begründung für die frühzeitigen Beteiligungen nach den Bestimmungen des Baugesetzbuchs

    h) Darlegen der wesentlichen Auswirkungen der Planung

    i) Berücksichtigen von Fachplanungen

    j) Mitwirken an der frühzeitigen Öffentlichkeitsbeteiligung einschließlich Erörterung der Planung

    k) Mitwirken an der frühzeitigen Beteiligung der Behörden und Stellen, die Träger öffentlicher Belange sind

    l) Mitwirken an der frühzeitigen Abstimmung mit den Nachbargemeinden

    m) Abstimmen des Vorentwurfes für die frühzeitigen Beteiligungen in der vorgeschriebenen Fassung mit der Gemeinde

2. Leistungsphase 2: Entwurf zur öffentlichen Auslegung

    a) Erarbeiten des Entwurfes in der vorgeschriebenen Fassung mit Begründung für die Öffentlichkeits- und Behördenbeteiligung nach den Bestimmungen des Baugesetzbuchs

    b) Mitwirken an der Öffentlichkeitsbeteiligung

    c) Mitwirken an der Beteiligung der Behörden und Stellen, die Träger öffentlicher Belange sind

    d) Mitwirken an der Abstimmung mit den Nachbargemeinden

    e) Mitwirken bei der Abwägung der Gemeinde zu Stellungnahmen aus frühzeitigen Beteiligungen

    f) Abstimmen des Entwurfs mit der Gemeinde

3. Leistungsphase 3: Plan zur Beschlussfassung

    a) Erarbeiten des Planes in der vorgeschriebenen Fassung mit Begründung für den Beschluss durch die Gemeinde

    b) Mitwirken bei der Abwägung der Gemeinde zu Stellungnahmen

    c) Erstellen des Planes in der durch Beschluss der Gemeinde aufgestellten Fassung.

Honorarordnung für Architekten und Ingenieure

Anlage 3
(zu § 19 Absatz 2)

Grundleistungen
im Leistungsbild Bebauungsplan

Das Leistungsbild Bebauungsplan setzt sich aus folgenden Grundleistungen je Leistungsphase zusammen:

1. Leistungsphase 1: Vorentwurf für die frühzeitigen Beteiligungen
    a) Zusammenstellen und Werten des vorhandenen Grundlagenmaterials
    b) Erfassen der abwägungsrelevanten Sachverhalte
    c) Ortsbesichtigungen
    d) Festlegen ergänzender Fachleistungen und Formulieren von Entscheidungshilfen für die Auswahl anderer fachlich Beteiligter, soweit notwendig
    e) Analysieren und Darstellen des Zustandes des Plangebiets, soweit für die Planung von Bedeutung und abwägungsrelevant, unter Verwendung hierzu vorliegender Fachbeiträge
    f) Mitwirken beim Festlegen von Zielen und Zwecken der Planung
    g) Erarbeiten des Vorentwurfes in der vorgeschriebenen Fassung mit Begründung für die frühzeitigen Beteiligungen nach den Bestimmungen des Baugesetzbuchs
    h) Darlegen der wesentlichen Auswirkungen der Planung
    i) Berücksichtigen von Fachplanungen
    j) Mitwirken an der frühzeitigen Öffentlichkeitsbeteiligung einschließlich Erörterung der Planung
    k) Mitwirken an der frühzeitigen Beteiligung der Behörden und Stellen, die Träger öffentlicher Belange sind
    l) Mitwirken an der frühzeitigen Abstimmung mit den Nachbargemeinden
    m) Abstimmen des Vorentwurfes für die frühzeitigen Beteiligungen in der vorgeschriebenen Fassung mit der Gemeinde

2. Leistungsphase 2: Entwurf zur öffentlichen Auslegung
    a) Erarbeiten des Entwurfes in der vorgeschriebenen Fassung mit Begründung für die Öffentlichkeits- und Behördenbeteiligung nach den Bestimmungen des Baugesetzbuchs
    b) Mitwirken an der Öffentlichkeitsbeteiligung
    c) Mitwirken an der Beteiligung der Behörden und Stellen, die Träger öffentlicher Belange sind
    d) Mitwirken an der Abstimmung mit den Nachbargemeinden
    e) Mitwirken bei der Abwägung der Gemeinde zu Stellungnahmen aus frühzeitigen Beteiligungen
    f) Abstimmen des Entwurfs mit der Gemeinde

3. Leistungsphase 3: Plan zur Beschlussfassung
    a) Erarbeiten des Planes in der vorgeschriebenen Fassung mit Begründung für den Beschluss durch die Gemeinde
    b) Mitwirken bei der Abwägung der Gemeinde zu Stellungnahmen
    c) Erstellen des Planes in der durch Beschluss der Gemeinde aufgestellten Fassung.

5 HOAI Anl. 4 — Honorarordnung für Architekten und Ingenieure

Anlage 4
(zu § 23 Absatz 2)

Grundleistungen im Leistungsbild Landschaftsplan

Das Leistungsbild Landschaftsplan setzt sich aus folgenden Grundleistungen je Leistungsphase zusammen:

1. Leistungsphase 1: Klären der Aufgabenstellung und Ermitteln des Leistungsumfangs

   a) Zusammenstellen und Prüfen der vom Auftraggeber zur Verfügung gestellten planungsrelevanten Unterlagen

   b) Ortsbesichtigungen

   c) Abgrenzen des Planungsgebiets

   d) Konkretisieren weiteren Bedarfs an Daten und Unterlagen

   e) Beraten zum Leistungsumfang für ergänzende Untersuchungen und Fachleistungen

   f) Aufstellen eines verbindlichen Arbeitsplans unter Berücksichtigung der sonstigen Fachbeiträge

2. Leistungsphase 2: Ermitteln der Planungsgrundlagen

   a) Ermitteln und Beschreiben der planungsrelevanten Sachverhalte auf Grundlage vorhandener Unterlagen und Daten

   b) Landschaftsbewertung nach den Zielen und Grundsätzen des Naturschutzes und der Landschaftspflege

   c) Bewerten von Flächen und Funktionen des Naturhaushalts und des Landschaftsbildes hinsichtlich ihrer Eignung, Leistungsfähigkeit, Empfindlichkeit und Vorbelastung

   d) Bewerten geplanter Eingriffe in Natur und Landschaft

   e) Feststellen von Nutzungs- und Zielkonflikten

   f) Zusammenfassendes Darstellen der Erfassung und Bewertung

3. Leistungsphase 3: Vorläufige Fassung

   a) Formulieren von örtlichen Zielen und Grundsätzen zum Schutz, zur Pflege und Entwicklung von Natur und Landschaft einschließlich Erholungsvorsorge

   b) Darlegen der angestrebten Flächenfunktionen und Flächennutzungen sowie der örtlichen Erfordernisse und Maßnahmen zur Umsetzung der konkretisierten Ziele des Naturschutzes und der Landschaftspflege

   c) Erarbeiten von Vorschlägen zur Übernahme in andere Planungen, insbesondere in die Bauleitpläne

   d) Hinweise auf Folgeplanungen und -maßnahmen

   e) Mitwirken bei der Beteiligung der nach den Bestimmungen des Bundesnaturschutzgesetzes anerkannten Verbände

   f) Mitwirken bei der Abstimmung der Vorläufigen Fassung mit der für Naturschutz und Landschaftspflege zuständigen Behörde

   g) Abstimmen der Vorläufigen Fassung mit dem Auftraggeber

4. Leistungsphase 4: Abgestimmte Fassung
   Darstellen des Landschaftsplans in der mit dem Auftraggeber abgestimmten Fassung in Text und Karte.

Honorarordnung für Architekten und Ingenieure **Anl. 5 HOAI 5**

Anlage 5
(zu § 24 Absatz 2)

Grundleistungen
im Leistungsbild Grünordnungsplan

Das Leistungsbild Grünordnungsplan setzt sich aus folgenden Grundleistungen je Leistungsphase zusammen:

1. Leistungsphase 1: Klären der Aufgabenstellung und Ermitteln des Leistungsumfangs

   a) Zusammenstellen und Prüfen der vom Auftraggeber zur Verfügung gestellten planungsrelevanten Unterlagen

   b) Ortsbesichtigungen

   c) Abgrenzen des Planungsgebiets

   d) Konkretisieren weiteren Bedarfs an Daten und Unterlagen

   e) Beraten zum Leistungsumfang für ergänzende Untersuchungen und Fachleistungen

   f) Aufstellen eines verbindlichen Arbeitsplans unter Berücksichtigung der sonstigen Fachbeiträge

2. Leistungsphase 2: Ermitteln der Planungsgrundlagen

   a) Ermitteln und Beschreiben der planungsrelevanten Sachverhalte auf Grundlage vorhandener Unterlagen und Daten

   b) Bewerten der Landschaft nach den Zielen des Naturschutzes und der Landschaftspflege einschließlich der Erholungsvorsorge

   c) Zusammenfassendes Darstellen der Bestandsaufnahme und Bewertung in Text und Karte

3. Leistungsphase 3: Vorläufige Fassung

   a) Lösen der Planungsaufgabe und Erläutern der Ziele, Erfordernisse und Maßnahmen in Text und Karte

   b) Darlegen der angestrebten Flächenfunktionen und Flächennutzungen

   c) Darlegen von Gestaltungs-, Schutz-, Pflege- und Entwicklungsmaßnahmen

   d) Vorschläge zur Übernahme in andere Planungen, insbesondere in die Bauleitplanung

   e) Mitwirken bei der Abstimmung der vorläufigen Fassung mit der für den Naturschutz zuständigen Behörde

   f) Bearbeiten der naturschutzrechtlichen Eingriffsregelung

   aa) Ermitteln und Bewerten der durch die Planung zu erwartenden Beeinträchtigungen des Naturhaushalts und des Landschaftsbildes nach Art, Umfang, Ort und zeitlichem Ablauf

   bb) Erarbeiten von Lösungen zur Vermeidung oder Verminderung erheblicher Beeinträchtigungen des Naturhaushalts und des Landschaftsbildes in Abstimmung mit den an der Planung fachlich Beteiligten

   cc) Ermitteln der unvermeidbaren Beeinträchtigungen

   dd) Vergleichendes Gegenüberstellen von unvermeidbaren Beeinträchtigungen und Ausgleich und Ersatz einschließlich Darstellen verbleibender, nicht ausgleichbarer oder ersetzbarer Beeinträchtigungen

   ee) Darstellen und Begründen von Maßnahmen des Naturschutzes und der Landschaftspflege, insbesondere Ausgleichs-, Ersatz-, Gestaltungs- und Schutzmaßnahmen sowie Maßnahmen zur Unterhaltung und rechtlichen Sicherung von Ausgleichs- und Ersatzmaßnahmen

   ff) Integrieren ergänzender, zulassungsrelevanter Regelungen und Maßnahmen auf Grund des Natura 2000-Gebietsschutzes und der Vorschriften zum besonderen Artenschutz auf Grundlage vorhandener Unterlagen

4. Leistungsphase 4: Abgestimmte Fassung
Darstellen des Grünordnungsplans oder Landschaftsplanerischen Fachbeitrags in der mit dem Auftraggeber abgestimmten Fassung in Text und Karte.

5 HOAI Anl. 6 — Honorarordnung für Architekten und Ingenieure

Anlage 6
(zu § 25 Absatz 2)

Grundleistungen im Leistungsbild Landschaftsrahmenplan

Das Leistungsbild Landschaftsrahmenplan setzt sich aus folgenden Grundleistungen je Leistungsphase zusammen:

1. Leistungsphase 1: Klären der Aufgabenstellung und Ermitteln des Leistungsumfangs

   a) Zusammenstellen und Prüfen der vom Auftraggeber zur Verfügung gestellten planungsrelevanten Unterlagen

   b) Ortsbesichtigungen

   c) Abgrenzen des Planungsgebiets

   d) Konkretisieren weiteren Bedarfs an Daten und Unterlagen

   e) Beraten zum Leistungsumfang für ergänzende Untersuchungen und Fachleistungen

   f) Aufstellen eines verbindlichen Arbeitsplans unter Berücksichtigung der sonstigen Fachbeiträge

2. Leistungsphase 2: Ermitteln der Planungsgrundlagen

   a) Ermitteln und Beschreiben der planungsrelevanten Sachverhalte auf Grundlage vorhandener Unterlagen und Daten

   b) Landschaftsbewertung nach den Zielen und Grundsätzen des Naturschutzes und der Landschaftspflege

   c) Bewerten von Flächen und Funktionen des Naturhaushalts und des Landschaftsbildes hinsichtlich ihrer Eignung, Leistungsfähigkeit, Empfindlichkeit und Vorbelastung

   d) Bewerten geplanter Eingriffe in Natur und Landschaft

   e) Feststellen von Nutzungs- und Zielkonflikten

   f) Zusammenfassendes Darstellen der Erfassung und Bewertung

3. Leistungsphase 3: Vorläufige Fassung

   a) Lösen der Planungsaufgabe und

   b) Erläutern der Ziele, Erfordernisse und Maßnahmen in Text und Karte
   Zu Buchstabe a) und b) gehören:

   aa) Erstellen des Zielkonzepts

   bb) Umsetzen des Zielkonzepts durch Schutz, Pflege und Entwicklung bestimmter Teile von Natur und Landschaft und durch Artenhilfsmaßnahmen für ausgewählte Tier- und Pflanzenarten

   cc) Vorschläge zur Übernahme in andere Planungen, insbesondere in Regionalplanung, Raumordnung und Bauleitplanung

   dd) Mitwirken bei der Abstimmung der vorläufigen Fassung mit der für den Naturschutz zuständigen Behörde

   ee) Abstimmen der Vorläufigen Fassung mit dem Auftraggeber

4. Leistungsphase 4: Abgestimmte Fassung
   Darstellen des Landschaftsrahmenplans in der mit dem Auftraggeber abgestimmten Fassung in Text und Karte.

Honorarordnung für Architekten und Ingenieure Anl. 7 HOAI 5

Anlage 7
(zu § 26 Absatz 2)

Grundleistungen
im Leistungsbild Landschaftspflegerischer Begleitplan

Das Leistungsbild Landschaftspflegerischer Begleitplan setzt sich aus folgenden Grundleistungen je Leistungsphase zusammen:

1. Leistungsphase 1: Klären der Aufgabenstellung und Ermitteln des Leistungsumfangs
   a) Zusammenstellen und Prüfen der vom Auftraggeber zur Verfügung gestellten planungsrelevanten Unterlagen
   b) Ortsbesichtigungen
   c) Abgrenzen des Planungsgebiets anhand der planungsrelevanten Funktionen
   d) Konkretisieren weiteren Bedarfs an Daten und Unterlagen
   e) Beraten zum Leistungsumfang für ergänzende Untersuchungen und Fachleistungen
   f) Aufstellen eines verbindlichen Arbeitsplans unter Berücksichtigung der sonstigen Fachbeiträge

2. Leistungsphase 2: Ermitteln und Bewerten der Planungsgrundlagen
   a) Bestandsaufnahme:
      Erfassen von Natur und Landschaft jeweils einschließlich des rechtlichen Schutzstatus und fachplanerischer Festsetzungen und Ziele für die Naturgüter auf Grundlage vorhandener Unterlagen und örtlicher Erhebungen
   b) Bestandsbewertung:
      aa) Bewerten der Leistungsfähigkeit und Empfindlichkeit des Naturhaushalts und des Landschaftsbildes nach den Zielen und Grundsätzen des Naturschutzes und der Landschaftspflege
      bb) Bewerten der vorhandenen Beeinträchtigungen von Natur und Landschaft (Vorbelastung)
      cc) Zusammenfassendes Darstellen der Ergebnisse als Grundlage für die Erörterung mit dem Auftraggeber

3. Leistungsphase 3: Vorläufige Fassung
   a) Konfliktanalyse
   b) Ermitteln und Bewerten der durch das Vorhaben zu erwartenden Beeinträchtigungen des Naturhaushalts und des Landschaftsbildes nach Art, Umfang, Ort und zeitlichem Ablauf
   c) Konfliktminderung
   d) Erarbeiten von Lösungen zur Vermeidung oder Verminderung erheblicher Beeinträchtigungen des Naturhaushalts und des Landschaftsbildes in Abstimmung mit den an der Planung fachlich Beteiligten
   e) Ermitteln der unvermeidbaren Beeinträchtigungen
   f) Erarbeiten und Begründen von Maßnahmen des Naturschutzes und der Landschaftspflege, insbesondere Ausgleichs-, Ersatz- und Gestaltungsmaßnahmen sowie von Angaben zur Unterhaltung dem Grunde nach und Vorschläge zur rechtlichen Sicherung von Ausgleichs- und Ersatzmaßnahmen
   g) Integrieren von Maßnahmen auf Grund des Natura 2000-Gebietsschutzes sowie auf Grund der Vorschriften zum besonderen Artenschutz und anderer Umweltfachgesetze auf Grundlage vorhandener Unterlagen und Erarbeiten eines Gesamtkonzepts
   h) Vergleichendes Gegenüberstellen von unvermeidbaren Beeinträchtigungen und Ausgleich und Ersatz einschließlich Darstellen verbleibender, nicht ausgleichbarer oder ersetzbarer Beeinträchtigungen
   i) Kostenermittlung nach Vorgaben des Auftraggebers
   j) Zusammenfassendes Darstellen der Ergebnisse in Text und Karte
   k) Mitwirken bei der Abstimmung mit der für Naturschutz und Landschaftspflege zuständigen Behörde
   l) Abstimmen der Vorläufigen Fassung mit dem Auftraggeber

4. Leistungsphase 4: Abgestimmte Fassung
   Darstellen des Landschaftspflegerischen Begleitplans in der mit dem Auftraggeber abgestimmten Fassung in Text und Karte.

Anlage 8
(zu § 27 Absatz 2)

Grundleistungen
im Leistungsbild Pflege- und Entwicklungsplan

Das Leistungsbild Pflege- und Entwicklungsplan setzt sich aus folgenden Grundleistungen je Leistungsphase zusammen:

1. Leistungsphase 1: Klären der Aufgabenstellung und Ermitteln des Leistungsumfangs

   a) Zusammenstellen und Prüfen der vom Auftraggeber zur Verfügung gestellten planungsrelevanten Unterlagen

   b) Ortsbesichtigungen

   c) Abgrenzen des Planungsgebiets anhand der planungsrelevanten Funktionen

   d) Konkretisieren weiteren Bedarfs an Daten und Unterlagen

   e) Beraten zum Leistungsumfang für ergänzende Untersuchungen und Fachleistungen

   f) Aufstellen eines verbindlichen Arbeitsplans unter Berücksichtigung der sonstigen Fachbeiträge

2. Leistungsphase 2: Ermitteln der Planungsgrundlagen

   a) Ermitteln und Beschreiben der planungsrelevanten Sachverhalte auf Grund vorhandener Unterlagen

   b) Auswerten und Einarbeiten von Fachbeiträgen

   c) Bewerten der Bestandsaufnahmen einschließlich vorhandener Beeinträchtigungen sowie der abiotischen Faktoren hinsichtlich ihrer Standort- und Lebensraumbedeutung nach den Zielen und Grundsätzen des Naturschutzes

   d) Beschreiben der Zielkonflikte mit bestehenden Nutzungen

   e) Beschreiben des zu erwartenden Zustands von Arten und ihren Lebensräumen (Zielkonflikte mit geplanten Nutzungen)

   f) Überprüfen der festgelegten Untersuchungsinhalte

   g) Zusammenfassendes Darstellen von Erfassung und Bewertung in Text und Karte

3. Leistungsphase 3: Vorläufige Fassung

   a) Lösen der Planungsaufgabe und Erläutern der Ziele, Erfordernisse und Maßnahmen in Text und Karte

   b) Formulieren von Zielen zum Schutz, zur Pflege, zur Erhaltung und Entwicklung von Arten, Biotoptypen und naturnahen Lebensräumen bzw. Standortbedingungen

   c) Erfassen und Darstellen von Flächen, auf denen eine Nutzung weiter betrieben werden soll und von Flächen, auf denen regelmäßig Pflegemaßnahmen durchzuführen sind sowie von Maßnahmen zur Verbesserung der ökologischen Standortverhältnisse und zur Änderung der Biotopstruktur

   d) Erarbeiten von Vorschlägen für Maßnahmen zur Förderung bestimmter Tier- und Pflanzenarten, zur Lenkung des Besucherverkehrs, für die Durchführung der Pflege- und Entwicklungsmaßnahmen und für Änderungen von Schutzzweck und -zielen sowie Grenzen von Schutzgebieten

   e) Erarbeiten von Hinweisen für weitere wissenschaftliche Untersuchungen (Monitoring), Folgeplanungen und Maßnahmen

   f) Kostenermittlung

   g) Abstimmen der Vorläufigen Fassung mit dem Auftraggeber

4. Leistungsphase 4: Abgestimmte Fassung
   Darstellen des Pflege- und Entwicklungsplans in der mit dem Auftraggeber abgestimmten Fassung in Text und Karte.

Honorarordnung für Architekten und Ingenieure **Anl. 9 HOAI 5**

Anlage 9
(zu § 18 Absatz 2, § 19 Absatz 2, § 23 Absatz 2, § 24 Absatz 2, § 25 Absatz 2, § 26 Absatz 2, § 27 Absatz 2)

Besondere Leistungen zur Flächenplanung

Für die Leistungsbilder der Flächenplanung können insbesondere folgende Besondere Leistungen vereinbart werden:

1. Rahmensetzende Pläne und Konzepte:
   a) Leitbilder
   b) Entwicklungskonzepte
   c) Masterpläne
   d) Rahmenpläne

2. Städtebaulicher Entwurf:
   a) Grundlagenermittlung
   b) Vorentwurf
   c) Entwurf

   Der Städtebauliche Entwurf kann als Grundlage für Leistungen nach § 19 der HOAI dienen und Ergebnis eines städtebaulichen Wettbewerbes sein.

3. Leistungen zur Verfahrens- und Projektsteuerung sowie zur Qualitätssicherung:
   a) Durchführen von Planungsaudits
   b) Vorabstimmungen mit Planungsbeteiligten und Fachbehörden
   c) Aufstellen und Überwachen von integrierten Terminplänen
   d) Vor- und Nachbereiten von planungsbezogenen Sitzungen
   e) Koordinieren von Planungsbeteiligten
   f) Moderation von Planungsverfahren
   g) Ausarbeiten von Leistungskatalogen für Leistungen Dritter
   h) Mitwirken bei Vergabeverfahren für Leistungen Dritter (Einholung von Angeboten, Vergabevorschläge)
   i) Prüfen und Bewerten von Leistungen Dritter
   j) Mitwirken beim Ermitteln von Fördermöglichkeiten
   k) Stellungnahmen zu Einzelvorhaben während der Planaufstellung

4. Leistungen zur Vorbereitung und inhaltlichen Ergänzung:
   a) Erstellen digitaler Geländemodelle
   b) Digitalisieren von Unterlagen
   c) Anpassen von Datenformaten
   d) Erarbeiten einer einheitlichen Planungsgrundlage aus unterschiedlichen Unterlagen
   e) Strukturanalysen
   f) Stadtbildanalysen, Landschaftsbildanalysen
   g) Statistische und örtliche Erhebungen sowie Bedarfsermittlungen, zum Beispiel zur Versorgung, zur Wirtschafts-, Sozial- und Baustruktur sowie zur soziokulturellen Struktur
   h) Befragungen und Interviews
   i) Differenziertes Erheben, Kartieren, Analysieren und Darstellen von spezifischen Merkmalen und Nutzungen
   j) Erstellen von Beiplänen, zum Beispiel für Verkehr, Infrastruktureinrichtungen, Flurbereinigungen, Grundbesitzkarten und Gütekarten unter Berücksichtigung der Pläne anderer an der Planung fachlich Beteiligter
   k) Modelle
   l) Erstellen zusätzlicher Hilfsmittel der Darstellung zum Beispiel Fotomontagen, 3D-Darstellungen, Videopräsentationen

5. Verfahrensbegleitende Leistungen:
   a) Vorbereiten und Durchführen des Scopings

5 HOAI Anl. 9 — Honorarordnung für Architekten und Ingenieure

b) Vorbereiten, Durchführen, Auswerten und Dokumentieren der formellen Beteiligungsverfahren
c) Ermitteln der voraussichtlich erheblichen Umweltauswirkungen für die Umweltprüfung
d) Erarbeiten des Umweltberichtes
e) Berechnen und Darstellen der Umweltschutzmaßnahmen
f) Bearbeiten der Anforderungen aus der naturschutzrechtlichen Eingriffsregelung in Bauleitplanungsverfahren
g) Erstellen von Sitzungsvorlagen, Arbeitsheften und anderen Unterlagen
h) Wesentliche Änderungen oder Neubearbeitung des Entwurfs nach Offenlage oder Beteiligungen, insbesondere nach Stellungnahmen
i) Ausarbeiten der Beratungsunterlagen der Gemeinde zu Stellungnahmen im Rahmen der formellen Beteiligungsverfahren
j) Leistungen für die Drucklegung, Erstellen von Mehrausfertigungen
k) Überarbeiten von Planzeichnungen und von Begründungen nach der Beschlussfassung (zum Beispiel Satzungsbeschluss)
l) Verfassen von Bekanntmachungstexten und Organisation der öffentlichen Bekanntmachungen
m) Mitteilen des Ergebnisses der Prüfung der Stellungnahmen an die Beteiligten
n) Benachrichtigen von Bürgern und Behörden, die Stellungnahmen abgegeben haben, über das Abwägungsergebnis
o) Erstellen der Verfahrensdokumentation
p) Erstellen und Fortschreiben eines digitalen Planungsordners
q) Mitwirken an der Öffentlichkeitsarbeit des Auftraggebers einschließlich Mitwirken an Informationsschriften und öffentlichen Diskussionen sowie Erstellen der dazu notwendigen Planungsunterlagen und Schriftsätze
r) Teilnehmen an Sitzungen von politischen Gremien des Auftraggebers oder an Sitzungen im Rahmen der Öffentlichkeitsbeteiligung
s) Mitwirken an Anhörungs- oder Erörterungsterminen
t) Leiten bzw. Begleiten von Arbeitsgruppen
u) Erstellen der zusammenfassenden Erklärung nach dem Baugesetzbuch
v) Anwenden komplexer Bilanzierungsverfahren im Rahmen der naturschutzrechtlichen Eingriffsregelung
w) Erstellen von Bilanzen nach fachrechtlichen Vorgaben
x) Entwickeln von Monitoringkonzepten und -maßnahmen
y) Ermitteln von Eigentumsverhältnissen, insbesondere Klären der Verfügbarkeit von geeigneten Flächen für Maßnahmen

6. Weitere besondere Leistungen bei landschaftsplanerischen Leistungen:

a) Erarbeiten einer Planungsraumanalyse im Rahmen einer Umweltverträglichkeitsstudie
b) Mitwirken an der Prüfung der Verpflichtung, zu einem Vorhaben oder eine Planung eine Umweltverträglichkeitsprüfung durchzuführen (Screening)
c) Erstellen einer allgemein verständlichen nichttechnischen Zusammenfassung nach dem Gesetz über die Umweltverträglichkeitsprüfung
d) Daten aus vorhandenen Unterlagen im Einzelnen ermitteln und aufbereiten
e) Örtliche Erhebungen, die nicht überwiegend der Kontrolle der aus Unterlagen erhobenen Daten dienen
f) Erstellen eines eigenständigen allgemein verständlichen Erläuterungsberichtes für Genehmigungsverfahren oder qualifizierende Zuarbeiten hierzu
g) Erstellen von Unterlagen im Rahmen von artenschutzrechtlichen Prüfungen oder Prüfungen zur Vereinbarkeit mit der Fauna-Flora-Habitat-Richtlinie
h) Kartieren von Biotoptypen, floristischen oder faunistischen Arten oder Artengruppen
i) Vertiefendes Untersuchen des Naturhaushalts, wie z.B. der Geologie, Hydrogeologie, Gewässergüte und -morphologie, Bodenanalysen
j) Mitwirken an Beteiligungsverfahren in der Bauleitplanung
k) Mitwirken an Genehmigungsverfahren nach fachrechtlichen Vorschriften

Honorarordnung für Architekten und Ingenieure **Anl. 10 HOAI 5**

l) Fortführen der mit dem Auftraggeber abgestimmten Fassung im Rahmen eines Genehmigungsverfahrens, Erstellen einer genehmigungsfähigen Fassung auf der Grundlage von Anregungen Dritter.

Anlage 10
(zu § 34 Absatz 4, § 35 Absatz 7)

Grundleistungen
im Leistungsbild Gebäude und Innenräume, Besondere Leistungen, Objektlisten

10.1. Leistungsbild Gebäude und Innenräume

Grundleistungen	Besondere Leistungen
LPH 1 Grundlagenermittlung	
a) Klären der Aufgabenstellung auf Grundlage der Vorgaben oder der Bedarfsplanung des Auftraggebers b) Ortsbesichtigung c) Beraten zum gesamten Leistungs- und Untersuchungsbedarf d) Formulieren der Entscheidungshilfen für die Auswahl anderer an der Planung fachlich Beteiligter e) Zusammenfassen, Erläutern und Dokumentieren der Ergebnisse	– Bedarfsplanung – Bedarfsermittlung – Aufstellen eines Funktionsprogramms – Aufstellen eines Raumprogramms – Standortanalyse – Mitwirken bei Grundstücks- und Objektauswahl, -beschaffung und -übertragung – Beschaffen von Unterlagen, die für das Vorhaben erheblich sind – Bestandsaufnahme – technische Substanzerkundung – Betriebsplanung – Prüfen der Umwelterheblichkeit – Prüfen der Umweltverträglichkeit – Machbarkeitsstudie – Wirtschaftlichkeitsuntersuchung – Projektstrukturplanung – Zusammenstellen der Anforderungen aus Zertifizierungssystemen – Verfahrensbetreuung, Mitwirken bei der Vergabe von Planungs- und Gutachterleistungen
LPH 2 Vorplanung (Projekt- und Planungsvorbereitung)	
a) Analysieren der Grundlagen, Abstimmen der Leistungen mit den fachlich an der Planung Beteiligten b) Abstimmen der Zielvorstellungen, Hinweisen auf Zielkonflikte c) Erarbeiten der Vorplanung, Untersuchen, Darstellen und Bewerten von Varianten nach gleichen Anforderungen, Zeichnungen im Maßstab nach Art und Größe des Objekts d) Klären und Erläutern der wesentlichen Zusammenhänge, Vorgaben und Bedingungen (zum Beispiel städtebauliche, gestalterische, funktionale, technische, wirtschaftliche, ökologische, bauphysikalische, energiewirtschaftliche, soziale, öffentlich-rechtliche) e) Bereitstellen der Arbeitsergebnisse als Grundlage für die anderen an der Planung fachlich Beteiligten sowie Koordination und Integration von deren Leistungen f) Vorverhandlungen über die Genehmigungsfähigkeit g) Kostenschätzung nach DIN 276, Vergleich mit den finanziellen Rahmenbedingungen	– Aufstellen eines Katalogs für die Planung und Abwicklung der Programmziele – Untersuchen alternativer Lösungsansätze nach verschiedenen Anforderungen einschließlich Kostenbewertung – Beachten der Anforderungen des vereinbarten Zertifizierungssystems – Durchführen des Zertifizierungssystems – Ergänzen der Vorplanungsunterlagen auf Grund besonderer Anforderungen – Aufstellen eines Finanzierungsplanes – Mitwirken bei der Kredit- und Fördermittelbeschaffung – Durchführen von Wirtschaftlichkeitsuntersuchungen – Durchführen der Voranfrage (Bauanfrage) – Anfertigen von besonderen Präsentationshilfen, die für die Klärung im Vorentwurfsprozess nicht notwendig sind, zum Beispiel – Präsentationsmodelle – Perspektivische Darstellungen – Bewegte Darstellung/Animation – Farb- und Materialcollagen

Grundleistungen	Besondere Leistungen
h) Erstellen eines Terminplans mit den wesentlichen Vorgängen des Planungs- und Bauablaufs i) Zusammenfassen, Erläutern und Dokumentieren der Ergebnisse	– digitales Geländemodell – 3-D oder 4-D Gebäudemodellbearbeitung (Building Information Modelling BIM) – Aufstellen einer vertieften Kostenschätzung nach Positionen einzelner Gewerke – Fortschreiben des Projektstrukturplanes – Aufstellen von Raumbüchern – Erarbeiten und Erstellen von besonderen bauordnungsrechtlichen Nachweisen für den vorbeugenden und organisatorischen Brandschutz bei baulichen Anlagen besonderer Art und Nutzung, Bestandsbauten oder im Falle von Abweichungen von der Bauordnung
LPH 3 Entwurfsplanung (System- und Integrationsplanung)	
a) Erarbeiten der Entwurfsplanung, unter weiterer Berücksichtigung der wesentlichen Zusammenhänge, Vorgaben und Bedingungen (zum Beispiel städtebauliche, gestalterische, funktionale, technische, wirtschaftliche, ökologische, soziale, öffentlich-rechtliche) auf der Grundlage der Vorplanung und als Grundlage für die weiteren Leistungsphasen und die erforderlichen öffentlich-rechtlichen Genehmigungen unter Verwendung der Beiträge anderer an der Planung fachlich Beteiligter. Zeichnungen nach Art und Größe des Objekts im erforderlichen Umfang und Detaillierungsgrad unter Berücksichtigung aller fachspezifischen Anforderungen, zum Beispiel bei Gebäuden im Maßstab 1:100, zum Beispiel bei Innenräumen im Maßstab 1:50 bis 1:20 b) Bereitstellen der Arbeitsergebnisse als Grundlage für die anderen an der Planung fachlich Beteiligten sowie Koordination und Integration von deren Leistungen c) Objektbeschreibung d) Verhandlungen über die Genehmigungsfähigkeit e) Kostenberechnung nach DIN 276 und Vergleich mit der Kostenschätzung f) Fortschreiben des Terminplans g) Zusammenfassen, Erläutern und Dokumentieren der Ergebnisse	– Analyse der Alternativen/Varianten und deren Wertung mit Kostenuntersuchung (Optimierung) – Wirtschaftlichkeitsberechnung – Aufstellen und Fortschreiben einer vertieften Kostenberechnung – Fortschreiben von Raumbüchern
LPH 4 Genehmigungsplanung	
a) Erarbeiten und Zusammenstellen der Vorlagen und Nachweise für öffentlich-rechtliche Genehmigungen oder Zustimmungen einschließlich der Anträge auf Ausnahmen und Befreiungen, sowie notwendiger Verhandlungen mit Behörden unter Verwendung der Beiträge anderer an der Planung fachlich Beteiligter b) Einreichen der Vorlagen c) Ergänzen und Anpassen der Planungsunterlagen, Beschreibungen und Berechnungen	– Mitwirken bei der Beschaffung der nachbarlichen Zustimmung – Nachweise, insbesondere technischer, konstruktiver und bauphysikalischer Art, für die Erlangung behördlicher Zustimmungen im Einzelfall – Fachliche und organisatorische Unterstützung des Bauherrn im Widerspruchsverfahren, Klageverfahren oder ähnlichen Verfahren

Honorarordnung für Architekten und Ingenieure **Anl. 10 HOAI 5**

Grundleistungen	Besondere Leistungen
LPH 5 Ausführungsplanung	
a) Erarbeiten der Ausführungsplanung mit allen für die Ausführung notwendigen Einzelangaben (zeichnerisch und textlich) auf der Grundlage der Entwurfs- und Genehmigungsplanung bis zur ausführungsreifen Lösung, als Grundlage für die weiteren Leistungsphasen b) Ausführungs-, Detail- und Konstruktionszeichnungen nach Art und Größe des Objekts im erforderlichen Umfang und Detaillierungsgrad unter Berücksichtigung aller fachspezifischen Anforderungen, zum Beispiel bei Gebäuden im Maßstab 1:50 bis 1:1, zum Beispiel bei Innenräumen im Maßstab 1:20 bis 1:1 c) Bereitstellen der Arbeitsergebnisse als Grundlage für die anderen an der Planung fachlich Beteiligten, sowie Koordination und Integration von deren Leistungen d) Fortschreiben des Terminplans e) Fortschreiben der Ausführungsplanung auf Grund der gewerkeorientierten Bearbeitung während der Objektausführung f) Überprüfen erforderlicher Montagepläne der vom Objektplaner geplanten Baukonstruktionen und baukonstruktiven Einbauten auf Übereinstimmung mit der Ausführungsplanung	– Aufstellen einer detaillierten Objektbeschreibung als Grundlage der Leistungsbeschreibung mit Leistungsprogramm[1] – Prüfen der vom bauausführenden Unternehmen auf Grund der Leistungsbeschreibung mit Leistungsprogramm ausgearbeiteten Ausführungspläne auf Übereinstimmung mit der Entwurfsplanung[2] – Fortschreiben von Raumbüchern in detaillierter Form – Mitwirken beim Anlagenkennzeichnungssystem (AKS) – Prüfen und Anerkennen von Plänen Dritter, nicht an der Planung fachlich Beteiligter auf Übereinstimmung mit den Ausführungsplänen (zum Beispiel Werkstattzeichnungen von Unternehmen, Aufstellungs- und Fundamentpläne nutzungsspezifischer oder betriebstechnischer Anlagen), soweit die Leistungen Anlagen betreffen, die in den anrechenbaren Kosten nicht erfasst sind
LPH 6 Vorbereitung der Vergabe	
a) Aufstellen eines Vergabeterminplans b) Aufstellen von Leistungsbeschreibungen mit Leistungsverzeichnissen nach Leistungsbereichen, Ermitteln und Zusammenstellen von Mengen auf der Grundlage der Ausführungsplanung unter Verwendung der Beiträge anderer an der Planung fachlich Beteiligter c) Abstimmen und Koordinieren der Schnittstellen zu den Leistungsbeschreibungen der an der Planung fachlich Beteiligten d) Ermitteln der Kosten auf der Grundlage vom Planer bepreister Leistungsverzeichnisse e) Kostenkontrolle durch Vergleich der vom Planer bepreisten Leistungsverzeichnisse mit der Kostenberechnung f) Zusammenstellen der Vergabeunterlagen für alle Leistungsbereiche	– Aufstellen der Leistungsbeschreibungen mit Leistungsprogramm auf der Grundlage der detaillierten Objektbeschreibung[1] – Aufstellen von alternativen Leistungsbeschreibungen für geschlossene Leistungsbereiche – Aufstellen von vergleichenden Kostenübersichten unter Auswertung der Beiträge anderer an der Planung fachlich Beteiligter
LPH 7 Mitwirkung bei der Vergabe	
a) Koordinieren der Vergaben der Fachplaner b) Einholen von Angeboten	– Prüfen und Werten von Nebenangeboten mit Auswirkungen auf die abgestimmte Planung – Mitwirken bei der Mittelabflussplanung

[1] **Amtl. Anm.:** Diese Besondere Leistung wird bei Leistungsbeschreibung mit Leistungsprogramm ganz oder teilweise Grundleistung. In diesem Fall entfallen die entsprechenden Grundleistungen dieser Leistungsphase.
[2] **Amtl. Anm.:** Diese Besondere Leistung wird bei einer Leistungsbeschreibung mit Leistungsprogramm ganz oder teilweise Grundleistung. In diesem Fall entfallen die entsprechenden Grundleistungen dieser Leistungsphase.

Grundleistungen	Besondere Leistungen
c) Prüfen und Werten der Angebote einschließlich Aufstellen eines Preisspiegels nach Einzelpositionen oder Teilleistungen, Prüfen und Werten der Angebote zusätzlicher und geänderter Leistungen der ausführenden Unternehmen und der Angemessenheit der Preise d) Führen von Bietergesprächen e) Erstellen der Vergabevorschläge, Dokumentation des Vergabeverfahrens f) Zusammenstellen der Vertragsunterlagen für alle Leistungsbereiche g) Vergleichen der Ausschreibungsergebnisse mit den vom Planer bepreisten Leistungsverzeichnissen oder der Kostenberechnung h) Mitwirken bei der Auftragserteilung	– Fachliche Vorbereitung und Mitwirken bei Nachprüfungsverfahren – Mitwirken bei der Prüfung von bauwirtschaftlich begründeten Nachtragsangeboten – Prüfen und Werten der Angebote aus Leistungsbeschreibung mit Leistungsprogramm einschließlich Preisspiegel [3] – Aufstellen, Prüfen und Werten von Preisspiegeln nach besonderen Anforderungen
LPH 8 Objektüberwachung (Bauüberwachung) und Dokumentation	
a) Überwachen der Ausführung des Objektes auf Übereinstimmung mit der öffentlich-rechtlichen Genehmigung oder Zustimmung, den Verträgen mit ausführenden Unternehmen, den Ausführungsunterlagen, den einschlägigen Vorschriften sowie mit den allgemein anerkannten Regeln der Technik b) Überwachen der Ausführung von Tragwerken mit sehr geringen und geringen Planungsanforderungen auf Übereinstimmung mit dem Standsicherheitsnachweis c) Koordinieren der an der Objektüberwachung fachlich Beteiligten d) Aufstellen, Fortschreiben und Überwachen eines Terminplans (Balkendiagramm) e) Dokumentation des Bauablaufs (zum Beispiel Bautagebuch) f) Gemeinsames Aufmaß mit den ausführenden Unternehmen g) Rechnungsprüfung einschließlich Prüfen der Aufmaße der bauausführenden Unternehmen h) Vergleich der Ergebnisse der Rechnungsprüfungen mit den Auftragssummen einschließlich Nachträgen i) Kostenkontrolle durch Überprüfen der Leistungsabrechnung der bauausführenden Unternehmen im Vergleich zu den Vertragspreisen j) Kostenfeststellung, zum Beispiel nach DIN 276 k) Organisation der Abnahme der Bauleistungen unter Mitwirkung anderer an der Planung und Objektüberwachung fachlich Beteiligter, Feststellung von Mängeln, Abnahmeempfehlung für den Auftraggeber l) Antrag auf öffentlich-rechtliche Abnahmen und Teilnahme daran	– Aufstellen, Überwachen und Fortschreiben eines Zahlungsplanes – Aufstellen, Überwachen und Fortschreiben von differenzierten Zeit-, Kosten- oder Kapazitätsplänen – Tätigkeit als verantwortlicher Bauleiter, soweit diese Tätigkeit nach jeweiligem Landesrecht über die Grundleistungen der LPH 8 hinausgeht

[3] **Amtl. Anm.:** Diese Besondere Leistung wird bei Leistungsbeschreibung mit Leistungsprogramm ganz oder teilweise Grundleistung. In diesem Fall entfallen die entsprechenden Grundleistungen dieser Leistungsphase.

Honorarordnung für Architekten und Ingenieure **Anl. 10 HOAI 5**

Grundleistungen	Besondere Leistungen
m) Systematische Zusammenstellung der Dokumentation, zeichnerischen Darstellungen und rechnerischen Ergebnisse des Objekts n) Übergabe des Objekts o) Auflisten der Verjährungsfristen für Mängelansprüche p) Überwachen der Beseitigung der bei der Abnahme festgestellten Mängel	
LPH 9 Objektbetreuung	
a) Fachliche Bewertung der innerhalb der Verjährungsfristen für Gewährleistungsansprüche festgestellten Mängel, längstens jedoch bis zum Ablauf von fünf Jahren seit Abnahme der Leistung, einschließlich notwendiger Begehungen b) Objektbegehung zur Mängelfeststellung vor Ablauf der Verjährungsfristen für Mängelansprüche gegenüber den ausführenden Unternehmen c) Mitwirken bei der Freigabe von Sicherheitsleistungen	– Überwachen der Mängelbeseitigung innerhalb der Verjährungsfrist – Erstellen einer Gebäudebestandsdokumentation – Aufstellen von Ausrüstungs- und Inventarverzeichnissen – Erstellen von Wartungs- und Pflegeanweisungen – Erstellen eines Instandhaltungskonzepts – Objektbeobachtung – Objektverwaltung – Baubegehungen nach Übergabe – Aufbereiten der Planungs- und Kostendaten für eine Objektdatei oder Kostenrichtwerte – Evaluieren von Wirtschaftlichkeitsberechnungen

10.2. Objektliste Gebäude

Nachstehende Gebäude werden in der Regel folgenden Honorarzonen zugerechnet.[1]

Objektliste Gebäude	Honorarzone				
	I	II	III	IV	V
Wohnen					
– Einfache Behelfsbauten für vorübergehende Nutzung	X				
– Einfache Wohnbauten mit gemeinschaftlichen Sanitär- und Kücheneinrichtungen		X			
– Einfamilienhäuser, Wohnhäuser oder Hausgruppen in verdichteter Bauweise			X	X	
– Wohnheime, Gemeinschaftsunterkünfte, Jugendherbergen, -freizeitzentren, -stätten			X	X	
Ausbildung/Wissenschaft/Forschung					
– Offene Pausen-, Spielhallen	X				
– Studentenhäuser			X	X	
– Schulen mit durchschnittlichen Planungsanforderungen, zum Beispiel Grundschulen, weiterführende Schulen und Berufsschulen			X		
– Schulen mit hohen Planungsanforderungen, Bildungszentren, Hochschulen, Universitäten, Akademien				X	
– Hörsaal-, Kongresszentren				X	
– Labor- oder Institutsgebäude				X	X

---

[1] Zeichensetzung amtlich.

Objektliste Gebäude	Honorarzone				
	I	II	III	IV	V
Büro/Verwaltung/Staat/Kommune					
– Büro-, Verwaltungsgebäude				X	X
– Wirtschaftsgebäude, Bauhöfe				X	X
– Parlaments-, Gerichtsgebäude				X	
– Bauten für den Strafvollzug				X	X
– Feuerwachen, Rettungsstationen				X	X
– Sparkassen- oder Bankfilialen				X	X
– Büchereien, Bibliotheken, Archive				X	X
Gesundheit/Betreuung					
– Liege- oder Wandelhallen	X				
– Kindergärten, Kinderhorte			X		
– Jugendzentren, Jugendfreizeitstätten			X		
– Betreuungseinrichtungen, Altentagesstätten			X		
– Pflegeheime oder Bettenhäuser, ohne oder mit medizinisch-technischer Einrichtungen			X	X	
– Unfall-, Sanitätswachen, Ambulatorien		X	X		
– Therapie- oder Rehabilitations-Einrichtungen, Gebäude für Erholung, Kur oder Genesung			X	X	
– Hilfskrankenhäuser			X		
– Krankenhäuser der Versorgungsstufe I oder II, Krankenhäuser besonderer Zweckbestimmung				X	
– Krankenhäuser der Versorgungsstufe III, Universitätskliniken					X
Handel und Verkauf/Gastgewerbe					
– Einfache Verkaufslager, Verkaufsstände, Kioske		X			
– Ladenbauten, Discounter, Einkaufszentren, Märkte, Messehallen			X	X	
– Gebäude für Gastronomie, Kantinen oder Mensen			X	X	
– Großküchen, mit oder ohne Speiseräume				X	
– Pensionen, Hotels				X	X
Freizeit/Sport					
– Einfache Tribünenbauten		X			
– Bootshäuser		X			
– Turn- oder Sportgebäude				X	X
– Mehrzweckhallen, Hallenschwimmbäder, Großsportstätten				X	X
Gewerbe/Industrie/Landwirtschaft					
– Einfache Landwirtschaftliche Gebäude, zum Beispiel Feldscheunen, Einstellhallen	X				
– Landwirtschaftliche Betriebsgebäude, Stallanlagen		X	X	X	
– Gewächshäuser für die Produktion		X			
– Einfache geschlossene, eingeschossige Hallen, Werkstätten		X			
– Spezielle Lagergebäude, zum Beispiel Kühlhäuser			X		
– Werkstätten, Fertigungsgebäude des Handwerks oder der Industrie			X	X	X
– Produktionsgebäude der Industrie				X	X	X
Infrastruktur					
– Offene Verbindungsgänge, Überdachungen, zum Beispiel Wetterschutzhäuser, Carports	X				
– Einfache Garagenbauten		X			
– Parkhäuser, -garagen, Tiefgaragen, jeweils mit integrierten weiteren Nutzungsarten		X	X		
– Bahnhöfe oder Stationen verschiedener öffentlicher Verkehrsmittel				X	

Honorarordnung für Architekten und Ingenieure **Anl. 10 HOAI 5**

Objektliste Gebäude	Honorarzone				
	I	II	III	IV	V
– Flughäfen				X	X
– Energieversorgungszentralen, Kraftwerksgebäude, Großkraftwerke				X	X
Kultur-/Sakralbauten					
– Pavillons für kulturelle Zwecke		X	X		
– Bürger-, Gemeindezentren, Kultur-/Sakralbauten, Kirchen			X		
– Mehrzweckhallen für religiöse oder kulturelle Zwecke			X		
– Ausstellungsgebäude, Lichtspielhäuser			X	X	
– Museen				X	X
– Theater-, Opern-, Konzertgebäude				X	X
– Studiogebäude für Rundfunk oder Fernsehen				X	X

10.3. Objektliste Innenräume

Nachstehende Innenräume werden in der Regel folgenden Honorarzonen zugerechnet:

Objektliste Innenräume	Honorarzone				
	I	II	III	IV	V
– Einfachste Innenräume für vorübergehende Nutzung ohne oder mit einfachsten seriellen Einrichtungsgegenständen	X				
– Innenräume mit geringer Planungsanforderung, unter Verwendung von serienmäßig hergestellten Möbeln und Ausstattungsgegenständen einfacher Qualität, ohne technische Ausstattung		X			
– Innenräume mit durchschnittlicher Planungsanforderung, zum überwiegenden Teil unter Verwendung von serienmäßig hergestellten Möbeln und Ausstattungsgegenständen oder mit durchschnittlicher technischer Ausstattung			X		
– Innenräume mit hohen Planungsanforderungen, unter Mitverwendung von serienmäßig hergestellten Möbeln und Ausstattungsgegenständen gehobener Qualität oder gehobener technischer Ausstattung				X	
– Innenräume mit sehr hohen Planungsanforderungen, unter Verwendung von aufwendiger Einrichtung oder Ausstattung oder umfangreicher technischer Ausstattung					X
Wohnen					
– Einfachste Räume ohne Einrichtung oder für vorübergehende Nutzung	X				
– Einfache Wohnräume mit geringen Anforderungen an Gestaltung oder Ausstattung		X			
– Wohnräume mit durchschnittlichen Anforderungen, serielle Einbauküchen			X		
– Wohnräume in Gemeinschaftsunterkünften oder Heimen			X		
– Wohnräume gehobener Anforderungen, individuell geplante Küchen und Bäder				X	
– Dachgeschoßausbauten, Wintergärten				X	
– Individuelle Wohnräume in anspruchsvoller Gestaltung mit aufwendiger Einrichtung, Ausstattung und technischer Ausrüstung					X
Ausbildung/Wissenschaft/Forschung					
– Einfache offene Hallen	X				
– Lager- oder Nebenräume mit einfacher Einrichtung oder Ausstattung		X			
– Gruppenräume zum Beispiel in Kindergärten, Kinderhorten, Jugendzentren, Jugendherbergen, Jugendheimen				X	X

Objektliste Innenräume	Honorarzone				
	I	II	III	IV	V
– Klassenzimmer, Hörsäle, Seminarräume, Büchereien, Mensen			X	X	
– Aulen, Bildungszentren, Bibliotheken, Labore, Lehrküchen mit oder ohne Speise- oder Aufenthaltsräume, Fachunterrichtsräume mit technischer Ausstattung				X	
– Kongress-, Konferenz-, Seminar-, Tagungsbereiche mit individuellem Ausbau und Einrichtung und umfangreicher technischer Ausstattung				X	
– Räume wissenschaftlicher Forschung mit hohen Ansprüchen und technischer Ausrüstung					X
Büro/Verwaltung/Staat/Kommune					
– innere Verkehrsflächen	X				
– Post-, Kopier-, Putz- oder sonstige Nebenräume ohne baukonstruktive Einbauten		X			
– Büro-, Verwaltungs-, Aufenthaltsräume mit durchschnittlichen Anforderungen, Treppenhäuser, Wartehallen, Teeküchen			X		
– Räume für sanitäre Anlagen, Werkräume, Wirtschaftsräume, Technikräume			X		
– Eingangshallen, Sitzungs- oder Besprechungsräume, Kantinen, Sozialräume			X	X	
– Kundenzentren, -ausstellungen, -präsentationen			X	X	
– Versammlungs-, Konferenzbereiche, Gerichtssäle, Arbeitsbereiche von Führungskräften mit individueller Gestaltung oder Einrichtung oder gehobener technischer Ausstattung				X	
– Geschäfts-, Versammlungs- oder Konferenzräume mit anspruchsvollem Ausbau oder anspruchsvoller Einrichtung, aufwendiger Ausstattung oder sehr hohen technischen Anforderungen					X
Gesundheit/Betreuung					
– offene Spiel- oder Wandelhallen	X				
– einfache Ruhe- oder Nebenräume		X			
– Sprech-, Betreuungs-, Patienten-, Heimzimmer oder Sozialräume mit durchschnittlichen Anforderungen ohne medizintechnische Ausrüstung			X		
– Behandlungs- oder Betreuungsbereiche mit medizintechnischer Ausrüstung oder Einrichtung in Kranken-, Therapie-, Rehabilitations- oder Pflegeeinrichtungen, Arztpraxen				X	
– Operations-, Kreißsäle, Röntgenräume				X	X
Handel/Gastgewerbe					
– Verkaufsstände für vorübergehende Nutzung	X				
– Kioske, Verkaufslager, Nebenräume mit einfacher Einrichtung und Ausstattung		X			
– Durchschnittliche Laden- oder Gasträume, Einkaufsbereiche, Schnellgaststätten			X		
– Fachgeschäfte, Boutiquen, Showrooms, Lichtspieltheater, Großküchen				X	
– Messestände, bei Verwendung von System- oder Modulbauteilen			X		
– Individuelle Messestände				X	
– Gasträume, Sanitärbereiche gehobener Gestaltung, zum Beispiel in Restaurants, Bars, Weinstuben, Cafés, Clubräumen				X	
– Gast- oder Sanitärbereiche zum Beispiel in Pensionen oder Hotels mit durchschnittlichen Anforderungen oder Einrichtungen oder Ausstattungen			X		

Objektliste Innenräume	Honorarzone				
	I	II	III	IV	V
– Gast-, Informations- oder Unterhaltungsbereiche in Hotels mit individueller Gestaltung oder Möblierung oder gehobener Einrichtung oder technischer Ausstattung				X	
Freizeit/Sport					
– Neben- oder Wirtschafträume in Sportanlagen oder Schwimmbädern		X			
– Schwimmbäder, Fitness-, Wellness- oder Saunaanlagen, Großsportstätten			X	X	
– Sport-, Mehrzweck- oder Stadthallen, Gymnastikräume, Tanzschulen			X	X	
Gewerbe/Industrie/Landwirtschaft/Verkehr					
– Einfache Hallen oder Werkstätten ohne fachspezifische Einrichtung, Pavillons		X			
– Landwirtschaftliche Betriebsbereiche		X	X		
– Gewerbebereiche, Werkstätten mit technischer oder maschineller Einrichtung			X	X	
– Umfassende Fabrikations- oder Produktionsanlagen				X	
– Räume in Tiefgaragen, Unterführungen		X			
– Gast- oder Betriebsbereiche in Flughäfen, Bahnhöfen				X	X
Kultur-/Sakralbauten					
– Kultur- oder Sakralbereiche, Kirchenräume				X	X
– Individuell gestaltete Ausstellungs-, Museums- oder Theaterbereiche				X	X
– Konzert- oder Theatersäle, Studioräume für Rundfunk, Fernsehen oder Theater					X

Anlage 11
(zu § 39 Absatz 4, § 40 Absatz 5)

Grundleistungen
im Leistungsbild Freianlagen, Besondere Leistungen, Objektliste

11.1. Leistungsbild Freianlagen

Grundleistungen	Besondere Leistungen
LPH 1 Grundlagenermittlung	
a) Klären der Aufgabenstellung auf Grund der Vorgaben oder der Bedarfsplanung des Auftraggebers oder vorliegender Planungs- und Genehmigungsunterlagen b) Ortsbesichtigung c) Beraten zum gesamten Leistungs- und Untersuchungsbedarf d) Formulieren von Entscheidungshilfen für die Auswahl anderer an der Planung fachlich Beteiligter e) Zusammenfassen, Erläutern und Dokumentieren der Ergebnisse	– Mitwirken bei der öffentlichen Erschließung – Kartieren und Untersuchen des Bestandes, Floristische oder faunistische Kartierungen – Begutachtung des Standortes mit besonderen Methoden zum Beispiel Bodenanalysen – Beschaffen bzw. Aktualisieren bestehender Planunterlagen, Erstellen von Bestandskarten
LPH 2 Vorplanung (Projekt- und Planungsvorbereitung)	
a) Analysieren der Grundlagen, Abstimmen der Leistungen mit den fachlich an der Planung Beteiligten	– Umweltfolgenabschätzung – Bestandsaufnahme, Vermessung – Fotodokumentationen

Grundleistungen	Besondere Leistungen
b) Abstimmen der Zielvorstellungen c) Erfassen, Bewerten und Erläutern der Wechselwirkungen im Ökosystem d) Erarbeiten eines Planungskonzepts einschließlich Untersuchen und Bewerten von Varianten nach gleichen Anforderungen unter Berücksichtigung zum Beispiel – der Topographie und der weiteren standörtlichen und ökologischen Rahmenbedingungen, – der Umweltbelange einschließlich der natur- und artenschutzrechtlichen Anforderungen und der vegetationstechnischen Bedingungen, – der gestalterischen und funktionalen Anforderungen, – Klären der wesentlichen Zusammenhänge, Vorgänge und Bedingungen, – Abstimmen oder Koordinieren unter Integration der Beiträge anderer an der Planung fachlich Beteiligter e) Darstellen des Vorentwurfs mit Erläuterungen und Angaben zum terminlichen Ablauf f) Kostenschätzung, zum Beispiel nach DIN 276, Vergleich mit den finanziellen Rahmenbedingungen g) Zusammenfassen, Erläutern und Dokumentieren der Vorplanungsergebnisse	– Mitwirken bei der Beantragung von Fördermitteln und Beschäftigungsmaßnahmen – Erarbeiten von Unterlagen für besondere technische Prüfverfahren – Beurteilen und Bewerten der vorhandenen Bausubstanz, Bauteile, Materialien, Einbauten oder der zu schützenden oder zu erhaltenden Gehölze oder Vegetationsbestände
LPH 3 Entwurfsplanung (System- und Integrationsplanung)	
a) Erarbeiten der Entwurfsplanung auf Grundlage der Vorplanung unter Vertiefung zum Beispiel der gestalterischen, funktionalen, wirtschaftlichen, standörtlichen, ökologischen, natur- und artenschutzrechtlichen Anforderungen Abstimmen oder Koordinieren unter Integration der Beiträge anderer an der Planung fachlich Beteiligter b) Abstimmen der Planung mit zu beteiligenden Stellen und Behörden c) Darstellen des Entwurfs zum Beispiel im Maßstab 1:500 bis 1:100, mit erforderlichen Angaben insbesondere – zur Bepflanzung, – zu Materialien und Ausstattungen, – zu Maßnahmen auf Grund rechtlicher Vorgaben, – zum terminlichen Ablauf d) Objektbeschreibung mit Erläuterung von Ausgleichs- und Ersatzmaßnahmen nach Maßgabe der naturschutzrechtlichen Eingriffsregelung e) Kostenberechnung, zum Beispiel nach DIN 276 einschließlich zugehöriger Mengenermittlung f) Vergleich der Kostenberechnung mit der Kostenschätzung	– Mitwirken beim Beschaffen nachbarlicher Zustimmungen – Erarbeiten besonderer Darstellungen, zum Beispiel Modelle, Perspektiven, Animationen – Beteiligung von externen Initiativ- und Betroffenengruppen bei Planung und Ausführung – Mitwirken bei Beteiligungsverfahren oder Workshops – Mieter- oder Nutzerbefragungen – Erarbeiten von Ausarbeitungen nach den Anforderungen der naturschutzrechtlichen Eingriffsregelung sowie des besonderen Arten- und Biotopschutzrechtes, Eingriffsgutachten, Eingriffs- oder Ausgleichsbilanz nach landesrechtlichen Regelungen – Mitwirken beim Erstellen von Kostenaufstellungen und Planunterlagen für Vermarktung und Vertrieb – Erstellen und Zusammenstellen von Unterlagen für die Beauftragung von Dritten (Sachverständigenbeauftragung) – Mitwirken bei der Beantragung und Abrechnung von Fördermitteln und Beschäftigungsmaßnahmen – Abrufen von Fördermitteln nach Vergleich mit den Ist-Kosten (Baufinanzierungsleistung) – Mitwirken bei der Finanzierungsplanung – Erstellen einer Kosten-Nutzen-Analyse

Honorarordnung für Architekten und Ingenieure **Anl. 11 HOAI 5**

Grundleistungen	Besondere Leistungen
g) Zusammenfassen, Erläutern und Dokumentieren der Entwurfsplanungsergebnisse	– Aufstellen und Berechnen von Lebenszykluskosten
LPH 4 Genehmigungsplanung	
a) Erarbeiten und Zusammenstellen der Vorlagen und Nachweise für öffentlich-rechtliche Genehmigungen oder Zustimmungen einschließlich der Anträge auf Ausnahmen und Befreiungen sowie notwendiger Verhandlungen mit Behörden unter Verwendung der Beiträge anderer an der Planung fachlich Beteiligter b) Einreichen der Vorlagen c) Ergänzen und Anpassen der Planungsunterlagen, Beschreibungen und Berechnungen	– Teilnahme an Sitzungen in politischen Gremien oder im Rahmen der Öffentlichkeitsbeteiligung – Erstellen von landschaftspflegerischen Fachbeiträgen oder natur- und artenschutzrechtlichen Beiträgen – Mitwirken beim Einholen von Genehmigungen und Erlaubnissen nach Naturschutz-, Fach- und Satzungsrecht – Erfassen, Bewerten und Darstellen des Bestandes gemäß Ortssatzung – Erstellen von Rodungs- und Baumfallanträgen – Erstellen von Genehmigungsunterlagen und Anträgen nach besonderen Anforderungen – Erstellen eines Überflutungsnachweises für Grundstücke – Prüfen von Unterlagen der Planfeststellung auf Übereinstimmung mit der Planung
LPH 5 Ausführungsplanung	
a) Erarbeiten der Ausführungsplanung auf Grundlage der Entwurfs- und Genehmigungsplanung bis zur ausführungsreifen Lösung als Grundlage für die weiteren Leistungsphasen b) Erstellen von Plänen oder Beschreibungen, je nach Art des Bauvorhabens zum Beispiel im Maßstab 1:200 bis 1:50 c) Abstimmen oder Koordinieren unter Integration der Beiträge anderer an der Planung fachlich Beteiligter d) Darstellen der Freianlagen mit den für die Ausführung notwendigen Angaben, Detail- oder Konstruktionszeichnungen, insbesondere – zu Oberflächenmaterial, -befestigungen und -relief, – zu ober- und unterirdischen Einbauten und Ausstattungen, – zur Vegetation mit Angaben zu Arten, Sorten und Qualitäten, – zu landschaftspflegerischen, naturschutzfachlichen oder artenschutzrechtlichen Maßnahmen e) Fortschreiben der Angaben zum terminlichen Ablauf f) Fortschreiben der Ausführungsplanung während der Objektausführung	– Erarbeitung von Unterlagen für besondere technische Prüfverfahren (zum Beispiel Lastplattendruckversuche) – Auswahl von Pflanzen beim Lieferanten (Erzeuger)
LPH 6 Vorbereitung der Vergabe	
a) Aufstellen von Leistungsbeschreibungen mit Leistungsverzeichnissen b) Ermitteln und Zusammenstellen von Mengen auf Grundlage der Ausführungsplanung c) Abstimmen oder Koordinieren der Leistungsbeschreibungen mit den an der Planung fachlich Beteiligten	– Alternative Leistungsbeschreibung für geschlossene Leistungsbereiche – Besondere Ausarbeitungen zum Beispiel für Selbsthilfearbeiten

Grundleistungen	Besondere Leistungen
d) Aufstellen eines Terminplans unter Berücksichtigung jahreszeitlicher, bauablaufbedingter und witterungsbedingter Erfordernisse e) Ermitteln der Kosten auf Grundlage der vom Planer bepreisten Leistungsverzeichnisse f) Kostenkontrolle durch Vergleich der vom Planer bepreisten Leistungsverzeichnisse mit der Kostenberechnung g) Zusammenstellen der Vergabeunterlagen	
LPH 7 Mitwirkung bei der Vergabe	
a) Einholen von Angeboten b) Prüfen und Werten der Angebote einschließlich Aufstellen eines Preisspiegels nach Einzelpositionen oder Teilleistungen, Prüfen und Werten der Angebote zusätzlicher und geänderter Leistungen der ausführenden Unternehmen und der Angemessenheit der Preise c) Führen von Bietergesprächen d) Erstellen der Vergabevorschläge, Dokumentation des Vergabeverfahrens e) Zusammenstellen der Vertragsunterlagen f) Kostenkontrolle durch Vergleichen der Ausschreibungsergebnisse mit den vom Planer bepreisten Leistungsverzeichnissen und der Kostenberechnung g) Mitwirken bei der Auftragserteilung	
LPH 8 Objektüberwachung (Bauüberwachung) und Dokumentation	
a) Überwachen der Ausführung des Objekts auf Übereinstimmung mit der Genehmigung oder Zustimmung, den Verträgen mit ausführenden Unternehmen, den Ausführungsunterlagen, den einschlägigen Vorschriften sowie mit den allgemein anerkannten Regeln der Technik b) Überprüfen von Pflanzen- und Materiallieferungen c) Abstimmen mit den oder Koordinieren der an der Objektüberwachung fachlich Beteiligten d) Fortschreiben und Überwachen des Terminplans unter Berücksichtigung jahreszeitlicher, bauablaufbedingter und witterungsbedingter Erfordernisse e) Dokumentation des Bauablaufes (zum Beispiel Bautagebuch), Feststellen des Anwuchsergebnisses f) Mitwirken beim Aufmaß mit den bauausführenden Unternehmen g) Rechnungsprüfung einschließlich Prüfen der Aufmaße der ausführenden Unternehmen h) Vergleich der Ergebnisse der Rechnungsprüfungen mit den Auftragssummen einschließlich Nachträgen i) Organisation der Abnahme der Bauleistungen unter Mitwirkung anderer an der Planung und Objektüberwachung fachlich Beteiligter,	– Dokumentation des Bauablaufs nach besonderen Anforderungen des Auftraggebers – fachliches Mitwirken bei Gerichtsverfahren – Bauoberleitung, künstlerische Oberleitung – Erstellen einer Freianlagenbestandsdokumentation

Honorarordnung für Architekten und Ingenieure Anl. 11 HOAI 5

Grundleistungen	Besondere Leistungen
Feststellung von Mängeln, Abnahmeempfehlung für den Auftraggeber j) Antrag auf öffentlich-rechtliche Abnahmen und Teilnahme daran k) Übergabe des Objekts l) Überwachen der Beseitigung der bei der Abnahme festgestellten Mängel m) Auflisten der Verjährungsfristen für Mängelansprüche n) Überwachen der Fertigstellungspflege bei vegetationstechnischen Maßnahmen o) Kostenkontrolle durch Überprüfen der Leistungsabrechnung der bauausführenden Unternehmen im Vergleich zu den Vertragspreisen p) Kostenfeststellung, zum Beispiel nach DIN 276 q) Systematische Zusammenstellung der Dokumentation, zeichnerischen Darstellungen und rechnerischen Ergebnisse des Objekts	
LPH 9 Objektbetreuung	
a) Fachliche Bewertung der innerhalb der Verjährungsfristen für Gewährleistungsansprüche festgestellten Mängel, längstens jedoch bis zum Ablauf von 5 Jahren seit Abnahme der Leistung, einschließlich notwendiger Begehungen b) Objektbegehung zur Mängelfeststellung vor Ablauf der Verjährungsfristen für Mängelansprüche gegenüber den ausführenden Unternehmen c) Mitwirken bei der Freigabe von Sicherheitsleistungen	– Überwachung der Entwicklungs- und Unterhaltungspflege – Überwachen von Wartungsleistungen – Überwachen der Mängelbeseitigung innerhalb der Verjährungsfrist

11.2. Objektliste Freianlagen

Nachstehende Freianlagen werden in der Regel folgenden Honorarzonen zugeordnet:

Objekte	Honorarzone				
	I	II	III	IV	V
In der freien Landschaft					
– einfache Geländegestaltung	X				
– Einsaaten in der freien Landschaft	X				
– Pflanzungen in der freien Landschaft oder Windschutzpflanzungen, mit sehr geringen oder geringen Anforderungen	X	X			
– Pflanzungen in der freien Landschaft mit natur- und artenschutzrechtlichen Anforderungen (Kompensationserfordernissen)			X		
– Flächen für den Arten- und Biotopschutz mit differenzierten Gestaltungsansprüchen oder mit Biotopverbundfunktion				X	
– Naturnahe Gewässer- und Ufergestaltung			X		
– Geländegestaltungen und Pflanzungen für Deponien, Halden und Entnahmestellen mit geringen oder durchschnittlichen Anforderungen		X	X		

Objekte	Honorarzone				
	I	II	III	IV	V
– Freiflächen mit einfachem Ausbau bei kleineren Siedlungen, bei Einzelbauwerken und bei landwirtschaftlichen Aussiedlungen		X			
– Begleitgrün zu Objekten, Bauwerken und Anlagen mit geringen oder durchschnittlichen Anforderungen		X	X		
In Stadt- und Ortslagen					
– Grünverbindungen ohne besondere Ausstattung			X		
– Innerörtliche Grünzüge, Grünverbindungen mit besonderer Ausstattung				X	
– Freizeitparks und Parkanlagen				X	
– Geländegestaltung ohne oder mit Abstützungen			X	X	
– Begleitgrün zu Objekten, Bauwerken und Anlagen sowie an Ortsrändern		X	X		
– Schulgärten und naturkundliche Lehrpfade und -gebiete				X	
– Hausgärten und Gartenhöfe mit Repräsentationsansprüchen				X	X
Gebäudebegrünung					
– Terrassen- und Dachgärten					X
– Bauwerksbegrünung vertikal und horizontal mit hohen oder sehr hohen Anforderungen				X	X
– Innenbegrünung mit hohen oder sehr hohen Anforderungen				X	X
– Innenhöfe mit hohen oder sehr hohen Anforderungen				X	X
Spiel- und Sportanlagen					
– Ski- und Rodelhänge ohne oder mit technischer Ausstattung	X	X			
– Spielwiesen		X			
– Ballspielplätze, Bolzplätze, mit geringen oder durchschnittlichen Anforderungen		X	X		
– Sportanlagen in der Landschaft, Parcours, Wettkampfstrecken			X		
– Kombinationsspielfelder, Sport-, Tennisplätze und Sportanlagen mit Tennenbelag oder Kunststoff- oder Kunstrasenbelag			X	X	
– Spielplätze			X		
– Sportanlagen Typ A bis C oder Sportstadien				X	X
– Golfplätze mit besonderen natur- und artenschutzrechtlichen Anforderungen oder in stark reliefiertem Geländeumfeld				X	X
– Freibäder mit besonderen Anforderungen, Schwimmteiche				X	X
– Schul- und Pausenhöfe mit Spiel- und Bewegungsangebot				X	
Sonderanlagen					
– Freilichtbühnen				X	
– Zelt- oder Camping- oder Badeplätze, mit durchschnittlicher oder hoher Ausstattung oder Kleingartenanlagen			X	X	
Objekte					
– Friedhöfe, Ehrenmale, Gedenkstätten, mit hoher oder sehr hoher Ausstattung				X	X
– Zoologische und botanische Gärten					X
– Lärmschutzeinrichtungen				X	
– Garten- und Hallenschauen					X
– Freiflächen im Zusammenhang mit historischen Anlagen, historische Park- und Gartenanlagen, Gartendenkmale					X
Sonstige Freianlagen					
– Freiflächen mit Bauwerksbezug, mit durchschnittlichen topographischen Verhältnissen oder durchschnittlicher Ausstattung			X		

Honorarordnung für Architekten und Ingenieure **Anl. 12 HOAI 5**

Objekte	Honorarzone				
	I	II	III	IV	V
– Freiflächen mit Bauwerksbezug, mit schwierigen oder besonders schwierigen topographischen Verhältnissen oder hoher oder sehr hoher Ausstattung				X	X
– Fußgängerbereiche und Stadtplätze mit hoher oder sehr hoher Ausstattungsintensität				X	X

Anlage 12
(zu § 43 Absatz 4, § 48 Absatz 5)

Grundleistungen
im Leistungsbild Ingenieurbauwerke, Besondere Leistungen, Objektliste

12.1. Leistungsbild Ingenieurbauwerke

Grundleistungen	Besondere Leistungen
LPH 1 Grundlagenermittlung	
a) Klären der Aufgabenstellung auf Grund der Vorgaben oder der Bedarfsplanung des Auftraggebers b) Ermitteln der Planungsrandbedingungen sowie Beraten zum gesamten Leistungsbedarf c) Formulieren von Entscheidungshilfen für die Auswahl anderer an der Planung fachlich Beteiligter d) Bei Objekten nach § 41 Nummer 6 und 7, die eine Tragwerksplanung erfordern: Klären der Aufgabenstellung auch auf dem Gebiet der Tragwerksplanung e) Ortsbesichtigung f) Zusammenfassen, Erläutern und Dokumentieren der Ergebnisse	– Auswahl und Besichtigung ähnlicher Objekte
LPH 2 Vorplanung	
a) Analysieren der Grundlagen b) Abstimmen der Zielvorstellungen auf die öffentlich-rechtlichen Randbedingungen sowie Planungen Dritter c) Untersuchen von Lösungsmöglichkeiten mit ihren Einflüssen auf bauliche und konstruktive Gestaltung, Zweckmäßigkeit, Wirtschaftlichkeit unter Beachtung der Umweltverträglichkeit d) Beschaffen und Auswerten amtlicher Karten e) Erarbeiten eines Planungskonzepts einschließlich Untersuchung der alternativen Lösungsmöglichkeiten nach gleichen Anforderungen mit zeichnerischer Darstellung und Bewertung unter Einarbeitung der Beiträge anderer an der Planung fachlich Beteiligter f) Klären und Erläutern der wesentlichen fachspezifischen Zusammenhänge, Vorgänge und Bedingungen g) Vorabstimmen mit Behörden und anderen an der Planung fachlich Beteiligten über die Genehmigungsfähigkeit, gegebenenfalls Mitwir-	– Erstellen von Leitungsbestandsplänen – vertiefte Untersuchungen zum Nachweis von Nachhaltigkeitsaspekten – Anfertigen von Nutzen-Kosten-Untersuchungen – Wirtschaftlichkeitsprüfung – Beschaffen von Auszügen aus Grundbuch, Kataster und anderen amtlichen Unterlagen

Grundleistungen	Besondere Leistungen
ken bei Verhandlungen über die Bezuschussung und Kostenbeteiligung h) Mitwirken beim Erläutern des Planungskonzepts gegenüber Dritten an bis zu zwei Terminen i) Überarbeiten des Planungskonzepts nach Bedenken und Anregungen j) Kostenschätzung, Vergleich mit den finanziellen Rahmenbedingungen k) Zusammenfassen, Erläutern und Dokumentieren der Ergebnisse	
LPH 3 Entwurfsplanung	
a) Erarbeiten des Entwurfs auf Grundlage der Vorplanung durch zeichnerische Darstellung im erforderlichen Umfang und Detaillierungsgrad unter Berücksichtigung aller fachspezifischen Anforderungen, Bereitstellen der Arbeitsergebnisse als Grundlage für die anderen an der Planung fachlich Beteiligten, sowie Integration und Koordination der Fachplanungen b) Erläuterungsbericht unter Verwendung der Beiträge anderer an der Planung fachlich Beteiligter c) fachspezifische Berechnungen ausgenommen Berechnungen aus anderen Leistungsbildern d) Ermitteln und Begründen der zuwendungsfähigen Kosten, Mitwirken beim Aufstellen des Finanzierungsplans sowie Vorbereiten der Anträge auf Finanzierung e) Mitwirken beim Erläutern des vorläufigen Entwurfs gegenüber Dritten an bis zu drei Terminen, Überarbeiten des vorläufigen Entwurfs auf Grund von Bedenken und Anregungen f) Vorabstimmen der Genehmigungsfähigkeit mit Behörden und anderen an der Planung fachlich Beteiligten g) Kostenberechnung einschließlich zugehöriger Mengenermittlung, Vergleich der Kostenberechnung mit der Kostenschätzung h) Ermitteln der wesentlichen Bauphasen unter Berücksichtigung der Verkehrslenkung und der Aufrechterhaltung des Betriebes während der Bauzeit i) Bauzeiten- und Kostenplan j) Zusammenfassen, Erläutern und Dokumentieren der Ergebnisse	– Fortschreiben von Nutzen-Kosten-Untersuchungen – Mitwirken bei Verwaltungsvereinbarungen – Nachweis der zwingenden Gründe des überwiegenden öffentlichen Interesses der Notwendigkeit der Maßnahme (zum Beispiel Gebiets- und Artenschutz gemäß der Richtlinie 92/43/EWG des Rates vom 21. Mai 1992 zur Erhaltung der natürlichen Lebensräume sowie der wildlebenden Tiere und Pflanzen (ABl. L 206 vom 22.7.1992, S. 7) – Fiktivkostenberechnungen (Kostenteilung)
LPH 4 Genehmigungsplanung	
a) Erarbeiten und Zusammenstellen der Unterlagen für die erforderlichen öffentlich-rechtlichen Verfahren oder Genehmigungsverfahren einschließlich der Anträge auf Ausnahmen und Befreiungen, Aufstellen des Bauwerksverzeichnisses unter Verwendung der Beiträge anderer an der Planung fachlich Beteiligter	– Mitwirken bei der Beschaffung der Zustimmung von Betroffenen

Grundleistungen	Besondere Leistungen
b) Erstellen des Grunderwerbsplanes und des Grunderwerbsverzeichnisses unter Verwendung der Beiträge anderer an der Planung fachlich Beteiligter c) Vervollständigen und Anpassen der Planungsunterlagen, Beschreibungen und Berechnungen unter Verwendung der Beiträge anderer an der Planung fachlich Beteiligter d) Abstimmen mit Behörden e) Mitwirken in Genehmigungsverfahren einschließlich der Teilnahme an bis zu vier Erläuterungs-, Erörterungsterminen f) Mitwirken beim Abfassen von Stellungnahmen zu Bedenken und Anregungen in bis zu zehn Kategorien	
LPH 5 Ausführungsplanung	
a) Erarbeiten der Ausführungsplanung auf Grundlage der Ergebnisse der Leistungsphasen 3 und 4 unter Berücksichtigung aller fachspezifischen Anforderungen der Beiträge anderer an der Planung fachlich Beteiligter bis zur ausführungsreifen Lösung b) Zeichnerische Darstellung, Erläuterungen und zur Objektplanung gehörige Berechnungen mit allen für die Ausführung notwendigen Einzelangaben einschließlich Detailzeichnungen in den erforderlichen Maßstäben c) Bereitstellen der Arbeitsergebnisse als Grundlage für die anderen an der Planung fachlich Beteiligten und Integrieren ihrer Beiträge bis zur ausführungsreifen Lösung d) Vervollständigen der Ausführungsplanung während der Objektausführung	– Objektübergreifende, integrierte Bauablaufplanung – Koordination des Gesamtprojekts – Aufstellen von Ablauf- und Netzplänen – Planen von Anlagen der Verfahrens- und Prozesstechnik für Ingenieurbauwerke gemäß § 41 Nummer 1 bis 3 und 5, die dem Auftragnehmer übertragen werden, der auch die Grundleistungen für die jeweiligen Ingenieurbauwerke erbringt
LPH 6 Vorbereiten der Vergabe	
a) Ermitteln von Mengen nach Einzelpositionen unter Verwendung der Beiträge anderer an der Planung fachlich Beteiligter b) Aufstellen der Vergabeunterlagen, insbesondere Anfertigen der Leistungsbeschreibungen mit Leistungsverzeichnissen sowie der Besonderen Vertragsbedingungen c) Abstimmen und Koordinieren der Schnittstellen zu den Leistungsbeschreibungen der anderen an der Planung fachlich Beteiligten d) Festlegen der wesentlichen Ausführungsphasen e) Ermitteln der Kosten auf Grundlage der vom Planer (Entwurfsverfasser) bepreisten Leistungsverzeichnisse f) Kostenkontrolle durch Vergleich der vom Planer (Entwurfsverfasser) bepreisten Leistungsverzeichnisse mit der Kostenberechnung g) Zusammenstellen der Vergabeunterlagen	– detaillierte Planung von Bauphasen bei besonderen Anforderungen
LPH 7 Mitwirken bei der Vergabe	
a) Einholen von Angeboten	– Prüfen und Werten von Nebenangeboten

Grundleistungen	Besondere Leistungen
b) Prüfen und Werten der Angebote, Aufstellen des Preisspiegels c) Abstimmen und Zusammenstellen der Leistungen der fachlich Beteiligten, die an der Vergabe mitwirken d) Führen von Bietergesprächen e) Erstellen der Vergabevorschläge, Dokumentation des Vergabeverfahrens f) Zusammenstellen der Vertragsunterlagen g) Vergleichen der Ausschreibungsergebnisse mit den vom Planer bepreisten Leistungsverzeichnissen und der Kostenberechnung h) Mitwirken bei der Auftragserteilung	
LPH 8 Bauoberleitung	
a) Aufsicht über die örtliche Bauüberwachung, Koordinierung der an der Objektüberwachung fachlich Beteiligten, einmaliges Prüfen von Plänen auf Übereinstimmung mit dem auszuführenden Objekt und Mitwirken bei deren Freigabe b) Aufstellen, Fortschreiben und Überwachen eines Terminplans (Balkendiagramm) c) Veranlassen und Mitwirken beim Inverzugsetzen der ausführenden Unternehmen d) Kostenfeststellung, Vergleich der Kostenfeststellung mit der Auftragssumme e) Abnahme von Bauleistungen, Leistungen und Lieferungen unter Mitwirkung der örtlichen Bauüberwachung und anderer an der Planung und Objektüberwachung fachlich Beteiligter, Feststellen von Mängeln, Fertigung einer Niederschrift über das Ergebnis der Abnahme f) Überwachen der Prüfungen der Funktionsfähigkeit der Anlagenteile und der Gesamtanlage g) Antrag auf behördliche Abnahmen und Teilnahme daran h) Übergabe des Objekts i) Auflisten der Verjährungsfristen der Mängelansprüche j) Zusammenstellen und Übergeben der Dokumentation des Bauablaufs, der Bestandsunterlagen und der Wartungsvorschriften	– Kostenkontrolle – Prüfen von Nachträgen – Erstellen eines Bauwerksbuchs – Erstellen von Bestandsplänen – Örtliche Bauüberwachung: – Plausibilitätsprüfung der Absteckung – Überwachen der Ausführung der Bauleistungen – Mitwirken beim Einweisen des Auftragnehmers in die Baumaßnahme (Bauanlaufbesprechung) – Überwachen der Ausführung des Objektes auf Übereinstimmung mit den zur Ausführung freigegebenen Unterlagen, dem Bauvertrag und den Vorgaben des Auftraggebers – Prüfen und Bewerten der Berechtigung von Nachträgen – Durchführen oder Veranlassen von Kontrollprüfungen – Überwachen der Beseitigung der bei der Abnahme der Leistungen festgestellten Mängel – Dokumentation des Bauablaufs – Mitwirken beim Aufmaß mit den ausführenden Unternehmen und Prüfen der Aufmaße – Mitwirken bei behördlichen Abnahmen – Mitwirken bei der Abnahme von Leistungen und Lieferungen – Rechnungsprüfung, Vergleich der Ergebnisse der Rechnungsprüfungen mit der Auftragssumme – Mitwirken beim Überwachen der Prüfung der Funktionsfähigkeit der Anlagenteile und der Gesamtanlage – Überwachen der Ausführung von Tragwerken nach Anlage 14.2 Honorarzone I und II mit sehr geringen und geringen Planungsanforderungen auf Übereinstimmung mit dem Standsicherheitsnachweis

Honorarordnung für Architekten und Ingenieure **Anl. 12 HOAI 5**

Grundleistungen	Besondere Leistungen
LPH 9 Objektbetreuung	
a) Fachliche Bewertung der innerhalb der Verjährungsfristen für Gewährleistungsansprüche festgestellten Mängel, längstens jedoch bis zum Ablauf von fünf Jahren seit Abnahme der Leistung, einschließlich notwendiger Begehungen b) Objektbegehung zur Mängelfeststellung vor Ablauf der Verjährungsfristen für Mängelansprüche gegenüber den ausführenden Unternehmen c) Mitwirken bei der Freigabe von Sicherheitsleistungen	– Überwachen der Mängelbeseitigung innerhalb der Verjährungsfrist

12.2. Objektliste Ingenieurbaubauwerke

Nachstehende Objekte werden in der Regel folgenden Honorarzonen zugerechnet:

Gruppe 1 – Bauwerke und Anlagen der Wasserversorgung	Honorarzone				
	I	II	III	IV	V
– Zisternen	X				
– einfache Anlagen zur Gewinnung und Förderung von Wasser, zum Beispiel Quellfassungen, Schachtbrunnen		X			
– Tiefbrunnen			X		
– Brunnengalerien und Horizontalbrunnen				X	
– Leitungen für Wasser ohne Zwangspunkte	X				
– Leitungen für Wasser mit geringen Verknüpfungen und wenigen Zwangspunkten		X			
– Leitungen für Wasser mit zahlreichen Verknüpfungen und mehreren Zwangspunkten			X		
– einfache Leitungsnetze für Wasser		X			
– Leitungsnetze mit mehreren Verknüpfungen und zahlreichen Zwangspunkten und mit einer Druckzone			X		
– Leitungsnetze für Wasser mit zahlreichen Verknüpfungen und zahlreichen Zwangspunkten				X	
– einfache Anlagen zur Speicherung von Wasser, zum Beispiel Behälter in Fertigbauweise, Feuerlöschbecken		X			
– Speicherbehälter			X		
– Speicherbehälter in Turmbauweise[1]				X	
– einfache Wasseraufbereitungsanlagen und Anlagen mit mechanischen Verfahren, Pumpwerke und Druckerhöhungsanlagen			X		
– Wasseraufbereitungsanlagen mit physikalischen und chemischen Verfahren, schwierige Pumpwerke und Druckerhöhungsanlagen				X	
– Bauwerke und Anlagen mehrstufiger oder kombinierter Verfahren der Wasseraufbereitung					X
Gruppe 2 – Bauwerke und Anlagen der Abwasserentsorgung	Honorarzone				
mit Ausnahme Entwässerungsanlagen, die der Zweckbestimmung der Verkehrsanlagen dienen, und Regenwasserversickerung (Abgrenzung zu Freianlagen)	I	II	III	IV	V
– Leitungen für Abwasser ohne Zwangspunkte	X				

---

[1] Richtig wohl: „Turmbauweise".

Gruppe 2 – Bauwerke und Anlagen der Abwasserentsorgung	Honorarzone				
mit Ausnahme Entwässerungsanlagen, die der Zweckbestimmung der Verkehrsanlagen dienen, und Regenwasserversickerung (Abgrenzung zu Freianlagen)	I	II	III	IV	V
– Leitungen für Abwasser mit geringen Verknüpfungen und wenigen Zwangspunkten		X			
– Leitungen für Abwasser mit zahlreichen Verknüpfungen und zahlreichen Zwangspunkten			X		
– einfache Leitungsnetze für Abwasser		X			
– Leitungsnetze für Abwasser mit mehreren Verknüpfungen und mehreren Zwangspunkten			X		
– Leitungsnetze für Abwasser mit zahlreichen Zwangspunkten				X	
– Erdbecken als Regenrückhaltebecken		X			
– Regenbecken und Kanalstauräume mit geringen Verknüpfungen und wenigen Zwangspunkten			X		
– Regenbecken und Kanalstauräume mit zahlreichen Verknüpfungen und zahlreichen Zwangspunkten, kombinierte Regenwasserbewirtschaftungsanlagen				X	
– Schlammabsetzanlagen, Schlammpolder		X			
– Schlammabsetzanlagen mit mechanischen Einrichtungen			X		
– Schlammbehandlungsanlagen				X	
– Bauwerke und Anlagen für mehrstufige oder kombinierte Verfahren der Schlammbehandlung					X
– Industriell systematisierte Abwasserbehandlungsanlagen, einfache Pumpwerke und Hebeanlagen		X			
– Abwasserbehandlungsanlagen mit gemeinsamer aerober Stabilisierung, Pumpwerke und Hebeanlagen			X		
– Abwasserbehandlungsanlagen, schwierige Pumpwerke und Hebeanlagen				X	
– Schwierige Abwasserbehandlungsanlagen					X

Gruppe 3 – Bauwerke und Anlagen des Wasserbaus	Honorarzone				
ausgenommen Freianlagen nach § 39 Absatz 1	I	II	III	IV	V
– Berieselung und rohrlose Dränung, flächenhafter Erdbau mit unterschiedlichen Schütthöhen oder Materialien		X			
– Beregnung und Rohrdränung			X		
– Beregnung und Rohrdränung bei ungleichmäßigen Boden- und schwierigen Geländeverhältnissen				X	
– Einzelgewässer mit gleichförmigem ungegliedertem Querschnitt ohne Zwangspunkte, ausgenommen Einzelgewässer mit überwiegend ökologischen und landschaftsgestalterischen Elementen	X				
– Einzelgewässer mit gleichförmigem gegliedertem Querschnitt und einigen Zwangspunkten		X			
– Einzelgewässer mit ungleichförmigem ungegliedertem Querschnitt und einigen Zwangspunkten, Gewässersysteme mit einigen Zwangspunkten			X		
– Einzelgewässer mit ungleichförmigem gegliedertem Querschnitt und vielen Zwangspunkten, Gewässersysteme mit vielen Zwangspunkten, besonders schwieriger Gewässerausbau mit sehr hohen technischen Anforderungen und ökologischen Ausgleichsmaßnahmen				X	
– Teiche bis 3 m Dammhöhe über Sohle ohne Hochwasserentlastung ausgenommen Teiche ohne Dämme	X				
– Teiche mit mehr als 3 m Dammhöhe über Sohle ohne Hochwasserentlastung, Teiche bis 3 m Dammhöhe über Sohle mit Hochwasserentlastung		X			
– Hochwasserrückhaltebecken und Talsperren bis 5 m Dammhöhe über Sohle oder bis 100 000 m³ Speicherraum			X		
– Hochwasserrückhaltebecken und Talsperren mit mehr als 100 000 m³ und weniger als 5 000 000 m³ Speicherraum				X	

Honorarordnung für Architekten und Ingenieure **Anl. 12 HOAI 5**

Gruppe 3 – Bauwerke und Anlagen des Wasserbaus ausgenommen Freianlagen nach § 39 Absatz 1	Honorarzone				
	I	II	III	IV	V
– Hochwasserrückhaltebecken und Talsperren mit mehr als 5 000 000 m³ Speicherraum					X
– Deich- und Dammbauten		X			
– schwierige Deich- und Dammbauten			X		
– besonders schwierige Deich- und Dammbauten				X	
– einfache Pumpanlagen, Pumpwerke und Schöpfwerke		X			
– Pump- und Schöpfwerke, Siele			X		
– schwierige Pump- und Schöpfwerke				X	
– einfache Durchlässe	X				
– Durchlässe und Düker		X			
– schwierige Durchlässe und Düker			X		
– besonders schwierige Durchlässe und Düker				X	
– einfache feste Wehre		X			
– feste Wehre			X		
– einfache bewegliche Wehre			X		
– bewegliche Wehre				X	
– Einfache Sperrwerke und Sperrtore			X		
– Sperrwerke				X	
– Kleinwasserkraftanlagen			X		
– Wasserkraftanlagen				X	
– Schwierige Wasserkraftanlagen, zum Beispiel Pumpspeicherwerke oder Kavernenkraftwerke					X
– Fangedämme, Hochwasserwände			X		
– Fangedämme, Hochwasserschutzwände in schwieriger Bauweise				X	
– eingeschwommene Senkkästen, schwierige Fangedämme, Wellenbrecher					X
– Bootsanlegestellen mit Dalben, Leitwänden, Festmacher- und Fenderanlagen an stehenden Gewässern	X				
– Bootsanlegestellen mit Dalben, Leitwänden, Festmacher- und Fenderanlagen an fließenden Gewässern, einfache Schiffslösch- und -ladestellen, einfache Kaimauern und Piers		X			
– Schiffslösch- und -ladestellen, Häfen, jeweils mit Dalben, Leitwänden, Festmacher- und Fenderanlagen mit hohen Belastungen, Kaimauern und Piers			X		
– Schiffsanlege-, -lösch- und -ladestellen bei Tide oder Hochwasserbeeinflussung, Häfen bei Tide- und Hochwasserbeeinflussung, schwierige Kaimauern und Piers				X	
– schwierige schwimmende Schiffsanleger, bewegliche Verladebrücken					X
– einfache Uferbefestigungen	X				
– Uferwände und -mauern		X			
– schwierige Uferwände und -mauern, Ufer- und Sohlensicherung an Wasserstraßen			X		
– Schifffahrtskanäle mit Dalben, Leitwänden, bei einfachen Bedingungen			X		
– Schifffahrtskanäle mit Dalben, Leitwänden, bei schwierigen Bedingungen in Dammstrecken, mit Kreuzungsbauwerken				X	
– Kanalbrücken					X
– einfache Schiffsschleusen, Bootsschleusen		X			
– Schiffsschleusen bei geringen Hubhöhen			X		
– Schiffsschleusen bei großen Hubhöhen und Sparschleusen				X	
– Schiffshebewerke					X
– Werftanlagen, einfache Docks			X		
– schwierige Docks				X	
– Schwimmdocks					X

305

5 HOAI Anl. 12 — Honorarordnung für Architekten und Ingenieure

Gruppe 4 – Bauwerke und Anlagen für Ver- und Entsorgung mit Gasen, Energieträgern, Feststoffen einschließlich wassergefährdenden Flüssigkeiten, ausgenommen Anlagen nach § 53 Absatz 2	Honorarzone				
	I	II	III	IV	V
– Transportleitungen für Fernwärme, wassergefährdende Flüssigkeiten und Gase ohne Zwangspunkte	X				
– Transportleitungen für Fernwärme, wassergefährdende Flüssigkeiten und Gase mit geringen Verknüpfungen und wenigen Zwangspunkten		X			
– Transportleitungen für Fernwärme, wassergefährdende Flüssigkeiten und Gase mit zahlreichen Verknüpfungen oder zahlreichen Zwangspunkten			X		
– Transportleitungen für Fernwärme, wassergefährdende Flüssigkeiten und Gase mit zahlreichen Verknüpfungen und zahlreichen Zwangspunkten				X	
– Industriell vorgefertigte einstufige Leichtflüssigkeitsabscheider		X			
– einstufige Leichtflüssigkeitsabscheider			X		
– mehrstufige Leichtflüssigkeitsabscheider				X	
– Leerrohrnetze mit wenigen Verknüpfungen			X		
– Leerrohrnetze mit zahlreichen Verknüpfungen				X	
– Handelsübliche Fertigbehälter für Tankanlagen	X				
– Pumpzentralen für Tankanlagen in Ortbetonbauweise			X		
– Anlagen zur Lagerung wassergefährdender Flüssigkeiten in einfachen Fällen			X		

Gruppe 5 – Bauwerke und Anlagen der Abfallentsorgung	Honorarzone				
	I	II	III	IV	V
– Zwischenlager, Sammelstellen und Umladestationen offener Bauart für Abfälle oder Wertstoffe ohne Zusatzeinrichtungen	X				
– Zwischenlager, Sammelstellen und Umladestationen offener Bauart für Abfälle oder Wertstoffe mit einfachen Zusatzeinrichtungen		X			
– Zwischenlager, Sammelstellen und Umladestationen offener Bauart für Abfälle oder Wertstoffe, mit schwierigen Zusatzeinrichtungen			X		
– Einfache, einstufige Aufbereitungsanlagen für Wertstoffe		X			
– Aufbereitungsanlagen für Wertstoffe			X		
– Mehrstufige Aufbereitungsanlagen für Wertstoffe				X	
– Einfache Bauschuttaufbereitungsanlagen		X			
– Bauschuttaufbereitungsanlagen			X		
– Bauschuttdeponien ohne besondere Einrichtungen		X			
– Bauschuttdeponien			X		
– Pflanzenabfall-Kompostierungsanlagen ohne besondere Einrichtungen		X			
– Biomüll-Kompostierungsanlagen, Pflanzenabfall-Kompostierungsanlagen			X		
– Kompostwerke				X	
– Hausmüll- und Monodeponien			X		
– Hausmülldeponien und Monodeponien mit schwierigen technischen Anforderungen				X	
– Anlagen zur Konditionierung von Sonderabfällen				X	
– Verbrennungsanlagen, Pyrolyseanlagen					X
– Sonderabfalldeponien				X	
– Anlagen für Untertagedeponien				X	
– Behälterdeponien				X	
– Abdichtung von Altablagerungen und kontaminierten Standorten			X		
– Abdichtung von Altablagerungen und kontaminierten Standorten mit schwierigen technischen Anforderungen				X	
– Anlagen zur Behandlung kontaminierter Böden einschließlich Bodenluft				X	
– einfache Grundwasserdekontaminierungsanlagen				X	
– komplexe Grundwasserdekontaminierungsanlage					X

Honorarordnung für Architekten und Ingenieure **Anl. 12 HOAI 5**

Gruppe 6 – konstruktive Ingenieurbauwerke für Verkehrsanlagen	Honorarzone				
	I	II	III	IV	V
– Lärmschutzwälle ausgenommen Lärmschutzwälle als Mittel der Geländegestaltung	X				
– Einfache Lärmschutzanlagen		X			
– Lärmschutzanlagen			X		
– Lärmschutzanlagen in schwieriger städtebaulicher Situation				X	
– Gerade Einfeldbrücken einfacher Bauart		X			
– Einfeldbrücken			X		
– Einfache Mehrfeld- und Bogenbrücken			X		
– Schwierige Einfeld-, Mehrfeld- und Bogenbrücken				X	
– Schwierige, längs vorgespannte Stahlverbundkonstruktionen					X
– Besonders schwierige Brücken					X
– Tunnel- und Trogbauwerke			X		
– Schwierige Tunnel- und Trogbauwerke				X	
– Besonders schwierige Tunnel- und Trogbauwerke					X
– Untergrundbahnhöfe			X		
– Schwierige Untergrundbahnhöfe				X	
– Besonders schwierige Untergrundbahnhöfe und Kreuzungsbahnhöfe					X

Gruppe 7 – sonstige Einzelbauwerke	Honorarzone				
sonstige Einzelbauwerke ausgenommen Gebäude und Freileitungs- und Oberleitungsmaste	I	II	III	IV	V
– Einfache Schornsteine		X			
– Schornsteine			X		
– Schwierige Schornsteine				X	
– Besonders schwierige Schornsteine					X
– Einfache Masten und Türme ohne Aufbauten	X				
– Masten und Türme ohne Aufbauten		X			
– Masten und Türme mit Aufbauten			X		
– Masten und Türme mit Aufbauten und Betriebsgeschoss				X	
– Masten und Türme mit Aufbauten, Betriebsgeschoss und Publikumseinrichtungen					X
– Einfache Kühltürme			X		
– Kühltürme				X	
– Schwierige Kühltürme					X
– Versorgungsbauwerke und Schutzrohre in sehr einfachen Fällen ohne Zwangspunkte	X				
– Versorgungsbauwerke und Schutzrohre mit zugehörigen Schächten für Versorgungssysteme mit wenigen Zwangspunkten		X			
– Versorgungsbauwerke mit zugehörigen Schächten für Versorgungssysteme unter beengten Verhältnissen			X		
– Versorgungsbauwerke mit zugehörigen Schächten in schwierigen Fällen für mehrere Medien				X	
– Flach gegründete, einzeln stehende Silos ohne Anbauten		X			
– Einzeln stehende Silos mit einfachen Anbauten, auch in Gruppenbauweise		X			
– Silos mit zusammengefügten Zellenblöcken und Anbauten				X	
– Schwierige Windkraftanlagen				X	
– Unverankerte Stützbauwerke bei geringen Geländesprüngen ohne Verkehrsbelastung als Mittel zur Geländegestaltung und zur konstruktiven Böschungssicherung	X				
– Unverankerte Stützbauwerke bei hohen Geländesprüngen mit Verkehrsbelastungen mit einfachen Baugrund-, Belastungs- und Geländeverhältnissen		X			

Gruppe 7 – sonstige Einzelbauwerke	Honorarzone				
sonstige Einzelbauwerke ausgenommen Gebäude und Freileitungs- und Oberleitungsmaste	I	II	III	IV	V
– Stützbauwerke mit Verankerung oder unverankerte Stützbauwerke bei schwierigen Baugrund-, Belastungs- oder Geländeverhältnissen			X		
– Stützbauwerke mit Verankerung und schwierigen Baugrund-, Belastungs- oder Geländeverhältnissen				X	
– Stützbauwerke mit Verankerung und ungewöhnlich schwierigen Randbedingungen					X
– Schlitz- und Bohrpfahlwände, Trägerbohlwände			X		
– Einfache Traggerüste und andere einfache Gerüste			X		
– Traggerüste und andere Gerüste				X	
– Sehr schwierige Gerüste und sehr hohe oder weitgespannte Traggerüste, verschiebliche (Trag-)Gerüste					X
– eigenständige Tiefgaragen, einfache Schacht- und Kavernenbauwerke, einfache Stollenbauten			X		
– schwierige eigenständige Tiefgaragen, schwierige Schacht- und Kavernenbauwerke, schwierige Stollenbauwerke				X	
– Besonders schwierige Schacht- und Kavernenbauwerke					X

Honorarordnung für Architekten und Ingenieure **Anl. 13 HOAI 5**

Anlage 13
(zu § 47 Absatz 2, § 48 Absatz 5)

Grundleistungen
im Leistungsbild Verkehrsanlagen, Besondere Leistungen, Objektliste

13.1. Leistungsbild Verkehrsanlagen

Grundleistungen	Besondere Leistungen
LPH 1 Grundlagenermittlung	
a) Klären der Aufgabenstellung auf Grund der Vorgaben oder der Bedarfsplanung des Auftraggebers b) Ermitteln der Planungsrandbedingungen sowie Beraten zum gesamten Leistungsbedarf c) Formulieren von Entscheidungshilfen für die Auswahl anderer an der Planung fachlich Beteiligter d) Ortsbesichtigung e) Zusammenfassen, Erläutern und Dokumentieren der Ergebnisse	– Ermitteln besonderer, in den Normen nicht festgelegter Einwirkungen – Auswahl und Besichtigen ähnlicher Objekte
LPH 2 Vorplanung	
a) Beschaffen und Auswerten amtlicher Karten b) Analysieren der Grundlagen c) Abstimmen der Zielvorstellungen auf die öffentlich-rechtlichen Randbedingungen sowie Planungen Dritter d) Untersuchen von Lösungsmöglichkeiten mit ihren Einflüssen auf bauliche und konstruktive Gestaltung, Zweckmäßigkeit, Wirtschaftlichkeit unter Beachtung der Umweltverträglichkeit e) Erarbeiten eines Planungskonzepts einschließlich Untersuchung von bis zu 3 Varianten nach gleichen Anforderungen mit zeichnerischer Darstellung und Bewertung unter Einarbeitung der Beiträge anderer an der Planung fachlich Beteiligter Überschlägige verkehrstechnische Bemessung der Verkehrsanlage, Ermitteln der Schallimmissionen von der Verkehrsanlage an kritischen Stellen nach Tabellenwerten Untersuchen der möglichen Schallschutzmaßnahmen, ausgenommen detaillierte schalltechnische Untersuchungen f) Klären und Erläutern der wesentlichen fachspezifischen Zusammenhänge, Vorgänge und Bedingungen g) Vorabstimmen mit Behörden und anderen an der Planung fachlich Beteiligten über die Genehmigungsfähigkeit, gegebenenfalls Mitwirken bei Verhandlungen über die Bezuschussung und Kostenbeteiligung h) Mitwirken bei Erläutern des Planungskonzepts gegenüber Dritten an bis zu 2 Terminen i) Überarbeiten des Planungskonzepts nach Bedenken und Anregungen j) Bereitstellen von Unterlagen als Auszüge aus der Voruntersuchung zur Verwendung für *[bis*	– Erstellen von Leitungsbestandsplänen – Untersuchungen zur Nachhaltigkeit – Anfertigen von Nutzen-Kosten-Untersuchungen – Wirtschaftlichkeitsprüfung – Beschaffen von Auszügen aus Grundbuch, Kataster und anderen amtlichen Unterlagen

309

Grundleistungen	Besondere Leistungen
27.9.2023: ein Raumordnungsverfahren*] [ab 28.9.2023: eine Raumverträglichkeitsprüfung]* k) Kostenschätzung, Vergleich mit den finanziellen Rahmenbedingungen l) Zusammenfassen, Erläutern und Dokumentieren	
LPH 3 Entwurfsplanung	
a) Erarbeiten des Entwurfs auf Grundlage der Vorplanung durch zeichnerische Darstellung im erforderlichen Umfang und Detaillierungsgrad unter Berücksichtigung aller fachspezifischen Anforderungen Bereitstellen der Arbeitsergebnisse als Grundlage für die anderen an der Planung fachlich Beteiligten, sowie Integration und Koordination der Fachplanungen b) Erläuterungsbericht unter Verwendung der Beiträge anderer an der Planung fachlich Beteiligter c) Fachspezifische Berechnungen ausgenommen Berechnungen aus anderen Leistungsbildern d) Ermitteln der zuwendungsfähigen Kosten, Mitwirken beim Aufstellen des Finanzierungsplans sowie Vorbereiten der Anträge auf Finanzierung e) Mitwirken beim Erläutern des vorläufigen Entwurfs gegenüber Dritten an bis zu drei Terminen, Überarbeiten des vorläufigen Entwurfs auf Grund von Bedenken und Anregungen f) Vorabstimmen der Genehmigungsfähigkeit mit Behörden und anderen an der Planung fachlich Beteiligten g) Kostenberechnung einschließlich zugehöriger Mengenermittlung, Vergleich der Kostenberechnung mit der Kostenschätzung h) Überschlägige Festlegung der Abmessungen von Ingenieurbauwerken i) Ermitteln der Schallimmissionen von der Verkehrsanlage nach Tabellenwerten; Festlegen der erforderlichen Schallschutzmaßnahmen an der Verkehrsanlage, gegebenenfalls unter Einarbeitung der Ergebnisse detaillierter schalltechnischer Untersuchungen und Feststellen der Notwendigkeit von Schallschutzmaßnahmen an betroffenen Gebäuden j) Rechnerische Festlegung des Objekts k) Darlegen der Auswirkungen auf Zwangspunkte l) Nachweis der Lichtraumprofile m) Ermitteln der wesentlichen Bauphasen unter Berücksichtigung der Verkehrslenkung und der Aufrechterhaltung des Betriebs während der Bauzeit n) Bauzeiten- und Kostenplan o) Zusammenfassen, Erläutern und Dokumentieren der Ergebnisse	– Fortschreiben von Nutzen-Kosten-Untersuchungen – Detaillierte signaltechnische Berechnung – Mitwirken bei Verwaltungsvereinbarungen – Nachweis der zwingenden Gründe des überwiegenden öffentlichen Interesses der Notwendigkeit der Maßnahme (zum Beispiel Gebiets- und Artenschutz gemäß der Richtlinie 92/43/EWG des Rates vom 21. Mai 1992 zur Erhaltung der natürlichen Lebensräume sowie der wildlebenden Tiere und Pflanzen (ABl. L 206 vom 22.7.1992, S. 7)) – Fiktivkostenberechnungen (Kostenteilung)

Honorarordnung für Architekten und Ingenieure **Anl. 13 HOAI 5**

Grundleistungen	Besondere Leistungen
LPH 4 Genehmigungsplanung	
a) Erarbeiten und Zusammenstellen der Unterlagen für die erforderlichen öffentlich-rechtlichen Verfahren oder Genehmigungsverfahren einschließlich der Anträge auf Ausnahmen und Befreiungen, Aufstellen des Bauwerksverzeichnisses unter Verwendung der Beiträge anderer an der Planung fachlich Beteiligter b) Erstellen des Grunderwerbsplans und des Grunderwerbsverzeichnisses unter Verwendung der Beiträge anderer an der Planung fachlich Beteiligter c) Vervollständigen und Anpassen der Planungsunterlagen, Beschreibungen und Berechnungen unter Verwendung der Beiträge anderer an der Planung fachlich Beteiligter d) Abstimmen mit Behörden e) Mitwirken in Genehmigungsverfahren einschließlich der Teilnahme an bis zu vier Erläuterungs-, Erörterungsterminen f) Mitwirken beim Abfassen von Stellungnahmen zu Bedenken und Anregungen in bis zu 10 Kategorien	– Mitwirken bei der Beschaffung der Zustimmung von Betroffenen
LPH 5 Ausführungsplanung	
a) Erarbeiten der Ausführungsplanung auf Grundlage der Ergebnisse der Leistungsphasen 3 und 4 unter Berücksichtigung aller fachspezifischen Anforderungen und Verwendung der Beiträge anderer an der Planung fachlich Beteiligter bis zur ausführungsreifen Lösung b) Zeichnerische Darstellung, Erläuterungen und zur Objektplanung gehörige Berechnungen mit allen für die Ausführung notwendigen Einzelangaben einschließlich Detailzeichnungen in den erforderlichen Maßstäben c) Bereitstellen der Arbeitsergebnisse als Grundlage für die anderen an der Planung fachlich Beteiligten und Integrieren ihrer Beiträge bis zur ausführungsreifen Lösung d) Vervollständigen der Ausführungsplanung während der Objektausführung	– Objektübergreifende, integrierte Bauablaufplanung – Koordination des Gesamtprojekts – Aufstellen von Ablauf- und Netzplänen
LPH 6 Vorbereiten der Vergabe	
a) Ermitteln von Mengen nach Einzelpositionen unter Verwendung der Beiträge anderer an der Planung fachlich Beteiligter b) Aufstellen der Vergabeunterlagen, insbesondere Anfertigen der Leistungsbeschreibungen mit Leistungsverzeichnissen sowie der Besonderen Vertragsbedingungen c) Abstimmen und Koordinieren der Schnittstellen zu den Leistungsbeschreibungen der anderen an der Planung fachlich Beteiligten d) Festlegen der wesentlichen Ausführungsphasen e) Ermitteln der Kosten auf Grundlage der vom Planer (Entwurfsverfasser) bepreisten Leistungsverzeichnisse	– detaillierte Planung von Bauphasen bei besonderen Anforderungen

Grundleistungen	Besondere Leistungen
f) Kostenkontrolle durch Vergleich der vom Planer (Entwurfsverfasser) bepreisten Leistungsverzeichnisse mit der Kostenberechnung g) Zusammenstellen der Vergabeunterlagen	
LPH 7 Mitwirken bei der Vergabe	
a) Einholen von Angeboten b) Prüfen und Werten der Angebote, Aufstellen der Preisspiegel c) Abstimmen und Zusammenstellen der Leistungen der fachlich Beteiligten, die an der Vergabe mitwirken d) Führen von Bietergesprächen e) Erstellen der Vergabevorschläge, Dokumentation des Vergabeverfahrens f) Zusammenstellen der Vertragsunterlagen g) Vergleichen der Ausschreibungsergebnisse mit den vom Planer bepreisten Leistungsverzeichnissen und der Kostenberechnung h) Mitwirken bei der Auftragserteilung	– Prüfen und Werten von Nebenangeboten
LPH 8 Bauoberleitung	

a) Aufsicht über die örtliche Bauüberwachung, Koordinierung der an der Objektüberwachung fachlich Beteiligten, einmaliges Prüfen von Plänen auf Übereinstimmung mit dem auszuführenden Objekt und Mitwirken bei deren Freigabe
b) Aufstellen, Fortschreiben und Überwachen eines Terminplans (Balkendiagramm)
c) Veranlassen und Mitwirken daran, die ausführenden Unternehmen in Verzug zu setzen
d) Kostenfeststellung, Vergleich der Kostenfeststellung mit der Auftragssumme
e) Abnahme von Bauleistungen, Leistungen und Lieferungen unter Mitwirkung der örtlichen Bauüberwachung und anderer an der Planung und Objektüberwachung fachlich Beteiligter, Feststellen von Mängeln, Fertigen einer Niederschrift über das Ergebnis der Abnahme
f) Antrag auf behördliche Abnahmen und Teilnahme daran
g) Überwachen der Prüfungen der Funktionsfähigkeit der Anlagenteile und der Gesamtanlage
h) Übergabe des Objekts
i) Auflisten der Verjährungsfristen der Mängelansprüche
j) Zusammenstellen und Übergeben der Dokumentation des Bauablaufs, der Bestandsunterlagen und der Wartungsvorschriften
	– Kostenkontrolle
	– Prüfen von Nachträgen
	– Erstellen eines Bauwerksbuchs
	– Erstellen von Bestandsplänen
	– Örtliche Bauüberwachung:
	  – Plausibilitätsprüfung der Absteckung
	  – Überwachen der Ausführung der Bauleistungen
	    – Mitwirken beim Einweisen des Auftragnehmers in die Baumaßnahme (Bauanlaufbesprechung)
	    – Überwachen der Ausführung des Objekts auf Übereinstimmung mit den zur Ausführung freigegebenen Unterlagen, dem Bauvertrag und den Vorgaben des Auftraggebers
	    – Prüfen und Bewerten der Berechtigung von Nachträgen
	    – Durchführen oder Veranlassen von Kontrollprüfungen
	    – Überwachen der Beseitigung der bei der Abnahme der Leistungen festgestellten Mängel
	    – Dokumentation des Bauablaufs
	– Mitwirken beim Aufmaß mit den ausführenden Unternehmen und Prüfen der Aufmaße
	– Mitwirken bei behördlichen Abnahmen
	– Mitwirken bei der Abnahme von Leistungen und Lieferungen
	– Rechnungsprüfung, Vergleich der Ergebnisse der Rechnungsprüfungen mit der Auftragssumme
	– Mitwirken beim Überwachen der Prüfung der Funktionsfähigkeit der Anlagenteile und der Gesamtanlage

Honorarordnung für Architekten und Ingenieure **Anl. 13 HOAI 5**

Grundleistungen	Besondere Leistungen
	– Überwachen der Ausführung von Tragwerken nach Anlage 14.2 Honorarzone I und II mit sehr geringen und geringen Planungsanforderungen auf Übereinstimmung mit dem Standsicherheitsnachweis
LPH 9 Objektbetreuung	
a) Fachliche Bewertung der innerhalb der Verjährungsfristen für Gewährleistungsansprüche festgestellten Mängel, längstens jedoch bis zum Ablauf von fünf Jahren seit Abnahme der Leistung, einschließlich notwendiger Begehungen b) Objektbegehung zur Mängelfeststellung vor Ablauf der Verjährungsfristen für Mängelansprüche gegenüber den ausführenden Unternehmen c) Mitwirken bei der Freigabe von Sicherheitsleistungen	– Überwachen der Mängelbeseitigung innerhalb der Verjährungsfrist

13.2. Objektliste Verkehrsanlagen

Nachstehende Verkehrsanlagen werden in der Regel folgenden Honorarzonen zugeordnet:

Objekte	Honorarzone				
	I	II	III	IV	V
a) Anlagen des Straßenverkehrs					
Außerörtliche Straßen					
– ohne besondere Zwangspunkte oder im wenig bewegten Gelände		X			
– mit besonderen Zwangspunkten oder in bewegtem Gelände			X		
– mit vielen besonderen Zwangspunkten oder in stark bewegtem Gelände				X	
– im Gebirge					X
Innerörtliche Straßen und Plätze					
– Anlieger- und Sammelstraßen		X			
– sonstige innerörtliche Straßen mit normalen verkehrstechnischen Anforderungen oder normaler städtebaulicher Situation (durchschnittliche Anzahl Verknüpfungen mit der Umgebung)			X		
– sonstige innerörtliche Straßen mit hohen verkehrstechnischen Anforderungen oder schwieriger städtebaulicher Situation (hohe Anzahl Verknüpfungen mit der Umgebung)				X	
– sonstige innerörtliche Straßen mit sehr hohen verkehrstechnischen Anforderungen oder sehr schwieriger städtebaulicher Situation (sehr hohe Anzahl Verknüpfungen mit der Umgebung)					X
Wege					
– im ebenen Gelände mit einfachen Entwässerungsverhältnissen	X				
– im bewegten Gelände mit einfachen Baugrund- und Entwässerungsverhältnissen		X			
– im bewegtem Gelände mit schwierigen Baugrund- und Entwässerungsverhältnissen			X		
Plätze, Verkehrsflächen					
– einfache Verkehrsflächen, Plätze außerorts	X				
– innerörtliche Parkplätze		X			

5 HOAI Anl. 14 Honorarordnung für Architekten und Ingenieure

Objekte	Honorarzone				
	I	II	III	IV	V
– verkehrsberuhigte Bereiche mit normalen städtebaulichen Anforderungen			X		
– verkehrsberuhigte Bereiche mit hohen städtebaulichen Anforderungen				X	
– Flächen für Güterumschlag Straße zu Straße			X		
– Flächen für Güterumschlag in kombiniertem Ladeverkehr				X	
Tankstellen, Rastanlagen					
– mit normalen verkehrstechnischen Anforderungen	X				
– mit hohen verkehrstechnischen Anforderungen			X		
Knotenpunkte					
– einfach höhengleich		X			
– schwierig höhengleich			X		
– sehr schwierig höhengleich				X	
– einfach höhenungleich			X		
– schwierig höhenungleich				X	
– sehr schwierig höhenungleich					X
b) Anlagen des Schienenverkehrs					
Gleis- und Bahnsteiganlagen der freien Strecke					
– ohne Weichen und Kreuzungen	X				
– ohne besondere Zwangspunkte oder in wenig bewegtem Gelände		X			
– mit besonderen Zwangspunkten oder in bewegtem Gelände			X		
– mit vielen Zwangspunkten oder in stark bewegtem Gelände				X	
Gleis- und Bahnsteiganlagen der Bahnhöfe					
– mit einfachen Spurplänen		X			
– mit schwierigen Spurplänen			X		
– mit sehr schwierigen Spurplänen				X	
c) Anlagen des Flugverkehrs					
– einfache Verkehrsflächen für Landeplätze, Segelfluggelände		X			
– schwierige Verkehrsflächen für Landeplätze, einfache Verkehrsflächen für Flughäfen			X		
– schwierige Verkehrsflächen für Flughäfen				X	

Anlage 14
(zu § 51 Absatz 5, § 52 Absatz 2)

Grundleistungen im Leistungsbild Tragwerksplanung, Besondere Leistungen, Objektliste

14.1. Leistungsbild Tragwerksplanung

Grundleistungen	Besondere Leistungen
LPH 1 Grundlagenermittlung	
a) Klären der Aufgabenstellung auf Grund der Vorgaben oder der Bedarfsplanung des Auftraggebers im Benehmen mit dem Objektplaner b) Zusammenstellen der die Aufgabe beeinflussenden Planungsabsichten c) Zusammenfassen, Erläutern und Dokumentieren der Ergebnisse	

Honorarordnung für Architekten und Ingenieure **Anl. 14 HOAI 5**

Grundleistungen	Besondere Leistungen
LPH 2 Vorplanung (Projekt- u. Planungsvorbereitung)	
a) Analysieren der Grundlagen b) Beraten in statisch-konstruktiver Hinsicht unter Berücksichtigung der Belange der Standsicherheit, der Gebrauchsfähigkeit und der Wirtschaftlichkeit c) Mitwirken bei dem Erarbeiten eines Planungskonzepts einschließlich Untersuchung der Lösungsmöglichkeiten des Tragwerks unter gleichen Objektbedingungen mit skizzenhafter Darstellung, Klärung und Angabe der für das Tragwerk wesentlichen konstruktiven Festlegungen für zum Beispiel Baustoffe, Bauarten und Herstellungsverfahren, Konstruktionsraster und Gründungsart d) Mitwirken bei Vorverhandlungen mit Behörden und anderen an der Planung fachlich Beteiligten über die Genehmigungsfähigkeit e) Mitwirken bei der Kostenschätzung und bei der Terminplanung f) Zusammenfassen, Erläutern und Dokumentieren der Ergebnisse	– Aufstellen von Vergleichsberechnungen für mehrere Lösungsmöglichkeiten unter verschiedenen Objektbedingungen – Aufstellen eines Lastenplans, zum Beispiel als Grundlage für die Baugrundbeurteilung und Gründungsberatung – Vorläufige nachprüfbare Berechnung wesentlicher tragender Teile – Vorläufige nachprüfbare Berechnung der Gründung
LPH 3 Entwurfsplanung (System- u. Integrationsplanung)	
a) Erarbeiten der Tragwerkslösung, unter Beachtung der durch die Objektplanung integrierten Fachplanungen, bis zum konstruktiven Entwurf mit zeichnerischer Darstellung b) Überschlägige statische Berechnung und Bemessung c) Grundlegende Festlegungen der konstruktiven Details und Hauptabmessungen des Tragwerks für zum Beispiel Gestaltung der tragenden Querschnitte, Aussparungen und Fugen; Ausbildung der Auflager- und Knotenpunkte sowie der Verbindungsmittel d) Überschlägiges Ermitteln der Betonstahlmengen im Stahlbetonbau, der Stahlmengen im Stahlbau und der Holzmengen im Ingenieurholzbau e) Mitwirken bei der Objektbeschreibung bzw. beim Erläuterungsbericht f) Mitwirken bei Verhandlungen mit Behörden und anderen an der Planung fachlich Beteiligten über die Genehmigungsfähigkeit g) Mitwirken bei der Kostenberechnung und bei der Terminplanung h) Mitwirken bei Vergleich der Kostenberechnung mit der Kostenschätzung i) Zusammenfassen, Erläutern und Dokumentieren der Ergebnisse	– Vorgezogene, prüfbare und für die Ausführung geeignete Berechnung wesentlich tragender Teile – Vorgezogene, prüfbare und für die Ausführung geeignete Berechnung der Gründung – Mehraufwand bei Sonderbauweisen oder Sonderkonstruktionen, zum Beispiel Klären von Konstruktionsdetails – Vorgezogene Stahl- oder Holzmengenermittlung des Tragwerks und der kraftübertragenden Verbindungsteile für eine Ausschreibung, die ohne Vorliegen von Ausführungsunterlagen durchgeführt wird – Nachweise der Erdbebensicherung
LPH 4 Genehmigungsplanung	
a) Aufstellen der prüffähigen statischen Berechnungen für das Tragwerk unter Berücksichtigung der vorgegebenen bauphysikalischen Anforderungen b) Bei Ingenieurbauwerken: Erfassen von normalen Bauzuständen	– Nachweise zum konstruktiven Brandschutz, soweit erforderlich unter Berücksichtigung der Temperatur (Heißbemessung) – Statische Berechnung und zeichnerische Darstellung für Bergschadenssicherungen und Bauzustände bei Ingenieurbauwerken, soweit diese

Grundleistungen	Besondere Leistungen
c) Anfertigen der Positionspläne für das Tragwerk oder Eintragen der statischen Positionen, der Tragwerksabmessungen, der Verkehrslasten, der Art und Güte der Baustoffe und der Besonderheiten der Konstruktionen in die Entwurfszeichnungen des Objektsplaners d) Zusammenstellen der Unterlagen der Tragwerksplanung zur Genehmigung e) Abstimmen mit Prüfämtern und Prüfingenieuren oder Eigenkontrolle f) Vervollständigen und Berichtigen der Berechnungen und Pläne	Leistungen über das Erfassen von normalen Bauzuständen hinausgehen – Zeichnungen mit statischen Positionen und den Tragwerksabmessungen, den Bewehrungsquerschnitten, den Verkehrslasten und der Art und Güte der Baustoffe sowie Besonderheiten der Konstruktionen zur Vorlage bei der bauaufsichtlichen Prüfung anstelle von Positionsplänen – Aufstellen der Berechnungen nach militärischen Lastenklassen (MLC) – Erfassen von Bauzuständen bei Ingenieurbauwerken, in denen das statische System von dem des Endzustands abweicht – Statische Nachweise an nicht zum Tragwerk gehörende Konstruktionen (zum Beispiel Fassaden)
LPH 5 Ausführungsplanung	
a) Durcharbeiten der Ergebnisse der Leistungsphasen 3 und 4 unter Beachtung der durch die Objektplanung integrierten Fachplanungen b) Anfertigen der Schalpläne in Ergänzung der fertig gestellten Ausführungspläne des Objektplaners c) Zeichnerische Darstellung der Konstruktionen mit Einbau- und Verlegeanweisungen, zum Beispiel Bewehrungspläne, Stahlbau- oder Holzkonstruktionspläne mit Leitdetails (keine Werkstattzeichnungen) d) Aufstellen von Stahl- oder Stücklisten als Ergänzung zur zeichnerischen Darstellung der Konstruktionen mit Stahlmengenermittlung e) Fortführen der Abstimmung mit Prüfämtern und Prüfingenieuren oder Eigenkontrolle	– Konstruktion und Nachweise der Anschlüsse im Stahl- und Holzbau – Werkstattzeichnungen im Stahl- und Holzbau einschließlich Stücklisten, Elementpläne für Stahlbetonfertigteile einschließlich Stahl- und Stücklisten – Berechnen der Dehnwege, Festlegen des Spannvorganges und Erstellen der Spannprotokolle im Spannbetonbau – Rohbauzeichnungen im Stahlbetonbau, die auf der Baustelle nicht der Ergänzung durch die Pläne des Objektplaners bedürfen
LPH 6 Vorbereitung der Vergabe	
a) Ermitteln der Betonstahlmengen im Stahlbetonbau, der Stahlmengen im Stahlbau und der Holzmengen im Ingenieurholzbau als Ergebnis der Ausführungsplanung und als Beitrag zur Mengenermittlung des Objektplaners b) Überschlägiges Ermitteln der Mengen der konstruktiven Stahlteile und statisch erforderlichen Verbindungs- und Befestigungsmittel im Ingenieurholzbau c) Mitwirken beim Erstellen der Leistungsbeschreibung als Ergänzung zu den Mengenermittlungen als Grundlage für das Leistungsverzeichnis des Tragwerks	– Beitrag zur Leistungsbeschreibung mit Leistungsprogramm des Objektplaners[1] – Beitrag zum Aufstellen von vergleichenden Kostenübersichten des Objektplaners – Beitrag zum Aufstellen des Leistungsverzeichnisses des Tragwerks
LPH 7 Mitwirkung bei der Vergabe	
	– Mitwirken bei der Prüfung und Wertung der Angebote Leistungsbeschreibung mit Leistungsprogramm des Objektplaners

---

[1] **Amtl. Anm.:** Diese Besondere Leistung wird bei Leistungsbeschreibung mit Leistungsprogramm Grundleistung. In diesem Fall entfallen die Grundleistungen dieser Leistungsphase.

Honorarordnung für Architekten und Ingenieure **Anl. 14 HOAI 5**

Grundleistungen	Besondere Leistungen
	– Mitwirken bei der Prüfung und Wertung von Nebenangeboten – Mitwirken beim Kostenanschlag nach DIN 276 oder anderer Vorgaben des Auftraggebers aus Einheitspreisen oder Pauschalangeboten
LPH 8 Objektüberwachung	
	– Ingenieurtechnische Kontrolle der Ausführung des Tragwerks auf Übereinstimmung mit den geprüften statischen Unterlagen – Ingenieurtechnische Kontrolle der Baubehelfe, zum Beispiel Arbeits- und Lehrgerüste, Kranbahnen, Baugrubensicherungen – Kontrolle der Betonherstellung und -verarbeitung auf der Baustelle in besonderen Fällen sowie Auswertung der Güteprüfungen – Betontechnologische Beratung – Mitwirken bei der Überwachung der Ausführung der Tragwerkseingriffe bei Umbauten und Modernisierungen
LPH 9 Dokumentation und Objektbetreuung	
	– Baubegehung zur Feststellung und Überwachung von die Standsicherheit betreffenden Einflüssen

14.2. Objektliste Tragwerksplanung

Nachstehende Tragwerke können in der Regel folgenden Honorarzonen zugeordnet werden:

	Honorarzone				
	I	II	III	IV	V
Bewertungsmerkmale zur Ermittlung der Honorarzone bei der Tragwerksplanung					
– Tragwerke mit sehr geringem Schwierigkeitsgrad, insbesondere einfache statisch bestimmte ebene Tragwerke aus Holz, Stahl, Stein oder unbewehrtem Beton mit ruhenden Lasten, ohne Nachweis horizontaler Aussteifung	X				
– Tragwerke mit geringem Schwierigkeitsgrad, insbesondere statisch bestimmte ebene Tragwerke in gebräuchlichen Bauarten ohne Vorspann- und Verbundkonstruktionen, mit vorwiegend ruhenden Lasten		X			
– Tragwerke mit durchschnittlichem Schwierigkeitsgrad, insbesondere schwierige statisch bestimmte und statisch unbestimmte ebene Tragwerke in gebräuchlichen Bauarten und ohne Gesamtstabilitätsuntersuchungen			X		
– Tragwerke mit hohem Schwierigkeitsgrad, insbesondere statisch und konstruktiv schwierige Tragwerke in gebräuchlichen Bauarten und Tragwerke, für deren Standsicherheit- und Festigkeitsnachweis schwierig zu ermittelnde Einflüsse zu berücksichtigen sind				X	
– Tragwerke mit sehr hohem Schwierigkeitsgrad, insbesondere statisch und konstruktiv ungewöhnlich schwierige Tragwerke					X
Stützwände, Verbau					
– unverankerte Stützwände zur Abfangung von Geländesprüngen bis 2 m Höhe und konstruktive Böschungssicherungen bei einfachen Baugrund-, Belastungs- und Geländeverhältnissen	X				

	Honorarzone				
	I	II	III	IV	V
– Sicherung von Geländesprüngen bis 4 m Höhe ohne Rückverankerungen bei einfachen Baugrund-, Belastungs- und Geländeverhältnissen wie z.B. Stützwände, Uferwände, Baugrubenverbauten		X			
– Sicherung von Geländesprüngen ohne Rückverankerungen bei schwierigen Baugrund-, Belastungs- oder Geländeverhältnissen oder mit einfacher Rückverankerung bei einfachen Baugrund-, Belastungs- oder Geländeverhältnissen wie z.B. Stützwände, Uferwände, Baugrubenverbauten			X		
– schwierige, verankerte Stützwände, Baugrubenverbauten oder Uferwände				X	
– Baugrubenverbauten mit ungewöhnlich schwierigen Randbedingungen					X
Gründung					
– Flachgründungen einfacher Art		X			
– Flachgründungen mit durchschnittlichem Schwierigkeitsgrad, ebene und räumliche Pfahlgründungen mit durchschnittlichem Schwierigkeitsgrad			X		
– schwierige Flachgründungen, schwierige ebene und räumliche Pfahlgründungen, besondere Gründungsverfahren, Unterfahrungen				X	
Mauerwerk					
– Mauerwerksbauten mit bis zur Gründung durchgehenden tragenden Wänden ohne Nachweis horizontaler Aussteifung		X			
– Tragwerke mit Abfangung der tragenden beziehungsweise aussteifenden Wände			X		
– Konstruktionen mit Mauerwerk nach Eignungsprüfung (Ingenieurmauerwerk)				X	
Gewölbe					
– einfache Gewölbe			X		
– schwierige Gewölbe und Gewölbereihen				X	
Deckenkonstruktionen, Flächentragwerke					
– Deckenkonstruktionen mit einfachem Schwierigkeitsgrad, bei vorwiegend ruhenden Flächenlasten		X			
– Deckenkonstruktionen mit durchschnittlichem Schwierigkeitsgrad			X		
– schiefwinklige Einfeldplatten				X	
– schiefwinklige Mehrfeldplatten					X
– schiefwinklig gelagerte oder gekrümmte Träger				X	
– schiefwinklig gelagerte, gekrümmte Träger					X
– Trägerroste und orthotrope Platten mit durchschnittlichem Schwierigkeitsgrad				X	
– schwierige Trägerroste und schwierige orthotrope Platten					X
– Flächentragwerke (Platten, Scheiben) mit durchschnittlichem Schwierigkeitsgrad				X	
– schwierige Flächentragwerke (Platten, Scheiben, Faltwerke, Schalen)					X
– einfache Faltwerke ohne Vorspannung				X	
Verbund-Konstruktionen					
– einfache Verbundkonstruktionen ohne Berücksichtigung des Einflusses von Kriechen und Schwinden			X		
– Verbundkonstruktionen mittlerer Schwierigkeit				X	
– Verbundkonstruktionen mit Vorspannung durch Spannglieder oder andere Maßnahmen					X

	Honorarzone				
	I	II	III	IV	V
Rahmen- und Skelettbauten					
– ausgesteifte Skelettbauten			X		
– Tragwerke für schwierige Rahmen- und Skelettbauten sowie turmartige Bauten, bei denen der Nachweis der Stabilität und Aussteifung die Anwendung besonderer Berechnungsverfahren erfordert				X	
– einfache Rahmentragwerke ohne Vorspannkonstruktionen und ohne Gesamtstabilitätsuntersuchungen			X		
– Rahmentragwerke mit durchschnittlichem Schwierigkeitsgrad				X	
– schwierige Rahmentragwerke mit Vorspannkonstruktionen und Stabilitätsuntersuchungen					X
Räumliche Stabwerke					
– räumliche Stabwerke mit durchschnittlichem Schwierigkeitsgrad				X	
– schwierige räumliche Stabwerke					X
Seilverspannte Konstruktionen					
– einfache seilverspannte Konstruktionen				X	
– seilverspannte Konstruktionen mit durchschnittlichem bis sehr hohem Schwierigkeitsgrad					X
Konstruktionen mit Schwingungsbeanspruchung					
– Tragwerke mit einfachen Schwingungsuntersuchungen				X	
– Tragwerke mit Schwingungsuntersuchungen mit durchschnittlichem bis sehr hohem Schwierigkeitsgrad					X
Besondere Berechnungsmethoden					
– schwierige Tragwerke, die Schnittgrößenbestimmungen nach der Theorie II. Ordnung erfordert				X	
– ungewöhnlich schwierige Tragwerke, die Schnittgrößenbestimmungen nach der Theorie II. Ordnung erfordern					X
– schwierige Tragwerke in neuen Bauarten					X
– Tragwerke mit Standsicherheitsnachweisen, die nur unter Zuhilfenahme modellstatischer Untersuchungen oder durch Berechnungen mit finiten Elementen beurteilt werden können					X
– Tragwerke, bei denen die Nachgiebigkeit der Verbindungsmittel bei der Schnittkraftermittlung zu berücksichtigen ist					X
Spannbeton					
– einfache, äußerlich und innerlich statisch bestimmte und zwängungsfrei gelagerte vorgespannte Konstruktionen			X		
– vorgespannte Konstruktionen mit durchschnittlichem Schwierigkeitsgrad				X	
– vorgespannte Konstruktionen mit hohem bis sehr hohem Schwierigkeitsgrad					X
Traggerüste					
– einfache Traggerüste und andere einfache Gerüste für Ingenieurbauwerke		X			
– schwierige Traggerüste und andere schwierige Gerüste für Ingenieurbauwerke				X	
– sehr schwierige Traggerüste und andere sehr schwierige Gerüste für Ingenieurbauwerke, zum Beispiel weit gespannte oder hohe Traggerüste					X

Anlage 15
(zu § 55 Absatz 3, § 56 Absatz 3)

Grundleistungen
im Leistungsbild Technische Ausrüstung, Besondere Leistungen, Objektliste

15.1. Grundleistungen und Besondere Leistungen im Leistungsbild Technische Ausrüstung

Grundleistungen	Besondere Leistungen
LPH 1 Grundlagenermittlung	
a) Klären der Aufgabenstellung auf Grund der Vorgaben oder der Bedarfsplanung des Auftraggebers im Benehmen mit dem Objektplaner b) Ermitteln der Planungsrandbedingungen und Beraten zum Leistungsbedarf und gegebenenfalls zur technischen Erschließung c) Zusammenfassen, Erläutern und Dokumentieren der Ergebnisse	– Mitwirken bei der Bedarfsplanung für komplexe Nutzungen zur Analyse der Bedürfnisse, Ziele und einschränkenden Gegebenheiten (Kosten-, Termine und andere Rahmenbedingungen) des Bauherrn und wichtiger Beteiligter – Bestandsaufnahme, zeichnerische Darstellung und Nachrechnen vorhandener Anlagen und Anlagenteile – Datenerfassung, Analysen und Optimierungsprozesse im Bestand – Durchführen von Verbrauchsmessungen – Endoskopische Untersuchungen – Mitwirken bei der Ausarbeitung von Auslobungen und bei Vorprüfungen für Planungswettbewerbe
LPH 2 Vorplanung (Projekt- und Planungsvorbereitung)	
a) Analysieren der Grundlagen Mitwirken beim Abstimmen der Leistungen mit den Planungsbeteiligten b) Erarbeiten eines Planungskonzepts, dazu gehören zum Beispiel: Vordimensionieren der Systeme und maßbestimmenden Anlagenteile, Untersuchen von alternativen Lösungsmöglichkeiten bei gleichen Nutzungsanforderungen einschließlich Wirtschaftlichkeitsvorbetrachtung, zeichnerische Darstellung zur Integration in die Objektplanung unter Berücksichtigung exemplarischer Details, Angaben zum Raumbedarf c) Aufstellen eines Funktionsschemas bzw. Prinzipschaltbildes für jede Anlage d) Klären und Erläutern der wesentlichen fachübergreifenden Prozesse, Randbedingungen und Schnittstellen, Mitwirken bei der Integration der technischen Anlagen e) Vorverhandlungen mit Behörden über die Genehmigungsfähigkeit und mit den zu beteiligenden Stellen zur Infrastruktur f) Kostenschätzung nach DIN 276 (2. Ebene) und Terminplanung g) Zusammenfassen, Erläutern und Dokumentieren der Ergebnisse	– Erstellen des technischen Teils eines Raumbuches – Durchführen von Versuchen und Modellversuchen
LPH 3 Entwurfsplanung (System- und Integrationsplanung)	
a) Durcharbeiten des Planungskonzepts (stufenweise Erarbeitung einer Lösung) unter Berücksichtigung aller fachspezifischen Anforderungen sowie unter Beachtung der durch die Objektplanung integrierten Fachplanungen, bis zum vollständigen Entwurf	– Erarbeiten von besonderen Daten für die Planung Dritter, zum Beispiel für Stoffbilanzen, etc. – Detaillierte Betriebskostenberechnung für die ausgewählte Anlage – Detaillierter Wirtschaftlichkeitsnachweis

Honorarordnung für Architekten und Ingenieure **Anl. 15 HOAI 5**

Grundleistungen	Besondere Leistungen
b) Festlegen aller Systeme und Anlagenteile c) Berechnen und Bemessen der technischen Anlagen und Anlagenteile, Abschätzen von jährlichen Bedarfswerten (z.B. Nutz-, End- und Primärenergiebedarf) und Betriebskosten; Abstimmen des Platzbedarfs für technische Anlagen und Anlagenteile; Zeichnerische Darstellung des Entwurfs in einem mit dem Objektplaner abgestimmten Ausgabemaßstab mit Angabe maßbestimmender Dimensionen Fortschreiben und Detaillieren der Funktions- und Strangschemata der Anlagen Auflisten aller Anlagen mit technischen Daten und Angaben zum Beispiel für Energiebilanzierungen Anlagenbeschreibungen mit Angabe der Nutzungsbedingungen d) Übergeben der Berechnungsergebnisse an andere Planungsbeteiligte zum Aufstellen vorgeschriebener Nachweise; Angabe und Abstimmung der für die Tragwerksplanung notwendigen Angaben über Durchführungen und Lastangaben (ohne Anfertigen von Schlitz- und Durchführungsplänen) e) Verhandlungen mit Behörden und mit anderen zu beteiligenden Stellen über die Genehmigungsfähigkeit f) Kostenberechnung nach DIN 276 (3. Ebene) und Terminplanung g) Kostenkontrolle durch Vergleich der Kostenberechnung mit der Kostenschätzung h) Zusammenfassen, Erläutern und Dokumentieren der Ergebnisse	– Berechnung von Lebenszykluskosten – Detaillierte Schadstoffemissionsberechnung für die ausgewählte Anlage – Detaillierter Nachweis von Schadstoffemissionen – Aufstellen einer gewerkeübergreifenden Brandschutzmatrix – Fortschreiben des technischen Teils des Raumbuches – Auslegung der technischen Systeme bei Ingenieurbauwerken nach Maschinenrichtlinie – Anfertigen von Ausschreibungszeichnungen bei Leistungsbeschreibung mit Leistungsprogramm – Mitwirken bei einer vertieften Kostenberechnung – Simulationen zur Prognose des Verhaltens von Gebäuden, Bauteilen, Räumen und Freiräumen
LPH 4 Genehmigungsplanung	
a) Erarbeiten und Zusammenstellen der Vorlagen und Nachweise für öffentlich-rechtliche Genehmigungen oder Zustimmungen einschließlich der Anträge auf Ausnahmen oder Befreiungen sowie Mitwirken bei Verhandlungen mit Behörden b) Vervollständigen und Anpassen der Planungsunterlagen, Beschreibungen und Berechnungen	
LPH 5 Ausführungsplanung	
a) Erarbeiten der Ausführungsplanung auf Grundlage der Ergebnisse der Leistungsphasen 3 und 4 (stufenweise Erarbeitung und Darstellung der Lösung) unter Beachtung der durch die Objektplanung integrierten Fachplanungen bis zur ausführungsreifen Lösung b) Fortschreiben der Berechnungen und Bemessungen zur Auslegung der technischen Anlagen und Anlagenteile Zeichnerische Darstellung der Anlagen in einem mit dem Objektplaner abgestimmten Ausgabemaßstab und Detaillierungsgrad ein-	– Prüfen und Anerkennen von Schalplänen des Tragwerksplaners auf Übereinstimmung mit der Schlitz- und Durchbruchsplanung – Anfertigen von Plänen für Anschlüsse von beigestellten Betriebsmitteln und Maschinen (Maschinenanschlussplanung) mit besonderem Aufwand (zum Beispiel bei Produktionseinrichtungen) – Leerrohrplanung mit besonderem Aufwand (zum Beispiel bei Sichtbeton oder Fertigteilen) – Mitwirkung bei Detailplanungen mit besonderem Aufwand, zum Beispiel Darstellung von

Grundleistungen	Besondere Leistungen
schließlich Dimensionen (keine Montage- oder Werkstattpläne) Anpassen und Detaillieren der Funktions- und Strangschemata der Anlagen bzw. der GA-Funktionslisten Abstimmen der Ausführungszeichnungen mit dem Objektplaner und den übrigen Fachplanern c) Anfertigen von Schlitz- und Durchbruchsplänen d) Fortschreibung des Terminplans e) Fortschreiben der Ausführungsplanung auf den Stand der Ausschreibungsergebnisse und der dann vorliegenden Ausführungsplanung des Objektplaners, Übergeben der fortgeschriebenen Ausführungsplanung an die ausführenden Unternehmen f) Prüfen und Anerkennen der Montage- und Werkstattpläne der ausführenden Unternehmen auf Übereinstimmung mit der Ausführungsplanung	Wandabwicklungen in hochinstallierten Bereichen – Anfertigen von allpoligen Stromlaufplänen
LPH 6 Vorbereitung der Vergabe	
a) Ermitteln von Mengen als Grundlage für das Aufstellen von Leistungsverzeichnissen in Abstimmung mit Beiträgen anderer an der Planung fachlich Beteiligter b) Aufstellen der Vergabeunterlagen, insbesondere mit Leistungsverzeichnissen nach Leistungsbereichen, einschließlich der Wartungsleistungen auf Grundlage bestehender Regelwerke c) Mitwirken beim Abstimmen der Schnittstellen zu den Leistungsbeschreibungen der anderen an der Planung fachlich Beteiligten d) Ermitteln der Kosten auf Grundlage der vom Planer bepreisten Leistungsverzeichnisse e) Kostenkontrolle durch Vergleich der vom Planer bepreisten Leistungsverzeichnisse mit der Kostenberechnung f) Zusammenstellen der Vergabeunterlagen	– Erarbeiten der Wartungsplanung und -organisation – Ausschreibung von Wartungsleistungen, soweit von bestehenden Regelwerken abweichend
LPH 7 Mitwirkung bei der Vergabe	
a) Einholen von Angeboten b) Prüfen und Werten der Angebote, Aufstellen der Preisspiegel nach Einzelpositionen, Prüfen und Werten der Angebote für zusätzliche oder geänderte Leistungen der ausführenden Unternehmen und der Angemessenheit der Preise c) Führen von Bietergesprächen d) Vergleichen der Ausschreibungsergebnisse mit den vom Planer bepreisten Leistungsverzeichnissen und der Kostenberechnung e) Erstellen der Vergabevorschläge, Mitwirken bei der Dokumentation der Vergabeverfahren f) Zusammenstellen der Vertragsunterlagen und bei der Auftragserteilung	– Prüfen und Werten von Nebenangeboten – Mitwirken bei der Prüfung von bauwirtschaftlich begründeten Angeboten (Claimabwehr)

Honorarordnung für Architekten und Ingenieure **Anl. 15 HOAI 5**

Grundleistungen	Besondere Leistungen
LPH 8 Objektüberwachung (Bauüberwachung) und Dokumentation	
a) Überwachen der Ausführung des Objekts auf Übereinstimmung mit der öffentlich-rechtlichen Genehmigung oder Zustimmung, den Verträgen mit den ausführenden Unternehmen, den Ausführungsunterlagen, den Montage- und Werkstattplänen, den einschlägigen Vorschriften und den allgemein anerkannten Regeln der Technik b) Mitwirken bei der Koordination der am Projekt Beteiligten c) Aufstellen, Fortschreiben und Überwachen des Terminplans (Balkendiagramm) d) Dokumentation des Bauablaufs (Bautagebuch) e) Prüfen und Bewerten der Notwendigkeit geänderter oder zusätzlicher Leistungen der Unternehmer und der Angemessenheit der Preise f) Gemeinsames Aufmaß mit den ausführenden Unternehmen g) Rechnungsprüfung in rechnerischer und fachlicher Hinsicht mit Prüfen und Bescheinigen des Leistungsstandes anhand nachvollziehbarer Leistungsnachweise h) Kostenkontrolle durch Überprüfen der Leistungsabrechnungen der ausführenden Unternehmen im Vergleich zu den Vertragspreisen und dem Kostenanschlag i) Kostenfeststellung j) Mitwirken bei Leistungs- u. Funktionsprüfungen k) fachtechnische Abnahme der Leistungen auf Grundlage der vorgelegten Dokumentation, Erstellung eines Abnahmeprotokolls, Feststellen von Mängeln und Erteilen einer Abnahmeempfehlung l) Antrag auf behördliche Abnahmen und Teilnahme daran m) Prüfung der übergebenen Revisionsunterlagen auf Vollzähligkeit, Vollständigkeit und stichprobenartige Prüfung auf Übereinstimmung mit dem Stand der Ausführung n) Auflisten der Verjährungsfristen der Ansprüche auf Mängelbeseitigung o) Überwachen der Beseitigung der bei der Abnahme festgestellten Mängel p) Systematische Zusammenstellung der Dokumentation, der zeichnerischen Darstellungen und rechnerischen Ergebnisse des Objekts	– Durchführen von Leistungsmessungen und Funktionsprüfungen – Werksabnahmen – Fortschreiben der Ausführungspläne (zum Beispiel Grundrisse, Schnitte, Ansichten) bis zum Bestand – Erstellen von Rechnungsbelegen anstelle der ausführenden Firmen, zum Beispiel Aufmaß – Erstellen fachübergreifender Betriebsanleitungen (zum Beispiel Betriebshandbuch, Reparaturhandbuch) oder computer-aided Facility Management-Konzepte – Schlussrechnung (Ersatzvornahme) – Planung der Hilfsmittel für Reparaturzwecke
LPH 9 Objektbetreuung	
a) Fachliche Bewertung der innerhalb der Verjährungsfristen für Gewährleistungsansprüche festgestellten Mängel, längstens jedoch bis zum Ablauf von fünf Jahren seit Abnahme der Leistung, einschließlich notwendiger Begehungen	– Überwachen der Mängelbeseitigung innerhalb der Verjährungsfrist – Energiemonitoring innerhalb der Gewährleistungsphase, Mitwirkung bei den jährlichen Verbrauchsmessungen aller Medien

Grundleistungen	Besondere Leistungen
b) Objektbegehung zur Mängelfeststellung vor Ablauf der Verjährungsfristen für Mängelansprüche gegenüber den ausführenden Unternehmen c) Mitwirken bei der Freigabe von Sicherheitsleistungen	– Vergleich mit den Bedarfswerten aus der Planung, Vorschläge für die Betriebsoptimierung und zur Senkung des Medien- und Energieverbrauches

15.2. Objektliste

	Honorarzone		
	I	II	III
Anlagengruppe 1 Abwasser-, Wasser- oder Gasanlagen			
– Anlagen mit kurzen einfachen Netzen	X		
– Abwasser-, Wasser-, Gas- oder sanitärtechnische Anlagen mit verzweigten Netzen, Trinkwasserzirkulationsanlagen, Hebeanlagen, Druckerhöhungsanlagen		X	
– Anlagen zur Reinigung, Entgiftung oder Neutralisation von Abwasser, Anlagen zur biologischen, chemischen oder physikalischen Behandlung von Wasser, Anlagen mit besonderen hygienischen Anforderungen oder neuen Techniken (zum Beispiel Kliniken, Alten- oder Pflegeeinrichtungen)			X
– Gasdruckreglerstationen, mehrstufige Leichtflüssigkeitsabscheider			
Anlagengruppe 2 Wärmeversorgungsanlagen			
– Einzelheizgeräte, Etagenheizung	X		
– Gebäudeheizungsanlagen, mono- oder bivalente Systeme (zum Beispiel Solaranlage zur Brauchwassererwärmung, Wärmepumpenanlagen)		X	
– Flächenheizungen			
– Hausstationen			
– verzweigte Netze			
– Multivalente Systeme			X
– Systeme mit Kraft-Wärme-Kopplung, Dampfanlagen, Heißwasseranlagen, Deckenstrahlheizungen (zum Beispiel Sport- oder Industriehallen)			
Anlagengruppe 3 Lufttechnische Anlagen			
– Einzelabluftanlagen	X		
– Lüftungsanlagen mit einer thermodynamischen Luftbehandlungsfunktion (zum Beispiel Heizen), Druckbelüftung		X	
– Lüftungsanlagen mit mindestens zwei thermodynamischen Luftbehandlungsfunktionen (zum Beispiel Heizen oder Kühlen), Teilklimaanlagen, Klimaanlagen			X
– Anlagen mit besonderen Anforderungen an die Luftqualität (zum Beispiel Operationsräume)			
– Kühlanlagen, Kälteerzeugungsanlagen ohne Prozesskälteanlagen			
– Hausstationen für Fernkälte, Rückkühlanlagen			
Anlagengruppe 4 Starkstromanlagen			
– Niederspannungsanlagen mit bis zu zwei Verteilungsebenen ab Übergabe EVU einschließlich Beleuchtung oder Sicherheitsbeleuchtung mit Einzelbatterien	X		
– Erdungsanlagen			
– Kompakt-Transformatorenstationen, Eigenstromerzeugungsanlagen (zum Beispiel zentrale Batterie- oder unterbrechungsfreie Stromversorgungsanlagen, Photovoltaik-Anlagen)		X	

Honorarordnung für Architekten und Ingenieure **Anl. 15 HOAI 5**

	Honorarzone		
	I	II	III
– Niederspannungsanlagen mit bis zu drei Verteilebenen ab Übergabe EVU einschließlich Beleuchtungsanlagen – zentrale Sicherheitsbeleuchtungsanlagen – Niederspannungsinstallationen einschließlich Bussystemen – Blitzschutz- oder Erdungsanlagen, soweit nicht in HZ I oder HZ III erwähnt – Außenbeleuchtungsanlagen			
– Hoch- oder Mittelspannungsanlagen, Transformatorenstationen, Eigenstromversorgungsanlagen mit besonderen Anforderungen (zum Beispiel Notstromaggregate, Blockheizkraftwerke, dynamische unterbrechungsfreie Stromversorgung) – Niederspannungsanlagen mit mindestens vier Verteilebenen oder mehr als 1 000 A Nennstrom – Beleuchtungsanlagen mit besonderen Planungsanforderungen (zum Beispiel Lichtsimulationen in aufwendigen Verfahren für Museen oder Sonderräume)			X
– Blitzschutzanlagen mit besonderen Anforderungen (zum Beispiel für Kliniken, Hochhäuser, Rechenzentren)			X
Anlagengruppe 5 Fernmelde- oder informationstechnische Anlagen			
– Einfache Fernmeldeinstallationen mit einzelnen Endgeräten	X		
– Fernmelde- oder informationstechnische Anlagen, soweit nicht in HZ I oder HZ III erwähnt		X	
– Fernmelde- oder informationstechnische Anlagen mit besonderen Anforderungen (zum Beispiel Konferenz- oder Dolmetscheranlagen, Beschallungsanlagen von Sonderräumen, Objektüberwachungsanlagen, aktive Netzwerkkomponenten, Fernübertragungsnetze, Fernwirkanlagen, Parkleitsysteme)			X
Anlagengruppe 6 Förderanlagen			
– Einzelne Standardaufzüge, Kleingüteraufzüge, Hebebühnen	X		
– Aufzugsanlagen, soweit nicht in Honorarzone I oder III erwähnt, Fahrtreppen oder Fahrsteige, Krananlagen, Ladebrücken, Stetigförderanlagen		X	
– Aufzugsanlagen mit besonderen Anforderungen, Fassadenaufzüge, Transportanlagen mit mehr als zwei Sende- oder Empfangsstellen			X
Anlagengruppe 7 Nutzungsspezifische oder verfahrenstechnische Anlagen			
7.1. Nutzungsspezifische Anlagen			
– Küchentechnische Geräte, zum Beispiel für Teeküchen	X		
– Küchentechnische Anlagen, zum Beispiel Küchen mittlerer Größe, Aufwärmküchen, Einrichtungen zur Speise- oder Getränkeaufbereitung, -ausgabe oder -lagerung (keine Produktionsküche) einschließlich zugehöriger Kälteanlagen		X	
– Küchentechnische Anlagen, zum Beispiel Großküchen, Einrichtungen für Produktionsküchen einschließlich der Ausgabe oder Lagerung sowie der zugehörigen Kälteanlagen, Gewerbekälte für Großküchen, große Kühlräume oder Kühlzellen			X
– Wäscherei- oder Reinigungsgeräte, zum Beispiel für Gemeinschaftswaschküchen	X		
– Wäscherei- oder Reinigungsanlagen, zum Beispiel Wäschereieinrichtungen für Waschsalons		X	
– Wäscherei- oder Reinigungsanlagen, zum Beispiel chemische oder physikalische Einrichtungen für Großbetriebe			X
– Medizin- oder labortechnische Anlagen, zum Beispiel für Einzelpraxen der Allgemeinmedizin	X		

	Honorarzone		
	I	II	III
− Medizin- oder labortechnische Anlagen, zum Beispiel für Gruppenpraxen der Allgemeinmedizin oder Einzelpraxen der Fachmedizin, Sanatorien, Pflegeeinrichtungen, Krankenhausabteilungen, Laboreinrichtungen für Schulen		X	
− Medizin- oder labortechnische Anlagen, zum Beispiel für Kliniken, Institute mit Lehr- oder Forschungsaufgaben, Laboratorien, Fertigungsbetriebe			X
− Feuerlöschgeräte, zum Beispiel Handfeuerlöscher	X		
− Feuerlöschanlagen, zum Beispiel manuell betätigte Feuerlöschanlagen		X	
− Feuerlöschanlagen, zum Beispiel selbsttätig auslösende Anlagen			X
− Entsorgungsanlagen, zum Beispiel Abwurfanlagen für Abfall oder Wäsche	X		
− Entsorgungsanlagen, zum Beispiel zentrale Entsorgungsanlagen für Wäsche oder Abfall, zentrale Staubsauganlagen			X
− Bühnentechnische Anlagen, zum Beispiel technische Anlagen für Klein- oder Mittelbühnen		X	
− Bühnentechnische Anlagen, zum Beispiel für Großbühnen			X
− Medienversorgungsanlagen, zum Beispiel zur Erzeugung, Lagerung, Aufbereitung oder Verteilung medizinischer oder technischer Gase, Flüssigkeiten oder Vakuum			X
− Badetechnische Anlagen, zum Beispiel Aufbereitungsanlagen, Wellenerzeugungsanlagen, höhenverstellbare Zwischenböden			X
− Prozesswärmeanlagen, Prozesskälteanlagen, Prozessluftanlagen, zum Beispiel Vakuumanlagen, Prüfstände, Windkanäle, industrielle Ansauganlagen			X
− Technische Anlagen für Tankstellen, Fahrzeugwaschanlagen			X
− Lagertechnische Anlagen, zum Beispiel Regalbediengeräte (mit zugehörigen Regalanlagen), automatische Warentransportanlagen			X
− Taumittelsprühanlagen oder Enteisungsanlagen		X	
− Stationäre Enteisungsanlagen für Großanlagen, zum Beispiel Flughäfen			X
7.2. Verfahrenstechnische Anlagen			
− Einfache Technische Anlagen der Wasseraufbereitung (zum Beispiel Belüftung, Enteisenung, Entmanganung, chemische Entsäuerung, physikalische Entsäuerung)		X	
− Technische Anlagen der Wasseraufbereitung (zum Beispiel Membranfiltration, Flockungsfiltration, Ozonierung, Entarsenierung, Entaluminierung, Denitrifikation)			X
− Einfache Technische Anlagen der Abwasserreinigung (zum Beispiel gemeinsame aerobe Stabilisierung)		X	
− Technische Anlagen der Abwasserreinigung (zum Beispiel für mehrstufige Abwasserbehandlungsanlagen)			X
− Einfache Schlammbehandlungsanlagen (zum Beispiel Schlammabsetzanlagen mit mechanischen Einrichtungen)		X	
− Anlagen für mehrstufige oder kombinierte Verfahren der Schlammbehandlung			X
− Einfache Technische Anlagen der Abwasserableitung		X	
− Technische Anlagen der Abwasserableitung			X
− Einfache Technische Anlagen der Wassergewinnung, -förderung, -speicherung		X	
− Technische Anlagen der Wassergewinnung, -förderung, -speicherung			X
− Einfache Regenwasserbehandlungsanlagen		X	
− Einfache Anlagen für Grundwasserdekontaminierungsanlagen		X	
− Komplexe Technische Anlagen für Grundwasserdekontaminierungsanlagen			X

Honorarordnung für Architekten und Ingenieure **Anl. 15   HOAI 5**

	Honorarzone		
	I	II	III
– Einfache Technische Anlagen für die Ver- und Entsorgung mit Gasen (zum Beispiel Odorieranlage)		X	
– Einfache Technische Anlagen für die Ver- und Entsorgung mit Feststoffen		X	
– Technische Anlagen für die Ver- und Entsorgung mit Feststoffen			X
– Einfache Technische Anlagen der Abfallentsorgung (zum Beispiel für Kompostwerke, Anlagen zur Konditionierung von Sonderabfällen, Hausmülldeponien oder Monodeponien für Sonderabfälle, Anlagen für Untertagedeponien, Anlagen zur Behandlung kontaminierter Böden)		X	
– Technische Anlagen der Abfallentsorgung (zum Beispiel für Verbrennungsanlagen, Pyrolyseanlagen, mehrfunktionale Aufbereitungsanlagen für Wertstoffe)			X
Anlagengruppe 8 Gebäudeautomation			
– Herstellerneutrale Gebäudeautomationssysteme oder Automationssysteme mit anlagengruppenübergreifender Systemintegration			X

6. Gewerbeordnung
In der Fassung der Bekanntmachung vom 22. Februar 1999[1])
(BGBl. I S. 202)

FNA 7100-1

zuletzt geänd. durch Art. 21 SanktionsdurchsetzungsG II v. 19.12.2022 (BGBl. I S. 2606)

– Auszug –

§ 34c[2]) **Immobilienmakler, Darlehensvermittler, Bauträger, Baubetreuer, Wohnimmobilienverwalter, Verordnungsermächtigung.**

(1) ¹Wer gewerbsmäßig

1. den Abschluss von Verträgen über Grundstücke, grundstücksgleiche Rechte, gewerbliche Räume oder Wohnräume vermitteln oder die Gelegenheit zum Abschluss solcher Verträge nachweisen,
2. den Abschluss von Darlehensverträgen, mit Ausnahme von Verträgen im Sinne des § 34i Absatz 1 Satz 1, vermitteln oder die Gelegenheit zum Abschluss solcher Verträge nachweisen,
3. Bauvorhaben
   a) als Bauherr im eigenen Namen für eigene oder fremde Rechnung vorbereiten oder durchführen und dazu Vermögenswerte von Erwerbern, Mietern, Pächtern oder sonstigen Nutzungsberechtigten oder von Bewerbern um Erwerbs- oder Nutzungsrechte verwenden,
   b) als Baubetreuer im fremden Namen für fremde Rechnung wirtschaftlich vorbereiten oder durchführen,
4. das gemeinschaftliche Eigentum von Wohnungseigentümern im Sinne des § 1 Absatz 2, 3, 5 und 6 des Wohnungseigentumsgesetzes oder für Dritte Mietverhältnisse über Wohnräume im Sinne des § 549 des Bürgerlichen Gesetzbuchs verwalten (Wohnimmobilienverwalter)

will, bedarf der Erlaubnis der zuständigen Behörde. ²Die Erlaubnis kann inhaltlich beschränkt und mit Auflagen verbunden werden, soweit dies zum Schutze der Allgemeinheit oder der Auftraggeber erforderlich ist; unter denselben Voraussetzungen ist auch die nachträgliche Aufnahme, Änderung und Ergänzung von Auflagen zulässig.

(2) Die Erlaubnis ist zu versagen, wenn

1. Tatsachen die Annahme rechtfertigen, daß der Antragsteller oder eine der mit der Leitung des Betriebes oder einer Zweigniederlassung beauftragten Personen die für den Gewerbebetrieb erforderliche Zuverlässigkeit nicht besitzt; die erforderliche Zuverlässigkeit besitzt in der Regel nicht, wer in den letzten fünf Jahren vor Stellung des Antrages wegen eines Verbrechens oder wegen Diebstahls, Unterschlagung, Erpressung, Betruges, Untreue, Geldwäsche, Urkundenfälschung, Hehlerei, Wuchers oder einer Insolvenzstraftat rechtskräftig verurteilt worden ist,

---

[1]) Neubekanntmachung der GewO idF der Bek. v. 1.1.1987 (BGBl. I S. 425) in der ab 1.1.1999 geltenden Fassung.
[2]) Siehe hierzu auch das G zur Regelung der Wohnungsvermittlung v. 4.11.1971 (BGBl. I S. 1745, 1747), zuletzt geänd. durch G v. 21.4.2015 (BGBl. I S. 610).

2. der Antragsteller in ungeordneten Vermögensverhältnissen lebt; dies ist in der Regel der Fall, wenn über das Vermögen des Antragstellers das Insolvenzverfahren eröffnet worden ist oder er in das vom Vollstreckungsgericht zu führende Verzeichnis (§ 26 Abs. 2 Insolvenzordnung, § 882b Zivilprozeßordnung) eingetragen ist,

3. der Antragsteller, der ein Gewerbe nach Absatz 1 Satz 1 Nummer 4 betreiben will, den Nachweis einer Berufshaftpflichtversicherung nicht erbringen kann.

(2a) [1] Gewerbetreibende nach Absatz 1 Satz 1 Nummer 1 und 4 sind verpflichtet, sich in einem Umfang von 20 Stunden innerhalb eines Zeitraums von drei Kalenderjahren weiterzubilden; das Gleiche gilt entsprechend für unmittelbar bei der erlaubnispflichtigen Tätigkeit mitwirkende beschäftigte Personen. [2] Der erste Weiterbildungszeitraum beginnt am 1. Januar des Kalenderjahres, in dem

1. eine Erlaubnis nach Absatz 1 Satz 1 Nummer 1 oder 4 erteilt wurde oder

2. eine weiterbildungspflichtige Tätigkeit durch eine unmittelbar bei dem Gewerbetreibenden beschäftigte Person aufgenommen wurde.

[3] Für den Gewerbetreibenden ist es ausreichend, wenn der Weiterbildungsnachweis durch eine im Hinblick auf eine ordnungsgemäße Wahrnehmung der erlaubnispflichtigen Tätigkeit angemessene Zahl von beim Gewerbetreibenden beschäftigten natürlichen Personen erbracht wird, denen die Aufsicht über die direkt bei der Vermittlung nach Absatz 1 Satz 1 Nummer 1 oder der Verwaltung nach Absatz 1 Satz 1 Nummer 4 mitwirkenden Personen übertragen ist und die den Gewerbetreibenden vertreten dürfen.

(3) [1] Das Bundesministerium für Wirtschaft und Klimaschutz kann durch Rechtsverordnung mit Zustimmung des Bundesrates, soweit zum Schutz der Allgemeinheit und der Auftraggeber erforderlich, Vorschriften erlassen

1. über den Umfang der Verpflichtungen des Gewerbetreibenden bei der Ausübung des Gewerbes, insbesondere die Pflicht,

   a) ausreichende Sicherheiten zu leisten oder eine zu diesem Zweck geeignete Versicherung abzuschließen, sofern der Gewerbetreibende Vermögenswerte des Auftraggebers erhält oder verwendet,

   b) die erhaltenen Vermögenswerte des Auftraggebers getrennt zu verwalten,

   c) nach der Ausführung des Auftrages dem Auftraggeber Rechnung zu legen,

   d) der zuständigen Behörde Anzeige beim Wechsel der mit der Leitung des Betriebes oder einer Zweigniederlassung beauftragten Personen zu erstatten und hierbei bestimmte Angaben zu machen,

   e) dem Auftraggeber die für die Beurteilung des Auftrages und des zu vermittelnden oder nachzuweisenden Vertrages jeweils notwendigen Informationen schriftlich oder mündlich zu geben,

   f) Bücher zu führen einschließlich der Aufzeichnung von Daten über einzelne Geschäftsvorgänge sowie über die Auftraggeber;

2. zum Umfang an die nach Absatz 2 Nummer 3 erforderliche Haftpflichtversicherung und zu ihren inhaltlichen Anforderungen, insbesondere über die Höhe der Mindestversicherungssummen, die Bestimmung der zuständigen Behörde im Sinne des § 117 Absatz 2 des Versicherungsvertragsgesetzes,

Gewerbeordnung § 34c GewO 6

über den Nachweis über das Bestehen der Haftpflichtversicherung und Anzeigepflichten des Versicherungsunternehmens gegenüber den Behörden;

3. über die Verpflichtung des Gewerbetreibenden und der beschäftigten Personen nach Absatz 2a zu einer regelmäßigen Weiterbildung, einschließlich

a) der Befreiung von der Weiterbildungsverpflichtung,

b) der gegenüber der zuständigen Behörde zu erbringenden Nachweise und

c) der Informationspflichten gegenüber dem Auftraggeber über die berufliche Qualifikation und absolvierten Weiterbildungsmaßnahmen des Gewerbetreibenden und der unmittelbar bei der erlaubnispflichtigen Tätigkeit mitwirkenden beschäftigten Personen.

²In der Rechtsverordnung nach Satz 1 kann ferner die Befugnis des Gewerbetreibenden zur Entgegennahme und zur Verwendung von Vermögenswerten des Auftraggebers beschränkt werden, soweit dies zum Schutze des Auftraggebers erforderlich ist. ³Außerdem kann in der Rechtsverordnung der Gewerbetreibende verpflichtet werden, die Einhaltung der nach Satz 1 Nummer 1 und 3 und Satz 2 erlassenen Vorschriften auf seine Kosten regelmäßig sowie aus besonderem Anlaß prüfen zu lassen und den Prüfungsbericht der zuständigen Behörde vorzulegen, soweit es zur wirksamen Überwachung erforderlich ist; hierbei können die Einzelheiten der Prüfung, insbesondere deren Anlaß, Zeitpunkt und Häufigkeit, die Auswahl, Bestellung und Abberufung der Prüfer, deren Rechte, Pflichten und Verantwortlichkeit, der Inhalt des Prüfungsberichts, die Verpflichtungen des Gewerbetreibenden gegenüber dem Prüfer sowie das Verfahren bei Meinungsverschiedenheiten zwischen dem Prüfer und dem Gewerbetreibenden, geregelt werden.

(4) (weggefallen)

(5) Die Absätze 1 bis 3 gelten nicht für

1. Kreditinstitute, für die eine Erlaubnis nach § 32 Abs. 1 des Kreditwesengesetzes erteilt wurde, und für Zweigstellen von Unternehmen im Sinne des § 53b Abs. 1 Satz 1 des Kreditwesengesetzes,

1a. Kapitalverwaltungsgesellschaften, für die eine Erlaubnis nach § 20 Absatz 1 des Kapitalanlagegesetzbuchs erteilt wurde,

2. Gewerbetreibende, die lediglich zur Finanzierung der von ihnen abgeschlossenen Warenverkäufe oder zu erbringenden Dienstleistungen den Abschluß von Verträgen über Darlehen vermitteln oder die Gelegenheit zum Abschluß solcher Verträge nachweisen,

3. Zweigstellen von Unternehmen mit Sitz in einem anderen Mitgliedstaat der Europäischen Union, die nach § 53b Abs. 7 des Kreditwesengesetzes Darlehen zwischen Kreditinstituten vermitteln dürfen, soweit sich ihre Tätigkeit nach Absatz 1 auf die Vermittlung von Darlehen zwischen Kreditinstituten beschränkt,

4. Verträge, soweit Teilzeitnutzung von Wohngebäuden im Sinne des § 481 des Bürgerlichen Gesetzbuchs gemäß Absatz 1 Satz 1 Nr. 1 nachgewiesen oder vermittelt wird.

7. Verordnung über die Pflichten der Immobilienmakler, Darlehensvermittler, Bauträger, Baubetreuer und Wohnimmobilienverwalter (Makler- und Bauträgerverordnung – MaBV)

In der Fassung der Bekanntmachung vom 7. November 1990[1]

(BGBl. I S. 2479)

FNA 7104-6

zuletzt geänd. durch Art. 1 Vierte ÄndVO v. 9.5.2018 (BGBl. I S. 550)

Nichtamtliche Inhaltsübersicht

§ 1	Anwendungsbereich
§ 2	Sicherheitsleistung, Versicherung
§ 3	Besondere Sicherungspflichten für Bauträger
§ 4	Verwendung von Vermögenswerten des Auftraggebers
§ 5	Hilfspersonal
§ 6	Getrennte Vermögensverwaltung
§ 7	Ausnahmevorschrift
§ 8	Rechnungslegung
§ 9	Anzeigepflicht
§ 10	Buchführungspflicht
§ 11	Informationspflicht und Werbung
§ 12	Unzulässigkeit abweichender Vereinbarungen
§ 13	*(aufgehoben)*
§ 14	Aufbewahrung
§ 15	Umfang der Versicherung
§ 15a	Versicherungsbestätigung; Anzeigepflicht des Versicherungsunternehmens
§ 15b	Weiterbildung
§ 16	Prüfungen
§ 17	Rechte und Pflichten der an der Prüfung Beteiligten
§ 18	Ordnungswidrigkeiten
§ 19	Anwendung bei grenzüberschreitender Dienstleistungserbringung
§ 20	Übergangsvorschriften
§ 21	Berlin-Klausel
§ 22	(Inkrafttreten)

Anlage 1 [(zu § 15b Absatz 1) Inhaltliche Anforderungen]
Anlage 2 (zu § 15b Absatz 1) Anforderungen an die Qualität der Weiterbildungsmaßnahme
Anlage 3 (zu § 15b Absatz 3) Erklärung über die Erfüllung der Weiterbildungsverpflichtung nach § 34c Absatz 2a GewO i. V. m. § 15b Absatz 1 MaBV

§ 1 Anwendungsbereich (1) Diese Verordnung gilt für Gewerbetreibende, die Tätigkeiten nach § 34c Absatz 1 der Gewerbeordnung[2] ausüben, unabhängig vom Bestehen einer Erlaubnispflicht.

(2) ¹Diese Verordnung gilt nicht, soweit § 34c Absatz 5 der Gewerbeordnung[2] anzuwenden ist. ²Sie gilt zudem nicht für Gewerbetreibende, die

1. als Versicherungs- oder Bausparkassenvertreter im Rahmen ihrer Tätigkeit für ein der Aufsicht der Bundesanstalt für Finanzdienstleistungsaufsicht unterliegendes Versicherungs- oder Bausparunternehmen den Abschluss von

---

[1] Neubekanntmachung der Makler- und Bauträgerverordnung v. 11.6.1975 (BGBl. I S. 1351) in der ab 1.3.1991 geltenden Fassung.
[2] Nr. **6.**

Verträgen über Darlehen vermitteln oder die Gelegenheit zum Abschluss solcher Verträge nachweisen oder

2. als Wohnimmobilienverwalter nach § 34c Absatz 1 Satz 1 Nummer 4 der Gewerbeordnung[1]) tätig sind, mit Ausnahme der §§ 9, 11, 15 bis 15b, 18 Absatz 1 Nummer 6, 8, 11, 11a, Absatz 2 und 3 und § 19,[2])

§ 2 Sicherheitsleistung, Versicherung. (1) [1]Bevor der Gewerbetreibende zur Ausführung des Auftrages Vermögenswerte des Auftraggebers erhält oder zu deren Verwendung ermächtigt wird, hat er dem Auftraggeber in Höhe dieser Vermögenswerte Sicherheit zu leisten oder eine zu diesem Zweck geeignete Versicherung abzuschließen; dies gilt nicht in den Fällen des § 34c Absatz 1 Satz 1 Nummer 3 Buchstabe a der Gewerbeordnung[1]), sofern dem Auftraggeber Eigentum an einem Grundstück übertragen oder ein Erbbaurecht bestellt oder übertragen werden soll. [2]Zu sichern sind Schadensersatzansprüche des Auftraggebers wegen etwaiger von dem Gewerbetreibenden und den Personen, die er zur Verwendung der Vermögenswerte ermächtigt hat, vorsätzlich begangener unerlaubter Handlungen, die sich gegen die in Satz 1 bezeichneten Vermögenswerte richten.

(2) [1]Die Sicherheit kann nur durch die Stellung eines Bürgen geleistet werden. [2]Als Bürge können nur Körperschaften des öffentlichen Rechts mit Sitz im Geltungsbereich dieser Verordnung, Kreditinstitute, die im Inland zum Geschäftsbetrieb befugt sind, sowie Versicherungsunternehmen bestellt werden, die zum Betrieb der Bürgschaftsversicherung im Inland befugt sind. [3]Die Bürgschaftserklärung muß den Verzicht auf die Einrede der Vorausklage enthalten. [4]Die Bürgschaft darf nicht vor dem Zeitpunkt ablaufen, der sich aus Absatz 5 ergibt.

(3) Versicherungen sind nur dann im Sinne des Absatzes 1 geeignet, wenn

1. das Versicherungsunternehmen zum Betrieb der Vertrauensschadensversicherung im Inland befugt ist und

2. die allgemeinen Versicherungsbedingungen dem Zweck dieser Verordnung gerecht werden, insbesondere den Auftraggeber aus dem Versicherungsvertrag auch in den Fällen des Insolvenzverfahrens des Gewerbetreibenden unmittelbar berechtigen.

(4) [1]Sicherheiten und Versicherungen können nebeneinander geleistet und abgeschlossen werden. [2]Sie können für jeden einzelnen Auftrag oder für mehrere gemeinsam geleistet oder abgeschlossen werden. [3]Der Gewerbetreibende hat dem Auftraggeber die zur unmittelbaren Inanspruchnahme von Sicherheiten und Versicherungen erforderlichen Urkunden auszuhändigen, bevor er Vermögenswerte des Auftraggebers erhält oder zu deren Verwendung ermächtigt wird.

(5) [1]Die Sicherheiten und Versicherungen sind aufrechtzuerhalten

1. in den Fällen des § 34c Absatz 1 Satz 1 Nummer 1 und 2 der Gewerbeordnung[1]), bis der Gewerbetreibende die Vermögenswerte an den in dem Auftrag bestimmten Empfänger übermittelt hat,

---
[1]) Nr. 6.
[2]) Zeichensetzung amtlich.

2. in den Fällen des § 34c Absatz 1 Satz 1 Nummer 3 Buchstabe a der Gewerbeordnung[1], sofern ein Nutzungsverhältnis begründet werden soll, bis zur Einräumung des Besitzes und Begründung des Nutzungsverhältnisses,

3. in den Fällen des § 34c Absatz 1 Satz 1 Nummer 3 Buchstabe b der Gewerbeordnung[1] bis zur Rechnungslegung; sofern die Rechnungslegungspflicht gemäß § 8 Abs. 2 entfällt, endet die Sicherungspflicht mit der vollständigen Fertigstellung des Bauvorhabens.

²Erhält der Gewerbetreibende Vermögenswerte des Auftraggebers in Teilbeträgen, oder wird er ermächtigt, hierüber in Teilbeträgen zu verfügen, endet die Verpflichtung aus Absatz 1 Satz 1 erster Halbsatz in bezug auf die Teilbeträge, sobald er dem Auftraggeber die ordnungsgemäße Verwendung dieser Vermögenswerte nachgewiesen hat; die Sicherheiten und Versicherungen für den letzten Teilbetrag sind bis zu dem in Satz 1 bestimmten Zeitpunkt aufrechtzuerhalten.

(6) ¹Soweit nach den Absätzen 2 und 3 eine Bürgschaft oder Versicherung verlangt wird, ist von Gewerbetreibenden aus einem anderen Mitgliedstaat der Europäischen Union oder einem anderen Vertragsstaat des Abkommens über den Europäischen Wirtschaftsraum als Nachweis eine Bescheinigung über den Abschluss einer Bürgschaft oder Versicherung als hinreichend anzuerkennen, die von einem Kreditinstitut oder einem Versicherungsunternehmen in einem anderen Mitgliedstaat oder Vertragsstaat ausgestellt wurde, sofern die in diesem Staat abgeschlossene Versicherung im Wesentlichen vergleichbar ist zu der, die von in Deutschland niedergelassenen Gewerbetreibenden verlangt wird, und zwar hinsichtlich der Zweckbestimmung, der vorgesehenen Deckung bezüglich des versicherten Risikos, der Versicherungssumme und möglicher Ausnahmen von der Deckung. ²Bei nur teilweiser Gleichwertigkeit kann eine zusätzliche Sicherheit verlangt werden, die die nicht gedeckten Risiken absichert.

§ 3 Besondere Sicherungspflichten für Bauträger. (1) ¹Der Gewerbetreibende darf in den Fällen des § 34c Absatz 1 Satz 1 Nummer 3 Buchstabe a der Gewerbeordnung[1], sofern dem Auftraggeber Eigentum an einem Grundstück übertragen oder ein Erbbaurecht bestellt oder übertragen werden soll, Vermögenswerte des Auftraggebers zur Ausführung des Auftrages erst entgegennehmen oder sich zu deren Verwendung ermächtigen lassen, wenn

1. der Vertrag zwischen dem Gewerbetreibenden und dem Auftraggeber rechtswirksam ist und die für seinen Vollzug erforderlichen Genehmigungen vorliegen, diese Voraussetzungen durch eine schriftliche Mitteilung des Notars bestätigt und dem Gewerbetreibenden keine vertraglichen Rücktrittsrechte eingeräumt sind,

2. zur Sicherung des Anspruchs des Auftraggebers auf Eigentumsübertragung oder Bestellung oder Übertragung eines Erbbaurechts an dem Vertragsobjekt eine Vormerkung an der vereinbarten Rangstelle im Grundbuch eingetragen ist; bezieht sich der Anspruch auf Wohnungs- oder Teileigentum oder ein Wohnungs- oder Teilerbbaurecht, so muß außerdem die Begründung dieses Rechts im Grundbuch vollzogen sein,

---

[1] Nr. 6.

3. die Freistellung des Vertragsobjekts von allen Grundpfandrechten, die der Vormerkung im Range vorgehen oder gleichstehen und nicht übernommen werden sollen, gesichert ist, und zwar auch für den Fall, daß das Bauvorhaben nicht vollendet wird,
4. die Baugenehmigung erteilt worden ist oder, wenn eine Baugenehmigung nicht oder nicht zwingend vorgesehen ist,
   a) von der zuständigen Behörde bestätigt worden ist, daß
      aa) die Baugenehmigung als erteilt gilt oder
      bb) nach den baurechtlichen Vorschriften mit dem Vorhaben begonnen werden darf, oder,
   b) wenn eine derartige Bestätigung nicht vorgesehen ist, von dem Gewerbetreibenden bestätigt worden ist, daß
      aa) die Baugenehmigung als erteilt gilt oder
      bb) nach den baurechtlichen Vorschriften mit dem Bauvorhaben begonnen werden darf,
   und nach Eingang dieser Bestätigung beim Auftraggeber mindestens ein Monat vergangen ist.

²Die Freistellung nach Satz 1 Nr. 3 ist gesichert, wenn gewährleistet ist, daß die nicht zu übernehmenden Grundpfandrechte im Grundbuch gelöscht werden, und zwar, wenn das Bauvorhaben vollendet wird, unverzüglich nach Zahlung der geschuldeten Vertragssumme, andernfalls unverzüglich nach Zahlung des dem erreichten Bautenstand entsprechenden Teils der geschuldeten Vertragssumme durch den Auftraggeber. ³Für den Fall, daß das Bauvorhaben nicht vollendet wird, kann sich der Kreditgeber vorbehalten, an Stelle der Freistellung alle vom Auftraggeber vertragsgemäß im Rahmen des Absatzes 2 bereits geleisteten Zahlungen bis zum anteiligen Wert des Vertragsobjekts zurückzuzahlen. ⁴Die zur Sicherung der Freistellung erforderlichen Erklärungen einschließlich etwaiger Erklärungen nach Satz 3 müssen dem Auftraggeber ausgehändigt worden sein. ⁵Liegen sie bei Abschluß des notariellen Vertrages bereits vor, muß auf sie im Vertrag Bezug genommen sein; andernfalls muß der Vertrag einen ausdrücklichen Hinweis auf die Verpflichtung des Gewerbetreibenden zur Aushändigung der Erklärungen und deren notwendigen Inhalt enthalten.

(2) ¹Der Gewerbetreibende darf in den Fällen des Absatzes 1 die Vermögenswerte ferner in bis zu sieben Teilbeträgen entsprechend dem Bauablauf entgegennehmen oder sich zu deren Verwendung ermächtigen lassen. ²Die Teilbeträge können aus den nachfolgenden Vomhundertsätzen zusammengesetzt werden:
1. 30 vom Hundert der Vertragssumme in den Fällen, in denen Eigentum an einem Grundstück übertragen werden soll, oder 20 vom Hundert der Vertragssumme in den Fällen, in denen ein Erbbaurecht bestellt oder übertragen werden soll, nach Beginn der Erdarbeiten,
2. von der restlichen Vertragssumme
   – 40 vom Hundert nach Rohbaufertigstellung, einschließlich Zimmererarbeiten,
   – 8 vom Hundert für die Herstellung der Dachflächen und Dachrinnen,
   – 3 vom Hundert für die Rohinstallation der Heizungsanlagen,
   – 3 vom Hundert für die Rohinstallation der Sanitäranlagen,

Makler- und Bauträgerverordnung §§ 4–6 MaBV 7

– 3 vom Hundert für die Rohinstallation der Elektroanlagen,
– 10 vom Hundert für den Fenstereinbau, einschließlich der Verglasung,
– 6 vom Hundert für den Innenputz, ausgenommen Beiputzarbeiten,
– 3 vom Hundert für den Estrich,
– 4 vom Hundert für die Fliesenarbeiten im Sanitärbereich,
– 12 vom Hundert nach Bezugsfertigkeit und Zug um Zug gegen Besitzübergabe,
– 3 vom Hundert für die Fassadenarbeiten,
– 5 vom Hundert nach vollständiger Fertigstellung.

[3] Sofern einzelne der in Satz 2 Nr. 2 genannten Leistungen nicht anfallen, wird der jeweilige Vomhundertsatz anteilig auf die übrigen Raten verteilt. [4] Betrifft das Bauvorhaben einen Altbau, so gelten die Sätze 1 und 2 mit der Maßgabe entsprechend, daß der hiernach zu errechnende Teilbetrag für schon erbrachte Leistungen mit Vorliegen der Voraussetzungen des Absatzes 1 entgegengenommen werden kann.

(3) Der Gewerbetreibende darf in den Fällen des § 34c Absatz 1 Satz 1 Nummer 3 Buchstabe a der Gewerbeordnung[1]), sofern ein Nutzungsverhältnis begründet werden soll, Vermögenswerte des Auftraggebers zur Ausführung des Auftrages in Höhe von 20 vom Hundert der Vertragssumme nach Vertragsabschluß entgegennehmen oder sich zu deren Verwendung ermächtigen lassen; im übrigen gelten Absatz 1 Satz 1 Nr. 1 und 4 und Absatz 2 entsprechend.

§ 4 Verwendung von Vermögenswerten des Auftraggebers. (1) Der Gewerbetreibende darf Vermögenswerte des Auftraggebers, die er erhalten hat oder zu deren Verwendung er ermächtigt worden ist, nur verwenden

1. in den Fällen des § 34c Absatz 1 Satz 1 Nummer 1 und 2 der Gewerbeordnung[1]) zur Erfüllung des Vertrages, der durch die Vermittlung oder die Nachweistätigkeit des Gewerbetreibenden zustande gekommen ist,
2. in den Fällen des § 34c Absatz 1 Satz 1 Nummer 3 der Gewerbeordnung[1]) zur Vorbereitung und Durchführung des Bauvorhabens, auf das sich der Auftrag bezieht; als Bauvorhaben gilt das einzelne Gebäude, bei Einfamilienreihenhäusern die einzelne Reihe.

(2) Der Gewerbetreibende darf in den Fällen des § 34c Absatz 1 Satz 1 Nummer 3 Buchstabe b der Gewerbeordnung[1]), in denen er das Bauvorhaben für mehrere Auftraggeber vorbereitet und durchführt, die Vermögenswerte der Auftraggeber nur im Verhältnis der Kosten der einzelnen Einheiten zu den Gesamtkosten des Bauvorhabens verwenden.

§ 5 Hilfspersonal. Ermächtigt der Gewerbetreibende andere Personen, Vermögenswerte des Auftraggebers zur Ausführung des Auftrages entgegenzunehmen oder zu verwenden, so hat er sicherzustellen, daß dies nur nach Maßgabe der §§ 3 und 4 geschieht.

§ 6 Getrennte Vermögensverwaltung. (1) [1] Erhält der Gewerbetreibende zur Ausführung des Auftrages Vermögenswerte des Auftraggebers, so hat er sie von seinem Vermögen und dem seiner sonstigen Auftraggeber getrennt zu

---

[1]) Nr. 6.

verwalten. ²Dies gilt nicht für vertragsgemäß im Rahmen des § 3 Abs. 2 oder 3 geleistete Zahlungen.

(2) ¹Der Gewerbetreibende hat Gelder, die er vom Auftraggeber erhält, unverzüglich für Rechnung des Auftraggebers auf ein Sonderkonto bei einem Kreditinstitut im Sinne des § 2 Abs. 2 Satz 2 einzuzahlen und auf diesem Konto bis zur Verwendung im Sinne des § 4 zu belassen. ²Er hat dem Kreditinstitut offenzulegen, daß die Gelder für fremde Rechnung eingelegt werden und hierbei den Namen, Vornamen und die Anschrift des Auftraggebers anzugeben. ³Er hat das Kreditinstitut zu verpflichten, den Auftraggeber unverzüglich zu benachrichtigen, wenn die Einlage von dritter Seite gepfändet oder das Insolvenzverfahren über das Vermögen des Gewerbetreibenden eröffnet wird, und dem Auftraggeber jederzeit Auskunft über den Stand des Kontos zu erteilen. ⁴Er hat das Kreditinstitut ferner zu verpflichten, bei diesem Konto weder das Recht der Aufrechnung noch ein Pfand- oder Zurückbehaltungsrecht geltend zu machen, es sei denn wegen Forderungen, die in bezug auf das Konto selbst entstanden sind.

(3) ¹Wertpapiere im Sinne des § 1 Abs. 1 des Gesetzes über die Verwahrung und Anschaffung von Wertpapieren, die der Gewerbetreibende vom Auftraggeber erhält, hat er unverzüglich für Rechnung des Auftraggebers einem Kreditinstitut im Sinne des § 2 Abs. 2 Satz 2 zur Verwahrung anzuvertrauen. ²Absatz 2 Satz 2 bis 4 ist anzuwenden.

§ 7 Ausnahmevorschrift. (1) ¹Gewerbetreibende im Sinne des § 34c Absatz 1 Satz 1 Nummer 3 Buchstabe a der Gewerbeordnung[1]), die dem Auftraggeber Eigentum an einem Grundstück zu übertragen oder ein Erbbaurecht zu bestellen oder zu übertragen haben, sind von den Verpflichtungen des § 3 Abs. 1 und 2, des § 4 Abs. 1 und der §§ 5 und 6, die übrigen Gewerbetreibenden im Sinne des § 34c Abs. 1 der Gewerbeordnung[1]) sind von den Verpflichtungen des § 2, des § 3 Abs. 3 und der §§ 4 bis 6 freigestellt, sofern sie Sicherheit für alle etwaigen Ansprüche des Auftraggebers auf Rückgewähr oder Auszahlung seiner Vermögenswerte im Sinne des § 2 Abs. 1 Satz 1 geleistet haben. ²§ 2 Abs. 2, Abs. 4 Satz 2 und 3 und Abs. 5 Satz 1 gilt entsprechend. ³In den Fällen des § 34c Absatz 1 Satz 1 Nummer 3 Buchstabe a der Gewerbeordnung[1]), in denen dem Auftraggeber Eigentum an einem Grundstück übertragen oder ein Erbbaurecht bestellt oder übertragen werden soll, ist die Sicherheit aufrechtzuerhalten, bis die Voraussetzungen des § 3 Abs. 1 erfüllt sind und das Vertragsobjekt vollständig fertiggestellt ist. ⁴Ein Austausch der Sicherungen der §§ 2 bis 6 und derjenigen des § 7 ist zulässig.

(2) ¹Der Gewerbetreibende ist von den in Absatz 1 Satz 1 erwähnten Verpflichtungen auch dann freigestellt, wenn es sich bei dem Auftraggeber um

1. eine juristische Person des öffentlichen Rechts oder ein öffentlich-rechtliches Sondervermögen oder

2. einen in das Handelsregister oder das Genossenschaftsregister eingetragenen Kaufmann

handelt und der Auftraggeber in gesonderter Urkunde auf die Anwendung dieser Bestimmungen verzichtet. ²Im Falle des Satzes 1 Nr. 2 hat sich der Gewerbetreibende vom Auftraggeber dessen Eigenschaft als Kaufmann durch

---

[1]) Nr. 6.

einen Auszug aus dem Handelsregister oder dem Genossenschaftsregister nachweisen zu lassen.

§ 8 Rechnungslegung. (1) [1] Hat der Gewerbetreibende zur Ausführung des Auftrages Vermögenswerte des Auftraggebers erhalten oder verwendet, so hat er dem Auftraggeber nach Beendigung des Auftrages über die Verwendung dieser Vermögenswerte Rechnung zu legen. [2] § 259 des Bürgerlichen Gesetzbuchs ist anzuwenden.

(2) Die Verpflichtung, Rechnung zu legen, entfällt, soweit der Auftraggeber nach Beendigung des Auftrages dem Gewerbetreibenden gegenüber schriftlich darauf verzichtet oder der Gewerbetreibende mit den Vermögenswerten des Auftraggebers eine Leistung zu einem Festpreis zu erbringen hat.

§ 9 Anzeigepflicht. [1] Der Gewerbetreibende hat der zuständigen Behörde die jeweils mit der Leitung des Betriebes oder einer Zweigniederlassung beauftragten Personen unverzüglich anzuzeigen. [2] Dies gilt bei juristischen Personen auch für die nach Gesetz, Satzung oder Gesellschaftsvertrag jeweils zur Vertretung berufenen Personen. [3] In der Anzeige sind Name, Geburtsname, sofern er vom Namen abweicht, Vornamen, Staatsangehörigkeit, Geburtstag, Geburtsort und Anschrift der betreffenden Personen anzugeben.

§ 10 Buchführungspflicht. (1) [1] Der Gewerbetreibende hat von der Annahme des Auftrages an nach Maßgabe der folgenden Vorschriften Aufzeichnungen zu machen sowie Unterlagen und Belege übersichtlich zu sammeln. [2] Die Aufzeichnungen sind unverzüglich und in deutscher Sprache vorzunehmen.

(2) Aus den Aufzeichnungen und Unterlagen sämtlicher Gewerbetreibender müssen ersichtlich sein

1. der Name und Vorname oder die Firma sowie die Anschrift des Auftraggebers,
2. folgende Angaben, soweit sie im Einzelfall in Betracht kommen,
   a) das für die Vermittler- oder Nachweistätigkeit oder für die Tätigkeit als Baubetreuer vom Auftraggeber zu entrichtende Entgelt; Wohnungsvermittler haben das Entgelt in einem Bruchteil oder Vielfachen der Monatsmiete anzugeben;
   b) ob der Gewerbetreibende zur Entgegennahme von Zahlungen oder sonstigen Leistungen ermächtigt ist;
   c) Art und Höhe der Vermögenswerte des Auftraggebers, die der Gewerbetreibende zur Ausführung des Auftrages erhalten oder zu deren Verwendung er ermächtigt werden soll;
   d) daß der Gewerbetreibende den Auftraggeber davon unterrichtet hat, daß er von ihm nur im Rahmen des § 3 Vermögenswerte entgegennehmen oder sich zu deren Verwendung ermächtigen lassen und diese Vermögenswerte nur im Rahmen des § 4 verwenden darf, es sei denn, daß nach § 7 verfahren wird;
   e) Art, Höhe und Umfang der vom Gewerbetreibenden für die Vermögenswerte zu leistenden Sicherheit und abzuschließenden Versicherung, Name oder Firma und Anschrift des Bürgen und der Versicherung;
   f) Vertragsdauer.

(3) Aus den Aufzeichnungen und Unterlagen von Gewerbetreibenden im Sinne des § 34c Absatz 1 Satz 1 Nummer 1 der Gewerbeordnung[1]) müssen ferner folgende Angaben ersichtlich sein, soweit sie im Einzelfall in Betracht kommen,

1. bei der Vermittlung oder dem Nachweis der Gelegenheit zum Abschluß von Verträgen über den Erwerb von Grundstücken oder grundstücksgleichen Rechten: Lage, Größe und Nutzungsmöglichkeit des Grundstücks, Art, Alter und Zustand des Gebäudes, Ausstattung, Wohn- und Nutzfläche, Zahl der Zimmer, Höhe der Kaufpreisforderung einschließlich zu übernehmender Belastungen, Name, Vorname und Anschrift des Veräußerers;

2. bei der Vermittlung oder dem Nachweis der Gelegenheit zum Abschluß von Verträgen über die Nutzung von Grundstücken oder grundstücksgleichen Rechten: Lage, Größe und Nutzungsmöglichkeit des Grundstücks, Art, Alter und Zustand des Gebäudes, Ausstattung, Wohn- und Nutzfläche, Zahl der Zimmer, Höhe der Mietforderung sowie gegebenenfalls Höhe eines Baukostenzuschusses, einer Kaution, einer Mietvorauszahlung, eines Mieterdarlehens oder einer Abstandssumme, Name, Vorname und Anschrift des Vermieters;

3. bei der Vermittlung oder dem Nachweis der Gelegenheit zum Abschluß von Verträgen über die Nutzung von gewerblichen Räumen oder Wohnräumen: Lage des Grundstücks und der Räume, Ausstattung, Nutz- und Wohnfläche, Zahl der Räume, Höhe der Mietforderung sowie gegebenenfalls Höhe eines Baukostenzuschusses, einer Kaution, einer Mietvorauszahlung, eines Mieterdarlehens oder einer Abstandssumme, Name, Vorname und Anschrift des Vermieters.

(4) Aus den Aufzeichnungen und Unterlagen von Gewerbetreibenden im Sinne des § 34c Absatz 1 Satz 1 Nummer 3 der Gewerbeordnung[1]) müssen zusätzlich zu den Angaben nach Absatz 2 folgende Angaben ersichtlich sein, soweit sie im Einzelfall in Betracht kommen,

1. bei Bauvorhaben, die ganz oder teilweise zur Veräußerung bestimmt sind: Lage und Größe des Baugrundstücks, das Bauvorhaben mit den von der Bauaufsicht genehmigten Plänen nebst Baubeschreibung, sofern das Bauvorhaben nicht genehmigungspflichtig ist, neben den vorerwähnten Plänen und der Baubeschreibung die Bestätigung der Behörde oder des Gewerbetreibenden gemäß § 3 Abs. 1 Satz 1 Nr. 4 Buchstabe a oder b, der Zeitpunkt der Fertigstellung, die Kaufsache, die Kaufpreisforderung, die Belastungen, die Finanzierung, soweit sie nicht vom Erwerber erbracht werden soll;

2. bei Bauvorhaben, die ganz oder teilweise vermietet, verpachtet oder in anderer Weise zur Nutzung überlassen werden sollen: Lage und Größe des Baugrundstücks, das Bauvorhaben mit den von der Bauaufsicht genehmigten Plänen nebst Baubeschreibung, sofern das Bauvorhaben nicht genehmigungspflichtig ist, neben den vorerwähnten Plänen und der Baubeschreibung die Bestätigung der Behörde oder des Gewerbetreibenden gemäß § 3 Abs. 1 Satz 1 Nr. 4 Buchstabe a oder b, der Zeitpunkt der Fertigstellung, der Vertragsgegenstand, die Miet-, Pacht- oder sonstige Forderung, die darüber hinaus zu erbringenden laufenden Leistungen und die etwaigen einmaligen

---

[1]) Nr. 6.

Leistungen, die nicht zur Vorbereitung oder Durchführung des Bauvorhabens verwendet werden sollen;

3. bei Bauvorhaben, die der Gewerbetreibende als Baubetreuer wirtschaftlich vorbereiten oder durchführen soll: Lage und Größe des Baugrundstücks, das Bauvorhaben mit Plänen und Baubeschreibung, der Zeitpunkt der Fertigstellung, die veranschlagten Kosten, die Kostenobergrenze und die von dem Gewerbetreibenden bei Dritten zu beschaffende Finanzierung.

(5) Aus den Aufzeichnungen, Unterlagen und Belegen sämtlicher Gewerbetreibender müssen ferner ersichtlich sein, soweit dies im Einzelfall in Betracht kommt,

1. Art und Höhe der Vermögenswerte des Auftraggebers, die der Gewerbetreibende zur Ausführung des Auftrages erhalten hat oder zu deren Verwendung er ermächtigt wurde,
2. das für die Vermittler- oder Nachweistätigkeit oder für die Tätigkeit als Baubetreuer vom Auftraggeber entrichtete Entgelt,
3. eine Bestätigung des Auftraggebers über die Aushändigung der in § 2 Abs. 4 Satz 3 bezeichneten Unterlagen,
4. Kopie der Bürgschaftsurkunde und des Versicherungsscheins,
5. Verwendungen von Vermögenswerten des Auftraggebers durch den Gewerbetreibenden nach Tag und Höhe, in den Fällen des § 2 Abs. 5 Satz 2 auch eine Bestätigung des Auftraggebers darüber, daß ihm die ordnungsgemäße Verwendung der Teilbeträge nachgewiesen worden ist,
6. Tag und Grund der Auftragsbeendigung,
7. Tag der Beendigung des Bürgschaftsvertrages und der Versicherung,
8. die in § 7 Abs. 2 erwähnten Unterlagen,
9. Nachweis, daß dem Auftraggeber die in § 11 bezeichneten Angaben rechtzeitig und vollständig mitgeteilt worden sind.

(6) Sonstige Vorschriften über Aufzeichnungs- und Buchführungspflichten des Gewerbetreibenden bleiben unberührt.

§ 11 Informationspflicht und Werbung. [1] Der Gewerbetreibende hat dem Auftraggeber in Textform und in deutscher Sprache folgende Angaben mitzuteilen, soweit sie im Einzelfall in Betracht kommen:

1. in den Fällen des § 34c Absatz 1 Satz 1 Nummer 1 der Gewerbeordnung[1)]
   a) unmittelbar nach der Annahme des Auftrags die in § 10 Absatz 2 Nummer 2 Buchstabe a und f genannten Angaben und
   b) spätestens bei Aufnahme der Vertragsverhandlungen über den vermittelten oder nachgewiesenen Vertragsgegenstand die in § 10 Absatz 2 Nummer 2 Buchstabe b bis e und Absatz 3 Nummer 1 bis 3 genannten Angaben,
2. in den Fällen des § 34c Absatz 1 Satz 1 Nummer 3 der Gewerbeordnung[1)] spätestens bis zur Annahme des Auftrags die in § 10 Absatz 2 Nummer 2 und Absatz 4 genannten Angaben; vor diesem Zeitpunkt hat der Gewerbetreibende dem Auftraggeber die Angaben zu machen, die zur Beurteilung des Auftrags nach dem jeweiligen Verhandlungsstand erforderlich sind; im Fall

---

[1)] Nr. 6.

des § 10 Absatz 4 Nummer 3 entfällt die Verpflichtung, soweit die Angaben vom Auftraggeber stammen,

3. in den Fällen des § 34c Absatz 1 Satz 1 Nummer 4 der Gewerbeordnung[1]) auf Anfrage des Auftraggebers unverzüglich Angaben über die berufsspezifischen Qualifikationen und die in den letzten drei Kalenderjahren absolvierten Weiterbildungsmaßnahmen des Gewerbetreibenden und der unmittelbar bei der erlaubnispflichtigen Tätigkeit mitwirkenden Beschäftigten.

²Die Angaben nach Satz 1 Nummer 3 können durch Verweis auf die Internetseite des Gewerbetreibenden erfolgen. ³Ist der Auftraggeber eine natürliche Person, kann er die Übermittlung der Angaben in der Amtssprache eines Mitgliedstaates der Europäischen Union oder eines Vertragsstaates des Abkommens über den Europäischen Wirtschaftsraum verlangen, wenn er in diesem Mitgliedstaat oder Vertragsstaat seinen Wohnsitz hat.

§ 12 Unzulässigkeit abweichender Vereinbarungen. Der Gewerbetreibende darf seine Verpflichtungen nach den §§ 2 bis 8 sowie die nach § 2 Abs. 1 zu sichernden Schadensersatzansprüche des Auftraggebers durch vertragliche Vereinbarung weder ausschließen noch beschränken.

§ 13 *(aufgehoben)*

§ 14 Aufbewahrung. (1) ¹Die in § 10 bezeichneten Geschäftsunterlagen sind 5 Jahre in den Geschäftsräumen aufzubewahren. ²Die Aufbewahrungsfrist beginnt mit dem Schluss des Kalenderjahres, in dem der letzte aufzeichnungspflichtige Vorgang für den jeweiligen Auftrag angefallen ist. ³Vorschriften, die eine längere Frist bestimmen, bleiben unberührt.

(2) ¹Die nach Absatz 1 aufzubewahrenden Unterlagen können auch in Form einer verkleinerten Wiedergabe aufbewahrt werden, wenn gesichert ist, daß die Wiedergabe mit der Urschrift übereinstimmt. ²Der Gewerbetreibende hat auf Verlangen der zuständigen Behörde auf seine Kosten die erforderliche Anzahl ohne Hilfsmittel lesbarer Reproduktionen vorzulegen; bei Ermittlungen oder Prüfungen in den Geschäftsräumen sind für verkleinerte Wiedergaben die erforderlichen Lesegeräte bereitzuhalten.

§ 15 Umfang der Versicherung. (1) Die nach § 34c Absatz 2 Nummer 3 der Gewerbeordnung[1]) für einen Wohnimmobilienverwalter vorgesehene Versicherung muss bei einem im Inland zum Geschäftsbetrieb zugelassenen Versicherungsunternehmen abgeschlossen werden.

(2) Die Mindestversicherungssumme beträgt 500 000 Euro für jeden Versicherungsfall und 1 000 000 Euro für alle Versicherungsfälle eines Jahres.

(3) ¹Der Versicherungsvertrag muss Deckung für die sich aus der gewerblichen Tätigkeit als Wohnimmobilienverwalter ergebenden Haftpflichtgefahren für Vermögensschäden gewähren. ²Der Versicherungsvertrag muss sich auch auf solche Vermögensschäden erstrecken, für die der Versicherungspflichtige nach § 278 oder § 831 des Bürgerlichen Gesetzbuchs einzustehen hat, soweit die Erfüllungsgehilfen oder Verrichtungsgehilfen nicht selbst zum Abschluss einer solchen Berufshaftpflichtversicherung verpflichtet sind. ³Ist der Gewerbetreibende in einer oder mehreren Personenhandelsgesellschaften als geschäfts-

---

[1]) Nr. 6.

führender Gesellschafter tätig, so muss für die jeweilige Personenhandelsgesellschaft jeweils ein Versicherungsvertrag abgeschlossen werden; der Versicherungsvertrag kann auch die Tätigkeit des Gewerbetreibenden nach Satz 1 abdecken.

(4) [1] Der Versicherungsvertrag hat Versicherungsschutz für jede einzelne Pflichtverletzung zu gewähren, die gesetzliche Haftpflichtansprüche privatrechtlichen Inhalts gegen den Versicherungspflichtigen zur Folge haben könnte. [2] Dabei kann vereinbart werden, dass sämtliche Pflichtverletzungen bei Erledigung einer einheitlichen Verwaltung von Wohnimmobilien als ein Versicherungsfall gelten, sofern die betreffenden Angelegenheiten in einem rechtlichen oder wirtschaftlichen Zusammenhang stehen.

(5) [1] Von der Versicherung kann die Haftung für Ersatzansprüche wegen wissentlicher Pflichtverletzung ausgeschlossen werden. [2] Weitere Ausschlüsse sind nur insoweit zulässig, als sie marktüblich sind und dem Zweck der Berufshaftpflichtversicherung nicht zuwiderlaufen.

§ 15a Versicherungsbestätigung; Anzeigepflicht des Versicherungsunternehmens. (1) Die vom Versicherungsunternehmen erteilte Versicherungsbestätigung nach § 113 Absatz 2 des Versicherungsvertragsgesetzes darf zum Zeitpunkt der Antragstellung bei der für die Erlaubniserteilung zuständigen Behörde nicht älter als drei Monate sein.

(2) [1] Das Versicherungsunternehmen ist verpflichtet, der für die Erlaubniserteilung zuständigen Behörde unverzüglich Folgendes anzuzeigen:
1. die Beendigung des Versicherungsvertrags, insbesondere infolge einer wirksamen Kündigung,
2. das Ausscheiden eines Versicherungsnehmers aus einem Gruppenversicherungsvertrag sowie
3. jede Änderung des Versicherungsvertrags, die den vorgeschriebenen Versicherungsschutz im Verhältnis zu Dritten beeinträchtigen kann.

[2] Die für die Erlaubniserteilung zuständige Behörde hat dem Versicherungsunternehmen das Datum des Eingangs der Anzeige mitzuteilen.

(3) Die zuständige Stelle im Sinne des § 117 Absatz 2 des Versicherungsvertragsgesetzes ist die für die Erlaubniserteilung nach § 34c Absatz 1 Satz 1 Nummer 4 der Gewerbeordnung[1]) zuständige Behörde.

§ 15b Weiterbildung. (1) [1] Wer nach § 34c Absatz 2a der Gewerbeordnung[1]) zur Weiterbildung verpflichtet ist, muss sich fachlich entsprechend seiner ausgeübten Tätigkeit weiterbilden. [2] Die inhaltlichen Anforderungen an die Weiterbildung sind an den Vorgaben der Anlage 1 auszurichten. [3] Die Weiterbildung kann in Präsenzform, in einem begleiteten Selbststudium, durch betriebsinterne Maßnahmen des Gewerbetreibenden oder in einer anderen geeigneten Form erfolgen. [4] Bei Weiterbildungsmaßnahmen in einem begleiteten Selbststudium ist eine nachweisbare Lernerfolgskontrolle durch den Anbieter der Weiterbildung erforderlich. [5] Der Anbieter der Weiterbildung muss sicherstellen, dass die in Anlage 2 aufgeführten Anforderungen an die Qualität der Weiterbildungsmaßnahme eingehalten werden. [6] Der Erwerb eines Ausbildungsabschlusses als Immobilienkaufmann oder Immobilienkauffrau oder eines

---

[1]) Nr. 6.

Weiterbildungsabschlusses als Geprüfter Immobilienfachwirt oder Geprüfte Immobilienfachwirtin gilt als Weiterbildung.

(2) [1] Die zur Weiterbildung verpflichteten Gewerbetreibenden sind verpflichtet, nach Maßgabe des Satzes 2 Nachweise und Unterlagen zu sammeln über Weiterbildungsmaßnahmen, an denen sie und ihre zur Weiterbildung verpflichteten Beschäftigten teilgenommen haben. [2] Aus den Nachweisen und Unterlagen müssen mindestens ersichtlich sein:

1. Name und Vorname des Gewerbetreibenden oder der Beschäftigten,
2. Datum, Umfang, Inhalt und Bezeichnung der Weiterbildungsmaßnahme sowie
3. Name und Vorname oder Firma sowie Adresse und Kontaktdaten des in Anspruch genommenen Weiterbildungsanbieters.

[3] Die in Satz 1 genannten Nachweise und Unterlagen sind fünf Jahre auf einem dauerhaften Datenträger vorzuhalten und in den Geschäftsräumen aufzubewahren. [4] Die Aufbewahrungsfrist beginnt mit dem Ende des Kalenderjahres, in dem die Weiterbildungsmaßnahme durchgeführt wurde.

(3) [1] Die für die Erlaubniserteilung zuständige Behörde kann anordnen, dass der Gewerbetreibende ihr gegenüber eine unentgeltliche Erklärung mit dem Inhalt nach dem Muster der Anlage 3 über die Erfüllung der Weiterbildungspflicht in den vorangegangenen drei Kalenderjahren durch ihn und seine zur Weiterbildung verpflichteten Beschäftigten abgibt. [2] Die Erklärung kann elektronisch erfolgen.

(4) Für zur Weiterbildung verpflichtete Gewerbetreibende und ihre zur Weiterbildung verpflichteten Beschäftigten, die im Besitz eines Ausbildungsabschlusses als Immobilienkaufmann oder Immobilienkauffrau oder eines Weiterbildungsabschlusses als Geprüfter Immobilienfachwirt oder Geprüfte Immobilienfachwirtin sind, beginnt die Pflicht zur Weiterbildung drei Jahre nach Erwerb des Ausbildungs- oder Weiterbildungsabschlusses.

§ 16 Prüfungen. (1) [1] Gewerbetreibende im Sinne des § 34c Absatz 1 Satz 1 Nummer 3 der Gewerbeordnung[1]) haben auf ihre Kosten die Einhaltung der sich aus den §§ 2 bis 14 ergebenden Verpflichtungen für jedes Kalenderjahr durch einen geeigneten Prüfer prüfen zu lassen und der zuständigen Behörde den Prüfungsbericht bis spätestens zum 31. Dezember des darauffolgenden Jahres zu übermitteln. [2] Sofern der Gewerbetreibende im Berichtszeitraum keine nach § 34c Abs. 1 Satz 1 der Gewerbeordnung[1]) erlaubnispflichtige Tätigkeit ausgeübt hat, hat er spätestens bis zu dem in Satz 1 genannten Termin anstelle des Prüfungsberichts eine entsprechende Erklärung zu übermitteln. [3] Der Prüfungsbericht muß einen Vermerk darüber enthalten, ob Verstöße des Gewerbetreibenden festgestellt worden sind. [4] Verstöße sind in dem Vermerk aufzuzeigen. [5] Der Prüfer hat den Vermerk mit Angabe von Ort und Datum zu unterzeichnen, wobei die elektronische Namenswiedergabe genügt.

(2) [1] Die zuständige Behörde ist befugt, Gewerbetreibende im Sinne des § 34c Abs. 1 der Gewerbeordnung[1]) auf deren Kosten aus besonderem Anlaß im Rahmen einer außerordentlichen Prüfung durch einen geeigneten Prüfer überprüfen zu lassen. [2] Der Prüfer wird von der zuständigen Behörde bestimmt. [3] Absatz 1 Satz 3 bis 5 gilt entsprechend.

---

[1]) Nr. 6.

Makler- und Bauträgerverordnung §§ 17, 18 MaBV 7

(3) ¹Geeignete Prüfer sind
1. Wirtschaftsprüfer, vereidigte Buchprüfer, Wirtschaftsprüfungs- und Buchprüfungsgesellschaften,
2. Prüfungsverbände, zu deren gesetzlichem oder satzungsmäßigem Zweck die regelmäßige und außerordentliche Prüfung ihrer Mitglieder gehört, sofern
   a) von ihren gesetzlichen Vertretern mindestens einer Wirtschaftsprüfer ist,
   b) sie die Voraussetzungen des § 63b Abs. 5 des Gesetzes betreffend die Erwerbs- und Wirtschaftsgenossenschaften erfüllen oder
   c) sie sich für ihre Prüfungstätigkeit selbständiger Wirtschaftsprüfer oder vereidigter Buchprüfer oder einer Wirtschaftsprüfungs- oder Buchprüfungsgesellschaft bedienen.

²Bei Gewerbetreibenden im Sinne des § 34c Absatz 1 Satz 1 Nummer 1 und 2 der Gewerbeordnung[1)] können mit der Prüfung nach Absatz 2 auch andere Personen, die öffentlich bestellt oder zugelassen worden sind und die auf Grund ihrer Vorbildung und Erfahrung in der Lage sind, eine ordnungsgemäße Prüfung in dem jeweiligen Gewerbebetrieb durchzuführen, sowie deren Zusammenschlüsse betraut werden. ³§ 13a Absatz 1 und 2 Satz 1 und 2, Absatz 5 bis 7 der Gewerbeordnung gilt für die in Satz 2 genannten Personen, die mit der Prüfung betraut werden können, entsprechend. ⁴Ungeeignet für eine Prüfung sind Personen, bei denen die Besorgnis der Befangenheit besteht.

§ 17 Rechte und Pflichten der an der Prüfung Beteiligten. (1) ¹Der Gewerbetreibende hat dem Prüfer die Einsicht in die Bücher, Aufzeichnungen und Unterlagen zu gestatten. ²Er hat ihm alle Aufklärungen und Nachweise zu geben, die der Prüfer für eine sorgfältige Prüfung benötigt.

(2) ¹Der Prüfer ist zur gewissenhaften und unparteiischen Prüfung und zur Verschwiegenheit verpflichtet. ²Er darf nicht unbefugt Geschäfts- und Betriebsgeheimnisse verwerten, die er bei seiner Tätigkeit erfahren hat. ³Ein Prüfer, der vorsätzlich oder fahrlässig seine Pflichten verletzt, ist dem Gewerbetreibenden zum Ersatz des daraus entstehenden Schadens verpflichtet. ⁴Mehrere Personen haften als Gesamtschuldner.

§ 18 Ordnungswidrigkeiten. (1) Ordnungswidrig im Sinne des § 144 Abs. 2 Nr. 6 der Gewerbeordnung handelt, wer
1. Vermögenswerte des Auftraggebers annimmt oder sich zu deren Verwendung ermächtigen läßt, bevor er
   a) nach § 2 Abs. 1 Sicherheit geleistet oder eine Versicherung abgeschlossen oder
   b) die in § 2 Abs. 4 Satz 3 bezeichneten Urkunden ausgehändigt hat,
2. entgegen § 2 Abs. 5, auch in Verbindung mit § 7 Abs. 1 Satz 2, oder § 7 Abs. 1 Satz 3 die Sicherheit oder Versicherung nicht aufrechterhält,
3. einer Vorschrift des § 3 über die Entgegennahme oder die Ermächtigung zur Verwendung von Vermögenswerten des Auftraggebers zuwiderhandelt,
4. einer Vorschrift des § 4 über die Verwendung von Vermögenswerten des Auftraggebers zuwiderhandelt,

---
[1)] Nr. 6.

5. einer Vorschrift des § 6 Abs. 1, Abs. 2 Satz 1 oder 2, Abs. 3 Satz 1 oder Abs. 3 Satz 2 in Verbindung mit Abs. 2 Satz 2 über die getrennte Vermögensverwaltung zuwiderhandelt,
6. entgegen § 9 die Anzeige nicht, nicht richtig, nicht vollständig oder nicht rechtzeitig erstattet,
7. entgegen § 10 Abs. 1 bis 5 erforderliche Aufzeichnungen nicht, nicht richtig, nicht vollständig, nicht ordnungsgemäß oder nicht rechtzeitig macht oder Unterlagen oder Belege nicht oder nicht übersichtlich sammelt,
8. entgegen § 11 Satz 1 Nummer 1, 2 oder 3 dem Auftraggeber die dort bezeichneten Angaben nicht, nicht richtig, nicht vollständig oder nicht rechtzeitig mitteilt,
9. *(aufgehoben)*
10. entgegen § 14 Abs. 1 Satz 1 Geschäftsunterlagen nicht während der vorgeschriebenen Frist aufbewahrt,
11. entgegen § 15b Absatz 2 Satz 3 einen Nachweis oder eine Unterlage nicht oder nicht mindestens fünf Jahre aufbewahrt,
11a. einer vollziehbaren Anordnung nach § 15b Absatz 3 Satz 1 zuwiderhandelt,
12. entgegen § 16 Abs. 1 Satz 1 oder 2 einen Prüfungsbericht nicht, nicht richtig, nicht vollständig oder nicht rechtzeitig oder eine dort genannte Erklärung nicht, nicht richtig oder nicht rechtzeitig vorlegt oder
13. den Duldungs- oder Mitwirkungspflichten des § 17 Abs. 1 nicht, nicht ausreichend oder nicht rechtzeitig nachkommt.

(2) Ordnungswidrig im Sinne des § 145 Abs. 2 Nr. 9 der Gewerbeordnung handelt, wer vorsätzlich oder fahrlässig eine in Absatz 1 bezeichnete Handlung in Ausübung eines Reisegewerbes begeht.

(3) Ordnungswidrig im Sinne des § 146 Abs. 2 Nr. 11a der Gewerbeordnung handelt, wer vorsätzlich oder fahrlässig eine in Absatz 1 bezeichnete Handlung in Ausübung eines Messe-, Ausstellungs- oder Marktgewerbes begeht.

§ 19 Anwendung bei grenzüberschreitender Dienstleistungserbringung. (1) ¹Üben Gewerbetreibende von einer Niederlassung in einem anderen Mitgliedstaat der Europäischen Union oder einem anderen Vertragsstaat des Abkommens über den Europäischen Wirtschaftsraum aus im Geltungsbereich der Gewerbeordnung[1)] vorübergehend selbständig eine Tätigkeit
1. nach § 34c Absatz 1 Satz 1 Nummer 1 oder Nummer 3 der Gewerbeordnung[2)] aus, sind die §§ 8 bis 11, 14 bis 17, 18 Absatz 1 Nummer 6 bis 13, jeweils auch in Verbindung mit § 18 Absatz 2 und 3,
2. nach § 34c Absatz 1 Satz 1 Nummer 4 der Gewerbeordnung[2)] aus, sind die §§ 9, 11, 15 bis 15b, 18 Absatz 1 Nummer 6, 8, 11, 11a, jeweils auch in Verbindung mit § 18 Absatz 2 und 3

insoweit nicht anwendbar. ²§ 4 Absatz 2 der Gewerbeordnung gilt entsprechend.

[1)] Auszugsweise abgedruckt unter Nr. **6**.
[2)] Nr. **6**.

(2) In den Fällen

1. des § 34c Absatz 1 Satz 1 Nummer 1 oder Nummer 3 der Gewerbeordnung[1] sind die §§ 2, 4 bis 8, 10 bis 18 Absatz 1 Nummer 1, 2, 4, 5 und 7 bis 13, jeweils auch in Verbindung mit § 18 Absatz 2 und 3,

2. des § 34c Absatz 1 Satz 1 Nummer 4 der Gewerbeordnung[1] sind die §§ 9, 11, 15 bis 15b, 18 Absatz 1 Nummer 6, 8, 11, 11a, jeweils auch in Verbindung mit § 18 Absatz 2 und 3

auch anzuwenden, wenn der im Inland niedergelassene Gewerbetreibende die Dienstleistungsfreiheit in einem anderen Mitgliedstaat der Europäischen Union oder einem anderen Vertragsstaat des Abkommens über den Europäischen Wirtschaftsraum in Anspruch nimmt und dort vorübergehend selbständig tätig wird.

§ 20 Übergangsvorschriften. Gewerbetreibende, die Vermögenswerte des Auftraggebers nach den §§ 3 oder 7 Abs. 1 in der bis zum 28. Februar 1991 geltenden Fassung abzusichern haben, können die Verträge weiterhin nach diesen Vorschriften abwickeln.

§ 21 Berlin-Klausel. (gegenstandslos)

§ 22 (Inkrafttreten)

---

[1] Nr. 6.

7 MaBV Anl. 1

Anlage 1
(zu § 15b Absatz 1)

A. Inhaltliche Anforderungen an die Weiterbildung für Immobilienmakler

1. Kundenberatung
1.1 Serviceerwartungen des Kunden
1.2 Besuchsvorbereitung/Kundengespräch/Kundensituation
1.3 Kundenbetreuung

2. Grundlagen des Maklergeschäfts
2.1 Teilmärkte des Immobilienmarktes
2.2 Preisbildung am Immobilienmarkt
2.3 Objektangebot und Objektanalyse
2.4 Die Wertermittlung
2.5 Gebäudepläne, Bauzeichnungen und Baubeschreibungen
2.6 Relevante Versicherungsarten im Immobilienbereich
2.7 Umwelt- und Energiethemen im Immobilienbereich

3. Rechtliche Grundlagen
3.1 Bürgerliches Gesetzbuch[1]
3.1.1 Allgemeines Vertragsrecht
3.1.2 Maklervertragsrecht
3.1.3 Mietrecht
3.1.4 Grundstückskaufvertragsrecht
3.1.5 Bauträgervertragsrecht
3.2 Grundbuchrecht
3.3 Wohnungseigentumsgesetz
3.4 Wohnungsvermittlungsgesetz
3.5 Zweckentfremdungsrecht
3.6 Geldwäschegesetz
3.7 Makler- und Bauträgerverordnung
3.8 Informationspflichten des Maklers
3.8.1 Dienstleistungs-Informationspflichten-Verordnung
3.8.2 Telemediengesetz
3.8.3 Preisangabenverordnung
3.8.4 Energieeinsparverordnung

4. Wettbewerbsrecht
4.1.1 Allgemeine Wettbewerbsgrundsätze
4.1.2 Unzulässige Werbung

5. Verbraucherschutz
5.1.1 Grundlagen des Verbraucherschutzes
5.1.2 Schlichtungsstellen

---

[1] Auszugsweise abgedruckt unter Nr. **2**.

5.1.3	Datenschutz	
6.	**Grundlagen Immobilien und Steuern**	
6.1	Einkommensteuern	
6.2	Körperschaftsteuern	
6.3	Gewerbesteuer	
6.4	Umsatzsteuer	
6.5	Bewertungsgesetzabhängige Steuern	
6.6	Spezielle Verkehrssteuern (Grunderwerb- und Grundsteuern)	
7.	**Grundlagen der Finanzierung**	
7.1	Allgemeine Investitionsgrundlage und Finanzierungsrechnung	
7.2	Kostenerfassung	
7.3	Eigenkapital und Kapitaldienstfähigkeit	
7.4	Kosten einer Finanzierung	
7.5	Kreditsicherung und Beleihungsprüfung	
7.6	Förderprogramme, Wohnriester	
7.7	Absicherung des Kreditrisikos im Todesfall	
7.8	Steuerliche Aspekte der Finanzierung	

B. Inhaltliche Anforderungen an die Weiterbildung für Wohnimmobilienverwalter

1.	**Grundlagen der Immobilienwirtschaft**	
1.1	Lebenszyklus der Immobilie	
1.2	Abgrenzung Facility Management – Gebäudemanagement	
1.3	Gebäudepläne, Bauzeichnungen und Baubeschreibungen	
1.4	Relevante Versicherungsarten im Immobilienbereich	
1.5	Umwelt- und Energiethemen im Immobilienbereich	
2.	**Rechtliche Grundlagen**	
2.1	Bürgerliches Gesetzbuch[1]	
2.1.1	Allgemeines Vertragsrecht	
2.1.2	Mietrecht	
2.1.3	Werkvertragsrecht	
2.1.4	Grundstücksrecht	
2.2	Grundbuchrecht	
2.3	Wohnungseigentumsgesetz	
2.4	Rechtsdienstleistungsgesetz	
2.5	Zweckentfremdungsrecht	
2.6	Makler- und Bauträgerverordnung	
2.7	Betriebskostenverordnung	
2.8	Heizkostenverordnung	
2.9	Trinkwasserverordnung	

---

[1] Auszugsweise abgedruckt unter Nr. **2**.

2.10	Wohnflächenverordnung
2.11	Grundzüge des Mietprozess- und Zwangsvollstreckungsrechts
2.12	Informationspflichten des Verwalters
2.12.1	Dienstleistungs-Informationspflichten-Verordnung
2.12.2	Telemediengesetz
2.12.3	Preisangabenverordnung
2.12.4	Energieeinsparverordnung
3.	**Kaufmännische Grundlagen**
3.1	Allgemeine kaufmännische Grundlagen
3.1.1	Grundzüge ordnungsgemäßer Buchführung
3.1.2	Externes und internes Rechnungswesen
3.2	Spezielle kaufmännische Grundlagen des WEG-Verwalters
3.2.1	Sonderumlagen/Instandhaltungsrücklage
3.2.2	Erstellung der Jahresabrechnung und des Wirtschaftsplans
3.2.3	Hausgeld, Mahnwesen
3.3	Spezielle kaufmännische Grundlagen des Mietverwalters
3.3.1	Rechnungswesen
3.3.2	Verwaltung von Konten
3.3.3	Bewirtschaftung
4.	**Verwaltung von Wohnungseigentumsobjekten**
4.1	Begründung von Wohnungs- und Teileigentum
4.2	Teilungserklärung und Gemeinschaftsordnung
4.3	Rechte und Pflichten der Wohnungseigentümer
4.4	Pflichten des WEG-Verwalters
4.4.1	Durchführung von Eigentümerversammlungen
4.4.2	Beschlussfassung
4.4.3	Umsetzung von Beschlüssen der Eigentümerversammlung
4.5	Sonstige Aufgaben des WEG-Verwalters
4.5.1	Verwalterbestellung, Verwaltervertrag
4.5.2	Verwaltungsbeirat
4.5.3	Konflikt-, Beschwerde- und Sozialmanagement
4.6	Objektmanagement
5.	**Verwaltung von Mietobjekten**
5.1	Bewirtschaftung von Mietobjekten
5.2	Objektmanagement
5.3	Konflikt-, Beschwerde- und Sozialmanagement
5.4	Sonstige Aufgaben des Mietverwalters
5.4.1	Vermietung
5.4.1.1	Mieterauswahl
5.4.1.2	Ausgestaltung des Mietvertrages
5.4.1.3	Mieterhöhungen und Mietsicherheiten
5.4.2	Allgemeine Verwaltung der Mietwohnung

Makler- und Bauträgerverordnung **Anl. 2 MaBV 7**

5.4.2.1	Bearbeitung von Mängelanzeigen
5.4.2.2	Erstellung von Betriebskostenabrechnungen
5.4.2.3	Beendigung und Abwicklung von Mietverhältnissen
6.	**Technische Grundlagen der Immobilienverwaltung**
6.1	Baustoffe und Baustofftechnologie
6.2	Haustechnik
6.3	Erkennen von Mängeln
6.4	Verkehrssicherungspflichten
6.5	Instandhaltungs- und Instandsetzungsplanung; modernisierende Instandhaltung
6.6	Energetische Gebäudesanierung und Modernisierung
6.7	Altersgerechte und barrierefreie Umbauten
6.8	Fördermitteleinsatz; Beantragung von Fördermitteln
6.9	Dokumentation
7.	**Wettbewerbsrecht**
7.1.1	Allgemeine Wettbewerbsgrundsätze
7.1.2	Unzulässige Werbung
8.	**Verbraucherschutz**
8.1.1	Grundlagen des Verbraucherschutzes
8.1.2	Schlichtungsstellen
8.1.3	Datenschutz

Anlage 2
(zu § 15b Absatz 1)

Anforderungen an die Qualität der Weiterbildungsmaßnahme

Einer Weiterbildungsmaßnahme muss eine Planung zugrunde liegen, sie muss systematisch organisiert und die Qualität derjenigen, die die Weiterbildung durchführen, muss sichergestellt sein.

1. Planung

1.1 Die Weiterbildungsmaßnahme ist mit zeitlichem Vorlauf zu ihrer Durchführung konzipiert.

1.2 Die Weiterbildungsmaßnahme ist in nachvollziehbarer Form für die Teilnehmer beschrieben.

1.3 Der Weiterbildungsmaßnahme liegt eine Ablaufplanung zugrunde, auf die sich die Durchführung stützt.

2. Systematische Organisation

2.1 Teilnehmer erhalten im Vorfeld der Weiterbildungsmaßnahme eine Information bzw. eine Einladung in Textform.

2.2 Die Information bzw. die Einladung enthält eine Beschreibung der Weiterbildungsmaßnahme, aus der die Teilnehmer die erwerbbaren Kompetenzen sowie den Umfang der Weiterbildungsmaßnahme in Zeitstunden entnehmen können.

2.3 Die Anwesenheit des Teilnehmers wird vom Durchführenden der Weiterbildungsmaßnahme verbindlich dokumentiert und nachvollziehbar archiviert. Dies gilt auch für Lernformen wie dem selbstgesteuerten Lernen, dem blended-Learning und dem e-Learning. Bei Weiterbildungsmaßnahmen im Selbststudium ist eine nachweisbare Lernerfolgskontrolle durch den Anbieter der Weiterbildung sicherzustellen.

3. Sicherstellung der Qualität der Durchführenden der Weiterbildung

3.1 Für diejenigen, die die Weiterbildungsmaßnahme durchführen, liegen Anforderungsprofile vor.

3.2 Systematische Prozesse stellen die Einhaltung dieser Anforderungen sicher.

Anlage 3
(zu § 15b Absatz 3)

Erklärung über die Erfüllung der Weiterbildungsverpflichtung nach § 34c Absatz 2a GewO[1] i. V. m. § 15b Absatz 1 MaBV

für den Zeitraum ...

Name, Vorname, ggf. Unternehmensbezeichnung des Gewerbetreibenden
Bei juristischen Personen: Name, Vorname des gesetzlichen Vertreters
Straße, Hausnummer
PLZ　　　　Ort
Telefon*　　Fax*　　E-Mail*
Bezeichnung der Weiterbildungsmaßnahme, Datum, Inhalt, Umfang (Stunden), in Anspruch genommener Weiterbildungsanbieter

* (Angaben sind freiwillig)

Ich bestätige, dass die nach § 34c Absatz 2a GewO[1] bestehende Verpflichtung zur Weiterbildung eingehalten worden ist.

Ort, Datum, Unterschrift des Gewerbetreibenden

---

[1] Nr. **6**.

8. Verordnung über Abschlagszahlungen bei Bauträgerverträgen

Vom 23. Mai 2001

(BGBl. I S. 981)

FNA 402-28-2

zuletzt geänd. durch Art. 4 G zur Reform des Bauvertragsrechts, zur Änd. der kaufrechtlichen Mängelhaftung, zur Stärkung des zivilprozessualen Rechtsschutzes und zum maschinellen Siegel im Grundbuch- und Schiffsregisterverfahren v. 28.4.2017 (BGBl. I S. 969)

Auf Grund des § 27a des AGB-Gesetzes in der Fassung der Bekanntmachung vom 29. Juni 2000 (BGBl. I S. 946) verordnet das Bundesministerium der Justiz im Einvernehmen mit dem Bundesministerium für Wirtschaft und Technologie:

§ 1 Zulässige Abschlagszahlungsvereinbarungen. [1] In Werkverträgen, die die Errichtung oder den Umbau eines Hauses oder eines vergleichbaren Bauwerks auf einem Grundstück zum Gegenstand haben und zugleich die Verpflichtung des Unternehmers enthalten, dem Besteller das Eigentum an dem Grundstück zu übertragen oder ein Erbbaurecht zu bestellen oder zu übertragen, kann der Besteller zur Leistung von Abschlagszahlungen entsprechend § 3 Abs. 2 der Makler- und Bauträgerverordnung[1)] unter den Voraussetzungen ihres § 3 Abs. 1 verpflichtet werden. [2] Unter den Voraussetzungen des § 7 der Makler- und Bauträgerverordnung kann der Besteller auch abweichend von ihrem § 3 Abs. 1 und 2 zur Leistung von Abschlagszahlungen verpflichtet werden. [3] § 650m Absatz 2 und 3 des Bürgerlichen Gesetzbuchs[2)] findet Anwendung.

§ 2 Betroffene Verträge. [1] Diese Verordnung ist auch auf zwischen dem 1. Mai 2000 und dem 29. Mai 2001 abgeschlossene Verträge anzuwenden. [2] Dies gilt nicht, soweit zwischen den Vertragsparteien ein rechtskräftiges Urteil ergangen oder ein verbindlich gewordener Vergleich abgeschlossen worden ist.

§ 2a Übergangsregelung. Die Verordnung ist in ihrer vom 1. Januar 2009 an geltenden Fassung nur auf Schuldverhältnisse anzuwenden, die seit diesem Tag entstanden sind.

§ 3 Inkrafttreten. Diese Verordnung tritt am Tage nach der Verkündung[3)] in Kraft.

[1)] Nr. **7**.
[2)] Nr. **2**.
[3)] Verkündet am 28.5.2001.

9. Gesetz über die Sicherung der Bauforderungen (Bauforderungssicherungsgesetz – BauFordSiG)

Vom 1. Juni 1909

Reichsgesetzbl. S. 449, verk. am 7.6.1909[1)]

FNA 213-2

zuletzt geänd. durch Art. 1 ÄndG v. 29.7.2009 (BGBl. I S. 2436)

Erster Abschnitt. Allgemeine Sicherungsmaßregeln

§ 1 [Verwendung von Baugeld; Begriff des Baugeldes] (1) [1]Der Empfänger von Baugeld ist verpflichtet, das Baugeld zur Befriedigung solcher Personen, die an der Herstellung oder dem Umbau des Baues auf Grund eines Werk-, Dienst- oder Kaufvertrags beteiligt sind, zu verwenden. [2]Eine anderweitige Verwendung des Baugeldes ist bis zu dem Betrag statthaft, in welchem der Empfänger aus anderen Mitteln Gläubiger der bezeichneten Art bereits befriedigt hat. [3]Die Verpflichtung nach Satz 1 hat auch zu erfüllen, wer als Baubetreuer bei der Betreuung des Bauvorhabens zur Verfügung über die Finanzierungsmittel des Bestellers ermächtigt ist.

(2) Ist der Empfänger selbst an der Herstellung oder dem Umbau beteiligt, so darf er das Baugeld in Höhe des angemessenen Wertes der von ihm erbrachten Leistungen für sich behalten.

(3) [1]Baugeld sind Geldbeträge,

1. die zum Zweck der Bestreitung der Kosten eines Baues oder Umbaues in der Weise gewährt werden, dass zur Sicherung der Ansprüche des Geldgebers eine Hypothek oder Grundschuld an dem zu bebauenden Grundstück dient oder die Übertragung eines Eigentums an dem Grundstück erst nach gänzlicher oder teilweiser Herstellung des Baues oder Umbaues erfolgen soll, oder
2. die der Empfänger von einem Dritten für eine im Zusammenhang mit der Herstellung des Baues oder Umbaues stehende Leistung, die der Empfänger dem Dritten versprochen hat, erhalten hat, wenn an dieser Leistung andere Unternehmer (§ 14 des Bürgerlichen Gesetzbuchs) auf Grund eines Werk-, Dienst- oder Kaufvertrags beteiligt waren.

[2]Beträge, die zum Zweck der Bestreitung der Kosten eines Baues oder Umbaues gewährt werden, sind insbesondere Abschlagszahlungen und solche, deren Auszahlung ohne nähere Bestimmung des Zweckes der Verwendung nach Maßgabe des Fortschrittes des Baues oder Umbaues erfolgen soll.

(4) Ist die Baugeldeigenschaft oder die Verwendung des Baugeldes streitig, so trifft die Beweislast den Empfänger.

§ 2 [Strafvorschriften] Baugeldempfänger, welche ihre Zahlungen eingestellt haben oder über deren Vermögen das Insolvenzverfahren eröffnet worden ist und deren in § 1 Abs. 1 bezeichnete Gläubiger zur Zeit der Zahlungseinstellung oder der Eröffnung des Insolvenzverfahrens benachteiligt sind, werden mit Freiheitsstrafe bis zu fünf Jahren oder Geldstrafe bestraft, wenn sie zum

---

[1)] Maßgebliche amtliche Quelle ist das BGBl. III.

Nachteil der bezeichneten Gläubiger den Vorschriften des § 1 zuwidergehandelt haben.

§§ 3, 4 *(aufgehoben)*

§ 5 *(nicht mehr belegt)*

§§ 6, 7 *(aufgehoben)*

§ 8[1] *(überholt)*

Zweiter Abschnitt.[2] Dingliche Sicherung der Bauforderungen

Erster bis Siebenter Titel. *(nicht anwendbar)*

§§ 9 bis 67 *(nicht anwendbar)*

---

[1] **Amtl. Anm.:** Zeitlich überholte Übergangsbestimmung
[2] **Amtl. Anm.:** Zweiter Abschnitt: Nicht anwendbar, da die in § 9 vorgesehenen landesrechtlichen Bestimmungen über den Geltungsbereich des Zweiten Abschnitts nicht erlassen worden sind

10. Verordnung über Sicherheit und Gesundheitsschutz auf Baustellen (Baustellenverordnung – BaustellV)[1)]

Vom 10. Juni 1998
(BGBl. I S. 1283)

FNA 805-3-5

zuletzt geänd. durch Art. 1 Erste ÄndVO v. 19.12.2022 (BGBl. 2023 I Nr. 1)

Auf Grund des § 19 des Arbeitsschutzgesetzes vom 7. August 1996 (BGBl. I S. 1246) verordnet die Bundesregierung:

§ 1 Ziele; Begriffe. (1) Diese Verordnung dient der wesentlichen Verbesserung von Sicherheit und Gesundheitsschutz der Beschäftigten auf Baustellen.

(2) Die Verordnung gilt nicht für Tätigkeiten und Einrichtungen im Sinne des § 2 des Bundesberggesetzes.

(3) ¹Baustelle im Sinne dieser Verordnung ist der Ort, an dem ein Bauvorhaben ausgeführt wird. ²Ein Bauvorhaben ist das Vorhaben, eine oder mehrere bauliche Anlagen zu errichten, zu ändern oder abzubrechen.

§ 2 Planung der Ausführung des Bauvorhabens. (1) Bei der Planung der Ausführung eines Bauvorhabens, insbesondere bei der Einteilung der Arbeiten, die gleichzeitig oder nacheinander durchgeführt werden, und bei der Bemessung der Ausführungszeiten für diese Arbeiten, sind die allgemeinen Grundsätze nach § 4 des Arbeitsschutzgesetzes zu berücksichtigen.

(2) ¹Für jede Baustelle, bei der

1. die voraussichtliche Dauer der Arbeiten mehr als 30 Arbeitstage beträgt und auf der mehr als 20 Beschäftigte gleichzeitig tätig werden, oder
2. der Umfang der Arbeiten voraussichtlich 500 Personentage überschreitet,

hat der nach § 4 Verantwortliche der zuständigen Behörde spätestens zwei Wochen vor Einrichtung der Baustelle eine Vorankündigung zu übermitteln, die mindestens die Angaben nach Anhang I enthält. ²Die Vorankündigung hat der nach § 4 Verantwortliche sichtbar auf der Baustelle auszuhängen und bei erheblichen Änderungen anzupassen.

(3) ¹Ist für eine Baustelle, auf der Beschäftigte mehrerer Arbeitgeber tätig werden, eine Vorankündigung zu übermitteln, oder werden auf einer Baustelle, auf der Beschäftigte mehrerer Arbeitgeber tätig werden, besonders gefährliche Arbeiten nach Anhang II ausgeführt, so hat der nach § 4 Verantwortliche dafür zu sorgen, daß vor Einrichtung der Baustelle ein Sicherheits- und Gesundheitsschutzplan erstellt wird. ²Der Plan muß die für die betreffende Baustelle anzuwendenden Arbeitsschutzbestimmungen erkennen lassen und besondere Maßnahmen für die besonders gefährlichen Arbeiten nach Anhang II enthal-

---

[1)] **Amtl. Anm.:** Diese Verordnung dient in Verbindung mit dem Arbeitsschutzgesetz der Umsetzung der EG-Richtlinie 92/57/EWG des Rates vom 24. Juni 1992 über die auf zeitlich begrenzte oder ortsveränderliche Baustellen anzuwendenden Mindestvorschriften für die Sicherheit und den Gesundheitsschutz (Achte Einzelrichtlinie im Sinne des Artikels 16 Abs. 1 der Richtlinie 89/391/EWG) (ABl. EG Nr. L 245 S. 6).

ten. ³ Erforderlichenfalls sind bei Erstellung des Planes betriebliche Tätigkeiten auf dem Gelände zu berücksichtigen.

(4) Ist für eine Baustelle, auf der jeder Beschäftigte für denselben Arbeitgeber tätig wird, eine Vorankündigung zu übermitteln, oder werden auf einer Baustelle, auf der jeder Beschäftigte für denselben Arbeitgeber tätig wird, besonders gefährliche Arbeiten nach Anhang II ausgeführt, so hat der nach § 4 Verantwortliche dafür zu sorgen, dass dieser Arbeitgeber vor Einrichtung der Baustelle über diejenigen Umstände auf dem Gelände unterrichtet wird, die in einen Sicherheits- und Gesundheitsschutzplan im Sinne von Absatz 3 Satz 2 und 3 einzubeziehen wären.

§ 3 Koordinierung. (1) ¹ Für Baustellen, auf denen Beschäftigte mehrerer Arbeitgeber tätig werden, hat der nach § 4 Verantwortliche einen oder mehrere geeignete Koordinatoren zu bestellen. ² Der Bauherr oder der von ihm nach § 4 beauftragte Dritte kann die Aufgaben des Koordinators selbst wahrnehmen.

(1a) Der Bauherr oder der von ihm beauftragte Dritte wird durch die Beauftragung geeigneter Koordinatoren nicht von seiner Verantwortung entbunden.

(2) Während der Planung der Ausführung des Bauvorhabens hat der Koordinator

1. die in § 2 Abs. 1 vorgesehenen Maßnahmen zu koordinieren,
2. den Sicherheits- und Gesundheitsschutzplan auszuarbeiten oder ausarbeiten zu lassen und
3. eine Unterlage mit den erforderlichen, bei möglichen späteren Arbeiten an der baulichen Anlage zu berücksichtigenden Angaben zu Sicherheit und Gesundheitsschutz zusammenzustellen.

(3) Während der Ausführung des Bauvorhabens hat der Koordinator

1. die Anwendung der allgemeinen Grundsätze nach § 4 des Arbeitsschutzgesetzes zu koordinieren,
2. darauf zu achten, daß die Arbeitgeber und die Unternehmer ohne Beschäftigte ihre Pflichten nach dieser Verordnung erfüllen,
3. den Sicherheits- und Gesundheitsschutzplan bei Änderungen in der Ausführung des Bauvorhabens, die sich auf die weitere Koordination auswirken, anzupassen oder anpassen zu lassen,
4. die Zusammenarbeit der Arbeitgeber zu organisieren und
5. die Überwachung der ordnungsgemäßen Anwendung der Arbeitsverfahren durch die Arbeitgeber zu koordinieren.

§ 4 Beauftragung. Die Maßnahmen nach § 2 und § 3 Abs. 1 Satz 1 hat der Bauherr zu treffen, es sei denn, er beauftragt einen Dritten, diese Maßnahmen in eigener Verantwortung zu treffen.

§ 5 Pflichten der Arbeitgeber. (1) Die Arbeitgeber haben bei der Ausführung der Arbeiten die erforderlichen Maßnahmen des Arbeitsschutzes insbesondere in bezug auf die

1. Instandhaltung der Arbeitsmittel,
2. Vorkehrungen zur Lagerung und Entsorgung der Arbeitsstoffe und Abfälle, insbesondere der Gefahrstoffe,

3. Anpassung der Ausführungszeiten für die Arbeiten unter Berücksichtigung der Gegebenheiten auf der Baustelle,
4. Zusammenarbeit zwischen Arbeitgebern und Unternehmern ohne Beschäftigte,
5. Wechselwirkungen zwischen den Arbeiten auf der Baustelle und anderen betrieblichen Tätigkeiten auf dem Gelände, auf dem oder in dessen Nähe die erstgenannten Arbeiten ausgeführt werden,
6. Ausführung besonders gefährlicher Arbeiten nach Anhang II auf der Baustelle

zu treffen sowie die Unterrichtung nach § 2 Absatz 4, die Hinweise des Koordinators und den Sicherheits- und Gesundheitsschutzplan zu berücksichtigen.

(2) Die Arbeitgeber haben die Beschäftigten in verständlicher Form und Sprache über die sie betreffenden Schutzmaßnahmen zu informieren.

(3) Die Verantwortlichkeit der Arbeitgeber für die Erfüllung ihrer Arbeitsschutzpflichten wird durch die Maßnahmen nach den §§ 2 und 3 nicht berührt.

§ 6 Pflichten sonstiger Personen. [1] Zur Gewährleistung von Sicherheit und Gesundheitsschutz der Beschäftigten haben auch die auf einer Baustelle tätigen Unternehmer ohne Beschäftigte die bei den Arbeiten anzuwendenden Arbeitsschutzvorschriften einzuhalten. [2] Sie haben die Hinweise des Koordinators sowie den Sicherheits- und Gesundheitsschutzplan zu berücksichtigen. [3] Die Sätze 1 und 2 gelten auch für Arbeitgeber, die selbst auf der Baustelle tätig sind.

§ 6a Beratung durch den Ausschuss für Arbeitsstätten. [1] Das Bundesministerium für Arbeit und Soziales wird in allen Fragen der Sicherheit und des Gesundheitsschutzes der Beschäftigten auf Baustellen durch den Ausschuss nach § 7 der Arbeitsstättenverordnung beraten. [2] § 7 Absatz 3 Satz 1 und Absatz 4 der Arbeitsstättenverordnung gilt entsprechend.

§ 7 Ordnungswidrigkeiten und Strafvorschriften. (1) Ordnungswidrig im Sinne des § 25 Abs. 1 Nr. 1 des Arbeitsschutzgesetzes handelt, wer vorsätzlich oder fahrlässig
1. entgegen § 2 Abs. 2 Satz 1 der zuständigen Behörde eine Vorankündigung nicht, nicht richtig, nicht vollständig oder nicht rechtzeitig übermittelt oder,
2. entgegen § 2 Abs. 3 Satz 1 nicht dafür sorgt, daß vor Einrichtung der Baustelle ein Sicherheits- und Gesundheitsschutzplan erstellt wird.

(2) Wer durch eine im Absatz 1 bezeichnete vorsätzliche Handlung Leben oder Gesundheit eines Beschäftigten gefährdet, ist nach § 26 Nr. 2 des Arbeitsschutzgesetzes strafbar.

§ 8 Inkrafttreten und Übergangsvorschrift. (1) Diese Verordnung tritt am ersten Tage des auf die Verkündung[1]) folgenden Kalendermonats in Kraft.

(2) Für Bauvorhaben, mit deren Ausführung bereits vor dem 1. April 2023 begonnen worden ist, bleiben die bisherigen Vorschriften maßgebend.

---

[1]) Verkündet am 18.6.1998.

Anhang I. [Pflichtangaben]

1. Ort der Baustelle,
2. Name und Anschrift des Bauherrn,
3. Art des Bauvorhabens,
4. Name und Anschrift des anstelle des Bauherrn verantwortlichen Dritten,
5. Name und Anschrift des Koordinators,
6. voraussichtlicher Beginn und voraussichtliche Dauer der Arbeiten,
7. voraussichtliche Höchstzahl der Beschäftigten auf der Baustelle,
8. Zahl der Arbeitgeber und Unternehmer ohne Beschäftigte, die voraussichtlich auf der Baustelle tätig werden,
9. Angabe der bereits ausgewählten Arbeitgeber und Unternehmer ohne Beschäftigte.

Anhang II. [Gefährliche Arbeiten]

Besonders gefährliche Arbeiten im Sinne des § 2 Abs. 3 sind:
1. Arbeiten, bei denen die Beschäftigten der Gefahr des Versinkens, des Verschüttetwerdens in Baugruben oder in Gräben mit einer Tiefe von mehr als 5 m oder des Absturzes aus einer Höhe von mehr als 7 m ausgesetzt sind,
2. Arbeiten, bei denen Beschäftigte ausgesetzt sind gegenüber
   a) biologischen Arbeitsstoffen der Risikogruppen 3 oder 4 im Sinne des § 3 Absatz 1 der Biostoffverordnung,
   b) gefährlichen Stoffen und Gemischen im Sinne des § 3 Absatz 1 in Verbindung mit Absatz 2
      aa) Nummer 1 Buchstabe a,
      bb) Nummer 1 Buchstabe f oder Nummer 2 Buchstabe a (jeweils Kategorie 1 oder 2) oder
      cc) Nummer 2 Buchstabe e, f oder g (jeweils Kategorie 1A oder 1B)
   der Gefahrstoffverordnung,
3. Arbeiten mit ionisierenden Strahlungen, die die Festlegung von Kontroll- oder Überwachungsbereichen im Sinne des Strahlenschutzgesetzes und der auf dessen Grundlage erlassenen Rechtsverordnungen erfordern,
4. Arbeiten in einem geringeren Abstand als 5 m von Hochspannungsleitungen,
5. Arbeiten, bei denen die unmittelbare Gefahr des Ertrinkens besteht,
6. Brunnenbau, unterirdische Erdarbeiten und Tunnelbau,
7. Arbeiten mit Tauchgeräten,
8. Arbeiten in Druckluft,
9. Arbeiten, bei denen Sprengstoff oder Sprengschnüre eingesetzt werden,
10. Aufbau oder Abbau von Massivbauelementen, wenn dazu aufgrund deren Masse kraftbetriebene Arbeitsmittel zum Heben von Lasten oder kraftbetriebene Arbeitsmittel zum anderweitigen Versetzen von Lasten eingesetzt werden.

11. Schlichtungs- und Schiedsordnung für Baustreitigkeiten (SOBau 2020) der Arbeitsgemeinschaft für Bau- und Immobilienrecht (ARGE Baurecht) im Deutschen Anwaltverein (DAV) (SOBau 2020)[1]

1. Oktober 2020

Nichtamtliche Inhaltsübersicht

Präambel

Buch 1. Mediation

§ 1	Anwendungsbereich
§ 2	Ziel der Mediation
§ 3	Schriftverkehr
§ 4	Vertraulichkeit
§ 5	Haftung der Mediatorin/des Mediators
§ 6	Honorare und Auslagen
§ 7	Mediationsvereinbarung und Mediatorenvertrag
§ 8	Einleitung des Verfahrens
§ 9	Anforderungen an die Mediatorin/den Mediator
§ 10	Verfahren der Mediation
§ 11	Verfahrensbeendigung
§ 12	Verjährungshemmung

Buch 2. Schlichtung

§ 1	Anwendungsbereich
§ 2	Ziel der Schlichtung
§ 3	Schriftverkehr
§ 4	Vertraulichkeit
§ 5	Haftung der Schlichtungsperson und der Präsidentin/des Präsidenten des DAV
§ 6	Honorare und Auslagen
§ 7	Ablehnung wegen Befangenheit
§ 8	Schlichtungsvereinbarung und Schlichtervertrag
§ 9	Einleitung des Verfahrens
§ 10	Anforderungen an die Schlichtungsperson
§ 11	Durchführung des Schlichtungsverfahrens
§ 12	Ergebnis der Schlichtung
§ 13	Verfahrensbeendigung
§ 14	Verjährungshemmung
§ 15	Anrufung der ordentlichen Gerichte/eines Schiedsgerichts

Buch 3. Schlichtungs- und Schiedsgutachtenverfahren

§ 1	Anwendungsbereich
§ 2	Ziel des Schiedsgutachtenverfahrens
§ 3	Schriftverkehr
§ 4	Vertraulichkeit
§ 5	Haftung der Schiedsgutachterin/des Schiedsgutachters
§ 6	Honorare und Auslagen
§ 7	Ablehnung wegen Befangenheit
§ 8	Schiedsgutachtenvereinbarung und Schiedsgutachtervertrag
§ 9	Einleitung des Verfahrens
§ 10	Bestimmung der Schiedsgutachterin/des Schiedsgutachters und Zustandekommen des Schiedsgutachtervertrags
§ 11	Durchführung des Verfahrens
§ 12	Beendigung des Schiedsgutachtenverfahrens

---

[1] Zitiert nach: http://arge-baurecht.com/service-fuer-mandanten/schlichterordnung/; Wiedergabe mit freundlicher Genehmigung der ARGE Baurecht im DAV (Littenstraße 11, 10179 Berlin).

§ 13 Verjährungshemmung

Buch 4. Schiedsrichterliches Verfahren und beschleunigtes Streitbeilegungs- und Feststellungsverfahren

Abschnitt 1. Gemeinsame Bestimmungen für das schiedsrichterliche Verfahren und das beschleunigte Streitbeilegungs- und Feststellungsverfahren

§ 1	Anwendungsbereich
§ 2	Ziel des schiedsrichterlichen Verfahrens und des beschleunigten Streitbeilegungs- und Feststellungsverfahrens
§ 3	Schriftverkehr
§ 4	Vertraulichkeit
§ 5	Haftung der Schiedsrichterin/des Schiedsrichters (nachfolgend einheitlich: Schiedspersonen)
§ 6	Honorare und Auslagen
§ 7	Ablehnung wegen Befangenheit
§ 8	Vertretung im Verfahren; Säumnis
§ 9	Beschleunigungsgrundsatz
§ 10	Gütliche Einigung
§ 11	Ergänzende Geltung der ZPO

Abschnitt 2. Das schiedsrichterliche Verfahren

§ 12	Einleitung des schiedsrichterlichen Verfahrens
§ 13	Schiedsgericht
§ 14	Bestellung der Schiedspersonen
§ 15	Mehrparteienanträge
§ 16	Verfahren
§ 17	Streitverkündung
§ 18	Beteiligung Dritter als Haupt- oder Nebenintervenienten
§ 19	Bestellung von Sachverständigen
§ 20	Beweiserhebung, Beweisbeschluss
§ 21	Verfahrensbeendigung
§ 22	Kostenentscheidung

Abschnitt 3. Beschleunigtes Streitbeilegungs- und Feststellungsverfahren

§ 23	Anwendungsbereich
§ 24	Feststellungsschiedsperson
§ 25	Vertretung im Verfahren
§ 26	Antragserweiterung, -änderung und -rücknahme
§ 27	Gegenantrag, Aufrechnung
§ 28	Dauer des Verfahrens
§ 29	Verfahrensgrundsätze
§ 30	Mündliche Verhandlung
§ 31	Entscheidung
§ 32	Wirkung der Entscheidung
§ 33	Widerspruch
§ 34	Nachverfahren

Präambel

Die Schlichtungs- und Schiedsordnung für Baustreitigkeiten der ARGE Baurecht im Deutschen Anwaltverein (DAV), Fassung 2020, besteht aus vier Büchern: Buch 1 befasst sich mit dem Mediationsverfahren, Buch 2 mit dem Schlichtungsverfahren, Buch 3 mit dem Schlichtungs- und Schiedsgutachtenverfahren und Buch 4 mit dem schiedsrichterlichen Verfahren einschließlich des beschleunigten Streitbeilegungs- und Feststellungsverfahrens.

Die Unterteilung in einzelne Bücher ermöglicht den Bauvertragsparteien die separate Anwendung einzelner Verfahren, ohne stets auf übergreifende Vorschriften (einen „Allgemeinen Teil") zurückgreifen zu müssen. Gleichzeitig ist je nach Vereinbarung der Bauvertragsparteien eine parallele bzw. nachfolgende Anwendung der unterschiedlichen Verfahren möglich.

Während das Mediations- und das Schlichtungsverfahren (einschließlich des Schlichtungsgutachtenverfahrens) auf die gemeinsame Mitwirkung der Bauvertragsparteien abstellen und das gefundene Ergebnis durch die Akzeptanz der Bauvertragsparteien bindend werden kann, endet das schiedsrichterliche Verfahren mit einem für die Bauvertragsparteien verbindlichen Schiedsspruch. Auch die Ergebnisse eines Schiedsgutachtenverfahrens sind für die Parteien bindend, denn auf ihnen bauen etwa anschließende Verfahren nach der SOBau und auch Verfahren vor den staatlichen Gerichten auf.

Das beschleunigte Streitbeilegungs- und Feststellungsverfahren schließlich ist mit Vereinbarung des schiedsrichterlichen Verfahrens automatisch vereinbart für Streitigkeiten über das Anordnungsrecht gemäß § 650b BGB[1)] oder über die Vergütungsanpassung gemäß § 650c BGB[1)]; für andere Streitfragen müssen die Bauvertragsparteien zusammen mit dem schiedsrichterlichen Verfahren festlegen, dass und welche sie diesem beschleunigten Streitbeilegungs- und Feststellungsverfahren unterstellen wollen. Ist ein solches beschleunigtes Verfahren eingeleitet, können während seiner Dauer diese Streitpunkte nicht Gegenstand eines Rechtsstreits vor den staatlichen Gerichten sein. Abschluss dieses Verfahrens ist eine Feststellung zur vorläufigen Regelung des Rechtsverhältnisses der Bauvertragsparteien, die später durch ein Schiedsgericht überprüft werden kann. Dieses Verfahren dient dazu, Streitigkeiten während einer Baumaßnahme jedenfalls vorläufig zu befrieden, um die Fortsetzung der Arbeiten auf der Baustelle zu ermöglichen.

Bauvertragsparteien wird empfohlen, explizit die jeweils gewünschte Anwendung einzelner oder aller Bücher der SOBau 2020 zu vereinbaren. Fehlt eine explizite Festlegung, dürfte im Rahmen der Auslegung davon auszugehen sein, dass vertragliche Bezugnahmen auf die SOBau, die vor der Veröffentlichung der SOBau 2020 erfolgten, die vorangehende Fassung meinen, während nach der Veröffentlichung der SOBau 2020 getroffene Bezugnahmen nach allgemeinen Auslegungsregeln die SOBau 2020 erfassen dürften.

Buch 1. Mediation

§ 1 Anwendungsbereich. (1) Die folgenden Vorschriften zum Verfahren der Mediation finden Anwendung, wenn die Parteien sich in einer Vereinbarung auf die Anwendung der SOBau und auf die Durchführung des Mediationsverfahrens gemäß Buch 1 geeinigt haben.

(2) [1]Die Einigung auf die Durchführung des Mediationsverfahrens nach den Bestimmungen dieses Buchs der SOBau kann jederzeit und formlos getroffen werden, sollte jedoch aus Beweisgründen schriftlich erfolgen. [2]Sie kann für eine Vielzahl von Streitigkeiten oder bezogen auf einen konkreten Streitfall geschlossen werden. [3]Sie kann mit der Einigung auf die Durchführung weiterer Verfahren nach der SOBau verbunden sein.

(3) Die nachfolgenden Bestimmungen sind – soweit nicht zwingende gesetzliche Regelungen entgegenstehen – auch dann anzuwenden, wenn der Ort des Bauvorhabens nicht in Deutschland liegt.

§ 2 Ziel der Mediation. [1]Ziel der Mediation ist es, die Parteien dabei zu unterstützen, einen Konflikt zu bearbeiten und zu lösen. [2]Die Mediatorin/Der

---

[1)] Nr. 2.

Mediator entscheidet nicht, sondern strukturiert und moderiert diesen Vorgang als neutrale Begleitung.

§ 3 Schriftverkehr. (1) [1]Die Parteien sollen die Form des Schriftverkehrs vereinbaren. [2]Sofern sie nichts anderes vereinbart haben, werden Schriftsätze und Anlagen in Schriftform und zugleich per E-Mail übermittelt. [3]Die sonstige Korrespondenz wird per E-Mail geführt; zwischen Anwältinnen/Anwälten ist die Korrespondenz über das besondere elektronische Anwaltspostfach (beA) zulässig. [4]Alle Schriftsätze, Schriftstücke und sonstigen Mitteilungen, die der Mediatorin/dem Mediator von einer Partei vorgelegt werden, sind zeitgleich der anderen Partei zu übermitteln.

(2) Wird eine Partei durch Bevollmächtigte vertreten, ist jeglicher Schriftverkehr mit diesen zu führen und Zustellungen haben an diese zu erfolgen.

§ 4 Vertraulichkeit. (1) [1]Das Verfahren ist nichtöffentlich. [2]Auf Antrag einer Partei oder auf Anregung der Mediatorin/des Mediators hin kann mit Zustimmung aller Parteien Dritten die Anwesenheit gestattet werden.

(2) [1]Sofern die Parteien nichts anderes vereinbart haben, sind die Parteien, die Mediatorin/der Mediator und sonstige mit dem Verfahren befasste Personen einschließlich Dritter, denen gemäß Absatz 1 die Teilnahme an Mediationstermen oder Einsicht in Verfahrensdokumente gestattet wurde, zur Verschwiegenheit über die Existenz des Verfahrens, die Namen von Parteien, den Gegenstand der Mediation, die Namen von gegebenenfalls hinzugezogenen oder zugelassenen Sachverständigen oder sonstigen Dritten sowie die ihnen im Verfahren bekannt gewordenen Tatsachen, die nicht öffentlich zugänglich sind, verpflichtet. [2]Die Mediatorin/Der Mediator muss auf Antrag einer Partei hin Dritte, die an einer Verhandlung teilnehmen oder Einsicht in Verfahrensdokumente erhalten, im Namen der Parteien zur Verschwiegenheit verpflichten.

(3) Die Pflicht zur Verschwiegenheit besteht nicht, wenn und soweit eine gesetzliche Pflicht zur Offenlegung bestimmter Inhalte des Verfahrens besteht.

§ 5 Haftung der Mediatorin/des Mediators. [1]Die Mediatorin/Der Mediator haftet nur für vorsätzlich oder grob fahrlässig begangene Pflichtverletzungen. [2]Für die Haftung von hinzugezogenen Sachverständigen oder Fachleuten gilt § 839a Abs. 1 BGB entsprechend.

§ 6 Honorare und Auslagen. Soweit nichts anderes vereinbart ist, gelten folgende Regelungen:

(1) [1]Die Vergütung der Mediatorin/des Mediators erfolgt auf Basis eines Stundenhonorars. [2]Die Höhe des Stundenhonorars ist mit ihr/ihm zu vereinbaren. [3]Sie/Er hat eine Zeitaufwandserfassung anzufertigen, so dass die Parteien nachvollziehen können, wie der Aufwand entstanden ist.

(2) Die Parteien haben alle notwendigen Auslagen der Mediatorin/des Mediators zu tragen.

(3) Die Parteien haften der Mediatorin/dem Mediator als Gesamtschuldner.

(4) Die Mediatorin/Der Mediator kann in jedem Stadium des Verfahrens zur Deckung ihrer/seiner notwendigen Auslagen und des Honorars sowie für die Kosten für beigezogene Sachverständige und Fachleute Vorschüsse anfordern.

§ 7 Mediationsvereinbarung und Mediatorenvertrag. (1) ¹Auf Grundlage der Einigung über die Durchführung der Mediation treffen die Parteien eine Mediationsvereinbarung. ²Die Mediationsvereinbarung muss mindestens die Grundzüge des mit der Mediatorin/dem Mediator zu bearbeitenden Konflikts sowie die Grundsätze umfassen, nach denen die Kosten der Mediation zu verteilen sind.

(2) ¹Auf Grundlage der Mediationsvereinbarung schließen die Parteien mit der Mediatorin/dem Mediator den Mediatorenvertrag ab. ²Dieser Vertrag soll folgenden Mindestinhalt haben:
- Gegenstand der Mediation,
- Pflichten der Auftraggebenden des Mediatorenvertrags (d.h. der Parteien der Mediationsvereinbarung) und der Mediatorin/des Mediators,
- Haftung der Mediatorin/des Mediators,
- Vergütung der Mediatorin/des Mediators.

§ 8 Einleitung des Verfahrens. (1) ¹Das Verfahren beginnt mit der schriftlichen Aufforderung einer Partei an die andere Partei, eine Mediation durchzuführen. ²In dem Aufforderungsschreiben sind, unter Hinweis auf die Einigung über die Durchführung der Mediation, der zu klärende Konflikt zu benennen und eine Mediatorin/ein Mediator vorzuschlagen.

(2) ¹Die andere Partei hat binnen 14 Tagen der auffordernden Partei mitzuteilen, ob die Mediation durchgeführt werden soll. ²Dabei stimmt sie entweder der/dem von der auffordernden Partei vorgeschlagenen Mediatorin/Mediator zu oder benennt eine andere/einen anderen. ³Können sich die Parteien nicht binnen einer Frist von vier Wochen auf eine Mediatorin/einen Mediator einigen, ist die Mediation gescheitert. ⁴Dasselbe gilt, wenn die andere Partei nicht rechtzeitig die Erklärung gemäß Satz 1 abgibt.

§ 9 Anforderungen an die Mediatorin/den Mediator. (1) Die Mediatorin/Der Mediator soll je nach Streitgegenstand über Kenntnisse in bautechnischen, baubetriebswirtschaftlichen und/oder baurechtlichen Fragen sowie der außergerichtlichen Streitlösung verfügen.

(2) Die Mediatorin/Der Mediator hat sich gegenüber den Parteien schriftlich zur Unparteilichkeit, Unabhängigkeit und umfassenden Verschwiegenheit zu verpflichten.

(3) Die Parteien können auch mehrere Personen als Mediatoren bestellen.

(4) Mit Zustimmung der Parteien kann die Mediatorin/der Mediator fachkundige Dritte hinzuziehen.

(5) In einem ggf. nachfolgenden schiedsrichterlichen Verfahren kann der/die Mediator/-in nicht als Schiedsrichter/-in tätig werden.

(6) Die Mediatorin/Der Mediator sowie von ihr/ihm beigezogene fachkundige Dritte können in einem späteren schiedsrichterlichen Verfahren wie auch in einem Gerichtsverfahren vor staatlichen Gerichten nicht Zeuge für Tatsachen sein, die ihr/ihm während des Mediationsverfahrens offenbart werden.

§ 10 Verfahren der Mediation. (1) ¹Die Mediatorin/Der Mediator bestimmt den Ablauf des Verfahrens in Abstimmung mit den Parteien nach pflichtgemäßem Ermessen. ²Sie/Er leitet das Verfahren durch eine entsprechende Mitteilung an die Parteien ein.

(2) Vergleiche sind schriftlich abzufassen und von den Parteien zu unterzeichnen.

(3) Einzelgespräche kann die Mediatorin/der Mediator mit den Parteien führen, sofern die jeweils andere Partei darin eingewilligt hat.

§ 11 Verfahrensbeendigung. (1) Das Mediationsverfahren endet ganz oder teilweise

- durch einen Vergleich der Parteien; durch einen Teilvergleich nur dann, wenn mindestens eine Partei erklärt, dass das Mediationsverfahren nicht fortgeführt werden soll,
- wenn eine Partei es für beendet erklärt, sofern zuvor mindestens eine Mediationssitzung oder innerhalb von zwei Monaten ab Bestellung der Mediatorin/ des Mediators keine Mediationssitzung stattgefunden hat; die Erklärung erfolgt schriftlich gegenüber der Mediatorin/dem Mediator,
- durch die schriftliche Erklärung der Mediatorin/des Mediators, dass das Verfahren nicht fortgesetzt wird,
- wenn das Verfahren länger als sechs Monate nicht mehr betrieben wird.

(2) Die Mediatorin/Der Mediator stellt die Beendigung des Verfahrens unter Datumsangabe gegenüber den Parteien schriftlich fest.

§ 12 Verjährungshemmung. [1] Durch den Zugang der Aufforderung gemäß § 8 Abs. 1 wird die Verjährung der geltend gemachten Ansprüche gehemmt. [2] Die Hemmung nach Satz 1 endet frühestens drei Monate nach Beendigung des Mediationsverfahrens gemäß § 11.

Buch 2. Schlichtung

§ 1 Anwendungsbereich. (1) Die folgenden Vorschriften zum Verfahren der Schlichtung finden Anwendung, wenn die Parteien sich in einer Vereinbarung auf die Anwendung der SOBau und auf die Durchführung des Schlichtungsverfahrens gemäß Buch 2 geeinigt haben.

(2) [1] Die Einigung auf die Durchführung des Schlichtungsverfahrens nach den Bestimmungen dieses Buchs der SOBau kann jederzeit und formlos getroffen werden, sollte jedoch aus Beweisgründen schriftlich erfolgen. [2] Sie kann für eine Vielzahl von Streitigkeiten oder bezogen auf einen konkreten Streitfall geschlossen werden. [3] Sie kann mit der Einigung auf die Durchführung weiterer Verfahren nach der SOBau verbunden sein.

(3) Die nachfolgenden Bestimmungen sind – soweit nicht zwingende gesetzliche Regelungen entgegenstehen – auch dann anzuwenden, wenn der Ort des Bauvorhabens nicht in Deutschland liegt.

§ 2 Ziel der Schlichtung. Ziel der Schlichtung ist die einvernehmliche Streitbeilegung, die auch auf einen Vorschlag der Schlichterin/des Schlichters (nachfolgend einheitlich: der Schlichtungsperson) hin erfolgen kann.

§ 3 Schriftverkehr. (1) [1] Die Parteien sollen die Form des Schriftverkehrs vereinbaren. [2] Sofern sie nichts anderes vereinbart haben, werden Schriftsätze und Anlagen in Schriftform und zugleich per E-Mail übermittelt. [3] Die sonstige Korrespondenz wird per E-Mail geführt, zwischen Anwältinnen und Anwälten ist die Korrespondenz über das besondere elektronische Anwaltspostfach (beA) zulässig. ⁴Alle Schriftsätze, Schriftstücke und sonstigen Mitteilungen, die der Schlichtungsperson von einer Partei vorgelegt werden, sind zeitgleich den anderen Parteien zu übermitteln.

(2) ¹Sofern in diesem Buch eine Zustellung vorgeschrieben ist, hat diese gegen Zustellungsnachweis (z.B. Empfangsbekenntnis des Parteibevollmächtigen oder Einschreiben gegen Rückschein) zu erfolgen. ²Ist ein zuzustellendes Schriftstück auf andere Weise zugegangen, gilt die Zustellung als im Zeitpunkt des tatsächlichen Zugangs bewirkt.

(3) Wird eine Partei durch Bevollmächtigte vertreten, ist jeglicher Schriftverkehr mit diesen zu führen und Zustellungen haben an diese zu erfolgen.

§ 4 Vertraulichkeit. (1) ¹Das Verfahren ist nichtöffentlich. ²Auf Antrag einer Partei oder auf Anregung der Schlichtungsperson kann mit Zustimmung aller Parteien Dritten die Anwesenheit gestattet werden.

(2) ¹Sofern die Parteien nichts anderes vereinbart haben, sind die Parteien, die Schlichtungsperson und sonstige mit dem Verfahren befasste Personen einschließlich Dritter, denen gemäß Absatz 1 die Teilnahme an Schlichtungsterminen oder Einsicht in Verfahrensdokumente gestattet wurde, zur Verschwiegenheit über die Existenz des Verfahrens, die Namen von Parteien, den Gegenstand des Schlichtungsverfahrens, die Namen von gegebenenfalls hinzugezogenen oder zugelassenen Sachverständigen oder sonstigen Dritten, die Schlichtungsvorschläge sowie die ihnen im Verfahren bekannt gewordenen Tatsachen, die nicht öffentlich zugänglich sind, verpflichtet. ²Die Schlichtungsperson muss auf Antrag einer Partei hin Dritte, die an einer Verhandlung teilnehmen oder Einsicht in Verfahrensdokumente erhalten, im Namen der Parteien zur Verschwiegenheit verpflichten.

(3) Die Pflicht zur Verschwiegenheit besteht nicht, wenn und soweit eine gesetzliche Pflicht zur Offenlegung bestimmter Inhalte des Verfahrens besteht.

§ 5 Haftung der Schlichtungsperson und der Präsidentin/des Präsidenten des DAV. ¹Die Schlichtungsperson haftet nur für vorsätzlich und grob fahrlässig begangene Pflichtverletzungen. ²Für die Haftung von hinzugezogenen Sachverständigen oder Fachleuten gilt § 839a Abs. 1 BGB entsprechend. ³Die Haftung der Präsidentin/des Präsidenten des DAV wegen der Bestellung der Schlichtungsperson ist auf Vorsatz beschränkt.

§ 6 Honorare und Auslagen. Soweit nichts anderes vereinbart ist, gelten folgende Regelungen:

(1) ¹Die Vergütung der Schlichtungsperson erfolgt auf Basis eines Stundenhonorars. ²Die Höhe des Stundenhonorars ist mit der Schlichtungsperson zu vereinbaren. ³Die Schlichtungsperson hat eine Zeitaufwandserfassung anzufertigen, so dass die Parteien nachvollziehen können, wie der Aufwand entstanden ist.

(2) Die Parteien haben alle notwendigen Auslagen der Schlichtungsperson zu tragen.

(3) Die Parteien haften der Schlichtungsperson als Gesamtschuldner.

(4) Die Schlichtungsperson kann in jedem Stadium des Verfahrens zur Deckung ihrer notwendigen Auslagen und des Honorars sowie für die Kosten für beigezogene Sachverständige und Fachleute Vorschüsse anfordern.

§ 7 Ablehnung wegen Befangenheit. ¹Ein Antrag wegen Besorgnis der Befangenheit gegen die Schlichtungsperson muss innerhalb von einer Woche nach Erlangung der Kenntnis vom Ablehnungsgrund gestellt werden. ²Die Ablehnung ist ausgeschlossen, wenn die ablehnende Partei in Kenntnis der die Ablehnung begründenden Umstände an einer Schlichtungsverhandlung teilgenommen hat.

§ 8 Schlichtungsvereinbarung und Schlichtervertrag. (1) ¹Auf der Grundlage der Einigung über die Durchführung der Schlichtung treffen die Parteien eine Schlichtungsvereinbarung. ²Die Schlichtungsvereinbarung muss mindestens die Grundzüge des mit der Schlichtungsperson zu bearbeitenden Konflikts sowie die Grundsätze umfassen, nach denen die Kosten der Schlichtung zu verteilen sind.

(2) ¹Auf Grundlage der Schlichtungsvereinbarung schließen die Parteien mit der Schlichtungsperson den Schlichtervertrag ab. ²Dieser Vertrag soll folgenden Mindestinhalt haben:

- Gegenstand der Schlichtung,
- Pflichten der Auftraggebenden des Schlichtungsvertrags (d.h. der Parteien der Schlichtungsvereinbarung) und der Schlichtungsperson,
- Haftung der Schlichtungsperson,
- Vergütung der Schlichtungsperson,
- Verpflichtung der Schlichtungsperson gegenüber den Parteien zur Unparteilichkeit, Unabhängigkeit und umfassenden Verschwiegenheit.

§ 9 Einleitung des Verfahrens. (1) ¹Das Verfahren beginnt mit der schriftlichen Aufforderung einer Partei an die andere Partei, ein Schlichtungsverfahren durchzuführen. ²In dem Aufforderungsschreiben sind unter Hinweis auf die Einigung über die Durchführung des Schlichtungsverfahrens der zu klärende Konflikt zu benennen und eine Schlichtungsperson vorzuschlagen.

(2) ¹Die andere Partei hat binnen 14 Tagen nach Zugang der Aufforderung gemäß Abs. 1 der auffordernden Partei mitzuteilen, ob die Schlichtung durchgeführt werden soll. ²Dabei stimmt sie entweder der von der auffordernden Partei vorgeschlagenen Schlichtungsperson zu oder benennt eine andere. ³Können sich die Parteien nicht binnen einer Frist von vier Wochen nach Zugang der Aufforderung gemäß Abs. 1 auf eine Schlichtungsperson einigen, erfolgt die Bestellung auf Antrag einer der Parteien hin innerhalb von zwei weiteren Wochen durch die Präsidentin/den Präsidenten des DAV auf Vorschlag des Geschäftsführenden Ausschusses der ARGE Baurecht. ⁴Solange die Bestellung durch die Präsidentin/den Präsidenten des DAV nicht allen Parteien zugegangen ist, können sich die Parteien auf die Schlichtungsperson einigen.

(3) Gibt die andere Partei nicht rechtzeitig die Erklärung gemäß Abs. 2 Satz 1 ab oder erklärt sie, die Durchführung der Schlichtung abzulehnen, ist die Schlichtung gescheitert.

§ 10 Anforderungen an die Schlichtungsperson. (1) ¹Die Schlichtungsperson soll die Befähigung zum Richteramt haben, sofern die Parteien nichts anderes bestimmt haben. ²Sie soll je nach Streitgegenstand über Kenntnisse in bautechnischen, baubetriebswirtschaftlichen und/oder baurechtlichen Fragen sowie der außergerichtlichen Streitlösung verfügen.

(2) Die Schlichtungsperson hat sich gegenüber den Parteien schriftlich zur Unparteilichkeit, Unabhängigkeit und umfassenden Verschwiegenheit zu verpflichten.

(3) Die Parteien können auch mehrere Personen als Schlichtungspersonen bestellen.

(4) Mit Zustimmung der Parteien kann die Schlichtungsperson fachkundige Dritte hinzuziehen.

(5) In einem ggf. nachfolgenden schiedsrichterlichen Verfahren soll die Schlichtungsperson nur dann als Schiedsrichterin/als Schiedsrichter tätig werden, wenn sich die Parteien damit einverstanden erklären.

(6) Die Schlichtungsperson kann in einem späteren schiedsrichterlichen wie auch in einem Gerichtsverfahren vor staatlichen Gerichten nicht Zeugin/Zeuge für Tatsachen sein, die ihr während des Schlichtungsverfahrens offenbart werden.

§ 11 Durchführung des Schlichtungsverfahrens. (1) ¹Die Schlichtungsperson bestimmt den Ablauf des Verfahrens in Abstimmung mit den Parteien nach pflichtgemäßem Ermessen. ²Sie leitet das Verfahren durch eine entsprechende Mitteilung an die Parteien ein.

(2) ¹Die Schlichtungsperson soll unverzüglich den Streitfall mit den Parteien erörtern. ²Sie kann zur Aufklärung des Sachverhalts alle Handlungen vornehmen, die dem Ziel einer zügigen Streitbeilegung dienen. ³Insbesondere kann sie im Einvernehmen mit den Parteien diese einzeln und auch in Abwesenheit der jeweils anderen Partei befragen. ⁴Die Schlichtungsperson ist befugt, die Schlichtungsverhandlung am Ort des Bauvorhabens anzuberaumen, das Bauvorhaben in Augenschein zu nehmen sowie fachkundige Dritte oder Sachverständige hinzuzuziehen.

(3) ¹Sofern der Streitfall nicht eine andere Verfahrensweise erfordert, gibt die Schlichtungsperson den Parteien Gelegenheit, schriftlich zum Streitfall vorzutragen. ²Hierfür bestimmt sie eine dem Streitfall angemessene Frist, die in der Regel nicht weniger als zwei Wochen und nicht mehr als vier Wochen betragen soll. ³Die Bestimmung der Frist kann zugleich mit der Mitteilung über die Einleitung des Verfahrens erfolgen. ⁴Weitere schriftliche Stellungnahmen und Eingaben der Parteien werden nur berücksichtigt, wenn sie *vom*[1]) Schlichtungsperson angefordert, von ihr ausdrücklich zugelassen oder von beiden Parteien einvernehmlich für erforderlich erachtet werden.

(4) ¹Die Parteien sind dazu verpflichtet, auf eine zügige und zielgerichtete Abwicklung des Schlichtungsverfahrens hinzuwirken. ²Sie sind an die von der Schlichtungsperson gesetzten Fristen gebunden. ³Fristverlängerungen sind in Ausnahmefällen nach billigem Ermessen der Schlichtungsperson zu gewähren.

§ 12 Ergebnis der Schlichtung. (1) Vereinbarungen der Parteien sind zu protokollieren; das Protokoll soll von der Schlichtungsperson und den Parteien unterzeichnet werden.

(2) ¹Soweit die Parteien sich nicht geeinigt haben, unterbreitet die Schlichtungsperson einen schriftlich begründeten Schlichtungsvorschlag, der den Parteien zuzustellen ist. ²Wird der Vorschlag nicht binnen zwei Wochen nach der

---

[1]) Wortlaut amtlich.

jeweiligen Zustellung an eine Partei von dieser und im Ergebnis fristgerecht von beiden Parteien angenommen, gilt er als abgelehnt. ³ Sind mehr als zwei Parteien an dem Schlichtungsverfahren beteiligt und wird von einer Partei der Vorschlag nicht fristgerecht angenommen, so gilt die Schlichtung als mit dieser Partei gescheitert. ⁴ Die Schlichtungsperson kann die Annahmefrist abkürzen.

(3) Erscheint eine Partei nicht zur Schlichtungsverhandlung oder wird der Schlichtungsvorschlag abgelehnt, gilt die Schlichtung als gescheitert.

§ 13 Verfahrensbeendigung. (1) Die Schlichtung endet ganz oder teilweise:

- durch eine schriftliche Einigung der Parteien (Vergleich),
- durch fristgerechte Annahme des Schlichtungsvorschlags durch alle Parteien,
- mit Ablauf von zwei Wochen nach Zustellung des Schlichtungsvorschlags, ohne dass die Parteien diesen angenommen haben (§ 12 Abs. 2 Sätze 2 und 3),
- durch die schriftliche Erklärung der Schlichtungsperson, dass die Schlichtung gescheitert ist,
- durch schriftliche Erklärung mindestens einer Partei, dass die Schlichtung abgebrochen wird,
- wenn das Verfahren länger als sechs Monate nicht betrieben wird.

(2) Die Schlichtungsperson stellt die Beendigung des Verfahrens unter Datumsangabe gegenüber den Parteien schriftlich fest.

§ 14 Verjährungshemmung. ¹ Durch den Zugang der Aufforderung gemäß § 9 Abs. 1 wird die Verjährung der geltend gemachten Ansprüche gehemmt. ² Die Hemmung nach Satz 1 endet frühestens drei Monate nach Scheitern des Schlichtungsverfahrens gemäß § 9 Abs. 3 oder nach Beendigung des Schlichtungsverfahrens gemäß § 13.

§ 15 Anrufung der ordentlichen Gerichte/eines Schiedsgerichts.
¹ Während der Durchführung des Schlichtungsverfahrens ist die Anrufung eines ordentlichen Gerichts oder eines Schiedsgerichts nicht statthaft. ² Ausgenommen hiervon sind die Einleitung eines Arrest- (§§ 916 ff. ZPO) oder eines einstweiligen Verfügungsverfahrens (§§ 935 ff. ZPO) oder eines selbständigen Beweisverfahrens (§§ 485 ff. ZPO).

Buch 3. Schlichtungs- und Schiedsgutachtenverfahren

§ 1 Anwendungsbereich. (1) Die folgenden Vorschriften zum Schlichtungs- und Schiedsgutachtenverfahren finden Anwendung, wenn die Parteien sich in einer Vereinbarung auf die Anwendung der SOBau und auf die Durchführung entweder des Schlichtungs- oder des Schiedsgutachtenverfahrens nach Buch 3 geeinigt haben.

(2) ¹ Die Einigung auf die Durchführung des Schlichtungs- oder des Schiedsgutachtenverfahrens nach den Bestimmungen dieses Buchs 3 der SOBau kann jederzeit und formlos, sollte jedoch aus Beweisgründen schriftlich erfolgen. ² Sie kann für eine Vielzahl von Streitigkeiten oder bezogen auf einen konkreten Streitfall geschlossen werden. ³ Sie kann mit der Einigung auf die Durchführung weiterer Verfahren nach der SOBau verbunden sein. ⁴ Es ist nicht

möglich, gleichzeitig die Durchführung des Schlichtungsgutachtenverfahrens und des Schiedsgutachtenverfahrens zu vereinbaren.

(3) Die nachfolgenden Bestimmungen zum Schiedsgutachtenverfahren gelten für ein Schlichtungsgutachtenverfahren entsprechend, jedoch mit der Maßgabe, dass die Ergebnisse des Schlichtungsgutachtenverfahrens gemäß § 11 Abs. 10 dieses Buchs für die Parteien abweichend von §§ 2, 12 Abs. 2 Satz 2 dieses Buchs nicht verbindlich sind, sondern nur eine Beurteilungs- und Verhandlungsgrundlage für spätere Auseinandersetzungen der Parteien darstellen.

(4) Die nachfolgenden Bestimmungen sind – soweit nicht zwingende gesetzliche Regelungen entgegenstehen – auch dann anzuwenden, wenn der Ort des Bauvorhabens nicht in Deutschland liegt.

§ 2 Ziel des Schiedsgutachtenverfahrens. Ziel des Schiedsgutachtenverfahrens ist die für die Parteien verbindliche Klärung der dem Konflikt zugrundeliegenden Sachverhaltsfragen.

§ 3 Schriftverkehr. (1) [1]Die Parteien sollen die Form des Schriftverkehrs vereinbaren. [2]Sofern sie nichts anderes vereinbart haben, werden Schriftsätze und Anlagen in Schriftform und zugleich per E-Mail übermittelt. [3]Die sonstige Korrespondenz wird per E-Mail geführt, zwischen Anwältinnen/Anwälten ist die Korrespondenz über das besondere elektronische Anwaltspostfach (beA) zulässig. [4]Alle Schriftsätze, Schriftstücke und sonstige Mitteilungen, die der Schiedsgutachterin/dem Schiedsgutachter von einer Partei vorgelegt werden, sind zeitgleich der anderen Partei zu übermitteln.

(2) [1]Sofern in diesem Buch eine Zustellung vorgeschrieben ist, hat diese gegen Zustellungsnachweis (z.B. Empfangsbekenntnis des/der Parteibevollmächtigten oder Einschreiben gegen Rückschein) zu erfolgen. [2]Ist ein zuzustellendes Schriftstück auf andere Weise zugegangen, gilt die Zustellung als im Zeitpunkt des tatsächlichen Zugangs bewirkt.

(3) Wird eine Partei durch Bevollmächtigte vertreten, ist jeglicher Schriftverkehr mit diesen zu führen und Zustellungen haben an diese zu erfolgen.

§ 4 Vertraulichkeit. (1) [1]Das Verfahren ist nichtöffentlich. [2]Auf Antrag einer Partei oder auf Anregung der Schiedsgutachterin/des Schiedsgutachters hin kann mit Zustimmung aller Parteien Dritten die Anwesenheit bzw. Teilnahme gestattet werden.

(2) [1]Sofern die Parteien nichts anderes vereinbart haben, sind die Parteien, die Schiedsgutachterin/der Schiedsgutachter und sonstige mit dem Verfahren befasste Personen einschließlich Dritter, denen gemäß Absatz 1 die Teilnahme an Ortsterminen oder sonstigen Terminen mit der Schiedsgutachterin/dem Schiedsgutachter oder Einsicht in Verfahrensdokumente gestattet wurde, zur Verschwiegenheit über die Existenz des Verfahrens, die Namen von Parteien, den Gegenstand des Schiedsgutachtenverfahrens, die Namen von gegebenenfalls hinzugezogenen oder zugelassenen Dritten sowie die ihnen im Verfahren bekannt gewordenen Tatsachen, die nicht öffentlich zugänglich sind, verpflichtet. [2]Die Schiedsgutachterin/Der Schiedsgutachter muss auf Antrag einer Partei hin Dritte, die an einem Ortstermin oder einem sonstigen Termin teilnehmen oder Einsicht in Verfahrensdokumente erhalten, im Namen der Parteien zur Verschwiegenheit verpflichten.

(3) Die Pflicht zur Verschwiegenheit besteht nicht, wenn und soweit

11 SOBau §§ 5–8   Schlichtungs- und Schiedsordnung

- eine gesetzliche Pflicht zur Offenlegung bestimmter Inhalte des Verfahrens besteht,
- eine Partei eines Schiedsgutachterverfahrens Inhalte des Verfahrens offenlegen muss, um in einem gerichtlichen oder einem schiedsrichterlichen Verfahren eigene Ansprüche durchzusetzen oder Ansprüche Dritter abzuwehren.

§ 5 Haftung der Schiedsgutachterin/des Schiedsgutachters. Für die Haftung der Schiedsgutachterin/des Schiedsgutachters sowie für die Haftung von gegebenenfalls hinzugezogenen weiteren Sachverständigen oder Fachleuten gilt § 839a Abs. 1 BGB entsprechend.

§ 6 Honorare und Auslagen. Soweit nichts anderes vereinbart ist, gelten folgende Regelungen:

(1) [1]Die Vergütung der Schiedsgutachterin/des Schiedsgutachters erfolgt auf Basis eines Stundenhonorars. [2]Die Höhe des Stundenhonorars ist mit der Schiedsgutachterin/dem Schiedsgutachter zu vereinbaren. [3]Die Schiedsgutachterin/Der Schiedsgutachter hat eine Zeitaufwandserfassung anzufertigen, so dass die Parteien nachvollziehen können, wie der Aufwand entstanden ist.

(2) Die Parteien haben alle notwendigen Auslagen der Schiedsgutachterin/des Schiedsgutachters zu tragen.

(3) Die Parteien haften der Schiedsgutachterin/dem Schiedsgutachter als Gesamtschuldner.

(4) Die Schiedsgutachterin/Der Schiedsgutachter kann in jedem Stadium des Verfahrens zur Deckung ihrer/seiner notwendigen Auslagen und des Honorars sowie für die Kosten für beigezogene Sachverständige und Fachleute Vorschüsse anfordern.

§ 7 Ablehnung wegen Befangenheit. [1]Ein Antrag wegen Besorgnis der Befangenheit gegen die Schiedsgutachterin/den Schiedsgutachter muss innerhalb von einer Woche nach Erlangung der Kenntnis vom Ablehnungsgrund gestellt werden. [2]Die Ablehnung ist ausgeschlossen, wenn die ablehnende Partei in Kenntnis der die Ablehnung begründenden Umstände einen Ortstermin oder einen sonstigen Termin wahrgenommen hat.

§ 8 Schiedsgutachtenvereinbarung und Schiedsgutachtervertrag.

(1) [1]Auf Grundlage der Einigung über die Durchführung des Schiedsgutachtenverfahrens treffen die Parteien eine Schiedsgutachtenvereinbarung. [2]Die Schiedsgutachtenvereinbarung muss mindestens die von der Schiedsgutachterin/dem Schiedsgutachter zu beantwortenden Fragen, etwaige weitere Aufgabenstellungen sowie die Grundsätze umfassen, nach denen die Kosten des Schiedsgutachtenverfahrens zu verteilen sind.

(2) [1]Auf Grundlage der Schiedsgutachtenvereinbarung schließen die Parteien mit der Schiedsgutachterin/dem Schiedsgutachter den Schiedsgutachtervertrag. [2]Dieser Vertrag soll folgenden Mindestinhalt haben:
- Gegenstand des Gutachtensauftrags,
- die durch die Schiedsgutachterin/den Schiedsgutachter zu beantwortenden Fragen und sonstigen Aufgabenstellungen,

Schlichtungs- und Schiedsordnung   §§ 9, 10   SOBau 11

- Pflichten der Auftraggebenden des Schiedsgutachtervertrags (d.h. der Parteien der Schiedsgutachtenvereinbarung) und der Schiedsgutachterin/des Schiedsgutachters,
- Recht der Parteien, Einwendungen geltend zu machen sowie zusätzliche Fragen zu stellen,
- Haftung der Schiedsgutachterin/des Schiedsgutachters,
- Vergütung der Schiedsgutachterin/des Schiedsgutachters.

§ 9 Einleitung des Verfahrens. (1) ¹Das Verfahren beginnt mit der schriftlichen Aufforderung einer Partei an die andere Partei, ein Schiedsgutachten einzuholen. ²In dem Aufforderungsschreiben sind unter Hinweis auf die Einigung über die Durchführung des Schiedsgutachtenverfahrens die zu klärenden Fragen zu benennen und eine Schiedsgutachterin/*einen*[1]) Schiedsgutachter vorzuschlagen.

(2) ¹Die aufgeforderte Partei hat binnen 14 Tagen nach Zugang der Aufforderung die Verhandlungen über den Inhalt der Schiedsgutachtenvereinbarung aufzunehmen. ²Die Parteien können eine andere Frist vereinbaren.

(3) Bleibt die aufgeforderte Partei untätig, kommt die Schiedsgutachtenvereinbarung bezüglich der zu begutachtenden Tatsachen mit dem Inhalt der Aufforderung zustande, wenn und soweit dieser der Einigung über die Durchführung des Schiedsgutachtenverfahrens entspricht.

§ 10 Bestimmung der Schiedsgutachterin/des Schiedsgutachters und Zustandekommen des Schiedsgutachtervertrags. (1) ¹Sobald die Parteien eine Schiedsgutachtenvereinbarung getroffen haben oder eine solche gemäß § 9 Abs. 3 zustande gekommen ist, einigen sich die Parteien auf eine Schiedsgutachterin/einen Schiedsgutachter. ²Die Einigung auf eine Schiedsgutachterin/einen Schiedsgutachter kann bereits im Rahmen der Schiedsgutachtenvereinbarung erfolgen.

(2) ¹Können sich die Parteien innerhalb von vier Wochen ab Zustandekommen der Schiedsgutachtenvereinbarung nicht auf eine Schiedsgutachterin/einen Schiedsgutachter einigen, ist die Schiedsgutachterin/der Schiedsgutachter auf Antrag einer Partei hin durch die von den Parteien in der Einigung über die Durchführung des Schiedsgutachtenverfahrens bezeichnete Person, sonst durch die Präsidentin/den Präsidenten der jeweils am Ort des Bauvorhabens zuständigen Industrie- und Handelskammer oder (bei Auslandsbauvorhaben) der deutschen Außenhandelskammer zu bestellen. ²Solange die Bestellung durch die in der Einigung über die Durchführung des Schiedsgutachtenverfahrens bezeichnete Person oder die Präsidentin/den Präsidenten der Industrie- und Handelskammer nicht erfolgt ist, können sich die Parteien auf die Person der Schiedsgutachterin/des Schiedsgutachters verständigen.

(3) Die Parteien verhandeln mit der Schiedsgutachterin/dem Schiedsgutachter über den Inhalt des Schiedsgutachtervertrags und schließen diesen mit ihm ab.

(4) Verweigert eine Partei die Verhandlung des Schiedsgutachtervertrags trotz Abmahnung, ist die andere Partei berechtigt, nach Ablauf einer Frist von

---

[1]) Wortlaut amtlich.

sieben Tagen nach Zugang der Abmahnung den Vertrag mit der Schiedsgutachterin/dem Schiedsgutachter allein zu verhandeln und abzuschließen.

(5) Zahlt eine Partei einen von der Schiedsgutachterin/dem Schiedsgutachter geforderten Kostenvorschuss nicht ein, ist die andere Partei berechtigt, nach Ablauf einer durch die Schiedsgutachterin/den Schiedsgutachter zu setzenden Nachfrist den Kostenvorschuss vollständig zu zahlen.

§ 11 Durchführung des Verfahrens. (1) [1]Die Schiedsgutachterin/Der Schiedsgutachter beraumt, sofern dies zur Erstellung des Schiedsgutachtens erforderlich ist, einen oder mehrere Ortstermin(e) an. [2]Dazu lädt sie/er die Parteien mit angemessener Frist ein. [3]Parallel fordert sie/er von den Parteien schriftlich die Unterlagen und Erklärungen an, die sie/er für die Erstellung des Schiedsgutachtens zu benötigen glaubt. [4]Die Parteien sind dafür verantwortlich, dass die Schiedsgutachterin/der Schiedsgutachter die für die Erstellung des Schiedsgutachtens erforderlichen Unterlagen erhält. [5]Die Parteien können zu den übergebenen Unterlagen Erklärungen abgeben.

(2) [1]Die Schiedsgutachterin/Der Schiedsgutachter ist über den Inhalt des dem Streit zugrunde liegenden Bauvertrags, insbesondere über den Inhalt der wechselseitigen Leistungspflichten der Parteien, zu informieren. [2]Soweit sich diese Inhalte aus Unterlagen, insbesondere einem schriftlichen Bauvertrag ergeben, sind diese Unterlagen ihr/ihm zur Verfügung zu stellen.

(3) [1]Bleiben aus Sicht der Schiedsgutachterin/des Schiedsgutachters Fragen offen, deren Klärung Vorbedingung für die Erfüllung des Schiedsgutachtervertrags ist und die sich nicht zweifelsfrei aus den Unterlagen beantworten lassen (z.B. zur Vertragsauslegung und zu rechtlichen Vorfragen), teilt sie/er dies den Parteien mit und fordert sie zur Stellungnahme auf. [2]Werden die Fragen von den Parteien übereinstimmend beantwortet, hat die Schiedsgutachterin/der Schiedsgutachter für ihre/seine weitere Tätigkeit dieses übereinstimmende Verständnis der Parteien zugrunde zu legen.

(4) [1]Besteht keine Einigkeit über die in Abs. 3 benannten Vorbedingungen zwischen den Parteien, soll die Schiedsgutachterin/der Schiedsgutachter den Parteien zunächst Hinweise aus ihrer/seiner Sicht – insbesondere zu den vertraglichen Leistungsinhalten – geben und auf eine Einigung der Parteien zu den zwischen ihnen streitigen Auslegungs- oder Rechtsfragen hinwirken. [2]Führen die Einigungsbemühungen der Schiedsgutachterin/des Schiedsgutachters nicht zum Erfolg, soll sie/er das Schiedsgutachten auf der Grundlage ihrer/seiner Bewertung der streitigen Punkte (insbesondere der Vertragsauslegung zum Leistungsinhalt) erstellen. [3]Sie/Er soll dies in dem Schiedsgutachten offenlegen. [4]In diesem Fall sind die Feststellungen der Schiedsgutachterin/des Schiedsgutachters nur hinsichtlich der von ihr/ihm getroffenen tatsächlichen Feststellungen, nicht dagegen hinsichtlich der Bewertung der Auslegungs- und Rechtsfragen verbindlich.

(5) [1]Auf Antrag einer Partei hin muss die Schiedsgutachterin/der Schiedsgutachter auch eine Alternativbetrachtung unter Zugrundelegung der abweichenden Bewertung der streitigen Auslegungs- bzw. Rechtsfragen anstellen. [2]Die Kosten dieser Alternativbetrachtung trägt die beantragende Partei.

(6) [1]Erforderliche Bauteilöffnungen legt die Schiedsgutachterin/der Schiedsgutachter fest. [2]Hierfür geeignete Hilfskräfte werden von den Parteien beauftragt sowie bezahlt, arbeiten aber auf Weisung der Schiedsgutachterin/des Schiedsgutachters. [3]Wirkt eine der Parteien an der Beauftragung und Bezah-

Schlichtungs- und Schiedsordnung **§ 11 SOBau 11**

lung der Hilfskräfte nicht mit, ist die andere Partei berechtigt, die Voraussetzungen für die Beweisaufnahme zu schaffen.

(7) [1] Sofern die Schiedsgutachterin/der Schiedsgutachter Bedarf sieht, weist sie/er die Parteien darauf hin, dass weitere Fachgutachterinnen/Fachgutachter zur Beantwortung bestimmter in dem Schiedsgutachtervertrag enthaltener Teilaspekte beauftragt werden müssen. [2] Dabei kann sie/er den Parteien geeignete Fachgutachterinnen/Fachgutachter vorschlagen. [3] Fachgutachterinnen/Fachgutachter werden von den Parteien gesondert beauftragt. [4] Die Parteien sollen sich über Empfehlungen der Schiedsgutachterin/des Schiedsgutachters nur aus wichtigen, in der Person der/des vorgeschlagenen Fachgutachterin/Fachgutachters liegenden Gründen hinwegsetzen (z.B. bei begründeten Zweifeln an der fachlichen Eignung, Unabhängigkeit oder Überparteilichkeit der/des vorgeschlagenen Fachgutachterin/Fachgutachters). [5] Können die Parteien sich innerhalb von vier Wochen, nachdem die Schiedsgutachterin/der Schiedsgutachter ihren/seinen Vorschlag unterbreitet hat, nicht auf eine Fachgutachterin/einen Fachgutachter einigen, ist dieser auf Antrag einer der Parteien oder der Schiedsgutachterin/des Schiedsgutachters hin durch die Präsidentin/den Präsidenten der gemäß § 10 Abs. 2 zuständigen IHK zu bestimmen. [6] Die Ergebnisse der Fachgutachterin/der Fachgutachters werden Teil des Schiedsgutachtens, sollen in diesem aber als deren/dessen Beitrag gekennzeichnet werden.

(8) [1] Die Schiedsgutachterin/Der Schiedsgutachter stellt das Schiedsgutachten den Parteien zu. [2] Sie/Er gibt den Parteien Gelegenheit, das Schiedsgutachten binnen einer angemessenen, ab Zustellung des Schiedsgutachtens laufenden Frist, die zwei Wochen nicht unterschreiten und vier Wochen nicht überschreiten soll, zu prüfen, Einwendungen zu formulieren und Ergänzungs- oder Vertiefungsfragen zu stellen. [3] Die Schiedsgutachterin/Der Schiedsgutachter muss allerdings nur zu solchen Einwendungen Stellung nehmen, die von den Parteien sachlich übereinstimmend erhoben wurden, und nur solche Ergänzungs- oder Vertiefungsfragen beantworten, die von den Parteien übereinstimmend gestellt werden. [4] Bei einseitigen Einwendungen bzw. Ergänzungs- oder Vertiefungsfragen entscheidet die Schiedsgutachterin/der Schiedsgutachter nach ihrem/seinem Ermessen, ob eine ergänzende Stellungnahme erforderlich ist.

(9) [1] Die Parteien haben die Schiedsgutachterin/den Schiedsgutachter nach Kräften zu unterstützen. [2] Verletzen die Parteien ihre Mitwirkungspflichten in so gravierender Weise, dass der Schiedsgutachterin/dem Schiedsgutachter ein Festhalten am Schiedsgutachtervertrag nicht zumutbar ist, kann sie/er diesen aus wichtigem Grund kündigen. [3] Vor Ausspruch der Kündigung muss die Schiedsgutachterin/der Schiedsgutachter die ihre Mitwirkungspflichten verletzende Partei schriftlich abmahnen und eine angemessene Frist zur Erfüllung der Mitwirkungspflichten setzen. [4] Die Fristsetzung muss mit einer Kündigungsandrohung verbunden werden. [5] Nach ergebnislosem Ablauf der gesetzten Frist kann die Schiedsgutachterin/der Schiedsgutachter den Schiedsgutachtervertrag aus wichtigem Grunde kündigen. [6] Ein wichtiger Kündigungsgrund kann insbesondere dann vorliegen, wenn

- vereinbarte Vorschüsse und Auslagen trotz ordnungsgemäßer und prüfbarer Abrechnung an die Schiedsgutachterin/den Schiedsgutachter nicht gezahlt werden,

- der Schiedsgutachterin/dem Schiedsgutachter von ihr/ihm benötigte, unmissverständlich benannte Unterlagen und/oder Informationen vorenthalten werden,
- sonstige Mitwirkungshandlungen, die für die Erstellung des Schiedsgutachtens notwendig sind (z.B. Bauteilöffnungen), unterbleiben.

(10) [1]Das Ergebnis des Schiedsgutachterverfahrens ist das den Parteien zugestellte schriftliche Schiedsgutachten. [2]Hat die Schiedsgutachterin/der Schiedsgutachter Unterlagen in dem Schiedsgutachten verwendet, fügt sie/er diese dem Schiedsgutachten ein oder hängt sie diesem an. [3]Bei ungewöhnlich umfangreichen Unterlagen genügt die Angabe einer für die Parteien zugänglichen Quelle.

§ 12 Beendigung des Schiedsgutachtenverfahrens. (1) Das Schiedsgutachtenverfahren ist beendet, wenn

- die Schiedsgutachterin/der Schiedsgutachter das Schiedsgutachten den Parteien zugestellt oder die letzte Ergänzungs- oder Vertiefungsfrage gemäß § 11 Abs. 8 beantwortet hat,
- die Parteien übereinstimmend das Verfahren beenden bzw. für beendet erklären,
- die Parteien die Schiedsgutachtenvereinbarung einvernehmlich aufheben,
- eine der Parteien oder die Schiedsgutachterin/der Schiedsgutachter den Schiedsgutachtervertrag aus wichtigem Grund wirksam kündigt.

(2) [1]Nach der Beendigung des Schiedsgutachtenverfahrens ist der Weg zu den ordentlichen Gerichten oder einem Schiedsgericht eröffnet. [2]In einem Verfahren vor den ordentlichen Gerichten oder einem Schiedsgericht bleiben die Feststellungen der Schiedsgutachterin/des Schiedsgutachters nach Maßgabe der Bestimmungen dieser Vereinbarung verbindlich (§ 315 BGB).

§ 13 Verjährungshemmung. [1]Durch den Zugang der Aufforderung gemäß § 9 Abs. 1 wird die Verjährung bezogen auf alle etwaigen Ansprüche der Parteien gegeneinander, deren Bestehen aus der Sicht der das Schiedsgutachtenverfahren betreibenden Partei von der Beantwortung der in diesem Verfahren zu klärenden tatsächlichen Vorfragen abhängt, gehemmt. [2]Die Hemmung nach Satz 1 endet frühestens drei Monate nach Beendigung des Schiedsgutachtenverfahrens gemäß § 12 oder seiner anderweitigen Beendigung.

Buch 4. Schiedsrichterliches Verfahren und beschleunigtes Streitbeilegungs- und Feststellungsverfahren

Abschnitt 1. Gemeinsame Bestimmungen für das schiedsrichterliche Verfahren und das beschleunigte Streitbeilegungs- und Feststellungsverfahren

§ 1 Anwendungsbereich. (1) [1]Die folgenden Vorschriften zum schiedsrichterlichen Verfahren finden Anwendung, wenn die Parteien sich in einer Vereinbarung auf die Anwendung der SOBau und auf die Durchführung des schiedsgerichtlichen Verfahrens gemäß Buch 4 geeinigt haben. [2]Die folgenden Vorschriften zum beschleunigten Streitbeilegungs- und Feststellungsverfahren finden Anwendung nach Maßgabe von § 23 dieses Buchs.

Schlichtungs- und Schiedsordnung §§ 2–4 SOBau 11

(2) ¹Die Einigung auf die Durchführung des schiedsrichterlichen Verfahrens nach den Bestimmungen dieses Buchs der SOBau kann jederzeit und formlos, sollte jedoch aus Beweisgründen schriftlich erfolgen. ²Sie kann für eine Vielzahl von Streitigkeiten oder bezogen auf einen konkreten Streitfall geschlossen werden. ³Sie kann mit der Einigung auf die Durchführung weiterer Verfahren nach der SOBau verbunden sein.

(3) Die nachfolgenden Bestimmungen sind – soweit nicht zwingende gesetzliche Regelungen entgegenstehen – auch dann anzuwenden, wenn der Ort des Bauvorhabens nicht in Deutschland liegt.

§ 2 Ziel des schiedsrichterlichen Verfahrens und des beschleunigten Streitbeilegungs- und Feststellungsverfahrens. (1) ¹Ziel des schiedsrichterlichen Verfahrens ist eine einvernehmliche Streitbeilegung. ²Soweit sich die Parteien während des schiedsrichterlichen Verfahrens nicht vergleichen, endet das Verfahren mit einem Schiedsspruch durch das Schiedsgericht.

(2) Ziel des beschleunigten Streitbeilegungs- und Feststellungsverfahrens ist eine außergerichtliche schnelle, kostengünstige, faire und vorläufig bindende Streiterledigung zwischen den Parteien ohne Verzicht auf Rechtsschutz durch ein Schiedsgericht.

§ 3 Schriftverkehr. (1) ¹Die Parteien sollen die Form des Schriftverkehrs vereinbaren. ²Sofern sie nichts anderes vereinbart haben, werden Schriftsätze und Anlagen in Schriftform und zugleich per E-Mail übermittelt. ³Die sonstige Korrespondenz wird per E-Mail geführt, zwischen Anwältinnen/Anwälten ist die Korrespondenz über das besondere elektronische Anwaltspostfach (beA) zulässig. ⁴Alle Schriftsätze, Schriftstücke und sonstige Mitteilungen, die dem Schiedsgericht von einer Partei oder einer Streithelferin/einem Streithelfer (Parteien und Streithelferinnen/Streithelfer gemeinsam nachfolgend: Verfahrensbeteiligte) vorgelegt werden, sind zeitgleich den anderen Verfahrensbeteiligten zu übermitteln. ⁵Ausgenommen davon sind Vorschläge nach § 19 Abs. 2.

(2) ¹Soweit in diesem Buch eine Zustellung vorgeschrieben ist, hat diese gegen Zustellungsnachweis (z.B. Empfangsbekenntnis der/des Verfahrensbevollmächtigten oder Einschreiben gegen Rückschein) zu erfolgen. ²Ist ein zuzustellendes Schriftstück auf andere Weise zugegangen, gilt die Zustellung als im Zeitpunkt des tatsächlichen Zugangs bewirkt.

(3) Werden Verfahrensbeteiligte durch Bevollmächtigte vertreten, ist jeglicher Schriftverkehr mit diesen zu führen und Zustellungen haben an diese zu erfolgen.

§ 4 Vertraulichkeit. (1) ¹Das Verfahren ist nichtöffentlich. ²Auf Antrag einer/eines Verfahrensbeteiligten oder auf Anregung des Schiedsgerichts hin kann mit Zustimmung aller Verfahrensbeteiligten Dritten die Anwesenheit gestattet werden. ³Streitverkündungsempfangende, die einem Verfahren beitreten, ist die Anwesenheit auch ohne Antrag einer Partei und Zustimmung der Parteien gestattet.

(2) ¹Sofern die Verfahrensbeteiligten nichts anderes vereinbart haben, sind die Verfahrensbeteiligten sowie das Schiedsgericht und sonstige mit dem Verfahren befasste Personen einschließlich Dritter, denen gemäß Absatz 1 die Teilnahme an Verhandlungsterminen des Schiedsgerichts oder Einsicht in Verfahrensdokumente gestattet wurde, zur Verschwiegenheit über die Existenz des

11 SOBau §§ 5–7 Schlichtungs- und Schiedsordnung

Verfahrens, die Namen von Verfahrensbeteiligten, die Streitgegenstände, die Namen von Zeugen und Sachverständigen, die prozessleitenden Verfügungen, die Schiedssprüche, die Beweismittel sowie die ihnen im Verfahren bekannt gewordenen Tatsachen, die nicht öffentlich zugänglich sind, verpflichtet. ²Das Schiedsgericht muss auf Antrag einer/eines Verfahrensbeteiligten hin Personen, die an einer Verhandlung teilnehmen oder Einsicht in Verfahrensdokumente erhalten, im Namen der Verfahrensbeteiligten zur Verschwiegenheit verpflichten.

(3) Die Pflicht zur Verschwiegenheit besteht nicht, wenn und soweit
- eine gesetzliche Pflicht zur Offenlegung bestimmter Inhalte des Verfahrens besteht,
- eine Verfahrensbeteiligte/ein Verfahrensbeteiligter Inhalte des Verfahrens offenlegen muss, um in einem gerichtlichen oder einem schiedsrichterlichen Verfahren eigene Ansprüche durchzusetzen oder Ansprüche Dritter abzuwehren.

§ 5 Haftung der Schiedsrichterin/des Schiedsrichters (nachfolgend einheitlich: Schiedspersonen) ¹Die Schiedspersonen haften hinsichtlich der von ihnen zu treffenden Entscheidungen nur bei Vorsatz. ²Dasselbe gilt für die in der Vereinbarung bestellte Person und die Präsidentin/den Präsidenten des DAV bei der Bestellung von Schiedspersonen. ³Für sonstige Handlungen oder Unterlassungen im Zusammenhang mit dem jeweiligen Verfahren ist die Haftung der Schiedspersonen ausgeschlossen, soweit sie nicht eine vorsätzliche oder grob fahrlässige Pflichtverletzung begehen. ⁴Für die Haftung von hinzugezogenen Sachverständigen oder Fachleuten gilt § 839a Abs. 1 BGB entsprechend.

§ 6 Honorare und Auslagen. Soweit nichts anderes vereinbart ist, gelten folgende Regelungen:

(1) ¹Die Vergütung der Schiedspersonen erfolgt auf Basis eines Stundenhonorars. ²Die Höhe des Stundenhonorars ist mit den Schiedspersonen zu vereinbaren. ³Diese haben eine Zeitaufwandserfassung anzufertigen, so dass die Verfahrensbeteiligten nachvollziehen können, wie der Aufwand entstanden ist.

(2) Die Parteien haben alle notwendigen Auslagen der Schiedspersonen zu tragen.

(3) Die Parteien haften den Schiedspersonen als Gesamtschuldner.

(4) ¹Die Schiedspersonen können in jedem Stadium des Verfahrens zur Deckung ihrer notwendigen Auslagen und ihrer Honorare sowie für die Kosten für beigezogene Sachverständige und Fachleute Vorschüsse anfordern. ²Beisitzende Schiedspersonen können die Vorsitzende/den Vorsitzenden ermächtigen, die Vorschüsse für ihre notwendigen Auslagen und ihre Honorare für sie anzufordern.

§ 7 Ablehnung wegen Befangenheit. ¹Ein Antrag wegen Besorgnis der Befangenheit einer Schiedsperson muss innerhalb von einer Woche nach Erlangung der Kenntnis vom Ablehnungsgrund beim Schiedsgericht angebracht werden. ²Die Ablehnung ist ausgeschlossen, wenn die/der ablehnende Verfahrensbeteiligte in Kenntnis der die Ablehnung begründenden Umstände zur Sache verhandelt hat.

§ 8 Vertretung im Verfahren; Säumnis. (1) ¹Die Parteien müssen sich durch eine Rechtsanwältin/einen Rechtsanwalt vertreten lassen. ²Ausgenommen sind die in Abs. 2 und 3 genannten Parteien.

(2) ¹Juristische Personen des Privatrechts können sich durch Organe und/oder Beschäftigte mit der Befähigung zum Richteramt vertreten lassen. ²Juristische Personen des Privatrechts, die sich für die Durchführung eines Planungs- und/oder Bauauftrages (Bau-ARGE) zusammengeschlossen haben, können sich durch Organe und/oder Beschäftigte eines der ARGE-Partner mit der Befähigung zum Richteramt vertreten lassen. ³Natürliche Personen mit der Befähigung zum Richteramt können sich selbst vertreten.

(3) Juristische Personen des öffentlichen Rechts einschließlich der von ihnen zur Erfüllung ihrer öffentlichen Aufgaben gebildeten Zusammenschlüsse können sich durch eigene Organe und/oder Beschäftigte mit der Befähigung zum Richteramt oder durch Organe und/oder Beschäftigte anderer Behörden oder juristischer Personen des öffentlichen Rechts einschließlich der von ihnen zur Erfüllung ihrer öffentlichen Aufgaben gebildeten Zusammenschlüsse vertreten lassen, die über die Befähigung zum Richteramt verfügen.

(4) Verfahrensbevollmächtigte nach Abs. 1 bis 3 haben auf Verlangen des Schiedsgerichts oder einer Partei ihre Vertretungsmacht durch schriftliche Vollmacht nachzuweisen.

(5) Bei Säumnis einer Partei gilt § 1048 ZPO.

§ 9 Beschleunigungsgrundsatz. ¹Das Schiedsgericht hat auf eine zügige Durchführung des Verfahrens hinzuwirken. ²Es hat die Parteien anzuhalten, den Sachverhalt so vollständig und so rechtzeitig darzulegen, dass das Verfahren möglichst ohne jede Verzögerung durchgeführt werden kann.

§ 10 Gütliche Einigung. Das Schiedsgericht soll die Einigungsbereitschaft der Parteien fördern, jederzeit auf eine gütliche Beilegung des Streits oder einzelner Streitpunkte bedacht sein und gegebenenfalls Einigungsvorschläge unterbreiten.

§ 11 Ergänzende Geltung der ZPO. Soweit keine abweichenden Regelungen getroffen sind, gelten ergänzend die Bestimmungen des 10. Buchs der ZPO.

Abschnitt 2. Das schiedsrichterliche Verfahren

§ 12 Einleitung des schiedsrichterlichen Verfahrens. (1) ¹Das schiedsrichterliche Verfahren beginnt mit dem Antrag einer Partei unter Hinweis auf die Einigung über die Durchführung eines schiedsrichterlichen Verfahrens nach der SOBau (Schiedsvereinbarung), die Streitigkeit einem Schiedsgericht vorzulegen. ²Das schiedsrichterliche Verfahren beginnt mit dem Tag, an dem der Antrag der beklagten Partei zugestellt wird.

(2) ¹Der Antrag muss enthalten
- die Bezeichnung der Parteien mit Namen und Anschrift,
- die Angabe des Streitgegenstands,
- den Hinweis auf die Einigung über die Durchführung eines schiedsrichterlichen Verfahrens (Schiedsvereinbarung),

- die Bestellung einer Schiedsperson (einer Beisitzerin/eines Beisitzers) oder, wenn die Parteien die Entscheidung durch eine Einzelschiedsperson vereinbart haben, einen Vorschlag für dessen/deren gemeinsame Bestellung.

[2] Die Klägerin/Der Kläger soll seinem Antrag eine den Anforderungen des § 253 Abs. 2 ZPO genügende Klageschrift beifügen.

§ 13 Schiedsgericht. (1) [1] Bei Streitigkeiten mit einem Streitwert bis zu EUR 100.000,00 besteht das Schiedsgericht aus einer Einzelschiedsperson (Einzel-Schiedsgericht), ansonsten aus drei Schiedspersonen (Dreier-Schiedsgericht). [2] Die Parteien können etwas anderes vereinbaren.

(2) [1] Die Schiedspersonen sollen besondere Erfahrungen in baurechtlichen Auseinandersetzungen haben und in der Lage sein, die baubetrieblichen und bautechnischen Aspekte eines Streitfalls so zu erfassen, dass dieser gegebenenfalls mit Hilfe einer/eines Sachverständigen einer sachgerechten Lösung zugeführt werden kann. [2] Sie müssen die Befähigung zum Richteramt haben und, sofern es sich um eine Rechtsanwältin/einen Rechtsanwalt handelt, den Titel „Fachanwältin/Fachanwalt für Bau- und Architektenrecht" besitzen oder mindestens zehn Jahre Berufserfahrung im Bau- und Architektenrecht vorweisen können.

§ 14 Bestellung der Schiedspersonen. (1) **Einzel-Schiedsgericht:**
[1] Besteht das Schiedsgericht aus einer Einzel-Schiedsperson und haben die Parteien sich nicht innerhalb von zwei Wochen nach Zugang des Vorschlags für die gemeinsame Benennung der Schiedsperson auf eine Schiedsperson geeinigt, ist diese auf Antrag einer der Parteien durch die von den Parteien in der Schiedsvereinbarung bezeichnete Person zu bestellen. [2] Ist keine Person bezeichnet oder geschieht die Bestellung durch die bezeichnete Person nicht innerhalb von einer Woche nach Eingang des Antrags bei ihr, so erfolgt sie auf Antrag einer der Parteien hin innerhalb von zwei weiteren Wochen nach Eingang des Antrags durch die Präsidentin/den Präsidenten des DAV auf Vorschlag des Geschäftsführenden Ausschusses der ARGE Baurecht. [3] Solange die Bestellung durch die in der Schiedsvereinbarung bezeichnete Person oder die Präsidentin/den Präsidenten des DAV nicht allen Parteien zugegangen ist, können sich die Parteien auf die Person der Einzel-Schiedsperson einigen.

(2) **Dreier-Schiedsgericht:**
[1] Ist ein Dreier-Schiedsgericht vereinbart, muss die/der Beklagte binnen einer Frist von zwei Wochen nach Zugang des Antrags eine Schiedsperson (Beisitzerin/Beisitzer) benennen. [2] Kommt der/die Beklagte dieser Verpflichtung nicht nach, bestellt auf Antrag der klagenden Partei die in der Schiedsvereinbarung bezeichnete Person die Schiedsperson. [3] Ist keine Person bezeichnet oder geschieht die Bestellung durch die bezeichnete Person nicht innerhalb von einer Woche nach Eingang des Antrags bei ihr, so erfolgt sie auf Antrag einer der Parteien hin innerhalb von zwei weiteren Wochen nach Eingang des Antrags durch die Präsidentin/den Präsidenten des DAV auf Vorschlag des Geschäftsführenden Ausschusses der ARGE Baurecht. [4] Die/Der Vorsitzende des Schiedsgerichts wird durch die Beisitzerinnen/Beisitzer bestellt. [5] Einigen diese sich nicht innerhalb von zwei Wochen, die ab der vollständigen Benennung/Bestellung der Beisitzer/-innen zu laufen beginnen, auf die Vorsitzende/den Vorsitzenden, gilt Absatz 1 entsprechend.

(3) ¹Eine Schiedsperson muss das ihr übertragene Amt nach bestem Wissen und Gewissen unparteiisch und unabhängig ausüben. ²Sie darf das Amt nur übernehmen, wenn sie in der Lage ist, es unverzüglich anzutreten und in dem nach Sachlage angemessenen Zeitraum auszuüben, und über die notwendige Fachkunde verfügt.

(4) ¹Vor der Benennung einer Schiedsperson müssen sich die Parteien darüber vergewissern, dass die jeweils vorzuschlagende bzw. zu benennende Person das Amt annimmt. ²Die Parteien müssen mit dem Benennungsvorschlag bzw. der Benennung eine Erklärung der Schiedsperson vorlegen, dass sie unabhängig und unparteiisch sowie zur zügigen Bearbeitung des Falls in der Lage ist. ³Wird diese Erklärung nicht vorgelegt, so bestellt auf Antrag einer Partei hin die in der Schiedsvereinbarung bezeichnete Person oder, falls eine solche Person nicht bezeichnet ist, die Präsidentin/den Präsidenten des DAV auf Vorschlag des Geschäftsführenden Ausschusses der ARGE Baurecht eine Schiedsperson.

(5) Jede Schiedsperson muss sich unverzüglich darüber erklären, ob sie die Bestellung annimmt.

(6) ¹Mit der Erklärung aller Schiedspersonen, das Amt anzunehmen, hat sich das Schiedsgericht konstituiert. ²Ab der Konstituierung haben die Schiedspersonen ihr Amt unverzüglich wahrzunehmen.

(7) Für hinzugezogene Sachverständige oder Fachleute gelten die Absätze 3 und 4 Sätze 1 und 2 entsprechend.

§ 15 Mehrparteienanträge. (1) ¹Liegt auf Seite der klagenden Partei Personenmehrheit vor (Mehrparteienantrag), müssen die Klägerinnen/Kläger in ihrem Antrag nach § 12 gemeinsam eine Schiedsperson benennen. ²Einigen die Klägerinnen/Kläger sich nicht auf eine Schiedsperson, so wird diese auf Antrag einer *Klägerinnen*[1]/eines Klägers hin durch die in der Schiedsvereinbarung bezeichnete Person oder, falls eine solche Person nicht bezeichnet ist oder die Bestellung durch die bezeichnete Person nicht innerhalb von zwei Wochen nach Eingang des Antrags bei ihr erfolgt, die Präsidentin/den Präsidenten des DAV auf Vorschlag des Geschäftsführenden Ausschusses der ARGE Baurecht bestellt. ³Ein Mehrparteienantrag kann mit dem Antrag auf Bestellung einer Schiedsperson durch die in der Schiedsvereinbarung bezeichnete Person oder, falls eine solche Person nicht bezeichnet ist, durch die Präsidentin/den Präsidenten des DAV verbunden werden.

(2) Liegt Personenmehrheit auf Beklagtenseite vor, gilt Abs. 1 entsprechend.

(3) Bei Personenmehrheit auf Klägerinnen-/Kläger- oder Beklagtenseite werden die in § 14 Abs. 1 und 2 genannten Fristen jeweils mit dem letzten Zugang des auslösenden Schriftstücks in Gang gesetzt.

§ 16 Verfahren. (1) ¹Das Schiedsgericht setzt der Klägerin/dem Kläger eine Frist zur Zustellung der Klage an die Beklagte/den Beklagten, sofern diese noch nicht zugestellt ist (§ 12 Abs. 2 Satz 2). ²Die Klägerin/Der Kläger muss die Klage binnen der gesetzten Frist zustellen und die Zustellung dem Schiedsgericht nachweisen. ³Die Klage muss den Anforderungen des § 253 Abs. 2 ZPO genügen. ⁴Sie soll eine mit Begründung versehene Angabe zum Streitwert enthalten, sofern der Klageantrag nicht beziffert ist.

---

[1] Wortlaut amtlich.

(2) ¹Das Schiedsgericht bestimmt den weiteren Gang des Verfahrens. ²Die/ Der Vorsitzende setzt Fristen zur Klageerwiderung und zu eventuellen weiteren Stellungnahmen, bestimmt den Verhandlungstermin sowie den Verhandlungsort und verfügt die Ladungen. ³Das Schiedsgericht trifft die notwendigen Maßnahmen, damit das Verfahren zügig und möglichst in einer Verhandlung abgeschlossen werden kann. ⁴Dazu kann die/der Vorsitzende das persönliche Erscheinen der Parteien anordnen, den Parteien auferlegen, Zeugen oder Sachverständige zum Termin zu stellen, oder diese selbst laden. ⁵Ebenso kann er anordnen, Urkunden oder andere Beweismittel vorzulegen.

(3) Die/Der Vorsitzende kann Ausschlussfristen setzen, muss jedoch auf die Rechtsfolgen einer Fristversäumung bei Fristsetzung hinweisen.

(4) Das Schiedsgericht soll Hinweise so rechtzeitig geben, dass die Parteien darauf angemessen reagieren können.

(5) Das Schiedsgericht muss mit allen Maßnahmen den Anspruch der Parteien auf rechtliches Gehör wahren.

(6) ¹Über die mündliche Verhandlung ist eine Niederschrift zu fertigen, die den Gang der Verhandlung mit ihrem wesentlichen Inhalt wiedergibt. ²Art und Umfang der Protokollierung bestimmt das Schiedsgericht.

(7) Die Verfahrensakten sind vom Schiedsgericht für die Dauer von drei Jahren aufzubewahren, wenn die Parteien nichts anderes vereinbart haben.

§ 17 Streitverkündung. (1) Eine Streitverkündung ist zulässig, wenn die Anwendbarkeit der SOBau bezüglich des schiedsrichterlichen Verfahrens zwischen der Streitverkündungsempfängerin/dem Streitverkündungsempfänger und einer der Parteien hinsichtlich des Streitgegenstands vereinbart ist oder die Streitverkündungsempfängerin/der Streitverkündungsempfänger der Streitverkündung zustimmt und sich der Schiedsvereinbarung bezüglich des schiedsrichterlichen Verfahrens unterwirft.

(2) Die Streitverkündungsempfängerin/der Streitverkündungsempfänger kann ihrerseits/seinerseits einem Dritten den Streit verkünden, mit dem er eine der Parteien oder ein anderer Dritter, der ihm den Streit verkündet hat, die Anwendbarkeit der SOBau bezüglich des schiedsrichterlichen Verfahrens hinsichtlich des Streitgegenstandes vereinbart hat.

(3) Im Übrigen gelten die §§ 72 bis 74 ZPO und die darin enthaltenen Verweisungen auf die Bestimmungen zur Nebenintervention entsprechend.

(4) Für die Hemmung der Verjährung gegenüber der Streitverkündungsempfängerin/dem Streitverkündungsempfänger gilt § 204 Abs. 1 Nr. 6 BGB[1)] entsprechend.

(5) Über den Antrag einer Partei auf Zurückweisung des Beitritts einer Streitverkündungsempfängerin/eines Streitverkündungsempfängers entscheidet das Schiedsgericht durch Beschluss.

§ 18 Beteiligung Dritter als Haupt- und Nebenintervenienten. Dritter als Haupt- oder Nebenintervenienten Dritte können, nachdem das Schiedsgericht gebildet ist, mit Zustimmung aller Parteien als Haupt- oder Nebenintervenienten dem Verfahren unter den Voraussetzungen und mit den Wir-

---

[1)] Nr. 2.

Schlichtungs- und Schiedsordnung §§ 19–21 SOBau 11

kungen der §§ 66 ff. ZPO beitreten, wenn sie sich der Schiedsvereinbarung bezüglich des schiedsrichterlichen Verfahrens unterworfen haben.

§ 19 Bestellung von Sachverständigen. (1) [1] Sachverständige können vom Schiedsgericht auf Antrag einer Partei oder von Amts wegen bestellt werden. [2] Die Beauftragung der/des Sachverständigen erfolgt im Namen und auf Rechnung der Parteien, nachdem diese der Person der/des Sachverständigen und ihren/seinen Bedingungen zugestimmt haben.

(2) [1] Einigen die Parteien sich nicht auf die Person der/des Sachverständigen, sind von jeder Partei – soweit möglich – dem Schiedsgericht fünf Sachverständige vorzuschlagen; der Vorschlag ist der jeweiligen Gegenseite und den Streithelferinnen/Streithelfern erst nach Bestellung der/des Sachverständigen durch das Schiedsgericht offenzulegen. [2] Das Schiedsgericht bestellt eine/einen von den Parteien des Rechtsstreits übereinstimmend vorgeschlagene Sachverständige/vorgeschlagenen Sachverständigen. [3] Besteht keine solche Übereinstimmung und kann eine Einigung der Parteien nicht erreicht werden, bestellt das Schiedsgericht eine Sachverständige/einen Sachverständigen nach freiem Ermessen.

(3) Können sich die Parteien nicht auf die Bedingungen einer/eines Sachverständigen einigen, ist das Schiedsgericht ermächtigt, diese Bedingungen nach seinem freien Ermessen mit der/dem Sachverständigen zu vereinbaren und nach dieser Maßgabe die Sachverständige/den Sachverständigen im Namen und auf Rechnung der Parteien zu beauftragen.

§ 20 Beweiserhebung, Beweisbeschluss. [1] Das Schiedsgericht bestimmt die Regeln der Beweiserhebung nach freiem Ermessen. [2] § 404a ZPO findet Anwendung. [3] Das Schiedsgericht kann eine Verhandlung mit dem/der Sachverständigen zur Ermittlung der Beweisfragen anordnen.

§ 21 Verfahrensbeendigung. (1) Das schiedsrichterliche Verfahren endet mit einem Schiedsspruch, einem Vergleich (Schiedsspruch mit vereinbartem Wortlaut) gemäß § 1053 ZPO oder einem Beschluss gemäß § 1056 ZPO.

(2) [1] Schließen die Parteien einen Vergleich, so ist er zu protokollieren. [2] Auf Antrag der Parteien hält das Schiedsgericht den Vergleich in der Form eines Schiedsspruchs mit vereinbartem Wortlaut fest (§ 1053 Abs. 1 ZPO). [3] Erklären die Parteien bereits im Vergleich ihr Einverständnis mit einer Vollstreckbarerklärung durch die Notarin/den Notar nach § 1053 Abs. 4 ZPO, ist dies in den Schiedsspruch mit vereinbartem Wortlaut aufzunehmen.

(3) [1] Ein Schiedsspruch ist schriftlich zu erlassen. [2] Er muss den Sach- und Streitstand in groben Zügen darstellen. [3] Die Entscheidung des Schiedsgerichts ist zu begründen, es sei denn, die Parteien haben vereinbart, dass keine Begründung gegeben werden muss, oder es handelt sich um einen Schiedsspruch mit vereinbartem Wortlaut. [4] Der Schiedsspruch muss von den Schiedspersonen unterschrieben werden. [5] In schiedsrichterlichen Verfahren mit mehr als einer Schiedsperson genügen die Unterschriften der Mehrheit aller Mitglieder des Schiedsgerichts, sofern der Grund für eine fehlende Unterschrift angegeben wird.

(4) Der Schiedsspruch muss in einem der Sachlage nach angemessenen Zeitraum nach der letzten mündlichen Verhandlung ergehen.

(5) Das Schiedsgericht stellt den Verfahrensbeteiligten alle Entscheidungen nach Abs. 1 zu.

§ 22 Kostenentscheidung. Das Schiedsgericht entscheidet über die Kosten des Verfahrens (§ 1057 ZPO).

Abschnitt 3. Beschleunigtes Streitbeilegungs- und Feststellungsverfahren

§ 23 Anwendungsbereich. (1) ¹Die nachfolgenden Regelungen für ein beschleunigtes Streitbeilegungs- und Feststellungsverfahren gelten stets bei Streitigkeiten über das Anordnungsrecht gemäß § 650b BGB[1]) oder über die Vergütungsanpassung gemäß § 650c BGB[1]), wenn die Parteien sich auf die Durchführung des schiedsrichterlichen Verfahrens geeinigt haben. ²In allen anderen Fällen gelten sie nur insoweit, als die Parteien ihre Anwendung in ihrer Einigung über die Durchführung des schiedsrichterlichen Verfahrens vereinbart haben. ³Die Vereinbarung kann auch noch nach Einleitung des schiedsrichterlichen Verfahrens erfolgen. ⁴Soweit die Parteien nichts anderes vereinbart haben, finden ergänzend die Regeln über das schiedsrichterliche Verfahren Anwendung mit Ausnahme der Regelungen zur Streitverkündung (§ 17) sowie zur Haupt- und Nebenintervention (§ 18).

(2) Nach diesem Abschnitt anhängige Streitigkeiten können während der Dauer des jeweiligen Verfahrens nicht zum Gegenstand eines Rechtsstreits vor den staatlichen Gerichten gemacht werden.

(3) ¹Ist dieser Abschnitt nach Abs. 1 anwendbar, kann jede Partei von Beginn bis zur Beendigung der Bauausführung einen vorläufigen Feststellungsentscheid durch eine Feststellungsschiedsrichterin/einen Feststellungsschiedsrichter (nachfolgend einheitlich: Feststellungsschiedsperson) nach § 24 beantragen. ²Gegenstand des Antrags kann nur eine Feststellung zur vorläufigen Regelung des Rechtsverhältnisses der Parteien sein, das durch die von ihnen getroffene Einigung über die Durchführung des schiedsrichterlichen Verfahrens der SOBau unterworfen ist.

(4) Die Parteien können sowohl eine positive als auch eine negative Feststellung über das Bestehen oder Nichtbestehen von Ansprüchen oder Anspruchsvoraussetzungen, die sich auf das streitige Rechtsverhältnis beziehen, beantragen.

§ 24 Feststellungsschiedsperson. (1) ¹Das beschleunigte Streitbeilegungs- und Feststellungsverfahren wird, wenn die Parteien nichts anderes vereinbart haben, vor der Feststellungsschiedsperson durchgeführt. ²Für die Einleitung des Verfahrens gilt § 12 entsprechend.

(2) ¹Für die Feststellungsschiedsperson und deren Bestellung gelten §§ 13 bis 15 entsprechend. ²Abweichend von § 14 Abs. 1 ist die Feststellungsschiedsperson auf Antrag einer der Parteien hin durch die Präsidentin/den Präsidenten des DAV auf Vorschlag des Geschäftsführenden Ausschusses der ARGE Baurecht zu bestellen, wenn die Parteien sich nicht innerhalb von zehn Kalendertagen nach Zugang des Vorschlags der Klägerin/des Klägers an die beklagte Partei zur gemeinsamen Bestellung der Feststellungsschiedsperson auf diese geeinigt haben. ³Haben die Parteien für das beschleunigte Streitbeilegungs-

---

[1]) Nr. 2.

und Feststellungsverfahren ein Dreier-Schiedsgericht vereinbart, muss die beklagte Partei abweichend von § 14 Abs. 2 binnen einer Frist von zehn Kalendertagen nach Zugang des Antrags eine Feststellungsschiedsperson (Beisitzerin/Beisitzer) benennen. [4] Ansonsten gelten für das Dreier-Schiedsgericht die Regelungen für die Feststellungsschiedsperson entsprechend.

§ 25 Vertretung im Verfahren. [1] Die Parteien sind abweichend von § 8 Abs. 1 nicht dazu verpflichtet, jedoch dazu berechtigt, sich durch Rechtsanwältinnen/Rechtsanwälte vertreten zu lassen. [2] Sie können auf ihre Kosten Sachverständige zu ihrer Unterstützung hinzuziehen.

§ 26 Antragserweiterung, -änderung und -rücknahme. (1) Die klagende Partei kann ihren Antrag während des Verfahrens ohne Zustimmung der beklagten Partei ändern oder erweitern, soweit die Feststellungsschiedsperson dies für sachdienlich erachtet.

(2) Eine Antragsrücknahme ist nur mit Zustimmung der beklagten Partei möglich.

§ 27 Gegenantrag, Aufrechnung. (1) Gegenanträge sind zulässig, wenn mit ihnen eine Feststellung zur vorläufigen Regelung des Rechtsverhältnisses der Parteien begehrt wird, das durch die von ihnen getroffene Einigung über die Durchführung des schiedsrichterlichen Verfahrens der SOBau unterworfen ist.

(2) Eine Aufrechnung mit einer Gegenforderung ist nur zulässig, wenn diese aus dem Rechtsverhältnis der Parteien herrührt, das durch die von ihnen getroffene Einigung über die Durchführung des schiedsrichterlichen Verfahrens der SOBau unterworfen ist, oder wenn die Gegenforderung anerkannt oder rechtskräftig festgestellt ist.

(3) Gegenanträge und Aufrechnungserklärungen sind nur in der Klageerwiderung unbeschränkt zulässig; später gestellte Gegenanträge und Aufrechnungserklärungen sind nur zulässig, wenn die klagende Partei zustimmt oder die Feststellungsschiedsperson sie für sachdienlich erachtet.

(4) Die Rücknahme des Gegenantrags ist nur mit Zustimmung der klagenden Partei möglich.

§ 28 Dauer des Verfahrens. (1) [1] Die Parteien, die Feststellungsschiedsperson und hinzugezogene Sachverständige müssen auf eine besondere Beschleunigung des Verfahrens hinwirken. [2] Die Feststellungsschiedsperson soll in einem möglichst frühen Stadium des Verfahrens mit den Parteien einen Zeitplan aufstellen, der dem Interesse an einer besonderen Beschleunigung Rechnung trägt.

(2) [1] Die Feststellungsschiedsperson kann nach Anhörung der Parteien eine Begrenzung der Seitenzahlen der auszutauschenden Schriftsätze anordnen. [2] Die Begrenzung der Seitenzahlen darf den Anspruch jeder Partei auf rechtliches Gehör nicht beeinträchtigen.

§ 29 Verfahrensgrundsätze. (1) Die Feststellungsschiedsperson leitet das Verfahren nach billigem Ermessen unter Berücksichtigung des Ziels einer beschleunigten Streiterledigung mit summarischer Rechts- und Tatsachenprüfung sowie der Grundsätze des rechtlichen Gehörs und der Gleichbehandlung.

(2) ¹Für das Verfahren gilt § 16 entsprechend. ²Die Feststellungsschiedsperson bestimmt einen Verhandlungstermin nach Eingang der Klageschrift. ³Die Feststellungsschiedsperson bestimmt nach freiem Ermessen, ob sie der klagenden Partei Gelegenheit gibt, auf die Klageerwiderung zu erwidern. ⁴Die Möglichkeit muss immer gewährt werden, wenn keine mündliche Verhandlung stattfindet; sie soll gewährt werden, wenn zu erwarten ist, dass die Sachaufklärung in dem Termin zur mündlichen Verhandlung dadurch gefördert wird. ⁵Unter den gleichen Voraussetzungen hat die Feststellungsschiedsperson auch der beklagten Partei die Möglichkeit einzuräumen, einen weiteren Schriftsatz einzureichen. ⁶Die Feststellungsschiedsperson ist jederzeit berechtigt, weitere schriftliche Erklärungen der Parteien anzufordern.

(3) ¹Die Feststellungsschiedsperson kann in jeder Lage des Verfahrens Maßnahmen zur Aufklärung des Sachverhalts ergreifen. ²Sie kann insbesondere die Beantwortung von Fragen verlangen, die Vorlage von Dokumenten anordnen und Ortstermine durchführen. ³Die Parteien sind über die jeweiligen Maßnahmen zu informieren und erhalten Gelegenheit zur Teilnahme und Stellungnahme. ⁴Sie sind zur Mitwirkung verpflichtet.

(4) ¹Die Feststellungsschiedsperson kann in jeder Lage des Verfahrens auf Antrag einer der Parteien oder nach deren Anhörung auch ohne Antrag eine Sachverständige/einen Sachverständigen hinzuziehen. ²Sie trifft die Auswahl der/des Sachverständigen nach freiem Ermessen unter Berücksichtigung des mit dem beschleunigten Streitbeilegungs- und Feststellungsverfahren verfolgten Zwecks, den Sachverhalt summarisch aufzuklären.

(5) ¹Die/Der Sachverständige unterstützt die Feststellungsschiedsperson nach deren Anleitung. ²Dazu können Stellungnahmen oder summarische Begutachtungen angefordert werden.

(6) ¹Die Feststellungsschiedsperson darf mit der/dem Sachverständigen auch ohne Mitwirkung der Parteien kommunizieren. ²Sie hat die Parteien über den wesentlichen Inhalt der Kommunikation unverzüglich zu informieren.

(7) ¹Die/Der Sachverständige soll auf Anordnung der Feststellungsschiedsperson an dem Verhandlungstermin teilnehmen. ²Sie/Er ist vertraglich entsprechend zu verpflichten. ³Die Teilnahme ist anzuordnen, wenn eine Partei dies unter Darlegung von nach dem Ermessen der Feststellungsschiedsperson erheblichen Gründen beantragt.

§ 30 Mündliche Verhandlung. (1) ¹Die Feststellungsschiedsperson beraumt eine oder mehrere mündliche Verhandlungen an. ²Mit Zustimmung der Parteien kann sie von einer mündlichen Verhandlung absehen.

(2) ¹Im Termin zur Verhandlung über die Klage soll eine umfassende Erörterung stattfinden. ²Der Termin dient auch dazu, den Sachverhalt weiter aufzuklären.

(3) ¹Die Parteien können sich in der mündlichen Verhandlung vertreten lassen. ²Sie müssen sicherstellen, dass sie in Terminen von Personen vertreten werden, die mit dem Streitgegenstand hinreichend vertraut und zum Abschluss eines Vergleichs bevollmächtigt sind.

(4) ¹Die Parteien können abweichend zu § 4 Abs. 1 Satz 2 Dritte, die zur Aufklärung des Sachverhalts beitragen können, zur mündlichen Verhandlung mitbringen. ²Dies soll der Feststellungsschiedsperson und der anderen Partei rechtzeitig vor dem Termin angekündigt werden. ³Diese Dritten sollen zur

Sachverhaltsaufklärung angehört werden, wenn zu erwarten ist, dass sie zur Aufklärung des streitigen Sachverhalts beitragen können. ⁴Die Feststellungsschiedsperson bestimmt den Gang der Anhörung.

(5) Eine förmliche Beweisaufnahme findet nicht statt.

§ 31 Entscheidung. (1) Die Feststellungsschiedsperson soll in jeder Lage des Verfahrens auf eine gütliche Einigung hinwirken.

(2) Die Feststellungsschiedsperson entscheidet durch vorläufigen Feststellungsentscheid, der den Parteien zuzustellen ist.

(3) ¹Dem vorläufigen Feststellungsentscheid liegt der festgestellte Sachverhalt zugrunde. ²Ist ein Sachverhalt noch nicht vollständig aufgeklärt, soll die Feststellungsschiedsperson von dem Sachverhalt ausgehen, der sich nach ihrer freien Überzeugung mit überwiegender Wahrscheinlichkeit in einem Nachverfahren als zutreffend herausstellen wird. ³Kann sie eine Überzeugung nicht finden, entscheidet sie nach Beweislast.

(4) Der vorläufige Feststellungsentscheid ist unverzüglich nach dem letzten Verhandlungstermin zu erlassen und schriftlich zu begründen.

(5) Die Feststellungsschiedsperson darf Teilentscheidungen ohne Rücksicht auf eine eventuelle präjudizielle Wirkung vornehmen.

(6) ¹Führt ein von der Feststellungsschiedsperson getroffener vorläufiger Feststellungsentscheid dazu, dass die Partei, die mit ihrer Auffassung im beschleunigten Streitbeilegungs- und Feststellungsverfahren unterlegen ist, zur Befolgung des vorläufigen Feststellungsentscheids der Gegenpartei eine Leistung erbringen muss, zu der sie nach der von ihr vorgebrachten Ansicht nicht verpflichtet wäre, kann die Feststellungsschiedsperson nach freiem Ermessen festlegen, dass diese Leistung von der Partei nur gegen Sicherheitsleistung der anderen Partei in angemessener Höhe zu erbringen ist. ²Wird der vorläufige Feststellungsentscheid endgültig verbindlich (§ 32 Abs. 3), ist die Sicherheit zurückzugeben; ist sie bis zu diesem Zeitpunkt noch nicht gestellt, entfällt die Festlegung zur Stellung einer Sicherheit.

§ 32 Wirkung der Entscheidung. (1) ¹Gegenstand des vorläufigen Feststellungsentscheids können nur Feststellungen sein. ²Soweit ein vorläufiger Feststellungsentscheid dennoch eine Partei zu einem Handeln, Dulden oder Unterlassen verurteilt, ist er unverbindlich. ³Ausgenommen hiervon ist die Verpflichtung zur Stellung einer Sicherheit gem. § 31 Abs. 6.

(2) ¹Der vorläufige Feststellungsentscheid bindet die Parteien, solange er im Nachverfahren nicht aufgehoben wird. ²Maßnahmen oder Unterlassungen der Parteien, die dem Inhalt des vorläufigen Feststellungsentscheids entsprechen, gelten unwiderlegbar als nicht vertragswidriges Verhalten. ³Die Nichtbeachtung des vorläufigen Feststellungsentscheids stellt bis zu dessen Aufhebung oder Änderung in einem Nachverfahren eine vorsätzliche Verletzung des Vertrags dar. ⁴Die sich aus dieser Vertragsverletzung ergebenden vertraglichen und gesetzlichen Rechte wie Leistungsverweigerung, Ausspruch einer Kündigung aus wichtigem Grund oder Anspruch auf Schadensersatz werden auch nicht dadurch beseitigt, dass in einem Nachverfahren die Entscheidung aufgehoben oder abgeändert wird.

(3) Der vorläufige Feststellungsentscheid wird für die Parteien endgültig verbindlich, wenn nicht gegen ihn fristgerecht Widerspruch eingelegt wird.

§ 33 Widerspruch.

(1) [1] Gegen den vorläufigen Feststellungsentscheid kann die beschwerte Partei Widerspruch einlegen. [2] Der Widerspruch muss schriftlich der Feststellungsschiedsperson gegenüber binnen eines Monats nach Zustellung erklärt werden; fallen die Zeitpunkte des Erlasses des vorläufigen Feststellungsentscheids und von dessen Begründung auseinander, ist der Zeitpunkt der Zustellung der schriftlichen Begründung maßgeblich. [3] Die Feststellungsschiedsperson hat die andere Partei unverzüglich über den Eingang des Widerspruchs und den Zeitpunkt des Eingangs zu benachrichtigen.

(2) [1] Eine Partei ist berechtigt, sich dem Widerspruch der anderen Partei innerhalb eines Monats anzuschließen. [2] Die Frist beginnt mit dem Eingang der Begründung des Widerspruchs bei der anderen Partei.

(3) Der Widerspruch führt zu einem Nachverfahren.

§ 34 Nachverfahren.

(1) Sofern die Parteien nichts anders vereinbart haben, gelten für das Nachverfahren die Regelungen für das schiedsrichterliche Verfahren.

(2) [1] Das Nachverfahren wird unabhängig vom Streitwert vor einem Dreier-Schiedsgericht fortgeführt, es sei denn, die Parteien vereinbaren, dass eine Einzel-Schiedsperson entscheiden soll. [2] In diesem Fall können auch vereinbaren, dass die (Einzel-) Feststellungsschiedsperson die Einzel-Schiedsperson im Nachverfahren sein soll. [3] Die dem Schiedsspruch widersprechende Partei hat mit dem Widerspruch eine Beisitzerin/einen Beisitzer des Dreier Schiedsgerichts zu benennen. [4] Ansonsten gelten § 14 Abs. 2, § 15 entsprechend.

(3) [1] Nach Konstituierung des für das Nachverfahren zuständigen Schiedsgerichts fordert das Schiedsgericht die dem Schiedsspruch widersprechende Partei auf, den Widerspruch binnen einer bestimmten Frist zu begründen. [2] Die Begründung muss die Erklärung enthalten, welcher Antrag im Nachverfahren gestellt wird und auf welcher Rechts- und Tatsachengrundlage das Verfahren weiter betrieben werden soll. [3] Neue Tatsachen sind mit dem Widerspruch vorzubringen.

(4) [1] In dem Nachverfahren wird unter Bindung an die von der den (Anschluss-)Widerspruch führenden Partei gestellten Anträge über den streitgegenständlichen Feststellungsantrag endgültig durch Schiedsspruch entschieden, der keinem weiteren Widerspruch unterliegt und nur mit dem Aufhebungsverfahren angegriffen werden kann. [2] In diesem Verfahren können die im beschleunigten Streitbeilegungsverfahren gewonnenen Erkenntnisse verwendet werden. [3] Ein Vortrag kann nicht allein deshalb zurückgewiesen werden, weil im beschleunigten Streitbeilegungs- und Feststellungsverfahren gesetzte Fristen versäumt worden sind.

12. Lieferengpässe und Preissteigerungen wichtiger Baumaterialien als Folge des Ukraine-Kriegs hier: Zeitlich befristete Sonderregelungen für neue Verträge, Hinweise zu bestehenden Verträgen[1]

Erlass des Bundesministeriums für Wohnen, Stadtentwicklung und Bauwesen v. 25.3.2022
(GMBl S. 358)
zuletzt geänd. durch Erlass v. 22.6.2022 (GMBl S. 541)

Nichtamtliche Inhaltsübersicht
I. Stoffpreisgleitklausel für Betriebsstoffe
II. Neue Vergabeverfahren
III. Laufende Vergabeverfahren
IV. Anpassungen in bestehenden Verträgen
   IV.1. Verlängerung von Vertragslaufzeiten, § 6 VOB/B[2]
   IV.2. Störung der Geschäftsgrundlage, § 313 BGB[3]
   IV.3. Veränderung von Verträgen, § 58 BHO
   IV.4. Nachweis durch die Unternehmen
   IV.5. Nachträgliche Vereinbarung einer Stoffpreisgleitklausel
   IV.6. Auftragsänderung, § 132 GWB bzw. § 22 EU VOB/A[2]
V. Inkrafttreten

Aufgrund der Kriegsereignisse in der Ukraine und der in der Folge verhängten weltweiten Sanktionen gegen Russland sind die Preise vieler Baustoffe zum Teil extrem gestiegen. Rund 30 Prozent des Baustahls kommen aus Russland, der Ukraine und Weißrussland. Hinzu kommt der hohe Anteil von Roheisen (40 Prozent aus diesen Ländern) und diverser weiterer Rohstoffe, die für die Stahllegierung notwendig sind (Nickel 25 Prozent und Titan 75 Prozent). Auch rund 30 Prozent der hiesigen Bitumenversorgung erfolgt in Abhängigkeit von Russland, mit entsprechenden Auswirkungen auf den deutschen Straßenbau. Auch die Kosten für Energie und Kraftstoffe sind erheblich gestiegen.

Um den Auswirkungen für kommende und laufende Bundesbaumaßnahmen entgegenzuwirken, wird für die Produktgruppen

– Stahl und Stahllegierungen,
– Aluminium,
– Kupfer,
– Erdölprodukte (Bitumen, Kunststoffrohre, Folien und Dichtbahnen, Asphaltmischgut),
– Epoxidharze,
– Zementprodukte,

---

[1] Die Sonderregelungen dieses Erlasses sind befristet bis 30.6.2023, vgl. hierzu den Erlass (Nr. **12a**) v. 25.3.2022 (GMBl S. 358) und den Erlass v. 6.12.2022 (GMBl S. 1016). Beachte hierzu insbesondere auch die inhaltlichen Änderungen durch den Erlass (Nr. **12a**) v. 25.3.2022 (GMBl S. 358).
[2] Nr. **1**.
[3] Nr. **2**.

– Holz,

– Gusseiserne Rohre

folgende Sonderregelung getroffen:

I. Stoffpreisgleitklausel für Betriebsstoffe

Von der Regelung in Nummer 2.3 der Richtlinie zum Formblatt 225 des VHB (ausnahmsweise Vereinbarung einer Stoffpreisgleitklausel für Betriebsstoffe) darf bei maschinenintensiven Gewerken Gebrauch gemacht werden, vorausgesetzt, beide der nachfolgend genannten Voraussetzungen treffen zu:

1. Die Vertragsunterlagen sind so aufgestellt, dass sie sich für die indexbasierte Preisgleitung eignen (eigene Ordnungsziffer).
2. Der Wert der Betriebsstoffe übersteigt ein Prozent der geschätzten Auftragssumme.

II. Neue Vergabeverfahren

Trotz der mit den Preissteigerungen einhergehenden Unwägbarkeiten sind ausschreibungsreife Gewerke zu vergeben, Planungen fortzusetzen und zur Ausschreibung zu führen.

Die Voraussetzung Nummer 2.1 a) der Richtlinie zum Formblatt 225 VHB (nicht kalkulierbares Preisrisiko) für die o.g. Produkte ist erfüllt.

Nummer 1d) der „Grundsätze zur Anwendung von Preisvorbehalten bei öffentlichen Aufträgen" vom 4. Mai 1972 wird vorübergehend dahin ausgelegt, dass die Vereinbarung einer Preisgleitklausel auch dann zulässig ist, wenn der Zeitraum zwischen Angebotsabgabe und Lieferung bzw. Fertigstellung einen Monat beträgt. Damit gilt die Voraussetzung der Nummer 2.1 b) der Richtlinie zum Formblatt 225 VHB (Zeitraum zwischen Angebotsabgabe und Lieferung/Fertigstellung) als erfüllt, wenn der Zeitraum zwischen Angebotsabgabe und Lieferung/Fertigstellung einen Monat überschreitet.

Liegen die Voraussetzungen der Nummer 2.1 c) der Richtlinie zum Formblatt 225 (Stoffkostenanteil beträgt mindestens ein Prozent der geschätzten Auftragssumme) vor, sind im Formblatt 225 alle Stoffe, die der Preisgleitung unterworfen werden sollen, mit ihren Ordnungsziffern (LV-Positionen), der entsprechenden GP-Nummer, einem Basiswert 1 inkl. Zeitpunkt seiner Ermittlung und der jeweilige Abrechnungszeitpunkt (Einbau, Lieferung oder Verwendung) einzutragen.

Sind für die Festlegung des Basiswertes 1 von einschlägigen Händlern keine Angebote zu erhalten, ist der Basiswert aus Angeboten vorausgegangener Ausschreibungen oder aus Erfahrungswerten, ggf. mit einem Zuschlag versehen, festzulegen und bei Erfordernis während des Vergabeverfahrens anzupassen.

Das Formblatt ist den Vergabeunterlagen beizufügen. Neben dem Formblatt 225 ist den Vergabeunterlagen auch das diesem Erlass (nochmals) beigefügte Hinweisblatt beizufügen und im Anlagenverzeichnis der Aufforderung zur Angebotsabgabe unter Buchstabe A aufzunehmen.

Zur Sicherstellung des Wettbewerbs sind Vertragsfristen der aktuellen Situation angepasst zu vereinbaren. Vertragsstrafen sind nur in begründeten Ausnahmefällen zu vereinbaren.

III. Laufende Vergabeverfahren

Soweit Vergabeverfahren bereits eingeleitet sind, aber die Angebote noch nicht geöffnet wurden, sind die Stoffpreisgleitklauseln nachträglich einzubeziehen. Ausführungsfristen sind an die aktuelle Situation anzupassen. Die Angebotsfrist ist ggf. zu verlängern.

Bieteranfragen zur Vereinbarung einer Stoffpreisgleitklausel zu o.g. Produktgruppen ist zu folgen, es sei denn, der Zeitraum zwischen Angebotsabgabe und Lieferung/Fertigstellung unterschreitet einen Monat oder der Stoffkostenanteil des betroffenen Stoffes unterschreitet wertmäßig ein Prozent der von der Vergabestelle geschätzten Auftragssumme.

Ist die Angebots(er)öffnung bereits erfolgt, ist das Verfahren zur Vermeidung von Streitigkeiten bei der Bauausführung in den Stand vor Angebotsabgabe zurück zu versetzen, um Stoffpreisgleitklauseln einbeziehen und ggf. Ausführungsfristen verlängern zu können.

IV. Anpassungen in bestehenden Verträgen

Bestehende Verträge sind grundsätzlich einzuhalten und die Leistungen von den Unternehmen wie beauftragt auszuführen. Ungeachtet dessen können die Kriegsereignisse in der Ukraine und die dadurch unmittelbar oder mittelbar hervorgerufenen Materialengpässe und Materialpreissteigerungen auch insoweit rechtliche Folgen haben.

IV.1. Verlängerung von Vertragslaufzeiten, § 6 VOB/B[1]

Sind Materialien aus den eingangs genannten Produktgruppen nachweislich nicht oder vorübergehend nicht, auch nicht gegen höhere Einkaufspreise als kalkuliert, durch das Unternehmen beschaffbar, ist von einem Fall der höheren Gewalt bzw. einem anderen nicht abwendbaren Ereignis im Sinne von § 6 Absatz 2 Nummer 1 Buchstabe c) VOB/B auszugehen. Als Rechtsfolge wird die Ausführungsfrist verlängert um die Dauer der Nichtlieferbarkeit der Stoffe zuzüglich eines angemessenen Aufschlags für die Wiederaufnahme der Arbeiten, § 6 Absatz 4 VOB/B. Schadensersatz- oder Entschädigungsansprüche gegen das Unternehmen entstehen dadurch nicht. Umgekehrt gerät auch der Auftraggeber ggü. Folgegewerken nicht in Annahmeverzug, wenn sich deren Leistung in der Folge verschieben muss (vgl. BGH, Urteil vom 20.4.2017 – VII ZR 194/13).

IV.2. Störung der Geschäftsgrundlage, § 313 BGB[2]

Sind die Materialien aus den eingangs genannten Produktgruppen zwar zu beschaffen, muss das Unternehmen jedoch höhere Einkaufspreise zahlen als kalkuliert, gilt folgendes:

Auftraggeber und Auftragnehmer haben den Vertrag in der Annahme geschlossen, dass sich die erforderlichen Materialien grundsätzlich beschaffen lassen und deren Preise nur den allgemeinen Unwägbarkeiten des Wirtschaftslebens unterliegen. Sie hätten den Vertrag nicht mit diesem Inhalt geschlossen, hätten sie gewusst, dass die kommenden Kriegsereignisse in der Ukraine derart unvorhersehbaren Einfluss auf die Preisentwicklung nehmen würden.

---

[1] Nr. 1.
[2] Nr. 2.

Zwar weist der Bauvertrag das Materialbeschaffungsrisiko grundsätzlich der Sphäre des Unternehmens zu. Das gilt jedoch nicht in Fällen höherer Gewalt.

Insoweit sind die Ereignisse grundsätzlich geeignet, die Geschäftsgrundlage des Vertrages im Sinne von § 313 BGB[1)] zu stören.

Die daran anschließende weitere Frage, ob dem Unternehmen gleichwohl das Festhalten an den unveränderten Vertragspreisen zumutbar ist, kann nicht allgemein, sondern nur im Einzelfall beantwortet werden. Es gibt keine feste Grenze, ab deren Überschreiten von einer Unzumutbarkeit auszugehen ist. Die Rechtsprechung hat zum ebenfalls auf eine gestörte Geschäftsgrundlage abstellenden und daher vergleichbaren § 2 Absatz 7 VOB/B[2)] (Änderungen im Pauschalvertrag) in einzelnen Entscheidungen Werte zwischen 10 und 29 Prozent Mengen- bzw. Preissteigerung angenommen, bei denen von einer Unzumutbarkeit auszugehen war. Ähnlich uneinheitlich ist das Meinungsbild in der baurechtlichen Literatur, die Angaben bewegen sich zwischen 20 und 25 Prozent, teilweise aber auch bereits bei 15 Prozent Kostensteigerung (vgl. Beck'scher VOB-Kommentar, Teil B, Rn. 66 f.; BeckOK VOB/B, Rn. 34).

Dabei ist nicht auf die einzelne Position, sondern auf eine Gesamtbetrachtung des Vertrages abzustellen. Je geringer der Anteil einer betroffenen Position am Gesamtauftragsvolumen ist, desto höher wird die anzusetzende Schwelle sein. In die Betrachtung sind bereits geschlossene Nachtragsvereinbarungen und bereits vorliegende oder angekündigte Nachtragsangebote einzubeziehen. Eine ohne Vertragsanpassung drohende Insolvenz des Unternehmens ist einerseits zwar nicht Voraussetzung, andererseits genügt es nicht, wenn die höheren Materialpreise den kalkulierten Gewinn aufzehren (die insoweit stellenweise angeführte Entscheidung des BGH aus 2011 (Urteil vom 30.6.2011, AZ VII ZR 13/10) betraf einen Einzelfall, bei dem irreführende Angaben des Auftraggebers in der Leistungsbeschreibung zu einer Fehlkalkulation des Unternehmens beigetragen haben; sie ist nicht verallgemeinerungsfähig).

Wenn nach dieser Prüfung von einer gestörten Geschäftsgrundlage auszugehen ist, hat das Unternehmen einen Anspruch auf Anpassung der Preise für die betroffenen Positionen. Das bedeutet nicht, dass der Auftraggeber sämtliche die Kalkulation übersteigenden Kosten trägt. Die Höhe der Vertragsanpassung ist im Einzelfall festzusetzen, wobei die o.g. Gesichtspunkte der Zumutbarkeit erneut zu berücksichtigen sind. Eine Übernahme von mehr als der Hälfte der Mehrkosten wird jedenfalls regelmäßig unangemessen sein. Grundlage der Anpassung sind die reinen Materialpreise. Die Zuschläge für BGK, AGK, Wagnis und Gewinn bleiben unberücksichtigt.

Ich weise vorsorglich darauf hin, dass, sollte die Zumutbarkeit durch die Preisanpassung nicht wiederhergestellt werden können, dem Unternehmen nach § 313 Absatz 3 BGB[1)] ein Rücktrittsrecht vom Vertrag bzw. ein Sonderkündigungsrecht zusteht. Das bedeutet nicht, dass den Forderungen der Unternehmen in vollem Umfang Rechnung getragen werden muss. Das Risiko einer insoweit unberechtigten Kündigung trägt das Unternehmen.

IV.3. Veränderung von Verträgen, § 58 BHO

Der Vollständigkeit halber weise ich darauf hin, dass Verträge zum Nachteil des Bundes und zu Gunsten der Unternehmen auch unterhalb der Schwelle der

---

[1)] Nr. 2.
[2)] Nr. 1.

gestörten Geschäftsgrundlage geändert werden können, vgl. Nummer 1.1 VV zu § 58 BHO.

Der Begriff des „Nachteils" erlaubt es, nicht allein auf die wirtschaftliche Situation des Unternehmens abstellen zu müssen, sondern in eine Gesamtabwägung der Vor- und Nachteile für die Baumaßnahme eintreten zu können. Ergibt diese Gesamtabwägung beispielsweise, dass eine Anpassung von Preisen den termingerechten Fortgang der Baumaßnahmen fördert, Auseinandersetzungen an anderer Stelle vermeidet, Verwaltungsaufwand und Folgekosten (etwa durch längere Nutzung eines Ersatzmietobjekts) erspart, mag bereits kein Nachteil im wirtschaftlichen Sinne vorliegen.

Nur wenn nach dieser Abwägung dem Bund ein wirtschaftlicher Nachteil erwachsen würde, kommt es auf die Frage an, ob ein besonders begründeter Ausnahmefall vorliegt, weil das Unternehmen unbillig benachteiligt ist, da sich seine wirtschaftlichen Verhältnisse bei Vertragserfüllung infolge ihm nicht zuzurechnender Umstände erheblich verschlechtern würden (siehe VV Nummer 1.4 zu § 58 BHO). Insoweit übertrage ich meine Entscheidungsbefugnisse auf die Fachaufsicht führende Ebene. Sollte ein besonders begründeter Ausnahmefall festgestellt werden und Verträge angepasst werden, bedarf es ab einem Betrag von 125.000 Euro (Höhe des Nachteils des Bundes) der Zustimmung des BMF, die über mich einzuholen wäre. Ergibt die Gesamtabwägung der Umstände bereits keinen Nachteil (s.o.), bedarf es einer solchen Zustimmung nicht.

IV.4. Nachweis durch die Unternehmen

Eine Preisanpassung muss das Unternehmen beantragen. Begehrt das Unternehmen eine Preisanpassung, sei es nach § 313 BGB[1], sei es nach § 58 BHO, ist es für die Darlegung der Voraussetzungen vollständig in der Pflicht. Insoweit ist beispielsweise zu verlangen:

– Urkalkulation/Preisblätter
– Nachweis der tatsächlichen Einkaufskosten und Versicherung des Unternehmens, dass etwaige Rückvergütungen oder Nachlässe des Baustofflieferanten o.ä. abgezogen sind
– Nachweis der Marktüblichkeit der tatsächlichen Einkaufspreise durch Vorlage von Vergleichsangeboten

IV.5. Nachträgliche Vereinbarung einer Stoffpreisgleitklausel

Nach Prüfung der Unterlagen und in der Gesamtabwägung des Einzelfalls nach Ziffer IV.2 bzw. IV.3 kann auch die nachträgliche Einbeziehung einer Stoffpreisgleitklausel in einen bestehenden Vertrag in Frage kommen. Dabei ist folgendes zu beachten:

Eine nachträgliche Vereinbarung kommt nur in Betracht für solche Verträge, bei denen bisher höchstens die Hälfte der Leistungen aus den o.g. Produktgruppen ausgeführt wurde. Preisgleitung kommt dabei nur für noch nicht erbrachte Leistungsteile in Betracht.

Für die betroffenen Positionen ist eine GP-Nummer festzulegen, der Abrechnungszeitpunkt (s. Formblatt 225) zu bestimmen und der Basiswert 2 in Höhe des Materialanteils der jeweiligen Position aus dem Angebot des Auf-

---

[1] Nr. 2.

tragnehmers festzulegen. Die Fortschreibung auf den Basiswert 3 erfolgt über die Indizes des statistischen Bundesamtes auf die gewohnte Weise. Für die Ermittlung der Mehr-/Minderaufwendungen ist die Differenz aus Basiswert 3 und Basiswert 2 mit der ausgeführten Menge zu multiplizieren. Anstelle der im Formblatt 225 festgelegten Selbstbeteiligung von 10 Prozent ist mit dem Auftragnehmer eine Selbstbeteiligung in Höhe von 20 Prozent zu vereinbaren.

Die nachträgliche Vereinbarung erstreckt sich auf alle noch nicht erbrachten Teilleistungen, deren Ausführung in die Laufzeit des Erlasses fällt.

IV.6. Auftragsänderung, § 132 GWB bzw. § 22 EU VOB/A[1)]

Eine etwaige Preisanpassung im bestehenden Vertrag berührt den Anwendungsbereich des § 132 GWB. Hier gilt *folgendes*.[2)]

Nach § 132 Absatz 1 Nummer 2 GWB liegt eine wesentliche Auftragsänderung u.a. insbesondere dann vor, wenn mit der Änderung das wirtschaftliche Gleichgewicht des öffentlichen Auftrags zugunsten des Auftragnehmers in einer Weise verschoben wird, die im ursprünglichen Auftrag nicht vorgesehen war. Nach dem Vorgesagten dient § 313 BGB[3)] gerade dazu, das ursprüngliche wirtschaftliche Gleichgewicht des Vertrages wiederherzustellen. Es wird nicht zugunsten des Auftragsnehmers verschoben. Insoweit ist im Umkehrschluss regelmäßig bereits nicht von einer wesentlichen Auftragsänderung auszugehen.

Sollte – hilfsweise – gleichwohl eine wesentliche Vertragsänderung anzunehmen sein, so ist eine solche ohne Durchführung eines neuen Vergabeverfahrens zulässig, soweit die Änderung aufgrund von Umständen erforderlich geworden ist, die der öffentliche Auftraggeber im Rahmen seiner Sorgfaltspflicht nicht vorhersehen konnte, und sich aufgrund der Änderung der Gesamtcharakter des Auftrags nicht verändert (§ 132 Absatz 2 Nummer 3 GWB).

Davon ist auszugehen, da die Kriegsereignisse in der Ukraine und ihre Folgen für den Auftraggeber in gleicher Weise unvorhersehbar waren wie für den Auftragnehmer.

Der Preis darf in diesem Fall nicht um mehr als 50 Prozent des Wertes des ursprünglichen Auftrags erhöht werden. Eine solche Vertragsänderung wäre im Amtsblatt der Europäischen Union bekannt zu machen.

Schließlich ist – ebenfalls hilfsweise – die Änderung eines öffentlichen Auftrags zulässig, wenn sich der Gesamtcharakter des Auftrags nicht ändert und der Wert der Änderung (Summe aller Auftragsänderungen) den europäischen Schwellenwert nicht übersteigt und nicht mehr als 15 Prozent des ursprünglichen Auftragswertes beträgt. In diesem Fall bedarf es auch keiner Bekanntmachung der Änderung.

Ich bitte um Bericht, sollte eine etwaige Preisanpassung vergaberechtlich angegriffen werden.

V. Inkrafttreten

Die Regelungen treten mit sofortiger Wirkung in Kraft und sind befristet bis 30. Juni 2022.[4)]

[1)] Nr. **1**.
[2)] Zeichensetzung amtlich.
[3)] Nr. **2**.
[4)] Geltungsdauer verlängert bis 30.6.2023, vgl. hierzu den Erlass (Nr. **12a**) und den Erlass v. 6.12. 2022 (GMBl S. 1016).

12a. Lieferengpässe und Preissteigerungen wichtiger Baumaterialien als Folge des Ukraine-Kriegs[1)]

Erlass des Bundesministeriums für Wohnen, Stadtentwicklung und Bauwesen v. 22.6.2022
(GMBl S. 541)

Bezug: Erlass BWI7-70437/9#4[2)] vom 25. März 2022

Nichtamtliche Inhaltsübersicht

I. Vorbemerkung
II. Neue Vergabeverfahren
  II.1. Stoffpreisgleitklauseln auch für nicht ausdrücklich benannte Stoffe
  II.2. Aufgreifschwelle für die Vereinbarung von Stoffpreisgleitklauseln
  II.3. Mindesthöhe der Stoffkosten
  II.4. Neues Formblatt 225a/Verzicht auf Basiswert 1
  II.5. Weitere Hinweise zum Umgang mit Stoffpreisgleitklauseln
III. Laufende Vergabeverfahren
IV. Bestehende Verträge
  IV.1. Verlängerung von Vertragslaufzeiten, § 6 VOB/B[3)]
  IV.2. Vertragsänderung Grundsatz
  IV.3. Berücksichtigung von Selbstbehalten
  IV.4. Nachträglich vereinbarte Stoffpreisgleitklauseln
    IV.4.1. Verhältnis zu § 313 BGB[4)]/§ 58 BHO
    IV.4.2. Selbstbehalt
    IV.4.3. Vor Kriegsbeginn geschlossene Verträge
    IV.4.4. Betriebsstoffe
    IV.4.5. Laufzeit
    IV.4.6. Rahmenvereinbarungen
V. Inkrafttreten/Außerkrafttreten

I. Vorbemerkung

Angesichts des großen, weit über den Bundesbau hinausreichenden Wirkungskreises des Erlasses des BMWSB[2)] vom 25. März 2022 besteht Anlass zu folgenden Klarstellungen:

– Erlasse des BMWSB sind allein verbindlich für das Bundesamt für Bauwesen und Raumordnung sowie die Länderbauverwaltungen, soweit sie in Organleihe Bauaufgaben des Bundes wahrnehmen.
– Für die Länderbauverwaltungen in Angelegenheiten des Landesbaus sind sie nicht verbindlich, sondern es gelten die jeweiligen Landesregelungen. Zahlreiche Länder übernehmen die Regelung des Bundes jedoch für ihren Zuständigkeitsbereich.

[1)] Die Sonderregelungen dieses Erlasses sind befristet bis 30.6.2023, vgl. hierzu den Erlass v. 6.12.2022 (GMBl S. 1016).
[2)] Nr. **12**.
[3)] Nr. **1**.
[4)] Nr. **2**.

– Inwieweit sie für die Kommunen gelten, hängt von der Regelung des jeweiligen Landes ab. Einige Länder empfehlen ihren Kommunen die Anwendung.
– Für Bauverträge zwischen Privaten entfalten Erlasse keine Bindungswirkung.
– Ob Empfänger von Zuwendungen des Bundes den Erlass beachten müssen, entscheidet sich nach den Bestimmungen des Zuwendungsbescheids. Die einschlägigen Nebenbestimmungen für Zuwendungen verpflichten die Zuwendungsempfänger bei der Vergabe von Baumaßnahmen zur Anwendung der Vergabe- und Vertragsordnung für Bauleistungen Teil A (VOB/A[1]). Diese enthält keine ausdrückliche Regelung dazu, ob und in welcher Form Stoffpreisgleitklauseln vorzusehen sind. Insbesondere sehen § 7 Absatz 1 Nummer 3, § 9d VOB/A nicht ausdrücklich Stoffpreisgleitklauseln vor. Mit dem Erlass wird die VOB/A nicht geändert, sie wird lediglich ausgelegt, mit Bindungswirkung allein für die Adressaten des Erlasses. Ob ein Zuwendungsbescheid über die üblichen Nebenbestimmungen hinaus Regelungen enthält, die eine Bindung an den Erlass begründen könnten, muss im Einzelfall geprüft werden.

II. Neue Vergabeverfahren

II1. Stoffpreisgleitklauseln auch für nicht ausdrücklich benannte Stoffe

Die Richtlinie zu Formblatt 225 des VHB schreibt u.a. vor, dass Preisgleitklauseln u.a. immer dann zu vereinbaren sind, wenn Stoffe ungewöhnlichen Preisveränderungen ausgesetzt sind. In Ziffer II.2 des Erlasses vom 25. März 2022 stellt das BMWSB dieses für die dort genannten Stoffgruppen fest. Der Regelungsgehalt des Erlasses erschöpft sich im Übrigen darin, für die dort genannten Stoffgruppen den Mindestzeitraum, der zwischen Angebotsabgabe und dem vereinbarten Abrechnungszeitpunkt (Einbau, Lieferung, oder Verwendung) liegen muss, auf einen Monat zu verkürzen.

Das bedeutet im Umkehrschluss: soweit nach Einschätzung der Bauverwaltung die drei Voraussetzungen der Richtlinie zu Formblatt 225 VHB für weitere, im Erlass nicht genannte Stoffe erfüllt sind, sind Stoffpreisgleitklauseln auch für diese Stoffe vorzusehen.

II.2. Aufgreifschwelle für die Vereinbarung von Stoffpreisgleitklauseln

Abweichend von Nummer 2.1 Buchstabe c) der Richtlinie zum Formblatt 225 des VHB sind Stoffpreisgleitklauseln während der Laufzeit dieses Erlasses bereits dann zu vereinbaren, wenn der Stoffkostenanteil des betroffenen Stoffes 0,5 Prozent der geschätzten Auftragssumme beträgt. Das gilt für die im Erlass vom 25. März 2022 ausdrücklich benannten Stoffe.

II.3. Mindesthöhe der Stoffkosten

Unbeschadet der abgesenkten Aufgreifschwelle gemäß Ziffer II.2 ist der Verwaltungsaufwand auf beiden Seiten des Vertragsverhältnisses verhältnismäßig zu den erstrebten Vorteilen zu halten, indem Stoffpreisgleitklauseln künftig erst vereinbart werden müssen, wenn die geschätzten Kosten für den Stoff, für den die Gleitung vorgesehen werden soll, einen Betrag von 5.000 Euro überschreiten. Das gilt für die im Erlass vom 25. März 2022 ausdrücklich benannten Stoffe sowie alle weiteren, für die die Bauverwaltungen nach eigenem Ermessen

---

[1] Nr. 1.

entsprechend der Richtlinie zum Formblatt 225 Stoffpreisgleitklauseln vorsehen.

II.4. Neues Formblatt 225a/Verzicht auf Basiswert 1

Sollte der Basiswert 1 nicht ermittelbar sein, wird folgende alternative Möglichkeit zur Berechnung der Stoffpreisgleitklausel eingeführt:

Auf einen Basiswert 1 wird verzichtet. Als Grundlage für die Preisfortschreibung wird auf den im bezuschlagten Angebot im Formblatt 225a angegebenen Stoffpreis (= Stoffkostenanteil der genannten Teilleistung(en) ohne Zuschläge für Allgemeine Geschäftskosten, Baustellengemeinkosten sowie Wagnis und Gewinn) zurückgegriffen. Dieser Stoffpreis wird mit dem Basiswert 2 gleichgesetzt und später zum Basiswert 3 fortgeschrieben. Im Rahmen der Angebotswertung ist daher auch zu prüfen, ob der der Preisgleitung unterworfene Stoffpreis wirtschaftlich ist. Dazu ist ein Vergleich mit den Stoffpreisen aus anderen Angeboten durchzuführen. Weicht der Stoffpreis erheblich von dem anderer Bieter ab, ist der Bieter zur Angebotsaufklärung aufzufordern.

Bei Anwendung des Formblatts 225a werden Stoffpreise nicht nachgefordert. Ein entsprechender Hinweis ist sowohl in der Bekanntmachung (Buchstabe l) als auch in der „Aufforderung zur Angebotsabgabe" (Formblatt 211, 211EU, 211VS) und im Formblatt 216 („Verzeichnis der im Vergabeverfahren vorzulegenden Unterlagen") aufzunehmen.

In der Bekanntmachung und der „Aufforderung zur Angebotsabgabe" ist hierfür die zweite Option („teilweise nachgefordert, und zwar") anzukreuzen und der Text: „Unterlagen mit Ausnahme von Formblatt 225a", ggf. ergänzt durch weitere von der Nachforderung ausgeschlossene Unterlagen, einzutragen. In der Aufforderung zur Angebotsabgabe ist „Formblatt 225a Stoffpreisgleitklausel" außerdem unter Buchstabe C aufzunehmen und anzukreuzen.

Im Formblatt „Verzeichnis der im Vergabeverfahren vorzulegenden Unterlagen" ist unter Nummer 1.1 aufzunehmen: „225a – Stoffpreisgleitklausel ohne Basiswert 1 (bei Abgabe mehrerer Hauptangebote für jedes Hauptangebot)" und anzukreuzen.

Außerdem ist den Vergabeunterlagen das Hinweisblatt (Bieterhinweise zum Formblatt 225a) beizufügen und in der Aufforderung zur Angebotsabgabe unter Buchstabe A) aufzunehmen.

Formblatt 225 ist vorrangig anzuwenden. Formblatt 225a steht als Alternative zur Verfügung, wenn kein belastbarer Basiswert 1 ermittelt werden kann. Zur Ermittlung des Basiswertes 1 es ausdrücklich zulässig, auf kommerzielle Preisdatenbanken oder auf von Bauwirtschaftsverbänden bereitgestellte Preisübersichten zurückzugreifen.

II.5. Weitere Hinweise zum Umgang mit Stoffpreisgleitklauseln

Soweit Verbundbaustoffe verarbeitet oder in den Textbausteinen des Standardleistungsbuchs in einer Position mehrere der benannten Stoffe zusammengefasst werden und der Aufwand zur Ermittlung der einzelnen Stoffanteile unverhältnismäßig ist, kann auf den Stoff mit dem höchsten Stoffanteil innerhalb der Verbundbaustoffs oder der Ordnungsziffer abgestellt werden. Unverhältnismäßig ist der Aufwand dann, wenn die Dauer der Vergabevorbereitung nicht unerheblich verzögert würde.

Durch Rückgriff auf höhere (weniger detaillierte) Gliederungsebenen innerhalb der GP-Systematik des Statistischen Bundesamtes kann es vermieden werden, für verschieden Stoffanteile einer Stoffgruppe innerhalb einer Ordnungsziffer die jeweiligen Anteile „herauszuziehen" zu müssen. Dadurch wird die Abrechnung der Mehr-/Minderaufwendungen etwas ungenauer, aber für beide Seiten deutlich weniger aufwändig.

Sehen die Standardleistungen des STLB-Bau andere Mengeneinheiten als die beim Statistischen Bundesamt erhobenen Daten vor, ist eine Umrechnung des Basiswertes 1, ggf. unter Hinzuziehung von Umrechnungstabellen, erforderlich. Alternativ kommt auch die Angabe der Umrechnungsfaktoren in Spalte 5 des Formblatts 225 bzw. 225a in Betracht.

III. Laufende Vergabeverfahren

Die Absenkung der Aufgreifschwelle für die Vereinbarung von Stoffpreisgleitklauseln gilt auch für bereits laufende Vergabeverfahren und kann dazu führen, dass in weiteren Vergabeverfahren eine Klausel vorzusehen bzw. die bereits vorgesehene um zusätzliche Stoffe zu erweitern ist. Die nachträgliche Einbeziehung bzw. Erweiterung von Stoffpreisgleitklauseln muss jedoch nicht ausnahmslos erfolgen. Davon kann nach Abwägung der Vor- und Nachteile im Einzelfall abgesehen werden. Eine nachträgliche Einbeziehung wird beispielsweise nicht geboten sein, wenn kein Bieter ihr Fehlen rügt.

Soweit Bauverwaltungen seit dem 25. März 2022 bereits in diesem Sinne vorgegangen sind, genehmige ich das ausdrücklich.

IV. Bestehende Verträge

Als bestehende Verträge gelten alle Verträge, die bis zu 14 Kalendertage nach Kriegsausbruch, d.h. vor dem 11. März 2022 ohne Vereinbarung einer Stoffpreisgleitklausel submittiert wurden.

IV.1. Verlängerung von Vertragslaufzeiten, § 6 VOB/B[1])

An den Nachweis der momentanen Nichtverfügbarkeit von Materialien sind keine überspannten Anforderungen zu stellen. Sofern der Mangel nicht verwaltungsseitig bekannt ist, kann der Nachweis beispielsweise durch Vorlage von Absageschreiben von drei Baustofflieferanten geführt werden.

IV.2. Vertragsänderung Grundsatz

Ab welcher Preissteigerung dem Unternehmen ein Anspruch auf Preisanpassung nach § 313 BGB[2]) zusteht bzw. eine Veränderung von Verträgen nach § 58 BHO geboten erscheint, bleibt eine im Einzelfall zu treffende Entscheidung. Angesichts des Ausnahmecharakters der genannten Vorschriften und der insbesondere zu § 313 BGB[2]) ergangenen höchstrichterlichen Rechtsprechung kann eine pauschale Größe von hier nicht genannt werden.

IV.3. Berücksichtigung von Selbstbehalten

Entscheidet sich die Bauverwaltung nach § 313 BGB[2])/§ 58 BHO für eine Preisanpassung ohne Stoffpreisgleitklausel, bei der die Kostensteigerung zwischen Auftraggeber und Auftragnehmer geteilt wird (vgl. Erlass vom 25. März 2022, Ziffer IV.2) ist ein (zusätzlicher) Selbstbehalt nicht zu berücksichtigen. Ein Selbstbehalt ist bereits durch die Beteiligung des AN an der Preissteigerung berücksichtigt.

---

[1]) Nr. 1.
[2]) Nr. 2.

Baumaterialien-Lieferengpässe-Erlass **BMWSB 12a**

Beispiel:
Im konkreten Einzelfall erscheint nach Auffassung der Bauverwaltung eine Stoffkostensteigerung von über 15 Prozent als dem Unternehmen nicht zumutbar; mangels anderer Anhaltspunkte soll die Kostensteigerung zwischen Auftraggeber und Unternehmen geteilt werden. Der im Februar 2022 kalkulierte Stoffpreis des Unternehmens ist 100 Euro, der tatsächliche Preis 200 Euro. Aufgrund der vereinbarten Menge übersteigen die Mehrkosten damit die nicht zumutbare Erhöhung deutlich. Der den Angebotspreis übersteigende Differenzbetrag von 100 Euro wird geteilt, der Auftragnehmer erhält also für das Material 100 + 50 = 150 Euro/Einheit für die nach dem 24. Februar 2022 (Kriegsbeginn) ausgeführten Leistungen. Ein weiterer Abzug in Form eines Selbstbehaltes erfolgt nicht, durch die hälftige Beteiligung des AN an der Preissteigerung ist bereits ein Selbstbehalt verwirklicht.

IV.4. Nachträglich vereinbarte Stoffpreisgleitklauseln

IV.4.1. Verhältnis zu § 313 BGB[1]/§ 58 BHO

Die nachträgliche Vereinbarung einer Stoffpreisgleitklausel ist eine Möglichkeit, um die Unzumutbarkeit im Sinne von § 313 BGB/§ 58 BHO zu beseitigen. Sie steht nicht neben den genannten Vorschriften. Bei einer nachträglichen Vereinbarung einer Stoffpreisgleitklausel scheiden weitere Preisanpassungen nach § 313 BGB/§ 58 BHO aus.

IV.4.2. Selbstbehalt

Abweichend von Ziffer IV.5 des Bezugserlasses vom 25. März 2022 ist künftig auch bei Vereinbarung einer Stoffpreisgleitklausel in bestehenden Verträgen der Selbstbehalt in Höhe von zehn Prozent zu vereinbaren.

IV.4.3. Vor Kriegsbeginn geschlossenen Verträge

Soweit eine Stoffpreisgleitklausel in einen schon länger bestehenden Vertrag einbezogen wird, ist darauf zu achten, dass nur solche Preissteigerungen der Gleitung unterworfen werden dürfen, die nach Kriegsausbruch am 24. Februar 2022 eingetreten sind. Das bedeutet, dass ggf. ein „Zwischenbasiswert" für den Zeitpunkt Februar 2022 ermittelt werden muss und die Berechnung der Mehr-/Minderaufwendungen durch Multiplikation der Differenz aus Basiswert 3 und dem neu gebildeten (Zwischen-)Basiswert, multipliziert mit der abzurechnenden Menge erfolgt.

IV.4.4. Betriebsstoffe

Wenn in maschinenintensiven Gewerken nachträglich Stoffpreisgleitklauseln für Betriebsstoffe vereinbart werden sollen, ist eine Ordnungsziffer festzulegen und die Menge des ab Kriegsbeginn noch erforderlichen Betriebsstoffes zu ermitteln. Die Ordnungsziffer dient dabei lediglich dazu, die der Gleitung unterworfene Stoffmenge für die Abrechnung zu erfassen. Die Vergütung des Betriebsstoffes selbst erfolgt weiterhin über die ursprüngliche Position bzw. Ordnungsziffer. Über die im Nachtrag festgelegte Ordnungsziffer wird die tatsächlich verbrauchte Menge erfasst und diese der Gleitung unterworfen. Im Nachtrag wird damit allein der Zu- oder Abschlag für den Betriebsstoff ermittelt und abgerechnet. Als Basiswert 2 ist der Preis für den Betriebsstoff am 24. Februar 2022 festzulegen. Lässt sich dieser Preis nicht ermitteln, kann stattdessen der aktuelle Preis „rückindiziert", also durch Multiplikation mit dem Index von Februar geteilt durch den aktuellen Index ermittelt, werden. Auch bei Stoffpreisgleitklauseln für Betriebsstoffe erfolgt die Abrechnung über die Indizes des Statistischen Bundesamtes. Vom Unternehmer ist der Nachweis

---

[1] Nr. 2.

zu verlangen, dass die erhöhten Betriebsstoffkosten angefallen sind und kein Rückgriff auf in eigenen Treibstofflagern enthaltene Vorräte möglich ist.

IV.4.5. Laufzeit

Es wird klargestellt, dass die unter jetziger Erlasslage nachträglich vereinbarten Stoffpreisgleitklauseln bis zum jeweiligen Vertragsende weitergelten sollen. Das gilt auch dann, wenn die zugrundeliegenden Erlasse währenddessen ihre Gültigkeit verlieren. Nach Außerkrafttreten des Erlasses ist es nicht mehr zulässig, in geschlossenen Verträgen nachträglich eine Stoffpreisgleitklausel zu vereinbaren. Eine Geltung der nachträglichen Stoffpreisgleitklausel nur bis zum Auslaufen der Sonderregelungen würde das Vertragsverhältnis in mehrere Abschnitte unterteilen und auf beiden Seiten zu erheblichem Abrechnungsmehraufwand führen.

IV.4.6. Rahmenvereinbarungen

Auch in bestehenden Rahmenvereinbarungen für den Bauunterhalt kann die Unzumutbarkeit im Sinne des § 313 BGB[1]/§ 58 BHO durch Vereinbarung von Stoffpreisgleitklauseln für die noch ausstehenden Einzelaufträge beseitigt werden. Der Stoffkostenanteil ist aus dem Angebot zu ermitteln und auf den Monat Februar 2022 zu indizieren (Basiswert 2). Die Bagatellregelung (Formblatt 225 Nummer 2.3 (zwei Prozent der Abrechnungssumme der im Verzeichnis für Stoffpreisgleitklausel genannten Positionen) wird auf den jeweiligen Einzelauftrag angewendet, der Selbstbehalt beträgt zehn Prozent.

Vorstehende Regelung ist entsprechend auch auf Liefer-Rahmenvereinbarungen für die im Erlass vom 25. März 2022 benannten Stoffe anwendbar. Für weitere Liefer-Rahmenvereinbarungen ist sie nicht anwendbar.

V. Inkrafttreten/Außerkrafttreten

Dieser Erlass verändert den Erlass[2] vom 25. März 2022 mit sofortiger Wirkung. Die Geltung des so geänderten Erlasses wird bis 31. Dezember 2022[3] verlängert.

Der Erlass BW I 7 – 70437/9#3 vom 21. Mai 2021 zu Materialengpässen im Zusammenhang mit der Corona-Pandemie wird aufgehoben. Er hat neben der jetzigen Regelung keine eigenständige Bedeutung mehr.

---

[1] Nr. 2.
[2] Nr. 12.
[3] Geltungsdauer verlängert bis 30.6.2023, vgl. hierzu Erlass v. 6.12.2022 (GMBl S. 1016).

13. Gesetz zur Einsparung von Energie und zur Nutzung erneuerbarer Energien zur Wärme- und Kälteerzeugung in Gebäuden (Gebäudeenergiegesetz – GEG)[1) 2) 3)]

Vom 8. August 2020
(BGBl. I S. 1728)

FNA 754-30

geänd. durch Art. 18a G zu Sofortmaßnahmen für einen beschleunigten Ausbau der erneuerbaren Energien und weiteren Maßnahmen im Stromsektor v. 20.7.2022 (BGBl. I S. 1237)

Inhaltsübersicht

Teil 1. Allgemeiner Teil

§ 1	Zweck und Ziel
§ 2	Anwendungsbereich
§ 3	Begriffsbestimmungen
§ 4	Vorbildfunktion der öffentlichen Hand
§ 5	Grundsatz der Wirtschaftlichkeit
§ 6	Verordnungsermächtigung zur Verteilung der Betriebskosten und zu Abrechnungs- und Verbrauchsinformationen
§ 6a	Verordnungsermächtigung zur Versorgung mit Fernkälte
§ 7	Regeln der Technik
§ 8	Verantwortliche
§ 9	Überprüfung der Anforderungen an zu errichtende und bestehende Gebäude

Teil 2. Anforderungen an zu errichtende Gebäude

Abschnitt 1. Allgemeiner Teil

§ 10	Grundsatz und Niedrigstenergiegebäude
§ 11	Mindestwärmeschutz
§ 12	Wärmebrücken
§ 13	Dichtheit
§ 14	Sommerlicher Wärmeschutz

Abschnitt 2. Jahres-Primärenergiebedarf und baulicher Wärmeschutz bei zu errichtenden Gebäuden

Unterabschnitt 1. Wohngebäude

§ 15	Gesamtenergiebedarf
§ 16	Baulicher Wärmeschutz
§ 17	Aneinandergereihte Bebauung

[1)] **Amtl. Anm.:** Artikel 1 dieses Gesetzes *[Red. Anm.: G zur Vereinheitlichung des Energieeinsparrechts für Gebäude und zur Änd. weiterer Gesetze v. 8.8.2020 (BGBl. I S. 1728)]* dient der Umsetzung der Richtlinie 2010/31/EU des Europäischen Parlaments und des Rates vom 19. Mai 2010 über die Gesamtenergieeffizienz von Gebäuden (Neufassung) (ABl. L 153 vom 18.6.2010, S. 13; L 155 vom 22.6.2010, S. 61) und der Richtlinie (EU) 2018/844 des Europäischen Parlaments und des Rates vom 30. Mai 2018 zur Änderung der Richtlinie 2010/31/EU über die Gesamtenergieeffizienz von Gebäuden und der Richtlinie 2012/27/EU über Energieeffizienz (ABl. L 156 vom 19.6.2018, S. 75) und der Richtlinie (EU) 2018/2002 des Europäischen Parlaments und des Rates vom 11. Dezember 2018 zur Änderung der Richtlinie 2012/27/EU zur Energieeffizienz (ABl. L 328 vom 21.12.2018, S. 210) und der Richtlinie (EU) 2018/2001 des Europäischen Parlaments und des Rates vom 11. Dezember 2018 zur Förderung der Nutzung von Energie aus erneuerbaren Quellen (Neufassung) (ABl. L 328 vom 21.12.2018, S. 82).
[2)] Verkündet als Art. 1 G zur Vereinheitlichung des Energieeinsparrechts für Gebäude ua v. 8.8.2020 (BGBl. I S. 1728); Inkrafttreten gem. Art. 10 Abs. 1 Satz 1 dieses G am 1.11.2020.
[3)] Siehe auch das Gebäude-ElektromobilitätsinfrastrukturG v. 18.3.2021 (BGBl. I S. 354).

13 GEG Gebäudeenergiegesetz

Unterabschnitt 2. Nichtwohngebäude

§ 18 Gesamtenergiebedarf
§ 19 Baulicher Wärmeschutz

Abschnitt 3. Berechnungsgrundlagen und -verfahren

§ 20 Berechnung des Jahres-Primärenergiebedarfs eines Wohngebäudes
§ 21 Berechnung des Jahres-Primärenergiebedarfs eines Nichtwohngebäudes
§ 22 Primärenergiefaktoren
§ 23 Anrechnung von Strom aus erneuerbaren Energien
§ 24 Einfluss von Wärmebrücken
§ 25 Berechnungsrandbedingungen
§ 26 Prüfung der Dichtheit eines Gebäudes
§ 27 Gemeinsame Heizungsanlage für mehrere Gebäude
§ 28 Anrechnung mechanisch betriebener Lüftungsanlagen
§ 29 Berechnung des Jahres-Primärenergiebedarfs und des Transmissionswärmeverlustes bei aneinandergereihter Bebauung von Wohngebäuden
§ 30 Zonenweise Berücksichtigung von Energiebedarfsanteilen bei einem zu errichtenden Nichtwohngebäude
§ 31 Vereinfachtes Nachweisverfahren für ein zu errichtendes Wohngebäude
§ 32 Vereinfachtes Berechnungsverfahren für ein zu errichtendes Nichtwohngebäude
§ 33 Andere Berechnungsverfahren

Abschnitt 4. Nutzung von erneuerbaren Energien zur Wärme- und Kälteerzeugung bei einem zu errichtenden Gebäude

§ 34 Nutzung erneuerbarer Energien zur Deckung des Wärme- und Kälteenergiebedarfs
§ 35 Nutzung solarthermischer Anlagen
§ 36 Nutzung von Strom aus erneuerbaren Energien
§ 37 Nutzung von Geothermie oder Umweltwärme
§ 38 Nutzung von fester Biomasse
§ 39 Nutzung von flüssiger Biomasse
§ 40 Nutzung von gasförmiger Biomasse
§ 41 Nutzung von Kälte aus erneuerbaren Energien
§ 42 Nutzung von Abwärme
§ 43 Nutzung von Kraft-Wärme-Kopplung
§ 44 Fernwärme oder Fernkälte
§ 45 Maßnahmen zur Einsparung von Energie

Teil 3. Bestehende Gebäude

Abschnitt 1. Anforderungen an bestehende Gebäude

§ 46 Aufrechterhaltung der energetischen Qualität; entgegenstehende Rechtsvorschriften
§ 47 Nachrüstung eines bestehenden Gebäudes
§ 48 Anforderungen an ein bestehendes Gebäude bei Änderung
§ 49 Berechnung des Wärmedurchgangskoeffizienten
§ 50 Energetische Bewertung eines bestehenden Gebäudes
§ 51 Anforderungen an ein bestehendes Gebäude bei Erweiterung und Ausbau

Abschnitt 2. Nutzung erneuerbarer Energien zur Wärmeerzeugung bei bestehenden öffentlichen Gebäuden

§ 52 Pflicht zur Nutzung von erneuerbaren Energien bei einem bestehenden öffentlichen Gebäude
§ 53 Ersatzmaßnahmen
§ 54 Kombination
§ 55 Ausnahmen
§ 56 Abweichungsbefugnis

Teil 4. Anlagen der Heizungs-, Kühl- und Raumlufttechnik sowie der Warmwasserversorgung

Abschnitt 1. Aufrechterhaltung der energetischen Qualitätbestehen der Anlagen

Unterabschnitt 1. Veränderungsverbot

§ 57 Verbot von Veränderungen; entgegenstehende Rechtsvorschriften

Unterabschnitt 2. Betreiberpflichten

§ 58 Betriebsbereitschaft
§ 59 Sachgerechte Bedienung

Gebäudeenergiegesetz GEG 13

§ 60 Wartung und Instandhaltung

Abschnitt 2. Einbau und Ersatz
Unterabschnitt 1. Verteilungseinrichtungen und Warmwasseranlagen

§ 61 Verringerung und Abschaltung der Wärmezufuhr sowie Ein- und Ausschaltung elektrischer Antriebe
§ 62 Wasserheizung, die ohne Wärmeübertrager an eine Nah- oder Fernwärmeversorgung angeschlossen ist
§ 63 Raumweise Regelung der Raumtemperatur
§ 64 Umwälzpumpe, Zirkulationspumpe

Unterabschnitt 2. Klimaanlagen und sonstige Anlagen der Raumlufttechnik

§ 65 Begrenzung der elektrischen Leistung
§ 66 Regelung der Be- und Entfeuchtung
§ 67 Regelung der Volumenströme
§ 68 Wärmerückgewinnung

Unterabschnitt 3. Wärmedämmung von Rohrleitungen und Armaturen

§ 69 Wärmeverteilungs- und Warmwasserleitungen sowie Armaturen
§ 70 Kälteverteilungs- und Kaltwasserleitungen sowie Armaturen

Unterabschnitt 4. Nachrüstung bei heizungstechnischen Anlagen; Betriebsverbot für Heizkessel

§ 71 Dämmung von Wärmeverteilungs- und Warmwasserleitungen
§ 72 Betriebsverbot für Heizkessel, Ölheizungen
§ 73 Ausnahme

Abschnitt 3. Energetische Inspektion von Klimaanlagen

§ 74 Betreiberpflicht
§ 75 Durchführung und Umfang der Inspektion
§ 76 Zeitpunkt der Inspektion
§ 77 Fachkunde des Inspektionspersonals
§ 78 Inspektionsbericht; Registriernummern

Teil 5. Energieausweise

§ 79 Grundsätze des Energieausweises
§ 80 Ausstellung und Verwendung von Energieausweisen
§ 81 Energiebedarfsausweis
§ 82 Energieverbrauchsausweis
§ 83 Ermittlung und Bereitstellung von Daten
§ 84 Empfehlungen für die Verbesserung der Energieeffizienz
§ 85 Angaben im Energieausweis
§ 86 Energieeffizienzklasse eines Wohngebäudes
§ 87 Pflichtangaben in einer Immobilienanzeige
§ 88 Ausstellungsberechtigung für Energieausweise

Teil 6. Finanzielle Förderung der Nutzung erneuerbarer Energien für die Erzeugung von Wärme oder Kälte und von Energieeffizienzmaßnahmen

§ 89 Fördermittel
§ 90 Geförderte Maßnahmen zur Nutzung erneuerbarer Energien
§ 91 Verhältnis zu den Anforderungen an ein Gebäude

Teil 7. Vollzug

§ 92 Erfüllungserklärung
§ 93 Pflichtangaben in der Erfüllungserklärung
§ 94 Verordnungsermächtigung
§ 95 Behördliche Befugnisse
§ 96 Private Nachweise
§ 97 Aufgaben des bevollmächtigten Bezirksschornsteinfegers
§ 98 Registriernummer
§ 99 Stichprobenkontrollen von Energieausweisen und Inspektionsberichten über Klimaanlagen
§ 100 Nicht personenbezogene Auswertung von Daten
§ 101 Verordnungsermächtigung; Erfahrungsberichte der Länder
§ 102 Befreiungen
§ 103 Innovationsklausel

Teil 8. Besondere Gebäude, Bußgeldvorschriften, Anschluss- und Benutzungszwang

§ 104 Kleine Gebäude und Gebäude aus Raumzellen
§ 105 Baudenkmäler und sonstige besonders erhaltenswerte Bausubstanz
§ 106 Gemischt genutzte Gebäude
§ 107 Wärmeversorgung im Quartier
§ 108 Bußgeldvorschriften
§ 109 Anschluss- und Benutzungszwang

Teil 9. Übergangsvorschriften

§ 110 Anforderungen an Anlagen der Heizungs-, Kühl- und Raumlufttechnik sowie der Warmwasserversorgung und an Anlagen zur Nutzung erneuerbarer Energien
§ 111 Allgemeine Übergangsvorschriften
§ 112 Übergangsvorschriften für Energieausweise
§ 113 Übergangsvorschriften für Aussteller von Energieausweisen
§ 114 Übergangsvorschrift über die vorläufige Wahrnehmung von Vollzugsaufgaben der Länder durch das Deutsche Institut für Bautechnik

Anlage 1 Technische Ausführung des Referenzgebäudes (Wohngebäude)
Anlage 2 Technische Ausführung des Referenzgebäudes (Nichtwohngebäude)
Anlage 3 Höchstwerte der mittleren Wärmedurchgangskoeffizienten der wärmeübertragenden Umfassungsfläche (Nichtwohngebäude)
Anlage 4 Primärenergiefaktoren
Anlage 5 Vereinfachtes Nachweisverfahren für ein zu errichtendes Wohngebäude
Anlage 6 Zu verwendendes Nutzungsprofil für die Berechnungen des Jahres-Primärenergiebedarfs beim vereinfachten Berechnungsverfahren für ein zu errichtendes Nichtwohngebäude
Anlage 7 Höchstwerte der Wärmedurchgangskoeffizienten von Außenbauteilen bei Änderung an bestehenden Gebäuden
Anlage 8 Anforderungen an die Wärmedämmung von Rohrleitungen und Armaturen
Anlage 9 Umrechnung in Treibhausgasemissionen
Anlage 10 Energieeffizienzklassen von Wohngebäuden
Anlage 11 Anforderungen an die Inhalte der Schulung für die Berechtigung zur Ausstellung von Energieausweisen.

Teil 1. Allgemeiner Teil

§ 1 Zweck und Ziel. (1) Zweck dieses Gesetzes ist ein möglichst sparsamer Einsatz von Energie in Gebäuden einschließlich einer zunehmenden Nutzung erneuerbarer Energien zur Erzeugung von Wärme, Kälte und Strom für den Gebäudebetrieb.

(2) Unter Beachtung des Grundsatzes der Wirtschaftlichkeit soll das Gesetz im Interesse des Klimaschutzes, der Schonung fossiler Ressourcen und der Minderung der Abhängigkeit von Energieimporten dazu beitragen, die energie- und klimapolitischen Ziele der Bundesregierung sowie eine weitere Erhöhung des Anteils erneuerbarer Energien am Endenergieverbrauch für Wärme und Kälte zu erreichen und eine nachhaltige Entwicklung der Energieversorgung zu ermöglichen.

§ 2 Anwendungsbereich. (1) ¹Dieses Gesetz ist anzuwenden auf

1. Gebäude, soweit sie nach ihrer Zweckbestimmung unter Einsatz von Energie beheizt oder gekühlt werden, und
2. deren Anlagen und Einrichtungen der Heizungs-, Kühl-, Raumluft- und Beleuchtungstechnik sowie der Warmwasserversorgung.

²Der Energieeinsatz für Produktionsprozesse in Gebäuden ist nicht Gegenstand dieses Gesetzes.

(2) Mit Ausnahme der §§ 74 bis 78 ist dieses Gesetz nicht anzuwenden auf

1. Betriebsgebäude, die überwiegend zur Aufzucht oder zur Haltung von Tieren genutzt werden,
2. Betriebsgebäude, soweit sie nach ihrem Verwendungszweck großflächig und lang anhaltend offen gehalten werden müssen,
3. unterirdische Bauten,
4. Unterglasanlagen und Kulturräume für Aufzucht, Vermehrung und Verkauf von Pflanzen,
5. Traglufthallen und Zelte,
6. Gebäude, die dazu bestimmt sind, wiederholt aufgestellt und zerlegt zu werden, und provisorische Gebäude mit einer geplanten Nutzungsdauer von bis zu zwei Jahren,
7. Gebäude, die dem Gottesdienst oder anderen religiösen Zwecken gewidmet sind,
8. Wohngebäude, die
   a) für eine Nutzungsdauer von weniger als vier Monaten jährlich bestimmt sind oder
   b) für eine begrenzte jährliche Nutzungsdauer bestimmt sind und deren zu erwartender Energieverbrauch für die begrenzte jährliche Nutzungsdauer weniger als 25 Prozent des zu erwartenden Energieverbrauchs bei ganzjähriger Nutzung beträgt, und
9. sonstige handwerkliche, landwirtschaftliche, gewerbliche, industrielle oder für öffentliche Zwecke genutzte Betriebsgebäude, die nach ihrer Zweckbestimmung
   a) auf eine Raum-Solltemperatur von weniger als 12 Grad Celsius beheizt werden oder
   b) jährlich weniger als vier Monate beheizt sowie jährlich weniger als zwei Monate gekühlt werden.

(3) Auf Bestandteile von Anlagen der Heizungs-, Kühl- und Raumlufttechnik sowie der Warmwasserversorgung, die sich nicht im räumlichen Zusammenhang mit Gebäuden nach Absatz 1 Satz 1 Nummer 1 befinden, ist dieses Gesetz nicht anzuwenden.

§ 3 Begriffsbestimmungen. (1) Im Sinne dieses Gesetzes ist
1. „Abwärme" die Wärme oder Kälte, die aus technischen Prozessen und aus baulichen Anlagen stammenden Abluft- und Abwasserströmen entnommen wird,
2. „Aperturfläche" die Lichteintrittsfläche einer solarthermischen Anlage,
3. „Baudenkmal" ein nach Landesrecht geschütztes Gebäude oder eine nach Landesrecht geschützte Gebäudemehrheit,
4. „beheizter Raum" ein Raum, der nach seiner Zweckbestimmung direkt oder durch Raumverbund beheizt wird,
5. „Brennwertkessel" ein Heizkessel, der die energetische Nutzung des in den Abgasen enthaltenen Wasserdampfes durch Kondensation des Wasserdampfes im Betrieb vorsieht,
6. „einseitig angebautes Wohngebäude" ein Wohngebäude, von dessen nach einer Himmelsrichtung weisenden vertikalen Flächen ein Anteil von 80 Prozent oder mehr an ein anderes Wohngebäude oder ein Nichtwohn-

gebäude mit einer Raum-Solltemperatur von mindestens 19 Grad Celsius angrenzt,
7. „Elektroenergiebedarf für Nutzeranwendungen" die weiteren Elektroenergieverbräuche nach DIN V 18599-9: 2018-09[1]),
8. „Energiebedarfsausweis" ein Energieausweis, der auf der Grundlage des berechneten Energiebedarfs ausgestellt wird,
9. „Energieverbrauchsausweis" ein Energieausweis, der auf der Grundlage des erfassten Energieverbrauchs ausgestellt wird,
10. „Gebäudenutzfläche" die Nutzfläche eines Wohngebäudes nach DIN V 18599: 2018-09, die beheizt oder gekühlt wird,
11. „gekühlter Raum" ein Raum, der nach seiner Zweckbestimmung direkt oder durch Raumverbund gekühlt wird,
12. „Gesamtenergiebedarf" der nach Maßgabe dieses Gesetzes bestimmte Jahres-Primärenergiebedarf
    a) eines Wohngebäudes für Heizung, Warmwasserbereitung, Lüftung sowie Kühlung oder
    b) eines Nichtwohngebäudes für Heizung, Warmwasserbereitung, Lüftung, Kühlung sowie eingebaute Beleuchtung,
13. „Geothermie" die dem Erdboden entnommene Wärme,
14. „Heizkessel" ein aus Kessel und Brenner bestehender Wärmeerzeuger, der dazu dient, die durch die Verbrennung freigesetzte Wärme an einen Wärmeträger zu übertragen,
15. „Jahres-Primärenergiebedarf" der jährliche Gesamtenergiebedarf eines Gebäudes, der zusätzlich zum Energiegehalt der eingesetzten Energieträger und von elektrischem Strom auch die vorgelagerten Prozessketten bei der Gewinnung, Umwandlung, Speicherung und Verteilung mittels Primärenergiefaktoren einbezieht,
16. „Kälte aus erneuerbaren Energien" die dem Erdboden oder dem Wasser entnommene und technisch nutzbar gemachte oder aus Wärme nach Absatz 2 Nummer 1 bis 5 technisch nutzbar gemachte Kälte,
17. „kleines Gebäude" ein Gebäude mit nicht mehr als 50 Quadratmetern Nutzfläche,
18. „Klimaanlage" die Gesamtheit aller zu einer gebäudetechnischen Anlage gehörenden Anlagenbestandteile, die für eine Raumluftbehandlung erforderlich sind, durch die die Temperatur geregelt wird,
19. „Nah-/Fernwärme" die Wärme, die mittels eines Wärmeträgers durch ein Wärmenetz verteilt wird,
20. „Nah-/Fernkälte" die Kälte, die mittels eines Kälteträgers durch ein Kältenetz verteilt wird,
21. „Nennleistung" die vom Hersteller festgelegte und im Dauerbetrieb unter Beachtung des vom Hersteller angegebenen Wirkungsgrades als einhaltbar garantierte größte Wärme- oder Kälteleistung in Kilowatt,
22. „Nettogrundfläche" die Nutzfläche eines Nichtwohngebäudes nach DIN V 18599: 2018-09, die beheizt oder gekühlt wird,

---

[1]) **Amtlicher Hinweis:** Alle zitierten DIN-Vornormen und -Normen sind im Beuth-Verlag GmbH, Berlin, veröffentlicht und beim Deutschen Patent- und Markenamt in München archivmäßig gesichert niedergelegt.

Gebäudeenergiegesetz § 3 GEG 13

23. „Nichtwohngebäude" ein Gebäude, das nicht unter Nummer 33 fällt,
24. „Niedertemperatur-Heizkessel" ein Heizkessel, der kontinuierlich mit einer Eintrittstemperatur von 35 Grad Celsius bis 40 Grad Celsius betrieben werden kann und in dem es unter bestimmten Umständen zur Kondensation des in den Abgasen enthaltenen Wasserdampfes kommen kann,
25. „Niedrigstenergiegebäude" ein Gebäude, das eine sehr gute Gesamtenergieeffizienz aufweist und dessen Energiebedarf sehr gering ist und, soweit möglich, zu einem ganz wesentlichen Teil durch Energie aus erneuerbaren Quellen gedeckt werden soll,
26. „Nutzfläche"
    a) bei einem Wohngebäude die Gebäudenutzfläche oder
    b) bei einem Nichtwohngebäude die Nettogrundfläche,
27. „Nutzfläche mit starkem Publikumsverkehr" die öffentlich zugängliche Nutzfläche, die während ihrer Öffnungszeiten von einer großen Zahl von Menschen aufgesucht wird; eine solche Fläche kann sich insbesondere in einer öffentlichen oder einer privaten Einrichtung befinden, die für gewerbliche, freiberufliche, kulturelle, soziale oder behördliche Zwecke genutzt wird,
28. „oberste Geschossdecke" die zugängliche Decke beheizter Räume zum unbeheizten Dachraum,
29. „Stromdirektheizung" ein Gerät zur direkten Erzeugung von Raumwärme durch Ausnutzung des elektrischen Widerstands auch in Verbindung mit Festkörper-Wärmespeichern,
30. „Umweltwärme" die der Luft, dem Wasser oder der aus technischen Prozessen und baulichen Anlagen stammenden Abwasserströmen entnommene und technisch nutzbar gemachte Wärme oder Kälte mit Ausnahme der aus technischen Prozessen und baulichen Anlagen stammenden Abluftströmen entnommenen Wärme,
31. „Wärme- und Kälteenergiebedarf" die Summe aus
    a) der zur Deckung des Wärmebedarfs für Heizung und Warmwasserbereitung jährlich benötigten Wärmemenge, einschließlich des thermischen Aufwands für Übergabe, Verteilung und Speicherung der Energiemenge und
    b) der zur Deckung des Kältebedarfs für Raumkühlung jährlich benötigten Kältemenge, einschließlich des thermischen Aufwands für Übergabe, Verteilung und Speicherung der Energiemenge,
32. „Wohnfläche" die Fläche, die nach der Wohnflächenverordnung vom 25. November 2003 (BGBl. I S. 2346) oder auf der Grundlage anderer Rechtsvorschriften oder anerkannter Regeln der Technik zur Berechnung von Wohnflächen ermittelt worden ist,
33. „Wohngebäude" ein Gebäude, das nach seiner Zweckbestimmung überwiegend dem Wohnen dient, einschließlich von Wohn-, Alten- oder Pflegeheimen sowie ähnlicher Einrichtungen,
34. „zweiseitig angebautes Wohngebäude" ein Wohngebäude, von dessen nach zwei unterschiedlichen Himmelsrichtungen weisenden vertikalen Flächen im Mittel ein Anteil von 80 Prozent oder mehr an ein anderes Wohngebäude oder ein Nichtwohngebäude mit einer Raum-Solltemperatur von mindestens 19 Grad Celsius angrenzt.

(2) Erneuerbare Energien im Sinne dieses Gesetzes ist oder sind
1. Geothermie,
2. Umweltwärme,
3. die technisch durch im unmittelbaren räumlichen Zusammenhang mit dem Gebäude stehenden Anlagen zur Erzeugung von Strom aus solarer Strahlungsenergie oder durch solarthermische Anlagen zur Wärme- oder Kälteerzeugung nutzbar gemachte Energie,
4. die technisch durch gebäudeintegrierte Windkraftanlagen zur Wärme- oder Kälteerzeugung nutzbar gemachte Energie,
5. die aus fester, flüssiger oder gasförmiger Biomasse erzeugte Wärme; die Abgrenzung erfolgt nach dem Aggregatzustand zum Zeitpunkt des Eintritts der Biomasse in den Wärmeerzeuger; oder
6. Kälte aus erneuerbaren Energien.

(3) Biomasse im Sinne von Absatz 2 Nummer 5 ist oder sind
1. Biomasse im Sinne der Biomasseverordnung vom 21. Juni 2001 (BGBl. I S. 1234) in der bis zum 31. Dezember 2011 geltenden Fassung,
2. Altholz der Kategorien A I und A II nach § 2 Nummer 4 Buchstabe a und b der Altholzverordnung vom 15. August 2002 (BGBl. I S. 3302), die zuletzt durch Artikel 120 der Verordnung vom 19. Juni 2020 (BGBl. I S. 1328) geändert worden ist,
3. biologisch abbaubare Anteile von Abfällen aus Haushalten und Industrie,
4. Deponiegas,
5. Klärgas,
6. Klärschlamm im Sinne der Klärschlammverordnung vom 27. September 2017 (BGBl. I S. 3465), die zuletzt durch Artikel 137 der Verordnung vom 19. Juni 2020 (BGBl. I S. 1328) geändert worden ist, in der jeweils geltenden Fassung oder
7. Pflanzenölmethylester.

§ 4 Vorbildfunktion der öffentlichen Hand. (1) [1]Einem Nichtwohngebäude, das sich im Eigentum der öffentlichen Hand befindet und von einer Behörde genutzt wird, kommt eine Vorbildfunktion zu. [2]§ 13 Absatz 2 des Bundes-Klimaschutzgesetzes vom 12. Dezember 2019 (BGBl. I S. 2513) bleibt unberührt.

(2) Wenn die öffentliche Hand ein Nichtwohngebäude im Sinne des Absatzes 1 Satz 1 errichtet oder einer grundlegenden Renovierung gemäß § 52 Absatz 2 unterzieht, muss sie prüfen, ob und in welchem Umfang Erträge durch die Errichtung einer im unmittelbaren räumlichen Zusammenhang mit dem Gebäude stehenden Anlage zur Erzeugung von Strom aus solarer Strahlungsenergie oder durch solarthermische Anlagen zur Wärme- und Kälteerzeugung erzielt und genutzt werden können.

(3) [1]Die öffentliche Hand informiert über die Erfüllung der Vorbildfunktion im Internet oder auf sonstige geeignete Weise; dies kann im Rahmen der Information der Öffentlichkeit nach den Bestimmungen des Bundes und der Länder über den Zugang zu Umweltinformationen geschehen. [2]Der Bund berichtet über die Erfüllung der Vorbildfunktion im Klimaschutzbericht der Bundesregierung.

Gebäudeenergiegesetz §§ 5, 6 GEG 13

§ 5 Grundsatz der Wirtschaftlichkeit. ¹Die Anforderungen und Pflichten, die in diesem Gesetz oder in den auf Grund dieses Gesetzes erlassenen Rechtsverordnungen aufgestellt werden, müssen nach dem Stand der Technik erfüllbar sowie für Gebäude gleicher Art und Nutzung und für Anlagen oder Einrichtungen wirtschaftlich vertretbar sein. ²Anforderungen und Pflichten gelten als wirtschaftlich vertretbar, wenn generell die erforderlichen Aufwendungen innerhalb der üblichen Nutzungsdauer durch die eintretenden Einsparungen erwirtschaftet werden können. ³Bei bestehenden Gebäuden, Anlagen und Einrichtungen ist die noch zu erwartende Nutzungsdauer zu berücksichtigen.

§ 6 Verordnungsermächtigung zur Verteilung der Betriebskosten und zu Abrechnungs- und Verbrauchsinformationen. (1) Die Bundesregierung wird ermächtigt, durch Rechtsverordnung[1]) mit Zustimmung des Bundesrates vorzuschreiben, dass

1. der Energieverbrauch der Benutzer von heizungs-, kühl- oder raumlufttechnischen oder der Versorgung mit Warmwasser dienenden gemeinschaftlichen Anlagen oder Einrichtungen erfasst wird,
2. die Betriebskosten dieser Anlagen oder Einrichtungen so auf die Benutzer zu verteilen sind, dass dem Energieverbrauch der Benutzer Rechnung getragen wird,
3. die Benutzer in regelmäßigen, im Einzelnen zu bestimmenden Abständen auf klare und verständliche Weise Informationen erhalten über Daten, die für die Einschätzung, den Vergleich und die Steuerung des Energieverbrauchs und der Betriebskosten von heizungs-, kühl- oder raumlufttechnischen oder der Versorgung mit Warmwasser dienenden gemeinschaftlichen Anlagen oder Einrichtungen relevant sind, und über Stellen, bei denen weitergehende Informationen und Dienstleistungen zum Thema Energieeffizienz verfügbar sind,
4. die zum Zwecke der Datenverarbeitung eingesetzte Technik einem Stand der Technik entsprechen muss, der Datenschutz, Datensicherheit und Interoperabilität gewährleistet, und
5. bei einem Wechsel des Abrechnungsdienstleisters oder einer Übernahme der Abrechnung durch den Gebäudeeigentümer die für die Abrechnung notwendigen Daten dem neuen Abrechnungsdienstleister oder dem Gebäudeeigentümer zugänglich gemacht werden müssen.

(2) In der Rechtsverordnung nach Absatz 1 können die Erfassung und Kostenverteilung abweichend von Vereinbarungen der Benutzer und von Vorschriften des Wohnungseigentumsgesetzes geregelt und es kann näher bestimmt werden, wie diese Regelungen sich auf die Rechtsverhältnisse zwischen den Beteiligten auswirken.

(3) In der Rechtsverordnung nach Absatz 1 ist vorzusehen, dass auf Antrag des Verpflichteten von den Anforderungen befreit werden kann, soweit diese im Einzelfall wegen besonderer Umstände durch einen unangemessenen Aufwand oder in sonstiger Weise zu einer unbilligen Härte führen.

(4) In der Rechtsverordnung nach Absatz 1 sind die erforderlichen technischen und organisatorischen Maßnahmen nach den Artikeln 24, 25 und 32

---

[1]) Siehe die VO über Heizkostenabrechnung idF der Bek. v. 5.10.2009 (BGBl. I S. 3250), zuletzt geänd. durch VO v. 24.11.2021 (BGBl. I S. 4964).

der Verordnung (EU) 2016/679 des Europäischen Parlaments und des Rates vom 27. April 2016 zum Schutz natürlicher Personen bei der Verarbeitung personenbezogener Daten, zum freien Datenverkehr und zur Aufhebung der Richtlinie 95/46/EG (Datenschutz-Grundverordnung) (ABl. L 119 vom 4.5. 2016, S. 1; L 314 vom 22.11.2016, S. 72; L 127 vom 23.5.2018, S. 2) in der jeweils geltenden Fassung zur Sicherstellung von Datenschutz und Datensicherheit bei der Verarbeitung der für die in Absatz 1 Nummer 1 bis 4 genannten Zwecke erforderlichen personenbezogenen Daten festzulegen.

(5) Die Rechtsverordnung nach Absatz 1 hat vorzusehen, dass der Stand der Technik nach Absatz 1 Nummer 4 jeweils in Technischen Richtlinien und Schutzprofilen des Bundesamts für Sicherheit in der Informationstechnik festgelegt wird.

§ 6a Verordnungsermächtigung zur Versorgung mit Fernkälte.

¹Das Bundesministerium für Wirtschaft und Energie kann im Einvernehmen mit dem Bundesministerium der Justiz und für Verbraucherschutz durch Rechtsverordnung[1]) mit Zustimmung des Bundesrates die Allgemeinen Bedingungen für die Versorgung mit Fernkälte einschließlich von Rahmenregelungen über die Entgelte ausgewogen gestalten und hierbei unter angemessener Berücksichtigung der beiderseitigen Interessen

1. die Bestimmungen der Verträge einheitlich festsetzen,
2. Regelungen über den Vertragsschluss, den Gegenstand und die Beendigung der Verträge treffen sowie
3. die Rechte und Pflichten der Vertragsparteien festlegen.

²Satz 1 gilt entsprechend für Bedingungen öffentlich-rechtlich gestalteter Versorgungsverhältnisse mit Ausnahme der Regelung des Verwaltungsverfahrens.

§ 7 Regeln der Technik.

(1) Das Bundesministerium für Wirtschaft und Energie kann gemeinsam mit dem Bundesministerium des Innern, für Bau und Heimat durch Bekanntmachung im Bundesanzeiger auf Veröffentlichungen sachverständiger Stellen über anerkannte Regeln der Technik hinweisen, soweit in diesem Gesetz auf solche Regeln Bezug genommen wird.

(2) Zu den anerkannten Regeln der Technik gehören auch Normen, technische Vorschriften oder sonstige Bestimmungen anderer Mitgliedstaaten der Europäischen Union und anderer Vertragsstaaten des Abkommens über den Europäischen Wirtschaftsraum sowie der Republik Türkei, wenn ihre Einhaltung das geforderte Schutzniveau in Bezug auf Energieeinsparung und Wärmeschutz dauerhaft gewährleistet.

(3) ¹Wenn eine Bewertung von Baustoffen, Bauteilen und Anlagen im Hinblick auf die Anforderungen dieses Gesetzes auf Grund anerkannter Regeln der Technik nicht möglich ist, weil solche Regeln nicht vorliegen oder wesentlich von ihnen abgewichen wird, sind der nach Landesrecht zuständigen Behörde die erforderlichen Nachweise für eine anderweitige Bewertung vorzulegen. ²Satz 1 ist nicht anzuwenden auf Baustoffe, Bauteile und Anlagen,

1. wenn für sie die Bewertung auch im Hinblick auf die Anforderungen zur Energieeinsparung im Sinne dieses Gesetzes durch die Verordnung (EU)

---

[1]) Siehe die Fernwärme- oder Fernkälte-Verbrauchserfassungs- und -AbrechnungsVO v. 28.9.2021 (BGBl. I S. 4591, ber. S. 4831), geänd. durch G v. 4.1.2023 (BGBl. I Nr. 9).

Nr. 305/2011 des Europäischen Parlaments und des Rates vom 9. März 2011 zur Festlegung harmonisierter Bedingungen für die Vermarktung von Bauprodukten und zur Aufhebung der Richtlinie 89/106/EWG des Rates (ABl. L 88 vom 4.4.2011, S. 5; L 103 vom 12.4.2013, S. 10; L 92 vom 8.4. 2015, S. 118), die zuletzt durch die Delegierte Verordnung (EU) Nr. 574/ 2014 (ABl. L 159 vom 28.5.2014, S. 41) geändert worden ist, oder durch nationale Rechtsvorschriften zur Umsetzung oder Durchführung von Rechtsvorschriften der Europäischen Union gewährleistet wird, erforderliche CE-Kennzeichnungen angebracht wurden und nach den genannten Vorschriften zulässige Klassen und Leistungsstufen nach Maßgabe landesrechtlicher Vorschriften eingehalten werden oder

2. bei denen nach bauordnungsrechtlichen Vorschriften über die Verwendung von Bauprodukten auch die Einhaltung dieses Gesetzes sichergestellt wird.

(4) Verweisen die nach diesem Gesetz anzuwendenden datierten technischen Regeln auf undatierte technische Regeln, sind diese in der Fassung anzuwenden, die dem Stand zum Zeitpunkt der Herausgabe der datierten technischen Regel entspricht.

(5) Das Bundesministerium für Wirtschaft und Energie und das Bundesministerium des Innern, für Bau und Heimat werden dem Deutschen Bundestag bis zum 31. Dezember 2022 gemeinsam einen Bericht über die Ergebnisse von Forschungsprojekten zu Methodiken zur ökobilanziellen Bewertung von Wohn- und Nichtwohngebäuden vorlegen.

§ 8 Verantwortliche. (1) Für die Einhaltung der Vorschriften dieses Gesetzes ist der Bauherr oder Eigentümer verantwortlich, soweit in diesem Gesetz nicht ausdrücklich ein anderer Verantwortlicher bezeichnet ist.

(2) Für die Einhaltung der Vorschriften dieses Gesetzes sind im Rahmen ihres jeweiligen Wirkungskreises auch die Personen verantwortlich, die im Auftrag des Eigentümers oder des Bauherren bei der Errichtung oder Änderung von Gebäuden oder der Anlagentechnik in Gebäuden tätig werden.

§ 9 Überprüfung der Anforderungen an zu errichtende und bestehende Gebäude. (1) [1]Das Bundesministerium für Wirtschaft und Energie und das Bundesministerium des Innern, für Bau und Heimat werden die Anforderungen an zu errichtende Gebäude nach Teil 2 und die Anforderungen an bestehende Gebäude nach Teil 3 Abschnitt 1 nach Maßgabe von § 5 und unter Wahrung des Grundsatzes der Technologieoffenheit im Jahr 2023 überprüfen und nach Maßgabe der Ergebnisse der Überprüfung innerhalb von sechs Monaten nach Abschluss der Überprüfung einen Gesetzgebungsvorschlag für eine Weiterentwicklung der Anforderungen an zu errichtende und bestehende Gebäude vorlegen. [2]Die Bezahlbarkeit des Bauens und Wohnens ist ein zu beachtender wesentlicher Eckpunkt.

(2) Das Bundesministerium für Wirtschaft und Energie und das Bundesministerium des Innern, für Bau und Heimat werden unter Wahrung der Maßgaben des Absatzes 1 bis zum Jahr 2023 prüfen, auf welche Weise und in welchem Umfang synthetisch erzeugte Energieträger in flüssiger oder gasförmiger Form bei der Erfüllung der Anforderungen an zu errichtende Gebäude nach Teil 2 und bei der Erfüllung der Anforderungen an bestehende Gebäude nach Teil 3 Abschnitt 1 Berücksichtigung finden können.

Teil 2. Anforderungen an zu errichtende Gebäude
Abschnitt 1. Allgemeiner Teil

§ 10 Grundsatz und Niedrigstenergiegebäude. (1) Wer ein Gebäude errichtet, hat dieses als Niedrigstenergiegebäude nach Maßgabe von Absatz 2 zu errichten.

(2) Das Gebäude ist so zu errichten, dass

1. der Gesamtenergiebedarf für Heizung, Warmwasserbereitung, Lüftung und Kühlung, bei Nichtwohngebäuden auch für eingebaute Beleuchtung, den jeweiligen Höchstwert nicht überschreitet, der sich nach § 15 oder § 18 ergibt,
2. Energieverluste beim Heizen und Kühlen durch baulichen Wärmeschutz nach Maßgabe von § 16 oder § 19 vermieden werden und
3. der Wärme- und Kälteenergiebedarf zumindest anteilig durch die Nutzung erneuerbarer Energien nach Maßgabe der §§ 34 bis 45 gedeckt wird.

(3) Die Anforderungen an die Errichtung von einem Gebäude nach diesem Gesetz finden keine Anwendung, soweit ihre Erfüllung anderen öffentlich-rechtlichen Vorschriften zur Standsicherheit, zum Brandschutz, zum Schallschutz, zum Arbeitsschutz oder zum Schutz der Gesundheit entgegensteht.

(4) Bei einem zu errichtenden Nichtwohngebäude ist die Anforderung nach Absatz 2 Nummer 3 nicht für Gebäudezonen mit mehr als 4 Metern Raumhöhe anzuwenden, die durch dezentrale Gebläse oder Strahlungsheizungen beheizt werden.

(5) Die Anforderung nach Absatz 2 Nummer 3 ist nicht auf ein Gebäude, das der Landesverteidigung dient, anzuwenden, soweit ihre Erfüllung der Art und dem Hauptzweck der Landesverteidigung entgegensteht.

§ 11 Mindestwärmeschutz. (1) Bei einem zu errichtenden Gebäude sind Bauteile, die gegen die Außenluft, das Erdreich oder gegen Gebäudeteile mit wesentlich niedrigeren Innentemperaturen abgrenzen, so auszuführen, dass die Anforderungen des Mindestwärmeschutzes nach DIN 4108-2: 2013-02 und DIN 4108-3: 2018-10 erfüllt werden.

(2) Ist bei einem zu errichtenden Gebäude bei aneinandergereihter Bebauung die Nachbarbebauung nicht gesichert, müssen die Gebäudetrennwände den Anforderungen an den Mindestwärmeschutz nach Absatz 1 genügen.

§ 12 Wärmebrücken. Ein Gebäude ist so zu errichten, dass der Einfluss konstruktiver Wärmebrücken auf den Jahres-Heizwärmebedarf nach den anerkannten Regeln der Technik und nach den im jeweiligen Einzelfall wirtschaftlich vertretbaren Maßnahmen so gering wie möglich gehalten wird.

§ 13 Dichtheit. [1] Ein Gebäude ist so zu errichten, dass die wärmeübertragende Umfassungsfläche einschließlich der Fugen dauerhaft luftundurchlässig nach den anerkannten Regeln der Technik abgedichtet ist. [2] Öffentlich-rechtliche Vorschriften über den zum Zweck der Gesundheit und Beheizung erforderlichen Mindestluftwechsel bleiben unberührt.

§ 14 Sommerlicher Wärmeschutz. (1) [1] Ein Gebäude ist so zu errichten, dass der Sonneneintrag durch einen ausreichenden baulichen sommerlichen

Wärmeschutz nach den anerkannten Regeln der Technik begrenzt wird. ²Bei der Ermittlung eines ausreichenden sommerlichen Wärmeschutzes nach den Absätzen 2 und 3 bleiben die öffentlich-rechtlichen Vorschriften über die erforderliche Tageslichtversorgung unberührt.

(2) ¹Ein ausreichender sommerlicher Wärmeschutz nach Absatz 1 liegt vor, wenn die Anforderungen nach DIN 4108-2: 2013-02 Abschnitt 8 eingehalten werden und die rechnerisch ermittelten Werte des Sonnenenergieeintrags über transparente Bauteile in Gebäude (Sonneneintragskennwert) die in DIN 4108-2: 2013-02 Abschnitt 8.3.3 festgelegten Anforderungswerte nicht überschreiten. ²Der Sonneneintragskennwert des zu errichtenden Gebäudes ist nach dem in DIN 4108-2: 2013-02 Abschnitt 8.3.2 genannten Verfahren zu bestimmen.

(3) Ein ausreichender sommerlicher Wärmeschutz nach Absatz 1 liegt auch vor, wenn mit einem Berechnungsverfahren nach DIN 4108-2: 2013-02 Abschnitt 8.4 (Simulationsrechnung) gezeigt werden kann, dass unter den dort genannten Randbedingungen die für den Standort des Gebäudes in DIN 4108-2: 2013-02 Abschnitt 8.4 Tabelle 9 angegebenen Übertemperatur-Gradstunden nicht überschritten werden.

(4) Wird bei Gebäuden mit Anlagen zur Kühlung die Berechnung nach Absatz 3 durchgeführt, sind bauliche Maßnahmen zum sommerlichen Wärmeschutz gemäß DIN 4108-2: 2013-02 Abschnitt 4.3 insoweit vorzusehen, wie sich die Investitionen für diese baulichen Maßnahmen innerhalb deren üblicher Nutzungsdauer durch die Einsparung von Energie zur Kühlung unter Zugrundelegung der im Gebäude installierten Anlagen zur Kühlung erwirtschaften lassen.

(5) Auf Berechnungen nach den Absätzen 2 bis 4 kann unter den Voraussetzungen des Abschnitts 8.2.2 der DIN 4108-2: 2013-02 verzichtet werden.

Abschnitt 2. Jahres-Primärenergiebedarf und baulicher Wärmeschutz bei zu errichtenden Gebäuden

Unterabschnitt 1. Wohngebäude

§ 15 Gesamtenergiebedarf. (1) Ein zu errichtendes Wohngebäude ist so zu errichten, dass der Jahres-Primärenergiebedarf für Heizung, Warmwasserbereitung, Lüftung und Kühlung das 0,55fache des auf die Gebäudenutzfläche bezogenen Wertes des Jahres-Primärenergiebedarfs eines Referenzgebäudes, das die gleiche Geometrie, Gebäudenutzfläche und Ausrichtung wie das zu errichtende Gebäude aufweist und der technischen Referenzausführung der Anlage 1 entspricht, nicht überschreitet.

(2) Der Höchstwert des Jahres-Primärenergiebedarfs eines zu errichtenden Wohngebäudes nach Absatz 1 ist nach Maßgabe des § 20, der §§ 22 bis 24, des § 25 Absatz 1 bis 3 und 10, der §§ 26 bis 29, des § 31 und des § 33 zu berechnen.

§ 16 Baulicher Wärmeschutz. Ein zu errichtendes Wohngebäude ist so zu errichten, dass der Höchstwert des spezifischen, auf die wärmeübertragende Umfassungsfläche bezogenen Transmissionswärmeverlusts das 1,0fache des entsprechenden Wertes des jeweiligen Referenzgebäudes nach § 15 Absatz 1 nicht überschreitet.

§ 17 Aneinandergereihte Bebauung. [1] Werden aneinandergereihte Wohngebäude gleichzeitig errichtet, dürfen sie hinsichtlich der Anforderungen der §§ 12, 14, 15 und 16 wie ein Gebäude behandelt werden. [2] Die Vorschriften des Teiles 5 bleiben unberührt.

Unterabschnitt 2. Nichtwohngebäude

§ 18 Gesamtenergiebedarf. (1) [1] Ein zu errichtendes Nichtwohngebäude ist so zu errichten, dass der Jahres-Primärenergiebedarf für Heizung, Warmwasserbereitung, Lüftung, Kühlung und eingebaute Beleuchtung das 0,55fache des auf die Nettogrundfläche bezogenen Wertes des Jahres-Primärenergiebedarfs eines Referenzgebäudes, das die gleiche Geometrie, Nettogrundfläche, Ausrichtung und Nutzung, einschließlich der Anordnung der Nutzungseinheiten, wie das zu errichtende Gebäude aufweist und der technischen Referenzausführung der Anlage 2 entspricht, nicht überschreitet. [2] Die technische Referenzausführung in der Anlage 2 Nummer 1.13 bis 9 ist nur insoweit zu berücksichtigen, wie eines der dort genannten Systeme in dem zu errichtenden Gebäude ausgeführt wird.

(2) Der Höchstwert des Jahres-Primärenergiebedarfs nach Absatz 1 eines zu errichtenden Nichtwohngebäudes ist nach Maßgabe der §§ 21 bis 24, des § 25 Absatz 1, 2 und 4 bis 8, der §§ 26 und 27, des § 30 und der §§ 32 und 33 zu berechnen.

(3) [1] Wird ein zu errichtendes Nichtwohngebäude für die Berechnung des Jahres-Primärenergiebedarfs nach unterschiedlichen Nutzungen unterteilt und kommt für die unterschiedlichen Nutzungen jeweils das Berechnungsverfahren nach § 21 Absatz 1 und 2 mit deren jeweiligen Randbedingungen zur Anwendung, muss die Unterteilung hinsichtlich der Nutzung sowie der verwendeten Berechnungsverfahren und Randbedingungen beim Referenzgebäude mit der des zu errichtenden Gebäudes übereinstimmen. [2] Bei der Unterteilung hinsichtlich der anlagentechnischen Ausstattung und der Tageslichtversorgung sind Unterschiede zulässig, die durch die technische Ausführung des zu errichtenden Gebäudes bedingt sind.

§ 19 Baulicher Wärmeschutz. Ein zu errichtendes Nichtwohngebäude ist so zu errichten, dass die Höchstwerte der mittleren Wärmedurchgangskoeffizienten der wärmeübertragenden Umfassungsfläche der Anlage 3 nicht überschritten werden.

Abschnitt 3. Berechnungsgrundlagen und -verfahren

§ 20 Berechnung des Jahres-Primärenergiebedarfs eines Wohngebäudes. (1) Für das zu errichtende Wohngebäude und das Referenzgebäude ist der Jahres-Primärenergiebedarf nach DIN V 18599: 2018-09 zu ermitteln.

(2) [1] Bis zum 31. Dezember 2023 kann für das zu errichtende Wohngebäude und das Referenzgebäude der Jahres-Primärenergiebedarf auch nach DIN V 4108-6: 2003-06, geändert durch DIN V 4108-6 Berichtigung 1: 2004-03, in Verbindung mit DIN V 4701-10: 2003-08 ermittelt werden, wenn das Gebäude nicht gekühlt wird. [2] Der in diesem Rechengang zu bestimmende Jahres-Heizwärmebedarf ist nach dem Monatsbilanzverfahren nach DIN V 4108-6: 2003-06, geändert durch DIN V 4108-6 Berichtigung 1: 2004-03, mit den dort in Anhang D.3 genannten Randbedingungen zu ermitteln. [3] Als Referenz-

klima ist abweichend von DIN V 4108-6: 2003-06, geändert durch DIN V 4108-6 Berichtigung 1: 2004-03, das Klima nach DIN V 18599-10: 2018-09 Anhang E zu verwenden. ⁴Der Nutzwärmebedarf für die Warmwasserbereitung nach DIN V 4701-10: 2003-08 ist mit 12,5 Kilowattstunden je Quadratmeter Gebäudenutzfläche und Jahr anzusetzen. ⁵Zur Berücksichtigung von Lüftungsanlagen mit Wärmerückgewinnung sind die methodischen Hinweise in DIN V 4701-10: 2003-08 Abschnitt 4.1 zu beachten.

(3) Die Berechnungen sind für das zu errichtende Gebäude und das Referenzgebäude mit demselben Verfahren durchzuführen.

(4) Abweichend von DIN V 18599-1: 2018-09 sind bei der Berechnung des Endenergiebedarfs diejenigen Anteile nicht zu berücksichtigen, die durch in unmittelbarem räumlichen Zusammenhang zum Gebäude gewonnene solare Strahlungsenergie sowie Umweltwärme gedeckt werden.

(5) Abweichend von DIN V 18599-1: 2018-09 ist bei der Berechnung des Primärenergiebedarfs der Endenergiebedarf für elektrische Nutzeranwendungen in der Bilanzierung nicht zu berücksichtigen.

(6) Werden in den Berechnungen nach den Absätzen 1 und 2 Wärmedurchgangskoeffizienten berechnet, sind folgende Berechnungsverfahren anzuwenden:

1. DIN V 18599-2: 2018-09 Abschnitt 6.1.4.3 für die Berechnung der an Erdreich grenzenden Bauteile,
2. DIN 4108-4: 2017-03 in Verbindung mit DIN EN ISO 6946: 2008-04 für die Berechnung opaker Bauteile und
3. DIN 4108-4: 2017-03 für die Berechnung transparenter Bauteile sowie von Vorhangfassaden.

§ 21 Berechnung des Jahres-Primärenergiebedarfs eines Nichtwohngebäudes. (1) Für das zu errichtende Nichtwohngebäude und das Referenzgebäude ist der Jahres-Primärenergiebedarf nach DIN V 18599: 2018-09 zu ermitteln.

(2) ¹Soweit sich bei einem Nichtwohngebäude Flächen hinsichtlich ihrer Nutzung, ihrer technischen Ausstattung, ihrer inneren Lasten oder ihrer Versorgung mit Tageslicht wesentlich unterscheiden, ist das Gebäude nach Maßgabe der DIN V 18599: 2018-09 in Verbindung mit § 18 Absatz 3 für die Berechnung nach Absatz 1 in Zonen zu unterteilen. ²Die Vereinfachungen zur Zonierung, zur pauschalierten Zuweisung der Eigenschaften der Hüllfläche und zur Ermittlung von tageslichtversorgten Bereichen gemäß DIN V 18599-1: 2018-09 Anhang D dürfen nach Maßgabe der dort angegebenen Bedingungen auch für zu errichtende Nichtwohngebäude verwendet werden.

(3) ¹Für Nutzungen, die nicht in DIN V 18599-10: 2018-09 aufgeführt sind, kann

1. die Nutzung 17 der Tabelle 5 in DIN V 18599-10: 2018-09 verwendet werden oder
2. eine Nutzung auf der Grundlage der DIN V 18599-10: 2018-09 unter Anwendung gesicherten allgemeinen Wissensstands individuell bestimmt und verwendet werden.

²Steht bei der Errichtung eines Nichtwohngebäudes die Nutzung einer Zone noch nicht fest, ist nach Satz 1 Nummer 1 zu verfahren. ³In den Fällen des

Satzes 1 Nummer 2 ist die individuell bestimmte Nutzung zu begründen und den Berechnungen beizufügen. ⁴Wird bei der Errichtung eines Nichtwohngebäudes in einer Zone keine Beleuchtungsanlage eingebaut, ist eine direktindirekte Beleuchtung mit stabförmigen Leuchtstofflampen mit einem Durchmesser von 16 Millimetern und mit einem elektronischen Vorschaltgerät anzunehmen.

(4) § 20 Absatz 3 bis 6 ist entsprechend anzuwenden.

§ 22 Primärenergiefaktoren. (1) ¹Für die Ermittlung des Jahres-Primärenergiebedarfs nach § 20 Absatz 1 oder Absatz 2 und nach § 21 Absatz 1 und 2 sind für den nicht erneuerbaren Anteil die Primärenergiefaktoren der Anlage 4 zu verwenden. ²Davon abweichend sind in den nachfolgend genannten Fällen folgende Primärenergiefaktoren für den nicht erneuerbaren Anteil zu verwenden:

1. für flüssige oder gasförmige Biomasse kann abweichend von Anlage 4 Nummer 6 und 7 für den nicht erneuerbaren Anteil der Wert 0,3 verwendet werden,
   a) wenn die flüssige oder gasförmige Biomasse im unmittelbaren räumlichen Zusammenhang mit dem Gebäude oder mit mehreren Gebäuden, die im räumlichen Zusammenhang stehen, erzeugt wird und
   b) diese Gebäude unmittelbar mit der flüssigen oder gasförmigen Biomasse versorgt werden; mehrere Gebäude müssen gemeinsam versorgt werden,
2. für gasförmige Biomasse, die aufbereitet und in das Erdgasnetz eingespeist worden ist (Biomethan) und in zu errichtenden Gebäuden eingesetzt wird, kann abweichend von Anlage 4 Nummer 6 für den nicht erneuerbaren Anteil
   a) der Wert 0,7 verwendet werden, wenn die Nutzung des Biomethans in einem Brennwertkessel erfolgt, oder
   b) der Wert 0,5 verwendet werden, wenn die Nutzung des Biomethans in einer hocheffizienten KWK-Anlage im Sinne des § 2 Nummer 8a des Kraft-Wärme-Kopplungsgesetzes vom 21. Dezember 2015 (BGBl. I S. 2498), das zuletzt durch Artikel 266 der Verordnung vom 19. Juni 2020 (BGBl. I S. 1328) geändert worden ist, erfolgt, und wenn
   c) bei der Aufbereitung und Einspeisung des Biomethans die Voraussetzungen nach Anlage 1 Nummer 1 Buchstabe a bis c des Erneuerbare-Energien-Gesetzes vom 25. Oktober 2008 (BGBl. I S. 2074) in der am 31. Juli 2014 geltenden Fassung erfüllt worden sind, und
   d) die Menge des entnommenen Biomethans im Wärmeäquivalent am Ende eines Kalenderjahres der Menge von Gas aus Biomasse entspricht, das an anderer Stelle in das Gasnetz eingespeist worden ist, und Massenbilanzsysteme für den gesamten Transport und Vertrieb des Biomethans von seiner Herstellung über seine Einspeisung in das Erdgasnetz und seinen Transport im Erdgasnetz bis zu seiner Entnahme aus dem Erdgasnetz verwendet worden sind,
3. für gasförmige Biomasse, die unter Druck verflüssigt worden ist (biogenes Flüssiggas) und in zu errichtenden Gebäuden eingesetzt wird, kann abweichend von Anlage 4 Nummer 6 für den nicht erneuerbaren Anteil
   a) der Wert 0,7 verwendet werden, wenn die Nutzung des biogenen Flüssiggases in einem Brennwertkessel erfolgt, oder

Gebäudeenergiegesetz **§ 22 GEG 13**

b) der Wert 0,5 verwendet werden, wenn die Nutzung des biogenen Flüssiggases in einer hocheffizienten KWK-Anlage im Sinne des § 2 Nummer 8a des Kraft-Wärme-Kopplungsgesetzes erfolgt, und wenn

c) die Menge des entnommenen Gases am Ende eines Kalenderjahres der Menge von Gas aus Biomasse entspricht, das an anderer Stelle hergestellt worden ist, und Massenbilanzsysteme für den gesamten Transport und Vertrieb des biogenen Flüssiggases von seiner Herstellung über seine Zwischenlagerung und seinen Transport bis zu seiner Einlagerung in den Verbrauchstank verwendet worden sind,

4. für die Versorgung eines neu zu errichtenden Gebäudes mit aus Erdgas oder Flüssiggas erzeugter Wärme darf abweichend von Anlage 4 Nummer 15 für die in einer hocheffizienten KWK-Anlage im Sinne des § 2 Nummer 8a des Kraft-Wärme-Kopplungsgesetzes erzeugte Wärme für den nicht erneuerbaren Anteil der Wert 0,6 verwendet werden, wenn

a) die Wärmerzeugungsanlage das zu errichtende Gebäude und ein oder mehrere bestehende Gebäude, die mit dem zu errichtenden Gebäude in einem räumlichen Zusammenhang stehen, dauerhaft mit Wärme versorgt und

b) vorhandene mit fossilen Brennstoffen beschickte Heizkessel des oder der mitversorgten bestehenden Gebäude außer Betrieb genommen werden.

[3] Durch eine Maßnahme nach Satz 2 Nummer 4 darf die Wärmeversorgung des oder der mitversorgten bestehenden Gebäude nicht in der Weise verändert werden, dass die energetische Qualität dieses oder dieser Gebäude verschlechtert wird. [4] Bei Verwendung eines Gemisches aus Erdgas und gasförmiger Biomasse wird der Wert nach Satz 2 Nummer 2 Buchstabe a und b nur auf den energetischen Anteil der gasförmigen Biomasse angewendet. [5] Bei Verwendung eines Gemisches aus biogenem Flüssiggas und Flüssiggas wird der Wert nach Satz 2 Nummer 3 Buchstabe a und b nur auf den energetischen Anteil des biogenen Flüssiggases angewendet.

(2) [1] Wird ein zu errichtendes Gebäude mit Fernwärme versorgt, kann zur Ermittlung des Jahres-Primärenergiebedarfs nach § 20 Absatz 1 oder Absatz 2 und nach § 21 Absatz 1 und 2 als Primärenergiefaktor der Wert für den nicht erneuerbaren Anteil nach Maßgabe der Sätze 2 bis 4 sowie von Absatz 3 verwendet werden, den das Fernwärmeversorgungsunternehmen für den Wärmeträger in dem Wärmenetz, an das das Gebäude angeschlossen wird, ermittelt und veröffentlicht hat. [2] Der ermittelte und veröffentlichte Wert nach Satz 1 kann verwendet werden, wenn das Fernwärmeversorgungsunternehmen zur Ermittlung des Primärenergiefaktors die zur Erzeugung und Verteilung der Wärme in einem Wärmenetz eingesetzten Brennstoffe und Strom, einschließlich Hilfsenergien, ermittelt, mit den Primärenergiefaktoren der Anlage 4 gewichtet und auf die abgegebene Wärmemenge bezogen sowie die Anwendung dieses Berechnungsverfahrens in der Veröffentlichung angegeben hat. [3] Wird in einem Wärmenetz Wärme genutzt, die von einer Großwärmepumpe mit einer thermischen Leistung von mindestens 500 Kilowatt erzeugt wird, ist abweichend von Anlage 4 für netzbezogenen Strom zum Betrieb der Großwärmepumpe der Primärenergiefaktor für den nicht erneuerbaren Anteil von 1,2 zu verwenden. [4] Wird in einem Wärmenetz Wärme genutzt, die in einer KWK-Anlage erzeugt wird, kann der ermittelte und veröffentlichte Wert nach Satz 1 verwendet werden, wenn das Fernwärmeversorgungsunternehmen zur

Ermittlung des Primärenergiefaktors der Wärme aus der KWK-Anlage das Berechnungsverfahren nach DIN V 18599-1: 2018-09 Anhang A Abschnitt A.4 mit den Primärenergiefaktoren der Anlage 4 angewendet und die Anwendung dieser Methode in der Veröffentlichung angegeben hat.

(3) [1] Liegt der ermittelte und veröffentlichte Wert des Primärenergiefaktors eines Wärmenetzes unter einem Wert von 0,3, ist als Primärenergiefaktor der Wert von 0,3 zu verwenden. [2] Abweichend von Satz 1 darf ein ermittelter und veröffentlichter Wert, der unter 0,3 liegt, verwendet werden, wenn der Wert von 0,3 um den Wert von 0,001 für jeden Prozentpunkt des aus erneuerbaren Energien oder aus Abwärme erzeugten Anteils der in einem Wärmenetz genutzten Wärme verringert wird und das Fernwärmeversorgungsunternehmen dies in der Veröffentlichung angegeben hat.

(4) Hat das Fernwärmeversorgungsunternehmen den Primärenergiefaktor für den Wärmeträger in dem Wärmenetz, an das das zu errichtende Gebäude angeschlossen wird, nicht ermittelt und veröffentlicht, kann als Primärenergiefaktor der Wert für den nicht erneuerbaren Anteil verwendet werden, der in den nach § 20 Absatz 1 oder Absatz 2 und nach § 21 Absatz 1 und 2 zur Ermittlung des Jahres-Primärenergiebedarfs zu verwendenden Berechnungsverfahren für die genutzte Fernwärme aufgeführt ist.

(5) [1] Das Bundesministerium für Wirtschaft und Energie wird gemeinsam mit dem Bundesministerium des Innern, für Bau und Heimat das Berechnungsverfahren zur Ermittlung der Primärenergiefaktoren von Wärmenetzen, in denen Wärme genutzt wird, die in KWK-Anlagen erzeugt wird, überprüfen. [2] Dabei wird unter Beachtung des Grundsatzes der Wirtschaftlichkeit die Umstellung des Berechnungsverfahrens auf ein Verfahren zur Ermittlung des Brennstoffanteils für die Wärmeerzeugung untersucht, das der in DIN EN 15316-4-5: 2017-09 Abschnitt 6.2.2.1.6.3 beschriebenen Methode entspricht. [3] In die Untersuchung wird die Ermittlung eines Faktors einbezogen, mit dem der Anteil bestehender Gebäude an den in ein Fernwärmenetz angeschlossenen Gebäuden berücksichtigt wird. [4] Das Bundesministerium für Wirtschaft und Energie hat gemeinsam mit dem Bundesministerium des Innern, für Bau und Heimat dem Deutschen Bundestag bis zum 31. Dezember 2025 einen Bericht über das Ergebnis der Überprüfung vorzulegen. [5] Der Bericht enthält einen Vorschlag für eine gesetzliche Regelung zur Umstellung des Berechnungsverfahrens ab dem Jahr 2030.

§ 23 Anrechnung von Strom aus erneuerbaren Energien. (1) Strom aus erneuerbaren Energien, der im unmittelbaren räumlichen Zusammenhang zu einem zu errichtenden Gebäude erzeugt wird, darf bei der Ermittlung des Jahres-Primärenergiebedarfs des zu errichtenden Gebäudes nach § 20 Absatz 1 oder Absatz 2 und nach § 21 Absatz 1 und 2 nach Maßgabe des Absatzes 2 in Abzug gebracht werden.

(2) [1] Zur Berechnung der abzugsfähigen Strommenge nach Absatz 1 ist der monatliche Ertrag der Anlage zur Erzeugung von Strom aus erneuerbaren Energien dem Strombedarf für Heizung, Warmwasserbereitung, Lüftung, Kühlung und Hilfsenergien sowie bei Nichtwohngebäuden zusätzlich für Beleuchtung gegenüberzustellen. [2] Der monatliche Ertrag ist nach DIN V 18599-9: 2018-09 zu bestimmen. [3] Bei Anlagen zur Erzeugung von Strom aus solarer Strahlungsenergie sind die monatlichen Stromerträge unter Verwendung der mittleren monatlichen Strahlungsintensitäten der Referenzklimazone Potsdam

nach DIN V 18599-10: 2018-09 Anhang E sowie der Standardwerte zur Ermittlung der Nennleistung des Photovoltaikmoduls nach DIN V 18599-9: 2018-09 Anhang B zu ermitteln.

§ 24 Einfluss von Wärmebrücken. [1] Unbeschadet der Regelung in § 12 ist der verbleibende Einfluss von Wärmebrücken bei der Ermittlung des Jahres-Primärenergiebedarfs nach § 20 Absatz 2 und nach § 21 Absatz 1 und 2 nach einer der in DIN V 18599-2: 2018-09 oder bis zum 31. Dezember 2023 auch in DIN V 4108-6: 2003-06, geändert durch DIN V 4108-6 Berichtigung 1: 2004-03 genannten Vorgehensweisen zu berücksichtigen. [2] Wärmebrückenzuschläge mit Überprüfung und Einhaltung der Gleichwertigkeit nach DIN V 18599-2: 2018-09 oder DIN V 4108-6: 2003-06, geändert durch DIN V 4108-6 Berichtigung 1: 2004-03 sind nach DIN 4108 Beiblatt 2: 2019-06 zu ermitteln. [3] Abweichend von DIN V 4108-6: 2003-06, geändert durch DIN V 4108-6 Berichtigung 1: 2004-03 kann bei Nachweis der Gleichwertigkeit nach DIN 4108 Beiblatt 2: 2019-06 der pauschale Wärmebrückenzuschlag nach Kategorie A oder Kategorie B verwendet werden.

§ 25 Berechnungsrandbedingungen. (1) [1] Bei den Berechnungen für die Ermittlung des Jahres-Primärenergiebedarfs nach § 20 Absatz 1 oder Absatz 2 und nach § 21 Absatz 1 und 2 ist für das zu errichtende Gebäude eine Ausstattung mit einem System für die Gebäudeautomation der Klasse C nach DIN V 18599-11: 2018-09 zugrunde zu legen. [2] Eine Gebäudeautomation der Klassen A oder B nach DIN V 18599-11: 2018-09 kann zugrunde gelegt werden, wenn das zu errichtende Gebäude mit einem System einer dieser Klassen ausgestattet ist.

(2) Bei den Berechnungen für die Ermittlung des Jahres-Primärenergiebedarfs nach § 20 Absatz 1 oder Absatz 2 und nach § 21 Absatz 1 und 2 ist für das zu errichtende Gebäude und das Referenzgebäude ein Verschattungsfaktor von 0,9 zugrunde zu legen, soweit die baulichen Bedingungen nicht detailliert berücksichtigt werden.

(3) Bei den Berechnungen für die Ermittlung des Jahres-Primärenergiebedarfs nach § 20 Absatz 1 sind für den Anteil mitbeheizter Flächen für das zu errichtende Wohngebäude und das Referenzgebäude die Standardwerte nach DIN V 18599: 2018-09 Tabelle 4 zu verwenden.

(4) Bei den Berechnungen für die Ermittlung des Jahres-Primärenergiebedarfs nach § 21 Absatz 1 und 2 sind für das zu errichtende Nichtwohngebäude die in DIN V 18599-10: 2018-09 Tabelle 5 bis 9 aufgeführten Nutzungsrandbedingungen und Klimadaten zu verwenden; bei der Berechnung des Referenzgebäudes müssen die in DIN V 18599-10: 2018-09 Tabelle 5 enthaltenen Werte angesetzt werden.

(5) Bei den Berechnungen für die Ermittlung des Jahres-Primärenergiebedarfs nach § 21 Absatz 1 und 2 sind für das zu errichtende Nichtwohngebäude und das Referenzgebäude bei Heizsystemen in Raumhöhen von 4 Metern oder weniger ein Absenkbetrieb gemäß DIN V 18599-2: 2018-09 Gleichung 29 und bei Heizsystemen in Raumhöhen von mehr als 4 Metern ein Abschaltbetrieb gemäß DIN V 18599-2: 2018-09 Gleichung 30 zugrunde zu legen, jeweils mit einer Dauer gemäß den Nutzungsrandbedingungen in DIN V 18599-10: 2018-09 Tabelle 5.

(6) Bei den Berechnungen für die Ermittlung des Jahres-Primärenergiebedarfs nach § 21 Absatz 1 und 2 ist für das zu errichtende Nichtwohngebäude und das Referenzgebäude ein Verbauungsindex von 0,9 zugrunde zu legen, soweit die Verbauung nicht genau nach DIN V 18599-4: 2018-09 Abschnitt 5.5.2 ermittelt wird.

(7) Bei den Berechnungen für die Ermittlung des Jahres-Primärenergiebedarfs nach § 21 Absatz 1 und 2 ist für das zu errichtende Nichtwohngebäude und das Referenzgebäude der Wartungsfaktor in den Zonen der Nutzungen 14, 15 und 22 nach DIN V 18599-10: 2018-09 Tabelle 5 mit 0,6 und im Übrigen mit 0,8 anzusetzen.

(8) ¹Bei den Berechnungen für die Ermittlung des Jahres-Primärenergiebedarfs nach § 21 Absatz 1 und 2 darf abweichend von DIN V 18599-10: 2018-09 für das zu errichtende Nichtwohngebäude und das Referenzgebäude bei Zonen der DIN V 18599-10: 2018-09 Tabelle 5 Nutzung 6 und 7 die tatsächliche Beleuchtungsstärke angesetzt werden, jedoch bei Zonen der Nutzung 6 nicht mehr als 1500 Lux und bei Zonen der Nutzung 7 nicht mehr als 1000 Lux. ²Beim Referenzgebäude ist der Primärenergiebedarf für die Beleuchtung mit dem Tabellenverfahren nach DIN V 18599-4: 2018-09 zu berechnen.

(9) ¹Für die Ermittlung des Höchstwerts des Transmissionswärmeverlusts nach § 16 ist die wärmeübertragende Umfassungsfläche eines Wohngebäudes in Quadratmetern nach den in DIN V 18599-1: 2018-09 Abschnitt 8 angegebenen Bemaßungsregeln so festzulegen, dass sie mindestens alle beheizten und gekühlten Räume einschließt. ²Für alle umschlossenen Räume sind dabei die gleichen Bedingungen anzunehmen, die bei der Berechnung nach § 20 Absatz 1 oder Absatz 2 in Verbindung mit § 20 Absatz 3 und 4, § 22 und den Absätzen 1 bis 3 zugrunde zu legen sind.

(10) ¹Das beheizte Gebäudevolumen eines Wohngebäudes in Kubikmetern ist das Volumen, das von der nach Absatz 9 ermittelten wärmeübertragenden Umfassungsfläche umschlossen wird. ²Die Gebäudenutzfläche eines Wohngebäudes ist nach DIN V 18599-1: 2018-09 Gleichung 30 zu ermitteln. ³Abweichend von Satz 1 ist die Gebäudenutzfläche nach DIN V 18599-1: 2018-09 Gleichung 31 zu ermitteln, wenn die durchschnittliche Geschosshöhe eines Wohngebäudes, gemessen von der Oberfläche des Fußbodens zur Oberfläche des Fußbodens des darüber liegenden Geschosses, mehr als 3 Meter oder weniger als 2,5 Meter beträgt.

(11) Abweichend von DIN V 18599-10: 2018-09 sind die Zonen nach DIN V 18599-10: 2018-09 Tabelle 5 Nutzung 32 und 33 als unbeheizt und ungekühlt anzunehmen und damit nicht Gegenstand von Berechnungen und Anforderungen nach diesem Gesetz.

§ 26 Prüfung der Dichtheit eines Gebäudes. (1) ¹Wird die Luftdichtheit eines zu errichtenden Gebäudes vor seiner Fertigstellung nach DIN EN ISO 9972: 2018-12 Anhang NA überprüft, darf die gemessene Netto-Luftwechselrate bei der Ermittlung des Jahres-Primärenergiebedarfs nach § 20 Absatz 1 oder Absatz 2 und nach § 21 Absatz 1 und 2 nach Maßgabe der Absätze 2 bis 5 als Luftwechselrate in Ansatz gebracht werden. ²Bei der Überprüfung der Luftdichtheit sind die Messungen nach den Absätzen 2 bis 5 sowohl mit Über- als auch mit Unterdruck durchzuführen. ³Die genannten Höchstwerte sind für beide Fälle einzuhalten.

(2) Der bei einer Bezugsdruckdifferenz von 50 Pascal gemessene Volumenstrom in Kubikmeter pro Stunde darf
1. ohne raumlufttechnische Anlagen höchstens das 3fache des beheizten oder gekühlten Luftvolumens des Gebäudes in Kubikmetern betragen und
2. mit raumlufttechnischen Anlagen höchstens das 1,5fache des beheizten oder gekühlten Luftvolumens des Gebäudes in Kubikmetern betragen.

(3) Abweichend von Absatz 2 darf bei Gebäuden mit einem beheizten oder gekühlten Luftvolumen von über 1 500 Kubikmetern der bei einer Bezugsdruckdifferenz von 50 Pascal gemessene Volumenstrom in Kubikmeter pro Stunde
1. ohne raumlufttechnische Anlagen höchstens das 4,5fache der Hüllfläche des Gebäudes in Quadratmetern betragen und
2. mit raumlufttechnischen Anlagen höchstens das 2,5fache der Hüllfläche des Gebäudes in Quadratmetern betragen.

(4) Wird bei Nichtwohngebäuden die Dichtheit lediglich für bestimmte Zonen berücksichtigt oder ergeben sich für einzelne Zonen aus den Absätzen 2 und 3 unterschiedliche Anforderungen, so kann der Nachweis der Dichtheit für diese Zonen getrennt durchgeführt werden.

(5) Besteht ein Gebäude aus gleichartigen, nur von außen erschlossenen Nutzeinheiten, so darf die Messung nach Absatz 1 nach Maßgabe von DIN EN ISO 9972: 2018-12 Anhang NB auf eine Stichprobe dieser Nutzeinheiten begrenzt werden.

§ 27 Gemeinsame Heizungsanlage für mehrere Gebäude.
[1] Wird ein zu errichtendes Gebäude mit Wärme aus einer Heizungsanlage versorgt, aus der auch andere Gebäude oder Teile davon Wärme beziehen, ist es abweichend von DIN V 18599: 2018-09 und bis zum 31. Dezember 2023 auch von DIN V 4701-10: 2003-08 zulässig, bei der Ermittlung des Jahres-Primärenergiebedarfs des zu errichtenden Gebäudes eigene zentrale Einrichtungen der Wärmeerzeugung, Wärmespeicherung oder Warmwasserbereitung anzunehmen, die hinsichtlich ihrer Bauart, ihres Baualters und ihrer Betriebsweise den gemeinsam genutzten Einrichtungen entsprechen, hinsichtlich ihrer Größe und Leistung jedoch nur auf das zu berechnende Gebäude ausgelegt sind. [2] Soweit dabei zusätzliche Wärmeverteil- und Warmwasserleitungen zur Verbindung der versorgten Gebäude verlegt werden, sind deren Wärmeverluste anteilig zu berücksichtigen.

§ 28 Anrechnung mechanisch betriebener Lüftungsanlagen.
(1) Im Rahmen der Berechnung nach § 20 Absatz 1 oder Absatz 2 ist bei mechanischen Lüftungsanlagen die Anrechnung der Wärmerückgewinnung oder einer regelungstechnisch verminderten Luftwechselrate nur zulässig, wenn
1. die Dichtheit des Gebäudes nach § 13 in Verbindung mit § 26 nachgewiesen wird,
2. die Lüftungsanlage mit Einrichtungen ausgestattet ist, die eine Beeinflussung der Luftvolumenströme jeder Nutzeinheit durch den Nutzer erlauben und
3. sichergestellt ist, dass die aus der Abluft gewonnene Wärme vorrangig vor der vom Heizsystem bereitgestellten Wärme genutzt wird.

(2) Die bei der Anrechnung der Wärmerückgewinnung anzusetzenden Kennwerte der Lüftungsanlage sind nach den anerkannten Regeln der Technik zu bestimmen oder den allgemeinen bauaufsichtlichen Zulassungen der verwendeten Produkte zu entnehmen.

(3) Auf ein Wohngebäude mit nicht mehr als zwei Wohnungen, von denen eine nicht mehr als 50 Quadratmeter Gebäudenutzfläche hat, ist Absatz 1 Nummer 2 nicht anzuwenden.

§ 29 Berechnung des Jahres-Primärenergiebedarfs und des Transmissionswärmeverlustes bei aneinandergereihter Bebauung von Wohngebäuden. (1) Bei der Berechnung des Jahres-Primärenergiebedarfs nach § 20 und des Transmissionswärmeverlustes von aneinandergereihten Wohngebäuden werden Gebäudetrennwände zwischen

1. Gebäuden, die nach ihrem Verwendungszweck auf Innentemperaturen von mindestens 19 Grad Celsius beheizt werden, als nicht wärmedurchlässig angenommen und bei der Ermittlung der wärmeübertragenden Umfassungsfläche nicht berücksichtigt,

2. Wohngebäuden und Gebäuden, die nach ihrem Verwendungszweck auf Innentemperaturen von mindestens 12 Grad Celsius und weniger als 19 Grad Celsius beheizt werden, bei der Berechnung des Wärmedurchgangskoeffizienten mit einem Temperatur-Korrekturfaktor nach DIN V 18599-2: 2018-09 oder bis zum 31. Dezember 2023 auch nach DIN V 4108-6: 2003-06, geändert durch DIN V 4108-6 Berichtigung 1: 2004-03, gewichtet und

3. Wohngebäuden und Gebäuden oder Gebäudeteilen, in denen keine beheizten Räume im Sinne des § 3 Absatz 1 Nummer 4 vorhanden sind, bei der Berechnung des Wärmedurchgangskoeffizienten mit einem Temperaturfaktor in Höhe von 0,5 gewichtet.

(2) Werden beheizte Teile eines Gebäudes getrennt berechnet, ist Absatz 1 Nummer 1 sinngemäß für die Trennflächen zwischen den Gebäudeteilen anzuwenden.

§ 30 Zonenweise Berücksichtigung von Energiebedarfsanteilen bei einem zu errichtenden Nichtwohngebäude. (1) Ist ein zu errichtendes Nichtwohngebäude nach § 21 Absatz 2 für die Berechnung des Jahres-Primärenergiebedarfs nach § 21 Absatz 1 in Zonen zu unterteilen, sind Energiebedarfsanteile nach Maßgabe der Absätze 2 bis 7 in die Ermittlung des Jahres-Primärenergiebedarfs einer Zone einzubeziehen.

(2) Der Primärenergiebedarf für das Heizungssystem und die Heizfunktion der raumlufttechnischen Anlage ist zu bilanzieren, wenn die Raum-Solltemperatur des Gebäudes oder einer Gebäudezone für den Heizfall mindestens 12 Grad Celsius beträgt und eine durchschnittliche Nutzungsdauer für die Gebäudebeheizung auf Raum-Solltemperatur von mindestens vier Monaten pro Jahr vorgesehen ist.

(3) Der Primärenergiebedarf für das Kühlsystem und die Kühlfunktion der raumlufttechnischen Anlage ist zu bilanzieren, wenn für das Gebäude oder eine Gebäudezone für den Kühlfall der Einsatz von Kühltechnik und eine durchschnittliche Nutzungsdauer für Gebäudekühlung auf Raum-Solltemperatur von mehr als zwei Monaten pro Jahr und mehr als zwei Stunden pro Tag vorgesehen sind.

(4) Der Primärenergiebedarf für die Dampfversorgung ist zu bilanzieren, wenn für das Gebäude oder eine Gebäudezone eine solche Versorgung wegen des Einsatzes einer raumlufttechnischen Anlage nach Absatz 3 für durchschnittlich mehr als zwei Monate pro Jahr und mehr als zwei Stunden pro Tag vorgesehen ist.

(5) Der Primärenergiebedarf für Warmwasser ist zu bilanzieren, wenn ein Nutzenergiebedarf für Warmwasser in Ansatz zu bringen ist und der durchschnittliche tägliche Nutzenergiebedarf für Warmwasser wenigstens 0,2 Kilowattstunden pro Person und Tag oder 0,2 Kilowattstunden pro Beschäftigtem und Tag beträgt.

(6) Der Primärenergiebedarf für Beleuchtung ist zu bilanzieren, wenn in einem Gebäude oder einer Gebäudezone eine Beleuchtungsstärke von mindestens 75 Lux erforderlich ist und eine durchschnittliche Nutzungsdauer von mehr als zwei Monaten pro Jahr und mehr als zwei Stunden pro Tag vorgesehen ist.

(7) ¹Der Primärenergiebedarf für Hilfsenergien ist zu bilanzieren, wenn er beim Heizungssystem und bei der Heizfunktion der raumlufttechnischen Anlage, beim Kühlsystem und bei der Kühlfunktion der raumlufttechnischen Anlage, bei der Dampfversorgung, bei der Warmwasseranlage und der Beleuchtung auftritt. ²Der Anteil des Primärenergiebedarfs für Hilfsenergien für Lüftung ist zu bilanzieren, wenn eine durchschnittliche Nutzungsdauer der Lüftungsanlage von mehr als zwei Monaten pro Jahr und mehr als zwei Stunden pro Tag vorgesehen ist.

§ 31[1)] Vereinfachtes Nachweisverfahren für ein zu errichtendes Wohngebäude.
(1) Ein zu errichtendes Wohngebäude erfüllt die Anforderungen nach § 10 Absatz 2 in Verbindung mit den §§ 15 bis 17 und 34 bis 45, wenn es die Voraussetzungen nach Anlage 5 Nummer 1 erfüllt und seine Ausführung den Vorgaben in Anlage 5 Nummer 2 und 3 entspricht.

(2) Das Bundesministerium für Wirtschaft und Energie macht gemeinsam mit dem Bundesministerium des Innern, für Bau und Heimat im Bundesanzeiger bekannt, welche Angaben für die auf Grundlage von Absatz 1 zu errichtenden Wohngebäude ohne besondere Berechnungen in Energiebedarfsausweisen zu verwenden sind.

§ 32 Vereinfachtes Berechnungsverfahren für ein zu errichtendes Nichtwohngebäude.
(1) Abweichend von § 21 Absatz 1 und 2 darf der Jahres-Primärenergiebedarf des zu errichtenden Nichtwohngebäudes und des Referenzgebäudes unter Verwendung eines Ein-Zonen-Modells ermittelt werden, wenn

1. die Summe der Nettogrundflächen aus der typischen Hauptnutzung und den Verkehrsflächen des Gebäudes mehr als zwei Drittel der gesamten Nettogrundfläche des Gebäudes beträgt,
2. in dem Gebäude die Beheizung und die Warmwasserbereitung für alle Räume auf dieselbe Art erfolgen,
3. das Gebäude nicht gekühlt wird,

[1)] Siehe hierzu Bek. zu den Angaben in Energiebedarfsausweisen nach dem GebäudeenergieG bei Anwendung des vereinfachten Nachweisverfahrens für zu errichtende Wohngebäude v. 8.12.2020 (BAnz AT 20.01.2021 B1).

4. höchstens 10 Prozent der Nettogrundfläche des Gebäudes durch Glühlampen, Halogenlampen oder durch die Beleuchtungsart „indirekt" nach DIN V 18599: 2018-09 beleuchtet werden und

5. außerhalb der Hauptnutzung keine raumlufttechnische Anlage eingesetzt wird, deren Werte für die spezifische Leistungsaufnahme der Ventilatoren die entsprechenden Werte der Anlage 2 Nummer 6.1 und 6.2 überschreiten.

(2) Das vereinfachte Berechnungsverfahren kann angewandt werden für

1. ein Bürogebäude, auch mit Verkaufseinrichtung, einen Gewerbebetrieb oder eine Gaststätte,

2. ein Gebäude des Groß- und Einzelhandels mit höchstens 1000 Quadratmetern Nettogrundfläche, wenn neben der Hauptnutzung nur Büro-, Lager-, Sanitär- oder Verkehrsflächen vorhanden sind,

3. einen Gewerbebetrieb mit höchstens 1000 Quadratmetern Nettogrundfläche, wenn neben der Hauptnutzung nur Büro-, Lager-, Sanitär- oder Verkehrsflächen vorhanden sind,

4. eine Schule, eine Turnhalle, einen Kindergarten und eine Kindertagesstätte oder eine ähnliche Einrichtung,

5. eine Beherbergungsstätte ohne Schwimmhalle, Sauna oder Wellnessbereich oder

6. eine Bibliothek.

(3) [1]Bei Anwendung des vereinfachten Verfahrens sind abweichend von den Maßgaben des § 21 Absatz 2 bei der Berechnung des Jahres-Primärenergiebedarfs die Bestimmungen für die Nutzung und die Werte für den Nutzenergiebedarf für Warmwasser der Anlage 6 zu verwenden. [2]§ 30 Absatz 5 ist entsprechend anzuwenden.

(4) [1]Abweichend von Absatz 1 Nummer 3 kann das vereinfachte Verfahren auch angewendet werden, wenn in einem Bürogebäude eine Verkaufseinrichtung, ein Gewerbebetrieb oder eine Gaststätte gekühlt wird und die Nettogrundfläche der gekühlten Räume jeweils 450 Quadratmeter nicht übersteigt. [2]Der Energiebedarf für die Kühlung von Anlagen der Datenverarbeitung bleibt als Energieeinsatz für Produktionsprozesse im Sinne von § 2 Absatz 1 Satz 2 außer Betracht.

(5) [1]Bei Anwendung des vereinfachten Verfahrens sind in den Fällen des Absatzes 4 Satz 1 der Höchstwert und der Referenzwert des Jahres-Primärenergiebedarfs pauschal um 50 Kilowattstunden pro Quadratmeter und Jahr je Quadratmeter gekühlter Nettogrundfläche der Verkaufseinrichtung, des Gewerbebetriebes oder der Gaststätte zu erhöhen. [2]Dieser Betrag ist im Energiebedarfsausweis als elektrische Energie für Kühlung auszuweisen.

(6) Der Jahres-Primärenergiebedarf für Beleuchtung darf vereinfacht für den Bereich der Hauptnutzung berechnet werden, der die geringste Tageslichtversorgung aufweist.

(7) [1]Der im vereinfachten Verfahren ermittelte Jahres-Primärenergiebedarf des Referenzgebäudes nach § 18 Absatz 1 in Verbindung mit der Anlage 2 ist um 10 Prozent zu reduzieren. [2]Der reduzierte Wert ist der Höchstwert des Jahres-Primärenergiebedarfs des zu errichtenden Gebäudes.

(8) § 20 Absatz 3 ist entsprechend anzuwenden.

Gebäudeenergiegesetz §§ 33–35 GEG 13

§ 33 Andere Berechnungsverfahren. Werden in einem Gebäude bauliche oder anlagentechnische Komponenten eingesetzt, für deren energetische Bewertung weder anerkannte Regeln der Technik noch nach § 50 Absatz 4 Satz 2 bekannt gemachte gesicherte Erfahrungswerte vorliegen, so dürfen die energetischen Eigenschaften dieser Komponenten unter Verwendung derselben Randbedingungen wie in den Berechnungsverfahren und Maßgaben nach den §§ 20 bis 30 durch dynamisch-thermische Simulationsrechnungen ermittelt werden oder es sind hierfür andere Komponenten anzusetzen, die ähnliche energetische Eigenschaften besitzen und für deren energetische Bewertung anerkannte Regeln der Technik oder bekannt gemachte gesicherte Erfahrungswerte vorliegen.

Abschnitt 4. Nutzung von erneuerbaren Energien zur Wärme- und Kälteerzeugung bei einem zu errichtenden Gebäude

§ 34 Nutzung erneuerbarer Energien zur Deckung des Wärme- und Kälteenergiebedarfs. (1) Der Wärme- und Kälteenergiebedarf im Sinne des § 10 Absatz 2 Nummer 3 ist nach den Vorschriften des § 20, des § 21 und der §§ 24 bis 29 zu ermitteln.

(2) ¹Die Maßnahmen nach den §§ 35 bis 45 können miteinander kombiniert werden. ²Die prozentualen Anteile der tatsächlichen Nutzung der einzelnen Maßnahmen im Verhältnis der jeweils nach den §§ 35 bis 45 vorgesehenen Nutzung müssen in der Summe 100 Prozent Erfüllungsgrad ergeben.

(3) Wenn mehrere zu errichtende Nichtwohngebäude, die sich im Eigentum der öffentlichen Hand befinden und von mindestens einer Behörde genutzt werden, in einer Liegenschaft stehen, kann die Anforderung nach § 10 Absatz 2 Nummer 3 auch dadurch erfüllt werden, dass der Wärme- und Kälteenergiebedarf dieser Gebäude insgesamt in einem Umfang gedeckt wird, der der Summe der einzelnen Maßgaben der §§ 35 bis 45 entspricht.

(4) § 31 bleibt unberührt.

§ 35 Nutzung solarthermischer Anlagen. (1) Die Anforderung nach § 10 Absatz 2 Nummer 3 ist erfüllt, wenn durch die Nutzung von solarer Strahlungsenergie mittels solarthermischer Anlagen der Wärme- und Kälteenergiebedarf zu mindestens 15 Prozent gedeckt wird.

(2) Die Anforderung bezüglich des Mindestanteils nach Absatz 1 gilt als erfüllt, wenn

1. bei Wohngebäuden mit höchstens zwei Wohnungen solarthermische Anlagen mit einer Fläche von mindestens 0,04 Quadratmetern Aperturfläche je Quadratmeter Nutzfläche installiert und betrieben werden und
2. bei Wohngebäuden mit mehr als zwei Wohnungen solarthermische Anlagen mit einer Fläche von mindestens 0,03 Quadratmetern Aperturfläche je Quadratmeter Nutzfläche installiert und betrieben werden.

(3) ¹Wird eine solarthermische Anlage mit Flüssigkeiten als Wärmeträger genutzt, müssen die darin enthaltenen Kollektoren oder das System mit dem europäischen Prüfzeichen „Solar Keymark" zertifiziert sein, solange und soweit die Verwendung einer CE-Kennzeichnung nach Maßgabe eines Durchführungsrechtsaktes auf der Grundlage der Richtlinie 2009/125/EG des Europäischen Parlaments und des Rates vom 21. Oktober 2009 zur Schaffung eines Rahmens für die Festlegung von Anforderungen an die umweltgerechte Ge-

staltung energieverbrauchsrelevanter Produkte (ABl. L 285 vom 31.10.2009, S. 10), die zuletzt durch die Richtlinie 2012/27/EU (ABl. L 315 vom 14.11.2012, S. 1) geändert worden ist, nicht zwingend vorgeschrieben ist. ²Die Zertifizierung muss nach den anerkannten Regeln der Technik erfolgen.

§ 36 Nutzung von Strom aus erneuerbaren Energien. ¹Die Anforderung nach § 10 Absatz 2 Nummer 3 ist erfüllt, wenn durch die Nutzung von Strom aus erneuerbaren Energien nach Maßgabe des § 23 Absatz 1 der Wärme- und Kälteenergiebedarf zu mindestens 15 Prozent gedeckt wird. ²Wird bei Wohngebäuden Strom aus solarer Strahlungsenergie genutzt, gilt die Anforderung bezüglich des Mindestanteils nach Satz 1 als erfüllt, wenn eine Anlage zur Erzeugung von Strom aus solarer Strahlungsenergie installiert und betrieben wird, deren Nennleistung in Kilowatt mindestens das 0,03fache der Gebäudenutzfläche geteilt durch die Anzahl der beheizten oder gekühlten Geschosse nach DIN V 18599-1: 2018-09 beträgt.

§ 37 Nutzung von Geothermie oder Umweltwärme. Die Anforderung nach § 10 Absatz 2 Nummer 3 ist erfüllt, wenn durch die Nutzung von Geothermie, Umweltwärme oder Abwärme aus Abwasser, die mittels elektrisch oder mit fossilen Brennstoffen angetriebener Wärmepumpen technisch nutzbar gemacht wird, der Wärme- und Kälteenergiebedarf zu mindestens 50 Prozent aus den Anlagen zur Nutzung dieser Energien gedeckt wird.

§ 38 Nutzung von fester Biomasse. (1) Die Anforderung nach § 10 Absatz 2 Nummer 3 ist erfüllt, wenn durch die Nutzung von fester Biomasse nach Maßgabe des Absatzes 2 der Wärme- und Kälteenergiebedarf zu mindestens 50 Prozent gedeckt wird.

(2) Wenn eine Feuerungsanlage im Sinne der Verordnung über kleine und mittlere Feuerungsanlagen vom 26. Januar 2010 (BGBl. I S. 38), die zuletzt durch Artikel 105 der Verordnung vom 19. Juni 2020 (BGBl. I S. 1328) geändert worden ist, in der jeweils geltenden Fassung betrieben wird, müssen folgende Voraussetzungen erfüllt sein:
1. die Biomasse muss genutzt werden in einem
   a) Biomassekessel oder
   b) automatisch beschickten Biomasseofen mit Wasser als Wärmeträger,
2. es darf ausschließlich Biomasse nach § 3 Absatz 1 Nummer 4, 5, 5a, 8 oder Nummer 13 der Verordnung über kleine und mittlere Feuerungsanlagen eingesetzt werden.

§ 39 Nutzung von flüssiger Biomasse. (1) Die Anforderung nach § 10 Absatz 2 Nummer 3 ist erfüllt, wenn durch die Nutzung von flüssiger Biomasse nach Maßgabe der Absätze 2 und 3 der Wärme- und Kälteenergiebedarf zu mindestens 50 Prozent gedeckt wird.

(2) Die Nutzung muss in einer KWK-Anlage oder in einem Brennwertkessel erfolgen.

(3) ¹Unbeschadet des Absatzes 2 muss die zur Wärmeerzeugung eingesetzte Biomasse den Anforderungen an einen nachhaltigen Anbau und eine nachhaltige Herstellung, die die Biomassestrom-Nachhaltigkeitsverordnung vom 23. Juli 2009 (BGBl. I S. 2174), die zuletzt durch Artikel 262 der Verordnung vom 19. Juni 2020 (BGBl. I S. 1328) geändert worden ist, in der jeweils

geltenden Fassung stellt, genügen. ² § 10 der Biomassestrom-Nachhaltigkeitsverordnung ist nicht anzuwenden.

§ 40 Nutzung von gasförmiger Biomasse. (1) Die Anforderung nach § 10 Absatz 2 Nummer 3 ist erfüllt, wenn durch die Nutzung von gasförmiger Biomasse nach Maßgabe der Absätze 2 bis 4 der Wärme- und Kälteenergiebedarf mindestens zu dem Anteil nach Absatz 2 Satz 2 gedeckt wird.

(2) ¹ Die Nutzung muss in einer hocheffizienten KWK-Anlage im Sinne des § 2 Nummer 8a des Kraft-Wärme-Kopplungsgesetzes oder in einem Brennwertkessel erfolgen. ² Der Wärme- und Kälteenergiebedarf muss

1. zu mindestens 30 Prozent gedeckt werden, wenn die Nutzung in einer KWK-Anlage nach Satz 1 erfolgt oder
2. zu mindestens 50 Prozent gedeckt werden, wenn die Nutzung in einem Brennwertkessel erfolgt.

(3) Wenn Biomethan genutzt wird, müssen unbeschadet des Absatzes 2 folgende Voraussetzungen erfüllt sein:

1. bei der Aufbereitung und Einspeisung des Biomethans müssen die Voraussetzungen nach Anlage 1 Nummer 1 Buchstabe a bis c des Erneuerbare-Energien-Gesetzes vom 25. Oktober 2008 (BGBl. I S. 2074) in der am 31. Juli 2014 geltenden Fassung erfüllt worden sein und
2. die Menge des entnommenen Biomethans im Wärmeäquivalent am Ende eines Kalenderjahres muss der Menge von Gas aus Biomasse entsprechen, das an anderer Stelle in das Gasnetz eingespeist worden ist, und es müssen Massenbilanzsysteme für den gesamten Transport und Vertrieb des Biomethans von seiner Herstellung über seine Einspeisung in das Erdgasnetz und seinen Transport im Erdgasnetz bis zu seiner Entnahme aus dem Erdgasnetz verwendet worden sein.

(4) Wenn biogenes Flüssiggas genutzt wird, muss die Menge des entnommenen Gases am Ende eines Kalenderjahres der Menge von Gas aus Biomasse entsprechen, das an anderer Stelle hergestellt worden ist, und müssen Massenbilanzsysteme für den gesamten Transport und Vertrieb des biogenen Flüssiggases von seiner Herstellung über seine Zwischenlagerung und seinen Transport bis zu seiner Einlagerung in den Verbrauchstank verwendet worden sein.

§ 41 Nutzung von Kälte aus erneuerbaren Energien. (1) ¹ Die Anforderung nach § 10 Absatz 2 Nummer 3 ist erfüllt, wenn durch die Nutzung von Kälte aus erneuerbaren Energien nach Maßgabe der Absätze 2 bis 4 der Wärme- und Kälteenergiebedarf mindestens in Höhe des Anteils nach Satz 2 gedeckt wird. ² Maßgeblicher Anteil ist der Anteil, der nach den §§ 35 bis 40 für diejenige erneuerbare Energie gilt, aus der die Kälte erzeugt wird. ³ Wird die Kälte mittels einer thermischen Kälteerzeugungsanlage durch die direkte Zufuhr von Wärme erzeugt, ist der Anteil maßgebend, der auch im Fall einer reinen Wärmeerzeugung aus dem gleichen Energieträger gilt. ⁴ Wird die Kälte unmittelbar durch Nutzung von Geothermie oder Umweltwärme bereitgestellt, so ist der auch bei Wärmeerzeugung aus diesem Energieträger geltende Anteil von 50 Prozent am Wärme- und Kälteenergiebedarf maßgebend.

(2) Die Kälte muss technisch nutzbar gemacht werden

1. durch unmittelbare Kälteentnahme aus dem Erdboden oder aus Grund- oder Oberflächenwasser oder

2. durch thermische Kälteerzeugung mit Wärme aus erneuerbaren Energien im Sinne des § 3 Absatz 2 Nummer 1 bis 5.

(3) ¹Die Kälte muss zur Deckung des Kältebedarfs für Raumkühlung nach § 3 Absatz 1 Nummer 31 Buchstabe b genutzt werden. ²Der Endenergieverbrauch für die Erzeugung der Kälte, für die Rückkühlung und für die Verteilung der Kälte muss nach der jeweils besten verfügbaren Technik gesenkt worden sein.

(4) Die für die Erfüllung der Anforderung nach Absatz 1 anrechenbare Kältemenge umfasst die für die Zwecke nach Absatz 3 Satz 1 nutzbar gemachte Kälte, nicht jedoch die zum Antrieb thermischer Kälteerzeugungsanlagen genutzte Wärme.

(5) Die technischen Anforderungen nach den §§ 35 bis 40 sind entsprechend anzuwenden, solange und soweit die Verwendung einer CE-Kennzeichnung nach Maßgabe eines Durchführungsrechtsaktes auf der Grundlage der Richtlinie 2009/125/EG nicht zwingend vorgeschrieben ist.

§ 42 Nutzung von Abwärme. (1) Anstelle der anteiligen Deckung des Wärme- und Kälteenergiebedarfs durch die Nutzung erneuerbarer Energien kann die Anforderung nach § 10 Absatz 2 Nummer 3 auch dadurch erfüllt werden, dass durch die Nutzung von Abwärme nach Maßgabe der Absätze 2 und 3 der Wärme- und Kälteenergiebedarf direkt oder mittels Wärmepumpen zu mindestens 50 Prozent gedeckt wird.

(2) Sofern Kälte genutzt wird, die durch eine Anlage technisch nutzbar gemacht wird, der Abwärme unmittelbar zugeführt wird, ist § 41 Absatz 3 und 4 entsprechend anzuwenden.

(3) Sofern Abwärme durch eine andere Anlage genutzt wird, muss die Nutzung nach dem Stand der Technik erfolgen.

§ 43 Nutzung von Kraft-Wärme-Kopplung. (1) Anstelle der anteiligen Deckung des Wärme- und Kälteenergiebedarfs durch die Nutzung erneuerbarer Energien kann die Anforderung nach § 10 Absatz 2 Nummer 3 auch dadurch erfüllt werden, dass
1. durch die Nutzung von Wärme aus einer hocheffizienten KWK-Anlage im Sinne des § 2 Nummer 8a des Kraft-Wärme-Kopplungsgesetzes der Wärme- und Kälteenergiebedarf zu mindestens 50 Prozent gedeckt wird oder
2. durch die Nutzung von Wärme aus einer Brennstoffzellenheizung der Wärme- und Kälteenergiebedarf zu mindestens 40 Prozent gedeckt wird.

(2) ¹Sofern Kälte genutzt wird, die durch eine Anlage technisch nutzbar gemacht wird, der unmittelbar Wärme aus einer KWK-Anlage zugeführt wird, muss die KWK-Anlage den Anforderungen des Absatzes 1 Nummer 1 genügen. ²§ 41 Absatz 3 und 4 ist entsprechend anzuwenden.

§ 44 Fernwärme oder Fernkälte. (1) ¹Anstelle der anteiligen Deckung des Wärme- und Kälteenergiebedarfs durch die Nutzung erneuerbarer Energien kann die Anforderung nach § 10 Absatz 2 Nummer 3 auch dadurch erfüllt werden, dass durch den Bezug von Fernwärme oder Fernkälte nach Maßgabe von Absatz 2 der Wärme- und Kälteenergiebedarf mindestens in Höhe des Anteils nach den Sätzen 2 und 3 gedeckt wird. ²Maßgeblicher Anteil ist der Anteil, der nach den §§ 35 bis 40 oder nach den §§ 42 und 43 für diejenige

Energie anzuwenden ist, aus der die Fernwärme oder Fernkälte ganz oder teilweise stammt. ³Bei der Berechnung nach Satz 1 wird nur die bezogene Menge der Fernwärme oder Fernkälte angerechnet, die rechnerisch aus erneuerbaren Energien, aus Anlagen zur Nutzung von Abwärme oder aus KWK-Anlagen stammt.

(2) ¹Die in dem Wärme- oder Kältenetz insgesamt verteilte Wärme oder Kälte muss stammen zu
1. einem wesentlichen Anteil aus erneuerbaren Energien,
2. mindestens 50 Prozent aus Anlagen zur Nutzung von Abwärme,
3. mindestens 50 Prozent aus KWK-Anlagen oder
4. mindestens 50 Prozent durch eine Kombination der in den Nummern 1 bis 3 genannten Maßnahmen.

²§ 35 und die §§ 37 bis 43 sind entsprechend anzuwenden.

§ 45 Maßnahmen zur Einsparung von Energie. Anstelle der anteiligen Deckung des Wärme- und Kälteenergiebedarfs durch die Nutzung erneuerbarer Energien kann die Anforderung nach § 10 Absatz 2 Nummer 3 auch dadurch erfüllt werden, dass bei einem Wohngebäude die Anforderungen nach § 16 sowie bei einem Nichtwohngebäude die Anforderungen nach § 19 um mindestens 15 Prozent unterschritten werden.

Teil 3. Bestehende Gebäude

Abschnitt 1. Anforderungen an bestehende Gebäude

§ 46 Aufrechterhaltung der energetischen Qualität; entgegenstehende Rechtsvorschriften. (1) ¹Außenbauteile eines bestehenden Gebäudes dürfen nicht in einer Weise verändert werden, dass die energetische Qualität des Gebäudes verschlechtert wird. ²Satz 1 ist nicht anzuwenden auf Änderungen von Außenbauteilen, wenn die Fläche der geänderten Bauteile nicht mehr als 10 Prozent der gesamten Fläche der jeweiligen Bauteilgruppe nach Anlage 7 betrifft.

(2) Die Anforderungen an ein bestehendes Gebäude nach diesem Teil sind nicht anzuwenden, soweit ihre Erfüllung anderen öffentlich-rechtlichen Vorschriften zur Standsicherheit, zum Brandschutz, zum Schallschutz, zum Arbeitsschutz oder zum Schutz der Gesundheit entgegensteht.

§ 47 Nachrüstung eines bestehenden Gebäudes. (1) ¹Eigentümer eines Wohngebäudes sowie Eigentümer eines Nichtwohngebäudes, die nach ihrer Zweckbestimmung jährlich mindestens vier Monate auf Innentemperaturen von mindestens 19 Grad Celsius beheizt werden, müssen dafür sorgen, dass oberste Geschossdecken, die nicht den Anforderungen an den Mindestwärmeschutz nach DIN 4108-2: 2013-02 genügen, so gedämmt sind, dass der Wärmedurchgangskoeffizient der obersten Geschossdecke 0,24 Watt pro Quadratmeter und Kelvin nicht überschreitet. ²Die Pflicht nach Satz 1 gilt als erfüllt, wenn anstelle der obersten Geschossdecke das darüber liegende Dach entsprechend gedämmt ist oder den Anforderungen an den Mindestwärmeschutz nach DIN 4108-2: 2013-02 genügt.

(2) ¹Wird der Wärmeschutz nach Absatz 1 Satz 1 durch Dämmung in Deckenzwischenräumen ausgeführt und ist die Dämmschichtdicke im Rahmen

dieser Maßnahmen aus technischen Gründen begrenzt, so gelten die Anforderungen als erfüllt, wenn die nach anerkannten Regeln der Technik höchstmögliche Dämmschichtdicke eingebaut wird, wobei ein Bemessungswert der Wärmeleitfähigkeit von 0,035 Watt pro Meter und Kelvin einzuhalten ist. ²Abweichend von Satz 1 ist ein Bemessungswert der Wärmeleitfähigkeit von 0,045 Watt pro Meter und Kelvin einzuhalten, soweit Dämmmaterialien in Hohlräume eingeblasen oder Dämmmaterialien aus nachwachsenden Rohstoffen verwendet werden. ³Wird der Wärmeschutz nach Absatz 1 Satz 2 als Zwischensparrendämmung ausgeführt und ist die Dämmschichtdicke wegen einer innenseitigen Bekleidung oder der Sparrenhöhe begrenzt, sind die Sätze 1 und 2 entsprechend anzuwenden.

(3) ¹Bei einem Wohngebäude mit nicht mehr als zwei Wohnungen, von denen der Eigentümer eine Wohnung am 1. Februar 2002 selbst bewohnt hat, ist die Pflicht nach Absatz 1 erst im Fall eines Eigentümerwechsels nach dem 1. Februar 2002 von dem neuen Eigentümer zu erfüllen. ²Die Frist zur Pflichterfüllung beträgt zwei Jahre ab dem ersten Eigentumsübergang nach dem 1. Februar 2002.

(4) Die Absätze 1 bis 3 sind nicht anzuwenden, soweit die für eine Nachrüstung erforderlichen Aufwendungen durch die eintretenden Einsparungen nicht innerhalb angemessener Frist erwirtschaftet werden können.

§ 48 Anforderungen an ein bestehendes Gebäude bei Änderung.

¹Soweit bei beheizten oder gekühlten Räumen eines Gebäudes Außenbauteile im Sinne der Anlage 7 erneuert, ersetzt oder erstmalig eingebaut werden, sind diese Maßnahmen so auszuführen, dass die betroffenen Flächen des Außenbauteils die Wärmedurchgangskoeffizienten der Anlage 7 nicht überschreiten. ²Ausgenommen sind Änderungen von Außenbauteilen, die nicht mehr als 10 Prozent der gesamten Fläche der jeweiligen Bauteilgruppe des Gebäudes betreffen. ³Nimmt der Eigentümer eines Wohngebäudes mit nicht mehr als zwei Wohnungen Änderungen im Sinne der Sätze 1 und 2 an dem Gebäude vor und werden unter Anwendung des § 50 Absatz 1 und 2 für das gesamte Gebäude Berechnungen nach § 50 Absatz 3 durchgeführt, hat der Eigentümer vor Beauftragung der Planungsleistungen ein informatorisches Beratungsgespräch mit einer nach § 88 zur Ausstellung von Energieausweisen berechtigten Person zu führen, wenn ein solches Beratungsgespräch als einzelne Leistung unentgeltlich angeboten wird. ⁴Wer geschäftsmäßig an oder in einem Gebäude Arbeiten im Sinne des Satzes 3 für den Eigentümer durchführen will, hat bei Abgabe eines Angebots auf die Pflicht zur Führung eines Beratungsgesprächs schriftlich hinzuweisen.

§ 49 Berechnung des Wärmedurchgangskoeffizienten.

(1) ¹Der Wärmedurchgangskoeffizient eines Bauteils nach § 48 wird unter Berücksichtigung der neuen und der vorhandenen Bauteilschichten berechnet. ²Für die Berechnung sind folgende Verfahren anzuwenden:

1. DIN V 18599-2: 2018-09 Abschnitt 6.1.4.3 für die Berechnung der an Erdreich grenzenden Bauteile,
2. DIN 4108-4: 2017-03 in Verbindung mit DIN EN ISO 6946: 2008-04 für die Berechnung opaker Bauteile und
3. DIN 4108-4: 2017-03 für die Berechnung transparenter Bauteile sowie von Vorhangfassaden.

(2) ¹Werden bei Maßnahmen nach § 48 Gefälledächer durch die keilförmige Anordnung einer Dämmschicht aufgebaut, so ist der Wärmedurchgangskoeffizient nach Anhang C der DIN EN ISO 6946: 2008-04 in Verbindung mit DIN 4108-4: 2017-03 zu ermitteln. ²Dabei muss der Bemessungswert des Wärmedurchgangswiderstandes am tiefsten Punkt der neuen Dämmschicht den Mindestwärmeschutz nach § 11 erfüllen.

§ 50 Energetische Bewertung eines bestehenden Gebäudes. (1) ¹Die Anforderungen des § 48 gelten als erfüllt, wenn

1. das geänderte Wohngebäude insgesamt

   a) den Jahres-Primärenergiebedarf für Heizung, Warmwasserbereitung, Lüftung und Kühlung den auf die Gebäudenutzfläche bezogenen Wert des Jahres-Primärenergiebedarfs eines Referenzgebäudes, das die gleiche Geometrie, Gebäudenutzfläche und Ausrichtung wie das geänderte Gebäude aufweist und der technischen Referenzausführung der Anlage 1 entspricht, um nicht mehr als 40 Prozent überschreitet und

   b) den Höchstwert des spezifischen, auf die wärmeübertragende Umfassungsfläche bezogenen Transmissionswärmeverlusts nach Absatz 2 um nicht mehr als 40 Prozent überschreitet,

2. das geänderte Nichtwohngebäude insgesamt

   a) den Jahres-Primärenergiebedarf für Heizung, Warmwasserbereitung, Lüftung, Kühlung und eingebaute Beleuchtung den auf die Nettogrundfläche bezogenen Wert des Jahres-Primärenergiebedarfs eines Referenzgebäudes, das die gleiche Geometrie, Nettogrundfläche, Ausrichtung und Nutzung, einschließlich der Anordnung der Nutzungseinheiten, wie das geänderte Gebäude aufweist und der technischen Referenzausführung der Anlage 2 entspricht, um nicht mehr als 40 Prozent überschreitet und

   b) das auf eine Nachkommastelle gerundete 1,25fache der Höchstwerte der mittleren Wärmedurchgangskoeffizienten der wärmeübertragenden Umfassungsfläche gemäß der Anlage 3 um nicht mehr als 40 Prozent überschreitet.

²§ 18 Absatz 1 Satz 2 ist entsprechend anzuwenden.

(2) Der Höchstwert nach Absatz 1 Satz 1 Nummer 1 Buchstabe b beträgt

1. bei einem freistehenden Wohngebäude mit einer Gebäudenutzfläche von bis zu 350 Quadratmetern 0,40 Watt pro Quadratmeter und Kelvin,
2. bei einem freistehenden Wohngebäude mit einer Gebäudenutzfläche von mehr als 350 Quadratmetern 0,50 Watt pro Quadratmeter und Kelvin,
3. bei einem einseitig angebauten Wohngebäude 0,45 Watt pro Quadratmeter und Kelvin oder
4. bei allen anderen Wohngebäuden 0,65 Watt pro Quadratmeter und Kelvin.

(3) In den Fällen des Absatzes 1 sind die Berechnungsverfahren nach § 20 Absatz 1 oder Absatz 2 oder nach § 21 Absatz 1 und 2 unter Beachtung der Maßgaben nach § 20 Absatz 3 bis 6, der §§ 22 bis 30 und der §§ 32 und 33 sowie nach Maßgabe von Absatz 4 entsprechend anzuwenden.

(4) ¹Fehlen Angaben zu geometrischen Abmessungen eines Gebäudes, können diese durch vereinfachtes Aufmaß ermittelt werden. ²Liegen energetische Kennwerte für bestehende Bauteile und Anlagenkomponenten nicht vor, können gesicherte Erfahrungswerte für Bauteile und Anlagenkomponenten ver-

gleichbarer Altersklassen verwendet werden. ³In den Fällen der Sätze 1 und 2 können anerkannte Regeln der Technik verwendet werden. ⁴Die Einhaltung solcher Regeln wird vermutet, soweit Vereinfachungen für die Datenaufnahme und die Ermittlung der energetischen Eigenschaften sowie gesicherte Erfahrungswerte verwendet werden, die vom Bundesministerium für Wirtschaft und Energie und vom Bundesministerium des Innern, für Bau und Heimat gemeinsam im Bundesanzeiger bekannt gemacht worden sind.

(5) Absatz 4 kann auch in den Fällen des § 48 sowie des § 51 angewendet werden.

§ 51 Anforderungen an ein bestehendes Gebäude bei Erweiterung und Ausbau.
(1) Bei der Erweiterung und dem Ausbau eines Gebäudes um beheizte oder gekühlte Räume darf

1. bei Wohngebäuden der spezifische, auf die wärmeübertragende Umfassungsfläche bezogene Transmissionswärmeverlust der Außenbauteile der neu hinzukommenden beheizten oder gekühlten Räume das 1,2fache des entsprechenden Wertes des Referenzgebäudes gemäß der Anlage 1 nicht überschreiten oder

2. bei Nichtwohngebäuden die mittleren Wärmedurchgangskoeffizienten der wärmeübertragenden Umfassungsfläche der Außenbauteile der neu hinzukommenden beheizten oder gekühlten Räume das auf eine Nachkommastelle gerundete 1,25fache der Höchstwerte gemäß der Anlage 3 nicht überschreiten.

(2) Ist die hinzukommende zusammenhängende Nutzfläche größer als 50 Quadratmeter, sind außerdem die Anforderungen an den sommerlichen Wärmeschutz nach § 14 einzuhalten.

Abschnitt 2. Nutzung erneuerbarer Energien zur Wärmeerzeugung bei bestehenden öffentlichen Gebäuden

§ 52 Pflicht zur Nutzung von erneuerbaren Energien bei einem bestehenden öffentlichen Gebäude.
(1) ¹Wenn die öffentliche Hand ein bestehendes Nichtwohngebäude, das sich in ihrem Eigentum befindet und von mindestens einer Behörde genutzt wird, gemäß Absatz 2 grundlegend renoviert, muss sie den Wärme- und Kälteenergiebedarf dieses Gebäudes durch die anteilige Nutzung von erneuerbaren Energien nach Maßgabe der Absätze 3 und 4 decken. ²Auf die Berechnung des Wärme- und Kälteenergiebedarfs ist § 34 Absatz 1 entsprechend anzuwenden.

(2) Eine grundlegende Renovierung ist jede Maßnahme, durch die an einem Gebäude in einem zeitlichen Zusammenhang von nicht mehr als zwei Jahren

1. ein Heizkessel ausgetauscht oder die Heizungsanlage auf einen fossilen Energieträger oder auf einen anderen fossilen Energieträger als den bisher eingesetzten umgestellt wird und

2. mehr als 20 Prozent der Oberfläche der Gebäudehülle renoviert werden.

(3) ¹Bei der Nutzung von gasförmiger Biomasse wird die Pflicht nach Absatz 1 dadurch erfüllt, dass der Wärme- und Kälteenergiebedarf zu mindestens 25 Prozent durch gasförmige Biomasse gedeckt wird. ²Die Nutzung von gasförmiger Biomasse muss in einem Heizkessel, der der besten verfügbaren

Gebäudeenergiegesetz § 53 GEG 13

Technik entspricht, oder in einer KWK-Anlage erfolgen. ³Im Übrigen ist § 40 Absatz 2 und 3 entsprechend anzuwenden.

(4) Bei Nutzung sonstiger erneuerbarer Energien wird die Pflicht nach Absatz 1 dadurch erfüllt, dass der Wärme- und Kälteenergiebedarf zu mindestens 15 Prozent durch erneuerbare Energien nach folgenden Maßgaben gedeckt wird:

1. bei der Nutzung von solarer Strahlungsenergie durch solarthermische Anlagen ist § 35 Absatz 2 entsprechend anzuwenden,
2. bei der Nutzung von fester Biomasse ist § 38 Absatz 2 entsprechend anzuwenden,
3. bei der Nutzung von flüssiger Biomasse ist § 39 Absatz 2 und 3 entsprechend anzuwenden,
4. bei der Nutzung von Kälte aus erneuerbaren Energien ist § 41 Absatz 2 bis 5 entsprechend anzuwenden.

(5) Wenn mehrere bestehende Nichtwohngebäude, die sich im Eigentum der öffentlichen Hand befinden und von mindestens einer Behörde genutzt werden, in einer Liegenschaft stehen, kann die Pflicht nach Absatz 1 auch dadurch erfüllt werden, dass der Wärme- und Kälteenergiebedarf dieser Gebäude insgesamt in einem Umfang gedeckt wird, der der Summe der einzelnen Maßgaben der Absätze 3 und 4 entspricht.

§ 53 Ersatzmaßnahmen. (1) ¹Die Pflicht nach § 52 Absatz 1 kann auch dadurch erfüllt werden, dass

1. der Wärme- und Kälteenergiebedarf des renovierten Gebäudes zu mindestens 50 Prozent gedeckt wird aus
   a) einer Anlage zur Nutzung von Abwärme nach Maßgabe von § 42 Absatz 2 und 3 oder
   b) einer KWK-Anlage nach Maßgabe von § 43,
2. Maßnahmen zur Einsparung von Energie nach Maßgabe von Absatz 2 getroffen werden oder
3. Fernwärme oder Fernkälte nach Maßgabe von § 44 bezogen wird.

²§ 41 Absatz 1 Satz 3 und § 52 Absatz 5 sind entsprechend anzuwenden.

(2) ¹Bei Maßnahmen zur Einsparung von Energie muss das auf eine Nachkommastelle gerundete 1,25fache der Höchstwerte der mittleren Wärmedurchgangskoeffizienten der wärmeübertragenden Umfassungsfläche nach Anlage 3 um mindestens 10 Prozent unterschritten werden. ²Satz 1 gilt auch dann als erfüllt, wenn das Gebäude nach der grundlegenden Renovierung insgesamt den Jahres-Primärenergiebedarf des Referenzgebäudes nach Anlage 2 und das auf eine Nachkommastelle gerundete 1,25fache der Höchstwerte der mittleren Wärmedurchgangskoeffizienten der wärmeübertragenden Umfassungsfläche nach Anlage 3 einhält.

(3) ¹Die Pflicht nach § 52 Absatz 1 kann auch dadurch erfüllt werden, dass auf dem Dach des öffentlichen Gebäudes solarthermische Anlagen mit einer Fläche von mindestens 0,06 Quadratmetern Brutto-Kollektorfläche je Quadratmeter Nettogrundfläche von dem Eigentümer oder einem Dritten installiert und betrieben werden, wenn die mit diesen Anlagen erzeugte Wärme oder Kälte Dritten zur Deckung des Wärme- und Kälteenergiebedarfs von Gebäuden zur Verfügung gestellt wird und von diesen Dritten nicht zur Erfüllung der

Anforderung nach § 10 Absatz 2 Nummer 3 genutzt wird. [2] § 35 Absatz 3 ist entsprechend anzuwenden.

§ 54 Kombination. [1] Zur Erfüllung der Pflicht nach § 52 Absatz 1 können die Maßnahmen nach § 52 Absatz 3 und 4 und die Ersatzmaßnahmen nach § 53 untereinander und miteinander kombiniert werden. [2] Die prozentualen Anteile der einzelnen Maßnahmen an der nach § 52 Absatz 3 und 4 sowie nach § 53 vorgesehenen Nutzung müssen in der Summe mindestens 100 ergeben.

§ 55 Ausnahmen. (1) [1] Die Pflicht nach § 52 Absatz 1 besteht nicht, soweit ihre Erfüllung im Einzelfall wegen besonderer Umstände durch einen unangemessenen Aufwand oder in sonstiger Weise zu einer unbilligen Härte führt. [2] Dies ist insbesondere der Fall, wenn jede Maßnahme, mit der die Pflicht nach § 52 Absatz 1 erfüllt werden kann, mit Mehrkosten verbunden ist und diese Mehrkosten auch unter Berücksichtigung der Vorbildfunktion nicht unerheblich sind. [3] Bei der Berechnung sind alle Kosten und Einsparungen zu berücksichtigen, auch solche, die innerhalb der noch zu erwartenden Nutzungsdauer der Anlagen oder Gebäudeteile zu erwarten sind.

(2) Die Pflicht nach § 52 Absatz 1 besteht ferner nicht bei einem Gebäude im Eigentum einer Gemeinde oder eines Gemeindeverbandes, wenn

1. die Gemeinde oder der Gemeindeverband zum Zeitpunkt des Beginns der grundlegenden Renovierung überschuldet ist oder durch die Erfüllung der Pflicht nach § 52 Absatz 1 und die Durchführung von Ersatzmaßnahmen nach § 53 überschuldet würde,

2. jede Maßnahme, mit der die Pflicht nach § 52 Absatz 1 erfüllt werden kann, mit Mehrkosten verbunden ist, die auch unter Berücksichtigung der Vorbildfunktion nicht unerheblich sind; im Übrigen ist Absatz 1 Satz 2 und 3 entsprechend anzuwenden, und

3. die Gemeinde oder der Gemeindeverband durch Beschluss das Vorliegen der Voraussetzungen nach Nummer 2 feststellt; die jeweiligen Regelungen zur Beschlussfassung bleiben unberührt.

(3) Die Pflicht nach § 52 Absatz 1 besteht nicht für ein Gebäude, das der Landesverteidigung dient, soweit ihre Erfüllung der Art und dem Hauptzweck der Landesverteidigung entgegensteht.

§ 56 Abweichungsbefugnis. Die Länder können

1. für bestehende öffentliche Gebäude, mit Ausnahme der öffentlichen Gebäude des Bundes, eigene Regelungen zur Erfüllung der Vorbildfunktion nach § 4 treffen und zu diesem Zweck von den Vorschriften dieses Abschnitts abweichen und

2. für bestehende Gebäude, die keine öffentlichen Gebäude sind, eine Pflicht zur Nutzung von erneuerbaren Energien festlegen.

Gebäudeenergiegesetz §§ 57–61 GEG 13

Teil 4. Anlagen der Heizungs-, Kühl- und Raumlufttechnik sowie der Warmwasserversorgung

Abschnitt 1. Aufrechterhaltung der energetischen Qualität bestehender Anlagen

Unterabschnitt 1. Veränderungsverbot

§ 57 Verbot von Veränderungen; entgegenstehende Rechtsvorschriften. (1) Eine Anlage und Einrichtung der Heizungs-, Kühl- oder Raumlufttechnik oder der Warmwasserversorgung darf, soweit sie zum Nachweis der Anforderungen energieeinsparrechtlicher Vorschriften des Bundes zu berücksichtigen war, nicht in einer Weise verändert werden, dass die energetische Qualität des Gebäudes verschlechtert wird.

(2) Die Anforderungen an Anlagen und Einrichtungen nach diesem Teil sind nicht anzuwenden, soweit ihre Erfüllung anderen öffentlich-rechtlichen Vorschriften zur Standsicherheit, zum Brandschutz, zum Schallschutz, zum Arbeitsschutz oder zum Schutz der Gesundheit entgegensteht.

Unterabschnitt 2. Betreiberpflichten

§ 58 Betriebsbereitschaft. (1) Energiebedarfssenkende Einrichtungen in Anlagen und Einrichtungen der Heizungs-, Kühl- und Raumlufttechnik sowie der Warmwasserversorgung sind vom Betreiber betriebsbereit zu erhalten und bestimmungsgemäß zu nutzen.

(2) Der Betreiber kann seine Pflicht nach Absatz 1 auch dadurch erfüllen, dass er andere anlagentechnische oder bauliche Maßnahmen trifft, die den Einfluss einer energiebedarfssenkenden Einrichtung auf den Jahres-Primärenergiebedarf ausgleicht.

§ 59 Sachgerechte Bedienung. Eine Anlage und Einrichtung der Heizungs-, Kühl- oder Raumlufttechnik oder der Warmwasserversorgung ist vom Betreiber sachgerecht zu bedienen.

§ 60 Wartung und Instandhaltung. (1) Komponenten, die einen wesentlichen Einfluss auf den Wirkungsgrad von Anlagen und Einrichtungen der Heizungs-, Kühl- und Raumlufttechnik sowie der Warmwasserversorgung haben, sind vom Betreiber regelmäßig zu warten und instand zu halten.

(2) [1] Für die Wartung und Instandhaltung ist Fachkunde erforderlich. [2] Fachkundig ist, wer die zur Wartung und Instandhaltung notwendigen Fachkenntnisse und Fertigkeiten besitzt. [3] Die Handwerksordnung bleibt unberührt.

Abschnitt 2. Einbau und Ersatz

Unterabschnitt 1. Verteilungseinrichtungen und Warmwasseranlagen

§ 61 Verringerung und Abschaltung der Wärmezufuhr sowie Ein- und Ausschaltung elektrischer Antriebe. (1) [1] Wird eine Zentralheizung in ein Gebäude eingebaut, hat der Bauherr oder der Eigentümer dafür Sorge zu tragen, dass die Zentralheizung mit zentralen selbsttätig wirkenden Einrichtungen zur Verringerung und Abschaltung der Wärmezufuhr sowie zur Ein- und Ausschaltung elektrischer Antriebe ausgestattet ist. [2] Die Regelung der Wär-

mezufuhr sowie der elektrischen Antriebe im Sinne von Satz 1 erfolgt in Abhängigkeit von
1. der Außentemperatur oder einer anderen geeigneten Führungsgröße und
2. der Zeit.

(2) Soweit die in Absatz 1 Satz 1 geforderte Ausstattung bei einer Zentralheizung in einem bestehenden Gebäude nicht vorhanden ist, muss der Eigentümer sie bis zum 30. September 2021 nachrüsten.

(3) Wird in einem Wohngebäude, das mehr als fünf Wohnungen hat, eine Zentralheizung eingebaut, die jede einzelne Wohnung mittels Wärmeüberträger im Durchlaufprinzip mit Wärme für die Beheizung und die Warmwasserbereitung aus dem zentralen System versorgt, kann jede einzelne Wohnung mit den Einrichtungen nach Absatz 1 ausgestattet werden.

§ 62 Wasserheizung, die ohne Wärmeüberträger an eine Nah- oder Fernwärmeversorgung angeschlossen ist. Bei einer Wasserheizung, die ohne Wärmeüberträger an eine Nah- oder Fernwärmeversorgung angeschlossen ist, kann die Pflicht nach § 61 hinsichtlich der Verringerung und Abschaltung der Wärmezufuhr auch ohne entsprechende Einrichtung in der Haus- und Kundenanlage dadurch erfüllt werden, dass die Vorlauftemperatur des Nah- oder Fernwärmenetzes in Abhängigkeit von der Außentemperatur und der Zeit durch eine entsprechende Einrichtung in der zentralen Erzeugungsanlage geregelt wird.

§ 63 Raumweise Regelung der Raumtemperatur. (1) [1] Wird eine heizungstechnische Anlage mit Wasser als Wärmeträger in ein Gebäude eingebaut, hat der Bauherr oder der Eigentümer dafür Sorge zu tragen, dass die heizungstechnische Anlage mit einer selbsttätig wirkenden Einrichtung zur raumweisen Regelung der Raumtemperatur ausgestattet ist. [2] Satz 1 ist nicht anzuwenden auf
1. eine Fußbodenheizung in Räumen mit weniger als sechs Quadratmetern Nutzfläche oder
2. ein Einzelheizgerät, das zum Betrieb mit festen oder flüssigen Brennstoffen eingerichtet ist.

(2) Mit Ausnahme von Wohngebäuden ist für Gruppen von Räumen gleicher Art und Nutzung eine Gruppenregelung zulässig.

(3) [1] Soweit die in Absatz 1 Satz 1 geforderte Ausstattung bei einem bestehenden Gebäude nicht vorhanden ist, muss der Eigentümer sie nachrüsten. [2] Absatz 1 Satz 2 und Absatz 2 sind entsprechend anzuwenden.

(4) Eine Fußbodenheizung, die vor dem 1. Februar 2002 eingebaut worden ist, darf abweichend von Absatz 1 Satz 1 mit einer Einrichtung zur raumweisen Anpassung der Wärmeleistung an die Heizlast ausgestattet werden.

§ 64 Umwälzpumpe, Zirkulationspumpe. (1) Eine Umwälzpumpe, die im Heizkreis einer Zentralheizung mit mehr als 25 Kilowatt Nennleistung eingebaut wird, ist so auszustatten, dass die elektrische Leistungsaufnahme dem betriebsbedingten Förderbedarf selbsttätig in mindestens drei Stufen angepasst wird, soweit die Betriebssicherheit des Heizkessels dem nicht entgegensteht.

(2) ¹Eine Zirkulationspumpe muss beim Einbau in eine Warmwasseranlage mit einer selbsttätig wirkenden Einrichtung zur Ein- und Ausschaltung ausgestattet werden. ²Die Trinkwasserverordnung bleibt unberührt.

Unterabschnitt 2. Klimaanlagen und sonstige Anlagen der Raumlufttechnik

§ 65 Begrenzung der elektrischen Leistung. ¹Beim Einbau einer Klimaanlage, die eine Nennleistung für den Kältebedarf von mehr als 12 Kilowatt hat, und einer raumlufttechnischen Anlage mit Zu- und Abluftfunktion, die für einen Volumenstrom der Zuluft von wenigstens 4000 Kubikmetern je Stunde ausgelegt ist, in ein Gebäude sowie bei der Erneuerung von einem Zentralgerät oder Luftkanalsystem einer solchen Anlage muss diese Anlage so ausgeführt werden, dass bei Auslegungsvolumenstrom der Grenzwert für die spezifische Ventilatorleistung nach DIN EN 16798-3: 2017-11 Kategorie 4 nicht überschritten wird von

1. der auf das Fördervolumen bezogenen elektrischen Leistung der Einzelventilatoren oder
2. dem gewichteten Mittelwert der auf das jeweilige Fördervolumen bezogenen elektrischen Leistung aller Zu- und Abluftventilatoren.

²Der Grenzwert für die spezifische Ventilatorleistung der Kategorie 4 kann um Zuschläge nach DIN EN 16798: 2017-11 Abschnitt 9.5.2.2 für Gas- und Schwebstofffilter- sowie Wärmerückführungsbauteile der Klasse H2 nach DIN EN 13053: 2012-02 erweitert werden.

§ 66 Regelung der Be- und Entfeuchtung. (1) Soweit eine Anlage nach § 65 Satz 1 dazu bestimmt ist, die Feuchte der Raumluft unmittelbar zu verändern, muss diese Anlage beim Einbau in ein Gebäude und bei Erneuerung des Zentralgerätes einer solcher Anlage mit einer selbsttätig wirkenden Regelungseinrichtung ausgestattet werden, bei der getrennte Sollwerte für die Be- und die Entfeuchtung eingestellt werden können und als Führungsgröße mindestens die direkt gemessene Zu- oder Abluftfeuchte dient.

(2) ¹Sind solche Einrichtungen in einer bestehenden Anlage nach § 65 Satz 1 nicht vorhanden, muss der Betreiber sie innerhalb von sechs Monaten nach Ablauf der Frist des § 76 Absatz 1 Satz 2 nachrüsten. ²Für sonstige raumlufttechnische Anlagen ist Satz 1 entsprechend anzuwenden.

§ 67 Regelung der Volumenströme. (1) Beim Einbau einer Anlage nach § 65 Satz 1 in Gebäude und bei der Erneuerung eines Zentralgerätes oder eines Luftkanalsystems einer solcher Anlage muss diese Anlage mit einer Einrichtung zur selbsttätigen Regelung der Volumenströme in Abhängigkeit von den thermischen und stofflichen Lasten oder zur Einstellung der Volumenströme in Abhängigkeit von der Zeit ausgestattet werden, wenn der Zuluftvolumenstrom dieser Anlage höher ist als

1. neun Kubikmeter pro Stunde je Quadratmeter versorgter Nettogrundfläche des Nichtwohngebäudes oder
2. neun Kubikmeter pro Stunde je Quadratmeter versorgter Gebäudenutzfläche des Wohngebäudes.

(2) Absatz 1 ist nicht anzuwenden, soweit in den versorgten Räumen auf Grund des Arbeits- und Gesundheitsschutzes erhöhte Zuluftvolumenströme

erforderlich oder Laständerungen weder messtechnisch noch hinsichtlich des zeitlichen Verlaufs erfassbar sind.

§ 68 Wärmerückgewinnung. [1]Wird eine Anlage nach § 65 Satz 1 in Gebäude eingebaut oder ein Zentralgerät einer solchen Anlage erneuert, muss diese mit einer Einrichtung zur Wärmerückgewinnung ausgestattet sein, es sei denn, die rückgewonnene Wärme kann nicht genutzt werden oder das Zu- und das Abluftsystem sind räumlich vollständig getrennt. [2]Die Einrichtung zur Wärmerückgewinnung muss mindestens der DIN EN 13053: 2007-11 Klassifizierung H3 entsprechen. [3]Für die Betriebsstundenzahl sind die Nutzungsrandbedingungen nach DIN V 18599-10: 2018-09 und für den Luftvolumenstrom der Außenluftvolumenstrom maßgebend.

Unterabschnitt 3. Wärmedämmung von Rohrleitungen und Armaturen

§ 69 Wärmeverteilungs- und Warmwasserleitungen sowie Armaturen.

Werden Wärmeverteilungs- und Warmwasserleitungen sowie Armaturen erstmalig in ein Gebäude eingebaut oder werden sie ersetzt, hat der Bauherr oder der Eigentümer dafür Sorge zu tragen, dass die Wärmeabgabe der Rohrleitungen und Armaturen nach Anlage 8 begrenzt wird.

§ 70 Kälteverteilungs- und Kaltwasserleitungen sowie Armaturen.

Werden Kälteverteilungs- und Kaltwasserleitungen sowie Armaturen, die zu Klimaanlagen oder sonstigen Anlagen der Raumlufttechnik im Sinne des § 65 Satz 1 gehören, erstmalig in ein Gebäude eingebaut oder werden sie ersetzt, hat der Bauherr oder der Eigentümer dafür Sorge zu tragen, dass die Wärmeaufnahme der eingebauten oder ersetzten Kälteverteilungs- und Kaltwasserleitungen sowie Armaturen nach Anlage 8 begrenzt wird.

Unterabschnitt 4. Nachrüstung bei heizungstechnischen Anlagen; Betriebsverbot für Heizkessel

§ 71 Dämmung von Wärmeverteilungs- und Warmwasserleitungen.

(1) Der Eigentümer eines Gebäudes hat dafür Sorge zu tragen, dass bei heizungstechnischen Anlagen bisher ungedämmte, zugängliche Wärmeverteilungs- und Warmwasserleitungen, die sich nicht in beheizten Räumen befinden, die Wärmeabgabe der Rohrleitungen nach Anlage 8 begrenzt wird.

(2) Absatz 1 ist nicht anzuwenden, soweit die für eine Nachrüstung erforderlichen Aufwendungen durch die eintretenden Einsparungen nicht innerhalb angemessener Frist erwirtschaftet werden können.

§ 72 Betriebsverbot für Heizkessel, Ölheizungen. (1) Eigentümer von Gebäuden dürfen ihre Heizkessel, die mit einem flüssigen oder gasförmigen Brennstoff beschickt werden und vor dem 1. Januar 1991 eingebaut oder aufgestellt worden sind, nicht mehr betreiben.

(2) Eigentümer von Gebäuden dürfen ihre Heizkessel, die mit einem flüssigen oder gasförmigen Brennstoff beschickt werden und ab dem 1. Januar 1991 eingebaut oder aufgestellt worden sind, nach Ablauf von 30 Jahren nach Einbau oder Aufstellung nicht mehr betreiben.

(3) Die Absätze 1 und 2 sind nicht anzuwenden auf

1. Niedertemperatur-Heizkessel und Brennwertkessel sowie

2. heizungstechnische Anlagen, deren Nennleistung weniger als 4 Kilowatt oder mehr als 400 Kilowatt beträgt.

(4) ¹Ab dem 1. Januar 2026 dürfen Heizkessel, die mit Heizöl oder mit festem fossilem Brennstoff beschickt werden, zum Zwecke der Inbetriebnahme in ein Gebäude nur eingebaut oder in einem Gebäude nur aufgestellt werden, wenn

1. ein Gebäude so errichtet worden ist oder errichtet wird, dass der Wärme- und Kälteenergiebedarf nach § 10 Absatz 2 Nummer 3 anteilig durch erneuerbare Energien nach Maßgabe der §§ 34 bis 41 und nicht durch Maßnahmen nach den §§ 42 bis 45 gedeckt wird,
2. ein bestehendes öffentliches Gebäude nach § 52 Absatz 1 so geändert worden ist oder geändert wird, dass der Wärme- und Kälteenergiebedarf anteilig durch erneuerbare Energien nach Maßgabe von § 52 Absatz 3 und 4 gedeckt wird und die Pflicht nach § 52 Absatz 1 nicht durch eine Ersatzmaßnahme nach § 53 erfüllt worden ist oder erfüllt wird,
3. ein bestehendes Gebäude so errichtet oder geändert worden ist oder geändert wird, dass der Wärme- und Kälteenergiebedarf anteilig durch erneuerbare Energien gedeckt wird, oder
4. bei einem bestehenden Gebäude kein Anschluss an ein Gasversorgungsnetz oder an ein Fernwärmeverteilungsnetz hergestellt werden kann, weil kein Gasversorgungsnetz der allgemeinen Versorgung oder kein Verteilungsnetz eines Fernwärmeversorgungsunternehmens am Grundstück anliegt und eine anteilige Deckung des Wärme- und Kälteenergiebedarfs durch erneuerbare Energien technisch nicht möglich ist oder zu einer unbilligen Härte führt.

²Die Pflichten nach § 10 Absatz 2 Nummer 3 und nach § 52 Absatz 1 bleiben unberührt.

(5) Absatz 4 Satz 1 ist nicht anzuwenden, wenn die Außerbetriebnahme einer mit Heizöl oder mit festem fossilem Brennstoff betriebenen Heizung und der Einbau einer neuen nicht mit Heizöl oder mit festem fossilem Brennstoff betriebenen Heizung im Einzelfall wegen besonderer Umstände durch einen unangemessenen Aufwand oder in sonstiger Weise zu einer unbilligen Härte führen.

§ 73 Ausnahme. (1) Bei einem Wohngebäude mit nicht mehr als zwei Wohnungen, von denen der Eigentümer eine Wohnung am 1. Februar 2002 selbst bewohnt hat, sind die Pflichten nach § 71 und § 72 Absatz 1 und 2 erst im Falle eines Eigentümerwechsels nach dem 1. Februar 2002 von dem neuen Eigentümer zu erfüllen.

(2) Die Frist zur Pflichterfüllung beträgt zwei Jahre ab dem ersten Eigentumsübergang nach dem 1. Februar 2002.

Abschnitt 3. Energetische Inspektion von Klimaanlagen

§ 74 Betreiberpflicht. (1) Der Betreiber von einer in ein Gebäude eingebauten Klimaanlage mit einer Nennleistung für den Kältebedarf von mehr als 12 Kilowatt oder einer kombinierten Klima- und Lüftungsanlage mit einer Nennleistung für den Kältebedarf von mehr als 12 Kilowatt hat innerhalb der in § 76 genannten Zeiträume energetische Inspektionen dieser Anlage durch eine berechtigte Person im Sinne des § 77 Absatz 1 durchführen zu lassen.

13 GEG § 75 Gebäudeenergiegesetz

(2) ¹Der Betreiber kann die Pflicht nach Absatz 1 Satz 1 durch eine stichprobenweise Inspektion nach Maßgabe von § 75 Absatz 4 erfüllen, wenn er mehr als zehn Klimaanlagen mit einer Nennleistung für den Kältebedarf von mehr als 12 Kilowatt und bis zu 70 Kilowatt oder mehr als zehn kombinierte Klima- und Lüftungsanlagen mit einer Nennleistung für den Kältebedarf von mehr als 12 Kilowatt und bis zu 70 Kilowatt betreibt, die in vergleichbare Nichtwohngebäude eingebaut und nach Anlagentyp und Leistung gleichartig sind. ²Ein Nichtwohngebäude ist vergleichbar, wenn es nach demselben Plan errichtet wird, der für mehrere Nichtwohngebäude an verschiedenen Standorten erstellt wurde. ³Nach Anlagentyp und Leistung gleichartige Klimaanlagen oder kombinierte Klima- und Lüftungsanlagen sind Anlagen gleicher Bauart, gleicher Funktion und gleicher Kühlleistung je Quadratmeter Nettogrundfläche.

(3) ¹Die Pflicht nach Absatz 1 besteht nicht, wenn eine Klimaanlage oder eine kombinierte Klima- und Lüftungsanlage in ein Nichtwohngebäude eingebaut ist, das mit einem System für die Gebäudeautomation und Gebäuderegelung nach Maßgabe von Satz 2 ausgestattet ist. ²Das System muss in der Lage sein,

1. den Energieverbrauch des Gebäudes kontinuierlich zu überwachen, zu protokollieren, zu analysieren und dessen Anpassung zu ermöglichen,
2. einen Vergleichsmaßstab in Bezug auf die Energieeffizienz des Gebäudes aufzustellen, Effizienzverluste der vorhandenen gebäudetechnischen Systeme zu erkennen und die für die gebäudetechnischen Einrichtungen oder die gebäudetechnische Verwaltung zuständige Person zu informieren und
3. die Kommunikation zwischen den vorhandenen, miteinander verbundenen gebäudetechnischen Systemen und anderen gebäudetechnischen Anwendungen innerhalb des Gebäudes zu ermöglichen und gemeinsam mit verschiedenen Typen gebäudetechnischer Systeme betrieben zu werden.

(4) Die Pflicht nach Absatz 1 besteht nicht, wenn eine Klimaanlage oder eine kombinierte Klima- und Lüftungsanlage in ein Wohngebäude eingebaut ist, das ausgestattet ist mit

1. einer kontinuierlichen elektronischen Überwachungsfunktion, die die Effizienz der vorhandenen gebäudetechnischen Systeme misst und den Eigentümer oder Verwalter des Gebäudes darüber informiert, wenn sich die Effizienz erheblich verschlechtert hat und eine Wartung der vorhandenen gebäudetechnischen Systeme erforderlich ist, und
2. einer wirksamen Regelungsfunktion zur Gewährleistung einer optimalen Erzeugung, Verteilung, Speicherung oder Nutzung von Energie.

§ 75 Durchführung und Umfang der Inspektion. (1) Die Inspektion einer Klimaanlage oder einer kombinierten Klima- und Lüftungsanlage umfasst Maßnahmen zur Prüfung der Komponenten, die den Wirkungsgrad der Anlage beeinflussen, und der Anlagendimensionierung im Verhältnis zum Kühlbedarf des Gebäudes.

(2) Die Inspektion bezieht sich insbesondere auf

1. die Überprüfung und Bewertung der Einflüsse, die für die Auslegung der Anlage verantwortlich sind, insbesondere Veränderungen der Raumnutzung und -belegung, der Nutzungszeiten, der inneren Wärmequellen sowie der

relevanten bauphysikalischen Eigenschaften des Gebäudes und der vom Betreiber geforderten Sollwerte hinsichtlich Luftmengen, Temperatur, Feuchte, Betriebszeit sowie Toleranzen, und
2. die Feststellung der Effizienz der wesentlichen Komponenten.

(3) Die Inspektion einer Klimaanlage mit einer Nennleistung für den Kältebedarf von mehr als 70 Kilowatt oder einer kombinierten Klima- und Lüftungsanlage mit einer Nennleistung für den Kältebedarf von mehr als 70 Kilowatt ist nach DIN SPEC 15240: 2019-03 durchzuführen.

(4) In den Fällen des § 74 Absatz 2 ist bei einem Betrieb von bis zu 200 Klimaanlagen jede zehnte Anlage und bei einem Betrieb von mehr als 200 Klimaanlagen jede 20. Anlage einer Inspektion nach Maßgabe der Absätze 1 bis 3 zu unterziehen.

§ 76 Zeitpunkt der Inspektion. (1) [1] Die Inspektion ist erstmals im zehnten Jahr nach der Inbetriebnahme oder der Erneuerung wesentlicher Bauteile wie Wärmeübertrager, Ventilator oder Kältemaschine durchzuführen. [2] Abweichend von Satz 1 ist eine Klimaanlage oder eine kombinierte Klima- und Lüftungsanlage, die am 1. Oktober 2018 mehr als zehn Jahre alt war und noch keiner Inspektion unterzogen wurde, spätestens bis zum 31. Dezember 2022 erstmals einer Inspektion zu unterziehen.

(2) [1] Nach der erstmaligen Inspektion ist die Anlage wiederkehrend spätestens alle zehn Jahre einer Inspektion zu unterziehen. [2] Wenn an der Klimaanlage oder der kombinierten Klima- und Lüftungsanlage nach der erstmaligen Inspektion oder nach einer wiederkehrenden Inspektion keine Änderungen vorgenommen wurden oder in Bezug auf den Kühlbedarf des Gebäudes keine Änderungen eingetreten sind, muss die Prüfung der Anlagendimensionierung nicht wiederholt werden.

§ 77 Fachkunde des Inspektionspersonals. (1) Eine Inspektion darf nur von einer fachkundigen Person durchgeführt werden.

(2) Fachkundig ist insbesondere
1. eine Person mit einem berufsqualifizierenden Hochschulabschluss in einer der Fachrichtungen Versorgungstechnik oder Technische Gebäudeausrüstung mit mindestens einem Jahr Berufserfahrung in Planung, Bau, Betrieb oder Prüfung raumlufttechnischer Anlagen,
2. eine Person mit einem berufsqualifizierenden Hochschulabschluss in einer der Fachrichtungen Maschinenbau, Elektrotechnik, Verfahrenstechnik oder Bauingenieurwesen oder einer anderen technischen Fachrichtung mit einem Ausbildungsschwerpunkt bei der Versorgungstechnik oder der Technischen Gebäudeausrüstung mit mindestens drei Jahren Berufserfahrung in Planung, Bau, Betrieb oder Prüfung raumlufttechnischer Anlagen,
3. eine Person, die für ein zulassungspflichtiges anlagentechnisches Gewerbe die Voraussetzungen zur Eintragung in die Handwerksrolle erfüllt,
4. eine Person, die für ein zulassungsfreies Handwerk in einem der Bereiche nach Nummer 3 einen Meistertitel erworben hat,
5. eine Person, die auf Grund ihrer Ausbildung berechtigt ist, ein zulassungspflichtiges Handwerk in einem der Bereiche nach Nummer 3 ohne Meistertitel selbständig auszuüben,

6. eine Person, die staatlich anerkannter oder geprüfter Techniker ist, dessen Ausbildungsschwerpunkt auch die Beurteilung von Lüftungs- und Klimaanlagen umfasst.

(3) Eine gleichwertige Aus- oder Fortbildung, die in einem anderen Mitgliedstaat der Europäischen Union, einem anderen Vertragsstaat des Abkommens über den Europäischen Wirtschaftsraum oder der Schweiz erworben worden ist und durch einen entsprechenden Nachweis belegt werden kann, ist den in Absatz 2 genannten Aus- und Fortbildungen gleichgestellt.

§ 78 Inspektionsbericht; Registriernummern. (1) Die inspizierende Person hat einen Inspektionsbericht mit den Ergebnissen der Inspektion und Ratschlägen in Form von kurz gefassten fachlichen Hinweisen für Maßnahmen zur kosteneffizienten Verbesserung der energetischen Eigenschaften der Anlage, für deren Austausch oder für Alternativlösungen zu erstellen.

(2) ^{1}Die inspizierende Person hat den Inspektionsbericht unter Angabe ihres Namens, ihrer Anschrift und Berufsbezeichnung sowie des Datums der Inspektion und des Ausstellungsdatums eigenhändig zu unterschreiben oder mit einem Faksimile der Unterschrift zu versehen. ^{2}Der Inspektionsbericht ist dem Betreiber zu übergeben.

(3) Vor Übergabe des Inspektionsberichts an den Betreiber hat die inspizierende Person die nach § 98 Absatz 2 zugeteilte Registriernummer einzutragen.

(4) Zur Sicherstellung des Vollzugs der Inspektionspflicht nach § 74 Absatz 1 hat der Betreiber den Inspektionsbericht der nach Landesrecht zuständigen Behörde auf Verlangen vorzulegen.

Teil 5. Energieausweise

§ 79 Grundsätze des Energieausweises. (1) ^{1}Energieausweise dienen ausschließlich der Information über die energetischen Eigenschaften eines Gebäudes und sollen einen überschlägigen Vergleich von Gebäuden ermöglichen. ^{2}Ein Energieausweis ist als Energiebedarfsausweis oder als Energieverbrauchsausweis nach Maßgabe der §§ 80 bis 86 auszustellen. ^{3}Es ist zulässig, sowohl den Energiebedarf als auch den Energieverbrauch anzugeben.

(2) ^{1}Ein Energieausweis wird für ein Gebäude ausgestellt. ^{2}Er ist für Teile von einem Gebäude auszustellen, wenn die Gebäudeteile nach § 106 getrennt zu behandeln sind.

(3) ^{1}Ein Energieausweis ist für eine Gültigkeitsdauer von zehn Jahren auszustellen. ^{2}Unabhängig davon verliert er seine Gültigkeit, wenn nach § 80 Absatz 2 ein neuer Energieausweis erforderlich wird.

(4) ^{1}Auf ein kleines Gebäude sind die Vorschriften dieses Abschnitts nicht anzuwenden. ^{2}Auf ein Baudenkmal ist § 80 Absatz 3 bis 7 nicht anzuwenden.

§ 80[1] Ausstellung und Verwendung von Energieausweisen. (1) ^{1}Wird ein Gebäude errichtet, ist ein Energiebedarfsausweis unter Zugrundelegung der energetischen Eigenschaften des fertiggestellten Gebäudes auszustellen. ^{2}Der Eigentümer hat sicherzustellen, dass der Energieausweis unverzüglich nach

---

[1] Siehe hierzu Bek. der Muster von Energieausweisen nach dem GebäudeenergieG v. 8.10.2020 (BAnz AT 03.12.2020 B1).

Fertigstellung des Gebäudes ausgestellt und ihm der Energieausweis oder eine Kopie hiervon übergeben wird. ³Die Sätze 1 und 2 sind für den Bauherren entsprechend anzuwenden, wenn der Eigentümer nicht zugleich Bauherr des Gebäudes ist. ⁴Der Eigentümer hat den Energieausweis der nach Landesrecht zuständigen Behörde auf Verlangen vorzulegen.

(2) ¹Werden bei einem bestehenden Gebäude Änderungen im Sinne des § 48 ausgeführt, ist ein Energiebedarfsausweis unter Zugrundelegung der energetischen Eigenschaften des geänderten Gebäudes auszustellen, wenn unter Anwendung des § 50 Absatz 1 und 2 für das gesamte Gebäude Berechnungen nach § 50 Absatz 3 durchgeführt werden. ²Absatz 1 Satz 2 bis 4 ist entsprechend anzuwenden.

(3) ¹Soll ein mit einem Gebäude bebautes Grundstück oder Wohnungs- oder Teileigentum verkauft, ein Erbbaurecht an einem bebauten Grundstück begründet oder übertragen oder über ein Gebäude, eine Wohnung oder eine sonstige selbständige Nutzungseinheit vermietet, verpachtet oder verleast werden, ist ein Energieausweis auszustellen, wenn nicht bereits ein gültiger Energieausweis für das Gebäude vorliegt. ²In den Fällen des Satzes 1 ist für Wohngebäude, die weniger als fünf Wohnungen haben und für die der Bauantrag vor dem 1. November 1977 gestellt worden ist, ein Energiebedarfsausweis auszustellen. ³Satz 2 ist nicht anzuwenden, wenn das Wohngebäude
1. schon bei der Baufertigstellung das Anforderungsniveau der Wärmeschutzverordnung vom 11. August 1977 (BGBl. I S. 1554) erfüllt hat oder
2. durch spätere Änderungen mindestens auf das in Nummer 1 bezeichnete Anforderungsniveau gebracht worden ist.

⁴Bei der Ermittlung der energetischen Eigenschaften des Wohngebäudes nach Satz 3 können die Bestimmungen über die vereinfachte Datenerhebung nach § 50 Absatz 4 angewendet werden.

(4) ¹Im Falle eines Verkaufs oder der Bestellung eines Rechts im Sinne des Absatzes 3 Satz 1 hat der Verkäufer oder der Immobilienmakler dem potenziellen Käufer spätestens bei der Besichtigung einen Energieausweis oder eine Kopie hiervon vorzulegen. ²Die Vorlagepflicht wird auch durch einen deutlich sichtbaren Aushang oder ein deutlich sichtbares Auslegen während der Besichtigung erfüllt. ³Findet keine Besichtigung statt, haben der Verkäufer oder der Immobilienmakler den Energieausweis oder eine Kopie hiervon dem potenziellen Käufer unverzüglich vorzulegen. ⁴Der Energieausweis oder eine Kopie hiervon ist spätestens dann unverzüglich vorzulegen, wenn der potenzielle Käufer zur Vorlage auffordert. ⁵Unverzüglich nach Abschluss des Kaufvertrages hat der Verkäufer oder der Immobilienmakler dem Käufer den Energieausweis oder eine Kopie hiervon zu übergeben. ⁶Im Falle des Verkaufs eines Wohngebäudes mit nicht mehr als zwei Wohnungen hat der Käufer nach Übergabe des Energieausweises ein informatorisches Beratungsgespräch zum Energieausweis mit einer nach § 88 zur Ausstellung von Energieausweisen berechtigten Person zu führen, wenn ein solches Beratungsgespräch als einzelne Leistung unentgeltlich angeboten wird.

(5) Im Falle einer Vermietung, Verpachtung oder eines Leasings im Sinne des Absatzes 3 Satz 1 ist für den Vermieter, den Verpächter, den Leasinggeber oder den Immobilienmakler Absatz 4 Satz 1 bis 5 entsprechend anzuwenden.

(6) ¹Der Eigentümer eines Gebäudes, in dem sich mehr als 250 Quadratmeter Nutzfläche mit starkem Publikumsverkehr befinden, der auf behördli-

cher Nutzung beruht, hat sicherzustellen, dass für das Gebäude ein Energieausweis ausgestellt wird. ² Der Eigentümer hat den nach Satz 1 ausgestellten Energieausweis an einer für die Öffentlichkeit gut sichtbaren Stelle auszuhängen. ³ Wird die in Satz 1 genannte Nutzfläche nicht oder nicht überwiegend vom Eigentümer selbst genutzt, so trifft die Pflicht zum Aushang des Energieausweises den Nutzer. ⁴ Der Eigentümer hat ihm zu diesem Zweck den Energieausweis oder eine Kopie hiervon zu übergeben. ⁵ Zur Erfüllung der Pflicht nach Satz 2 ist es ausreichend, von einem Energieausweis nur einen Auszug nach dem Muster gemäß § 85 Absatz 8 auszuhängen.

(7) ¹ Der Eigentümer eines Gebäudes, in dem sich mehr als 500 Quadratmeter Nutzfläche mit starkem Publikumsverkehr befinden, der nicht auf behördlicher Nutzung beruht, hat einen Energieausweis an einer für die Öffentlichkeit gut sichtbaren Stelle auszuhängen, sobald für das Gebäude ein Energieausweis vorliegt. ² Absatz 6 Satz 3 bis 5 ist entsprechend anzuwenden.

§ 81 Energiebedarfsausweis.

(1) ¹ Wird ein Energieausweis für ein zu errichtendes Gebäude auf der Grundlage des berechneten Energiebedarfs ausgestellt, sind die Ergebnisse der nach den §§ 15 und 16 oder nach den §§ 18 und 19 erforderlichen Berechnungen zugrunde zu legen. ² In den Fällen des § 31 Absatz 1 sind die Kennwerte zu verwenden, die in den Bekanntmachungen nach § 31 Absatz 2 der jeweils zutreffenden Ausstattungsvariante zugewiesen sind.

(2) Wird ein Energieausweis für ein bestehendes Gebäude auf der Grundlage des berechneten Energiebedarfs ausgestellt, ist auf die erforderlichen Berechnungen § 50 Absatz 3 und 4 entsprechend anzuwenden.

§ 82 Energieverbrauchsausweis.

(1) ¹ Wird ein Energieausweis auf der Grundlage des erfassten Endenergieverbrauchs ausgestellt, sind der witterungsbereinigte Endenergie- und Primärenergieverbrauch nach Maßgabe der Absätze 2 bis 5 zu berechnen. ² Die Bestimmungen des § 50 Absatz 4 über die vereinfachte Datenerhebung sind entsprechend anzuwenden.

(2) ¹ Bei einem Wohngebäude ist der Endenergieverbrauch für Heizung und Warmwasserbereitung zu ermitteln und in Kilowattstunden pro Jahr und Quadratmeter Gebäudenutzfläche anzugeben. ² Ist im Fall dezentraler Warmwasserbereitung in einem Wohngebäude der hierauf entfallende Verbrauch nicht bekannt, ist der Endenergieverbrauch um eine Pauschale von 20 Kilowattstunden pro Jahr und Quadratmeter Gebäudenutzfläche zu erhöhen. ³ Im Fall der Kühlung von Raumluft in einem Wohngebäude ist der für Heizung und Warmwasser ermittelte Endenergieverbrauch um eine Pauschale von 6 Kilowattstunden pro Jahr und Quadratmeter gekühlter Gebäudenutzfläche zu erhöhen. ⁴ Ist die Gebäudenutzfläche nicht bekannt, kann sie bei Wohngebäuden mit bis zu zwei Wohneinheiten mit beheiztem Keller pauschal mit dem 1,35fachen Wert der Wohnfläche, bei sonstigen Wohngebäuden mit dem 1,2fachen Wert der Wohnfläche angesetzt werden. ⁵ Bei Nichtwohngebäuden ist der Endenergieverbrauch für Heizung, Warmwasserbereitung, Kühlung, Lüftung und eingebaute Beleuchtung zu ermitteln und in Kilowattstunden pro Jahr und Quadratmeter Nettogrundfläche anzugeben.

(3) ¹ Der Endenergieverbrauch für die Heizung ist einer Witterungsbereinigung zu unterziehen. ² Der Primärenergieverbrauch wird auf der Grundlage des Endenergieverbrauchs und der Primärenergiefaktoren nach § 22 errechnet.

(4) ¹Zur Ermittlung des Energieverbrauchs sind die folgenden Verbrauchsdaten zu verwenden:
1. Verbrauchsdaten aus Abrechnungen von Heizkosten nach der Verordnung über Heizkostenabrechnung in der Fassung der Bekanntmachung vom 5. Oktober 2009 (BGBl. I S. 3250) für das gesamte Gebäude,
2. andere geeignete Verbrauchsdaten, insbesondere Abrechnungen von Energielieferanten oder sachgerecht durchgeführte Verbrauchsmessungen, oder
3. eine Kombination von Verbrauchsdaten nach den Nummern 1 und 2.

²Den zu verwendenden Verbrauchsdaten sind mindestens die Abrechnungen aus einem zusammenhängenden Zeitraum von 36 Monaten zugrunde zu legen, der die jüngste Abrechnungsperiode einschließt, deren Ende nicht mehr als 18 Monate zurückliegen darf. ³Bei der Ermittlung nach Satz 2 sind längere Leerstände rechnerisch angemessen zu berücksichtigen. ⁴Der maßgebliche Energieverbrauch ist der durchschnittliche Verbrauch in dem zugrunde gelegten Zeitraum.

(5) ¹Für die Witterungsbereinigung des Endenergieverbrauchs und die angemessene rechnerische Berücksichtigung längerer Leerstände sowie die Berechnung des Primärenergieverbrauchs auf der Grundlage des ermittelten Endenergieverbrauchs ist ein den anerkannten Regeln der Technik entsprechendes Verfahren anzuwenden. ²Die Einhaltung der anerkannten Regeln der Technik wird vermutet, soweit bei der Ermittlung des Energieverbrauchs Vereinfachungen verwendet werden, die vom Bundesministerium für Wirtschaft und Energie und vom Bundesministerium des Innern, für Bau und Heimat im Bundesanzeiger gemeinsam bekannt gemacht worden sind.

§ 83 Ermittlung und Bereitstellung von Daten. (1) ¹Der Aussteller ermittelt die Daten, die in den Fällen des § 80 Absatz 3 Satz 3 benötigt werden, sowie die Daten, die nach § 81 Absatz 1 und 2 in Verbindung mit den §§ 20 bis 33 und § 50 oder nach § 82 Absatz 1, 2 Satz 1 oder Satz 5 und Absatz 4 Satz 1 Grundlage für die Ausstellung des Energieausweises sind, selbst oder verwendet die entsprechenden vom Eigentümer des Gebäudes bereitgestellten Daten. ²Der Aussteller hat dafür Sorge zu tragen, dass die von ihm ermittelten Daten richtig sind.

(2) ¹Wird ein Energiebedarfsausweis ausgestellt und stellt der Aussteller keine eigenen Berechnungen, die nach den §§ 15 und 16, nach den §§ 18 und 19 oder nach § 50 Absatz 3 erforderlich sind, an, hat er die Berechnungen einzusehen oder sich vom Eigentümer zur Verfügung stellen zu lassen. ²Wird ein Energieverbrauchsausweis ausgestellt und stellt der Aussteller keine eigenen Berechnungen nach § 82 Absatz 1 an, hat er die Berechnungen einzusehen oder sich vom Eigentümer zur Verfügung stellen zu lassen.

(3) ¹Stellt der Eigentümer des Gebäudes die Daten bereit, hat er dafür Sorge zu tragen, dass die Daten richtig sind. ²Der Aussteller muss die vom Eigentümer bereitgestellten Daten sorgfältig prüfen und darf die Daten seinen Berechnungen nicht zugrunde legen, wenn Zweifel an deren Richtigkeit bestehen.

§ 84 Empfehlungen für die Verbesserung der Energieeffizienz.

(1) ¹Der Aussteller hat ein bestehendes Gebäude, für das er einen Energieausweis erstellt, vor Ort zu begehen oder sich für eine Beurteilung der energetischen Eigenschaften geeignete Bildaufnahmen des Gebäudes zur Verfügung

stellen zu lassen und im Energieausweis Empfehlungen für Maßnahmen zur kosteneffizienten Verbesserung der energetischen Eigenschaften des Gebäudes (Energieeffizienz) in Form von kurz gefassten fachlichen Hinweisen zu geben (Modernisierungsempfehlungen), es sei denn, die fachliche Beurteilung hat ergeben, dass solche Maßnahmen nicht möglich sind. ²Die Modernisierungsempfehlungen beziehen sich auf Maßnahmen am gesamten Gebäude, an einzelnen Außenbauteilen sowie an Anlagen und Einrichtungen im Sinne dieses Gesetzes.

(2) ¹Die Bestimmungen des § 50 Absatz 4 über die vereinfachte Datenerhebung sind entsprechend anzuwenden. ²Sind Modernisierungsempfehlungen nicht möglich, hat der Aussteller dies im Energieausweis zu vermerken.

§ 85[1]) Angaben im Energieausweis. (1) Ein Energieausweis muss mindestens folgende Angaben zur Ausweisart und zum Gebäude enthalten:

1. Fassung dieses Gesetzes, auf deren Grundlage der Energieausweis erstellt wird,
2. Energiebedarfsausweis im Sinne des § 81 oder Energieverbrauchsausweis im Sinne des § 82 mit Hinweisen zu den Aussagen der jeweiligen Ausweisart über die energetische Qualität des Gebäudes,
3. Ablaufdatum des Energieausweises,
4. Registriernummer,
5. Anschrift des Gebäudes,
6. Art des Gebäudes: Wohngebäude oder Nichtwohngebäude,
7. bei einem Wohngebäude: Gebäudetyp,
8. bei einem Nichtwohngebäude: Hauptnutzung oder Gebäudekategorie,
9. im Falle des § 79 Absatz 2 Satz 2: Gebäudeteil,
10. Baujahr des Gebäudes,
11. Baujahr des Wärmeerzeugers; bei einer Fern- oder Nahwärmeversorgung: Baujahr der Übergabestation,
12. bei einem Wohngebäude: Anzahl der Wohnungen und Gebäudenutzfläche; bei Ermittlung der Gebäudenutzfläche aus der Wohnfläche gemäß § 82 Absatz 2 Satz 4 ist darauf hinzuweisen,
13. bei einem Nichtwohngebäude: Nettogrundfläche,
14. wesentliche Energieträger für Heizung und Warmwasser,
15. bei Neubauten: Art der genutzten erneuerbaren Energie, deren Anteil an der Deckung des Wärme- und Kälteenergiebedarfs sowie der Anteil zur Pflichterfüllung; alternativ: Maßnahmen nach den §§ 42, 43, 44 oder 45,
16. Art der Lüftung und, falls vorhanden, Art der Kühlung,
17. inspektionspflichtige Klimaanlagen oder kombinierte Lüftungs- und Klimaanlage im Sinne des § 74 und Fälligkeitsdatum der nächsten Inspektion,
18. der Anlass der Ausstellung des Energieausweises,
19. Durchführung der Datenerhebung durch Eigentümer oder Aussteller,
20. Name, Anschrift und Berufsbezeichnung des Ausstellers, Ausstellungsdatum und Unterschrift des Ausstellers.

---

[1]) Siehe hierzu Bek. der Muster von Energieausweisen nach dem GebäudeenergieG v. 8.10.2020 (BAnz AT 03.12.2020 B1).

Gebäudeenergiegesetz § 85 GEG 13

(2) Ein Energiebedarfsausweis im Sinne des § 81 muss zusätzlich zu den Angaben nach Absatz 1 mindestens folgende Angaben enthalten:
1. bei Neubau eines Wohn- oder Nichtwohngebäudes: Ergebnisse der nach § 81 Absatz 1 Satz 1 erforderlichen Berechnungen, einschließlich der Anforderungswerte, oder im Fall des § 81 Absatz 1 Satz 2 die in der Bekanntmachung nach § 31 Absatz 2 genannten Kennwerte und nach Maßgabe von Absatz 6 die sich aus dem Jahres-Primärenergiebedarf ergebenden Treibhausgasemissionen, ausgewiesen als äquivalente Kohlendioxidemissionen, in Kilogramm pro Jahr und Quadratmeter der Gebäudenutzfläche bei Wohngebäuden oder der Nettogrundfläche bei Nichtwohngebäuden,
2. in den Fällen des § 80 Absatz 2 bei bestehenden Wohn- oder Nichtwohngebäuden: Ergebnisse der nach § 81 Absatz 2 erforderlichen Berechnungen, einschließlich der Anforderungswerte, und nach Maßgabe von Absatz 6 die sich aus dem Jahres-Primärenergiebedarf ergebenden Treibhausgasemissionen, ausgewiesen als äquivalente Kohlendioxidemissionen, in Kilogramm pro Jahr und Quadratmeter der Gebäudenutzfläche bei Wohngebäuden oder der Nettogrundfläche bei Nichtwohngebäuden,
3. bei Neubau eines Wohn- oder Nichtwohngebäudes: Einhaltung des sommerlichen Wärmeschutzes,
4. das für die Energiebedarfsrechnung verwendete Verfahren:
   a) Verfahren nach den §§ 20, 21,
   b) Modellgebäudeverfahren nach § 31,
   c) Verfahren nach § 32 oder
   d) Vereinfachungen nach § 50 Absatz 4,
5. bei einem Wohngebäude: der Endenergiebedarf für Wärme,
6. bei einem Wohngebäude: Vergleichswerte für Endenergie,
7. bei einem Nichtwohngebäude: der Endenergiebedarf für Wärme und der Endenergiebedarf für Strom,
8. bei einem Nichtwohngebäude: Gebäudezonen mit jeweiliger Nettogrundfläche und deren Anteil an der gesamten Nettogrundfläche,
9. bei einem Nichtwohngebäude: Aufteilung des jährlichen Endenergiebedarfs auf Heizung, Warmwasser, eingebaute Beleuchtung, Lüftung, Kühlung einschließlich Befeuchtung.

(3) Ein Energieverbrauchsausweis im Sinne des § 82 muss zusätzlich zu den Angaben nach Absatz 1 mindestens folgende Angaben enthalten:
1. bei einem Wohngebäude: Endenergie- und Primärenergieverbrauch des Gebäudes für Heizung und Warmwasser entsprechend den Berechnungen nach § 82 Absatz 1, 2 Satz 1 und Absatz 3 in Kilowattstunden pro Jahr und Quadratmeter Gebäudenutzfläche und nach Maßgabe von Absatz 6 die sich aus dem Primärenergieverbrauch ergebenden Treibhausgasemissionen, ausgewiesen als äquivalente Kohlendioxidemissionen, in Kilogramm pro Jahr und Quadratmeter Gebäudenutzfläche,
2. bei einem Nichtwohngebäude: Endenergieverbrauch des Gebäudes für Wärme und Endenergieverbrauch für den zur Heizung, Warmwasserbereitung, Kühlung und zur Lüftung und für die eingebaute Beleuchtung eingesetzten Strom sowie Primärenergieverbrauch entsprechend den Berechnungen nach § 82 Absatz 1, 2 Satz 5 und Absatz 3 in Kilowattstunden pro Jahr und Quadratmeter Nettogrundfläche und nach Maßgabe von Absatz 6 die sich

aus dem Primärenergieverbrauch ergebenden Treibhausgasemissionen, ausgewiesen als äquivalente Kohlendioxidemissionen, in Kilogramm pro Jahr und Quadratmeter Nettogrundfläche des Gebäudes,
3. Daten zur Verbrauchserfassung, einschließlich Angaben zu Leerständen,
4. bei einem Nichtwohngebäude: Gebäudenutzung,
5. bei einem Wohngebäude: Vergleichswerte für Endenergie,
6. bei einem Nichtwohngebäude: Vergleichswerte für den Energieverbrauch, die jeweils vom Bundesministerium für Wirtschaft und Energie gemeinsam mit dem Bundesministerium des Innern, für Bau und Heimat im Bundesanzeiger bekannt gemacht worden sind.

(4) Modernisierungsempfehlungen nach § 84 sind Bestandteil der Energieausweise.

(5) Ein Energieausweis ist vom Aussteller unter Angabe seines Namens, seiner Anschrift und Berufsbezeichnung sowie des Ausstellungsdatums eigenhändig oder durch Nachbildung der Unterschrift zu unterschreiben.

(6) Zur Ermittlung der Treibhausgasemissionen für die nach Absatz 2 Nummer 1 und 2 sowie nach Absatz 3 Nummer 1 und 2 zu machenden Angaben sind die Berechnungsregelungen und Emissionsfaktoren der Anlage 9 anzuwenden.

(7) Vor Übergabe des neu ausgestellten Energieausweises an den Eigentümer hat der Aussteller die nach § 98 Absatz 2 zugeteilte Registriernummer einzutragen.

(8) Das Bundesministerium für Wirtschaft und Energie erstellt gemeinsam mit dem Bundesministerium des Innern, für Bau und Heimat Muster zu den Energiebedarfs- und den Energieverbrauchsausweisen, nach denen Energieausweise auszustellen sind, sowie Muster für den Aushang von Energieausweisen nach § 80 Absatz 6 und 7 und macht diese im Bundesanzeiger bekannt.

§ 86 Energieeffizienzklasse eines Wohngebäudes. (1) Im Energieausweis ist die Energieeffizienzklasse des Wohngebäudes entsprechend der Einteilung nach Absatz 2 in Verbindung mit Anlage 10 anzugeben.

(2) Die Energieeffizienzklassen gemäß Anlage 10 ergeben sich unmittelbar aus dem Endenergieverbrauch oder Endenergiebedarf.

§ 87 Pflichtangaben in einer Immobilienanzeige. (1) Wird vor dem Verkauf, der Vermietung, der Verpachtung oder dem Leasing eines Gebäudes, einer Wohnung oder einer sonstigen selbständigen Nutzungseinheit eine Immobilienanzeige in kommerziellen Medien aufgegeben und liegt zu diesem Zeitpunkt ein Energieausweis vor, so hat der Verkäufer, der Vermieter, der Verpächter, der Leasinggeber oder der Immobilienmakler, wenn eine dieser Personen die Veröffentlichung der Immobilienanzeige verantwortet, sicherzustellen, dass die Immobilienanzeige folgende Pflichtangaben enthält:
1. die Art des Energieausweises: Energiebedarfsausweis im Sinne von § 81 oder Energieverbrauchsausweis im Sinne von § 82,
2. den im Energieausweis genannten Wert des Endenergiebedarfs oder des Endenergieverbrauchs für das Gebäude,
3. die im Energieausweis genannten wesentlichen Energieträger für die Heizung des Gebäudes,

4. bei einem Wohngebäude das im Energieausweis genannte Baujahr und
5. bei einem Wohngebäude die im Energieausweis genannte Energieeffizienzklasse.

(2) Bei einem Nichtwohngebäude ist bei einem Energiebedarfsausweis und bei einem Energieverbrauchsausweis als Pflichtangabe nach Absatz 1 Nummer 2 der Endenergiebedarf oder Endenergieverbrauch sowohl für Wärme als auch für Strom jeweils getrennt aufzuführen.

(3) Bei Energieausweisen, die nach dem 30. September 2007 und vor dem 1. Mai 2014 ausgestellt worden sind, und bei Energieausweisen nach § 112 Absatz 2 sind die Pflichten der Absätze 1 und 2 nach Maßgabe des § 112 Absatz 3 und 4 zu erfüllen.

§ 88 Ausstellungsberechtigung für Energieausweise. (1) Zur Ausstellung eines Energieausweises ist nur eine Person berechtigt,
1. die nach bauordnungsrechtlichen Vorschriften der Länder zur Unterzeichnung von bautechnischen Nachweisen des Wärmeschutzes oder der Energieeinsparung bei der Errichtung von Gebäuden berechtigt ist, im Rahmen der jeweiligen Nachweisberechtigung,
2. die eine der in Absatz 2 genannten Voraussetzungen erfüllt und einen berufsqualifizierenden Hochschulabschluss erworben hat
   a) in einer der Fachrichtungen Architektur, Innenarchitektur, Hochbau, Bauingenieurwesen, Technische Gebäudeausrüstung, Physik, Bauphysik, Maschinenbau oder Elektrotechnik oder
   b) in einer anderen technischen oder naturwissenschaftlichen Fachrichtung mit einem Ausbildungsschwerpunkt auf einem unter Buchstabe a genannten Gebiet,
3. die eine der in Absatz 2 genannten Voraussetzungen erfüllt und
   a) für ein zulassungspflichtiges Bau-, Ausbau- oder anlagentechnisches Gewerbe oder für das Schornsteinfegerhandwerk die Voraussetzungen zur Eintragung in die Handwerksrolle erfüllt,
   b) für ein zulassungsfreies Handwerk in einem der Bereiche nach Buchstabe a einen Meistertitel erworben hat oder
   c) auf Grund ihrer Ausbildung berechtigt ist, ein zulassungspflichtiges Handwerk in einem der Bereiche nach Buchstabe a ohne Meistertitel selbständig auszuüben, oder
4. die eine der in Absatz 2 genannten Voraussetzungen erfüllt und staatlich anerkannter oder geprüfter Techniker ist, dessen Ausbildungsschwerpunkt auch die Beurteilung der Gebäudehülle, die Beurteilung von Heizungs- und Warmwasserbereitungsanlagen oder die Beurteilung von Lüftungs- und Klimaanlagen umfasst.

(2) Voraussetzung für die Ausstellungsberechtigung nach Absatz 1 Nummer 2 bis 4 ist
1. während des Studiums ein Ausbildungsschwerpunkt im Bereich des energiesparenden Bauens oder nach einem Studium ohne einen solchen Schwerpunkt eine mindestens zweijährige Berufserfahrung in wesentlichen bau- oder anlagentechnischen Tätigkeitsbereichen des Hochbaus,
2. eine erfolgreiche Schulung im Bereich des energiesparenden Bauens, die den wesentlichen Inhalten der Anlage 11 entspricht, oder

3. eine öffentliche Bestellung als vereidigter Sachverständiger für ein Sachgebiet im Bereich des energiesparenden Bauens oder in wesentlichen bau- oder anlagentechnischen Tätigkeitsbereichen des Hochbaus.

(3) Wurde der Inhalt der Schulung nach Absatz 2 Nummer 2 auf Wohngebäude beschränkt, so ist der erfolgreiche Teilnehmer der Schulung nur berechtigt, Energieausweise für Wohngebäude auszustellen.

(4) § 77 Absatz 3 ist auf Aus- oder Fortbildungen im Sinne des Absatzes 1 Nummer 2 bis 4 entsprechend anzuwenden.

Teil 6. Finanzielle Förderung der Nutzung erneuerbarer Energien für die Erzeugung von Wärme oder Kälte und von Energieeffizienzmaßnahmen

§ 89 Fördermittel. [1] Die Nutzung erneuerbarer Energien für die Erzeugung von Wärme oder Kälte, die Errichtung besonders energieeffizienter und die Verbesserung der Energieeffizienz bestehender Gebäude können durch den Bund nach Maßgabe des Bundeshaushaltes gefördert werden. [2] Gefördert werden können

1. Maßnahmen zur Nutzung erneuerbarer Energien für die Erzeugung von Wärme oder Kälte in bereits bestehenden Gebäuden nach Maßgabe des § 90,

2. Maßnahmen zur Nutzung erneuerbarer Energien für die Erzeugung von Wärme oder Kälte in neu zu errichtenden Gebäuden nach Maßgabe des § 90, wenn die Vorgaben des § 91 eingehalten werden,

3. Maßnahmen zur Errichtung besonders energieeffizienter Gebäude, wenn mit der geförderten Maßnahme die Anforderungen nach den §§ 15 und 16 sowie nach den §§ 18 und 19 übererfüllt werden, und

4. Maßnahmen zur Verbesserung der Energieeffizienz bei der Sanierung bestehender Gebäude, wenn mit der geförderten Maßnahme die Anforderungen nach den §§ 47 und 48 sowie § 50 und nach den §§ 61 bis 73 übererfüllt werden.

[3] Einzelheiten werden insbesondere durch Verwaltungsvorschriften des Bundesministeriums für Wirtschaft und Energie im Einvernehmen mit dem Bundesministerium der Finanzen geregelt.

§ 90 Geförderte Maßnahmen zur Nutzung erneuerbarer Energien.

(1) Gefördert werden können Maßnahmen im Zusammenhang mit der Nutzung erneuerbarer Energien zur Bereitstellung von Wärme oder Kälte, insbesondere die Errichtung oder Erweiterung von

1. solarthermischen Anlagen,

2. Anlagen zur Nutzung von Biomasse,

3. Anlagen zur Nutzung von Geothermie und Umweltwärme sowie

4. Wärmenetzen, Speichern und Übergabestationen für Wärmenutzer, wenn sie auch aus Anlagen nach den Nummern 1 bis 3 gespeist werden.

(2) [1] Vorbehaltlich weitergehender Anforderungen an die Förderung in den Regelungen nach § 89 Satz 3 ist

Gebäudeenergiegesetz **§ 91 GEG 13**

1. eine solarthermische Anlage mit Flüssigkeiten als Wärmeträger nur förderfähig, wenn die darin enthaltenen Kollektoren oder das System mit dem europäischen Prüfzeichen „Solar Keymark" zertifiziert sind oder ist,
2. eine Anlage zur Nutzung von fester Biomasse nur förderfähig, wenn der Umwandlungswirkungsgrad mindestens folgende Werte erreicht:
   a) 89 Prozent bei einer Anlage zur Heizung oder Warmwasserbereitung, die der Erfüllung der Anforderung nach § 10 Absatz 2 Nummer 3 oder der Pflicht nach § 52 Absatz 1 dient,
   b) 70 Prozent bei einer Anlage, die nicht der Heizung oder Warmwasserbereitung dient,
3. eine Wärmepumpe zur Nutzung von Geothermie, Umweltwärme oder Abwärme nur förderfähig, wenn sie die Anforderungen der Richtlinie 2009/28/EG erfüllt.

²Die Zertifizierung von einer solarthermischen Anlage mit dem europäischen Prüfzeichen „Solar Keymark" muss nach den anerkannten Regeln der Technik erfolgen. ³Der Umwandlungswirkungsgrad eines Biomassekessels ist der nach DIN EN 303-5: 2012-10 ermittelte Kesselwirkungsgrad, der Umwandlungswirkungsgrad eines Biomasseofens der nach DIN EN 14785: 2006-09 ermittelte feuerungstechnische Wirkungsgrad und in den übrigen Fällen des Satzes 1 Nummer 2 der nach den anerkannten Regeln der Technik berechnete Wirkungsgrad.

§ 91 Verhältnis zu den Anforderungen an ein Gebäude. (1) Maßnahmen können nicht gefördert werden, soweit sie der Erfüllung der Anforderungen nach § 10 Absatz 2, der Pflicht nach § 52 Absatz 1 oder einer landesrechtlichen Pflicht nach § 56 dienen.

(2) Absatz 1 ist nicht bei den folgenden Maßnahmen anzuwenden:
1. der Errichtung eines Wohngebäudes, bei dem Anforderungen eingehalten werden, die anspruchsvoller sind als die für die Errichtung eines Wohngebäudes jeweils geltenden Neubauanforderungen nach diesem Gesetz, sofern die Maßnahme nicht unter die Nummern 3 bis 7 fällt,
2. der Errichtung eines Nichtwohngebäudes, bei dem Anforderungen eingehalten werden, die anspruchsvoller sind als die für Nichtwohngebäude jeweils geltenden Neubauanforderungen nach diesem Gesetz, sofern die Maßnahme nicht unter die Nummern 3 bis 7 fällt,
3. Maßnahmen, die technische oder sonstige Anforderungen erfüllen, die
   a) im Falle des § 10 Absatz 2 Nummer 3 anspruchsvoller als die Anforderungen nach den §§ 35 bis 41 oder
   b) im Falle des § 56 anspruchsvoller als die Anforderungen nach der landesrechtlichen Pflicht sind,
4. Maßnahmen, die den Wärme- und Kälteenergiebedarf zu einem Anteil decken, der
   a) im Falle des § 10 Absatz 2 Nummer 3 oder des § 52 Absatz 1 um 50 Prozent höher als der Mindestanteil nach den §§ 35 bis 41 oder dem § 52 Absatz 3 und 4 ist oder
   b) im Falle des § 56 höher als der landesrechtlich vorgeschriebene Mindestanteil ist,

5. Maßnahmen, die mit weiteren Maßnahmen zur Steigerung der Energieeffizienz verbunden werden,
6. Maßnahmen zur Nutzung solarthermischer Anlagen auch für die Heizung eines Gebäudes und
7. Maßnahmen zur Nutzung von Tiefengeothermie.

(3) Die Förderung kann in den Fällen des Absatzes 2 auf die Gesamtmaßnahme bezogen werden.

(4) Einzelheiten werden in den Regelungen nach § 89 Satz 3 geregelt.

(5) Fördermaßnahmen durch das Land oder durch ein Kreditinstitut, an dem der Bund oder das Land beteiligt sind, bleiben unberührt.

Teil 7. Vollzug

§ 92 Erfüllungserklärung. (1) [1] Für ein zu errichtendes Gebäude hat der Bauherr oder Eigentümer der nach Landesrecht zuständigen Behörde durch eine Erfüllungserklärung nachzuweisen oder zu bescheinigen, dass die Anforderungen dieses Gesetzes eingehalten werden. [2] Die Erfüllungserklärung ist nach Fertigstellung des Gebäudes vorzulegen, soweit das Landesrecht nicht einen anderen Zeitpunkt der Vorlage bestimmt. [3] Das Landesrecht bestimmt, wer zur Ausstellung der Erfüllungserklärung berechtigt ist.

(2) [1] Werden bei einem bestehenden Gebäude Änderungen im Sinne des § 48 Satz 1 ausgeführt, hat der Eigentümer der nach Landesrecht zuständigen Behörde eine Erfüllungserklärung unter Zugrundelegung der energetischen Eigenschaften des geänderten Gebäudes abzugeben, wenn unter Anwendung des § 50 Absatz 1 und 2 für das gesamte Gebäude Berechnungen nach § 50 Absatz 3 durchgeführt werden. [2] Die Pflicht nach Satz 1 besteht auch in den Fällen des § 51. [3] Absatz 1 Satz 2 und 3 ist entsprechend anzuwenden.

§ 93 Pflichtangaben in der Erfüllungserklärung. [1] In der Erfüllungserklärung sind für das gesamte Gebäude oder, soweit die Berechnungen für unterschiedliche Zonen zu erfolgen haben, stattdessen für jede Zone, unter Beachtung der sich aus diesem Gesetz ergebenden Berechnungsvorgaben, technischen Anforderungen und Randbedingungen die zur Überprüfung erforderlichen Angaben zu machen. [2] Erforderliche Berechnungen sind beizufügen. [3] Das Landesrecht bestimmt den näheren Umfang der Nachweispflicht.

§ 94 Verordnungsermächtigung. [1] Die Landesregierungen werden ermächtigt, durch Rechtsverordnung das Verfahren zur Erfüllungserklärung, die Berechtigung zur Ausstellung der Erfüllungserklärung, die Pflichtangaben in der Erfüllungserklärung und die vorzulegenden Nachweise zu regeln, einen von § 92 Absatz 1 Satz 2 abweichenden Zeitpunkt für die Vorlage der Erfüllungserklärung zu bestimmen und weitere Bestimmungen zum Vollzug der Anforderungen und Pflichten dieses Gesetzes zu treffen. [2] Die Landesregierungen werden ferner ermächtigt, durch Rechtsverordnung zu bestimmen, dass Aufgaben des Vollzugs dieses Gesetzes abweichend von § 92 Absatz 1 Satz 1 und Absatz 2 Satz 1 einer geeigneten Stelle, einer Fachvereinigung oder einem Sachverständigen übertragen werden. [3] Die Landesregierungen können die Ermächtigungen nach den Sätzen 1 und 2 durch Rechtsverordnung auf andere Behörden übertragen.

Gebäudeenergiegesetz **§§ 95, 96 GEG 13**

§ 95 Behördliche Befugnisse. ¹Die zuständige Behörde kann im Einzelfall die zur Erfüllung der Verpflichtungen aus diesem Gesetz erforderlichen Anordnungen treffen. ²Dritte, die für den Bauherren oder Eigentümer an der Planung, Errichtung oder Änderung von Gebäuden oder technischen Anlagen eines Gebäudes beteiligt sind, haben Anordnungen der Behörde, die sich auch an sie richten, unmittelbar zu befolgen.

§ 96 Private Nachweise. (1) Wer geschäftsmäßig an oder in einem bestehenden Gebäude Arbeiten durchführt, hat dem Eigentümer unverzüglich nach Abschluss der Arbeiten in folgenden Fällen schriftlich zu bestätigen, dass die von ihm geänderten oder eingebauten Bau- oder Anlagenteile den Anforderungen der in den Nummern 1 bis 8 genannten Vorschriften entsprechen (Unternehmererklärung):

1. Änderung von Außenbauteilen im Sinne von § 48,
2. Dämmung oberster Geschossdecken im Sinne von § 47 Absatz 1, auch in Verbindung mit Absatz 3,
3. Einbau von Zentralheizungen nach den §§ 61 bis 63,
4. Ausstattung von Zentralheizungen mit Regelungseinrichtungen nach den §§ 61 bis 63,
5. Einbau von Umwälzpumpen in Zentralheizungen und Zirkulationspumpen in Warmwasseranlagen nach § 64,
6. erstmaliger Einbau, Ersatz oder Wärmedämmung von Wärmeverteilungs- und Warmwasserleitungen nach den §§ 69 und 71 oder von Kälteverteilungs- und Kaltwasserleitungen in Klimaanlagen oder sonstigen Anlagen der Raumlufttechnik nach § 70,
7. Einbau von Klima- und raumlufttechnischen Anlagen oder Zentralgeräten und Luftkanalsystemen solcher Anlagen nach den §§ 65 bis 68 oder
8. Ausrüstung von Anlagen nach Nummer 7 mit Einrichtung zur Feuchteregelung nach § 66.

(2) ¹Zum Zwecke des Nachweises der Erfüllung der Pflichten aus den in Absatz 1 genannten Vorschriften ist die Unternehmererklärung von dem Eigentümer mindestens zehn Jahre aufzubewahren. ²Der Eigentümer hat die Unternehmererklärung der nach Landesrecht zuständigen Behörde auf Verlangen vorzulegen.

(3) ¹In einer Unternehmererklärung nach Absatz 1 ist zusätzlich anzugeben:
1. im Falle von Arbeiten nach Absatz 1 Nummer 3 die Aufwandszahl der Zentralheizung für die Bereitstellung von Raumwärme und, soweit die Zentralheizung mit einer zentralen Warmwasserbereitung verbunden ist, auch die Aufwandszahl für die Warmwasserbereitung,
2. im Falle von Arbeiten nach Absatz 1 Nummer 7 der gewichtete Mittelwert der auf das jeweilige Fördervolumen bezogenen elektrischen Leistung aller Zu- und Abluftventilatoren sowie der Wärmerückgewinnungsgrad, soweit Anforderungen nach § 68 einzuhalten sind.

²Die nach Satz 1 anzugebenden Eigenschaften können nach anerkannten technischen Regeln berechnet werden oder aus Herstellerangaben auf der Grundlage solcher Regeln bestimmt werden; alternativ dürfen Angaben aus Bekanntmachungen nach § 50 Absatz 4 verwendet werden. ³Die jeweilige Grundlage nach Satz 2 ist ebenfalls in der Unternehmererklärung anzugeben.

(4) Wer Gebäude geschäftsmäßig mit fester, gasförmiger oder flüssiger Biomasse zum Zweck der Erfüllung von Anforderungen nach diesem Gesetz beliefert, muss dem Eigentümer des Gebäudes mit der Abrechnung bestätigen, dass

1. im Falle der Nutzung von Biomethan die Anforderungen nach § 40 Absatz 3 erfüllt sind,
2. im Falle der Nutzung von biogenem Flüssiggas die Anforderungen nach § 40 Absatz 4 erfüllt sind,
3. im Falle der Nutzung von flüssiger Biomasse nach § 39 die Brennstoffe die Anforderungen an einen nachhaltigen Anbau und eine nachhaltige Herstellung nach der Biomassestrom-Nachhaltigkeitsverordnung in der jeweils geltenden Fassung erfüllen oder
4. es sich im Falle der Nutzung von fester Biomasse nach § 38 um Brennstoffe nach § 3 Absatz 1 Nummer 4, 5, 5a oder 8 der Verordnung über kleine und mittlere Feuerungsanlagen handelt.

(5) [1] Mit den Bestätigungen nach Absatz 4 wird die Erfüllung der Pflichten aus den Vorschriften nach den §§ 38 bis 40 nachgewiesen. [2] In den Fällen des Absatzes 4 Nummer 1 bis 3 sind die Abrechnungen und Bestätigungen in den ersten 15 Jahren nach Inbetriebnahme der Heizungsanlage von dem Eigentümer jeweils mindestens fünf Jahre nach Lieferung aufzubewahren. [3] Der Eigentümer hat die Abrechnungen und Bestätigungen der nach Landesrecht zuständigen Behörde auf Verlangen vorzulegen.

(6) [1] Kommt bei der Ermittlung des Jahres-Primärenergiebedarfs eines zu errichtenden Gebäudes § 22 Absatz 1 Satz 1 Nummer 2 oder Nummer 3 zur Anwendung, muss sich der Eigentümer vom Lieferanten bei Vertragsabschluss bescheinigen lassen, dass

1. die vereinbarte Biomethanlieferung die Anforderungen nach § 22 Absatz 1 Satz 1 Nummer 2 Buchstabe c und d erfüllt oder
2. die vereinbarte Lieferung von biogenem Flüssiggas die Anforderungen nach § 22 Absatz 1 Satz 1 Nummer 3 Buchstabe c in der gesamten Laufzeit des Liefervertrags erfüllt.

[2] Die Bescheinigung ist der zuständigen Behörde innerhalb von einem Monat nach Fertigstellung des Gebäudes vorzulegen. [3] Die Pflicht nach Satz 2 besteht auch, wenn der Eigentümer den Lieferanten wechselt. [4] Die Abrechnungen der Lieferung von Biomethan oder von biogenem Flüssiggas müssen die Bestätigung des Lieferanten enthalten, dass im Fall der Lieferung von Biomethan die Anforderungen nach § 22 Absatz 1 Satz 1 Nummer 2 Buchstabe c und d oder im Fall der Lieferung von biogenem Flüssiggas die Anforderungen nach § 22 Absatz 1 Satz 1 Nummer 3 Buchstabe c im Abrechnungszeitraum erfüllt worden sind. [5] Die Abrechnungen sind vom Eigentümer mindestens fünf Jahre ab dem Zeitpunkt der Lieferung aufzubewahren.

§ 97 Aufgaben des bevollmächtigten Bezirksschornsteinfegers.

(1) Bei einer heizungstechnischen Anlage prüft der bevollmächtigte Bezirksschornsteinfeger als Beliehener im Rahmen der Feuerstättenschau nach § 14 des Schornsteinfeger-Handwerksgesetzes vom 26. November 2008 (BGBl. I S. 2242), das zuletzt durch Artikel 57 Absatz 7 des Gesetzes vom 12. Dezember 2019 (BGBl. I S. 2652) geändert worden ist, ob

Gebäudeenergiegesetz **§ 98 GEG 13**

1. ein Heizkessel, der nach § 72 Absatz 1 bis 3, auch in Verbindung mit § 73, außer Betrieb genommen werden musste, weiterhin betrieben wird,
2. Wärmeverteilungs- und Warmwasserleitungen, die nach § 71, auch in Verbindung mit § 73, gedämmt werden mussten, weiterhin ungedämmt sind und
3. ein mit Heizöl beschickter Heizkessel entgegen § 72 Absatz 4 und 5 eingebaut ist.

(2) Bei einer heizungstechnischen Anlage, die in ein bestehendes Gebäude eingebaut wird, prüft der bevollmächtigte Bezirksschornsteinfeger im Rahmen der bauordnungsrechtlichen Abnahme der Anlage oder, wenn eine solche Abnahme nicht vorgesehen ist, als Beliehener im Rahmen der ersten Feuerstättenschau nach dem Einbau außerdem, ob

1. die Anforderungen nach § 57 Absatz 1 erfüllt sind,
2. eine Zentralheizung mit einer zentralen selbsttätig wirkenden Einrichtung zur Verringerung und Abschaltung der Wärmezufuhr sowie zur Ein- und Ausschaltung elektrischer Antriebe nach § 61 Absatz 1 ausgestattet ist,
3. eine Umwälzpumpe in einer Zentralheizung mit einer Vorrichtung zur selbsttätigen Anpassung der elektrischen Leistungsaufnahme nach § 64 Absatz 1 ausgestattet ist und
4. bei Wärmeverteilungs- und Warmwasserleitungen sowie Armaturen die Wärmeabgabe nach § 69 begrenzt ist.

(3) [1] Der bevollmächtigte Bezirksschornsteinfeger weist den Eigentümer bei Nichterfüllung der Pflichten oder bei Nichtbeachtung eines Verbots aus den in den Absätzen 1 und 2 genannten Vorschriften schriftlich auf diese Pflichten oder Verbote hin und setzt eine angemessene Frist zu deren Nacherfüllung oder zur Beseitigung eines verbotswidrigen Zustands. [2] Werden die Pflichten nicht innerhalb der festgesetzten Frist erfüllt oder wird ein verbotswidriger Zustand nicht beseitigt, unterrichtet der bevollmächtigte Bezirksschornsteinfeger unverzüglich die nach Landesrecht zuständige Behörde.

(4) [1] Bei einer Zentralheizung, die in einem bestehenden Gebäude vorhanden ist, prüft der bevollmächtigte Bezirksschornsteinfeger als Beliehener im Rahmen der Feuerstättenschau, ob der Eigentümer zur Nachrüstung nach § 61 Absatz 2 verpflichtet ist und diese Pflicht erfüllt wurde. [2] Bei Nichterfüllung der Pflicht unterrichtet der bevollmächtigte Bezirksschornsteinfeger unverzüglich die nach Landesrecht zuständige Behörde.

(5) [1] Die Erfüllung der Pflichten aus den in den Absätzen 1, 2 und 4 genannten Vorschriften kann durch Vorlage der Unternehmererklärungen gegenüber dem bevollmächtigten Bezirksschornsteinfeger nachgewiesen werden. [2] Es bedarf dann keiner weiteren Prüfung durch den bevollmächtigten Bezirksschornsteinfeger.

§ 98 Registriernummer. (1) [1] Wer einen Inspektionsbericht nach § 78 oder einen Energieausweis nach § 79 ausstellt, hat für diesen Bericht oder für diesen Energieausweis bei der Registrierstelle eine Registriernummer zu beantragen. [2] Der Antrag ist grundsätzlich elektronisch zu stellen. [3] Eine Antragstellung in Papierform ist zulässig, soweit die elektronische Antragstellung für den Antragsteller eine unbillige Härte bedeuten würde. [4] Bei der Antragstellung sind Name und Anschrift der nach Satz 1 antragstellenden Person, das Land und die Postleitzahl der Belegenheit des Gebäudes, das Ausstellungsdatum des Inspektionsberichts oder des Energieausweises anzugeben sowie

1. in den Fällen des § 78 die Nennleistung der inspizierten Klimaanlage oder der kombinierten Klima- und Lüftungsanlage,
2. in den Fällen des § 79
   a) die Art des Energieausweises: Energiebedarfs- oder Energieverbrauchsausweis und
   b) die Art des Gebäudes: Wohn- oder Nichtwohngebäude, Neubau oder bestehendes Gebäude.

(2) [1] Die Registrierstelle teilt dem Antragsteller für jeden neu ausgestellten Inspektionsbericht oder Energieausweis eine Registriernummer zu. [2] Die Registriernummer ist unverzüglich nach Antragstellung zu erteilen.

§ 99 Stichprobenkontrollen von Energieausweisen und Inspektionsberichten über Klimaanlagen. (1) Die zuständige Behörde (Kontrollstelle) unterzieht Inspektionsberichte über Klimaanlagen oder über kombinierte Klima- und Lüftungsanlagen nach § 78 und Energieausweise nach § 79 nach Maßgabe der folgenden Absätze einer Stichprobenkontrolle.

(2) [1] Die Stichproben müssen jeweils einen statistisch signifikanten Prozentanteil aller in einem Kalenderjahr neu ausgestellten Energieausweise und neu ausgestellten Inspektionsberichte über Klimaanlagen erfassen. [2] Die Stichprobenkontrolle von Energieausweisen, die nach dem Inkrafttreten des Gesetzes bis zum 31. Juli 2021 ausgestellt werden und auf die die Vorschriften dieses Gesetzes anzuwenden sind, kann nach dem 31. Juli 2021 durchgeführt werden.

(3) [1] Die Kontrollstelle kann bei der Registrierstelle Registriernummern und dort vorliegende Angaben nach § 98 Absatz 1 zu neu ausgestellten Energieausweisen und Inspektionsberichten über im jeweiligen Land belegene Gebäude und Klimaanlagen verarbeiten, soweit dies für die Vorbereitung der Durchführung der Stichprobenkontrollen erforderlich ist. [2] Nach dem Abschluss der Stichprobenkontrolle hat die Kontrollstelle die Daten nach Satz 1 jedenfalls im Einzelfall unverzüglich zu löschen. [3] Kommt es auf Grund der Stichprobenkontrolle zur Einleitung eines Bußgeldverfahrens gegen den Ausweisaussteller nach § 108 Absatz 1 Nummer 15, 17 oder 21 oder gegen die inspizierende Person nach § 108 Absatz 1 Nummer 11 oder 21, so sind abweichend von Satz 2 die Daten nach Satz 1, soweit diese im Rahmen des Bußgeldverfahrens erforderlich sind, erst nach dessen rechtskräftigem Abschluss unverzüglich zu löschen.

(4) [1] Die gezogene Stichprobe von Energieausweisen wird von der Kontrollstelle auf der Grundlage der nachstehenden Optionen oder gleichwertiger Maßnahmen überprüft:

1. Validitätsprüfung der Eingabe-Gebäudedaten, die zur Ausstellung des Energieausweises verwendet wurden, und der im Energieausweis angegebenen Ergebnisse,
2. Prüfung der Eingabe-Gebäudedaten und Überprüfung der im Energieausweis angegebenen Ergebnisse einschließlich der abgegebenen Modernisierungsempfehlungen,
3. vollständige Prüfung der Eingabe-Gebäudedaten, die zur Ausstellung des Energieausweises verwendet wurden, vollständige Überprüfung der im Energieausweis angegebenen Ergebnisse einschließlich der abgegebenen Moder-

nisierungsempfehlungen und, falls dies insbesondere auf Grund des Einverständnisses des Eigentümers des Gebäudes möglich ist, Inaugenscheinnahme des Gebäudes zur Prüfung der Übereinstimmung zwischen den im Energieausweis angegebenen Spezifikationen mit dem Gebäude, für das der Energieausweis erstellt wurde.

[2] Wird im Rahmen der Stichprobe ein Energieausweis gezogen, der bereits auf der Grundlage von Landesrecht einer zumindest gleichwertigen Überprüfung unterzogen wurde, und ist die Überprüfung einer der Optionen nach Satz 1 gleichwertig, findet insofern keine erneute Überprüfung statt.

(5) Aussteller von Energieausweisen sind verpflichtet, Kopien der von ihnen ausgestellten Energieausweise und der zu deren Ausstellung verwendeten Daten und Unterlagen zwei Jahre ab dem Ausstellungsdatum des jeweiligen Energieausweises aufzubewahren, um die Durchführung von Stichprobenkontrollen und Bußgeldverfahren zu ermöglichen.

(6) [1] Die Kontrollstelle kann zur Durchführung der Überprüfung nach Absatz 4 Satz 1 in Verbindung mit Absatz 1 vom jeweiligen Aussteller die Übermittlung einer Kopie des Energieausweises und die zu dessen Ausstellung verwendeten Daten und Unterlagen verlangen. [2] Der Aussteller ist verpflichtet, dem Verlangen der Kontrollbehörde zu entsprechen. [3] Der Energieausweis sowie die Daten und Unterlagen sind der Kontrollstelle grundsätzlich in elektronischer Form zu übermitteln. [4] Die Kontrollstelle darf hierfür ein Datenformat vorgeben. [5] Eine Übermittlung in Papierform ist zulässig, soweit die elektronische Übermittlung für den Antragsteller eine unbillige Härte bedeuten würde. [6] Angaben zum Eigentümer und zur Adresse des Gebäudes darf die Kontrollstelle nur verlangen, soweit dies zur Durchführung der Überprüfung im Einzelfall erforderlich ist. [7] Werden die in Satz 6 genannten Angaben von der Kontrollstelle nicht verlangt, hat der Aussteller Angaben zum Eigentümer und zur Adresse des Gebäudes in der Kopie des Energieausweises sowie in den zu dessen Ausstellung verwendeten Daten und Unterlagen vor der Übermittlung unkenntlich zu machen. [8] Im Fall der Übermittlung von Angaben nach Satz 6 in Verbindung mit Satz 2 hat der Aussteller des Energieausweises den Eigentümer des Gebäudes hierüber unverzüglich zu informieren.

(7) [1] Die vom Aussteller nach Absatz 6 übermittelten Kopien von Energieausweisen, Daten und Unterlagen dürfen, soweit sie personenbezogene Daten enthalten, von der Kontrollstelle nur für die Durchführung der Stichprobenkontrollen und hieraus resultierender Bußgeldverfahren gegen den Ausweisaussteller nach § 108 Absatz 1 Nummer 15, 17 oder 21 verarbeitet werden, soweit dies im Einzelfall jeweils erforderlich ist. [2] Die in Satz 1 genannten Kopien, Daten und Unterlagen dürfen nur so lange gespeichert oder aufbewahrt werden, wie dies zur Durchführung der Stichprobenkontrollen und der Bußgeldverfahren im Einzelfall erforderlich ist. [3] Sie sind nach Durchführung der Stichprobenkontrollen und bei Einleitung von Bußgeldverfahren nach deren rechtskräftigem Abschluss jeweils im Einzelfall unverzüglich zu löschen oder zu vernichten. [4] Im Übrigen bleiben die Verordnung (EU) 2016/679, das Bundesdatenschutzgesetz und die Datenschutzgesetze der Länder in der jeweils geltenden Fassung unberührt.

(8) Die Absätze 5 bis 7 sind auf die Durchführung der Stichprobenkontrolle von Inspektionsberichten über Klimaanlagen entsprechend anzuwenden.

§ 100 Nicht personenbezogene Auswertung von Daten. (1) Die Kontrollstelle kann den nicht personenbezogenen Anteil der Daten, die sie im Rahmen des § 99 Absatz 3 Satz 1, Absatz 4, 6 Satz 1 bis 5 und Absatz 8 verarbeitet hat, unbefristet zur Verbesserung der Erfüllung von Aufgaben der Energieeinsparung auswerten.

(2) Die Auswertung kann sich bei Energieausweisen insbesondere auf folgende Merkmale beziehen:
1. Art des Energieausweises: Energiebedarfs- oder Energieverbrauchsausweis,
2. Anlass der Ausstellung des Energieausweises nach § 80 Absatz 1 bis 6,
3. Art des Gebäudes: Wohn- oder Nichtwohngebäude, Neubau oder bestehendes Gebäude,
4. Gebäudeeigenschaften, wie die Eigenschaften der wärmeübertragenden Umfassungsfläche und die Art der heizungs-, kühl- und raumlufttechnischen Anlagentechnik sowie der Warmwasserversorgung, bei Nichtwohngebäuden auch die Art der Nutzung und die Zonierung,
5. Werte des Endenergiebedarfs oder -verbrauchs sowie des Primärenergiebedarfs und -verbrauchs für das Gebäude,
6. wesentliche Energieträger für Heizung und Warmwasser,
7. Einsatz erneuerbarer Energien und
8. Land und Landkreis der Belegenheit des Gebäudes ohne Angabe des Ortes, der Straße und der Hausnummer.

(3) Die Auswertung kann sich bei Inspektionsberichten über Klimaanlagen insbesondere auf folgende Merkmale beziehen:
1. Nennleistung der inspizierten Klimaanlage,
2. Art des Gebäudes: Wohn- oder Nichtwohngebäude und
3. Land und Landkreis der Belegenheit des Gebäudes, ohne Angabe des Ortes, der Straße und der Hausnummer.

§ 101 Verordnungsermächtigung; Erfahrungsberichte der Länder.

(1) Die Landesregierungen werden ermächtigt, zu den in § 78 und in den §§ 98 bis 100 getroffenen Regelungen zur Erfassung und Kontrolle von Inspektionsberichten und Energieausweisen sowie zur nicht personenbezogenen Auswertung der hierbei erhobenen und gespeicherten Daten durch Rechtsverordnung Regelungen zu erlassen
1. zur Art der Durchführung der Erfassung und Kontrolle von Inspektionsberichten und Energieausweisen sowie zur nicht personenbezogenen Auswertung der hierbei erhobenen und gespeicherten Daten, die über die Vorgaben der in § 78 und in den §§ 98 bis 100 getroffenen Regelungen hinausgehen, sowie
2. zum Verfahren, die auch von den in § 78 und in den §§ 98 bis 100 getroffenen Regelungen abweichen können.

(2) ¹Die Landesregierungen werden ermächtigt, durch Rechtsverordnung die Übertragung von Aufgaben zur Erfassung und Kontrolle von Inspektionsberichten und Energieausweisen sowie zur nicht personenbezogenen Auswertung der hierbei erhobenen und gespeicherten Daten, die in § 78 und in den §§ 98 bis 100 und in einer Rechtsverordnung nach Absatz 1 geregelt sind, auf folgende Stellen zu regeln:

1. auf bestehende Behörden in den Ländern, auch auf bestehende Körperschaften oder Anstalten des öffentlichen Rechts, die der Aufsicht des jeweiligen Landes unterstehen, oder
2. auf Fachvereinigungen oder Sachverständige (Beleihung).

²Bei der Übertragung im Wege der Beleihung können die Landesregierungen in der Rechtsverordnung nach Satz 1 Nummer 2 auch die Voraussetzungen und das Verfahren der Beleihung regeln; dabei muss sichergestellt werden, dass die Aufgaben von der beliehenen Stelle entsprechend den in § 78 und in den §§ 98 bis 100 getroffenen Regelungen und der Rechtsverordnung nach Absatz 1 wahrgenommen werden. ³Beliehene unterstehen der Aufsicht der jeweils zuständigen Behörde.

(3) Die Landesregierungen können die Ermächtigungen nach den Absätzen 1 und 2 Satz 1 und 2 durch Rechtsverordnung auf andere Behörden übertragen.

(4) ¹Die Länder berichten der Bundesregierung erstmals zum 1. März 2024, danach alle drei Jahre, über die wesentlichen Erfahrungen mit den Stichprobenkontrollen nach § 99. ²Die Berichte dürfen keine personenbezogenen Daten enthalten.

§ 102 Befreiungen. (1) ¹Die nach Landesrecht zuständigen Behörden haben auf Antrag des Eigentümers oder Bauherrn von den Anforderungen dieses Gesetzes zu befreien, soweit
1. die Ziele dieses Gesetzes durch andere als in diesem Gesetz vorgesehene Maßnahmen im gleichen Umfang erreicht werden oder
2. die Anforderungen im Einzelfall wegen besonderer Umstände durch einen unangemessenen Aufwand oder in sonstiger Weise zu einer unbilligen Härte führen.

²Eine unbillige Härte liegt insbesondere vor, wenn die erforderlichen Aufwendungen innerhalb der üblichen Nutzungsdauer, bei Anforderungen an bestehende Gebäude innerhalb angemessener Frist durch die eintretenden Einsparungen nicht erwirtschaftet werden können.

(2) Absatz 1 ist auf die Vorschriften von Teil 5 nicht anzuwenden.

(3) ¹Die Erfüllung der Voraussetzungen nach Absatz 1 Satz 1 Nummer 1 hat der Eigentümer oder der Bauherr darzulegen und nachzuweisen. ²Die nach Landesrecht zuständige Behörde kann auf Kosten des Eigentümers oder Bauherrn die Vorlage einer Beurteilung der Erfüllung der Voraussetzungen nach Absatz 1 Satz 1 Nummer 1 durch qualifizierte Sachverständige verlangen.

(4) Bis zum 31. Dezember 2024 können die nach Landesrecht zuständigen Behörden auf Antrag die zulässige Nutzungsdauer von Gebäuden im Sinne des § 2 Absatz 2 Nummer 6 und des § 104 Satz 2 um weitere zwei Jahre verlängern, wenn ansonsten die Unterbringung von Geflüchteten durch die öffentliche Hand oder im öffentlichen Auftrag erheblich verzögert würde.

§ 103 Innovationsklausel. (1) ¹Bis zum 31. Dezember 2023 können die nach Landesrecht zuständigen Behörden auf Antrag nach § 102 Absatz 1 Satz 1 Nummer 1
1. von den Anforderungen des § 10 Absatz 2 befreien, wenn
   a) ein Wohngebäude so errichtet wird, dass die Treibhausgasemissionen des Gebäudes gleichwertig begrenzt werden und der Höchstwert des Jahres-

Endenergiebedarfs für Heizung, Warmwasserbereitung, Lüftung und Kühlung das 0,55fache des auf die Gebäudenutzfläche bezogenen Wertes des Jahres-Endenergiebedarfs eines Referenzgebäudes, das die gleiche Geometrie, Gebäudenutzfläche und Ausrichtung wie das zu errichtende Gebäude aufweist und der technischen Referenzausführung der Anlage 1 entspricht, nicht überschreitet oder

b) ein Nichtwohngebäude so errichtet wird, dass die Treibhausgasemissionen des Gebäudes gleichwertig begrenzt werden und der Höchstwert des Jahres-Endenergiebedarfs für Heizung, Warmwasserbereitung, Lüftung, Kühlung und eingebaute Beleuchtung das 0,55fache des auf die Nettogrundfläche bezogenen Wertes des Jahres-Endenergiebedarfs eines Referenzgebäudes, das die gleiche Geometrie, Nettogrundfläche, Ausrichtung und Nutzung, einschließlich der Anordnung der Nutzungseinheiten, wie das zu errichtende Gebäude aufweist und der technischen Referenzausführung der Anlage 2 entspricht, nicht überschreitet oder

2. von den Anforderungen des § 50 Absatz 1 in Verbindung mit § 48 befreien, wenn

a) ein Wohngebäude so geändert wird, dass die Treibhausgasemissionen des Gebäudes gleichwertig begrenzt werden und der Jahres-Endenergiebedarf für Heizung, Warmwasserbereitung, Lüftung und Kühlung das 1,4fache des auf die Gebäudenutzfläche bezogenen Wertes des Jahres-Endenergiebedarfs eines Referenzgebäudes, das die gleiche Geometrie, Gebäudenutzfläche und Ausrichtung wie das geänderte Gebäude aufweist und der technischen Referenzausführung der Anlage 1 entspricht, nicht überschreitet oder

b) ein Nichtwohngebäude so geändert wird, dass die Treibhausgasemissionen des Gebäudes gleichwertig begrenzt werden und der Jahres-Endenergiebedarf für Heizung, Warmwasserbereitung, Lüftung, Kühlung und eingebaute Beleuchtung das 1,4fache des auf die Nettogrundfläche bezogenen Wertes des Jahres-Endenergiebedarfs eines Referenzgebäudes, das die gleiche Geometrie, Nettogrundfläche, Ausrichtung und Nutzung, einschließlich der Anordnung der Nutzungseinheiten, wie das geänderte Gebäude aufweist und der technischen Referenzausführung der Anlage 2 entspricht, nicht überschreitet.

[2] Die technische Referenzausführung in den Nummern 1.13 bis 9 der Anlage 2 ist nur insoweit zu berücksichtigen, wie eines der dort genannten Systeme in dem zu errichtenden Gebäude ausgeführt wird oder in dem geänderten Gebäude ausgeführt ist. [3] In den Fällen des Satzes 1 Nummer 1 darf der spezifische, auf die wärmeübertragende Umfassungsfläche bezogene Transmissionswärmeverlust eines zu errichtenden Wohngebäudes das 1,2fache des entsprechenden Wertes eines Referenzgebäudes nach der Anlage 1 und ein zu errichtendes Nichtwohngebäude das 1,25fache der Höchstwerte der mittleren Wärmedurchgangskoeffizienten der wärmeübertragenden Umfassungsfläche nach der Anlage 3 nicht überschreiten.

(2) [1] Der Antragsteller hat der nach Landesrecht zuständigen Behörde spätestens ein Jahr nach Abschluss der Maßnahme nach Absatz 1 einen Bericht mit den wesentlichen Erfahrungen bei der Anwendung der Regelung, insbesondere über Investitionskosten, Energieverbräuche und, soweit synthetisch erzeugte Energieträger in flüssiger oder gasförmiger Form genutzt werden, über die

Herkunft, die Erzeugung und die Kosten dieser Energieträger sowie die Bestimmung der Treibhausgasemissionen, vorzulegen. ²Die Länder können der Bundesregierung Daten der Berichte nach Satz 1 zum Zwecke der Auswertung zur Verfügung stellen.

(3) ¹Bis zum 31. Dezember 2025 können Bauherren oder Eigentümer bei Änderung ihrer Gebäude, die in räumlichem Zusammenhang stehen, eine Vereinbarung über die gemeinsame Erfüllung der Anforderungen nach § 50 Absatz 1 in Verbindung mit § 48 treffen, wenn sichergestellt ist, dass die von der Vereinbarung erfassten geänderten Gebäude in ihrer Gesamtheit die Anforderungen nach § 50 Absatz 1 erfüllen. ²Jedes geänderte Gebäude, das von der Vereinbarung erfasst wird, muss eine Mindestqualität der Anforderungen an die wärmeübertragende Umfassungsfläche einhalten. ³Die Mindestqualität nach Satz 2 gilt als erfüllt, wenn die Wärmedurchgangskoeffizienten der geänderten Außenbauteile jedes einzelnen Gebäudes die Höchstwerte der Wärmedurchgangskoeffizienten nach § 48 in Verbindung mit Anlage 7 um nicht mehr als 40 Prozent überschreiten.

(4) ¹Einer Vereinbarung nach Absatz 3 muss eine einheitliche Planung zugrunde liegen, die eine Realisierung der Maßnahmen an allen von der Vereinbarung erfassten Gebäuden in einem zeitlichen Zusammenhang von nicht mehr als drei Jahren vorsieht. ²Der zuständigen Behörde ist die Vereinbarung anzuzeigen. ³§ 107 Absatz 5 bis 7 ist entsprechend anzuwenden.

Teil 8. Besondere Gebäude, Bußgeldvorschriften, Anschluss- und Benutzungszwang

§ 104 Kleine Gebäude und Gebäude aus Raumzellen. ¹Werden bei einem zu errichtenden kleinen Gebäude die für den Fall des erstmaligen Einbaus anzuwendenden Höchstwerte der Wärmedurchgangskoeffizienten der Außenbauteile nach § 48 eingehalten, gelten die Anforderungen des § 10 Absatz 2 als erfüllt. ²Satz 1 ist auf ein Gebäude entsprechend anzuwenden, das für eine Nutzungsdauer von höchstens fünf Jahren bestimmt und aus Raumzellen von jeweils bis zu 50 Quadratmetern Nutzfläche zusammengesetzt ist.

§ 105 Baudenkmäler und sonstige besonders erhaltenswerte Bausubstanz. Soweit bei einem Baudenkmal, bei auf Grund von Vorschriften des Bundes- oder Landesrechts besonders geschützter Bausubstanz oder bei sonstiger besonders erhaltenswerter Bausubstanz die Erfüllung der Anforderungen dieses Gesetzes die Substanz oder das Erscheinungsbild beeinträchtigt oder andere Maßnahmen zu einem unverhältnismäßig hohen Aufwand führen, kann von den Anforderungen dieses Gesetzes abgewichen werden.

§ 106 Gemischt genutzte Gebäude. (1) Teile eines Wohngebäudes, die sich hinsichtlich der Art ihrer Nutzung und der gebäudetechnischen Ausstattung wesentlich von der Wohnnutzung unterscheiden und die einen nicht unerheblichen Teil der Gebäudenutzfläche umfassen, sind getrennt als Nichtwohngebäude zu behandeln.

(2) Teile eines Nichtwohngebäudes, die dem Wohnen dienen und einen nicht unerheblichen Teil der Nettogrundfläche umfassen, sind getrennt als Wohngebäude zu behandeln.

(3) Die Berechnung von Trennwänden und Trenndecken zwischen Gebäudeteilen richtet sich in den Fällen der Absätze 1 und 2 nach § 29 Absatz 1.

§ 107 Wärmeversorgung im Quartier. (1) ¹In den Fällen des § 10 Absatz 2 oder des § 50 Absatz 1 in Verbindung mit § 48 können Bauherren oder Eigentümer, deren Gebäude in räumlichem Zusammenhang stehen, Vereinbarungen über eine gemeinsame Versorgung ihrer Gebäude mit Wärme oder Kälte treffen, um die jeweiligen Anforderungen nach § 10 Absatz 2 oder nach § 50 Absatz 1 in Verbindung mit § 48 zu erfüllen. ²Gegenstand von Vereinbarungen nach Satz 1 können insbesondere sein:
1. die Errichtung und der Betrieb gemeinsamer Anlagen zur zentralen oder dezentralen Erzeugung, Verteilung, Nutzung oder Speicherung von Wärme und Kälte aus erneuerbaren Energien oder Kraft-Wärme-Kopplung,
2. die gemeinsame Erfüllung der Anforderung nach § 10 Absatz 2 Nummer 3,
3. die Benutzung von Grundstücken, deren Betreten und die Führung von Leitungen über Grundstücke.

(2) ¹Treffen Bauherren oder Eigentümer eine Vereinbarung nach Absatz 1, sind die Anforderungen nach § 10 Absatz 2 Nummer 1 und 2 und nach § 50 Absatz 1 in Verbindung mit § 48 für jedes Gebäude, das von der Vereinbarung erfasst wird, einzuhalten. ² § 103 Absatz 3 bleibt unberührt.

(3) Treffen Bauherren oder Eigentümer eine Vereinbarung zur gemeinsamen Erfüllung der Anforderung nach § 10 Absatz 2 Nummer 3, muss der Wärme- und Kälteenergiebedarf ihrer Gebäude insgesamt in einem Umfang durch Maßnahmen nach den §§ 35 bis 45 gedeckt werden, der mindestens der Summe entspricht, die sich aus den einzelnen Deckungsanteilen nach den §§ 35 bis 45 ergibt.

(4) ¹Dritte, insbesondere Energieversorgungsunternehmen, können an Vereinbarungen im Sinne des Absatzes 1 beteiligt werden. ² § 22 bleibt unberührt.

(5) Die Vereinbarung ist der zuständigen Behörde auf Verlangen vorzulegen.

(6) Eine Vereinbarung im Sinne des Absatzes 1 bedarf der Schriftform, soweit nicht durch Rechtsvorschriften eine andere Form vorgeschrieben ist.

(7) ¹Die Regelungen der Absätze 1 bis 5 sind entsprechend anwendbar, wenn die Gebäude, die im räumlichen Zusammenhang stehen und nach den Absätzen 1 bis 4 gemeinsam Anforderungen dieses Gesetzes erfüllen, einem Eigentümer gehören. ²An die Stelle der Vereinbarung nach Absatz 1 tritt eine schriftliche Dokumentation des Eigentümers, die der zuständigen Behörde auf Verlangen vorzulegen ist.

§ 108 Bußgeldvorschriften. (1) Ordnungswidrig handelt, wer vorsätzlich oder leichtfertig
1. entgegen § 15 Absatz 1, § 16, § 18 Absatz 1 Satz 1 oder § 19 ein dort genanntes Gebäude nicht richtig errichtet,
2. entgegen § 47 Absatz 1 Satz 1 nicht dafür sorgt, dass eine dort genannte Geschossdecke gedämmt ist,
3. entgegen § 48 Satz 1 eine dort genannte Maßnahme nicht richtig ausführt,
4. entgegen § 61 Absatz 1 Satz 1 nicht dafür Sorge trägt, dass eine Zentralheizung mit einer dort genannten Einrichtung ausgestattet ist,

Gebäudeenergiegesetz §109 GEG 13

5. entgegen § 61 Absatz 2 eine dort genannte Ausstattung nicht, nicht richtig oder nicht rechtzeitig nachrüstet,
6. entgegen § 63 Absatz 1 Satz 1 nicht dafür Sorge trägt, dass eine heizungstechnische Anlage mit Wasser als Wärmeträger mit einer dort genannten Einrichtung ausgestattet ist,
7. entgegen § 69, § 70 oder § 71 Absatz 1 nicht dafür Sorge trägt, dass die Wärmeabgabe oder Wärmeaufnahme dort genannter Leitungen oder Armaturen begrenzt wird,
8. entgegen § 72 Absatz 1 oder 2 einen Heizkessel betreibt,
9. entgegen § 72 Absatz 4 Satz 1 einen Heizkessel einbaut oder aufstellt,
10. entgegen § 74 Absatz 1 eine Inspektion nicht, nicht richtig oder nicht rechtzeitig durchführen lässt,
11. entgegen § 77 Absatz 1 eine Inspektion durchführt,
12. entgegen § 80 Absatz 1 Satz 2, auch in Verbindung mit Satz 3, nicht sicherstellt, dass ein Energieausweis oder eine Kopie übergeben wird,
13. entgegen § 80 Absatz 4 Satz 1 oder 4, jeweils auch in Verbindung mit Absatz 5, einen Energieausweis oder eine Kopie nicht, nicht richtig, nicht vollständig oder nicht rechtzeitig vorlegt,
14. entgegen § 80 Absatz 4 Satz 5, auch in Verbindung mit Absatz 5, einen Energieausweis oder eine Kopie nicht, nicht richtig, nicht vollständig oder nicht rechtzeitig übergibt,
15. entgegen § 83 Absatz 1 Satz 2 oder Absatz 3 Satz 1 nicht dafür Sorge trägt, dass dort genannte Daten richtig sind,
16. entgegen § 87 Absatz 1, auch in Verbindung mit Absatz 2, nicht sicherstellt, dass die Immobilienanzeige die dort genannten Pflichtangaben enthält,
17. entgegen § 88 Absatz 1 einen Energieausweis ausstellt,
18. entgegen § 96 Absatz 1 eine Bestätigung nicht, nicht richtig, nicht vollständig, nicht in der vorgeschriebenen Weise oder nicht rechtzeitig vornimmt,
19. entgegen § 96 Absatz 5 Satz 2 eine Abrechnung nicht oder nicht mindestens fünf Jahre aufbewahrt,
20. entgegen § 96 Absatz 6 Satz 1, auch in Verbindung mit Satz 2, eine Bescheinigung nicht, nicht richtig, nicht vollständig oder nicht rechtzeitig ausstellen lässt oder nicht, nicht richtig, nicht vollständig oder nicht rechtzeitig vorlegt oder
21. einer vollziehbaren Anordnung nach § 99 Absatz 6 Satz 1, auch in Verbindung mit Absatz 8, zuwiderhandelt.

(2) Die Ordnungswidrigkeit kann in den Fällen des Absatzes 1 Nummer 1 bis 9 mit einer Geldbuße bis zu fünfzigtausend Euro, in den Fällen des Absatzes 1 Nummer 10 bis 17 mit einer Geldbuße bis zu zehntausend Euro und in den übrigen Fällen mit einer Geldbuße bis zu fünftausend Euro geahndet werden.

§ 109 Anschluss- und Benutzungszwang. Die Gemeinden und Gemeindeverbände können von einer Bestimmung nach Landesrecht, die sie zur Begründung eines Anschluss- und Benutzungszwangs an ein Netz der öffentlichen Fernwärme- oder Fernkälteversorgung ermächtigt, auch zum Zwecke des Klima- und Ressourcenschutzes Gebrauch machen.

Teil 9. Übergangsvorschriften

§ 110 Anforderungen an Anlagen der Heizungs-, Kühl- und Raumlufttechnik sowie der Warmwasserversorgung und an Anlagen zur Nutzung erneuerbarer Energien. Die technischen Anforderungen dieses Gesetzes an Anlagen der Heizungs-, Kühl- und Raumlufttechnik sowie der Warmwasserversorgung und an Anlagen zur Nutzung erneuerbarer Energien gelten, solange und soweit ein Durchführungsrechtsakt auf der Grundlage der Richtlinie 2009/125/EG nicht etwas anderes vorschreibt.

§ 111 Allgemeine Übergangsvorschriften. (1) ¹Die Vorschriften dieses Gesetzes sind nicht anzuwenden auf Vorhaben, welche die Errichtung, die Änderung, die grundlegende Renovierung, die Erweiterung oder den Ausbau von Gebäuden zum Gegenstand haben, falls die Bauantragstellung oder der Antrag auf Zustimmung oder die Bauanzeige vor dem Inkrafttreten dieses Gesetzes erfolgte. ²Für diese Vorhaben sind die Bestimmungen der mit dem Inkrafttreten dieses Gesetzes zugleich abgelösten oder geänderten Rechtsvorschriften in den zum Zeitpunkt der Bauantragstellung oder des Antrags auf Zustimmung oder der Bauanzeige jeweils geltenden Fassungen weiter anzuwenden. ³Die Sätze 1 und 2 sind entsprechend anzuwenden auf alle Fälle nicht genehmigungsbedürftiger Vorhaben; für Vorhaben, die nach Maßgabe des Bauordnungsrechts der zuständigen Behörde zur Kenntnis zu geben sind, ist dabei auf den Zeitpunkt des Eingangs der Kenntnisgabe bei der zuständigen Behörde und für sonstige nicht genehmigungsbedürftige, insbesondere genehmigungs-, anzeige- und verfahrensfreie Vorhaben auf den Zeitpunkt des Beginns der Bauausführung abzustellen.

(2) ¹Auf Vorhaben, welche die Errichtung, die Änderung, die grundlegende Renovierung, die Erweiterung oder den Ausbau von Gebäuden zum Gegenstand haben, ist dieses Gesetz in der zum Zeitpunkt der Bauantragstellung, des Antrags auf Zustimmung oder der Bauanzeige geltenden Fassung anzuwenden. ²Satz 1 ist entsprechend anzuwenden auf alle Fälle nicht genehmigungsbedürftiger Vorhaben; für Vorhaben, die nach Maßgabe des Bauordnungsrechts der zuständigen Behörde zur Kenntnis zu geben sind, ist dabei auf den Zeitpunkt des Eingangs der Kenntnisgabe bei der zuständigen Behörde und für sonstige nicht genehmigungsbedürftige, insbesondere genehmigungs-, anzeige- und verfahrensfreie Vorhaben auf den Zeitpunkt des Beginns der Bauausführung abzustellen.

(3) Auf Verlangen des Bauherren ist abweichend von den Absätzen 1 und 2 das jeweils neue Recht anzuwenden, wenn über den Bauantrag oder über den Antrag auf Zustimmung oder nach einer Bauanzeige noch nicht bestandskräftig entschieden worden ist.

§ 112 Übergangsvorschriften für Energieausweise. (1) Wird nach dem 1. November 2020 ein Energieausweis gemäß § 80 Absatz 1, 2 oder Absatz 3 für ein Gebäude ausgestellt, auf das vor dem Inkrafttreten dieses Gesetzes geltende Rechtsvorschriften anzuwenden sind, ist in der Kopfzeile zumindest der ersten Seite des Energieausweises in geeigneter Form die angewandte Fassung der für den Energieausweis maßgeblichen Rechtsvorschrift anzugeben.

(2) Wird nach dem 1. November 2020 ein Energieausweis gemäß § 80 Absatz 3 Satz 1 oder Absatz 6 Satz 1 für ein Gebäude ausgestellt, sind die

Vorschriften der Energieeinsparverordnung bis zum 1. Mai 2021 weiter anzuwenden.

(3) ¹ § 87 ist auf Energieausweise, die nach dem 30. September 2007 und vor dem 1. Mai 2014 ausgestellt worden sind, mit den folgenden Maßgaben anzuwenden. ² Als Pflichtangabe nach § 87 Absatz 1 Nummer 2 ist in Immobilienanzeigen anzugeben:

1. bei Energiebedarfsausweisen für Wohngebäude der Wert des Endenergiebedarfs, der auf Seite 2 des Energieausweises gemäß dem bei Ausstellung maßgeblichen Muster angegeben ist,
2. bei Energieverbrauchsausweisen für Wohngebäude der Energieverbrauchskennwert, der auf Seite 3 des Energieausweises gemäß dem bei Ausstellung maßgeblichen Muster angegeben ist; ist im Energieverbrauchskennwert der Energieverbrauch für Warmwasser nicht enthalten, so ist der Energieverbrauchskennwert um eine Pauschale von 20 Kilowattstunden pro Jahr und Quadratmeter Gebäudenutzfläche zu erhöhen,
3. bei Energiebedarfsausweisen für Nichtwohngebäude der Gesamtwert des Endenergiebedarfs, der Seite 2 des Energieausweises gemäß dem bei Ausstellung maßgeblichen Muster zu entnehmen ist,
4. bei Energieverbrauchsausweisen für Nichtwohngebäude sowohl der Heizenergieverbrauchs- als auch der Stromverbrauchskennwert, die Seite 3 des Energieausweises gemäß dem bei Ausstellung maßgeblichen Muster zu entnehmen sind.

³ Bei Energieausweisen für Wohngebäude nach Satz 1, bei denen noch keine Energieeffizienzklasse angegeben ist, darf diese freiwillig angegeben werden, wobei sich die Klasseneinteilung gemäß § 86 aus dem Endenergieverbrauch oder dem Endenergiebedarf des Gebäudes ergibt.

(4) In den Fällen des § 80 Absatz 4 und 5 sind begleitende Modernisierungsempfehlungen zu noch geltenden Energieausweisen, die nach Maßgabe der am 1. Oktober 2007 oder am 1. Oktober 2009 in Kraft getretenen Fassung der Energieeinsparverordnung ausgestellt worden sind, dem potenziellen Käufer oder Mieter zusammen mit dem Energieausweis vorzulegen und dem Käufer oder neuen Mieter mit dem Energieausweis zu übergeben; für die Vorlage und die Übergabe sind im Übrigen die Vorgaben des § 80 Absatz 4 und 5 entsprechend anzuwenden.

§ 113 Übergangsvorschriften für Aussteller von Energieausweisen.

(1) Zur Ausstellung von Energieausweisen für bestehende Wohngebäude nach § 80 Absatz 3 sind ergänzend zu § 88 auch Personen berechtigt, die vor dem 25. April 2007 nach Maßgabe der Richtlinie des Bundesministeriums für Wirtschaft und Technologie über die Förderung der Beratung zur sparsamen und rationellen Energieverwendung in Wohngebäuden vor Ort vom 7. September 2006 (BAnz S. 6379) als Antragsberechtigte beim Bundesamt für Wirtschaft und Ausfuhrkontrolle registriert worden sind.

(2) ¹ Zur Ausstellung von Energieausweisen für bestehende Wohngebäude nach § 80 Absatz 3 sind ergänzend zu § 88 auch Personen berechtigt, die am 25. April 2007 über eine abgeschlossene Berufsausbildung im Baustoff-Fachhandel oder in der Baustoffindustrie und eine erfolgreich abgeschlossene Weiterbildung zum Energiefachberater im Baustoff-Fachhandel oder in der Baustoffindustrie verfügt haben. ² Satz 1 ist entsprechend auf Personen anzuwen-

den, die eine solche Weiterbildung vor dem 25. April 2007 begonnen haben, nach erfolgreichem Abschluss der Weiterbildung.

(3) ¹Zur Ausstellung von Energieausweisen für bestehende Wohngebäude nach § 80 Absatz 3 sind ergänzend zu § 88 auch Personen berechtigt, die am 25. April 2007 über eine abgeschlossene Fortbildung auf der Grundlage des § 42a der Handwerksordnung für Energieberatung im Handwerk verfügt haben. ²Satz 1 ist entsprechend auf Personen anzuwenden, die eine solche Fortbildung vor dem 25. April 2007 begonnen haben, nach erfolgreichem Abschluss der Fortbildung.

§ 114 Übergangsvorschrift über die vorläufige Wahrnehmung von Vollzugsaufgaben der Länder durch das Deutsche Institut für Bautechnik. ¹Bis zum Inkrafttreten der erforderlichen jeweiligen landesrechtlichen Regelungen zur Aufgabenübertragung nimmt das Deutsche Institut für Bautechnik vorläufig die Aufgaben des Landesvollzugs als Registrierstelle nach § 98 und als Kontrollstelle nach § 99 wahr. ²Die vorläufige Aufgabenwahrnehmung als Kontrollstelle nach Satz 1 bezieht sich nur auf die Überprüfung von Stichproben auf der Grundlage der in § 99 Absatz 4 Satz 1 Nummer 1 und 2 geregelten Optionen oder gleichwertiger Maßnahmen, soweit diese Aufgaben elektronisch durchgeführt werden können. ³Die Sätze 1 und 2 sind längstens fünf Jahre nach Inkrafttreten dieser Regelung anzuwenden.

Anlage 1
(zu § 15 Absatz 1)

Technische Ausführung des Referenzgebäudes (Wohngebäude)

Num- mer	Bauteile/Systeme	Referenzausführung/Wert (Maßeinheit)	
		Eigenschaft (zu den Nummern 1.1 bis 4)	
1.1	Außenwand (einschließlich Einbauten, wie Rollladenkästen), Geschossdecke gegen Außenluft	Wärmedurchgangskoeffizient	$U = 0{,}28\ W/(m^2 \cdot K)$
1.2	Außenwand gegen Erdreich, Bodenplatte, Wände und Decken zu unbeheizten Räumen	Wärmedurchgangskoeffizient	$U = 0{,}35\ W/(m^2 \cdot K)$
1.3	Dach, oberste Geschossdecke, Wände zu Abseiten	Wärmedurchgangskoeffizient	$U = 0{,}20\ W/(m^2 \cdot K)$
1.4	Fenster, Fenstertüren	Wärmedurchgangskoeffizient	$U_W = 1{,}3\ W/(m^2 \cdot K)$
		Gesamtenergiedurchlassgrad der Verglasung	Bei Berechnung nach • DIN V 4108-6: 2003-06: $g\bot = 0{,}60$ • DIN V 18599-2: 2018-09: $g = 0{,}60$
1.5	Dachflächenfenster, Glasdächer und Lichtbänder	Wärmedurchgangskoeffizient	$U_W = 1{,}4\ W/(m^2 \cdot K)$
		Gesamtenergiedurchlassgrad der Verglasung	Bei Berechnung nach • DIN V 4108-6: 2003-06: $g\bot = 0{,}60$ • DIN V 18599-2: 2018-09: $g = 0{,}60$
1.6	Lichtkuppeln	Wärmedurchgangskoeffizient	$U_W = 2{,}7\ W/(m^2 \cdot K)$

Gebäudeenergiegesetz **Anl. 1 GEG 13**

Nummer	Bauteile/Systeme	Referenzausführung/Wert (Maßeinheit)	
		Eigenschaft (zu den Nummern 1.1 bis 4)	
		Gesamtenergiedurchlassgrad der Verglasung	Bei Berechnung nach • DIN V 4108-6: 2003-06: $g_\perp = 0{,}64$ • DIN V 18599-2: 2018-09: $g = 0{,}64$
1.7	Außentüren; Türen gegen unbeheizte Räume	Wärmedurchgangskoeffizient	$U = 1{,}8 \text{ W/(m}^2 \cdot \text{K)}$
2	Bauteile nach den Nummern 1.1 bis 1.7	Wärmebrückenzuschlag	$\Delta U_{WB} = 0{,}05 \text{ W/(m}^2 \cdot \text{K)}$
3	Solare Wärmegewinne über opake Bauteile	wie das zu errichtende Gebäude	
4	Luftdichtheit der Gebäudehülle	Bemessungswert n_{50}	Bei Berechnung nach • DIN V 4108-6: 2003-06: mit Dichtheitsprüfung • DIN V 18599-2: 2018-09: nach Kategorie I
5	Sonnenschutzvorrichtung	keine Sonnenschutzvorrichtung	
6	Heizungsanlage	• Wärmeerzeugung durch Brennwertkessel (verbessert, bei der Berechnung nach § 20 Absatz 1 nach 1994), Erdgas, Aufstellung: – für Gebäude bis zu 500 m² Gebäudenutzfläche innerhalb der thermischen Hülle – für Gebäude mit mehr als 500 m² Gebäudenutzfläche außerhalb der thermischen Hülle • Auslegungstemperatur 55/45 °C, zentrales Verteilsystem innerhalb der wärmeübertragenden Umfassungsfläche, innen liegende Stränge und Anbindeleitungen, Standard-Leitungslängen nach DIN V 4701-10: 2003-08 Tabelle 5.3-2, Pumpe auf Bedarf ausgelegt (geregelt, Δp const), Rohrnetz ausschließlich statisch hydraulisch abgeglichen • Wärmeübergabe mit freien statischen Heizflächen, Anordnung an normaler Außenwand, Thermostatventile mit Proportionalbereich 1 K nach DIN V 4701-10: 2003-08 bzw. P-Regler (nicht zertifiziert) nach DIN V 18599-5: 2018-09	
7	Anlage zur Warmwasserbereitung	• zentrale Warmwasserbereitung • gemeinsame Wärmebereitung mit Heizungsanlage nach Nummer 6 • bei Berechnung nach § 20 Absatz 1: allgemeine Randbedingungen gemäß DIN V 18599-8: 2018-09 Tabelle 6, Solaranlage mit Flachkollektor nach 1998 sowie Speicher ausgelegt gemäß DIN V 18599-8: 2018-09 Abschnitt 6.4.3 • bei Berechnung nach § 20 Absatz 2: Solaranlage mit Flachkollektor zur ausschließlichen Trinkwassererwärmung entsprechend den Vorgaben nach DIN V 4701-10: 2003-08 Tabelle 5.1-10 mit Speicher, indirekt beheizt (stehend), gleiche Aufstellung wie Wärmeerzeuger, – kleine Solaranlage bei $A_N \leq 500$ m² (bivalenter Solarspeicher – große Solaranlage bei $A_N > 500$ m² • Verteilsystem mit Zirkulation, innerhalb der wärmeübertragenden Umfassungsfläche, innen liegende Stränge, ge-	

Nummer	Bauteile/Systeme	Referenzausführung/Wert (Maßeinheit)
		Eigenschaft (zu den Nummern 1.1 bis 4)
		meinsame Installationswand, Standard-Leitungslängen nach DIN V 4701-10: 2003-08 Tabelle 5.1-2
8	Kühlung	keine Kühlung
9	Lüftung	zentrale Abluftanlage, mit Außenwandluftdurchlässen (ALD), nicht bedarfsgeführt mit geregeltem DC-Ventilator, • DIN V 4701: 2003-08: Anlagen-Luftwechsel $n_A = 0{,}4\ h^{-1}$ • DIN-V 18599-10: 2018-09: nutzungsbedingter Mindestaußenluftwechsel n_{Nutz}: $0{,}5\ h^{-1}$
10	Gebäudeautomation	Klasse C nach DIN V 18599-11: 2018-09

Anlage 2
(zu § 18 Absatz 1)

Technische Ausführung des Referenzgebäudes (Nichtwohngebäude)

Nummer	Bauteile/Systeme	Eigenschaft (zu den Nummern 1.1 bis 1.13)	Referenzausführung/Wert (Maßeinheit)	
			Raum-Solltemperaturen im Heizfall $\geq 19\,°C$	Raum-Solltemperaturen im Heizfall von 12 bis $< 19\,°C$
1.1	Außenwand (einschließlich Einbauten, wie Rollladenkästen), Geschossdecke gegen Außenluft	Wärmedurchgangskoeffizient	$U = 0{,}28\ W/(m^2 \cdot K)$	$U = 0{,}35\ W/(m^2 \cdot K)$
1.2	Vorhangfassade (siehe auch Nummer 1.14)	Wärmedurchgangskoeffizient	$U = 1{,}4\ W/(m^2 \cdot K)$	$U = 1{,}9\ W/(m^2 \cdot K)$
		Gesamtenergiedurchlassgrad der Verglasung	$g = 0{,}48$	$g = 0{,}60$
		Lichttransmissionsgrad der Verglasung	$\tau_{v,D65,SNA} = 0{,}72$	$\tau_{v,D65,SNA} = 0{,}78$
1.3	Wand gegen Erdreich, Bodenplatte, Wände und Decken zu unbeheizten Räumen (außer Abseitenwände nach Nummer 1.4)	Wärmedurchgangskoeffizient	$U = 0{,}35\ W/(m^2 \cdot K)$	$U = 0{,}35\ W/(m^2 \cdot K)$
1.4	Dach (soweit nicht unter Nummer 1.5), oberste Geschossdecke, Wände zu Abseiten	Wärmedurchgangskoeffizient	$U = 0{,}20\ W/(m^2 \cdot K)$	$U = 0{,}35\ W/(m^2 \cdot K)$
1.5	Glasdächer	Wärmedurchgangskoeffizient	$U_W = 2{,}7\ W/(m^2 \cdot K)$	$U_W = 2{,}7\ W/(m^2 \cdot K)$
		Gesamtenergiedurchlassgrad der Verglasung	$g = 0{,}63$	$g = 0{,}63$
		Lichttransmissionsgrad der Verglasung	$\tau_{v,D65,SNA} = 0{,}76$	$\tau_{v,D65,SNA} = 0{,}76$
1.6	Lichtbänder	Wärmedurchgangskoeffizient	$U_W = 2{,}4\ W/(m^2 \cdot K)$	$U_W = 2{,}4\ W/(m^2 \cdot K)$

Nummer	Bauteile/Systeme	Eigenschaft (zu den Nummern 1.1 bis 1.13)	Referenzausführung/Wert (Maßeinheit)	
			Raum-Solltemperaturen im Heizfall $\geq 19\,°C$	Raum-Solltemperaturen im Heizfall von 12 bis $< 19\,°C$
		Gesamtenergiedurchlassgrad der Verglasung	$g = 0{,}55$	$g = 0{,}55$
		Lichttransmissionsgrad der Verglasung	$\tau_{v,D65,SNA} = 0{,}48$	$\tau_{v,D65,SNA} = 0{,}48$
1.7	Lichtkuppeln	Wärmedurchgangskoeffizient	$U_W = 2{,}7\ W/(m^2 \cdot K)$	$U_W = 2{,}7\ W/(m^2 \cdot K)$
		Gesamtenergiedurchlassgrad der Verglasung	$g = 0{,}64$	$g = 0{,}64$
		Lichttransmissionsgrad der Verglasung	$\tau_{v,D65,SNA} = 0{,}59$	$\tau_{v,D65,SNA} = 0{,}59$
1.8	Fenster, Fenstertüren (siehe auch Nummer 1.14)	Wärmedurchgangskoeffizient	$U_W = 1{,}3\ W/(m^2 \cdot K)$	$U_W = 1{,}9\ W/(m^2 \cdot K)$
		Gesamtenergiedurchlassgrad der Verglasung	$g = 0{,}60$	$g = 0{,}60$
		Lichttransmissionsgrad der Verglasung	$\tau_{v,D65,SNA} = 0{,}78$	$\tau_{v,D65,SNA} = 0{,}78$
1.9	Dachflächenfenster (siehe auch Nummer 1.14)	Wärmedurchgangskoeffizient	$U_W = 1{,}4\ W/(m^2 \cdot K)$	$U_W = 1{,}9\ W/(m^2 \cdot K)$
		Gesamtenergiedurchlassgrad der Verglasung	$g = 0{,}60$	$g = 0{,}60$
		Lichttransmissionsgrad der Verglasung	$\tau_{v,D65,SNA} = 0{,}78$	$\tau_{v,D65,SNA} = 0{,}78$
1.10	Außentüren; Türen gegen unbeheizte Räume; Tore	Wärmedurchgangskoeffizient	$U = 1{,}8\ W/(m^2 \cdot K)$	$U = 2{,}9\ W/(m^2 \cdot K)$
1.11	Bauteile in den Nummern 1.1 und 1.3 bis 1.10	Wärmebrückenzuschlag	$\Delta U_{WB} = 0{,}05\ W/(m^2 \cdot K)$	$\Delta U_{WB} = 0{,}1\ W/(m^2 \cdot K)$
1.12	Gebäudedichtheit	Kategorie nach DIN V 18599-2: 2018-09 Tabelle 7	Kategorie I	
1.13	Tageslichtversorgung bei Sonnen- oder Blendschutz oder bei Sonnen- und Blendschutz	Tageslichtversorgungsfaktor $C_{TL,Vers,SA}$ nach DIN V 18599-4: 2018-09	• kein Sonnen- oder Blendschutz vorhanden: 0,70 • Blendschutz vorhanden: 0,15	
1.14	Sonnenschutzvorrichtung	Für das Referenzgebäude ist die tatsächliche Sonnenschutzvorrichtung des zu errichtenden Gebäudes anzunehmen; sie ergibt sich gegebenenfalls aus den Anforderungen zum sommerlichen Wärmeschutz nach § 14 oder aus Erfordernissen des Blendschutzes. Soweit hierfür Sonnenschutzverglasung zum Einsatz kommt, sind für diese Verglasung folgende Kennwerte anzusetzen: • anstelle der Werte der Nummer 1.2 – Gesamtenergiedurchlassgrad der Verglasung g $\quad g = 0{,}35$ – Lichttransmissionsgrad der Verglasung $\tau_{v,D65,SNA}$ $\quad \tau_{v,D65,SNA} = 0{,}58$ • anstelle der Werte der Nummern 1.8 und 1.9:		

13 GEG Anl. 2

Nummer	Bauteile/Systeme	Eigenschaft (zu den Nummern 1.1 bis 1.13)	Referenzausführung/Wert (Maßeinheit)	
			Raum-Solltemperaturen im Heizfall $\geq 19\,°C$	Raum-Solltemperaturen im Heizfall von 12 bis $< 19\,°C$
		– Gesamtenergiedurchlassgrad der Verglasung g	g = 0,35	
		– Lichttransmissionsgrad der Verglasung $\tau_{v,D65,SNA}$		$\tau_{v,D65,SNA} = 0{,}62$
2	Solare Wärmegewinne über opake Bauteile	Wie beim zu errichtenden Gebäude		
3.1	Beleuchtungsart	direkt/indirekt mit elektronischem Vorschaltgerät und stabförmiger Leuchtstofflampe		
3.2	Regelung der Beleuchtung	Präsenzkontrolle: – in Zonen der Nutzungen 4, 15 bis 19, 21 und 31*: mit Präsenzmelder – im Übrigen: manuell Konstantlichtkontrolle/tageslichtabhängige Kontrolle: – in Zonen der Nutzungen 5, 9, 10, 14, 22.1 bis 22.3, 29, 37 bis 40*: Konstantlichtkontrolle gemäß DIN V 18599-4: 2018-09 Abschnitt 5.4.6 – in Zonen der Nutzungen 1 bis 4, 8, 12, 28, 31 und 36*: tageslichtabhängige Kontrolle, Kontrollart „gedimmt, nicht ausschaltend" gemäß DIN V 18599-4: 2018-09 Abschnitt 5.5.4 (einschließlich Konstantlichtkontrolle) – im Übrigen: manuell		
4.1	Heizung (Raumhöhen ≤ 4 m) – Wärmeerzeuger	Brennwertkessel (verbessert, nach 1994) nach DIN V 18599-5: 2018-09, Erdgas, Aufstellung außerhalb der thermischen Hülle, Wasserinhalt > 0,15 l/kW		
4.2	Heizung (Raumhöhen ≤ 4 m) – Wärmeverteilung	– bei statischer Heizung und Umluftheizung (dezentrale Nachheizung in RLT-Anlage): Zweirohrnetz, außen liegende Verteilleitungen im unbeheizten Bereich, innen liegende Steigstränge, innen liegende Anbindeleitungen, Systemtemperatur 55/45 °C, ausschließlich statisch hydraulisch abgeglichen, Δp const, Pumpe auf Bedarf ausgelegt, Pumpe mit intermittierendem Betrieb, keine Überströmventile, für den Referenzfall sind die Rohrleitungslängen und die Umgebungstemperaturen gemäß den Standardwerten nach DIN V 18599-5: 2018-09 zu ermitteln. – bei zentralem RLT-Gerät: Zweirohrnetz, Systemtemperatur 70/55 °C, ausschließlich statisch hydraulisch abgeglichen, Δp const, Pumpe auf Bedarf ausgelegt, für den Referenzfall sind die Rohrleitungslängen und die Lage der Rohrleitungen wie beim zu errichtenden Gebäude anzunehmen.		
4.3	Heizung (Raumhöhen ≤ 4 m) – Wärmeübergabe	– bei statischer Heizung: freie Heizflächen an der Außenwand (bei Anordnung vor Glasflächen mit Strahlungsschutz), ausschließlich statisch hydraulisch abgeglichen, P-Regler (nicht zertifiziert), keine Hilfsenergie – bei Umluftheizung (dezentrale Nachheizung in RLT-Anlage): Regelgröße Raumtemperatur, hohe Regelgüte.		
4.4	Heizung (Raumhöhen > 4 m)	Dezentrales Heizsystem:		

Gebäudeenergiegesetz   Anl. 2   GEG 13

Nummer	Bauteile/Systeme	Eigenschaft (zu den Nummern 1.1 bis 1.13)	Referenzausführung/Wert (Maßeinheit)	
			Raum-Solltemperaturen im Heizfall $\geq 19\,°C$	Raum-Solltemperaturen im Heizfall von 12 bis $< 19\,°C$
		Wärmeerzeuger gemäß DIN V 18599-5: 2018-09 Tabelle 52: – Dezentraler Warmlufterzeuger – nicht kondensierend – Leistung 25 bis 50 kW je Gerät – Energieträger Erdgas – Leistungsregelung 1 (einstufig oder mehrstufig/modulierend ohne Anpassung der Verbrennungsluftmenge) Wärmeübergabe gemäß DIN V 18599-5: 2018-09 Tabelle 16 und Tabelle 22: – Radialventilator, Auslass horizontal, ohne Warmluftrückführung, Raumtemperaturregelung P-Regler (nicht zertifiziert)		
5.1	Warmwasser – zentrales System	Wärmeerzeuger: allgemeine Randbedingungen gemäß DIN V 18599-8: 2018-09 Tabelle 6, Solaranlage mit Flachkollektor (nach 1998) zur ausschließlichen Trinkwassererwärmung nach DIN V 18599-8: 2018-09 mit Standardwerten gemäß Tabelle 19 bzw. Abschnitt 6.4.3, jedoch abweichend auch für zentral warmwasserversorgte Nettogrundflächen über 3000 m² Restbedarf über Wärmeerzeuger der Heizung Wärmespeicherung: bivalenter, außerhalb der thermischen Hülle aufgestellter Speicher nach DIN V 18599-8: 2018-09 Abschnitt 6.4.3 Wärmeverteilung: mit Zirkulation, für den Referenzfall sind die Rohrleitungslänge und die Lage der Rohrleitungen wie beim zu errichtenden Gebäude anzunehmen.		
5.2	Warmwasser – dezentrales System	hydraulisch geregelter Elektro-Durchlauferhitzer, eine Zapfstelle und 6 Meter Leitungslänge pro Gerät bei Gebäudezonen, die einen Warmwasserbedarf von höchstens 200 Wh / (m² · d) aufweisen		
6.1	Raumlufttechnik – Abluftanlage	spezifische Leistungsaufnahme Ventilator $P_{SFP} = 1{,}0\ kW/(m^3/s)$		

6.2	Raumlufttechnik – Zu- und Abluftanlage	– Luftvolumenstromregelung:
		   Soweit für Zonen der Nutzungen 4, 8, 9, 12, 13, 23, 24, 35, 37 und 40* eine Zu- und Abluftanlage vorgesehen wird, ist diese mit bedarfsabhängiger Luftvolumenstromregelung Kategorie IDA-C4 gemäß DIN V 18599-7: 2018-09 Abschnitt 5.8.1 auszulegen.
		 – Spezifische Leistungsaufnahme:
		   – Zuluftventilator $P_{SFP} = 1{,}5\ kW/(m^3/s)$
		   – Abluftventilator $P_{SFP} = 1{,}0\ kW/(m^3/s)$
		   Erweiterte P_{SFP}-Zuschläge nach DIN EN 16798-3: 2017-11 Abschnitt 9.5.2.2 können für HEPA-Filter, Gasfilter sowie Wärmerückführungsbauteile der Klassen H2 oder H1 nach DIN EN 13053:2007-11 angerechnet werden.
		 – Wärmerückgewinnung über Plattenwärmeübertrager:
		   Temperaturänderungsgrad $\eta_{t,comp} = 0{,}6$
		   Zulufttemperatur $18\,°C$
		   Druckverhältniszahl $f_P = 0{,}4$		

Nummer	Bauteile/Systeme	Eigenschaft (zu den Nummern 1.1 bis 1.13)	Referenzausführung/Wert (Maßeinheit)	
			Raum-Solltemperaturen im Heizfall ≥ 19 °C	Raum-Solltemperaturen im Heizfall von 12 bis < 19 °C
		– Luftkanalführung: – bei Kühlfunktion:	innerhalb des Gebäudes Auslegung für 6/12 °C, keine indirekte Verdunstungskühlung	
6.3	Raumlufttechnik – Luftbefeuchtung	für den Referenzfall ist die Einrichtung zur Luftbefeuchtung wie beim zu errichtenden Gebäude anzunehmen		
6.4	Raumlufttechnik – Nur-Luft-Klimaanlagen	als kühllastgeregeltes Variabel-Volumenstrom-System ausgeführt: Druckverhältniszahl: f_P = 0,4 konstanter Vordruck Luftkanalführung: innerhalb des Gebäudes		
7	Raumkühlung	– Kältesystem: Kaltwasser-Ventilatorkonvektor, Brüstungsgerät Kaltwassertemperatur 14/18 °C – Kaltwasserkreis Raumkühlung: Überströmung 10 % spezifische elektrische Leistung der Verteilung $P_{d,spez}$ = 30 W_{el}/$kW_{Kälte}$ hydraulisch abgeglichen, geregelte Pumpe, Pumpe hydraulisch entkoppelt, saisonale sowie Nacht- und Wochenendabschaltung nach DIN V 18599-7: 2018-09, Anhang D		
8	Kälteerzeugung	Erzeuger: Kolben/Scrollverdichter mehrstufig schaltbar, R134a, außenluftgekühlt, kein Speicher, Baualtfaktor $f_{c,B}$ = 1,0, Freikühlfaktor f_{FC} = 1,0 Kaltwassertemperatur: – bei mehr als 5000 m² mittels Raumkühlung 14/18 °C konditionierter Nettogrundfläche, für diesen Konditionierungsanteil – im Übrigen: 6/12 °C Kaltwasserkreis Erzeuger inklusive RLT-Kühlung: Überströmung 30 % spezifische elektrische Leistung der Verteilung $P_{d,spez}$ = 20 W_{el}/$kW_{Kälte}$ hydraulisch abgeglichen, ungeregelte Pumpe, Pumpe hydraulisch entkoppelt, saisonale sowie Nacht- und Wochenendabschaltung nach DIN V 18599-7: 2018-09, Anhang D, Verteilung außerhalb der konditionierten Zone. Der Primärenergiebedarf für das Kühlsystem und die Kühlfunktion der raumlufttechnischen Anlage darf für Zonen der Nutzungen 1 bis 3, 8, 10, 16, 18 bis 20 und 31* nur zu 50 % angerechnet werden.		
9	Gebäudeautomation	Klasse C nach DIN V 18599-11: 2018-09		

*Amtl. Anm.: Nutzungen nach Tabelle 5 der DIN V 18599-10: 2018-09.

Gebäudeenergiegesetz Anl. 3, 4 GEG 13

Anlage 3
(zu § 19)

Höchstwerte der mittleren Wärmedurchgangskoeffizienten der wärmeübertragenden Umfassungsfläche (Nichtwohngebäude)

Nummer	Bauteile	Höchstwerte der Mittelwerte der Wärmedurchgangskoeffizienten	
		Zonen mit Raum-Solltemperaturen im Heizfall ≥ 19 °C	Zonen mit Raum-Solltemperaturen im Heizfall von 12 bis < 19 °C
1	Opake Außenbauteile, soweit nicht in Bauteilen der Nummern 3 und 4 enthalten	$\bar{U} = 0{,}28$ W/(m² · K)	$\bar{U} = 0{,}50$ W/(m² · K)
2	Transparente Außenbauteile, soweit nicht in Bauteilen der Nummern 3 und 4 enthalten	$\bar{U} = 1{,}5$ W/(m² · K)	$\bar{U} = 2{,}8$ W/(m² · K)
3	Vorhangfassade	$\bar{U} = 1{,}5$ W/(m² · K)	$\bar{U} = 3{,}0$ W/(m² · K)
4	Glasdächer, Lichtbänder, Lichtkuppeln	$\bar{U} = 2{,}5$ W/(m² · K)	$\bar{U} = 3{,}1$ W/(m² · K)

Bei der Berechnung des Mittelwerts des jeweiligen Bauteils sind die Bauteile nach Maßgabe ihres Flächenanteils zu berücksichtigen. Die Wärmedurchgangskoeffizienten von Bauteilen gegen unbeheizte Räume (außer Dachräumen) oder Erdreich sind zusätzlich mit dem Faktor 0,5 zu gewichten. Bei der Berechnung des Mittelwerts der an das Erdreich angrenzenden Bodenplatten bleiben die Flächen unberücksichtigt, die mehr als 5 Meter vom äußeren Rand des Gebäudes entfernt sind. Die Berechnung ist für Zonen mit unterschiedlichen Raum-Solltemperaturen im Heizfall getrennt durchzuführen.

Für die Berechnung des Wärmedurchgangskoeffizienten der an Erdreich grenzenden Bauteile ist DIN V 18599-2: 2018-09 Abschnitt 6.1.4.3 und für opake Bauteile ist DIN 4108-4: 2017-03 in Verbindung mit DIN EN ISO 6946: 2008-04 anzuwenden. Für die Berechnung des Wärmedurchgangskoeffizienten transparenter Bauteile sowie von Vorhangfassaden ist DIN 4108-4: 2017-03 anzuwenden.

Anlage 4
(zu § 22 Absatz 1)

Primärenergiefaktoren

Nummer	Kategorie	Energieträger	Primärenergiefaktoren nicht erneuerbarer Anteil
1		Heizöl	1,1
2		Erdgas	1,1
3	Fossile Brennstoffe	Flüssiggas	1,1
4		Steinkohle	1,1
5		Braunkohle	1,2
6		Biogas	1,1
7	Biogene Brennstoffe	Bioöl	1,1
8		Holz	0,2
9		netzbezogen	1,8
10	Strom	gebäudenah erzeugt (aus Photovoltaik oder Windkraft)	0,0
11		Verdrängungsstrommix für KWK	2,8
12		Erdwärme, Geothermie, Solarthermie, Umgebungswärme	0,0
13	Wärme, Kälte	Erdkälte, Umgebungskälte	0,0
14		Abwärme	0,0

Nummer	Kategorie	Energieträger	Primärenergiefaktoren nicht erneuerbarer Anteil
15		Wärme aus KWK, gebäudeintegriert oder gebäudenah	nach Verfahren B gemäß DIN V 18599-9: 2018-09 Abschnitt 5.2.5 oder DIN V 18599-9: 2018-09 Abschnitt 5.3.5.1
16	Siedlungsabfälle		0,0

Anlage 5
(zu § 31 Absatz 1)

Vereinfachtes Nachweisverfahren für ein zu errichtendes Wohngebäude

1. Voraussetzungen für die Anwendung des vereinfachten Nachweisverfahrens

Das vereinfachte Nachweisverfahren nach § 31 Absatz 1 kann auf ein zu errichtendes Wohngebäude angewendet werden, wenn sämtliche der folgenden Voraussetzungen erfüllt sind:

a) Das Gebäude ist ein Wohngebäude im Sinne des § 3 Nummer 33; wird ein gemischt genutztes Gebäude nach § 106 Absatz 1 oder Absatz 2 in zwei Gebäudeteile aufgeteilt, kann das vereinfachte Nachweisverfahren nach § 31 Absatz 1 bei Erfüllung aller anderen Voraussetzungen auf den Wohngebäudeteil angewendet werden.

b) Das Gebäude darf nicht mit einer Klimaanlage ausgestattet sein.

c) Die Dichtheit des Gebäudes ist nach § 26 zu prüfen und muss die dort genannten Grenzwerte einhalten.

d) Damit der sommerliche Wärmeschutz auch ohne Nachweisrechnung als ausreichend angesehen werden kann, muss das Gebäude folgende Voraussetzungen erfüllen:

aa) beim kritischen Raum (Raum mit der höchsten Wärmeeinstrahlung im Sommer) beträgt der Fensterflächenanteil bezogen auf die Grundfläche dieses Raums nicht mehr als 35 Prozent,

bb) sämtliche Fenster in Ost-, Süd- oder Westorientierung (inklusive derer eines eventuellen Glasvorbaus) sind mit außen liegenden Sonnenschutzvorrichtungen mit einem Abminderungsfaktor $F_C \leq 0{,}30$ ausgestattet.

e) Die beheizte Bruttogrundfläche des Gebäudes $A_{BGF,\,Gebäude}$[1] darf nicht kleiner als 115 Quadratmeter und nicht größer als 2300 Quadratmeter sein.

f) Die mittlere Geschosshöhe[2] nach DIN V 18599-1: 2018-09 des Gebäudes darf nicht kleiner als 2,5 Meter und nicht größer als 3 Meter sein.

g) Die Kompaktheit des Gebäudes in Bezug auf das Verhältnis von Bruttoumfang beheizter Bruttogrundfläche $A_{BGF,\,Geschoss}$ jedes beheizten Geschosses muss folgende Voraussetzung erfüllen: Das Quadrat des Bruttoumfangs

---

[1] **Amtl. Anm.:** Die „beheizte Bruttogrundfläche des Gebäudes A_{BGF}" ist die Summe der Bruttogrundflächen aller beheizten Geschosse, wobei bei Gebäuden mit zwei oder mehr beheizten Geschossen nur 80 Prozent der Bruttogrundfläche des obersten beheizten Geschosses eingerechnet werden.

[2] **Amtl. Anm.:** Die „mittlere Geschosshöhe des Gebäudes" ist der flächengewichtete Durchschnitt der Geschosshöhen aller beheizten Geschosse des Gebäudes.

Gebäudeenergiegesetz **Anl. 5 GEG 13**

U_{brutto} in Meter darf höchstens das 20fache der beheizten Bruttogrundfläche eines beheizten Geschosses $A_{BGF,\ Geschoss}$ in Quadratmeter betragen; bei einem angebauten Gebäude ist in den Bruttoumfang auch derjenige Anteil einzurechnen, der an benachbarte beheizte Gebäude angrenzt.

h) Bei Gebäuden mit beheizten Räumen in mehreren Geschossen müssen die beheizten Bruttogeschossflächen aller Geschosse ohne Vor- oder Rücksprünge deckungsgleich sein; nur das oberste Geschoss darf eine kleinere beheizte Bruttogeschossfläche als das darunter liegende Geschoss besitzen.[1]

i) Insgesamt darf das Gebäude nicht mehr als sechs beheizte Geschosse besitzen.

j) Der Fensterflächenanteil des Gebäudes[2] darf bei zweiseitig angebauten Gebäuden nicht mehr als 35 Prozent, bei allen anderen Gebäuden nicht mehr als 30 Prozent an der gesamten Fassadenfläche des Gebäudes betragen.

k) Die Gesamtfläche spezieller Fenstertüren an der gesamten Fassadenfläche des Gebäudes darf bei freistehenden Gebäuden und einseitig angebauten Gebäuden 4,5 Prozent und bei zweiseitig angebauten Gebäuden 5,5 Prozent nicht überschreiten.

l) Die Fläche der in nördliche Richtung orientierten[3] Fenster des Gebäudes darf nicht größer sein als der Mittelwert der Fensterflächen anderer Orientierungen.

m) Der Anteil von Dachflächenfenstern, Lichtkuppeln und ähnlichen transparenten Bauteilen im Dachbereich darf nicht mehr als 6 Prozent der Dachfläche betragen.

n) Die Gesamtfläche aller Außentüren[4] darf bei Ein- und Zweifamilienhäusern 2,7 Prozent, ansonsten 1,5 Prozent der beheizten Bruttogrundfläche des Gebäudes nicht überschreiten.

2. Bauteilanforderungen

Folgende Anforderungen an die jeweiligen einzelnen Bauteile der thermischen Gebäudehülle müssen eingehalten werden:

- Dachflächen, oberste Geschossdecke, Dachgauben:
  $U \leq 0{,}14$ W/(m² K)

- Fenster und sonstige transparente Bauteile:
  $U_w \leq 0{,}90$ W/(m² K)

- Dachflächenfenster:
  $U_w \leq 1{,}0$ W/(m² K)

- Außenwände, Geschossdecken nach unten gegen Außenluft:
  $U \leq 0{,}20$ W/(m² K)

---

[1] **Amtl. Anm.:** Kellerabgänge und Kellervorräume sind keine beheizten Geschosse im Sinne dieser Regelung, soweit sie nur indirekt beheizt sind.

[2] **Amtl. Anm.:** Der Fensterflächenanteil ist der Quotient aus Fensterfläche und der Summe aus Fensterfläche und Außenwand-/Fassadenfläche. Die Fensterfläche ist einschließlich Fenstertüren und spezieller Fenstertüren zu ermitteln; spezielle Fenstertüren sind barrierefreie Fenstertüren gemäß DIN 18040-2: 2011-09 sowie Schiebe-, Hebe-Schiebe-, Falt- und Faltschiebetüren.

[3] **Amtl. Anm.:** Fenster sind in nördliche Richtungen orientiert, wenn die Senkrechte auf die Fensterfläche nicht mehr als 22,5 Grad von der Nordrichtung abweicht.

[4] **Amtl. Anm.:** Öffnungsmaße von Fenstern und Türen werden gemäß DIN V 18599-1: 2018-09 mit den lichten Rohbaumaßen innen ermittelt.

- Sonstige opake Bauteile (Kellerdecken, Wände und Decken zu unbeheizten Räumen, Wand- und Bodenflächen gegen Erdreich, etc.):
  U ≤ 0,25 W/(m² K)
- Türen (Keller- und Außentüren)
  U_D ≤ 1,2 W/(m² K)
- Lichtkuppeln und ähnliche Bauteile:
  U ≤ 1,5 W/(m² K)
- Spezielle Fenstertüren (mit Klapp-, Falt-, Schiebe- oder Hebemechanismus):
  U_w ≤ 1,4 W/(m² K)
- Vermeidung von Wärmebrücken:
  ΔU_{WB} ≤ 0,035 W/(m² K).

Die Anforderungen sind über die gesamte Fläche des jeweiligen Bauteils einzuhalten. Zudem müssen die Anforderungen an die Ausführung von Wärmebrücken sowie an die Luftdichtheit der Gebäudehülle eingehalten werden.

3. Zulässige Anlagenkonzepte

Für die Anlagentechnik ist eines der nachfolgenden Anlagenkonzepte umzusetzen:

- Sole-Wasser-Wärmepumpe mit Flächenheizsystem zur Wärmeübergabe, zentrale Abluftanlage
- Wasser-Wasser-Wärmepumpe mit Flächenheizsystem zur Wärmeübergabe, zentrale Abluftanlage
- Luft-Wasser-Wärmepumpe mit Flächenheizsystem zur Wärmeübergabe, zentrale Lüftungsanlage mit Wärmerückgewinnung (Wärmebereitstellungsgrad ≥ 80 %)
- Fernwärme mit zertifiziertem Primärenergiefaktor f_p ≤ 0,7, zentrale Lüftungsanlage mit Wärmerückgewinnung (Wärmebereitstellungsgrad ≥ 80 %)
- Zentrale Biomasse-Heizungsanlage auf Basis von Holzpellets, Hackschnitzeln oder Scheitholz, zentrale Abluftanlage, solarthermische Anlage zur Trinkwarmwasser-Bereitung

Der Aufstellungsort des Wärmeerzeugers beziehungsweise der Wärmeübergabestation muss innerhalb der thermischen Gebäudehülle liegen und es muss eine zentrale Trinkwarmwasser-Bereitung vorhanden sein. Bei Wahl eines Anlagenkonzeptes mit Wärmepumpe dürfen einzelne Komponenten auch außerhalb der thermischen Gebäudehülle aufgestellt werden, wenn sich mindestens die Geräte zur Wärmespeicherung und -verteilung innerhalb der thermischen Gebäudehülle befinden. Bei Wahl einer Wärmepumpe kann die Trinkwarmwasser-Bereitung mittels Durchlauferhitzer dezentral erfolgen. Eine Trinkwarmwasser-Zirkulation ist zulässig.

Eine zentrale Abluftanlage kann durch eine Lüftungsanlage mit Wärmerückgewinnung ersetzt werden. Für diese besteht dann keine Anforderung an einen ausschließlichen Einsatz einer zentralen Anlage. Darüber hinausgehende Abweichungen von den genannten Anforderungen an die Bauteile und den aufgeführten Anlagenkonzepten sind für dieses Nachweisverfahren nicht zulässig. Weitere Wärmeerzeuger für Heizung oder Trinkwarmwasser sind nicht zulässig, auch nicht als ergänzender Wärmeerzeuger. Soweit sinnvoll, können die Konzepte um solarthermische Anlagen (Heizungsunterstützung und Trinkwarmwasser-Bereitung) oder Photovoltaik-Anlagen ergänzt werden.

Gebäudeenergiegesetz **Anl. 6 GEG 13**

Als zentrale Lüftungsanlage gelten sowohl gebäude- als auch wohnungszentrale Anlagen. Die Anforderung an den Einbau einer Lüftungsanlage besteht dabei an das Gebäude. Bei dem Einbau wohnungszentraler Anlagen in ein Mehrfamilienhaus sind Anlagen mindestens in jede einzelne Wohnung einzubauen. Die jeweiligen Anforderungen an den Wärmebereitstellungsgrad werden für Lüftungsanlagen mit Wärmerückgewinnung gleichwertig erfüllt, wenn die zentrale Lüftungsanlage einen spezifischen Energieverbrauch von SEV < − 26 kWh/(m² a) gemäß der Definition des SEV nach Anhang 1 Nummer 1 der Verordnung (EU) Nr. 1253/2014 der Kommission vom 7. Juli 2014 zur Durchführung der Richtlinie 2009/125/ EG des Europäischen Parlaments und des Rates hinsichtlich der Anforderungen an die umweltgerechte Gestaltung von Lüftungsanlagen (ABl. L 337 vom 25.11.2014, S. 8) aufweist.

Anlage 6
(zu § 32 Absatz 3)

Zu verwendendes Nutzungsprofil für die Berechnungen des Jahres-Primärenergiebedarfs beim vereinfachten Berechnungsverfahren für ein zu errichtendes Nichtwohngebäude

Nummer	Gebäudetyp und Hauptnutzung	Nutzung	Nutzenergiebedarf Warmwasser*
1	Bürogebäude mit der Hauptnutzung Einzelbüro, Gruppenbüro, Großraumbüro, Besprechung, Sitzung, Seminar	Einzelbüro	0
2	Bürogebäude mit Verkaufseinrichtung oder Gewerbebetrieb und der Hauptnutzung Einzelbüro, Gruppenbüro, Großraumbüro, Besprechung, Sitzung, Seminar	Einzelbüro	0
3	Bürogebäude mit Gaststätte und der Hauptnutzung Einzelbüro, Gruppenbüro, Großraumbüro, Besprechung, Sitzung, Seminar	Einzelbüro	1,5 kWh je Sitzplatz in der Gaststätte und Tag
4	Gebäude des Groß- und Einzelhandels bis 1000 Quadratmeter Nettogrundfläche mit der Hauptnutzung Groß-, Einzelhandel/Kaufhaus	Einzelhandel/Kaufhaus	0
5	Gewerbebetriebe bis 1000 Quadratmeter Nettogrundfläche mit der Hauptnutzung Gewerbe	Gewerbliche und industrielle Hallen – leichte Arbeit, überwiegend sitzende Tätigkeit	1,5 kWh je Beschäftigten und Tag
6	Schule, Kindergarten und -tagesstätte, ähnliche Einrichtungen mit der Hauptnutzung Klassenzimmer, Gruppenraum	Klassenzimmer/Gruppenraum	Ohne Duschen: 65 Wh je Quadratmeter und Tag, 200 Nutzungstage
7	Turnhalle mit der Hauptnutzung Turnhalle	Turnhalle	1,5 kWh je Person und Tag
8	Beherbergungsstätte ohne Schwimmhalle, Sauna oder Wellnessbereich mit der Hauptnutzung Hotelzimmer	Hotelzimmer	250 Wh je Quadratmeter und Tag, 365 Nutzungstage
9	Bibliothek mit der Hauptnutzung Lesesaal, Freihandbereich	Bibliothek, Lesesaal	0

* **Amtl. Anm.:** Die flächenbezogenen Werte beziehen sich auf die gesamte Nettogrundfläche des Gebäudes; der monatliche Nutzenergiebedarf für Trinkwarmwasser ist nach DIN V 18599-10: 2018-09, Tabelle 7, Fußnote a zu berechnen.

Anlage 7
(zu § 48)

Höchstwerte der Wärmedurchgangskoeffizienten von Außenbauteilen bei Änderung an bestehenden Gebäuden

Nummer	Erneuerung, Ersatz oder erstmaliger Einbau von Außenbauteilen	Wohngebäude und Zonen von Nichtwohngebäuden mit Raum-Solltemperatur ≥ 19 °C	Zonen von Nichtwohngebäuden mit Raum-Solltemperatur von 12 bis < 19 °C
		Höchstwerte der Wärmedurchgangskoeffizienten U_{max}	
	Bauteilgruppe: Außenwände		
1a*1	Außenwände: – Ersatz oder – erstmaliger Einbau	$U = 0{,}24$ W/(m² · K)	$U = 0{,}35$ W/(m² · K)
1b*1,*2	Außenwände: – Anbringen von Bekleidungen (Platten oder plattenartige Bauteile), Verschalungen, Mauervorsatzschalen oder Dämmschichten auf der Außenseite einer bestehenden Wand oder – Erneuerung des Außenputzes einer bestehenden Wand	$U = 0{,}24$ W/(m² · K)	$U = 0{,}35$ W/(m² · K)
	Bauteilgruppe: Fenster, Fenstertüren, Dachflächenfenster, Glasdächer, Außentüren und Vorhangfassaden		
2a	Gegen Außenluft abgrenzende Fenster und Fenstertüren: – Ersatz oder erstmaliger Einbau des gesamten Bauteils oder – Einbau zusätzlicher Vor- oder Innenfenster	$U_w = 1{,}3$ W/(m² · K)	$U_w = 1{,}9$ W/(m² · K)
2b	Gegen Außenluft abgrenzende Dachflächenfenster: – Ersatz oder erstmaliger Einbau des gesamten Bauteils oder – Einbau zusätzlicher Vor- oder Innenfenster	$U_w = 1{,}4$ W/(m² · K)	$U_w = 1{,}9$ W/(m² · K)
2c*3	Gegen Außenluft abgrenzende Fenster, Fenstertüren und Dachflächenfenster: – Ersatz der Verglasung oder verglaster Flügelrahmen	$U_g = 1{,}1$ W/(m² · K)	Keine Anforderung
2d	Vorhangfassaden in Pfosten-Riegel-Konstruktion, deren Bauart DIN EN ISO 12631: 2018-01 entspricht: – Ersatz oder erstmaliger Einbau des gesamten Bauteils	$U_c = 1{,}5$ W/(m² · K)	$U_c = 1{,}9$ W/(m² · K)
2e*3	Gegen Außenluft abgrenzende Glasdächer: – Ersatz oder erstmaliger Einbau des gesamten Bauteils oder – Ersatz der Verglasung oder verglaster Flügelrahmen	$U_w/U_g = 2{,}0$ W/(m² · K)	$U_w/U_g = 2{,}7$ W/(m² · K)
2f	Gegen Außenluft abgrenzende Fenstertüren mit Klapp-, Falt-, Schiebe- oder Hebemechanismus: – Ersatz oder erstmaliger Einbau des gesamten Bauteils	$U_w = 1{,}6$ W/(m² · K)	$U_w = 1{,}9$ W/(m² · K)
3a*4	Gegen Außenluft abgrenzende Fenster, Fenstertüren und Dachflächenfenster mit Sonderverglasung:	$U_w/U_g = 2{,}0$ W/(m² · K)	$U_w/U_g = 2{,}8$ W/(m² · K)

Nummer	Erneuerung, Ersatz oder erstmaliger Einbau von Außenbauteilen	Wohngebäude und Zonen von Nichtwohngebäuden mit Raum-Solltemperatur ≥ 19 °C	Zonen von Nichtwohngebäuden mit Raum-Solltemperatur von 12 bis < 19 °C
		Höchstwerte der Wärmedurchgangskoeffizienten U_{max}	
	– Ersatz oder erstmaliger Einbau des gesamten Bauteils oder – Einbau zusätzlicher Vor- oder Innenfenster		
3b*4	Gegen Außenluft abgrenzende Fenster, Fenstertüren und Dachflächenfenster mit Sonderverglasung: – Ersatz der Sonderverglasung oder verglaster Flügelrahmen	U_g = 1,6 W/(m² · K)	Keine Anforderung
3c*3,*4	Vorhangfassaden in Pfosten-Riegel-Konstruktion, deren Bauart DIN EN ISO 12631: 2018-01 entspricht, mit Sonderverglasung: – Ersatz oder erstmaliger Einbau des gesamten Bauteils	U_c = 2,3 W/(m² · K)	U_c = 3,0 W/(m² · K)
4	Einbau neuer Außentüren (ohne rahmenlose Türanlagen aus Glas, Karusselltüren und kraftbetätigte Türen)	U = 1,8 W/(m² · K) (Türfläche)	U = 1,8 W/(m² · K) (Türfläche)
	Bauteilgruppe: Dachflächen sowie Decken und Wände gegen unbeheizte Dachräume		
5a*1	Gegen Außenluft abgrenzende Dachflächen einschließlich Dachgauben sowie gegen unbeheizte Dachräume abgrenzende Decken (oberste Geschossdecken) und Wände (einschließlich Abseitenwände): – Ersatz oder – erstmaliger Einbau Anzuwenden nur auf opake Bauteile	U = 0,24 W/(m² · K)	U = 0,35 W/(m² · K)
5b*1,*5	Gegen Außenluft abgrenzende Dachflächen einschließlich Dachgauben sowie gegen unbeheizte Dachräume abgrenzende Decken (oberste Geschossdecken) und Wände (einschließlich Abseitenwände): – Ersatz oder Neuaufbau einer Dachdeckung einschließlich der darunter liegenden Lattungen und Verschalungen oder – Aufbringen oder Erneuerung von Bekleidungen oder Verschalungen oder Einbau von Dämmschichten auf der kalten Seite von Wänden oder – Aufbringen oder Erneuerung von Bekleidungen oder Verschalungen oder Einbau von Dämmschichten auf der kalten Seite von obersten Geschossdecken Anzuwenden nur auf opake Bauteile	U = 0,24 W/(m² · K)	U = 0,35 W/(m² · K)
5c*1,*5	Gegen Außenluft abgrenzende Dachflächen mit Abdichtung: – Ersatz einer Abdichtung, die flächig das Gebäude wasserdicht abdichtet, durch eine neue Schicht gleicher Funktion (bei Kaltdachkonstruktionen einschließlich darunter liegender Lattungen)	U = 0,20 W/(m² · K)	U = 0,35 W/(m² · K)

Nummer	Erneuerung, Ersatz oder erstmaliger Einbau von Außenbauteilen	Wohngebäude und Zonen von Nichtwohngebäuden mit Raum-Solltemperatur ≥ 19 °C	Zonen von Nichtwohngebäuden mit Raum-Solltemperatur von 12 bis < 19 °C
		Höchstwerte der Wärmedurchgangskoeffizienten U_{max}	
	Anzuwenden nur auf opake Bauteile		
	Bauteilgruppe: Wände gegen Erdreich oder unbeheizte Räume (mit Ausnahme von Dachräumen) sowie Decken nach unten gegen Erdreich, Außenluft oder unbeheizte Räume		
6a[*1]	Wände, die an Erdreich oder an unbeheizte Räume (mit Ausnahme von Dachräumen) grenzen, und Decken, die beheizte Räume nach unten zum Erdreich oder zu unbeheizten Räumen abgrenzen: – Ersatz oder – erstmaliger Einbau	$U = 0{,}30$ W/(m² · K)	Keine Anforderung
6b[*1,*5]	Wände, die an Erdreich oder an unbeheizte Räume (mit Ausnahme von Dachräumen) grenzen, und Decken, die beheizte Räume nach unten zum Erdreich oder zu unbeheizten Räumen abgrenzen: – Anbringen oder Erneuern von außenseitigen Bekleidungen oder Verschalungen, Feuchtigkeitssperren oder Drainagen oder – Anbringen von Deckenbekleidungen auf der Kaltseite	$U = 0{,}30$ W/(m² · K)	Keine Anforderung
6c[*1,*5]	Decken, die beheizte Räume nach unten zum Erdreich, zur Außenluft oder zu unbeheizten Räumen abgrenzen: – Aufbau oder Erneuerung von Fußbodenaufbauten auf der beheizten Seite	$U = 0{,}50$ W/(m² · K)	Keine Anforderung
6d[*1]	Decken, die beheizte Räume nach unten zur Außenluft abgrenzen: – Ersatz oder – Erstmaliger Einbau	$U = 0{,}24$ W/(m² · K)	$U = 0{,}35$ W/(m² · K)
6e[*1,*5]	Decken, die beheizte Räume nach unten zur Außenluft abgrenzen, – Anbringen oder Erneuern von außenseitigen Bekleidungen oder Verschalungen, Feuchtigkeitssperren oder Drainagen oder – Anbringen von Deckenbekleidungen auf der Kaltseite	$U = 0{,}24$ W/(m² · K)	$U = 0{,}35$ W/(m² · K)

[*1] **Amtl. Anm.:** Werden Maßnahmen nach den Nummern 1a, 1b, 5a, 5b, 5c, 6a, 6b, 6c, 6d oder 6e ausgeführt und ist die Dämmschichtdicke im Rahmen dieser Maßnahmen aus technischen Gründen begrenzt, so gelten die Anforderungen als erfüllt, wenn die nach anerkannten Regeln der Technik höchstmögliche Dämmschichtdicke eingebaut wird, wobei ein Bemessungswert der Wärmeleitfähigkeit von $\lambda = 0{,}035$ W/(m · K) einzuhalten ist. Abweichend von Satz 1 ist ein Bemessungswert der Wärmeleitfähigkeit von $\lambda = 0{,}045$ W/(m · K) einzuhalten, soweit Dämmmaterialien in Hohlräume eingeblasen oder Dämmmaterialien aus nachwachsenden Rohstoffen verwendet werden. Wird bei Maßnahmen nach Nummer 5b eine Dachdeckung einschließlich darunter liegender Lattungen und Verschalungen ersetzt oder neu aufgebaut, sind die Sätze 1 und 2 entsprechend anzuwenden, wenn der Wärmeschutz als Zwischensparrendämmung ausgeführt wird und die Dämmschichtdicke wegen einer innenseitigen Bekleidung oder der Sparrenhöhe begrenzt ist. Die Sätze 1 bis 3 sind bei Maßnahmen nach den Nummern 5a, 5b, und 5c nur auf opake Bauteile anzuwenden.

Gebäudeenergiegesetz **Anl. 8 GEG 13**

*²**Amtl. Anm.**: Werden Maßnahmen nach Nummer 1b ausgeführt, müssen die dort genannten Anforderungen nicht eingehalten werden, wenn die Außenwand nach dem 31. Dezember 1983 unter Einhaltung energiesparrechtlicher Vorschriften errichtet oder erneuert worden ist.
*³**Amtl. Anm.**: Bei Ersatz der Verglasung oder verglaster Flügelrahmen gelten die Anforderungen nach den Nummern 2c, 2e und 3c nicht, wenn der vorhandene Rahmen zur Aufnahme der vorgeschriebenen Verglasung ungeeignet ist. Werden bei Maßnahmen nach Nummer 2c oder bei Maßnahmen nach Nummer 2e Verglasungen oder verglaste Flügelrahmen ersetzt und ist die Glasdicke im Rahmen dieser Maßnahmen aus technischen Gründen begrenzt, so gelten die Anforderungen als erfüllt, wenn eine Verglasung mit einem Wärmedurchgangskoeffizienten von höchstens 1,3 W/(m² · K) eingebaut wird. Werden Maßnahmen nach Nummer 2c an Kasten- oder Verbundfenstern durchgeführt, so gelten die Anforderungen als erfüllt, wenn eine Glastafel mit einer infrarot-reflektierenden Beschichtung mit einer Emissivität $\varepsilon_n \leq 0{,}2$ eingebaut wird.
*⁴**Amtl. Anm.**: Sonderverglasungen im Sinne der Nummern 3a, 3b und 3c sind
– Schallschutzverglasungen mit einem bewerteten Schalldämmmaß der Verglasung von $R_{w,R} \geq 40$ dB nach DIN EN ISO 717-1: 2013-06 oder einer vergleichbaren Anforderung,
– Isolierglas-Sonderaufbauten zur Durchschusshemmung, Durchbruchhemmung oder Sprengwirkungshemmung nach anerkannten Regeln der Technik oder
– Isolierglas-Sonderaufbauten als Brandschutzglas mit einer Einzelelementdicke von mindestens 18 mm nach DIN 4102-13: 1990-05 oder einer vergleichbaren Anforderung.
*⁵**Amtl. Anm.**: Werden Maßnahmen nach den Nummern 5b, 5c, 6b, 6c oder 6e ausgeführt, müssen die dort genannten Anforderungen nicht eingehalten werden, wenn die Bauteilfläche nach dem 31. Dezember 1983 unter Einhaltung energiesparrechtlicher Vorschriften errichtet oder erneuert worden ist.

Anlage 8
(zu den §§ 69, 70 und 71 Absatz 1)

Anforderungen an die Wärmedämmung von Rohrleitungen und Armaturen

1. Wärmedämmung von Wärmeverteilungs- und Warmwasserleitungen sowie Armaturen in den Fällen des § 69 und § 71 Absatz 1

a) Wärmeverteilungs- und Warmwasserleitungen sowie Armaturen sind wie folgt zu dämmen:

aa) Bei Leitungen und Armaturen mit einem Innendurchmesser von bis zu 22 Millimetern beträgt die Mindestdicke der Dämmschicht, bezogen auf eine Wärmeleitfähigkeit von 0,035 Watt pro Meter und Kelvin, 20 Millimeter.

bb) Bei Leitungen und Armaturen mit einem Innendurchmesser von mehr als 22 Millimetern und bis zu 35 Millimetern beträgt die Mindestdicke der Dämmschicht, bezogen auf eine Wärmeleitfähigkeit von 0,035 Watt pro Meter und Kelvin, 30 Millimeter.

cc) Bei Leitungen und Armaturen mit einem Innendurchmesser von mehr als 35 Millimetern und bis zu 100 Millimetern ist die Mindestdicke der Dämmschicht, bezogen auf eine Wärmeleitfähigkeit von 0,035 Watt pro Meter und Kelvin, gleich dem Innendurchmesser.

dd) Bei Leitungen und Armaturen mit einem Innendurchmesser von mehr als 100 Millimetern beträgt die Mindestdicke der Dämmschicht, bezogen auf eine Wärmeleitfähigkeit von 0,035 Watt pro Meter und Kelvin, 100 Millimeter.

ee) Bei Leitungen und Armaturen nach den Doppelbuchstaben aa bis dd, die sich in Wand- und Deckendurchbrüchen, im Kreuzungsbereich von Leitungen, an Leitungsverbindungsstellen oder bei zentralen Leitungsnetzverteilern befinden, beträgt die Mindestdicke der Dämmschicht, bezogen auf eine Wärmeleitfähigkeit von 0,035 Watt pro Meter und Kelvin, die Hälfte des jeweiligen Wertes nach den Doppelbuchstaben aa bis dd.

ff) Bei Wärmeverteilungsleitungen nach den Doppelbuchstaben aa bis dd, die nach dem 31. Januar 2002 in Bauteilen zwischen beheizten Räumen verschiedener Nutzer verlegt werden, beträgt die Mindestdicke der Dämmschicht, bezogen auf eine Wärmeleitfähigkeit von 0,035 Watt pro Meter und Kelvin, die Hälfte des jeweiligen Wertes nach den Doppelbuchstaben aa bis dd.

gg) Bei Leitungen und Armaturen nach Doppelbuchstabe ff, die sich in einem Fußbodenaufbau befinden, beträgt die Mindestdicke der Dämmschicht, bezogen auf eine Wärmeleitfähigkeit von 0,035 Watt pro Meter und Kelvin, 6 Millimeter.

hh) Soweit in den Fällen des § 69 Wärmeverteilungs- und Warmwasserleitungen an Außenluft grenzen, beträgt die Mindestdicke der Dämmschicht, bezogen auf eine Wärmeleitfähigkeit von 0,035 Watt pro Meter und Kelvin, das Zweifache des jeweiligen Wertes nach den Doppelbuchstaben aa bis dd.

b) In den Fällen des § 69 ist Buchstabe a nicht anzuwenden, soweit sich Wärmeverteilungsleitungen nach Buchstabe a Doppelbuchstabe aa bis dd in beheizten Räumen oder in Bauteilen zwischen beheizten Räumen eines Nutzers befinden und ihre Wärmeabgabe durch frei liegende Absperreinrichtungen beeinflusst werden kann.

c) In Fällen des § 69 ist Buchstabe a nicht anzuwenden auf Warmwasserleitungen bis zu einem Wasserinhalt von 3 Litern, die weder in den Zirkulationskreislauf einbezogen noch mit elektrischer Begleitheizung ausgestattet sind (Stichleitungen) und sich in beheizten Räumen befinden.

2. Wärmedämmung von Kälteverteilungs- und Kaltwasserleitungen sowie Armaturen in den Fällen des § 70

Bei Kälteverteilungs- und Kaltwasserleitungen sowie Armaturen von Raumlufttechnik- und Klimakältesystemen beträgt die Mindestdicke der Dämmschicht, bezogen auf eine Wärmeleitfähigkeit von 0,035 Watt pro Meter und Kelvin, 6 Millimeter.

3. Materialien mit anderen Wärmeleitfähigkeiten

Bei Materialien mit anderen Wärmeleitfähigkeiten als 0,035 Watt pro Meter und Kelvin sind die Mindestdicken der Dämmschichten entsprechend umzurechnen. Für die Umrechnung und die Wärmeleitfähigkeit des Dämmmaterials sind die in anerkannten Regeln der Technik enthaltenen Berechnungsverfahren und Rechenwerte zu verwenden.

4. Gleichwertige Begrenzung

Bei Wärmeverteilungs- und Warmwasserleitungen sowie Kälteverteilungs- und Kaltwasserleitungen dürfen die Mindestdicken der Dämmschichten nach den Nummern 1 und 2 insoweit vermindert werden, als eine gleichwertige Begrenzung der Wärmeabgabe oder der Wärmeaufnahme auch bei anderen Rohrdämmstoffanordnungen und unter Berücksichtigung der Dämmwirkung der Leitungswände sichergestellt ist.

Anlage 9
(zu § 85 Absatz 6)

Umrechnung in Treibhausgasemissionen

1. Angabe in Energiebedarfsausweisen

Die mit dem Gebäudebetrieb verbundene emittierte Menge von Treibhausgasen berechnet sich für die Angabe in Energiebedarfsausweisen wie folgt:

a) Die Treibhausgasemissionen berechnen sich bei fossilen Brennstoffen, bei Biomasse, bei Strom und bei Abwärme aus dem Produkt des nach § 20 oder nach § 21 ermittelten endenergetischen Bedarfswerts des Gebäudes bezüglich des betreffenden Energieträgers und dem auf die eingesetzte Energiemenge bezogenen Emissionsfaktor nach Nummer 3. Der Emissionsfaktor für „gebäudenahe Erzeugung" bei gasförmiger und flüssiger Biomasse darf dabei nur verwendet werden, wenn die Voraussetzungen des § 22 Absatz 1 Nummer 1 oder Nummer 2 erfüllt sind.

b) Wird Wärme aus einer gebäudeintegrierten oder gebäudenahen Kraft-Wärme-Kopplungsanlage bezogen, ist der Emissionsfaktor nach DIN V 18599-9: 2018-09 unter sinngemäßer Anwendung der einschlägigen Regelungen in DIN V 18599-1: 2018-09 Anhang A Abschnitt A.4 zu bestimmen und jeweils mit dem nach § 20 oder nach § 21 ermittelten, durch die Kraft-Wärme-Kopplungsanlage gedeckten endenergetischen Bedarfswert des Gebäudes zu multiplizieren.

c) Wird Fernwärme oder -kälte zur Deckung des Endenergiebedarfs (Wärme, Kälte) eingesetzt, die ganz oder teilweise aus Kraft-Wärme-Kopplungsanlagen stammt, und hat der Betreiber des Wärmenetzes einen Emissionsfaktor auf der Grundlage der DIN V 18599-1: 2018-09 Anhang A Abschnitt A.4 und unter Verwendung der Emissionsfaktoren nach Nummer 3 ermittelt und veröffentlicht, ist dieser Emissionsfaktor zu verwenden und mit dem nach § 20 oder nach § 21 ermittelten endenergetischen Bedarfswert des Gebäudes zu multiplizieren.

d) Wird Fernwärme oder -kälte zur Deckung des Endenergiebedarfs (Wärme, Kälte) eingesetzt, die ganz oder teilweise aus Kraft-Wärme-Kopplungsanlagen stammt, und hat der Betreiber des Versorgungsnetzes keinen Emissionsfaktor ermittelt und veröffentlicht, ist der auf die für die Fernwärme oder -kälte eingesetzten Brennstoffe bezogene Emissionsfaktor nach Nummer 3 zu verwenden und mit dem nach § 20 oder nach § 21 ermittelten endenergetischen Bedarfswert des Gebäudes zu multiplizieren.

e) Bei der Ermittlung der Emissionsfaktoren nach Buchstabe c sind die Vorkettenemissionen der einzelnen Energieträger und die Netzverluste zu berücksichtigen. Zur Berücksichtigung der Vorkettenemissionen kann ein pauschaler Aufschlag von 20 Prozent, mindestens aber von 40 Gramm Kohlendioxid-Äquivalent pro Kilowattstunde, auf den ohne Berücksichtigung der Vorkettenemissionen bestimmten Emissionsfaktor angewendet werden.

f) Falls der Wärme-, Kälte- und Strombedarf des Gebäudes aus unterschiedlichen Brennstoffen und Energieträgern gedeckt wird, so ist die Gesamttreibhausgasemission als die Summe der nach § 20 oder nach § 21 ermittelten endenergetischen Bedarfswerte des Gebäudes bezüglich der einzelnen Brennstoffe und Energieträger, jeweils multipliziert mit den betreffenden Emissionsfaktoren, zu ermitteln.

2. Angabe in Energieverbrauchsausweisen

Die mit dem Gebäudebetrieb verbundenen Treibhausgasemissionen berechnen sich als Summe der Energieverbrauchswerte aus dem Energieverbrauchsausweis bezüglich der einzelnen Energieträger, jeweils multipliziert mit den entsprechenden Emissionsfaktoren nach Nummer 3.

3. Emissionsfaktoren

Nummer	Kategorie	Energieträger	Emissionsfaktor [g CO_2-Äquivalent pro kWh]
1	Fossile Brennstoffe	Heizöl	310
2		Erdgas	240
3		Flüssiggas	270
4		Steinkohle	400
5		Braunkohle	430
6	Biogene Brennstoffe	Biogas	140
7		Biogas, gebäudenah erzeugt	75
8		Biogenes Flüssiggas	180
9		Bioöl	210
10		Bioöl, gebäudenah erzeugt	105
11		Holz	20
12	Strom	netzbezogen	560
13		gebäudenah erzeugt (aus Photovoltaik oder Windkraft)	0
14		Verdrängungsstrommix	860
15	Wärme, Kälte	Erdwärme, Geothermie, Solarthermie, Umgebungswärme	0
16		Erdkälte, Umgebungskälte	0
17		Abwärme aus Prozessen	40
18		Wärme aus KWK, gebäudeintegriert oder gebäudenah	nach DIN V 18599-9:2018-09
19		Wärme aus Verbrennung von Siedlungsabfällen (unter pauschaler Berücksichtigung von Hilfsenergie und Stützfeuerung)	20
20	Nah-/Fernwärme aus KWK mit Deckungsanteil der KWK an der Wärmeerzeugung	Brennstoff: Stein-/Braunkohle	300
21		Gasförmige und flüssige Brennstoffe	180
22		Erneuerbarer Brennstoff	40

Nummer	Kategorie	Energieträger	Emissionsfaktor [g CO_2-Äquivalent pro kWh]
	von mindestens 70 Prozent		
23	Nah-/Fernwärme aus Heizwerken	Brennstoff: Stein-/Braunkohle	400
24		Gasförmige und flüssige Brennstoffe	300
25		Erneuerbarer Brennstoff	60

Anlage 10
(zu § 86)

Energieeffizienzklassen von Wohngebäuden

Energieeffizienzklasse	Endenergie [Kilowattstunden pro Quadratmeter Gebäudenutzfläche und Jahr]
A+	≤ 30
A	≤ 50
B	≤ 75
C	≤ 100
D	≤ 130
E	≤ 160
F	≤ 200
G	≤ 250
H	> 250

Anlage 11
(zu § 88 Absatz 2 Nummer 2)

Anforderungen an die Inhalte der Schulung für die Berechtigung zur Ausstellung von Energieausweisen

1. Zweck der Schulung

Die nach § 88 Absatz 2 Nummer 2 verlangte Schulung soll die Aussteller von Energieausweisen in die Lage versetzen, bei der Ausstellung solcher Energieausweise die Vorschriften dieses Gesetzes einschließlich des technischen Regelwerks zum energiesparenden Bauen sachgemäß anzuwenden. Die Schulung soll praktische Übungen einschließen und insbesondere die im Folgenden genannten Fachkenntnisse vermitteln.

2. Inhaltliche Schwerpunkte der Schulung zu Wohngebäuden

a) Bestandsaufnahme und Dokumentation des Gebäudes, der Baukonstruktion und der technischen Anlagen
Ermittlung, Bewertung und Dokumentation des Einflusses der geometrischen und energetischen Kennwerte der Gebäudehülle einschließlich aller Einbauteile und Wärmebrücken, der Luftdichtheit und Erkennen von Leckagen, der bauphysikalischen Eigenschaften von Baustoffen und Bauprodukten einschließlich der damit verbundenen konstruktiv-statischen Aspekte, der energetischen Kennwerte von anlagentechnischen Komponenten einschließlich deren Betriebseinstellung und Wartung, der Auswirkungen des Nutzerverhaltens und von Leerstand und von Klimarandbedingungen und Witterungseinflüssen auf den Energieverbrauch.

b) Beurteilung der Gebäudehülle
Ermittlung von Eingangs- und Berechnungsgrößen für die energetische Berechnung, wie zum Beispiel Wärmeleitfähigkeit, Wärmedurchlasswiderstand, Wärmedurchgangskoeffizient, Transmissionswärmeverlust, Lüftungswärmebedarf und nutzbare interne und solare Wärmegewinne. Durchführung der erforderlichen Berechnungen nach DIN V 18599 oder DIN V 4108-6 sowie Anwendung vereinfachter Annahmen und Berechnungs- und Beurteilungsmethoden. Berücksichtigung von Maßnahmen des sommerlichen Wärmeschutzes und Berechnung nach DIN 4108-2, Kenntnisse über Luftdichtheitsmessungen und die Ermittlung der Luftdichtheitsrate.

c) Beurteilung von Heizungs- und Warmwasserbereitungsanlagen
Detaillierte Beurteilung von Komponenten einer Heizungsanlage zur Wärmeerzeugung, Wärmespeicherung, Wärmeverteilung und Wärmeabgabe. Kenntnisse über die Interaktion von Gebäudehülle und Anlagentechnik, Durchführung der Berechnungen nach DIN V 18599 oder DIN V 4701-10, Beurteilung von Systemen der alternativen und erneuerbaren Energie- und Wärmeerzeugung.

d) Beurteilung von Lüftungs- und Klimaanlagen
Bewertung unterschiedlicher Arten von Lüftungsanlagen und deren Konstruktionsmerkmalen, Berücksichtigung der Brand- und Schallschutzanforderungen für lüftungstechnische Anlagen, Durchführung der Berechnungen nach DIN V 18599 oder DIN V 4701-10, Grundkenntnisse über Klimaanlagen.

e) Erbringung der Nachweise
Kenntnisse über energetische Anforderungen an Wohngebäude und das Bauordnungsrecht, insbesondere des Mindestwärmeschutzes, die Durchführung der Nachweise und Berechnungen des Jahres-Primärenergiebedarfs, die Ermittlung des Energieverbrauchs und seine rechnerische Bewertung einschließlich der Witterungsbereinigung und über die Ausstellung eines Energieausweises.

f) Grundlagen der Beurteilung von Modernisierungsempfehlungen einschließlich ihrer technischen Machbarkeit und Wirtschaftlichkeit
Kenntnisse und Erfahrungswerte über Amortisations- und Wirtschaftlichkeitsberechnung für einzelne Bauteile und Anlagen einschließlich Investitionskosten und Kosteneinsparungen, über erfahrungsgemäß wirtschaftlich rentable, im Allgemeinen verwirklichungsfähige Modernisierungsempfehlungen für kosteneffiziente Verbesserungen der energetischen Eigenschaften

des Wohngebäudes, über Vor- und Nachteile bestimmter Verbesserungsvorschläge unter Berücksichtigung bautechnischer und rechtlicher Rahmenbedingungen (zum Beispiel bei Wechsel des Heizenergieträgers, Grenzbebauung, Grenzabstände), über aktuelle Förderprogramme, über tangierte bauphysikalische und statisch-konstruktive Einflüsse, wie zum Beispiel Wärmebrücken, Tauwasseranfall (Kondensation), Wasserdampftransport, Schimmelpilzbefall, Bauteilanschlüsse und Vorschläge für weitere Abdichtungsmaßnahmen, über die Auswahl von Materialien zur Herstellung der Luftdichtheit nach den Gesichtspunkten der Verträglichkeit der Wirksamkeit sowie der Dauerhaftigkeit und über Auswirkungen von wärmeschutztechnischen Maßnahmen auf den Schall- und Brandschutz. Erstellung erfahrungsgemäß wirtschaftlich rentabler, im Allgemeinen verwirklichungsfähiger Modernisierungsempfehlungen für kosteneffiziente Verbesserungen der energetischen Eigenschaften.

3. Inhaltliche Schwerpunkte der Schulung zu Nichtwohngebäuden

Zusätzlich zu den unter Nummer 2 aufgeführten Schwerpunkten soll die Schulung insbesondere die nachfolgenden Fachkenntnisse zu Nichtwohngebäuden vermitteln:

a) Bestandsaufnahme und Dokumentation des Gebäudes, der Baukonstruktion und der technischen Anlagen
Energetische Modellierung eines Gebäudes – hierzu gehören beheiztes oder gekühltes Volumen, konditionierte oder nicht konditionierte Räume, Versorgungsbereich der Anlagentechnik –, Ermittlung der Systemgrenze und Einteilung des Gebäudes in Zonen nach entsprechenden Nutzungsrandbedingungen, Zuordnung von geometrischen und energetischen Kenngrößen zu den Zonen und Versorgungsbereichen, Zusammenwirken von Gebäude und Anlagentechnik mit Verrechnung von Bilanzanteilen, Anwendung vereinfachter Verfahren, zum Beispiel die Anwendung des Ein-Zonen-Modells, Bestimmung von Wärmequellen und -senken und des Nutzenergiebedarfs von Zonen, Ermittlung, Bewertung und Dokumentation der energetischen Kennwerte von raumlufttechnischen Anlagen, insbesondere von Klimaanlagen, und Beleuchtungssystemen.

b) Beurteilung der Gebäudehülle
Ermittlung von Eingangs- und Berechnungsgrößen und energetische Bewertung von Fassadensystemen, insbesondere von Vorhang- und Glasfassaden, Bewertung von Systemen für den sommerlichen Wärmeschutz und von Verbauungs- und Verschattungssituationen.

c) Beurteilung von Heizungs- und Warmwasserbereitungsanlagen
Berechnung des Endenergiebedarfs für Heizungs- und Warmwasserbereitung einschließlich der Verluste in den technischen Prozessschritten nach DIN V 18599-5 und DIN V 18599-8, Beurteilung von Kraft-Wärme-Kopplungsanlagen nach DIN V 18599-9, Bilanzierung von Nah- und Fernwärmesystemen und der Nutzung erneuerbarer Energien.

·d) Beurteilung von raumlufttechnischen Anlagen und sonstigen Anlagen zur Kühlung
Berechnung des Kühlbedarfs von Gebäuden (Nutzkälte) und der Nutzenergie für die Luftaufbereitung, Bewertung unterschiedlicher Arten von raumlufttechnischen Anlagen und deren Konstruktionsmerkmalen, Berücksichtigung der Brand- und Schallschutzanforderungen für diese Anlagen, Berech-

nung des Energiebedarfs für die Befeuchtung mit einem Dampferzeuger, Ermittlung von Übergabe- und Verteilverlusten, Bewertung von Bauteiltemperierungen, Durchführung der Berechnungen nach DIN V 18599-2, DIN V 18599-3 und DIN V 18599-7 und der Nutzung erneuerbarer Energien.

e) Beurteilung von Beleuchtungs- und Belichtungssystemen
Berechnung des Endenergiebedarfs für die Beleuchtung nach DIN V 18599-4, Bewertung der Tageslichtnutzung, zum Beispiel der Fenster, der Tageslichtsysteme, des Beleuchtungsniveaus, des Wartungswertes sowie der Beleuchtungsstärke, der tageslichtabhängigen Kunstlichtregelung, zum Beispiel der Art, der Kontrollstrategie, des Funktionsumfangs, sowie des Schaltsystems und der Kunstlichtbeleuchtung, zum Beispiel der Lichtquelle, der Vorschaltgeräte sowie der Leuchten.

f) Erbringung der Nachweise
Kenntnisse über energetische Anforderungen an Nichtwohngebäude und das Bauordnungsrecht, insbesondere den Mindestwärmeschutz, Durchführung der Nachweise und Berechnungen des Jahres-Primärenergiebedarfs, Ermittlung des Energieverbrauchs und seine rechnerische Bewertung einschließlich der Witterungsbereinigung, Ausstellung eines Energieausweises.

g) Grundlagen der Beurteilung von Modernisierungsempfehlungen einschließlich ihrer technischen Machbarkeit und Wirtschaftlichkeit
Erstellung von erfahrungsgemäß wirtschaftlich rentablen, im Allgemeinen verwirklichungsfähigen Modernisierungsempfehlungen für kosteneffiziente Verbesserungen der energetischen Eigenschaften für Nichtwohngebäude.

4. Umfang der Schulung

Der Umfang der Fortbildung insgesamt sowie der einzelnen Schwerpunkte soll dem Zweck und den Anforderungen dieser Anlage sowie der Vorbildung der jeweiligen Teilnehmer Rechnung tragen.

Sachverzeichnis

Die fetten Zahlen kennzeichnen die Nummern, unter denen die Texte in dieser Ausgabe abgedruckt sind; die mageren Zahlen bedeuten §§ oder Ziffern.

Abfallentsorgung 5 HOAI 41
Abgestimmte Fassung 5 HOAI 9, Anl. 1.1.1
Abrechnung Nebenkosten 5 HOAI 14
Abschlagszahlungen 5 HOAI 15
Absteckungsunterlagen 5 HOAI Anl. 1.4.7
Abwasser-, Wasser- oder Gasanlagen 5 HOAI 53
Abwasserentsorgung 5 HOAI 41
akustische Eigenschaften 5 HOAI Anl. 1.2.5
akustische Nutzungsart des Innenraums 5 HOAI Anl. 1.2.5
Allgemeine Geschäftsbedingungen
– Anwendungsbereich **2 BGB** 310
– Einbeziehung in besonderen Fällen **2 BGB** 305 a
– Einbeziehung in den Vertrag **2 BGB** 305
– Inhaltskontrolle **2 BGB** 307
– Klauselverbote mit Wertungsmöglichkeit **2 BGB** 308
– Klauselverbote ohne Wertungsmöglichkeit **2 BGB** 309
– Rechtsfolgen bei Nichteinbeziehung und Unwirksamkeit **2 BGB** 306
– Überraschende und mehrdeutige Klauseln **2 BGB** 305 c
– Umgehungsverbot **2 BGB** 306 a
– Vorrang der Individualabrede **2 BGB** 305 b
Anforderung an die Einbindung in die Umgebung 5 HOAI 35, 40
Anforderungen an die Technik 5 HOAI 56
Angebote
– Aufklärung des Inhalts **1 VOB/A** 15; **1 VOB/A-EU** 15; **1 VOB/A-VS** 15
– Form **1 VOB/A** 2, 13 Abs. 1 Nr. 1; **1 VOB/A-EU** 2, 13 Abs. 1 Nr. 1; **1 VOB/A-VS** 2, 13 Abs. 1 Nr. 1
– Inhalt **1 VOB/A** 13 Abs. 1 Nr. 3 ff; **1 VOB/A-EU** 13 Abs. 1 Nr. 3 ff; **1 VOB/A-VS** 13 Abs. 1 Nr. 3 ff
– nicht berücksichtigte **1 VOB/A** 19; **1 VOB/A-EU** 19; **1 VOB/A-VS** 19
– Öffnung, Eröffnungstermin **1 VOB/A** 14; **1 VOB/A-EU** 14
– Ausschluss **1 VOB/A** 16; **1 VOB/A-EU** 16; **1 VOB/A-VS** 16

Anordnungsrecht 2 650 c
Anrechenbare Kosten 5 HOAI 4
– Textform **5 HOAI** 5
Ansprüche bei Verbraucherrechts- und anderen Verstößen
– Anspruchsberechtigte Stellen **3 UKlaG** 3
– Anspruchsberechtigte Verbände nach § 2 a **3 UKlaG** 3 a
– Qualifizierte Einrichtungen **3 UKlaG** 4
– Unterlassungs- und Widerrufsanspruch bei AGBs **3 UKlaG** 1
– Unterlassungsanspruch bei innergemeinschaftlichen Verstößen **3 UKlaG** 4 a
– Unterlassungsanspruch bei verbraucherschutzgesetzwidrigen Praktiken **3 UKlaG** 2
– Unterlassungsanspruch nach dem Urheberrechtsgesetz **3 UKlaG** 2 a
Anwendungsbereich 1 VOB/A-EU 1; **1 VOB/A-VS** 1
Anwendungsbereich HOAI 5 HOAI 1
– Bauleitplanung **5 HOAI** 17
– Ingenieurbauwerke **5 HOAI** 41
– Technische Ausrüstung **5 HOAI** 53
– Tragwerksanlagen **5 HOAI** 49
– Verkehrsanlagen **5 HOAI** 45
Architektenvertrag 2 650 p ff.
Art der Nutzung 5 HOAI Anl. 1.2.4
Art und Umfang der Leistung
– Abnahme **1 VOB/B** 12
– Abrechnung **1 VOB/B** 14
– allgemein **1 VOB/B** 1
– Verteilung der Gefahr **1 VOB/B** 7
Arten der Vergabe
– Beschränkte Ausschreibung **1 VOB/A** 3 Abs. 2
– Freihändige Vergabe **1 VOB/A** 3 Abs. 3
– offenes Verfahren **1 VOB/A-EU** 3 Nr. 1; **1 VOB/A-VS** 3 Ab; *s. Nr. 1*
– Öffentliche Ausschreibung **1 VOB/A** 3 a Abs. 1
– Verhandlungsverfahren **1 VOB/A-EU** 3 Nr. 3; **1 VOB/A-VS** 3 Nr. 2
– wettbewerblicher Dialog **1 VOB/A-EU** 3 Nr. 4; **1 VOB/A-VS** 3 Nr. 3
Aufhebung der Ausschreibung 1 VOB/A 17; **1 VOB/A-EU** 17; **1 VOB/A-VS** 17
Aufträge, Gebäude, Freianlagen und Innenräume 5 HOAI 37

Sachverzeichnis

fette Zahlen = Text

Aufstellung
- von Bebauungsplänen 5 HOAI 21
- von Flächennutzungsplänen 5 HOAI 20
- von Landschaftsplänen 5 HOAI 28

Auftrag für mehrere Objekte 5 HOAI 11

Auftragsänderung 1 VOB/A 22, 22 EU, 22 VS

Aufwand
- für die Festlegung von Zielaussagen 5 HOAI 32
- für Pflege- und Entwicklungsmaßnahmen 5 HOAI 32

Ausbau 5 HOAI 35

Ausbildung 5 HOAI Anl. 10.2, Anl. 10.3

Ausführung
- allgemein 1 VOB/B 4
- Behinderung und Unterbrechung 1 VOB/B 6
- Fristen 1 VOB/B 5

Ausführungsplanung 5 HOAI 34, 39, 43, 47, 51, 55, Anl. 10.1, Anl. 11.1, Anl. 12.1, Anl. 13.1, Anl. 14.1, Anl. 15.1

Ausführungsfristen 1 VOB/A 9, 10 EU ff., 9 VS, 10 VS

Auskunft zur Durchführung von Unterlassungsklagen
- Auskunftsanspruch der anspruchsberechtigten Stellen 3 UKlaG 13
- Auskunftsanspruch sonstiger Betroffener 3 UKlaG 13 a

Auslagen 5 HOAI 16

Ausnahme für das Arbeitsrecht 3 UKlaG 15

Ausschluss v. Angeboten 1 VOB/A 16, 6 e EU, 16 EU, 16 VS

Außenanlagen, Kosten 5 HOAI 38

Außenlärmbelastung 5 HOAI Anl. 1.2.4

Außerkrafttreten 5 HOAI 58

Automation von Ingenieurbauwerken 5 HOAI 53

Basishonorarsatz 5 HOAI 2a, 7

Bauakustik 5 HOAI Anl. 1.2.1

Bauausführungsvermessung 5 HOAI Anl. 1.4.7

Baudichte 5 HOAI 21

Baugeometrische Beratung 5 HOAI Anl. 1.4.7

Baugrund- und Grundwasserverhältnisse 5 HOAI Anl. 1.3.3

baugrundtechnische Gegebenheiten 5 HOAI 44, 48

Baukonstruktion, Kosten 5 HOAI 33, 42, 46, 50

Baukonzessionen 1 VOB/A 23

Bauleistungen
- allgemein 1 VOB/A 1
- Grundsätze 1 VOB/A 2

Bauleitplanung 5 HOAI 9, 17

Bauoberleitung 5 HOAI 43, 47, Anl. 12.1, Anl. 13.1

Bauphysik 5 HOAI Anl. 1.2

Baustelleneinrichtungen 5 HOAI 50

Baustruktur 5 HOAI 21

Bauträgervertrag 2 BGB 650 u, v

Bauüberwachung 5 HOAI 55

Bauüberwachung und Dokumentation 5 HOAI 34, 39

Bauvermessung 5 HOAI Anl. 1.4.5

Bauvertrag 2 BGB 650 a ff.

Bauvorbereitende Vermessung 5 HOAI Anl. 1.4.7

Bebauungsplan 5 HOAI 19, Anl. 3

Beeinträchtigungen von Natur und Landschaft 5 HOAI 31

befestigte Flächen 5 HOAI 38

Begriffsbestimmungen 5 HOAI 2

Bekanntmachung, Versand der Vergabeunterlagen
- allgemein 1 VOB/A 12 Abs. 1 Nr. 1; 1 VOB/A-EU 12 Abs. 2; 1 VOB/A-VS 12 Abs. 3
- Inhalt der Bekanntmachung 1 VOB/A 12 Abs. 1 Nr. 2
- Versand von Vergabeunterlagen 1 VOB/A-EU 12 a; 1 VOB/A-VS 12 a
- Vorinformation 1 VOB/A-EU 12 Abs. 1; 1 VOB/A-VS 12 Abs. 1

Berechnung des Honorars
- bei Beauftragung von Einzelleistungen 5 HOAI 9
- in besonderen Fällen 5 HOAI 8
- bei vertraglichen Änderungen des Leistungsumfangs 5 HOAI 10

besondere Berechnungsmethoden 5 HOAI Anl. 14.2

Besondere Grundlagen des Honorars
- Freianlagen 5 HOAI 38
- Gebäude und Innenräume 5 HOAI 34
- Geotechnik 5 HOAI Anl. 1.3.2
- Ingenieurbauwerke 5 HOAI 42
- Technische Ausrüstung 5 HOAI 54
- Tragwerksplanung 5 HOAI 50
- Verkehrsanlagen 5 HOAI 46

Besondere Leistungen 5 HOAI 3, 17, 18, 19, 23, 24, 25, 26, 27, 34, 39, 43, 47, 51, 55, Anl. 1.2.2, Anl. 1.3.3, Anl. 1.4.4, Anl. 1.4.7, Anl. 9, Anl. 10, Anl. 11, Anl. 11.1, Anl. 12.1, Anl. 13.1, Anl. 14.1, Anl. 15.1

Besondere Vorschriften für Klagen nach § 1 UKlaG

magere Zahlen = §§ oder Ziffern

Sachverzeichnis

– Besonderheiten der Urteilsformel **3 UKlaG** 9
– Einwendung wegen abweichender Entscheidung **3 UKlaG** 10
– Klageantrag und Anhörung **3 UKlaG** 8
– Wirkungen des Urteils **3 UKlaG** 11
Besondere Vorschriften für Klagen nach § 2, Einigungsstelle **3 UKlaG** 12
Betreuung 5 HOAI Anl. 10.2, Anl. 10.3
Bevölkerungsdichte 5 HOAI 28, 30
Bewertungsmerkmale 5 HOAI 20, 21, Anl. 1.3.4
– Bauakustik **5 HOAI** Anl. 1.2.4
– Bauvermessung **5 HOAI** Anl. 1.4.6
– Freianlagen **5 HOAI** 40
– Gebäude und Innenräume **5 HOAI** 35
– Grünordnungspläne **5 HOAI** 29
– Ingenieurbauwerke **5 HOAI** 44
– Landschaftspflegerische Begleitpläne **5 HOAI** 31
– Landschaftspläne **5 HOAI** 28
– Landschaftsrahmenpläne **5 HOAI** 30
– Pflege- und Entwicklungspläne **5 HOAI** 32
– planungsbegleitende Vermessung **5 HOAI** Anl. 1.4.3
– Raumakustik **5 HOAI** Anl. 1.2.5
– Technische Ausrüstung **5 HOAI** 56
– Tragwerksplanung **5 HOAI** 52
– Umweltverträglichkeitsstudie **5 HOAI** Anl. 1.1.2
– Verkehrsanlagen **5 HOAI** 48
Bewertungspunkte 5 HOAI 40, 44
– Bauvermessung **5 HOAI** Anl. 1.4.6
– Grünordnungspläne **5 HOAI** 29
– Landschaftspläne **5 HOAI** 28
– Pflege- und Entwicklungspläne **5 HOAI** 32
– planungsbegleitende Vermessung **5 HOAI** Anl. 1.4.3
– Umweltverträglichkeitsstudie **5 HOAI** 1.1.2
– Verkehrsanlagen **5 HOAI** 48
Brücken 5 HOAI 38
Bürgschaft, Einrede der Vorausklage **2 BGB** 771
Büro 5 HOAI Anl. 10.2, Anl. 10.3

Datenschutz 1 VOB/A 11
Deckenkonstruktionen 5 HOAI Anl. 14.2
Denkmalschutz 5 HOAI 21, 29
Differenziertheit
– des faunistischen Inventars **5 HOAI** 32
– des floristischen Inventars oder der Pflanzengesellschaften **5 HOAI** 32
Digitales Geländemodell 5 HOAI Anl. 1.4.4

Dokumentation 1 VOB/A 20; **1 VOB/A-EU** 20; **1 VOB/A-VS** 20; **5 HOAI** 43, 47, 55, Anl. 10.1, Anl. 11.1, Anl. 14.1, Anl. 15.1
Durchlässe 5 HOAI 38

Einarbeitungsaufwand 5 HOAI 8
Einbindung
– in das Objektumfeld **5 HOAI** 44, 48
– in die Umgebung **5 HOAI** 35, 40, 44, 48
Eignungsnachweise 1 VOB/A 6 a, 6 a EU, 6 a VS
Energieverbrauch 1 VOB/A, 8 c EU
Einheitliche Vergabe 1 VOB/A 5 Abs. 1; **1 VOB/A-EU** 5 Abs. 1; **1 VOB/A-VS** 5 Abs. 1
Einwohnerentwicklung 5 HOAI 20
Einwohnerstruktur 5 HOAI 20
Einzelbauwerke, sonstige 5 HOAI 41, Anl. 12.2
Einzelgewässer 5 HOAI 38
Einzelhonorar 5 HOAI 56
Einzelleistungen 5 HOAI 9
Emissionsschutz 5 HOAI Anl. 1.2.4
Empfindlichkeit gegenüber Umweltbelastungen 5 HOAI 31
Energiebilanzierung 5 HOAI Anl. 1.2.1
Entgelte 5 HOAI 14
Entschädigungen für sonstigen Aufwand 5 HOAI 14
Entsorgungseinrichtungen 5 HOAI 40
Entwurf zur öffentlichen Auslegung 5 HOAI 9, 18, 19, Anl. 2, Anl. 3
Entwurfsplanung 5 HOAI 9, 34, 39, 43, 47, 51, 55, Anl. 10.1, Anl. 11.1, Anl. 12.1, Anl. 13.1, Anl. 14.1, Anl. 15.1
Erfolgshonorar 5 HOAI 7
Erholung 5 HOAI 30
Erholungsnutzung 5 HOAI 31
Erholungsvorsorge 5 HOAI 29
Erkundungskonzept 5 HOAI Anl. 1.3.3
Ermächtigung zum Erlass einer Honorarordnung
– für Ingenieure und Architekten **4 IngALG** 1
Ermitteln der Planungsgrundlagen 5 HOAI 23, 24, 27, Anl. 4, Anl. 5, Anl. 6, Anl. 8
Ermitteln des Leistungsumfangs 5 HOAI 23, 24, 26, Anl. 1.1.1, Anl. 4, Anl. 5, Anl. 6, Anl. 7, Anl. 8
Ermitteln und Bewerten der Planungsgrundlagen 5 HOAI 26, Anl. 7
Eröffnungstermin 1 VOB/A 14, 14 EU, 14 VS
Erstellung von Innenräumen 5 HOAI 34
Erweiterungsbauten 5 HOAI 2, 34, 55

Sachverzeichnis

fette Zahlen = Text

fachliche Vorgaben 5 HOAI 32
Fachplanung 5 HOAI 49
fachspezifische Bedingungen
  5 HOAI 44, 48
Fahrtkosten 5 HOAI 14
Fälligkeit 5 HOAI 15
Fälligkeit Nebenkosten 5 HOAI 15
Farb- und Materialgestaltung
  5 HOAI 35
Fernmeldeanlagen 5 HOAI 53,
  Anl. 15.2
flächenhafter Erdbau 5 HOAI 38
Flächennutzung 5 HOAI 28, 29
Flächennutzungsplan 5 HOAI 18, 20,
  Anl. 2
Flächenplanungen 5 HOAI 5, 17
Flächentragwerke 5 HOAI Anl. 14.2
Flugverkehr 5 HOAI 45, Anl. 13.2
Förderanlagen 5 HOAI 53, Anl. 15.2
Forschung 5 HOAI Anl. 10.2, Anl. 10.3
Freianlagen 5 HOAI 38, 39, Anl. 11.1
freie Landschaft 5 HOAI Anl. 11.2
Freiraum 5 HOAI 31
Freiraumgestaltung 5 HOAI 29
Freiraumsicherung 5 HOAI 30
Freizeit 5 HOAI Anl. 10.2, Anl. 10.3
Fristen 1 VOB/A 9, 10; **1 VOB/A-**
  EU 10 ff.; **1 VOB/A-VS** 10
Funktionsbereiche 5 HOAI 35, 40, 44,
  48, 56

Gasanlagen 5 HOAI 53
Gastgewerbe 5 HOAI Anl. 10.2,
  Anl. 10.3
Gebäude und Innenräume 5 HOAI 34,
  Anl. 10.1
Gebäude und zugehörige bauliche Anlagen 5 HOAI 50
Gebäudeautomation 5 HOAI 53,
  Anl. 15.2
Gebäudebegrünung 5 HOAI Anl. 11.2
Gebäudeenergiegesetz – 13 GEG
– Allgemeiner Teil **13 GEG** 1 ff.
– Anforderungen an zu errichtende Gebäude **13 GEG** 10 ff.
– Anlagen **13 GEG** 57 ff.
– Anschluss- und Benutzungszwang **13 GEG** 109
– Besondere Gebäude **13 GEG** 104 ff.
– Bestehende Gebäude **13 GEG** 46 ff.
– Bußgeldvorschriften **13 GEG** 108
– Energieausweise **13 GEG** 79 ff.
– Finanzielle Förderung **13 GEG** 89 ff
– Übergangsvorschriften **13 GEG** 110 ff.
– Vollzug **13 GEG** 92 ff.
Gegenstand und Dauer der Verjährung
– Beginn anderer Verjährungsfristen
  2 BGB 200

– Beginn der regelmäßigen Verjährungsfrist und Verjährungshöchstfristen **2 BGB** 199
– Beginn der Verjährungsfrist von festgestellten Ansprüchen **2 BGB** 201
– Dreißigjährige Verjährungsfrist
  2 BGB 197
– Gegenstand der Verjährung **2 BGB** 194
– Regelmäßige Verjährungsfrist **2 BGB** 195
– Unzulässigkeit von Vereinbarungen über die Verjähung **2 BGB** 202
– Verjährung der Rechtsnachfolge
  2 BGB 198
– Verjährungsfrist bei Rechten an einem Grundstück **2 BGB** 196
Geländeabstützungen 5 HOAI 38
Geländegestaltung 5 HOAI 38
Gemeinbedarfsstandorte 5 HOAI 20
Gemeindestruktur 5 HOAI 20
Genehmigungsplanung 5 HOAI 34, 39, 43, 47, 51, Anl. 10.1, Anl. 11.1, Anl. 12.1, Anl. 13.1, Anl. 14.1, Anl. 15.1
Geodätischer Raumbezug
  5 HOAI Anl. 1.4.4
Geologie 5 HOAI 20
geologische Gegebenheiten 5 HOAI 44, 48
Geotechnik 5 HOAI Anl. 1.3
Geotechnischer Bericht
  5 HOAI Anl. 1.3.3
gestalterische Anforderungen
  5 HOAI 35, 40
Gestaltung 5 HOAI 21
– von Innenräumen **5 HOAI** 34
– von Landschaft **5 HOAI** 31
Gesundheit 5 HOAI Anl. 10.2, Anl. 10.3
Gewerbe 5 HOAI Anl. 10.2, Anl. 10.3
Gewölbe 5 HOAI Anl. 14.2
Gleis- und Bahnsteiganlagen 5 HOAI 46
Grundlagen des Honorars 5 HOAI 6
– bei der Bauvermessung
  5 HOAI Anl. 1.4.5
– bei planungsbegleitender Vermessung
  5 HOAI Anl. 1.4.2
Grundlagenermittlung 5 HOAI 34, 39, 43, 47, 51, 55, Anl. 1.1.1, Anl. 1.2.2, Anl. 1.3.3, Anl. 1.4.4, Anl. 10.1, Anl. 11.1, Anl. 12.1, Anl. 13.1, Anl. 14.1, Anl. 15.1
Grundleistungen 5 HOAI 3, 6, 18, 19
– Baukustik **5 HOAI** Anl. 1.2.4
– Bauphysik **5 HOAI** Anl. 1.2.2
– Bauvermessung **5 HOAI** Anl. 1.4.5, Anl. 1.4.7, Anl. 1.4.8
– Flächennutzungsplänen **5 HOAI** 20
– Freianlagen **5 HOAI** 38, 39, 40, Anl. 11.1

magere Zahlen = §§ oder Ziffern

Sachverzeichnis

- Gebäude und Innenräume **5 HOAI** 33, 34, 35
- Geotechnik **5 HOAI** Anl. 1.3.3, Anl. 1.3.4
- Grünordnungspläne und landschaftsplanerische Fachbeiträge **5 HOAI** 24
- im Leistungsbild Bebauungsplan **5 HOAI** Anl. 3
- im Leistungsbild Flächennutzungsplan **5 HOAI** Anl. 2
- im Leistungsbild Freianlagen **5 HOAI** Anl. 11
- im Leistungsbild Gebäude und Innenräume **5 HOAI** Anl. 10
- im Leistungsbild Grünordnungsplan **5 HOAI** Anl. 5
- im Leistungsbild Ingenieurbauwerke **5 HOAI** Anl. 12.1
- im Leistungsbild Landschaftspflegerischer Begleitplan **5 HOAI** Anl. 7
- im Leistungsbild Landschaftsplan **5 HOAI** Anl. 4
- im Leistungsbild Landschaftsrahmenplan **5 HOAI** Anl. 6
- im Leistungsbild Pflege- und Entwicklungsplan **5 HOAI** Anl. 8
- im Leistungsbild Technische Ausrüstung **5 HOAI** Anl. 15.1
- im Leistungsbild Tragwerksplanung **5 HOAI** Anl. 14.1
- im Leistungsbild Verkehrsanlagen **5 HOAI** Anl. 13.1
- Ingenieurbauwerke **5 HOAI** 42, 43, 44, Anl. 12.1
- Kostenschätzung **5 HOAI** 6
- Landschaftplanung **5 HOAI** 23
- Landschaftspflegerische Begleitpläne **5 HOAI** 26, 31
- Landschaftspläne **5 HOAI** 23
- Landschaftsrahmenpläne **5 HOAI** 25, 30
- Pflege- und Entwicklungspläne **5 HOAI** 27, 32
- planungsbegleitende Vermessung **5 HOAI** Anl. 1.4.2, Anl. 1.4.4, Anl. 1.4.8
- Raumakustik **5 HOAI** Anl. 1.2.5
- Technische Ausrüstung **5 HOAI** 54, 55, 56
- Tragwerksplanung **5 HOAI** 51, 52
- Umweltverträglichkeitsstudie **5 HOAI** Anl. 1.1.2
- Verkehrsanlagen **5 HOAI** 46, 47, 48

Grundsätze 1 VOB/A 2; **1 VOB/A-EU** 2; **1 VOB/A-VS** 2

- Diskriminierungsverbot **1 VOB/A** 2 Abs. 2
- Wettbewerbsgebot **1 VOB/A** 2, Abs. 1 Nr. 2
- **Wirtschaftlichkeit 1 VOB/A** 2, Abs. 1 Nr. 2

Grundsätze der Informationsübermittlung 1 VOB/A 11; **1 VOB/A-EU** 11; **1 VOB/A-VS** 11

Gründung 5 HOAI Anl. 14.2

Grünordnungspläne 5 HOAI 22, 30, Anl. 5

Haftung der Vertragsparteien 1 VOB/B 10

Haftung des Vertreters ohne Vertretungsvollmacht 2 BGB 179

Handel und Verkauf 5 HOAI Anl. 10.2, Anl. 10.3

Hemmung, Ablaufhemmung und Neubeginn der Verjährung
- Ablaufhemmung bei nicht voll Geschäftsfähigen **2 BGB** 210
- Ablaufhemmung in Nachlassfällen **2 BGB** 211
- Hemmung, Ablaufhemmung und erneuter Beginn der Verjährung bei anderen Ansprüchen **2 BGB** 213
- Hemmung der Verjährung aus familiären oder ähnlichen Gründen **2 BGB** 207
- Hemmung der Verjährung bei Ansprüchen wegen der Verletzung der sexuellen Selbstbestimmung **2 BGB** 208
- Hemmung der Verjährung bei höherer Gewalt **2 BGB** 206
- Hemmung der Verjährung bei Leistungsverweigerungsrecht **2 BGB** 205
- Hemmung der Verjährung bei Verhandlungen **2 BGB** 203
- Hemmung der Verjährung durch Rechtsverfolgung **2 BGB** 204
- Neubeginn der Verjährung **2 BGB** 212
- Wirkung der Hemmung **2 BGB** 209

Höchstsätze 5 HOAI 7
- Bauakustik **5 HOAI** Anl. 1.2.4
- Bebauungspläne **5 HOAI** 21
- Flächennutzungspläne **5 HOAI** 20
- Freianlagen **5 HOAI** 40
- Gebäude und Innenräume **5 HOAI** 35
- Grünordnungspläne **5 HOAI** 29
- Ingenieurbauwerke **5 HOAI** 44
- Landschaftspflegerische Begleitpläne **5 HOAI** 31
- Landschaftspläne **5 HOAI** 28
- Landschaftsrahmenpläne **5 HOAI** 30
- Pflege- und Entwicklungspläne **5 HOAI** 32
- Raumakustik **5 HOAI** Anl. 1.2.5
- Technische Ausrüstung **5 HOAI** 56
- Tragwerksplanung **5 HOAI** 52
- Umweltverträglichkeitsstudie **5 HOAI** Anl. 1.1.2
- Verkehrsanlagen **5 HOAI** 48
- Wärmeschutz und Energiebilanzierung **5 HOAI** Anl. 1.2.3

Sachverzeichnis

fette Zahlen = Text

Holzbau 5 HOAI 51
Honorar Leistungsbild 5 HOAI 8
Honorar Leistungsphasen 5 HOAI 8
**Honorarberechnungsgrundlage
5 HOAI** 10
Honorare
- für Grundleistungen bei Bebauungsplänen
 5 HOAI 21
- für Grundleistungen bei der Ingenieurvermessung **5 HOAI** Anl. 1.4.8
- für Grundleistungen bei Flächennutzungsplänen **5 HOAI** 20
- für Grundleistungen bei Freianlagen
 5 HOAI 40
- für Grundleistungen bei Gebäuden und Innenräumen **5 HOAI** 35
- für Grundleistungen bei Grünordnungsplänen **5 HOAI** 29
- für Grundleistungen bei Ingenieurbauwerken **5 HOAI** 44
- für Grundleistungen bei landschaftspflegerischen Begleitplänen **5 HOAI** 31
- für Grundleistungen bei Landschaftsplänen
 5 HOAI 28
- für Grundleistungen bei Landschaftsrahmenplänen **5 HOAI** 30
- für Grundleistungen bei Pflege- und Entwicklungsplänen **5 HOAI** 32
- für Grundleistungen bei Tragwerksplanungen **5 HOAI** 52
- für Grundleistungen bei Umweltverträglichkeitsstudien **5 HOAI** Anl. 1.1.2
- für Grundleistungen bei Verkehrsanlagen
 5 HOAI 48
- für Grundleistungen der Bauakustik
 5 HOAI Anl. 1.2.4
- für Grundleistungen der Raumakustik
 5 HOAI Anl. 1.2.5
- für Grundleistungen der Technischen Ausrüstung **5 HOAI** 56
- für Grundleistungen für Wärmeschutz und Energiebilanzierung
 5 HOAI Anl. 1.2.3
Honorargrundlagen 5 HOAI 6
Honorartafel
- Bauakustik **5 HOAI** Anl. 1.2.4
- Bauvermessung **5 HOAI** Anl. 1.4.8
- Bebauungspläne **5 HOAI** 21
- Flächennutzungspläne **5 HOAI** 20
- Freianlagen **5 HOAI** 40
- Gebäude und Innenräume **5 HOAI** 35
- Geotechnik **5 HOAI** Anl. 1.3.4
- Grünordnungspläne **5 HOAI** 29
- Honorarorientierung **5 HOAI** 6
- Ingenieurbauwerke **5 HOAI** 44
- Ingenieurvermessung **5 HOAI** Anl. 1.4.8
- Landschaftspflegerische Begleitpläne
 5 HOAI 31
- Landschaftspläne **5 HOAI** 28
- Landschaftsrahmenpläne **5 HOAI** 30
- Orientierungswerte **5 HOAI** 2 a
- Pflege- und Entwicklungspläne
 5 HOAI 32
- Raumakustik **5 HOAI** Anl. 1.2.5
- Technische Ausrüstung **5 HOAI** 56
- Tragwerksplanung **5 HOAI** 52
- Umweltverträglichkeitsstudie
 5 HOAI Anl. 1.1.2
- Verkehrsanlagen **5 HOAI** 48
- Wärmeschutz und Energiebilanzierung
 5 HOAI Anl. 1.2.3
Honorarvereinbarung 5 HOAI 7
- Textform **5 HOAI** 7
Honorarzonen 5 HOAI 5
- Bauakustik **5 HOAI** Anl. 1.2.4
- Bauvermessung **5 HOAI** Anl. 1.4.6, Anl. 1.4.8
- Bebauungspläne **5 HOAI** 21
- Flächennutzungspläne **5 HOAI** 20
- Freianlagen **5 HOAI** 40, Anl. 11.2
- Gebäude und Innenräume **5 HOAI** 35
- Geotechnik **5 HOAI** Anl. 1.3.4
- Grünordnungspläne **5 HOAI** 29
- Ingenieurbauwerke **5 HOAI** 44, Anl. 12.2
- Landschaftspflegerische Begleitpläne
 5 HOAI 31
- Landschaftspläne **5 HOAI** 28
- Landschaftsrahmenpläne **5 HOAI** 30
- Pflege- und Entwicklungspläne
 5 HOAI 32
- planungsbegleitende Vermessung
 5 HOAI 1.4.3
- Raumakustik **5 HOAI** Anl. 1.2.5
- Schwierigkeitsgrad der Planung
 5 HOAI 5
- Technische Ausrüstung **5 HOAI** 56
- Tragwerksplanung **5 HOAI** 52, Anl. 14.2
- Umweltverträglichkeitsstudie
 5 HOAI Anl. 1.1.2
- Verkehrsanlagen **5 HOAI** 48
- Wärmeschutz und Energiebilanzierung
 5 HOAI Anl. 1.2.3
- Zuordnung **5 HOAI** 35, 40, 44, 48, 56, Anl. 1.1.2
Hüllkonstruktion 5 HOAI Anl. 1.2.4

Immissionsschutz 5 HOAI Anl. 1.2.4
Industrie 5 HOAI Anl. 10.2, Anl. 10.3
**informationstechnische Anlagen
5 HOAI** 53, Anl. 15.2
Infrastruktur 5 HOAI 20, 21, Anl. 10.2
Ingenieurbauwerk, Technische Ausrüstung 5 HOAI 56
Ingenieurbauwerke 5 HOAI 41, 43, 50, Anl. 12.1

magere Zahlen = §§ oder Ziffern

Sachverzeichnis

Ingenieurvermessung 5 HOAI Anl. 1.4, Anl. 1.4.1
Inhalt der Schuldverhältnisse
- Ausschluss der Leistungspflicht **2 BGB** 275
- Basiszins **2 BGB** 247
- Fremdwährungsschuld **2 BGB** 244
- Herausgabe des Ersatzes **2 BGB** 285
- Pflichten aus dem Schuldverhältnis **2 BGB** 241
- Sorgfalt in eigenen Angelegenheiten **2 BGB** 277
- Verantwortlichkeit der Schuldners **2 BGB** 276
- Verantwortlichkeit des Schuldners für Dritte **2 BGB** 278

Inkrafttreten 5 HOAI 58
Instandhaltungen 5 HOAI 2, 12, 34
Instandsetzungen 5 HOAI 2, 12, 34
Integrationsansprüche 5 HOAI 56
Interpolation 5 HOAI 13

Kaufvertrag
- Ausgeschlossene Käufer bei bestimmten Verkäufen **2 BGB** 450
- Beschaffenheits- und Haltbarkeitsgarantie **2 BGB** 443
- Besondere Bestimmungen für Rücktritt und Schadensersatz **2 BGB** 440
- Eigentumsvorbehalt **2 BGB** 449
- Gefahr- und Lastenübergang **2 BGB** 446
- Gefahrenübergang beim Versendungskauf **2 BGB** 447
- Haftungsausschluss **2 BGB** 444
- Haftungsbegrenzung bei öffentlichen Versteigerungen **2 BGB** 445
- Kauf durch ausgeschlossenen Käufer **2 BGB** 451
- Kenntnis des Käufers **2 BGB** 442
- Kosten der Übergabe und vergleichbare Kosten **2 BGB** 448
- Minderung **2 BGB** 441
- Nacherfüllung **2 BGB** 439
- Öffentliche Lasten von Grundstücken **2 BGB** 436
- Pflichten **2 BGB** 433
- Rechte des Käufers bei Mängeln **2 BGB** 437
- Rechtskauf **2 BGB** 453
- Rechtsmangel **2 BGB** 435
- Sachmangel **2 BGB** 434
- Schiffskauf **2 BGB** 452
- Verjährung der Mängelansprüche **2 BGB** 438

Klären der Aufgabenstellung 5 HOAI 23, 24, 26, Anl. 1.1.1, Anl. 4, Anl. 5, Anl. 6, Anl. 7, Anl. 8

Klimaschutz 5 HOAI 20, 21, 29, 30
Kommune 5 HOAI Anl. 10.2, Anl. 10.3
Konstruktionen mit Schwingungsbeanspruchung 5 HOAI Anl. 14.2
Konstruktionstypen 5 HOAI Anl. 1.2.4
konstruktive Anforderungen 5 HOAI 35, 44, 48, 56
konstruktive Detailgestaltung 5 HOAI 35
Koordinierungsaufwand 5 HOAI 8
Kosten
- für Anfertigung von Filmen und Fotos **5 HOAI** 14
- für Baustellenbüro **5 HOAI** 14
- für Datenübertragungen **5 HOAI** 14
- für Familienheimfahrten **5 HOAI** 14
- für Vervielfältigungen **5 HOAI** 14

Kostenberechnung 5 HOAI 2
Kostenschätzung 5 HOAI 2
Kulturlandschaft 5 HOAI 20
Kultur-/Sakralbauten 5 HOAI Anl. 10.2, Anl. 10.3
Kündigung
- durch den Auftraggeber **1 VOB/B** 8
- durch den Auftragnehmer **1 VOB/B** 9

Landschaft 5 HOAI 21
Landschaftsanalyse 5 HOAI 25
Landschaftsbild 5 HOAI 28, 30, 31, Anl. 1.1.2
Landschaftsbild, Beeinträchtigungen oder Schädigungen 5 HOAI 32
Landschaftsbild und -struktur 5 HOAI Anl. 1.1.2
Landschaftsdiagnose 5 HOAI 25
Landschaftspflegerische Begleitpläne 5 HOAI 22, 26, Anl. 7
Landschaftspläne 5 HOAI 22, Anl. 4
Landschaftsplanerische Fachbeiträge 5 HOAI 22, 30
Landschaftsplanerische Leistungen 5 HOAI 22
Landschaftsplanung 5 HOAI 9, 22
Landschaftsrahmenpläne 5 HOAI 22, 25, Anl. 6
Landwirtschaft 5 HOAI Anl. 10.2, Anl. 10.3
Lärmschutzwälle 5 HOAI 38
Leistungen 5 HOAI 3
- Bauleitplanung **5 HOAI** 17
- Geotechnik **5 HOAI** Anl. 1.3.1
- Ingenieurvermessung **5 HOAI** Anl. 1.4.1
- Städtebaulichen Entwurf **5 HOAI** 17

Leistungsbeschreibung
- allgemein **1 VOB/A** 2, 7 Abs. 1; **1 VOB/A-EU** 2, 7 Abs. 1; **1 VOB/A-VS** 2, 7 Abs. 1

Sachverzeichnis

fette Zahlen = Text

- Leistungsprogramm **1 VOB/A** 7 c;
  1 VOB/A-EU 7 c; **1 VOB/A-VS** 7 c
- Leistungsverzeichnis **1 VOB/A** 7 b;
  1 VOB/A-EU 7 b; **1 VOB/A-VS** 7 b
- technische Spezifikationen **1 VOB/A** 7 a;
  1 VOB/A-EU 7 a; **1 VOB/A-VS** 7 a

Leistungsbilder 5 HOAI 3
- Bauphysik **5 HOAI** Anl. 1.2.2
- Bauvermessung **5 HOAI** Anl. 1.4.7
- Bebauungsplan **5 HOAI** 19, Anl. 3
- Flächennutzungsplan **5 HOAI** 18, Anl. 2
- Freianlagen **5 HOAI** 39, Anl. 11.1
- Gebäude und Innenräume **5 HOAI** 34, Anl. 10.1
- Geotechnik **5 HOAI** Anl. 1.3.3
- Grünordnungsplan **5 HOAI** 24, Anl. 5
- Ingenieurbauwerke **5 HOAI** 43, Anl. 12.1
- Landschaftspflegerischer Begleitplan **5 HOAI** 26, Anl. 7
- Landschaftsplan **5 HOAI** 23, Anl. 4
- Landschaftsrahmenplan **5 HOAI** 25, Anl. 6
- Pflege- und Entwicklungsplan **5 HOAI** 27, Anl. 8
- Planungsbegleitende Vermessung **5 HOAI** Anl. 1.4.4
- Technische Ausrüstung **5 HOAI** 55, Anl. 15.1
- Tragwerksplanung **5 HOAI** 51, ANL.14.1
- Umweltverträglichkeitsstudie **5 HOAI** Anl. 1.1.1
- Verkehrsanlagen **5 HOAI** 47, Anl. 13.1

Leistungsphasen 5 HOAI 39, 43, 46, 47
- Bauphysik **5 HOAI** Anl. 1.2.2
- Bauvermessung **5 HOAI** Anl. 1.4.7
- Bebauungsplan **5 HOAI** Anl. 3
- Flächennutzungsplan **5 HOAI** Anl. 2
- Gebäude und Innenräume **5 HOAI** 34, Anl. 10.1
- Grünordnungsplan **5 HOAI** Anl. 5
- Landschaftspflegerischer Begleitplan **5 HOAI** Anl. 7
- Landschaftsplan **5 HOAI** Anl. 4
- Landschaftsrahmenplan **5 HOAI** Anl. 6
- Pflege- und Entwicklungsplan **5 HOAI** Anl. 8
- planungsbegleitende Vermessung **5 HOAI** Anl. 1.4.4
- Technische Ausrüstung **5 HOAI** 55
- Tragwerksplanung **5 HOAI** 51
- Umweltverträglichkeitsstudie **5 HOAI** Anl. 1.1.1

Lichtgestaltung 5 HOAI 35
Lufttechnische Anlagen 5 HOAI 53, Anl. 15.2

Malus-Honorar 5 HOAI 7
Mängelansprüche
- Frist **1 VOB/B** 5, 13 Abs. 4
- Haftung **1 VOB/B** 13 Abs. 7
- Mangelbegriff **1 VOB/B** 13 Abs. 1–3

Mauerwerk 5 HOAI Anl. 14.2
mehrere Objekte 5 HOAI 11
- Bauakustik **5 HOAI** Anl. 1.2.4
- Bebauungspläne **5 HOAI** 21
- Flächennutzungspläne **5 HOAI** 20
- Freianlagen **5 HOAI** 40
- Gebäude und Innenräume **5 HOAI** 35
- Grünordnungspläne **5 HOAI** 29
- Ingenieurbauwerke **5 HOAI** 44
- Landschaftspflegerische Begleitpläne **5 HOAI** 31
- Landschaftspläne **5 HOAI** 28
- Landschaftsrahmenpläne **5 HOAI** 30

Mindestsätze 5 HOAI 7
- Pflege- und Entwicklungspläne **5 HOAI** 32
- Raumakustik **5 HOAI** Anl. 1.2.5
- Technische Ausrüstung **5 HOAI** 56
- Tragwerksplanung **5 HOAI** 52
- Umweltverträglichkeitsstudie **5 HOAI** Anl. 1.1.2
- Verkehrsanlagen **5 HOAI** 48
- Wärmeschutz und Energiebilanzierung **5 HOAI** Anl. 1.2.3

Missverhältnis 5 HOAI 44, 52, 56
Mitwirken bei der
- Ausführungsplanung **5 HOAI** Anl. 1.2.2
- Entwurfsplanung **5 HOAI** Anl. 1.2.2
- Genehmigungsplanung **5 HOAI** Anl. 1.2.2
- Vergabe **5 HOAI** 34, 39, 43, 47, 55, Anl. 1.2.2, Anl. 10.1, Anl. 11.1, Anl. 12.1, Anl. 13.1, Anl. 14.1, Anl. 15.1
- Vorbereitung der Vergabe **5 HOAI** Anl. 1.2.2
- Vorplanung **5 HOAI** Anl. 1.2.2

mitzuverarbeitende Bausubstanz 5 HOAI 2
Modernisierungen 5 HOAI 2, 34, 56, Anl. 1.2.3
- von Gebäuden und Innenräumen **5 HOAI** 36

Montage- und Werkstattpläne 5 HOAI 55

Nachhallzeit 5 HOAI Anl. 1.2.5
Nachforderung v. Unterlagen 1 VOB/A 16a, 16a EU, 16a VS
Nachprüfungsstellen 1 VOB/A 21;
1 VOB/A-EU 21; **1 VOB/A-VS** 21
Natur- und Umweltschutz 5 HOAI 20, 21

magere Zahlen = §§ oder Ziffern

Sachverzeichnis

Naturhaushalt, Beeinträchtigungen oder Schädigungen 5 HOAI 32
Naturschutz 5 HOAI 29, 30
Nebenkosten 5 HOAI 14
Nebenkosten, Fälligkeit 5 HOAI 15
Neuanlagen 5 HOAI 2, 34
Neubauten 5 HOAI 2, 34
nicht anrechenbare Kosten 5 HOAI 33, 38, 42, 46
nicht berücksichtigte Angebote 1 VOB/A 19, 19 EU, 19 VS
Nutzungsansprüche 5 HOAI 31, Anl. 1.1.2
Nutzungsdichte 5 HOAI 20, 21
nutzungsspezifische Anlagen 5 HOAI 53, Anl. 15.2
Nutzungsvielfalt 5 HOAI 20, 21

Objekt- und Tragwerksplanung 5 HOAI 5
Objektbetreuung 5 HOAI 34, 39, 43, 47, 55, Anl. 10.1, Anl. 11.1, Anl. 12.1, Anl. 13.1, Anl. 14.1, Anl. 15.1
Objekte 5 HOAI 2, Anl. 11.2
Objektlisten 5 HOAI Anl. 10, Anl. 11, Anl. 12
– Bauakustik 5 HOAI Anl. 1.2.4
– Freianlagen 5 HOAI Anl. 11.2
– Gebäude 5 HOAI Anl. 10.2
– Ingenieurbauwerke 5 HOAI Anl. 12.2
– Innenräume 5 HOAI Anl. 10.3
– Raumakustik 5 HOAI Anl. 1.2.5
– Technische Ausrüstung 5 HOAI Anl. 15.2
– Tragwerksplanung 5 HOAI Anl. 14.2
– Verkehrsanlagen 5 HOAI Anl. 13.2
Objektplanung 5 HOAI 3, 33
Objektüberwachung 5 HOAI 9, 34, 39, 55, Anl. 10.1, Anl. 11.1, Anl. 14.1, Anl. 15.1
Objektumfeld 5 HOAI 44, 48
ökologisch bedeutsame Strukturen 5 HOAI 31
ökologische Verhältnisse 5 HOAI 28, 29, 30
Ortslage 5 HOAI Anl. 11.2

Pflege- und Entwicklungspläne 5 HOAI 22, 27, 32 Anl. 8
Plan zur Beschlussfassung 5 HOAI 18, 19, Anl. 2, Anl. 3
Planausschnitte 5 HOAI 28
Planfassung
– abgestimmte 5 HOAI 25
– vorläufige 5 HOAI 25
Planfeststellungsverfahren 5 HOAI 43
Planung der Technischen Ausrüstung 5 HOAI 5

Planungsbegleitende Vermessung 5 HOAI Anl. 1.4.4
potenzielle Beeinträchtigungsintensität 5 HOAI 31
Preisgleitklausel 12 BMWSB IV.5.

Qualitätssicherung 5 HOAI Anl. 9; 1 VOB/A 6 c EU, 6 c VS

Rahmenvereinbarung 1 VOB/A 4 a EU
Rahmen- und Skelettbauten 5 HOAI Anl. 14.2
Rahmensetzende Pläne und Konzepte 5 HOAI Anl. 9
Raumakustik 5 HOAI Anl. 1.2.1
räumliche Stabwerke 5 HOAI Anl. 14.2
Raumnutzung 5 HOAI 30
Raum-Proportion 5 HOAI 35
Raum-Zuordnung 5 HOAI 35
Rechtsfolgen der Verjährung
– Aufrechnung und Zurückbehaltungsrecht nach Eintritt der Verjährung 2 BGB 215
– Unwirksamkeit des Rücktritts 2 BGB 218
– Verjährung bei Nebenleistungen 2 BGB 217
– Wirkung der Verjährung 2 BGB 214
– Wirkung der Verjährung bei gesicherten Ansprüchen 2 BGB 216
Rücktritt
– Aufrechnung nach Nichterfüllung 2 BGB 352
– Erfüllung Zug-um-Zug 2 BGB 348
– Erklärung 2 BGB 349
– Erlöschen des Rücktritts nach Fristsetzung 2 BGB 350
– Nutzungen und Verwendungen nach dem Rücktritt 2 BGB 347
– Rücktritt gegen Reugeld 2 BGB 353
– Unteilbarkeit des Rücktrittsrechts 2 BGB 351
– Verwirkungsklausel 2 BGB 354
– Wirkungen 2 BGB 346

Schadensersatzansprüche
– 280 Schadensersatz wegen Pflichtverletzung 2 BGB 279
– Ersatz vergeblicher Aufwendungen 2 BGB 284
– Schadensersatz statt der Leistung bei Ausschluss der Leistungspflicht 2 BGB 283
– Schadensersatz statt der Leistung wegen nicht oder nicht wie geschuldet erbrachter Leistung 2 BGB 281
– Schadensersatz statt der Leistung wegen Verletzung einer Pflicht nach § 241 Abs. 2 2 BGB 282

Sachverzeichnis

fette Zahlen = Text

Schallimmissionsschutz
5 HOAI Anl. 1.2.1
Schallschutz 5 HOAI Anl. 1.2.1
Schallverteilung 5 HOAI Anl. 1.2.5
Schalpläne 5 HOAI 51
Schienenverkehr 5 HOAI 45, Anl. 13.2
Schlichtungsverfahren 3 UKlaG 14
Schlitz- und Durchbruchspläne
5 HOAI 55
Schuldverhältnisse aus Verträgen und Rücktrittsrecht
- Befreiung von der Gegenleistung und Rücktritt beim Ausschluss der Leistungspflicht **2 BGB** 326
- Rücktritt wegen nicht oder nicht vertragsgemäß erbrachter Leistung **2 BGB** 323
- Rücktritt wegen Verletzung einer Pflicht nach § 241 Abs. 2 **2 BGB** 324
- Schadensersatz und Rücktritt **2 BGB** 325
- Störung der Geschäftsgrundlage **2 BGB** 313
- Verträge über Grundstücke, das Vermögen und den Nachlass **2 BGB** 311 b
Schutz, Pflege und Entwicklung von Natur und Landschaft 5 HOAI 40
Schutzgebiete 5 HOAI 29, 31, Anl. 1.1.2
Selbstreinigung 1 VOB/A 6 f EU, 6 f VS
seilverspannte Konstruktionen
5 HOAI Anl. 14.2
Sicherheitsleistung 1 VOB/B 17
- Arten **2 BGB** 232
- Bewegliche Sachen **2 BGB** 237
- Buchforderungen **2 BGB** 236
- Bürge **2 BGB** 239
- Ergänzungspflicht **2 BGB** 240
- Geeignete Wertpapiere **2 BGB** 234
- Hypotheken, Grund- und Rentenschulden **2 BGB** 238
- Umtauschrecht **2 BGB** 235
- Wirkung der Hinterlegung **2 BGB** 233
Sonderanlagen 5 HOAI Anl. 11.2
sonstige Freianlagen 5 HOAI Anl. 11.2
sonstige vermessungstechnische Leistungen 5 HOAI Anl. 1.4.9
Spannbeton 5 HOAI Anl. 14.2
Spiel- und Sportanlagen
5 HOAI Anl. 11.2
Sport 5 HOAI Anl. 10.2, Anl. 10.3
Staat 5 HOAI Anl. 10.2, Anl. 10.3
Städtebaulicher Entwurf 5 HOAI Anl. 9
Stadtlage 5 HOAI Anl. 11.2
Stahlbetonbau 5 HOAI 51
Starkstromanlagen 5 HOAI 53, Anl. 15.2
Stege 5 HOAI 38
Stoffpreisgleitklausel 12 BMWSB IV.5.
Straßen 5 HOAI 46
Straßenverkehr 5 HOAI 45, Anl. 13.2

Streitigkeiten 1 VOB/B 18
Stundenlohnarbeiten 1 VOB/B 15
Stützbauwerke 5 HOAI 38
Stützwände 5 HOAI Anl. 14.2

technische Anforderungen 5 HOAI 44, 48
Technische Anlagen, Kosten
5 HOAI 33, 42, 46, 50
technische Ausgestaltung 5 HOAI 56
technische Ausrüstung 5 HOAI 35, 44, 48, 53, 55, Anl. 1.2.4, Anl. 15.1
technische Ausstattung 5 HOAI 44, 48
Technische Spezifikation 1 VOB/A 7, 7 a EU, 7 a VS
Teiche 5 HOAI 38
Teilflächen 5 HOAI 20, 28
Teilnehmer am Wettbewerb
- allgemein **1 VOB/A** 6; **1 VOB/A-EU** 6; **1 VOB/A-VS** 6
- andere Einrichtungen **1 VOB/A** 6 Abs. 3
- Bietergemeinschaften **1 VOB/A** 6 Abs. 2; **1 VOB/A-EU** 6 Abs. 3 Nr. 2; **1 VOB/A-VS** 6 Abs. 3 Nr. 2
- Eignungsnachweise **1 VOB/A** 6 a; **1 VOB/EU** 6 a; **1 VOB/A-VS** 6 a
- Einzelbieter **1 VOB/A** 6 Abs. 2; **1 VOB/A-EU** 6 Abs. 3 Nr. 2; **1 VOB/A-VS** 6 Abs. 2 Nr. 2
Textform
- Anrechenbare Kosten 5 HOAI 4 Abs. 3
- Berechnung des Honorars 5 HOAI 8, 9, 10
- Honorarvereinbarung 5 HOAI 7
- Leistungsbild 5 HOAI 43
- Nebenkosten 5 HOAI 14
Topographie 5 HOAI 20, 21, 29
topographische Verhältnisse 5 HOAI 28, 30
Traggerüste 5 HOAI 50, Anl. 14.2
Tragwerke 5 HOAI 49, 50, Anl. 14.2
Tragwerksplanung 5 HOAI 43, 49, 51, Anl. 14.1
Trennungsentschädigungen 5 HOAI 14

Übergangsvorschrift 5 HOAI 57
Überleitungsvorschrift zur Aufhebung des AGB-Gesetzes 3 UKlaG 16
Uferbefestigungen 5 HOAI 38
Umbauten 5 HOAI 2, 34, 56, Anl. 1.2.3
- von Gebäuden und Innenräumen
5 HOAI 36
Umfang der beauftragten Leistung
5 HOAI 10
Umsatzsteuer 5 HOAI 4, 16
Umweltbelastungen und -beeinträchtigungen 5 HOAI Anl. 1.1.2

magere Zahlen = §§ oder Ziffern

Sachverzeichnis

Umweltschutz 5 HOAI 21, 28, 29
Umweltsicherung 5 HOAI 28, 30
**Umweltverträglichkeitsstudie
5 HOAI** Anl. 1.1
**Unverbindlichkeit der Kopplung von
Grundstückskaufverträgen mit Ingenieur- und Architektenverträgen
4 IngALG** 3
UVPG 5 HOAI Anl. 1.1.2

Ver- und Entsorgung 5 HOAI 41
– Bauwerke und Anlagen
 5 HOAI Anl. 12.2
Verbau 5 HOAI Anl. 14.2
Verbraucherbauvertrag 2 650 i ff.
Verbrauchsgüterkauf
– Abweichende Vereinbarung **2 BGB** 475
– Begriff **2 BGB** 474
– Beweislastumkehr **2 BGB** 476
– Rückgriff des Unternehmers **2 BGB** 478
– Sonderbestimmungen für Garantien
 2 BGB 477
– Tausch **2 BGB** 480
– Verjährung von Rückgriffsansprüchen
 2 BGB 479
**Verbund-Konstruktionen
5 HOAI** Anl. 14.2
**Verfahrens- und Projektsteuerung
5 HOAI** Anl. 9
**Verfahrensbegleitende Leistungen
5 HOAI** Anl. 9
**verfahrenstechnische Anlagen
5 HOAI** 53, Anl. 15.2
Verfahrensvorschriften
– Anwendung der Zivilprozessordnung und anderer Vorschriften **3 UKlaG** 5
– Veröffentlichungsbefugnis **3 UKlaG** 7
– Zuständigkeit **3 UKlaG** 6
Vergabe im Ausland 1 VOB/A 24
Vergabe nach Losen 1 VOB/A 5 Abs. 2;
 1 VOB/A-EU 5 Abs. 2; **1 VOB/A-VS** 5 Abs. 2
Vergabeunterlagen 1 VOB/A 8; **1 VOB/A-EU** 8; **1 VOB/A-VS** 8
Vergütung
– Abweichungen **1 VOB/B** 2 Abs. 4 ff
– allgemein **1 VOB/B** 2 Abs. 1
– Berechnung **1 VOB/B** 2 Abs. 2, 3
Verjährung 1 VOB/A 9 b, 9 b EU,
 9 b VS
Verkehr 5 HOAI 20, 21, Anl. 10.3
Verkehrsanlagen 5 HOAI 45, Anl. 13.1
Verkehrsanlagen, konstruktive Ingenieurbauwerke 5 HOAI 41, Anl. 12.2
**Vermessungstechnische Grundlagen
5 HOAI** Anl. 1.4.4
**vermessungstechnische Leistungen
5 HOAI** Anl. 1.4.1

**Vermessungstechnische Überwachung
der Bauausführung 5 HOAI** Anl. 1.4.7
Verrechnungseinheiten 5 HOAI 13,
 Anl. 1.4.2
Versandkosten 5 HOAI 14
Versorgungseinrichtungen 5 HOAI 40
Vertrag
– Annahme ohne Erklärung gegenüber dem Antragenden **2 BGB** 151
– Annahmefrist **2 BGB** 147
– Auslegung von Verträgen **2 BGB** 157
– Bestimmung einer Annahmefrist
 2 BGB 148
– Bindung an den Antrag **2 BGB** 145
– Erlöschen des Antrags **2 BGB** 146
– Verspätet zugegangene Annahmeerklärung
 2 BGB 149
– Verspätete und abändernde Annahme
 2 BGB 150
Vertragsarten
– Einheitspreisvertrag **1 VOB/A** 4 Abs. 1 Nr. 1; **1 VOB/A-EU** 4 Abs. 1 Nr. 1;
 1 VOB/A-VS 4 Abs. 1 Nr. 1
– Leistungsvertrag **1 VOB/A** 4 Abs. 1;
 1 VOB/A-EU 4 Abs. 1; **1 VOB/A-VS** 4 Abs. 1
– Pauschalvertrag **1 VOB/A** 4 Abs. 1 Nr. 2; **1 VOB/A-EU** 4 Abs. 1 Nr. 2;
 1 VOB/A-VS 4 Abs. 1 Nr. 2
– Stundenlohnvertrag **1 VOB/A** 4 Abs. 2;
 1 VOB/A-EU 4 Abs. 2; **1 VOB/A-VS** 4 Abs. 2
Vertragsbedingungen
– Änderung der Vergütung **1 VOB/A** 9 d;
 1 VOB/A-EU 9 d; **1 VOB/A-VS** 9 d
– Ausführungsfristen **1 VOB/A** 9 Abs. 1–4; **1 VOB/A-EU** 9 Abs. 1–4; **1 VOB/A-VS** 9 Abs. 1–4
– Sicherheitsleistung **1 VOB/A** 9 c;
 1 VOB/A-EU 9 c; **1 VOB/A-VS** 9 c
– Verjährung der Mängelansprüche
 1 VOB/A 9 b; **1 VOB/A-EU** 9 b;
 1 VOB/A-VS 9 b
– Vertragsstrafen, Beschleunigungsvergütung
 1 VOB/A 9 a; **1 VOB/A-EU** 9 a; **1 VOB/A-VS** 9 a
Vertragsstrafe 1 VOB/B 11; VOB/A 9 a,
 9 a EU, 9 a VS
Verwaltung 5 HOAI Anl. 10.2, Anl. 10.3
Verzug
– der Ausführung **1 VOB/A** 9
– des Schuldners **2 BGB** 286
– Verantwortlichkeit während des Verzugs
 2 BGB 287
– Verzugszinsen **2 BGB** 288
Vorbereitung der Vergabe 5 HOAI 34,
 39, 43, 47, 51, 55, Anl. 10.1, Anl. 11.1,
 Anl. 12.1, Anl. 13.1, Anl. 14.1, Anl. 15.1

Sachverzeichnis

fette Zahlen = Text

Vorbereitung und inhaltliche Ergänzung
5 HOAI Anl. 9
Vorentwurf für die frühzeitigen Beteiligungen 5 HOAI 18, 19, Anl. 2, Anl. 3
Vorinformation 1 VOB/A 12 EU, 12 VS
Vorläufige Fassung 5 HOAI 23, 24, 25, 26, 27, Anl. 1.1.1, Anl. 4, Anl. 5, Anl. 6, Anl. 7, Anl. 8
Vorplanung 5 HOAI 9, 34, 39, 43, 47, 51, 55, Anl. 10.1, Anl. 11.1, Anl. 12.1, Anl. 13.1, Anl. 14.1, Anl. 15.1
Vorsteuern 5 HOAI 14

Wärmeschutz 5 HOAI Anl. 1.2.1
Wärmeversorgungsanlagen 5 HOAI 53, Anl. 15.2
Wasseranlagen 5 HOAI 53
Wasserbau 5 HOAI 41
– Bauwerke und Anlagen 5 HOAI Anl. 12.2
Wasserversorgung 5 HOAI 41
– Bauwerke und Anlagen 5 HOAI Anl. 12.2
Wege 5 HOAI 38
weitere besondere Leistungen 5 HOAI Anl. 9
Werkvertrag
– Abnahme 2 BGB 640
– Abschlagszahlungen 2 BGB 632 a
– Anwendung des Kaufrechts 2 BGB 651
– Bauhandwerkersicherung 2 BGB 648 a
– Besondere Bestimmungen für Rücktritt und Schadensersatz 2 BGB 636
– Fälligkeit der Vergütung 2 BGB 641
– Gefahrtragung 2 BGB 644
– Haftungsausschluss 2 BGB 639
– Kostenanschlag 2 BGB 650
– Kündigung bei unterlassener Mitwirkung 2 BGB 643
– Kündigungsrecht des Bestellers 2 BGB 649
– Minderung 2 BGB 638
– Mitwirkung des Bestellers 2 BGB 642
– Nacherfüllung 2 BGB 635
– Pflichten 2 BGB 631
– Rechte des Bestellers bei Mängeln 2 BGB 634
– Sach- und Rechtsmangel 2 BGB 633
– Selbstvornahme 2 BGB 637
– Sicherungshypothek des Bauunternehmers 2 BGB 648
– Unternehmerpfandrecht 2 BGB 647
– Verantwortlichkeit des Bestellers 2 BGB 645
– Vergütung 2 BGB 632
– Verjährung der Mängelansprüche 2 BGB 634 a
– Vollendung statt Abnahme 2 BGB 646
Wertung 1 VOB/A 16 d, 16 d EU, 16 d VS
Wiederaufbauten 5 HOAI 2, 34, 55
Wiederholung von Grundleistungen 5 HOAI 10
Wirkfaktoren, nachteilige 5 HOAI Anl. 1.1.2
Wirksamwerden einer Willenserklärung 2 BGB 130
Wissenschaft 5 HOAI Anl. 10.2, Anl. 10.3
Wohnen 5 HOAI Anl. 10.2, Anl. 10.3

Zahlung 1 VOB/B 16
zentralörtliche Bedeutung 5 HOAI 20
Zuordnung zu den Honorarzonen 5 HOAI 35, 40, 44, 48, 56, Anl. 1.1.2
Zusammenstellen der Ausgangsbedingungen 5 HOAI 27
Zuschlag 1 VOB/A 18; 1 VOB/A-EU 18; 1 VOB/A-VS 18; 5 HOAI 36, 44, 48, 52
Zweckbestimmung der Verkehrsanlagen 5 HOAI 46
Zwischenstufen 5 HOAI 13

Kaufen

GrdstR · Grundstücksrecht
Textausgabe **NEU**
10. Aufl. 2023. 754 Seiten S.
18,90. dtv 5586
Neu im Mai 2023

Mit u.a. Bürgerlichem Gesetzbuch (Auszug), Wohnungseigentumsgesetz, Beurkundungsgesetz (Auszug), Flurbereinigungsgesetz, Grundstückverkehrsgesetz, Grundstücksverkehrsordnung, Grundbuchordnung, Zwangsversteigerungsgesetz (Auszug), Grunderwerbsteuergesetz und Grundsteuergesetz.

Grziwotz/Saller
Ratgeber Nachbarrecht
Meine Rechten und Pflichten als Nachbar.
Rechtsberater **TOPTITEL**
2. Aufl. 2019. 262 S.
€ 15,90. dtv 51226
Auch als **ebook** erhältlich.

Haase
Verwaltungsbeirat
Aufgaben, Funktion, Haftung, Pflichten, Rechte.
Rechtsberater
8. Aufl. 2018. 205 S.
€ 17,90. dtv 51212
Auch als **ebook** erhältlich.

Haus & Grund Bayern

Haus & Grund Bayern unterstützt die 105 Haus & Grund Vereine in Bayern bei ihrer täglichen Arbeit und informiert über die für Immobilieneigentümer relevante Gesetzesentwicklung und Rechtsprechung.

Elzer
Eigentumswohnung
Meine Rechte als Wohnungseigentümer zu Gebrauch, Sondernutzung, Verwaltung, Versammlung, Bauen, Information und vieles mehr.
Rechtsberater im großen Format **TOPTITEL**
5. Aufl. 2021. 578 S.
€ 29,90. dtv 51255
Auch als **ebook** erhältlich

ALLES WAS RECHT IST.
Zuverlässige Antworten von renommierten Autorinnen und Autoren auf alle Rechtsfragen.
Beck-Rechtsberater im dtv

Empfohlen von
Haus & Grund
Bayern

Gebrauch, Sondernutzung, Verwaltung, Versammlung, Bauen und mehr.

Dieser Rechtsberater erläutert alle Fragen zu den **Rechten des Wohnungseigentümers:**
- Verhalten in der Wohnung und im Gemeinschaftseigentum
- Gebrauchsrechte eines Wohnungseigentümers
- Sondernutzungsrechte
- Verwaltungsrechte
- Rechte des Wohnungseigentümers in der Versammlung
- Das Recht des Wohnungseigentümers zu bauen
- Informationsrechte des Wohnungseigentümers
- Der Wohnungseigentümer als Verwalter und als Beirat
- Verfahrensrechte des Wohnungseigentümers
- Der Wohnungseigentümer als Mitglied des Verbandes
- Die Pflichten der anderen Wohnungseigentümer (Verhaltenspflichten, Duldungspflichten, Beitragsleistung, Verbandspflichten Pflichten als Beklagter)

NachbR · Nachbarrecht
Textausgabe
2. Aufl. 2011. 286 S.
€ 9,90. dtv 5771

Alheit
Nachbarrecht von A–Z
490 Stichwörter zur aktuellen Rechtslage.
Rechtsberater
12. Aufl. 2010. 413 S.
€ 12,90. dtv 5067

Bauen

BauGB · Baugesetzbuch
Textausgabe   **TOPTITEL**
55. Aufl. 2023. Rund 530 S.   **NEU**
€ 12,90. dtv 5018
Neu im April 2023

Mit Immobilienwertermittlungsverordnung, Baunutzungsverordnung, Planzeichenverordnung, Raumordnungsgesetz, Raumordnungsverordnung.

VOB/BGB/HOAI
Vergabe- und Vertragsordnung für Bauleistungen Teil A und B / Bauvertrag §§ 650a-v / Verordnung über Honorare für Leistungen der Architekten und der Ingenieure
Textausgabe
38. Aufl. 2023. 550 S.   **NEU**
€ 13,90. dtv 5596

Bauforderungssicherungsgesetz; Baustellenverordnung; Bauvertragsgesetz (§§ 650a-v BGB); Bürgerliches Gesetzbuch (Auszug); Erlass Baumaterialien Lieferengpässe; Erlass Vergabe- und Vertragsordnung für Bauleistungen Teil A; Gesetz zur Regelung von Ingenieur- und Architektenleistungen; GewO (Auszug: § 34c); HOAI – Honorarordnung für Architekten und Ingenieure; Makler- und Bauträgerverordnung (MaBV); SOBau – Schlichtungs- und Schiedsordnung für Baustreitigkeiten; Unterlassungsklagengesetz; Verordnung über Abschlagszahlungen bei Bauträgerverträgen, VOB – Vergabe- und Vertragsordnung für Bauleistungen (Teile A und B).

Aus aktuellem Anlass wurde der »Erlass Lieferengpässe und Preissteigerungen wichtiger Baumaterialien als Folge des Ukraine-Kriegs« neu mit aufgenommen.

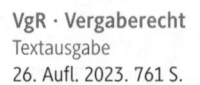

VgR · Vergaberecht
Textausgabe **TOPTITEL**
26. Aufl. 2023. 761 S.
€ 22,90. dtv 5595

Gesetz gegen Wettbewerbsbeschränkungen – GWB – 4. Teil, Vergabeverordnung – VgV, Sektorenverordnung – SektVO, Vergabeverordnung Verteidigung und Sicherheit – VSVgV, Konzessionsvergabeverordnung – KonzVgV, Wettbewerbsregistergesetz – WRegG, Wettbewerbsregisterverordnung – WRegV, Vergabe- und Vertragsordnung für Bauleistungen Teil A und B – VOB, Unterschwellenvergabeordnung – UVgO, Allgemeine Vertragsbedingungen für die Ausführung von Leistungen – VOL/B

Neu in der 24. Auflage:

Mit dem Lieferkettensorgfaltspflichtengesetz (LKSorgPflG) und der PreisV 30/53

Blomeyer/Budiner
Architektenrecht von A–Z
Rechtslexikon für Architekten, Bauherren und Juristen.
Rechtsberater **TOPTITEL**
4. Aufl. 2022. 290 S.
€ 24,90. dtv 51248
Auch als **ebook** erhältlich.

Der Rechtsberater informiert **knapp** und **verständlich** über den Architektenvertrag, die Haftung des Architekten, das Architektenhonorar und alle weiteren Fragen im Zusammenhang mit der Architektentätigkeit.

Berücksichtigt ist die neue **HOAI 2021.**

Hauth
Vom Bauleitplan zur Baugenehmigung
Bauplanungsrecht · Bauordnungsrecht · Baunachbarrecht.
Rechtsberater im großen Format **TOPTITEL**
14. Aufl. 2022. 224 S.
€ 24,90. dtv 51279
Auch als **ebook** erhältlich.

Rechtliche Grundlagen

HGB · Handelsgesetzbuch
Textausgabe `TOPTITEL`
68. Aufl. 2023. 371 S.
€ 9,90. dtv 5002

Mit Einführungsgesetz, Publizitätsgesetz und Handelsregisterverordnung.

HandelsR · Handelsrecht
Textausgabe
6. Aufl. 2014. 619 S.
€ 16,90. dtv 5599

**AktG, GmbHG ·
Aktiengesetz, GmbH-Gesetz**
Textausgabe `TOPTITEL`
49. Aufl. 2022. 543 S.
€ 8,90. dtv 5010

Mit UmwandlungsG, Wertpapiererwerbs- und ÜbernahmeG, Mitbestimmungsgesetzen, EU-AbschlussprüfungsVO und Deutschem Corporate Governance Kodex.

GesR · Gesellschaftsrecht
Textausgabe `TOPTITEL`
18. Aufl. 2022. 1123 S.
€ 17,90. dtv 5585

U. a. mit AktienG, GmbH-Gesetz, GenossenschaftsG, Handelsgesetzbuch (Auszug), PartnerschaftsgesellschaftsG, EWIV-VO mit EWIV-AusführungsG, Wertpapiererwerbs- und ÜbernahmeG, Deutschem Corporate Governance Kodex sowie den wichtigsten Vorschriften aus den Bereichen Rechnungslegung, Umwandlungs-, Mitbestimmungs- und Verfahrensrecht.

**WettbR · Wettbewerbsrecht
MarkenR/KartellR**
Textausgabe `TOPTITEL`
45. Aufl. 2023. 675 S.
€ 15,90. dtv 5009

Aktuell mit der Neufassung der Vertikal-Gruppenfreistellungsverordnung VO (EU) Nr. 2022/720 vom 10. Mai 2022 und Änderungen des GWB aus den EnergieR-Novellen vom 20. Mai 2022 (neuer § 185 Abs. 4) und vom 10. Juli 2022 (neben weiteren Änderungen u.a. neuer § 186 zu 47k, neuer § 187 Abs. 10)

PatR · Patent- und Designrecht
Textausgabe `TOPTITEL`
17. Aufl. 2032. 921 S.
€ 17,90. dtv 5563

Deutsches und europäisches Patentrecht, Arbeitnehmererfindungsrecht, Gebrauchsmusterrecht, Designrecht und Internationale Verträge.

GewO · Gewerbeordnung
Textausgabe `TOPTITEL`
42. Aufl. 2022. 756 S.
€ 14,90. dtv 5004

**InsO · Insolvenzordnung,
StaRUG · Unternehmensstabilisierungs- und -restrukturierungsgesetz**
Textausgabe `TOPTITEL`
24. Aufl. 2022. 374 S.
€ 12,90. dtv 5583

Insolvenzordnung (InsO), Unternehmensstabilisierungs- und -restrukturierungsgesetz (StaRUG), Einführungsgesetz zur Insolvenzordnung, VO (EU) 2015/848 über Insolvenzverfahren, Insolvenzrechtliche Vergütungsverordnung, COVID-19-Insolvenzaussetzungsgesetz, Anfechtungsgesetz und weitere insolvenzrechtliche Vorschriften.

UrhR · Urheber- und Verlagsrecht
Textausgabe `TOPTITEL` `NEU`
21. Aufl. 2023. 853 S.
€ 17,90. dtv 5538

Neu mit dem Gesetz zur Anpassung des Urheberrechts an die Erfordernisse des digitalen Binnenmarktes vom 31.5.2021: Urheberrechts-Diensteanbieter-Gesetz (UrhDaG), UrheberrechtsG, VerlagsG, Recht der urheberrechtlichen Verwertungsgesellschaften, Internationales Urheberrecht, Recht der EU.

Kirchhoff/Finsterlin
Steuern sparen für Immobilien-Eigentümer
So machen Sie alle Kosten und Aufwendungen richtig geltend.
Rechtsberater im großen Format
3. Aufl. 2022. 333 S.
€ 29,90. dtv 51236
Auch als **ebook** erhältlich.

Staschewski
Steuern sparen für Ärzte und Zahnärzte
Nichts dem Finanzamt schenken.
Rechtsberater
2018. 241 S.
€ 17,90. dtv 51228
Auch als **ebook** erhältlich.

Dieser Band zeigt Ärzten und Zahnärzten anschaulich und praxisnah, wie sie ihre Tätigkeit steueroptimal gestalten. Zahlreiche **Beispiele**, hervorgehobene **Tipps** und **Muster**.

Fischl
Steuern sparen beim Erbe
Strategien zur Vermeidung für Erblasser und Erben.
Rechtsberater   `TOPTITEL`
2. Aufl. 2019. 264 S.
€ 19,90. dtv 50742
Auch als **ebook** erhältlich.

Was die neue Erbschaftsteuer für Privatleute und Unternehmer bringt.

Heuchert
Steuern sparen für Rentner und Pensionäre
Gesetzliche Rente • Betriebsrente • andere Einkünfte
Rechtsberater
2017. 234 S.
€ 14,90. dtv 51209
Auch als **ebook** erhältlich.

Der Ratgeber beantwortet in leicht verständlicher Form alle Fragen rund um die Besteuerung von Alterseinkommen und erläutert die Möglichkeiten, die steuerliche Belastung aktiv zu verringern.

Prozesse und Verfahren

ZPO · Zivilprozessordnung
Textausgabe
67. Aufl. 2023. 893 S.
€ 13,90. dtv 5005

TOPTITEL **NEU**

Mit Einführungsgesetz, Unterlassungsklagengesetz, Schuldnerverzeichnisführungsverordnung, Gerichtsverfassungsgesetz mit EinführungsG (Auszug), Gesetz über die Zwangsversteigerung und die Zwangsverwaltung (Auszug), Rechtspflegergesetz, Gerichtskostengesetz (Auszug), Rechtsanwaltsvergütungsgesetz (Auszug), Justizvergütungs- und -entschädigungsG

SGG · Sozialgerichtsgesetz, SGB X
Textausgabe
4. Aufl. 2018. 398 S.
€ 14,90. dtv 5778

Mit Sozialverwaltungsverfahren und Sozialdatenschutz (SGB X), GerichtsverfassungsG, Deutschem RichterG, ZPO, VerwaltungszustellungsG, VerwaltungsvollstreckungsG sowie weiteren Vorschriften.

FG · Freiwillige Gerichtsbarkeit
Textausgabe
24. Aufl. 2023. Rund 650 S.
ca. € 17,90. dtv 5527

TOPTITEL **NEU**

Neu im April 2023

Gesetz über das Verfahren in Familiensachen und in den Angelegenheiten der freiwilligen Gerichtsbarkeit (FamFG), Gerichts- und Notarkostengesetz (GNotKG), Gesetz über Gerichtskosten in Familiensachen (FamGKG), Beurkundungsgesetz (BeurkG), Bundesnotarordnung (Auszug), Grundbuchordnung (GBO), Grundbuchverfügung (GBV), Grundbuch-MaßnahmenG (GBMaßnG), Gesetz über das Erbbaurecht (ErbbauRG), Grundstücksverkehrsgesetz (GrdstVG), Rechtspflegergesetz (RPflG), Europäische Erbrechtsverordnung (EuErbVO), Internationales Erbrechtsverfahrensgesetz (IntErbRVG) (Auszug).

Beherrscht die Rechtssprache
wie kein anderer.

Vorteile auf einen Blick

- gesamte Rechtsordnung
- knapp und präzise in Stichworten
- allgemein verständlich
- mit Zugang zum Werk in beck-online mit vierteljährlicher Aktualisierung bis zum Erscheinen der Neuauflage inklusive Verlinkung zu den zitierten Gesetzen

Die 24. Auflage

u.a. mit **FüPoG II, DiRUG, LieferkettensorgfaltspflichtenG, StaRUG**, dem Gesetz zur Stärkung des Verbraucherschutzes im Wettbewerbs- und Gewerberecht, Gesetz für faire Verbraucherverträge, Gesetz zur Änderung des Strafgesetzbuches – Strafbarkeit des Betreibens krimineller Handelsplattformen im Internet, Mietspiegelreformgesetz, Reform des WEG, Infektionsschutzrecht.

Die ständig wachsende Materie wird durch **zusätzliche Stichwörter** erschlossen, z.B. in den Bereichen Infektionsschutz, Sozialrecht, Mietrecht, Ausländer- und Asylrecht, Gewerblicher Rechtsschutz, Bau- und Werkvertragsrecht, Arbeitsrecht und Kaufrecht (digitale Elemente).

Weber (vormals Creifelds)
Rechtswörterbuch

24. Auflage. 2022. XXIII, 1989 Seiten.
Inklusive Online-Zugang.
In Leinen € 69,–
ISBN 978-3-406-77572-7

≡ **beck-shop.de/32405820**

Erhältlich im Buchhandel oder bei: **beck-shop.de** | Verlag C.H.BECK oHG · 80791 München | kundenservice@beck.de | Preise inkl. MwSt. | 173932
facebook.com/verlagCHBECK   linkedin.com/company/verlag-c-h-beck   twitter.com/CHBECKRecht

C.H.BECK

Alles Wissenswerte
in nur einem Band.

**Neue Themen:
Corona, Datenschutz,
Migration**

Aichberger/Häberle/Hakenberg/
Koch/Winkler
(vormals Model/Creifelds)
Staatsbürger-Taschenbuch
35. Auflage. 2022. XLVI, 1281 Seiten.
Gebunden € 34,90
ISBN 978-3-406-76667-1

≡ **beck-shop.de/31838146**

Der Klassiker der politischen Bildung

Auf über 1400 Seiten enthält das Staatsbürger-Taschenbuch alles Wissenswerte über Europa, Staat, Verwaltung, Recht und Wirtschaft. In **mehr als 600 Kapiteln** gibt das Werk detailliert Auskunft über:

- Deutschland in der Europäischen Union
- Staats- und Verwaltungsrecht
- Bürgerliches Recht
- Strafrecht
- Wehrrecht
- Rechtspflege
- Steuerrecht
- Arbeits- und Sozialrecht
- Kirchenrecht
- Wirtschaftsrecht
- Völkerrecht und internationale Beziehungen.

Die 35. Auflage

berücksichtigt unter anderem folgende **wichtige Neuerungen** und **aktuelle Inhalte:**

- Thema Corona: Rechtsfolgen der COVID-19-Pandemie
- Thema Flucht, Migration, Genfer Flüchtlingskonvention
- Thema Datenschutz: Nachdem das Datenschutzrecht inhaltlich ausgeweitet wurde, werden die Erfahrungen mit der Datenschutz-Grundverordnung eingehend erläutert.
- Ausbau und Vertiefung des Themas »Nachrichtendienste«